현대언론매체사전

"이 저서는 2011년 정부(교육부)의 재원으로 한국학중앙연구원(한국학진흥사업단)의 지원을 받아 수행된 연구임(AKS-2011-EAA-310)."

현대언론매체사전

1950~1969

임경석 · 구수미 편

성균관대학교
출 판 부

이 책은 성균관대학교 동아시아역사연구소 총서 14권입니다.

현대언론매체사전

초판 1쇄 인쇄 2015년 11월 24일
초판 1쇄 발행 2015년 11월 30일

지은이 임경석 · 구수미 편
펴낸이 정규상
펴낸곳 성균관대학교 출판부
출판부장 안대회
편　집 신철호 · 현상철 · 구남희 · 홍민정 · 정한나
외주디자인 아베끄
마케팅 박인봉 · 박정수
관　리 박종상 · 김지현

등록 1975년 5월 21일 제1975-9호
주소 110-745 서울특별시 종로구 성균관로 25-2
대표전화 02)760-1252~4
팩시밀리 02)762-7452
홈페이지 press.skku.edu

ⓒ 2015, 임경석 · 구수미

ISBN　979-11-5550-136-8　91070

　이 책은 1950년 이후 간행된 한국의 언론 매체에 관한 사전이다. 국내에서 간행된 것은 물론이고, 해외 매체도 수록했다. 해외 매체란 중국, 일본, 미국, 유럽 등지에 형성되어 있는 한인 교포 사회에서 발행한 신문과 잡지를 가리킨다.

　이 사전에 수록된 국내 언론 매체는 1950~1960년대에 창간된 신문과 잡지들이다. 6·25 전쟁의 상흔을 딛고 민주화와 산업화의 맥박이 태동하던 시기인지라 언론 매체의 숫자와 분량이 방대하다. 그중에서 수집 가능한 매체들에 관한 정보를 이 책에 수록했다. 1970년 이후 시기는 매체의 수가 급증하기 때문에 별도의 독립적인 수집 및 연구 작업이 필요하다고 판단했다. 해외 매체의 경우에는 시간 범위를 좀 더 확장했다. 해외 한인사회의 성립 과정이 각각 상이한 데다가 언론 매체의 발전이 최근에 와서 더욱 급속화한 점을 고려하여 1999년을 하한선으로 설정했다. 다시 말하면 해외 언론 매체는 2000년 이전에 창간된 것들을 수록했다.

　이 사전에 수록된 언론 매체는 도합 571종이다. 그중에서 국내 매체가 62%, 해외 매체가 38%를 점하고 있다. 각 매체마다 서지 정보를 수록했다. 창간년도, 발행주기, 발행인과 편집자, 출판사, 판매가격 등을 밝혔고, 발행 취지와 경위, 지면 구성의 특성, 주요 기사와 논설에 대한 해설, 매체의 사회적 역할, 관련 단체와 인물에 관한 정보 등을 실었다.

　이 책은 공동연구의 소산이다. 성균관대학교 동아시아역사연구소에 소속된 '근현대 신문·잡지 자료의 조사 수집 해제 및 DB화' 연구팀이 한국학중앙연구원의 지원을 받아 2011년 12월부터 2014년 11월까지 3년 동안 수행한 연구과제의 결과물 가운데 하나이다[이 저서는 2011년 정부(교육부)의 재원으로 한국학중앙연구원(한국학진흥사업단)의 지원을 받아 수행된 연구임(AKS-2011-EAA-310)]. 이 과제를 수행하기 위하여 8명의 연구전임인력을 포함한 19인의 공동 연구자가 힘을 모았다. 그뿐 아니라 66명에 달하는 연구보조원들도 이 연구에 참여하여 각각 제 몫의 역할을 감당해주었다.

연원을 따져보면 이 공동 연구의 역사는 좀 더 길다. 최초의 연구팀이 결성된 것은 지금으로부터 10년 전인 2005년이었다. 한국, 중국, 일본의 근대 신문·잡지 발간 현황을 조사할 목적으로 '동아시아 근대 언론매체 사전 편찬 및 디지털사전 DB 구축' 연구팀이 출범했다. 이 팀은 한국학술진흥재단의 지원을 받아 3년간 공동연구에 종사했다. 그리하여 연구 성과를 모아 『동아시아언론매체사전(1815~1945)』(논형, 2010)을 출간한 바 있다. 이 연구 성과는 학계 안팎에서 높은 평가를 받았다. 근대 이행기 동아시아의 방대한 자료의 바다를 떠다니는 배를 엮었다는 평가를 받았을 뿐 아니라, 대한출판문화협회가 제정한 2010년도 제1회 대한민국출판문화상 시상식에서 최우수상인 대한민국출판문화대상을 수상한 사실은 그를 증명해준다.

언론 매체에 대한 연구는 계속되었다. 1945년 이후에 발간된 신문과 잡지를 정리하기 위해서 '동북아 한인발행 언론매체 사전 편찬 및 디지털사전 DB 구축' 연구팀이 재차 구성되었다. 이 연구팀은 다행히 2008년부터 2011년까지 한국연구재단의 지원을 받을 수 있었다. 그 덕분에 후속 연구가 가능하게 되었다. 이 연구팀의 연구 성과는 한데 묶여서 『동북아 한인 언론의 발자취(1945~1949)』(성균관대학교출판부, 2013)라는 사전으로 출판되었다.

이 책은 세 번째 연구 소산이다. 앞서 발간된 두 사전들의 후속편에 해당한다. 첫 번째 사전이 1815~1945년 시기를 맡고, 두 번째 사전이 1945~1949년 시기를 다룬 데 이어서, 세 번째 사전은 1950~1969년 시기를 포괄하고 있다. 이 세 권의 사전을 통하여 우리는 1815년부터 1969년에 이르는 시기에 글로벌한 범위에서 간행된 한국의 언론 매체에 관한 포괄적인 안내서를 가질 수 있게 되었다.

우리가 10년 동안 언론 매체를 수집하고 정리하는 일에 줄곧 종사해 온 데에는 까닭이 있다. 다름 아닌 언론 매체가 갖는 자료적 중요성 때문이다. 신문과 잡지는 역사를 들여다보는 창과 같다. 그것은 사건과 사실에 관한 정보를 정기적으로 전달하고 그에 관한 분석과 해설을 제공해왔다. 그를 통하여 사회 구성원들의 의사소통을 매개하고 여론 형성에 일정한 영향력을 끼쳐왔다. 그래서 언론 매체에는 한 시대 인간 사회의 삶의 양상이 다채롭게 반영되어 있다. 인문학과 사회과학의 여러 학문 분야 연구자들이 일찍부터 언론 매체에 주목한 것은 바로 이 때문일 것이다. 언론 매체에 담긴 정보들은 국가 기관의 문서 자료나 다수 개인들의 사적 자료와 더불어 독해한다면 한 시대의 전체상과 내면을 이해하는 데에 유용한 자료가 될 수 있다.

학문 연구에서 언론 매체가 지닌 자료적 의의는 오늘날 더욱 증대하고 있다. 지식정보 전산화가 눈부시게 진전됨에 따라 연구자들이 언론 매체 원문 자료에 더욱 손쉽게 접근할 수 있게 되었기 때문이다. 온라인을 통해 언론 매체 원문 정보를 제공하는 도서관들이 해마다 늘어나고 있다. 이와 같이 언론 매체 자료에 대한 접근 가능성이 확장되면 될수록, 자료의 대양 속에서 제 항로를 찾아갈 수 있게끔 도와주는 해도와 나침반의 중요성이 더더욱 높아간다. 이 사전은 그러한 요청에 부응하기 위해서 작성되었다. 해도와 나침반의 역할을 하고자 한다. 여러 학문 분야 연구자들에게 유용하게 사용되는 도구서가 되기를 기대한다.

이 사전이 나오기까지 많은 사람의 힘을 빌렸다. 한국학중앙연구원의 토대연구 지원을 받지 않았더라면 이 연구 성과는 빛을 보기 어려웠을 것이다. 이 자리를 빌려 감사의 말씀을 드린다. 연구 공간을 제공하고 소장 자료를 이용할 수 있도록 허용해준 성균관대학교 학술정보관의 이은철, 고영만 두 관장님의 배려를 잊을 수 없다. 그분들께 각별한 감사의 뜻을 전한다. 또한 공동 연구에 참여하는 여러 개성 있는 연구자들의 견해와 의지를 통합하여 목적지까지 이끌고 온 연구팀 대표 구수미 박사님의 헌신과 지도력에 찬사를 보낸다. 무엇보다도 큰 공로는 공동연구에 참여하신 연구자 선생님들과 연구보조원 여러분에게 돌려야 할 것이다. 깊이 감사드린다.

2015년 10월
집필자를 대표하여 임경석 씀

일러두기

1. 이 사전의 수록 대상은 한국의 언론 매체들이다. 시기적으로 보면, 국내의 경우 1950년부터 1969년 사이에 창간된 신문 잡지, 국외의 경우 해방 이후부터 2000년 이전에 창간된 신문 잡지를 수록하였다.

2. 수록된 매체는 국내외를 구분하지 않고 한국식 독음에 따라 가나다순으로 배열하였다. 단, 일본 지명이 들어간 매체의 명칭은 그 지명을 원음대로 표기하였다.

3. 매체의 명칭은 한글로 표기하고, 한자와 외국어를 병기하였다.

4. 각국의 인명과 지명은 원음대로 표기하고 한자나 외국어를 병기하였다. 동일한 한자가 반복될 때에는 처음에 한 번만 표기하고 이후에는 한글로 표기하였다.

5. 각 항목의 내용은 서지사항, 본문, 데이터베이스 내용, 참고문헌으로 구성되어 있다.

6. 서지사항에는 창간년도, 발행주기, 발행인과 편집자, 출판사, 판매가격 등을 수록하였다.

7. 수록 매체의 사진은 창간호 표지 사용을 원칙으로 하였다. 창간호가 없거나 표지가 망실된 경우에는 창간호 이후의 표지나 본문 사진으로 대신하였다.

8. 각 항목의 본문에는 창간사, 발행취지와 경위, 매체의 구성, 주요 기사와 논설에 대한 해설, 매체의 사회적 역할, 관련 단체와 인물 등에 관한 정보를 수록하였다.

9. 각 항목의 말미에는 본 연구팀이 데이터베이스화한 정보와 참고문헌을 수록하였다.

10. 각 항목의 분량은 자료의 중요도와 접근성을 고려하여 차이를 두었다.

11. 각 항목마다 맨 끝에 항목별 집필자를 밝혔다.

차례

현대언론매체사전

1950~1969

가

가정
(家政)

1953년 12월에 창간된 학과 학회지이다. 매년 12월 정기적으로 발행되었다. 분량은 60쪽 내외이다. 발행인은 이화여자대학교 문리대학 가정학과 대표이다. 10호(1962년) 발행 때의 발행인은 박일화이다. 발행처는 이화여자대학교 출판부이다. 인쇄소는 동아출판사이다.

『가정』은 이화여자대학교 문리대학 가정학과에서 구성한 가정학회에서 매년 12월에 정기적으로 발행한 학회지이다. 가정학과 학부생과 대학원생의 학술논문 형태의 글이 실려 있다. 가정학회 소식, 교수명단 등이 실려 있어 학과 회보의 특징을 나타내고 있다.

1969년에 가정학과 40주년 기념으로 『가정』 16호를 발간하였다. 여기에는 특집호 형태의 기념사, 가정대학 연혁 등이 실려 있다. 학장 박일화는 기념사에서 "그간 우리의 가정학교육은 우리나라 가정생활의 과학화와 생활문화 향상을 위한 보탬을 최대의 사명으로 알고 정진해 왔습니다. 이제 그 노력의 결정이며 우리 생각의 방향을 나타내는 학회지 창립 40주년을 기념하는 특집호로서 내놓게 됨을 기쁘게 생각합니다."라는 소회를 밝혔다. 또 1966년에 새로이 편성된 이화여자대학교 문리대학 가정대학의 가정관리학과, 식품영양학과, 의류직물학과별로 대학생과 대학원생의 학술논문 형태의 글이 소개되고 있다.

『가정』의 10호(1962), 11호(1963), 12호와 13호(1965), 14호(1966), 15호(1967), 16호(1969) 등을 DB화하였다. (김일수)

참고문헌

『家政』, 이화여자대학교출판부, 10호(1962)~16호(1969).

가톨릭소년

월간 어린이 교양 잡지로 1960년 1월 1일 창간되었다. 노기남 발행인, 김옥균 편집인을 필두로 가톨릭소년사가 발행하였다. 가톨릭소년사는 서울시 중구 명동에 위치했으며, 잡지의 창간 당시 가격은 100환이었다. 1972년 4월호부터 제호를 『소년』으로 바꾸었다.

『가톨릭소년』은 가톨릭계가 출간한 월간 어린이 교양 잡지로 순수 어린이 대상의 잡지를 표방했다. 초등생 어린이와 중학생들을 대상으로 함을 창간호 편집후기를 통해 밝히고 있다. 1960년 1월 1일 창간호를 발간하였는데, 노기남 발행인, 김옥균 편집인이 중심축이 되었다. 1962년 12월호부터는 이석현이 편집장으로 합류하였다. 판매가격은 처음에는 100환이었다가 1962년 1월부터 150환이 되었고 같은 해 8월부터는 15원을 받았다. 이후 1964년에는 20원으로 오르며 물가 상승에 따라 조금씩 가격이 상승하였다. 가톨릭소년사는 가톨릭출판사와 동일한 출판사로 보아도 무방하다. 일제하 만주 용정에서 1934년 발간되어 1940년 폐간한 동일 제호의 『가톨릭소년』과는 다른 잡지이다.

발행인인 노기남은 1902년 평안남도 중화군 출생으로 1942년 제10대 교구장에 임명된 한국인 최초의 가톨릭 주교이다. 1946년에는 일제하 폐간되었던 『경향잡지』와 『가톨릭청년』을 복간하였고 『경향신문』 창간을 주도하였다. 이승만과는 대립하고 장면을 지지했다. 1962년에는 대주교가 되었다.

편집인인 김옥균은 가톨릭 주교로 1925년 용인에서 출생했다. 가톨릭대학교 철학과를 졸업하고 프랑스 릴 가톨릭대학교를 졸업하였다. 1959년부터 1962년까지 서울대교구 교구장 비서 겸 가톨릭출판사 사장으로 근무했으며 1989년부터 2001년까지는 평화방송과 평화신문 이사장을 역임했다.

『가톨릭소년』은 창간사를 통해 "『가톨릭소년』 잡지는 우리 교우 소년, 소녀들에게 가톨릭교회 교리를 가르쳐줄 것이며 교회법규와 수계범절을 실습케 할 것이며 아름답고 참된 정서를 길러줄 것이다. 소년 소녀들에게 인자한 어머니이신 교회의 내력과 전통을 물려줄 것이며 성인 성녀들의 빛 부시고 향기 나는 표양과 전기를 들려주고 읽게 함으로써 어리고 깨끗한 마음에 거룩하고 아름다운 정서와 용감하고 굳센 신덕의 터전을 예비해줄 것이다. 그리고 또한 우리 귀한 소년 소녀들에게 기구하는 법과 습관을 길러주며 천주를 흠숭하고 남을 사랑하는 첫째와 둘째의 계명을 어린 머릿속에 깊이 박아줄 것이다"라고 밝혔다. 또한 창간사를 통해 지금의 어린이가 미래의 성직자와 신자가 되며 한국교회를 이끌어갈 주교가 되리라고 강조하였다.

어린이를 대상으로 한 잡지답게 형식은 만화와 동화가 주를 이룬다. 장욱진, 백영수, 신동우, 김정 등이 어린이 동화를 본격화하였고 김성환, 박수동 등이 만화를 연재하였다. 동요 악보도 매회 포함되어 있으며 상 타기 문제 등을 통해 어린이들의 흥미를 유발하였다. 구약과 신약 성서 이야기를 만화나 동화 같은 쉬운 형식으로 풀고, 성경의 어려운 낱말에 대해서는 뜻풀이도 따로 하며, 독자인 소년 소녀들의 동요나 시, 수필 등도 투고 받아 실었다. 유명 만화가인 안의섭 등도 필자로 참여했으며 동화작가인 마해송이 창간호부터 「바위다리와 아기별」이라는 동화를 연재하였다. 이후 강소천도 동화로 필자에 참여했다. 손태섭과 이선구의 소설도 실렸다.

크리스마스가 있는 12월에는 〈크리스마스 특집〉 기사들이 집중적으로 실리기도 했다. 12개 꼭지 정도로 동요와 성탄 풍습 등을 소개하였다. 1961년 4월호에는 〈4·19 특집〉을 실었다. 4월혁명 사진화보와 관련 동화, 동시, 소설 등을 약 40페이지에 걸쳐 소개하였다. 그 외 5월에는 어린이날 특집, 설날이 있는 달에는 설날 특집 등을 실었다. 1961년 8월호부터는 편집후기 뒤에 반공을 국시로 한다는 5·16쿠데타 세력의 '혁명공약'을 매회 실었다. 잡지는 보통 80쪽 정도의 분량을 채웠다. 국회도서관, 국립중앙도서관 등에 소장되어 있다. 1972년 4월호부터 제호를 『소년』으로 바꾸었으며 1984년 12월에 300호를 발간하였다. (강수진)

참고문헌

『가톨릭소년』(1960년 창간호~1964년 5월호); 『한국민족문화대백과』 한국학중앙연구원; 『경향신문』 1984. 12. 5.

갈매기
(海鷗)

1983년 요녕민족출판사에서 창간하였다. 『갈매기』 편집부에서 편집하여 심양沈陽 시에 위치한 요녕민족출판사에서 격월간으로 출판 발행하고 있다. 주필 리창인, 부주필 박화, 편집은 림영숙, 전정환, 정철이다. 책값은 50전, 1년에 3원이다.

문예성 종합지임을 표방한 『갈매기』의 창간 목적은 중국 문화의 홍수 속에서 우리 민족의 글과 뿌리를 되살리기 위함이었다.

편집부는 창간호 「인사글」에서 문학성을 띤 글 80%와 민족의 발자취와 민족의 뿌리를 되살려 주는 글들을 주로 싣겠다고 하면서 "새로운 역사 시기의 새로운 의식, 새로운 관념, 새로운 사고방식, 새로운 표현수법으로 새로운 시대적 특점을 뚜렷이 표현하면서 우리 겨레의 얼, 우리 겨레의 인간성격, 우리 겨레의 심미지향, 우리 겨레의 언어 표현 특점을 옳게 그리고 두드러지게 살려야 할 것입니다. 진실성과 문학성의 결합에 보다 주의를 돌리면서 우리 겨레의 지난날과 오늘을 보여주는 실화문학, 실화소설, 실기, 회상기, 인물전기, 사화 등을 바라마지 않습니다. 물론 민족의 뿌리를 찾고 그 뿌리를 소중히 여길 글들을 싣기에 힘쓸 것입니다."

이와 같은 방향에서 민족 정서가 짙은 작품들을 다양하게 실었다. 민족의 뿌리 난에 「조선민족의 성씨와 본 및 족보」, 「친족과 인친척 간의 칭호」, 「계절에 따른 습속」 등과 「백두산 폭포」, 「백두산 천지」 등을 찍은 사진이 표지 사진으로 실려 있다. 이 당시만 해도 '백두산' 이란 이름이 자연스러운 이름이었는데 백두산이 최근에는 '장백산'으로만 사용되고 있는 것을 알 수 있다.

『갈매기』 창간을 축하하며 김철이 쓴 시의 첫 부분을 보면 "발해의 기슭에 둥지를 틀고 황해의 파도소리 자장가로 들으며 수평선 저 한끝에 꿈 접어놓고 바다를 못 잊어 우는 내 사랑"에서 보듯이 조선민족에 대한 향수가 짙게 배어 있다.

이 외에도 단편소설과 실화소설, 평론 서정시, 평론, 창작수기 등 다양한 작품들을 소개하고 있는데, 인사글에서 "잡지『갈매기』는 유서 깊은 력사의 땅에서 민족의 피줄기 이어 알찬 생활 가꾸는 료녕 20만 동포의 잡지인 동시에 1백 80여만 중국 조선족의 잡지"라는 본연의 역할에 충실하려는 글들이 많이 있다. 이 잡지는 요녕성(遼寧省) 조선 문학 독자들과 작가들에게 많은 발표의 장을 제공하여 주었다.

연변대학 도서관 소장본 중 1987년 1호, 1989년 11·12호를 DB화하였다.

(김성남)

참고문헌

『갈매기』 창간호, 1989년 11·12호; 車培根·吳泰鎬, 『中國朝鮮民族言論史』, 서울대학교 출판부, 1997; 최상철, 『중국조선족 언론사』, 경남대학교출판부, 1996.

감신학보
(監神學報)

1962년 10월 14일에 발행된 감리교 신학교 학회지이다. 발행인은 홍현설, 편집인은 재건 학생회 학예부이다. 인쇄소는 경화인쇄소이다.

『감신학보』는 감리교신학교 창립 57주년을 기념하여 발행되었다. 감리교신학교 교수와 학생 등의 글을 싣고 있다. 발행인 홍현설은 창립 57주년 기념호의 권두언에서 교회연합의 필요성과 그 실현방법을 제시하고 있다.

"만일에 교회연합에 대한 희망이 있다면 교회가 가진 성서적인 본질에 돌아가서 교회는 근본 하나라는 신념에 서든가 그렇지 않으면 교회의 선교적인 전략과 관심에 있어서 교회는 하나가 될 수밖에 없다는 극히 실제적인 신념에 서든가 이 두 길 중의 하나를 믿는 것 외에는 다른 길은 없다고 보는 신학자들도 있다. (중략) 한 마디로 말해서 교회는 그 본래의 사명에 진실하지 않으면 이 세상에서 버림받은 소금이 되고 말 것이다."

국회도서관에 소장되어 있는 1962년에 발행된 창립57주년 기념호, 1963년에 발행된 제2집을 DB화하였다. (김일수)

참고문헌

『감신학보』, 1집, 2집.

강남신문

(江南新聞)

1961년 3월 1일 서울 영등포구에서 창간되었다. 발행·편집 겸 인쇄인은 연주흠延周欽이고, 주간은 유기柳基, 편집국장은 김영배金永培이다. 발행소는 서울특별시 영등포구 영등포2가 333번지이다.

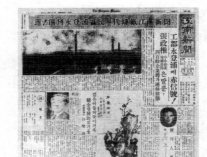

『강남신문』은 "민권을 옹호하는 신문, 엄정중립 시시비비주의 신문, 구세區勢 발전 근로대중을 위하는 신문"이 될 것을 표방하며 창간된 지역신문이다.

사장 연주흠도 창간인사를 통해 "영등포는 공업, 교통, 군사 도시로 우리나라의 중요한 위치를 차지하고 있으면서 (중략) 수도 서울에 속해 있으면서도 사회적으로 정치적으로 불구자의 입장을 면치 못하여 (중략) 이러한 입장에서 탈피하고 우리의 소망하는 바 정치 경제 사회 문화 모든 분야에 걸쳐서 내 고장의 지역 발전 복지사회를 건설하는 데 우모牛毛의 단역이나마 최대의 힘을 다해서 사명을 다하고자 영등포구민의 공기公器로써 자부하고 『강남신문』을 발간하게 된 것입니다. 신문이란 국민의 귀요 눈이요 입인지라 우리 『강남신문』은 국민의 여론을 대변하는 공기公器로써 명실공히 구민의 신문이 될 것입니다. 정치적으로는 엄격한 중립을 지키고 관민官民 사이에서는 어디까지나 민民의 편이 될 것이기 때문에 이 무거운 짐을 제대로 지고 나가려면 앞으로 적극적인 지도와 편달이 있기를 바라며"라고 하며 영등포 구민의 대변지로서 활동할 것을 공언하였다.

『강남신문』은 1면은 정치, 2면은 경제와 사설, 3면은 사회면으로 서울시 뉴스와 구내 뉴스를 중심으로 하였고, 4면은 문화면으로 구성되어 있다.

먼저 창간호를 보면, 「공도工都 영등포에 적신호」라는 제목으로 당시 장면 정권의 중소기업육성책을 비판하는 글로 1면을 장식하였다.

2면에서도 「장내각 운명을 좌우, 부패 지양이 급선무」라는 제목으로 국토건설사업의 성과에 대한 가늠을 하고 있다. 또한 사설을 통해 한미경제 원조협정을 비판하였다.

3면에서는 공업지역인 영등포의 상황을 알 수 있는 여러 가지 소식들이 게재되었다. 먼저 인구 격증으로 시급해진 여러 당면 과제에 대한 기사가 보도되었다. 산업 국방 교통의 중심이라는 영등포는 실업자 사태, 기업체 41개 운휴상태, 주택난, 구호대상자 4만여 명 등 심각한 상황에 있음을 보여주고 있다. 또한 영등포구 내의 합승택시 문제에 대한 기사도 보도되었다.

4면에는 참다운 영등포구민의 대변지가 되기 위한 각계 각층의 바람과 영등포의 복지사회 건설을 위한 의견이 제시되었다. 그 내용은 주로 「관민官民의 융화에 기여해주기 바란다」, 「지역 회사 발전에 기여하며 세궁민細窮民의 반려가 되라」, 「약자의 편 되기를」, 「내 고장의 계몽지가 되라」, 「구민의 보건 향상 위해 예방의학을 계몽시키도록」, 「근로대중을 위해서 부단한 노력으로 공기성公器性 지키라」, 「가정은 사회활동의 원천, 새로운 착상의 가정란을」 등이다.

국회도서관에 마이크로필름으로 소장되어 있는 것을 DB화하였다. (구수미)

참고문헌

『강남신문』, 1961년 3월 1일 제1호 ; 『한국신문 100년』(사료집), 한국신문연구소, 1975.

개간지

1985년 중국 연변에서 창간된 문학잡지로 통신으로 문학활동을 하던 문학창작 통신생들
이 발행한 잡지이다. 창간 이후의 상세한 서지사항은 불확실하다.

창간호 첫 페이지에 「통신생들의 활무대」라는 『천
지』 월간사 주필 리상각이 쓴 창간 축하 글에서 다
음과 같이 쓰고 있다.

"문학창작 통신생 모집 통지를 띄운 지 두 달 남
짓한 사이에 벌써 천여 명이 달려와 문학의 대문을
두드렸다. 대문은 활짝 열려졌다. 그대들에게 『개
간지』를 내어 놓자 벌써 첫 수확을 거둔 게 아닌가.
우리는 걷잡을 수 없이 흥분된 심정으로 통신생들
이 가꾼 『개간지』 꽃밭을 보게 된다. 그대들의 열매
를 맛본다. 학원들의 가슴에 움씰움씰 싹트는 청춘
희망도 본다. (중략) 우리네 통신생들은 그 어떤 주어진 낡은 틀도 없다. 오로지
창조와 탐구로 문학창작의 생산력을 해방시키는 성스러운 사업을 스스로 걸머
지게 될 젊은 맹장들이다. 미래는 그대들에게 속한다. 우리의 희망을 그대들에
게 기탁한다. (중략) 시대를 쓰자. 시대의 변혁을 쓰자. 문학은 언제나 시대의 대
변인이다. 우리는 시대와 력사에 고도로 되는 책임감을 가지고 적극적인 주제
를 발굴해야 한다. 사회적인 큰 주제에 주의력을 돌려야 한다. 작품의 생명은 오
로지 시대와 사회와의 관계 곳에 있는 것이다. 생활을 쓰자. 우리가 가장 익숙한
생활을 친절하게 진실하게 보는 듯이 그려주자. 문학은 그 어떤 설교와 개념과
공식과 구호와도 인연이 없다. 인간을 쓰자. 문학은 인간학이다. (중략) 제재도
자유롭고 새롭게, 형식도 풍격도 자유롭고 새롭게, 언어 묘사도 다채롭고 생동
하게, 독자 대중이 즐겨볼 훌륭한 작품을 내놓자. 『개간지』는 문학 인재를 육성

하고 문학 인재를 발견하는 활무대이다. 통신생들이여, 이 활무대에서 이름 있는 작가, 시인, 편집 선생들을 모시고 한껏 배우고 한껏 쓰자."

통신생이라는 자유로운 공간과 활동 무대를 배경으로 하여 보다 자유롭고 깊이 있는 문학활동을 할 수 있다는 격려와 바람을 담고 있는 이 창간호 축하 글에서 이 잡지의 성격과 앞으로의 통신원들에 대한 기대를 읽을 수 있다. 문학 통신생을 모집한다는 광고 이후 두 달 사이에 천여 명이 넘는 문학 지망생들이 참여를 하였다는 글에서 당시 한글 문학에 대한 이들의 관심과 열망을 읽을 수 있다.

주요 내용은 통신생들이 보낸 작품들을 게재하고·있는데, 단편소설, 미형소설, 그림소설, 패설문학, 시가문학, 재담, 이야기, 평론, 미술 사진의 난으로 구성되어 있다. 창간호에는 5편의 창작 단편소설과 서독, 미국 소설이 1편씩 소개되어 있고, 미형소설과 패형소설, 그림소설이란 형식의 소설 8편과 시 등이 수록되어 있다.

연변대학교 도서관에 소장되어 있으며 1985년 1호를 DB화하였다. (김성남)

참고문헌

車培根·吳泰鎬, 『中國朝鮮民族言論史』, 서울대학교출판부, 1997; 『개간지』, 창간호.

개발
(開發)

1966년 12월 1일에 창간된 건국대학교 지역사회개발대학 학회의 학회지이다. 발행인은 정대위鄭大爲, 편집인 겸 인쇄인은 이경수李庚洙이다. 창간 당시 편집위원은 지역사회개발대학의 농업토목학과, 식품가공공학과, 원예학과, 임업학과, 잠업학과, 지역학과, 축산학과의 학회장으로 구성되었다. 인쇄소는 서울 중구 초동 140의 정우사이다.

학회지 『개발』은 건국대학교 지역사회개발대학에 소속된 농업토목학과, 식품가공공학과, 원예학과, 임업학과, 잠업학과, 지역학과, 축산학과의 연합학회지로 창간되었다. 지역사회개발대학 학장이자 편집인인 이경수는 창간사에서 학회지 창간의 의미를 다음과 같이 제시하였다.

"종래 각 학과에서 과별로 학회지를 발간하여 1회 또는 3회를 거듭한 과도 있었으나 그 내용과 체제가 빈약함을 면하지 못하였고, 또 해당 과 학생만을 중심으로 편집되었던 것이므로 금년도에는 좀 더 내용의 충실과 체재를 완비하기 위하여 각 과 연합으로 종합학회지를 발간하기로 한 것이다. 또 학구면에서는 넓이보다 깊이가 더욱 중요하다고는 하지만 우리 농촌지역사회개발에 있어서는 그 선본역군으로서 일하기 위하여는 깊이보다 넓이가 먼저 필요하다고 느껴짐도 있어서 금반 연합학회지를 발간하게 된 것이니 소기의 성과가 이뤄지길 바랄 뿐이다.

학생제군에게 바라는 바는 굳은 신망과 불타는 감투정신이다. 깊게 판 우물에 맑은 물이 고이고 뚜드리는 자에게 문이 열리는 법이니 백절불굴의 노력으로 농촌개발의 선각자보다도 선봉이 되어서 조국발전에 힘이 되는 동시에 앞으로 자손만대의 복지사회를 이룩하는 데 큰 역군이 되기를 거듭 부탁한다."

창간호는 기념사, 교수논단, 특별기고, 학생들의 투고, 문예편 등으로 편집되어 있다. 대부분의 글은 농촌 개발, 농축산업 개발, 지역사회 개발, 식품과 가정 생활 개발 등으로 분류된다. 그 가운데 연택상延澤相(임과 2년)은 「한국농촌 부흥의 대책과 그 전망」에서 양송이 재배, 축산의 경영과 과수재배 등을 통해 한국 농촌의 부흥을 전망하였다.

　국회도서관에 소장되어 있는 1966년 12월 발행의 창간호를 DB화하였다. (김일수)

참고문헌

『개발』, 창간호, 1966년 12월.

개발조사
(開發調査)

대한중석광업주식회사의 사보로 창간되었다. 1967년 4월에 발행된 4회의 발행인은 박태준朴泰俊, 편집인은 노중열盧仲烈, 인쇄인은 정복진鄭福鎭이다. 1968년까지는 매월 발행되다가 1969년부터는 계간으로 발행되었다. 인쇄소는 서울시 중구 명동 1가 10의 수정당인쇄사이다.

『개발조사』는 대한중석광업주식회사 개발조사실에서 발행한 사보이다. 사보의 특징은 대한중석광업주식회사가 국영기업인 관계로 대통령의 동정과 훈시 등을 게재하고 있는 점, 회사의 발전 계획, 광물 소개 등을 주요 구성으로 편집하고 있다. 4호(1967년 4월)의 경우 「제6대 대통령 취임사(전문)」, 「근무기강 및 산업합리화 특별 지시」, 「박대통령 취임사를 듣고」, 「E.D.P.S란 무엇인가」, 「중장기계획」, 「Tungsten 소고」 등을 내용으로 발간되었다.

계간으로 발행된 1969년부터는 주제별로 분류하여 발간되었다. 22호(1971년 6월)는 권두언, 기술 조사, 기획경영 시리즈, 기술정보·연구, 자료, 문예, 통계, 화보 등을 내용으로 발간되고 있다. 월간에서 계간으로 바뀐 뒤 대통령의 동정과 발언, 정부 산업정책, 회사의 사업 확대와 조직 경영 등을 중점적으로 편성하고 있다.

국회도서관에 소장되어 있는 1967년 3~6호, 1968년 8~12호, 1969년 13~16호, 1970년 17~20호, 1971년 21~22호를 DB화하였다. (김일수)

참고문헌

『개발조사』, 대한중석광업주식회사.

개벽청년

1965년 8월 7일 천도교청년회가 창간한 타블로이드판 4면 발행의 월간지로 비매품이다. 발행인 겸 편집·인쇄인은 지만진池萬鎭, 발행소는 서울특별시 종로구 경운동 88이다.

『개벽청년』은 천도교청년회가 첫 사업으로 발행한 잡지이다.『개벽청년』창간호에는 천도교청년회의 결성 과정이 실려 있는데「결성보고」라는 글이 그것이다.「결성보고」에 따르면 천도교 중앙총본부는 천도교의 주의목적을 사회적으로 구현하고 교내 젊은 세대를 교양 훈련할 청년부문 단체활동이 시급하다고 판단하여 부문단체지도위원회를 구성하고 청년회 결성을 위한 발기위원 34명을 위촉하였다. 이들 발기위원 34명은 발기위원회를 개최하고 상임위원 21명을 선임하였는데, 결성준비위원장에 지만진池萬鎭, 부위원장에 한광도, 이태근, 총무부장에 이성원, 조직부장에 여선덕, 선전부장에 신승학을 각각 선임했다. 상임위원회와 의원총회를 거쳐 포덕 106년(1965년) 7월 25일 천도교대교당에서 전국대의원 105명 중 95명이 참석하여 천도교청년회 결성대회를 개최하였다.

천도교청년회는 자체교양사업으로 토론회와 강좌를 개최하여 자체교양을 높이고자 하는 등 의욕적인 출발을 보였는데『개벽청년』은 이러한 목적으로 발간된 것이다. 창간호를 보면 위원장 지만진이「천년동덕(靑年同德)들에게」라는 제목으로 쓴 글이 실려 있다.

"(전략) 우리에게 부과된 과제는 젊은 정열과 패기로써 천도교의 주의 목적을 사회적으로 구현시키는 데 전위적인 임무를 담당하고 있습니다. 급진하는 사회 조류와 세대의 변천기에 처하여 천도교의 전위적인 임무를 다한다는 것은 대단히 어렵고 무거운 임무임에 우선, 우리들은 먼저 수운주의의 지 덕 체의 수양을 쌓아 자아완성을 위해 피나는 자아혁신에 인색하여서는 아니 되겠습니다. 다시 말하면 보국안민 포덕천하 광제창생의 목적 아래 민족자주정신을 뿌리 깊이 박고 인내천과 사인여천의 인간성 존중의 민족윤리에 기초한 건전한 생활하는 사람, 즉 실천적 인간형을 형성하고 「성」 「경」 「신」의 수양을 닦는 데 있는 힘을 다해야 할 것입니다. (중략) 이제 우리는 긴 잠에서 깨어나 획기적인 기점에 섰음을 자각하고 타인의 과오를 어루만져 그 상처를 씻어주고 자기의 오점을 피나게 반성하여 용서를 구함으로써 모든 동덕들이 깨끗하고 개운한 마음으로 돌아가 굳게 뭉쳐 대과업수행에 총궐기할 것을 간절히 호소하는 바입니다. 끝으로 우리의 대과업 수행에 직접 「귀」와 「눈」이 되며 「입」이 되어 본회의 중추신경의 역할을 할 회보를 발간하게 되어 그 이름을 『개벽청년』으로 세상에 나오게 된 본지가 그 이름과 같이 본연의 자세를 굽히지 않고 정의의 교양에 피와 살이 될 수 있는 내용과 인간개벽의 용광로로서 억센 불길이 될 수 있게끔 여러 동덕들께서는 힘을 모아 힘찬 바람을 불어넣어주시기를 거듭 간청하는 바입니다."

이 밖에 천도교 청년회의 「결성취지문」, 종무원장 김경태의 축사 「청년회의 발전을 빈다」, 교리해설, 각 지방 교구의 소식, 매월 5일까지 『개벽청년』 원고를 모집한다는 공고, 시와 수필, 콩트 등이 실려 있다.

국회도서관에 마이크로필름 형태로 보관되어 있으며 이를 DB화하였다. (임경순)

참고문헌

『개벽청년』, 1965년 8월 7일.

건미

(健美)

1966년 6월 15일에 창간된 이화여자대학교 체육대학 건강교육학회의 학회지이다. 발행은 이화여자대학교 체육대학학생회이다. 편집은 이화여자대학교 체육대학학생회 학예부이다. 인쇄는 동아출판사이다.

『건미』는 이화여자대학교 체육대학 건강교육학회의 학회지이며, 회원은 체육대학 재학생으로 구성되었다. 창간호는 기념사에 해당하는 권두언, 창간사, 축사, 격려사, 논문, 조사연구문, 특집, 좌담회, 소고문小考文, 번역문, 부록, 편집후기, 화보 등으로 편집되었다.

권두언 「건미를 내며」에서 학생회장 홍양자는 창간의 의미를 다음과 같이 제시하였다.

"향기로운 바람 속에 밝은 웃음처럼 이화는 80년의 연령을 쌓아 올렸습니다. 한 그루의 나무가 그 가지를 치고 또 치고 번지어 무수한 줄기와 열매를 맺게 되었습니다. 그 줄기의 하나로서 체육대학은 발돋움하여 차림새를 갖추고 오늘을 직시하며 먼 미래인 내일의 보람을 찾고자 '건미'란 우리들만의 대화를 지어 보았습니다."

국회도서관에 소장되어 있는 1966년 6월 창간호를 DB화하였다. (김일수)

참고문헌

『건미』, 1966년 창간호.

건설신문

(建設新聞)

1960년 7월 25일에 창간한 주간신문이다. 종간일은 확실하지 않다. 사장은 황찬黃燦, 발행·편집 겸 인쇄인은 정승갑鄭昇甲, 발행소는 서울특별시 동대문구 용두동 708번지였다. 건설분야의 특수전문지로 매주 월요일에 발간되었으며 대판 4면(16단제, 1단 101행, 1행 11자)이었다. 구독료는 월정액 3백 원이었다.

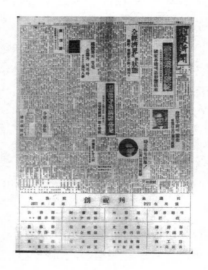

창간사 「'건설신문'을 내놓으면서」를 보면, "민족의 지상과제인 통일과업과 자주경제확립을 완수하기 위하여 어데까지나 국가재건의 기초와 민주발전의 초점을 건설에 의해서만이 성취할 수 있다는 세계사적 사명을 언론 본연의 불편부당 공명예리한 필봉으로 그 시시비비를 가리고 선진우방의 약진건설의 학구적인 장점과 우수한 기술의 심오를 추려 사계에 반영시킴으로써 민중의 참된 공기가 되어 언론창달에 공헌하는 데 그 사명과 목적이 있"다고 천명하고 있다.

창간호 1면에는 「건설업계 파탄」, 「전경제계 공황상태」, 「보수계 제승 필시」, 「건설혁신에 전위」(최 체신장관의 창간축사), 「시의 득한 쾌거!」 등의 기사가 눈에 띈다. 그리고 하단에는 신문 창간을 축하하는 민의원, 대법원, 국무총리를 비롯하여 법무부, 내무부, 문교부, 부흥부 등의 장관 명의의 광고가 실려 있다.

이 신문은 건설업계의 고질적인 비리와 관행으로 굳어진 부정입찰과 입찰방해의 화근을 없애고 착실한 중소기업자의 육성과 계약의 이행으로 공사의 완벽을 도모하도록 하는 데 힘을 쏟았다. 또한, 전 4면의 대부분을 논평기사로 채워 전문지로서의 성격을 뚜렷이 하였고 주관적인 색채를 띤 기사와 직선적인 가십이 대조를 이루었다. 건설지이기 때문에 광고 역시 대부분 입찰광고가 많았다.

국회도서관에 마이크로필름으로 소장되어 있으며, DB는 창간호 한 호이고 상태는 양호하다. (전상기)

참고문헌

『건설신문』 창간호, 1960년 7월 25일자; 『한국신문백년 〈사료집〉』, 한국신문연구소, 1975.

걸스카우트

대한소녀단 중앙연합회의 걸스카우트연맹의 기관지이다. 편집 겸 발행인은 대한소녀단 중앙연합회 출판부이다. 발행처는 서울시 종로구 사간동 126-6의 대한교과서주식회사 이다. 현재는 영어 『GIRL SCOUT』로 표제가 발행되고 있다.

『걸스카우트』는 1955년 1월에 창간된 것으로 보인다. 1968년 2월 발행의 통권 96호(14권 1호)에서는 표지와 표제도 새로이 바꾸었다. 1975년 1·2월 합본호(통권 116호)에서는 유엔이 선포한 '세계 여성의 해'에 맞추어 「1975년 한국 여성의 책임」(양순담), 「1955년은 지도자 연수의 해」(박정숙) 등이 발표되었다. 1976년 1·2월 합본호(통권 126호)의 표지에 '내 나라를 깨끗이 내 이웃을 따뜻이'라는 표어를 게시하였다. 표지는 대통령의 딸 박근혜가 명예총재로 추대되는 장면으로 장식하였다. 현재는 영어 『GIRL SCOUT』라는 표제로 발행되고 있다.

국회도서관에 소장되어 있는 1968년 14권 1~12호, 1969년 15권 2~8호, 10~12호, 1970년 16권 1~10호, 12호, 1971년 17권 7~8호, 1972년 18권 1~12호, 1973년 19권 1~11호, 1974년 20권 1, 3~8호, 10호, 1975년 21권 1~10호, 1976년 22권 1~12호, 1977년 23권 1~10호, 1979년 25권 2~5호를 DB화하였다. (김일수)

※ 한국걸스카우트연맹

한국걸스카우트연맹은 1946년 5월 10일 소녀와 젊은 여성들의 봉사활동과 우호적 국제 교류를 목표로 대한소녀단중앙연합회라는 이름으로 창립되었다. 1954년 한·미재단의 재정후원을 받아 태평로에 걸스카우트 회관을 갖게 되었고, 1969년 현재의 안국동 회관을 완공하였다. 1970년 한국걸스카우트연맹으로 명칭을 개칭하여 현재에 이르고 있다. (김일수)

참고문헌

『걸스카우트』, 걸스카우트연맹.

검찰
(檢察)

1968년 5월에 발행된 검찰청의 기관지이다. 월간으로 발행되었다. 분량은 250쪽 내외이다. 발행인은 검찰총장이 편집인은 대검찰청 검사가 맡았다. 1969년 11월호와 12월호가 발행될 때 발행인은 검찰총장 신직수, 편집인은 대검찰청 검사 나길조이다. 발행소는 서울시 서대문구 서소문동 37의 대검찰청이다. 인쇄소는 광명인쇄공사이다.

『검찰』의 발행 목적은 네 가지로 정리된다. 첫째, 검찰 업무수행의 지침이나 참고가 될 사항, 둘째, 각종 수사 편력에서 얻은 경험, 셋째, 검찰인의 생활정서나 기호, 넷째, 검찰 홍보 등이었다. 기관지에는 판례 소개, 새법령 소개 등과 주제도 편성하고 있다. 새법령의 경우 물가조절에 관한 임시조치법 시행령 개정령(대통령령 제4181호, 1969년 10월 27일 공포), 재외공관 공증수수율 규정 개정령(대통령령 제4292호, 1969년 11월 21일 공포) 등이 소개되고 있다.

편집은 대검찰청에서 발행되고 있는 만큼 정부조직의 성격을 짙게 드러내는 특징을 보이고 있다. 청와대 동정과 화보, 국민교육헌장, 법무부 장관이나 검찰 총장의 훈시 등이 편성되어 있다.

국회도서관에 소장되어 있는 1968년 11월호(통권 19호)와 12월호(통권 20호)를 DB화하였다. (김일수)

참고문헌

『검찰』, 대검찰청, 1968년 11월호·12월호.

경제뉴스
(經濟뉴스)

1967년 2월 28일 발행된 부정기 간행 신문이다. 타블로이드판 12면으로 발행되었으며, 발행인은 김응순金應淳, 편집인은 송화용宋化鏞이다. 발행처는 서울 중구 저동 2의 4번지 (경제뉴스사)이고 종간호는 확실치 않다.

이 신문은 『商工報』를 개제한 것으로 제11호 지면을 계승하여 발간되었고, 개제와 함께 운영진도 개편되었다.

경제뉴스사 회장 김익준金益俊(1916년~1984년 6월 18일)은 정치인, 경찰, 정치학자로 고려대학교 및 서울대학교 법과대학 교수를 지냈고 내무부 치안국 교육과장 겸 경찰전문학교 교장, 강원도 경찰국장, 한성일보 논설위원, 국가재건최고회의 기획위원 등을 지냈다. 제7대(1971년~1972년) 민주공화당 국회의원, 제10대(1976년~1979년) 유신정우회 의원을 역임하였다.

개제 1호 1면은 전 지면이 한일합성섬유공업주식회사韓一合成纖維工業株式會社를 소개하는 내용으로 채워졌다. 「제1차 경제개발 5개년계획의 산물, 국내 최초의 '카시미론'공장 준공」이라는 기사에서 공장 사진을 게재하고 회사 이력을 소개하고 있다. 2면에는 「종근당제약 세계 수준에 육박, 동양 최대의 항생원료공장을 완성」이라는 제목하에 종근당(주)의 공장 내부 사진과 회사개요, 생산약품 등의 소개 기사가 실렸다. 3면에는 「단국대학교 승격 인가」라는 제목으로 단국대학교의 종합대학 승격 기사가 실리고 숙원이던 승격을 이루어 국가와 민족의 사명에 기여할 것이라는 총장 장충식張忠植의 인터뷰 기사가 전면에 걸쳐 게재

33

되었다. 하단에는 이사장의 인사말과 대학원 모집 광고가 실렸다.

4면에는 「제지의 톱메이커」라는 제목으로 삼풍제지三豐製紙회사 소개가 실리고, 5면에 선린중학·상업학교와 동구여중·상업학교 소개, 제6면에는 「늘어난 수요량에 부응, 조국근대화 지름길 마련」이라는 제목 하에 한국유리공업의 공장사진과 회사 소개가 실렸다. 7면에는 미성美星핸드백주식회사와 영진永進약품회사 소개, 제8면에 우석友石대학과 숭의여중·고교 소개, 제9면에 동양시멘트회사와 국제관광공사 소개, 제10면에 삼성물산 소개가 이어졌다.

이 신문은 각 면 밑에 광고를 게재한 형식을 취했지만, 각 면의 소개기사가 모두 그 회사나 학교의 최고 간부 필명으로 되어 있어 경제뉴스라기보다는 전 지면을 활용한 기업 소개가 중심이었다. 신문의 중심 방향은 1차 경제개발 5개년 계획을 추진하면서 각 기업의 역할을 강조하고 상업, 공업학교나 대학의 상공 관련 학과 졸업생들이 경제개발 계획에 적극 참여할 것을 유도하는 것에 있었다. 신문 전 지면 중 표지에 해당되는 1·2면과 11·12면은 모조지를 사용함과 아울러 각 면마다 전면광고를 실은 것이 특색이다.

국회도서관에 소장되어 있는 개제 1호(총11호)를 DB화하였다. (이병례)

참고문헌

한국신문연구소 편, 『한국신문백년』, 1975; 『경제뉴스』, 1967년 제1호(개제11호), 경제뉴스사.

경제동향

1968년 8월 창간된 한국상업은행 경제 전문지이다. 발행인은 임석춘이다. 편집인은 박기남이다. 인쇄인은 박윤근이다. 발행소는 서울시 중구 남대문로 2가 111-1 한국상업은행이다. 인쇄소는 대창흥업주식회사이다.

회보는 한국상업은행의 국내외 경제 동향 전문지로 발행되었다. 편집구성을 보면, 시론, 금융·재정, 무역·외환, 물가 동향, 업계 동향, 해외 경제, 상담 코너, 주요 경제지표 등으로 편성되어 있다.

1970년 1월호(제3권 제1호)를 보면, 시론으로 「70년의 금융정책과 그 문제점」, 금융·재정의 「금년도 재정안정계획 확정」, 무역·외환의 「70년도 외환수급 계획」, 물가 동향의 「69년도 물가 동향」과 「70년도 경제 안정 시책」, 업계 동향의 「우리나라 전자공업 현황」, 해외 경제의 「OECD 주요 7개국의 70년 경제전망」, 상담 코너의 「복합기업, 대출실링제」 등을 게재하고 있다.

1970년 2월호(제3권 제2호)를 보면, 시론으로 「현행 IMF환율제의 문제점」, 금융·재정의 「재무부, 금융업무 쇄신방안 마련」과 「금통위, 녹색업체 운용 요강 의결」, 무역·외환의 「D/A 손질허가 요령」, 업계 동향의 「외자상환적금제도」와 「중소기업육성 재정자금 운용 요강」, 해외 경제의 「EEC회원국 간 단기통화지원 제도 설치」, 「자유중국 수출가공 지구 확장일로」, 상담 코너의 「지정통화」와 「금융연관비율」 등을 게재하고 있다.

국회도서관에 소장되어 있는 1970년 1월호, 2월호, 3/4월호를 DB화하였다.
(김일수)

참고문헌

『경제동향』, 한국상업은행.

경제문화

(經濟文化)

1946년 3월 30일 일본 오사카(大阪)에서 창간되었다. 창간호 이후의 발행상황을 알 수 없다. 편집 겸 발행인은 아사쿠라 세이만(朝倉成萬), 발행소는 오사카조선인상공회이며 인쇄소는 요네다인쇄(米田印刷)였다. 등사판이며 일본어를 사용하였다.

발행자인 오사카조선인상공회는 재일조선인연맹(조련)의 지시로 기존의 오사카조선인실업회를 개칭하여 조직되었다. 오사카조선인상공회는 조련 승인의 유일한 경제지도기관으로 자처하면서 조선인 상공업자의 권리 증진과 경제적 지반 강화를 위한 활동을 목적으로 삼았다. 오사카조선인상공회의 활동과 목적은 조련의 지도하에 건설된 상공회 연합조직과 같았다. 1946년 2월 10일에 재일본조선상공회는 "위대한 조국 조선의 자주독립을 위해 재일본 조선실업경제인은 대동단결하고 근대적 제諸기술을 연마하여 산업경제를 진흥시켜 우리 국가건설의 초석으로 된다"는 선언을 발표하였다. 그리고 같은 날 강령으로 1) 우리는 산업경제에 총력을 집중하여 신조선 건설에 공헌할 것을 목표한다, 2) 우리는 동포의 생활향상과 세계적 경제발전을 목표한다는 두 개조의 강령을 내걸었다.

『경제문화』는 「권두언」에서 어떠한 방향으로 나아갈 것인가를 물으면서 조선의 경제적 독립을 강조하였다. 조선의 자주독립은 경제 독립에서 비롯된다는 주장이었다. 『경제문화』의 입장은 경제논설 모집에서도 잘 드러나는데, 그 내용은 첫째로 독립 조선의 세계경제시장에서의 입장, 둘째로 세계경제의 일환으로서 장래 일본과 조선 간의 유대紐帶 등이었다. 일본에 거주하는 실업인으로서 조선 경제의 독립에 이바지하면서 일본과 조선의 관계 개선에도 힘을 쏟아야 함을 의미하였다.

창간호는 서포천徐抱天의 「조선경제의 중심문제」, 미즈후지 야스히사(水藤安久)의 「현대 지식계급의 자각과 임무」 등의 논설과 함께 「조선의 창」, 「사회시평」, 「최근의 조선사정」, 「해설 - 신탁통치제, 일본영리營理이사회」, 「가두촌평街頭寸評」, 소설 「장화長靴」 등으로 구성되었다.

일본 국회도서관에 소장된 창간호를 DB로 만들었다. (장신)

참고문헌

『경제문화』, 오사카조선인상공회.

경제신문

(經濟新聞)

1965년 8월 20일 창간된 경제지로, 주간지이다. 대판 4면으로 발행되었으며 발행 겸 인쇄인 고수웅, 편집인 서창수이다. 1부 정가는 15원으로 월정구독료 60원이다.

『경제신문』은 과거의 경제지의 한계를 벗어나 "정도직행의 신조"와 "경제계의 길잡이"가 되겠다는 취지로 창간된 신문이다. 창간호에 실린 창간사를 보면 "특히 이 신문은 경제계의 정확하고 종합적인 뉴스에 치중"하여 "경제계에 종사하는 모든 독자들의 신뢰를 한 몸에 지닐 수 있고", "독자들과 함께 호흡을 같이 할 수 있는 진정한 의미의 『경제신문』"이 되겠다는 각오를 밝히고 있다. 또한 신문이 정론을 편다는 것은 예나 지금이나 가장 어려운 일이지만 이를 언론자유의 진심으로 알고 이에 공명하는 이들이 모여 『경제신문』을 창간하였다고 밝히고 있다. 또한 1960년대 중반에 창간된 경제신문인 만큼 당시의 궁핍에 대해서도 서술하고 있다. 현재 우리의 생활은 너무나 괴로울 정도로 가난한데 이 가난의 역사는 어제오늘에 비롯된 것이 아닌 오랜 과정을 지닌 것으로 이를 극복하기 위해서는 줄기찬 노력과 용기가 필요하다는 것이다. 이는 "정부가 증산 수출 건설의 삼대 지표를 경제시책으로 삼아 이를 실행하기 위한 국민의 협로를 촉구한 것도 모두 누적된 빈곤을 벗기 위한 노력이라고 하겠습니다."란 서술로 이어져 당시의 시대상을 짐작케 한다.

이 신문의 기사 구성을 보면 1면에는 「연도 추가지불보증동의안 곧 국회에 상정」을 머릿기사로 하여 「소비자 부담시킬 세율인상-간접세 치중은 물가앙등만」, 「시비에 선 금리현실화-일부 경제계의 반발로 원가고와 물가앙등 우려」 등의 기사가 실려 있다. 2면에는 「빈곤의 악순환은 계속」, 「국민소득은 19배 늘고」, 「외환으로 국제지수 적자 카바」 등의 기사와 「한풍 수해 대책은 형식적, 항구책엔 법제정이 필요」라는 논설, 「화제의 인물」이 실려 있다. 3면에는 인상적인 기업을 소개하는 〈기업탐방〉 코너를 배치하였는데 「경제계의 기린아-제일제당 통조림계에도 군림」으로 제목을 뽑고 있다. 또한 「폐점 위기의 통일상가」, 「전화 1천7백 대 부정처리-전 성북 차국장 처사에 비난」, 「판치는 외제약품 브로카-동대문 시장을 무대로 200여 명」 등의 기사가 실렸다. '여기자의 수첩' 코너도 있어서 「여성 불가침의 '위엄'의 성과, 무게 있는 멋은 존경의 대상」이라는 글을 싣고 있다. 4면은 중소기업의 실태를 해부하는 기획기사가 대부분을 차지하고 있으며, 「국민경제와 한국관광」이 함께 실려 있다.

국회도서관에 마이크로필름 형태로 보관되어 있으며, 이를 DB화하였다. (임경순)

참고문헌

『경제신문』, 1965년 8월 20일.

경제조사

(經濟調査, QUARTERLY ECONOMIC RESEARCH)

경제기획원에서 계간으로 발행한 경제동향 조사서이다. 편집 겸 발행인은 경제기획원 장관이다. 발행처는 경제기획원종합기획국이며, 인쇄소는 삼화인쇄주식회사이다.

경제기획원에서 계간으로 발행한 『경제조사』 8권 1호(1963년 3월)의 주요 내용은 「1962년 경제의 회고와 금년도 전망」, 「1962년의 세계경제」, 「후진국경제개발에 관한 이론적 분석」, 「경제계획의 이론과 실제」, 「5개년계획 제2차년도 시행계획」, 「5개년계획사업 추진상황」 등이다. 가장 핵심적인 내용은 한국의 경제개발계획이며, 그 요체가 '5개년계획 2차년도'이다. 2차년도 기본경제시책으로 안정기조의 견지와 수출진흥, 수요 면에서 자원의 분배 등을 주요 내용으로 설정하고 있다. 또 계획 수행을 위한 정책 수단으로 재정, 기술진흥계획 등을 제시하고 있다.

국회도서관에 소장되어 있는 『경제조사』 8권 1호(1963년 3월)를 DB화하였다.

(김일수)

참고문헌

『경제조사』 제8권 1호, 경제기획원, 1963년 3월.

경찰계
(警察界)

1969년 8월부터 발행된 월간 종합잡지이다. 발행인은 이명세李明世, 편집인은 조윤식趙允植이고 발행처는 서울 서대문구 정동 22-2(경찰계사)이다. 약 90~100쪽 분량으로 발행되었으며, 4호까지는 무료로 배포되고 5호부터 150원에 판매되었다. 종간호는 확실치 않다.

이 잡지는 각 지역 경찰관의 업무와 활동내용을 소개하고 대중에게 경찰업무에 대한 이해를 높이기 위해 발행되었다. 〈경찰계사〉 회장 安禎植은 잡지 발행에 대해 다음과 같이 밝히고 있다.

"본지는 어떻게 하면 국민의 입장에서 경찰을 이해하여 잘한 면은 찬사를 보내 협조하고 잘못한 부분에 대해서는 강경한 시정을 요구하여 경찰과 더불어 같이 호흡하기 위해 이 세상에 나왔다. 또한 왜정시부터 뿌리 깊이 박힌 경찰에 대한 나쁜 선입견 및 잠재의식을 점차적으로 해소시키고 경찰 본연의 자세인 참된 민주경찰로 개선 전진시키며 진정한 국민의 경찰이 되기를 진심으로 바라는 마음에서 국민과 경찰의 소외된 거리감을 조금이라도 접근시킬 수 있는 매개체의 역할을 하고자 자발적으로 본지를 발간하여 왔다."

이 잡지는 경찰업무에 대한 이해를 도모하고 권위적인 경찰 이미지를 쇄신하려는 것을 주목적으로 삼고 있다. 이러한 목적에 부응하기 위해 잡지의 상당 부분이 각 지역 경찰서에 근무하는 경찰관들의 활동과 애로 사항 등을 소개하는 내용으로 채워졌다. 잡지 구성과 편집은 그다지 체계적이지는 않은데, 대체로 경찰업무와 관련된 논설류의 글과 경찰관 프로필, 경찰서 탐방 등의 기사로 이루어졌다.

제5호(1969. 12.)는 법무부장관 담화문 「인권주간을 맞이하여」가 게재되고 〈시평〉으로 「인권옹호와 수사경찰」(이필우李必雨, 경찰전문학교 교수)가 실렸다. 〈교양〉란을 두어 「출입국 관리행정의 개요」(김세권金世權, 서울고등검찰청검사)가 게재되고 북부서 소년계의 불우 청소년 위안 기사가 실렸다. 「소련의 작가와 예술인들」에서는 소련의 망명 작가 아나토라 구즈네프의 망명 경위와 과정을 소개하고 있으며, 기고문으로 「인구팽창으로 인한 사회질서와 경찰」(송한宋漢, 중앙대학 대학원) 등의 글이 실렸다.

〈수사비화〉란에는 치안국 정보과 대공분실장인 박처원朴處源의 월북자 체포 실화가 실렸고, 〈프로필〉란에는 각 경찰관의 활동을 게재하였다. 그 밖에 「경리업무의 베테랑」이라는 제목 하에 치안국 경리계장의 인품과 활동상을 다루었고, 「예비군 육성의 산일꾼」이라는 제목 하에 경찰서 경사의 프로필과 활동 소개, 「국가대표 길러낸 경찰관」에서는 파출소 경장의 활약상을 소개하고 있다.

〈르뽀〉란에는 「영시의 서울거리」라는 제목 하에 밤 12시경의 서울 파출소나 청량리 로타리, 강변로, 한강 건너 중대입구 등 각 지역에서 벌어지는 사건 사고나 풍경이 실렸다. 〈대화의 광장〉란에는 각계각층의 시민들이 경찰에게 바라는 의견과 경찰관의 시민에게 바라는 내용을 담고 있다. 특집 형식의 글에서는 「도청행위에 대한 범죄」(편집부)와 「좌담회」 기사가 실렸다. 좌담회는 각 지역 경찰서 경사, 순경 등 5명이 참석하여 경찰관들의 열악한 실태를 진단하고 개선 방향에 대한 의견을 개진하였다. 또한 「미국 FBI국립학교」라는 제목 하에 미국 특수 경찰 양성 시스템을 소개하는 글이 실리고, 「북한의 근황」(공산문제연구소)에서는 북한의 정치상황을 소개하는 글을 싣고 있다. 「교통진단, 서울의 교통지옥을 헤쳐본다」에서는 당시 교통문제의 해결점을 제시하는 내용을 다루었고 말미에는 경찰관 채용 및 승진시험 예상문제가 실렸다. 〈가정탐방〉에서는 치안국 방위계 경위의 단란한 가족 풍경 소개글과 미담기사 등이 실렸다. 그 밖에 「경찰통신」으로 각 경찰서의 행사나 일정, 경찰관계자의 수필과 몇 편의 시도 함께 싣고 있다.

이 잡지는 경찰업무를 선전하는 것이 주목적이지만, 르뽀나 수사비화 등 다양한 기사가 실려 있어 당시 사회상을 엿볼수 있는 자료이다.

국회도서관에 소장되어 있는 1969년 12월호, 1970년 1·4·5월호를 DB화하였다. (이병례)

참고문헌

『경찰계』, 1969년 12월호, 1970년 1·4·5월호, 경찰계사.

경화

(耕和)

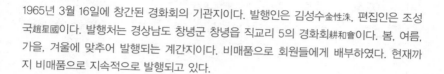

1965년 3월 16일에 창간된 경화회의 기관지이다. 발행인은 김성수金性洙, 편집인은 조성국趙星國이다. 발행처는 경상남도 창녕군 창녕읍 직교리 5의 경화회耕和會이다. 봄, 여름, 가을, 겨울에 맞추어 발행되는 계간지이다. 비매품으로 회원들에게 배부하였다. 현재까지 비매품으로 지속적으로 발행되고 있다.

발행인 김성수는 「회지 창간에 제際하여」라는 제목의 권두언에서 다음과 같이 『경화』의 창간 취지를 밝혔다.

"대지의 가슴팍을 헤치고 참된 씨알을 뿌려 대자연과 투쟁하여 우리들의 정성어린 열매를 거두기 위하여 이 회지를 발행하여 안으로는 우리의 창조적인 정신을 기르고, 밖으로는 일반 생활에 필요한 양식과 도구가 될 것을 바라는 바이다"

창간호의 편집은 권두언, 기술공부, 기고, 수필, 내고장, 회원의 일인일언, 경화회 발자취, 회원명부 등으로 구성되어 있다. 회지의 가장 큰 특징을 나타내는 기술공부에는 온상육묘, 보리와 양파 추비법, 감자재배법, 벼농사강좌, 크리미엄의 효과와 사용방법, 재배원론 등 농업 기술이 실려 있다.

창간호에는 경화회의 실질적인 창립자인 성재경成在慶이 「회원에게 드리는 말」이 실려 있다. 이 글을 통해 회지 발행과 경화회의 목적을 이해할 수 있다.

"우리 농민들은 올바른 생활을 통하여 긍지와 자존심을 가지자. 누구에게도 의연한 태도로 대하자 참된 생활을 통하지 아니하고는 그것은 불가능한 것이다. 농민이 가난한 생활을 통하여 나라에 옳게 이바지한다는 것은 어려운 일이나 꼭 해나가야 하며 훌륭한 사업이다. 경화의 길도 이러한 길이 되어야 할 것이다. (중략) 정의와 진리는 먼 곳에 있는 것이 아니고 가까운 곳, 즉 우리의 일상 생활 속에서 찾아낼 수 있다. (중략) 우리 회를 회원 각자가 인격을 닦는 수도장 으로 생각하고 또한 이 경화회를 위하는 것이 나라를 위하는 길이 되고 또 내가 올바르게 발전할 수 있는 길에 통한다는 것을 굳게 믿고 우리의 경화회를 올바 르게 키워 나가자."

회지의 1973년 여름호는 회지 발행 10주년을 기념하는 방식으로 발행되었 다. 회원발언대를 통해 「10년을 맞이하여」(박상석), 「경화 10주년을 맞이하면서」 (성락구), 「확실히 노력과 실천하자」(양희준), 「꿈과 현실」, 「노력으로 발전하자」 등의 글이 실려 있다. (김일수)

참고문헌

『경화』, 경화회.

계간 마당

(季刊まだん)

1973년 10월 1일에 도쿄에서 창간된 일본어 계간지이다. 부제에 '재일조선·한국인의 마당'이라고 있듯이 7·4공동성명에 힘입어 재일동포가 공유하는 원점에 서서 함께 논의하고 교류할 수 있는 '마당'을 만들려는 취지로 발간되었다. 편집주간은 김주태金宙泰가 맡았으며 소키보신샤創紀房新社에서 발행되었다. 1975년 6월에 간행된 6호로 발행이 중단되었다.

1973년 10월 1일에 도쿄에서 김주태金宙泰를 편집주간으로, 그 외 편집담당자로 평론가 김양기金兩基, 문학가 이승옥李丞玉, 화가 오병학吳炳學 등이 참여했으며 발행자는 김주태, 박병채朴炳采, 윤영기尹榮基가 맡았다. 편집주간을 맡은 김주태는 모텔을 경영하는 사업가로 병으로 죽을 고비를 넘은 것을 계기로 무언가를 남기고 싶다고 생각해 어느 민족단체에도 거리를 두고 동포들의 실제 고뇌를 공유하고 또 1세들의 생활체험을 기록으로 남기기 위해 『마당』 창간을 기획하게 되었다.

'간행취의서'에 의하면 "이 특수한 환경사회에 의해 자라난 재일동포는 공유된 원점에 서서 함께 이야기하며, 논의하고 또 즐기고 싶다는 충동을 누르기 어려워 그 욕구는 노도와 같이 퍼지며 하나의 '마당'을 바라 마지않는다. 우리는 이러한 재일동포의 바람을 충족시키고 상호불신을 제거하는 작업을 통해서 일본이라는 환경 속에서 사는 동포사회의 현실을 탐구하면서 국제적 시야에 선 이웃과의 연대를 꾀하며 하루라도 빠른 조국통일의 날을 맞이하고 싶다"는 취지로 창간되었다. 실제 특집으로도 〈재일조선인의 육성〉(2호), 〈질문받는 재일조선인상〉(3호), 〈민족교육의 내일을 찾다〉(5호), 〈결혼〉(6호) 등 재일조선인들의 생활을 중심에 둔 특집을 주로 꾸몄다. 그러면서 일본이름을 쓰는 사람, 일본으로 '귀화'한 사람, 일본인과의 혼혈 등 다양한 재일조선인들의 목소리를 지면에 반영한 열린 자세를 보인 것이 눈에 띈다.

또한 일본에서 '일본군 위안부' 문제를 선구적으로 다룬 것으로 잘 알려져 있는 김일면金一勉이 '일본군 위안부'에 관한 글을 3호부터 6호까지 연재했는데, 이 연재물이 1976년에 출판되는『천황의 군대와 조선인 위안부』의 근간이 되었다.

본 연구팀에서 입수한 1~6호를 DB화했다. (후지이 다케시)

참고문헌

『季刊まだん』, 創紀房新社, 1973~1975; 朴一 편, 『在日コリアン辞典』, 明石書店, 2010; 本田靖春, 『私のなかの朝鮮人』, 文春文庫, 1984.

계간 삼천리
(季刊三千里)

1975년 2월 1일에 일본 도쿄에서 창간된 일본어 계간지이다. 편집인은 이진희李進熙. 발행인은 이철李哲이다. 정가 580엔. 1987년 5월에 50호로 종간되었다.

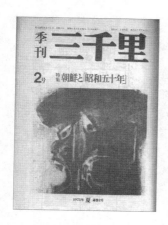

1975년 2월에 고대사학자 이진희李進熙를 중심으로 역사가인 박경식朴慶植과 강재언姜在彦, 소설가인 김달수金達壽, 김석범金石範, 시인인 이철李哲, 그리고 평론가인 윤학준尹學準을 편집위원으로 창간되었다. 창간사는 다음과 같다. "조선을 가리켜 '삼천리금수강산'이라고도 한다. '아름다운 산하 조선'이라는 뜻이다. 잡지『계간삼천리』에는 조선민족의 염원인 통일의 기본방향을 제시한 1972년의 '7·4공동성명'에 따른 '통일된 조선'을 실현시키기 위한 절실한 바람이 담겨 있다. 일의대수의 관계에 있다고들 하지만 조선과 일본은 아직 '가깝고도 먼 나라'의 관계에 있다. 우리는 조선과 일본 사이의 얽힌 실을 풀며 상호간의 이해와 연대를 꾀하기 위한 하나의 다리를 놓고자 한다. 이러한 바람을 실현시키기 위해 재일동포 문학자나 연구자들과의 관계를 넓혀갈 것이다. 또 일본의 많은 문학자나 연구자들과의 연계를 강화해나가고자 한다. 나아가 우리는 독자들의 목소리를 존중하며 그것을 지면에 반영할 것이다. 이제까지의 경험에 비추어 우리에게는 갖가지 어려움이 예상된다. 그러나 그것을 극복하며 우리는 그 바람을 실현해나갈 것이다." 이와 같이 남북통일을 바라는 입장에서 재일한인들을 결집시키며 일본인들과의 관계도 개선해나갈 것을 목표로『계간삼천리』는 창간되었다. 재정적인 부분은 실업가 서채원徐彩源이 맡았다.

매호마다 특집과 더불어 편집위원들에 의한 역사, 문화, 문학창작의 연재, 소장연구자에 의한 연구노트나 시론 등 다양한 내용으로 꾸며졌다. 젊은 재일한 인들뿐만 아니라 많은 일본인 문학자, 연구자, 언론인 등이 적극적으로 기고해 연인원으로 1,720명이 기고 또는 좌담회 등에 참여했다. 하지만 편집위원의 대부분이 과거 재일본조선인총연합회(총련)에서 활동하다가 이탈한 이들이었기 때문에 특히 8호에서 〈재일조선인〉 특집을 꾸몄을 때는 총련 기관지 『조선신보』 등에서 '총련에서 탈락한 변절자들', '민족허무주의와 사대주의를 퍼뜨리고 있다'는 식의 비난을 받기도 했다.

성균관대학교 중앙학술정보관에 소장된 창간호부터 50호까지를 DB화했다.

(후지이 다케시)

참고문헌

『季刊三千里』, 三千里社, 1975~1987; 国際高麗学会日本支部, 『在日コリアン辞典』; 編集委員会, 『在日コリアン辞典』, 東京: 明石書店, 2010; 李進熙, 『海峽: ある在日史学者の半生』, 靑丘文化社, 2000; 최범순, 「『계간 삼천리』(季刊三千里)의 민족정체성과 이산적 상상력」, 『日本語文學』 41집, 한국일본어문학회, 2009.

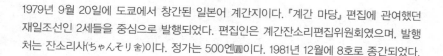

계간 잔소리

(季刊ちゃんそり)

1979년 9월 20일에 도쿄에서 창간된 일본어 계간지이다. 『계간 마당』 편집에 관여했던 재일조선인 2세들을 중심으로 발행되었다. 편집인은 계간잔소리편집위원회였으며, 발행처는 잔소리사(ちゃんそり舎)이다. 정가는 500엔圓이다. 1981년 12월에 8호로 종간되었다.

남북을 묻지 않고 재일조선인들의 교류의 '마당'이 되기를 표방해 간행되었던 『계간 마당』이 1975년에 종간된 뒤 거기에 관여했던 재일조선인 2세들이 주도해서 1979년 9월 20일에 창간했다. 자금은 영화사 도에이東映에 있다가 노동쟁의를 계기로 해고당한 오덕수吳德洙가 회사에서 받은 돈에서 마련되었다.

편집위원으로는 『계간 마당』 편집에 관여했던 야마구치 후미코山口文子, 영화사를 다니면서 『계간 마당』 편집부에 드나들었던 오덕수 등 『계간 마당』 관계자를 중심으로 김두년金斗年, 박용복朴容福, 이정차李定次, 다케다 세이지竹田靑嗣 등 재일조선인 2세들과 유일한 일본인 미무로 이사무三室勇가 참여했다.

창간호에서는 '지금 우리는 세계의 어디에 있는가'라는 특집을 꾸며 해방 후 34년이 지나 일본사회의 가치의 다원화와 더불어 다양해지고 있는 재일조선인들의 의식을 직시하며 재일조선인 2세들의 솔직한 심정을 드러냈다. 그 뒤에도 국적, 가족, 혼혈 등 2세들이 현실 속에서 직면하면서도 이념만으로는 정리할 수 없는 문제들을 적극적으로 다루었다.

'북쪽이냐 남쪽이냐'는 질문을 받은 한 편집위원이 '동쪽이다'라고 대답한 것으로 상징되듯이 유머를 가지고 민족적인 규범에 구애받지 않고 재일조선인들의 삶 자체를 보여주려는 자세를 견지했다.

1981년 12월에 발행된 8호를 마지막으로 종간되었다. (후지이 다케시)

참고문헌

『季刊ちゃんそり』, ちゃんそり舎, 1979~1981; 朴一 편, 『在日コリアン辞典』, 明石書店, 2010.

계간 재일문예 민도
(季刊在日文藝民濤)

1987년 11월 15일에 도쿄에서 창간된 일본어 계간지이다. 재일조선인 작가들이 낸 문예지이다. 대표는 작가 이회성李恢成이 맡았으며 민토샤民濤社에서 발행되었다. 제1기로 10호까지 발행되어 1990년 3월에 종간되었다.

1983년 여름에 아시아 각국의 문학자들이 히로시마에 모였을 때 재일조선인 문학자 유지 7, 8명이 참여한 것이 계기가 되어 '재일' 문예지를 발간하기로 해서 소설가 이회성李恢成을 대표로 배종진裵鐘眞, 이승옥李丞玉, 양민기梁民基, 박중호朴重鎬, 종추월宗秋月, 김찬정金贊汀, 강기동姜琪東(2호까지), 김수길金秀吉(6호부터), 김창생金蒼生(10호만) 등이 편집위원으로 참여했다.

창간호 권두언 「새로운 파도」를 통해 '자유로운 민중문예지'를 지향하여 다음 세 가지를 제창했다. "1. 민족의 운명을 함께 짊어지자. 1. 민주주의를 끝까지 추구하자. 1. 국제주의 정신을 사랑하며 특히 제3세계 민중과의 유대를 심화시키자." 그러면서 '재일'의 다양성을 출발점으로 "거기서 출발하여 그 희로애락을, 그 희망을, 스스로의 열린 문화적 정체성을 추구해나가고 싶다. 이 민중문예운동이 조선반도와 일본열도 사이에서 독자적이고 이질적인 문화공간을 어떻게 만들어낼 것인가"를 스스로의 과제로 제시했다.

소설, 시 등 협의의 문예작품뿐만 아니라 르포, 서평, 영화평, 시사평 등 다양한 형태의 글을 실었으며 제3세계의 문화운동에 대해서도 적극적으로 다루는 자세를 보였다. 또한 재일조선인뿐만 아니라 남북한과 중국 조선족, 러시아 고려인 등의 작품도 적극적으로 소개한 것이 특징이다.

이러한 다양한 내용을 담기 위해 창간호 이후 모두 300쪽이 넘는 분량으로 발행되었으며 마지막 호인 10호는 500쪽이 넘기도 했다. 이런 분량에도 불구하고 8,000부를 찍은 창간호는 모두 나가 1,000부를 더 찍게 되었듯이 많은 호응을 얻었다.

본 연구팀에서 입수한 원본 1~10호를 DB화했다. (후지이 다케시)

참고문헌

『季刊在日文藝民濤』, 民濤社, 1987~1990; 朴一 편, 『在日コリアン辞典』, 明石書店, 2010.

나

다

라

마

바

사

아

자

차

카

타

파

하

계간 청구

(季刊靑丘)

1989년 8월 15일 도쿄에서 창간된 일본어 계간지이다. 1987년 5월에 종간된 『계간 삼천리』의 후계지로서 한일관계의 역사, 재일조선인문제 등을 주로 다루었다. 재일조선인 역사학자인 이진희李進熙가 편집장을, 재일조선인 기업가인 한창우韓昌祐와 오영일吳榮一이 발행인을 맡았다. 세이큐분카샤靑丘文化社에서 발행되었다. 원래 20호까지 발행할 계획으로 출발하였으나 25호까지 발행해 1996년에 종간되었다.

1987년 5월에 50호를 마지막으로 『계간 삼천리』가 종간된 뒤 젊은 세대가 활약할 수 있는 새로운 잡지를 원하는 목소리에 호응해 『계간 삼천리』의 후계지로서 그 편집위원이기도 했던 역사학자 이진희李進熙를 편집장으로 1989년 8월 15일에 도쿄에서 창간되었다. 재일조선인 기업가인 한창우韓昌祐의 후원을 받아 20호까지 간행할 계획으로 출발했지만 20호 발행을 앞두고 속간을 원하는 의견이 쇄도하고 기업가인 오영일吳榮一이 새로 발행인을 맡게 되어 결국 25호까지 발행되었다. 편집위원으로 이진희 외에 소설가 김달수金達壽, 역사학자 강재언姜在彦, 문학평론가 안우식安宇植, 정치학자 강상중姜尙中, 정치학자 문경수文京洙, 전문편집자 위량복魏良福 등이 참여했는데, 『계간 삼천리』 편집위원이기도 했던 이진희, 김달수, 강재언과 더불어 당시 아직 30대였던 강상중, 문경수 등의 참여는 재일조선인사회에서의 세대교체를 보여주는 것이기도 했다.

창간호의 특집 〈쇼와昭和를 생각하다〉를 비롯해 6호의 특집 〈남겨진 전후책임〉, 18호의 특집 〈지금 왜 전후보상인가〉 등 한일 간에 남겨진 현안을 다루는 한편 5호의 특집 〈냉전하의 분단45년〉, 7호의 특집 〈움직이기 시작한 조선반도〉, 12호의 특집 〈지금 조선반도는〉, 17호의 특집 〈8·15해방과 분단〉 등 한국

현대사 및 현황에 관한 특집을 꾸미기도 했다. 그런데 19호에서 〈재일조선인문학의 현재〉를 특집으로 꾸민 뒤 20호 〈전형기의 재일한국·조선인〉, 21~24호까지 연속으로 〈「재일」의 50년〉을 특집으로 발행하는 등 재일조선인을 중심적인 주제로 다루는 모습을 보였다.

본 연구팀에서 입수한 원본 1~25호를 DB화했다. (후지이 다케시)

참고문헌

『季刊靑丘』, 靑丘文化社, 1989~1996; 朴一 편, 『在日コリアン辞典』, 明石書店, 2010; 李進熙, 『海峽: ある在日史学者の半生』, 靑丘文化社, 2000.

고려문예

(高麗文藝)

1945년 11월 27일에 창간되었다. 격주간으로서 매월 1일과 15일에 발행하였다. 현재 창간
호부터 제2호(1945년 12월 15일), 제3호(1946년 1월 1일), 제4호(1946년 1월 15일), 제9·10합병호
(1946년 7월 1일)가 알려져 있다. 발행인은 허종진許宗軫, 발행소는 일본 도쿄의 고려문예사,
인쇄소도 고려문예사였다. 등사판이다. 매호 30쪽 내외로 나왔다. 한국어를 사용하였다.

해방 후 일본에서 발행된 문예잡지다. 창간호에는
백운白雲이 작사하고 진예훈陳禮勳이 작곡한 「무궁
화강산」이 실려 있다. 제2호에는 「애국가」와 박용
철朴龍喆의 시 「떠나가는 배」를 수록하였다. 제3호
와 제4호에는 백철白鐵의 「풍류인간風流人間의 문
학」이 연재되었다. 문예잡지를 표방했지만 제4호
까지는 문학작품보다 일반기사와 논설들이 많았
다. 또 재일 문인의 창작 외에 한국에서 활동하는
문인들의 글을 함께 실었다.

제9·10합병호에는 이전 호와 달리 문학 관련 기사만을 수록하였다. 재일 문
인의 작품으로 길병옥吉秉玉, 정백운鄭白雲, 양영진楊榮鎭의 시와 성윤식成允植의
수필 등을 볼 수 있다. 석호생石湖生의 논설 「화랑정신」도 있다. 한국에서 활동하
는 문인들의 글로는 안회남安懷南의 「통속소설의 이론적 검토」, 이헌구李軒求의
시 「호반에서」, 유치환의 시 「교목喬木」, 박종화朴鍾和의 소설 「아랑의 정조」, 정
비석鄭飛石의 「국화진열菊花陳列」 등이 실렸다.

일본 국회도서관에 소장된 제9·10합병호를 DB로 만들었다. (장신)

참고문헌

호테이 토시히로, 「해방 후 재일 한국인 문학의 형성과 전개 - 1945년~60년대 초를 중
심으로」, 『인문논총』 47, 서울대학교 인문학연구원, 2002.

고려사진신문

(高麗寫眞新聞)

1961년 5월 1일 창간되었다. 아트지를 사용한 대판 4면의 주간신문이다. 발행·편집 겸
인쇄인 이병묵李炳默, 주간 김세환金世煥, 편집국장 양관철梁寬哲이다. 발행소는 서울시 중
구 남창동 161 고려사진신문사이다. 정가는 한 부에 100원, 월400원이다.

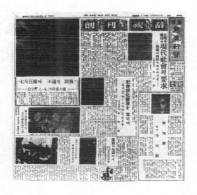

등록제가 실시된 후에 많은 신문 또는 통
신들이 대개 '읽는 신문 또는 통신'으로서
종래의 테두리를 벗어나지 못하고 있을
때 '보는 신문'으로 출발한 것이 『고려사
진신문』이다. 창간호에서 '성실誠實·정론
正論·기획企劃'의 3대 요강에 입각하여 국
민의 공론을 올바르게 보도하겠다고 선
언하였다.

사장 이병묵은 창간사를 통하여 다음
과 같이 그 취지를 밝히고 있다.

"오늘날 수다數多한 신문 통신이 발행되고 있으나 거개擧皆가 읽는 신문 또는
통신으로서 종래의 테두리서 벗어나지를 못하고 있다. 급전하는 시대의 변천
속에서 복잡다양성을 지닌 사회생활을 영위하고 있는 대다수의 독자들은 좀 더
참신하고 새로운 감각이 풍기는 사진 신문 같은 게 있었으면 좋겠다는 것이다.
이러한 여론의 방향을 참작하고 호응 동조하는 것이 곧 매스콤의 일익을 맡은
언론인의 임무이며 사명이라고 심감心感하는 바 있어서 '보는 신문'인 사진신문
을 제작하게 된 동기인 것이다."

창간호를 보면, 제호가 뜻하는 대로 사진 중심의 보도를 하고 있다.

1면과 2면에는 국내외 소식을 사진 중심으로 보도하였다. 세계의 초점을 화
보로 엮고 논평도 사진 중심으로 하였다.

3면에는 4·19 첫돌 기념식 광경을 화보와 함께 싣고, 민주통일을 외치며 민

주전진을 맹서했다고 보도하였다.

4면에서는 문학계 소식, 영화 소개, 직업여성 순례, 고궁 소개, 상식 등 다양한 내용을 화보와 함께 싣고 있다.

국회도서관에 마이크로필름으로 소장되어 있는 것을 DB화하였다. (남기현)

참고문헌

『고려사진신문』, 1961년 5월 1일;『한국신문 100년』(사료집), 한국신문연구소, 1975.

고련회보
(古聯會報)

1966년 3월 1일에 창간된 월간 신문이다. 전국고물상중앙연합회 기관지로 타블로이드판 8면으로 발행되었다. 발행인은 김응규金應奎, 편집인은 한태환韓泰煥이고 발행처는 서울 저동 2가 73-4(전국고물상중앙연합회)이다. 종간호는 확실치 않다.

전국고물상중앙연합회 회장 윤형중尹衡重은 「창간사」에서 다음과 같이 회보 발행 취지를 밝히고 있다.

"조직이 단순히 조직체의 구성만으로 조직의 구실을 하는 것은 아니다. 어떠한 조직원 간의 유대를 맺을 수 있는 매개체가 필요한 것이다. 특히 15개 종목 업자를 망라할 '고련'과 같이 전국적으로 회원을 가지고 있는 조직일수록 그렇다. (중략) 본지의 역할이 당국의 시책을 회원 여러분에게 구체적으로 전달하고 회원 간의 유대를 강화하며 5만 회원의 권익을 적극적으로 보호하는 한편 국가와 국민의 소망인 방범사업에도 이바지되어 명랑한 사회건설에 도움이 될 것을 기대하는 바이다."

회보 발행 목적은 전국고물상중앙연합회 회원의 유대강화와 정부의 시책을 전달하며 회원의 권익을 보호하기 위한 것이었다. 특히 전국고물상연합회가 치안 부분에 상당한 역할을 하고 있음을 강조하였다.

중앙고물상연합회는 1965년 5월 3일 내무부장관의 인가를 얻어 설립된 사단법인체로 각 경찰서 단위로 전국에 167개의 지부와 4만여 명의 회원을 거느리고 있었다. 회장은 윤형중尹衡重, 부회장은 이강욱李康旭이 맡았고 주요 활동으로는 청소, 사회 기풍진작, 방범, 불우한 자의 복지 향상 등을 목적으로 내세웠다.

창간호는 주로 창간사와 고물상연합회의 역할에 관련된 글로 이루어졌다. 신문 상단 오른쪽에는 회훈會訓으로 인화人和단결, 성실근면, 책임완수를 명시하고 있다.

1면에는 전국고물상중앙연합회 회장의 창간사와 내무부장관 양찬우楊燦宇의 격려사가 실리고 2면은 전면이 창간축사로 이루어졌다. 내무부 치안국장 박영수朴英秀의 「방범완수에 황금의 신문되라」, 충청남도지사 노명우盧明愚의 「명랑사회 조성에 기대」 등 정부 관계자의 축사가 이어졌다.

3면은 「고련은 무슨 일을 하나」라는 제목으로 고물상연합회의 조직구성과 역할에 대한 소개글이 실리고 부회장 이강욱의 창간사가 게재되었다. 4면에는 치안국 보안과장의 창간사와 고련중앙연합회 상무이상의 창간사, 고련 중앙연합회 사업부장 한태환의 「군수품 도난방지와 연합회」라는 제목으로 연합회의 당면과제에 관한 기사를 실었다. 군수품 도난 방지를 위해 고련이 적극 협조해야함을 강조한 글이다.

5면에는 내무부의 정책 시달과 관련하여 「회원권익 보장지시, 장물 자진신고 勵行 위해」라는 기사가 게재되고, 〈자랑스런 회원〉란에 범인검거에 공을 세운 회원 소식과 중앙연합회에서 방범유공회원 표창식 기사, 각 지역의 회원 소식이 실렸다. 6면에는 「회원교육, 우리들의 방범상 의무」라는 기사와 방범을 위한 〈운영계획안내〉가 실리고 7, 8면은 전면이 모두 간단한 창간축사로 구성되었다.

이 신문은 창간호만 남아 있으므로 보다 더 구체적인 내용은 확인할 수 없지만, 1960년대 정부 당국이 방범과 치안을 위해 민간조직을 어떻게 조직하고 활용하고 있는지를 알 수 있는 자료이다.

국회도서관에 소장되어 있는 창간호(1966. 3. 1.)를 DB화하였다. (이병례)

참고문헌

한국신문연구소 편, 『한국신문백년』, 1975; 『경향신문』, 1966년 9월 9일; 『고련회보』, 1966년 3월 1일 창간호, 전국고물상중앙연합회.

고무기술협회지

(고무技術協會誌, JOURNAL OF THE KOREAN RUBBER ENGINEER'S ASSOCIATION)

1966년 12월 1일에 창간된 한국고무공업기술협회의 회지이다. 발행자는 서울시 중구 충무로 2가 62의 3 한국고무공업기술협회이다. 1969년까지는 매년 일 회 발행하고, 1970년부터는 매년 2회로 발행하였다. 인쇄처는 홍원상수주식회사이다. 비매품으로 회원에게 배부하였다.

협회 회장 박승돈朴勝敦은 「창간사」에서 다음과 같이 회지의 창간 취지를 밝히고 있다.

"우리 고무공업계도 수년 전부터 각 공장에 과학을 이수한 기술인이 대거 종사하게 되고 외국기술의 도입, 시설개체, 생산관리 등 현대화의 생산수단으로 진전하게 되어 현재 상당수의 공장은 외국에 손색없는 시설, 기술을 보유하게 된 바이다. 우리 고무 기술인도 그동안 많은 곤란과 역경에 부침해 왔으나 상술한 바와 같이 환경의 변천과 시대의 요구로 종래와 같은 유명무실한 기술원회로서는 도저히 외국을 상대로 싸우고 살아갈 수 없음으로 우리는 진용을 가다듬고 힘차게 연구하지 않으면 아니 되겠기에 기술협회를 충실히 강화하고 연구, 조사사업을 활발히 추진하게 되어 금반 그 사업의 하나로써 회지라 할까 연구지라 할까 여기에 창간호를 내게 된 바이다. (중략) 그리고 걱정되는 일은 앞으로 이 나름의 것이나마 어떻게 잘 키워서 국내외에 그 가치를 인정받아 권위 있는 연구지로 찾아주게 되도록 하여야겠는데 그 역시 우리의 각별한 노력 없이는 어려울 것으로 걱정하여 마지않는 바이다."

이 회지가 지향하는 것은 무엇보다도 한국고무공업기술협회의 기술 향상과 친목에 두고, 구체적으로 산업과 기술의 상보관계를 유지하면서 협회의 발표 공간을 열어 두는 것에 있었다. 이에 회지의 편집은 고무공업의 나아갈 길에 대

한 제언, 기술, 외국 기술 및 사례 번역, 외국 고무공업 현황, 자료, 회원 공장 순
례 등으로 구성하고 있다.

국회도서관에 소장되어 있는 1966년 제1권 1호(창간호), 1967년 제2권 1호,
1968년 제3권 1호, 1969년 제4권 1호, 1970년 제5권 1·2호, 1971년 제6권
1·2호를 DB화하였다. (김일수)

참고문헌

『고무기술협회지』, 한국고무공업기술협회.

고미술시보

(古美術時報)

1961년 3월 10일 창간되었다. 편집 겸 인쇄인은 최규명崔圭明이다. 고미술시보사에서 타블로이드판 4면으로 발행되었다. 발행소는 서울 종로 3가 6번지이다. 구독료는 한 부에 30원이다.

『고미술시보』는 해외, 특히 일본에 산재하는 우리 문화재의 회수를 촉구하고 문화재 보존책 등을 제시하며 창간된 신문이다.

창간사에서도 이러한 입장을 다음과 같이 밝히고 있다.

"한민족이 유구한 역사를 지니고 발전하였다고 한다. 이 유구한 역사는 민족의 문화적 유산으로 증명될 뿐이다. 만약 문화적 유산을 가지지 못한다면 다만 인류가 발생한 이래 전전하는 유랑민임을 면치 못할 것이며 문화라는 것은 이들에게서 논할 여지조차 없을 것이다. 그러나 다행히도 이 민족은 거의 민족 형성 이래의 문화적 유산을 오늘에 남기고 있으며 또한 그 유산은 전체 인류의 문화적 유산 중에도 뚜렷한 것은 무엇보다도 이 민족의 문명된 바를 증명하는 것이라 하겠다. (중략) 그러나 이 민족이 오늘까지 성장하는 동안 외세의 침략과 무수한 전화戰火로 말미암아 모든 유산은 복몰覆沒을 면할 길이 없었을 뿐 아니라 이 유산을 보존한다는 의식조차 투철치 못하였던 것은 사실이다. 이로 인하여 우리의 고미술은 그 태반이 파괴되었거나 그렇지 아니하면 외족外族에 약탈된 바 현존하는 것은 오직 파괴되다 남은 것과 약탈에서 빠진 것과, 또 땅속에 묻혔던 것뿐이다. (중략) 고미술뿐 아니라 모든 미술작품은 작가의 창작 과정을 벗어나서 완성되는 날에는 그 작품 자체가 벌써 개인의 소유물이 아니고 전체 공동인 소유라는 엄격한 한계에 놓인다고 할 것 같으면, 민족의 정신문화재의 원천이라 할 고미술이 어느 개인의 부를 축적하는 일방적인 수단에 陷入할 수는 없는 일이다."

이 신문에서는 개인은 개인대로 국가는 국가대로 고미술품의 소중함을 깨닫고 종래의 태도를 일신해야 하고, 극도로 고달픈 생활 속에서도 고미술을 감상하여 마음의 여유와 정신의 청신淸新을 가져야 한다고 하였다. 특히 고미술품이 해외로 유출되는 것을 막아야 한다는 입장에서 고미술계에 자각을 환기하고 사회 일반에 선민의 정신적 유산인 고문화재에 대한 인식을 새롭게 하기 위한 것이라는 신문 창간의 목적을 밝히고 있다.

창간호에는 「우리 고도자古陶磁의 사적史的 고찰」(최우석崔又石), 「국보 해외 전시와 이에 따르는 제 문제」, 「한국의 지리적 조건과 문화의 특징」 등의 글을 실어 우리 문화유산에 대한 이해를 높이고 있다. 또한 「일본에 산재하는 우리의 문화재를 빨리 회수하라」, 「수집은 투기가 아니다」 등 현존하는 문제에 대한 올바른 인식을 강조하고 있다.

국회도서관에 마이크로필름으로 소장되어 있는 것을 DB화하였다. (구수미)

참고문헌

『고미술시보』, 1961년 3월 10일; 『한국신문 100년』(사료집), 한국신문연구소, 1975.

고시연구
(考試研究)

1969년 6월 1일 창간된 법률 관련 월간 종합잡지이다. 발행인은 정명룡鄭明龍, 편집인은 안동섭安東燮·김상문金相文이다. 발행처는 서울 중구 태평로 2가 69의 13(한국고시연구센타)이고 가격 250원, 약 160쪽 분량이다. 종간호는 확실치 않다.

서울대사법대학원장 서돈각徐燉珏은 「창간사」에서 잡지 필요성에 대해 다음과 같이 밝히고 있다.

"오늘에 이르기까지 법률학의 발전과정을 살펴 볼 때에 그 발전을 저해하는 여러 암적 요소가 있음을 긍정하지 않을 수 없다. 도서관 설비의 미비로 말미암은 자료의 빈곤, 법학의 이론과 실무와의 괴리, 전문적 잡지의 부족 등을 들 수 있을 것이다. 법학계의 공동광장의 역할을 담당하는 전문적 잡지의 수적 빈곤은 무척 우리 법학교수들을 저기압 속에 살게 하였다. 여기에 『고시연구』라는 법률학 및 그 주변 사회과학의 전문적 수험잡지가 새로 탄생한다는 것을 참으로 기쁘게 생각하는 터이다. 그 기조에 있어서는 우리나라 법률학 발전에 개척자 정신을 가져달라는 것이다. 우리 법학도들의 알뜰한 길잡이가 되는 데에 전력할 것은 물론, 문호를 널리 열어 우수한 논문을 발표할 수 있는 기회를 많이 마련해 주어야 할 것이다."

잡지 발행의 주요 목적은 법학자들 간 소통과 정보 공유를 도모하고 법조인이 되고자 하는 후학들에게 실용적인 지침서 역할을 하기 위한 것이었다. 잡지 구성은 〈논단〉, 〈특별논문〉, 사법시험과 관련된 실무적인 내용, 시험합격자 후기 등으로 이루어졌다.

창간호는 〈특별논문〉으로 「언론출판의 자유」(김철수金哲洙, 서울대법대교수)가 실렸고, 일반논문으로 「국민주권과 헌법개정권」(한상범韓相範, 동대법대교수), 「헌법에

의 초대」(김기범金基範, 연대법대교수), 「저당권의 제문제」(이근식李根植, 연대법대교수) 등 법률과 관련된 글이 게재되었다. 〈학설과 그 배경〉에는 「고의의 위치와 목적적 행위」(김종원, 서울대법대교수)가 실렸고, 나머지 지면의 상당 부분은 사법시험에 관한 내용으로 구성되었다. 고시연구센터의 「사법시험지도특별강좌」가 시리즈로 실렸으며, 「사법시험을 위한 분야별 해설 강좌」, 「3급 시험을 위한 특별 해설 강좌」, 「사법시험과 그 수준」, 「합격답안작성례」가 헌법·행정법·형법·민법 등이 분야별로 실렸고 합격자 후기가 실렸다.

7월호는 〈논단〉으로 「법학도의 사명과 자세」(이희봉李熙鳳, 고대법대교수), 〈특별논문〉으로 「불법행위책임과 계약책임」(이태재李太載, 경북대법대교수) 등 법조인의 자세와 법률적 판단에 관한 글이 실렸다. 8월호 〈논단〉은 「새로운 기준을 세울 때가 왔다」(이영섭李英燮, 대법원판사), 〈특별논문〉에 「생명행위로 인한 손해배상」(김현태金顯泰, 연대법대교수)이 실리고, 9월호 〈논단〉은 「객관식시험의 한계」(안동섭安東燮), 〈특별논문〉에 「상법의 자주성」(이원석李院錫, 법학박사) 등의 글이 실렸다.

이 잡지는 법률해석이나 법학도의 자세 등 법관이 되려는 사람들에게 정확한 지식과 올바른 가치관을 심어주기 위한 논설류의 글과 사법시험을 준비하는 고시생에게 실용적인 수험서 역할을 할 수 있는 내용으로 이루어져 있다. 잡지의 장점으로는 1960년대 말 법조계의 법해석과 관련한 현안을 엿볼 수 있으며, 당시 고시 문제 유형이나 고시계 현황 등을 알 수 있다는 점이다.

국회도서관에 소장되어 있는 1969년 6~9월호를 DB화하였다. (이병례)

참고문헌

『고시연구』, 1969년 6~9월, 한국고시연구센타.

공명선거

(公明選擧)

4·19혁명 후에 자유당 정권이 무너진 다음 실시된 7·29 민·참의원 총선에 즈음하여 '전국대학생 민주수호 공명선거추진위원회'에서 1960년 7월 12일에 창간하였다. 종간호 여부는 확실하지 않으나 다음 호가 발간되지는 않은 것으로 보인다. 순 한글로만 기사가 쓰여 있고 신문의 제호 역시 마찬가지다. 편집인은 윤형진이다. 판형은 대판이고 4면이 발행되었으며 16단으로 이루어져 있다.

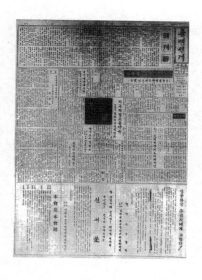

「창간사」에서 "우리 손으로 평온하고 공명 정대히 시행되도록 협력·추진·보장할 것을 결의함에 있어 동트는 새 공화국의 서두에 숙연히 머리 숙여 조그만 신문을 내놓는다"고 하였다. 온갖 비리와 파행으로 점철된 선거의 공명정대한 과정을 순수하고 간절하게 바라는 대학생들의 바람이 잘 나타나 있다. 1면의 기사 제목들을 일별하면, 「전국적 계몽활동 전개」, 「공명선거를 서약」, 「적극적 협조를 약속」, 「7·29와 학생계몽대의 사명」 등과 「신공화국 주권자에게 고한다!」는 '한국교수협회'의 성명서와 '민주수호공명선거추진위원회'의 「선서문」, 그리고 「본회 기본회칙」이 실려 있다.

이 신문은 또한, 각 일간지의 선거관계 사설을 소개하는 난을 두었고 각기 이름을 밝히고 실은 기사의 내용들은 거의 전부가 학생들의 '선언문', 기성세대에 대한 각성 촉구, 선거계몽, 선거법 해설 등이었다. 이와 같이 4·19 직후에 새로운 정부를 맞는 시점에서 대학생들이 얼마나 민주주의의 기본 원칙과 그 실행에 관심을 기울이고 실천했는가를 알게 해주는 중요한 사료라고 하겠다.

국회도서관에 마이크로필름으로 소장되어 있고, DB는 창간호를 작업했으며 DB 상태는 양호하다. (전상기)

참고문헌

『공명선거』 창간호, 1960년 7월 12일자; 『한국신문백년 〈사료집〉』, 한국신문연구소, 1975.

공산주의문제연구
(共産主義問題研究)

1964년 9월 30일에 서울에서 창간된 학술지. 한국반공연맹에서 발행한 반공적 성향의 학술지로 1969년까지 발간된 것으로 추정된다. 창간호의 발행 겸 편집인은 박관수朴寬洙 이며, 주간은 이형재李瀅載이고, 발행소는 한국반공연맹 조사연구실(서울특별시 종로구 관훈동 130-2), 인쇄소는 반도인쇄사이다. 4·6배 판형에 분량은 258쪽이며, 가격은 500원 이다. 1965년 11월에 발간된 통권 2호부터 발행소가 아세아반공연맹 자유센터연구원으로 변경되었다. 1967년부터는 발행인이 이응준李應俊, 편집인이 박진용朴鎭龍, 발행처가 한국반공연맹 부설 공산주의문제연구소로 바뀌었다.

共産主義問題研究

第1卷·第2號
(通卷 第2號)

1965年 11月

亞細亞反共聯盟 自由센터 研究院

한국반공연맹은 1964년 2월에 결성된 조직으로, 한국아세아반공연맹의 후신이자 현존하는 한국 자유총연맹의 전신이다. 한국아세아반공연맹은 이승만 대통령의 주도로 1954년 6월에 결성된 아세아민족반공연맹(Asian Peoples' Anti-Communist League)의 한국지부에 해당하는 조직으로 1956년 5월에 결성되었다. 초대 이사장은 공진 항孔鎭恒이었고, 1961년 9월에 2대 이사장으로 박관수朴寬洙가 취임하였다. 5·16 쿠데타로 집권한 박정희 정권은 반공을 '제1의 국시'로 삼았으며, 그 연장선에서 반공노선을 강화하기 위한 방책의 하나로 1963년 12월에 한국반공연맹 설립 법안을 제정하였다. 이에 따라 그 이듬해인 1964년 2월 3일에 한국반공연맹이 결성되었다. 한국반공연맹은 1989년에 냉전 해체와 남북 화해 분위기 등 변화된 시대적 조류에 발맞춰 한국자유총연맹으로 개편되었지만, 지금도 "자유민주주의 수호와 선진한국 건설을 위해 앞장서 온 대한민국 유일의 이념운동단체"라고 자신의 정체성을 드러내고 있는 '이념적' 조직이다.

한국반공연맹은 체계적인 반공이론의 확립과 교육을 주요 활동목표로 내걸었다. 그리고 1964년 3월에는 공보부의 지원을 받고 있던 국책 연구기관인 사단법인 '내외문제연구소'를 흡수·통합하여 연맹 산하에 조사연구실을 편제하였다. 한국반공연맹 조사연구실은 ① 공산주의의 오류와 모순을 과학적으로 입증할 수 있는 체계적 이론 확립, ② 대공투쟁을 위한 각종 정보의 모집 및 분석평가, ③ 반공 전략 및 전술 연구, ④ 국제정세 종합평가와 반공 보도자료 제공, ⑤ 반공도서의 간행 및 기관지 편찬 발행 등의 업무를 담당하게 되었다. 동 조사연구실은 설립 초기에 왕성한 활동을 수행하여, 1964년 6월에 반공 교양잡지『현대생활』을 창간했으며, 9월에는 반공 학술지『공산주의문제연구』를 창간했고, 11월부터 번역총서인『공산주의비판전서』발간을 시작했다(전 4권 발행 예정).

한국반공연맹 조사연구실은 예산 부족으로 1967년 4월 훈련부와 통합되어 행정부서의 하나인 교육연구부로 재편되어 그 기능이 약화되었다가, 같은 해 9월에는 교육연구부에서 공산주의문제연구소를 분리시켜 연구기능을 강화하였다.

『공산주의문제연구』는 1964년 9월에 한국반공연맹 조사연구실의 반공 학술지로 창간되었다. 동 연맹 이사장 박관수는 창간사에서 "대외적으로는 세계 공산주의 연구에 도움을 주고 대내적으로는 우리 국민을 공산주의자들의 기만선전으로부터 보호하여 승공통일의 민족적 과업수행에 이바지"하기 위하여 "공산주의 문제의 이론과 실제에 있어서 깊은 연구가 있는 권위자의 집필과 한국반공연맹 조사연구실에서 오랜 시일을 두고 연구조사해온 결정結晶을 자료로" 삼아서『공산주의문제연구』를 창간한다고 밝혔다.

창간호는 논문, 서평, 자료, 부록으로 구성되었다. '논문'코너에는「공산군은 어떻게 남침준비를 하였는가」(소진철),「김일성의 주체성과 자력갱생의 문제점」(한재덕),「북한경제정책의 분석」(서남원),「중소논쟁과 국제공산주의운동의 분열」(김영준),「소련 철학계 동향」(이상철),「북한에 있어서의 개인 상공업의 말살과정」(조성직) 등 국내 학자의 논문 6편과「소련에 있어서의 정신적 반항(The Spiritual Revolt in Soviet Union)」(N. Khokhlov, 나양렬 역)을 실었다. 국내 학자의 논문 말미에는 영문초록을 싣고 외국인 학자의 논문은 원문과 번역문을 함께 실어 반공적 학술연구의 국제적 소통을 추구한 점이 흥미롭다. '서평' 코너에는 북한의 연구물인 이나영 저『조선민족해방투쟁사』와 정진석·정성철·김창석 공저『조선철학사』에 대한 홍이섭과 신일철의 서평을 실었다. '자료' 코너와 '부록'에는 조사연구실에서 정리한「북한인명록」(1)과「중소논쟁자료」(1), 그리고「공산주의문제연구문헌목록」(1)과 「조사연구실 활동상황」을 각각 실어, 조사연구실에서 정리한 각종 자료를 체계적으로 보급하려는 의도를 보여주었다.

『공산주의문제연구』는 창간호에서 계간으로 발간하겠다고 밝혔지만 실제로는 연 1~2회 발간에 그쳤으며, 발간 주체가 몇 차례 변동되었다. 1965년 11월에 발간된 제1권 제2호(통권 2호)부터는 발행소가 아세아반공연맹 자유센터 연구원으로 변경되었다. '자유센터'는 1962년 5월에 서울에서 개최된 제2차 아세아반공연맹 임시총회에서 교육연구기관을 서울에 설치하기로 결의했던 것에 근거하여 1964년 12월 3일에 개관되었다. 초대 총재는 한국반공연맹 이사장인 박관수가 맡았으며, 교육원, 연구원, 홍보처, 행정처, 도서관 등의 부서를 갖추었다. 발행 주체가 한국반공연맹 조사연구실에서 아세아반공연맹 자유센터 연구원으로 변동된 사정은 알 수 없다. 다만 통권 2호의 「한국반공연맹 및 자유센터의 활동상황」에 자유센터가 "한국반공연맹과 사실상의 동심체"라고 표현된 것으로 보아 발행소가 변경된 것이 큰 의미는 없는 것으로 보인다. 통권 2호도 창간호와 마찬가지로 8편의 국내 논문과 1편의 외국 논문, 북한의 『조선통사』에 대한 서평, 1호에 실렸던 자료의 속편, 한국반공연맹 및 자유센터 활동상황을 정리한 부록 등으로 구성되었다. 편집위원은 김두헌金斗憲, 김창순金昌順, 소진철蘇鎭轍, 이영흡李榮洽, 허우성許宇成이라고 명기되어 있다. 1966년 11월에 통권 3호, 1967년 10월에 통권 4호까지 발행하고서 1967년 12월에 발간된 제4권 제2호(통권 5호)부터는 발행 주체가 다시 한국반공연맹 부설 공산주의문제연구소로 변동되었다. 공산주의문제연구소는 1967년 9월 1일에 한국반공연맹 조사연구실을 확대개편한 연구소이다. 논문·번역·서평·자료·부록 코너로 구성되었고, 편집위원도 기존 위원인 김두헌, 김창순, 허우성과 새로운 위원인 조성직趙誠稙, 최광석崔光石, 한재덕韓載德으로 이루어져, 발간처의 변동에도 불구하고 잡지의 성격은 동일했다. 결국 『공산주의문제연구』는 발행 주체가 한국반공연맹 조사연구실에서 아세아반공연맹 자유센터 연구원으로, 다시 공산주의문제연구소로 변동되었지만, 편집상으로나 내용상으로 특별한 차이를 보이지 않고 지속되었다. 현재 파악되는 바로는 1969년 9월에 발간된 6권 1호를 마지막으로 종간된 것으로 추정된다.

한국반공연맹은 『공산주의문제연구』 외에도 1966~68년에 『공산주의비판』이라는 학술지를 발간했다. 계간으로 발행된 『공산주의비판』이 주로 서구 학계의 연구성과를 번역·소개하는 것에 중점을 둔 반면에 『공산주의문제연구』는 상대적으로 국내 연구성과가 중심을 이루고 있다.

국립중앙도서관, 국회도서관, 서울대·고려대·연세대 도서관 등 주요 도서관에 소장되어 있다. 국회도서관에 소장되어 있는 1964년 9월에 발간된 창간호부터 1968년 8월에 발간된 제5권 제1호(통권 6호)까지 DB화하였다. (이용기)

참고문헌

유상수, 「한국반공연맹의 성립과 활동」, 『한국민족운동사연구』 58, 한국민족운동사학회, 2009; 한국반공연맹 조사연구실, 「한국반공연맹조사연구실의 활동상황」, 『공산주의문제연구』 창간호, 1964; 「한국반공연맹 및 자유센터의 활동」, 『공산주의문제연구』 제1권 제2호(통권 2호), 1965; 「공산주의문제연구소 소개」, 『공산주의문제연구』 제4권 2호(통권 5호), 1967; 한국자유총연맹 인터넷 홈페이지(http://www.koreaff.or.kr).

공산주의비판

(共産主義批判)

한국반공연맹韓國反共聯盟에서 1966년부터 발행한 계간지이다. 서울특별시 중구 장충동
산 5−1번지에 위치한 한국반공연맹 연구실에서 배포했다. 가격은 100원이다. 종간연도
를 정확히 알 수 없지만 1968년 제3권 3호까지 있는 것을 확인할 수 있다.

『공산주의비판』은 1966년 한국반공연맹韓國反共
聯盟에서 발행한 계간지이다. 사회학, 경제학뿐만
아니라 생물학, 지리학, 심리학, 인공두뇌학, 음
학, 미술 등 다양한 분야의 논문들을 번역하여
소개하고 있다.

『공산주의비판』이 발행된 시기는 전세계의 공
산주의를 이끈 소련을 통치했던 스탈린이 사망
한 이후이다. 스탈린 사망 이후 후계자들은 변모
하는 사회의 새 요구에 따라 정치적 유풍 조정이
절실함을 깨닫고 다양한 변혁을 하게 된다. 사회
적 현실의 새로운 추이는 그 전개와 더불어 보다 질적이며 광범위한 지적 쇄신
의 요구를 초래했다. 사회과학분야를 포함한 과학의 부활이 하나의 생생한 실
제의 필요성으로 대두되었으며 이러한 목적을 증진하는 유일한 길은 과학적
인 노력에의 최소한의 자율을 허용치 않으면 안 되었다. 하지만 당이 소련 국가
와 사회에서 정치적 절대지상임을 계속 고집하고 있다. 이 잡지에서 소개된 여
러 논문들에서는 다음과 같은 문제들을 다루고 있다. '과연 스탈린 사망 이후 소
련 학문에 있어서 얼마만 한 범위와 질의 변화가 있었던가? 사회과학의 발전은
어떠하며 그 안에서 어떤 범위에 이러한 학문이 기능을 발휘하게 되었나? 철학
의 새 지표는? 예술과 작품은 새로운 분위기를 맞아 얼마만큼이나 나아졌는가?
관권官權사상에 어떤 학문이 위협을 주고 있는가? 당은 과학적인 질의를 일정한
개념 테두리 내에 한정시킬 능력이 있는가? 당은 얼마나 오랫동안 당의 사상을

밀폐시켜 둘 수 있는가? 확대되고 심화되어 가는 이데올로기 조정은 끝내 소련 이데올로기의 침식작용으로 발전되지 않겠는가?' 공산주의와 관련하여 사회과학 분야뿐만 아니라, 철학, 예술, 심리학, 지리학 등에서 대두하고 있는 문제들을 다루고 있는 것이다.

창간호에서는 〈소련의 이데올로기와 발전〉이라는 주제로 여러 논문을 번역해 실었다. 소개된 논문의 저자들은 미국·영국 등에서 활동하고 있는 경제학·지리학·사회학 등 다양한 분야의 전문가들이며, 소련문제 전문가들이 많다. 창간호에서는 주로 소련에 초점을 맞춘 논문들이 소개되었지만, 이후에는 소련뿐만 아니라 중공, 불가리아, 체코슬로바키아, 사이프러스 등 여러 공산주의 국가들과 관련한 논문들도 다루었다.

『공산주의비판』의 정확한 종간연도는 알 수 없다. 그러나 1968년에 발행된 제3권 3호까지 있는 것을 확인할 수 있다. 본 잡지를 보유하고 있는 소장처는 상당히 많다. 국립중앙도서관, 국회도서관을 비롯하여 서울대학교, 고려대학교, 연세대학교, 성균관대학교, 이화여자대학교, 건국대학교 도서관 등에서 소장하고 있다. 특히 국회도서관은 제3권 3호까지 소장하고 있다.

1966년 1권 1호~1권 2호, 1967년 2권 1호~2권 4호까지 DB화하였다. (김민아)

참고문헌

『공산주의비판』, 1966, 1967.

공산품검사

(工産品檢査)

1966년 1월 창간된 공업 관련 전문 월간 잡지이다. 발행인은 이범순李範純, 편집인은 문기상文基祥이다. 발행처는 서울 종로구 동숭동 199번지(상공부 국립공업연구소), 비매품으로 약 74~90쪽 분량이다. 종간호는 확실치 않다.

이 잡지는 상공부 산하 국립공업연구소에서 발행한 공업 관련 전문잡지로 경제정책을 실행하는 정부 당국자와 기업인들에게 정보를 제공하기 위해 발행되었다. 필자는 주로 연구소 내 연구원과 경제학자들로 구성되었으며, 전문적이면서 실무적인 내용들로 채워져서 공산품 생산과 수출정책에 대한 대책을 수립하기 위한 기본 자료로 활용되었다.

잡지 발행 주체인 국립공업연구소는 산업기술의 개발과 공산품의 품질 향상을 목적으로 설립된 중소기업청 소속 시험연구기관이다. 산업기술 국가기관으로는 최초로 1883년(고종 20) 전환국 소속 분석소가 설립되었고, 1907년 농상공부 소관 공업전습소 설립, 1912년 중앙시험소(공업의 시험·분석·감정업무 관장) 설립, 1948년 상공부 중앙공업연구소가 설립되었다. 이후 1961년 국립공업연구소로 개칭되었다가 1973년 공업진흥청 국립공업표준시험소로 개칭, 1976년 국립공업시험원, 1991년 국립공업기술원, 1996년 중소기업청 국립기술품질원으로 개칭되었다.

잡지 구성은 〈검사논단〉, 〈자료〉, 〈연구〉, 〈정보〉, 〈통계〉로 이루어져 있다. 〈논단〉은 공업생산품에 대한 품질강화를 위한 방안과 수출 시 규정 등에 관한 논설류의 글이고, 〈자료〉는 세계경제의 흐름, 수출, 무역 등에 관한 자료이며, 〈연구〉는 각 업종별 생산계획과 관리 등에 관한 연구, 〈정보〉는 주요 국가의 무역과 수출현황, 공산품 검사에 관한 제반 법령, 〈통계〉는 검사실적, 수출계획 및 실적 등의 통계자료이다.

1968년 6월 발행된 통권 26호(3권 6호)의 〈논단〉에는 「검사기관과 기업인의 상호협조」(문형선文炯宣), 〈자료〉에는 「국제무역의 이익」(강석중姜錫中), 「일본의 수출 검사제도」(우영일宇榮一, 대한무역진흥공사조사부), 「제5차 수출진흥확대회의」(진흥과) 등의 글이 실렸다. 〈연구〉에는 「섬유공장에 있어서 생산의 계획, 일정의 관리」 (노정익盧璡翼) 등이 실리고, 검사법령해설로는 비닐전선, 비철금속제품 등의 검사 방법이 게재되었으며, 〈통계〉에 검사기관별 공산품검사실적과 5월 중 수출계획 및 실적이 실렸다.

1968년 10월 발행된 제30호의 〈논단〉에는 「우리나라 수출상품의 국제경쟁 력 강화와 수출공산품검사」(박경연朴景燃, 국립공업연구소 검사부관리과장), 「우리나라 수출진흥상의 문제점」(김기양金基陽, 국공연검사부관리과) 등이 실렸다. 논단에서는 수 출 공산품 검사체계와 문제점 및 대책에 관하여 세밀하게 분석하고 있다. 〈자 료〉에는 「수출검사원의 연구활동」(하병진河炳晋, 한국직물검사시험소), 「일본의 공업표 준화 5개년계획」(김태수金太洙, 경제평론가), 「월남정전이 세계경제에 미칠 영향」(선 우영일鮮宇榮一, 대한무역진흥공사조사부), 「무역실무」(전창원錢昌源, 동국대학교부교수) 등이 실리고, 〈정보〉란의 「에티오피아의 무역근황」(박용찬朴鎔贊)에서는 에티오피아 경 제상황을 소개하였고, 수출검사품목시리즈에서는 각 업종별로 수출현황, 생산 현황, 각 나라별 시장개황, 문제점과 대책을 분석하고 있다. 〈통계〉에는 「검사기 관별 공산품 검사실적」, 「수출계획 및 실적」, 「상공부 고시 공고 및 부령」 등 공 업 관련 각종 통계와 법령을 소개하였다. 휘보 〈검사일지〉에는 공산품 검사 관 련 일정이 정리되어 있다.

국회도서관에 소장되어 있는 1968년 6월호(통권 26호)~12월호(통권 32호), 1970년 1월호·6월호를 DB화하였다. (이병례)

참고문헌

한국학중앙연구원, 『한국민족문화대백과사전』, 1995; 『공산품검사』, 1968년 6월호(통권 26호)~12월호(통권 32호), 1970년 1월호·6월호, 상공부국립공업연구소.

공안신문

(公安新聞)

1965년 10월 26일 창간된 주간지로, 회장 최진수, 발행인 유철, 편집 겸 인쇄인 박선규, 주간 양우정, 편집국장 김경수이다. 발행소는 서울특별시 종로구 관철동 14의 11번지이며, 구독료는 1부에 15원, 월정구독료 50원이다.

『공안신문』은 자유민주주의의 터전에서 승공상태를 강화한다, 공안질서의 확립으로 복지사회건설을 목표로 한다, 관민유대를 강조하여 국태민안에 기여한다, 건전한 언론으로 관민 간의 대화의 광장을 마련한다, 등을 목표로 삼아 창간되었다.

주 독자 대상을 경찰관과 소방관으로 삼은 전문지의 성격을 띠어, 경찰행정실무, 범죄행태 등의 논문을 실었다. 창간사를 보면 "공안의 완전 불완전이 바로 국가의 안위에 직접적인 영향을 미치게 되는 것이니 이 국가안전의 기본적인 과제에 대해서 전체 국민이나 위정자가 어찌 그것을 소홀히 다루고 또는 등한시할 수가 있겠는가?"라고 하여 신문의 성격을 분명히 하고 있다.

신문 구성을 보면 국무총리 정일권의 「민경융합」, 「봉사와 질서-나라 위해 충실한 민주 경찰 되리라」, 「우리는 제20차 유엔총회에 어떻게 대처할 것인가」, 「악의 복병 범죄 감소 일로」, 「교통사고를 방지하자」, 「민중의 공복되자」, 「국립경찰의 연혁」, 「방화대책 시급하다」, 「고귀한 죽음의 가치」 등의 기사를 싣고 있다.

그러나 『공안신문』의 발행은 순조롭지 않았던 듯하다. 1966년 9월 14일 공보부에서 발행 실적 없는 주간신문 등 23종의 간행물을 등록 취소, 자진 폐간 또는 자진 정간의 형식으로 정리했는데 여기에 『공안신문』도 포함되어 있다. 『공안신문』은 『시행정신보』, 『대한전기신문』, 『교육신보』, 『주간보건위생』, 『기독교세계』와 함께 자진 폐간의 형식으로 폐간했다.

국회도서관에 마이크로필름 형태로 보관되어 있으며, 이를 DB화하였다. (임경순)

참고문헌

『공안신문』, 1965. 10. 26.; 「간행물 23종 정리」, 『동아일보』, 1966년 9월 15일; 윤임술 편, 『한국신문백년지』, 한국언론연구원, 1983.

공업경제신문
(工業經濟新聞)

1961년 1월 5일 창간된 주간지이다. 대판 4면으로 발행되었다. 편집 겸 인쇄인은 한상준
韓相準이다. 발행소는 서울특별시 중구 충무로 2가 38이다. 월 구독료는 300원이고 한
부에 80원이다.

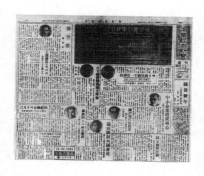

『공업경제신문』은 기간산업의 기초를 마
련하기 위해 경제제일주의 실천을 부르
짖는 현 정부(장면내각)의 치국 방향에 발
맞춰 사회의 공기公器인 신문을 새롭게
쇄신할 것을 주장하며, 전기상공 관계기
사를 비롯하여 각국의 공업 발전 소개와
공업기술의 안내 등을 중점적으로 취급
한 신문이다.

창간사에서 한상준은 다음과 같이 발행 목적을 밝히고 있다.

"일 개인의 호화로운 처세수단으로 이용하던 이李정권시대의 악습을 단연코
폐기함은 물론이려니와 그보다도 악질적이며 지능적인 개인사업체 운영의 악
이용물惡利用物로 신문을 취하는 따위의 공공연한 범죄를 일절 배격할 것을 서
약하는 바입니다. 어디까지나 국가적인 견지에 입각해서 적은 것보다도 큰 것
을 위해서 사악을 무찌르고 정도正道를 택해 희망의 새해를 더욱 뜻 깊은 해로
만들고자 온갖 정력을 기울이려 합니다. 눈앞의 소액을 얻으려 급급하기보다도
먼 곳에 있는 온 겨레의 행운을 잡기에 주력할 것을 밝히며 특히 북쪽의 공산
마수가 감히 넘보지 못하는 강력한 국가 건설에 미력을 다 바치고자 함을 또한
명확히 다짐하는 바입니다."

창간호 1면에는 자립경제 확립 시급, 중소기업 육성에 전심, 철도현대화 촉
진, 거족적으로 국토 건설, 통신기재의 국산화 등 각 부 장관의 경제발전 계획이
제시되었다. 2~3면에서는 국내경제와 산업 관련 기사를 싣고 있고, 4면에는 국

외 공업 관련 내용을 소개하였다.

국회도서관에 마이크로필름으로 소장되어 있는 것을 DB화하였다. (남기현)

참고문헌

『공업경제신문』, 1961년 1월 5일; 『한국신문 100년』(사료집), 한국신문연구소, 1975.

공업신보
(工業新報)

1967년 8월 7일 창간된 공업 관련 종합 주간신문이다. 편집 겸 발행인은 주경진朱鏡鎭이고 발행처는 서울 중구 삼각동 104번지(공업신보사)이다. 타블로이드판 8면 11단제로 발행되었으며, 월 구독료는 80원, 1부 20원이다. 종간호는 확실치 않다.

『현대공업신보』가 1969년 6월 17일(제72호) 『공업신보』로 改題되었다. 편집 겸 발행인 주경진朱鏡鎭은 창간목적을 다음과 같이 밝히고 있다.

"라인강의 기적은 하루아침에 이루어진 것이 아니다. 묵묵히 부지런히 일하는 곳에서 이루어진 것이다. 이에 우리 조국을 알차고 보람된 이미지로 세계 만방에 과시해야 한다. 역사적으로 중차대한 전환기에 『현대공업신보』를 창간하면서 한국 언론의 전통을 계승하면서 근대화한 합리적인 운영과 건실한 사고방식을 토대로 현실에 대한 엄격한 분석으로 조국근대화에 앞장설 것이다. 빠르고 신속한 정보 전달로 공업계를 위해 일할 것이고 선진국의 공업계를 소개하는 등 노력을 기울일 것이다."

신문 발행 목적은 1960년대 공업화에 발맞추어 공업 관련 정부 정책을 선전하고 공업계 인사들의 결집을 위한 것이었다.

제호 변경에 대해서 사고社告란에는 "동방 유일의 공업전문지로서 이 나라 공업계의 권익을 대변하고 공업정보의 광장이 되어 온 『현대공업신보』는 종합공업지로의 지면확충을 바라는 공업계의 요청과 사세 신장에 따라 『공업신보』로 개제한다"라고 밝히고 있다. 공업계의 확장에 따라 지면을 확대하고 확충할 필요성이 있다는 것이다. 『공업신보』는 대통령 박정희가 직접 쓴 친필을 사용하는 등 이전보다 더 적극적으로 정부 시책을 선전하는 역할을 담당하였다.

발행 겸 편집인 주경진은 일본 메이지(明治)대학 상과 출신으로 1952년 1954년 대구시의원에 출마하였고, 1950년대는 대구신보사 회장, 남선전기주식회사 상담역 등을 역임하였다. 『현대공업신보』를 발행하기 전 『전업신문電業新聞』을 1954년부터 13년간 발행한 경력이 있다.

신문의 지면구성은 정부정책기사, 기업소개, 공업계 현안에 관한 분석글 등으로 이루어졌다. 제75호(1969. 2. 17.)의 1면 〈사설〉란에는 「기계자금 확보책을 재확인할 필요가 있다」라는 제목 하에 기계공업 육성자금의 조달 문제를 다루었다. 또한 정부정책 관련하여 한전韓電의 기구 개편 기사와 과학기술처의 서남해저 탐사 소식, 생사가공통조림의 수출창구 일원화 기사 등 공업계의 소식이 실렸다. 2면은 「비위의 온상, 한전의 부정 속출」, 「시내전화 대폭 증설」, 「자동차공업계 옥신각신」 등 공업계 관련 뉴스가 실렸다. 3면은 「공업인의 단심丹心」, 「공직公職에 멸사의 헌신」 등 논설류의 글이 게재되고, 4·5면은 우리나라 공업화의 현단계와 해외업계 소개, 중요물가시세 등이 실렸다. 6면은 합판공업, 원자력 발전의 심층보도, 7면은 섬유·식품계 뉴스와 주간메모, 8면은 전력·전자계 뉴스와 업계 동향 등으로 이루어졌다. 1980년 7월 31일 신군부정권의 '언론정화조치'에 의해 등록 취소되었다.

국회도서관에 소장된 1969년 2월 17일자(제72호)를 DB화하였다. (이병례)

참고문헌

『공업신보』, 1969년 2월 17일, 공업신보사.

공업한국
(工業韓國)

1969년 6월 25일 창간된 월간 공업전문 잡지이다. 회장은 조한규曺漢圭, 발행 겸 편집인
은 김종수金鍾水, 주간 조치규曺致圭이다. 발행처는 서울 종로 신문로 2가 91(공업한국사)이
고 정가 200원, 약 100쪽 정도로 발행되었다. 종간호는 확실치 않다.

공업한국사 회장 조한규曺漢圭는 「창간사」에서
다음과 같이 잡지 창간 취지를 밝히고 있다.

"날로 발전 번영하는 우리 공업계에 아직 전문
지가 없음은 실로 부끄러운 일이 아닐 수 없다.
조국 근대화 작업이 성공리에 진행되는 이 시점
에서 공업전문지의 발행이 절실히 요구되고 있
다. (중략) 월간『공업한국』은 우리 국내의 발전상
을 국내 특히 해외 교포에 소개함은 물론, 해외
교포기업인과 국내 기업인과의 대화의 광장을
마련하여 상호협조 기술제휴 등 보다 실리적인
여건을 조성하는 매개적 구실에 착안했다."

잡지발행의 중심 목표는 공업현황을 국내외적으로 소개하고 기업인 간 소통
의 매개체로 활용하기 위한 것이었다. 잡지 기사는 기업인을 대상으로 새로운
기업 아이디어, 공업기술분야 연구논문, 기업육성 및 관리에 대한 논문을 공모
하여 게재하는 방식으로 이루어졌다. 구성은 〈특집〉란이 있고 나머지는 뚜렷한
섹션 구분 없이 다양하게 배치되었다.

창간호 〈특집〉「금년도 공산품 수출전망과 문제점」(임광수林光秀)에서는 해외에
서 호평받는 공산품(합판, 전자, 석유화학, 시멘트, 가발)을 중심으로 한국공업의 발전
상과 해외시장 개척의 문제점을 분석하였다. 일반 논설류로는 「원자력의 다목
적 이용, 해수탈염에의 원자력 이용」, 「한국석유산업과 그 전망」(박정식朴正植), 「최
신의 데이터통신기술」(유창준柳昌俊) 등의 글이 실렸다. 〈해외시장〉란의 「가발수출

과 문제점」에서는 당시 주력 상품인 가발 수출과 관련된 제반 문제점을 점검하고 있다. 이어 「자동교류전압계의 작동원리와 사용법」, 「외화 획득에 구실하는 보세가공 현황」 등의 기사가 실렸다.

기업인들을 위한 페이지가 별도로 신설되어, 「창조의욕을 환기하기 위하여」, 「한국자동차공업계의 경합상」(오종택吳宗擇), 「스위스 시계공업의 현상」 등의 글이 실렸다. 〈해외기술토픽〉란에서는 새롭게 개발된 기술을 소개하고 있으며, 「세계로 뻗는 한국의 고무공업」(임주빈任周彬), 「자동화의 필연성」(전홍규全洪圭), 「석유정제업과 석유화학공업」(이재식李在植), 「해외진출에 시동한 국산화장품」(오윤자吳允子) 등 수출과 관련된 공업현황과 전망을 모색하는 글이 실렸다.

2권 1호(1970. 1.) 〈특집〉에는 「운반자동차의 기술과 실제」가 기획기사로 게재되고 나머지는 금속공업, 원자력공업, 전자공업 등 각 공업 분야별로 중요한 기술적 분석과 향후 전망 등을 분석하고 있다. 2권 2호(1970. 2.) 〈특집〉은 「새로운 품질관리의 길을 열자」라는 제목의 글이 실렸고, 2권 4호(1970. 4.) 〈특집〉에서는 「경영기계화의 아프로치」, 2권 5호의 「미래공장은 이렇게 된다」, 「발명과 그 공업화의 문제점」, 2권 7호 「공업표준화와 그 의의」 등의 논설이 실렸다.

이 잡지는 기업인을 대상으로 하여 상당히 전문적인 내용으로 구성되었고, 1960년대 말부터 1970년 초반까지 경공업의 주력 업종과 수출을 위한 방안이 어떻게 모색되었는지를 확인할 수 있는 자료이다.

국회도서관에 소장된 1969년 7월호(1권 1호), 11월호(1권 2호), 1970년 1월호(2권 1호)·2월호(2권 2호)·4월호(2권 4호)·5월호(2권 5호)~7월호(2권 7호)를 DB화하였다. (이병례)

참고문헌

『공업한국』, 1969년 7월호(1권 1호), 11월호(1권 2호), 1970년 1월호(2권 1호)·2월호(2권 2호)·4월호(2권 4호)·5월호(2권 5호)~7월호(2권 7호), 공업한국사.

공연레뷰

(工硏레뷰)

1959년 2월 3일 창간된 공업전문 월간 잡지이다. 발행인은 이래호李來鎬, 편집인 이범순李範純이고 발행처는 중앙공업연구소이다. 약 15쪽 분량의 소책자로 비매품이다.

중앙공업연구소 소장 이래호李來鎬는 「창간사」에서 다음과 같이 잡지의 창간 취지를 밝히고 있다.

"전쟁 이후 공업이 상당히 발달했다. 그러나 현대공업은 건물과 기계 등 시설만 중요한 것이 아니고 기술이 뒷받침되어야 한다. 당 연구소는 각종 공업에 관한 시험연구와 기술자 양성 등 주요업무가 가중되어갈 뿐만 아니라 각처 각종의 공장들로부터 기술지도의 요청이 증가하고 있다. 이러한 추세에서 당 연구소의 업무내용과 공업기술에 관한 소식을 널리 전하여 일반 공장들과 기타 기관과의 긴밀한 연락을 도모하고자 한다. 이 간행물이 그러한 사명을 다하여 공업계에 다소나마 기여할 것이다."

잡지 발행 목적은 중앙공업연구소의 업무를 소개하고 생산현장과 관련 기관을 연결하는 매개체로 활용하기 위한 것이었다.

잡지 발행 주체인 중앙공업연구소는 상공부 소속으로 공산품에 관한 시험, 표준원기의 보관, 계량기구의 검정, 공업재료의 시험·분석·감정, 시험방법의 개발에 관한 일을 담당하는 기관이다. 원장 밑에 관리과, 기획과와 화학시험부, 종합특수시험부, 기계금속부, 계량검정부 및 전기전자부와 지방공업시험소 및 마산도자기시험소를 두고 있다.

연구소의 연원은 1883년 전환국典圜局 소속으로 분석시험소에서 출발하여,

1912년 중앙시험소로, 1945년 상공부 소속 중앙공업연구소로 개편되었고, 1961년에 상공부소속 국립공업연구소로 바뀌어 운영되었다. 1973년 1월 공업 진흥청 산하 국립표준시험소로 개편되어 계량표준업무를 흡수한 뒤, 1976년 4월 국립공업시험원으로 개편되어 계량표준업무의 현대화계획에 따라, 공업 기술개발조사연구, 공업제품 및 시험·분석·감정·계량기의 검정 및 교정업무 와 기술지원업무를 담당하였다. 그 뒤 1991년 국립공업기술원으로 개칭하였고, 1996년에는 중소기업청 소속 국립기술품질원으로 개칭되었다.

이 잡지는 〈종설綜說〉과 〈연구논문〉, 〈번역논문〉 등으로 구성되었다. 창간호 〈종설〉에는 「방사선 동위원소에 대하여」(박순자朴順子, 무기화학과 기사)와 〈초역抄譯〉 으로 「방전放電가공법」(윤규○尹奎○, 기계공작과 기좌技佐), 〈나의 연구〉란에 「한국의 유지油脂문제」(박정환朴政煥, 유기화학과 촉탁) 등 전문적이거나 해설적인 과학 분야의 논설이 실렸다. 잡지 말미에는 〈공업기술연구생 모집요강〉을 싣고 있는데, 연구 소는 이공계 대학 졸업생을 대상으로 매년 약간명을 모집하여 약 10개월간 염 색, 직물가공, 무기분석, 유리공업, 금속재료 등 18개 과목에 대해 수련을 시켰 다. 잡지의 맨 끝에는 휘보 형식으로 「공연工硏뉴우스」, 「분석시험감정 실적표」, 「중앙공업연구소 업무소개」 등의 소개가 이루어졌다.

제2호에는 〈논설〉로 「우리의 식생활과 과학기술」(이범순, 기감技監)이 실리고, 〈연구실순례〉란에는 공업도서관을 취재하여 시설현황과 소장 도서 등을 소개하 였다. 제3호 〈논단〉에는 「이조李朝과학의 정체성」(경영연구실)이 실리고, 연구실순 례로 '무기화학과'를 소개하고 있다.

이 잡지는 과학실험과 원리에 대한 전문적인 글이 중심이지만, 일상생활에 서 필요로 하는 상식이나 연구단체 순례 등 대중적인 글도 간혹 포함되어 있다. 1960년대 정부 부설기관의 기초과학 방침과 기술자 양성 현황에 참조가 될 만 하다.

국회도서관에 소장되어 있는 제1호(1959. 2. 3.)~82호(1966. 12. 25.)를 DB화하 였다. (이병례)

참고문헌

한국학중앙연구원, 『한국민족문화대백과사전』; 『공연레뷰』, 제1호(1959. 2. 3.)~82호 (1966. 12. 25.), 중앙공업연구소.

공전학보

(工專學報)

1968년 1월 15일 창간된 연간 종합잡지이다. 발행인은 성환태成煥泰, 편집은 영남대학교 학생회 학예부이고, 연 1회 발행되었으며, 270여 쪽 분량이다.

영남대학교 공업전문학교장 성환태成煥泰는 「과정을 성실하게」에서 다음과 같이 잡지 창간 취지를 밝히고 있다.

"국가대계의 일환인 공업입국의 기술자 양성에서 본교가 그 요람임을 자랑스럽게 생각한다. 정서의 함양과 기술의 연마를 담을 교우지校友誌 창간으로 개교 5년을 맞이하여 제1회 졸업생이 배출되는 시점에 학교의 발전과 졸업생 재학생 간 유대를 긴밀히 하여 공업교육의 내실을 기하고자 잡지를 발간한다."

이 잡지는 영남대학교 공업전문학교가 개교 5주년을 맞이하여, 재학생의 정서 함양과 졸업생 간 유대를 긴밀히 하고 학교의 전통을 만들어 가기 위해 발행한 것이었다.

발행 주체인 영남대학교 공업전문학교는 중견 기술인 양성을 목적으로 국책적으로 설립되었다. 1963년 1월 청구대학교 병설 공업고등전문학교로 개교하였고, 1967년에 교명이 영남대학교 병설 공업고등전문학교로 개칭되었다.

창간호의 구성은 교장, 학생회장, 영남학원 이사, 학생과장의 창간에 즈음한 소감과 당부글이 실리고 〈교수논단〉란에 3~4쪽 분량으로 기술교육 관련 일반적 견해와 기술인의 자세에 관한 글이 실렸다. 「한국 과학기술연구소의 근황」(이형섭李亨燮, 한국과학기술연구소장), 「근대와 기술과 정신」(노명식盧明植, 경북대교수), 「교양 있는 기술인의 자세」(채주한蔡洙翰, 교수), 「교육적으로 본 동제洞祭」, 「합성섬유란?」, 「생산의 정신과 방법 - 스위스 공업발전의 사례 - 」, 「공업기술 발달에 따른 노동력 문제」, 「가사작가歌辭作家 평전」 등의 글이 게재되었다.

〈근대화의 기수 공학도의 발언〉란에는 「공업화의 주변」(이억재李億載, 화공과3년), 「가스 터빈엔진의 소고」(윤재일尹在逸, 기계과5년), 「우주정복의 일보」(황명수黃明守, 기계과3년), 「건축과 인간」(최용수崔勇秀, 건축과5년), 「농촌의 근대화상 - 공학도로서 어떻게 농촌에 기여할 것인가?」(백성만白成萬, 섬유과5년) 등 재학생, 졸업생이 각자의 전공 분야에 대한 지식과 소견을 피력하는 글이 게재되었다.

〈공전시원〉에는 재학생의 시가 10여 편 실리고, 〈순례기〉에 「경남의 공업지를 돌아보고」(황시원黃時源, 기계과4년), 「탐라耽羅1주기」(김휘수金輝洙, 섬유과3년), 「대한조선 공사를 찾아서」(곽병오郭柄五, 기계과3년) 등 공업지역이나 제조업체 등의 탐방기 6편이 실렸다. 잡지 말미에는 수필과 「경북지방의 민속놀이」(안윤석, 기계과4년), 백제평전, 공학도의 상식 등이 실리고 창작소설과 희곡 등이 다양하게 실렸다.

이 잡지는 공업전문학교 교수, 학생들의 논설류의 글과 학교생활에 관한 글을 종합적으로 담고 있으며, 1960년대 공업전문학교 학생들의 지식 수준과 인문학적 소양을 살펴볼 수 있는 자료이다.

국회도서관에 소장되어 있는 창간호(1968. 1. 15.), 제2집(1969. 1.), 제3집(1970. 1.), 제4집(1971. 1.), 제5집(1972. 1.), 제6집(1973. 1.), 제7집(1974. 1.), 제8집(1975. 1.), 제11집(1977. 12.), 제12집(1979. 2. 15.)을 DB화하였다. (이병례)

참고문헌

『공전학보』, 창간호(1968. 1. 15.), 제2집(1969. 1.), 제3집(1970. 1.), 제4집(1971. 1.), 제5집(1972. 1.), 제6집(1973. 1.), 제7집(1974. 1.), 제8집(1975. 1.), 제11집(1977. 12.), 제12집(1979. 2. 15.), 영남대 공업전문학교.

과학과 기술
(科學과 技術)

1948년 4월 30일에 일본 도쿄에서 창간되었다. '건국 제1호'라는 부제를 붙인 창간호는 8·9·10월 합병호로 나왔다. 이후 발행사항을 알 수 없다. 판권사항이 희미해서 발행 겸 편집인을 확인할 수 없다. 발행소는 재일본조선과학기술협회였다. 사용 언어는 일본어 이다.

『과학과 기술』 편집진은 원래 한글판으로 내려고 했으나 일본에서 한글 활자를 인쇄할 만한 사정이 되지 못해서 부득이 일본어판으로 발간한 사정을 밝히고 있다. 발행자인 재일본조선과학기술협회는 일본에 거주하는 과학자, 기술자, 생산자들로 조직되었다. 협회는 상호친목과 계발에 협력하여 조선 과학문화의 향상과 건설, 나아가 세계과학문화의 향상에 공헌하는 것을 목적으로 하였다. 협회의 주요 사업 방향은 기관지 『과학과 기술』 발행, 이공과理工科 학생의 구제, 조선산업지도朝鮮産業地圖의 제작발행, 회원의 본국 귀국알선, 선원船員 유자격자와 각종 특허권소유자를 조사등록하여 본국 송환하는 일 등이었다. 특히 신생 조국의 산업 개발을 위해 과학자와 기술자가 많이 필요함을 역설하고, 그들이 조국의 부름에 호응할 것을 호소하였다.

창간호에는 조선미군정청 주일총공관 관장 이능섭李能燮의 「과학기술자에게 주노라」라는 권두언을 제외하면 대부분 과학기술 관련 논문이 실렸다. 특집 논문으로 농학박사 후카이 시시(深井冬史)의 「사탕수수(蔗類)에서 음용飲用알콜 제조법」, HS생의 「경화유硬化油에 대하여」, SS생의 「이스트 이야기」, 무사시(武藏)정기공작소精機工作所 지래한池來漢의 「자동제정기自動製釘機에서 캠cam장치의 개량」 등을 실었다. 과학기술 관련 글로서 조홍국趙弘局의 「사진술의 기초적

지식」, 김강호金江湖의 「고증사구高增四球 수신기의 개념」, 고순손高順孫의 「간단한 측량」, 한성봉韓聖鳳의 「내연기관에 대하여」, 허태성許泰成의 「광궤철도와 협궤철도」 등이 있었다. 그 외에 「세계과학통신」, 「세계의 규격통일사업의 연혁과 개황, 규격통일의 효과」, 「조국통신」 등 편집부의 글과 신영申英의 「과학조선을 만들자」 등이 수록되었다.

일본 국회도서관 소장본을 DB로 만들었다. (장신)

참고문헌

『과학과 기술』, 재일본조선과학기술협회.

과학과 발명
(科學과 發明)

1963년 3월 창간된 과학기술 관련 월간 잡지이다. 발행인은 박기원朴基元, 주간은 노정준
盧廷駿, 발행처는 서울 중구 동자동 14(한국발명협회)이다. 130~150여 쪽 분량으로 정가는
150원이다. 종간호는 확실치 않다.

한국발명협회는 원고 모집 광고에서 '과학기술
진흥과 발명계의 육성을 위한 지상토론을 통하여
각계 공동의 이익광장을 마련할 것을 모토로 본
지 독자 제위의 원고를 모집'한다고 하였다. 잡지
방향이 과학기술 발전을 위해 정부, 학계, 기업
간 문제를 공유하고 협력을 이끌어내기 위한 매
개체로 설정되었던 것이다.

잡지 발행 주체인 '한국발명협회'는 대한발명
장려회가 1956년 9월 11일 개칭된 단체로 발족
당시 총재는 상공부장관, 회장은 주이회周利會, 부
회장에 공병우公炳禹·이근택李根澤이었다. 협회는 발명품 전시회를 개최하는 등
일반인, 공업인, 학생 등을 망라하여 발명 의욕을 고취시키기 위한 활동에 중점
을 두었다. 1966년 대한발명협회로 명칭 변경되었다.

잡지 구성은 〈특집〉란에 공학 분야 대학교수, 발명학회 관계자, 과학분야 부
처 관계자의 일반 논문이 실리고 특허심판이나 소송과 관련된 변리사의 설명
글과 현장에서 새로운 기술을 접목하여 기업을 일군 성공사례가 게재되었으며,
잡지의 상당부분은 발명품 목록과 발명품 원리 등을 상세히 소개하는 내용으로
이루어졌다.

1963년 6월호 〈특집〉에는 「우리나라 과학의 후진성을 극복하는 길」(한상준韓相
準, 이화여대교수), 「우리나라 기업의 후진성과 타개책」(배응도裵應道, 생산성본부부회장)
이 실렸는데, 과학기술 발전을 위해 조급성을 버리고 기초를 탄탄히 할 것, 효율

적 합리적으로 일을 진행할 것 등을 강조하는 내용으로 이루어졌다. 특히 과학교육의 중요성, 과학기술과 기업운영상 필요한 일반 원칙 등을 확인하고 있다.

6월호 〈신진기술학도들의 제언〉란에는 공과대학을 졸업하고 기업에 입사한 신진들의 입사 소감, 한국 기업 구조에 대한 신진 과학도로서의 의견, 신진 과학도 간 유대의 필요성 등에 대한 의견이 개진되었다. 각 개인의 입사 계기, 작업장에서 겪은 경험담, 기술발전을 위한 의견이 진솔하게 드러나 있다.

〈특허심판 및 소송에 대하여〉에서는 발명품 특허를 위한 법적 내용을 소개하였고, 〈인물〉란에 발명기업인으로 공화공업사 사장 강성덕姜成德을 소개하고 있으며, 〈내가 발명기업체를 성취하기까지〉란에서는 작은 발명품을 가지고 기업을 일군 흥안공업사 사장, 신생공업사 등 중소공업 대표의 성공담을 싣고 있다.

7월호 〈특집〉에는 「과학기술진흥을 위한 문제점 진단」과 미국화학회 회장 아이링 박사의 연설문 「평화와 번영을 위한 과학과 기술」이 실렸고, 8월호 〈특집〉은 「우리 발명계의 과거와 현재」(목돈상睦敦相), 「기술도입문제의 재검토」(이종화李種禾, 산업은행기술부장), 10월호는 「기술도입과 로열티문제」(김정태金定台, 한국일보논설위원), 「특허권의 발생과 침해행위」(최규배崔圭培, 특허국심판관) 등이, 12월호에는 「근대선진공업 속의 화학공업」(김영권) 등과 「우리나라 지능자원 개발의 길」이라는 제목 하에 좌담회 기사가 실렸다. 좌담회에는 서울문리대교수, 국립공업연구소 소장 등 학계와 공화공업사 사장, 대한연료공업사 사장 등 기업인이 참석하여 지능자원 개발 방안에 대한 진단과 전망에 대한 의견이 개진되었다.

이 잡지에서 가장 많은 지면을 할애한 부분은 〈이달의 발명 고안품 출원품목〉이다. 매달 출원된 발명품 목록이 1백여 개 게재되고 대표적인 발명품에 대한 상세한 설명이 덧붙여졌다. 6월호에는 '한약제분기', '담배연기휠터·에레멘트'가 소개되었는데, 발명품 도면과 함께 기계의 특성과 장점, 작동원리 등을 1~2쪽 분량으로 소개하고 있으며, 기계류뿐만 아니라 '올래핀계공중합체의 제조방법', '연와광의 처리방법' '아미노산제조법', '轉寫紙의 제조방법' 등 발명품에 적용시킬 수 있는 새롭게 발견된 원리가 상당히 비중 있게 다루어졌다.

종간호는 확실치 않은데, 공보부는 1964년 8월 5일 법정발행실적을 올리지 못한다는 이유로 81종의 잡지에 대해 등록 취소 혹은 정간, 경고처분을 단행하였다. 『과학과 발명』도 그 속에 포함되었고 2개월 정간조치를 당하였으며 이후 종간된 것으로 보인다.

이 잡지는 과학기술을 발명에 적용할 수 있도록 생생하고 구체적인 내용을 소개하고 있으며, 관련 분야 종사자들이나 발명에 관심 있는 사람들에게 매우 구체적이고 유익한 정보를 제공해 주고 있다.

국회도서관에 소장되어 있는 1963년 6월호~12월호, 1964년 1월호~3월호를 DB화하였다. (이병례)

참고문헌

『경향신문』, 1956. 9. 19., 11. 11.;『동아일보』, 1964. 8. 5.;『과학과 발명』, 1963년 6월호~12월호·1964년 1월호~3월호, 한국발명협회.

과학과 생활
(科學與生活)

1982년에 창간된 부정기 간행물로 연변인민출판사 과학기술편집실에서 편집 발행했다. 정가는 0.3원이다.

종합적인 과학지식 보급을 목적으로 발행되어 다양한 과학 지식과 정보들을 제공하였다. 내용은 주로 의학상식, 위생, 운동, 음식과 영양, 건강, 전기 등을 쉽고 재미있게 전달하고 있다.

1983년 제1기 목차를 보면 〈생활전망〉, 〈인체사유〉, 〈영양 음식〉, 〈의약 위생〉, 〈환경〉, 〈생물세계〉, 〈생활의 벗〉, 〈복장〉, 〈머리 쓰기〉 등의 난이 있다. 〈복장〉란에「체형에 따른 옷 본뜨기」, 〈음식물 영양〉에서는「어린이에게 다양한 식료품을」, 「약물과 식사」, 「산과 우리의 생활」, 「뼈를 우려 먹으면 왜 좋은가」 등 생활 정보를 담고 있다. 제2기 〈생활전망〉란에는「미래의 주택」에서 다양한 주택 형태들을 소개하고, 〈영양 음식〉란에서는「체내에 비타민이 결핍하면」, 「산패한 기름을 먹지 말자」, 〈의약 위생〉란에서는「관절염에 대하여」, 「임신부들이 알아야 할 12가지」, 「B형 간염의 전파경로와 예방」, 「땀을 많이 흘린 뒤에는」, 「편도선염에 관한 문답」 등 일상생활에 필요한 건강 상식들을 다양하게 소개하고 있다.

현재 연변대학 도서관에 소장되어 있다. 1983년 1·2기, 1985년 3기가 DB화되어 있다. (김성남)

참고문헌

『과학과 생활』 1983년 제1, 2기; 車培根·吳泰鎬, 『中國朝鮮民族言論史』, 서울대학교출판부, 1997.

과학기술
(Quarterly Science and Technology)

1968년 4월 18일 과학기술처에서 창간된 계간 잡지이다. 편집인은 과학기술처 진흥국장 문영철文英哲이다. 인쇄처는 광명인쇄공사이며, 비매품이다. 1971년 12월까지 발간되었다.

『과학기술』을 발행한 과학기술처는 1962년 경제기획원 산하부서인 기술관리국에서 담당하던 과학기술 관련 업무를 전담하는 정부 부처로 제2차 경제개발계획 시행과 더불어 1967년 4월에 설치되었다.

잡지의 구성을 보면, 먼저 과학기술에 관련된 다수의 글을 게재하고, 자원조사과에서 제공하는 「해외연구동향」, 「발명연구의 사례」, 「과학기술동향」과 「과학일지」를 싣고 있다.

1968년 4월 18일에 발행된 창간호에는 「과학기술장기전망과 종합적 기본정책」, 「연구개발사업의 조정방향」, 「국제기술협력의 현황과 방향」, 「인력은행제도」 등의 논문이 실렸다. 잡지에 실린 14편의 논문은 5편만 제외하고 모두 저자 이름이 없다.

1969년 제2권 3호에는 과학기술처 장관 김기형의 「머리말 – 발전하는 우리의 과학기술」을 싣고 있는데, 여기에서 과학기술처가 발족한 지 2년 반을 지나는 동안 이루어낸 성과를 다음과 같이 말하고 있다.

"(중략) 과학기술진흥을 위한 국가적 사명을 띠고 과학기술처가 발족한 지 2년 반이 지나는 동안 우리는 여러 어려움을 극복하면서 과학기술진흥의 기반 구축에 온 힘을 모아 앞날의 알찬 결실을 거두려고 발돋움하여 왔습니다. 과학기술처는 당초 발족의 이념에 따라 첫째 과학기술계의 구심점으로서의 위치에 서서 개발의 목표와 뚜렷한 방향을 제시하여 과학하는 국민의 풍토를 조성하고, 둘째 투자의 효율성을 높이기 위한 종합조정기능을 강화하였으며, 셋째 발전하는 과학기술의 새로운 영역을 부단히 개척하여 나가고 있습니다. (중략)"

특히 이번 호에는 「해외시장 확대와 유지를 위한 기술 도입과 개발」(송기철, 김창한, 최태홍), 「수출진흥과 중소기업의 전망(김봉재)」, 「한국의 원자력사업 10년」(이상수), 「우주개발의 미래상과 세계 각국의 개발현세」(조경철) 등 과학기술과 관련된 산업과 영역 개발을 제시하는 글을 싣고 있다.

1969년 제2권 4호와 1970년 제3권 1호에는 1960년대 과학기술을 검토하고 1970년대 과학기술의 과제와 이의 발전을 위한 다양한 방법을 제시하고 있다. 「우리나라 과학기술의 60년대와 70년대」(권원기), 「기술도입의 효율화에 대하여」(김창한), 「기술혁신과 산업발전」(조경철), 「70년대 우리나라 과학기술의 과제(진흥과)」, 「연구기관의 당면 문제와 사명」(연구조정실), 「과학기술 담당 해외주재관 제도와 그 활용」(김형기), 「우리나라 광물자원의 개발 활용방안 검토」(김원조) 등이 게재된 글들이다.

1970년 제3권 3·4호에는 기초과학 연구센터 설립 구상, 선진국에 있어서의 기술혁신의 동향과 산업의 미래상, 해외과학자 두뇌 유치, 공해 예방과 생활환경, 주 생활 개선책, 수출특화산업 육성을 위한 제 요인, 산업 기계공업의 전망, 공업 표준화와 품질관리 등이 실려 있다. 그리고 세계암학계와 국내외 과학기술의 동향, 학회활동을 소개하고 있다.

1971년 제4권 1호에는 「약진하는 우리의 과학기술」이라는 제목 아래 연구개발 투자의 확대, 과학기술 인재 양성, 국제 기술 협력의 적극화와 과학기술의 정보활동 강화, 산학연의 협동체제 정비와 민간기업 기술개발의 여건 조성 등 한국 과학 기술의 발전 현황을 화보와 함께 소개하고 있다. 그리고 「서기 2000년의 한국」(기획조사과), 「제3차 경제개발 5개년계획」(경제기획원), 「한국과학원 설립에 관한 조사보고서」(미 국제원조처조사단)와 함께 「제3차 과학기술개발 5개년계획」(김선길), 「장기국토개발계획」(이관영), 「장기종합 교육계획개요」(심창유), 「70년대의 수출개발전략」(박필수), 「70년대의 과학기술자상」(안병욱), 「우리나라 해양개발의 전망」(김남장), 「기술도입의 당면과제」(황해용), 「기초과학 육성」(안세희) 등 12편의 글이 실려 있다.

『과학기술』은 계간으로 발간되다가 1971년 12월 제4권 4호를 마지막으로 종간된 것으로 보인다.

국회도서관에 소장되어 있는 1969년 제2권 1~4호, 1970년 제3권 1호·3호, 1971년 제4권 1호를 DB화하였다. (구수미)

참고문헌

『과학기술』, 과학기술처, 1969~1971년.

과학기술시보

(科學技術時報)

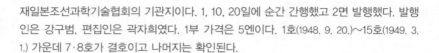

재일본조선과학기술협회의 기관지이다. 1, 10, 20일에 순간 간행했고 2면 발행했다. 발행인은 강구범, 편집인은 곽자희였다. 1부 가격은 5엔이다. 1호(1948. 9. 20.)~15호(1949. 3. 1.) 가운데 7·8호가 결호이고 나머지는 확인된다.

제1호의 제1면 주요기사는「과협 제4회 임시총회 성대히-학동강당에서-」,「논설: 과학기술을 일으키는 것」,「연구분과발족 준비회를 KS이연理研으로」,「조선중공업은 발전한다」,「협회 이공과계학생과 간담」등과「조선인민공화국 수상 김일성 장군 선임되다」,「아시아의 학생이여!!」,「압록강변에 조선과학 기술진의 개가」,「협회 이공과계학생과 간담」등의 기사가 보인다.

제2면은 과학 관련 기사가 다수를 차지하며,「농업제조강좌(1): 버려진 牛骨에서 훌륭한 부업이 가능하다」,「바다의 남자를 양성하다 수산상선학교 설립, 목표유지의 손으로」,「조국의 해운에 특별한 적신호」,「지구이야기」(朴義燮),「이스트와 빵의 맛」등이 실려 있다. 아울러「4월 중의 무역」에서는 '남선'의 수출입 상황과「남한의 중학교수」에서 482개교가 있다고 한다.「왜 전북의 대우의 원인 30년만은 처음 맞는다고!」에서 과학적으로 탐구하기 전에 지질적 문제로 물흡수가 적다고 전제하고 동시에 치수사업의 중요함을 지적하고도 있다.

과학과 관련한 기사로 채워져 있는 본지는 동시에 정치, 특히 '조선' 관련 기사가 다수 보이는 특징이 있다.

제2호 1면에는「논설: 조국개건과 과학의 필요성」(제2호),「세계 최초의 과학자의 선거」(제2호), 조선산업기술연구소의 설립취지(1948. 9. 1.)(제2호), KS이화학연구소(金有時)광고(제2호), 東京조선공업학교 생도모집기사(제2호) 등과「조선과학기술의 양상: 가르치는 고전과학사-조선동포의 소양은 과학기술」(3호)이라는 연재물이 제2호부터 실려 있다. 논문 모집 기사도 제2호에 보인다.

제2호 2면에 기사로는「교육의 자주성」,「인조목재의 발명」,「우에노上野의 행동전에서」,「조선의 공업학교」,「농업제조강좌(2): 버려진 우골에서 훌륭한 부업이 가능하다」, 「회원 6만 증모」, 「기술자의 소리」 등이 실려 있다. 아울러 광고로는 「야간공업학교 생도 모집」, 「목재판매소 도카이東海임업공사」, 「미츠야三矢화학공업소」 등이 보인다. 제3호 1면에는 「논설: 현 상태와 우리의 책무」, 「소련원자력 소유했다」, 「국련의 거부권」, 「가르치는 고적과학사: 조선동포의 소양은 과학기술」이 실려 있다. 그리고 제3호 2면에는 「과협회관 건설」, 「기술 상담 계속」, 「일본고무업계의 낭보」, 「일본에 과학진흥으로」 등의 기사와 과학협회 3주년을 맞이하여 회원 6만 명 모집 홍보가 실려 있다.

2면 발행의 본지는 1, 2면이 이상과 같은 구성의 기사들이 실려 있어 과학의 일반 보급에 적극 나섰다고 평가된다.

1호, 2호, 3호를 DB화하였다. (김인덕)

참고문헌

『科學技術時報』 1(1948년 9월 20일)호, 2호, 3호.

과학상식

1955년 중국 연길延吉에서 창간된 한글 과학잡지이다. 1955년 3월 연변교육출판사에서
제1집을 편집 출판하였으며, 총발행자는 동북조선인민서점이고, 연변일보사에서 인쇄·
발행하였다.

과학상식을 주 내용으로 한 과학 잡지이다. 제1집
창간호 첫 페이지에는 중국과학원 부원장 겸 중화
전국과학기술보급협회 부주석 주커전(竺可楨)이 쓴
신 중국 탄생 5주년을 경축하는 글이 있다. "중국
인민 혁명의 승리는 중국 과학발전을 위한 무한히
광활한 전도를 열어주었다. 1949년 11월에 중국
과학원이 성립되었고 이로부터 중국의 과학 연구
사업은 새 력사 시기에로 들어서게 되었다. (중략)
신중국의 과학가들은 자기들의 서업이 인민사업의
일부분이며 또한 인민사업의 유일한 목적을 위하
여 복무한다는 것을 알고 있다. 이 몇 해 동안 연구실, 실험실 사업 제한 외에 또
각종 사회 개혁 운동에 참가하였다. 그리고 일부분 사람들은 조국의 자연 자원
의 조사 사업에 참가하였다. 이러한 활동 및 그들이 실제 과학 연구 사업 중에서
체험을 거쳐 그들의 인식은 매우 큰 개변을 가져왔다"라고 하였다.

즉 중국 과학 발전의 변화과정을 언급하면서 "이론과 실제의 상황 결합 및 생
산 건설과의 결합"의 원칙을 강조하고 있다.

제1집의 목록을 보면 「물질의 구조」, 「평화목적을 위한 원자 에네르기」, 「원
자 에네르기 발전소」, 「중공업이란 무엇인가?」, 「현대화 강철 련합 기업」, 「안산
강철 제7호 자동화 용광로」, 「수면과 꿈」, 「양력과 음력」, 「비오는 원인과 규율」
등 비교적 전문적인 과학 지식들을 보도하고 있다.

제2집의 주제는 〈새 중국의 전기공업〉이다. 이를 헤드라인으로 해서 「수력발

전소」, 「화력발전소」, 「인류를 위하여 복무하는 전기」, 「새 중국의 방호림 건설」 등 과학입국을 위한 실용적이면서도 비교적 전문적인 해설을 상세하게 정리한 기사들이 게재되어 있다.

현재 연변 도서관에 소장되어 있으며, 1955년 1집을 DB화하였다. (김성남)

참고문헌

『과학상식』, 1955 제1, 2집; 車培根·吳泰鎬, 『中國朝鮮民族言論史』, 서울대학교출판부.

과학세기

(科學世紀)

1964년 9월 서울특별시 종로구에서 창간되었으며 월간 잡지이다. 1965년 11월까지 발행되었다. 과학세계사科學世界社에서 발행한 잡지로 발행 겸 편집인은 남궁 호南宮 浩이다. 발행처는 과학세계사로, 주소는 서울특별시 종로구 청송동 120이며 인쇄처는 삼화인쇄주식회사이다. 가격은 80원이다.

발행 겸 편집인인 남궁호는 창간사에서 연세대학교 물리학과를 재학 중 과학의 중요성을 인식하고 이를 널리 알리기 위해『과학세기』를 창간하였다고 밝히고 있다. 그는 창간사에서 "우리는 조국의 근대화에 몸부림치고 있는데 이는 합리적인 과학정신의 뒷받침 없이는 불가능한 일"이라고 밝히면서 "우리 사회를 합리적인 구조로 이끌어가기 위하여 일상적인 생활의 주변에서부터 전근대적 요소를 몰아내고 점진적으로 과학화해 가는 일"이 중요하다고 창간취지를 밝히고 있다. 창간호에 윤일선尹日善(원자력박사, 의사, 당시 서울대학교 명예교수), 이병도李丙燾(역사학자, 당시 서울대학교 명예교수), 최규남崔奎南(물리학자, 당시 한국과학기술원 설립준비위원장) 등이 창간축사를 해줄 정도로 이 잡지는 각계의 저명한 인사들의 관심을 크게 받았다. 편집위원 역시 과학을 전공한 교수 혹은 박사들로 구성되어 있는 전문 과학잡지이다.

이 잡지는 140매 내외의 분량으로 특징으로는 각 호마다 현실문제에 밀접한 내용의 특집 주제를 신고 있는 점을 들 수 있다. 주요 특집 주제로〈생활生活 속의 과학科學〉(1964년 10월호),〈과학교육科學敎育의 반성反省〉(1965년 1월호),〈우리나라 원자력사업原子力事業의 반성反省과 장래將來〉(1965년 2월호),〈인구팽창人口膨脹과 계획산아計劃産兒〉(1965년 3월호).〈식량증산食糧增産의 이론理論과 실제實際〉

(1965년 4월호) 등 창간취지에 부합하는 다양한 분야를 다루었다.

또한 매 호마다 해외의 최신과학소식을 소개하고 있으며 풍성한 화보를 실어 시각적으로도 과학의 중요성을 강조하고 있다는 점 역시 큰 특징이다. 더불어 과학자의 전기傳記를 매 호마다 수록하고 있으며 다양한 과학상식 역시 매 호 수록하여 일반인들에게 과학을 친숙하게 다가가도록 노력하였다.

이 잡지는 비록 1965년 11월호를 마지막으로 휴간하였으나 남궁 호는 학생들을 대상으로 하여 1965년 11월에 창간한 『학생과학』의 발간을 통해 과학지의 명맥을 계속 이어갔으며 『학생과학』은 이후 한국일보사에서 판권을 사들여 90년대까지 꾸준하게 발행하였다.

현재 『과학세기』의 소장기관으로는 국회도서관, 경북대학교, 고려대학교, 연세대학교, 충남대학교 도서관이 있으며, 국회도서관에 소장되어 있는 1964년 9월호(창간호)부터 1965년 4월호까지 DB화하였다. (정재현)

참고문헌

『과학세기』 (1964년 9월호~1965년 11월호); 『한국과학기술 30년사』, 한국과학기술단체 총연합회, 1980.

과학신문
(科學新聞)

1960년 7월 9일에 창간된 『전파신문電波新聞』을 개제하여 1960년 9월 19일에 창간하였다. 종간 여부는 미상이다. 사장은 조응천曹應天, 발행·편집 겸 인쇄인은 손영수孫永壽, 발행소는 서울특별시 충무로 2가 38번지였다. 창간호는 총 발행 제10호부터이며, 주간 발행으로 대판 4면의 16단, 1단 11행이었다.

창간사 「하늘만 쳐다보는 과학진흥에서 발을 붙여라」에서 "미래는 과학기술의 대전이라고 하는 견해도 이미 우리들이 과학기술의 대전 속에서 처식하고 있다는 심각한 과학기술전은 나날이 우리 눈앞에 또 귀에 나타나고 있다. 다만 그것이 전쟁을 위해서냐 평화를 위해서냐 하는 베일로 감추어져 있을 뿐이다. 이러한 마당에서 우리는 우리나라와 우리가 처하고 있는 과학기술의 현실을 무엇이라고 표현하고 어떻게 관망할 것인지 적이 불안하고 초조하다. 맘으로부터 울어나는 힘, 즉 국민이 과학하는 마음 과학과 기술을 생활화하는 힘 이것을 북돋우지 않으면 우리의 과학기술진흥은 언제까지 위정자나 당국자의 공염불로 끝이고 그 이상이 될 수는 없다. 이것을 위하여 본지가 여기에 그 발간의 의의를 갖는 것임을 밝힌다."고 하여 미일소 각국의 노력을 소개, 과학과 기술을 생활화하는 힘을 북돋위야 함을 역설하고 있다.

1면의 눈에 띄는 기사들로는 「국제원자력 4차 정기총회」, 「우주선의 '캡슐' 회수」, 「과학진흥법 문교부서 구상」, 「전력개발에 중점」, 「연구비 지급의 보람 있나」, 「과학진흥자금」 등이다. 하단에는 신문 창간을 축하하는 원자력원, 원자력연구소, 국립과학연구소, 중앙공업연구소, 중앙전기시험소, 김영제 의원, 이문호 내과의원, 홍순창 산부인과의원 등의 광고가 실려 있다.

이 신문은 전기와 전자에 관한 관심과 그 대중적 확산에 초점을 두었다가 그 범위를 과학기술 전반에 걸친 범주의 폭넓은 관심사로 확대, 개편하여 국제사회의 과학기술개발 붐을 소개, 정부적 차원에서의 기구 설치를 호소하고 있다. 특히 원자력 시대를 맞아 원자력 기술과 개발의 의미를 강조, 계몽함으로써 국가적 장기 프로젝트의 실시를 강력히 촉구하고 있다고 보여진다.

국회도서관에 마이크로필름으로 소장되어 있으며, 창간호가 DB화되어 있으며 DB 상태는 양호하다. (전상기)

참고문헌

『과학신문』 개제창간호, 1960년 9월 19일자;『동아일보』 1961년 5월 28일자;『한국신문백년 〈사료집〉』, 한국신문연구소, 1975.

관세와 무역

(關稅와 貿易)

1965년 1월 1일에 창간된 경제 잡지이다. 발행 겸 편집인은 강성욱姜聲郁, 인쇄인은 조희
갑趙熙甲이다. 발행처는 서울시 종로구 세종로 84의 5 사단법인 한국관세협회이다. 인쇄
처는 민중서관 공무국이다. 월간으로 발행되었다. 110면 내외의 분량으로 발행되었다. 정
가는 50원이다.

발행인 강성태의 「창간사」를 통해 다음과 같이
잡지가 지향하는 바를 알 수 있다.

"우리나라 경제가 당면한 시급한 과제의 하나
는 어떻게 하면 국제수지를 개선하여 국민경제
를 재건하며 자립적 성장을 촉진할 것인가 하는
것입니다. 이 시점에 처해 있는 우리의 임무는
현하 정부당국에서 자립경제 수립을 위한 일환
책으로 적극 제고하고 있는 무역진흥책에 대한
끊임없는 연구와 행정적 개선책의 모색이라 하
겠습니다. 본지는 이러한 제반 문제를 연구 해
결하려는 회원 및 관계 인사들의 노력을 돕고 전문적인 지식을 제공할 뿐만 아
니라 교양과 취미를 위한 정신적 영양 면도 아울러 배려하려는 의도에서 출간
하려는 것입니다."

잡지는 무엇보다도 한국무역의 진흥을 위한 연구와 행정개선 방향을 모색
하는 것을 목표로 하고 있다. 창간호의 목차를 보면 「국제수지와 수입 의존도」,
「후진국과 무역정책」, 「국제협력과 산업건설」, 「한독경제협력의 신국면」, 「좌담
회, 특별 관세법에 관한 문제점」, 「특집, 밀수에 관한 제문제」, 「국제수지 개선을
위한 시안」 등을 주요 편집 방향으로 전망하고 있다. 여기에 〈이달의 특집〉으로
「밀수」, 「한국 세관의 금석今昔」, 「파키스탄 관세행정 시찰기」 등이 편성되어 있
다. 시와 야담, 연재소설 「말로末路」 등이 게재되어 있다.

국회도서관에 소장되어 있는 1965년 창간호부터 12월호까지를 DB화하였다. (김일수)

참고문헌

『관세와 무역』, 한국관세협회.

관수물가
(官需物價)

1965년 8월 조달청 기관지로 창간된 월간 잡지이다. 발행인 겸 편집인은 박찬희朴贊熙, 발행처는 조달청 내자국內資局, 비매품이다. 종간호는 확실치 않다.

제2권 제3호

관수물가

3

1966

조 달 청

잡지의 구성은 〈논고論考·해설解說·자료資料·연구硏 究〉와 〈물가〉로 이루어졌다.

2권 3호(1966년 3월호)는 〈논고〉에 「재고통제의 운영에 관한 소고」, 〈해설〉란에 「계수발취計數拔取 검사와 MIL-STD-150D」이 실렸다.

〈자료〉란의 「내자內資염가구매실적」은 전년도 누계와 1966년 1/4분기의 도매가격과 계약가격을 기계기구류, 고무제품류, 문방구류, 섬유류, 연료류 등 12개 품목으로 나누어 정리하였다. 또한 도매 가격과 계약가격에 대한 차액을 제시하고 구입한 품목을 어느 정도 저렴하게 구입하였는지에 관한 염가비율이 자세히 실려 있 다. 「경제일지」는 1966년 2월 21일부터 3월 20일까지의 일자별 무역지수나 수 출상품지수, 정부의 차관이나 수출 관련 회의와 결정내용, 경제기획원, 상공부 등에서 결정한 내용들과 채탄협회 등 경제단체의 가격결정 사항 등에 관한 자 료이다.

〈물가〉란에는 월중月中 시장 동향, 관수官需 물가지수, 주요품목 가격변동 상 황과 각종 자재, 물품의 가격이 실려 있다. 「시장동향」은 월중 시장 개황을 분 석한 자료로, 제품별 가격의 상승 하락 지수를 총평하고 건축자재, 문방구, 사진 재료, 연료, 의약품, 섬유류 등 각 종류별 수급 상황과 가격 변동 상황을 자세히 기재하였다. 「관수물가지수」는 1965년 1월을 기준지수 100으로 하여 2월부터

1966년 3월까지 총 12개 종류와 그 하위 품목에 대한 가격 변동율을 표로 제시하였다. 「주요품목가격」은 그야말로 종류별 구체적인 가격이다. 대분류 1의 건축자재류는 하위 항목으로 육송, 미송, 나왕, 흑철판, 철근 등 항목별 가격이 명시된다. 2는 고무 비니루, 3은 문방구류, 4는 사진재료, 5는 섬유류와 동제품 등이다. 「품목별가격표」는 구체적인 사이즈나 자재의 종류별 가격을 보여주고 있다. 예를 들면 통신용품에는 전화기의 자동식, 금성사, 5천 원, 공전식, 금성사 4,100원 등 기종별로 매우 상세한 가격표를 제시해 주고 있다.

2권 4호(1966년 4월호)의 〈논고〉로 「인쇄물 원가계산에 관한 소고」(이래원李來遠)가 실렸다. 원가의 구성요소와 적정가격기준 문제, 실제적 원가계산 방법 등이 제시되고 부록으로 원가계산의 실례가 제시되어 있다. 5호의 〈논고〉는 「인쇄물 조달에 관한 소고」(최한원崔漢元)가 실리고, 7호는 「검사관리의 발전적 추리론」(김병주金炳柱, 검사과장)이 실렸다. 제품의 품질보증을 목적으로 행해지는 제품검사에 대한 인식, 방법 등에 관한 원칙을 제시한 글이다. 9호의 「업자등록사무에 관한 고찰」(남궁철南宮喆, 내자과장)에서는 업자등록사무의 제도적 의의와 등록절차, 등록사무의 제 문제점 등에 관해 고찰하였다. 업자등록사무는 정부기관에서 행하는 업자등록사무를 총칭하는 것으로 내자 외자 시설공사 등 입찰 참가자격을 규제하는 사전적 조치를 의미한다. 이러한 등록 사무에 관한 절차와 원칙에 관한 논고이다.

3권 1호(1967년 1월호)에는 조달청장 김원희金元熙의 신년사가 실렸다. 신년사에서는 "당청은 '증산, 수출, 건설'이라는 정부의 3대 시정목표 달성에 크게 이바지 하여 왔습니다. 또한 이에 더하여 구매예산의 절약이라든가 관수물자의 규격표준화와 정부 행정 능률 향상, 그리고 정부조달을 통한 기업육성 등 여러 가지 면에서 많은 성과를 거둠으로써 당청의 중앙조달행정이 이미 국제 수준에 도달하였다는 정평을 받게 된 것을 무엇보다도 기쁘게 생각하는 바입니다. (중략) 금년도 정부조달행정의 목표 달성을 위해 당청으로서는 온갖 성과 열을 다하여 정진할 것을 다짐하며 각 수요기관의 관계관 여러분과 기업인 여러분께서는 보다 많은 협조와 적극적 참여가 있기를 바라는 바입니다"라고 하여 조달청의 업무와 역할, 방향을 제시하고 있다.

잡지 『관수물가』는 이러한 조달청의 추진내용을 각 관계기관에 선전하고 업무에 참조하도록 하기 위해 발행된 것이었다. 잡지는 국가 전체의 물가나 가격표는 아니지만 관수품의 종류나 가격을 알 수 있는 유용한 자료이다.

　국회도서관에 소장되어 있는 2권 3호(1966년 3월호)~7·9·12호, 3권 1호(1967년 1월호)·2호를 DB화하였다. (이병례)

참고문헌

『관수물가』, 조달청 내자국, 2권 3호(1966년 3월호)~7·9·12호, 3권 1호(1967년 1월호)·2호.

관찰과 뉴스
(觀察與新聞)

1996년 중국 연변에서 발행된 시사종합잡지이다. 이 잡지는 1948년 4월 25일 창간된 『통신사업』이 『로동통신』, 『로동병통신』, 『통신원의 벗』, 『연변일보 통신』으로 여러 차례 제호를 바꾸면서 발행되다가 1996년 『관찰과 뉴스』로 다시 개명된 것이다. 연변일보사 편집부에서 편집 발행했으며, 책임편집은 박영철과 리현숙, 책임교정은 연변일보사 교정부이다. 격월간이다.

1996년 『관찰과 뉴스』로 제호를 바꾸면서 게재한 「새로운 터전 『관찰과 뉴스』」라는 특별기고문에서 1848년 『통신사업』에서 출발하여 기나긴 노정을 걸어온 과거를 돌이켜 보면서 앞으로 나아갈 방향을 다음과 같이 설명하고 있다.

"나라의 대문은 활짝 열려지고 있으며 세계는 지구촌으로 좁아지고 있다. 이 와중에 우리들은 전혀 상상해볼 수도 없고 당해보지도 못한 수두룩한 현상과 문제들을 접하게 된다. 또 이 가운데서 수많은 뉴스와 정보들이 끊임없이 나타나고 있다. 이런 현상과 문제, 뉴스와 정보에 대하여 우리는 참답게 연구, 분석, 추리하면서 두 가지 문명 건설에 이로운 알맹이를 기사화하면서 결책자들의 참고 의거로, 백성들의 참모로 여론 인도를 수행해야 한다. 뉴스의 바탕은 최근 사실에 대한 관찰과 분석이다. 관찰을 강조하는 이유에서 우리는 통신간행물의 이름을 『관찰과 뉴스』라고 달았다. 가치가 있고 무게가 있는 뉴스를 다루자면 오랫동안 일관화되어온 낡은 의식, 낡은 사유, 낡은 논리 방식은 이미 적용되지 않는다. 반드시 차세기를 지향하는 앞선 의식, 파격적인 사유로 자기의 두뇌를 충실히 해야 한다."

주요 내용은 〈이 달의 화제〉, 〈논설〉, 〈기자 논단〉, 〈보도 추향〉, 〈신문보도 형식 강좌〉, 〈우수 기사평〉, 〈국외 작품 분석〉, 〈정보들창〉, 〈통신원 무대〉, 〈깨알 줍기〉, 〈명인일화〉, 〈아세요?〉, 〈설화〉, 〈산문시〉, 〈산문인물〉, 〈외국신문 살롱〉 등의 난이 있다.

1996년 창간호는 「지도 간부는 반드시 정치를 중요시해야 한다」는 강택민의 연설과 함께 강택민 총서기의 연변 시찰을 취재 보도하였으며, 1996년 제3기에서는 「중국 특색의 사회주의 이론」과 「15차 당대회 정신」, 「등소평 이론의 위대한 기치 높이 들어야」를 논설로 게재하고 있다.

연변대학교 도서관에 소장되어 있으며, 1996년 1기와 1997년 4기가 DB화되어 있다. (김성남)

참고문헌

『관찰과 뉴스』, 창간호.

광노보
(鑛勞報)

1962년 7월 10일에 창간된 월간신문이다. 발행 겸 인쇄인은 김정원金正元, 편집인 한기수
韓基洙, 발행처는 서울 남대문로 5가 3(광노보사), 정가 2원이다.

이 신문은 1962년 창간된 『광산노보』에
서 제호 변경된 것이다. 신문은 광산노조
의 기관지 역할을 하였으며, 2만여 광산
노조원의 상호친목과 단결력 촉진, 노조
원의 교양 함양을 목적으로 발행되었다.
신문 제호 변경 시점은 정확하지 않은데,
1966년 1월 31일자는 『광노보』로 발행되
고 지면은 2면으로 축소되었다.

신문 발행 주체인 전국광산노동조합연
맹은 대한노총 산하조직으로 1949년 4월
27일 조직되었다. 광산연맹은 산별체제를
내세웠으나, 실제적으로는 기업별 연합회
였던 대한석탄광노조연합회, 대명광업노조, 대한중석노조연합회 등이 단체협
약과 노사교섭을 전담하였다. 1953년 노동조합법이 공포되자 상동광산노조 등
8개의 광산노조가 재조직되었고 이를 기초로 1953년 6월 24일 광산연맹 재조
직 결성대회가 개최되었다.

신문의 구성은 노동계 소식과 〈주장〉, 〈논설〉 등으로 이루어졌다. 1966년 1월
호의 경우 1면은 노동계의 소식과 주장이 실렸다. 노동계 뉴스 「전국적 임투에
착수」에서는 1966년도 임금투쟁의 방향에 관한 내용을 담았다. '생활급' 보장
을 위한 투쟁 방향과 전남 한천탄광寒天炭鑛의 휴업수당 지급 요구 기사, 조합별
조직현황, 동원탄좌 지부장 개선 기사 등 노동계의 여러 소식이 실렸다. 〈주장〉

란에는 「현실화 정책에 착오된 임금 수준」이라는 제목하에 생활급 확보투쟁에 참여할 것, 노동행정의 올바른 자세를 확립할 것을 촉구하는 내용을 담고 있다.

2면에는 〈논설〉로 「임금의 현실화와 기업가의 자세」(조창화趙昌華)가 실리고 각 지역 탄광의 임금인상 투쟁 소식이 실렸다. 하단에는 광산노조 교육선전부에 의한 「노동조합과 노동운동」을 설명하는 기사가 게재되었다. 노동조합의 기본 원칙인 민주주의적 절차를 설명하는 내용이다.

1966년 5월호 1면에는 광산노조 긴급 대의원대회 개최 기사가 게재되고, 광노위원장 서원우徐源雨가 조합원에게 단결을 호소하는 내용의 글이 실렸다. 그 밖에 마교, 성수지부의 임금 40% 요구 쟁의에 대한 광산노조의 추인 기사와 상동광산 쟁의에 대해 전 조직력으로 지원할 것이라는 기사가 실렸으며, 노조활동가 정연성鄭然星의 「노동쟁의와 그 자세」가 게재되었다.

2면에는 〈시론時論〉으로 「석탄정책에 대한 제언」(김인순金仁舜)이 실렸고 20개 지부 임금인상 기사, 근로기준법을 위반한 광천석면 고발 기사, 지부업무에 대한 감사 실시 기사와 조합원 현황이 실렸다. 하단에는 기획기사로 「노동조합과 노동운동」으로 동맹파업에 대한 의의와 방법 등을 설명하는 기사가 게재되었다.

1966년 7월호 1면에는 〈주장〉으로 「산재보호제도의 운영합리화를 촉구한다」가 실리고 「덕대제도를 철폐하자」라는 제목하에 광산의 오랜 관행인 덕대제도 철폐를 위해 광산노조가 전면 투쟁 대책을 수립한다는 기사가 실렸다.

2면은 풍부한 매장량과 생산능력을 두고 석탄을 비싼 석유로 대체하려 하는 정부 정책을 비판하는 내용의 기사와 석탄공사 쟁의 종결 결과를 보도하였으며, 봉황광산의 상반기 상여금 책정액에 대한 기사와 탄수송용 배차 증설 기사 등이 실렸다. 하단의 기획 기사에는 〈노동조합연구노트〉에서 노동조합의 정의와 활동범위에 대해 설명하고 있다.

이 신문은 지면이 소략하여 많은 내용을 담고 있지는 않지만, 1960년대 후반기 광산노동조합의 활동 내용과 투쟁 방향을 확인할 수 있는 자료이다.

국회도서관에 소장되어 있는 1966년 1, 5, 7월호를 DB화하였다. (이병례)

참고문헌

전국광산노동조합연맹, 『광노 62년사』, 2011; 한국노동연구원, 『한국의 노동조합』, 1989; 임송자, 「1960년대 전국광산노동조합 리더십 변화과정과 조직활동」, 『史林』 44, 2013.

광복시보

(光復時報)

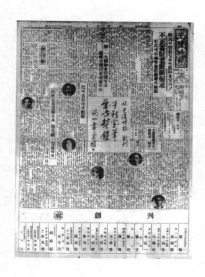

1960년 7월 21일에 창간하였다. '광복동지회'의 명의로 창간된 이 신문은 편집 겸 발행·인쇄인을 이강(李剛), 발행소는 서울특별시 종로구 관훈동 140번지로 정했다. 종간호 여부는 미상이다. 주간신문으로 판형은 대판 2면이었고 16단제에 1단 11행이었다.

창간사인 「민족정기 선양으로 남북통일 완수하자」에서 "모든 정당과 파벌을 초월하고 시시비비주의로 추호의 가석 없이 춘추필법 그대로 발휘하여 이 나라를 좀 먹는 모든 부정과 불의를 상대로 과감하게 싸울 것"을 촉구하면서 "민족을 배반한 이승만 정권은 친일잔재를 등용하는 반면 민족정기를 여지없이 박멸"하였다고 비판, 사경에 처한 민족정기를 살려내고 부패한 국민도의를 진흥시키는 것을 사명으로 하겠다는 강한 어조를 내세운다. 또한 '부정축재자엄단'을 강력히 촉구하였다.

창간호 1면에는 창간사 외에도 여산 위병식의 휘호가 한가운데에 오롯이 인쇄되어 있고, 「부정축재자엄단촉구」라는 제목 아래 '국민의 분노 일으킨 원인 알자!'는 부제가 머릿기사로 실려 있으며, 「4·19정신을 모독말고 과정은 책임을 완수하라」, 「광복운동자 및 애국지사 소개」, 「국민의 소리」 등이 실려 있다. 하단에는 이 신문 창간을 축하하는 각계 인사들, 장면, 장이욱, 김병로, 백낙준, 김홍일, 정일형 등 여러 명의 인사들 이름이 나열되어 있다. 이 신문은 일제에 친일협력한 민족반역자와 이정권 치하에서 비위 불법을 저지른 부정축재자, 모리배, 민주반역자 등을 본사 조사부로 고발하여 줄 것을 호소했다. 이 사고는 「반역행위자 조사자료 모집」으로 실리는 한편, '광복심사계'를 두어 정부 각 기관, 공무원, 기타 특정인에게 부당한 재산상의 피해나 명예상의 침해를 받은 국민의 사정을 투고 받아 싣겠다는 포부도 밝힌다. 강력하고 단호한 어조의 이 신문은 그간 받아온 차별과 냉대를 올바로 시정하여 민족의 장래와 후손들의 민주주의 발전을 희원하고 있다.

국회도서관에 마이크로필름으로 소장되어 있으며, DB는 창간호가 되어 있고, DB 상태는 양호하다. (전상기)

참고문헌

『동아일보』 1961년 5월 28일자; 『광복시보』 창간호, 1960년 7월 21일자; 『한국신문백년 〈사료집〉』, 한국신문연구소, 1975.

교계시단
(敎界詩壇)

1956년 3월 창간된 종교문학 잡지이다. 발행인은 이준호李俊浩, 발행처는 신교출판사新敎出版社, 인쇄는 남양인쇄사南洋印刷社이다. 60여 쪽 분량으로 정가 100환이다. 종간호는 확실치 않다.

시인 김경수金京洙는 「발간사」에서 다음과 같이 잡지의 창간 취지를 밝히고 있다.

"제1집은 몇 안 되는 우리들의 초발성初發聲이다. 지극히 적은 개자芥子씨와 같은 것이다. 교회 시문학의 시작이래도 좋다. 그보다도 문학적으로 거의 황무지와 같은 교단敎壇에 발하는 우리 고고呱呱의 성聲이라고 해두자. 교계시단 동인, 우리는 현재보다 명일明日의 더 높고 깊고 큰 하나의 가능을 믿고 사는 신앙인들임을 여기에 고백해 둔다. (중략) 시단詩壇상의 중세기는 기독교 문화와 예술이 세계를 지배하던 때다. 또 위대한 예술작품을 기독교가 창작한 때이기도 하다. (중략) 신앙인의 입장에서 우리는 현대 예술을 재평가 하지 않으면 아니 될 때가 도래한 것으로 생각한다. 물론 『교계시단』제1집이 그러한 시도랄 수는 없다. 허나 우리 시지時誌 제1집을 내놓는다는 것이 무의미하지 않다는 생각에서 우리는 편집에 임했었다."

잡지 발행목적은 기독교라는 신앙을 같이 하는 문학 동인들이 문학창작 속에서 기독교 정신을 구현하고자 하는 문제의식 하에 발행된 것이었다. 잡지 구성은 〈시〉, 〈수필〉, 〈시론時論〉으로 이루어졌다.

제1집(1956. 3. 15.)에는 대표시로 전영택田榮澤의 「무제無題」가 맨 앞에 실렸다. 이 시에서 잡지 발행의 목적이 보다 분명히 드러난다. "창작의 기쁨은 거룩한 기쁨이다. 그 솟은 근원이 멀고 높은 것이외다. 하나님이 그 지으신 모든 것을 보

115

시니 보시기에 심히 좋으셨더라. 그 마음 그 기쁨에서 우러 온 것이니" 등의 문구에서 표현된 바와 같이 기독교 사상을 문학 속에 표현할 것을 지향하고 있다.

〈시〉 부분에는 제1집의 「나직한 음악에 귀를 기울이는」(박목월朴木月), 「에덴추방」(박화목朴和穆), 「최대의 유산遺産」(김경수金京洙) 등이, 제2집(1956. 9. 20.)의 「세계에 대하여」(박인수朴仁洙), 「옛 얘기」(이봉순李鳳順) 등이 실렸다.

〈수필〉은 제1집의 「잡기장雜記帳에서」(박인수朴仁洙), 제2집의 「貧窮」(임영빈任英彬), 「신神과 나와 시詩와」(김형식金亨湜) 등이 게재되었다. 소재는 모두 기독교 신앙과 관련된 것으로 각자의 신앙 감상과 종교 철학이 담겨 있다.

〈시론〉에는 제1집의 「종교시를 지향하는 현대시」(전대웅田大雄)에서 현대시에 있어서 종교사상이 갖는 의미를 강조하였고, 「삼인시론三人詩論」(정창범鄭昌範)에서는 종교시인 박인수, 석용원, 김경수 3인에 대한 시평時評을 실었다. 제2집에는 「종교시의 형식－T·S엘리옷의 방법」(전대웅田大雄) 등이 게재되었다.

국립중앙도서관에 소장되어 있는 제1집(1956. 3. 15.) 및 제2집(1956. 9. 20.)을 DB화하였다. (이병례)

참고문헌

『교계시단』, 1집 1956. 3. 15.; 2집 1956. 9. 20.

교양

(敎養)

1964년 12월 15일에 창간된 고려대 교양학부 학생 회지이다. 편집 겸 발행인은 현승종玄勝鍾이다. 발행은 고대 교양학부 학생회가 맡았다. 인쇄는 광명인쇄공사이다. 매년 1회 발행되었다. 300면 내외의 분량으로 발행되었다.

1968년 발행의 5집의 주요 목차를 보면, 〈심포지움 한국대학의 교양교육〉, 「도의와 옹호」(김진만), 〈특집, 한국인의 자기인식〉, 「괴테의 잔채와 사랑」(한봉흠), 시와 수필, 「팔도 출신 학생 좌담회」, 「여학생 앙케트」 등으로 편성되어 있다. 그 가운데 〈심포지움, 한국대학의 교양교육〉의 주제를 보면, 「교양교육의 역할」(金致達), 「교양과목의 개혁」(민석홍), 「교양교육의 방법」(이기영), 「고대에 있어서의 교양교육의 실체」(현승종) 등으로 구성되어 있다.

〈특집, 한국인의 자기인식〉의 주요 편성을 보면, 「한국학이란 무엇이냐」(김동욱), 「한국어의 기원」(김민수), 「한국사의 관점-16세기의 변화와 임진왜란의 의의-」(강만길), 「시가에 나타난 민족적 정서」(박성의), 「이조후기의 지리서·지도」(이우성), 「일반교육과 민족자주성 교육」(신일철) 등으로 이루어져 있다.

대학 교양학부의 회지인 만큼 주요 목차 이외에도 「추천 양서」, 「대학생가 독서」 등 대학생활 안내에도 많은 할애를 하고 있다.

국회도서관에 소장되어 있는 1967년 4집, 1968년 5집, 1970년 7집, 1971년 8집을 DB화하였다. (김일수)

참고문헌

『교양』, 고려대 교양학부 학생회.

교육과학

(教育科學)

1966년 9월 30일에 창간된 잡지이다. 발행 겸 편집인은 백현기白賢基이다. 발행소는 서울시 중고예장동 8 중앙교육연구소이다. 인쇄처는 천풍인쇄주식회사이다. 계간으로 발행되었다. 140면 내외의 분량으로 발행되었다. 정가는 180원이다.

편집 방향은 주론, 특별기고, 조사연구 요약, 논문, 현장 연구 평가, 연구의 아이디어, 연구방법론, 연구의 동향, 교육상담, 교육단평 등으로 구성되어 있다.

1969년에 발행된 10권 2호의 편집 방향은 "교육헌장에 유익하도록 하기 위하여 광범하고 풍부한 내용을 다루어 보려고 노력"하는 것에 두고 있다. 그 가운데서 서울대 사범대학 김종서는 미국 후랜더스의 언어 상호작용 분석의 방법을 기초로 한 「수업형태의 분석」을 게재하고 있다. 또한 특별 기고로서 USAID 교육국장 Charles A. Foster의 「프랑스 교육」을 소개하고 있다.

1967년에 발행된 10권 3호의 편집에서 연구소 밖의 외부인사의 글 두 편을 게재하고 있다. 「특별기고, 경영학 입장에서 본 교육」(김원경)과 「연구의 동향, 교육행정의 연구동향」(김종철)이 그것이다.

국회도서관에 소장되어 있는 1969년 10권 1호·2호·3호, 1970년 11권 1호·2호·3호, 1971년 12권 1호부터 6호까지를 DB화하였다. (김일수)

참고문헌

『교육과학』, 중앙교육연구소.

교육신문
(教育新聞)

'교육신보教育新報'를 개제하고 지령을 계승하여 제203호로 1960년 9월 2일자로 발행하였다. 종간호는 미상이다. 발행 겸 편집·인쇄인은 윤재중尹在重, 편집국장은 정태인鄭泰麟이었다. 발행소는 서울특별시 종로구 계동 147-24번지였다. 판형은 대판 4면을 발행하고 16단에, 1단 13행 체제를 갖추고 구독료는 월정 3백환이었다.

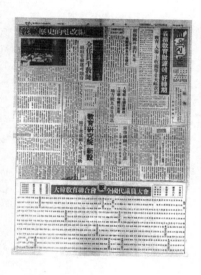

203호 1면 편집인과 발행소 바로 밑에 「사고」를 통하여 '교육신문'으로 개제한 사실과 지령을 계승한다는 내용이 적시되어 있다. 1면에 실린 주요 기사는 「의무교육 재원에 호전기」, 「교련, 역사적인 개편」, 「'교육연구원' 신설」 등이고, 하단에는 「축 대한교육연합회 전국대의원대회」라는 제목을 달고 그 단체의 임원진과 슬로건, 그리고 각 지역의 대의원 명단이 상세하게 실려 있다.

이 신문의 특이한 점은 신문제명을 한글로 표기했다는 점이다. 이러한 점은 4·19혁명 후에 신문명을 개제한 것이나 '교련'의 임원을 전부 평교사 중심으로 뽑은 점에서 새롭고 획기적인 기풍을 통하여 교육의 새로운 바람을 일으키는 데 기여하고자 한 것으로 알 수 있다. 그럼에도 불구하고 교육계 전반에 대한 비판과 새로운 프로그램을 제시하는 등의 문제의식은 실제 기사에서 찾기가 어렵다. 따라서 이 신문은 '대한교육연합회'를 중심으로 한 전국교직자들을 대상으로 문교부 방침, 학교, 재단, 교사들의 동향을 보도하고 교육의 과학화를 위한 논문 등을 실었다. 전반적으로 논평 없는 보도 중심의 기사가 주종을 이루었다.

국회도서관에 마이크로필름으로 소장되어 있으며, 지령 203호가 DB화되어 있고, DB 상태는 양호한 편이다. (전상기)

참고문헌

『교육신문』 203호, 1960년 9월 3일자; 『한국신문백년 〈사료집〉』, 한국신문연구소, 1975.

교육자료

(敎育資料)

서울시 종로구 신문로 1가 135번지에 위치한 교육자료사敎育資料社가 발행한 월간 잡지이다. 1957년 1월 창간되었다. 발행 겸 편집인은 최원식崔元植, 편집부장은 이영섭李榮燮이 담당했다. 잡지의 정가는 1969년까지 160원이었지만, 1970년 1월 물가상승을 이유로 200원으로 올랐다.

『교육자료』는 서울시 종로구 신문로 1가 135번지에 위치한 교육자료사敎育資料社에서 1957년 1월 처음 발간했다. 이 잡지는 "국민학교 일선교사들의 요망要望에 응하여 실지교수實地敎授에 도움될 수 있는 월간지"이며, 표지에는 "교양과 지성과 교육기술의 전문지"라는 문구가 있다.

당시 이화여자대학교 대학원장인 김영정金榮禎, 이화여대 교육대학원장 강우철康宇哲, 경희대학교 총장 조영식趙永植, 서울시 교육위원 이희균李義均, 중앙대학교 교수 정재철鄭在喆 등의 각계 전문가들과 전국의 국민학교 교사들이 기고한 글들로 채워진 잡지이다. 실제로 수업에 도움이 될 수 있는 월간지라는 성격을 대변하듯 전문가들의 기고글, 교육자료, 문예 등을 제외하고, 잡지의 절반 이상은 〈학습 표준전개안〉과 국어, 산수, 사회, 체육, 음악 등 각 과목의 교재, 수업방법, 지도기술 등에 대해서 다루고 있다. 또한 〈월말학력측정자료〉 등도 제공하고 있다. 이러한 기사들을 통해 당시 한국 교육계에서 추구했던 교육관을 비롯하여 교육방식, 교육이념, 수업과 관련된 여러 정보들을 살펴볼 수 있기 때문에 당시 교육이 어디에 초점이 맞추어졌는지 파악할 수 있는 자료이다.

주요기사를 살펴보면, 1969년 12월 발간된 13권 12호에서는 〈교원수급정책론〉과 더불어 교원수급문제를 특집으로 「현행 교원수급계획의 문제점」, 「금후의 교원수급의 방향」, 「임시교원양성 특별과정설치와 교사의 자질문제」 등의 기사를 다루고 있다. 이 기사들은 1969년 당시 교사수급이 안정되지 않은 상황에 대한 문제제기를 통해 안정된 교원양성방법을 촉구하고 있다. 1970년 1월호는 〈시청각기재의 조작과 활용〉이라는 주제로 교육의 현대화에 기여했고, 3월호는 〈교육계획〉이라는 주제로 교육방법에 대한 다양한 아이디어를 도출하도록했다.

『교육자료』는 현재 국회도서관, 고려대학교, 서울대학교, 연세대학교에서 소장 중이다. 특히 연세대학교는 창간호와 함께 가장 많은 자료를 소장하고 있는데, 국학자료실에 창간호, 학술정보관에 1960년도에 발간된 4권부터 1975년에발간된 19권까지 소장되어 있다.

국회도서관에 소장되어 있는 1970년 7월호, 10월호, 12월호, 1971년 7월호, 9월호, 10월호까지 DB화하였다. (김민아)

참고문헌

『교육자료』(1969년 13권 12호, 1970년 1-3, 5, 7, 10, 12호, 1971년 7, 9, 10월호); 『경향신문』 1956. 12. 08.

교육주보
(敎育週報)

1965년 3월에 주간 발행으로 창간된 교육행정잡지이다. 발행인은 탁병희(卓炳熹)이다. 발행처는 서울시 종로구 세종로 177의 한국교육주보사이다. 4회 월정 구독료는 120원이다.

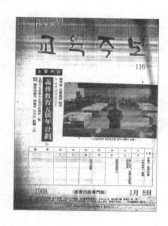

1965년 12월 발행의 12호의 첫 글은 '불합격자들의 행소 제기는 납득할 수 없다.'로 시작한다. 그 주요 내용은 1966년부터 바뀔 중학교용 검인정교과서 1차 사열에서 불합격한 저작자 일부와 한국검인정교과서 발행인협회의 불합격 결과에 반발하는 것을 비판하는 것에 있다. 이와 관련해 '중학교용 교과서 검인정을 둘러싼 시비'를 주요 내용으로 싣고 있다. 또한 색채교육, 과학교육, 보건위생, 교육법규, 교직생활, 문교시책, 해외교육, 교육시설, 새소식 등으로 구성되어 있다.

1966년 발행의 34호는 주장 '병오원조(丙午元朝)에 부치는 우리의 소망'을 시작으로 특집을 구성하고 있는데, 그 내용은 66년도 문교부 운영계획, 향토개발연구사례집, 66년도 문교부 현직 교육계획서, 66년도 교위 행정계획안(강원도, 부산) 등으로 구성되어 있다. 1966년부터 구독료를 150원으로 인상하였다.

1967년 1월 16일 발행의 78호는 '정미년 교육운영의 기저', '문교부 각시도 새해 구상' 등을 주요 내용으로 하고 있다. 신년호로서 '신년사', '신년특집', '신년설계' 등으로 편집하였다. 신년사의 제목은 '교육자의 좌표를 재확인하자'이다. 신년특집은 '정미교육의 방향 잡이'라는 제목 아래 '전환되어야 할 문교행정의 방향', '교육과정은 이대로 운영해야 할 것인가?' 등으로 구성하였다. 이어 '새해에 거는 소망'이라는 제목 아래 '산학협동체제들(문교부장관)', '교원 생활권

증진에 박차를'(국회문공위원장), '행동과 정신의 통일로 권리쟁취를(교련회장)' 등을 싣고 있다.

국회도서관에 소장되어 있는 1965년 12월 발행의 12호부터 1968년 161호까지를 DB화하였다.(김일수)

참고문헌

『교육주보』, 1965년 12호~1968년 161호, 한국교육주보사.

교체보도

(交遞報道)

1965년 6월 25일 창간된 신문으로, 4면으로 발행되었으며 월간지이다. 발행 겸 편집인 이명우, 인쇄인 한영우, 주간 고인식, 편집위원 김재규, 발행소는 서울 중구 저동 2가 4이다.

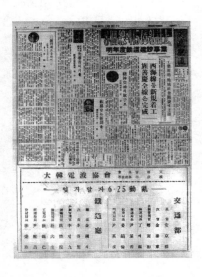

『교체신문』은 창간사에 서술되어 있듯이 "교통체신부문 기사로 전 지면을 메꾸는 특수전문지"를 표방하며 창간되었다. "아직까지 전문지의 발전을 제대로 이루지 못한 우리나라에서 특수부분만을 상대로 하는 신문이 제대로 자라나기란 극히 어려운" 것을 잘 알고 있지만 "모든 것이 분업 전문화해가는 이 단계에서 전문지의 필요성은 과거 어느 때보다 절실"하기 때문에 "황무지 같은 교통 체신 분야"의 신문을 창간했다고 밝히고 있다. 또한 보도 태도와 관련하여 "『교체보도』는 결코 심판자적인 위치에 서지" 않을 것을 다짐하고 있으며, 보다 정확한 뉴스의 보도, 어느 편에도 가담하지 않지만 어느 편과도 다정한 벗이 되는 태도를 견지하겠다고 천명하고 있다.

창간호의 기사 구성을 보면 1면에는 국회교체위원장인 박승규의 「교통체신계의 선도자 되기를」, 체신부 장관 김병삼의 「흠모 받는 신문을」 등 창간 축하의 글과 「8개선에 45억 원 계상 – 명년도 철도건설 사업」이라는 기사가 실려 있어 전문지로서의 성격을 잘 보여주고 있다. 2면에서는 「민항공 조종사, 처우 개선 시급」, 「우편저금증강의 문제점」 등의 기사를 통해 민간항공사의 문제점과 학원 내의 우체국 건설 문제 등을 다루고 있다. 3면에는 시내 교통 기관의 청결

125

문제와 부산항만 시설의 확장, 서울 시내버스의 노선 변경, 청주 전화국 신축, 철도개량 사업비 등의 주제가 기사로 작성되어 있다. 4면은 다른 면에 비해 상대적으로 교체부분과 상관없는 기사도 배치되어 정치자금에 대한 조그만 박스 기사가 실려 있다. 또한 FM방송의 개국을 알리는 기사를 싣고 있는데 『교체신문』의 창간 다음 날인 6월 26일에 정식 개국하여 음악, 교양 프로에 중점을 둘 것이며 혼신 잡음 없이 저음 고음 그대로 재현하여 우리나라 방송계에 새로운 전기가 될 것이라 하여 그 의미를 조명하고 있다.

1966년 6월 30일에 발행된 『교체신문』을 보면 진용이 교체되어 있는데 사장 이종국, 발행인 이명우, 편집인 이유종, 인쇄인 백승진이다. 지면 구성은 이전과 동일하여 「철도건설 중 4개선은 불요」, 「전차 회수권 갱신」, 「한일 간 국제전화 대폭 증설」, 「뚝섬 이제 서울의 중심지」 등의 기사가 실렸다. 또한 우체국의 업무상황을 살피거나(「용산 우체국 무사고로 모범적」) 우체국장에 대한 품평(동대문, 구로동, 수색 우체국장에 대한 품평)을 싣는 등 전문지로서의 성격을 유지하고 있다.

국회도서관에 마이크로필름 형태로 보관되어 있으며, 이를 DB화하였다. (임경순)

참고문헌

『교체보고』, 1965년 6월 25일, 1966년 6월 30일.

교통
(TRANSPORTATION)

1954년에 창간된 잡지이다. 발행인은 김덕실金德實, 편집 겸 인쇄인은 이순영李順永이다. 발행처는 재단법인 교통양성조성회의 교통부 총무과이다. 월간으로 발행되었다. 종간은 알 수 없다.

잡지 『교통』이 지향하는 것은 무엇보다도 교통 교양 잡지, 즉 기사를 부드럽게 하고, 알기 쉬우면서도 유익한 정보 제공이었다. 교통 정책, 교통 관련 각종 정보와 전망, 시와 노래, 수필과 논고, 좌담회 등 다양한 내용 구성으로 교양 잡지를 지향하고 있다. 잡지의 가장 큰 특징 중의 하나는 교통부의 정책을 적극 지지하는 동시에 실천하는 것이었다.

이 잡지의 특징은 1958년 1월호(통권 37호)의 목차와 내용에서 잘 드러난다. 연두사의 경우 교통부 장관과 차관이 맡고 있다. 교통부의 고위 공무원들이 1957년도 교통행정의 회고와 전망을 맡아 집필하고 있다. 그 뒷부분에 시와 노래, 수필, 논고 등 다양한 형태의 글을 싣고 있다.

국회도서관에 소장되어 있는 1957년 33~36호, 1958년 37~48호, 1959년 50~52호를 DB화하였다. (김일수)

참고문헌

『교통』, 교통양성조성회.

교통일보
(交通日報)

교통기관의 동태 보도를 목적으로 1960년 8월 28일에 창간하였다. 종간은 박정희의 쿠데타 이후에 단행된 국가재건최고회의 포고 제11호와 공보부령 제1호의 '신문통신발행시설기준'에 따라(1961년 5월 23일 공포, 동월 28일 시행) 1961년 5월 28일자에 이루어졌다. 특수일간지로 발행·편집 겸 인쇄인은 김영주金永柱, 논설위원에 장세교張世喬, 편집국장에 최승석崔承石이고, 발행소는 서울특별시 한강로 3가 66번지였다. 대판 2면(15단, 1행 11자)에 월정액 4백환, 1부는 20환이었다.

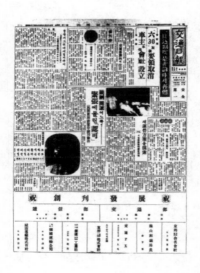

"육상운송(철도·자동차)을 비롯한 해상운송·공중운송·통신(우편·전화)에 관한 제반동태와 양상을 시사·학술 양면에 걸쳐 시의에 알맞게 이를 보도함으로써 교통문화를 앙양하고 언론을 창달하며 그를 대변하는 일간특수지로서의" 사명을 다하고자 한다고 창간사 「신문 본연의 사명으로」에서 밝혔다. 창간호의 신문제호 밑에는 "안전제일"이라는 신문의 모토를 큼지막하게 새겨 놓았고 하단에는 '축 창간 발전'을 바라는 교통 PX, 용산우체국장, 한국운수공사, 성남운수주식회사 등의 광고가 실려 있다.

창간호의 가장 눈에 띄는 기사로는 「'持込制度'시비론 다시 재연」이라는 제목 아래, 차주측과 회사측의 입장이 제시되어 있으며, 방송신청(건수)과 관련한 기사 「긴장에 몰린 인가 - 통제 개방 어느쪽?」이, 철도노조임시총회가 열린다는 기사 「새 운영 방안을 모색」이라는 제목의 보고가 게재되어 있다. 또한, 당시 교통부장관의 사진과 더불어 교통정책 전반에 관한 구상을 실은 「과연 그는 무엇을 구상하나?」가 실려 있다.

이 신문은 교통문화만이 아니라 해상, 공중, 통신도 아울러 보도하겠다는 포부를 밝혔으나 취재망의 빈약과 기자수의 부족, 기타 다른 여건으로 인하여 주로 육상교통면에 치중하여 객관보도만을 주력했다는 평가를 받는다.

국회도서관에 마이크로필름으로 소장되어 있으며, 창간호가 DB화되어 있고 DB 상태는 양호하다. (전상기)

참고문헌

『교통일보』 창간호, 1960년 8월 28일자; 『동아일보』 1961년 5월 28일자; 『한국신문백년〈사료집〉』, 한국신문연구소, 1975.

교통체신비판신문
(交通遞信批判新聞)

'주간교통'을 개제한 주간신문으로 1960년 12월 20일자 제225호 지령을 계승하여 발행하였다. 종간호는 미상이다. 발행인은 권윤權潤, 주간은 김인선쇼仁善이며 발행소는 서울특별시 중구 충무로 1가 28 신흥삘딩 511호였다. 대판 2면으로 16단, 1단 11행으로 이루어져 있다. 신문 제호를 비롯하여 발행인, 지령, 슬로건을 적은 1단은 가로 표기를 하였고 나머지 단은 세로쓰기를 하였다.

개제한 지령 225호 1면에 '사설'이 실려 있는데, "무슨 사업이고 독점하게 되면 이용자의 요망을 무시하고 제멋대로 이윤만을 추구하는 경향에 빠지게 되는 만큼, 현재와 같이 많은 비난을 받게 된다. 그 예로서 전화행정만 하드라도 수년 전에 가입신청서를 제출한 사람보다 배경이나 금력을 이용하여 그때그때 신청서를 내고 신속히 가설되는 관례를 시정하는 길은 민영을 통한 경쟁자의 대립이 절대 필요한 것이나, 하물며 관청이라는 테두리 안에 있는 체신부의 전화행정은 문자 그대로 독선도 최고에 달했음을 상기하고 또한 철도가 지니고 있는 현업을 검토할 때 통합이란 불가능하다 함을 삼척동자라도 알 만한 일이다. 상술한 견지에서 관찰하드라도 통합이 좌절됨을 다행으로 여기거니와 그보다도 민영화를 위한 진지한 검토가 있기를 요청하는 것이다"라고 하여 당시의 전화 개설 실태와 정부 독점의 문제점을 지적, 민영화에 대한 의견을 피력하고 있다.

1면의 주요 기사를 보면 아래와 같다. 「협공의 교통부 곤경」, 「운송차 디젤화」, 「통화 잘 되게 주력」, 「공 세우고 물러나는 일꾼 1백만 환을 지급」, 「유상무상」 등이 그것들이고 아래에는 '새나라 새살림은 국산담배 애용으로!'라는 문구의 공익광고가 실려 있다.

이 신문은 같은 종류의 신문들과 차별화하고자 '비판'이라는 제호를 사용했지만 실제로 비판성의 논평이나 제언은 찾아보기 힘들었다. 다만 교통과 체신 정책에서 '민영화'에 대한 주장을 피력하는 사설을 실었다. 그리고 교통과 체신, 통신에 관련된 뉴스 보도에 치중하였다.

국회도서관에 개제 창간호가 마이크로필름으로 소장되어 있으며, DB도 역시 개제 창간호를 작업했고 DB 상태는 양호하다. (전상기)

참고문헌

『교통체신비판신문』 개제 창간호, 1960년 12월 20일자; 『한국신문백년 〈사료집〉』, 한국 신문연구소, 1975.

교포신문

『교포신문』은 1995년 11월 17일 창간되었다. 창간 당시 발행 및 편집은 박승규, 인쇄는 이현복이 담당했고, 노이이젠부르크Neu-Isenburg에서 발행되었다. 창간 당시 부수는 5000부였으며 총 24면으로 발행되었다. 이후 32면으로 증면했다가, 2012년 9월 현재 40면으로 발행되고 있다.

교포신문은 현재 독일에서만 발행되며 총 40면 중 4면은 독일어로 작성된 기사로 채워지고 있다. 독일이나 유럽 관련 지면이 2~4면, 한국 관련 지면이 2~4면으로 5대 5의 비율을 맞추고 있다. 중간에 휴간된 적은 없으며 2012년 9월 현재 802호까지 발행되었다. 매주 금요일에 발행하며 다섯 번째 금요일은 공식적인 휴간으로 월 네 번의 발행을 기준으로 한다. 2002년에 발행된 300호에 판매되었고, 2007년에 『교포신문』의 1년 구독료는 70유로였다. 신문사의 웹사이트는 http://www.uri-news.com/이다.

창간호 1면에서 밝힌 창간사에는 교민사회 발전 및 기업인, 유학생 여러분의 공동이익을 추구하고 그동안 동포 여러분의 여론을 수렴하고자 교포 전문지인 『교포신문』을 창간하게 되었으며 주간으로 발행되는 『교포신문』은 교민사회의 진실을 밝히고 사건을 신속히 사실 보도하여 교포사회의 권익을 옹호하는 교포대변지로서 최선을 다할 것이며 언론의 윤리강령도 준수할 것이라 하였다.

2002년 3월 22일에 발행된 300호의 「300호를 편집하면서」라는 사설에서 『교포신문』 편집진은 "故 박승규 발행인은, '재독한인사회 30년이라는데 제대로 된 한글신문이 하나도 없대서야 재독교포사회의 자존심이 말이 아니지' 하면서, 재독한인의 자존심 확립을 위해 돈벌이 안 될 것이 불을 보듯 환한 신문사업에 팔을 걷어 부치고 들었었다"고 회고하고 있다. 이처럼 어려운 가운데에서도 『교포신문』은 독일교민사회의 발전과 공동이익을 목적으로 하여 한인사회의 소식과 함께 한국 정치, 경제, 사회 소식들을 꾸준히 다루고 있다. 또한 한국과 독일의 상호협력에 대한 각종 소식, 다양한 문화 활동 특히 한국문화를 독일에 알리기 위한 노력, 독일생활에 대한 다양한 정보, 공관 활동 및 공문 내용의 전달, 교민 2세와 3세들을 위한 꾸준한 관심을 신문에서 다루고 있다.

『교포신문』의 편집과 구성을 2007년 2월 23일에 발행된 536호를 통해 간단하게 살펴보자. 1면에는 독일 비스바덴시를 방문해서 진행되었던 서울 국악예술고등학교 학생들의 공연 소식을 전하고 있다. 2~3면에서는 한국관광공사 등이 진행한 한국 홍보 마케팅과 박찬욱 감독의 베를린영화제 수상 소식 등을 상세히 전하고 있다. 4~5면은 한국과 독일의 정치 뉴스, 6~7면은 한국과 유럽 등지의 경제 뉴스, 8~13면은 한인회와 한인들의 활동 소식, 14~15면은 한국의 문화탐방, 16~19면은 학술·문화 소식, 22~25면은 특집으로 한인문화회관 건립 준비 현황 소식, 28~29면은 교포 독자의 기고문, 30~31면은 한인들의 문화 활동 소식, 32~33면은 재독교포를 위한 Yellow Page, 34~35면은 건강과 스포츠 소식 등을 전하고 있다. 그리고 36~40면에 전면광고들이 게재되고 있을 뿐만 아니라, 지면 여기저기에 광고가 실려 있다.

해외에서 발행되는 신문으로서는 국내의 소식과 독일을 비롯한 유럽의 중요 뉴스를 전할 뿐만 아니라, 한인회와 한인들의 활동을 발 빠르게 전하고 있다. 아직 독일어가 서투른 한인이라면 『교포신문』을 읽으면서 독일생활에 적응하는 데 큰 도움을 얻을 수 있으리라 생각되는 신문이다.

교포신문은 재외동포재단 자료실에 제300호(2002년 3월 22일자)부터 제577호(2008년 1월 4일자)까지 발행된 신문들이 소장되어 있다. 현재 이를 DB화했다. (임성윤)

참고자료

『교포신문』; http://www.uri-news.com/(『교포신문』 웹사이트)

구세공보

구세군의 기관지로 1965년 1월 1일 지령 제546호로 발행되었다. 『구세공보』의 전신인
『구세신문』(1909년 7월 1일 창간)의 지령을 이어받은 것으로 순한글로 작성되었다. 편집 겸
발행인은 참장 하비, 발행소는 구세군대한본영, 구독료는 1부 2원으로 매월 1일 발행된
월간지이다.

『구세공보』는 『구세신문』의 지령을 이어
받아 발행된 신문으로 구세군의 기관지이
다. 구세군은 1865년 윌리암 부스가 영국
에서 창립한 기독교회이다. 윌리암 부스
는 부인 캐더린과 함께 빈민이 많이 거주
하고 있는 동부 런던 지역의 선교를 목적
으로 하는 '동런던선교회'를 설립했으며,
1870년에 '기독교선교회'로 이름을 변경
했고, 다시 1878년에 '구세군'으로 변경
하여 별도의 독립된 교단을 설립했다. 이
시기는 영국의 제국주의가 팽창하던 때로
구세군은 영국의 군대 조직을 모방하여
조직되었다. 구세군이 한국에 들어온 것은 1908년으로 영국 선교사 로버트 허
가드 사관 일행이 서대문구에 본영을 설치하면서 시작되었다. 이듬해인
1909년에 기관지 『구세신문』을 창간하였고 이를 통해 구습타파, 계몽운동, 성
경교육, 금주운동 등의 운동을 펼쳤다. 이 운동 중에는 한글 사용도 포함되어 있
어서 『구세신문』은 한글 전용으로 발간되었으며, 『구세공보』 역시 한글 전용으
로 발간되었다.

『구세공보』 1965년 1월 1일자를 보면 1면에 하비 사령관의 신년 메시지 「백

주년을 맞이하면서」라는 글이 실려 있다. 1965년은 구세군 100주년이 되는 해로 이 글에는 구세군의 성격과 임무가 잘 드러나 있다.

"구세군의 모든 병사는 전투자가 되어야 하며 마치 군대의 병졸들이 무엇보다도 대적과 싸우기 위해 부름을 받은 거와 같다. 우리는 예수의 보혈이 우리를 모든 죄에서 구원함을 믿는다. 그렇지 않은가? 과연 이에는 어떤 책임이 있어 우리의 말과 생활 행동으로 이 들은 소식을 남에게만 전할 책임이 있지 않은가? 이 복음 전파를 어찌해서 소수인에게만 맡겨둘 것인가? 모든 구세군인들이 전사라면 이 나라에 복음이 충만케 될 것이다. (중략) 구세군은 교회에 나가지 않은 대중을 교회로 인도하기 위하여 하나님의 나라로 이끄는 특별한 방법의 사역으로 시작되었다. (중략) 지난 백 년 동안 구세군은 사관들과 병사들의 충성스러운 봉사로 발전하여 왔다. 우리는 이제 100주년의 해로 들어갔다. 이 기념을 위해서 세계적 행사 준비가 진행 중이다. 우리는 한국에서도 큰 집회와 다른 순서를 기다리고 있다."

이 외에 「새해에 새 결심-참된 부는 심령의 만족에서」, 「주 안에서 강하라」, 「자선남비 활동」, 핀란드, 런던 등의 구세군 활동을 소개한 「만국뉴쓰」, 국내 소식을 소개하는 「충청지방 청년대회」, 「안양영의 헌당식」 등의 기사가 실려 있다. 또한 백주년 대회를 맞이하여 이 달의 목표를 명시하고 있으며, 런던의 100주년 대회의 일정표 등을 실었다.

국회도서관에 마이크로필름 형태로 보관되어 있으며, 이를 DB화하였다. (임경순)

참고문헌

『구세공보』, 1965년 1월 1일; 강돈구, 「구세군의 역사와 정체성」, 한국종교학회, 『종교연구』 57, 2009, 12, 1-29쪽.

국내사진보도

(國內寫眞報道)

1960년 7월 10일에 창간했다. 종간호는 미상이다. 발행·편집 겸 인쇄인은 김현복金顯福이며 월 2회 발행한 화보지였다. 제호와 발행·편집인, 발행소, 그리고 창간축하 광고는 가로쓰기를 했고 나머지 기사는 세로쓰기를 한 것이 특징이다. 판형은 대판 4면으로 아트지로 인쇄되었으며 7단, 1단에 16행을 채택했고 1부에 2백 환이었다.

창간사는 보이지 않는다. 아마도 신문의 성격이 국내외 사건을 중심으로 한 사진 위주의 신문이므로 특별히 신문의 역할과 소회를 명기하는 것이 번거로워 보일 수도 있기 때문에 좀더 사진과 기사를 많이 넣기 위한 의도였을 것으로 보인다.

창간호 1면을 보면, 허정 과도 내각을 소개하고 국무위원의 사진과 각 부처 건물 사진을 배치하여 4·19혁명 이후의 행정부가 사태수습을 제대로 하기를 바라는 전 국민적 열망을 담고 있다. 기사 내용도 「혁명정신의 결정」이라는 제목 아래 부제로 '불의 부정엔 굴치 않는 인재들'로 뽑아 과도내각 인사들에 대한 기대감을 한껏 높이고 있다. 창간호 2면에는 「평화의 사도 '아이크' 역사적 내한」을 실어 아이젠하워 대통령 방한 사진을 게재했으며, 「한양개도 6백년 이래 최대의 성사」라는 제목의 같은 맥락의 사진을 실어 혼란과 혼돈에 빠진 국내 사태에 대한 우방국 미국의 역할을 기대하는 논조가 느껴지기도 한다.

이처럼 이 신문은 주요 사건을 사진 자료로 남기고 기록함으로써 보도 신문 본연의 역할에 충실하고자 한 창간 취지를 짐작케 한다. 특히, 「인물논단」 등의 기사가 알려주는 대로 인물 중심의 편집으로 특색을 살렸다.

국회도서관에 마이크로필름으로 소장되어 있으며, 창간호가 DB화되어 있고 DB 상태는 별로 좋지 않다. (전상기)

참고문헌

『국내사진보도』 창간호, 1960년 7월 10일자;『한국신문백년 〈사료집〉』, 한국신문연구소, 1975.

국립과학수사연구소보

1962년 7월 31일 창간된 국립과학수사연구소의 소보이다. 편집 겸 발행인은 국립과학수사연구소이다. 매년 1회 발행되었다. 인쇄처는 서울시 중구 충무로 4가 70 남일인쇄주식회사이다. 140면 내외의 분량으로 발행되었다. 비매품이다.

소보는 대한민국 내무부 산하의 국립과학수사연구소의 기관지로 발행되었다. 국립과학수사연구소는 1946년 4월 미군정기에 개소된 이래 지속적으로 운영되고 있다. 과학수사 연구의 중요성에 입각해 범죄수사에 관한 과학적 연구와 감식 수행에 관한 연구조사 성적을 수록하던 『과학수사 연구』를 발행해 오다가 1962년에 이르러 매년 1회 정기 발행의 소보를 창간하게 되었다.

소보의 편집 구성을 보면, 연구조사 보고, 자료, 논설, 연수기 등으로 이루어져 있다. 그 가운데 자료편의 경우 「한국인 지문의 연구」가 소개되고 있다. 논설로는 「법의학의 사회적 효용」(우상덕), 「법화학의 시대성」(민병혁), 「현대의 과학수사」(우상덕), 「우리나라 과학수사 발전에 관한 제의」(우상덕) 등의 글의 게재되어 있다. 연수기로는 「해외 파견 기술 훈련 귀국 보고서」(민병혁)가 소개되고 있다.

국회도서관에 소장되어 있는 1962년 창간호, 1963년 2호, 1964년 3호를 DB화하였다. (김일수)

참고문헌

『국립과학수사연구소보』, 국립과학수사연구소.

국방경제론
(國防經濟論)

1961년 12월 국방대학원에서 미국산업대학교재인 국방경제론(The Economics of National Security, Vol I, II, IV)을 번역하여 발행한 잡지이다. 원저자는 미국산업대학교 학장이며 미해군소장인 Rufus E. Roseg 제독이다. 발행처는 국방대학원출판부이며, 인쇄처는 광명인쇄공사이다. 비매품이다.

국방대학원 원장인 육군소장 송석하宋錫夏는 「서문」에서 번역 출간의 취지를 다음과 같이 밝히고 있다.

"거반 5·16군사혁명을 계기로 과거의 모든 정치·경제·사회 각 분야의 구악舊惡과 부패를 일소하고 진정한 민주국가 재건을 다짐하여 굳건한 기틀을 마련하는 성스러운 혁명과업 제2단계의 수행도상에 있으며, 한편 국제적으로는 바야흐로 민주전략과 공산전략의 대립첨예화로서 세계우주전략상에 일대 변환이 있을까 하는 이 마당에 있어서 이 중요한 문헌을 발간함으로써 국가안전 보장 및 정치 경제 사회심리 군사 등 전반에 걸쳐서 대전략에 관한 제 문제를 종합 연구하는 본 국방대학원 학생 및 교수요원과 기타 관계인사 제위의 참고자료로서 본 서지를 발간하게 된 것을 매우 기쁘게 생각하는 바입니다. 더욱이 국가산업경제가 국방정책 및 국가안전보장정책에 주는 영향이 불가피적으로 거의 절대화한 오늘날, 국가산업 및 국민경제적 관점에서 국가안전보장정책을 취급하고 그 상호관계를 검토 분석하고 국방경제의 제 기본요소 및 그 목표를 제시하여 주는 본서를 우리가 번역출간하게 된 것을 퍽 다행하게 생각합니다. (중략)"

1961년 12월에 발행된 제1집은 제1편 경제동원의 성격, 제2편 국가안전에 관한 기초경제학, 제3편 국민의 지지·사기·안정보장, 제4편 행정과 경제 관리의 원리 등의 내용으로 구성되어 있다.

1962년 7월에 발행된 제2집은 제5편 인적자원, 제6편 천연자원, 제7편 에너지자원, 제8편 연구·발전, 제9편 수송輸送, 제10편 전력·가스 및 전자통신 등의 내용으로 구성되어 있다.

1962년 12월에 발행된 제3집은 제11편 소요所要, 제12편 조달, 제13편 생산, 제14편 군 보급관리 등의 내용으로 구성되어 있다.

1964년 3월에 발행된 제5집은 제19편 제2차 세계대전 시의 동원행정관리, 제20편 경제안전, 제21편 재전환再轉換과 부분동원, 제22편 회고와 전망 등의 내용으로 구성되어 있다.

국회도서관에 소장되어 있는 1961년 제1집부터 1964년 제5집까지(제4집 결락) DB화하였다. (구수미)

참고문헌

『국방경제론』, 1961~1964년, 국방대학원출판부.

국방신문

(國防新聞)

1960년 10월 1일 창간된 대판 4면의 주간신문이다. 사장은 서용기徐龍基, 발행·편집 겸 인쇄인은 홍진표洪鎭杓이다. 발행소는 서울특별시 서대문구 충정로 2가 131이다. 구독료는 월 200원이고 한 부에 50원이다.

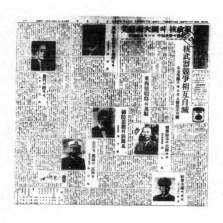

「정확·공정·결백」이라는 사훈으로 창간된 이 신문은 창간사에서 다음과 같이 발행 목적을 밝히고 있다.

"군軍 발전과 육성에 기여 봉사함과 군민 상호 친선으로 국방사상을 고무시킴과 국내외 정치·경제·문화 제반 영역에 걸쳐 종합적인 해설과 비판을 통하여 군민의 여론을 선도하고 국방사상의 존엄을 높이려 한다."

또한 이 신문은 전후방 소식을 신속 정확하게 보도하며, 장병들의 시·소설·논평·수필 등의 제 작품을 게재하고 공고문·경고문 및 독자투고·호소문 등 제 기사를 가볍게 다루어 전후방의 친근성을 도모하여 사기를 고양시킴으로써 국기國基를 공고히 하여 국시國是인 남북통일 성업 완수에 이바지하겠다고 하였다.

창간호의 1면에서는 미소 강대국의 핵정책에 관한 내용과 함께, 핵무기 경쟁이 상호 자멸의 길임을 강조하며 안전보장을 위해 로켓 발전이 불가피하다는 내용을 싣고 있다.

2면부터는 각 군의 활동 상황, 군 내부의 문제, 상이용사 원호대책, 미군의 신무기와 그 성능 등 군 관련 기사를 게재하고 있다. 또한 4면에는 장병들의 시와 수기 등도 실었다.

이 신문은 국군에 관련된 기사를 통해 군민 모두 국방의 의의를 상기하고 정신무장을 강화하는 데 가장 큰 목적을 두었던 것으로 보인다.

국회도서관에 마이크로필름으로 소장되어 있는 것을 DB화하였다. (구수미)

참고문헌

『국방신문』, 1960년 10월 1일; 『한국신문 100년』(사료집), 한국신문연구소, 1975.

국정비판신문

(國政批判新聞)

1960년 12월 15일에 창간하였다. 주간지로서 발행 겸 편집인은 홍종운洪鍾雲, 인쇄인은 이규선李奎善, 발행소는 서울특별시 서대문구 충정로 2가 31번지였다. 판형은 대판 2면으로 인쇄되었으며 16단제에, 1단 11행을 채택하였다.

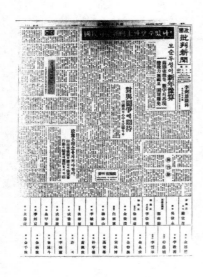

「창간사」에서는 "국민은 민족정민의 명분으로 국정 전반에 걸쳐 비판하고 해부하기에 게을리하지 않는다. 이러한 의미에서 우리는 민족의 선봉역에 서고자 감히 '국정비판신문'을 세상에 내놓는다. 일체의 부정과 태만과 '카오스'에 웅변으로 이를 시정 촉구하는 방향에로 필봉을 드는 반면에 참되고 잘되는 국정에는 얼마든지 국민과 함께 박수와 찬의를 아끼지 않기로 했다"고 밝혀 이승만 정권 시기에 대부분의 신문들이 자신의 본분을 망각하고 제대로 된 비판을 하지 않음으로써 국정의 문란과 국민적 불안, 사회적 혼란을 야기케 한 문제를 지적하고 있다.

창간호 1면을 보면, 「국민의 복리 향상 바랄 수 있다!」는 제목 아래 '모순투성이 신년예산' '구태의연한 숫자의 재현' '담세력 무시로 곤경난면'이라는 부제를 실어 도탄에 빠진 국민의 복지와 행복증진에 대한 열망을 강하게 대변하고 있으며, 「대여투쟁에 기대, 신민당은 국민의 심중을 반향하라」, 「정당은 이념을 지켜야 한다 – 신민 지도체제의 확립이 급선무, 신민 행동과 결과에 책임을 지라」, 「지방선거와 국민의 결심」 등의 기사 내용으로 보건대 야당의 강력하고 실천적인 정책 추진을 바라고 있다. 또, 1면에 〈논단〉란을 두어 사안에 따르는 이슈에 대해 논평을 가하고 있음을 알 수 있다.

이 신문은 종합비판교양지로서의 역할을 다하기 위해 정당의 이념을 파헤쳐 분석, 논평을 가하였고, 논단에서는 각 행정부처의 행정을 비판하여 새로운 시대의 정부가 해야 할 일을 감시, 옳은 방향으로 가도록 하는 데 일정한 역할을 다하도록 노력했다.

국회도서관에 마이크로필름으로 소장되어 있으며, DB는 창간호를 작업했고 DB 상태는 양호한 편이다. (전상기)

참고문헌

『국정비판신문』 창간호, 1960년 12월 15일자; 『한국신문백년 〈사료집〉』, 한국신문연구소, 1975.

국제기독교뉴-스

1955년 2월 7일 창간된 주간신문이다. 발행인 김형근, 편집인 조동운, 발행소는 서울시 종로구 종로 2가 80이다.

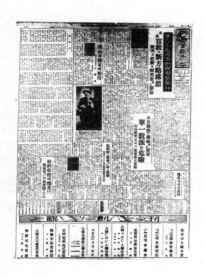

창간사를 보면 신문의 이름을 "국제기독교뉴-스"라고 지은 까닭을 "그 이름에 국제라는 말을 관 씌우게 된 이유는 세계교회, 즉 하나의 교회를 지향하는 것이 현대교회의 특색으로 되어 있느니만큼 우리 한국교회도 인제는 그 시야를 국제선 저편에 두지 않으면 아니 되게 된 때문이며 뉴-스(새소식)라고 쓰게 된 이유는 본지가 전하려는 말(로고스)은 문자 그대로 새소식이요, 기쁜 소식이기 때문에 솔직 간명하게 뉴스라고 이름 짓게 된 것"이라고 서술하고 있다. 이는 곧 이 신문의 창간 목적이기도 해서 실린 기사도 이에 맞추어져 있다. 지면 구성을 보면 「모든 교파의 전통계승 긴요」, 「기독교 지도자 세계 시찰 여행, 세계 선교에 신 방략 구상」, 「에반스톤과 WCC의 진전, 타협을 통한 통일 촉구」, 「세계 장로교도에 고함」 등의 기사가 실려 있다.

『국제기독교뉴-스』는 1961년 5월 28일 공보부가 국가재건최고회의의 포고 11호에 따라 공포한 계속 발간할 수 있는 매체를 일간신문 39(중앙 15, 지방 24), 일간통신 11(모두 중앙), 주간지 32(중앙 31, 지방 1)개사로 제한한 조치에서 『기독교공보』, 『가톨릭시보』, 『크리스챤』과 함께 폐간되지 않고 살아남았다. 그런데

1966년 9월 14일 공보부에서 발행 실적 없는 주간신문 등 23종의 간행물을 등록취소, 자진폐간 또는 자진정간의 형식으로 정리했는데 여기에는 포함되어 있다. 『법률신문』, 『인쇄문화시보』, 『새교육신문』, 『한국세정신보』, 『약계신보』, 『보건신보』, 『산업신보』와 함께 자진정간의 형식으로 정리되었다.

국회도서관에 마이크로필름 형태로 보관되어 있으며, 이를 DB화하였다. (임경순)

참고문헌

『국제기독교뉴-스』, 1955. 2. 7.; 「82개 신문통신만 계속 발간」, 『동아일보』, 1961. 5. 28.; 「간행물 23종 정리」, 『동아일보』, 1966. 9. 15.; 윤임술 편, 『한국신문백년지』, 한국언론연구원, 1983.

국제영화
(國際映畫)

1955년 5월 10일 창간된 영화 관련 월간 잡지이다. 발행인 겸 인쇄인은 박봉희朴鳳熙, 편집인은 강일선姜逸鮮이다. 발행처는 서울 종로 2가 한청빌딩 38호(국제영화뉴스사)이고 약 120여 쪽 분량의 4·6배판, 정가 300원이다.

이 잡지는 영화계의 현안과 영화인들을 소개하고 영화산업의 발전을 꾀하면서 대중 지향적 잡지를 표방하고 발행되었다.

영화잡지는 당대를 사는 대중의 취향과 영화의 흐름을 반영한다. 또한 당대의 미적 감각과 유행, 배우의 인기 판도, 인쇄 수준과 언어관습, 표현방식을 엿볼 수 있다. 영화잡지는 1910년대부터 1970년까지 40여 종 발행되었는데, 18종 내외가 해방 전에, 20여 종이 해방 후에 출간되었다. 해방 이전에 발행된 잡지는 『록성綠星』(1919년 11창간), 『영화』(1926. 7.), 『문예영화』(1928년 3월 10일 창간), 『대중영화』(1930. 3.), 『영화시대』(1931. 4.), 『영화연극』(1939. 11.) 등이 있으며, 해방 이후에는 영화제작자 이철혁이 발행한 『예술영화』(4·6배판, 36면)가 시발점이 되어 여러 종류의 영화 관련 잡지가 발행되었다. 1952년 12월 본격적인 월간 영화대중지인 『영화세계』(강대진姜大榛)가 창간되고 1955년 국제영화뉴스사의 『국제영화』가 발행되어 대중 지향적인 영화잡지 경쟁 시대로 진입한다.

이 잡지 구성은 영화계 소개와 〈특집〉, 〈제언〉, 〈강좌〉 등으로 이루어졌다. 특집은 영화 제작, 해외시장문제, 연출자와 배우의 관계 등 영화산업 관련 논설류의 글로 이루어졌고, 〈제언〉은 영화계 종사자들이 영화제작 관련한 문제점들에 대한 의견 개진, 〈강좌〉는 시나리오 작법이나 배우 수업 등 영화계 진출을 위한 실용적인 글로 채워졌다. 또한 많은 지면이 배우를 소개하거나 연예계 소식, 당시 출품된 국내영화, 외국영화를 소개하고 있어 대중적 친밀도를 높였다.

4권 4호(1958. 4.)의 경우 잡지 앞부분에 최은희, 최무룡, 윤인자, 황정순, 민혜련 등 유명 배우들의 사진과 대표작, 주요 프로필이 배치되었다. 〈제언〉란에는 「국산영화에 보내는 글」(오종식吳宗植, 경향신문편집국장), 「해외로 나가는 한국영화, 아세아영화제 출품심사를 마치고」(조풍연趙豊衍), 「폐문 위기의 극장문화 시비」(박훈朴薰) 등의 글이 실렸고, 〈특집〉에는 「비평과 저널리즘, 진정한 저널리즘의 확립」(오영진吳泳鎭), 「과연 시나리오는 고갈되었는가」(우경식禹璟植), 「영화 람작濫作을 어떻게 타개할 것인가」(김소동金蘇東) 등 한국영화의 문제점을 진단하고 활로를 모색하는 글이 실렸다.

〈영화인동정〉란을 배치하여 배우, 작가, 연출가 등 영화 관련자들의 영화제작 관련 소식을 게재하였고, 논설류의 기사로 「국경 없는 현대영화」(심태균沈泰均), 「시나리오의 본질과 문학」(박종호朴宗鎬)가 실렸으며, 신작 좌담회로 영화 「초운初雪」를 중심으로 제작 당사자와 평론가들의 영화평이 실렸다. 또한 「영화제작 ABC, 지엽기술에 앞서야 할 인생관의 확립」(유한철劉漢撤)에서 영화제작 시 필요한 자세를 강조하는 글이 연재 형식으로 게재되었다.

〈작품과 인물〉란에 문학작품 속 인물 분석글과 「영화평」(이봉래李奉來)으로 기존에 제작된 〈돈〉, 〈모정〉 등 잘 알려진 영화에 관한 논평이 실렸다. 그 밖에 연기학원 탐방기와 「흘러간 예술인 군상」에서 과거 한 시대를 풍미하던 배우 소개가 이루어졌다. 잡지의 1/3 정도의 분량은 배우들의 근황과 국내외 영화 포스터로 이루어졌다. 〈스타스토리〉란에서는 이빈화, 이민자, 나애심 등 국내 여배우들과 나탈리 우드 등 외국 배우를 망라하여 그들의 사생활이나 근황, 출연 작품 등을 취재하여 상세히 소개하고 있다. 또한 「스타라는 이름의 중노동자, 그들의 생활분석」(이정숙李靜淑)에서는 영화인들의 실태와 애로점을 드러내어 영화 종사자들의 화려한 이면상을 보여주고 있다.

이 잡지는 영화계 현안에 대한 분석, 논평 등 다소 무게감 있는 글과 함께 영화계의 가십거리나 국내외 스타 스토리, 제작, 수입영화를 소개하여 대중의 흥미를 더했다. 1960, 70년대 영화계 현황과 대중의 관심 방향을 확인할 수 있는 자료이다.

국회도서관에 소장된 1958년 4월호(4권 4호)~10월호(4권 10호), 1960년 2월호(6권 2호)~6월호(6권 6호), 9월호(6권 9호)~11월호(6권 11호), 1976년 10월호·12월

호, 1978년 10~12월호, 1979년 2~4월호를 DB화하였다. (이병례)

참고문헌

한국영상자료원 웹진(http://www.koreafilm.or.kr/webzine); 『국제영화』, 1958년 4월호(4권 4호)~10월호(4권 10호), 1960년 2월호(6권 2호)~6월호(6권 6호), 9월호(6권 9호)~11월호(6권 11호), 1976년 10월호·12월호, 1978년 10~12월호, 1979년 2~4월호, 국제영화뉴스사.

국제통계
(INTERNATIONAL STATISTICS)

1959년 창간된 내무부 통계국의 월보이다. 편집 겸 발행인은 유상근俞尙根이다. 발행처는 대한민국 내무부 통계국이다. 인쇄처는 의회평론사이다. 100면 내외의 분량으로 발행되었다.

월보의 편집은 크게 '통계정보'와 '통계표'로 구성되어 있다. 통계정보의 내용만 매월 다른 구성을 보이고 있고, 통계표는 일정한 구성을 가지고 있다.

1960년 2권 1호의 경우 '통계정보'를 보면 「주택 "센사스"에 관한 일반원칙 1」, 「인구 "센사스"에 관한 원칙 및 건의 2」, 「세계인구증가율 및 밀도 일람」, 「인구의 파열」, 「교육통계의 국제적 표준화에 관한 권고」, 「소식란」 등으로 편성되어 있다. 통계표의 경우 인구, 노동력, 산업생산, 광업, 제조업, 전력 및 와사, 건설, 수송, 상업, 무역, 임금 및 물가, 국민소득, 금융 등 국가 전반에 걸친 통계를 제시하고 있다.

월보의 1960년 2권 8호의 경우 '통계정보'을 보면, 「세계 기본산업조사계획」, 「인구 센사스방법 편람(6)」, 「미국의 형태별 가구 및 가족」, 「동태현상의 표본 조사」(서전편), 「농업조사 준비상황 보고(2)」, 「자료소개」, 「소식란」, 「부록(세계 지도, 미국 국세조사국 기구표)」을 게제하고 있다.

국회도서관에 소장되어 있는 1960년 2권 1호부터 8호까지 DB화하였다. (김일수)

참고문헌

『국제통계』, 대한민국 내무부 통계국.

국회뉴스

(國會뉴스)

1964년 12월 1일 창간된 월간지이다. 처음에는 격주간(월 2회 발행)을 구상했으나 월간으로 창간한 이 신문은 타블로이드판 16면제를 채택하였다. 발행 겸 편집인은 이주남李周南, 인쇄인은 김봉기金鳳基, 편집국장 정남준鄭南俊이다. 4호부터는 편집국장이 서병조徐丙祖로 바뀌었다. 발행소는 서울특별시 중구 태평로 1가 국회뉴스사이다. 한 부에 20원, 월 40원이다.

『국회뉴스』는 주로 국회에서 이슈가 된 사건을 평론하여 특집을 기획하고 소개한 종합평론지이다.

사장 이주남은 창간사에서 다음과 같이 창간 목적을 밝히고 있다.

"국회의 유일한 표현기관으로서 또는 국회를 위요圍繞한 민의民意의 향방을 국정에 집약 반영케 하여 의회정치의 건전한 발전에 기여함을 최대의 목적으로 함에 있고, 정치 경제는 물론 사회 문화에 이르기까지 사심 없는 진실한 보도자가 되고 공정함을 사시社是로 한 논평지가 되고자 함에서이다. (중략) 국민의 봉사자인 국가는 항시 언론기관을 통하여 알려진 집적된 사회 전반의 사안에 의거하여 새로운 요구, 새로운 동태, 새로운 문제 등을 연구하고 파악하고 이해하여 정책을 확립하고 실천하는 것이다. (중략) 그러므로 언론의 권위와 자유는 절대적이어야 함을 새삼 강조치 않을 수 없다. 본지의 활동은 '토론의 정치'를 위주로 하는 국회의 동태 양상을 국민에게 소상히 알리고 국민의 염원을 국정에 반영케 함."

2호에서는 박 대통령의 독일 방문, 야당 단일화 문제, 공화당 내분을 기사화하고 있다. 또한 국내초점, 국회만평, 법제강론, 출신구 의원에 대한 공개질의,

일하는 국회 등의 난을 마련하여 국회에서 이슈가 되는 사안을 알리고 있다.

3호의 1면에는 국회의원들이 새해를 맞이하면서 국민을 위해 참 일을 하겠다고 다짐하는 뜻으로 남긴 사인을 게재하였다. 2면부터는 박 대통령 연두교서 발표, 월남파병동의안의 국회 통과, 야당통합 문제, 올해 국회의 할 일, 1965년도 국제 전망, 지방자치법에 대한 기사를 싣고 있다.

4호에는 한일회담과 관련하여 기본조약 전문, 회담 과정의 숨가쁜 상황들을 기사화하였다. 또 미국의 월남정책과 관련하여 월남의 오늘과 내일이란 기사를 싣고 있다. 「시국관 시비」에서는 "혁명의 악순환은 지양, 정권교체는 평화적으로 이뤄져야 한다"는 유진산의 입장과 "현 정권은 물러설 시기, 부패위약 정권은 타도되어야 한다"는 윤보선의 입장을 다루고 있다. 그 밖에 세제 개혁과 금융특혜의 문제점, 학제 개편, 동백흥농계사건 등의 기사가 실려 있다.

5호에는 금융특혜의 내막, 한일회담의 파문, 상업차관 등이 주요한 기사로 실려 있다. 또 영화법을 둘러싸고 진행된 시비의 내용을 게재하고 있다. 영화기업 육성에 필요한 제도라는 입장과, 예술은 타율이 아닌 자율의 소산으로 간섭과 제약은 부당하다는 입장이 팽팽한 줄다리기를 하고 있다.

9호에는 「대월對越군수증강세의 중대성」과 「철강 파동과 국회의 스캔들」의 두 개 사설이 게재되었다. 또 단일 야당 실현, 한미 공동성명에 관한 기사가 실렸다. 그 밖에 시평 「정치의 지도성과 정치가의 윤리」(서병조), 「사명감의 자각으로 국회 본래의 기능을 발휘하라」(이광훈), 「역대 국회의 제도상 특징」(이호진), 「사적史的으로 본 국회의 족적」(S생) 등의 글과 박 대통령의 활동 화보가 실려 있다.

국회도서관에 마이크로필름으로 소장되어 있는 1964년 12월 1일(창간호), 12월 20일(2호), 1965년 1월 30일(3호), 2월 28일(4호), 3월 20일(5호), 6월 5일(9호)자를 DB화하였다. (구수미)

참고문헌

『국회뉴스』, 창간호~제5호, 제9호;『한국신문 100년』(사료집), 한국신문연구소, 1975.

국회일보
(國會日報)

1960년 8월 8일에 창간하였다. 이날은 제5대 국회가 개원하는 날이었다. 종간호는 1961년 5월 28일자이다. 종간은 박정희의 쿠데타 이후에 단행된 국가재건최고회의 포고 제11호와 공보부령 제1호의 '신문통신발행시설기준'에 따라(1961년 5월 23일 공포, 동월 28일 시행) 시설 기준 미달로 등록이 취소되었기 때문이었다. 편집 겸 인쇄인은 한창완韓昌完이고 발행소는 서울특별시 종로구 공평동 57번지였으며 대판 4면으로 발행되었다. 월정액은 5백환이었고 1부는 20환이었다.

이 신문은 ① 반공, ② 반독재, ③ 반독점을 사시로 하였다. 창간호에는 1면에 「창간사」 외에, 「창간에 보내온 각계의 축사」로 장면과 윤보선, 곽복산의 축하글이 실려 있으며, 「물망에 오른 국회의 별들」에서 '대통령 후보는?' '국무총리 후보는?'으로 정치적인 민감한 이슈를 이끌어내고 있다. 그리고 사진 두 장이 실려 있는데, 「새주인을 기다리는 민·참 국회의사당」 정면을 찍은 것이다. 또한, 창간기념사업으로 『국회대관(國會大觀)』과 〈상설모의국회〉를 설치할 것을 사고로 알리고 있으나 실현되지는 못했다.

이 신문은 국회가 우리나라 뉴스원으로서 최대의 관심을 모으고 있다는 점에 착안하여 국회를 중심으로 한 보도와 논평에 중점을 두었다. 하지만 대부분의 신문들이 갖고 있던 기자 수의 부족과 전문적 역량, 경제적 사정으로 신문사로서 갖춰야 할 제반 조건을 구비하지 못하고 말았다.

국회도서관에 마이크로필름으로 소장되어 있으며, 창간호가 DB되어 있고

DB 상태는 그리 좋지 않다. (전상기)

참고문헌

『국회일보』 창간호, 1960년 8월 8일자; 『동아일보』 1961년 5월 28일자; 『한국신문백년〈사료집〉』, 한국신문연구소, 1975.

군경행정신문

(軍警行政新聞)

1961년 2월 27일 창간된 대판 4면의 주간신문이다. 발행 겸 편집·인쇄인은 이순만李淳萬, 주간은 박용봉朴容奉이다. 발행소는 서울특별시 중국 동자동 12의 130이다. 구독료는 월 300환이다.

군경의 사기 진작과 군경 친선을 위해 발행된 군경대변지인 『군경행정신문』은 창간호 제1면에서 「믿음직한 민중의 공복公僕, 되풀이해서는 안될 정권 앞잡이」라는 제목으로 달라진 경찰의 역할을 다음과 같이 밝히고 있다.

"일제의 쇠사슬에서 벗어나 민주국가 탄생과 함께 설립된 민주경찰은 이승만 독재의 정치 앞잡이 노릇을 하여 민중의 지팡이보다는 민중을 괴롭히는 채찍이었다. 그러나 4·19혁명 이후 새로운 정국 속에서 무엇보다 경찰은 정치적 중립으로 민중을 위한 참다운 역할을 하게 되었다. 이제 경찰은 치안 확보와 사회 안녕 질서를 도모하여 국민의 생명 재산을 보호하는 역군이 되어야 한다."

또한 「창간의 변」에서는 이 신문의 창간 목적을 다음과 같이 밝히고 있다.

"국군의 중대한 사명의 철저한 계몽과 군무軍務의 올바른 제 집행을 독려하고 전 군인의 사기를 고무 앙양하고 또 이를 위로하며 복잡다단히 난맥을 이룬 무질서, 혼란한 국내 치안을 담당하며 불철주야 힘을 다하는 경찰의 제반 실태를 보도하여 특히 4·19 이전의 정당 경찰에 대하여 뿌리박힌 감정적 잔재를 일소하여 경찰력을 격려하며 국민으로 하여금 오늘의 경찰에 대한 인식을 새롭게 하도록 여론을 선도할 것이며, 또한 민주군경으로서 상호이해와 협화를 종횡으로 촉진시켜 완전 총화를 이룩하려는 것이다."

4면으로 발행된 이 신문은 1면에서 3면까지는 주로 경찰법, 경찰행정, 병무행정, 군경 관련 소식 등을 게재하였다. 4면은 문화면으로 시, 꽁트, 수필, 기고문 등이 실려 있다.

국회도서관에 마이크로필름으로 소장되어 있는 것을 DB화하였다. (구수미)

참고문헌

『군경행정신문』, 1961년 2월 27일 창간호; 『한국신문 100년』(사료집), 한국신문연구소, 1975.

군수지

1968년 9월 30일 창간된 군수 관련 종합 잡지이다. 발행간기는 부정기적이며, 약 200여 쪽 분량이다. 편집은 육군본부 군수참모부 교육과에서 담당하였다.

육군참모총장 김계원은 「격려사」에서 다음과 같이 잡지의 창간 의의를 밝히고 있다.

"광범위한 기술적인 군수 업무 기능을 고차원적으로 연구, 발전시키는 데 있어 좋은 반려가 되기를 바란다. 잡지의 역할은, 첫째는 광범한 육군 군수요원들의 종합 연구지로서의 역할이다. 즉 학술적인 이론 적용과 원칙 설정을 위해 군수 요원들의 연구 성과를 수록하여 게재 발표함으로써 서로 평가하고 종합적인 결론에 이르는 길을 마련해 주도록 한다. 둘째는 군수 각 분야에서 성취된 모든 업적과 통계를 수록하고 실적을 분석하여 전반적인 반성과 비판을 촉구하는 구실을 한다. 셋째는 중앙 및 상급 재대에 대한 군수 전반에 관한 시책 및 방침 등 전술 추이에 따르는 변화 내용을 전달하는 구실을 해야 한다. 넷째는 군수 요원들이 군수 관리의 원칙과 실제에 대해 의견을 피력하는 대화의 장으로 활용하고 군수요원 상호간의 친선도모를 위한 교량 역할을 한다."

이 잡지는 군수 관련 연구를 활성화하고 군 요원들이 상호 교류할 수 있는 장으로 활용하기 위해 발행되었다. 잡지 구성은 각 분과별로 해당 군수 요원들의 글이 실리고 종합편에서 군수 관련 전문적인 글과 부대 소개 등으로 이루어졌다.

창간호에는 군수참모부장 소장 박원근, 육군 군수학교장 김영하 등의 축사가 게재되었고 〈화학편〉에는 「신 야전 조명장치 소개」(김영립, 소령), 〈공병편〉에 「미

육군 공병의 토목공사 기능」(정유희, 대위), 〈병기편〉에는 「M16 소총에 대한 고찰」(병기교수단), 「디젤엔진의 피스톨에 대하여」(이상명, 기무사), 〈병참편〉에 「군 공창의 경영관리」(한일동, 대령) 등 총 7개 분과별로 나누어 해당 군기술과 업무에 관한 글이 실렸다.

〈종합편〉에는 「군수기구의 개편 및 새로운 군수개념의 설정 방향」(임성제, 중령), 「군용 표준 105D의 해설」(이해동, 군교관) 등의 글이 실리고 부대 소개는 '주월십자성부대 제2군수 지원단'의 업무 소개가 이루어졌다.

말미에는 원고모집 광고가 실렸는데, 제도의 단점을 지적하고 해결책에 관한 것, 현 제도 시행의 경험담, 육군의 새로운 제도 소개나 외국군 제도 소개와 관련된 논문과 군수분야와 관련된 시, 수필, 만화 등도 응모하도록 하였다. 원고료가 책정되어 원고지 1매당 50원을 지급하여 우수한 글을 모집하고자 하였다.

이 잡지는 각 부대에 배포하여 연구 성과를 상호 공유하도록 하였고, 특정한 이데올로기를 드러내기보다는 대체로 군 기술, 군행정과 관련된 내용으로 이루어져 있다는 점이 특징이다.

국회도서관에 소장된 1968년 9월호(창간호), 12월호(제2호)와 1969년 3월(제3호)~6월호(제6호), 1970년 3월호(제7호), 6월호(제8호)를 DB화하였다. (이병례)

참고문헌

『군수지』, 1968년 9월호(창간호), 12월호(제2호), 1969년 3월(제3호)~6월호(제6호), 1970년 3월호(제7호), 6월호(제8호), 육군본부.

군중예술

1973년 8월 연변군중예술관에서 편집 출판하였으며, 1980년 5월 해란강으로 개제되었다.

문화대혁명 기간에 창간되어 예술활동을 통한 정치적 선전과 대중 동원을 주요 발행 목적으로 하였다. 내용은 주로 단막극과 노래, 시 등으로 구성되어 있으며, 1973년 제4기는 노동자들의 작업장을 무대로 한 단막극 「공동한 목표를 위하여」, 「시비문제」와 선동적 노래 가사를 담은 노래 「당에 드리는 노래」, 「자랑찬 조국변강」, 「기계화 농사 성수나네」, 「농토건설 참 좋구나」 등 단막극 3편과 노래만으로 구성되어 있다.

1975년 제1기(총제18기)는 제4기 전국인민대표대회의 승리적 소집을 환호하는 낭송시 5편 「강철의 대오 진군한다!」, 「불멸의 태양 경애하는 모주석」, 「단결 승리기치 높이 앞으로!」, 「부강에로 달리는 위대한 나의 조국」, 「인민대표아저씨 북경에 가요」와 논평 「혁명적 본보기 극을 힘써 이식하자」, 단막극 「바람은 자지 않는다」 등의 노래와 시를 담고 있다. 2면에는 '연변조선족자치주 농촌업과 문예회연대회'의 사진들이 실려 있는데 춤과 노래로 사회적 교육을 실시하기 위한 작품들인 「농촌에서 온 편지」, 「혁명적 본보기 등을 조선말로 이식한 극」 등이 있다.

현재 연변대학 도서관에 소장되어 있다. 1973년 4월호와 1975년 1월호가 DB화되어 있다. (김성남)

참고문헌

車培根·吳泰鎬, 『中國朝鮮民族言論史』, 서울대학교출판부, 1997; 최상철, 『중국조선족 언론사』, 경남대학교출판부, 1996.

굿모닝베트남
(Good Morning Vietnam)

『굿모닝베트남』은 베트남의 호치민한인회에서 발행하는 회보이다. 호치민한인회의 주소는 47 Nguyen Cu Trinh(웬 꾸 찐), Q.1, HCMC이고, 홈페이지는 http://koreanhcm.org/이다.

한국군의 베트남전 참전과 베트남의 사회주의 사회로의 통일로 인해 멀어졌던 한국과 베트남의 관계가 1986년 '도이머이'정책, 즉 베트남의 개혁개방 이후 다시 밀접해지기 시작했고 양국 간의 경제협력관계는 시간이 갈수록 심화되고 있다. 2013~14년에 삼성전자가 스마트폰의 주 생산지역을 중국에서 베트남으로 이전하고 있는 사례에서 잘 나타나듯이 양국의 관계는 앞으로 보다 긴밀해질 전망이다.

『굿모닝베트남』 2006년 신년호에서 김지영 총영사는 2004년도 양국 간 교역액 40억 달러에 이어 2005년에는 43억 달러로 예상되고 한국과 베트남은 서로의 주요 교역상대국이 되었고, 한국이 베트남 74개 투자국 중 제2위를 차지하고 있다고 쓰고 있다. 현재 베트남과 한국의 경제교역 규모는 2005년에 비해 훨씬 커졌고 교역 규모의 증가율도 동남아시아 나라들 가운데 가장 가파르게 높아지고 있는 중이다.

이에 세계에서 유일하게 한인의 이주가 늘어나고 있는 지역인 동남아시아에서도 베트남 이주 한인의 증가율은 가장 급격하게 증가하고 있는 중이다. 이러한 베트남에서도 정치·경제 중심지인 하노이와 더불어 또 다른 중심지인 호치민과 그 주변 지역에 한인들이 집중적으로 이주해 살고 있다. 바로 그 호치민의 한인회에서 발행하는 회보가 『굿모닝베트남』이다.

『굿모닝베트남』에는 「베트남 노동환경 및 최근 동향」(2006년 신년호), 「한국기업 베트남 투자 급증」(2006년 2월), 「한인상공인연합회 정관」(2006년 3월), 「한인 상공인 연합회 정기 총회 안내」(2006년 4월) 등의 기사들처럼 경제와 상공인 관련 기사들이 주요 기사로 게재되고 있다. 교육열이 높은 한인의 회보답게 『굿모닝베트남』도 호치민의 한국학교 소식을 매호마다 비중 있게 소개하고 있다. 그리고 『굿모닝베트남』은 〈베트남어를 배우자〉를 매호마다 연재하고 호치민의 시내지도를 회보 뒷부분에 게재하면서, 한인들이 간단한 베트남어라도 배우고 호치민시의 지리를 익혀서 보다 쉽게 현지에 적응할 수 있도록 도와주고 있다. 회보를 읽다가 눈에 띄는 것은 베트남의 유명한 관광지, 즉 푸꿕PHU QUOC, 하이퐁HAI PHONG, 꼰다오CONDAO 등이 매호마다 돌아가면서 하나씩 아름다운 화보들과 곁들여 소개되고 있다는 것이다. 이러한 기사들은 독자들인 호치민에 거주하는 한인들의 생활 수준이 꽤 높기 때문에 게재되고 있는 것으로 보인다. 그리고 아름다운 베트남의 풍광을 담은 사진들은 독자들의 눈을 즐겁게 해주고 있다.

그 이외에 구성은 다른 한인회보와 동일하다고 할 수 있다. 한인회장과 총영사의 인사말, 한인회 활동과 소식, 공관 소식, 베트남 뉴스, 문화소식 등이 매호마다 게재되고 있다. 광고는 국내 대기업의 광고와 베트남에 진출한 기업과 한인업소 광고가 많이 게재되고 있지만 지나치게 많다는 인상을 주지는 않고 있다. 이에 회비와 광고료 수입이 다른 어느 지역의 한인회보다 많을 것으로 추정되며, 한인회보 『굿모닝베트남』의 편집과 내용은 다른 어느 한인회보에 뒤지지 않게 충실하게 구성되고 있으며, 그리고 외형적으로는 여유 있게 제작되고 있는 것으로 보인다.

『굿모닝베트남』의 최근호는 발행될 때마다 베트남행 아시아나항공 기내에서 볼 수 있다. 그리고 지난 호 일부가 재외동포재단 자료실에 소장되어 있고, 이를 DB화했다. (임성윤)

참고문헌

『굿모닝베트남』, 호치민한인회.

글방
(함부르크한인학교)

『글방』은 함부르크한인학교의 교지이다. 1994년 12월에 창간되었고, 2000년 11월에 2호가 발간되었고, 2005년 9월에 제5호가 나왔다. 2002년 12월에는 한인학교 소식지 『작은 우체통』이 따로 발간되기 시작했다. 몇 년에 한번 발간되는 『글방』과 달리, 소식지 『작은 우체통』은 매년 1～2회씩 나오면서 2012년 12월 현재 제5호가 발간되고 있다. 『글방』제5호(2005년)의 경우, 이영남(학교장), 은희진(전 운영위원장), 서송석, 유수선, 홍혜정 등이 편집을 담당했다.

1974년 10월 함부르크에서 한인 7명이 "한인학교 설립준비위원회"를 구성하고, 1975년 8월 학생 34명으로 제1회 입학식을 거행했다. 1980년 10월 초대교장에 김대현 씨가 선출되었다. 1981년 6월 초등학교 1, 2, 3, 4학년과 고등반 등으로 학급을 개편하면서 본격적으로 학교다운 모습을 갖추었다. 1987년 3월 함부르크한인학교가 함부르크 지방정부에 정식으로 등록한 학교eingetragenen Verein가 되었다. 1987년 6월에 재학생 총 202명, 8개 학급, 교사 11명의 규모로 성장했다. 1995년 1월과 7월부터는 자매결연학교인 부산 배정초등학교와 함부르크한인학교의 교사와 학생들이 상호 방문하는 행사도 개최해오고 있다. 학생 수 감소로 1998년 12월에는 한 학급을 줄이기도 했다. 2003년 6월 학급 편성을 개편하여, 1학년 준비반, 1학년, 3학년, 5학년, 6학년, 7학년, 청소년 종합반, 성인반 등으로 재편하고, 새 학급 편성에 따른 학년별 기초필수문법 습득을 위한 교과과정을 새로이 만들었다. 그리고 한인학교의 장기적인 재정확보를 위해 '후원회'Foerderkreis를 활성화시켜 나가고 있다. 현재 함부르크한인학교는 매주 금요일 3시부터 5시 30분까지 수업을 하고 있다. 학교의 위치는 함부르크 중심지 근처인 Sopie-Barat-Schule 내에 위치하고 있다. 바로 이 함부르크 한인학교에서 발행하는 교지가 『글방』이다.

개교 30주년 기념호로 발행된 5호를 중심으로 『글방』을 간략하게 살펴보자. 다른 나라 다른 지역에서 나온 한인학교 교지들과 마찬가지로, 『글방』도 그림이 주인 1학년 준비반 아이들의 작품에서부터 고등학생들의 한글의 완성도가 높은 소품까지 다양한 작품들을 게재하고 있는데, 학생들의 성장과정을 보여주듯 하다. 그러나 『글방』은 학생들의 작품만이 아니라 선생님 및 여러 관계자들의 글이 더해지면서 많은 읽을거리를 제공하고 있다. 이에 학부모와 학생들은 교지를 같이 읽고 자연스럽게 대화하며 함부르크 한인학교의 교육 현황과 학생의 미래를 생각해볼 기회를 제공해주고 있다.

우선 명예교장인 조명훈박사는 「맘과 말과 글」에서 함부르크 한인학교의 설립취지와 운영방침을 밝히고 있다. "맘과 말과 글 사이의 정돈된 화합은 다른 문화권에서 살고 있을 때에 특히 바람직한 조건이다. 마음속까지 파고 들어가기는 어렵더라도, 말과 글을 되도록 정확하게 쓰도록 노력할 일이다. 역설적으로, 외국어를 배우려면 먼저 모국어 자체를 바르게 알고 있어야 한다. 모국어를 바르게 쓸 줄 모르는 사람이 어떻게 외국어를 바르게 쓸 수 있을 것인가?" 이처럼 한인으로서 한국어를 배워야 하는 이유를 밝히면서, 또한 독일어를 보다 잘하기 위해서도 한국어를 제대로 공부해야 한다는 것을 환기시키고 있다.

위와 같은 취지의 교육이 시행되고 있는 함부르크 한인학교를 졸업한 한 제1회 졸업생은 한인학교 재학의 의미에 대해 소감을 밝히면서 후배들에게 교훈을 주고 있다. "시간 낭비로 생각했던 것들이 지금 보면 아주 좋은 투자였습니다. 나이가 들어가면 외국어를 배우는 것이 어려워집니다. 우리는 한인학교에서 한국어만 배운 것이 아니라, 한국인의 공동체의식도 배우게 됩니다. 이 모든 것을 가르쳐 줄 수 있는 곳은 한인학교밖에 없는 것 같습니다. 한인학교 졸업장이 꼭 쓸 곳은 없지만, 그 가치는 말로 다 할 수 없이 귀한 것입니다."

이 이외에도 한국과 독일의 관계사를 간략하게 정리한 홍혜정 교사의 「한독교류사」, UNESCO에서 수여하는 '세종대왕 문맹퇴치상King Sejong Literacy Prize'에 대한 소개와 한글의 우수성을 설명한 유수선 교사의 「세종대왕상을 아시나요?」, 서송석 교사의 「유럽 한글학교 교사 세미나 참관기」, 이영남 교장의 「2005년 재외동포 국제학술대회 및 재외동포교육지도자 연수를 다녀와서」 등의 글이 게재되고 있다. 이러한 글들은 교사들이 단지 한글만 가르치는 것에서 끝나는 것이 아니라 학생들에게 한국의 문화와 역사 그리고 민족정신을 더 잘 가르치기 위해서 자신들부터 공부하고 있음을 보여주고 있다. 그리고 독일어로 번역된 한국도서들을 소개하고, 그중 교사들이 한편을 추천해서 학생들과 학부모들이 자연스럽게 한번 읽어볼 수 있도록 하고 있다. 제5호에는 황동규의「풍장10」이 한글 원문과 독일어 번역이 함께 게재되고 있다. 그리고 마지막으로 학교의 연혁, 후원한 사람과 단체, 교과프로그램 및 학급편성현황 등을 소개하고 있다.

학생과 교사의 수가 그렇게 많지도 않고 심지어 줄어드는 가운데에서도 보다 좋은 교육을 하려는 재독한인, 그중에서도 함부르크 거주 한인들의 모습을『글방』에서 볼 수 있다.

『글방』일부가 재외동포재단 자료실에 소장되어 있고, 이를 DB화했다. (임성윤)

참고문헌

『글방』, 함부르크 한인학교.

금주의 경제

한국흥업은행조사부에서 매주 내는 경제 동향 주간지이다. 창간일과 종간일은 미확인되나 주간지임을 감안했을 때 1956년에 창간된 것으로 보인다. 발행인, 편집인에 대한 정보는 따로 없으며 1957년 54호부터 1961년 264호까지 실물 확인이 된다.

한국흥업은행조사부에서 발행하는 경제 동향 주간지이다. 매주 약 40페이지에 걸쳐 한국 경제의 여러 지표를 표와 도표 등으로 소개한다. 한국흥업은행은 1954년 8월 은행법이 개정됨에 따라 기존의 한국신탁은행과 한국상공은행이 합병하여 같은 해 10월 1일부로 발족하였다. 75호까지는 손글씨로 쓰여 있으나 1957년 9월 15일자인 76호부터는 타이핑을 하였다.

잠지는 매회 주간 주요 경제지표와 도표를 소개하고 주간 경제에 대한 개략적인 설명으로 시작한다. 서울의 도매물가 및 소매물가를 매주 분석하고 외환시세나 시중은행의 결산 정보도 싣고 있다. 당시 미국의 원조 자금이 중요한 경제 자금이었기 때문에 이들의 원조 정책에 대해서도 보고서를 통해 동향을 파악하고 있으며 ICA자금의 흐름에 주목했다. 매주 미시적인 경제 상황뿐 아니라, 거시적인 관점에서도 각 부분의 경제를 회고하고 전망하였다. 예를 들어 재정부문과 금융부문, 외원, 무역, 농업, 광공생산, 시장 동향 부분 등을 구별하여 이들의 전체적인 경제 상황을 파악하는 기사도 실었다. 국가의 예산에 대한 분석도 빼놓지 않았으며 국민총생산이나 통화량, 주간 증권 거래량 등을 자세히 보고하였다. 또한 매주 경제일지를 기록하며 하루하루의 경제적 지표를 간략하게 표기하였다. 예로, 당일 특정 발전소의 평균 출력까지 기록하는 꼼꼼함을 보였다.

매주 거의 빠지지 않고 중요 경제지표를 소개하고 있으며, 공신력 있는 기관에서 생산한 정보임을 감안했을 때, 당시의 경제 상황과 흐름을 연구하는 데에 필요한 여러 지표들을 얻을 수 있는 자료로 평가할 수 있다. 1957년 54호부터 1961년 264호까지 DB화되어 있다. (강수진)

참고문헌

『금주의경제』(1957년 54호~1961년 264호);『동아일보』1954. 9. 16;『경향신문』1954. 9. 17.

기능

(技能)

1967년 3월 10일 창간된 기능 관련 잡지로 첫해는 반년간, 1968년부터는 계간지로 발행
되었다. 발행인 겸 편집인은 창간호부터 1973년까지는 이창정李昌貞, 1975년부터는 정순
화鄭淳和가 담당하였다. 발행처는 서울 중구 을지로 2가 195-3(국제기능올림픽대회한국위
원회), 125~140면 분량이다. 매호 2천여 부를 발행하여 정책수립기관, 산업계, 이공계 공
대 및 실업계학교, 전국 공·사립 도서관에 배포하였다.

이 잡지는 제2차 경제개발 5개년 계획에 발맞
추어 기능인 양성을 촉진하는 매개체로 활용하
기 위해 발행되었다. 국제기능올림픽의 개최
경과와 대회 규칙 등이 소개되고, 주로 경제개
발 계획에 따른 정부의 기능인 양성정책 기사
가 실렸다.

국제기능올림픽대회한국위원회 사무총장 이
창정李昌禎은 다음과 같이 창간 취지를 밝히고
있다.

"기업인, 기술인과 전국 청소년기능공을 위
한 이해의 촉진과 유대의 강화, 협조의 증대를 도모하며 범국민적 운동으로서
의 공동의 광장에 서서 대화의 역할를 맡아 착실히 키워나갈 것을 다짐한다. (중
략) 청소년기능공을 위하여 범국민적 운동의 일환으로서 일인일기一人一技를 표
방하여 보다 널리 보다 알기 쉽게 꾸며보려는 데 의도가 있다"

잡지의 발간 방향은 기술훈련 주체간 정보 교류와 이해를 촉진하고 기능인
양성을 위한 범국민적 관심을 이끌어내기 위한 것이었고, 잡지 내용은 대중이
접근하기 쉽게 구성하려고 하였다.

잡지 발행 주체인 '국제기능올림픽대회 한국위원회'는 한국의 청소년 기능인
력 개발과 기능의 향상을 도모하고 기능경기대회를 통하여 기능인의 저변을 확

대시키며, 국제적 최신기술을 도입함으로써 산업발전에 이바지한다는 목적하에 1966년 1월 발족하였다. 사단법인체로 조직은 회장·운영위원장·기술위원장이 있으며, 기술위원장 아래 기술분과가 있고, 운영위원장 아래 사무국, 운영실·기술실·사무국장 등으로 이루어졌다. 각 시·도에는 16개 시·도위원회가 있다. 운영은 크게 나누어 국내경기와 국제경기가 있고, 국내경기는 지방 기능경기대회와 전국 기능경기대회로 나뉘어 진다. 창설당시 회장은 김종필(민주공화당 의장), 부회장은 김재순(金在淳, 국회상공위원장) 등 5인이며 이사, 감사는 각 기업체 사장, 각 부처 장관 등이 담당하였다.

잡지 구성은 〈특집〉, 〈논단〉, 〈수상자 프로필〉, 〈출제심사시리즈〉, 〈제언〉, 〈미담가화〉, 〈시〉, 〈공지사항〉 등으로 이루어졌다.

창간호 권두언에서 국제기능올림픽대회 한국위원회 회장 김종필金鍾必은 기능인들에게 "2차 경제개발 5개년계획을 추진하고 있는 전진의 해에 산업 전반에서 많은 기능인들의 조기투입이 요청되고 있으며, 기술 수준을 향상시키고 산업발전에 공헌할 것"을 당부하고 있다. 보건사회부장관 정희섭鄭熙燮은 잡지 창간에 대하여 "국제기능올림픽대회한국위원회가 전국 기능인의 귀한 반려로 사업이념을 구현해나갈 것이며, 기능지는 사업의 총화자總和者로서만이 아니라 기능인의 향도嚮導로 기여해줄 것"을 당부였다. 사업 추진의 매개체 역할을 할 것과 기능인들의 지침서 역할을 주문하고 있다.

잡지 창간호는 전체가 제1회 전국기능올림픽대회(1966. 11.) 개최와 관련된 내용으로 구성되었다. 먼저 제1회 기능올림픽 대회 사진과 박정희 대통령의 순시 장면, 수상자 메달 장면 등 대회와 관련된 사진과 대통령을 비롯하여 보건사회부, 경제기획원, 노동청 등 각 정부부처 대표의 창간 축사가 실렸다.

〈특집〉에는 한국위원회 사무국의 「1회 전국기능올림픽 성과와 국제대회 전망」을 실었다. 올림픽 참여자의 지방별, 학력별 분포와 성과 등을 분석하고 있는 내용이다. 〈논단〉에는 기술위원장의 「기능올림픽 기술평가」, 한국전력(주) 사장의 「기업체의 대회참여를 주장한다」, 한국생산성본부 이사장의 「기능개발활동의 방향」, 노동청의 「라인을 중심으로 한 사업내의 직업훈련」, 기계분과위원장의 「기능공훈련과 기능공의 자세」 등 논설류의 글이 실렸다.

다음에는 기능대회 입상자들의 입상소감이 실렸으며, 〈출제심사시리즈〉에서는 기계, 선반, 목공 용접 등 출제심사위원들이 각 분야에 대한 기본지식과 출제문제 유형을 제시하였다. 〈미담가화〉는 수상자들의 자기 고백서이다. 올림픽에 참가하게 된 과정과 힘든 훈련, 시합 당시의 긴장감 등 개인적 감회와 앞으로의 각오가 솔직하게 묘사되어 있다. 이어 시와 꽁트 등 가벼운 문예글이 실리고 〈공지사항〉란에 2차년도 올림픽대회 파견직종, 선수 명단 등이 실렸다.

창간호 편집후기에는 이 잡지가 "많은 기능인의 지위를 높이며 보호하고 내일의 희망을 이룩하며 보장하는 일군으로서 첫선을 보였으며, 논문집이 아니라 좀 더 부드럽고 풍성한 내용을 채우려고 했다"라고 밝히고 있다.

창간호 이후 잡지 구성은 크게 〈휘보〉, 〈특집〉, 〈논단〉, 〈기능훈련〉란으로 나누어진다. 특집은 주로 국제기능올림픽 대회에 관련된 소식이나 참가기 등으로 이루어졌고 논단은 「기능향상의 정책적 제문제」, 「기업과 인력경영」 등 원론적인 내용으로 채워졌으며, 기능훈련은 「사업내 직업훈련소개」, 「기능훈련의 방법」, 「기능검정의 해설」 등 현장에서 이루어지는 실제적인 내용이 소개되어 있다. 또한 공지사항으로 각종 기능대회의 일정이나 수상자 명단 등을 게재하여 기능대회에 참가하려는 사람들에게 정보를 제공해주고 있으며, 수필이나 단편 소설을 싣고 있어 흥미를 더하였다.

잡지 구성은 1969년 창간 3주년을 맞이하여 약간의 변화가 이루어진다. 『기능』은 기존의 내용을 이어가면서 『기능뉴우스』를 새로 창간하여 간단한 소식은 『기능뉴우스』가 전담하게 된다. 『기능뉴우스』는 월간신문으로 약 1만 부를 발행하여 일선 기능공에게 배포하였다. 기능인의 교양, 정서 함양을 목적으로 하였고 특히 유신체제하 기능인의 사명의식 고취에 상당히 많은 지면을 할애하였다.

『기능』지는 1970년대에 가면 정책적 기사가 다수 실리게 된다. 1972년 6월호 〈시론〉으로 「10월유신과 유신경제」, 〈논단〉에 「새마을운동과 근로자의 참여」, 「새마을운동과 기능개발」 등 정부정책을 홍보하는 기사가 여러 편 실렸다.

이 잡지는 기본적으로 국제기능대회에 대한 정보를 제공하면서 대중에게 기능훈련에 대한 관심과 흥미를 유도하는 것에 초점을 두고 있다. 기능훈련에 대한 원론적이고 이론적인 내용을 싣고 있을 뿐만 아니라 현장에서 실시되고 있는 내용 등을 소개하고 있어 기업인 측의 관심도 유도하고 있다. 이 잡지는 2차 경제개발 5개년계획 기간 동안 기술훈련 프로그램이 어떻게 진행되었으며, 교육의 주체인 기능인들이 어떻게 정책을 받아들이고 있는지를 확인할 수 있는 자료이다.

국회도서관에 소장되어 있는 1967년 3월 10일(1권 1호), 11월(1권 2·3호합본), 1968년 3월 22일(제2권 1호), 7월 22일(2권 2호), 12월 12일(2권 3·4호), 1969년 3월 29일(3권 1호), 7월 22일(3권 2호), 12월 12일(3권 3·4호합본), 1970년(4권 1호, 4권 2호, 4권 3·4호), 1971년(5권 1호, 5권 2호, 5권 3·4호), 1972년(6권 1호, 6권 2호, 6권 3·4호), 1973년(7권 1호, 7권 2호, 7권 3·4호), 1975년(9권 1호, 9권 2호, 9권 3·4호), 1976년(10권 1호, 10권 2호, 10권 3호, 10권 4호), 1977년(11권 1호, 11권 2호, 11권 3호, 11권 4호)를 DB화하였다. (이병례)

참고문헌

한국학중앙연구원 편, 『한국민족문화대백과사전』, 1995; 국제기능올림픽대회한국위원회, 『기능』, 1967~1977년.

기독교뉴스
(基督敎NEWS)

대한예수교장로회총회의 기관지로 1960년 7월 7일에 창간하였다. 이 신문이 나오기 전에 총회는 권영호, 황성수, 김형근, 김인서 등 4명의 동인들이 '기독교공보'를 기관지로 인수하여 총회장 명의로 간행하였는데 1959년 대전총회에서 연동집단이 탈퇴하면서 새로운 기관지 발행을 결의하고 이 신문을 발행한 것이다. 발행인은 양화석(梁華錫)이고 발행소는 서울특별시 을지로 3가 291번지이다. 판형은 2면으로 16단제를 채택했으며 1단 15자가 들어갔다. 주간지였으며 종간호는 지령 10호까지 발행되다가 '기독신문'으로 개제되었다.

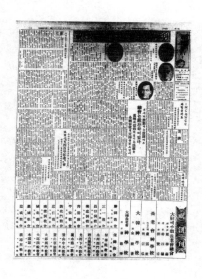

창간사를 대신하여 사설 「기독교 뉴-쓰를 신간하면서」를 보면, "우리는 W·C·C의 에쿠메니칼을 반대한다. 이 일을 그리스도 정신에 위반되는 것 같이 오해하는 형제가 있다. 그러나 우리는 누누이 설명함과 같이 우리가 용납하기 곤란한 사상과 정책이 내포된 때문이다. 그런고로 우리는 그러한 위험을 제거하고 하나가 되기를 이제도 호소하는 바이다. 도대체 천주교도 희랍교도 국교도 아니고 감독정치도 아닌 장노교회에 무슨 교권이 있으며 무슨 이권이 있는가. 1년이란 임기가 지나면 자동적으로 해임되는 법을 가지고 있지 않은가? 우리는 이 말이 듣기에 너무도 억울하여 명예스럽다고 생각하는 것은 평신도에게 들이고자 하는 바이다. 이러한 정신을 우리는 이 신문기구 조직에서 반영시키고 있다."고 하여 대한예수교장로교 내의 세력관계와 교리 해석에 차이가 있음을 짐작할 수 있다.

창간호 1면을 보면 '축하 빛과 생명수로 창간'이라는 제목 아래 이 신문의 발행인인 총회장 양화석 목사를 비롯하여 3명의 임원들의 축하글이 그들의 사진과 더불어 게재되었다. 다른 기사로는 「IMC는 WCC와 합류키로」, 「거세게 격동하는 파도에도 총회는 엄존하여 있다」, 「교회성립 4백년 기념축하회」, 「미담」 등이 실려 있다. 그밖에도 「교계소식」란이 마련되어 총회에 속한 하부 교회소식과 교인들, 성직자들의 동향이 보고되어 있다. 1면 하단에는 이 신문의 창간을 축하하는 '대한예수교장로회총회'를 비롯하여 '장로회신학교', '대한신학교', '대한장로회신학교' 그리고 각 하부단위의 교회 명의로 축하광고가 나열되어 있다.

이로써 이 신문의 성격은 대한예수교장로회 내의 분란과 분파, 교리상의 해석 등에 관한 정보를 제공해주는 역할을 한다고 할 수 있다. 일반인들이 알지 못하는 기독교 단체의 특정한 분파에 대한 이해와 사정이 자세하지만 이 총회에 속하는 일부 교인들과 성직자들에게만 읽혔을 것으로 짐작된다.

국회도서관에 마이크로필름으로 소장되어 있으며, 창간호가 DB되어 있고 DB 상태는 양호한 편이다. (전상기)

참고문헌

『기독교뉴스』 창간호, 1960년 7월 7일자; 『한국신문백년 〈사료집〉』, 한국신문연구소, 1975.

기독교세계
(THE CHRISTIAN WORLD)

기독교대한감리회 총리원에서 발행하던 격주간 잡지 『감리교생활』의 제호를 바꾸어 1964년 12월 25일자 제401호로 지령을 계승하여 발간된 주간지이다. 발행인 이환신, 편집인 안신영, 주간 장기천이다. 가로쓰기 5단제의 한글신문이다. 발행소는 서울특별시 중구 태평로 1가 64의 8 기독교대한감리회 총리원 기독교세계사이다. 가격은 창간호의 경우 1부에 6원, 1개월에 20원, 1년에 200원이다.

이 신문은 1933년 1월 20일 기독교대한감리교회 총리사 양주삼이 창간한 『감리회보』를 전신으로 하고 있다. 『감리회보』는 1938년 1월 1일자로 제호를 『조선감리회보』로 바꾸어 발행되다가 1942년 5월 126호로 종간되고, 일본교단의 『기독신보』에 통합되었다. 그 후 1954년 1월 14일 다시 『감리회보』로 하여 4·6배판 월간으로 간행되다가 1959년 1월 1일 감리총회보와 기독교교육연구의 발전적인 통합으로 제호를 『감리교생활』로 고쳐 월간 잡지로 간행하였다. 『감리교생활』은 그 후 반월간지로 발전하였는데, 1964년 12월 25일 다시 신문체제로 환원하여 401호를 주간으로 내게 된 것이다.

기독교 전문매체인 이 신문은 "모든 교회에 봉사한다. 기독교 교양을 함양한다. 교회의 사회적 책임을 대변한다."는 목적을 밝히고 있다. 창간사를 겸한 사설 「이웃의 옆에 서서」를 보면, 이 매체가 한국교회의 후진성을 탈피하고, 근대화된 기독교인으로서, 복음을 전파하는 한국의 지도 세력이 되자는 취지에서 발간되었다는 것을 알 수 있다. 그 내용은 다음과 같다.

"이 세상에서 그리스도인이 된다는 사실은 하나의 모험이다. 그러기 때문에 거기에는 비상한 결단이 요청되는 것이다. (중략) 이 세상에서 그리스도인이 된다는 사실은 곧 죽으라는 주의 명령에도 순종하는 행동을 내포한다. 그리스도인은 교리를 암송하고 신비적 감정에 도취되는 생활을 하는 사람이 아니라 구체적인 일상생활의 모든 상황에 대해 개인적으로나 공적으로 책임적이며 순종적인 행동을 하는 사람이다.

1965년은 한국그리스도교 특히 한국프로테스탄트교회의 선교 80주년을 맞는 역사적 해이다. 정부는 민정 제2년을 맞아 일하는 해로 정하고 온 국민에게 근면과 절약을 호소하며 이 나라의 정신적 산업적 근대화를 호소하고 있다. 과연 그리스도의 복음을 접한 지 80년이나 된 한국교회는 1965년을 기해 전국 4만 부락을 찾아 그리스도의 구원의 소식과 지혜의 정신적 지표를 명시하고자 그리스도의 군사들을 파견할 거창한 계획을 가지고 온 교회의 궐기를 전도하고 있다.

한국에 그리스도교가 선교됨은 결코 그리스도교의 교세확장을 위함이 아니었다. 미국 에반스톤에서 모였던 세계교회협의회의 결론은 전도는 이웃의 옆에 함께 있는 것이었다. 진정한 의미에서 전도는 그리스도교를 위해서가 아니라 그리스도교가 처해 있는 그 상황을 위해서 존재하는 것이다. 정치적 혼란 속에도 경제의 불안정 속에도 그리스도교는 개인적으로 여기에 ○○ 하여야 한다. 그 종교와 함께 그 종교를 위해 동원된 모든 인력과 돈과 정신력을 전적으로 희생하지 않으면 안 된다.

선교 80년을 맞아 선교단은 새로운 전도계획을 수립하고 온 교회를 동원시키고 있다. (중략) 만일 이 운동과 계획이 진정한 이웃사랑의 운동이 되고 죽어가는 사람을 구원하는 생명의 운동이 되려면 교회가 선포하는 말씀과 함께 교회가 가진 모든 능력을 전체적으로 동원하지 않으면 안 될 것이다. (중략)

우리는 한국그리스도교의 근대화에 능력을 기울여야 하겠다. 근대정신은 합리주의이다. 그러나 이 합리주의는 우리가 흔히 경계해오던 자유주의 신학이 저지른 것과 같은 위험성을 내포할 것이 아니라 근대정신이 지향하는 합리주의는 바른 ○○○○과 정황에 대한 민첩한 행동을 의미한다. 이 시대는 무지와 빈곤, 비탄과 좌절의 파국에 직면했다. 동시에 과학적 시대이다. 과학의 시대이기 때문에 우리의 주위에 넘쳐 흐르는 무지와 빈곤 비탄과 좌절의 파국을 구제할 기적을 기대할 수 있는 것이다. (중략)

우리에게는 무엇보다는 지도력의 양성이 요청된다. 교회가 참으로 세상의 빛이 되어 빛을 발하려면 확실한 지도력이 확립되어야 한다. 교역자의 양성은 물론 모든 크리스찬의 사회적 행동 자체가 이 세상의 지도력이 되어야 할 것이다. 우리에게는 한 사람의 위대한 창조적 지도자가 필요하다. 그러나 이것은 오늘의 지도력으로서는 너무나 약하다. 오늘의 지도력은 하나의 세력이 되어야 한다. 지도세력의 구축 그것이 이 시대를 구원하는 힘이다. 교회는 80년의 피어린 역사를 기반으로 이세계의 위대한 지도세력이 되어야 한다. (중략) 교회의 후진성을 탈피하고 위대한 사회적 지도 세력이 되기 위해 주의 부르심을 받은 오늘의 한국교회는 우리의 복음 전선에 결사적인 태세로 임하기를 제언하는 바이다."

창간호에서는 기독교 교파 간의 상호 이해를 증진시키고, 가톨릭과의 상호 협조를 통해 세상의 소금 노릇을 하며, 한국의 기독교 전체를 대변하고 이끌어 갈 수 있기를 바란다는 독자들의 편지를 실음으로써 이 신문의 발행 방향을 제시하고 있다.

이 신문에는 주로 국내외 기독교계의 소식을 전달하고 사설, 설교, 시론, 논단 등을 구성하여 교리 해설이나 기독교계의 주요 문제, 시사문제 등의 기사를 신고 있다. 또한 〈목회자를 위한 페이지〉도 마련하여, 설교 준비 및 선교 경험담을 모집하여 싣기도 하였다. 이 밖에 수필과 각종 기독교 관련 교양기사가 실려 있다.

1965년 1월 9일자부터는 한국선교 80주년을 기념하는 특집기사를 싣고 있다. 1965년 1월 23일 특집기사로는 「한국 선교 80년의 신학적인 반성」, 「아버지를 통해 들은 할아버지의 선교 비화」가 실려 있다. 전자에서는 80년간의 한국기독교회는 극단의 보수주의 신학이었음을 지적하고 있다. 지금까지 한국교회에서는 신학으로서 이단자 색출을 하였지만 교회가 전하는 메시지를 진지하고 허심탄회하게 재평가해본 적이 없다고 하였다. 그러므로 기독교 교회는 전문적이며 교양 있는 신학자가 논쟁적이며 건설적인 신학을 통해 그 역할을 수행하도록 해야 한다고 주장하였다. 후자는 한국에 최초로 복음을 전파한 언더우드 박사의 생전의 선교 비화를 그 손자인 언더우드 3세(원일한 교수)를 통해 밝히고 있다.

1965년 3월 27일자에는 한일회담에 대한 교회의 입장을 기사화하였고, 감리교회 지역연회의 인물들을 소개하고 있다.

1965년 6월 12일자에서는 인구문제를 주요한 기사로 다루고 있다. 인구 번식을 조장하는 한국의 특수성을 논하고, 산아제한에 대한 기독교인의 자세를 요구하고 있다.

국회도서관에 마이크로필름으로 소장되어 있는 것을 DB화하였다. (구수미)

참고문헌

『기독교세계』, 1964년 12월 25일, 1965년 1월 9일, 1월 23일, 2월 6일, 3월 27일, 6월 12일; 『한국신문 100년』(사료집), 한국신문연구소, 1975; 『한국신문백년지』, 한국언론연구원, 1983.

기독신문
(基督新聞)

대한예수교장로회총회의 기관지였던 '기독교뉴스'를 개제하고 지령을 계승하여 제11호로 1960년 11월 11일에 창간하였다. 발행인은 양화석(梁華錫), 편집인은 김상권(金尙權), 사장에 김인득, 부사장에 배태준, 편집책임에 김상권을 앉혀 진용을 재정비했다. 발행소는 마찬가지로 서울특별시 중구 을지로 3가 291번지였다. 주간으로 판형은 대판 2면 발행을 하였고 16단에, 1단 15자 체제를 갖췄다. 종간호는 미상이다.

재창간사 대신으로 작성된 사설 「경정의 이행」에는 "총회는 해마다 모이고 모일 때마다 총회의 일년 동안의 문제를 예상하며 필요한 각종 결정을 짓는 최고기관이나 그러나 우리들의 반백년 가까운 경험을 미루어 보면 그 실정은 결정과의 상당한 거리가 있음을 볼 수 있고, 특히 해방 이후는 더욱 그러하다. 여기에 대한 원인은 (1) 치밀한 계획상의 결핍과 (2) 명령계통의 무능이다. … 지난해 해외사절단을 보낸다고 작정하였으나 그것도 실제와는 너무도 격리된 결정이다."라고 하여 총회의 사업과 실제 수행에 대한 반성과 문제점을 지적하여 내실을 기하려는 의도를 비추고 있다.

재창간 1면의 기사들은 「역사적 신기원을 수립한 제45회 대한예수교장로회 총회」, 「한국장로교회의 자주자립의 우렁찬 진군나팔, 긴급비 1억 2천만 원 확정」, 「총회통합의 대업달성!」, 「ICCC 관련 문제 만장일치로 완전해결」, 「허대전 박사 ICCC 대표」, 「밋슌계 기관장은 남김없이 선교사들이 독점」, 「본사이사회 결정」, 「세계장로교 선교사 현유한」 등이 눈에 띈다. 하단에는 「감사주일과 외국

선교」,「사고」가 배치되어 있다.

이 신문은 개신교의 특정 유파 내부의 단속과 결속을 위한 종교신문으로 교인들과 성직자들이 주요 독자이므로 외부인의 시각에서 보면 이해하기 어렵거나 관심의 대상이 아닌 내용들로 이루어져 있다. 그럼에도 불구하고 여전히 어렵고 힘든 '해외선교' 문제를 주장함으로써 후대에 이루어질 한국기독교 선교의 선구자로서 면모를 보여주고 있다는 점이 특징이라고 할 수 있다.

국회도서관에 마이크로필름으로 소장되어 있으며, DB는 재창간호가 갈무리되어 있고 DB 상태는 양호하다. (전상기)

참고문헌

『기독신문』 재창간호, 1960년 11월 11일자;『동아일보』 1961년 5월 28일자;『한국신문백년 〈사료집〉』, 한국신문연구소, 1975.

기독일보

(基督日報)

1960년 10월 11일에 창간하였다. 종간일은 1961년 5월 28일자이다. 박정희의 쿠데타 이후에 단행된 국가재건최고회의 포고 제11호와 공보부령 제1호의 '신문통신발행시설기준'에 따라(1961년 5월 23일 공포, 동월 28일 시행) 행해진 조치였다. 발행 겸 주필은 김경金鏡, 발행소는 서울특별시 종로구 세종로 137번지였다. 대판 2면으로 16단에, 1단은 11자였다. 제호 밑에 '하나님의 말씀'을 매일 실었다.

「창간사」는 다음과 같다.

"이제 본인이 기독교인의 한 사람으로서 일즉이는 일제말엽으로부터 교회 내 분쟁을 직접 눈으로 보면서 느낀 바 있고 오늘에는 6·25를 전후하여 최근에 이르기까지 교회 내 소동에서 깨달은 바가 있으며 다시 한거름 나가서는 기독교가 사상의 누각 같은 한국사회에 기여해야 할 중대사명이 만 분의 일이라도 감행해야 할 사명감에 시대임이나 활동에는 너무나 벅찬 기독일보를 발행하기에 이른 것이다. 그러나 이 신문은 나 개인의 것이 아니요 모든 교우의 것이다. 기독교가 만민의 것이듯이 신문도 모든 교인의 것이니 누구나 이 신문을 자신의 기관지로 생각하고 안으로는 교회분쟁을 막는 방패로 써둘 것이며 밖으로는 모든 불신 사회와 부패된 국정쇄신에 널리 활용해주기 바란다. 우리는 오늘날에라도 하나님께서 부르면 다 이 땅을 떠나갈 사람들이다. 잠시 지구상에 머물러 있는 동안 우리 생명의 빛을 갚으려는 것뿐이며 또 그것을 갚아야만 하는 것이다. 본인은 2백만 교우가 한결같이 이 세상에 태어나 기독교인이 되었다는 사명감으로 그리스도가 일즉 죄인을 위하여 괴롭

179

던 박애 봉사 희생정신을 발휘하여 한국과 또 우리 한민족을 위하여 십자가를 져야 한다는 결심을 새롭게 하여 주기 바라며 그런 것이 뭉치고 또 뭉쳐서 우리나라를 기독교화하며 지상천국화하는 데 모든 노력과 재력과 신앙심을 쏟아야 하리라고 본다.『기독일보』는 이런 사명에 불타는 교우들과 손잡기를 원하며 그 참된 충고와 협력을 얻어야만 장족의 발전을 기할 수 있을 것이다." 이를 통해서 짐작이 되는 기독교 내의 분쟁과 정치권과의 연관성이 드러난다고 하겠는데, 소기의 목적을 달성하기는 힘들었을 것으로 생각된다. 그 연결고리와 종교적 문제는 뿌리가 깊고 해결난망한 일이기도 했을 뿐더러, 이 신문사 자체도 경영난에 시달렸기 때문이다.

창간호의 1면 기사를 살펴보면,「폭로된 진남포 금동판 사건 진상」,「미 민간원조에 악영향」,「35만 정보를 개척, 농림부의 인구증가 대책」,「장정권에의 불신」,「연세대학 분규는 유감, 이성을 잃은 처사 아닐가」외에,「기독교출신 정치인 순례」등이 눈에 띈다. 그리고 하단에는 신문 창간을 축하하는 '성결교사회사업회'를 비롯하여 '한국기독교인의사협회', '애린선교단 기독교' 등의 단체와 '한국기독교연합회', '기독교대한감리회', '대한예수교장로회(승동)', '대한예수교장로회(통합)', '기독교대한성결교회', '구세군대한본부' 등의 단체가 보인다.

이 신문은 경영난에 봉착하자 '유지회원(영내 금5천환)', '특별회원(연내 금일만환)', '이사회원(일시불 십만환)'을 모집하였고 통신연락원 제도를 설치하기도 하였다. 이 신문사는 일간정치통신사도 운영하였다.

국회도서관에 마이크로필름으로 소장되어 있으며, 창간호가 DB로 갈무리되어 있고 DB 상태는 양호한 편이다. (전상기)

참고문헌

『기독일보』 창간호, 1960년 10월 11일자;『동아일보』 1961년 5월 28일자;『한국신문백년〈사료집〉』, 한국신문연구소, 1975.

기술협력

(Korean Observer)

발행인은 박영준朴英俊이다. 편집인은 이우현李宇鉉이다. 발행처는 서울 중구 남대문 1가 19 사단법인 한국기술협회이다. 월간으로 발행되었다. 인쇄처는 삼화인쇄주식회사이다. 80면 내외의 분량으로 발행되었다. 영어 제호는 나중에 Technical Cooperation로 변경 되었다.

잡지는 한미간 기술협력을 목표로 발행되었다. 특히, 한국이 미국 공업기술을 전수받는 데 그 목표가 있었다. 이에 편집상 목차를 비롯한 여 러 곳에서 한글과 영어가 병기되는 특징을 가지 고 있다.

1966년 1월호에는 한미기술협력회의 창립에 관해 소개하고 있다. 또한 해외파견 인력, 인력 개발, 과거 10년간 미국의 기술 원조가 한국 행 정연구에 미친 영향 등에 대해 게재하고 있다.

1970년부터 발행 잡지부터는 목차 구성이 화 보, 치사, 연구와 보고, 해설, 교양생활, 기타 등으로 다양한 편집구성을 보여주 고 있다. 그 가운데 연구와 보고 부분을 소개하면 다음과 같다.

- 농촌 교육에 있어서 농촌지도사업과 농촌사회의 각급 학교와의 협동성의 필요성에 관한 연구(최민호)
- 동남아의 식품위생 분야를 견학하고(문범수)
- 설치류 구제 세미나에 다녀와서(전순표)
- 미국연방의회의 입법 절차(김욱진)
- 에자끼 다이오드의 응용(김동원)
- 전자계산기의 신격화를 우려한다(이병간)

- 주물제품 제조업의 통일원가 계산제도에 관한 소고(전상구)
- 주택 정책(정연광)

국회도서관에 소장되어 있는 1966년 1, 7, 12월호, 1967년 5, 7, 10, 12월호, 1970년 6권 1호부터 12호, 1971년 7권 1호부터 12호, 1972년 8권 1호부터 12호, 1973년 9권 1호부터 12호, 1974년 10권 1호부터 12호를 DB화하였다. (김일수)

참고문헌

『기술협력』, 한미기술협회.

기업평론
(企業評論)

1968년 4월 28일 창간된 경제 종합 잡지로 격월간으로 발행되었다. 발행 겸 편집인은 송영선宋泳瑄, 주필 강삼구姜三求, 편집장 송성환宋成煥이다. 발행처는 서울 중구 충무로 1가 25의 2(천풍인쇄사)이고 약 120쪽 분량이다.

기업평론사 회장 유흥철柳興喆은 잡지 창간에 대해 다음과 같이 밝히고 있다.

"조국근대화의 새로운 경제풍토를 호흡하는 새로운 스타일의 이 잡지는 '성실공정한 논평', '기술개발의 선봉', '능률기업의 지침'의 잡지로 꾸며질 것이다. 풍요한 70년대의 길잡이로 앞장설 이 잡지는 기업의 경영자 및 관리자, 기술자, 종업원, 소비자를 위한 권위 있는 논문, 흥미진진한 기사, 평론, 문학작품으로 독자 여러분에게 읽는 기쁨을 선사할 것이다. 무엇이 경제건설의 첨경이며, 무엇이 오늘의 문제점이며, 무엇이 경영합리화의 지름길이며, 무엇이 미래에의 도전이며, 무엇이 부의 길잡이인가를 잡지가 명쾌하게 보여줄 것이다."

잡지는 경제적 현안과 방향을 제시하면서 문학작품 등을 포함하여 보다 대중적으로 접근한다는 목표를 설정하였다.

기획원장관 박충훈朴忠勳은 「창간축사」에서 "기업육성의 지침이 되고 기술개발의 선봉이 되기를 자부하고 창간을 보게 된 종합 경제 잡지에 큰 기대를 가지고 있다. (중략) 귀지야 말로 무엇이 경영합리화며, 무엇이 자립의 첨경이냐에 대해서 업계를 지도 편달할 중책이 부여되어 있다는 것을 명심하고 보람과 긍지를 가지고 사명을 다해주기를 바란다."라고 하였다. 종합잡지의 역할과 함께 경제계의 현안인 경영합리화 방안에 대해 방향성을 제시해 줄 것을 당부하고 있다.

편집위원은 김두헌(金斗憲, 건국대 대학원장), 김해천(金海天, 고대 교수), 김효록(金孝祿, 고대 대학원장), 이선근(李瑄根, 경희대 대학원장), 임익두(林翼斗, 전 농협대학장) 등 학계의 권위자로 구성되었다.

잡지는 크게 경제학 전문가들이 참여한 〈논설〉류의 글과 〈특집〉, 수필 등으로 구성되었다. 창간호는 본론으로 들어가기 전에 국회의원, 관료, 기업인의 사진과 함께 그들의 주요 이력이 소개되었다. 상공부장관 김정렴金正濂, 공화당 의원이자 국회 외교위원인 이동원李東元, 신민당 의원이며 국회 보사위원인 조한백趙漢栢, 국회 법사위원 현정주玄正柱, 토지개량조합연합회장 구윤석具允錫, 고려제지 (주) 사장 김원전金元全 등 정치인, 경제인이 망라되어 있다.

창간호 〈논설〉에는 「한국기업경영의 병폐와 방향」(김효록金孝祿, 고대경영대학원장), 「우리나라 기업체의 인사고과제 실시에 대한 평가」(서성한徐聖漢, 경희대학교 조교수), 「32개 국영기업체의 실태와 전망」, 「산업합리화의 방향」(현석진玄錫珍, 동신화학주식회사 사장), 「물가정책과 기업경영」(강운희), 「한국근대화의 지름길」(이선근李瑄根, 경희대 대학원장) 등이 실렸고, 〈특집〉으로는 「금융기구개편과 국민경제」(편집부), 「한국농업의 문제점」(조동필趙東弼, 고대 정경대학장), 「미가정책의 분석과 방향」(편집부), 「농촌근대화와 중농기重農機정책」(김삼만金三萬, 대동공업사장)이 게재되었다. 학계 권위자의 분석글과 현장 경영자의 실무적 분석으로 이루어져 있다.

기타 글로는 「세계 현모전-정몽주 어머니편」, 「한국여성의 진로」(윤태림尹泰林, 숙명여대 총장), 「선거법을 어떻게 고쳐야 하나」, 「소비성이 늘고 있다」, 「현대는 무력전이 아니라 경제전이다」, 「기호음료도 국산을 장려하자」, 「5월의 단오」, 「수필」 등의 글이 실렸다.

잡지 구성은 변동 없이 지속되었고 〈특집〉의 경우 1권 2호(1968. 7.)에는 「기업경영과 시장정책」(김효록), 「근대화와 물가정책」(심기룡沈起龍, 한은산업조사과장), 「외국인의 투자실태진단」, 「축산업을 발전시켜야」(김태곤金太坤, 취재부), 「축산업과 국민체질」(송성환宋成煥, 본지 편집장) 등이 실렸다. 1권 3호(1968. 8·9월호)에는 「경제사범과 사회명랑화」(박영수朴英秀, 치안국장), 「사회정화와 경제깡패」(한옥신韓沃申, 검사), 「자본시장 육성방안」(이남준李南俊, 국회재경위원) 등의 글이 실렸다.

2권 1호(1969. 1.)에는 〈논단〉으로 「인구증가와 노동력문제」(변시민邊時敏, 인구문제연구소장), 「국영업체 경영의 문제점」(김효록, 전 고대 경영대학원장) 등의 글이 실리고 〈특집〉에는 「한국 현대화의 지름길」이라는 제목 하에 정치분야에 대해서는 차기벽(車基璧, 성균관대 교수), 경제분야는 조기준(趙璣濬, 고려대 교수), 문화는 주요섭(朱耀燮, 경희대 교수), 사회 분야에 이응진(李應辰, 천도교중앙본부) 등 각 분야 학자들의 진단이 실렸다.

이 잡지는 경제 동향, 정책과 관련하여 심층적인 분석을 기본으로 하면서 다소간 대중성을 갖춘 종합지이다. 1960년대 말 경제계의 현안과 산업합리화 방향에 대하여 주로 기업 측의 입장이 많이 반영되었으나, 학계 등 전문가의 진단이 상당수 포함되어 있어 어느 정도 객관적인 입장을 견지하고 있다.

국회도서관에 소장되어 있는 1968년 5월호(1권 1호), 7월호(1권 2호), 8·9월호 합본(1권 3호), 1969년 1월호(2권 1호)를 DB화하였다. (이병례)

참고문헌

『기업평론』, 1968년 5월호(1권 1호), 7월호(1권 2호), 8·9월호 합본(1권 3호), 1969년 1월호(2권 1호), 기업평론사.

기원
(棋苑)

1964년 7월 1일 창간된 바둑 전문 잡지이다. 발행 겸 편집인은 최태열崔太烈이다. 주간은 윤응식尹應植이다. 인쇄인은 유기순柳琦錞이다. 발행처는 서울 종로구 서린동 141 육민사이다. 월간으로 발행되었다. 120면 내외의 분량으로 발행되었다. 정가는 60원이다.

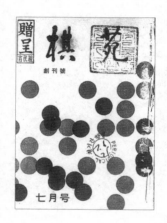

발행인 최태열은 「창간사」를 통해 다음과 같이 창간의 취지를 밝혔다.

"오늘날 바둑은 우리 동양인뿐만 아니라 전 세계인의 건전한 오락으로, 또는 고상한 지능경기로서 애호되고 있으며, 놀라울 정도로 급속도의 보급 발전상을 보이고 있습니다. 아무 일에나 염증厭症을 느끼기 쉬운 현대인에게 바둑이 그처럼 환영을 받고 있는 것은, 다른 오락에서는 볼 수 없는 심오한 묘리와 무궁한 변화를 지니고 있으며, 현대적 감각을 상징하는 새로운 창작으로서의 틀이 잡혔고, 더욱 다양성 있는 오늘날의 일상생활에도 일맥상통하고 있는 까닭입니다.

이처럼 건전한 창의력을 배양해 주는 기도문화가 특히 청소년 간에 널리 전요傳搖되는 가운데 50만의 바둑 팬을 헤아리게 되었다는 것은 매우 고무적인 일이라 아니할 수 없습니다. 그러나 기도문화의 선진임을 자처하는 우리가 아직까지 이 부문의 전문지 하나 간행하지 못하고 있다는 기현상은 우리 애기가愛棋家 전체의 공통적인 아쉬움이요, 안타까움이며, 바둑의 후진인 구미 각지에서까지 바둑의 전문지가 간행되고 있다는 사실을 생각할 때, 국가 체면상 유감된 일이라 하겠습니다.

그래서 폐사에서는 미력하나마 우리 기계 발전에 이바지하고 국제기단의 대열에서 낙오되지 않기 위해, 현하 국내 출판계가 처한 허다한 악조건과 신분야

186

개척에 따르는 숱한 출혈을 무릅쓰고 여기 월간 『기원』지의 발간을 단행하기로 한 것입니다.”

창간호를 통해 볼 때 잡지가 지향하는 것은 무엇보다도 한국 바둑계의 숙원인 바둑 전문지로서의 역할과 책임을 다하면서, 바둑의 진흥을 전망하는 것이었다. 잡지의 편집 구성은 ‘화보’, 〈실전담〉, 〈특집〉, 〈정석의 엣센스〉, 〈바둑학교〉, 〈현상문제〉 등으로 이루어져 있다. 창간호의 〈실전담〉을 보면, 「8연패의 기록」(국수 조남철), 「고군, 승단의 열쇠」(4단 김명환), 「침착과 묘기의 대결」(5단 김봉선)으로 짜여져 있다. 〈특집〉의 경우 「초유의 바둑 연고전」, 「역전力戰·역전逆轉의 대결」 등이 게재되어 있다.

국회도서관에 소장되어 있는 1964년 1권 1호(창간호)부터 6호, 1965년 2권 1호부터 6호를 DB화하였다. (김일수)

참고문헌

『琪苑』, 육민사.

기획
(企劃)

1962년 3월 10일 창간된 격월간 잡지이다. 편집자는 내각기획통제관실 편집위원회이며,
발행처는 편집내각기획통제관실이다. 비매품이다. 1962년 제1권 제6호로 종간되었다.

5·16쿠데타 이후 국가재건최고회의는 계획적
인 경제건설의 추진을 위해 1961년 8월 내각수
반 직속으로 내각기획통제관실을 설치하고, 행
정 각 부처에도 기획조정관 제도를 창설하였다.
새로운 체제에 의거하여 행정 각 부처들은 경제
개발5개년계획 아래 연차계획으로 기본운영계
획을 책정하였고, 기획통제관과 각 기획조정관
으로 구성된 기획조정위원회는 각 부처의 기본
운영계획을 종합, 검토하여 경제개발 5개년계
획이 차질 없이 진행되도록 하였다. 또한 국가
기획제도연구위원회를 설정하여 기획제도의 원리, 기획을 뒷받침할 법안과 운
영상 당면한 기술문제 등에 관하여 연구 검토를 하였다.

　이러한 국가기획제도 발전을 위해 내각기획통제관실에서 발간한 기획연구잡
지가 『기획』이다. 따라서 이 잡지는 "민주주의적인 기획은 국민을 위한 정치에
기조한 국가의 필수적인 요소이며 경제성장을 위하여 현대과학이 발전시킨 방
법이자 수단인 동시에 기술이다."라고 표방하며, 기획제도의 육성은 몇몇 법규
나 기구의 개편으로 족한 것이 아니고 위로는 정치 지도성을 포함한 사회철학
적인 문제로부터 밑으로는 일선실무자와 국민에 이르기까지 시대의 흐름에 따
라 계속 연구해야 할 문제가 있음을 지적하였다.

　내각기획통제관 김정무金貞武의 창간사 「기획 본연의 자세 확립을 위하여」를
보면 이러한 잡지의 창간 목적을 분명히 알 수 있다.

"무릇 현대국가는 격변하는 시대적 사조에 따라 사회선과 복지의 증진에 있어 선도적 역할을 하게 되었다. 이로써 국가기능이 고도한 행정국가로서의 체제를 요구하고 있다면 그는 바로 기획행정에서부터 시발되어야 함은 별언을 요하지 않을 것이다. (중략) 혁명정부는 국가의 정책을 장, 중, 단기를 일관하는 넓은 시야에서 다각도로 연구하여 국가의 지침과 기획을 입안 조정하고 성과를 심사 평가하는 국가기획제도를 창설하게 되었음은 국가 백년대계를 위하여 참으로 적절한 조치인 것이며 또한 혁명과업의 조속한 성취를 위한 획기적인 단안이라 아니할 수 없다. (중략) 국가기획제도의 확립과 발전으로써 신조류의 최선단에 서서 국민의 총력을 집중하여 안으로는 국부를 증진하는 동시에 밖으로는 국위를 선양하여 초급한 통일과업에 임할 수 있는 실력을 배양하여야 할 것이다. (중략) 본 내각기획통제관실에서는 의욕적인 시도의 하나로 정부기관의 각급 실무 담당자들과 뜻있는 이들의 기획연구지로서 격월간 『기획』을 발간하게 되었다. 따라서 본 『기획』보의 주안은 각계각층의 연구와 구상, 그리고 경험교환을 위한 도장으로서 국가기획제도 발전에 기여토록 하는데 있거니와 아울러 이에 관심을 갖는 학계, 언론계는 물론 나아가서는 국민 일반과 그 궤를 같이 할 때 『기획』보는 본연의 자세를 더욱 빛낼 수 있을 것으로 믿는다."

『기획』은 기획 관련 전문잡지로서 국내외의 기획 경험을 소개, 안내하는 역할을 하였다. 특히 경제개발 5개년계획을 실시하게 된 시기에 경제계획 및 기타 모든 국가기획을 어떻게 책정하고 운영해 나가는가를 밝히는 간행물로서의 역할에 따라 그 구성도 연구, 실무연구, 업무보고, 자료 등으로 되어 있다. 〈연구〉에서는 기획을 둘러싼 논쟁의 쟁점, 기획제도의 유형, 각국의 기획 예산제도 등을 소개하였다. 〈실무연구〉에서는 기획제도의 성립과정, 현행기구의 개선방향, 각 부서별 부문별 계획의 결합방안 등이 연구되었다. 〈업무보고〉에는 기획운영위원회와 기획조정위원회의 경과보고, 운영계획 심사분석보고, 기획교육에 관한 보고 등이 수록되었고, 〈자료〉에는 기획관계 조문, 내각기획통제관실 직제, 기획조정위원회 규정 및 국가기획제도연구위원회 규정 및 위원 명단이 실렸다.

잡지의 마지막 면에는 「혁명공약」이 있다. 새로운 민주공화국의 굳건한 토대를 이룩하기 위해 발행된 것임을 이를 통해 알리고 있다. 그 내용은 다음과 같다.

"1. 반공을 국시의 제일의로 삼고 지금까지 형식적이고 구호에만 그친 반공태세를 재정비 강화한다. 2, 유엔헌장을 준수하고 국제협약을 충실히 이행할 것이며 미국을 위시한 자유우방과의 유대를 더욱 공고히 한다. 3. 이 나라 사회의 모든 부채와 구악을 일소하고 퇴폐한 국민도의와 민족정기를 다시 바로잡기 위하여 청신한 기풍을 진작시킨다. 4. 절망과 기아선상에서 허덕이는 민생고를 시급히 해결하고 국가자주경제 재건에 총력을 경주한다. 5. 민족적 숙원인 국토통일을 위하여 공산주의와 대결할 수 있는 실력 배양에 전력을 집중한다.(군인) 6. 이와 같은 우리의 과업이 성취되면 참신하고도 양심적인 정치인들에게 언제든지 정권을 이양하고 우리들 본연의 임무에 복귀할 준비를 갖춘다.(민간)"

『기획』의 창간호에는 창간을 축하하는 글과 함께 연구, 실무연구, 업무보고, 자료를 게재하였다. 그 가운데 〈자료〉에 게재되어 있는 국가기획제도연구위원회의 명단을 소개하면 다음과 같다.

위원장은 기획통제관 김정무金貞武, 위원은 육군기획통제실장 손희선孫熙善, 육군준장 최영두崔永斗, 국방부기획조정관 김태동金泰東, 교통부기획조정관 이종환李種桓, 경제기획원 예산국장 진봉현陳鳳鉉, 내무부지방국장 신명순申明淳, 법제처제1국장 현명섭玄明燮, 서울대행정대학원 이해원李海元, 경희대교무처장 이우현李宇鉉, 한국은행 조사부장 정원훈鄭元勳, 기획통제관실심사분석관 김영찬金泳燦, 기획통제관실기획조정관 김입삼金立三, 농림부기획조정관 김영진金英鎭이다. 간사장은 기획통제관실기획관 송병준宋秉俊, 간사는 기획통제관실기획관 한봉수韓鳳洙와 마한馬韓이다.

제2호부터는 〈특집〉란이 설정되었다. 제2호에는 「기획과 성과주의예산」이라는 제목으로 기획과 예산을 통합하는 문제, 기본운영계획과 예산 개편에 관한 내용을 싣고 있다. 이와 관련하여 뉴욕과 로스엔젤레스의 성과주의예산 시험을 소개하고 있다. 제3호에는 「기획과 심사분석」에 관한 글을 게재하였다. 제4호는 기획제도 창립1주년 특집호로 구성되었다. 〈정책 및 기획〉란에서 문교정책, 농업개발계획, 사법행정에 관한 내용을 게재하였고, 〈국제문제〉란에서는 한일문제, 전후 세계정치에 관한 내용을 싣고 있다. 〈기획제도전망〉란을 통해 국가기획제도의 기본요건, 국가기획제도의 방향, 후진국에서 기획의 역할, 각국 기획의 비교검토를 하고 있다.

제5호부터 『기획』의 내용은 점차 경제계획, 기획이론, 조정평가, 지방기획, 기획업무, 보고·자료로 변화하였다. 중앙과 지방의 계획을 연결시킨다는 의미에서 〈지방기획〉이 신설되었고, 〈기획조정〉에서는 계획시행상의 문제점을 수록하였으며, 〈보고·자료〉에서는 기획(업무 및 행사) 일지가 추가되었다.

제6호는 경제계획, 기획조정, 지방기획, 연구개발 등의 특집기사로 구성되었다. 특히 〈연구개발〉란에서는 각국 기획제도 개황, 기획제도의 개선 방안, 개발정책계획의 기본문제점, 정치권력의 구조적 전망과 기획 기능 등의 글들을 게재하여 기획제도의 운영에 관한 지금까지의 전반적인 상황을 검토하는 내용을 담고 있다.

『기획』은 5·16쿠데타 세력이 의욕적으로 추진한 각종 기획들에 대한 구상과 고민, 조직 구성, 계획 시행상의 문제점 등을 보여준다는 면에서 아주 중요한 자료이다.

국회도서관에 소장되어 있는 1962년 제1권 창간호부터 제1권 제6호까지 DB화하였다. (구수미)

참고문헌

『기획』, 1962년 제1권 창간호~ 6호, 내각기획통제관실.

가

나

다

라

마

바

사

아

자

차

카

타

파

하

꽃동산

1984년 중국 목단강시에서 발행한 아동잡지이다. 이 잡지는 소년아동잡지 『꼬마박사』가 목단강시牧丹江市의 흑룡강인민출판사 조선문편역실에서 발행되던 것을 1982년 7월 조선문 편역실이 흑룡강조선민족출판사로 독립하면서 1984년 제호를 『꽃동산』으로 바꾼 것이다. 격월간이다.

내용은 어린이들에게 필요한 교양과 지식들을 재미있게 전하는 다양한 글들과 삽화, 노래들로 구성되어 있다.

1985년 제1기의 내용은 소설, 그림 이야기, 동시 동요, 과학 환상시, 지역이야기, 춘절오락실, 과학가의 이야기, 과학실험, 과학실험, 과학동화, 동화, 글짓기, 외국아동 유모아, 성격과 건강, 사진작품 등으로 이루어져 있다. 표지에는 눈 덮인 소나무 아래를 씩씩하게 걸어가고 있는 어린이들의 사진과 함께 "땅우에 덮인 것은 하얀 떡가루, 나무에 피여난 하얀 살구꽃, 발밑에선 도레미 발풍금 소리, 겨울의 할아버지 보내신 선물"라는 조선적 정서가 담긴 정겨운 시가 실려 있다.

연변대학 도서관에 소장되어 있으며, 1985년 1기를 DB화하였다. (김성남)

참고문헌

『꽃동산』 1985년 1기; 車培根·吳泰鎬, 『中國朝鮮民族言論史』, 서울대학교출판부, 1997.

꽃동산

『꽃동산』은 뉴저지 한국학교(The Korean School of New Jersey)가 발행하는 교지이다. 1987년 9월 12일에 『꽃동산』 제1호가 발행되었다. 뉴저지 한국학교의 웹사이트는 http://www.koreanschoolnj.com/ 이다.

1892년 10월 보고타에 있는 한인성공회 사교실에서 뜻을 같이 한 한인들이 뉴저지 한국학교를 세우기로 결의를 모으고, 1983년 1월 8일에 개교했다. 2003년에 재학생 450명, 교사 36명의 학교로 성장했으며 학급도 연령 및 한국어 실력과 취미에 따른 무용반, 동양화반, 문화예술반 등 32반으로 나눠 수업이 진행되고 있다(『미주한국일보』 2003년 3월 12일).

뉴저지 한국학교는 "이중언어 생활환경에 있는 재미 한국인 어린이들에게 한국어, 한국역사, 한국의 전통 문화 예술 교육을 통하여 풍성하고 창조적인 삶을 향유하는 데 도움이 되도록 하며, 전통 있는 민족의 긍지와 자아개념을 갖도록 한다"를 교육 목표로 설정하고 있다. 이러한 뉴저지 한국학교 교육의 성과가 『꽃동산』으로 표현되고 있다. 아울러 뉴저지 한국학교는 1984년에 『뉴저지 한국학교 소식』 제1호를 발행하고 지금까지 꾸준히 발행하면서 뉴저지 한국학교의 소식을 재미한인들에게 전하고 있다.

2003년 개교 20주년 기념으로 나온 꽃동산에서 당시 이경희 교장은 학교의 현황과 과제를 다음과 같이 정리하고 있다: "(전략)70년대 이후 과거의 Melting Pot(용광로)이라고 불렸던 이 미국사회가 Salad Bowl(샐러드 접시)이라고 표현할 정도로 문화다원주의 현상이 뚜렷해져 가고 있다. 우리는 어떠한 어려움 가운데에서도 우리 자녀들을 더욱 우리다운 것을 잘 갖추어 가진 옹골찬 재미한인

Korean American으로 키워가야 한다. 그러나 현실은 아직도 만만치 않다. 세계 150국에 분산되어 있는 우리나라 동포 700만 가운데 미국의 200만 인구 중 한국학교에서 한국어 교육을 받고 있는 학생들은 불과 10%도 되지 않는다. ……다행히 본교는 초창기부터 꾸준히 발전하여 재학생 450명, 교사 36명의 큰 규모의 학교로 성장했다. 토요일에 우리말 우리의 역사문화를 배우겠다고 찾아오는 어린이들을 어떻게 능률적이고 효과적인 학습으로 한국어 실력을 향상시키며 우리의 얼을 심어줄 것인가 우리 36명의 교사들은 불철주야로 연구하여 혼신을 다하여 가르치고 있다."

그리고 현재 학교장인 황현주는 "뉴저지 한국학교는 늘 여러분과 함께 저희 학생들의 끊임없는 잠재력을 개발하고 또 한국어교육을 위하여 의무를 다 할 것입니다. 한국계 미국인으로서 정체성을 확립하게 해주며 또 정상을 향해 나아가는 미국사회의 지도자로 커 갈 수 있도록 최선을 다할 것 입니다."라고 하면서 학교의 설립 취지와 교육목표를 계속 발전시키고 있음을 밝히고 있다.

이러한 다짐과 목표를 뉴저지 한국학교는 한인 어린이들의 교육을 통해 계속 구현하고 있다.『꽃동산』은 학생들의 글짓기 대회 작품들과 학생들이 수업시간에 작성한 글짓기와 그림들을 사진을 찍어 편집한 것이 대종을 이룬다. 정말 미국에서 처음 한국어를 배운 학생들의 작품일까 하는 생각이 들 정도로 한국어 교육 등이 제대로 이루어지고 있음을 보여주고 있다. 또한 「뉴저지 한국학교 한국 문화교류 프로그램」, 「효율적인 한국어 수업을 위한 교재 구성 및 지도 방안」, 「한국학교 교육에 있어서의 뿌리 교육과 족보」 등의 논문 수준의 글과 좌담회 형식으로 구성된 「뉴저지 한국학교의 어제와 오늘 그리고 내일」 등의 글은 뉴저지 한국학교가 자신들의 역사를 어떻게 정리하고 현재 교육을 어떻게 진행하고 있고, 또 미래를 어떻게 만들어가려고 하는지를 알게 해주는 묵직한 글들도 실려 있다.

『꽃동산』은 학생 450명과 교사 36명(재미 한인들의 학교니까 크다고 할 수 있지만)의 작은 학교에서 발간한 교지로는 내용과 형식이 참으로 풍부하고 수준이 높다. 한국인으로 태어난 뉴저지 한국학교에 다니는 학생들이 미국시민으로, 더 나아가서 세계시민으로 어떻게 거듭나는지를 볼 수 있는 소중한 자료가 바로『꽃동산』이다.

『꽃동산』일부가 재외동포재단 자료실에 소장되어 있고, 이를 DB화했다. (임

성윤)

참고문헌

『뉴저지 한국학교』홈페이지;『꽃동산』;『미주한국일보』

꽃씨

1966년 2월 24일 발행된 서울 경동초등학교 교지로 타블로이드판 총 4면으로 발행되었다. 편집 지도는 김무영, 인쇄는 교육문예사이다. 발행간기는 확인되지 않으나 1966년 2월 24일 제6호 발행이 이루어졌고 추가 발행분은 확인되지 않는다.

신문 발행주체인 서울경동초등학교는 서울시 성동구 성수동에 소재한 공립초등학교로 1913년 10월 1일 뚝도공립보통학교로 설립되었다. 1933년 10월에 경성사범학교 부속초등학교로 지정되었고, 1941년 4월에 경동공립초등학교로 교명을 변경하였다. 2010년 11월 현재 51학급으로 편성되어 있고, 학생 1416명, 교직원은 98명이다. 2010년 2월 제97회 졸업식을 하였고, 총 35,083명의 졸업생을 배출하였다.

교지는 총 4면으로 1면은 교장, 교감선생의 훈시글과 학교 소식, 2면은 주로 생활과 자연에 관한 상식 및 뉴스, 3면은 학생들이 창작한 글이 실렸고 4면은 학습과 관련된 지식, 전래동화 등으로 구성되었다. 이 교지는 교사, 학생들에게 학교 소식을 전달하고 일반인들에게 학교를 소개하기 위해 발행된 것이다.

교지 1면은 상단에 교훈으로 '튼튼하고 깨끗하며 슬기로운 사람'이라는 구호가 실려 있고 교장 교감선생의 훈시와 53회 졸업식 상황에 대한 소식이 실렸다. 교장(최해영)은 「여러분은 얼마나 슬기롭게 자랐을까요?」에서 한 학년을 마감하고 새 학년이 시작되는 시기에 한해를 돌아보고 새 학년을 새롭게 다짐할 것을 당부하고 있다. 이어 교감(박경순)은 「협동 단결하여 우리들의 터전을 닦고 다듬어 더욱 빛냅시다」라는 제목으로 지난 한 해 동안 학교 학생들이 참가하여 수상한 여러 대회와 학교 행사를 언급하고 새학년을 맞이하는 자세를 당부하였다.

2면에는 〈졸업을 하면서 아우들에게 남기고 싶은 이야기〉, 〈토막상식〉란에 우표이야기, 추위 타는 짐승, 시계의 역사 등 생활과 과학에 관한 짤막한 상식관련 기사와 「자연이야기, 기러기는 어째서 줄을 지어 나는가」 등의 기사가 실렸다. 이어 〈이달의 뉴스〉란을 두어 만화로 박정희 대통령의 동남아 방문, 바뀌는 중학 입시 관련 뉴스를 만화 형식으로 읽기 쉽게 소개하고 있다.

3면에는 학생들이 직접 작성한 시, 수필, 논설류의 글이 실려 있다. 주로 2~5학년 학생들의 창작글로, 「형님」, 「봄」, 「우리 아기」, 「그리움」 등의 제목으로 학생들의 진솔하고 소박한 글로 이루어져 있다. 이어 강소천동화집에서 게재한 「영점은 만점이다」라는 단편이 실려 있다. 학생들의 문학적 소양을 길러주기 위한 시도가 돋보인다. 4면에는 어려운 학습을 쉽게 풀어쓴 「재미있는 산수공부」와 한국전래 동화 「종을 친 까치 이야기」가 실렸다.

1호밖에 확인되지 않지만, 이 신문은 1960년 중반 초등학교 학생들의 일상을 살펴볼 수 있는 자료이다. 당시 학생들의 관심사나 일상에 대한 시선을 잘 드러내준다.

국회도서관에 소장되어 있는 1966년 2월호를 DB화하였다. (이병례)

참고문헌

『한국민족문화대백과』, 한국학중앙연구원, 1995; 『꽃씨』, 1966년 2월호, 경동초등학교.

꿈나무
(필리핀한글학교)

『꿈나무』는 필리핀 한글학교에서 내는 문집이다. 발행인은 학교장이 겸하고, 편집장은 김진아이고, 편집위원으로 이정일, 김수희, 정화주가 활동했다. 인쇄는 마닐라서울에서 담당했다. 『꿈나무』는 1983년에 창간되었고, 2006년 현재 34호를 발행하고 있다.

필리핀 한글학교는 1970년 8월 15일에 개교했다. 학교의 교육목표는 "우리의 말과 글, 우리의 역사, 그리고 우리 문화와 민족정신을 가르침"이고, 교훈은 "국어사랑, 이웃사랑, 나라사랑"이다.

1993년 San Augustin High School에서 La Salle Green Hill로 학교를 이전했고, 교명도 재비한국학교에서 필리핀 한국학교로 변경했다. 1999년부터 『한국학교 회보』를 발행하기 시작했다. 2001년에 전학년 1일 '5교시 수업' 실시 및 수학 전담교사제를 채택했다. 2006년 현재 교장 외 15명의 교사와 386명의 학생이 재학하고 있는 학교로 성장했다. 그리고 그 성과물을 학교문집 『꿈나무』로 표현하고 있다.

필리핀 한글학교장 황인수는 『꿈나무』를 펴내면서 다음과 같이 소감을 밝히고 있다. "그동안 1년 내내 틈틈이 익힌 솜씨 자랑을 한 권의 책에 담았습니다. 해마다 유치부 어린이로부터 초등학교, 중학교 학생들까지 전교생들이 참가한 개개인의 생각들을 담고 있습니다. 개중에는 특출한 작품도 있을 수 있고, 못한 것 또한 있을 수 있습니다만 단지 현재의 위치에서 능력껏 만든 작품이기에 작품의 우열을 생각하기보다는 먼저 칭찬의 박수를 보냅니다." 교장 선생님의 말씀대로 초등학교 입학 전의 유치부 학생들의 그림일기부터 시작해서 학년이 올라가면서 한글의 완성도가 높아지는 것을 『꿈나무』는 보여주고 있다. 특히 초등학교 4학년 정도 되면 거의 모두가 완벽한 한글을 구사하며 글짓기를 하고 있고 중학생 정도 되면 작은 소품 같은 글들을 선보이고 있다.

필리핀은 다른 동남아 국가들의 경우와 마찬가지로 한인기업들이 진출하며 한인의 수가 늘어나고 있는 지역이고, 또 거기다가 영어를 배울 수 있다는 장점 때문에 어학연수를 가는 학생들이 꾸준히 증가하고 있는 지역이다. 『꿈나무』에 실린 한 학생의 글은 필리핀에 이주하는 한인의 상황과 그 가운데에서 이루어 지는 필리핀 한글학교의 교육과 그 성과를 엿볼 수 있게 해준다. " … 나는 만 네 살이 되기 전에 부모님을 따라 이곳 필리핀에 왔다. 나를 키워주신 외할머니를 떠나 이곳에 왔을 때는 정말 모든 것이 낯설고 무서웠다. 그렇지만 지금 한국에서 영어를 배우겠다고 이곳을 오는 많은 한국 사람들을 보면 일찍부터 이곳에 와서 영어 공부를 한 나는 행복한 사람이라고 할 수 있다. 물론 반대로 영어권 나라에서 오랜 시간 공부해왔기 때문에 한국의 문화와 정서에 대해 익숙하지는 않지만 그래도 한 번도 한국 사람이라는 것을 잊은 적은 없으며 국어를 잊지 않기 위해 열심히 공부한다…"(원문 일부 수정)

『꿈나무』에는 유치부 학생부터 시작해서 고등학생의 작품까지 다양한 작품 들이 실려 있는데, 페이지를 넘기면서 우리는 필리핀에 거주하는 한인학생의 성장과정을 볼 수 있다.

『꿈나무』 일부가 재외동포재단 자료실에 소장되어 있고, 이를 DB화했다. (임 성윤)

참고문헌

『꿈나무』, 필리핀 한글학교.

현대언론매체사전

1950~1969

나

낙농뉴-스

(酪農뉴-스)

서울우유협동조합에서 발행한 기관지로 1965년 5월 15일에 창간되었다. 월간으로 발행되었으며 발행 겸 편집, 인쇄인은 채영식이다.

『낙농뉴-스』는 서울우유협동조합에서 발행한 기관지로 창간호 1면을 보면 농림부 장관 차균희의 「낙농뉴-스 창간에 붙임-낙농발전의 산실되길」이라는 축사가 실려 있다. "오늘날의 우리나라 낙농업은 발아단계에 있는 어린 역사의 산업"으로 "앞으로 있을 여러 시련을 잘 극복"해야 한다면서 『낙농뉴-스』가 여러 조합원이나 비조합원 그리고 낙농에 관심 있는 분들의 눈과 손 그리고 머리에서 낙농발전의 구심점을 찾고 낙농기술의 향상, 낙농경영 합리화의 산실로서 지령을 거듭하는 동시에 세계의 낙농을 내다보는 창구로서 연륜을 쌓아나가기"를 바란다며 글을 맺고 있다. 또한 농업협동조합중앙회장 문방흠의 「낙농개척의 선구 되시라」는 축사도 실려 있는데 다년간의 연구노력으로 연유생산 등에 열중하고 있는 서울우유협동조합이 『낙농뉴-스』를 발간하게 된 것은 다시 없이 반가운 일이라 하면서 무궁한 발전을 기원하고 있다. 이 밖에 낙농신문인 만큼 「보다 확고한 낙농시책을 우리는 갈망한다」는 기사가 1면 주요기사로 실려 있다.

2면에는 「우유의 사회적 수요증가와 외국제품과의 경합」, 낙농의 중요성을 강조하면서 '쌀농사는 진보를 가로막는 요인이 되었다'를 부제로 삼은 「초지조성 낙농지대 육성 및 생산자 보호가 법의 골자」 등의 기사가 실려 있다. 3면에는 「드디어 등장한 국산분유」, 「시범낙농목장을 설립-서독정부원조자금으로」 등의 기사와 함께 「이달의 사양飼養 관리」라는 제하에 "사료를 변경할 시는 7~10일에 걸쳐서 천천히 하도록 한다.", "기생충이 발생하는 때이므로 우사와 그 주위를 깨끗이 하고 소독을 실시한다." 등의 농장관리 요령을 싣고 있다.

4면에는 서울유유협동조합장 채영식의 「한국낙농의 사적 소관」이 전면에 실려 있으며, 5면에는 「낙농의 문제점과 진로」, 6면에는 건국대학교축산대학 윤희섭의 「춘계의 우유관리」, 7면에는 이사 김사익의 「보다 나은 우리 앞날을 위하여 조합원에게 바라는 글」이 각각 전면에 실려 있다. 8~10면에도 「우유의 영양분석과 그 우수성」, 「우리 집 낙농은 과연 어떤 위치에 놓여 있는가」, 「우유의 능력검정」 등의 기사를 싣고 있어 우유협동조합의 기관지로서의 성격을 잘 드러내고 있다.

『낙농뉴-스』는 19호를 끝으로 『서울우유회보』로 변경되었다. 국회도서관에 마이크로필름 형태도 보관되어 있으며 이를 DB화하였다. (임경순)

참고문헌

『낙농뉴-스』, 1965. 5. 16.; 윤임술 편, 『한국신문백년지』, 한국언론연구원, 1983.

남제주교육

1965년 1월 창간된 교육 관련 잡지이다. 발행인은 남제주교육청, 편집은 교육청 편집위원이고 발행처는 박문인쇄사이다. 종간호는 확실치 않다.

남제주교육장 고경옥은 「창간에 즈음하여」에서 다음과 같이 잡지의 창간취지를 밝히고 있다.

"내일의 희망을 안고 분발하는 교사의 상을 비추어보려는 일념에서 작은 연구지를 발간해 보는 것이다. 이제 고고呱呱의 소리를 울릴 이 연구지는 400에 가까운 남군南郡 교육동지들이 언제나 내화할 수 있는 광장이요, 새로운 지혜를 창조하고 공급하는 교육센터가 될 것을 기대하는 것이다. (중략) 어린 넋을 지키는 우리가 세상 사람들로부터 믿음을 받게 되고 믿음이 또한 권위를 세워주고 권위가 서는 날에 우리의 장래는 희망찬 세대가 연이어 계속될 것을 다시 한 번 다짐하면서 또한 본 연구지가 여러 교육 동지들의 부푼 꿈을 실어 나르는 매개체가 될 것을 확신하는 바이다." 발행목적은 남제주 지역 교사들이 상호 소통하면서 교육 관련 현안을 연구하고 서로 교류하는 매개체 역할을 하기 위한 것이었다.

편집위원은 남제주교육청 장학사 오남연 등 장학사와 대정고 교사 김승태 등 각 학교 교사와 교장, 교감으로 구성되었고 잡지는 크게 〈논단〉, 〈연구학교보고〉, 〈써클활동보고〉, 〈연구실천기〉와 〈교단문예〉로 나뉘어졌다.

창간호(1965. 1.) 〈논단〉에는 「정서교육의 중요성」(오태용吳太用, 의귀초등학교 교장), 「교육약화의 의미 분석」(허계구, 신례초등학교 교사) 등이 게재되고, 제2호(1967. 2.) 논단에는 「페스타롯치의 교육사상이 근대 형벌론에 미친 영향」(김태윤), 「초등학교 아동급식과 그 방향」(홍봉근洪奉斤) 등이 실렸다. 제3호(1968. 4.) 〈논단〉에는 「학력과 생활력」(김문규金文奎, 교육위원), 「새로운 수업의 구상」(오기옥吳基玉, 남제주군 교육청) 등이 게재되어 초등 교육 일반의 문제점, 방향, 실행방안을 다루었다.

창간호의 〈연구학교보고〉란에는 학교 현장에서 실제로 구현되는 각 학과목의 교육 방안이 실렸다. 문교부 지정 연구학교인 '효돈국민학교'에서 진행한 「양과 측정에 대한 효과적인 지도연구」에서 산수과 지도의 효율적인 방안이 제시되었고, 제주도 지정 연구학교인 '안덕초등학교'에서 제출한 「읽기능력을 높이는 방안」에서 읽기 과목 지도 방침이 게재되었다.

〈써클활동보고〉란에는 산수동인회에서 작성한 「산수과 동인회 연구보고」와 글짓기 동인회에서 작성한 「동심공원同心公園」이 실렸다. 남제주 지역 각 학과 교사들 모임에서 연구한 결과물로, 보다 이해하기 쉽게 교육할 수 있는 방안을 모색한 글이다.

〈연구실천기〉에는 「학교신문 발간과 지도의 실제」(김봉육金奉六, 동남초등학교 교사), 「'이'와 '의'의 혼용실태소고」(권홍태權鴻泰), 「입학초기의 쓰기지도」(허경남許京南), 「학급어린이의 독서지도 실천기」(강태진姜泰珍), 「아침자습을 이용한 계산능력 기르기」(정공직, 표선초등학교) 등 실제 교육현장에서 필요한 각 과목별 학습 지도 내용이 실렸다.

〈교단문예〉에는 「웅변대회 유감有感」(오태용吳太用), 「잡상雜相 몇제題」(김광수) 등 교육현장에서 느낀 감상이 실리고 「오늘에 살자」(오행자) 등 시 몇 편이 실렸다.

이 밖에 남교육청 주최의 「교육좌담회」에서는 지난 1년간의 교육을 반성하고 1965년도의 학교경영 구상, 교직자의 기본자세와 자실향상문제, 현장연구의 방향 등에 관한 좌담회 기사를 게재하였다.

2호~4호도 1호와 구성은 유사한데, 〈연구실천기〉는 〈소고小考〉란으로 변경되었다. 2호 〈소고〉란에는 「독해력을 기르기 위한 학습지도 방안」(김안옥金安玉, 풍천초등학교 교사), 「시계지도 문제의 몇 가지」(강석찬姜錫贊, 효돈초등학교 교사) 등의 연구 글이 실렸다. 또한 〈장학교실〉란이 추가되어 정사각형의 변별, 저울눈 읽기 지도, 미술과 학습 지도 등에 관한 내용이 게재되었다.

이 잡지는 매년도 장학 행정의 방향과 내용을 밝히고 있으며, 교육이론에 관한 논설류의 글과 교사들이 스스로 연구한 글로 구성되어 있다. 내용이 매우 상세하고 구체적이므로 교사들이 교육현장에서 학습지도서로 활용할 수 있도록 채워졌다는 점이 특징이다.

국회도서관에 소장되어 있는 1965년 1월호(창간호), 1967년 2월(2호), 1968년 4월(3호), 1969년 5월(4호)를 DB화하였다. (이병례)

참고문헌

『남제주교육』, 남제주교육청, 1965년 1월호(창간호), 1967년 2월(2호), 1968년 4월(3호), 1969년 5월(4호).

내외행정
(內外行政)

1968년 1월 창간된 행정 관련 전문 월간 잡지이다. 편집 겸 발행인은 전덕영全德榮, 주간은 전병룡全炳龍, 발행처는 서울 종로구 관훈동84-13(행정뉴스사)이고, 약 80여 쪽 분량이다. 종간호는 확실치 않다.

총무처장관 이석제李錫濟는 「창간사」에서 잡지 발행 필요성에 대해 다음과 같이 밝히고 있다.

"오늘날의 현대국가는 복지국가, 봉사국가 또는 행정국가라고 한다. 이는 국가활동의 범위가 광범해짐에 따라 행정사무가 복잡하고 행정기구 역시 대량의 공무원을 요하게 되었음을 뜻하는 것이다. 이러한 다수의 공무원들에게 좀더 전문적인 행정이론과 교양을 불어 넣어줄 수 있는 양서가 절실히 요청되든 차에 마침 월간 『내외행정』지가 창간되었다. (중략) 행정 관리라 함은 국가의 궁극적인 최고정책을 구현하는 수단으로써 관리 자체를 대상으로 하여 행정 고유의 원리와 방법이 허용되는 범위 내에서 경영이론을 외국으로부터 도입하여 행정 특유의 이론과 실천방안이 모색 구명되어야 할 것인바, 이를 위해서는 이론과 실제를 부합시켜 줄 수 있는 매개체가 즉 『내외행정』이 되어져야할 것으로 믿는다."

잡지의 목표는 행정관리들에게 행정 이론에 대한 전문적인 지식과 실무에서 필요한 지식 제공에 있었던 것이다.

제2호(1968. 2.)에서 내외행정사 회장 한갑수는 "『내외행정』이란 이름이 지나치게 아카데믹하게 들릴는지 모른다. 그러나 우리는 학구적인 태도를 고집하려고도 아니하고 행정학적 정치학적 또는 법학적인 테두리 안에만 머물러 있으려고도 않는다. 우리는 '행정'이라는 뜻을 '정치적 또는 비정치적 단체 경영 관리

행정'이라고 해석해도 좋고 '국가 또는 공공단체의 존립 발전을 위한 의지 활동'이라고 해석해도 좋다. 행정하는 지식인에게 좋은 지침이 되기를 자처하는 동시에 전문가나 책임자 여러분에게는 귀한 지식과 경험을 후배에게 전달할 수 있도록 교육과 보급의 광장이 되기를 자처하고 싶다"라고 하여 행정에 대한 개념을 정리하면서, 잡지가 행정인들의 지적 소양 확대에 기여할 것을 밝히고 있다.

잡지 발행 주체인 내외행정사의 임원진은 회장 한갑수韓甲洙, 사장 심경섭沈敏燮, 이사 김성곤金成坤, 편집위원은 김운태金雲泰, 유상근兪尚根, 박문옥朴文玉, 이상조李相助, 김점곤金點坤, 유두범愼斗範, 김성집金成楫 등으로 구성되었다. 잡지 구성은 〈일반논문〉과 〈특집〉, 〈법령〉, 〈탐방〉, 〈르뽀〉 등으로 이루어졌다.

창간호(1968. 1.)에는 맨 먼저 〈행정건의서〉로 「우리나라 대도시 행정의 진로에 대한 건의」(김증한金曾漢, 한국행정문제연구소 이사장)가 게재되었다. 이는 우리나라 보건기구나 공해방지대책 기구 등 대도시 운영에 필요한 제반 정책 20여 개 항목을 건의하고 건의 이유를 제시하는 내용이다. 또한 「정부 시책에 대한 국민여론초」에서는 정부 정책에 관한 국민 여론과 여론을 반영한 조치결과를 보여주고 있다. 이는 각 시도민의 여론과 시정자의 의견을 종합 분석한 것으로 매월 국무회의에 보고되어 시정자료로 제공되었고 각급 지방공보행정기관에서 대민 선전용으로 활용되었다.

다음 〈실무〉란에는 「행정진단 실시와 그 문제점」이라는 제목으로 총무처 행정관리국 행정능률과에서 제공한 글이 실렸다. 〈개정세법 풀이〉란의 「더욱 무거워진 저소득층 부담」과 「면세점은 대중 희생의 상징」(정해영鄭海永, 신민당정책위원장)에서 세법 개정 내용을 비판적으로 분석한 글이 실렸다.

〈특집〉으로는 「70년대를 향한 국가안전보장의 문제」(양흥모梁興模, 중앙일보 논설위원)에서 일본의 재무장과 군수이관, 미국 방위선 철수 구상 부분에 대해 다루었다. 〈논설〉로는 「70년대의 한국 안전보장의 문제점」(김점곤金點坤, 경희대 정경대학 교수), 「민법위제民法衛制의 철저한 강화로 다양한 공산세력 도전에 대처」(김광원金光源, 경희대정경대교수), 「대미국방외교 강화와 군사력 증강」(이기원李基遠, 국방대학원조교수) 등 국제정세나 안보와 관련된 글이 게재되었다.

다음은 「연료현대화를 위한 지상 콘테스트」에서 대한열공업사, 부국기업사, 조일금속공업사, 서울석유난로공사 사장이 각 기업에서 시도하고 있는 연료의 효율화를 위한 제반 노력을 소개하였다. 〈일반논문〉으로는 「공공요금의 결정문제」(최선래崔善來, 경제기획원기업예산과장), 「정부관리기업체의 관리기구」(유세환劉世煥, 고대교수), 「농지법 시안에 담겨진 자영의 복선」(경제부), 「농지법 제정에 신중을 기하라–상한제 철폐와 부재지주 인정을 반대–」(주종환朱宗桓, 동대교수), 「농지의 공적 관리 없는 농지법 개정은 불가하다」(최종식崔鍾軾, 농협대農協大 교수) 등 공공요금이나 농지법 개정 문제와 관련된 글이 실렸다. 잡지 말미에는 중소기업에 대한 인터뷰 기사로 서울기계공업의 방응준方應俊과 양재학원장 김필중金弼中의 사업 운영 방식 등이 소개되었다.

이 잡지는 행정과 관련된 지식, 법령 등이 내용의 절반을 차지하고 그 외는 국내외 정세와 관련된 논설, 기업 소개 등으로 이루어져 있다. 정부 정책을 비판적으로 접근한 글이 일부 포함되고, 국민 여론을 소개하여 당시 정부 시책에 대한 국민들의 정서를 보다 생생하게 접할 수 있다는 점이 특징이다.

국회도서관에 소장되어 있는 1968년 1월(1권 1호), 2월호(1권 2호)를 DB화하였다. (이병례)

참고문헌

『내외행정』, 1968년 1월(1권 1호), 2월호(1권 2호), 행정뉴스사.

농업경제
(農業經濟)

1962년 6월 15일 창간된 정부 간행지이다. 편집 책임자는 농정국 농경제과장이다. 발행소는 농림부이다. 인쇄소는 흥원상사주식회사 인쇄부이다. 270면 내외의 분량으로 발행되었다. 비매품이다.

농림부 장관 장형순은 「창간사」를 통해 다음과 같이 창간 취지를 밝히고 있다.

"국가의 운명을 걸고 추진하는 경제개발 5개년계획 주요 지표는 농업의 발전을 바탕으로 삼아 공업화를 지향하고 있는 것인 만큼 경제개발계획의 성공여부는 농림업의 성장이 관건이라 하여도 과언이 아니겠다.

이제부터 농림행정의 기본방향은 경제개발 5개년계획에 의한 지정지표에 의한 시책을 과감히 수행하는 동시에 농업의 기본과제인 저위에 침체되고 있는 농업생산성의 향상과 농산물가격 지지, 나아가서는 농업소득 증대를 지향하면서 구조 개선과 결부된 영세농의 자립안정을 목표로 하는 안정농업조성사업을 제도화함으로써 기왕의 무모한 물량증산일변도의 즉흥주의를 지양하고 농업경제 분석에서 수익성에 치중하여 농업경영의 합리화를 유도하는 농림행정의 과학화가 절실히 요청된다."

농업경제가 정부 간행지로서 지향하는 것은 무엇보다도 경제개발 5개년계획의 지정지표 및 시책의 수행, 안정농업조성 사업을 위해 활용되는 것에 있다.

창간호의 편집 구성을 보면, 농업정책, 행정연구, 논단, 혁명업적, 자료, 경제계획, 농업경제분석, 법령해설, 외국자료, 문예, 통계자료 등으로 편성되어 있다. 또한 편집 구성상 편성하기 어려운 분야는 부록 형태로 발행하였다. 창간호의 부록은 『농업경제통계분석요람』이라는 제목으로 발행되었다. 1963년 6호의 부록은 『세계식량 추산』이라는 제목으로 발행되었다.

국회도서관에 소장되어 있는 1962년 창간호, 2·3호, 4호, 1963년 5호, 6호, 1965년 12호, 13호, 14호, 15호, 1972년 1, 2호를 DB화하였다. (김일수)

참고문헌

『농업경제』, 대한민국 농림부.

농업은행조사월보
(農業銀行調査月報)

1956년 7월 1일 서울 서대문구에서 창간되었다. 월간이다. 1958년 3·4월호(통권 제14호)부터 편집을 혁신하였다. 1961년 6월 제51호까지 발간하였다가 1961년 10월부터 농협조사월보農協調査月報로 이름을 바꾸고 지령을 계승하여 발행하였다. 창간호의 발행인은 김진형金鎭炯, 편집인은 문방흠文方欽이다. 발행소는 서울시 서대문구 충정로 1의 75 농업은행 조사부이다. 농협조사월보의 발행소는 농업협동조합중앙회다. 비매품이다.

『농업은행조사월보』는 당면한 농업금융의 해결은 물론 앞으로 창설될 제도의 준비와 추진을 담당할 농업은행의 사명을 뒷받침하기 위해 창간되었다. 창간사에서 밝힌대로『농업은행조사월보』는 농업은행 자체의 경영상 필요한 조사사업 외에 농업신용의 발전을 위해 필요한 모든 자료를 구비하는 것을 목적으로 하였다. 이를 토대로『농업은행조사월보』는 자체 영업활동에 지침을 제공하고 새로운 제도의 창설을 촉진하며, 새로운 기구의 활동을 적극화하는 데 기여하도록 각계에 제공할 임무를 지녔다.

창간호는 조사, 자료, 국내경제동향, 해외경제동향, 국내경제일지, 국내주요경제통계로 구성되었다. 국내경제동향은 농업경제와 일반경제로 나누었다. 농업경제는 농업행정, 농지, 농가부업, 농업금융, 농산물의 생산과 수급을 다루었다. 일반경제는 재정, 통화와 물가, 일반금융, 경제원조를 취급하였다. 해외경제동향에서는 미국, 영국, 서독, 프랑스, 인도, 파키스탄, 일본이 언급되었다. 국내주요경제통계는 업무통계와 농업경제통계를 포함하였다. 제2호부터 지방경제사정, 제8호부터 농업경제에 농업자재, 농산물가격, 농가경제를, 일반경제에 중소기업과 서민금융, 수산경제와 금융을 추가하였다.

　1958년 3·4월호부터 지면을 혁신하여 논총, 자료, 국내농업경제 동향, 지방경제사정, 해외경제동향, 국내경제일지, 국내주요농업통계로 구성하였다. 국내농업경제동향의 항목은 농지, 농업자재, 농가부업, 농가경제, 농업금융, 농업재정, 농업협동조합, 수산업, 경제원조 등이었다. 해외경제 동향은 크게 세계 전반, 동남아, 미주, 구주歐洲로 나누었다. 국내주요농업통계는 농은통계農銀統計와 농업경제통계다. 제15호부터 국내농업경제동향에 농산생산물과 수급, 농산물 가격, 임업이 추가되고, 제22호부터 농업통계로 바꾸고 농업금융통계, 농가경제통계, 농촌물가통계, 농림수산통계, 무역원조통계로 세분하였다.

　부록으로 제11호의 「자산재평가법」과 「자산재평가법요강」, 제14호의 「재정금융에 관한 보고」, 제16호의 「농가경제조사실시요강」과 「미곡생산비조사실시요강」, 제17호의 「재무제표규칙」, 제41호의 「농업쎈서스의 이론과 실제」 등과 함께 제22호와 제44호에는 「농은조사월보주요논설목차」가 실려 있다.

　국립중앙도서관에 소장된 창간호부터 제51호를 DB로 만들었다. (장신)

참고문헌

『농업은행조사월보』, 1956~1961년, 농업은행 조사부.

농원
(農園)

1964년 5월 1일에 창간된 농민 계몽 잡지이다. 발행 겸 편집인은 김익달金益達, 주간은 손양삼孫亮三, 편집장은 오영식吳英植이다. 제2권 제2호(1965년 2월호)부터는 주간이 고영진高永鎭으로 바뀌었다. 인쇄소는 평화당인쇄주식회사 광명인쇄공사이다. 발행소는 서울시 중구 태평로 13가 31 학원사이다. 가격은 60원이다.

『농원』은 1960년대 사회 전반이 근대화에 박차를 가하고 있는 시점에서 당대 소외된 농어촌의 발전에 기여하기 위해 기획된 잡지이다. 농민의 계몽과 농촌의 근대화운동을 표방하며 농어민의 '교양과 흥미와 오락은 물론 문화적인 광장으로서도 큰 구실'을 하고자 하였다.

학원사 사장 김익달이 쓴 창간사 「농어촌의 근대화만이 구국의 첩경이다」를 보면 그 창간 의도를 알 수 있다.

"국가와 민족의 가슴 아픈 현실을 절감하며 오늘도 생활전선에서 생로를 개척하는 국민 대중에게 정신적 안식처와 삶의 방편에 크게 도움이 되도록 여기 전 국민의 종합교양지『농원』을 세상에 내놓는 바입니다.

기후와 풍토가 어느 나라에도 뒤지지 않는 자연의 입지적 조건하에 있으면서 더구나 해방 이후 40여억 불이나 되는 외원外援을 받아 왔음에도 불구하고 우리는 후진국의 각인은 고사하고 나날이 가중되는 궁핍을 호소해야만 하는 이유는 어디에 있는 것입니까. 그것은 농본국인 우리나라에서 생활수단의 바탕이 되는 농어촌이 극도로 피폐해 있는 까닭이라 아니할 수 없는 것입니다. (중략) 농업이나 공업정책이 농본국이라는 바탕에 입각하여 계획 추진되어야만 국민의 평균생활이 유지되고 국가의 부를 약속할 수가 있는 것입니다.

(중략) 우리는 전 국민의 이름으로 합리적인 계획을 세우고 부를 창조하는 운동과 실천을 적극 전개하여야 하겠습니다.

그러기 위하여 정부는 불합리한 공장의 과잉설립보다도 입지적 조건에 알맞은 농산업 육성에 중점적인 시책을 베풀어야 합니다. 그리고 국가 예산 면에 있어서도 농업자금을 결단성 있게 할애하여 적어도 국방비를 제외하고는 그 5할이상을 농어촌 개발에 투입할 것이며 이자를 붙여 대차貸借 형식을 취하는 영농자금의 방출도 그 액수와 방법을 크게 고려해야 하겠습니다. (중략)

이상은 정부에 대한 요망입니다만 국민대로의 자각이 필요합니다. 아무리 정부에서 합리적인 정책을 수립하고 추진시킨다 하더라도 국민들이 적극 호응하지 않으면 부富한 행복은 약속될 수가 없는 것이기 때문입니다. 그러므로 국민은 우선 근면과 노력으로 스스로 생활향상을 꾀하여야 하겠습니다. 남을 의존하거나 구원의 손길만으로 바라는 태만은 그대로 기아만을 남겨준다는 사실을 명심해야 하겠습니다. (중략)

이와 같은 현실을 직감한 본사에서는 내외 사정이 극히 어려움에도 불구하고 정부를 편달하고 농어민을 비롯한 국민대중을 계몽하는 데 다소나마 밑거름이 되고자 감히『농원』을 세상에 내놓는 것입니다.

『농원』은 제일 유익하고 제일 재미있고 제일 값이 싸며 집집마다 배달해 주는 전 국민의 잡지로서 앞으로 희망을 향하여 약진하는 근로인의 좋은 벗으로 될 것이며 교양과 흥미와 오락은 물론 문화적인 광장으로서도 큰 구실을 할 것을 자부합니다. 뿐만 아니라 농어촌의 근대화에 서슴치 않고 앞장설 것이며 영농방법의 개선과 연구고찰 등으로 증산노동으로 최선을 다함을 사양치 않을 각오입니다."

잡지의 편제를 보면 교양기사, 화제기사, 문학으로 구성되어 있다. 교양기사 하위에는 대담, 시론時論, 시사時事, 교양으로 분류하여 국내외 동향이나 시사교양문제을 전하고, 농업에 관한 전문적인 지식을 제공하고 있다. 화제기사 하위에는 농어촌의 현장을 탐방하고 쓴 기사들이 들어 있는 취재란과, 각 방면에 관한 화제의 기사들을 싣고 있는 화제란이 있다.

특히 농사란에서는 그 달의 농작업을 메모해 주고 있으며 농작물 재배법, 시비법, 각종 병충해 증상, 축산 등 농업 관련 지식을 제공하고 있다.

문학란에는 연재소설과 단편소설을 풍부하게 싣고 있고,〈신인소설당선자발표)를 통해 신인발굴에도 힘쓰고 있다. 그리고 흥미, 가사, 만화를 통해 독자에게 상식과 재미를 제공하였으며 사랑방, 독자의 메아리, 재미있는 오락시간 등을 통해 독자의 참여를 유도하였다.

그리고 이 잡지가 대중성을 지향하는 농어촌 잡지인 만큼 지상관광, 외국농업, 농원앨범의 전란을 통해 각종 화보를 싣고 있다. 〈외국의 농업〉란에서는 세계 각국의 농업 개척상황을 소개하고 있고, 〈농원 앨범〉란에서는 위원회별 국회의원 소개(창간호), 국내의 영화배우 프로필(제1권2호), 문인, 연예인 등에 관한 기사를 싣고 있다. 잡지에 실린 광고도 주로 농어업 관련 기계나 농약, 종묘 등이다. 표지 모델도 대중과 친숙한 유명 영화배우들을 쓰고 있다.

각 호에 게재된 주요 내용을 보면 다음과 같다.

창간호(1964년 5월호)에는 한일국교정상화 문제에 관한 기사와 「국민이 잘 살수 있는 방향은 어디냐」란 주제의 대담을 게재하였다.

제1권 제2호(1964년 6월호)에는 농촌의 실정에 관한 대담 기사를 싣고 있다. 그리고 특집으로 「건강과 정력의 관리」를 게재하여 육체적 정신적으로 고된 일에 시달리는 농민의 건강을 위한 정보를 제공하고 있다.

제1권 제3호(1964년 7월호)에는 가족계획에 관한 내용이 눈에 띈다.

제1권 제4호(1964년 8월호)에는 급한 병에 걸려도 쉽게 병원을 찾거나 약을 살수 없는 농촌의 현실을 고려하여 특집으로 「생약과 손쉬운 민간요법」을 게재하였다. 그 내용은 누구나 만들 수 있는 내복약, 중독을 간단히 풀 수 있는 법, 외상과 각종 피부병의 약초, 신비 속에 싸여 있는 보약 등이다.

제2권 제2호(1965년 2월호)에는 농가수입을 위한 부업에 관심이 높은 점을 고려하여 특집으로 「부업」을 게재하였다. 한창 인기 상승에 있는 양송이를 비롯하여 양계·양돈·양봉·양어·양잠·약초·화훼 등의 종목을 소개하고, 점차 생산을 높여 나가도록 계몽하고 있다.

이처럼 잡지 『농원』은 국내외 시사문제, 농어촌에 관한 전문적인 교양기사부터 문학, 과학, 외국, 영화, 체육, 연예, 가요 등 각 분야에 관한 흥미로운 기사까지 다양하게 취급하여 이 분야에 관한 한 종합잡지로서의 면모를 갖추고 있다.

발행 겸 편집인인 김익달은 1916년 경상북도 상주 출신으로 일본 와세다대학 상업과 2년을 수료하였다. 1945년 해방 후 서울에서 대양출판사(1955년에 학원사로 개칭)를 설립하면서 출판계에 투신하였다. 한국전쟁 중에 피난지인 대구에서 1952년 '학생을 위한 교양월간지'를 표방한『학원』을 창간한 이후 이른바 '학원세대'라는 말을 유행시켰다. 이를 계기로 잡지계에 본격적으로 진출하여 1955년 여성을 위한 교양지를 표방한『여원』을 창간하였고, 1956년에 학생수험지『향학向學』(뒤에『진학』으로 개제), 1965년에『주부생활』을 창간하였다. 또한 대규모 사전 및 백과류와 각종 교양서적을 출판하였고, 1960년에 학생들을 위한 일간신문『새나라신문』을 발행하였으며, 독서인구의 저변확대를 위해 출판인들이 공동으로 창간한『독서신문』의 초대사장을 역임하였다.

국회도서관에 소장되어 있는 1964년 제1권 제1호~제4호, 1965년 제2권 제2호를 DB화하였다. (구수미)

참고문헌

『농원』, 1964~1965년, 학원사;『신문백년인물사전』, 한국신문편집인협회, 1988.

농은
(農銀)

1956년 9월 1일에 창간 발행되었다. 발행소는 서울특별시 서대문구 충정로 1가 75 농업
은행조사부이고, 인쇄소는 청구출판사 인쇄부이다. 창간호 발행인은 농업은행장이었던
김진형金鎭炯, 편집인은 문방흠文方欽이다. 1957년 통권 제3호부터 발행인은 박숙희朴璹熙
로 바뀌었고, 통권 제5호부터는 편집인도 박동규朴東奎로 바뀌었다. 1958년 3월에 통권
제7호로 막을 내리고, 4월에 농협이 정식 발족되면서 새롭게 잡지를 발간하게 되었다.
혁신 제1호(1958년 6월)부터 발행인은 박숙희, 편집 겸 인쇄인은 류시동柳時東으로 바뀌었
다. 제2공화국 수립과 함께 1960년 제10호 이후 폐간되어 직원교양지인 『농은교실』 발행
으로 명맥을 유지하다가 1961년 제18호로 복간되기 시작하였다. 이때 편집·인쇄 겸 발
행인은 서경호徐景鎬이다. 1961년 7월 통권 제21호로 종간되었다.

1956년 3월 농업은행설립요강이 제정되고 5월
1일에 농업은행이 설립되었다. 농업은행은 이
승만 정권의 의향이 강하게 반영되어 기존의 금
융조합 및 동 연합회의 업무를 인수, 농업금융
을 전담하였다.

이러한 농업은행의 기관지적 성격을 지니고
출판된 것이 『농은』이기에 발행인과 편집인의
구성에서 당연히 친정부적 인사들을 기용했다.
발행인 김진형은 이승만정권의 농정대행기관이
었던 금융조합연합회의 회장을 맡았던 인물이
며, 편집을 맡았던 문방흠 역시 동 연합회에서 비서실장 등을 역임하였다.

발행인이자 은행장이었던 김진형은 창간사에서 다음과 같이 창간의 취지를
밝히고 있다.

"농업은행이 설립되고 나서 3개월여를 보냈다. (중략) 우리는 많은 과업을 통
하여 더욱 기초를 튼튼히 하여야 할 것이며 농업신용을 건전한 토대 위에 가장
효과적으로 운영되도록 하기까지는 상당한 세월과 극복하여야 할 다난多難을

예상하지 않을 수 없는 바이다.

이번에 그와 같은 과업 중의 하나로써 『농은』지 창간을 보게 된 것은 첫걸음에 지나지 않는다 하더라도 한 가지 일을 이루어 놓았다는 기쁨을 금할 수 없으며 동시에 『농은』지가 다만 동인지나 기관지라는 그런 개념보다도 앞으로 이 기관의 임무를 끌고 나가는데 정신적 면을 담당할 큰 사명을 걸고 있음을 생각할 때 더욱 긴장된 마음을 느끼게 된다.

농업은행의 설립이 농업신용기관의 창조로서 큰 의의를 지니는 것이지만 (중략) 『농은』지도 이 기관의 대변을 맡게 되겠지만 선전이라든지 발표보다도 이 기관의 성격에 기基하여 개척정신에 철저할 것이 요구되는 것이며 (중략) 농업은행이 금융조합의 기존 토대를 물려받아 가지고 설립된 후에 금융조합과 농업은행 사이에는 그 상이相異되는 점과 상통되는 점이 잘 조정되기에는 아직도 상당한 각성과 노력이 필요한 것이다.

조직의 구분으로만 본다면 양자간에는 본질적인 차이가 있다고 하겠지만 이것은 앞으로 특수법의 제정까지 한 계단으로서 취해진 조직형태이고 농업금융기관으로서의 성격이 변한 것은 아니다. 그러므로 주식회사조직이면 곧 영리본위라는 그런 규정은 지나치게 단순한 속단이고 아직 법제상의 규정이 성립되기 전이라 하더라도 농업금융기관으로서의 특수성은 그대로 지니어야 할 것이다. (중략)

농업은행이 발족된 것을 계기로 구태舊態는 깨끗이 일소하여야 할 것이며 어디까지나 기성의 사고방식을 일신一新하고 새로운 농업신용기관으로서의 모든 체제와 금융인으로서 또 아울러 농촌건설자로서의 새로운 기질과 소양을 기르기에 힘써야 될 것이다.

이런 면을 담당하여 줄 임무와 기대를 우리는 이번에 창간된 『농은』지에 부치는 것이며 따라서 우리는 이 지면을 통하여 농업금융 발전을 위한 끊임없이 활발한 논의를 전개해나가야 할 것이다."

창간호에는 기존 '금융조합' 논쟁을 비판적으로 바라보며, 이를 일단락 지을 주체로 농업은행을 설정, 그 역사적 의의와 정당성에 관한 기고들이 실려 있다. 「농업정책의 이론적 고찰」(함상윤咸尙潤), 「정책 미가米價의 당위성에 관한 소교小巧」(한응빈韓雄斌), 「농은 발족의 의의와 전망」(김주인金周仁), 「농민조직체의 조속한 결실을」(타일러 C.우드), 「협조協組운동의 장래」(배성룡裴成龍) 등이 그것이다.

그리고 특집 〈금융의 발자취〉에서 「금융조합의 족적足蹟」(박승구朴勝九), 「금조金組의 공죄功罪와 농촌 재편성의 문제점」(주석균朱碩均), 「교육사업의 회고」(박원식朴元植), 「정부대행사업의 족적足蹟」(김용운金龍雲) 등의 글을 통해 농정에 관한 논의도 진행되었다. 잡지의 후반부에는 오늘날의 문제점, 명저해설, 업무지도, 수필, 시단, 꽁트와 소설 등으로 내용을 구성하고 있다.

농업은행 설립 이후 1957년 2월, 농협법안과 한국농업은행법이 국회를 통과하였고, 여기에 다시 이승만의 개입으로 자본금 전액을 농협과 농업단체가 전담하고 농업은행이 농민에게 직접 대출하는 방식으로 법이 개정되면서 1958년 4월 1일 농협이 정식으로 발족하였다. 그러나 이러한 농협법은 이승만, 재무부의 의견이 적극 반영된 것으로, 농협의 역할이 유명무실화되고 농업은행이 협동조합을 지배하는 구조로 귀결된 것이다.

농협 중앙회 발족으로 새롭게 출발한 『농은』 혁신 제1호(1958년 6월)부터는 이러한 논쟁의 모습이 그대로 재현되어 있다.

혁신 제2호(1958년 8월)에는 통계와 조사의 중요성을 강조하는 「미곡담보융자의 성과」(이인남李麟南), 「농산물가지수 산출의 시안」(조성지趙誠之), 「미곡생산비 및 농가경제조사의 의의」(이수용李壽溶), 「케인즈경제학의 현대적 의의와 내용」(심걸沈杰) 등의 논문이 게재되었다. 또한 농협은행 본점 각 부서의 새로운 계획과 수행에 관한 글을 게재하여 참고자료로 이용하도록 하였으며, 농촌 현지를 답사하고 조사한 내용을 보고하였다.

통계의 중요성을 강조하는 방침은 그대로 잡지에 반영되어 「알기쉬운 통계학」이 1959년 제6호부터 연재되었다. 또 1959년 제7호부터는 〈농은다이제스트〉란을 신설하여 화폐수량법, 은행업무의 오토메이션화, 외자도입, 한일무역과 경제조치, 행원이 알아야 할 주요 통계, 농업금융채권, 지불송금, 무역관계 용어해설, 대출금채권 보전책 편람, 가치와 가격, 부기의 기초이론 등 기본지식을 간략히 정리하여 보여주고 있다.

제2공화국 수립과 함께 1960년 제10호 이후 폐간되어 직원교양지인 『농은교실』로 일부나마 명맥을 유지하다가 1961년 제18호로 복간되기 시작하였다. 종래 교양지로 발간하던 『농은교실』지를 폐간하고 이를 〈농은교실〉이란 이름 그대로 란을 만들어 특별회계의 걸음걸이, 신년도 상반기 무역계획 원칙, 미국의 농산물 안정정책, 공장저당과 재단저당의 차이점 등의 내용을 실었다. 또한

〈바통리에〉, 〈나의 제언〉란 등을 신설하여 직원들의 친목과 유대를 강화하고 적극적인 참여를 유도하고자 하였다. 그리하여 『농은』은 복간을 계기로 행우지行友誌임과 동시에 교양지로서의 성격을 선명하게 드러내고자 하였다.

1961년 8월 쿠데타로 집권한 '혁명정부'의 시책에 의해 농업은행이 그 신용업무를 농업협동조합에 이관하였고, 그 기관지인 『농은』도 폐간되었다.

국회도서관에 소장되어 있는 1956년 1~2호, 1957년 4~5호, 1958년 7호, 1958년 혁신1~3호, 1959년 6~9호, 1960년 10호, 1961년 18~20호를 DB화하였다. (구수미)

참고문헌

『農銀』, 1956~1961년, 농업은행조사부; 이임하, 「이승만 정권의 농촌단체 재편성」, 『역사연구』 제6호, 역사학연구소, 1998; 방기중, 「1953~55년 금융조합연합회의 식산계부흥사업 연구-이승만정권의 협동조합정책과 관련하여」, 『동방학지』 105, 연세대학교 국학연구소, 1999.

농협소식

1962년 3월 15일 창간한 농업협동조합중앙회의 기관지이다. 발행소는 서울특별시 서대
문구 충정로 1가 25이며 순간으로 발행되었다. 1964년 8월 15일 『농협신문』으로 개제되
었다가, 1976년 6월 28일 다시 『농민신문』으로 바뀌었다.

『농협소식』은 농협중앙회(농업협동조합중앙회)
가 발행한 기관지이다. 농협중앙회는 농업
협동조합들의 연합체로 각 지역 단위 농업
협동조합이 갖는 지역적 한계를 극복하고
지역 농축협의 공동이익 증진과 건전한 발
전을 도모하기 위해, 1961년 7월 29일 제
정된 농업협동조합법에 따라 조직되었다.
『농협소식』은 1962년 3월 15일에 창간되
어 이후 두 번 개제되었는데 1964년 3월
20일자 1면에 「농민신문 발간계획」이라는
제목으로 첫 번째 개제 소식을 알리고 있
다. 『농협소식』을 1962년 3월 15일 창간하여 64호까지 발간하였는데 이를 『농
민신문』(가칭)으로 개제하고 대판 4면, 주간지로 발행할 것을 계획한 것이다. 또
한 종래 무상으로 1개 동리 조합에 3~4부씩 배포하던 것을 지난 59호부터 1개
동리 조합사무실에 배치용으로 1부씩 배포하고 있는데 이를 월정구독료 10원
내외의 유가지로 전환하고자 하였다. 그러나 이러한 계획과는 다르게 『농민신
문』이 아닌 『농협신문』으로 개제되었으며, 1976년 6월 28일에 『농민신문』으로
개제되었다.

『농협소식』의 지면구성을 보면 1964년 4월 20일에 발행된 67호는 1면의 주
요기사로 농협중앙회 3차 대의원회에서 농민의 주장을 끝까지 관철시키고 군
납문제 등에 대한 강력한 대책 수립을 결의했다는 내용을 전하고 있다. 2, 3면

하단에는 「한일회담과 우리의 입장, 올바른 이해와 외교 의식」이라는 글이 실려 있는데 해독이 다소 어려워 정확한 주체를 알 수 없지만 한일회담에 대해 긍정적인 입장에서 접근한 것으로 보인다. 4면에는 절수운동의 필요성, 수답용 농약의 전용 문제 등 농업과 관련된 여러 소식이 실려 있다.

1964년 7월 10일에 발행된 75호의 경우 1면에 제2회 회원조합 업적경진대회 소식을 전하는 「빛나는 협동의 결실」, 「사업 수지 예산 변경안 통과」 등의 기사가 실려 있으며, 2면을 보면 회원조합 업적경진대회 소식을 1면에 이어 자세하게 다루고 있다. 3면에는 뛰어난 활동을 보인 조합과 조합원을 소개했으며 4면에는 67호와 동일하게 농업과 관련된 여러 소식을 다루고 있다.

1964년에 발행된 『농협소식』 일부가 국회도서관에 마이크로필름 형태로 보관되어 있으며, 이를 DB화하였다. (임경순)

참고문헌

『농협소식』; 『두산백과』; NH농협(http://www.nonghyup.com)

농화학회지
(農化學會誌)

1963년에 충청북도 청주에서 창간되었다. 연간이었으나 1965년을 건너뛰어 1966년에
제3호를 발행하였다. 1977년의 제11호로 종간하였다. 제3호까지 판권이 없다가 제4호부
터 편집위원의 명단을 실었다. 제4호는 발행인을 충북대학 농화학회로, 제5호는 발행인
겸 편집인을 충북대학 농화학회로 하였다. 제6호의 발행인은 교수 남상열南相烈, 발행처
는 충북대학 농화학회였다. 제7호의 발행인은 학회장 오형준이었다. 비매품이다.

충북대학교 농화학과의 학회지다. 제7호는 대화
지對話誌로 표현하였다. 1962년에 농과대학 농
산제조학과로 신설되었다가 1964년에 농화학
과로 과명이 변경되었다. 2010년에 과명을 환
경생명화학과로 바꾸었다. 충북대학교 농화학
회는 1963년에 교수와 학생을 중심으로 발족되
고, 『농화학회지』 창간호를 발행하였다. 교수의
지도로 학생들이 회지를 편집하였다. 학생대표
가 농화학회장을 맡았다.

학회지에는 농화학과장의 「권두사」, 농화학
회장의 「간행사」, 교수의 논문, 학생들의 보고서와 시, 에세이, 농화학과 교과
배정표, 주소록, 편집후기 등을 실었다. 호를 거듭하면서 졸업생들의 취직과 동
문 현황 등이 추가되고, 시와 에세이 등의 문예물은 빠졌다. 제2호는 교수 논문
4편, 보고서는 9편 중 한 편을 제외하면 모두 3학년이 작성하였다. 시와 에세이
는 2학년의 작품이다. 1968년의 제5호는 조성진趙成鎭 교수의 박사학위논문인
「요소엽면살포尿素葉面撒布에 따르는 질소영양에 관한 연구」를 수록하였다. 제
5호부터 영문 목차를 달았다.

국회도서관에 소장된 제2호부터 제7호를 DB로 만들었다. (장신)

참고문헌

『농화학회지』, 충북대학 농화학회.

뉴욕문학

『뉴욕문학』은 미동부한국문인협회(Korean Writers Association of America)에서 발행하는 미국동부지역의 대표적인 한인 발행 문학잡지이다. 1998년 11월 제8호가 발행될 당시 회장은 윤석진인데, 책에는 발행인 대신에 '지은이/윤석진 외'로만 표기되어 있다. 그 외에 편집위원으로는 박현, 정규택, 최정자, 김명욱, 이영주가 활동했다. 펴낸 곳은 서울 마포에 소재하고 있는 시문학사이다.

『뉴욕문학』은『미주문학』을 발간하는 미국 서부의 미주한인문인협회에 대응하여 1989년 뉴욕에서 창립된 미동부한국문인협회에서 발간하는 문학잡지이다. 1991년에 창간호가 발행되었고 2013년에 발행된 23집까지 꾸준히 잡지를 발간해오고 있는 대표적인 미주동부한인의 문학잡지이다.

한인들의 이민생활을 문학적으로 승화시킨 작품들이 주를 이루고, 더 나아가 북한이 고향인 미주이민이 적지 않아 정전 60년이 지나도 계속되는 남북한 분단문제에 대한 애환을 안고 있는 코리안 디아스포라의 고민과 다중적인 정체성의 문제, 각 시대의 한국내외에서의 한국인의 정체성의 변화, 세대 간의 갈등 등을 담은 작품들이 게재되고 있다. 이러한 점에서 보면 디아스포라 문학의 가능성과 과제를 제기하는 잡지라고도 할 수 있다. 김윤규는 이러한 점을 「재미한인 이민소재소설의 갈등구조: 〈뉴욕문학〉의 경우」에서 분석하기도 했다.

뉴욕문인회는 김명선(시), 김송희(시), 김정기(시), 변수섭(소설), 윤석진(시), 이계향(수필), 이정간(시), 정규택(소설) 등 11명이 모여 시작되었고 격월로 진행된 문학 강좌, 신인 발굴을 위한 신인작품상 모집과 시상, 계간 회지『뉴욕문단』창간(1992), 1999년 창립 10주년 기념문집『속마음』출판, 2000년에『뉴욕문학』

10집 출판기념회, 2001년 끝뫼 김말봉 선생 탄생 100주년 기념행사, 신경숙(소설가), 김혜순(시인), 신달자(시인) 초청강연회, 회원이 소유한 미 동부의 산장에서 갖는 산상문학제, 한국문학을 외국인에게 알리는 행사, 미국 고교 한글 백일장 등 다양한 협회활동을 활발히 진행하고 있다.

현재 회원은 90명가량으로 성장했고 2012년 총회에서 당선된 이전구 회장이 이끌고 있다.

『뉴욕문학』에는 회원들의 장르별 문학작품과 신인상 당선작 및 학생 백일장 수상작 등이 수록되어 있다. 또한 매년 12월 출판을 기념하는 문인협회 회원들의 공연과 문학이 어우러지는 연례행사를 갖고 있다. 2012년의 출판기념회에서는 "생각이 기록되고 기록이 역사를, 역사가 문화를 만드는 과정처럼, 기록을 넘은 역사가 될" 시점의 『뉴욕문학』이라는 미국동부펜클럽 장석렬회장의 23주년 축사가 있었고, 특히 시낭송회로 〈남북통일 염원시〉가 여러 개 낭송되어 디아스포라 문학의 밤의 의미를 더했다. 2013년 출간된 23집에는 회원 75명의 작품이 실려 있고, 권두논단으로는 김종희의 「디아스포라 문학의 가능성과 과제」라는 작품이 실려 있다. 여기서 김종희는 정전 60년이 넘도록 이어지는 남북한 분단을 지적하며 이 시대 전체의 문학 성격을 "분단문학"이라 통칭할 수 있다고 전제하고 미주 서부의 『미주문학』과 동부의 『뉴욕문학』도 이러한 분단문학의 성격을 품고 있다고 주장하고 있다. 한편 그 해의 신인상 공모전 수상작품으로 멀리 알라스카 앵커리지에 사는 김태수 씨가 응모한 시조 작품 「봄 빛」이 선정되어 수록되어 있다. 각 호를 통해 여러 이민문학의 선구자들이 소개되기도 한다. 이미 30년이 넘는 『미주문학』과 23년이 되어가는 『뉴욕문학』 잡지의 작품들은 한국인들의 이민문학, 디아스포라 문학의 분석자료로서 중요한 의미를 지니고 있다.

국내에는 강남대학교와 대전대학교에 낱권으로 일부가 소장되어 있다. 미국 LA에서 활동하고 있는 김문희 국제펜 미주연합회장이 개인적으로 소장하고 있던 『뉴욕문학』을 입수하여 DB화했다. 그리고 최근호는 국내서점에서도 구입할 수 있다. (박순원)

참고문헌

『뉴욕문학』; 『뉴욕일보The New York Ilbo』; 김윤규, 「재미한인 이민소재소설의 갈등구조: 〈뉴욕문학〉의 경우」, 『문학과 언어』, 24권, 2002.

뉴잉글랜드 한인 미국 시민협회
(Journal of the Korean-American Citizens League of New England)

발행인은 뉴잉글랜드한인미국시민협회 회장이 겸하고, 편집은 김문소가 담당하고 있다. 1996년 뉴잉글랜드한인미국시민협회에 회비를 내는 회원이 1,000명에 달한다고 한다. 이는 재외한인의 조직 중 규모가 큰 조직임을 보여준다. 5호부터 한글과 영어를 병기하고 있다. 1995년 10월과 1996년 10월에 각각 5호와 6호가 발행되었다. 5호는 2,300부, 6호는 3,000부가 각각 발행되었듯이, 발행부수도 시간이 갈수록 늘어나고 있다. 홈페이지는 www.kacl-ne.org/ 이고 주소는 182 Olympic Lane, N. Andower, MA 01845이다.

뉴잉글랜드 한인 미국 시민협회
제13호 (2003년-2004년)

1996년 6월호를 살펴보자. 당시 미합중국 대통령 클린턴을 비롯한 미국 유력인사들의 인사말들이 앞부분을 장식하고 있다. 이는 뉴잉글랜드 한인사회의 성장을 증명하는 듯하다. 그럼에도 불구하고 김문소 이사장은 뉴잉글랜드 한인들에게 단결과 정치적 참여를 촉구하고 있다. 당시 클린턴 행정부 시기에 웰페어법과 이민법이 개정되면서 한인 이민자들의 부담이 늘어나고 합법 이민자의 친척 초청이 어려워질 상황에 처해 있었다. 그리고 1992년 LA의 흑인폭동 시 한인들이 가장 많은 피해를 입었는데 한인들의 정치력이 약하고 단결되어 있지 않아서 제대로 된 보상도 받지 못했다. 이에 김 이사장은 한인들이 적극적인 정치적 참여를 하지 않아서 정치력이 약하기 때문에 불이익을 당하고 정작 큰 피해를 입어도 하소연할 데도 없게 된 것이라고 진단하면서 한인들의 분발을 촉구하고 있다.

이러한 문제의식과 취지를 갖고서 "뉴잉글랜드 한인 미국 시민협회"는 뉴잉글랜드의 한인 단체로서는 처음으로, 시민권 취득에 대한 교육과 시험을 시행하고 있고, 1996년 4월에는 82명의 한인이 미국시민권을 취득하는 것을 도와

주기도 했다. 미국의 이민법 개정과 웰페어법 개정이 한인 교포의 생활을 어렵게 만들기 때문에 뉴잉글랜드 한인 미국 시민협회가 나서서 한인들이 영주권이 아니라 시민권을 취득할 것을 권유하고 그 일을 도와주고 있다. 또한 동양계 최초의 로드 아일랜드 주하원이 되겠다고 나선 한인 2세 마이클 파렐Michael Farrell과 워싱턴주 부지사로 출마한 신호범(미국명 Paul Shin)을 후원하고, 당시 민주당 대통령 후보인 클린턴 대통령과 매사추세츠 주지사로 공화당 상원의원 후보인 윌리엄 웰드William Weld를 지지하는 결의를 하는 등 한인들의 정치적 위상 제고를 위해 노력하고 있다(1996년 회장 김양길의 「발간사」에서). 이는 클린턴이 공화당의 웰페어 개혁안에 반대하고, 영주권자에 관한 혜택 삭감을 제거하는 법안을 선거후 의회에 상정하겠다는 공약을 했고, 한인들의 이해에 도움이 되기 때문이었다(김문소, 「미국 사회의 보수화에 대한 우리의 대책」). 그리고 워싱턴주 전 하원의원이었던 신호범 또한 한인 1.5세와 2세의 정치적 진출을 촉구하고 있다(신호범, 「미국 정계에의 참여는 한민족과 미국 사회에의 기여: 우리 1.5세와 2세의 정계에의 진출을 소원하며」). 또한 고문 박경민의 글 또한 마찬가지이다. 이처럼 뉴잉글랜드의 한인들은 다른 어느 지역 한인보다 적극적인 정치적 참여를 서로 독려하며 미국 주류사회로의 진입을 시도하고 있다. 이를 통해 Korean American으로 거듭나고 있다.

회보 후반부에는 최근에 다시 손을 본 「뉴잉글랜드 한인 미국 시민협회 헌장」의 전문과 협회 임원, 이사 명단 및 주소록을 게재하고 있다. 그리고 그 뒤에 30쪽 정도에 걸쳐 뉴잉글랜드 지역에 진출한 한인교회와 한인업소 광고가 실려 있다. 이 또한 뉴잉글랜드 지역 한인들의 수와 힘이 강화되고 네트워크가 더욱더 조밀하게 형성되고 있음을 보여주는 것이라 할 수 있다.

『뉴잉글랜드 한인 미국 시민협회』 일부가 재외동포재단 자료실에 소장되어 있고, 이를 DB화했다. (임성윤)

참고문헌

『뉴잉글랜드 한인 미국 시민협회』

뉴잉글랜드한인회보

『뉴잉글랜드한인회보』는 뉴잉글랜드한인회의 회보이다. 현재는 매주 발행되고 있지만, 1997년 무렵에는 1년에 한번 발행된 것으로 보이며, 1997년에 발행된 것은 표지를 포함해서 88면으로 구성되어 있다. 발행인은 한인회장이 겸하고 있고, 1997년에는 한인회장인 서규택이 담당했다. 편집은 이병철, 인쇄는 큰나무 인쇄소가 담당했다. 연락처로 표시되어 있는 주소는 1687 Mass. Ave. Cambridge, MA 02138(1997년)이다.

주보스톤 총영사 이양이 1997년 한인회보의 인사말에서 『한인회보』를 다시 발간하게 된 것에 대해 축하하는 것으로 보아 1997년 이전에도 발행되었던 것으로 보이지만, 정확한 창간년도는 확인되지 않고 있다.

1997년의 한인회보를 보면, 한인회장이나 총영사의 인사말에 뒤이어 여러 목사들의 인사말이 칼럼 형식으로 게재되어 있다. 뉴잉글랜드 교회협의회회장 한상신 목사(뉴버드 연합감리교회)의 「기독교인의 가정헌장」, 전중현 목사(북부보스톤 한인교회)의 「바람직한 교회 지도자의 상」, 권진태 목사(성요한교회)의 「길을 닦는 마음으로」 등이 그렇다. 보스턴을 중심으로 한 뉴잉글랜드 한인사회에서 교회의 영향력이 얼마나 지대한지를 알게 해주는 대표적인 경우라 할 수 있다. 그리고 회보 후반부에 한인회 소식을 보면, 주로 모이는 장소가 교회를 빌려서 사용하는 경우들이 많이 있는데, 이 또한 교회의 영향력을 보여주는 것이라 할 수 있다. 그 뒤를 전임한인회장들의 글과 노인회장의 글이 잇고 있다.

특히 노인회 회장 백린은 "노인회가 형성되었다고 곧 노인문제가 해결되는 것은 아니다. 그것은 국가와 사회가 큰 관심을 가지고 복지에 솔선하는 의지가 없는 한 어려운 일이다. 노인 문제는 전에도 앞으로도 계속 고민하고 연구해야 할 문제이다." 그러면서 당시 신문보도에 "뉴욕이나 로스앤젤레스 등 대도시에서는 마약 밀매자들이 한인밀집지역을 찾아다니며 외롭고 불안한 노인들에게 한두 차례 소량의 마약을 제공하는 수법으로 노인들을 유혹함으로 한국계 노인들 중 마약중독자가 늘어난다"는 소식이 전해졌다고 한다. 이처럼 미국지역에서 나온 한인회보들을 읽다보면, 한인사회의 미래의 문제들을 짐작케 하는 기사들도 적지 않게 볼 수 있다.

또한 뉴잉글랜드에 거주하는 한인들이 미국에서의 생활과 경험을 소개한 글들이 일부 게재되어 있다. 그리고 "코골음, 심각한 합병증 일으킬 수도", "걷기, 테크닉 알아야 효과 있다", "때론 분노가 '나'를 치료한다"와 같은 건강상식, "재미있는 항공상식", "자동차의 관리 방법과 응급조치", 조세 관련 글 등 한인들의 미국 생활에 도움에 될 만한 글들이 여럿 게재되고 있다. 다른 한인회보와 마찬가지로 영사안내도 빠지지 않고 소개되고 있다.

1997년 『뉴잉글랜드한인회보』에서 눈에 띄는 것은 뉴잉글랜드 한인사회가 국내처럼 지역으로 또는 진보와 보수로 나뉘어 있지 않다는 것을 보여준다는 것이다. 가령 밀리언 셀러 소설가 조정래의 하버드 대학 강연회 '통일시대의 문학'에 한인들이 참석해서 북한의 기근 상황이 심각하다는데 인식을 같이하고 굶주리는 북녘동포들을 돕는 데 힘을 더하자는 다짐을 하고 "뉴잉글랜드 북녘동포 돕기운동 준비위"를 결성했다는 소식을 주요 한인회 소식으로 전하고 있다. 한인사회 소식을 전하면서는 이회창 신한국당 대표를 지지하는 뉴잉글랜드-보스턴 지역 동포후원회와 김대중 대통령 후보 후원회 소식을 똑같이 전하고 있다. 그리고 전 한인회장 남궁연은 "지난 25년 동안 한인회 회장, 이사장을 맡았던 분들 중에 그 직책 때문에 자기의 출세를 하기 위하여 이용한 사람은 한 사람도 없었다. 다시 말해서 보스턴만큼은 한인회 직책이 어떠한 이권다툼이 있는 것이 아니고 순수하게 한인사회를 위하여" 봉사를 했다고 자부하고 있다. 이는 뉴잉글랜드 한인사회가 다른 한인사회에 비해 갈등과 분열을 별로 겪지 않았는데, 그 중심에 한인회가 있다는 것이고, 그 소식을 『뉴잉글랜드한인회보』가 전하고 있다.

그리고 97년 회보의 경우, 55쪽부터 64쪽(중간에 일부 광고)에 걸쳐 각종의 한인단체와 교회 그리고 한인업소들의 연락처를 싣고 있는데, 이는 바로 한인회보가 뉴잉글랜드 한인들의 단결의 구심점임을 보여주는 대표적인 증거라 할 수 있다. 그리고 회보 곳곳에 국내의 대기업과 현지 한인업소들의 광고가 게재되어 있다.

　재외동포재단 자료실에 『뉴잉글랜드한인회보』 일부가 소장되어 있고, 이를 DB화했다. 그리고 2010년 2월 24일자(매주 발행)부터는 한인회 홈페이지(http://bostonks.com/)에서 PDF 파일로 제공되고 있다. (임성윤)

참고문헌

『뉴잉글랜드한인회보』, 뉴잉글랜드한인회.

현대언론매체사전

1950~1969

다

대구의학잡지
(大邱醫學雜誌)

1958년 1월 20일에 경상북도 대구에서 창간되었다. 1959년부터 반년간으로 나왔지만 1960년과 1962년은 발행되지 않았다. 1961년 제3권 제1호부터 대구의학회잡지, 1963년 제4권 제1호부터 경북의대잡지慶北醫大雜誌, 1985년 제26권 제1호부터 경북의대지慶北醫大誌로 이름을 바꾸었다. 창간호의 편집인은 김대수金大洙, 홍석재洪錫宰, 이규택李圭澤, 이성관李性寬, 한동섭韓東燮 등이었고 발행인은 이칠희李七熙였다. 발행소는 경북대학교 의과대학, 인쇄소는 영문사英文社 공무국이었다. 비매품이다.

경북대학교 의과대학이 발행한 의학잡지다.

대구의학회 회장 이칠희는 『대구의학잡지』의 창간이 쉽지 않았음을 말하면서 창간 배경을 아래와 같이 밝혔다.

"지금 우리들 머리 위를 인공위성이 이 지구를 회전하고 있다. 선진 제국의 과학은 시시각각 발전의 도度를 멈추지 않고 있다. 이 사실을 볼 때 우리로서는 완비된 시설 아래 아무런 생활의 불안 없이 오로지 과학의 탐구에 열중할 수 있는 그네들의 환경이 부럽기 짝이 없다. 그러나 한갓 부러워만 하고 손을 놓고 서성대고 있기만 할 수는 없는 것이다."

창간호에는 경북대 의과대학 내 각 교실마다 축적한 그간의 연구 성과를 선보였다. 이후에 발행된 잡지의 구성도 비슷하다. 투고는 대구의학회 회원으로 제한했으며, 의학에 관계있는 제 과학논문만 게재할 수 있었다.

창간호와 제3권 제1호, 제3권 제2호를 DB로 만들었다. (장신)

참고문헌

『대구의학잡지』, 경북대학교 의과대학.

대전략
(大戰略)

국방대학원의 회지이다. 매월 발행되었다. 발행처는 국방대학원 출판부이다. 종간을 알 수 없다.

『대전략大戰略』은 국방대학원의 회지 형태로 발행되었다. 내용 구성은 주로 강의록, 대외 전략 관련 외국 논문의 번역 소개, 대학원 관계자의 논고 등으로 이루어져 있다. 잡지 형태의 시와 수필 등은 고려하지 않고 있다.

1962년의 경우 게재된 글은 이렇다. 1월호의 경우 「통솔력에 관한 일고찰」, 「중·소공산주의의 대립」, 「관리와 지휘는 동일한가」, 「변천하는 세계 속의 변모하는 아프리카」, 「북빙양에 대한 관할권문제의 연구」, 「고급지휘관과 신문」, 「중공군에 있어서의 정치적 통제」 등이 실려 있다. 2월호의 경우 「한국군의 교육에 대한 제언」, 「금후 20년간의 미국억제력」, 「대만과 중공문제」, 「베트남의 명암」, 「제3의 백림령전공세」, 「인도네시아에 있어서의 교도민주주의」, 「전쟁원칙의 현대적 고찰」, 「공산주의의 도전」 등이었다.

국회도서관에 소장되어 있는 1962년 4호, 6호, 1964년 4~10호, 12호, 1965년 1~6호, 10호를 DB화하였다. (김일수)

참고문헌

『대전략』, 국방대학원.

대중과학
(大衆科學)

1958년 창간된 과학기술 잡지이다. 편집자는 길림성 연변조선족자치주 과학기술 보급협
회 대중과학사, 출판자 연변인민출판사, 총발행처 우전부 연길우전국으로 되어 있다. 월
간이며, 1961년 3월 정간되었다가 1964년 10월 복간되었다. 1966년 다시 정간되었으며
1979년 10월 복간되었다. 예약 정가는 2각角, 3개월에 6각이다. 월간으로 발행되었다.

전문적인 과학학술잡지가 아닌 제호『대중과학』
이 상징하듯 일반 대중을 대상으로 생활상의 과
학 상식을 알려주고자 창간된 잡지이다.

「창간사」에서 밝힌 편집 방향과 독자 대상은
"생산과 결합하고 생산실제와 결합하는 방침 아
래 통속적으로 과학기술지식을 보급하는 것을
자기의 편집방침으로 삼는다. 그의 주요한 내용
은 자연과학의 기본 지식을 위주로 공농업에 대
한 실제 생산지식과 국내외의 새로운 과학기술
성취를 주로 보도하며 초중 이상의 문화 수준으
로 가진 광범한 근로대중을 독자대상으로 삼는다"라고 밝히고 있다.

중화전국 과학기술보급협회 주석인 량시梁希의 「편자와 독자는 공동히 협력
하여 잡지를 잘꾸리자編者和讀者共同協力辦好奷物」라는 글을 실어 조선문 과학잡지
의 창간을 축하하고 앞으로 "공농병이 애독하는 잡지로 되어야한다. 공농병은
계급투쟁과 생산투쟁에 있어서 중견이기 때문에 사회주의 국가에 있어서는 반
드시 신속하게 문화과학지식으로 그들의 두뇌를 무장시켜야 한다."라며 이 잡
지가 사회주의 사업에 밑바탕이 될 것을 강조했다.「『대중과학』의 전투성에 관
하여」라는 재미있는 제목의 글도 있다.

창간호 내용을 보면 「대중과학의 전투성에 관하여」, 「유도탄이란 무엇인가」,
「인공 지구 위성」, 「우주여행의 현실성」, 「연변의 지질」, 「연변의 토양 류형과

특점 및 분포」 등의 과학 지식과 〈과학단신〉, 〈과학과 생활〉, 〈조국의 대지에서〉 등의 전문란으로 구성되어 있다.

1964년 10월 복간호에서는 모택동의 간부가 노동에 참가하는 문제에 관해 "계급투쟁, 생산투쟁과 과학실험은 강대한 사회주의 국가를 건설하는 세 가지 위대한 혁명운동이며 공산주의자로 하여금 관료주의를 청산하고 수정주의와 교조주의를 피면하여 영원히 불패의 지위에 있게 하는 절실한 담보이며 무산계급으로 하여금 광범한 근로대중과 단결하여 민주주의 독재를 실행하게 할 수 있는 믿음직한 담보이다"라는 글을 게재하여 이 잡지의 기본 편집 방향을 밝히었다.

총 제1호로 다시 시작된 복간호에는 「1964년 북경 과학 토론회」와 「아지노모도에 대하여」, 「좀약 – 나프탈린의 사용 상식, 여름 옷 보관법」, 「김치 담그는 법」, 「상용 약품 소개」, 「식용 소다의 내복」 등이 소개되어 있다.

1966년 정간되었다가 13년 만인 1979년 복간되면서 초중 이상의 문화 정도를 가진 조선족을 대상으로 하여 경제건설을 추진하고 인민대중의 과학지식을 높이기 위한 생활정보 제공을 주요 목적으로 하였다. 경제건설을 가속화시키고 인민대중의 과학문화 소질을 높이는 것이 사명인 이 잡지는 주로 과학기술, 과학지식, 과학영농, 의학위생, 전자전기, 천문지리, 군사, 환경, 생활과학, 외국의 과학 동태 등 다양한 기사를 싣고 있다. 치부(致富) 방법 등도 소개하였다.

현재 연변대학 도서관에 소장되어 있다. 1958년 1월호와 1966년 53기에서 61기까지 DB화하였다. (김성남)

참고문헌

『대중과학』 창간호, 1964년; 車培根·吳泰鎬, 『中國朝鮮民族言論史』, 서울대학교출판부, 1997; 최상철, 『중국조선족 언론사』, 경남대학교출판부, 1996.

대중문예

1977년 길림시 조선족문학관에서 창간한 문학잡지이다. 『군중문예(群衆文藝)』 편집부에서 편집하고 길림시조선족문화관에서 출판, 연변일보사에서 인쇄했다. 계간으로 발행되다가 1982년 제호를 『도라지』로 바꾸었다.

문화대혁명이 마무리 되면서 길림吉林시에서 처음 나온 문예잡지이다. 내용은 이전 시대의 정치적 선동과 구호는 보이지 않고 새로운 시대의 생활에서 일어나는 다양한 소재들을 다룬 소설과 시, 단편들로 이루어져 있다.

1980년 3호부터는 〈전투실화〉란이 없어지고 수필과 그림 난이 추가되어 있다. 노래는 「봉선화」, 「정든 사람아」 등 서정적인 민속가요들을 악보와 함께 소개하였으며, 시와 수필은 사랑과 고향 등을 다룬 서정적 내용들로 이루어져 있다.

1980년 제4호 누계 9호의 목차를 보면 소설, 시, 수필, 만담과 옛이야기, 단평, 노래와 그림으로 구성되어 있다.

단편소설 「개고기」에는 특별히 편집자의 말을 달아 "「개고기」는 세상에 태어나기 바쁘게 반우파투쟁의 세파에 모대기다 당에 대항하고 당을 공격한 대독초로 몰리웠으며 작자 김동구는 우파분자란 감투를 뒤집어썼다. 4인 무리가 타도되고 동란이 가신 문예의 백화원에 오늘 우리는 단편소설 「개고기」를 다시 세상에 내놓는다. 「개고기」는 불과 3천자밖에 안되지만 간결하고 함축성이 강하며 풍부한 데서 사람들은 「개고기」를 모파쌍식의 소설이라 평가하고 있는데 이는 과언이 아니다"라며 이 작품으로 수난을 당한 작가를 소개하고 이를 다시 세상에 내어 놓는다고 하였다.

수필 「추석날」은 추석 전통 옛이야기, 「주몽왕」은 고구려 시조 주몽에 대한 이야기를 서술하고 있고, 단편 「민족언어의 진가를 살리자」 등 민족 언어와 문자에 대한 중요성을 강조 하는 등 조선민족 특유의 언어와 정서를 깊이 드러내고 있는 글들이 많이 보인다.

현재 연변대학 도서관에 소장되어 있다. 1980년 2~4호를 DB화하였다. (김성남)

참고문헌

『대중문예』, 1980년, 2, 3, 4호; 車培根·吳泰鎬,『中國朝鮮民族言論史』, 서울대학교출판부, 1997; 최상철,『중국조선족 언론사』, 경남대학교출판부, 1996.

대한메리야스공업협동조합연합회회보
(大韓메리야스工業協同組合聯合會會報)

1966년 7월 창간된 월간신문이다. 발행인 겸 편집인은 김의준金義濬, 발행처는 서울 종로구 신문로 1가 48번지(대한메리야스공업협동조합연합회), 1부당 구독료는 20원이다.

회보 발행주체인 '대한메리야스공업협동조합연합회'는 메리야스업자들 간의 이익을 도모하고자 1953년 5월 16일에 발족되었다. 이사장은 김항복金恒福, 부이사장 박덕수朴德守 외 2명, 상무 정영욱鄭榮旭, 각도이사 17명 등으로 구성되었다. 이사장 김항복은 평남 출신으로 일본 와세다早稻田대학을 졸업하고 숭실전문학교 교사, 평양 숭인학교 교장 등을 역임하였고 신흥섬유공업사新興纖維工業社(주)를 운영하였다. 조합은 중소기업은행에서 공동사업자금을 융자받아 분배하고 원료 공동구매사업을 실시하여 조합원에게 분배하는 등의 역할을 했다.

이 회보는 메리야스공업에 대한 정부정책을 선전하고 조합원 간 정보를 교류하며 메리야스 공업의 기술향상을 도모한다는 목적으로 발행되었다. 현재 창간호는 확인되지 않는데, 제2호(1966년 8월 25일 발행)는 총 22면으로 이루어져 있다.

1면은 메리야스공업의 기초인 면사 가격과 수급정책에 관한 기사가 실렸고 연합회 인사이동 기사, 회관증축 등 연합회 간 소식이 실렸다. 하단에는 일신방직과 전남방직의 광고문으로 이루어져 있다. 2면은 메리야스류 군납 단체계약 현황과 납품완료된 상황, 메리야스류 수출 달성 현황 등의 기사와 메리야스 직조 관련 기능공훈련사업에 관한 기사가 실렸다.

3면은 외국 메리야스 기술자의 국내 공장 기술훈련을 소개하고 있는 내용, 협동조합 단위로 면사를 공동구매한 내용, 수출물량 선적기사, 메리야스공업계의 가동률을 조사한 기사, 가내공업센터 설치 관련 기사로 구성되었다. 4·5면은 수출검사기관 관련 정부정책 기사가 게재되고, 업계 대표자 회의의 「섬유공업 합리화 방안」이 실렸다.

6면·7면은 동남아통상사절단에 참가한 연합회 전무이사 상계식尚桂植의 글이 게재되었는데, 순방일정과 함께 동남아 시장을 분석한 글과 시장조사보다 소비상품 견본과 가격조사가 더 선행되어야 한다는 것과, 한국에 대한 인식을 제고시키는 일이 무엇보다 급선무임을 강조하고 있다.

이어 8·9면의 「도표로 본 메리야스 공업 백년사」에서는 연도별 종류별 생산량 추이 등을 그래프로 일목요연하게 제시하고 있다. 10면에는 「소비자를 위한 제품소개」라는 제목으로 '스타킹'의 제조방법, 제품 특성을 설명하고 있고, 11~13면은 메리야스 제조와 관련된 전문적인 기사로 「프레스가공에 대하여」, 「메리야스를 위한 방적원료」, 「섬유공업에 있어서 품질관리」 등의 글이 실렸다. 16면은 「조합순방」으로 메리야스협동조합의 생산현황과, 「공장탐방」으로 개별 공장에 대한 소개기사가 실려있다. 17면은 가내공업센터 설립에 관한 진행상황이, 18면은 메리야스 가공법 소개, 20면은 「메리야스 공장의 품질관리」, 21면은 염색가공법 등의 내용으로 구성되었다.

신문의 구성은 뚜렷한 면별 구분 없이 제조기술이나 공업현황, 이후 전망 등에 관한 내용으로 채워져 있다. 이 신문은 그다지 체계적이지는 않지만, 1960년대 메리야스공업의 현황을 보여주며 메리야스공업에 대한 정부정책과 업자 간 연합회 활동이 어떻게 진행되었는지를 알 수 있는 자료이다.

국회도서관에 소장되어 있는 1966년 8월 25일자(제2호), 1966년 9월 25일자(제3호)를 DB화하였다. (이병례)

참고문헌

大韓메리야스工業協同組合聯合會 편, 『韓國메리야스工業總覽』, 1966; 『동아일보』, 1953. 5. 21; 『大韓메리야스工業協同組合聯合會會報』, 1966년 8월 25일자(제2호), 1966년 9월 25일자(제3호), 大韓메리야스工業協同組合聯合會.

대한비판신문

(大韓批判新聞)

1960년 11월 13일에 창간하였다. 종간호 여부는 확실치 않다. 주간신문으로서 발행 겸 편집·인쇄인은 이계홍李桂洪, 발행소는 서울특별시 중구 동자동 12-31번지였다. 대판 4면 발행으로 16단제에, 1단 11행을 채택했다.

창간사인 「엄정중립이 우리의 신조」에서 "언론보국의 중대사명을 스스로 자각하고 그에 좌시하고저 여기에 고고성을 울린다. (중략) 본지는 선의와 양심으로서 진실은 진실대로 비평하고 보도함으로써 올바르고도 공익을 위한 여론계도를 그 전부의 사명으로 삼는 것이다. (중략) 엄정중립과 시시비비로서 언론이 지닌 바 사명완수 속에 일로매진이 있을 뿐, 우리는 우리들의 신조로 삼고 있는 것이다"고 하여 '엄정중립'을 강조하고 있다.

창간호 1면의 기사들을 일별하면, 「청년층 기성세력을 불신」이라는 제목이 가장 눈에 띈다. 다음 기사로는 「통일세력 못갖춤이 한, 현실 유리한 공론」이 있으며 〈주간시비〉와 〈주간만평〉을 두고 있다. 2면에는 경제면으로 〈신문열람실〉을 두었고 3면은 사회면, 4면은 문화면으로 〈시사해설〉란을 마련했다.

이 신문 역시 우후죽순격으로 생겨난 4·19혁명 이후의 신문들과 마찬가지로 특징적인 면모는 별반 찾아볼 수 없다. 다만 언론 활성화의 계기를 맞아 탄생하였다가 사라진 신문이라고 할 수 있다.

국회도서관에 마이크로필름으로 소장되어 있으며, 창간호가 DB로 갈무리되어 있고 DB 상태는 양호하다. (전상기)

참고문헌

『대한비판신문』 창간호, 1960년 11월 13일자; 『한국신문백년〈사료집〉』, 한국신문연구소, 1975.

대한상공일보

(大韓商工日報)

1967년 11월 20일 창간된 일간 신문으로 大版 4면(창간호는 12면)으로 발행되었다. 발행 겸 편집인은 박삼준朴三俊, 편집국장은 서재학徐載學이다. 발행처는 서울 종로구 낙원동 251번지(대한상공일보사), 구독료는 140원이다.

신문 편집부는 「창간사」에서 발행 목적을 다음과 같이 밝히고 있다.

"새로운 세대의 새로운 경제풍토 속에서 창간을 보게 되었다. 이 새로운 경제풍토를 신문이라는 거울에 비쳐 보려는 것이 본지의 뜻이며, 거기에 비친 우리 경제의 모습 속에 이지러진 부분이 엿보이면 그것을 바로잡으려는 것이 본지의 사명이며 그러는 과정에서 우리 경제의 건전한 발육과 성장을 꾀하려는 것이 본지의 목표가 되는 것이다. 앞으로 본지는 한편으로 경제성장을 효율적으로 이룩함에 있어서 잘 눈에 띄지 않는 분야에서 그 추진의 일익을 맡고자 하는 동시에 성장에 따라 새로이 부딪치는 문제들에 대하여 올바른 방향과 최선의 방법으로 극복할 수 있다고 믿는 소신에 따라 우리의 솔직한 견해를 밝힘으로써 응분의 기여를 하고자 한다."

발행 겸 편집인 박삼준은 「창간에 즈음하여」에서 "정론正論신속의 권위가 되고 상공흥국商工興國을 이룩함에 있어 전 상공인의 반려로서 대변을 자담自擔, 앞장설 것과 새 세대 새 생활을 창조하기 위하여 그 밑바탕을 이루고 있는 과학기술을 개척하여 나가자는 것을 사시로 삼고 (중략) 본보는 앞으로 딱딱한 일반 경제신문의 구태舊態를 탈피하고 참신한 맛을 풍기는 신문을 만들어 일반 재계, 상업계는 물론이고 제조공업에 있어서는 생산하는 기업인, 기술자와 삼부 각 기관을 비롯하여 각 경제단체, 정치 사회 문화 및 가정에 이르기까지 호흡을 같이 하여 (중략) 보도와 논평을 신속히 엮어나가는 대중지의 구실을 다하고자 한다." 라고 신문의 방향을 제시하였다. 즉 상공인들만을 대상으로 하는 것이 아니라 정부와 일반 대중까지 망라하여 상공업에 대한 이해를 촉진하고 협력하여 상공업 진흥을 도모하겠다는 것이다.

이 신문은 공장자본금 7백만 원, 부동산 7천만 원, 동산 1천만 원, 공장시설 6천만 원을 자본내역으로 하여 출발하였는데, 창간 3대 사업으로 상공대상제도 제정, 기술수습공 일본 파견, 위문수첩 보내기 운동 등을 계획하였다. 1971년 5월 22일 『한국경제일보』로 제호가 변경되었다.

창간호 1면에는 자체의 창간사와 사장의 창간에 대한 각오, 수입제한에 대한 미국 측 입법조치 관련 기사, 신문이 지향하는 3대 사업을 소개하고 있다. 2·3면은 각계의 창간 축사가 실렸고, 4면은 「돈과 기업」이라는 제목 하에 금융 자금이 대기업에 집중되어 있음을 비판적으로 접근한 기획 기사가 실렸다. 5면에는 창간 특집으로 「한국공업화에의 지름길」(한만춘韓萬春)이 게재되었는데, 공업화를 위해 가능한 자본과 기술을 최대한 동원할 것을 주장하고 있다. 5면의 「산업구조 개혁단계는 오다」에서는 연료부족에 대한 문제점을 지적하고 있고, 6면에는 경제상황을 진단하는 단편적 기사가 실렸다. 9면에는 서울의 각 지역 시장을 소개하는 「서울의 시장백태」가 실리고 여러 면에 걸쳐 기업 측의 창간 축하 광고가 실렸다.

이 신문은 특정업체를 비호하고 일부 업체를 지나치게 비방하여 공정성을 유지하지 못했다는 이유로 여러 차례 신문윤리위원회로부터 경고를 받기도 했다.

국회도서관에 소장된 창간호(1967. 11. 20.)를 DB화하였다. (이병례)

참고문헌

한국신문연구소 편, 『한국신문백년』, 1975; 『경향신문』, 1968. 5. 11; 『매일경제』, 1969. 11. 15; 『대한상공일보』, 대한상공일보사, 1967. 11. 20.

대한전광시보

(大韓電鑛時報)

1966년 6월 23일 창간된 전기·광업 관계 특수전문지로 大版 4면의 주간신문이다. 발행 겸 편집인은 고하윤高河潤 주간은 박양수朴良壽, 주필은 장세교張世喬이다. 발행처는 서울 종로구 공평동 55번지(대한전광시보사)이고 월 정가 60원이다. 1968년 6월 23일부터 『전광산업신보電光産業新報』로 제호가 변경되었다.

이 신문은 상공부 산하 각 국·공·민영 기업체와 관련이 있는 뉴스 전반을 취급하는 한편 전기 광업 종사원을 대변하고 전광업 언론을 창달하고자 발간되었다.

　제3호(1966. 7. 7. 발행) 1면에는 2차 5개년 계획에 대한 박정희 대통령의 지시사항, 농어촌 전화시설 확충 계획 기사, 석탄 수송력 확보 방안, 수출특화산업 자금 융자대상 심의위원회 설치 등 정부 시책 관련 기사가 실렸다. 하단에는 정부 기관 인사이동, 상공부 직제개정 등의 소식으로 구성되었다.

　2면은 수출공업지대와 일반공업지대 조성 계획과 관련한 기사와 공장의 지방분산 필요성에 관한 내용, 1966년도 주요물자 수급계획 수정 기사, 미국 월스트리트 저널지가 분석한 「재인식해야 될 한국의 산업개발」이 실렸다.

　3면에는 서울건설사무소 발족 기사와 과학기술 진흥책 관련 기사, 석탄공사 상반기 생산실적, 시내 전차 스피드화 추진 기사 등의 내용으로 구성되었다. 4면은 일본과의 기술제휴나 합작투자 현황, 가정용 연료의 공급 문제, 일본에 대한 기술연수생 파견 난관 등의 기사가 실렸다.

　제4호(1966. 7. 14.)의 1면은 화천수력전기 증설 경과와 2차 전원電源개발 5개년 계획의 목표, 실행현황이 게재되었고, 2면은 통신사업 확충 계획에 따른 8개면 통신망 신설계획 기사와 국정감사 보고서가 실렸다. 3면은 과학진흥 5개년계획 수립 기사와 전기통신공사업법에 따른 전신전화 시설 공사시 변동된 내용및 그에 대응하는 업계 측 반응이 게재되었다. 4면에는 광업개발 조성을 위한계열화 계획 기사와 제11회 태평양학술회의 개최 상황 보고 내용 등이 실렸다.

제5호(1966. 7. 21.) 〈사고社告〉에는 신문 발간 방향에 대해 다음과 같은 5개의중점 사업 내용을 밝히고 있다.

첫째, 전문서적 발간. 창간기념사업으로 우선 '전기 공업사전'을 편찬 발간한다. 둘째, 전광업 학술지도. 전광업에 관한 최근의 학술적 성과를 신문지면에 최대한 수록, 특히 공대工大, 공고工高 수준의 전광업 학술강좌를 특설한다. 셋째,전광업론 특강. 전기 및 광업에 관한 사회과학적 최근의 성과를 주필 장세교가중심이 되어 동同 지상紙上에 강술한다. 넷째, 독자의 소리 설치. 전광업인의 진정, 소송, 제언 등을 수시 접수하여 이를 게재하는 난을 설치한다. 다섯째, 토론의 광장을 마련. 학술 및 시사업계 동태에 관한 진솔한 토론의 기회를 갖기 위한광장을 설치한다. 이러한 중점 사업 방향에 따라 제13호(1966. 9. 15.)부터는 편집내용을 쇄신하고 발행부수를 늘리고자 하였다.

신문은 지면별 뚜렷한 구분 없이 구성되었고 전체적인 내용은 정부의 공업관련 정책과 짤막한 경제 관련 소식으로 이루어졌지만, 2차 경제개발 계획 추진중 공업화 관련 정부시책과 기업 측의 동향, 특히 전기 에너지 개발, 공급, 광산업과 관련한 2차 5개년 계획의 내용을 확인할 수 있는 자료이다.

국회도서관에 소장되어 있는 제3~5호(1966. 7. 7.~7. 21.), 7~10호(1966. 8. 4.~8. 25.), 12~13호(1966. 9. 8.~9. 15.), 15호(1966. 10. 6.), 23~25호(1966. 12. 1.~12. 15.)를DB화하였다. (이병례)

참고문헌

한국신문연구소 편, 『한국신문백년』, 1975; 『대한전광시보』, 대한전광시보사.

대화
(對話)

1965년 11월 10일 한국 크리스챤 아카데미에서 창간한 계간 잡지이다. 1965년부터 1977년까지 발행되었다. 발행 겸 편집인은 강원룡姜元龍 목사였고, 창간 당시 한국 크리스챤 아카데미의 고문으로는 백낙준(연세대학교 명예총장), 한경직(영락교회), 김활란(이화여대 명예총장), 이환신(대한 감리교 총리원 감독), 알프레드 슈미트(Alfred Schmit)가 있었다.

『대화』는 한국 크리스챤 아카데미에서 발행한 잡지이다. 한국 크리스챤 아카데미는 강원룡 목사가 조직한 한국기독교사회문제연구소의 후신으로 독일에서 일어난 아카데미 운동을 한국 실정에 맞게 운영하려는 단체였다. 아카데미 운동은 독일에서 일어난 것으로 에버할트 뮐러(Muller. E.)가 주창했다. 뮐러는 제2차 세계대전 이후 폐허가 된 독일을 재건하는 것은 정신적 토대부터 행해져야 한다고 하면서, 독일의 주요 도시에 아카데미 하우스를 세우고 독일 사회 각 분야의 지도자들로 하여금 숙식을 하면서 2~3일씩 당면문제에 대해 대화하도록 하였다. 강원룡은 1962년 뮐러를 만난 것을 계기로 한국의 실정에 맞는 아카데미 운동을 계획하였고 곧이어 모임이 열리었다. 이 모임들 중 몇 개를 골라 정리하여 실은 것이 『대화』였던 것이다.

따라서 『대화』에 실린 주제들은 정치, 경제, 사회, 문화에 걸친 매우 다양한 것들이었다. 창간호에서는 한국 사회의 성격과 문제점을 진단하고 이를 통해 아카데미의 방향을 정하자는 내용을 시작으로 〈군대 안에서 군목의 역할〉, 〈자립경제와 외국원조〉, 〈평신도운동에 대하여〉, 〈선교와 봉사〉, 〈한국 근대화와 여성의 역할〉, 〈문학과 현실〉, 〈6세 이하 유아교육〉, 〈정실문제〉, 〈새 세대 형성〉, 〈한국 민주화의 과정〉 등 다양한 주제의 글이 실렸다. 이후 『대화』는 "새 사회

건설을 위한 문제제기의 잡지"라는 슬로건을 내세우며 한국사회의 발전을 위한 문제를 조사 연구하는 것에 중점을 두었다. 1967년에는 〈도시화와 생활환경〉, 1968년에는 〈한국 노동운동의 현실과 장래〉, 〈입시폐지와 교육 정상화〉 등의 주제로 모임을 가졌으며 1970년에는 공업화와 도시화로 비인간화 되어가는 한국사회에 대해 〈인간화〉라는 주제를 대화의 주제로 삼기도 하였다.

한국 크리스챤 아카데미는 1967년 수유리에 아카데미하우스를 준공하고 아카데미에서 주체하는 모임과 참가자들, 회원들, 각종 학회·문화 단체·기업체 등의 모임을 위해 사용하도록 하였다. 1974년에는 중간집단교육을 하였는데 이는 노동자·농민·여성·교회·청년학생 등 5개 분야의 지도자를 대상으로 사회문제에 대한 의식화교육을 시키고 조직하려는 목적을 가졌다. 교육의 내용은 정치·경제·사회·문화 등 제분야에서의 양극화 현상을 막고 자유와 평등을 실현할 수 있는 인간화 사회를 건설한다는 것이었다. 1979년에는 '용공써클 조직, 불온서적 탐독'혐의로 간사 6명이 구속된 소위 크리스챤 아카데미 사건을 겪기도 했다. 1990년도에는 인간화의 가치와 생명의 가치를 실현하는 생명공동체 형성을 이념으로 내세우고, 이를 위한 기초 작업으로서 부설 기관인 '바람과 물 연구소'를 설립, 생명가치의 사상을 연구하고 있다. 2000년 크리스챤 아카데미는 대화운동, 대화문화 창조를 부각시키고자 재단명칭을 '대화문화아카데미'로 변경하여 현재에 이르고 있다.

『대화』는 현재 국립중앙도서관, 국회도서관, 가톨릭대학교, 고려대학교, 대구대학교, 동국대학교, 서강대학교, 서울여자대학교, 서원대학교, 연세대학교, 이화여자대학교, 중앙대학교에 소장되어 있고, 이를 DB화하였다. (이혜린)

참고문헌

『대화』(1965년 1호~1970년 17호); 이우재, 「1929년 크리스챤 아카데미 사건」, 『역사비평』 (12), 1991; 한국민족문화대백과사전(한국학중앙연구원 http://encykorea.aks.ac.kr/).

도라지

1982년 창간된 문학잡지이다. 『도라지』 편집부에서 편집하고 길림시조선족군중예술관에서 출판, 흑룡강일보사에서 인쇄하였다. 1977년 길림시조선족문화관에서 창간한 『대중문예』가 그 전신이며, 계간으로 발행되다가 1984년부터 격월간으로 발행하였다.

순수 문학지로 다양한 형식의 창작 작품들을 소개하여 많은 작가들에게 작품 발표의 장을 제공하고 있다. 내용은 소설, 시, 민담, 수필, 동화, 평론, 노래, 미술 등을 담고 있다.

1983년 제1호 첫 페이지에 실린 논설 「대중문화사업을 잘하여 정신문명 건설에 이바지하자」에는 조선민족의 대중문화운동에 대한 입장과 방향을 설명하고 있다. "우리 길림지구는 다민족이 집거하는 고장이다. 여기서 소수민족문화사업을 활발히 진행하는 것은 여러 민족의 단결을 강화하는 데 극히 중요한 의의를 가진다. 특히 조선민족은 우리지구 소수민족 중 다수를 점하며 그들은 문화를 사랑하고 노래 잘하고 춤 잘 추기로 소문났다."라며 조선민족의 특징을 설명하고 이러한 우세를 발휘하여 더욱 조선족군중문화사업을 발전시켜 나가야 한다고 하였다.

1984년 제2호 목차를 보면, 소설 「노을 비낀 마을」, 「여울」 등 8편과 시가 「중소친선의 노래」, 「애정시」 등 20여 편, 민담 「무궁화」 외 3편, 평론 「소설에 대하여」 등이 있다. 그리고 〈도라지문학상 현상작품 모집통지〉와 〈송화강 문학상 현상작품 모집통지〉에서 우수한 조선문학 작품을 공모하는 광고를 게재하였는데, 그 우수작품의 기준은 "문예가 인민대중과 사회주의를 위해 복무하는 방향을 견지한 것이어야 하며 우리 민족의 특색이 진한 것이어야 하며 부동하고 특색 있는 인물형상을 생동하게 부각한 것"이라고 하였다. 노래 「종달새」와 수

채화「봄빛」등 서정성 가득한 노래와 그림들도 소개하고 있다.

1983년 제3기에는「식민지하에 조선 가요」를 게재하였는데, 이에 대한 독자들의 감동과 칭찬 가득한 독자 후기가 실려 있기도 하다.

1985년 1호에서 김철은「『도라지』잡지를 공개발행에 즈음하여」라는 축하글에서 "도라지 도라지 심산에 피여나는 웃음이겠지요. 지금은 그 뿌리 내려 겨레의 보람을 떨치려는 꽃. 돌틈에 억세게 박은 그 뿌리 해별과 감로도 한데 받아서 더 이쁘게 피여나라요. 그러면 새도 날아와 노래를 하고 나비도 찾아와 춤을 추리다. 아무렴 송화강의 풍만한 젖줄기 물고 겨레의 마음 속에 영원히 피여 기쁨을 주소서 꿈을 주소서."라는 축하글을 실었다.

1993년부터는 〈도라지 초대석〉에서 명망 있는 작가들의 문예작품들을 게재하고 있는데, 이곳에 실린 작품들을 평가 심사하여 시상도 한다. 현재『도라지』는 중국출판대외무역공사를 통해 해외에도 판매되고 있고, 홈페이지도 운영하고 있다.

연변대학교 도서관에 소장된 1983년에서 2003년까지의 발행본과 국회도서관 소장본 중에서 2008~2011년 사이의 발행본이 DB화되었으며 일부 결본이 있다. (김성남)

참고문헌

『도라지』1882년; 車培根·吳泰鎬,『中國朝鮮民族言論史』, 서울대학교출판부, 1997; 최상철,『중국조선족 언론사』, 경남대학교출판부, 1996.

도서
(圖書)

1960년 5월 1일에 창간된 서적 관련 전문잡지이다. 발행인은 정재표鄭載杓, 주간 겸 편집은 송재오宋在五이다. 제자題字는 향석香石 김용진金溶鎭이 썼다. 발행처는 현대사, 인쇄소는 동아출판사공무부이다. 정가는 100원이다. 1960년 12월 제2호부터는 발행소가 서울시 종로구 관철동 112 을유문화사(사장 정진숙鄭鎭肅)로 바뀌었다. 1968년 7월 통권11호로 종간되었다. 본래 격월간으로 발행할 계획이었으나 실제로는 비정기적으로 발간되었다.

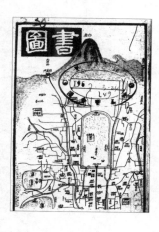

동서고금의 서적 관련 잡지인 『도서』는 창간호의 「편집후기」를 통해 다음과 같이 잡지의 발간 목적과 취지를 밝히고 있다.

"요사이 흔히 듣는 일이지만 나날이 책자의 품격이 떨어진다는 말이다. 그것은 곧 출판의 격 증 책자의 범람에서 오는 여폐餘弊로 책자를 일개의 상품으로 다루는 데서 기인되는 것이 아닌 가도 하다. 사실 누구나가 공인하고 있는 이 선배에서 물려받은 지상지고한 책자의 위치를 서로가 다시 한 번 깨달아 보았으면 하는 것이다.

이것이 본지 발간의 사명의 하나이기도 하고 나아가 그 책을 더욱 아끼고 사랑하며 또한 그 속에서 즐겨 살고 싶어 하는 것 다시 말하면 고상전아高尙典雅한 책자에 대한 취미를 보급하고 길렀으면 하는 것이 구체적인 본지 발간의 취지라고 할 수 있을 것이다. (중략)

본지는 동서고금의 서적에 대한 연구 발표라든지 그 제작에 대한 고찰, 수필 등등을 중심으로 될 수 있는 한 대중적인 독서지로 만들었으면 한다."

위와 같은 취지에 따라 이 잡지에는 서적 관련 연구와 동서고금 도서 소개, 출판계 현황과 동향 등에 관한 글들이 게재되었다. 특히 고서古書에 대한 연구 논문이나 보고서가 주요한 부분을 구성하고 있다. 창간호에 실린 박종화朴鍾和

의 「김정희金正喜선생 제주濟州 이후 찰한札翰」과 김원룡金元龍의 「정리자판整理字版 오륜행실도五倫行實圖」, 이후에도 김상기金庠基, 이상백李相佰, 이기문李基文, 이가원李家源, 김화진金和鎭, 김약슬金約瑟, 이겸로李謙魯 등의 고서 해제와 관련 글이 실렸다.

〈서가소진록書架掃塵錄〉에는 서적 소개와 더불어 그와 관련된 출판사, 판본, 서문序文, 팜플렛의 의미 등 흥미 있는 다수의 글이 게재되어 있다. 연재물로는 「애서광노-트」가 있다. 또 1964년 제6호부터 1966년 제10호까지 연재된 안춘근安春根의 「현대출판문화사략」은 한국 출판계의 역사와 동향을 고찰할 수 있는 자료적 가치가 있다고 본다.

그리고 이 잡지에서는 새로운 문헌을 발굴하여 자료적 가치를 더했으며, 맨 마지막에는 국내출판도서류별 목록을 실어 도서 정보를 제공하고 있다.

『도서』의 발행은 도서가 곧 문화재라는 애서운동愛書運動을 실천하고, 소잡지 운동의 가능성을 시사한 의미 있는 활동이었다.

국회도서관에 소장되어 있는 1960년 5월 통권1호부터 1968년 통권11호까지 DB화하였다. 1961년 통권4호는 결락되어 있다. (구수미)

참고문헌

『도서』, 1960년 통권1호~1968년 통권11호, 현대사.

도서관보
(圖書館報)

1963년 9월 9일 발행된 잡지이다. 편집 겸 발행인은 김계숙桂淑이며, 발행은 서울대학교 중앙도서관, 인쇄는 서울대학교 출판부이다. 비매품으로 발행되었다. 발행 간기는 일 년에 한 번이다.

창간사는 당시 서울대학교 도서관장인 김계숙이 썼다. 김계숙은 창간사에서 "초창기의 혼란, 6·25동란으로 인한 혼란 등으로 인하여 그 기능은 거의 마비되어 있었으며 그 여파는 아직까지도 완전히 가셔지지 않고 있다"라고 쓰고 있다.

예산 및 전문인력의 부족, 대학도서관의 기능에 대한 이해가 부족한 상황에서 새로운 종합목록의 계획과 함께 도서관의 현황 및 업무 실적을 알리려는 목적을 가지고 있었다는 것을 알 수 있다.

1963년 9월에 발행된 창간호에서는 서울대학교 도서관의 연혁, 도서관 현황, 도서관 계획, 법령 및 규칙을 다루고 있다.

초창기 발행된 잡지는 주로 도서관 내 장서 및 마이크로 필름의 목록 등과 같이 현황을 소개하는 데 지면을 할애하고 있으나, 이후에는 도서관에 관련된 기고문과 자료현황을 나누어 싣는 경향을 보인다.

특히 1973년, 1975년에 발행된 『도서관보』에서는 '서울대학교 도서관 종합화'를 주제로 한 특집기사를 싣고 있다. 그 밖에도 미국의 대학도서관에 대한 기사도 실리는 등 도서관 전반에 관련된 다양한 기사들이 실렸다.

그 밖에 〈자료〉 코너에서는 서울대학교 도서관이 소장하고 있는 한국고활자본, 호구장적, 수입도서, 마이크로필름, 고지도 등의 자료목록을 소개하고 있다.

『도서관보』는 현재 서울대학교 도서관에 소장되어 있으며, 일부는 원문으로

제공이 가능하다. 한편 『도서관보』의 기능은 현재 『서울대학교 도서관보』가 대
신하고 있으며 비정기적으로 간행되고 있다. 국회도서관에 소장되어 있는 『도
서관보』 1권 1호, 2권, 4권, 5권, 8권 1호, 8권 2호, 9권 1호, 10권, 11권을 DB화
하였다. (김강산)

참고문헌

『도서관보』, 서울대학교 도서관 , 1963년 창간호~1975년 11권.

독립산업신보

(獨立産業新報)

1965년 12월 11일 창간된 주간 경제지이다. 발행·편집·인쇄인 문봉제, 주간 최상덕, 고문 이재학, 임철호, 임흥순, 기획위원 강성부, 구용서, 이홍직, 장기영, 정기섭, 정재수 등이 포진하고 있다. 발행소는 서울 중구 남산동 3가 130이며, 8면 발행에 월정구독료 60원이다.

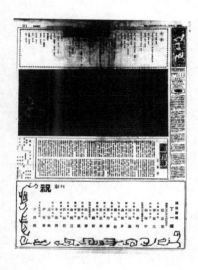

『독립산업신보』의 발행인 문봉제를 비롯하여 주간 최상덕, 고문 이재학, 임철호, 임흥순, 기획위원 구용서, 이홍직, 장기영 등은 모두 자유당 계열 인사들이다. 문봉제는 서북청년회가 내분으로 갈라져 나올 때 위원장을 한 인물이다. 서북청년단은 1946년 11월 30일 창단되었는데 1947년 3월 지청천이 대동청년단을 조직하면서 기존의 청년단체들을 통합하자 이를 둘러싸고 합동파와 합동반대파로 분열된다. 합동파는 이듬해에 대동청년단에 통합되지만 반대파는 문봉제를 위원장으로 서북청년단을 재건하게 되는데 초기의 서북청년회가 김구 노선을 지지한 데 비해 이승만 노선을 추종했다. 이후 서북청년단도 1949년 12월 19일 대한청년단에 통합되는데 문봉제는 서청이 해체된 이후 이승만 정권하에서 치안국장과 총무처 교통부 장관을 역임했다.

이 밖에 임철호는 자유당 중앙당 조직부장과 중앙위원회 부의장으로 활동하였고, 1955년 농림부 장관을 지내기도 했다. 임흥순은 1956년 자유당에 입당하여 총무부장, 중앙집행위원회 간사장 등을 거쳤고, 이홍직은 자유당 선거대책위원장을 지냈다. 장기영은 1949년에서 1952년까지 체신부장관을 역임했으며,

구용서는 한국은행 초대 총재이다.

신문 발행진의 구성이 이러했으므로 문봉제가 쓴 창간사에는 『독립산업신보』의 성격이 뚜렷이 드러나 있는바, "이승만 박사의 반공민주독립노선을 밟으며 나일강 아닌 한강의 기적을 나타내 주기를 바라는 산업경제정책을 지원하고 협조하는 국민의 대변자가 될 것"이라고 그 포부를 밝히고 있다. 또한 실질적인 반공을 위한 경제성장을 촉구하면서 다음과 같이 창간의 변을 서술하고 있다.

"국내경제를 외력에 의존하면서 그 나라의 완전한 자주독립은 있을 수 없으며 우리 자체의 극심한 궁곤을 막지 못하면서 그것을 노리어 잠입하려는 공산적균을 막아 내기는 어려운 일이라고 생각합니다. 반공을 구호로만 외칠 시기는 이미 지났다고 봅니다. 우리가 공산치하에 살고 있는 그 어느 「인민」보다도 더 잘 살게 됨으로써 붉은 마수를 쉽사리 꺾을 수 있으리라고 믿습니다. 이런 의미에서 제3공화국 정부가 산업을 장려하고 개발 확충하는 열의를 띠고 실천하려는 그 노력에 대하여 그 결과는 두고 보아야 할 일이지만 우선 국민의 주시와 기대가 크다고 보는 바입니다."

2면에는 「성장에의 강렬한 의욕」, 「대중 궁핍화 촉진 우려」 등의 기사가 실려 있으며, 3면에는 「정계기상도」라는 난을 두어 정가의 움직임을 살피는 한편, 「물가는 과연 현실화될까」 등의 기사를 함께 싣고 있다. 4면에는 당시 정국을 들끓게 했던 한일회담 문제를 다루고 있는데 「한일국교정상화 뒤에 오는 것」이라는 제목으로 주요 인사들의 이에 대한 생각을 묻고 있다. 이 밖에 8면에 이르기까지 각 분야의 경제 관련 기사를 싣고 있다.

국회도서관에 마이크로필름 형태로 보관되어 있으며 이를 DB화하였다. (임경순)

참고문헌

『독립산업신문』, 1965. 12. 11.; 윤임술 편, 『한국신문백년지』, 한국언론연구원, 1983; 이상기, 「서북청년회와 해방정국의 암살자들」, 『말』, 1992. 7.

동백
(冬栢)

1964년 2월 28일 창간되었다. 연간이다. 1965년을 건너뛰고 1966년에 속간하였다. 1968년 제4호로 종간되었다. 제2호부터 제4호까지의 편집인은 학생회 학예부장인 이선옥李善玉, 정선희鄭善喜, 이종항李鍾恒 등이다. 같은 시기의 발행인은 강병두姜炳斗, 김세완金世玩, 이간란李干蘭 등 학장이 맡았다. 발행소는 국민여자초급대학 학생회다. 비매품이다.

국민여자초급대학 학생회가 발행한 교지다. 국민여자초급대학은 1962년 4월에 국민대학교 병설로 세워졌다가 1968년 3월에 폐지되었다. 동백은 이 여자대학의 상징화였다.

『동백』은 주로 화보, 권두언, 교수논단, 특집, 학생논문, 수필, 시, 단편소설 등으로 구성되었다. 제4호에서 교수논문을 교강사논문으로 바꾸고 졸업생의 장章, 보고, 문장의 향연 등을 신설하였다. 학생회장이 권두언을 썼다.

제2호의 특집은 둘이다. 첫 번째는 〈사색과 인생의 노래〉라는 주제 아래 내가 교수가 된 계기, 어머니의 글, 딸의 글, 칼리지 라이프, 후배에게 주는 글, 대학생활과 나 등의 내용으로 교수와 학생의 글을 실었다. 두 번째 특집은 〈여대생의 멋 4제〉로서 프레시(Fresh)한 행동의 멋, 원서原書를 옆에 낀 근시近視의 멋, 계획실천하는 창조인의 멋, 동공에 비친 내면의 멋 등의 제목으로 편집위원들이 공동집필 하였다. 그 외 오세창吳世昌의 특별기고 「한국근대의 여학생사 – 여성교육의 여명부터 여학생의 항일투쟁까지」를 실었다.

제3호의 특집은 〈쥬니어에 주는 글〉로서 반공의 가치관 소고小考, 젊은 세대에게 주는 글, 통도사 기행, 여대생 자치활동고考, 동백과 은행잎의 조화 등으로 구성하였다. 제4호의 특집은 〈나의 20대 회상록〉이었다.

　제2호부터 제4호를 DB로 만들었다. (장신)

참고문헌

『동백』, 국민여자초급대학 학생회.

동북과학기술신문
(東北朝鮮族科技報)

1989년 중국 연길延吉에서 한글로 창간된 과학기술신문이다. 1981년 9월 『연변과학기술신문』이라는 제호로 창간되었다. 1984년 연변과학협회 기관지가 되었으며, 사장 겸 주필은 김봉술이다. 비정기적으로 발행되다가 1985년부터 반월간이 되었으며, 1989년 10월부터 보다 광범위한 조선족 신문이 되기 위한 노력으로 『동북과학기술신문』으로 제호를 바꾸었다.

중앙의 과학기술 정책을 선전하고 현대과학기술을 보급하며 새로운 정보를 수집하여 과학기술 수준과 문화적 자질을 높이는 데 그 발행 목적을 두었다. 과학기술 분야의 선진 인물들을 소개하고 과학기술 정보와 시장 상황 등을 알려주어 직접 경제건설을 위해 필요한 정보와 사례 발굴 등에 많은 지면을 사용하였다.

내용은 고정란으로 〈정책고문〉, 〈농업지식〉, 〈품종소개〉, 〈농사지도〉, 〈치부항목소개〉, 〈사양기술〉 등이 개설되었고 〈천하만사〉, 〈아시는지요〉, 〈생활상식〉, 〈과학구락부〉 등의 생활상식과 취미생활을 위한 내용들도 있다.

1994년 1월 10일 첫 면에는 「벼의 판로는 어디에?」, 「촌민들을 공동부유의 길로」 등 조선족의 생활안정과 농사기술을 위한 기사들이 보이고, 2면 생활 위생면에서는 「심장이 갑자기 멎었을 때」, 「불임증의 식사료법」, 「정서와 이발건강」 등의 기사가 있다. 실용기술로 「나는 과수업으로 치부하였다」와 연변림업과학연구소에서 쓴 「식물의 상친과 상극작용」, 「길림 검정 향기벼」 등 농업 기술지원을 위한 글들이 실려, 과학기술신문으로서의 역할을 하고 있다.

연변대학 도서관에 소장되어 있으며, 1994년 1월호와 2006년 12월호를 DB화하였다. (김성남)

참고문헌

『동북과학기술신문』車培根·吳泰鎬,『中國朝鮮民族言論史』, 서울대학교출판부, 1997; 최상철,『중국조선족 언론사』, 경남대학교출판부, 1996.

동북교육과학

(東北教育科學)

1982년 동북조선민족교육과학연구소 『동북교육과학』 편집부가 편집 출판한 계간 교육 잡지이다. 표지 제호 위에 '조선족 교육리론연구'라는 부제가 있다. 주필은 리광수, 리학철, 계근호이다.

조선민족교육에 대한 교육정보, 보고문헌요지, 상식 등을 소개하고 있는 잡지이다. 주요 내용은 민족교육론단, 사업연구, 탐구와 쟁명, 조사연구, 교육리론, 덕육연구, 교수연구, 교수관리, 국내 교육정보, 외국교육, 민족교육발자취, 교육과학 기초지식, 지식 자료 등의 난이 개설되어 있다.

1991년 1호에 실린 〈민족교육론단〉란에는 연변조선족자치주 인민정부에서 작성한 '민족지구의 특점과 실제에 좇아 기초교육의 질을 높였다'는 글에서 그간의 경험을 바탕으로 기초교육을 발전시킨 방법과 체험을 다음 4가지로 소개하고 있다. 하나는, 기본건설을 틀어쥐고 민족교육의 질을 제고하기 위한 튼튼한 기초를 닦았다. 둘은, 민족교육의 특수법칙을 준수하고 기초교육의 질 제고에 모를 박았다. 셋은, 이중 언어 교수 개혁을 중점으로 민족교육의 전일체적 개혁을 심화시켰다. 넷은, 전반 국면을 돌보는 관념을 수립하고 여러 민족의 기초교육을 공동히 발전하게 하였다. 알림난에서는 조선민족교육에 대한 기초 이론 연구와 응용과학연구의 성과를 반영하며 국내외 교육정보 등을 소개한다는 것과 조선민족교육과학 연구사업을 위해 우수상, 가작상평의 선발활동을 하겠다는 기사를 실었다.

1997년 4호(누계64호) 〈민족교육논단〉에서는 「이중언어 교육의 전략과 그 문제점에 대하여」라는 특집기사에서 조선족의 이중언어 교육에 대한 고민을 심도 있게 다루고 있으며, 〈외국교육〉란은 한국의 교육개혁추진 그 현황과 향후 과제를 소개하였다. 표지는 한복을 잘 차려입은 할아버지와 할머니에게 세배를 올리는 한복 입은 어린이들의 사진을 실었다. 다음 페이지에는 길림성 화룡시 광흥중학교 소개 사진인데, 서예반, 미술반, 재봉반, 축구반, 악기전업반 등 특별활동 사진이 있다.

조선족의 민족성을 지키기 위한 교육계의 고민과 노력이 담겨있는 잡지로 특히 조선어 교육에 대한 교육 논단과 쟁점들이 살아있는 잡지이다.

연변대학 도서관에 소장되어 있으며, 1991년 1월호와 1997년 4월호를 DB화하였다. (김성남)

참고문헌

『동북교육과학』 창간호, 1997년 4월호.

동북저널

중국 장춘長春에서 1999년 창간된 경제시사 주간지로 길림신문사에서 발행하는 해외판 경제시사 주간지다.

내용은 중국 경제에 대한 분석과 해외 경제 동향, 특히 한국 경제 상황에 대한 기사와 광고들이 많은 지면을 차지하고 있다.

중국의 개혁개방정책과 중국식 사회주의 건설 행정에 나타난 제반 최신 성과와 뉴스, 정보, 지식을 담고 있으며 정치, 경제, 문화, 교육, 과학, 관광, 스포츠 등 독자들의 관심사를 폭넓게 다루면서 특히 200만 중국조선족들의 생활현상과 관련 뉴스를 주요 주제로 취급하고 있다.

길림신문사는 중국 조선족언론계에서 최초로(2000년 1월 1일) 인터넷신문을 시작하였고, 길림성 당위의 주최로 길림성 대외 선전을 수행하면서 해외판 종이 신문을 동시에 발행하고 있다. 현재 한국, 싱가포르, 북경, 요녕성, 흑룡강, 산동, 광동, 절강 등 중국 전 지역에 기자들을 파견하고 있으며, 한국, 조선, 일본, 미국 등의 아시아와 유럽, 북아메리카의 민족사회에서 중국 조선족의 대변지로 자리매김 하고 있는 언론사이다.

1999년 8월 12일자를 보면 「두만강 동북아 투자공사 설립추진」, 「외국계 기업 시장조사 규제」, 「중국 하이테크 수출 촉진책 마련」, 「중국인 비자 발급 주중공관에 위임」 등 중국 투자와 중국생활에 필요한 정보들을 다양하게 제공하고 있으며, 한국 상품 광고와 한국 뉴스들도 많이 보인다.

연변대학 도서관에 소장되어 있으며, 1999년 8월호와 2000년 6월호를 DB화하였다. (김성남)

참고문헌

『동북저널』 1999년 8월호, 2000년 6월호; 『길림신문』 인터넷판(www.jlcxwb.com.cn).

동북후비군

1989년 1월 『동북후비군』으로 첫 호를 발행하였지만, 누계는 250호로 표시되어 있다. 1962년 중국인민해방군 연변군분구延邊軍分區 정치부에서 발간하던 『민병의 벗』이 1974년 『동북민병』으로 제호를 바꾸었고, 1989년부터 다시 『동북후비군』으로 개제된 것이다. 주관단위가 심양군구沈陽軍區 정치부, 편집출판은 동북후비군잡지사, 표지인쇄 동북인쇄창, 본문인쇄 연변신화인쇄창이다. 격월간으로 발행되었으며, 주편은 김광룡, 편집은 최청길, 이덕화, 박홍툰이다.

군사잡지로 민병과 예비역 부대의 사업과 교육에 관한 지침과 정책들을 주요 내용으로 하고 있으며, 1989년 『동북민병』의 제호를 『동북후비군』으로 바꾸면서 생활수필이나 소설, 만화, 연애와 가정 등의 난이 신설되었다.

1989년 1기의 목차를 보면 첫마디, 무장전선, 사업연구, 통신, 관찰소, 사건과 사고, 풍류인물, 연애 혼인 가정, 토막소식, 생활수필, 소설, 만화, 치부의 길 등으로 구성되어 있다. 주요 내용은 〈첫마디〉란에 「심양군구 1989년도 민병, 예비역부대 사업 요청」, 〈무장전선〉란에 「형식이 다양한 국방교육을 진행하였다」, 〈사업 연구〉란에 「국방교육가운데서 근본문제를 해결하는데 유의해야 한다.」 등의 군사적 내용과 함께 〈연애 혼인 가정〉란에는 「처녀가 키 작다고 나무랄 때」, 「연인간의 대화에서 주의하여야 할 열 가지」 등의 생활기사와 치부의 길로 「과학기술 치부 강습반을 꾸린다」 등이 있다. 치부하는 방법으로는 토끼나 꿩, 담비 등을 사육하는 방법과 이를 통한 소득 증대 방법을 강습하였다.

2006년 6월에 발행된 398호에는 「군대 모집 개혁을 심화하여 신병의 질을 확보하여야 한다」는 논평이 실려 있고, 「치부의 코기러기」, 「변방초소에 파급된 혼인 생육의 새 기풍」 등의 기사와 과학적 발전관을 지침으로 한 선전 사업에 대한 글들이 많은 지면을 차지하고 있다.

2009년 제1기에는 「과학적 발전관을 지침으로 하며 민병예비 정치사업의 큰 국면을 힘써 열어야 한다」, 「형세의 요구에 순응하고 사업락착을 억세게 틀어쥐며 군구민병 예비역 정치사업의 혁신발전을 추진하여야 한다」 등 혁신적인 개혁발전을 요구하는 글들이 전면에 배치되어 있지만, 치부렬차, 사업연구, 건강지식, 오락실 등의 치부와 생활 관련 기사들이 더 많은 지면을 차지하고 있다. 국제기사로는 2008년 국제 10대 뉴스를 선정하여 상세한 내용을 설명하고 있는데, 그중 북경올림픽 개최와 세계 금융위기 충격, 오바마 미국대통령 당선보다 앞 순위로 "조선 핵문제 우여곡절"이 선정되어 있어 한반도 핵문제에 대한 관심의 정도를 보여주고 있다.

연변대학 도서관에 소장되어 있다. 1989년 250호부터 2006년 398호까지와 2009년 411~416호까지 비교적 많은 양을 DB화하였다. (김성남)

참고문헌

『동북후비군』 1989년 1기, 2006, 2009; 車培根·吳泰鎬, 『中國朝鮮民族言論史』, 서울대학교출판부, 1997.

동서춘추

(東西春秋)

1967년 5월 1일에 창간된 월간종합잡지이다. 주간은 안동림安東林, 편집장은 이말용李末龍, 발행 겸 편집인은 김종완金鍾琬이다. 발행처는 서울시 종로구 당주동 15의 2 희망출판사希望出版社이다. 종간호는 확실치 않다.

발행인 김종완은 「창간에 즈음하여」에서 다음과 같이 잡지의 창간 취지를 밝히고 있다.

"우리가 살고 있는 이 당대가 우리에게는 항상 가장 절실한 때임을 잘 알고 있다. (중략) 돌아보건대 그동안 쓰러지는 비운과 고난 속에서 자라온 숱한 잡지의 경우와 그 역사를 알면서도 다시 종합지를 시작하는 까닭은 당대가 암시하는 그 가능성 때문이다. 확실히 할 수 있는 말은 본지가 잡지의 내용과 체재에 있어서 필연적이고도 당연한 발전의 한 표본이 되고자 한다는 점이다. 흐르고 변모하는 현실과 사회가 요구하는 새로운 잡지를 지향하는 본지는 반드시 현실에 뿌리를 박되 정신적 방향을 모색하는 가지와 잎을 밝은 햇빛을 향해, 그 성숙의 지평으로 피워 올릴 것이다."

이 잡지가 지향하는 것은 무엇보다도 읽히는 잡지, 즉 깊고 어려운 것은 쉽게 풀어서 재미있게 읽도록 하고, 길가에 버려진 돌멩이도 다시 보아서 충분히 쓸 만한 것은 주어다가 쓸 것이라는 점이다. 현실을 객관적으로 조망하면서 사회에서 요구하는 잡지의 표본을 세우고자 하는 강한 의지를 보여주고 있다.

잡지의 특징은 다음의 몇 가지를 들 수 있다.

첫째, 화려한 화보를 통해 볼거리를 제공한다는 점이다.

〈지금 세계 어디에선가는〉에서 세계여행지를 칼라로 소개하고 있다. 세계 각국의 풍물을 이해하기 위한 원색화보를 통해 카메라의 눈을 세계로 돌리면서 일단 독자들의 관심을 끌고 있다.

〈현대사진작가 문제작선問題作選〉을 통해 신인의 좋은 작품을 발굴하여 게재하였다. 이들 사진작가의 작품들은 한국창작사진협회에 의뢰해서 작품전에 출품된 것 중에서 골라 실은 것이다.

〈한국의 도서島嶼〉라는 제목으로 홍도, 제주도 등 한국의 서해, 남해, 동해의 아름답고 특이한 섬들을 사진으로 소개하였다.

이 밖에 주말을 즐기는 사람들, 서민의 생활, 문제작의 고향, 수집가, 동업가족 등 생활에 밀착된 다양한 내용의 화보를 담고 있다.

둘째, 시사성 있는 특집기사를 실어 현실 문제를 직시하고자 하였다.

창간호에는 「비전 없는 문화정책으로 근대화가 가능한가」라는 제목으로 문화정책을 검토하고 있다. 문화의 가치가 과소평가 내지 외면당하는 현실에서 문화의 중대성을 일깨우고자 하는 취지로 보인다. 조규동, 신상옥, 정진숙 등의 기고문들에서 문화 부문의 중요 사안이 논의되었다. 또 김태길의 「전환기의 모랄」이나 송건호의 「후조적候鳥的 정치인상政治人像」, 이갑섭의 「차관, 이대로 좋은가」, 황정규의 「민주적 소화불량증」에 이르기까지 정치문화와 경제 운용의 종속적 배경, 그리고 민주주의에 대한 집단적 무지, 삶의 윤리 등에 초점을 맞추고 있다.

제1권 2호에는 「좁은 땅 넘치는 인구」라는 제목 아래 인구의 증가와 그 파생문제, 즉 식량난, 주택난, 교육의 질적 저하, 극심한 교통난 등을 논하고 있다. 또한 개인의 집단화와 인간의 가치 하락 등의 문제를 더불어 논하여 인구문제의 심각성에 경종을 울리는 글들을 게재하였다. 특별취재 「경제기획원」은 나라의 총예산을 좌지우지하는 이곳이 어떤 곳이고 어떤 인물들이 어떻게 움직이고 있는가를 실제로 들여다본 것이다.

제1권 3호에는 「새정부에 바란다」는 제목 아래 경제정책, 외교정책, 국방정책, 교통건설정책, 보건정책에 관한 기고문이 게재되어 새롭게 출발하는 정부에 바라는 각 방면의 정책을 제시하였다. 또한 신경림의 특별취재 「문교부」, 본지 취재부의 「학원폭력배」와 종합취재 「호텔」 등 사회고발적 성격이 강한 기사를 게재하고 있다.

그리고 「작가 남정현南廷賢 사건의 전말」이 기사화되었다. 작가 남정현 반공법위반 피고사건에 대해 징역 7년이라는 구형이 내려진 가운데, 이 사건은 많은 사회적 관심을 받았고 한국에서 창작활동의 한계를 가려보는 모델케이스로 되었다. 그리하여 본지에서 재판을 둘러싼 검찰 측과 변호인단 쌍방의 논지를 실어 이 사건에 대한 이해와 비판에 이바지하고자 하는 뜻을 밝혔다. 「북괴의 적화전략에 동조 말라」는 공소내용에 대해 한승헌의 「분지憤志를 곡해한 분지焚紙의 위험」과 안수길의 「문단의 하늘을 푸르게 하라」는 변론이 실렸다.

제1권 4호에는 특별기획으로 「현대한국 100인의 생활과 의견」이라는 제목 아래 오늘을 사는 지성인들이 정치, 문화, 경제생활에 어떤 의견을 갖고 있는지 각계를 대표하는 100인의 인사들에게 앙케이트를 조사하여 현대 한국인의 생활관과 정신풍토를 알아보고 있다. 또 화태樺太, 즉 사할린교포의 참상을 공개한 다큐멘터리 「국적 없는 4만인」을 게재하고 있다.

제1권 5호에는 특집 「장張기획을 공개 채점한다」라는 제목 아래 국민의 일상생활에 직접적인 영향을 끼치고 있는 경제기획원장관에 대한 평가를 하고 있다. 이와 더불어 「장 기획원장관에게 묻는다」라는 설문 20가지가 제시되었다. 편집진은 이 특집기사를 통해 위정자에게 보다 유익한 각성제가 될 것을 기대하며 조사 수록한 것임을 밝히고 있다.

또한 경제계의 불황이 지속되는 가운데 외국은행의 국내상륙으로 금융계의 판도가 국제적인 규모로 바뀌는 현실에 어떻게 대응할 것인지를 풀이한 김대수金大洙의 「상륙은행과 토착은행」, 현대인의 피임과 그 부작용에 대한 새로운 방안을 연구한 강재명의 「산아제한, 그 최근 경향」, 복잡한 인간의 성격과 재능을 43가지의 설문으로 테스트하는 법을 소개한 홍몽선의 「성격 진단의 실제」 등의 글이 실려 있다. 「숙명의 라이벌」에서는 라이벌의식의 표본이라 느껴지는 한국 최대의 종합여자대학인 이대와 숙대의 기사를 다루었다.

제1권 6호에는 「사법부는 건재한가」라는 특집 기사가 실렸다. 여야의 정치냉전으로 정국이 경화상태를 지속하고 있는 가운데 6·8선거의 사후처리가 사법부의 판결에 맡겨진 상황 속에서 사법부의 체질을 진단하는 지면을 마련하였다.

그리고 특별취재 「호리꾼」(이종석李宗碩)은 수십 년 동안 자행되던 문화재 도굴단들의 계보를 파헤친 기사이다. 곳곳의 국보를 파헤치면서도 양심의 가책은 커녕 임자 없는 물건을 정리하는 문화재수집가라 자칭하는 이들의 생태와, 그 도굴과 처분 과정을 조사하기 위해 현지를 직접 답사하며 기록하였다.

셋째, 새로운 연재물을 게재하고, 신진작가뿐 아니라 기성작가들의 작품을 소개하였다. 연재물로는 고정훈高貞勳의 「민民」, 조우현趙宇鉉의 에세이 「새벽의 사색」, 양주동梁柱東의 「나의 제자백가」, 역사적 인물들을 재평가해보는 지명관池明觀의 「한국의 인간산맥」이 실려 있다. 이 연재물들은 제1권 6호(1967년 10월호)까지 연재되었다(지명관은 5호까지 연재). 또한 이가원李家源의 「한국의 명저」와 이용선李鏞善의 연재소설 「서학西學」이 실려 있다. 조필대趙必大의 「산정만리」는 여행의 즐거움과 여행자의 사색 및 안내를 줄 수 있는 글이다. 그리고 호마다 기성작가뿐 아니라 신진작가의 시, 소설 등의 창작물이 계속 발표되었다.

희망출판사 사장이기도 한 발행인 김종완은 1925년 충청북도 출신으로 동양외국어전문학교 3년을 수료하였다. 『한성신문』과 『독립신문』 기자, 『대한일보』 조사부장을 지낸 뒤 1951년 희망사를 창립하고 월간대중지 『희망』을 비롯하여 『여성계』, 『문화세계』, 『야담野談』, 『주간희망』 등의 잡지를 창간했다. 한국잡지협회 회장과 대한출판문화협회 이사 등을 역임하였다.

국회도서관에 소장되어 있는 1967년 제1권 창간호(5월호)와 제2호(6월호), 5호(9월호)~6호(10월호), 국립중앙도서관에 소장되어 있는 1967년 제1권 제3호(7월호)와 제4호(8월호)를 DB화하였다. (구수미)

참고문헌

『동서춘추』, 1967년 제1권 창간호~6호, 희망출판사; 『신문백년인물사전』, 한국신문편집인협회, 1988.

동아경제일보

(東亞經濟日報)

1960년 12월 3일에 창간하였다. 종간호는 1961년 5월 28일이다. 박정희의 쿠데타 이후에 단행된 국가재건최고회의 포고 제11호와 공보부령 제1호의 '신문통신발행시설기준'에 따라(1961년 5월 23일 공포, 동월 28일 시행) 이루어진 조치였다. 발행·편집 겸 인쇄인은 조남룡趙南龍, 편집국장은 임호연林豪淵, 발행소는 서울특별시 종로구 견지동 38번지였다. 대판 2면으로 16단제의 1단 13자 체제였고 월정액 5백 환, 1부 20환이었다. 일간경제지로서의 역할을 다했다.

「창간사」를 보자.

"우리는 이와 같은(생활고와 경제건설-인용자) 어려운 시기에 처하여 다소나마 국민경제발전에 이바지하고저 「동아경제일보」를 들고 나왔다. 생산자들의 보다 활발한 생산활동의 길을 막고 보다 시민들의 경제생활을 보강할 수 있는 방도가 무엇인가를 독자 여러분들 다같이 연구하고 개척해나가 보고저 하는 것이다. 따라서 지면 제작에 있어서도 여느 신문과는 달리 시사보도에 치우치는 것을 피하고 잡지적인 신문제작을 해서 그때그때 나타나는 경제현상을 파고들어 내용을 알고 이에 대처하는 것이 무엇인가를 파악할 수 있는 제작태도를 취코저 하는 바이다." 이로 볼 때, 당시의 민생고에 대한 이해와 해결을 위해서 생활에 밀착한 분석과 대안을 모색하고자 했음을 알 수 있다.

창간호 1면의 기사들은 「수출자원 비관할 정도 아니다」, 「중소기업의존이 불리」, 「시장개척도 낙관적」, 「경영합리화가 긴급과제」 등이 보이고, 〈인터뷰〉란에는 한국은행 총재의 기사가 실려 있다.

이 신문은 국민들의 생활고와 한국경제의 문제점에 대해 구체적이고 생생한 정보를 제공하려는 노력이 엿보인다. 그렇기 때문에 시사적인 문제를 보도하는 태도를 지양, 경제 문제에 집중함으로써 경제지로서의 역할을 다하고자 한 점이 특징적이다. 일간 경제지로서의 자기 역할을 다했다고 할 수 있다.

국회도서관에 창간호가 마이크로필름으로 소장되어 있으며, DB 역시 마찬가지로 창간호가 갈무리되어 있고 DB 상태는 양호한 편이다. (전상기)

참고문헌

『동아경제일보』 창간호, 1960년 12월 3일자; 『동아일보』 1961년 5월 28일자; 『한국신문백년 〈사료집〉』, 한국신문연구소, 1975.

동아출판사노동조합뉴스

1961년 2월 20일에 창간되었다. 주식회사 동아출판사 노동조합선전부에서 편집 겸 발행하였다. 매월 20일 발행되었으며, 비매품이다.

제1호 1면에는 뿔뿔이 흩어지는 노조원을 재규합하는 것이 첫 과업임을 선포하며 노조 결성을 알리는 글을 싣고 있다.

동아출판사 노동조합은 1960년 12월 1일 조합원 90여 명이 참석한 가운데 결성되었다. 강창용의 사회로 진행되었고, 준비위원장 김정순이 개회사를 하였다. 공무부장 정일영은 "과거 노조의 전철을 밟지 말고 노사 쌍방이 타협하여 건설적이고 모범적인 노동조합이 되어 달라"는 축사를 하였다. 이어 강령규약을 가결하고, 무기명투표를 통해 김정순 준비위원장이 최고위원으로 당선되었다. 또 수석위원에는 권완필과 박남용, 총무위원에 이용석, 감찰위원 이문식, 조직위원 장효영, 쟁의위원 강창용, 사업위원 정경천, 동원위원 신수산, 조사위원 이병일, 부녀위원 최희선 등의 상임위원이 선정되었다.

1961년 2월 20일 제1호에는 조합원의 독서열과 지식향상을 위한 노동조합 문고 설치, 노조 각부 부원과 대의원 명단, 노조원 척사대회 상황에 관한 글을 싣고 있다. 또한 노조원들이 바라는 노조에 관한 글에서는 주로 노사협조를 원칙으로 해야 함을 말하고 있다.

"자유민주주의 기본원칙에 따라 우리 회사에도 노동조합이 결성되었고 우리 노조 결성의 근본적인 기반은 우리 회사가 있음으로써 우리의 노조가 탄생한 것이다. 노사간의 협조적 정신을 기본으로 조직된 우리 조합은 종래의 여러 노조와는 달리 우선적으로 회사의 발전 향상에 적극적으로 기여하고, 우리의 권리를 찾아 근로기준법과 합치되어야 하는 조합이 있어야만 건실하게 발전할 수 있을 것이다. (중략) 우리는 각자가 명심해서 우리 회사가 국내는 물론이요 세계적 선진국가와 보조를 맞추어 문화사업에 크게 이바지할 수 있도록 노사간의 합리적 협동정신만이 우리 노조가 대 비약 발전하는 길이라는 것을 깨닫고 다 같이 노력해야 할 것이다."

"노조활동은 현 사회 실정에 맞고 대중에게 지지를 받는 노동조합이어야만 할 것이라는 것과 덮어놓고 노동조합은 기업주와 대립해야만 한다는 것은 불필요한 노사간의 마찰만 일으키는 것이고 쌍방에 크나큰 출혈만을 강요하게 되는 것이라는 것이라 생각한다."

1960년 11월 4일의 쟁의파업에서 노조간부와 조합원들 사이의 불신과 갈등으로 어떠한 해결책도 찾지 못했던 경험을 통해 이러한 결론을 낸 것이라 보인다. 재결성된 제2의 노조는 노사간의 불필요한 분쟁을 피하고 원만한 해결을 위해 노조와 조합원의 단결을 강조하고 있다.

국회도서관에 마이크로필름으로 소장되어 있는 것을 DB화하였다. (구수미)

참고문헌

『동아출판사노동조합뉴스』, 1961년 2월 20일 제1호.

동양산업신보
(東洋産業新報)

1966년 11월 21일 창간된 주간지이다. 발행 겸 편집·인쇄인은 한경순, 부사장 겸 주간은
유영욱이다. 발행소는 서울특별시 종로구 당수동 1711이며 월정구독료 70원이다.

『동양산업신보』는 1966년에 창간된 경제지로 창간호에 따로 창간사가 실려 있지는 않다. 지면 구성을 보면 1면에는 「새해 수출 목표 책정」, 「물가 안정의 길목」, 「미국 등에 차관 신청」 등의 기사가 실려 있다. 2면에는 북태평양의 어업에 얽힌 이해관계 문제를 다룬 「북양어업에 먹구름」을 싣고 있으며, 〈오분간 인터뷰〉라는 코너에서는 선견지명의 기업의 상징으로 한국농약공업협동조합 이사장 임헌중을 다루고 있다. 3면의 주요기사는 「에너지 혁명」인데 향후 연탄은 지방에서만 쓰일 것이고 차츰 유류로 대체되어 갈 것이며, 80년대에는 원자력을 이용하게 될 것이라는 예측을 싣고 있다. 또한 기업탐방이라는 코너를 두어 화제가 되는 기업을 소개하고 있다.

4, 5면은 특집면으로 「내일로 뻗어나는 2대 기간산업」이라는 제목으로 전기와 비료를 다루고 있다. 6면은 「외환부문 통화 대책 시급」, 「물가상승세」, 「철도청을 공사로 발족」 등의 여러 방면의 기사를 싣고 있으며, 7면 역시 「올 김장 시장 아직 한산해」, 「주택 건립 계획 차질」 등의 기사를 실었다. 8면은 지방판으로 국회도서관 보관본에는 부산판이 결합되어 있는데, 「일어선과 충돌-조업방해만 무려 10여 건」, 「부산서 또 식중독」 등의 기사가 실려 있다.

국회도서관에 마이크로필름 형태로 보관되어 있으며 이를 DB화하였다. (임경순)

참고문헌

『동양산업신보』, 1966. 11. 21.

동화그라프

(同和그라프)

1959년 동화통신사에서 창간한 사진뉴스 월간 잡지이다. 서울, 부산 외 전국에서 판매되었으며 발간년도인 1959년 현재 200환에 판매되었다.

1959년 동화통신사에서 창간한 『동화그라프』는 "직장에서 가정에서 여로에서 현대인은 누구나 즐겁게 볼 수 있는 탐스러운 화보!!", "눈으로 보는 국내외의 움직임! 매스콤의 첨단!!"이라는 문구로 각 신문에 광고가 실렸고, 이후 신간소개란에 지속적으로 소개되고 있다. 당시 경향신문에 실린 기사에서는 『동화그라프』가 "국제정세를 비롯한 국내정치, 경제, 문화 등 각 중요 분야를 사진, 기사, 도표 등으로 망라한 월간사진뉴스"를 목적으로 한 잡지임을 알리고 있다.

『동화그라프』 발간 15주년인 1973년에는 동화통신사에서 발간하던 『동화통신』이 폐간되면서 문공부 등록사항을 변경하고 독립체제를 갖추어 속간되었다. 발행인 양남성楊南省, 편집인 이은우李恩雨, 주간 김상현金尙鉉에 의해 발행되었다.

이 잡지는 사진 뉴스라는 성격에 맞게 지면 대부분이 사진으로 구성되어 있으며, 광고의 비중도 상당히 높다. 주로 국내에 있었던 사건들을 다루지만 경우에 따라서는 외지에 실린 사진을 받아 싣기도 했다는 점에서 가치가 높았다. 또한 정치·경제 뿐 아니라 인터뷰·르포·기획기사 및 특집도 많은 편으로서, 다양한 기사들이 실려 있다.

『동화그라프』에 연재된 주요 코너는 〈뉴스 리뷰〉였다. 정치·경제·사회·국제면을 나누어 기획기사를 실었다. 1979년 251호에는 「여야영수회담이 주는 뜻」, 「한미경제정책협의회」, 「불량의료기구가 던진 충격」, 「미국과 이란의 팽팽한 대결」의 기사가 실렸다.

특집호의 경우 주로 시사 이슈를 반영했다. 1967년 신년호 〈제5회 아세아경기대회 특집〉, 통권 250호 1979년 11월의 경우 〈故 박정희 대통령 국장 엄수〉가 대표적인 예이다. 그러나 「세계의 10대 초호화 여객선」과 같은 기사에서도 알 수 있듯이, 문화 부문에도 지면을 할애했다.

국제정세문제도 『동화그라프』의 주요한 관심사였다. 「한·미안보협력회의와 그 의의」, 「석유파동재연우려」, 「美이동전략의 충격과 아세아안보」, 「사진으로본 국외10대뉴스」 등의 국제 부문 기사를 실었다.

이 잡지는 서울여자대학교 중앙도서관, 이화여자대학교 중앙도서관에 소장되어있다. 현재 국회도서관에 소장되어있는 95~97호, 250~251호를 DB화하였다. (김강산)

참고문헌

『同和그라프』, 동화통신사, 1967년 95호~97호, 1979년 250~251호; 『경향신문』, 1958. 12. 3.; 『동아일보』, 1973. 5. 2.

두류
(頭流)

진주교육대학교 학생회가 발행한 잡지이다. 1966년 11월 5일 창간호가 발행되었으며 발행인은 진주교육대학 학장 박해권朴海權, 발행처는 진주교육대학 학생회 학예부이다. 창간호의 편집장은 1966년도 진주교육대학 학생회 학예부장이었던 조헌국趙憲國이었으며 지도교수는 김영실金榮實이었다.

『두류』는 진주교육대학교 학생회가 발간한 잡지이다. 1966년 11월 5일 창간호가 발행된 이후 매년 1회 발간되었다. 1975년에는 예외적으로 9호와 10호 두 호가 발간되었다. 1975년에 진주교육대학의 학도호국단이 창설되면서 『두류』 10호를 진주교육대학 학도호국단에서 발행한 것이다.

진주교육대학의 초대학장인 박해권朴海權은 창간호의 권두사卷頭辭 「학지學誌 창간에 붙여」에서 "우리나라가 선진국이 되는 데 무엇보다도 큰 비중을 차지하는 것이 교육이며, 특히 이 나라 초등교육을 두 어깨에 짊어진 교육대학은 향도적嚮導的 위치에 놓여 있다"면서 『두류』를 통해 진주교육대학교의 면목을 드러나길 기대하였다. 또한 당시 학생회장이었던 김부기金富基는 "내일의 대한을 건설하고 조국 근대화의 기수가 될 2세 국민교육을 더욱 충실히, 그리고 바람직한 인간 형성을 위해 분연히 일어서야 할 기점"에 『두류』를 창간하게 되었다면서 『두류』의 성장과 진주교육대학교의 발전을 기원하였다.

『두류』는 각 호마다 차이는 있으나 대체적으로 교수와 학생들의 연구업적을 실은 논단, 교육계 전반과 초등교육계의 이슈를 다룬 특집 그리고 학생들의 문예작품과 학생회활동기 등으로 구성되었다. 창간호의 특집은 〈초등 교사를 어떻게 양성할 것인가〉라는 주제이며 「초등교사 양성문제에 관한 설문」, 「교육대

학제도의 성장과정과 장래문제」, 「교육대학에 의한 교사양성제도의 전망」 총
3개의 특집기사를 실었다. 특집기사를 통해 교사의 자질, 교사 양성교육에서의
강조해야 할 점, 교육대학의 개선점, 교사양성 제도의 전망 등이 당시 진주교육
대학 학생들의 관심사였음을 알 수 있다.

　『두류』는 현재 국립중앙도서관, 국회도서관, 고려대학교, 대구대학교, 동국대
학교, 서울대학교, 연세대학교, 이화여자대학교, 중앙대학교, 한국외국어대학교
에서 소장 중이다. 국회도서관에 1966년부터 1975년까지의 간행본이 소장되
어 있으며 이를 DB화하였다. (이혜린)

참고문헌

『두류』, 1966 1호, 1967년 2호, 1968년 3호, 1970년 5호, 1971년 6호, 1973년 7호,
1974년 8호, 1975년 9~10호.

현대언론매체사전

1950~1969

라

라스팔마스 한인회보
(Comunidao Coreana de Las Palmas)

라스팔마스의 한인회에서 발행하는 회보이다. 1999년에는 12쪽 분량으로 발행되었다. 발행인은 라스팔마스 한인회장이 겸하고 있다. 1999년에 발행인은 김성건, 편집인은 송도식이 역임했다. 사무소 소재지는 C/.Juan Rejon, No.50-9B 35008 Las Palmas de G.C Spain으로 되어 있다.

라스팔마스가 자리하고 있는 카나리아 군도Canary Islands는 북서 아프리카 서단에서 떨어져 있는 대서양의 군도이다. 그곳은 스페인 영토에 속해 있지만 이베리아 반도의 스페인 본토와는 무려 남서쪽으로 1500km나 떨어져 있고 서아프리카 연안과는 108km밖에 떨어져 있지 않아 지도상으로는 아프리카에 근접해 있다. 그 지역은 해양의 영향을 받는 북동무역풍대에 속하는 아열대기후로 항상 봄과 같아 피서지로 유명하다.

라스팔마스 주의 인구는 2003년 센서스에 의하면 78만 9,908명, 시의 인구는 37만 7,600명이다. 이 중에서 60만 9628명이 시내에 거주한다. 인구가 늘어나면서 라스팔마스 시는 스페인에서 멀리 떨어져 있어도 스페인의 10대 도시가 되었다. 한인들은 스페인 본토에 2,324명(동포: 1,613명, 체류자: 711명), 라스팔마스에 1,245명(동포: 982명, 체류자: 263명)이 살고 있다(2004년 말). 특히 라스팔마스 한인 대부분이 이주 초창기에 국적선사 선원으로, 아니면 선박의 기관 전기수리 등을 맡아 일하다가 현재는 의류업, PC방 등 새로운 분야로 전업하는 사람들이 점차 늘고 있다. 그렇지만 한인회에 따르면 아직도 라스팔마스에는 2004년에 19개 업체의 국적선사들을 포함 모두 40개의 한인수산회사가 있으며 25개의 한인 어획물매매회사가 있다.

라스팔마스로의 이주는 1969년에 한국의 원양어선단이 카나리아 군도에 진출하면서 시작되었다. 1970년 스페인에 한국대사관이, 1973년 한국에 스페인 대사관이 개설되었고, 또 1973년에는 민간협력기구인 한국·스페인 경제협력위원회가 발족하고, 라스팔마스에 영사관이 개설(1976년에 총영사관으로 승격)되면서 스페인 진출이 활기를 띠기 시작했다. 1970년대 초 인구 35만 명이던 조그만 라스팔마스에 한국 선원 6,000~7,000명이 몰려들면서 한국의 대서양 원양어업의 전진기지가 되었다. 한동안 상주하는 교민 수만 5,000명이 넘었다. 그러나 90년대 들어 원양어업이 퇴조하면서 지금은 1500명 미만으로 줄었다. 1999년에 한인회장으로 진도수산 사장 김성건이 당선되는 것만 보아도 라스팔마스 한인사회에서 수산업의 영향력을 짐작할 수 있다.

2002년 11월 16일 한국원양협회는 12만 달러를 들여 라스팔마스에 순직 원양선원 영령을 모신 납골당을 건립하여 준공을 보게 됨으로써 세계 유수의 원양 어업국으로서의 국가위상과 자존심을 지키게 됨은 물론 수산 및 해양종사자들에 대한 사기앙양에도 큰 기여를 하였다.

『라스팔마스 한인회보』를 간단히 살펴보자. 라스팔마스 한인회는 (1) 현지인들과의 유대강화를 위해 태권도 시합 개최, 청소년 축구부 육성, 침針봉사, 음악회와 씨름대회 등의 사업을 벌이고 있고, (2) 토요학교(한국학교) 건물을 구입해서 한인2세들의 교육을 위해 노력하고 있음을 『한인회보』에 공지하고 있다. 그리고 다른 한인회보와 마찬가지로 영사관 소식과 재외동포 민원상담 연락처 등을 전하면서 한인들의 생활에 도움을 주고 있다. 또한 라스팔마스 한국학교와 어머니회 그리고 한인교회의 소식을 전하고 있다. 그리고 본문 뒷부분에 한인들이 알면 도움이 될 만한 건강 상식을 소개하고 있으며, 「사상 최악의 환경오염물질 '다이옥신 파동'」(제68호, 1999. 7.), 「술 적당히 마시면, 나쁜 콜레스테롤을 억제」(이종수 독일 본의대 종신교수, 제70호, 1999. 11.) 등의 생활정보도 전하고 있다.

이처럼 『라스팔마스 한인회보』는 12쪽의 소박한 한인회보이지만, 세계에서 한반도로부터 가장 먼 지역 중 하나인 스페인의 라스팔마스에서 한인들이 어떻게 살고 있는지를 알게 해주는 귀중한 한인회보이다.

『라스팔마스 한인회보』일부가 재외동포재단 자료실에 소장되어 있고, 이를 DB화했다. (임성윤)

참고문헌

『라스팔마스 한인회보』; 심의섭, 라스팔마스의 코리안 커뮤니티 형성과 특징」, 『지중해 지역연구』 제7권 제2호(2005. 10.); 『라스팔마스의 꼬레아노: 제1부. 경제한류의 원조, 라스팔마스의 한국인』, EBS, 2011년 9월 12일; 월간 『한민족』.

가

나

다

라

마

바

사

아

자

차

카

타

파

하

레만
(Leman)

『레만』은 스스로를 스위스에서 가장 영향력 있고 널리 읽히는 한인 발행 잡지라 자부하고 있다. 매회 12,000부를 발행하며, 편집, 미술, 디자인, 사진 등 많은 일을 Johnny Kim이 맡고 있고, 사무, 마케팅, 배포 등은 Sophie Castro가 담당하며, 유럽 바깥의 일은 Cheong-Gang Kim이 담당하고 있다. 사무실은 Geneva에 있고, 이메일 주소는 leman@smile.ch이다. 1년 정기구독회원비는 60스위스프랑(2001년)이고, 국내 비즈니스업계, 국내외 여행업 등의 관광업계에는 무료로 배부되고 있다.

『레만』은 성격이 독특한 잡지이다. 잡지는 대부분이 한글로 구성되어 있지만, 영어로 된 글들이 일부 있고, 간혹 독일어로 된 기사도 보인다. 그런데 기사인지 광고인지 구분이 모호한 기사들이 많은 부분을 차지하고 있다. 가령 2001년(3권 2호)에 발행된 것을 보면, 대우자동차의 마티즈, 스위스 제약회사 로슈의 비만치료제(Xenical), 인천국제공항의 광고 같은 경우가 그렇다. 특히 레만 캠페인으로 게재된 「2002년 한일월드컵」 소개기사도 국내 각 월드컵구장과 소재 지역을 안내하는데, 한일월드컵과 관련된 기사라 할 수 있지만, 또 다른 한편으로는 한일월드컵과 구장들이 있는 지역을 유럽에 소개하는 광고라 할 수도 있다.

그 이외에 세계의 명소들을 소개하는 기사들이 주요기사로 구성되어 있다. 세계 음악의 수도 비엔나, 아시아의 하와이 제주도, 스위스 관광박람회, 스위스의 리비에라라 불리는 'Glacier 300' 등이 대표적이다. 그리고 「우리 풍속화에 담긴 이야기」, 父子가 미국대통령이 되었던 부시가문 소개와 김운용 IOC위원에 대한 소개 등이 『레만』이 분명 잡지임을 보여주는 부분들이라 할 수 있다.

광고로는 우리들에게 낯선 유럽업체들이 일부 있기는 하지만, 아시아나항공,

메르체데스-벤츠, 스위스항공 등 세계 굴지의 기업체 광고가 눈에 띈다. 그리고 이 광고로 인한 수입이 『레만』의 주 수입원으로 판단된다.

『레만』은 화보집이라 해도 될 정도로 책자 전반이 스위스를 비롯한 유럽의 관광지와 유적지들 그리고 한국의 아름다운 모습을 담은 사진들로 가득 차 있다. 이러한 『레만』의 기사와 광고들을 보면 『레만』이 여행을 주제로 한국과 유럽, 특히 스위스를 연결하는 가교로서, 즉 민간외교사절로 기능하고 있음을 알 수 있다.

일부 자료가 재외동포재단 자료실에 소장되어 있고, 이를 DB화했다. (임성윤)

참고문헌

『레만』

로년세계

1998년 10호까지 『로인세계』로 발행하다가 1999년 1호부터(누계11호) 『로년세계』로 개제하여 다시 창간호를 발행하였다. 주최는 연변주 로년협회이며, 『로년세계』 편집부에서 편집하여 연변인민출판사에서 월간으로 발행했다.

창간사에서 "오늘 세대의 노인들은 사회로부터 생활보장을 받게 되었고 자립적인 생활의 길을 걷게 되었다. 따라서 몸은 비록 늙었어도 생활에선 자기의 지향을 따로 가지게 되었고 삶에 대한 새로운 추구가 갈수록 강해지고 있다. 지금 전국적으로 노인을 대상한 수십 종에 달하는 여러 가지 간행물들이 출간되고 있는데 이것은 노인들의 정치문화생활을 다층차, 높은 차원으로 인도해 주고 있다. 조선족 노인들에게 이런 '정신적인 식량'이 필요하다고 하겠다.

사실 오늘 세대의 노인들은 결코 '성 쌓고 남은 돌'이 아니다. 그들은 훌륭한 전통을 갖추고 있고, 확고한 이상과 신념을 지닌 세대들로서 사회주의정신문명건설에서 큰 역할을 발휘할 수 있다. 이러한 노인들의 힘을 하나로 묶어세우는 데 사회적인 지지와 홍보가 필요하다. 『로년세계』의 창간은 바로 이러한 공백을 메웠다고 하겠다"라고 이 잡지의 편집 방향을 설명하였다.

창간호(1999년 1호) 주요기사를 보면, 「로년학이란 무엇인가?」, 「조선의용군의 전투업적은 청사에 길이 빛나리라」, 「국제로인절 기념특집」, 「세계 여러 나라의 로인절」, 「고급지식인이 60세에 정년퇴직하는 것이 옳은가?」, 「늙은 세대에게 근심을 주는 쌍휴일제」 등 노인들이 알아야 할 관련 정보를 제공하고 있다. 이밖에 노인 건강 상식을 위한 「잠자리체조와 제자리달리기」, 「유쾌한 정서를 회복하려면」, 「몸에 좋은 한증치료」와 건강한 성생활을 위한 상식 「성생활 로인들의 금지구역」 등과 음식 이야기와 인생스케치 「고독의 향수」, 사색의 여울목 「서글픈 미소」 등을 게재하고 있다.

2010년 제4호(누계 제146호)의 주요기사로는 〈추억의 돛배〉라는 기획기사 아래 리달수 「조남기 동지가 시찰하러 왔던 나날에」, 김영만 「간고하면서도 보람 찼던 기자시절」, 황희봉 「나의 남편」을 통해 조선족 원로들에 대한 향수와 기억들을 회상한 글들을 담고 있다. 그리고 〈겨레의 자랑〉, 〈조선족 풍속〉, 〈옛날 옛적에〉 등 조선족의 옛 시절을 회상하며 자부심을 그리고 있는 글들이 많이 보인다. 이밖에도 〈음식과 건강〉, 〈양생보건 월보〉란에 「발바닥을 보면 건강상태를 알 수 있다.」, 「로인의 여덟 가지 식사 지침」, 「치매의 치료 및 예방」 등 노인 건강을 위한 기사들이 있다.

표지 바로 뒷면에는 「우리는 백의 동포」라는 노래 곡이 악보와 함께 게재되어 있는데 "맑고 깨끗한 하얀 얼, 춤과 노래로 역사를 이어가는 백의 민족 (중략)" 이라는 가사이다.

재외동포재단 소장본 2003년 6월호와 2007년 108~110호를 DB화하였다. (김성남)

참고문헌

『로년세계』, 연변인민출판사.

로스안데스문학

1994년 11월 배정웅, 김한식, 맹하린 등이 부에노스아이레스에서 재아한인 문인회를 결성하고, 1996년 국판 300쪽 안팎의 동인지 『로스 안데스문학』를 창간했다. 처음에는 매년 발행했으나, 2007년부터 격년으로 발행되다가, 2013년부터 다시 매년 발행을 다짐하고 있다. 현재까지 14호(2013년)가 발행되었다. 문예잡지의 타이틀은 『문학안데스』(창간호), 『로스안데스』(통권2호), 『LOS안데스문학』(통권3, 4호), 『로스안데스문학』(통권5~13호)으로 바뀌며 현재에 이르고 있다. 현재 재아문인협회의 회장은 이세윤이 담당하고 있다.

한인들이 남미로 이주하기 시작한 것은 1962년부터인데 아르헨티나로의 이민은 1965년에 본격화된다. 아르헨티나는 남미대륙의 12개국 중에서 브라질에 이어 두 번째로 넓은 국토(남한의 약 28배)를 자랑하는 국가로서 주 종교는 가톨릭이고 스페인어(까스떼쟈노)가 공식 언어이다. 또한 아르헨티나는 브라질(5만여 명)에 이어 한인들이 두 번째로 많은 국가(2만2천여 명)이다. 그렇지만 최근에 아르헨티나의 경제상황이 안 좋아지면서 한인들의 수도 급감하는 현상이 일어나기도 하였다.

1965년 한인 영농이민단이 최초로 부에노스아이레스에 도착하면서 한인들의 아르헨티나 이주가 공식적으로 시작되었다. 초창기의 온갖 어려움을 극복하면서 한인들은 1980년대에 의류생산과 의류판매업의 성장에 힘입어 중산층으로 성장해나갔고, 이는 곧 한국에서 '신이민(투자이민)'의 대거유입을 불러왔다. "1985년부터 밀려들어온 신이민은 2~3년 사이에 기존 교포인구의 2.5배(3만6여천 명)로 늘어났다"는 추정이 나올 정도가 되었다.

이러한 아르헨티나에서 『로스안데스문학』은 재아르헨티나 한인사회의 "정신적 가교"로서의 역할을 자임하며 창간되었다. 『로스 안데스문학』은 재아르헨티나 한인들의 이민역사와 정착드라마, 즉 이민초창기의 힘겨운 생활고, 주류/중심에 대한 비주류/주변으로서의 이방인 의식, 이문화와의 충돌, '교민사회'의 화음/불협화음, 자녀의 교육문제, 세대 간의 갈등, 고향(조국)에 대한 향수 등 코리언 이민자들의 역사적·경제적·정신적 고뇌와 방황, 안식처에 대한 갈구를 문학적으로 보여주고 있다.

매호마다 나오는 재아문인협회 회장의 인사말 속에는 『로스안데스문학』이 탄생하기까지의 고충과 감동이 매번 담겨 있고, 매호마다 재아문인협회의 연혁과 회원들의 연락처를 소개함으로써 『로스안데스문학』의 역사적·문학사적 의미는 물론이고 연속성을 되새기고 있다.

『로스안데스문학』 창간호(『문학안데스』)의 발간사를 통해 『로스안데스문학』 창간 당시의 상황과 발행 취지, 그리고 발행을 주도한 한인들의 각오를 느낄 수 있다.

"우리는 이민이라는 두 글자를 두고 너무나 많은 것을 잊어야 하고 버려야만 했다. 그것은 곧 새로운 시작을 의미하고 있는 것이며, 새로운 즐거움에 앞서 용기를 가져야만 한다고 생각한다. 우리가 살아가는 데 가장 중요한 것은 용기인 것처럼.

늠름한 기상, 굳센 의지. 고난과 역경을 이겨내는 힘찬 기백. 진실을 추구하는 굳은 신념, 모든 유혹을 극복하고 두려움을 이겨낼 수 있는 정신력, 이 모두가 우리들이 갖추어야 할 덕목이기 때문이다. 이민 30년의 발자취를 되돌아 길지도 않은 조각들을 헤집어 보면 참으로 말과 글로 형용할 수 없는 사연들이 수없이 서려 이과수처럼 거칠고 힘차게 쏟아 부울 수도 있으련만 그러나 우리들은 아직은 아니다. 아쉽게도 밤낮을 가릴 수 있는 여유가 없다. 생활인으로 혼신의 불을 태워야 하니까. (중략)

그동안 가슴 깊이 묻어 놓은 향수를 되뇌이며 틈틈이 마음의 눈으로 보고 느끼고 겪어온 모든 것들을 정성을 다하여 그려주신 글을 대하면서 이것이 우리들의 모습이며 삶이요, 동질성을 확인시켜주는 계기가 되었다는 점을 인식할 때 감회가 새로웠다.

저의 문인협회가 결성된 지 겨우 삼 년밖에 되지 않는다. 책으로 펼치기엔 아직 부족한 면이 많았으나 교민사회에 작은 불씨로 뿌린다는 마음으로 양해하여

주시길 바란다. 앞으로 더욱 정진하는 우리들이 되어질 것을 다짐하면서 격려와 용기를 주신 모든 분들께 진심으로 감사를 드린다."(1996. 9. 재아 문인협회 회장 임동각).

이처럼『로스 안데스문학』의 창간사는 아르헨티나 '한인사회'의 "동질성을 확인"하고 이민개척자로서의 "작은 불씨"로 "혼신의 불"을 태워보려는 한인이민자들의 간고한 희망의 메시지를 담고 있다. 이러한 시작할 때의 마음을 간직하고 유지하며『로스 안데스문학』은 지금도 한반도의 지구 반대쪽에서 발행되고 있다.

동국대 김환기 교수가 남미의 한인 문학을 연구하면서 수집했던 창간호부터 최근호까지의『로스안데스문학』전권을 DB화했다. (임성윤)

참고문헌

『로스안데스문학』; 이교범,『아르헨티나 한인 이민 25년사』, 선영사, 1992; 김환기,「재아르헨티나 코리언 이민문학의 형성과 전개양상」,『중남미연구』31권 1호, 2012; 이명재,「남미주의 한글문학: 브라질·아르헨티나를 중심으로」,『국제한인문학연구』, 7권, 2010.

로인세계

1998년 중국 연길시에서 발행된 한글 노인 관련 잡지이다. 주최는 연변주로년협회이며, 『로인세계』 편집부에서 편집하여 연변인민출판사에서 발행하였다. 주필에 최일균, 책임 편집 최승범이다. 1999년 10기를 마감하고, 1월 『로년세계』로 개제하여 새롭게 창간호를 발행하였다. 정가는 5.5원이다.

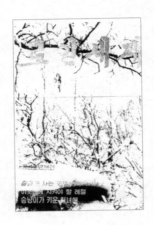

발행 취지는 노년층에게 다양한 생활정보와 건강 상식, 정신건강을 위한 읽을거리를 제공하는 것이다.

창간호 주요기사를 보면, 〈장수비결〉란에 「장수 보건의 8가지 비결」, 「연년익수건강묘방」, 「봄철에 로인들이 쉽게 걸리는 호흡기질병-해소와 각혈」이 있고, 〈심리위생〉란에는 「이직, 퇴직 후의 적막감을 없애려면」, 「로년에 의심이 많은 것도 병이다」, 「심리질병이 암보다 더 무섭다」 등이 있다. 이 밖에도 보건 위생 지식과 성생활에 대한 새로운 견해를 밝히는 글들도 싣고 있으며, 〈식생활〉란에는 「물속의 인삼-미꾸라지」, 「음주와 인간」, 「입맛을 돋구는 봄철의 나물음식」 등이 있다.

1998년 1호 첫 페이지에 리상각이 쓴 「황혼에 부르는 노래」 "인생은 꿈으로 살다가, 사랑으로 살다가 나이가 들면 그 꿈이 사라져가고 사랑이 식어지기 쉽다. (중략) 꿈과 사랑을 버리지 않는 한 누렇게 익어가는 가을 황혼에 부르는 노래가 더 값질 것이 아닌가. 몸은 늙었어도 나 젊은 마음으로 건강하게 살고 이쁘게 살고 즐겁게 살자"에서 이 잡지가 지향하는 바를 알 수 있다.

노인들을 위한 건강정보 외에 「중국 고대사에 이름을 날린 조선 사람들」, 「후삼국 3걸의 대권 쟁탈전」 등 조선민족의 역사이야기가 많은 지면을 차지하고 있다.

연변대학 도서관에 소장되어 있으며, 1998년 1월호를 DB화하였다. (김성남)

참고문헌

『로인세계』 창간호, 연변주로년협회.

로인의 벗

(老友)

2001년 중국 연변에서 창간된 한글 노인신문으로 연변조선족자치주 노인협회 주최로 발행된 주간신문이다. 창간 초기에는 『로년의 벗』이란 제호로 발행되다가 2003년부터 『로인의 벗』으로 개명했다. 주필은 박경전이다.

내용은 주로 노년을 위한 건강 정보와 생활정보를 제공하는 기사들이나 1면은 중앙 정부와 당대회에 관한 소식과 정책들을 보고하고 있다. 특히 창간 초기의 신문은 중앙당의 정책선전 내용들이 비교적 많으나 후기로 가면서 건강 생활 정보들이 지면을 거의 채우고 있다.

2004년 1, 2면은 「2003년 반부패 특집」과 「새해 8억 농민들의 여덟 가지 실제 혜택」, 「지방관리 검정 9개 새지표」 등 정부 정책 홍보가 지면을 차지하고 있다.

2007년 10월 31호 1면은 「17차 당대회 소집을 경하하며 신심 가득히 영원히 당을 따르리」와 「달 탐사선 상아1호 발사 성공」 소식을 게재하고 있으며, 2면은 새로 지어지는 아파트와 주거 환경 개선을 위한 정보와 아파트 분양에 대한 정보들이다. 3면부터는 건강정보로 음식, 운동, 약, 병원, 놀이와 취미생활 등에 대한 소개와 광고들로 채워져 있다. 「취미가 있으면 여생이 즐겁다」, 「행복이란」, 「존경받는 퇴직교원들」, 「해볕쬐임 적으면 건강에 불리하다」, 「건강 지키는 습관 기르기」 등의 기사가 있다.

연변대학 도서관에 소장되어 있으며, 2007년 10월호를 DB화하였다. (김성남)

참고문헌

『로인의 벗』, 연변조선족자치주 노인협회.

료녕신문

『료녕신문』 제호로 처음 발행된 것은 1986년 1월 1일이나, 호수는 1340호로 되어 있다. 1966년 중국 심양沈陽에서 창간된 한글 종합신문으로 1958년 8월 15일 창간된 『료녕조선문보』가 그 전신이다. 료녕성 조선족 인사들이 발기하여 『료녕농민보』(조선문농촌판) 시험호를 발행하다가 10월 1일 정식으로 출간했는데 출판 초기 타블로이드판 4면으로 주 2회, 매주 화요일과 금요일에 발행되었으며 발행부수는 약 5천 부였다. 편집책임자는 백운기다.

1961년 1월, 운영 경비난으로 정간되었다가 1966년 1월에 복간되면서 제호가 『료녕일보(조선문농촌판)』로 되었다. 책임자는 허경룡이다. 1968년 문화대혁명으로 폐간되었다.

1979년 1월 1일 『료녕일보(조선문판)』로 복간되었으며, 1983년 6월부터 『료녕조선문보』로 제호를 달고 발행되었고, 1986년 1월 1일부터는 『료녕신문』으로 다시 제호를 바꾸어 발행되었다. 1992년 1월부터 판형을 타블로이드 배판으로 늘이고 컴퓨터식자조판을 실현하였다.

중국어판 『료녕농민보』의 한 부분으로 창간된 신문으로 조선인 농민들을 대상으로 하여 정치와 경제에 대한 교양과 농업과 교육 분야에서 앞서나가는 인물들을 중점 보도했다. 보도 내용은 대부분이 번역 기사였고 조선족 사회 관련 기사를 일부 취재해 실었다.

사회적으로 매우 어려운 대약진 시기에 창간되어 2년 5개월 동안 250기를 발행하고 1961년 1월 중공 료녕성위원회 결정으로 정간되었다. 그 후 경제 상황이 조금 나아지면서 1966년 중공 료녕성위의 비준을 거쳐 복간이 되었다. 『료녕일보』로 정식 발행되면서 「창간사」에서 다음과 같이 발행 목적을 말하고 있다.

"『료녕일보(조선문농촌판)』는 중국공산당 료녕성위원회 기관지인 『료녕일보』의

295

조선부분입니다. 그의 주요한 임무는 모택동사상의 위대한 붉은 기를 높이 추거들고 전성 조선족 인민대중에게 모택동사상과 당의 로선, 방침, 정책에 관한 선전을 강화하여 정치사상 각성을 제고시킴으로써 전성 조선족 인민대중으로 하여금 기타 형제민족과 일치단결하여 우리나라 사회주의 혁명과 사회주의 건설 중에서 더 잘 공헌하는 데 있습니다. 『료녕일보(조선문농촌판)』의 주요 독자 대상은 농촌의 광범한 조선족 사원과 기층 간부들이며 기타 분야에 종사하고 있는 조선족 인민대중의 요구도 적당히 돌보게 됩니다."

편집 방향에 대해서도 "3대 혁명운동과 긴밀히 결합하여 국제, 국내의 중대한 소식과 론평을 게재하며 인민공사를 잘 꾸리고 사회주의적 새농촌을 건설하는 선진 경험과 선진 인물을 소개하며 모주석 저작학습에서의 좋은 경험과 선진인물을 소개하며 농촌 당, 당지부의 사업경험, 정책문답, 시사해설 등을 게재하며 과학지식과 문화위생 지식을 소개하며 사원과 기층간부의 래신, 비판과 건의 문장, 문화예술작품을 발표 한다."라고 했다. 그러나 창간 후 문화대혁명이 일어나면서 보도 내용은 극히 좌적인 편향으로 가득 찼으며 번역기사가 대부분이고 직접 제작한 기사는 매우 적었다. 문화대혁명의 격동 속에서 힘들게 발행을 지속하였으나 1969년 1월 결국 정간되었다.

문화대혁명이 끝나고 새 시기를 열면서 조선족 신문의 필요성이 요구되어 1979년 1월부터 다시 발행을 시작했다. 이 시기는 개혁개방의 바람을 타고 민족특색과 농촌 개혁에 많은 주의를 기울였다. 「집체소유제 및 로동에 의한 분배원칙 견지」(1980. 2. 15.), 「자주권이 있으니 한해에 변보」, 「생산책임제 토론」 등의 기사처럼 소유제와 분배원칙, 자주권과 생산책임제 등 개혁에 많은 관심을 보였다.

특히 교육문제에 많은 지면을 할애하여 〈학교생활〉 고정란을 개설하고 「나는 졸업학급 조선어문 교수를 어떻게 하였는가?」, 「학교체육활동 소식」 등의 기사들을 연재했다. 또한 사회생활 여러 방면의 기사들을 다양하게 게재하였는데 고정란으로 〈오늘의 료녕〉, 〈조국의 이모저모〉, 〈력사이야기〉, 〈시사단신〉 등이 있다.

1986년 1월 『료녕신문』으로 제호를 새로이 하고 발행을 시작하면서 더욱 독자들의 생활과 밀착형 보도를 시작했다. 〈실용기술〉, 〈문화생활〉, 〈사회생활〉, 〈청년들의 벗〉, 〈법무생활〉, 〈국제단신〉 등의 고정란을 개설하여 다양한 특집과 기획기사들을 담아내었다.

1월 2일자 첫 페이지에 편집부 글로 게시된 새해 인사글에서 "보람찬 1985년을 보내고 희망의 새해를 맞이하면서 우리는 지난 한 해 여러 독자께서 우리의 신문을 사랑해주고 편달을 아끼지 않으신 데 대해 심심한 감사를 표함과 아울러 새해 인사를 드립니다. 새해에 우리는 전국 당대표회의 정신의 고무하에 신문개혁에 박차를 가하여 신문의 지도성과 가독성을 강화함으로써 당과 정부의 대변자로서의 우리의 신문이 독자들과 더 가까워지고 독자들의 사랑을 받도록 하기에 힘쓰려 합니다. 독자들도 이 신문이 보다 잘 꾸려지도록 계속 받들어주시고 기탄 없이 의견과 건의들을 제기해 주시면 감사하겠습니다. 앞으로 독자들이 우리의 보도에 대하여 제기한 정확한 비판성적인 글들은 꼭 보도에 실어드리겠습니다"라고 하였다.

1992년 신문지면을 대형화하면서 「료녕신문을 전지로 펴내면서」라는 글을 발표하여 료녕신문을 지켜준 겨레들에게 감사의 인사와 그 동안의 어려운 노정을 회고하고 앞으로의 각오를 다짐했다. 지역적 특색과 민족성을 살려 나가는 데 더욱 매진할 것을 강조하면서 「조선어 학습 심양성을 달군다-심양시 조선어 학교 성립대회 견문」(1992. 1. 7.), 「대련 개방구 조선족 종업원 특집」, 「조선민족의 넋을 고이 간직하고」, 「길림성 조선말 글쓰기 단체에 대하여」, 「지금부터 우리 말 우리 문자를 깨치자」, 「꿈 많은 소년대학생」, 「그는 조선족 남아의 기개를 세계에 떨쳤다. 제11차 베를린 올림픽대회 마라손 우승자 손기정에 대하여」(1992. 2. 11.) 등의 기획기사들에서 민족성에 대한 고민들을 찾아볼 수 있다.

현재 연변대학 도서관에 소장되어 있으며, 1986년 1월 신문을 DB화하였다.

(김성남)

참고문헌

『료녕신문』 1986년 1월 2일자; 車培根·吳泰鎬, 『中國朝鮮民族言論史』, 서울대학교출판부, 1997; 최상철, 『중국조선족 언론사』, 경남대학교출판부, 1996.

현대언론매체사전

1950~1969

마

마당
(Ma-dang)

『마당』은 재벨한인회에서 발행하는 한인회보이다. 처음에는 『재벨한인회보』로 나왔다가, 2004년 1~2월호부터 『마당』이란 제호로 발행된 것으로 보인다. 『마당』은 벨기에 거주 한인들의 회비와 벨기에 주재 상사, 대한민국 재외동포 재단의 후원금으로 만들어지고 있다. 발행인은 한인회장 이윤행(2008년), 편집인 총무는 김은영이 맡고 있다.

『마당』은 30쪽 내외로 발간되며, 프린트물을 호치키스로 묶어놓으면서 제본을 마치고 있다. 그리고 일정한 간격을 유지하면서 발행되지도 않았고, 홈페이지도 제대로 운영되고 있지 못한 것으로 보아 한인회의 활동과 『마당』의 상황이 넉넉한 것으로 보이지 않는다.

2007~08년도에 발행된 회보를 살펴보면, 다른 한인회보들과 마찬가지로, '벨기에의 한국인'이라 해서 브루셀 인터내셔날 재즈싱어 콩쿠르에서 이지혜가 1등상을 받고 김신자 화백이 벨기에에서 개인 전시회를 연다는 소식, 2007년 벨기에 한인총연합회 및 송년콘서트, 대사관저에서의 국경일 리셉션, 교회소식, 재벨기에 한국학교 학생모집 안내 등을 소개하고 있다. 그리고 간간이 「이명박 정부 동포정책 어디로 가나」, 「2008년 재외동포제도 무엇이 바뀌나?」 등 재외한인들이 알아야 할 국내정책들에 대한 정보도 제공하고 있다.

이처럼 소박하게 회보가 발간되는 이유는 아무래도 벨기에에 거주하는 한인들의 수가 절대적으로 적기 때문일 것이다. 그렇지만 그 내용은 다른 어느 한인회에도 뒤지지 않게 내용이 충실하다. 국내에서 접하기 힘든 벨기에 한인들의 모습을 『마당』을 통해 우리는 엿볼 수 있다.

웹사이트는 http://club.korean.net/belgium 으로 알려져 있지만 현재 열리

지 않고 있다. 『마당』은 재외동포재단 자료실에 일부가 소장되어 있고, 이를 DB화했다. (임성윤)

참고문헌

『마당』, 제벨한인회.

마을문고

1964년 3월에 서울에서 창간된 월간지. 창간호의 편집 겸 발행인은 엄대섭嚴大燮, 발행소는 사단법인 마을문고진흥회(서울특별시 종로구 종로 1가 44)이고, 인쇄소는 삼성인쇄주식회사이다. 전국의 마을문고에 무상으로 배포되었으며, 창간호의 판형은 국판으로 20쪽 분량이다. 1967년 10월에 마을문고진흥회 임원진이 개편되어 10월호(통권 35호)부터는 신임회장 이후락이 발행인을 맡고 전임회장 엄대섭이 편집인을 맡았다. 1968년 3월호부터 발행소가 사단법인 마을문고본부로 변경되었고, 1970년 4월호부터는 발행인이 김제원으로 바뀌었다. 1973년 11·12월호(92호)까지 발간된 것으로 보인다.

『마을문고』의 창간자인 엄대섭은 1921년에 경남 울주군에서 출생하였으며, 가정형편 때문에 8세에 부모와 함께 일본으로 건너갔다. 해방 후에 귀국한 그는 1950년에 부산의 고서점에서 사립 공공도서관 운영법을 소개한『도서관의 운영과 실제(圖書館の運營と實際)』라는 책을 보고 감명을 받아 공공도서관 보급에 헌신하게 되었다. 1951년 6월에 개인 장서 3천여 권으로 울산에서 무료도서관을 세웠으며, 폐품 탄환상자를 이용하여 50여 개의 순회문고를 만들었다. 그 뒤 울산 도서관의 모든 도서와 시설을 경주시에 기증하여 경주시립도서관을 세우고 관장직을 역임했고, 1955년에는 한국도서관협회 초대 사무국장에 임명되어 농어촌 책보내기 운동을 전개하였다. 이 과정에서 엄대섭은 주민 스스로 농어촌의 독서운동을 전개해야 함을 절감하여 '마을문고'라는 아이디어를 창안했다. '마을문고'는 책을 넣어 관리할 수 있는 문고함(책장), 주민들로 구성되어 문고 운영의 주체가 되는 독서회, 쉽고 재미있으며 유익한 선정도서 등 시설·인력·장서를 기본 개념으로 하였다.

마을문고 운동은 1960년에 엄대섭이 경주시립도서관에 마을문고 견본을 설치한 것이 시초였다. 1961년 2월 1일 '농촌마을문고보급회'(회장 엄대섭)를 조직하고, 경주시 남산 아래 탑 마을에 제1호 마을문고를 세운 것을 필두로 그해 연말까지 25개의 마을문고를 세웠다. 1962년 6월에 사무소를 서울로 옮기고 같은 해 7월 11일에 '마을문고진흥회'로 명칭을 바꾸었다. 1963년부터는 문교부와 공동사업으로 '전국농어촌 마을문고 보내기운동'을 추진하였다. 그리하여 1961년에 26개였던 마을문고는 1968년에 1만 개로 늘었고, 1974년에는 3만 5천 개를 돌파하였다.

마을문고진흥회는 1967년 10월에 인건비와 사무비에 대한 정부보조가 끊기면서 재정부담이 심화되어 임원진을 개편했는데, 신임 임원진이 회장 이후락(대통령 비서실장), 상무이사 엄대섭, 이사 고태진(은행가)·방일영(조선일보 회장)·서정귀(실업가)·조성옥(문교부 문예체육국장), 감사 김상수(실업가)·정택락(실업가)으로 구성된 것으로 보아 자율성이 축소된 것으로 보인다. 1968년 2월에는 명칭을 '마을문고본부'로 변경했으며, 1970년대에는 마을문고 운동의 안정성을 담보하기 위해 재단 구성을 추진했다. 그러나 1982년에 새마을운동 체제에 흡수·통합되면서 '새마을문고중앙회'로 개칭되어 현재에 이른다. 엄대섭은 마을문고 운동의 성과를 인정받아 1980년 막사이사이 상(공공봉사 부문)을 수상하였으며, 2004년에 은관문화훈장을 받았다.

『마을문고』는 1964년 3월 마을문고진흥회의 기관지로 창간되어 월간으로 발간되었다. 이 잡지는 문교부의 후원으로 발간되었으며, 편집인 엄대섭을 비롯하여 강홍중, 최기태, 서원기, 김승철, 이경자, 김홍수가 총무부·지도부·봉사부를 구성하였다. 창간호는 창간사「농어촌 부흥과 독서운동」(엄대섭), 축사「새로운 지식을 배우자」(고광만, 문교부장관), 「씨앗을 가꾸며」(김종준), 「마을문고 진흥회의 사업목표」(강홍중), 「참이면 통한다」(박동진, 탑마을 독서회원), 「마을문고란 어떤 것인가?」, 「마을문고의 책을 다루는 법」, 「관리운영 상담실」, 「마을문고 있는 마을」, 「고마운 사람들」, 「언론계의 후원」, 「마을문고의 발자취」 등의 짧은 글이 실렸고, 맨 뒤에 「농어촌에 마을문고를 세웁시다」라는 광고를 통해 마을문고 설립과 독서회 등록에 대한 안내를 하였다.

엄대섭은 창간사에서 『마을문고』의 창간 취지가 마을문고 보급운동에 있음을 역설하면서, 마을문고의 의의를 다음과 같이 밝히고 있다. "문화적인 면에서 무식을 없애는 것이 물질적인 면에서 가난을 없애는 지름길"이며, "마을문고가 처음에는 단순한 책읽기 운동으로부터 출발"하지만 "운동이 차츰 확대되어서 마침내 독서회원을 중심으로 내 고향 내 마을의 생활문화 향상"을 이루는 것, "그것도 누가 시켜서 되는 것이 아니고, 책을 읽음으로써 스스로 깨친 결과로 되는 것"이다. 총무부장 강홍중은 「마을문고 진흥회의 사업목표」에서 해방 후 10여 년간 책보내기 식의 농촌문고운동이 실패한 원인이 "농어촌 사람들에게 『책은 공짜로 얻어서 보는 것』이라는 의뢰심을 키웠기 때문"이라고 진단하고, "농어촌 주민들이 『푼돈 모아 공동의 책을 사보자』는 운동을 펼쳐 자기들의 주머니를 털어 자기들이 희망하는 책을 사 읽음으로써 스스로가 스스로의 주인이 되자고 생각해낸 것이 바로 마을문고의 방안"이라고 설명하였다. 그리고 이를 위한 사업 목표로 문맹퇴치, 문고 키우기, 생활교육의 3대 과제를 제시하였다.

이 밖에도 창간호에는 마을문고의 개념, 설립과 운영에 관한 간단명료한 지침을 소개하였고, '상담실'이라는 코너를 통해 현지 독서회의 질문에 대한 답변을 실었다. 창간호에 수록된 「잡지를 보낼 곳」이라는 광고성 단신 기사를 보면, 월간 『마을문고』는 3만 부를 발행하여 마을문고 회원 2,500부, 도지사·시장·군수·농어촌 이동里洞 2만 부, 농촌진흥청 시군지도소 및 시범지역지도원 1,500부, 농협 및 시군조합 200부, 수협 및 지구조합 100부, 도·시·군 교육청 200부, 신문사·잡지사·방송국 100부, 도서관 500부, 출판사 300부, 관계 기관 및 단체 500부, 일반 계몽선전용 4천 부, 농과대학 및 농고 100부 등을 배포하였으며, 마을독서회원이 아닌 사람도 1년분 우송료 20원을 납입하면 받아볼 수 있었다.

『마을문고』는 발행 주체들의 주장을 담은 논설, 마을문고 운영과 관련된 기사, 마을문고를 운영하는 특정 지역을 탐방한 현지 취재 코너, 회원들의 독후감이나 기고문, 마을문고 운영 상담실 등 마을문고운동과 관련한 다양한 글을 풍성하게 담고 있다. 그런데 1967년 10월에 임원진이 개편되면서 관권의 영향력이 강화된 이후부터 특집이 빈약하고 지면 구성이 단조로워지며 회원들의 글이 줄어드는 경향을 보인다. 특히 1970년대부터는 관변잡지 같은 분위기를 풍긴다. 그럼에도 『마을문고』는 10년 가까이 꾸준히 발행되었고, 특히 일반 농민들이 주축인 회원들의 글이 많이 실려 있어서 마을문고 운동은 물론이고 당시 농촌사회의 분위기를 읽어낼 수 있는 좋은 자료이다.

주목할 만한 특집으로 대표적인 것은 다음과 같다. 1966년 5월호(통권 21호)는 「마을문고 설립과 운영」 특집을 통해 '마을문고란 어떤 것인가?', '마을문고 독서회', '마을문고 협의회', '마을문고에서 좋은 책 갖추기', '독서회의 발표회 요령', '책 다루기와 수선 방법', '마을문고 진흥회', '마을문고용 도서 선정 사업', '마을문고용 도장과 대장 사용법', '마을문고 실태 조사', '독서회원 뱃지', '독서회 회원증'에 관해 요령 있게 소개했다. 1967년 5월호도 1년 전과 마찬가지로 「마을문고 설립과 운영」을 특집으로 구성해서 비슷한 내용의 글을 실었는데, 이는 지난 1년간 경험을 기반으로 마을문고운동에 관한 지침을 수정·보완한 것이다. 1969년 6월호와 1973년 5월호는 아예 「마을문고 설립과 운영」 특집으로만 구성되었다. 1966년 6월호는 마을문고 창립 5주년 특집으로 꾸며졌는데, 부록으로 '마을문고용 선정도서목록'을 정리해 놓아 마을문고운동을 이해하는 데 좋은 자료가 된다. 1966년 11월호는 전국 마을문고 대표자 대회를 특집으로 구성하여, 대회사, 대회경과, 강의 줄거리, 과제발표 토론회, '이 모습, 저 모습', '양지·음지' 등을 정리했다. 1968년 3월호는 마을문고 설치 수 1만개 돌파 기념호로, 1971년 9·10월호는 2만개 돌파 기념호로 발간되었다.

『마을문고』는 월간으로 발간되었으며, 1969년 초에 3달가량 휴간되었고, 1970년 1~3월호도 발간되지 않았다. 현재까지 확인되는 최종호가 국립중앙도서관과 고려대·연세대 도서관에 소장되어 있는 1973년 11·12월 합호(통권 92호)인 것으로 보아 이 무렵에 종간된 것으로 보인다.

국립중앙도서관, 고려대·연세대 도서관에 창간호부터 92호까지 소장되어 있고, 국회도서관과 서울대 도서관에 일부가 소장되어 있다. 그 중 1966년 1월호(통권 18호)~1967년 10월호(통권 35호), 1967년 12월호(통권 37호)~1968년 11·12월호(통권 46호), 1969년 5월호(통권 49호)~1970년 12월호(통권 63호), 1971년 9·10월호(통권 70호)~1972년 5월호(통권 76호), 1973년 5월호(통권 86호)~1973년 11·12월호(통권 92호)를 DB화하였다. (이용기)

참고문헌

새마을문고운동40년사편찬위원회, 『새마을문고운동40년사』, 새마을문고중앙회, 2001; 김종천, 「'마을문고'지를 통해 본 새마을문고운동-특히 1964년을 중심으로」, 『새마을연구』 8, 상명대학교 새마을연구소, 1991; 이용남, 「마을문고 운동의 초기 전개 과정에 관한 연구-운동형성 배경에서부터 1967년까지를 중심으로 하여」, 『한국문헌정보학회지』 34-4, 2000; 엄대섭, 「농어촌의 독서운동과 마을문고」 『신사조』 2-5, 1963; 엄대섭, 「마을문고의 의의와 성과」, 『국회도서관보』 6-4, 1969; 엄대섭, 「마을문고10년사」 『출판문화』 66, 대한출판문화협회, 1971.

마포민보

(麻浦民報)

특정지역의 주민을 대상으로 창간된 주간신문으로 1960년 11월 16일에 발간되었다. 종간호 여부는 알 수 없다. 발행·편집 겸 인쇄인은 조병성趙炳星, 편집국장은 이성현李聖賢, 발행소는 서울특별시 마포구 마포동이었다. 판형은 타블로이드판으로 2면 발행에 11단, 1단 11자 체제였다. 그리고 월정구독료는 1백환이었다.

「창간사」를 보면, "마포구역을 육성발전시키는 데 있어 행정, 치안, 금융, 교육, 생산 등 각계는 물론 유지로서 공헌하는 바가 크면서도 국한된 범위 내임으로 전국적으로 시현되지 못하는 숨은 업적을 구민 전체에게 널리 보도하고 (중략) 마포구의 전통과 공익"을 위한 노력을 할 것을 역설하고 있다.

창간호 1면의 기사를 보자. 「내 마을의 지침!」이라는 큰제목 아래 마포구청장 이송의 「복지사회건설에 수족이 되라」, 「초지일철에 용진하라」, 「마포민보는 우리들의 벗」이 딸려 있고, 「사고」와 「인사의 말씀」이 뒤를 잇고 있다. 하단에는 '마포구청'과 '마포경찰서', '서대문세무소'와 '서대문형무소'의 창간 축하 광고가 실려 있다.

이 신문은 4·19혁명으로 터져 나온 국민들의 여망이 마을자치운동의 일환으로 창간된 구민신문 발행의 한 현상으로 보인다. 당시 서울시내의 각 구에서는 이런 종류의 신문이 우후죽순격으로 창간되는데, 그만큼 주민들의 여론과 자기 동네에 대한 관심, 애정이 많았다고 할 수 있다.

국회도서관에 창간호가 마이크로필름으로 소장되어 있으며, DB 작업도 창간호를 갈무리했고, DB 상태는 양호한 편이다. (전상기)

참고문헌

『마포민보』 창간호, 1960년 11월 16일자; 『한국신문백년 〈사료집〉』, 한국신문연구소, 1975.

만화신문
(漫畵新聞)

1960년 9월 10일에 창간되었으며 주간 발행되었다. 종간호 여부는 알 수 없다. 발행·편집 겸 인쇄인은 이하복李夏福, 주간 김정빈金貞彬, 편집국장 정한기鄭漢基, 발행소는 서울특별시 중구 태평로 27번지였다. 창간호는 8면이었으며 이후로는 대판 4면이었고 16단제에 1단 10자 체제였다. 1부에 50환, 월정액은 200환이었다.

'창간사'는 보이지 않는다. 1950년대 대중잡지에 실리곤 했던 만화에 대한 수요가 정치 문제를 다루는 수준까지 확장, 저변화된 결과로 배경을 짐작할 수 있다. 실제로 만화는 신문, 잡지만이 아니라 여러 만화가들의 작품집 발간에까지 이어지는 것을 알 수 있는데, 이 신문은 그 역할의 한 몫을 담당하고 있다고 하겠다.

창간호 1면 기사를 보자면, 「우의마의 (牛意馬意) 없는 공화국의 두 만상」이라는 제목 아래 윤보선 대통령과 장면 국무총리의 캐리커쳐가 그려져 있고, 창간을 축하하는 휘호, 「유모어 정치학」, 「토요만평」, 「불모지」 등의 기사와 함께 「사고」가 실렸다. 토요만평은 두꺼비로 유명한 안의섭 화가가 담당하여 그 특유의 풍자적 필치를 엿볼 수 있다. 하단에는 창간을 축하하는 만화가, 화가들의 그림, 주인공의 면모가 들어 있어 신문의 성격을 뚜렷이 드러내고 있다.

이 신문은 창간 당시 정국의 흐름에 대한 민감한 반응을 보여 정치면에 상당히 치중하였다. 정치가들의 상징적인 인물 스케치가 돋보이기도 했지만 차츰 흥미위주의 인물평으로 나아가 비판적인 성격은 뒤처질 수밖에 없었다. 그럼에도 불구하고 50년대 후반부터 활발해지기 시작한 만화가, 화가들의 명랑만화

붐, 어린이 만화붐에 힘입어 유머와 흥미 있는 기사들을 보도함으로써 신문 특유의 개성을 보여줬다고 할 수 있겠다.

국회도서관에 마이크로 필름으로 소장되어 있으며, 창간호가 DB로 갈무리되어 있고, DB 상태는 비교적 양호하다. (전상기)

참고문헌

『만화신문』 창간호, 1960년 9월 10일자; 『한국신문백년〈사료집〉』, 한국신문연구소, 1975.

매화

가
나
다
라
마
바
사
아
자
차
카
타
파
하

1966년 2월 22일 발행된 서울매동초등학교 신문으로 총 4면으로 제작되었다. 편집은 학교 어린이문예부, 교장 및 교감선생이 고문으로 참여하고 있다. 1966년 2월(제3호) 이후 추가 발행분은 확인되지 않는다.

이 신문 발행주체인 서울 매동초등학교는 1895년 8월 관립 장동소학교로 개교하였고 같은 해 11월 매동(지금의 서울시 종로구 통의동 일부)의 전 대루원待漏院으로 교사를 옮기고 매동소학교로 개칭되었다. 1906년 매동보통학교로 개칭하고 교사를 신축한 후 1908년 제1회 졸업생 16명을 배출하였다. 1910년에는 관립에서 공립으로 개편하여 매동공립보통학교로 교명을 변경하였으며, 4학급 197명으로 편성하였다. 1933년에는 서울시 종로구 필운동에 교사를 신축하여 이전하고 1938년 매동공립심상소학교, 1941년 매동공립국민학교로 교명을 변경하였다. 해방 후 서울매동국민학교로 재개교하여 초대 교장에 오정환吳鼎煥이 취임하고 30학급 1,600여 명으로 편성하였다. 교지 발행 당시 졸업생은 1만2천여 명이었다.

교지는 총 4면으로, 1면은 학교 소식 전반을 소개하고, 2면은 주로 교사들이 교육현장에서 경험한 글로 이루어졌으며, 3면은 학생들의 창작 글, 4면은 학습과 관련된 지식과 학생들의 글로 구성되었다.

신문 1면 상단에는 학교 교훈으로 '바르게(정직), 튼튼하게(건강), 부지런하게(근면), 의좋게(화목)'라는 문구가 실렸는데, 1960년대 초등학교가 지향하는 구호를 확인할 수 있게 한다. 1면은 주로 교장의 훈시와 56회 졸업식 상황에 대한 기사가 소개되었다. 교장의 훈시는 「'필운대'를 아름다운 꽃동산으로 그리고 큰 등대로」(김동욱)라는 제목으로 3월 신학기를 맞이하는 자세를 강조하였다. 이 밖에 「우리의 주장」 하단에는 「이달의 뉴스」라고 하여 국내외 정치 관련 뉴스가 간단하게 실려 있다.

2면에는 정규현(교무주임)의 「1965학년도의 반성」, 이한진(교사)의 「우리학교의 시청각 교육의 실태」 등의 글에서 교육 과정에서의 문제점 등을 지적하고 있다.

3면에는 학생들이 직접 작성한 시, 수필, 논설류의 글이 실렸다. 주로 2~5학년 학생들의 창작글로, 2학년생 「새봄」, 3학년생 「맹호부대 아저씨를 생각하며」, 「내가 본 서울」, 5학년생 「버스 안에서」 등 학교생활과 일상 속에서 어린이들의 생각이 나타나 있다. 3학년 학생의 글 「학력고사의 최고상」은 학력고사를 떨리는 마음으로 치르는 어린 학생의 정서가 잘 표현되어 있다.

이 교지는 교사와 일반인들에게 학교를 소개하고 학생들에게 문예 창작에 대한 흥미를 유발하며 장려하기 위해 만들어졌다. 1호밖에 확인되지 않지만, 이 신문은 1960년 중반 초등학교의 현황이나 학교의 지향점을 확인할 수 있으며, 당시 학생들의 관심사나 일상에 대한 시선을 잘 드러내준다.

국회도서관에 소장되어 있는 제3호(1966. 2. 22.)를 DB화하였다. (이병례)

참고문헌

한국정신문화연구원 편, 『한국민족문화대백과사전』, 1995; 『매화』, 1966년 2월 22일, 매동초등학교.

메아리

『메아리』는 스위스 한인연합회가 발행하는 소식지이다. 발행인은 한인연합회장이 겸하고, 편집인은 박원이 담당했다. 2000년부터 2006년 사이에 발행된 것을 보면, 지면은 A3 크기의 용지를 접어서 인쇄하고, 20쪽 내외를 호치키스로 묶어서 내고 있다.

『메아리』 27호(2006년 7월 발행)는 K. Lee Trading GmbH, 대한항공, Edelweiss Korea Travel, Koreahof, Korea Town, 현대자동차, 고려정, 한국의 집, 대나무집, 강촌식당, 소운 화랑의 광고협찬으로 발행되었다고 밝히고 있다. 매호를 발행할 때마다 광고협찬은 조금씩 바뀌고 있다. 한인 연합회의 소식지이지만 스위스의 한인들이 그렇게 많지 않은 상황에서 소식지 발행에도 어려움을 겪고 있는 것 같다. 그리고 소식지도 20쪽도 되지 않는 분량으로 발행되는 경우들도 적지 않았다.

내용 구성도 다른 한인회보들에는 대체로 대사관과 한인회장들의 인사말 등이 앞에 등장하는데, 『메아리』에는 그러한 것들이 보이지 않는다. 스위스 한인 연합회 소식, 레만 지역, 동부 지역, 취리히 지역, 베른 지역, 바젤 지역 등 지역별 한인회 소식, 그리고 각 지역의 한글학교 소식, 그리고 재외동포의 국내 부동산 및 금융거래 관련 안내와 출입국신고서 제출 생략 확대시행 안내, 그리고 마지막으로 알아두면 편리한 연락처가 차분하게 정리되어 게재되고 있다. 그리고 광고는 편집후기에 감사의 글에 밝힌 한인업체들과 한국 기업들의 광고가 중간 중간에 있을 뿐이다.

『메아리』를 보면 작지만 부유한 스위스를 닮은 듯, 군더더기 없이 한인들의 소식지 기능에 충실한 모습을 보여주고 있다. 『메아리』는 스위스 한인들의 중심으로 이렇게 반드시 한인들이 알아야 할 소식만을 간결하게 정리해서 전해주고 있다.

『메아리』는 재외동포재단 자료실에 일부가 소장되어 있고, 이를 DB화했다.

(임성윤)

참고문헌

『메아리』, 스위스 한인연합회.

명랑

(明朗)

1956년 1월에 서울에서 창간한 월간지. 창간 당시의 발행 겸 편집·인쇄인은 황준성黃俊性, 발행소는 신태양사(서울시 중구 태평로 2가 43번지)이며, 국판 200여 쪽 분량에 가격은 300환이었다. 통속적인 대중잡지로 인기를 누리다가 1980년 7월에 정부의 사회정화 시책으로 폐간되었지만, 1988년 2월 복간(발행자 명랑사)되었다가 1992년 3월에 다시 폐간되었다.

1956년 1월에 신태양사의 황준성에 의해 창간된 통속적 대중잡지이다. 1950년대에는 문맹률이 낮아지면서 지식인이 아닌 일반인을 겨냥한 통속적인 대중잡지가 다수 발간되었다.『명랑』을 출간한 신태양사는 잡지『신태양』과 각종 단행본을 출간하면서 1950년대 출판시장에서 큰 역할을 했다. 1953년 11월에 창간한『실화』가 크게 성공하자『월간 희망』(1950년 2월 창간)과『아리랑』(1955년 3월 창간) 등이 점유하고 있던 통속잡지 시장에 뛰어들어『명랑』을 창간했다.

『명랑』은 '읽는 잡지'를 표방했던 경쟁지『아리랑』과 달리 '보는 잡지'를 표방하며 배우나 스포츠맨들의 사진, 영화의 주요 장면, 삽화 등 시각적인 요소를 크게 강화했고, 읽을거리로는 자극적인 성애소설과 가십거리를 중심으로 지면을 구성했다. 1956년 11월호 편집후기에서는『명랑』이 표방하는 "쎄븐 S" 편집 방향이란 "Sex, Story, Star, Screen, Sports, Studio, Stage"라고 밝혔다. 한마디로『명랑』은 방송과 영화를 중심으로 영상매체가 발달하던 시대적 분위기를 반영하면서 통속적인 오락성을 추구한 활자매체라고 할 수 있다.

『명랑』은 표지에 여배우를 비롯한 미녀의 사진을 배치했고, 화려한 화보, 연예계의 가십거리, 인기 연예인의 애정행각, 유명 스포츠맨의 주변 이야기, 오락성과 자극성이 강한 소설 등으로 지면을 구성했다. 1956년 10월호의 경우, 표지에 「문제의 성소설性小說 "마음의 정조貞操"」, 「다색多色인쇄 – 추억의 가요 추억의 가수들, 영화주제가·유행가 특집」, 「인기배우들의 연애, 돈, 영화, 방송」 같은 문구를 내걸었다. 기사 내용도 연예가와 스포츠계의 소식, 영화·음악 등에 관한 이야기, 다양한 유머와 오락기사로 채워졌고, 「탈선사장」, 「청춘화첩」, 「고생문」, 「인현왕후」 등의 '인기연재소설'과 특집 화보로 「명작영화 키쓰·씬」이 실렸다. 편집후기에 해당하는 「꾸미고 나서」에서는 "보는 잡지 (중략) 이것이 우리들의 염원입니다."라며, "딱딱하고 잘디잔 지금까지의 잡지의 상식을 벗어나 시각적으로 시원한 잡지"이자 "명실이 상부한 오락잡지"를 만들겠다고 밝혔다.

1958년부터는 지면을 통해 미인경연대회를 열고 독자 추첨을 통해 인기 연예인을 뽑는 등 연예계와 독자층을 연결시키며 대중잡지로서의 명성을 높였다. 『명랑』을 출간한 신태양사는 대중잡지 시장에서 공격적인 경영을 하다가 무리한 경영과 치안당국의 풍기단속으로 미경美耕출판사에 발행권을 이양했다.

『명랑』은 『아리랑』과 함께 1950~60년대 통속잡지를 선도했지만, 1980년 7월에 정부의 '사회정화' 조치로 폐간되었다. 이후 1988년에 민주화 바람을 타고 복간되었지만, 1992년에 다시 폐간되었다. 『명랑』은 오락성과 선정성이 강한 통속잡지라는 특징을 가지며, 특히 전후戰後 대중문화를 이해하기 위한 좋은 자료가 된다.

연세대 도서관에 창간호가 소장되어 있으며, 국회도서관에 1956년 10월호부터 1964년 5월호까지, 국립중앙도서관에는 1965년 1월호부터 1992년 3월호까지 소장되어 있다. 국회도서관과 국립중앙도서관의 홈페이지에서 목차 서비스가 제공된다. 국회도서관에 소장되어 있는 1956년 제1권 10호(10월호)~1957년 제2권 3호(3월호), 1958년 제3권 3호(3월호)~8호(8월호), 1959년 제4권 4호(4월호)~9호(9월호), 1960년 제5권 6호(6월호)를 DB화하였다. (이용기)

참고문헌

『한국민족문화대백과사전』(http://encykorea.aks.ac.kr/); 김현주, 2013, 「1950년대 오락잡지에 나타난 대중소설의 판타지와 문화정치학 – 『명랑』의 성애소설을 중심으로」, 『대중서사연구』 30; 최애순, 2013, 「1950년대 활자매체 『명랑』 '스토리'의 공유성과 명랑공동체」, 『한국문학이론과 비평』 17-2.

모두 모아
(All Together)

『모두 모아』는 실리콘밸리 한국학교(Silicon Valley Korean School)가 발간하는 교지이다. 1997년 6월에 창간하고 매년 6월마다 교지를 발간하고 있다. 2000년 2월부터는 월간으로 『학교 소식지』를 내고 있다. 2007년에 발간된 11호의 경우, 발행인은 허준영(교장), 편집은 박영선이 담당했다. 현재 학교이사장은 S. Michael Lee이고, 교장은 Jane Yoon이다. 학교 주소는 10100 Finch Ave. Cupertino, CA 95014이고, 학교 홈페이지 주소는 www.svks.org/이다.

1974년 10월 '에덴학교'(First Baptist Church of San Jose)라는 이름으로 2개의 국어반과 30여 명의 학생으로 출발했다. 1979년 9월 '산호세 한인학교'로 개칭했고, 산호세 한인 침례교회를 학교로 사용했다. 1983년 '산호세 한국학교', 1983년 '산호세 한미 교육센터', 1989년 '산호세 한국학교' 등 이름을 몇 차례 변경했다. 그리고 1992년 9월 Fomeroy 초등학교, 1993년 Peterson 중학교, 1996년 9월 Cupertino 고등학교 등 임대학교의 위치도 자주 변경했다.

1997년에야 현재의 교명인 '실리콘밸리 한국학교'로 개칭했다. 현재 950명의 학생들과 45개의 반 그리고 특별활동 강사를 포함해 75명의 교사진을 자랑하는 세계에서 제일 큰 한국학교로 성장했다. 2013년 졸업식에서 중학교 과정의 졸업생 20명과 21명의 초등학교 과정 수료생을 배출했다.

40여 년의 역사를 자랑하는 실리콘밸리 한국학교는 미국에서 자라나는 한인 아이들에게 한국어와 한글, 한국의 전통문화와 역사 그리고 한국인으로써 알아야 할 훌륭한 정신을 지도하고 있으며 나아가서는 이민자들로 구성된 민주주의 국가인 미국 안에서 당당하고 자신감 있게 자라나 위대한 재미한인(Great Korean

American)이 될 수 있도록 교육하고 있다.

학비는 한 가족의 첫째 어린이가 1학기 6개월에 $280, 1년 2학기에 $520, 둘째는 각각 $260, $480, 셋째는 각각 $230, $430 등으로 책정되어 있다.

『모두 모아』의 구성은 다른 교지들과 기본적으로는 비슷하다. 초등학교 입학 전의 학급부터 고등학교 학급까지 망라되어 있고, 글짓기와 그림들, 그리고 선생님들이 학생들을 응원하면서 쓴 글 등으로 구성되어 있다. 보통 학급당 단체사진을 찍으면 다른 곳의 한인학교들에서는 짧은 한 줄로 끝나는데, 이곳에서는 학생들이 두 줄 이상의 긴 줄을 구성하며 단체사진을 찍는다는 것이 이채롭다. 이 또한 실리콘밸리 한국학교의 규모를 보여주는 것이라 할 수 있다. 또한 미국과 세계경제의 중심지로 부상한 실리콘밸리의 학교답게 『모두 모아』에는 다른 교지에는 없는 한인 업소들의 광고가 몇 개 씩 게재되고 있는데, 이는 현재 잘 나가고 있는 IT산업과 그 중심에 있는 실리콘밸리의 경기를 반영한 것이라 할 수 있다. 그리고 교지에 실린 학생들의 단체 사진과 작품들을 보면서 학생들 중 누가 미래의 스티브 잡스나 빌 게이츠가 될지 궁금증을 유발하는 것이 실리콘밸리 한국학교의 교지 『모두 모아』이다.

『모두 모아』 일부가 재외동포재단 자료실에 소장되어 있다. (임성윤)

참고문헌

『모두 모아』, 2007년 제11호.

무궁화
(MUGUNGHWA)

『무궁화』는 뉴질랜드 크라이스트처치 한국학교(Christchurch Korean Community School)에서 발행하는 교지이다. 2003년 2월 28일에 통권 제5호가 발행되었다. 발행인은 교장 황선하이고, 편집도 교장선생님이 직접 담당했다. 황선하 교장은 2년 임기의 교장직을 3회에 걸쳐 연임했다.

크라이스트처치 한국학교의 교훈은 "깨끗한 마음, 올바른 태도, 즐거운 생활"이고 교육지침은 "참여하며 협력하자"이다. 그리고 『학교소식』이라는 소식지를 만들어 학기 중에 보통 2주 간격으로 발행하면서 교내외의 각종 행사와 소식을 전하고 있다. 그리고 그중 일부는 영어로도 같이 발행하기도 했다. 그동안 발행했던 소식지를 학년 말에 발행되는 교지 『무궁화』 뒷부분에 묶어서 모아 놓고 있다.

2002년에 크라이스트처치 한국학교의 초등 1학년이 15명이었지만, 학년이 올라갈수록 경향적으로 줄어들면서 중등반은 6명밖에 되지 않았다. 그 이외에 특수반과 외국인 기초반이 있는데, 특히 1999년부터 한국의 문화와 한글을 배우려는 외국인을 위한 야간반을 운영하고 있다.

2002년에 발행된 통권5호를 간단히 살펴보자. 2002년 10월 15일 민속놀이 학습날의 샤진이 앞부분을 장식하고 있다. 교사와 학생들 모두 한복을 곱게 차려입고 나와서 각종의 민속놀이를 하고 있다.

그리고 본문은 일주일에 2시간씩 수업을 하면서, 학생들이 과제물로 해온 작품이나 수업시간 중에 작성했던 작품이 주이다. 고사리 같은 작은 손으로 연필을 꾹꾹 눌러가며 열심히 한 흔적이 곳곳에 묻어난다. 본문은 초등 1학년의 제목과 설명을 일부 적은 그림일기부터 시작한다. 2학년의 작품들로는 학생들이 그린 그림과 함께 원고지에 한자 한자 눌러쓴 글짓기 작품들이 실려 있다. 이후 학년이 올라갈수록 그림의 비중은 작아지고 글짓기의 비중이 높아지고 있다.

그중 초등학교 6학년 학생의 글을 옮겨본다. 이 학생의 글은 뉴질랜드 한인 학생들의 소망과 바람을 대표하는 것으로 보여 특별히 옮겨본다. "10년 후면 나는 20살이 될 것이다. 그때까지 나는 한국말과 영어 둘 다 완벽했으면 좋겠다. 그것을 이루기 위해서 좋은 선생님께 영어와 한국어를 배워야 할 것이다. 그리고 영어와 한국 책을 읽을 땐 똑같은 책을 읽어서 각각의 말로 독후감을 써보고 계속해서 이야기를 전개하여 써본다. 또한 내가 좋아하는 작가가 죽어 더 이상 책을 못 쓰게 되면 내가 이어서 영어와 한국말로 써본다. 그러려면 많은 어려움이 있겠지만 나의 특별한 선생님 아니면 결혼 안 한 사촌언니에게 물어보겠다."

그리고 교사 지영연은 학생과 학부모들에게 설문조사를 해서 「이중언어와 크라이스트처치 한국학교」라는 글을 쓰고 있다. 그 설문의 결과를 분석하면서 지 교사는 뉴질랜드 한인들의 주된 바람도 자녀들의 뉴질랜드 학교에서의 성공적인 성취에 있는 만큼 영어의 빠른 적응과 이해 그리고 국어실력의 향상이라고 진단하면서, 학생들에게 국어와 영어에 대한 동기 부여를 충분히 하고, 국어와 영어를 지속적으로 학습할 수 있도록 조건을 만들어주고, 또한 학습 과정 중에 나타나는 문제점들을 함께 논의하고 개선해서, 크라이스트처치 한국학교의 교육이 학생들의 밝고 아름다운 미래의 풍성한 기반이 될 수 있도록 노력할 것을 약속하고 있다.

『무궁화』는 바로 이러한 학생들의 소망과 교사들의 노력을 담아내서 우리에게 보여주고 있다.

『무궁화』는 재외동포재단 자료실에 일부 소장되어 있다. (임성윤)

참고문헌

『무궁화』, 크라이스트처치 한국학교.

무궁화 동산

『무궁화 동산』은 마드리드 한글학교의 교지이다. 1999년 창간호가 『서바나』라는 명칭으로 나왔다가, 제2호부터 『무궁화 동산』으로 개칭했다. 발행인은 교장인 이승미(2003년)이고, 편집인은 박재욱이다. 교정은 교사인 류채진, 김현경, 삽화는 졸업생인 김나온이 담당했고, 인쇄는 JPM Graphic, S.L. Madrid에서 담당했다. 학교의 주소지는 Martin Machio, 15-28002 Madrid로 되어 있다. 이메일 주소는 edicionesgondo@yahoo.es이다.

1981년 1월 마드리드에 초등부 1학급으로 토요학교가 처음 개설되었다. 1982년 마드리드 장로교회가 토요학교를 흡수하면서 한인학교로 재차 개교했다. 1994년 한국학교 재단회가 발기총회를 개최하고 마드리드 한국학교로 이름을 변경했다. 2000년 1월 마드리드 한글학교로 재차 이름을 변경했다. 이어 2002년에 외국인부, 2003년에 고등부가 각각 개설되었다.

『무궁화 동산』제2호를 펴내면서 교장 이승미는 마드리드 한글학교의 한글교육의 의미에 대해 말하고 있다. "재외국민의 차세대는 누구나 이중교육의 큰 부담을 지니고 있습니다. 거주하는 국가의 공교육과 한민족의 후예로서 민족교육을 동시에 받아야 하기 때문입니다. 전자는 현실적으로 의무적이며 필수적인 교육으로 간주되며, 후자는 자율적으로 선택하는 교육으로서 전자에 종속된 것으로 인식됩니다. 그러나 거시적인 안목으로 볼 때, 민족교육은 삶의 현실에서 민족적 자각과 긍지를 밑거름으로 정신적인 기반을 구축하고 생의 배후를 다지는 원동력을 키우기 위하여 매우 중요한 교육입니다." 이처럼 한인 학생들이 한인으로서의 정체성을 유지하며 스페인의 시민으로 거듭나는 데 이바지하고자 한다는 교육목표를 제시하고 있다. 그리고 이 교장은 "한글학교 구성원은 물론, 교민 여러분과 외국인이 모두 협력하여 생각한 바와 느낀 점을 우리 글로 표현하고 이를 한데 모음으로써 서로 우의를 증진하며 공동체 의식을 함양하는 한편, 학교발전과 지역사회의 앞날을 위한 문화적인 산물로서 기여하게 될 것"을 기대하며『무궁화 동산』교지를 발행한다고 한다.

『무궁화 동산』의 구성에 대해 간단히 살펴보자. 앞부분에 "나는 자랑스러운 한국인"이라는 교훈과 교가가 나오고, 학교장, 스페인 대사, 학교 이사장, 어머니회장 등의 인사말과 김학우 목사의「한인 2세들이 겪는 갈등과 그 대책」이라는 글이 게재되어 있다. 이어 학교 전경 과 각종 교내 행사 사진들이 실려 있다.

그리고 본문이 이어진다. 지도하는 교사가 학급 아이들에게 보내는 편지 형식의 인사말과 함께 유치부 아이들의 작품들이 아이들의 사진과 함께 실려 있다. 학년이 올라가면서 그림보다는 글짓기 작품들이 많아지고 중학교 이상 되면 거의 완벽한 한글을 구사하는 것으로 보인다. 그러나 학년이 올라가면서 학생들이 급감하는 현상이 작품 수에서부터 나타나고 있다. 그리고 외국인 반을 운영하고 있는데, 이 반은 이승미 교장이 직접 담당하고 있다. 이 교장은 외국인들을 대상으로 한국어와 한국역사를 지도하면서 느낀 점을 다음과 같이 정리하고 있다: (1) 말하기, 듣기, 쓰기, 읽기의 기능이 조화를 이루며 구성되어 있는 통합적이고 체계적인 외국인용 한국어 교재가 부족하다. (2) 외국인에게 한국어를 가르치는 교사는 어문학을 전공했거나 언어교육을 연구한 자이어야 한다. (3) 외국인 학생들의 학습동기를 파악하여 학교에서 이루어진 학습이 실생활에 적용이 되도록 도와주어야 한다. (4) 외국인 학생들은 나중에 민간 외교관으로 활약하게 될 것이다. 이에 체계적인 지원책을 수립하고 성원을 보내야 한다. 이러한 문제의식은 가장 많은 해외한인학생들과 외국인들을 상대로 교육 활동을 하고 있는 재미한국학교협의회 등도 오랫동안 고민하며 해결하고자 했던 과제들이기도 하다. 이러한 문제를 고민하며 해결하면서 마드리드 한글학교는 스페인시민들에게 훌륭한 한글교육을 진행하게 될 것이고, 또한 한인2세들에게도 보다 나은 교육을 하게 될 것이다. 그리고 그 성과와 마드리드 한글학교의 미래를『무궁화 동산』을 통해 우리는 볼 수 있다.

『무궁화 동산』은 재외동포재단 자료실에 일부가 소장되어 있다. (임성윤)

참고문헌

『무궁화 동산』2003년 제2호.

무역경제
(貿易經濟)

1956년 9월 15일 무역협회에서 창간한 월간지이다. 편집 겸 발행인은 정운근鄭雲近이고, 발행소는 서울특별시 중구 남대문로 2가 123번지의 사단법인 한국무역협회이다. 인쇄인은 김영주金泳柱이며, 인쇄소는 서울특별시 서대문구 만리동 1가 62번지의 정부간행물배급주식회사이다. 1957년 제6호부터는 인쇄소가 서울특별시 중구 명동 1가 4번지 서울은행집회소 인쇄부로 바뀌었고, 1958년 제12호부터는 서울특별시 종로구 통의동 35번지 민중서관공무국으로 바뀌었다. 1960년 3월 1일 제21호로 종간되었다.

무역협회는 1946년 7월 31일 무역진흥과 무역업계의 권익증진을 도모할 목적으로 창립된 무역업계의 중심조직이었다. 무역협회는 처음에 월간 『무역』을 발간하다가 제23호를 끝으로 중지하고, 1956년 9월부터 제호를 『무역경제』로 바꾸어 발행하였다.

무역협회 6대 회장 강성태姜聲邰는 창간사에서 월간 『무역경제』의 발행 취지를 다음과 같이 밝히고 있다.

"우리 협회에서는 해마다 무역연감을 내고 있는 동시에 일간으로 『무역통신』을 가지고 있지만 그것이 연간의 기록이 되어 있거나 그날그날의 주요관계사항을 전달보도하고 있기 때문에 무역경제에 관한 매월 매월의 종합적인 자료의 기록이라든가 지도指導기사 논문 등등을 게재할 월간지의 간행이 업계에서 절실히 요망됨에 감鑑하여 금반今般 표제表題와 같이 『무역경제』지를 내게 되었습니다.

(중략) 말할 것도 없이 신장은커녕 도리어 침체해가고 있는 것이 우리나라 무역의 현황이라 할 수 있겠습니다. 물론 그 소인素因이 수출시장인 중국대륙이 중공에 석권되었다든가 쌀 수출이 무망시無望視되었다든가 중석重石값이 떨어졌다

321

든가 사변事變통에 수출생산이 완전 잠식해버렸다든가 하는 데 있다는 것도 사실이겠지만 더 큰 요인은 무역이 우리나라 경제발전을 이룩하는 데 있어서 점하는 비중을 과소평가하거나 그렇지 않으면 국내 산업을 보호하는 데 치중한 나머지 백안시하고 나아가서는 무역업자마저 마치 모리배의 권현權現으로 인식하고 있다는데 초치招致된 것이 아닌가 생각되는 바입니다.

이에 본지는 무역진전을 저해하는 인식이나 요소를 점차적으로나마 제거하고 또한 업계에서 무역을 영위하는 데 있어 좋은 지침이 되고 반려가 될 줄 믿고 본지를 내놓게 되었습니다. (중략)"

『무역경제』는 권두언, 무역단신, 논설, 전망, 시평, 무역일지, 협회보도, 무역관계약어, 무역게시판, 용어해설, 통계 등으로 구성되어 있다. 주로 정부의 정책담당자들이 국제관계 변화에 따른 경제정책 및 전망과 관련된 논설을 게재하고, 이와 더불어 각종 법령 해설과 소식, 국내외 무역관련 소식, 통계 등을 실어 무역업자들에게 유익한 정보를 제공하였다.

특히 이 시기에는 많은 국내 회사들이 대부분 ICA(미국국제협조처)의 원조물자를 한국에 수입하는 사업에 종사하고 있어, ICA원조도입사무 해설, ICA소비재 도입계획 등 관련 논설과 소식이 다수 게재되어 있다. 1958년 제12호에는 특집 기사로「59년도 경제원조의 제문제」라는 제목 아래 경제원조자금의 운용방향, 59년도 경제원조의 제문제, ICA원조사업의 운영 등의 내용을 싣고 있다. 또한 수출만이 외화 획득의 원천이라는 관점에서 관민官民이 함께 그 방책을 모색하기 위하여 1956년 제2호에는 특집「수출진흥문제」가 게재되었다. 수입품 과세 방법에 대한 관민官民의 시비是非, 수출진흥책에 관한 방법 등이 제시되었다. 이와 함께 원자도입導入援資과 수출진흥을 중심으로 한 무역정책의 문제점이 논의되기도 하였다. 1958년 제14호에는 특집「수출진흥의 제문제」를 통해 당면한 수출진흥 방안, 경제개발계획과 수출산업, 수출진흥을 위한 평형기금의 운영과 효과 등의 논설을 게재하였다.

이 밖에『무역경제』에는 기행문, 수필, 꽁트, 탐방기 등을 함께 실어 자칫 지루해지기 쉬운 잡지를 재미있게 읽을 수 있도록 하였다.

국회도서관에 소장하고 있는 1956년 창간호~제2호, 1957년 제3호, 제5~제7호, 1958년 제9호~제10호, 제12호~제14호를 DB화하였다. (구수미)

참고문헌

『무역경제』, 1956~1958년, 한국무역협회; 한국무역협회, 『무협50년사』, 1996.

무용
(舞踊)

이화여자대학교 무용학회舞踊學會에서 발행한 잡지로 1966년 5월 20일 첫 발행되었다. 창간호 발행인은 박성희이다. 연간으로 발행되었다(비매품).

『무용』은 이화여자대학교 무용학과에서 발간한 잡지이다. 이화여대 무용학과는 한국 체육학과 중에는 최초로 무용학과를 신설하여, 창설된 후 3년 만에 무용학회를 만들었다. 당시 이화여대 체육대학장인 성정순成丁順과 무용학과장 박외선朴外仙의 창간사에 의하면, 본 잡지는 무용학회의 학술지로서 재학 중인 학생들이 스스로 최초의 무용학 학술지를 만듦으로서 자부심을 갖길 바란다고 전한다.

창간호의 목차는 한국 전통무용과 서양무용의 이론을 소개하고, 발레 등 무용 작품의 해설을 주로 담고 있다. 기사의 필진은 이화여대 무용학과 전임강사들과 학생들로 구성되어 있다. 주로 4학년 재학생들의 학술논문으로 구성하려 했던 것을 할 수 있다. 창간호에서 주로 학생들의 글이 위주였다면, 제2호부터는 교강사들의 글 비중이 늘어나 있다. 그 밖에 무용학과 학생들의 문학작품, 무용학과의 소식 및 무용학회 회칙 등을 게재하고 있다.

본지는 해마다 재학생 및 교강사들의 글을 모집하여 실었는데, 특정 목차가 정해져 있지 않다. 편집임원들도 무용학과 학생회 임원들의 변동에 따라 바뀌고 있다. 한국무용과 서양무용의 비중을 보았을 때, 서양무용과 관련된 글을 조금 더 싣고 있으나, 후반부로 갈수록 다양한 무용 학술 관련 기고글을 볼 수 있다. 서양무용의 경우 발레를 위주로 하고 있는데, 발레 용어, 작품 해설, 해외 공연 소식 등의 글이 눈에 띈다. 한국 전통무용 소개 및 전통음악과 관련된 악기, 용어들을 소개하고, 해외의 전통무용을 소개하기도 한다. 제6호(1971년)에서는 무용학회 제2회 예술 심포지움에 참가한 각 분야 명사들의 글을 게재하고 있다. 제7호(1972년)에서도 이어서 제3회 예술 심포지움 관련 글을 볼 수 있다.

본 잡지는 국회도서관에서 소장중이며, 제1호(1966년)~제8호(1973년), 제12호(1990년)가 남아있다. 이화여자대학교 중앙도서관은 제1호(1966년)~제10호(1978년)까지 소장하고 있다.

국회도서관에서 소장하고 있는 창간호~007호(1966년~1972년)를 DB화하였다.
(이윤수)

참고문헌

『무용』, 이화여자대학교 무용학회, 1966.

가
나
다
라
마
바
사
아
자
차
카
타
파
하

무지개 동산

『무지개 동산』은 뉴저지에 위치한 성 김대건 한국학교에서 내는 교지이다. 성 김대건 한국학교는 1986년 9월 20일 Fort Lee 마돈나 성당에서 설립되었다. 초대교장으로 김 세바스티안 수녀가 역임했다. 1993년 6월에 『무지개 동산』 1호가 발간되었고, 2000년에는 제6호가 발간되었다. 발행처 주소는 St. Andrew Kim Korean School/ 585 Saddle River RD., Saddle Brook NJ 07663으로 되어 있다.

설립목적은 "그리스도 정신을 바탕으로 한국인으로서 필요한 교육을 함으로써 부모와의 대화를 증진시키고 한국인의 긍지를 심어주는 데 있다."고 『무지개 동산』 앞에 명시하고 있다.

"성 김대건 한국학교" 이름에서 드러나듯이, 가톨릭교회의 신부와 수녀들이 중심이 되어서 운영하는 학교이다. 2000년 현재 수업을 특이하게도 금요반과 토요반을 진행하고 있고, Saddle Brook학교와 Englewood학교 두 개의 캠퍼스를 운영하고 있다.

교장 홍 데클라 수녀는 건학 15주년 기념으로 발간된 『무지개 동산』 6호에서, 성 김대건 한국학교의 설립 이유와 무슨 교육을 중점적으로 하는지 밝히고 있다. "(전략) 미국 사람은 누구든지 이 땅에 건너오기 전의 나라와 민족과 언어와 전통이 있었고 이어받아서 가지고 들어왔습니다./ 이 땅에서 그것이 소멸되지 않고 무시되지 않으면서 간직하고 발전시키며 연합하는 미국 국민으로서 성장할 때 미국은 부강한 나라로 발전될 것입니다./ 따라서 한국인으로서 한국말을 한국 문호와 전통을 알고 간직할 줄 아는 사람은 진정한 미국인이 될 수 있을 것입니다. (후략)" 이러한 설립자와 운영자들의 정신이 유지되고 그러한 정신이 교육현장에서 실천되고 있는 미국 뉴저지의 성 김대건 한국학교에서 재학생과 졸업생들은 "한국말도 잘하고 전통과 문화와 한국적인 것을 배워 익혀서 다른 민족들과도 함께 잘 융화되어 이상적인 나라(미국)에서 모범적인 미국인으로" 거듭나고 있음을 우리는 『무지개 동산』에서 볼 수 있다.

다른 교지에서는 잘 보이지 않는 것들이 『무지개 동산』에는 일부 눈에 띄고 있다. 우선 「SAT Ⅱ 한국어 시험에 관하여」라는 글을 들 수 있다. 미국에서 나온 한인 발행의 신문과 잡지들에서 SAT Ⅱ 한국어 시험에 대한 얘기들을 많이 하기는 하지만 그것이 정작 무엇이고 한인들에게 어떤 효과가 있는지를 잘 설명하고 있지 않고 있는데, 『무지개 동산』은 이를 잘 정리해주고 있다. 『무지개 동산』 6호는 SAT Ⅱ 시험에 한국어 채택된 의미에 대해 다음과 같이 정리하고 있다. 일본어 및 중국어와 함께 국제적인 언어로 인정을 받는 제도적인 발판이 마련된 것이고, 한인 학생들이 지금보다 200점 이상의 고득점을 받는 직접적인 혜택을 받을 수 있게 되었고, 일본학 또는 중국학에 비해 현저히 낙후되어 있는 한국학의 발전에 획기적인 기여를 하게 될 것이다. 그런데 미주한인사회의 강력한 요구와 지원 끝에 한국어가 9번째 외국어 시험과목으로 채택되기는 했지만 응시자가 줄어들 경우 폐지될 가능성이 있어서 한인들의 다각적인 노력이 필요하다는 주의의 말도 잊지 않고 있다.

또 눈에 띄는 것은 학부모들이 학교와 선생님 그리고 자제인 학생에게 쓴 글들인데, 적지 않은 글들이 게재되고 있다. 그중에서 성 김대건 한국학교의 설립 취지와 잘 맞기도 하고 한인 학부모의 마음을 대변하는 것 같은 한 학부모가 아들에게 보낸 편지 일부 내용을 인용해본다. "이렇게 한글학교를 졸업하게 되다니 정말 고맙다. 그렇게도 가기 싫어했던 때가 생각난다. 엄마가 그때는 그냥 가방 들고 한글학교에 갔다 오기만 해라. 그러면 언젠가는 좋아지겠지 하면서 보냈는데 그러더니 이렇게 졸업을 하게 되었구나. 제일 중요한 건 네 자신이 한국 사람이기에 한글을 꼭 해야 한다는 생각을 갖고 있는 것만으로도 엄마는 성공했다고 생각한다." 이러한 학부모의 글들은 성 김대건 한국학교가 학교 이사회, 교장과 교사들, 학생 그리고 학부모들이 함께 만들어가고 있음을 증명하는 듯하다.

그리고 본문은 학생들의 글과 그림으로 구성되어 있다. 저학년은 그림이 주이고, 학년이 올라갈수록 한글의 완성도가 높아지고 있다. 6~7학년이 되면 거의 완벽한 한글을 구사하고 있는 것으로 보인다. 이렇게 학생들의 작품들을 게재하고, '동화구연 대회', 'Bake Sale', '교사연수회', '민속의 날' 등의 모습을 담은 「사진으로 보는 이모저모」로 학교생활을 한눈에 살펴볼 수 있게 해주고 있다. 그리고 마지막 부분에 학교의 연혁을 넣어서 성 김대건 한국학교가 어떻게 발전해왔는지를 정리해주고 있다.

『무궁화 동산』 일부가 재외동포재단 자료실에 소장되어 있고, 그것을 DB화했다. (임성윤)

참고문헌

『무궁화 동산』, 성 김대건 한국학교.

무지개 언약

『무지개 언약』은 '무지개의 집'(Women In Need Center)에서 발간하는 회지이다. '무지개의 집'은 처음에 미군과 국제 결혼한 한인 여성을 위한 시설운영과 권익향상 활동을 목적으로 설립된 비영리 단체로 활동해오다가, 이후 동포 한인은 물론 아시아 여성들에게까지 그 서비스를 확대 제공하고 있다. 주소는 P.O.Box 540929, Flushing, NY 11354으로 되어 있다.

'무지개의 집'은 1993년 뉴욕 프러싱 유니온 상가 앞에 반지하의 조그마한 사무실에서 시작했다. 송종순이라는 여인이 어린 아들을 압살했다는 이유로 징역 25년의 언도를 받고 교도소에서 6년간 복역하고 있다는 소식이 한인사회에 알려졌다가 우여곡절 끝에 석방되어 나온 일을 계기로 여금현 목사의 주도로 '무지개의 집'이 창립되었다. 2003년 창립 10주년에 '무지개의 집'은 뉴욕시 시의원 위원회로부터 "무숙자 숙소 운영, 상담, 법률 상담 및 의료 보조, 점심 제공, 핫라인, 직업 훈련 및 무숙자의 위기에 처한 여성, 정신병 치료, 약물 중독 및 가정 폭력의 희생자들을" 도우면서 "이민자들에게 너무나 큰 힘이 되어주고"있다는 치하를 받기도 했다. 이후에도 "가정 폭력으로 두려움 속에 있던 분, 생활고로 어려웠던 분들, 소외된 많은 이들에게 친정집으로 또는 재활터로 역할을" 계속해오며 2013년에 창립 20주년을 맞이했다.

'무지개의 집'은 곤란한 지경에 처한 한인들의 문제를 해결하고 한인들의 권리 증진을 위해 노력하고 있다. '무지개의 집'이 어떤 활동을 하고 있는지를 자연스럽게 보여주는 하나의 사례를 살펴보자. 2002년 7월에 미국에서 25년 이상을 살아왔고 미국시민권자인 남편과 네 자녀를 둔 영주권자인 미중 오브라이언 씨가 70불을 훔쳤다는 이유로 수감되었다가 5개월 만에 풀려난 적이 있다. 그런데 형사법상 경미한 범죄자로 판결받은 것이 빌미가 되어 미중 오브라이언 씨가 부당한 이민법 적용에 의해 추방당하게 될 처지에 놓인 적이 있었다. 이는 연방이민국이, 9·11테러 사건 이후, 이민자들과 그 가족들의 인권은 고려하지 않은 채 형사상의 경미한 범죄자까지 색출하고 추방하는 데 얼마나 혈안이 되었는가를 분명하게 보여주는 사례였다. 따라서 '무지개의 집'은 미중 오브라이언씨의 곤란을 해결하는 데 앞장서 나가면서, 이민자들의 권익은 거저 주어지는 것이 아니라 스스로 깨우치고 싸워서 얻어내야 하는 것이라는 사실을 깨닫고 미국 이민법의 민주적 개정을 위해서 노력하고 있다.

무지개의 집은 2012년도 이용자 통계를 발표했는데, 2011년에 쉼터를 찾는 여성들은 총 29명이었고 19세 이하가 7명으로 가장 많았고, 30대(6명), 50대(6명), 40대와 60대가 각각 4명으로 나타났다. 그리고 '무지개의 집'을 찾은 이유는 가정폭력이 41%, 홈리스 31%, 재정위기 14%, 직장 내 학대와 정신질환이 각각 7%였다. 인종별로는 쉼터를 찾은 여성 중 절반이 넘는 62%가 한인이었고 중국인 24%, 필리핀인 7%, 다민족 7%의 순이었다(『뉴시스』, 2013년 6월 15일). 이처럼 '무지개의 집'은 활동영역과 대상을 한인에서 아시아인 전체로 넓혀나가고 있고, 그러한 활동을 더욱 힘 있게 진행하기 위해서 현재 '무지개의 집'은 뉴욕의 또 다른 대표적인 가정폭력 대처 여성단체인 뉴욕가정상담소와 2014년 1월 2일에 통합했다.

이러한 활동을 하는 '무지개의 집'은 자신들의 활동을 『무지개 언약』을 통해 비정기적으로 공개하고 있다. 그중 2004년 6월에 나온 『무지개 언약』 40호를 간략하게 살펴보자. 총 28쪽으로 되어 있고, 3~5쪽에 여금현 목사(무지개의 집 대표)의 「무지개의 인간 선언」과 「무지개 중고품 가게 문을 내리다」라는 글이 게재되어 있다. 10년 이상 무지개의 집을 운영하면서 몸과 마음이 지쳐 대표직을 내놓게 되었고, '무지개의 자매들'이 자체적으로 운영하는 중고품 가게도 사정이 여의치 않아 문을 닫게 되었다는 사연을 쓰고 있다. 그리고 박동규 변호사의 「이민국 미중 오브라이언 씨 전격석방」과 『미주한국일보』의 관련 기사 사진, '무지개의 집'에 한인들이 보낸 응원의 메시지들을 모아 놓은 〈사랑의 편지〉란(10~13쪽), 〈재정보고〉(14~15쪽), 여금현 목사의 이임사 「무지개의 집을 떠나면서」와 서진옥 신임대표의 취임사 「평화의 일꾼으로」(18~21쪽), 그리고 이후 '무지개의 집' 연혁과 후원한 사람들이 게재되고 있다.

　뉴욕은 미국에서 LA 다음으로 많은 한인이 살고 있고 전반적으로 한인들의 사정이 꽤 좋은 것으로 알려져 있다. 그러나 일부 한인은, 그중에서도 특히 일부 여성은, 죽음까지 생각해야 하는 처지에 몰려 있는 경우들이 있다. 바로 '무지개의 집'은 그러한 여성들을 위해 활동하고 있고,『무지개 언약』을 통해 자신틀의 활동을 공개하고 있다.

　『무지개 언약』 일부가 재외동포재단 자료실에 소장되어 있다. (임성윤)

참고문헌

『무지개 언약』, 무지개의 집.

무협지

(貿協誌)

1966년 9월 30일 사단법인 한국무역협회가 창간호를 발행한 기관지이다. 발행인 이활李
活 편집인 한상원韓相元, 발행소는 사단법인 한국무역협회이다. 광명인쇄공사에서 인쇄되
었다. 비매품으로 월간 발행되었다. 내지 첫 면에는 청와대 무역확대회의 광경 사진과 목
차가 실려 있다.

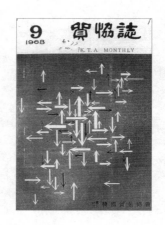

잡지의 체제는 논단, 강좌, 자료, 통계 등으로 구
성되어 있다. 특히 자료에는 전달의 무역동향,
무역일지가 실려 있다. 아울러 통계에는 외환수
급액이 게재되어 있다.

통권 1호 창간호는 당시 무역협회 회장 이활
의 다음과 같은 창간사가 실려 있다.

"본 협회가 창립한지 어느덧 20년이 되었습니
다. 그동안 무역업의 창달을 위한 조사사업의 일
환으로 많은 정기 또는 수기 간행물을 발행하여
왔으나 그때그때의 국내외 무역 동향을 소개 분
석하고 합리적인 대책 수립의 길을 모색토록 하는 한편 여러분의 제언이나 회
원의 동태 등을 수록할 수 있는 월간 간행물이 없음을 아쉬워하여 왔습니다.

이러한 뜻에서 본 협회에서는 금반 새로이 매월 정기 간행물로서 무역지를
발간하게 되었습니다. (중략) 무역 경영 및 무역행정면의 개선이 이루어졌으면
하는 간절한 소망을 무역지의 창간에 부쳐 보고 싶습니다."

창간의 목적은 무역 경영과 무역행정의 개선에 기여하는 것으로 밝히고 있다.

목차에서 보이는 주요 기사는 「제2차 경제개발 5개년 계획의 분석과 전망(시
론)」, 특집으로 「한국산품의 동남아시장 진출 상황과 전망」, 「중근동 및 동남아
통상사절단 귀국보고」, 「한·일교역협의회 결과보고」, 그리고 자료, 무협소식,
통계가 실려 있다.

시론 「제2차 경제개발 5개년 계획의 분석과 전망」에서는 마지막 결어에서 2차 5개년 계획을 성공적으로 수행함에 해결해야 할 문제로 다음과 같은 내용을 들고 있다.

"가용외자를 뒷받침할 내자의 동원, 가족계획의 저극 추진에 의한 인구증가율의 감소, 수출산업 구조의 고도화, 인플레 억제에 의한 물가의 계속적인 안정, 산업의 이중구조의 해소 등이 그 대표적인 것으로서(후략)"

아울러 당시 삼성물산의 전무이사인 김기성金基成이 「한국산품의 동남아시장 진출 상황과 전망」에서 "동남아제국의 공통적인 과제는 수출 증대와 수입 억제에 의하여 막대한 외화 수요를 메꾸기에 급급하였으나 1966년 후반기부터 점차 안정의 궤도 속에서 해외 판로에 눈길을 돌리기 시작하고 있는 것이 오늘날의 실정이다."라고 현실 실물 경제의 상황을 소개하고 있다.

본문 내용 사이 28쪽에는 '한일무역주식회사'의 광고가 실려 있는데, 수출품목으로 골재, 쉐이터, 봉제품, 속눈썹, 그리고 수입품목으로 전기기계기구, 공작기계기구, 농기구를 적기하고 있다.

통권 25, 1968년 9월호에는 논단의 기사로 「최근의 국제시장 변동 추이」(송기철), 「국제 지수의 장기적 전망」(이갑성), 「수출용 원자재의 국산화를 위한 정책의 방향」(김팔숙), 「우리나라 수출상품의 해외광고상의 문제점」(장악)이 확인된다.

「최근의 국제시장 변동 추이」에서는 국제시장의 추세를 자유화, 자국 이익 고수, 그리고 "국제유동성문제는 아직도 문제 해결이 곤경에 처해 있다.", "저개발국 중에서 일부 국가는 일부 경공업품을 수출하는 단계"라고 결론적으로 국제시장 사정은 더욱 어려워지고 있다고 판단하고 있다.

「국제 지수의 장기적 전망」에서는 국제지수 개선의 길이 결코 순탄하지 않을 것으로 통감한다면서, "자본도입액은 계속해서 증가를 보여 줄 것이다. 경제기획원이 마련한 장기자본도입 계획이 어느 정도 밝혀주는 손잡이 구실을 다할 것이다."면서 경상 계정의 작자규모는 작아지지 않을 것으로 보고 있다.

「수출용 원자재의 국산화를 위한 정책의 방향」은 다음의 두 가지로 결론을 짓고 있다.

"이용이 가능한 품목을 국산화하기 위하여 공동 발주로서 대량생산과 원활한 유통이 가능토록하며 동종 생산업체를 난립시키지 말고 건전한 기업체를 육성

(후략)."

"생산품은 직접 수출 혹은 수출용원자재로서 공급할 것을 약속 (후략)."

그리고 결론적으로 중화학공업 관련 공장은 국제경쟁력을 가진 규모로 건설되어야만 생산품이 수출용 원자재의 국산화될 바탕이 될 수 있다는 것을 정부와 산업계가 인식할 것을 강조하고 있다.

논단의 마지막 기사인 「우리나라 수출상품의 해외광고상의 문제점」에서는 코트라를 비롯한 각 경제단체 등이 해외광고 활동을 필요 예산으로 편성하는 것이 과제라고 하면서, 외국시장에서 선전, 광고, 사후 서비스를 한다는 전제를 분명히 했다. 그리고 "상위그룹의 무역", "생산사회"에서만 수출광고를 시도할 수 있다는 것이다.

한편 잡지의 마지막 페이지에는 「한국 무역 헌장」, 「무역 윤리 요강」이 실려 있다.

창간호와 1968년, 1969년, 1970년 발간의 잡지를 DB화했다. (김인덕)

참고문헌

『무협지』, 한국무역협회.

문교월보

(文敎月報)

문교부에서 창간한 월간 잡지이다. 창간과 종간연도는 정확히 알 수 없으나 최소 1953년 이전에 발행되었다. 편집 및 발행은 모두 문교부에서 하였고 인쇄는 청구출판사 인쇄부가 맡았다. 제3종 우편물이며 비매품으로 가격은 표시되지 않았다.

문교부에서 발행한 월간 잡지이다. 창간호는 미확인 상태이다. 주로 교육시책과 문교 행정에 관한 내용을 다루고 있으며, 영화나 문화재, 예술 분야의 글도 확인할 수 있다. 한글 가로쓰기로 이루어져 있어 독해가 용이하며 보존 상태도 좋은 편이다. 1956년 제29호의 목차광고를 신문에 실었는데 이때 밝힌 문교월보의 모토는 "문교부, 교직원, 학부형을 직접 연결하는 교육 중심의 교양잡지"였다.

각 호는 대략 100여 쪽이 넘는 분량을 갖고 있으며 대부분이 교육 관련 내용으로 이루어져 있다. 목차의 구성도 대동소이하다. 표지를 넘기면 교육행정이나 행사에 관한 사진 자료를 약 2, 3페이지에 걸쳐 소개하고 있다. 특히 45호(1959년 6월호)에는 교육과 반공이라는 주제로 반공에 궐기하는 학도호국단의 거리 행진 사진을 게재하였다. 당시 최재유崔在裕 문교부장관이 천명한 반공교육을 드러내주는 사진자료이다. 사진 자료에 이어 주로 심태진 수석장학관의 권두언과 최재유 문교부 장관의 글이 따라 나온다.

최재유 문교부 장관은 매월 다른 내용의 고시를 실었는데, 5가지 중요 방침을 강조하였다. "1. 반공애국정신의 함양 2. 교육의 질적 향상 3. 의무교육과 과학기술교육 강조 4. 민족문화창달 5. 교원윤리강령 실천"이 그것이다. 이에 따라 잡지의 기조가 결정되었다.

반공은 당시에 국가 유시로 교육에 있어서도 가장 강조되는 부분이었다. 반공 관련 사진을 게재하였으며, 일본에서 벌어진 재일교포 북송 문제에 대해서도 반공의 입장에서 서술하였다. 재일교포 강제 북송운동 반대 국민운동을 강조한 것은 바로 이런 측면을 보여주는 것이라고 할 수 있다. 관련해서 「재일교포 교육문제」라는 기사는 교육부의 재일교포 교육에 대한 구체적인 예산과 정책을 소개하고 있다.

교육의 질적 향상은 주로 교육 환경을 개선하는 방향에서 진행되었다. 학교를 시찰하는 기사를 싣고 태풍 피해를 입은 학교를 복구하는 등에 힘을 쏟고 있다는 기사가 주를 이루었다.

의무교육과 과학기술교육도 계속해서 강조된 시책 중 하나이다. 의무교육은 1954년 이승만 대통령이 발표한 '의무교육6개년계획'의 최종년도인 1959년에 성과를 발표하는 식으로 자체 평가를 하였다. 기사에 따르면 의무교육을 강조한 정책 결과, 초등학교 진학률이 1959년도에 약 96%까지 올라왔다고 한다. 과학기술교육은 실업교육과 원자력 교육의 강조 등으로 이루어졌고, 이에 대한 기사도 실렸다. 민족문화창달과 교원윤리강령의 실천도 끊임없이 주장하였다.

문교부의 시책과 행정, 그리고 구체적인 법령 해석도 잡지의 주요 내용이었다. 「중학교 확충과 시설의 긴급성」이란 기사를 보면, 1959학년도 초등학교 졸업생수가 435,157명이고 중학교로의 진학이 서울이 약 80%, 타지역이 약 50%를 예상한다면 338,349명이 중학교를 진학한다는 예측이 나오는데 현재 약 200,000명만을 수용 가능한 것으로 나온다고 예측하며 중학교를 확충해야 한다는 주장이 실려 있다. 당시 의무교육을 강조하며 예산을 집중한 결과 중등교육에는 오히려 예산이 턱없이 부족했던 상황을 알 수 있는 흥미로운 기사이다.

병역문제에 관한 기사도 다수 실렸는데, 대학생의 병역문제나 교사의 병역에 관한 문제를 주로 다루었다. 교육 관련 법령 해석도 거의 매회 실렸으며 문교부의 소식 등도 게재되었다. 전국의 초등학교 5, 6학년생들의 학력평가를 실시하여 시험 문제를 분석하고 각 시도별로 시험 결과를 분석하는 보고서도 실었으며, 각 시도별로 회충보유자 수를 계산하고 구제 상황도 표시하였다. 1959년에 처음으로 실시된 신체검사에 대한 통계표도 첨부하여 보건 교육에 활용코자 하였다.

해외의 교육 정책도 소개하였는데, 미국의 교육 실태를 파악하기 위해 장학관이 6개월간 파견되어 총 7회에 걸쳐 미국의 고등학교 교육에 대해 연재 기사를 보내기도 하였다. 유학생이 거의 없던 시절이라 세계 각국에 있는 유학생 숫자와 국비유학 정책도 소개하고 있으며, 각 대학별 박사학위 수여 목록도 소상히 소개하고 있다.

문교부의 인사행정도 매회 수록하여 장학관, 교장, 교감 등의 인사이동을 이름과 학교명 등으로 구체적인 서술을 하였다. 48호부터는 질문란을 신설하여 독자의 질문을 받고 그에 대한 응답을 게재했으며 주로 학생과 교사 등이 질문을 하였다.

통계 자료는 이 잡지가 갖고 있는 큰 장점이다. 앞서 중학교 입학 숫자를 예로 들기도 하였지만, 각 시도별 학력 시험 결과나 신체검사 결과, 회충 구제 현황, 입학 통계표 등 1959년부터의 흥미로운 통계 자료가 다양하게 수록되어 있다.

교육 문제에 비해 문화, 예술 분야는 잡지에서 작은 비중을 차지하였지만, 국산 영화에 대한 문제, 문화재 문제, 출판 문제에 대한 기사는 꾸준히 실렸다. 『문교월보』 32호에는 문교고시 24호인 공연물 허가 기준이 실려 당시의 검열과 사상 통제의 일면도 드러내준다.

기사의 필자는 주로 문교부 직원으로 각 과에 다양하게 분포하였다. 일례로 의무교육과, 총무과, 예술과, 체육과, 과학과, 대학과, 문화재보존과, 과학기술과, 섭외교육과, 장학관실, 사회교육과, 사범교육과 등이 꾸준히 기사를 제공하였다. 1959년에 발간된 45, 46, 47, 48, 50호와 1960년에 발간된 51, 52, 53, 54, 55, 56, 57, 58호가 국회도서관에 소장돼 있다. 이 중 45~50호를 DB화하였다.

(강수진)

참고문헌

『문교월보』, 1959년 45~48, 50호; 이봉범, 「1950년대 문화재편과 검열」, 『한국문학연구』 34, 동국대학교한국문학연구소, 2008; 『경향신문』 1959. 10. 19.

문학

(文學)

1959년 10월 1일에 창간된 순수 문예지이다. 월간으로 발행되었다. 발행인은 정상구鄭相九, 주간은 이철범李哲範, 편집인은 조병시趙炳詩이다. 발행처는 서울시 중구 을지로 1가 101의 문학사文學社이다. 창간 당시 발행 부수가 3천 부 정도였다가 1권 3호(1959년 12월) 발행 때에는 5백 부가 늘어난 3천 5백부였다. 가격은 200원이었다.

잡지 『문학』은 기존 문예지와 달리 신인 작가의 작품을 중심으로 한 편집을 지향하였다.

"아직도 우리나라에 있었던 신세대란 새로운 영토가 개척되지 못한 채 구세대 작가들의 굳은 지반에 좌우되는 설움을 받고 있다. 그러나 안목이 나날이 높아져 가고 있는 오늘날의 독자들은 구태의연한 낡은 세대의 작품들에 차츰 싫증을 느끼고 있는 것이다. 이 기슭에 신세대의 새로운 영토가 개척될 것이며 본지의 사명이 또한 여기에 있는 것이다."

잡지는 시, 비평, 수필, 작가론, 소설, 희곡 등으로 편집되었다. 1959년 12월 호에는 모윤숙의 「산울림 속에서」, 김상옥의 「나무」, 박태진의 「어짓바른」 등의 시와 이병주의 「유민」이라는 희곡, 박이문의 「앙드레 말로의 작품」이라는 작품론 등이 소개되고 있다.

서강대학교 도서관에 소장되어 있는 창간호(1959년 10월호)와 1권 3호(1959년 12월호)를 DB화하였다. (김일수)

참고문헌

『문학』, 문학사.

문학과 예술

1980년 1월 연변문학예술연구소에서 『문학예술연구』로 창간되었다가 1984년 10월 『문학과 예술』로 제호를 바꾸었다. 격월간이다.

연변문학예술연구소(현재 연변사회과학원 문학예술연구소)는 1979년 4월 중국작가협회 연변분회의 회복과 보조를 같이하여 조선 문학의 역사와 현상태에 대한 조직적 연구를 위하여 설립한 연구소이다. 연구소 설립목적에 대해 "조선 민족의 문예 평론과 연구 사업을 추진하며 문예평론가들과 문예 일군들에게 쟁명의 연단을 마련해 주어 조선민족의 문예 평론과 연구 사업을 추진시켜 조선민족 문예 발전을 도모하기 위해서 설립"하였으며 민족적 특색과 사회주의 새로운 시기의 시대정신이 결합한 문학창작을 제창하고자 하였다.

주요 내용은 단편소설과 수필, 실화, 문예 사료, 문예 평론, 창작담과 문예계 소식 등이다.

1985년 1월호는 문예 평론, 문예 수필, 문예 강좌, 작품 해제, 작품과 쟁명, 문예정보, 메아리, 미술촬영의 난이 있으며 각각의 난에 서너 편씩의 기사들이 실려 있다. 첫 페이지는 「민족적 저항 시인 김소월-그의 미발표 자필 유고를 두고」인데, 김소월 시인에 대한 깊이 있는 평론과 함께 그의 미발표 유고 7편이 실려 있다.

작품해제 난에 실린 「민요 아리랑 및 그 전설에 대하여」와 「아리의 원한(정선 아리랑의 전설)」, 「아리랑 고개(영천 아리랑 전설)」, 「정초의 민속」, 「민속 악기 개혁의 기꺼운 성과」 등 민족 문학과 예술 조명에 많은 노력을 기울였다.

　연변대학교 도서관에 소장되어 있으며 1985년에서 1995년 사이에 발행된 『문학과 예술』전 권과 1996년 2006년 사이의 발행본 일부를 DB화하였다. (김성남)

참고문헌

車培根·吳泰鎬, 『中國朝鮮民族言論史』, 서울대학교출판부, 1997; 『문학과 예술』, 1985~2006년.

문학시대

(文學時代)

1966년 3월에 창간되었다. 부산에서 발간한 문학잡지이다. 추성구秋盛龜가 인쇄 및 발행을 맡고 이주홍李周洪이 주간, 김해군崔海君이 편집장이다. 발행처인 문학시대사(태화출판사)는 부산시 서구 토성동 1가 9에 위치하였다. 당시 정가는 70원이었다.

1966년 3월 부산에서 부산문학동인들에 의해 창간된 문학잡지이다. 추성구秋盛龜가 인쇄 및 발행, 이주홍李周洪이 주간, 김해군崔海君이 편집장을 맡았다. 이주홍 주간은 부산 문학계의 대부이자 아동문학계의 원로로 1929년 조선일보에 단편 「가난한 사랑」으로 입선한 후 본격 작가 생활을 시작하였다. 수필, 시, 희곡, 동화, 중국고전 번역 등 다양한 분야에서 활동하였다. 부산에서 소설가 요산 김정한金廷漢 씨와 함께 동인지 『갈숲』을 운영하였다. 이주홍의 주요 작품은 「완구상」, 「김노인」, 「불시착」 등이며, 중편으로 「어머니」, 「아버지」 등이 있다. 다수의 동화집을 창작하고 고전 소설 번역에도 힘썼다.

당시 중앙에 집중된 문학계 상황에서 지방을 거점으로 하는 문예지를 낸다는 것이 쉬운 일이 아니었다. 잡지 발간진도 이 사실을 인지하고 있었다. 이들은 창간사를 통해 "탄탄한 서울의 대도가 아닌 부산의 바닷길이란 점에서도 이 여로는 우리에게 많은 시련을 부담지우고 있다. 그러나 짙은 새벽안개가 스무 겹 시야를 가로막고 있다하더라도 우리의 배는 기적을 울리면서 밀고 나가 신뢰할 만한 집도자가 못 될 땐 차라리 고독 속에서 내일을 회의하고 있는 환자들의 상냥한 이야기 상대가 되어주는 것으로서도 우리는 우리의 보람을 믿어 흔들리지 않을 것이다."라며 어려움 속에서도 노력을 경주할 것을 밝혔다.

창간호는 총 166면으로 이루어져 있고 필진을 다양하게 구성하였다. 또한

「한국의 소설은 어디로 가고 있는가?」란 특집과 지방에 있는 문인들의 소설, 시, 평론, 수필 등의 문예물을 골고루 게재하였다.

이후 『현대문학』과 공동주최하여 〈여류문학강연회〉를 개최하는 등 지방 문학 활성화를 위해 노력하였다. 부산지역뿐 아니라 각지에 산재해 있는 문학동인 활동과 연대하고 싶다는 바람을 피력하며 각지에 있는 동인들에게 "동인회의 명칭과 성격(취지), 연혁, 명단, 동인지 등"의 정보를 보내달라고 요청하는 기사를 실었다.

그러나 발행 측도 우려했듯이 경제적으로나 인적으로 매우 많은 어려움은 겪은 것으로 보인다. 편집후기에도 어려움을 토로하고 있고 1966년의 10·11월호가 통권5호인 걸로 보아 격월로 겨우 출간한 것으로 보인다. 이후 어느 시점부터 휴간을 하다가 1967년 11월 복간되었지만, 복간되어서도 연간 발행 내지는 반년간 정도로 후퇴하다 폐간된 것으로 보인다. 정확한 폐간 일시는 미확인 상태다. 1966년 10·11월호가 DB화되어 있다. (강수진)

참고문헌

『문학시대』, 1966년 10·11월호; 『동아일보』 1966. 3. 15., 1967. 11. 9.; 『경향신문』 1966. 3. 9.

문학예술

(文學藝術)

1954년 4월에 창간되었다. 종간호는 1957년 12월호로 통권 33호이다. 편집 겸 발행인
은 오영진奧泳鎭, 발행소는 문학예술사(서울특별시 종로 2가 한청빌딩 4층 43호)이고 인쇄소
는 코리아타임스사(서울특별시 중구 무교동61)이다. 판형은 국판으로 총 150쪽이고 정가는
100환(2호는 130환, 3호부터는 화폐체계가 바뀌어 250원)이다. 창간호 판권장을 보면 인쇄일
이 1953년 12월 20일로 되어 있는데 발행일은 1954년 4월 1일로 나온다. 2호 편집후기
에 3개월 정간령을 맞아 그렇게 되었음을 알리고 있다(그래서 2호까지는 제호가 '문학과 예
술'이었다). 戰時 부산에서 월남문인들을 중심으로 조직된 '문총 북한지부'의 기관지 『주
간문학예술』의 후신으로 간행되었다. 처음에는 2호까지 나왔다가 종간되었으나 1955년
6월에 속간호로 통권 3호를 발행했고 제호도 『문학예술』로 바꾸어 월간체제를 갖추었다.

창간목적과 편집의도를 살펴보면 창간사는 따
로 없고 「편집후기」에 "지금까지 발행된 문예지
에서는 순국내집필진純國內執筆陳으로 지면을 채
웠으나 우리는 외국 것을 많이 채택하기로 하였
다." 하여 외국문학(론)을 매개로 한, 문학을 포
함하여 미술, 연극, 영화, 건축, 음악, 무용 등의
예술을 포괄하는 문화주의의 거점 역할을 할 것
임을 밝히고 있다. 잡지 편집도 2단 세로 인쇄를
단행하여 "시력視力을 상하지 않고 읽도록" 배려
했다.

한국 전쟁 후, 이승만 정권은 정부주도의 문화정책을 시행하고 문화에 대한
통제를 실시한다. 문학단체는 한국문학가협회와 자유문학자협회로 갈라져 각
각 문학잡지를 보유하는데 전자는 준기관지인 『현대문학』을 후자는 기관지로
『자유문학』을 발간하였다. 『문학예술』은 두 잡지와의 차별화를 꾀하고 해방 전
에 결성했다가 강제 해산된 '평양예술문화협회'(최명익, 오영진, 황순원, 유항림, 김동진,
박남수 등 참여)의 좌우합작 정신을 계승하여 범세계적인 문화 지향을 잡지의 색

깔로 내세운다.

이 잡지를 이끌었던 오영진, 원응서, 박남수 등은 이념적 분파와 문단 주도권 싸움을 지양하는 '완충지대'로서의 자신의 잡지 성격을 '개방성'과 '문화예술의 다양성'으로 정립하기에 이른다. 그래서 외국어 능력을 갖춘 외부인사들(박태진, 김수영, 곽소진, 김용권)을 편집자문위원으로 위촉, 외국문학을 번역·소개하는 한편, '번역(텍스트)' 분야를 신인추천제도의 대상으로 채택하는 초유의 실험을 단행하여 외국문학을 전공하는 문학청년들(유종호, 인태성, 이환, 박희진, 박성룡, 성찬경, 신경림, 송원희, 황운헌, 이일, 최상규, 민재식, 이교창, 이기석, 박이문 등)을 대거 번역가로 등단시킨다. 선진화된 서구문화예술의 수용과 이를 바탕으로 한 문화적 교양의 형성을 꾀한 『문학예술』은 전후 문학 장의 재편시기에 모든 문학인을 포괄하고 외국문학을 전공한 문학도를 문단에 등단시켜 문학의 새로운 변모를 꾀했다는 데 의의가 있다. 고려대, 서울대, 연세대, 아단문고에 소장되어 있으며 2005년 도서출판 역락에서 영인본이 출판되었다. 영인본으로 출판된 것을 DB화하였다. (박지영)

참고문헌

『문학예술』 영인본(『역락』); 김건우, 『사상계와 1950년대 문학』, 소명, 2003; 최강민, 「『사상계』의 '동인문학상'과 전후 문단 재편」, 문학과 비평연구회, 『한국 문단권력의 계보』, 한국출판마케팅연구소, 2004; 이봉범, 「전후 문학 장의 재편과 잡지 『문학예술』」, 상허학회, 『상허학보』 제20호, 2007; 손혜민, 「잡지 『문학예술』 연구 : '세계주의'와 현대화의 기획」, 연세대 석사학위논문, 2008.

문학예술연구

1980년 1월 연변문학예술연구소에서 창간한 문예연구지이다. 1984년 10월 『문학과 예술』로 개제했다.

이 잡지를 창간한 연변문학예술연구소는 1979년 4월 중국작가협회 연변분회가 회복되면서 조선 문학의 역사와 상황에 대한 조직적 연구를 위하여 설립된 연구소이다. 조선민족의 문예평론과 연구사업을 추진하며, 문예평론가들과 작가들에게 쟁명의 연단을 마련해주어 조선민족의 문예평론과 연구사업을 추진시켜 조선민족문예의 발전을 도모하기 위해서 설립되었고, 그 기관지로 『문학예술연구』를 창간했다.

창간사에서 주요 과제에 대해 "우리 연변 문학예술의 력사적 정형은 어떠하며 현 상태는 어떠한가? 문학예술사업에서 얻은 경험과 교훈은 무엇이며 존재한 문제들은 어떤 것인가? 문예창작에서 해결해야 할 리론 문제는 무엇인가? 문예는 반드시 정치를 위하여 복무해야 한다는 문제, 문예를 단순히 계급투쟁의 도구라고 개괄할 수 있는가 없는가 하는 문제, 문예가 정치에 종속되는가 안 되는가 하는 문제, 모든 의식형태는 다 토대 위에 놓인 상부구조라고 볼 수 있는가 없는가 하는 문제, 사회주의문예의 창작방법문제(즉 혁명적 사실주의와 혁명적 랑만주의를 결합시키는 문제) (중략) 이런 문제들을 비교적 심각히, 투철히 해명해야만 우리의 사상을 진일보 해방할 수 있을 것이며 따라서 작자들로 하여금 더 대담하게 현실적 문제들을 건드리게 할 수 있을 것이다."라고 하였다.

그리고 다른 견해들과 이론들을 자유롭게 발표할 수 있는 장을 제공하여 이장을 통해 대립된 의견들에 대한 비평과 반비평을 다 같이 수용 할 것임을 설명하고, 이러한 논쟁 가운데서 사상을 해방시키며 인식을 제고 할 수 있을 것이라 강조하였다.

내용은 주로 단편소설, 수필, 실화, 문예사료, 문예평론, 문예계 소식 등이며, 창간호에는 「시대의 세찬 조류 – 중국문학 예술 일군 제4차 대표대회에 참가하고서」, 정판룡의 「문학의 진실성과 우리의 창작」, 리정문의 「문예의 당성 원칙을 왜곡하지 말라」 등에서 변화하는 정치사회적 변화에 대한 대응과 원칙을 논하는 글들이 많이 보인다. 1980년 7월호 제7기에는 「극작가 황봉룡과 그의 창작 특집」, 「목하 소설 창작을 두고 떠오른 생각」, 「새로운 모색과 탐구의 길에서」 등의 기사 제목에서 알 수 있듯이 새로운 문예 창작 방향에 대한 고민들을 담은 기사들이 많이 보인다.

연변대학 도서관에 소장되어 있다. 1980년 1~12월, 1981년 1~4월, 1982년 1~4월, 1983년 1~4월, 1984년 1월호를 DB화하였다. (김성남)

참고문헌

『문학예술연구』, 1980~1984년; 車培根·吳泰鎬, 『中國朝鮮民族言論史』, 서울대학교출판부, 1997.

문학춘추
(文學春秋)

월간 문학잡지로 1964년 4월 1일 창간되었다. 발행인은 서건석徐健錫, 1965년 4월부터는 김규동金奎東, 인쇄인은 김준기金駿基, 편집장은 전봉건全鳳健이다. 발행소인 문학춘추사는 서울시 중구 동자동 41-3에 위치했으며 1965년에 남산동으로 옮겼다. 판매 가격은 당시 정가로 60원이었다.

월간 문학잡지로 1964년 4월 창간호가 발간되었다. 발행사인 문학춘추사는 서울시 중구에 위치하였다. 발행인은 서건석徐健錫, 인쇄인은 김준기金駿基, 편집장은 전봉건全鳳健이었다. 편집장을 맡은 전봉건全鳳健은 1928년 평안남도 안주 출생으로 1946년에 월남하여 1950년 『문예』에 시로 등단한 시인이었다. 그는 이후 『현대시학』 주간, 자유문인협회 상임위원, 문총 중앙위원 등을 역임하였다.

창간호에 밝힌 편집위원은 박남수朴南秀, 백철白鐵, 서정주徐廷柱, 안수길安壽吉, 조지훈趙芝薰, 최정희崔貞熙, 황순원黃順元으로 당대에 내로라하는 문인들이었다.

창간사를 통해 『문학춘추』는 창간 이념을 다음과 같이 천명하였다. "첫째, 우리 문학의 새로운 전통 수립에 대해서는 창조적인 계승과 진취적인 수용의 두 방법의 혼용을 정로로 보고 이의 중핵부대 중견층의 조성에 힘쓸 것이요, 둘째, 우리 문학文下 현하의 지나친 양적 팽대경향을 절제하고 질적 정속과 제고의 길을 열어서 작품 본위의 편집을 지향함으로써 일체의 유파적인 계한을 무너뜨리고 문단의 공기가 될 것이며, 셋째, 우리 문단의 과거를 정리하고 현재를 기록할 뿐 아니라 생동하는 뉴우스를 소개하여 문학인 상호간의 감정공동과 권익공동을 위한 따뜻하고 즐거운 문단의 조성에 이바지할 것이다."

그러나 이러한 창간이념에 대해 염무웅廉武雄은 기대와 우려를 드러내기도 했다. 그는 칼럼을 통해 당시의 작품 활동이란 거의 잡지 활동과 일치한다면서 잡지 소유자가 권력의 행태를 휘두르고 있는 작금의 현실을 비판하였다. 그러한 현상을 타파하기 위해 다원적인 구조가 필요한데 문학춘추 창간이 초라한 대로 그런 방향이라고 평가했다. 그러나 기존의 『현대문학』과 달리 새로운 비전과 차원을 보여줘야 하는데, 『문학춘추』가 창간사에서 밝힌 계승과 수용의 혼융이라는 구호가 공허해질 위험성도 있다고 하면서 「방법과 전통」이라는 특집기사가 단적인 증거라고 비판했다. 그러나 희망을 잃지 말자면서 "문학춘추를 중심으로 오늘의 우리 문학에 대한 하나의 조그만 스케치를 작성해보자. 아무도 돌보는 이 없는 우리의 화원을, 인기척 없는 땅에서의 고독한 향적을, 그리하여 우리 자신과의 적나라한 면접을 (후략)"이라고 칼럼을 끝맺었다.

『문학춘추』는 창간 이념에 밝힌바, 문학 장르의 경계를 넘어 소설과 시, 평론이 고루 실렸다. 평론은 서정주徐廷柱의 「시의 변호」 1회, 이어령李御寧의 「현대소설의 이미지」, 정창범鄭昌範의 「서구적 수법의 새로운 수용」, 김우종金宇鍾의 「이 공허한 메아리」, 박두진朴斗鎭의 「한국 현대시의 형성과 그 체험」, 홍사중洪思重의 「최정희론」이 실리며 창간호에 무게를 더해주었다. 수필은 이숭녕李崇寧의 「낙산의 교사」를 비롯해 지명관池明觀 등의 필자가 글을 기고하였다.

창간호는 또한 야심차게 좌담회를 기획하였는데, 〈「전지戰地의 세대」 작가의 배경과 백서〉를 주제로 백철白鐵의 사회로 송병수宋炳洙, 이문희李文熙, 정연희鄭然喜, 정인영鄭麟永 등이 참석하였다. 참석자들은 젊은 세대의 작가들이었고 작가적 출발을 한국전쟁 와중에 시작한 독특한 위치의 작가들이었다.

시는 장만영張萬榮의 「침묵의 시간」, 박목월朴木月의 「동정」, 김윤성金潤成의 「잘못 살아 온」, 김춘수金春洙의 「붕鵬의 장」, 김수영金洙暎의 「우리들의 웃음」, 김남조金南祚의 「기쁨」, 박성룡朴成龍의 「동양화집」 1이 수록되었다. 미국, 영국, 독일, 프랑스 등의 세계문학에 대해서도 현재의 동태를 소개하였다.

소설은 안수길安壽吉의 「IRAQ에서 온 불온문서」를 비롯해, 오유권吳有權의 「황노인네 후손」, 서기원徐基源의 「준자유」, 이호철李浩哲의 「타인의 땅」, 김용익金溶益의 「종자돈」, 장용학張龍鶴의 「상립신화」 등이 실렸다. 외국 작품도 실렸는데 샤리 빙함의 「아이스파티」가 그것이었다.

전영택田榮澤은 「'창조'를 중심으로 한 그 전후」라는 기사로 한국의 60년 문단사에 대해 회고하는 글을 기고하였다. 이 글은 〈60년문단측면사〉라는 주제로 실린 것인데 매회 필진이 바뀌어 실렸다. 『문학춘추』는 이처럼 중견 작가들의 글도 많이 실었으며 더불어, 신인추천제를 실시해 이광훈李光勳, 김의경金義卿, 박의상朴義祥, 양채영梁彩英, 김제영金濟英 등을 배출하였다.

창간호가 발매되자 앞서 본 염무웅을 비롯해 문학평론가 이철범李哲範도 칼럼을 통해 발표된 작품에 대한 평을 하는 등 문단과 사회에서 주목을 받았다. 1964년 5월호에는 「20세기 문학의 고민과 증언」이라는 세계거장의 대담집을 특집으로 실었다. 같은해 10월호에는 임시특대호로 단편소설특집호를 발행하여 가장 많이 팔린 호수를 기록하였다. 11월호에서는 「한국문단의 대발견」이라는 특집을 실었다. 1965년 신년호에서는 「현대문학의 인간상」이라는 특집을 마련하여 외국작가와 한국작가의 작품을 두루 분석하였다. 『문학춘추』의 표지는 현대추상회화를 선택해서 게재하였다. 1964년 11월호에서는 폴 크레의 작품을 쓰기도 하였다. 초기에는 거의 매월 신문 지면에 목차 광고를 실었다.

만 1년이 되는 1965년 4월호부터는 적자로 힘겨워하던 중 시인 김규동金奎東으로 발행인을 바꾸었다. 출판사에 따르면 1965년까지 매월 5만 원씩의 적자가 있었으며, 평균 부수는 6천 부 내외로 당시 8천 부 정도가 손익분기점인 상황에서 단편소설 특집호를 냈던 10월호만 9천 부를 넘기는 등 매월 어려운 경제 사정에 처했다고 한다. 이러한 적자 상태가 계속되자 휴간과 복간을 반복하였다. 1965년 10월호부터 복간되어 발행인은 한병국韓炳國, 주간은 장국진張國鎭으로 바뀌었다. 그사이 1966년 2월까지는 또다시 휴간되었다.

『문학춘추』가 종간된 시기는 매체에 따라 상이하게 나온다. 『한국현대문학대사전』은 1965년 통권 15호를 끝으로 종간되었다고 하고『국어국문학자료사전』은 1966년 2월 종간되었다고 밝혔다. 그러나 국회도서관을 비롯한 여러 대학도서관에 1966년 7월호까지는 소장되어 있는 것으로 파악되어 종간에 대한 정확한 정보는 미확인 상태이다. 창간호가 DB화되어 있다. (강수진)

참고문헌

『문학춘추』(창간호); 이응백 외, 『국어국문학자료사전』, 한국사전연구사, 1998; 권영민, 『한국현대문학대사전』, 서울대출판부, 2004;『경향신문』1964. 4. 10., 1964. 4. 14., 1964. 11. 7., 1965. 2. 17., 1965. 11. 10., 1966. 2. 16.;『동아일보』1964. 4. 15., 1964. 5. 14., 1964. 12. 17., 1965. 8. 24.

문화비평

(文化批評)

'아한학회'에서 1969년 4월 15일에 창간했다. 이 학회에서는 이미 1968년에 기관지로
『아한』을 창간했는데 그것을 잇는 잡지이다. 종간호는 1973년 12월에 발행된 5권 3호이
다. 회장은 김정우, 발행 겸 주간은 송재소, 편집장은 구대열, 인쇄인은 평화당인쇄주식
회사平和堂印刷株式會社, 발행처는 아한학회 문화비평사亞韓學會 文化批評社(서울특별시 성북
구 수유동 555-16), 연락처(어학연구사, 서울특별시 중구 을지로 3가 283)를 두고 있다. 판형은
A5판으로 총 205쪽에 가격은 200원이었다.

『아한』과 『문화비평』의 연속성은 김정우가 쓴 「창
간사」에 여실히 드러난다. '아한학회'의 종합학술
지로 표방한 이 잡지의 창간사가 『아한』의 창간
사와 동일하기 때문이다. 다만 다른 부분은 아래
부분이다.

"『문화비평』은 '무엇'을 고집하지 않을 것이며
일체의 권위나 타성을 거부할 것이다. 오직 진실
하고 건전하게 '사상(事象)'을 파악하고 비판하며
평가하려는 지성에게 의존하고 믿을 것이며 '반
지성'을 배격하고 '아류'를 부정할 것이다. 언제나
앞서서, 허덕이는 우리의 정신적 영역에 새로운 이정표를 때없이 싱싱하게 꽂
아줄 고독한 '지성'을 위하여 자유롭게 문을 열어둘 것을 약속한다."

'새로운 지성인에 대한 갈망'을 희구하는 이 부분 역시 『아한』 창간사의 같은
부분에서 잡지의 이름만 바뀌었을 뿐인데, 〈사고社告〉란을 보면 "본 회의 회장
인 김정우 씨는 현재 미국 조지타운 대학원에서 경영학을 연구 중임을 참고로
말씀드립니다"라고 알리고 있어 부득이한 이유가 있다는 점을 확인하게 되거니
와, 실제로 이 학회의 기본 모토가 『아한』과 다르지 않기 때문에 별도의 창간사
가 필요 없음을 짐작할 수 있다.

오히려 주간 송재소가 쓴 〈문화비평〉「새로운 잡지의 미래상」에 이 잡지의 새로움과 지향이 구체적이고 풍부하게 담겨 있다고 보여진다. 즉, "한국과 세계가 처해 있는 '전체적인' 상황에 중점을 두고 외견상 관계가 없는 듯이 보이는 여러 사실들 사이의 상호관련성을 찾아서 종합하고 비판하는 그런 지성의 잡지", "각 학술분야의 전문지를 통한 연구활동이 비교적 활발한 반면에 이걸 전체적인 입장에서 그리고 문화현상을 분석하는 바람직한 안목을 가지고 종합하는 잡지"를 지향하고 있는 것이다.

여기에 기고한 학자들의 면면은 송재소가 제시한 '상호관련성'과 '전체적인 입장', '종합, 비판, 지성'에 걸맞은 야심찬 글들을 쓰고 있다고 판단된다. 일제 강점기의 일본을 통한 서구 사상의 수용과 해방 직후의 미국을 통한 외래 문화 수입을 넘어 한국 전통의 사상과 문화적 업적을 심층적으로 탐구하고 그것을 현재적인 맥락 속에 새롭게 하려는 노력 이외에, 서구의 사상을 비판적으로 수용하는 태도를 가지고 미국만이 아니라, 독일, 프랑스, 일본, 중국, 그밖의 경로를 통한 각자의 전문적인 관심사를 한국의 상황과 결부하여 주체적인 문화를 창조하고 정립하려는 공통적인 지향을 보인다는 점이다. 그리하여 경영학, 경제학, 국문학, 국어학, 음악, 인류학, 정치학, 사회학, 철학, 과학 등을 망라하여 저자들은 이 잡지에 각 분야에서도 기존의 입장과는 차별화되는 참신하고 도발적인 연구 성과들을 내놓고 있는 것이다. 송욱, 정병욱, 양병우, 김현, 윤재근, 최재희, 박봉식, 이기문, 황금찬, 이청준이 창간호에서 보이는 필자들이고 이만열, 김종길, 김방한, 김형효, 이태진, 구태열, 김병익, 박동규, 임형택, 장덕순, 이은정, 이기백, 고병익, 김영무, 전광용, 지준모, 김종호, 김약슬, 차하순, 고영복, 조동일, 강은교, 송상옥, 이우성, 김용준, 이홍구, 김인환, 성찬경, 이성선, 박성의, 이성부, 신일철, 오병남, 강동진, 이숭녕, 김대환, 김봉구, 윤구병, 김기동, 김영태, 김종철, 황문수, 이승훈, 김인회, 박노준, 이보영, 심우성, 김윤식 등의 낯이 익은 이름들이 등장한다. 이른바 4·19혁명과 5·16쿠데타를 겪고 사회에 진출하여 한국의 주체적인 문화 창달과 학술 풍토 개선에 앞장 선 사람들이 주축을 이루고 있음을 알 수 있다.

잡지의 편집자들은 한국 사회에 만연된 퇴폐적 악습이라고 할 수 있는 샤머니즘과 고루한 자폐적 패배주의, 그리고 퇴행적 설움의 미학, 지연, 혈연, 학연 등에 얽매이는 인정주의 등에 대해 비판의 칼날을 세웠다. 한국의 역사적 지체와 후진성은 대부분 앞에서 적시한 문제들 때문이라고 진단하고 그렇기 때문에 구태의연한 관습과 비과학적 논리 등을 일소하고 추방시키기에 주력했다. 그들이 보기에 한국인의 이러한 패배주의적 굴종의 자세는 무엇보다도 일제의 식민사관에 침윤되고 내면화된 역사적 과제의 문제이자, 전통과는 대비되는 버려야 할 유산으로서의 OO에 지나지 않는 병폐에 불과했다. 그런 까닭에 우리에게 필요한 것은 '주체성 확립'으로 이 잡지의 중요한 화두로서 몇 번의 논쟁이 이루어진 사안이기도 했다. 그만큼 줏대를 세우고 문화적 주체성을 확립하는 일은 아주 중요했다.

창간호부터 제기되었던 '한국에서의 장시의 가능성' 역시 이런 일환이었다. 당시에 창작되었던 '장시'(내지 '서사시'라는 타이틀을 건 시)들의 융성과 단지 서사성만이 아닌, 민족의 세계사적 보편성과 유구한 역사성을 지탱하는 사상성을 갖추고 문학적(시적) 품격을 아울러 함유하며 국가의 미래적 비전을 제시하는 '장시'에 대한 뜨거운 열망이 빚어낸 시대적 요청과 만나는 지점이었던 것이다.

창간호를 비롯하여 대부분의 잡지가 국립중앙도서관, 국회도서관을 비롯하여 연세대 도서관에 소장되어 있다. 전호가 DB화되어 있으며 DB 상태도 좋다.

(전상기)

참고문헌

『문화비평』 창간호(1969. 4.)~종간호(1973. 12.)

문화세계
(文化世界)

1953년 7월에 창간된 월간 잡지이다. 1954년 2월 6호를 내고 종간되었다. 편집 겸 발행 겸 인쇄인 김종완, 발행소는 희망사, 부피는 176면이다. 정가는 100환, 편집장은 곽하신 이다.

전쟁 직후에 창간된 종합교양지이다. 그러나 문학 지면이 약 3분의 2를 차지한다.

「창간사─문화의 개화를 위한 명제」에는 "갈려진 땅위에서 문화인들 줄기찬 발전을 기대할 수 있으랴마는, 문화가 지닌 고귀한 가치는 현실에 찾아진다기보다 오히려 내일의 전진을 위하는 데 있다고 생각된다. 이렇듯 우리들이 당면하고 있는 오늘의 현실은 내일에의 전진 없이는 삶의 의의조차 찾기 어려운 인류사상 유례 없는 시련 속에서 몸부림치고 있는 것이다."라고 하며 당대 상황의 절박함 속에 문화지의 발간이 얼마나 중요한 지를 호소한다.

곽하신이 쓴 편집후기에도 "안으로는 휴전이냐 북진이냐의 가름질 속에서 가열 처참한 전투가 여일히 벌어지고 있으며 밖으로는 뇌성과 취우가 눈앞에 다가온 듯한 간발의 위기가 역력하거든 이런 속에서 새로 나오는 문화지의 사명이야 일찍이 없었던 무거움을 어찌 지니지 않을 수가 있으랴"고 다시 한 번 강조한다.

창간호 목차를 살펴보면 논문, 시, 소설로 편재되어 있다.

이 매체의 무게는 주요 문화적 주제를 다루는 좌담회가 실어주고 있다. 창간호에는 「대학교수들이 본 문단」이 흥미롭다. 참석자는 김은우(이화여대교육학), 강상운(중앙대 정치학), 이원혁(사범대 문화사), 조규동(서울대 문화사)이고 사회는 곽하신이 보았다. 하부 테마는 "1. 문단과 문단인들, 2., 작품에 대한 시비, 3. 경제조건과 문학생활 4. 작가와 문학하는 태도, 5. 우리 문단의 앞날이다."로 비교적 구체적인 주제를 논의하려 했다.

1953년 11월에 발간한 4호에도 〈문화사회건설을 위한 문화인들의 구상〉이라는 주제의 좌담회가 실린다. 참석자는 성인기, 곽복산, 유치진, 임긍재, 김동리, 왕학수이다.

창간호 특집 기사로 「미쏘 양국의 문학현황」이 있는데 미국편은 이철범이, 쏘련편은 박경목이 썼다.

시에는 박두진, 오상순, 설창수가 수필에는 〈여류수필 3인집〉으로 기획되어 노천명, 윤금숙, 전숙희의 수필이 실려 있다. 소설에는 염상섭, 안수길, 최태응, 박연희의 작품이 있다.

김동리가 「풍우기」를 연재하며, 섬머셋 모옴의 작품 「전지선생(全知先生)」이 이진섭에 의해 번역되어 실렸다.

논문에는 이숭녕의 「동란 조국과 문화의 위치」, 강상운의 「문화정책의 현황·검토·제언」, 이상옥의 「언어정책의 사적 관견」, 곽종원의 「비평문학의 새로운 기능」, 임긍재의 「회의와 모색의 계제-한국문학계의 현황과 장래」, 백철의 「문단을 위한 부의」, 조영암의 「신인등장에 대한 문단적 분석」, 조연현의 「문학목표에 대한 일고」, 조흔파의 「풍자문학과 민족성」이 실렸다. 주로 보수적 입장의 필자들이 등장하여 논의를 개진하는 잡지였다.

이 매체 특유의 독자참여란이 있어 흥미롭다. 창간호 마지막 장에는 「문화세계독자문학상」 담당자 앞으로 보내는 엽서가 인쇄되어 있다. 「문화세계독자문학상」은 독자들의 투표에 의하여 전 호에 실렸던 작품을 선정하는 것이다. 4호에는 이무영의 「벽화」와 김광섭의 「석양」이 가장 많은 득표를 했다.

이 매체는 한국전쟁기에 발간된 희망사의 여러 매체와 함께 문화적 공백기를 메워준 중요한 잡지이다. 케포이북스(소명출판사)에서 영인본으로 2009년 출간하였다. 영인본으로 출판된 것을 DB화하였다. (박지영)

참고문헌

『문화세계』; 전광용, 「기타 문예지」, 한국문인협회편, 『해방문학20년』, 정음사, 1966; 최덕교, 『한국잡지백년』 3, 현암사, 2004.

뮌헨한글학교

(Koreanische Schule Muenchen e.V.)

뮌헨한글학교는 뮌헨의 Lindwurmstr. 90에 위치하고 있다. 한글반의 매월 수업료는 첫째 자녀는 30유로, 둘째 자녀는 25유로이다. 이사회 구성원을 보면 한국인으로만 구성되어 있는 것이 아니라, 한국인 4명, 독일인 3명으로 구성되어 있는 것이 이채롭다.

1979년 10월에 뮌헨한글학교 카리타스Caritas의 활동가인 신남자Shin Nam-Ja에 의해 세워졌다. 글은 대체로 한글로 구성되어 있지만, 뮌헨한글학교 이사회위원인 Dr. Seidel의 인사말 같은 경우는 독일어로 작성되어 게재되고 있다.

2006년에 발간된 14호를 간단하게 살펴보면, 학교장(이명옥)과 이사회위원의 인사말, 제4회 재외동포교육 국제학술대회 보고서, 학교 안내 및 수업일 안내, 학교소식, 이사회 소개, 〈학부모를 위한 페이지〉(「자녀를 위한 기도」), 「재독 청소년 우리말 문화집중 교육에 관하여」(교감 박미경), 〈교실 둘러보기〉(아름반, 다운반, 우리반, 나라반, 배움반), 사진으로 보는 한글학교, 주소록 등이 실려 있다.

유럽 한글학교 교사세미나를 다녀오면서 교감 박미경은 소감과 각오를 그리고 뮌헨한글학교가 무엇을 하는지를 자연스럽게 밝히고 있다. "한글학교의 선생님들은 모두가 미친 분이라고, 미치지 않고는 한글학교에서 일할 수 없다. (중략) 우리는 (중략) 우리들의 자녀들을 위해서, 한국에 관심이 있는 분들을 위해서, 한국어교육을 위해서, 한국의 문화를 알리기 위해서 달려들 것입니다."

또한 재독한글학교 교장협의회(회장: 강여규)가 해마다 부활절 방학기간을 이용해 우리말과 우리 문화를 집중적으로 교육시키는 행사를 진행하고 있는데, 뮌헨 한글학교도 참여하고 있다.

〈교실 둘러보기〉에서는 선생님의 사진과 함께 학생들의 작품을 소개하고 있

355

는데, 다른 지역의 학교의 교지들은 대체로 한 면에 한 학생의 작품을 게재하는 경우가 보통인데, 뮌헨한글학교는 5~6개의 작품을 한 페이지에 싣고 있다. 이에 다른 교지들은 100~200쪽이 보통이고, 간혹 500~600페이지에 달하는 경우도 있는데, 뮌헨한글학교는 40쪽 정도에 그치고 있다. 이러한 모습은 우리에게 익히 알려져 있는 독일의 경제적 효율성을 반영한 것처럼 보이기도 한다. 그리고 뮌헨한글학교에서도 저학년의 작품은 그림일기 형식이 주고, 고학년으로 갈수록 한글로 된 부분이 많아지고 글짓기 작품을 싣고 있다. 그리고 한국어와 한국문화를 배우는 독일인의 독일어로 작성된 감상문도 실려 있다. 사진으로 보는 한글학교 운동회와 학예회의 정겨운 모습도 게재하고 있다. 그리고 학생들과 선생님들의 주소와 연락처를 36~39쪽에 걸쳐 빼곡히 게재하고 있다.

『뮌헨한글학교』일부가 재외동포재단 자료실에 소장되어 있다. (임성윤)

참고문헌

『뮌헨한글학교』제14호, 2006.

미래
(MILE未來)

1988년 6월 15일에 일본 오사카에서 창간된 일본어 격월간지이다. 재일본조선청년동맹 오사카부본부가 설립한 KYCC에서 발행한 정보지이다. 1991년부터 월간으로 발행되었다. 연간 구독료 2,000엔圓. 1997년 1월에 폐간되었다.

1983년에 고찬유高贊侑가 창간한 정보지 『상봉』을, 1988년에 재일본조선청년동맹 오사카부본부에서 '21세기의 재일조선인사회를 짊어질 우수한 인재를 양성하기 위한 전문기관'으로 설립한 KYCC가 인수해 격월간 정보지로 창간했다. 1991년 10월부터 발행자가 팬 퍼블리시티(パン・パブリシティ)로 바뀌면서 월간으로 발행되었다.

창간호에서 "미래는 문화·생활·취직·결혼 등 조선 청년들에게 도움이 되는 정보를 제공하고 사람과 사람의 교류를 촉진하기 위한 정보지"임을 밝혔다. 실제로 취직정보, 결혼정보 등을 게재해 생활에 필요한 정보를 제공했으며, 가수, 화가, 연극인 등 일본사회에서 활약하는 재일조선인 문화인들에 대한 인터뷰 등도 적극적으로 실었다. 또한 디자인을 중시한 참신한 종합잡지로 호평을 받기도 했다.

재일조선인뿐만 아니라 중국 조선족, 러시아의 고려인 등 해외에 있는 한국인들에 대한 취재를 적극적으로 했으며 1993년에는 세계 각지에서 게스트를 초청해 국제심포지엄 〈재외조선민족을 생각하다〉를 열어 많은 주목을 받았다.

1997년 1월에 인터넷의 보급에 따라 『미래』는 폐간되어 웹진 『Asian Eyes』가 발행되었으나 그해 9월에 이것도 폐쇄되었다. (후지이 다케시)

참고문헌

『MILE未來』, KYCC/パン・パブリシティ, 1988~1997; 朴一 편, 『在日コリアン辞典』, 明石書店, 2010.

미사일
(THE MISSILE)

1961년 4월에 창간되었다. 창간호의 발행인은 공군정훈감 주정호朱貞鎬이며, 발행처는 공군본부 정훈감실이다. 인쇄처는 공군교재창이다. 비매품이다. 1961년 4호부터 인쇄인은 김석환金石桓이다. 이 월간지는 1963년 3월(제23호)까지 발간되었다. 1963년 제21호부터는 발행 겸 편집인이 공군대령 김영호金榮浩로 바뀌었고, 인쇄인은 공군대령 백춘득白春得이다. 『미사일』은 제23호를 마지막으로 공군본부에서 발간해오던 월간지 『코메트』와 통합하여 『공군』이라는 제목으로 현재까지 발간되고 있다.

공군본부 정훈감실에서 발간하던 월간지이다. 창간호의 발행인인 공군정훈감 주정호는 권두언 「지행知行의 실實 – 창간에 즈음하여」에서 『미사일』이 지행의 실實을 얻고자 창간하였음을 다음과 같이 밝히고 있다.

"지금은 아름다운 풍경이나 화폭으로 시각 정도의 욕망만을 충족시킬 때가 아니라, 오히려 개조와 노작勞作이 있어야 할 때요, 모든 의욕과 행동이 서로 유기적으로 최대한으로 작용해서 하나의 생을 하나의 전체를 구출해야 하는 절실한 시기다. 이것이 4월의 파종기를 맞이하는 우리들의 진정한 태도가 아닌가 한다. (중략) 실實의 무장에 있어서 지행일치知行一致는 자고로 군인기백軍人氣魄의 특징이다. 허영의 사회에서 비록 빈축을 받을지언정 우리는 결코 이 기백을 저버릴 수는 없다. 오늘의 행복보다 내일의 행복을, 개인의 행복보다 자녀의 행복을, 자녀의 행복보다 겨레의 행복을 위하여 몸과 마음을 바치는 우리들에게 오늘의 시련만으로 의구와 주저가 있을 수 없고 다만 꾸준한 인내와 노력만이 있을 것이다."

이러한 창간 목적을 갖는 『미사일』은 공군장병의 정신무장을 뒷받침하기 위한 교양지로서의 성격을 띠었다. 이 잡지는 논설과 보고, 좌담, 해설, 동향, 수기, 좌담회, 수필, 시, 소설 등으로 구성되어 있다. 그 내용을 보면 대부분 정신혁명, 생활실천, 반공민주주의 육성, 일반교양을 기본으로 하고 각 구성 항목마다 이러한 내용이 녹아들어 정훈교육의 역할을 하도록 하였음을 알 수 있다.

창간호에는 「도덕중정운동道德重整運動」(김기석), 「내일을 위하여」(유봉영), 「무無와 유有의 교차로交叉路에서」(김형석), 「나를 찾는 길」(임동선), 「케네디의 평화군단」(진봉천), 「서구문명에서 배울 것」(오세기) 등의 글이 실려 있다. 또한 조풍연趙豊衍 등의 수필을 비롯하여 가볍게 읽을 만한 독서거리를 게재하였다.

5·16군사쿠데타 이후에 발행된 1961년 제2호부터는 이와 관련된 내용을 싣고 있다. 제2호에는 「5·16혁명과 우리의 각오」(김성식金成植), 「반공구국의 길」(한재덕韓載德), 「지정학적으로 본 국력신장」(육지수陸芝修), 「우리는 국가재건의 전선에서 있다」(유승재兪勝在, 김창배金昌培) 등이 게재되었다. 또한 「25시의 마을 판문점」이라는 보고를 통해 반공태세 강화의 목표를 분명히 하고 있고, 「양심과 윤리」라는 글을 통해 국민윤리를 국가재건의 전제조건으로 강조하고 있다.

1961년 제3호에도 대부분 5·16 이후 정신혁명과 연대의식을 강조하는 글들이 게재되었다. 「준법정신과 사회연대의식」(홍승면洪承勉), 「민족국력을 배양하는 길」(전해종全海宗), 「정신혁명의 건설적 과제」(김형석金亨錫) 등을 통해 애국심을 부추기고 있다. 또한 사진, 영화, 미술, 출판, 언론 등 문화계 동향을 기사화하였고, 시와 수필도 5·16과 관련된 글을 실었다.

1961년 제4호에는 「사진으로 보는 혁명백일」 화보를 게재하였다. 이번 호에도 국가재건을 위한 국민의 단결을 강조하는 글들을 싣고 있다.

1961년 제5호부터는 호마다 특집 기사가 게재되었다.

1961년 제5호에는 「한국공군 발전개요」가 게재되었다. 국군의 날을 맞이하여, 1949년 창건 이후 12주년을 맞는 한국공군의 발전 역사를 화보와 함께 싣고 있다.

1961년 제6호에는 건군 13주년 국군의 날을 맞이하여 이를 기념하는 공중전시空中展示를 화보로 싣고 있다. 제7호의 특집은 「민주주의와 생활관리」, 제9호는 「1962년에 기대한다」와 「1961년을 돌아보다」이다. 1962년 제10호 특집은 〈민주주의의 성장을 위하여〉이다.

1962년 제11호에는 특집〈생활의 과학화〉를 싣고 있다. 이는 「분업과 책임관념」, 「통계와 우리생활」, 「연구하는 태도부터」 등 세 편의 글을 통해 합리적 생활태도를 수립하는 데 도움을 주고자 하였다. 또한 특집 〈만네리즘을 葬送한다〉에서는 시간개념, 파벌의식, 허례허식, 관존민비, 탁상공론, 우유부단에 관해 정비석, 전혜린, 오애영, 윤석중, 조풍연, 민철웅이 글을 써서 생활주변을 반성할 수 있는 기회로 삼았다.

1962년 제12호에는 특집으로 「전진하는 한국의 의지」라는 제목 아래 5·16 이후 정치, 경제, 외교, 사회, 문화 각 분야의 성과를 싣고 있다.

1962년 제14호에는 6·25 특집란이 마련되었다. 〈아 잊으랴 어찌 우리 이 날을〉이라는 제목 아래 「오늘의 국제정세와 6·25의 새로운 발견」(홍승면), 「반공 태세의 전진적 태세」(박관수朴寬洙), 「북괴는 우리를 노리고 있다」(박철주朴喆周) 등의 글과 「6·25의 추억」에 대한 다수의 글이 실렸다. 또 다른 특집은 〈군인·가정·사회〉라는 제목 아래 군인과 가정, 군인가족과 특권의식, 군인가정에 관한 글이 실렸다.

1962년 제15호에는 특집 〈휴전 9년을 돌아보다〉라는 제목 아래 「누가 휴전 협정을 위반하고 있나」(김종수金鍾洙), 「7·27 휴전과 공산전략의 전환」(유완식兪完植), 「종말 없는 대화장對話場」(이웅희李雄熙)이 게재되었다. 특히 이번호에는 케네디 미국대통령의 브레인의 한 사람으로 알려진 로스토우와 『풍요한 사회』의 저자인 갈브레이드의 글이 실려 있다. 이들의 이론은 맑스가 예언한 자본주의 붕괴의 위기를 극복하고 새로운 발전단계를 맞아들인 자본주의경제의 실증으로 소개되고 있다.

1962년 제16호에는 특집 〈올바른 민주주의의 바탕을 기르자〉라는 제목 아래, 민주주의를 향한 우리의 정신적 자세를 그 밑바닥부터 분석 검토함으로써 혁명사업의 지상목표인 민주주의 건설을 위한 행동의 기준을 잡아보고자 한다는 취지를 밝히고 있다. 차기벽車基璧, 권순영權純永, 김재준金在俊, 김옥길, 이상은李相殷, 최태호崔台鎬, 신일철申一澈, 김향안金鄕岸, 임영신任永信 등의 글을 게재하였다.

1962년 제17호 〈특집〉으로는 「우리들의 실천을 저지하는 것」이라는 제목으로 타성과 실천, 우유부단의 성격, 판단의 오류와 실천, 이론과 계획의 결합, 무계획성에서 오는 것, 의지박약에서 오는 것, 비현실적인 사고에 관하여 등의 내용을 싣고 있다.

1962년 제18호는 국군의 날 특집호로 발간되었다. 박두진의 시 「민족의 젊음 위에」와 함께 「공군에 부치는 글」이 게재되었고, 특집 〈군인과 명예〉란에 각계각층 다수의 글이 실렸다. 또 한글날 특집으로 〈우리 말과 우리 글〉이 게재되었다.

　　1962년 제19호에는 특집 〈군인의 생활자세〉와 함께 각 분야의 인사들이 바라는 군인상을 제시하고 있다.

　　1962년 제20호에는 특집 〈62년의 회고〉라는 제목으로 「재건국민운동의 전개와 그 성과」(재건국민운동본부 요원교육과 이순종李順鍾), 「경제개발 오개년계획의 전개와 그 성과」(경제기획원 경제조사과장 이희일李喜逸), 「군사부문의 총결산」(최고회의문사위 전문위원 우병규禹炳奎), 「우주과학 분야의 회고」(한국일보 기자 이종수李鍾秀) 등의 글을 싣고 있다.

　　1963년 제21호의 특집은 〈군인과 예절〉이다.

　　1963년 제22호의 특집은 〈간접침략을 분쇄하자〉라는 제목으로 「간접침략과 우리의 정신무장」(김팔봉金八峰), 「간접침략과 반공조직」(박관수朴寬洙), 「평화공존·평화공세·간접침략」(조성식趙誠植) 등의 글을 싣고 있다.

　　1963년 제23호의 특집은 〈현대적 상황에의 초대〉라는 제목으로 스피이드, 매스프로덕션, 매스커뮤니케이션 등의 내용을 싣고 있다. 특히 종간호인 이번 호에는 「3·1정신과 5·16혁명」(허선간)이나 「민주군인의 사명」(박희동) 같이 5·16 이후 공군에게 요구되는 정신자세를 강조하는 글을 비롯하여 「군 운용에 있어서 기획업무의 위치」, 「군수이념에 대하여」, 「다용도 단좌單座전투기의 운용론」 같은 군사 실무에 관한 글들도 싣고 있다.

　　이 잡지의 연재물로는 「미사일의 역사」(1961년 제3호~1962년 제9호), 「방공구국 삼개월」(1961년 제6호~1962년 제9호), 「세계 경이驚異를 찾아서」(나중에는 「세계경이순례」로 제목이 바뀜. 1961년 제4호~1963년 제23호), 「항공발달사」(1962년 제12호~1963년 제21호), 「현대의 방향」(1962년 제14호~제17호), 「나를 움직인 책들」(1962년 제17호~제19호)이 게재되었다.

　　또 1963년 제21호~제23호에는 〈현대철학강좌〉를 통해 김형석金亨錫의 현대철학의 계보, 실존철학, 주체에서 현재에의 과정 등이 연재되었다.

　　그리고 1962년 10호부터는 공산주의국가와 공산주의이론 관련 글이 실리기 시작하였다. 이와 함께 1962년 제19호에는 〈공산권의 최근 동향〉, 1962년 제

20호~1963년 제21호에는 〈북한실태〉를 싣고 있다.

1962년 제11호부터는 〈미사일교실〉란이 신설되어 연재중이던 민주주의쎄미나, 공산주의쎄미나를 계속 게재하면서 새롭게 새 군법의 해설, TV의 원리와 현황, 생활경제ABC, 생활과학 등을 추가하여 실었다.

그 밖에 〈군사과학〉, 〈모범부대탐방〉, 〈쎄미나〉, 〈좌담회〉, 〈주요신문사설 요약〉(12호), 〈알기 쉬운 음악 그림 영화 감상법〉(14호~16호), 〈위인일화〉, 〈세계를 움직인 책〉, 〈의학상식〉, 〈시사해설〉, 〈속담춘추〉, 〈월간시사〉, 〈현지르뽀〉, 〈세계에의 창〉, 〈내가 만난 잊을 수 없는 군인〉, 〈명작영화 지상감상〉, 〈한국의 유모어〉 등의 코너를 마련하여 공군장병의 교양을 높이고 흥미를 유발할 수 있는 기사를 다수 게재하였다. 또한 〈장병페이지〉를 통하여 각 편대별 공군장병들의 개인 글이 발표되었고, 군내현상논문 당선작도 게재되었다. 또 〈만화〉로 5·16혁명의 한해 발자취, 미사일 인생안내, 제야의 종이 울릴 때 등을 표현하여 쉽게 이해하고 재미있게 볼 수 있도록 하였다.

국회도서관에 소장되어 있는 1961년 창간호부터 통권7호(6호 결호), 1962년 통권9호부터 통권20호(13호 결호), 1963년 통권21호부터 통권23호까지 DB화하였다. (구수미)

참고문헌

『미사일』, 공군본부 정훈감실, 1961년 창간호~1963년 통권23호.

미주문학

『미주문학』(Korean Literature of America)은 미국에서 한인문인들이 최초로 만든 본격적인 문학잡지로, 1982년 12월 20일에 창간되었다. 『미주문학』을 발행한 '미주한국문인협회'(Korean Literary Society of America)의 창립을 주도한 사람들은 초대회장 송상옥(소설가)을 중심으로 시인 김호길, 전달문, 김병현, 권순창 등이다. 『미주문학』은 처음에 1년에 1권씩 발행되다가 2002년 여름호(19호)부터 계간지로 바뀌었고 지금도 꾸준히 발행되고 있다. 미국의 각 주요 도시마다 그리고 문학 장르마다 한인 문학잡지가 발행되고 있는 미국에서도 『미주문학』은 가장 권위가 있는 한인 발행 문학잡지로 알려져 있다. 여기에는 LA뿐만 아니라 미국 전 지역과 캐나다에 거주하는 한인 문인들까지 참여하고 있고, 현재 400명의 회원들이 가입하여 활발하게 활동하고 있다. 창간호의 발행인은 송상옥, 편집인은 전달문, 주간은 김호길이 담당했다. 창간호 발행 당시 가격은 5달러였다.

미주지역에서 가장 오래된 한인문인단체중의 하나인 미주한국문인협회(초대 회장 송상옥, 2014년 현재 회장 문인귀)의 회원지로 미국 한인문단의 대표적 종합문예지이다. 2012년에 창립 30주년을 맞은 미주한국문인 협회는 미국 등 북미에서 문학 활동하는 문인들이 지난 1982년 창립해 캘리포니아 주정부에 비영리단체로 정식 등록한 문학단체이다.

창간호는 창립된 1982년에 발행되었고 이후 20년 동안 매년 한 권씩 발행되어왔다. 세월의 흐름에 따라 회원 수와 발표되는 작품의 수도 대폭 늘어났고 작품의 다양성과 질적인 측면에서 발전하면서 미국에서 발행되는 대표적인 한인의 종합문예지로 자리 잡았다.

미주한국문인협회는 다채로운 문학행사를 개최하고 있다. 1982년부터 시행한 초청문학강연회(강사로 구상, 최인호, 이문열, 박완서, 윤흥길, 공지영, 양귀자 등 초청),

1983년부터 월례행사로 시작한 토요문학, 문학세미나(허만하, 김광주, 법정스님 등)가 계속되고 있으며, 2004년부터는 한글 백일장대회를『미주한국일보』와 공동 개최하고 있다.

특히 미주한국문인협회는 1989년부터 "미주문학상"을 수여하고 있는데 제1회 수상작 마종기의『어디 모여 사는 것이 갈대뿐이랴』부터 시작해서 매년 시상식이 개최되고 있다. 또한 1994년부터 미주문학신인상을 수여하고 있는데, 꾸준히 시상이 이루어지고 있지만, 3회, 10회, 13회는 수상자가 없었다. 이는 미주한국문인협회를 중심으로 미주 문인들이 꾸준히 활동을 하고 있지만 어려운 조건 속에서 활동하고 있음을 반증하는 것이라 할 수 있다. 또한 '미주문학신인상'을 제정하면서 자체적으로 많은 한인 문인들을 배출하고 있기도 하다. 그 이외에도『문협월보』를 매달 발간하고, '문학토방' 같은 모임을 만들어 한인 문학의 저변을 넓혀나가고 있다.

송상옥은 창간호의 권두언「세계문학에의 디딤돌로」에서 민족주의에 근거해서『미주문학』을 창간하고 발행하고 있음을 분명히 밝히고 있다. 한인으로 태어난 사람은 한국어로만 의사표현을 제대로 할 수 있다고 하면서, 미래에 이중언어를 사용하며 문학적 활동을 할 한인 2~3세대의 출현에 대해 미처 생각하지 못하는 시간적 한계를 노정하고 있기도 하다: "그 어떤 사람이라 하더라도, … 가장 잘 사는 길은, … 태어난 그대로의 삶을 영위하는 것이다. 그 속에서 제 나름의 욕구와 의지에 따라 스스로의 가능성을 개발하며 … 목표를 성취해 나갈 수 있을 뿐이다./ 우리가 태어나서 이만큼 살아올 때까지, 우리의 사고를 지배해온 것은 모국어다. 우리는 모국어로 생각을 하며, 온갖 오묘한 감정표현도 모국어가 아니고서는 불가능하다. 여기서 태어나 이곳 언어로만 살아온 사람이라 하더라도, … 그들도 결국 돌아갈 곳은 모국의 문화권 이외는 없을 것이기 때문이다./ … 모국어 아닌 '문학적 표현'이란, 엄밀한 의미에서, 그 속에 생명을 불어넣을 수 없는 껍데기에 지나지 않는다. … / 흔히 말하는 문학의 세계성이란 별다른 뜻이 아니다. 가장 '한국적인 문학'이야말로 세계문학에 그대로 이어진다는 것을 간과해선 안 될 것이다. 우리는 세계문학에의 하나의 디딤돌로「미주문학」을 감히 내놓는다."

그런데 창간호가 나온 후 약 16년 정도 지난 후인 1998년에 나온 제15호에「미주문단에 바란다」라는 주제의 특집 기사가 게재되었다. 그중 김용팔의「미주문학의 오늘과 내일」이라는 글은 당시 한국인의 미주문학이 어떻게 바뀌었는지를 알려주면서, 앞으로 한인 1.5세대 또는 2~3세대 문인들이 주축이 되어 가는『미주문학』을 전망하고 있다: "오늘의「미주문학」작가들은 이민 1세대가 주이고, 더러는 1.5세대도 끼어 있는 성싶다. 어찌됐든 그들의 문장에는 한국적인 정서, 한국인으로서의 생활의식 등이 내용으로 되어 있다. 그러나 2세 3세 이후의『미주문학』에서는, 필자들이 외지에서 낳고 외지에서 자랐기 때문에, 현지에서의 생활감정 태도들이 내용으로 담길 수밖에 없을 것이다. 다시 말해서 한국적인 정서, 한국적인 생활관에서 멀어져갈 것이라는 말이다." 이후 갈수록 한국적인 정서는 더욱 엷어질 것이고, 한글로 쓰여진 시나 소설이 아니라, 한인이 영어로 창작된 소설이나 시가『미주문학』에 게재되는 날이 오리라 예상해볼 수 있다. 그렇지만 지금도 미주한국문인협회와『미주문학』은 이에 제대로 준비하지는 않고 있는 것으로 보인다.

어쨌든 미국에 사는 한인들의 문학이 어떻게 변화 발전해왔고 어디로 나갈지를 알려면 가장 먼저 보아야 할 잡지는 단연코『미주문학』이라 할 수 있다.

『미주문학』은 서울대, 고려대 도서관에 2001년 18호부터, 경북대 도서관에 2004년 26호부터 최근호까지 소장되어 있다. 그리고 미국 남가주대학(USC) 도서관에 창간호부터 최근호까지 소장되어 있다. 최근에 나온『미주문학』은 한국에서도 서점이나 인터넷을 통해 구할 수 있다. 현재 창간호부터 최근에 나온『미주문학』까지 오래전에 발행된 것은 USC로부터. 2001년 이후 발행된 것은 국내 대학들로부터 수집해서 DB화 작업을 마무리했다. (임성윤)

참고문헌

『미주문학』;『재외동포신문』(www.dongponews.net).

미주이민문학

편집 및 발행인은 황경락, 미주크리스천문학가협회와 한국기독교문인협회북미주지부가 공동으로 1990년 10월에 뉴욕에서 창간했고, 비정기적으로 발행되고 있다. 주로 기독교 관련 시와 산문 등을 목회자들에게서 기고를 받아 발행하고 있다. 2005년에 나온 제5호 는 10,000원에 판매되었다.

미주크리스천문학가협회와 한국기독교문인협회북미주지부는 한국현대시문학 100주년 및 창립 제15주년 기념 특집호로 제5호(2005), 2009년 8월 창립 19주년 기념 특집호, 그리고 협회 창립 20주년 기념 특집호로 제7호를 2010년에 발행했다.

발행인 겸 편집인은 황경락黃景洛 시인으로 뉴욕목민장로교회 목사이기도 하다. 발행기관 과 발행인 모두가 기독교와 관련된 단체이고 핵심적으로 활동하는 사람도 목사이다. 그리고 잡지 앞뒤의 광고들도 대체로 교회 관련 광고가 주이고 황경락 목사의 시집부 터 시작해서 다른 목사들의 시집들 광고가 실려 있다. 거기다가 게재되어 있는 작품들도 기독교 색채의 작품들이 주종을 이룬다.

『미주이민문학』의 앞부분은 뉴욕초대교회 등에서 개최되었던 각종의 모임들 을 담은 사진으로 채워져 있다. 그 이외의 사진들도 황경락 목사의 국내외 활동 모습을 담고 있는데, 대체로 교회와 관련된 사진들로 구성되어 있다.

제5호의 발간사「왜 기독교 이민문학인가」에서 황경락 시인은 미주 한인들 이 쓰는 시나 소설은 "우리 한민족의 정체성을 굳게 간직하면서 순례자(다이애스 포라diaspora)이면서 단순 이산가족 개념이 아니고 해외로 이주한 이민자Emigrant 로서 삶의 모습을 표출키 위한 것이어야 할 것입니다. (중략) 시인 작가란 누구보다도 삶의 본질을 꿰뚫어 보는 눈빛을 지닌 사람이어야 한답니다. 좋은 시인 작가란 그 눈빛이 형형하게 살아있으며 그 눈빛으로 읽어낸 삶의 고통스러운 본질적 과정을 섬세하게 밝혀내야 한다라고 합니다. 더욱 기독교 시인 작가는 반드시 기독교신앙인이어야 함은 기본이며 문학의 기본 틀을 벗어나지 말아야 할 것입니다." 이처럼 미국으로 간 이민자이면서 순례자, 문학인이면서 기독교신앙인들이 모여 만든 잡지가 바로 『미주이민문학』이다.

『미주이민문학』 일부를 수집해서 DB화했다. (박순원)

참고문헌

『미주이민문학』 제5호, 제6호.

민들레

1997년 중국 심양沈陽 요녕성遼寧省 조선경제문화교류협회에서 발행한 생활정보 잡지로
매월 1회 발행되었다.

심양 최초의 생활정보지로 주요 내용은
심양에 거주하는 한국인과 조선족에게
필요한 다양한 생활 정보를 제공하는 것
이다. 심양에서 사업을 하는 데 필요한
투자정보나 생활상 필요한 상품과 시장
정보들이 주요 내용을 이루고 있다.

1998년 8월호에는 「외상 투자기업의
투자업종」, 「중화인민공화국 수출입화물 원산지 규칙」 등의 기사와 구인 구직,
중고 상품 매매, 부동산 임대 등의 난이 많은 지면을 차지하고 있다. 게재되어
있는 광고들은 유학, 관광, 식당, 한국 물품 도매시장 등이다.

2000년 6월호를 보면 지면이 2배 이상 늘어나, 더 다양한 정보를 제공하고
있다. 주요 내용은 「중국 관광업 발전 전망」, 「외자보험사 중국 진출 가속화 전
망」, 「중한 촬영예술작품 교류전시회」, 「요녕성 조선족 씨름협회 발족」, 「한국
위성방송 새 소식」, 「구인구직 벼룩시장」, 「심양 업종별」 등의 기사가 있다.

광고들은 좀 더 다양해져 식당, 화장품, 의류, 교통, 여행, 의약품, 노래방, PC
방 다양한 물품과 정보들이 제공되어 있어 당시 심양에 거주한 한인사회와 조
선족 사회의 단면을 잘 들여다볼 수 있다.

재외동포재단 자료실에 소장되어 있으며, 1998년 17호와 2000년 36호를
DB화하였다. (김성남)

참고문헌

『민들레』, 1998년 8월, 2000년 6월호.

민병의 벗
(民兵之友)

1962년 3월 31일에 반월간으로 창간되었으며 주필은 김상익이다. 편집출판은 『민병지우民兵之友』 잡지사에서, 편역 출판은 중국인민해방군 길림성 연변군분구延邊軍分區 정치부가 하였으며, 총발행은 연변조선족자치주 우전국이다. 1967년 문화대혁명으로 정간되었다가 1974년 『동북민병』으로 제호를 바꾸어 복간되었다.

이 잡지는 중국 인민해방군에서 발행한 정치군사 잡지를 조선어로 번역하여 발행한 것이다. 창간호 「알리는 말」에서 "조선민족 민병간부들에게 모주석 인민전쟁의 군사사상을 선전하며 당의 민병공작에 대한 방침정책을 제때에 선전하고 각지 민병공작의 활동과 경험을 서로 교류하기 위하여" 이 잡지를 발행한다고 하였다.

1963년 제1기의 내용을 보면 사론으로 「소수민족 지구의 민병 공작을 잘하자」, 「3락실을 진일보 관찰하여 민병건설을 확실히 잘하자」와 「용광로」, 「새로운 강 위에서」, 「교재, 교원, 교학법」, 「군사지식」, 「민병활동 간신」, 「인민해방군의 대 가정 속에서」 등이 실려 있다. 표지 사진으로 '인민 해방군의 대가정 속에서'와 '우리는 인민의 전사'라는 사진들이 있다.

대부분의 내용이 모주석의 어록과 지시 사항에 대한 선전과 정치적 구호로 이루어져 있다. 당시 심양군구沈陽軍區정치부에서 간행하던 『민병의 벗』의 기사를 번역해서 게재하였고, 『해방군보』사의 『민병전간』 등도 일부 번역 편집하여 실었다.

연변대학도서관에 소장되어 있으며 1964년 32기, 35기, 37기와 1964년 ~1967년 사이 발행본이 DB화되었다. (김성남)

참고문헌

車培根·吳泰鎬, 『中國朝鮮民族言論史』, 서울대학교출판부, 1997; 최상철, 『중국조선족언론사』, 경남대학교출판부, 1996; 『민병의 벗』, 1964~1967년.

민족단결

(民族團結)

1989년 1월 10일 중국 북경 민족단결잡지사 조선문 편집부에서 창간호를 편집 발행했으며, 출판은 북경北京 민족단결잡지사이다. 주필은 한국선, 부주필 리병태, 책임편집 최춘연이며, 정가는 0.4원이다.

중국어판 『민족단결』은 중국 민족문제에 대한 대내외적 권위로서 각 소수민족지구와 민족사업 공작, 민족연구, 선전단위의 각 민족 간부를 주요 독자 대상으로 하고 있다. 이 중국어판의 기사 내용 중에서 중요한 기사를 가려 한글로 편역하고 조선문 편역실에서 직접 편집한 기사들도 추가해서 발행하였다.

한글판의 창간 목적은 개혁개방을 맞이하여 조선 민족의 보다 확고한 개혁을 추진하고 독려하는 데 있다. 창간호의 앞부분은 전국정치협상회의 부주석이며 국가민족사무위원회 주임의 축하문과 연변조선족자치주 인민정부와 료녕성, 장춘시, 도문시 민족사무위원회 그리고 길림성 부성장 리덕수를 비롯한 료녕성민족사무위원회, 길림성민족사무위원회, 흑룡강성민족사무위원회 등에서 보낸 축하 글들을 게재하고 있다. 이 글들은 대부분 개혁개방을 맞아 새롭게 창간된 『민족단결』이 조선민족의 단결과 경제 발전에 기여하기를 바란다는 내용으로 이루어져 있다.

창간사에서는 중국 창건 40년 동안 조선민족이 수행한 혁명적 투쟁과 헌신을 강조하고 있는데 "슬기롭고 근로 용감한 조선족 인민들은 동북변강을 개척하고 동북지구의 수전을 개발하는 면에서 탁월한 기여를 하였다. 영광스러운 혁명전통을 갖고 있는 조선족인민들은 해방 전 일본 제국주의의 민족적 억압과 봉건 군벌 세력의 계급적 억압을 반대하여 여러 민족 인민들과 함께 중국 공산당의 령도 밑에 줄기차고 가렬 처절한 무장 투쟁을 전개하였다. 일제를 몰아낸 후 그들은 당 중앙의 호소에 열렬히 호응하여 적극적으로 참군참전하고 전선을 원호하여 동북과 전 중국을 해방하는 데 이바지하였다."라며 조선민족의 공헌과 업적을 상세히 언급하고 있다. 그리고 조선민족은 지금까지 정치 경제 문화 각 분야에서 불후의 업적을 쌓아 올렸으며, 다시금 조선민족의 우수한 전통을 계승하고 발전시키기 위해『민족단결』잡지가 이러한 역사적 배경과 현실적 요구에 부응하여 창간되었음을 설명하고 있다.

편집 방향에 대해서는 "민족적이고 새롭고 심화하고 활발하고 아름다운 것"을 편집의 표준으로 삼으며 "민족적인 것이란 당과 국가의 기본 방침과 정책의 지도 아래 조선민족의 특색을 뚜렷하게 갖추어야 한다."고 하였다.

내용은 우리 민족, 민족사업 수기, 개혁개방, 민족론단, 전통과 현대화, 겨레의 자랑, 혁명춘추, 성공의 비결, 평제민족, 치부의 길, 겨레의 발자취, 세계민족, 조선민속, 염황자손, 민족지식, 지식편람, 도덕법률, 가정고문, 아리랑의 난으로 구성되어 있다.

1991년 제1호(누계 제 13호) 내용은 민족논단 난에 「조선족들이 흑룡강성으로 이주하게 된 력사적 진상」과 민족경제 난에 「가난한 한랭산간 지구의 발전 전략」, 겨레의 자랑 난에 「겨레의 넋을 지키고 있는 아리랑 락원 -장춘시 조선족 군중 예술관」 등 조선민족의 역사와 문화를 강조한 글들과 연변조선족자치주 특집 난에 「아름답고 부요한 고장 날따라 륭성 번영하는 연변」, 「개혁 개방 가운데서 궐기한 연변의 경제」, 「줄기차게 발전하고 있는 연변의 민족일용품 생산」, 「연변의 관광시설 투자 1억 원을 룽가」 등 연변의 발전을 자랑하는 기사들이 많이 보인다. 이 밖에 「치부의 길 -치부의 길에 핀 민족단결의 꽃」, 「조선민속 -례의 범절과 언어 례절」 등의 기사가 있다.

연변대학도서관에 소장되어 있으며, 1989년 창간호에서 1989년 6호, 1991년~2000년까지의 DB화가 이루어졌다. (김성남)

참고문헌

車培根·吳泰鎬, 『中國朝鮮民族言論史』, 서울대학교출판부, 1997; 『민족단결』 창간호 외.

민족신앙
(民族信仰)

1960년 12월 15일에 창간된 신문으로 민족신앙총연맹의 기관지적 성격을 띠고 있다. 편집자는 이찬영, 발행소는 서울특별시 종로구 견지동 80이며 비매품으로 발간되었다.

『민족신앙』은 민족신앙총연맹의 기관지적 성격을 띠고 있다. 민족신앙총연맹은 4·19 직후인 1960년 9월 동학계와 증산교계 등 13개의 신종교 교단이 민족 종교의 통합을 위해 대전문화원에서 결성한 단체이다. 처음에는 증산교대법사, 삼덕교, 보화교, 선불교, 천도교 등이 발기인으로 참여했는데 그 뒤 미륵불교, 증산교약방파교단, 태극도, 광명도덕교, 상제교, 도학교, 일관도 등이 참여하게 되어 민족종교의 연합체로서의 성격을 띠게 된 것이다.

민족신앙총연맹은 민족단일종교와 민족문화를 건설하여 인류문화발전에 기여하자는 것을 강령으로 삼아 초기에는 적극적인 활동을 보였으나 교리상의 차이로 인해 점차 유명무실해졌다. 이는 동도교 결성의 모체가 되는데 5·16 직후 문교부의 종교통합계획에 따라 민족신앙총연맹이 동도교로 재편성된 것이다. 동도교는 1961년 12월 문교부에 등록하였으며, 증산교대법사, 보화교, 삼덕교, 미륵불교, 보천교, 선불교, 태극도 등 증산교계의 7개 교단과 도학교, 천진교, 시천교, 수운교 등 동학계의 4개 교단, 일관도 등이 참여하였다. 그러나 동도교 역시 교리 차이로 인해 참여교단들이 독자적인 활동에 치중하자 소수의 증산교계 교단만이 남게 되었고, 1970년 새로운 증산교의 연합운동단체인 증산종단친목회가 결성되면서 해체되었다.

『민족신앙』의 창간호 구성을 보면 1면에 사설 「우리의 국시는 홍익인가」, 민족신앙총연맹 발기인 일동의 취지문, 최의순의 「민족적 신앙 종단에 고함」 등을 실어 그 성격을 분명히 하고 있다. 2, 3면에는 「태극도의 진리」, 「민족신앙과 동귀일체」, 「민족적 신앙종단」, 「동학비사」 등의 실려 있으며 4면은 「인내천과 천도」, 「태극도촌」을 찾아서 등을 신고 있다.

국회도서관에 마이크로필름 형태로 보관되어 있으며 이를 DB화하였다. (임경순)

참고문헌

『민족신앙』, 1960. 12. 15.; 한국학중앙연구원, 『한국민족문화대백과』.

민주공보
(民主公報)

1966년 7월 20일 창간된 신문으로 대판大版 4면, 가로쓰기 6단제이다. 발행인은 최충원 崔忠源, 주간 박정원朴晟源, 편집인 홍문표洪玟杓이다. 발행처는 서울 중구 남대문로 5가 15번지(민주공보사), 정가 20원이다. 창간호 외에는 확인되지 않는다.

이 신문은 민주공화당의 선전지로 발행되었다. 민주공화당은 1963년 2월 26일 5·16군사정변 주체세력이 중심이 되어 발족되었다가 1980년 해체된 정당으로, 5·16혁명이념의 계승과 민족적 민주주의 구현을 표방하였다.

민주공화당 중구당 위원장 박인각朴仁珏은 「창간사」에서 신문 발행 목적을 다음과 같이 밝히고 있다.

"현재 한국사회는 문화면에서 상당히 지체되어 있다. 이에 국민계몽과 홍보의 임무를 띠고 탄생한 『민주공보』가 다대한 의미가 있으며, 전 국민은 이 신문의 일거수일투족, 한 줄의 글 한 장의 사진이라도 예리하게 주시할 것이다. 언론이 차지하는 사회적 비판은 매우 귀중하므로 그 역할과 임무를 충실히 해야할 것이다"

창간호는 총 4면으로 구성되어 있는데 발간사에서 밝힌 사회적 비판보다는 정치인, 기업인, 관리들의 소개와 업적찬양이 상당부분 차지하고 있고 연예계 소식을 첨가하여 흥미를 끌고 있다.

1면은 창간사와 정치적 사안들에 대한 일반적 기사로 구성되었다. 「결실된 한국의 적극외교」에서는 아시아태평양지역 국제회의와 한미 행정협정 체결에 관한 내용을 보도하고 있다. 논조는 제3공화국의 국제외교를 선전하는 것에 초점이 두어졌다. 〈논단〉란에는 「국가의식 및 국기의 존엄성: 제18회 제헌절을 맞이하여」라는 글과 「제57회 임시국회 결산」에 관한 내용의 기사가 실렸다.

2면에는 「20만 선민選民은 말한다」라는 특집기사를 싣고 있는데 김선주金善周 민주공화당 의원 등 몇몇 국회의원들이 선거에 관한 개별 의견을 담고 있다. 「국민의 귀와 입을 연결하는 성북전화국」이라는 기사에서는 성북전화국의 업무내용과 전화국장의 역할을 소개하고 있다.

3면에는 전문직 여성들의 일과 직업이 소개되어 있다. 「미의 창조와 표현의 수예」에서는 YMCA미용실 원장의 일과 미용업에 관해 싣고 있고, 「세계를 꿈꾸는 정열의 무희」에서는 무용가 최청崔靑의 삶과 무용관을 소개하고 있으며, 국악가 김선초金善草에 대한 기사와 기업인 소개 글이 실려있다.

4면의 「일하는 중구당」에서는 위원장 박인각의 민주공화당 중구당中區黨의 활동내용을 선전하는 기사가 실렸고, 아세아양행의 상무이사 최원종崔元鐘의 사업관 등을 소개하는 기사가 게재되었다.

이 신문은 창간호이기 때문에 지면의 상당부분이 광고로 채워졌고 대부분은 민주공화당을 선전하는 내용으로 이루어져 있다. 1960년 후반기 민주공화당 의원들의 면면을 확인할 수 있는 자료이다.

국회도서관에 소장되어 있는 창간호(1966. 7. 20.)를 DB화하였다. (이병례)

참고문헌

최준, 『한국신문사』, 일조각, 1974; 윤임술, 『한국신문백년지』, 한국언론연구원, 1983; 『민주공보』, 민주공보사, 1966년 7월 20일.

민주국회
(民主國會)

1965년 11월 1일 창간된 신문으로 주간으로 발행되었다. 발행 겸 편집인 양명준, 인쇄인 백남실, 부사장 박승수, 편집국장 이태화이다. 발행소는 서울특별시 종로구 종로 3가 16, 구독료는 1부 20원이다.

『민주국회』 창간호에 실린 사장 양명준의 발간사 「국민의 교량지 될 터 아낌없는 질정을」을 보면 "일국의 대계를 꾸려나가는 국회에 대하여 항시 관심을 소홀히 하지 않는 국민들을 위해 본지는 국사의 한 자리를 엮어주려 하는 것"이라며 그 창간 목적을 밝히고 있다. 따라서 "민주국회지는 선량의 일사일행을 좀 더 명랑한 분위기 속에서 추진하실 수 있도록 국민이 국회에 대한 진언과 국민생활의 안일을 위한 청원을 대변하여 주려고 노력할 것이며 국회의 헌신적인 노고를 오해 없이 국민들이 받아들일 수 있도록 그 교량적 중역을" 담당하겠다면서 포부를 설파하고 있다. 2면에는 국회와 국민을 연결하는 가교 역할을 다하기를 바란다는 공화당 대변인 박형규의 축사도 실려 있는데『민주국회』는 친여적인 성격을 띠고 있는 것으로 보인다.

지면 구성을 보면 2면에는 당시 한일협정에 대한 입장 차이로 내분에 휩싸여 있던 민중당의 강경파가 추진하던 신당운동을 다룬 「신당 창당 작업 지연」, 「보선에 여당은 양보-건전야당육성의 대의 위해」 등을 싣고 있다. 3면은 「집단안전 재정자립 지향-박대통령 국회서 66년도 시정연설」이라는 제목으로 시정연설을 요약한 기사를 전면에 싣고 있다. 4면에는 「신년도 공업부분 예산」이 실려 있으며, 5면에는「국감서 야, 정치문제화」, 「대일청구권수입법안」, 「학원관계 건의안실천토록」 등과 함께, '내 남편 이렇게 도와서 국회에 보냈다'라는 코너를 두어 한건수 의원 부인의 「조용한 현모양처」와 같은 기사도 싣고 있다. 6면에는 '시사해설' 코너를 두었는데 당시 초미의 관심사였던 한일회담에 관한 정치적 입장들을 해설하고 있다. 또한 로디지아의 독립과 흑백 갈등을 다룬 「로데시아 일방적 독립 선포-아직도 가시지 않는 흑백의 갈등」도 실려 있다. 7면은 경제 관련 기사가 실려 있는데 「조세 증대로 국민 부담 가중 우려」, 「세법 개정에 무정견 노정」, 「외자 도입법 성안」 등이 그것이다. 『민주국회』는 자매지로 주간 『연합경제신보』를 발행했는데 자매지의 영향으로 경제, 세법, 물가 등에 관한 평론을 많이 실었다. 창간호에서도 그 영향을 찾아볼 수 있다고 할 것이다. 8면은 전면 광고로 사법부, 입법부, 민중당, 민주공화당, 각 위원회 들이 창간을 축하하고 있다.

국회도서관에 마이크로필름 형태로 보관되어 있으며 이를 DB화하였다. (임경순)

참고문헌

『민주국회』, 1965. 11. 1.; 윤임술 편 『한국신문백년지』, 한국언론연구원, 1983.

민주청년
(民主靑年)

창간일과 종간일, 발행사항을 알 수 없다. 현재 1947년 10월 5일에 발행된 제7호만 남아 있다. 발행자는 재일본민주청년동맹 도쿄東京본부 문화부이다.

재일본민주청년동맹 도쿄본부의 기관지였다. 도쿄본부는 1947년 9월 20일 제3회 임시대회와 9월 24일 제39회 상임위원회를 차례로 열고 위원장 김학근金學根 이하 간부를 개선하였다. 이때 『민주청년』의 편집부도 교체되었다. 두 회의는 재일조선인연맹(조련) 제4회 전국대회를 앞두고 조직을 정비하기 위해 열렸다.

제7호는 두 회의에서 논의된 사항을 반영하고 있다. 권두언에 해당하는 「금후의 우리 활동」은 재일본민주청년동맹과 조국을 둘러싼 복잡한 정세를 극복할 수 있는 청년들의 신중한 분석과 그에 기반한 활동을 요구하였다.

제7호에는 이현철李現哲의 「조선 소년운동의 사적史的 고찰과 재일조선소년운동」, 「국제청년일이란 어떠한 날인가?」 등의 논설과 「조선청년이 학살된 "기거寄居사건"」, 「미소공동위원회에 관하여」 등의 시사적인 내용을 실었다. 이와 함께 와세다대학早稻田大學 유학생 백철白哲이 1923년 9월 1일 관동대진재 때 학살된 조선인을 추모하는 시 「추도追悼」와 정덕천鄭德泉의 「무제」를 수록하였다. 그 외에 재일본민주청년동맹의 활동을 정리하였다.

일본 국회도서관에 소장된 제7호를 DB로 만들었다. (장신)

참고문헌

『민주청년』, 재일본민주청년동맹 도쿄본부 문화부.

현대언론매체사전

1950~1969

바

바다

1968년 사단법인 '대한해사협회'가 1968년 3월 1일에 창간한 계간 해양종합잡지이다. 발행인은 임광섭任光燮, 편집인은 김관진金觀珍, 주간은 이종원李種源이다. 발행처는 서울특별시 중구 남산동 3가 13-31의 사단법인대한해사협회社團法人大韓海事協會, 인쇄처는 민중서관 공무국民衆書館 工務局이다. 판형은 4·6배판으로 비매품이었다. 1969년 1월(통권 4호)에 종간되었다.

1965년에 설립된 '대한해사협회'의 기관지로 창간한 이 잡지는 대중에게 '바다의 중요성'과 '바다 개발의 필요성'을 홍보하고 해양 자원의 개발을 통한 국부역강을 꾀하고자 발행되었다.

발행인 임광섭의 「창간사」를 통해 이러한 목적을 확인할 수 있다.

"(전략) 바다는 우리 인간이 생존하는 지표의 약 71%를 차지하고 있다. 그 바다는 바다를 두려워하는 이에게는 한없이 두려운 폭군과도 같은 존재이지만, 바다를 정복하고 개척하려는 이에게는 더 없이 귀중한 자원이다. 과거 인간이 어리석었을 당시, 바다는 교통의 장애물이었으며 무가치한 대상밖에는 되지 못했으나 이제는 교통수단으로서 바다는 어떠한 수단보다도 그 가치가 제고된 지 오래이며 자원 면에서도 역시 육지를 능가할 단계에 도달되고 있다. (중략) 우리는 바다가 우리에게 어떠한 혜택을 줄 것인가에 대한 문제에 집착하기보다는 우리도 바다를 어떻게 개발하여야 할 것인가에 대한 진지한 노력이 필요하다.

우리는 아직 선사시대의 인간이 지녔던 바다에 대한 관념범주에서 탈피치 못하고 있는 것이 사실이다. 그것은 바다를 우리의 것으로 하기 위한 평면적인 행위에서 머물러 있는, 해운과 수산의 영역을 벗어나지 못하고 있는 것이 실증한다. 그러나 그러한 평면적인 영역도 우리는 선진 외국과 비교했을 때 부끄러움을 숨길 수 없다.

불과 16만여 톤의 선박으로 수출입 화물의 25%밖에는 담당하지 못하고 있으며 130만 명의 수산종사자가 24만 톤의 어선에 매달리어 70여만 톤의 수산물을 잡아내고 있고, 연간 조선량은 1만여 톤에 불과하며 항만시설, 하역장비, 기타 수산물 가공시설 등은 한심하기 짝이 없는 실정이다. 그나마도 우리가 지닌 선박은 대부분이 건조된 지 20년이 넘는 낡은 것이 과반수에 이르고 어선 역시 신조선은 반수를 넘지 못하고, 어업 장비 또한 불량하기 짝이 없다.

그러나 다행히도 제2차 5개년 계획과 대일청구권자금, 기타 외국차관 등에 의해 각종 장비가 건조되고 도입됨에 따라 그 사정이 호전되고 있는 것이 사실이나 그것에 만족할 수만은 없다. 우리는 우리가 지닌 풍부한 인력자원을 활용하여 미개발 상태에 있는 바다를 더욱 개발하여 우리의 생활을 향상시키고 국부역강國富力强하여야 할 것이다. (중략)

그런 연유로 우리 『바다』지는 남들이 우주를 개발할 때 바다를 개발하자고 마음 놓고 외칠 것이며 독자 여러분과 함께 아낌없이 노력할 것이다."

발행처인 '대한해사협회'가 바다와 밀접한 관계를 맺는 단체인 만큼, 바다와 관련된 기반 시설이 미흡하고 선박이나 수산업의 발전 정도가 현저히 낮은 수준임에도 해양 자원 개발의 필요성을 국가적 사업으로 제기하고 있는 것이다.

이 잡지는 〈권두언〉, 〈특집〉, 〈연재물〉, 〈시론〉, 양항良港시리즈, 자료로 구성되어 있다.

호마다 특집기사를 게재하고, 연재물로는 윤기선의 「개항 90년」, 편집실의 「실무강좌 '해운경영'」, 김영화의 「선원일기」를 싣고 있다.

창간호에는 항만港灣을 중점적으로 다루고 있다. 〈권두언〉에 편집인 김관진의 「항만시설의 근대화를 촉진한다」와 함께, 〈항만특집〉으로 강대익의 「항만의 제 개념에 대한 소고」, 이문섭의 「항만종합개발계획의 관견」, 이종원의 「직선해안선에 건설된 아쉬돗드항」, 송두영의 「부산항과 항만문제」 등을 싣고 있다.

〈시론〉에는 김상현의 「동서어장에서의 북괴의 만행과 그 저지책」, 김창준의 「한국해운의 현실과 전망」, 신소원의 「해난의 원인과 그 예방책」, 조용재의 「북양어장」, 장우현의 「'바다의 날' 제정을 위하여」 등을 실었다. 또한 '양항良港시리즈'로 김문배의 「뉴욕항의 기구와 기능」, 박경원의 「우리도의 수산개발계획」

등이 게재되었다.

그 밖에도 〈장보고의 후예〉란에 L기자의 「하버·파일로트 홍순덕」, 〈해사계의 파이어니어〉란에 K기자의 「대선조선」, 〈자료〉란에 「공동규제수역 감시선 승선기」가 실려 있다. 마지막 페이지에는 「대한해사협회 연혁」이 소개되었다.

통권 2호에서는 해운海運을 중점적으로 다루었다. 〈권두언〉에 이민기의 「해운계의 발전을 위한 제언」이 실렸고, 〈해운특집〉으로 오계준의 「해운보조정책서설」, 석두옥의 「해양자유원칙과 자국선보호정책」, 권상하의 「미국의 화물우선적취제에 관한 고찰」, 신소원의 「해난사고 분석」이 실려 있다. 〈시론〉에는 최재수의 「외국 항만운영제도의 현황과 우리나라 항만행정제도의 개선방안」을 싣고 있다.

통권 3호에서는 〈권두언〉에 임광섭의 「막중한 우리의 임무」와 함께, 허동식의 「조선인력 수급을 위한 방안」, 이용식의 「일본 조선공업의 발전과정과 현황」, 권상하의 「서구 주요국의 조선 실적」을 싣고 있다.

통권 4호에서는 〈특집〉으로 「해운과 경제발전」이라는 제목 아래 김상진의 「해운과 후진국 경제발전」, 오계준의 「외항해운의 현황과 문제점」, 강상혁의 「경제발전과 내항해운」, 최재수의 「경제발전과 항만문제」, 김재근의 「경제발전과 조선공업」을 싣고 있다. 이번 호에는 잡지 마지막에 「해사법규 해설」과 「국제조약 안내」를 게재하였다.

통권 4호에 걸쳐 발행된 이 잡지는 항만과 해운에 관련된 개념, 정책, 제도, 경제발전과의 관계 등에 관하여 다양한 제언을 하고 있다. 3면이 바다로 둘러싸여 있는 우리나라의 현실을 고려하여 적극적인 바다 개발을 통한 경제발전을 도모하고자 한 것이다. 1년 정도의 짧은 기간 동안 발행된 잡지이지만 대한해사협회의 활동상을 엿볼 수 있는 의미 있는 잡지이다.

국회도서관에 소장되어 있는 1968년 3월호(창간호), 6월호(제1권 제2호), 9월호(제1권 제3호), 1969년 1월호(제1권 제4호)를 DB화하였다. (구수미)

참고문헌

『바다』, 창간호~제1권 제4호, 대한해사협회.

반공주보

1958년 2월에 창간되었다. 주간 김창순, 발행소는 한국아세아반공연맹이다. 1959년에 『반공아세아타임스』로 개제되었다.

『반공주보』는 한국아세아반공연맹의 기관지이다. 한국아세아반공연맹은 1954년 6월 15일 창립된 아세아민족반공연맹의 한국지부이다. 아세아민족반 공연맹은 한국, 자유중국, 필리핀, 베트남, 홍콩 등 8개국이 참가한 기구로 이승 만과 장개석의 주도로 결성되었다. 한국지부는 1956년 5월 30일에 설립되었는 데 1963년 12월 5일 한국반공연맹법이 제정되면서 1964년 1월 15일 한국반공 연맹으로 개편되었다. 현재 자유총연맹의 전신이다.

그러한 만큼 『반공주보』는 매우 친이승만적 성격을 띠고 있다. 1958년 3월 26일자 7호 신문을 보면 이승만 내외의 사진을 1면 전체를 채울 만큼 크게 채 운 채 「오늘 「리」 대통령 83회 탄신일 만수무강하옵소서」라는 문구를 진한 고딕 체로 새겨 놓았다. 또한 사진을 제외한 지면에 「불멸의 그 발자취」, 「신비에 쌓 인 인물—내가 본 리 대통령 각하」 등의 기사를 실어 "이승만 박사는 때를 놓치 는 일이 없이 용기를 내어 전 세계 자유민"을 위해 투쟁하였으며, "간혹 이미 시 간을 잃은 정책을 지지 옹호하여 정당화려 한다는 이유로 비난"을 받았으나, 세 간에 알려진 이승만의 모습은 "왜곡되어 그릇된 가공적 이야기"라 하면서 "아세 아의 공산화 방지를 위해서 불요불굴의 투쟁을 함으로써 미국과 유엔에 대하여 소련의 장기적 침략 음모를 미연에" 방지한 위대한 인물이라고 추앙하고 있다.

다른 지면들도 마찬가지여서 2면을 보면 「세계적 반공 애국자」, 「위대한 세 계의 지도자」와 같은 기사 제목 하에 '태양과 같은 얼굴, 혹한에도 전선시찰', '반공투쟁의 선구자, 그 모습은 한국의 태양', '조국의 광복을 위해 혼과 육제를 바치다', '진정한 뜻에서 위대한 지도자이며 사상가', '자유보전을 맺서 위대한 선조를 흠모', '가시밭에서도 태연 조국 광복에 일생을', '자유보전을 위하여 공산당을 무찌르다'와 같은 찬양 일색의 어휘로 지면을 채우고 있다. 3면 역시 동일하게「수많은 자손을 거느리시고 여든 세 돌 맞는 우리 대통령 부디 만수무강하시옵소서」,「세계를 진동시킨 용단성 반공포로 석방은 위대한 업적」,「안내자도 무색할 정도 대통령께서 더 잘 아시는〈바운트 버논〉의 역사」,「우뢰와 같은 박수 속에 미 합동의회서 역사적 연설」등의 기사가 실려 있으며 김광섭의 헌사「리 대통령각하 탄신일을 맞이하여」도 실려 있다. 4면에는「공산 노예가 된 북한 동포 죄수와 같은 수용소 생활에 신음」과 같은 공산주의에 대한 비판 기사가 실려 있다.

이와 같은 지나친 찬양 일변도의 성격 때문에『반공주보』는 기관지로서의 성격도 제대로 갖추지 못한 졸렬한 신문이라는 평가를 받았다. 1959년 10월 19일 76호부터『반공아세아타임스』로 개제하였다.

국회도서관에 마이크로필름 형태로 보관되어 있으며 이를 DB화하였다. (임경순)

참고문헌

『반공주보』, 1958, 3, 26; 윤임술 편,『한국신문백년지』, 한국언론연구원, 1983; 자유총연맹 (http://www.koreaff.or.kr)

반월담

(半月談)

1981년 북경에서 발행된 정치시사 잡지이다. 중국 중앙 반월담 편집부에서 편집한 것을 반월담조선문판 편역실에서 편역 출판하였다. 중국어 판과 동시에 조선문판, 위구르문판으로 발행되었다.

주요 내용은 중앙정부의 정책과 사업을 알리고 학습을 위한 기사들로 정부사업 보고와 국사 심사, 농촌 대지, 개혁 시험구 등의 난이 있다. 시사정책 고문과 학습생활의 벗이란 지침으로 여러 소수민족 지구에서 발행되었다. "본 잡지는 한문판, 위글문판, 조선문판으로 출판. 북경, 중경, 무한, 서안, 제남, 장춘, 복주, 곤명, 장사, 남경, 정주, 남창, 우룸치, 연길, 하북 신성에서 인쇄"된다는 문구가 잡지 후면에 있다.

1993년 제7호에는 〈정부사업보고 – 1993년 3월 전국인민대표회의〉 특집보도와 「중국의 존엄에 손상을 준 가짜 상품들」, 「중국고위급 계층의 새진영」 등이 실려 있다. 1993년 12월 25일에 발행된 제24호는 연말 특집으로 1993년 국내 10대 뉴스와 국제 10대 뉴스를 싣고 있으며, 1993년 국내 정세에 대한 회고담을 특집으로 편집했다. 이 밖에 시장경제에 대한 논의와 개혁시험구 난에는 「풀어놓고 관리하면서 두 손으로 심수를 건설」, 「회사제를 논함」, 「광동산구는 어떻게 가난에서 벗어났는가?」 등의 기사를 게재하고 있다. 표지는 모택동 탄신 100주년을 기념하여 신화사에서 제공한 모택동의 연설하는 사진이 실려 있다.

연변대학교 도서관에 소장되어 있으며 1993년 7, 12월호를 DB화하였다. (김성남)

참고문헌

『반월담』, 창간호외 1993년 제7, 24호.

발명공업뉴스
(發明工業뉴스)

1965년 10월 1일 창간된 순간지로 대한발명협회의 기관지이다. 발행 겸 편집인 조경규, 인쇄인 박광식이다. 인쇄소는 서울특별시 중구 동자동 14의 26이며, 1부에 20원 월정구독료는 50원이다.

『발명공업뉴스』는 대한발명협회의 기관지로 창간되었다. 3면에 대한발명협회가 창립총회를 완료하였다는 소식과 함께 임원진 명단이 실려 있다. 대한발명협회는 조선발명장려회의 후신인 듯하다. 조선발명장려회는 1947년 10월 27일 상무부장 오정수, 문교부장 유억겸, 조선상공회의소 회장 이동선 등이 과학문명 촉진을 위해 창립했다. 이후 대한발명장려회로 명칭을 변경한 듯한데, 대한발명장려회는 1956년 9월 11일 제3회 정기총회를 개최하여 '한국발명협회'로 개칭하였다. 『발명공업뉴스』 3면을 보면 한국발명협회의 창립총회가 완료되었다면서 임원 명단을 신고 있는데 이 기사에 의거하면 한국발명협회는 5·16 이후 사회단체 정리 법령에 따라 해산되고 다시 인가받지 않은 채 있다가 1965년에 과학기술에의 염원을 모아 대한발명협회를 창립하였다.

"과학발명계의 조명탄이 될 것"을 발간취지로 삼은 만큼 창간호 1면에는 벨전화연구소가 제작한 벨스타크호 통신위성 사진을 전면에 싣고 있다. 4면에는 대한발명협회 회장이자 신문 발행인인 조경규의 「창간사」, 조장태의 「후진국 공업의 난점」, 「미국과의 기술 제휴로 초음속 제트기 제작」 등의 기사가 실려 있으며, 5면에는 「불을 능률적으로 이용하자」, 「엽수인의 희소식 예화산탄 공기총 제작」, 「발명가의 변」 등이 실려 있다. 6, 7면은 기획기사로 전면을 채우고 있는데 「한일조약발효와 우리공업보호」라는 제목으로 선진기술을 도입하기 전에 특허보호가 긴요하며 과학기술원과 특허청이 마련되어야 한다는 입장을 전달하고 있다. 8면은 논단으로 「근대기업에 있어서 기술관리」를 다루고 있으며, 9면에는 실용신안 권리 범위에 대한 판례를 소개하고 있다. 10면에는 대한발명협회의 정관이 전면에 소개되어 있고, 11면은 특허 공시 제출 목록이 실려 있다. 12면은 신문 창간을 축하하는 광고로 채워져 있다.

국회도서관에 마이크로필름 형태로 보관되어 있으며 이를 DB화하였다. (임경순)

참고문헌

『발명공업뉴스』, 1965. 10. 1.;「조선발명장려회」, 『경향신문』, 1947. 11. 5.;「발명협회 신발족」, 『경향신문』, 1956. 9. 19.

가

나

다

라

마

바

사

아

자

차

카

타

파

하

방송문화
(放送文化, The BroAdcasting)

1968년 3월 1일에 창간된 잡지이다. 발행인은 김종규金鍾圭, 편집인은 차철훈車鐵勳, 편집장은 김문성金文聖이다. 인쇄는 사단법인 대한공론사大韓公論社이다. 1회 구독료는 150원이다.

발행인 김종규는 「중단 없는 연구정진을」이라는 창간사를 통해 잡지의 지향을 다음과 같이 밝혔다.

"방송연구를 위한 전문지로, 방송인을 위한 대변지로, 방송인 상호간의 소통을 위한 광장으로 유일한 간행물인 것입니다. 그러나 이 모든 소임이 발행자에게 지워진 것이 아닙니다. 이 점은 전 방송인 여러분에게 공동으로 지워진 것입니다. 여러분의 연구결과를 발표하고, 여러분의 의견을 개진하고 토론을 통해 우리나라 방송이 나갈 지표를 보여주어야 하겠습니다."

잡지 『방송문화』는 방송 관련 간행물이 발행되지 않던 현실에서 유일한 방송잡지로 발행되었다. 특히, 프에블로호 사건이 발생한 직후에 발행되었기에 소위 '북괴 만행 규탄'이라는 편집 특성을 가졌다. 또한 '사회정화'라는 정부시책에 방송인의 적극 호응을 유도하고 있다. 동시에 방송잡지 본연의 내용으로 방송극연구, 외국 방송 사례 소개, 좌담회, 자료 등이 소개되고 있다.

국회도서관에 소장되어 있는 1968년 창간호, 2호, 3호를 DB화하였다. (김일수)

참고문헌

『방송문화』, 대한공론사.

방송윤리

(放送倫理)

1965년에 창간된 잡지이다. 발행인은 오종식. 편집인은 모기윤이다. 발행처는 서울시 태평로 1가 76의 한국방송윤리위원회이다. 인쇄처는 천풍인쇄소이다. 월간으로 발행되었다. 비매품으로 발행되었다.

『방송윤리』는 방송윤리위원회가 제정한 방송윤리규정의 준수와 그에 따라 방송을 심의한 결과를 게재하는 것을 주요 목적으로 하였다. 방송윤리위원회는 1962년 6월 13일에 방송사업자들의 자율규제기구로 설립된 조직이며, 1963년 1월 최초의 방송윤리규정을 제정하였다. 그에 따라 방송사와 방송 관계자들에게 제제를 요구하게 되었다. 현재 방송심의위원회의 전신이다.

『방송윤리』의 편집은 주로 방송윤리위원회의 사업과 활동, 정례심의위원회의 심의 결정문을 게재하는 것으로 구성되었다. 또한 방송가요심의회의 활동과 방송금지가요곡목을 결정하여 게재하였다. 방송사에 대한 제재는 경고, 해명, 정정, 취소, 사과 등이 부과되었고, 방송관계자에 대한 제재는 견책, 근신, 출연정지, 집필정지 등이 부과되었으며, 가요에 대해서는 금지의 제재가 요구되었다.

1969년 47~55호, 1970년 57~66호, 1971년 67~76호, 1972년 77~85호, 1973년 86~89호, 1974년 90~99호, 1975년 100~111호를 DB화하였다. (김일수)

참고문헌

『방송윤리』, 방송윤리위원회.

방적월보

(紡績月報)

대한방직협회에서 발행한 월간 잡지로 1966년 방협월보에서 방적월보로(통권 172호, 1966년 1월 20일 발행)잡지명이 변경되었다. 발행인 및 편집인은 박동규朴東奎이며, 발행소는 서울특별시 중구 태평로 1가 19 사단법인 대한방직협회이다. 1969년부터 발행인 및 편집인은 김용주金龍周로, 발행소는 중구 태평로 1가 19번지 대한방직협회로 바뀌었다. 창간 당시는 관계 관청과 방직협회 회원의 공장에 업무자료로서 발간되었는데, 이후 독자 수요가 늘어나면서 1966년 4월호부터 100원에 배포되었다.

대한방직협회는 해방 이후 조직된 대자본가협회 중 대표적인 단체이다. 당시 면방직 공업은 남한의 가장 큰 규모의 사업이었다. 경성방직을 제외한 대부분은 미군정의 귀속업체로서 강력한 통제를 받았다. 이러한 배경 하에 면방직 업계를 대표할 조직체로서 조선방직협회가 1947년 4월 2일 결성되었다. 조선방직협회는 전후 귀속방직공장을 직접 관리하던 미군정의 전면적인 원조를 받았다. 정부 수립 이후 1949년 4월, 대한방직협회로 명칭을 바꾸었다. 동 협회는 문교부와 공동으로 방직공장 기술자 양성을 위한 강습회를 열거나, 중견기술자 재훈련 및 양성 목적으로 교재를 발간하였다. 1948년부터는 업계 전반 상황을 알리는 『회지』를 발간하고, 이어 1954년에는 『섬유연보』를 발간하였다. 1950년 4월부터 1952년 1월 까지 『조사특보』를 발간하고 1953년 4월부터는 이를 『방협월보』로 개칭하여 발간하였다. 『방협월보』는 1966년 통권 172호부터 『방적월보』로 개칭되었다.

잡지의 목차는 크게 특집기사, 논총, 해외 섬유 업계 관련 자료, 국내외 업계 소식, 관련 통계 등으로 구성되어 있다. 주요 기사들을 살펴보면 「한국면방직공업의 성장 추세와 세계적 지위」, 「해외시장의 개척」 등 경영자 일반을 대상으로 면방직업계의 동정을 주로 보고하고 있다. 통권 216호(1969)에서는 노동쟁의에 대한 고용주들의 입장을 반영한 「면방노동쟁의에 대한 성명서」가 게재되기도 하였다. 이는 1969년 9월 9일 시작된 대한방직협회 산하 15개 면방공장 노동자들의 파업에 대한 공장주들의 입장을 담은 성명서이다. 대한방직협회장 김용주를 대표로 한 성명서는 노동자들이 원하는 임금인상은 물가상승률을 기준으로 되어야 할 것이며, 과도한 임금인상은 수출경쟁에서 패인을 자초하기 때문에 인상률을 그대로 받아들일 수 없다고 주장하고 있다.

방적월보는 통권 1호(1959)부터 통권 246호(1972)까지 남아있다. 소장처는 국회도서관, 국립중앙도서관, 건국대학교, 고려대학교, 중앙대학교, 연세대학교 중앙도서관이다.

국회도서관에 소장되어 있는 1966년 172~183호, 1967년 184~191호, 1968년 196~207호, 1969년 208~219호, 1970년 220~243호, 1972년 244~246호를 DB화하였다. (이윤수)

참고문헌

『방적월보』, 1962~1972년, 대한방직협회; 이정은, 『1950년대 대한방직협회의 활동과 성격』, 고려대학교 한국사학과 석사학위논문, 2006; 서문석, 「해방직후 섬유업계 고급 기술자들의 활동 연구」, 『경영사학』 21권 1호, 2006; 『동아일보』, 1969. 9. 17.

백민
(白民)

창간일과 종간일을 알 수 없다. 월간이었지만 간기를 잘 지키지 못했다. 현재 제2권 제
1호(1948년 2월 발행)만 남아있다. 일본 도쿄 백민사에서 발행하였다. 발행 겸 편집인은 배
기태裴基兌였다. 가격은 30전이다. 등사판이며 한국어를 사용하였다.

해방 후 일본에서 발간된 재일조선인 문학잡지
다. 제2권 제1호의 권두언에서 『백민』의 사명을
밝혔다. 제2차 세계대전 후 민족이 해방되고 자
유를 얻었지만 "지금까지 일본에서 교육받고 일
본에서 문학을 한다는 사람들이 너무나 재래의
일본이 갖고 있던 혹은 강제로 받은 도덕, 논리,
이데올로기, 테크닉, 지성" 등을 그대로 갖고 있
다고 편집자는 지적하였다. 그래서 기존에 무의
식적으로 고집하던 모든 것을 버리고 새로운 젊
은 세대의 문학을 형성할 것을 주장하였다. 『백
민』은 그 구체적 실천으로서 한 개의 이데올로기에 편향하지 않은 문학 재래의
인습을 타파하고, 비정함으로서 조선문학, 조선어문학의 건설을 다짐하였다.

제2권 제1호는 논단과 시, 창작으로 구성되었다. 논단에는 정달현鄭達鉉의 「조
선에 있어서의 휴맨이즘운동」, 홍만기洪萬基의 「해방과 문학」, 임광철林光澈의
「제국주의의 잔재」 등이 실렸다. 시를 투고한 시인들은 강순姜舜, 허남기許南麒,
박수경朴水卿이다. 창작 소설은 김창규金昌奎의 「피리(笛)」와 김경식金慶植의 「미
로迷路」 두 편이다. 문학잡지의 성격을 분명히 하면서 창작, 시, 평론, 번역소설,
번역시 등의 원고를 모집하였다. 편집진은 창작 작품의 모집을 조선어에 능숙
하지 못한 재일조선인의 조선어 실력을 향상시킬 시험대라고 하였다. 편집진은
그 과정을 통해 정당한 조선문학의 탄생을 기대하였다. 아울러 조선문학을 향
상시키는 한 방편으로 외국문학 소개를 같이 할 것을 예고하였다.

일본 국회도서관에 소장된 제2권 제1호를 DB로 만들었다. (장신)

참고문헌

『백민』, 백민사.

백의회지

『백의회지』는 함부르크한인여성회의 회지이다. 1995년에 제29호가 25주년 기념호로, 2010년에 『백의회지』 44호가 함부르크한국간호사 40주년 기념 특집호로 발행되었다. 표지를 제외하고 40호는 30쪽, 41호(함부르크 한인여성회 30주년 기념회지)는 54쪽, 그리고 44호는 64쪽으로 발행되었다. 발행처는 함부르크한인여성회(Verein Koreanischer Frauen e.V. in Hamburg)이고, 편집인으로 이영남, 이은경, 현소정, 유선옥 등이 활동했다.

1966년 1월 31일 파독간호사 제1진 128명의 독일 도착으로 간호사 파독의 공식적인 역사가 시작된다. 1966년 이전에는 종교단체 등을 통해 산발적으로 간호사들이 파견됐고, 1966년을 기점으로 민간 차원에서 대규모 파독이 시작되고, 1969년부터 1976년까지 정부 차원에서 대규모 파독이 이루어진다. 이처럼 1960년대 초부터 민간 차원에서 비롯된 간호사 해외취업의 효시인 파독간호사와 그들이 고국으로 송금한 돈은 한국의 초기 산업화 과정에서 경제발전의 든든한 밑거름이 되었다는 평가를 받기도 한다. 1965년에 해외에 진출한 한인들이 국내에 보낸 송금액이 상품수출액의 10.5%, 무역외 수입의 14.6%를, 1976년에는 각각 35.9%, 30.6%를 차지했는데, 그 가운데 파독간호사의 본국 송금 비중이 꽤 큰 부분을 차지한 것이다. 그 파독간호사들은 계약기간이 끝난 후 귀국을 하거나 미국과 캐나다 등 제3국으로 가거나, 아니면 독일에 잔류하는 3가지 길 중 하나를 선택했다. 그때 독일에 잔류한 파독간호사들이 재독한인사회의 초석이 되었다. 그리고 그중 일부가 함부르크한인여성회로 활동하고 『백의회지』를 발행하고 있다.

함부르크한인여성회는 1976년에 독일 함부르크 지역 각 병원에 근무하는 한인간호사 400여 명을 대상으로 20여 명의 여성회원들이 '함부르크 백의회' 명칭으로 시작되었다. 같은 해에 '백의 밤'이라는 문화의 밤을 개최했는데, 현재는 격년재로 개최되고 있다. 1986년 함부르크 시청에 사단법인으로 등록하고, 함부르크의 지역 거주 간호사 및 상사협회 부인들을 포함하여 '함부르크 한인여성회'로 확대개편하고 2세 교육, 전통문화·예술홍보, 노후문제, 현지 사회와의 융화 등으로 활동범위를 넓혀나갔다. 2001년에 80여 명의 정회원과 100여 명의 준회원을 갖춘 조직으로 성장했다. '여성회'는 회원들의 회비(년 40마르크), 그 외 회원들의 찬조금, 여성회 사업, 바자수입과 기타 찬조금으로 운영되고 있다.

함부르크한국간호사 40주년 기념 특집호로 발행된 『백의회지』 44호와 2005년에 발행된 40호의 내용과 구성을 간략하게나마 살펴보자. 44호는 말 그대로 함부르크한국간호사 40주년의 내용으로 가득 차 있다. 함부르크 여성회 회장과 함부르크 총영사 등의 인사와 축하의 글, 40주년 기념행사 소개 등이 전반부를 장식하고 있다. 그리고 이어서 「함부르크 한국간호요원 연혁」, 「함부르크 여성회 설립목적과 연혁」 등과 파독간호사 본인들의 회고담들이 본문의 주 내용을 이루고 있다. 그리고 『교포신문』의 〈재독 동포사회 45년을 돌아본다〉의 글을 정리해서 전재한 「간호사 서독 취업을 이끈 두 사람의 공헌자들」은 파독 간호사의 역사와 그 역할에 대해 일목요연하게 정리해준 글로 읽어볼 만한 글이라 할 수 있다.

그리고 40호는 보통 발행되던 『백의회지』의 내용과 구성을 담고 있다고 할 수 있다. 함부르크 여성회 회장의 인사, 여성회의 사업 보고, 찬조금 명단, 함부르크 소식 등 보통의 회지들과 비슷한 내용으로 『백의회지』는 시작한다. 눈에 띄는 것은 회원들의 나이가 많아서인지, 「삶과 죽음의 길목」, 「건강하게 살자」 같은 칼럼 형식의 글들이 곳곳에 게재되고 있다는 것이다. 그리고 〈웃음코너〉 같은 난을 곳곳에 배치하여 회지의 가독성을 높이고 있다. 그리고 교민들이 독일과 함부르크에서 살면서 직접 경험하고 느낀 것을 쓴 짧은 수필들이 실려 있다. 그리고 한인업소 광고들이 본문에서 띄엄띄엄 보일 정도로 광고의 비중은 낮다. 이러한 측면에서 보면 『백의회지』는 주로 회원들의 회비와 찬조금으로 운영되는 듯하다.

『백의회지』 일부가 재외동포재단 자료실에 소장되어 있고, 이를 DB화했다.

(임성윤)

참고문헌

『백의회지』, 함부르크 한인여성회.

법률경제신문

1961년 2월 3일 창간된 주간지이다. 이사장 이정우, 발행·편집·인쇄인 김동욱이다. 발행소는 서울특별시 용산구 청파동 1가 1230이며 월정구독료는 2백원이다.

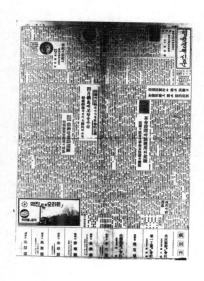

『법률경제신문』은 "일반지의 성격인 정치문제나 일반사회에서 야기되는 사회문제에는 중점을 두지 않고 법률과 경제에 대한 국민의 계몽지로서 부과된 독특한 사명"을 다하겠다는 목적으로 창간되었다. 또한 기존의 "법률경제지가 기사내용으로 보아 대체적으로 법률과 경제에 대한 전문 지식층을 상대로 하고" 있는 것을 비판하면서 "정확하고 알기 쉽고 재미있게" 기사를 작성할 것을 목표로 삼았다.

이와 같은 신문의 목표는 지면구성에도 드러나 「독자에 희소식」이라는 제목으로 "본지는 애독자 여러분을 위하여 법률 및 경제에 대한 문의실을 특설하고 법률계와 경제계에 권위 있는 제 선생으로 하여금 애독자의 문의에 정확하고 자세한 해답을 해드리기로 되었아오니 많이 이용하여 주시기 바랍니다. 지상 익명은 가하나 원고에는 필히 주소와 성명을 명기하시오."라는 공지를 실었다. 이러한 취지 하에 2면에 〈법률경제 상담실〉, 〈법률상식 문답〉 등의 코너를 마련하였다. 창간호의 법률상식 문답에서는 '무능력자'를 다루고 있는데 "무능력자란 어떤 사람이며 법률상 어떤 관계가 있습니까.", "어떤 사람이 무능력자입니까.", "이런 사람과 계약하려면 어떤 방법을 써야 효력이 완전합니까.", "허가나 동의가 있어야 할 경우에 이것이 없으면 무효가 됩니까." "처는 무능력자 아닙니까."등의 질문에 대답하는 형식을 통해 무능력자의 개념, 범위와 함께 실용적인 법률 상식을 전달하고 있다.

이외에 창간호의 지면구성을 보면 1면에는 『법률경제신문』의 사명을 위해 전력을 다할 각오를 다짐하는 발행인 김동욱의 창간사와 대법원장 대리 배정현의 「귀지의 전도에 무궁한 발전을 축함」이라는 축사가 실려 있다. 또한 「특별법 제정을 위한 개헌과 향후정당에 대한 법적 견해」, 「특검에 반영되어야 할 혁명적 정의, 4월의 혈에 보람을 주라」, 「혁명단계에 법운용의 위기」, 「공민권제한자 구제란 언어도단」 등의 기사가 실려 신문 창간 당시의 시대적 상황을 짐작케 한다. 2면에는 「경제자립 없는 독립은 사상누각, 수원국은 자성해야 할 단계」, 「국내생산에 적신호」, 「한은 금리인상을 획책」 등의 경제기사가 실려 있다.

국회도서관에 마이크로필름 형태로 보관되어 있으며 이를 DB화하였다. (임경순)

참고문헌

「법률경제신문」, 1961, 2, 3.; 윤임술 편, 『한국신문백년지』, 한국언론연구원, 1983.

법률과 생활
(法律與生活)

2000년 1월 중국 연길에서 창간된 법률잡지이다. 격월간이며 『법률과 생활』 잡지사에서 편집하여 연변인민출판사에서 발행하였다. 주필 김동휘, 부주필 리명근, 책임편집 리근이다.

중국에서 유일한 한글 법률 관련 종합잡지이다. 연변의 공안, 사법 등 법조계 임직원과 경찰 그리고 법률 관련 보도를 담당하였던 기자들이 기고한 글들을 통하여 조선족들에게 실용적이고 지식성이 강한 법률지식을 전수하는 훌륭한 '법률고문' 역할을 자임하고, 법률지식 전수와 법제 교양에 취지를 두었다.

「창간사」에서 "지금 중국에서는 상품생산과 사회주의 시장경제를 대대적으로 발전시키면서 중국특색의 사회를 건설하고 있다. 시장경제는 법제경제이다. 시장경제 조건하에서 법은 사람들에게 해빛, 공기, 비와도 같은 중요한 존재이다. 법을 모르면 열심히 일하고도 자기의 합법적 권리와 이익을 보호받을 수 없게 되고 또 자기의 법적 의무를 이행할 수 없게 된다. 앞으로의 사회에서 법을 알고 법률의 무기를 이용할 줄 아는 사람은 그 어디 가나 두려운 것 없게 되고 법을 모르는 '법맹'은 한 걸음도 내디디기 어렵게 된다. 우리 민족의 경제를 진흥시키고 우리 민족을 보다 우수하고 문명한 민족으로 부상시키려면 법률지식을 널리 보급하여 법제의식을 높이는 것이 무엇보다 중요한 과제라 생각된다. 이런 취지에 근거하여 연변인민출판사에서는 『법률과 생활』이란 간행물을 펴내게 되었는데 이 잡지는 우리 민족의 정치, 경제, 문화생활 가운데서 법제의식을 제고시키는 데 일정한 기여를 하리라 확신한다."라고 하였다.

창간호(2000년 1호) 주요기사를 보면, 「회고와 전망」, 법정변론 난에 「1원 배

상금으로 인기된 송사」, 현장추적 난에 「왕청현 '4·18'강탈강간사건 시말」, 사건과 분석 난에 「강간과 통간의 새로운 한계」 등이 있다. 가정 법률로 「남편의 학대로 빚어진 살인죄」, 「마누라가 고른 '씨받이'」, 「개인주택소유권의 유효기간-70년」, 「혼인 외 성행위와 '성사고'」 등 생활과 밀접한 사례 등을 들어 법률지식을 제공하고 있다.

2호 표지에는 연변인민검찰원인 한희선과 리화라는 제복을 입은 두 여성을 모델로 하고 있으며, 권두언에 「부패란 무엇입니까?」와 수사첩보, 법정변론, 가정혼인비희극, 사건과 분석 등 법률지식을 전하는 기사들이 많이 보인다.

연변대학교 도서관에 소장되어있으며 2000년 2기와 2005년 1기를 DB화하였다. (김성남)

참고문헌

『법률과 생활』, 창간호~2호, 연변인민출판사.

법사신보

(法司新報)

1965년 12월 9일 창간된 법률 관련 전문 주간週刊신문이다. 발행·편집인은 박병욱朴炳旭, 편집국장 박락원朴樂遠이다. 발행처는 서울 종로구 관철동 19-1(법사신보사)이고 월 정가 80원이다.

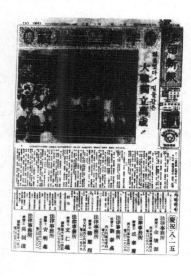

이 신문은 법조계의 정보 전달과 소통을 목적으로 발행되었다. 논설위원은 김준원, 김종수金從壽, 김인기金寅起, 강문용康文用, 박문옥朴文玉, 신동욱申東旭, 박관숙朴觀淑, 정광현鄭光鉉, 이해우李亥雨, 박승서朴承緖 등 학계 법조계에 망라되어 있다.

1면은 뉴스, 2면은 사설과 법조시론, 법계소식 등으로 이루어져 있으며, 3면은 논단, 4·5면은 대법원판례, 6·7면은 법해설 등 법과 관련 전문적인 내용, 8면은 사회면으로 구성되었다.

제26호 1면은 8·15해방 기념 내용으로 모두 채워졌고, 2면은 「국위선양 진전케, 통일될 국운의 재임을」(김준원金埈源 대한변호사협회장), 「법의학」(우상덕禹相悳), 「용화교주 살인범, 소에게 10년 선고」, 「방역기피 방비책 마련, 국방부서 관계기관에 지시」, 「법률상담」 등 논설적인 글로 구성되었다.

3면은 「기본적 인권과 공공복리」(강문용康文用 성대교수)와 「긴축금융의 여파?」, 「익사사고 방지책 마련」, 「반공계몽순회공연」, 「폭력범 날치기 단속」 등 법과 관련된 시사적인 문제를 다룬 글로 이루어졌다. 4·5면은 「대법원 판례」란으로 소유권과 관련한 판례가 실렸는데, 향교재산을 둘러싼 분쟁, 공유물분할 관련 분쟁, 과세처분취소, 소유권이전등기 등과 관련된 판결요지이다.

6면에는 〈논단〉으로「소년비행의 기본적 고찰」(강○종錪○滦 국립과학수사연구소연구관)과 법률소개로「도로교통법 해설」,「지방재정법중 개정법률」등의 기사가 실렸고 7면은 특집기사「지식과 기술의 근간, 증거를 과학적으로 입증한다」가 실렸으며, 8면에는「법률제1814호 수산진흥법」등 법조문 소개와「수사비화」라는 약간 흥미 위주의 잡글이 실리기도 했다.

제27호도 구성은 비슷한데, 3면에는 강문용 교수의「기본적 인권과 공공복리」가 연재되었고 4·5면에는「부동산등기」,「손해배상청구소송」등 판결요지가 실려 있다. 6면에는 26호에 이어「법의학」기사가 연재 되었다.

이 신문의 주요 독자층은 변호사, 법관 등으로 법조인 간 커뮤니케이션을 목적으로 발행되었지만, 법률과 관련된 시사적인 문제와 법조문 소개 기사가 실려 있어 법에 관심을 갖는 일반인들에게도 법적 상식을 넓히는 데 기여하고 있다.

국회도서관에 소장되어 있는 제26호(1966. 8. 13.)와 27호(1966. 8. 20.)를 DB화 하였다. (이병례)

참고문헌

한국신문연구소 편,『한국신문백년』, 1975;『법사신보』, 법사신보사, 1966년 8월 13일, 8월 20일.

법전월보

(法典月報)

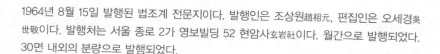

1964년 8월 15일 발행된 법조계 전문지이다. 발행인은 조상원趙相元, 편집인은 오세경吳
世敬이다. 발행처는 서울 종로 2가 영보빌딩 52 현암사玄岩社이다. 월간으로 발행되었다.
30면 내외의 분량으로 발행되었다.

발행인 조상원의 발간사를 통해 다음과 같이
발간의 의미를 찾을 수 있다. "이『법전월보』
는 이후 법전·사법시험용 법전·경찰육법·
상공법전·지방행정법전 등 기타 본사 수행
각종 법전의 원본이 될 것이다. 지면의 대부
분은 물론 새 법령의 수록으로 가득 찰 것이
며, 해설 내외판례, 법률해석, 질의응답 기타
의 법령관계기사도 함께 실을 작정이나 주
목적은 어디까지나 새 법령을 원전대로 속
보하는 데 있는 것은 다시 강조할 나위도 없
다."

월보는 이전에『법전연쇄추록法典連鎖追錄』으로 발행되다가 1962년 8월 제호
를 변경하였다. 법령의 보다 빠른 보급을 위한 법전 주보를 전망하는 것을 전제
로 그 준비 단계로 월보를 발간하게 되었다. 편집구성을 보면, 중요 신법령(법률,
대통령령, 부령, 훈령, 대법원규칙 등) 속보, 해설, 논설, 내외 사례, 질의응답, 시험문제
연습, 야화, 소식 등으로 구성되어 있어 법조계의 전문지를 지향하고 있다.

국회도서관에 소장되어 있는 1964년 8월호, 9월호, 10월호, 11월호, 12월호
를 DB화하였다. (김일수)

참고문헌

『법전월보』, 현암사.

법조춘추

(法曹春秋)

1964년 2월 5일 창간된 서울변호사회의 기관지이다. 발행 및 편집인은 배정현, 인쇄인 윤갑수이다. 1964년 9월 15일(8호)자에서는 발행 겸 편집인이 이병린으로 변경되었다. 발행소는 서울특별시 서대문구 서소문동 38, 매월 1일 발행되는 월간신문으로 비매품이다.

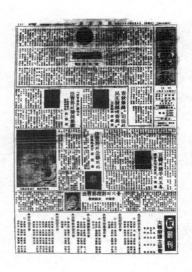

『법조춘추』는 대한변호사협회가 공식적인 기관지인 『대한변호사협회지』를 발간하기 전에 발행되었던 3개의 신문 중의 하나이다. 대한변호사협회는 1952년 8월 29일 창립된 단체인데 1968년부터 기관지 발행을 시도했으나 재정난으로 어려움을 겪다가 1970년 3월 『회보』를 발행하기 시작했다. 또한 그 이전에 서울제일변호사회에서 1961년에 창간한 『법조시보』, 서울변호사회의 『법조춘추』가 발행되고 있어서 변호사단체에서 3개의 신문 잡지가 동시에 발행되었던 것이다. 이에 1975년 11월 경 대한변호사협회의 제안으로 3개의 잡지를 통합하기로 하고 1976년 11월부터 통합된 『대한변호사협회지』가 발행되기 시작했다.

『법조춘추』는 8면으로 발행되었는데 창간호는 특별히 16면으로 회장 배정현이 쓴 「창간사」에서 신문의 발간 목적을 3가지로 정리하고 있다.

"첫째로 종전의 법률이 헌법에 위배된 것은 물론 설령 헌법에 위배되지 아니한 것이라 할지라도 그 타당성이 결여된 것은 이를 조속히 개발하도록 할 것이며, 나아가 기본법전에 대한 연구 및 그 개정 또는 필요한 입법을 항상 촉구할 것이고, 둘째로 위법 또는 부당한 행정처분으로 인한 국민의 권익침해에 대한 구제와 수사기관의 권력남용으로 인한 인권침해를 미연에 방지하도록 노력할 것이고, 셋째로 사법권의 독립을 수호하고 적정한 인사행정을 통하여 재판에 공정과 신속을 기하도록 적극 노력할 것이다."

또한 대법원장 조진만의 「춘추필봉으로 사법의 민주 발전에 기여토록」, 대한변호사협회 부회장 홍긍식의 「법조춘추 창간은 법조계의 발전 상징」, 법무부 장관 민복기의 「법조계의 공기 되라」, 검찰총장 신직수의 「법조계 지침 되기를」, 국회법사위원장의 「정의의 기수 되도록」 등의 축사를 싣고 있다.

『법조춘추』는 학계와 긴밀한 관계를 가지고 법리와 판례 연구에 힘쓰는 것은 물론 국제적 법률단체와도 친선을 도모하여 법률문화 교류에 노력하겠다고 천명한 만큼 전문지의 성격을 강하게 띠고 있어서 지면 구성에 있어서 논문이나 논설 형태의 기사 비율이 높았다. 창간호의 경우 〈법조시론〉, 〈판례논평〉, 〈판결례〉, 〈논단〉 〈일본법원의 판례비교〉 등을 주요하게 싣고 있는데 이러한 경향은 이후에도 일관되었다. 1965년 1월 15일에 발간된 제12호를 보면 〈법조시론〉 코너에 「판결과 시대적 현실」을 싣고 있으며, 〈판결례〉 코너는 「근저당권 설정 등기말소」라는 제목으로 근저당권에 얽힌 법리적 해석을 다루고 있다. 또한 〈전문제도〉 코너에서는 논설 「청문에 관한 소고」 등을 싣고 있다. 『법조춘추』는 법령의 제정부터 그 운용의 실제에 이르기까지 일반국민의 비판을 대변하겠다는 포부를 천명했지만 전문지적인 성격이 강했기 때문에 주 독자층은 법조인에 한정될 수밖에 없었다.

국회도서관에 창간호와 8호, 12호, 17호가 마이크로필름 형태로 보관되어 있으며, 이를 DB화하였다. (임경순)

참고문헌

「법조춘추」 창간호, 8, 12, 17호; 윤임술 편, 『한국신문백년지』, 한국언론연구원, 1983; 『대한변협신문』(http://news.koreanbar.or.kr/)

(베를린) 한인회보

『(베를린) 한인회보』의 발행처는 사단법인 베를린 한인회(Koreanischer Verine Berlin e.V.) 이고, 발행인은 한인회장이 겸하고 있다. 『한인회보』는 베를린 한인사회를 하나로 이어 주는 열린 공간을 표방하고 있다. 1977년 8월에 『한인회보』 창간호가 1000부 발행되었다. 2013년 9월호까지 그동안 297호가 발행되었다. 한인회 홈페이지는 http://www.koreanerberlin.com/이다.

베를린에는 여타 독일 거주 한인사회와 마찬가지로 광산근로자와 간호원이 중심이 되어 이룩한 특수한 한인이민사회가 구성되어 있다. 광산근로자와 간호사 중에서도 특히 간호사가 중심이 되어 한인사회가 조직되었다. 그러다가 1970년 한국에서 간호원들이 베를린에 소재한 각 병원에 취업하고, 기계제작회사인 KWU (Kraftwerk Union)에 한국인 기술자들이 파견되면서 베를린의 한국인 체류자 수가 급격하게 증가하기 시작했다.

한인회가 최초로 창립되던 1972년 당시에 베를린에는 간호원의 수만 약 3,000여 명에 달했다고 한다. 이후 유학생들과 KWU 기술자들이 간호원들과 모여 이국땅에서의 외로움을 달래고 고국에 대한 향수를 달래던 친목회의 성격을 띤 모임으로 사단법인 베를린 한인회를 결성했다. 그리고 이후 베를린이 통일독일의 수도로 되고 도시의 규모가 커지면서 한인사회도 같이 발전했고 그 소식을 『한인회보』가 일찍부터 꾸준히 전하고 있다.

『(베를린)한인회보』도 다른 한인회보와 마찬가지로 베를린 한인회의 소식들, 대사관과 주독대사의 활동, 한글학교, 베를린에서 활동하는 한인단체들의 소식, 특히 파독 광부들의 모임인 재독 베를린 글뤽아우프회의 소식과 파독간호원에서 시작한 베를린 간호요원회의 소식 등을 전하고 있다. 그리고 독일에 거주하는 한인들이 반드시 알아야 할 독일 내의 변경 사항들, 독일에 거주하는 한인들의 회고와 경험을 칼럼 형식으로 쓴 글 등이 실려 있다. 기사들 가운데 눈에 띄는 것이라면 교육, 특히 대학 관련 소식들이다. 가령 「독일대학들이 다시 최고가 되려면」(2006년 11월호), 「독일에 탄생한 엘리트 대학」(2007년 4월호) 등에 대한 깊이 있는 소개의 기사들이 대표적인 경우들이다. 독일의 대학들이 한 때는 세계 최고라는 소리를 듣던 시절이 있고, 최근에 다시 독일 대학들이 중흥을 위해 노력하고 있다는 소식을 전하면서 또한『한인회보』는 한인2세들과 국내의 학생들에게 열심히 공부할 것을 권장하면서 좋은 독일대학에 진학하는 것을 안내하고 있다.

이처럼 독일의 수도 베를린에서 한인들의 생활과 활동 그리고 한국인들이 관심 가질 말한 독일의 사정에 대해 차분하게 알려주는 매체가『(베를린)한인회보』이다.

재외동포재단 자료실에『(베를린)한인회보』일부가 소장되어 있다. 그리고 2011년 1~2월호(통권제271호)부터 최근 것까지는 한인회 홈페이지에서 웹서비스하고 있다. (임성윤)

참고문헌

『(베를린)한인회보』, 베를린 한인회.

별나라

1947년 4월 1일에 일본 요코하마横浜시에서 창간되었다. 창간호의 편집 겸 발행자는 김성규金圭이다. 발행소는 고려아동문화연구회高麗兒童文化研究會, 인쇄소는 고려아동문화연구회 인쇄부였다. 월간이다. 1948년 중반에 휴간했다가 12월 1일에 속간하였다. 속간호의 발행소는 가나카와현神奈川縣 가와사키시川崎市에 있는 국제아동문화협회國際兒童文化協會, 인쇄인은 아사히朝日옵셋인쇄주식회사의 황인주黃仁柱였다. 판매가격은 제3호부터 50원이었으며, 속간호는 60원이었다.

고려아동문화연구회가 만든 소년소녀잡지이다. 「일본에 사는 어린이들의게 부탁」이라는 편집부의 글이 창간사를 대신하였다. 해방 이후 독립을 위해 본국을 비롯해 일본에서도 부모님과 형님·누나들이 많은 활약을 하고 있으며 본국의 어린이들도 열심히 공부하는데, 일본에 사는 동무들도 이에 뒤지지 않도록 열심히 공부할 것을 강조하고 있다. 이에 일본에 사는 어린이들이 독립에 이바지할 수 있도록 도움을 주려는 목적으로 『별나라』를 만들었다.

창간호에는 한글공부와 동화, 동요 등의 문예작품과 우스개 등이 실렸다. 특히 일제시기에 만들어졌지만 부를 수 없었던 「아름다운 조선」의 악보를 차례 앞에 실었다. 이 노래는 13도를 가사에 넣어 지리를 알 수 있도록 하였고, 후렴에 조선의 아름다움을 범(猛虎)으로 표시하였다. 창간호의 필자는 한두 편을 제외하면 모두 김성규와 편집부이다.

제2호는 종이 부족으로 지면을 줄였는데 영어공부가 새로 생겼다. 수록된 악보는 「바다로 가자」이다. 필자는 화영을 제외하면 창간호와 마찬가지로 대부분 김성규와 편집부다. 1948년 12월 발행의 속간호는 크리스마스 특집호여서 「고요한 밤 거룩한 밤」의 악보를 실었다. 필자는 여전히 김성규와 편집계이지만 정형종, 장재술張在述 등이 새로 집필진에 참여하였다. 소년소녀 독자들의 투고를 잡지에 게재하였다.

속간호는 특별히 한글 전용의 취지를 강조하였다. 『별나라』는 독자들의 한글 수준을 "잘 읽고 잘 쓸 수 있"도록 높이고, "우리 글씨를 넓게 알린다는 뜻"에서 될 수 있는 대로 『별나라』를 한글만으로 쓰는 이유를 설명하였다. 나아가 독자들이 "일본말로도 또 어떤 나라 말로도 잘 지어낼 수 없는 우리의 글씨를 잘 알아서" 온 세계에 한글의 훌륭함을 자랑하는 것이 『별나라』 편집진의 간절한 바람이었다. 더욱이 본국에 있는 친구들에게 부끄럽지 않도록 열심히 할 것을 부탁하였다.

국제아동문화협회는 『별나라』 외에도 『이솝 이야기』와 악보를 넣은 동요집 『우리집』을 지어서 판매하였다.

일본 국회도서관에 소장된 창간호와 제2호, 그리고 속간호를 DB로 만들었다.

(장신)

참고문헌

『별나라』, 창간호, 제2호, 고려아동문화연구회; 속간호, 국제아동문인협회.

보건신문

(保健新聞)

1960년 8월 15일 창간된 신문으로 사장 김철현, 발행 겸 편집·인쇄인 주간 이광희이다. 발행소는 서울특별시 중구 서소동 79이며 주간으로 발행되었다. 월정구독료는 200원 이다.

『보건신문』은 "국민 전체의 보건문제를 취급하고 나아가서는 국민의 생활개선에까지 힘 미칠 것"을 목적으로 창간되었다. 1면에 실린 사설 「보건정책연구회 구성을 촉구함」을 보면 이러한 목적을 위해 보건정책을 조사 연구할 수 있는 보건정책 연구회나 위원회를 조직해야 한다는 내용을 담고 있다.

2면에는 「보건정책에 대한 나의 제언」을 중점적으로 실었고, 그 외 「에부라함 링컨의 생명과 현대의학」, 「성과 노이로제」, 「물과 건강, 식료수와 전염병」, 「에너지의 대사」, 「갱년기의 보건」 등의 기사를 싣고 있다.

『보건신문』은 당시 발행 중이던 『주간의사신보』, 『약사시보』, 『의약시보』가 의약계에 전문지 역할을 했던 데 비해 일반대중을 상대로 알기 쉬운 생활밀착형 기사를 실었다고 한다.

국회도서관에 마이크로필름 형태로 보관되어 있으며 이를 DB화하였다. (임경순)

참고문헌

『보건신문』 창간호; 윤임술 편, 『한국신문백년지』, 한국언론연구원, 1983.

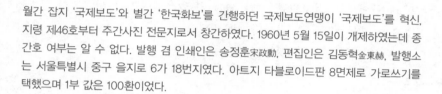

보는 뉴스
(NEWS)

월간 잡지 '국제보도'와 별간 '한국화보'를 간행하던 국제보도연맹이 '국제보도'를 혁신, 지령 제46호부터 주간사진 전문지로서 창간하였다. 1960년 5월 15일이 개제하였는데 종 간호 여부는 알 수 없다. 발행 겸 인쇄인은 송정훈宋政勳, 편집인은 김동혁金東赫, 발행소 는 서울특별시 중구 을지로 6가 18번지였다. 아트지 타블로이드판 8면제로 가로쓰기를 택했으며 1부 값은 100환이었다.

창간사는 없지만, 창간호 2면에 「사고」를 통하여 이 신문의 재창간 의도와 발 행 의지를 엿볼 수 있다. "정상회담을 둘러싸고 미묘한 움직임을 보이고 있는 세 계의 정세. 4·19의거로 이정권이 물러가고 동적인 흐름을 보여주고 있는 국내 의 정계 등 내외 사정은 비상한 주목을 끌게 하는 요지음, 그 시대성에 영합하고 저 본사에서는 월간『국제보도』를 혁신하여 주간사진『보는 뉴-스』로 발간하기 로 결정하였습니다. 참다운 뉴-스로서 그리고 사회의 거울로서 주어진 바 사명 을 다하고저 온갖 성의를 해볼 결심입니다. 앞으로 독자에게는 항상 문호를 개 방할 것이오니 여러분의 서슴 없는 고언을 보내주시면 그로서 영광으로 삼으렵 니다." 생생한 사건 사고를 사진 자료로 덧붙임으로써 그때그때의 발 빠른 뉴스 와 기동력 있는 보도 정신을 보여주려고 한다는 점을 밝히는 것이다.
　창간호는 '4·26민주혁명특집'으로 마련되었다. 1면은 5분의 3을 차지하는 사진을 실었는데 4·19혁명 데모대의 모습이 크게 나타나는 가운데 「민주자유 를 쟁취한 학도들의 위훈은 청사에 빛나리」라는 제목으로 그 의미를 평가하고 기리는 기사가 돋보인다. 2면에는 「과도내각수립」이라는 제목으로 과도내각 의 면면들의 사진이 들어 있고, 이 신문의 재창간을 축하하는 '조선일보사 사장' '경향신문사 사장' '공보실장' '사진작가' 등의 축하글이 배치되었다. 3면은 「민 권은 이겼다」는 큰제목 아래 4·19혁명의 생생한 사진들이 실려 있으며, 4면 역 시 「민주승리의 날 4월 26일」이 사진들을 대변하고 있다. 5면도 「4월 19일 그 날의 모습」을 담은 사진에, 「노호는 암벽에서 포효」라는 부제를 달고 6면까지

사진 자료가 생생한 역사적 현장의 모습을 증명해주고 있다.

이 신문의 의미는 신문사 사고에서 알려주듯이 "격동하는 세계정세와 국내소식을 보다 신속히 보도하여 그 시대성에 영합하고저" 노력했음을 평가할 수 있다. 또한 '독자투고란'을 두어 지면을 통한 학생층의 사진활동을 장려하고 진작시키기 위한 목적으로 '학생사진쌀롱란'을 설치하기도 하였다.

국회도서관에 마이크로필름으로 소장되어 있으며, DB는 창간호가 갈무리되어 있고, DB 상태는 양호한 편이다. (전상기)

참고문헌

『보는 뉴스』 창간호, 1960년 5월 15일자; 『한국신문백년 〈사료집〉』, 한국신문연구소, 1975.

보라매

1968년에 창간된 공군전역장교회의 회지이다. 발행 겸 편집은 이종승李鍾勝이다. 발행소는 서울시 중구 다당 25의 보라매회이다. 인쇄처는 공군교재창이다.

『보라매』의 창간이 갖는 의미는 이종승의 창간사 「보라매 창간에 즈음하여」에 잘 나타나 있다.

"이제 우리가 모여서, 우정을 나눌 '보라매'의 동우리는 마련되었다. 그러나 우리의 생각을 담고, 이념을 그릴 만한, 또 우리의 염원을 펼칠 만한 광장이 마련돼 있지 않았었다. 우리의 회지 『보라매』는 그러한 아쉬움을 채우기 위해 생겨나게 되었다. 항공 발전의 황금기를 공군에서 보낸 우리들에게는 남이 갖추지 못한 잠재력을 지니고 있다. 그 귀중한 잠재력이 '잠재'에 그쳐서는 아니 되겠다. 그것이 애국하는 길에, 공군을 발전시키는 길에, 또 우리 서로서의 우정을 굳히는 길에 이바지하도록 힘쓰지 않으면 아니 되겠다."

회지는 공군장교 퇴역후 소통과 활동 공간 마련을 지향하였다. 창간호는 「나의 소감」, 「회원 동정」, 「공군 소식」, 「사업 계획」, 「보라매회 회칙」, 「회원 명단」 등으로 편집이 구성되었다.

국회도서관에 소장되어 있는 1968년 1권 1~3호, 1972년 5권 1~5호, 1973년 6권 1~6호, 1974년 32·34호, 1975년 35~39호, 1976년 40~43호, 1977년 45~47호, 1978년 48~49호, 1979년 12권 1~호, 1980년 13권 1~2호를 DB화하였다. (김일수)

참고문헌

『보라매』, 공군전역장교회.

복음신문
(福音新聞)

1964년 6월 20일 『복음순보』의 속간으로 발행된 주간신문이다. 『복음신보』가 창간호만 내고 등록 위반으로 발행이 취소되자, 양춘선楊春先이 다시 『복음신문』으로 등록하고 속 간호로 발행한 것이다. 매주 수요일 발행되었다. 이 신문은 1966년 1월 19일 신문통신 등 발행에 관한 법률 제8조 위반으로 등록이 취소되었다. 1966년 4월 24일 발간된 『한국복 음신문』으로 계승되었다.

이 신문은 복음전도를 목표로 두고, 성서정 신에 따라 시대를 경고하고 예언하여 민족사 상을 통일한다는 편집 지침을 정하였다. 그 리하여 『복음신보』의 못다한 사명 즉 "교회 의 분규나 일체의 공격과 헐뜯는 일, 파괴적 인 기사를 지양하고 오직 그리스도의 사랑과 협동 봉사의 정신으로 희망과 구원의 복음을 삼천리 방방곡곡에 전파"하기 위하여 "기독 교 신앙단체 간의 상호 친교를 촉진하고 그 유대를 돈독히 하여 한국의 모든 교파와 교

회들이 연합하여 한마음 한뜻"이 되도록 하는 것을 사명으로 한다고 하였다.

제1호의 1면에는 세계 곳곳에서 일어나고 있는 재난과 분쟁을 보도하고, 2면 에서 "성경 예언과 기약 연한"을 기사로 싣고 있다. 3면과 4면에서는 전도운동 상황과 독자 투고 등을 싣고 있다. 4면은 광고판으로 복음신문의 발간 소식과 연혁에 관한 기사를 싣고 있다.

국회도서관에 마이크로필름으로 소장되어 있는 것을 DB화하였다. (구수미)

참고문헌

『복음신문』, 1964년 6월 20일 제1호; 『한국신문 100년』(사료집), 한국신문연구소, 1975.

복음신보
(THE GOSPEL TIMES)

1961년 10월 1일 창간된 일간지 『복음일보』를 다시 등록하여 1964년 4월 22일 주간으로 창간한 신문이다. 『복음일보』가 국가재건최고회의 포고령 제11호에 의하여 1962년 5월 25일 지령 제184호를 종간호로 휴간했다가 다시 타블로이드판 8면으로 다시 발행한 것이다. 발행 겸 편집인은 양춘선楊春先, 인쇄인은 김봉기金鳳基이다. 발행소는 서울시 중구 을지로 3가 141이다. 복음신문사에서 발행하였으며, 정가는 20원이다. 매주 수요일 발행한다고 하였으나 등록 사항 위반으로 창간호를 낸 뒤 취소되었다. 이 신문은 같은 해 6월 20일자로 다시 속간된 주간 『복음신문』으로 계승되었다.

창간호의 제호 왼쪽에는 「복음신보의 사명」이라 하여 "1. 성경으로 과거를 해명한다, 2. 성경으로 현실을 인도한다, 3. 성경으로 미래를 예언한다"고 쓰여 있다. 또 제호의 오른쪽에는 「신생활운동」이라 하여 "무엇이든지 남에게 대접을 받고자 하는 대로 너희도 남을 대접하라. 날마다 한 가지 부정을 버리고 한 가지 선한 일을 하자"고 주장하였다.

창간호를 보면, 1면에서는 4·19와 관련하여 부정과 부패에 항거하는 기사를 실었고, 2면에서는 복음사 사장이 새 시대를 향한 성서적인 증언지로서 바라는 바를 쓰고 있다.

3면에서는 사랑과 진리의 신문, 사회참여 권장, 참된 소식을 주는 신문으로써 참복음신보가 되라는 각계의 바람을 전달하였고, 4면에서는 성경으로 교회와 사상을 통일한다는 복음신보의 노선을 강조하였다.

5~6면에서는 각지 각계의 복음 소식을 전하고 있다.

7면에서는 성서공회의 자립책에 관한 기사와 대한YMCA연맹 창립 50주년 기념 설교를 싣고 있다.

8면에서는 MRA운동을 개관하며 "도덕적 무장이 목표"임을 주장하고 있다. 또한 대한기독교계명협회에서 재일교포의 계몽운동을 추진하여 국민계몽의 선도 역할을 하고 있음을 보도하였다.

국회도서관에 마이크로필름으로 소장되어 있는 것을 DB화하였다. (한봉석)

참고문헌

『복음신보』, 1964년 4월 22일 창간호; 『한국신문 100년』(사료집), 한국신문연구소, 1975.

봉화

1949년 6월 10일에 일본 도쿄에서 창간되었다. 월간을 계획했지만 창간호 이외 발견된
호수는 없다. 발행 겸 편집인은 이은직李殷直, 인쇄인은 남휘웅南輝雄이다. 발행소는 도쿄
재일조선인연맹 중앙회관 안에 있는 재일본조선문학회이며 인쇄소는 해방신문사 인쇄부
였다. 가격은 50원이다.

1949년 일본에서 재일본조선문학회가 발행한
문학잡지다. 『봉화』는 소설, 시, 평론 등 문학 장
르를 가리지 않되 순한글을 원칙으로 삼았다. 창
간호에는 「신이야기책」, 어당魚塘의 「조선민요
보재기」, 임광철林光澈의 사화史話 「건달 최서방」,
어린이 식민사植民史란 부제가 붙은 이은직의
「살곳을 찾아서」 등의 읽을거리가 실렸다. 또 시
로서 허남기許南麒의 「신작로」와 강순姜舜의 「천
당天塘」, 박원준朴元俊의 희곡 「군중群衆」, 남악南
岳의 소설 「청춘명령靑春命令」도 수록되었다.

재일본조선문학회는 1948년 1월 17일에 결성되어 ① 일본제국주의 잔재의
청산, ② 봉건주의 잔재의 청산, ③ 국수주의의 배격, ④ 민주주의민족문학의 건
설 ⑤ 조선문학의 국제문학 제휴, ⑥ 문학의 대중화 등 여섯 가지를 강령으로 걸
었다. 여섯 번째를 제외한 다섯 강령은 조선문학가동맹의 기본 강령과 같다. 회
원은 1948년 8월 현재 일본 전역에 96명이었다. 문학회는 1948년 8월 1일자로
『우리문학文學』(편집인 어당, 발행인 이은직)을 발간한 뒤 새 잡지의 편집에 착수했
다. 편집진은 「편집후기」에 재일본조선문학회의 활동과 『봉화』의 어려웠던 발
행과정을 소개하였다. 거창한 슬로건에도 불구하고 창립 후 재일본조선문학회
는 뚜렷한 활동이 없었다고 스스로 평가하였다. 문학회는 1948년 가을부터 『봉

화』편집에 착수하였다. 문학회는 한 달 만에 원고를 모아서 그해 12월에 인쇄소에 넘겼다. 하지만 일손이 부족한 국문(한글) 인쇄소의 사정으로 원고를 넘긴 지 6개월이 되어서야 『봉화』 창간호가 발행되었다. 발행자가 재일조선문학회였던 만큼 『우리문학』과 『봉화』의 편집진과 필진은 서로 겹친다. 다만 왜 『우리동무』 제2호가 아닌 『봉화』를 새로 창간했는지를 알려주는 정보는 없다.

일본 국회도서관에 소장된 창간호를 잡지DB로 만들었다. (장신)

참고문헌

호테이 토시히로, 「해방 後 재일 한국인 문학의 형성과 전개 - 1945년~60년대 초를 중심으로」, 『인문논총』47, 서울대학교 인문학연구원, 2002.

부인신문

1947년 7월 1일에 창간된 신문. 타블로이드판 2면제의 일간지. 편집·발행·인쇄인 박순천, 편집국장 박주환, 발행소 부인신문사(서울시 중구 북창동 93번지), 1948년 9월 26일자 제405호부터 『부인신보』로 게재된다. 순한글신문이다. 월구독료 300원, 1부 20원.

박순천이 창간한 부녀 대상 신문이다. 부녀 대상인 만큼 다른 신문과 달리 1면에는 정치 기사가 거의 없으며, 「문화」, 「가정」란이 중심이며, 연재소설을 싣고 「시세」, 「연예」, 「일기」란 등을 두어 부녀들의 흥미에 부응하려 했다. 405호부터는 여성교양을 위한 「여성과 독서」란을 신설하기도 하였다. 2면에는 종합면으로 정치, 경제, 사회면 기사를 취급하였다. 『부인신보』로 개제하면서 소설과 동화를 연재하기도 하였다.

성균관대학교에 마이크로 필름으로 소장되어 있는 것을 DB화하였다. (박지영)

참고문헌

『부인신문』, 한국신문연구소, 『한국신문백년-사료집』, 1975, 한국신문편집인협회, 『신문백년인물사전』, 1988.

북두성
(北頭)

1983년 창간되었던 『장춘문예』가 1986년 제호를 『북두성』으로 바꾼 것이다. 장춘시 조선족군중예술관에서 출판하고 연변인민출판사에서 격월간으로 발행하고 있다. 현재 연변대학 도서관에 소장되어 있다.

중국의 개혁개방을 맞이하여 이전의 정치 이념적 문학을 지양하고 새로운 시대에 맞는 민족문학의 방향성을 제시하는 데 많은 노력을 기울인 잡지이다.

1987년 1월호 평론 「우리문학의 민족의식」에서 한창희는 민족의식과 조선문 사용의 중요성을 강조하였는데, 즉, 조선 문단에서 오래 동안 수그러들었던 민족의식이 최근 사상해방의 큰 물결을 타고 눈에 뜨이게 발현되고 있으며, 민족의 생태와 현실, 민족의 지향과 이익을 반영하는 것이 민족문학이라 할 때 민족의식의 발현은 너무나도 당연한 것이라는 점을 강조한 것이다. 또한 10여 년 전까지만 해도 모든 사람들이 파란바지를 입고 빨간 생각만 해야 했던 중국에서 '민족주의'란 감투가 무서워 민족의식을 담은 글을 쓰고 싶어도 쓸 수 없었던 사실을 돌이켜보면서 오늘날 펜을 잡은 작자들의 사명과 임무를 강조하고 있다. 이는 문화대혁명 시기 조선문 사용과 민족성을 강조하던 언론인과 학자들이 분열주의 우파주의자라는 누명을 쓰고 고난을 받았던 과거사를 지적한 것이라 할 수 있다.

이어서 「새해인사」에서 "눈비가 짓궂게 흩날리던 어려움 속에서도 동포들은 드팀없이 『북두성』을 믿어주고 아껴주었으며 『북두성』의 앞길에 하냥 푸른 등을 켜주었습니다. 『북두성』은 이런 믿음직한 동포들이 있음으로 하여 비오나 눈이오나 바람이 부나 꺼지지 않고 빛을 뿌렸습니다. … 오늘 『북두성』은 희넓은 문학의 우주공간에서 떳떳이 자기의 한자리를 차지하고 길 잃은 나그네의 밤길을 비춰주고 있습니다. 우리는 계속 그들의 눈이 되어줄 것이며 그들의 다정한 손잡이로 길동무로 되어줄 것입니다."라며 이 잡지가 조선족들의 길잡이가 되어 줄 것을 다짐하였다.

1987년 6월호 평론으로는 「남조선 분단문학의 새로운 특징」이라는 일본인 이데구우쥬의 기사를 싣고 있는데, 최인훈의 『광장』, 황석영의 『한씨연대기』, 윤흥길의 『장우』, 송기원의 『월행』 등을 분단문학이라 하면서 한국 사회의 정치적 의미를 분석하는 등 상세한 소개를 하고 있다.

연변대학교 도서관에 소장되어있으며 연변대 소장본 중 1987~1989년 사이에 발행된 19~36기를 DB화하였다. (김성남)

참고문헌

車培根·吳泰鎬, 『中國朝鮮民族言論史』, 서울대학교출판부, 1997.

북제주교육

1967년 7월 5일 제주도 북제주군에서 창간되었다. 연간이다. 1971년 9월 30일에 발행된 제5호로 종간했다. 발행소는 북제주군교육청이다. 비매품이다. 1995년에 같은 제호로 지령을 계승하여 속간호를 내고, 2002년에 제14호를 발행하였다.

북제주군교육청이 만든 초등교육잡지다. 북제주군 교육장 양상종梁常鐘은 『북제주교육』의 창간 목적으로서 "교육연구 성과를 일반화하며 가치 있는 교육실천기를 집대성하여 일선 교육동지들이 반려가 되어 일선 교단에서의 모든 문제를 해소시키고 교육의 이론적 근거를 밝혀 경험을 위주로 한 새로운 교육방법을 모색해 내는 유일한 벗이 되고 또한 21세기의 주인공들을 가장 민주적이고 과학적으로 육성"하는 교육자료지敎育資料誌를 표방하였다.

창간호에는 먼저 특집으로 구거법九去法을 중심으로 한 검산지도, 시청각 교육시설의 관리와 운영, 급식운영상의 문제, 국어과와 미술과의 쓰기 지도 등을 다룬 일선 교사들의 글이 실렸다. 창간호는 「북군北郡 관내 국민학교 교사의 개인연수활동에 관한 조사연구」를 한 연구노트, 「실습지 운영에 대한 소고」를 다룬 장학수첩, 그리고 교육시평을 실었다. 특히 창간사에 밝힌 대로 초등학교 교사들의 〈교육실천기〉를 비중 있게 다루었다. 또 1966년 12월 15일에 교육장을 포함하여 15명의 교육청 간부와 국민학교 교장·교감들이 참석한 「실무자들이 밝히는 북제주교육」이라는 주제의 교육좌담회의 녹취록을 실었다. 그 외에도 교사들의 교단수상敎壇隨想과 시를 게재하였다.

제2호에는 특집으로 9편의 현장 연구, 세 편의 교사 써클 활동 보고, 장학사의 시찰 보고 등과 함께 자료로서 「북제주군 관내 교직원 명부」를 실었다. 제

3호는 1968년에 공포된 〈국민교육헌장〉을 특집으로 다루었다. 제4호의 특집은 둘로서 〈학업부진아 치료지도〉와 〈자활학교〉였고, 「북제주군 교육회 정관」과 「북제주군 관내 교직원 명단」을 자료로 수록하였다. 제5호는 학습지도 방법을 특집으로 다루었다. 『북제주교육』의 구성은 창간호부터 종간호까지 거의 일관되었다.

제주대학교 중앙도서관에 제2호부터 속간 이후 발행된 제14호까지 소장되어 있다. 창간호부터 제5호까지 잡지DB로 만들었다. (장신)

참고문헌

북제주군교육청, 『북제주교육』.

비둘기

1969년 9월 10일 창간된 베트남에 파병된 비둘기 부대의 가정통신 형태의 잡지이다. 발행 겸 편집인은 부대장 최영구이다. 발행처는 비둘기부대 공보실이다. 순간으로 발행되었다. 종간호는 확실치 않다.

발행인 김종완은 「헌시」를 통해 다음과 같이 잡지의 창간 취지를 밝히고 있다.

"여기
소연硝煙이 뒤덮인 얼룩진 영토 위에
역사의 명제처럼 엄숙한 건설의 함성이 있다.
전쟁은 야만처럼 군림해야 했던
학대와 파괴와 두 동강간라인도차이나 반도
하노이의 의미없는 퇴색한 기치가
촌락과 도회를 지진처럼 혼동케 하는

테로리즘의 옹호임을 보았기에
평화가
자유가
또 우리의 우정이 있음을 피흘려 순교했노라
도로도 교량도 불당 진료소도
따이한 비둘기의 옹고된 땀들이
진주처럼 알알이 스며 있노라
여~ 굽힐 줄 모르는 불사조 비둘기여
동남아와 세계에 높고 푸른 너의 영공에 나르라
조국의 영광과 번영을 위해
너의 더 밝은 아침에 살라"

426

이 잡지가 지향하는 것은 무엇보다도 베트남에 파병된 공병부대 비둘기의 토목, 건설, 건축 등 재건 임무를 알리는 데 있다. 또한 고국에 있는 장병들의 가족들에게 부대 임무 수행 소식을 전하는 소식지의 역할도 자임하고 있다.

잡지의 특징은 다음의 몇 가지를 들 수 있다. 첫째, 잡지의 편집은 주간뉴스, 비둘기 상담실, 기고문, 주간 동향(만화 만평) 등으로 구성되어 있다. 둘째, 화보를 통해 비둘기 부대의 활약에 관한 볼거리를 제공하고 있다. 셋째, 서체는 타자로 직접 친 글씨와 손으로 직접 쓴 글씨로 인쇄하였다.

국회도서관에 소장되어 있는 1966년 1~6집, 1967년 7~17집, 1968년 18~25집를 DB화하였다. (김일수)

참고문헌

비둘기부대 공보실,『비둘기』1집~25집.

비지네스

1960년 12월에 서울에서 창간된 월간지. 창간호의 발행·편집 겸 인쇄인은 이동욱李東旭, 주간은 오영수吳煐洙, 발행소는 비지네스사(서울특별시 중구 다동 115 대한빌딩 102호), 인쇄는 평화당 인쇄주식회사이며, 104쪽 분량에 정가 400환이다. 1년 정기구독료는 4천 환, 6개월 정기구독료는 2천 환이며, 직장인에게는 20% 할인 후불제로 판매하였다. 1982년 판『한국잡지총람』에는 1973년 12월에 폐간되었다고 나오는데, 현재 확인 가능한 범위에서는 연세대 도서관에 소장된 1973년 9월호가 가장 늦게 발간된 것이다.

월간『비지네스』는 창간호가 1961년 1월호로 발간되었지만, 실제 간행 일자는 1960년 12월 10일이다. 창간사에 해당하는 창간호의「주장」에서는 경제제일주의를 표방한 장면 정권의 무능을 비판하면서 "본지本誌는 경제성장을 가로막고 있는 이론적인 불명不明과 오진誤診을 정확히 조명하여 주는 횃불이 되는 동시에 알면서도 실천을 못하고 있는 것을 반드시 실천으로 옮겨서 성과를 거두게 하는 추진기가 될 것"임을 선언하였다.『비지네스』의 표지에는 제호 외에도 영문제호 'BUSINESS'와 더불어 '경제종합지(월간)'라는 표기를 하여 잡지의 성격을 선명하게 드러냈다.『비지네스』는 경제 분야의 종합 월간지로서 지면 구성이 충실하게 이루어져 있다. 잡지의 맨 처음 부분에는「권두언」과「주장」을 실어 편집진의 입장을 밝혔고, 그 다음에는 특집을 비롯하여 묵직한 경제 관련 논설이 실렸다. 거의 매호마다「좌담회」나「대담」이 실렸고, 경제 관련 연재물, 외국 전문가의 번역 기사, 세계경제 동향 등 다양한 코너가 다채롭게 마련되었으며, 뒤편에는「월간경제일지」를 비롯한 여러 가지 경제 관련 자료를 수록하였다.

창간호의 경우에 특집은 노동운동 관련으로「정담鼎談 노동운동의 진로를 찾아서」, 「경전京電·전업電業 등 증임문제增賃問題의 향방」, 「임금공세의 회오리바람 속에서」를 실어, 4·19 이후 분출되던 노동계의 임금인상 투쟁에 대한 대책을 점검하였다. 좌담회의 제목은 「우리 경제의 전도를 복卜한다」이며, 박흥식이 연재하는 「재계40년」 1회분이 '본지 독점'으로 게재된 점이 주목된다.

1960년대에는 발행 주체가 편집·발행인 이동욱李東旭과 주간 오영수吳煐洙 체제에서, 편집·발행인 마학선馬鶴宣과 편집장 신영철申永澈 체제로 변경되었다가, 편집·발행인 김정문金楨汶 체제를 거쳐 다시 편집·발행인 김정문과 편집장 송운상 체제로 변경되었다. 1970년대에는 발행인 한용환韓容煥과 편집인 홍지영洪志英 체제를 거쳐 발행·편집인 홍지영 체제로 변경되었다. 1965년 무렵부터 도쿄東京에 일본지사를 두었으며, 1965년 9월에는 한일국교 정상화에 따른 경제적 상황 변동에 능동적으로 대처하기 위해 단행본 성격의 '특집호'로써 『일본의 산업과 대표적 기업』이라는 책자를 발간하였다.

창간호의 편집인인 이동욱은 1917년 황해도 봉산 출생으로 와세다대학을 졸업하고 해방 직후 월남하여 동아일보에 입사하였다. 1960년대에 동아일보에서 논설위원을 역임했고, 1970년대에는 동아일보 주필을 지내다가 동아일보 광고탄압사건 등으로 인해 자리에서 물러났다. 1975년 주필로 복귀하였으며, 1980년에는 신군부에 의해 김상만 회장과 함께 연행되어 동아방송 포기각서를 강요당하기도 했다. 1980년대 초에 동아일보 사장과 회장을 역임했고, 그 뒤에도 경제 관련 논설을 언론에 다수 기고하는 등 왕성한 활동을 벌이다가 2008년에 타계하였다.

국립중앙도서관, 국회도서관, 서울대 도서관, 연세대 도서관, 고려대 도서관, 서강대 도서관 등에 소장되어 있다. 그중 1965년 2월호(통권 49호)~12월호(통권 59호), 1966년 2월호(통권 61호)~6월호(통권 65호), 1967년 1월호(통권 72호)~1969년 5월호(통권 100호), 1972년 1월호(통권 129호)~8월호(통권 136호)를 DB화하였다. (이용기)

참고문헌

『비지네스』 창간호(1961. 1.); 『비지네스』 특집호(1965. 9.); 『비지네스』 136호(1972. 8.); 「명복을 빕니다, 이동욱 前前 동아일보 회장」, 『동아일보』 2008. 4. 3; 한국역사정보통합시스템(http://www.koreanhistory.or.kr/)

빅토리아 한인회보

(호주 빅토리아주 한인회; The Korean Society of Victoria Australia Inc.)

『Victoria한인회보』는 호주 빅토리아주 한인회의 정기간행물이다. 발행인은 김영호, 편집인은 김영호, 이성수가 담당했다(2000년 12월). 한인회의 인터넷 주소는 http://www.korean.org.au/ 이다. 한인회의 사무실 주소는 The Korean Society of Victoria Australia(ACN A0026816E)/ PO Box 1041 Huntingdale VIC 3166 Australia이다.

호주 빅토리아주 한인회는 "하나된 마음, 거듭나는 한인회"를 표방하고 있다. 이에 한인회는 한인의 공동체적 발전을 위해 노력하고, 새로 이주한 한인들에게 조기 정착을 위한 필요한 정보를 제공하고, 청년활동 및 노인복지를 지원하고, 한국어, 문화 및 역사 등의 교육을 위한 기구를 운영·지원하고, 호주 정부 및 다른 소수 민족 간의 유대를 강화하여 호주의 다문화정책에 기여하는 등의 활동을 하고 있다.

최근에 호주 빅토리아주에는 유학생과 워킹홀레데이비자Working Holiday Visa 소지자 및 사업이민자와 기술이민 등 한인의 수가 급격히 증가하고 있다. 이에 빅토리아주 한인회는 2006년에 한인사회의 미래를 위한 계획을 수립하고자 인구조사를 실시했다. 그 조사결과 한인회는 11,000명 가량의 한인이 호주 빅토리아주에 거주하고 있는 것으로 추정하고, 한인의 구성은 시민권자 26.2%, 학생비자 24.3%, 영주권자 20.2%, 워킹홀리데이비자 12%, 사업/관광 등 기타 17.3%로 되어 있다고 한다(2006년 7월호, 16~17쪽). 이러한 인구조사는 빅토리아주 한인회가 그동안 얼마나 적극적으로 활동하고 있었는지를 보여주는 것이기도 하고, 앞으로 한인회가 한인사회에서 얼마나 효율적으로 활동할 것인지를 예상할 수 있게 해주는 지표라 할 수 있다.

『Victoria한인회보』의 구성과 내용을 잠깐 살펴보자. 2000년 12월호(제21권

17호)는 표지를 포함해서 20쪽 분량으로 발간되었다. 표지 안쪽에 목차와 편집 후기 등이 들어가 있고, 이후 한인회/동포 소식, 자동차 운전자 유의사항, 호주의 정치·경제동향, VCE(호주의 대학 수학능력시험에 해당) 한국어 과정 개편 안내, 멜본 한인침례교회 소개, 이민, 어린이 교실, 호주의 가볼 만한 곳 등이 게재되어 있다. 눈에 띄는 것은 미국 대선에 대한 자세한 설명이 들어가 있다는 것이다. 아무래도 호주 빅토리아주의 한인들도 미국의 영향을 절실히 느끼고 있는 듯해서 이채롭다.

2007년 3월호의 경우는 분량은 24쪽으로 약간 늘어났고, 2000년 12월에 비해 표지와 화보 사진의 질이 훨씬 나아졌고, 내용 또한 보다 짜임새가 갖추어졌다. 다른 한인회보와 마찬가지로 한인회장의 인사말로 시작하고, 세계 최초의 현지어 한인신문을 자처하는 『클릭다이나믹코리아』라는 민간신문과의 인터뷰 기사(4~6쪽), 〈2007 한인 설날잔치〉(8~11쪽, 20-21쪽), 「부시 대신 코피 터지는 호주 총리」 등의 호주 국내 소식(14~16쪽), 호주건국 기념일 시가행진에 참여한 한인들의 모습(18~19쪽) 등의 기사를 게재하고 있다.

『Victoria한인회보』는 광고를 약간만 게재하고 있는 데 있는데, 회보의 양이 다른 한인회보에 비해 상대적으로 적은 것과 함께 고려해보면, 한인회와 『Victoria한인회보』의 재정상황이 그리 넉넉한 편이 아닌 것으로 판단된다. 그럼에도 불구하고 빅토리아 한인회는 얇지만 내용이 알찬, 그래서 다른 어느 한인회의 회보보다 가독성이 좋은 『Victoria한인회보』를 만들고 있다.

『Victoria한인회보』 일부가 재외동포재단 자료실에 소장되어 있고, 이를 DB화했다. (임성윤)

참고문헌

『Victoria한인회보』, 호주 빅토리아주 한인회.

빠리지성

(Parisjisung)

『빠리지성』은 프랑스 빠리에서 1999년 6월에 창간되고 주간으로 발행되는 대표적인 한
인매체로 월 12,000부가 발행되고 있다. 발행인은 정락석이다. 홈페이지는 http://www.
parisjisung.com/이다.

『빠리지성』은 주간지로서 프랑스 교민의 소식과 현지 뉴스를 중점으로 생활 정보와 다양한 종류의 칼럼을 게재하고 있다. 『빠리지성』은 재불상사 주재원과 교민, 유학생 등 가장 활동적인 연령의 한인들로 구성된 구독층을 겨냥하면서, 그들이 서로 공감할 수 있고, 필요로 하는 정보를 제공함으로써 교민 사회의 정보 교류 담당자로써 교민 사회의 큰 신뢰와 인지도를 확보하고자 한다. 더 나아가서 『빠리지성』은 유럽에 있는 한인들, 그리고 전 세계에 있는 한국인들 가운데 프랑스로 유학, 이민, 직업, 여행을 계획하는 사람들에게 프랑스의 유용한 정보를 제공하고자 한다. 그러면서 『빠리지성』은 건전하고 발전적인 한인사회를 이룩하는 데 이바지하고자 한다. 이에 「프랑스에서 여행사를 설립하려면」(1999. 12. 8.) 같은 기사들이 게재되기도 한다.

그런데 『빠리지성』의 여러 호들을 살펴보면, 다른 어떤 해외한인 신문보다 정치에 대한 비중을 많이 두고 있음을 알 수 있다. 「탄력 붙은 '탄핵심판'」, 「프랑스 지방선거 1차 투표서 여당 패배」, 「하마스 지도자 야신 피살」, 「DJ정권, 믿은 검찰에 발등 찍히다」, 「꼬리 드러낸 독일판 '율곡 비리'」(1999년 12월 8일), 그리고 『빠리지성』 홈페이지의 헤드라인 기사는 「'혼외아들 공화국'의 '하수구 저널리즘'」(2013년 9월 30일 작성된 기사) 등의 기사들이 대표적이다. 이처럼 한국 내의 정

치적 이슈들과 프랑스를 비롯한 전 세계의 중요한 정치적 사건들을 그때그때 뉴스로 전하고 있다. 그러면서도 『빠리지성』은 신문이 발행되고 있는 프랑스와 고국인 한국의 상황들에 대해 꽤 비판적인 시각을 유지하고 있다.

신문사의 재정을 주로 광고로 충당하는 관계로, 16쪽 정도의 지면에 광고가 지면의 절반 정도를 차지한다고 할 정도로 많다. 그 대부분이 한인의 업소들인데, 이 또한 한인들에게는 중요한 생활정보일 것이다.

지난 호들을 홈페이지에서 일부 볼 수 있다. 그리고 재외동포재단 자료실에도 『빠리지성』 일부가 소장되어 있고, 이를 DB화했다. (임성윤)

참고문헌

『빠리지성』

뿌리

(서부 호주 한인 소식지)

월간 『뿌리』는 서부 호주 한인회가 발행하는 한인회보이다. 1995년 창간호를 발간한 후, 부정기적으로 발행되다가 2003년부터 월간지로 발간되고 있고, 매월 둘째 주에 발행되고 있다. 발행인은 서부호주한인회장이 겸하고 있고, 편집은 정윤희가 담당했다. 회보의 분량은 24쪽 정도이다. 서부호주한인회 홈페이지는 http://wakorean.org.au이다. 사무소는 호주 Perth에 소재하고 있다.

서부 호주는 호주 전체 면적의 3분의 1에 해당하며, 이런 광활한 면적에 비하여 인구는 200만 명에 불과하다. 이곳으로 한인들이 옮겨 오기 시작한지도 40여 년이 지났다. 서부 호주 한인회는 1976년 12월, 120여 명의 대가족으로 불어난 Perth 정착 교민들이 당시 최연장자였던 방용빈과 뜻있는 사람들의 주선으로 한인회 발족을 만장일치로 결의하여, 1977년 방용빈을 초대 회장으로 선출하고 회칙제정과 임원진을 임명 공포함으로써 서부 호주 한인회가 탄생했다. 이후 서부 호주 한인회는 한인사회의 대표기관으로서 교포 사회의 내적인 단결과 화합을 바탕으로 하여, 소수 민족의 권익을 위한 협력 단체로 교민 상호간의 친목을 도모하고, 또한 한인사회와 호주사회를 잇는 교량 역할을 담당하고 있다. 현재 서부 호주에는 한인들의 수가 3,000명(2007년 기준)으로 늘어났다. 그리고 한인회의 활동과 한인들의 소식을 『뿌리』가 교민들에게 전파해주고 있다.

2007년에 발행된 『뿌리』 몇 권을 살펴보면, 구성은 다음과 같이 되어 있다. 한인회와 경로회, 부녀회 소식, 대사관의 공지사항이나 주 호주 대사의 인사말 등이 다른 한인회보들과 마찬가지로 앞부분을 장식한다. 그리고 이어 호주에서 특히 많이 볼 수 있는 나무인 유칼립투스와 같은 자연환경 등을 소개하고 국내외의 주요 뉴스를 정리해서 게재하고 있다. 그리고 지면 여기저기에 한인들이 운영하는 업소광고가 잡지 분량에 비해 상대적으로 많은 지면을 차지하고 있다. 그 광고 자체도 그곳에 적지 않은 한인들이 많은 다양한 일들을 하며 열심히 땀 흘리며 살고 있구나 하는 것을 알게 해주는 귀중한 자료라 할 수 있다.

호주 지도를 보면서 서쪽의 광활한 지역은 메마른 지역으로 인구도 별로 없는 곳으로 알려져 있지만, 어느덧 그곳에도 한인들이 수천 명 살고 있고, 그곳에서 한인들이 호주의 시민으로 그리고 세계의 시민으로 거듭나고 있음을 우리는 『뿌리』를 통해서 알 수 있다. 아직 회보의 분량이 얼마 안 되지만 앞으로 곧 그 분량도 늘어나고 내용도 보다 충실해지면서 한인들의 생활에 보다 도움이 되고 국내에 있는 사람들에게도 많은 좋은 소식을 전해주리라 기대해 본다.

서부 호주 한인회의 『뿌리』 일부가 재외동포재단 자료실에 소장되어 있고, 이를 DB화하였다. (임성윤)

참고문헌

『뿌리』

뿌리

(The Korean Roots)

『뿌리』는 1980년에 창간되었다. 처음에 격월간으로 발행하겠다고 했지만, 15호를 내는 데 만 3년이 걸렸다. 1983년 3/4월호(통권15호)의 경우, 발행인은 이선주(미국명, Samuel Sunjoo Lee), 편집자는 Hokie Eun이 담당했다. A4 용지 절반 크기의 지면에 42줄로 본 문을 구성할 정도로 알뜰하게 편집되어 있다. 우편주소는 Box 703, 3171 West Olympic Boulevard, Los Angeles, California 90006, USA이다. 가격은 한 부에 $3.00이고, 연 간 구독료는 $20,00이다.

1983년 3/4월호는 〈삶속에 스며든 민중의 숨결〉 이라는 주제를 담아서 창간 3주년 기념호로 발행 되었다. 편집자는 편집 후기에 왜 머나먼 미국에 서 『뿌리』라는 잡지를 내고 있는지를 밝히고 있 다. 1980년대 초 한국의 "언론부재의 슬프디 슬픈 현실 속에서도 겨레의 역사의식을 높이는 한편 창 조적이고 자주적인 미국 속의 한인사회를 건설하 는데 보탬이 되는 언론으로 『뿌리』를 키워왔다. 우리 겨레가 역사도 문화도 없는 핫바지가 아닌 바에야, 그리고 우리가 해외에 나와 이민생활을 하는 것이 하루살이일 수 없는 까닭에, 누군가는 바른 소리를 외쳐야하고 또 진 실을 증언해야 하지 않겠는가. 바로 이것이야말로 가시밭길 같은 어려운 여건 밑에서도 글을 쓰고, 편집을 하고, 또 여러 가지 모양으로 밀어주는 뿌리가족의 신념이 아닌가 싶다. … 우리 민족사의 주인은 한겨레이고 우리나라의 주체는 민중이다. 그럼에도 불구하고 우리는 남의 세력의 노예가 되고 사회의 객체가 된 채 온갖 수모와 고통을 마시며 살고 있는 것이 현실이다. 이렇듯 주객이 전도 되어 있는 역사현장을 바꾸어서 민중이 역사와 정치·경제·사회·문화의 모든 구조 속에서 주인노릇을 하도록 하여야할 것이다. 우리 겨레와 민중이 제 모습을 되찾고, 선 자리를 바꾸어 놓도록 하는 데 조금이라도 힘이 되자는 것이 『뿌리』의 몸부림이요, 또 바람이다." 군사독재정권이 기승을 부리던 시절 국내사정을 미국의 한인들에게 알리고 머나먼 미국에서 고국이 민중이 주인 되는 세상이 되기를 기원하며 『뿌리』가 창간되었음을 편집자들은 밝히고 있다.

잡지의 성격은 발행인 이선주가 권두언으로 쓴 「민중의 고뇌와 영광」이라는 글에서 보다 분명하게 드러나고 있다. 1970년대와 1980년대 초 한국의 군부독재시절에 "민중은 역사의 참여를 외치고 나섰다. 그동안 직업적 정객들에게 빼앗겼던 정치, 매판 자본가들에게 빼앗겼던 경제, 전문가들에 맡겼던 사회와 문화의 모든 영역에서 제 구실과 역할을 되찾을 것을 요구하고 나선 것이다. 사실 이 모든 삶의 영역은 민중에 속한 것이었음에서 민중의 요구는 처음부터 정당한 것일 수밖에 없다. 민중이 역사와 사회의 주인으로서 제자리를 내놓으라는 것뿐이기 때문이다. 민주화, 노동삼권, 사회참여, 민중사관, 민중신학, 참여문학, 탈춤 등 우리나라 70년대 특유의 민중운동은 이러한 맥락에서 보아야 할 것이고, 그렇게 함으로써만이 이해될 수 있을 것이다. 민중의 주체적인 역사참여, 이것이야말로 바야흐로 전개되는 민중의 시대에 있어 마땅한 필연적 현상이요, 정당한 요청이다. 그동안 역사의 뒤안길에서 서성거리고 있던, 사회의 주체요 사회발전의 동력인 민중이 역사의 마당에 나설 때, 주객이 뒤바뀐 사회질서는 정의로 그리고 분단의 현실은 화해와 통일로 탈바꿈하게 될 것이다. … 한마디로 말해서, 민중은 역사의 모든 흐름을 마침내 한곳에 모으는 바다와 같은 것이 아닐까." 이 같은 시각은 『뿌리』를 발행한 이뿐만 아니라 『뿌리』에 기고한 모든 필진이 공유하고 있다.

〈삶 속에 스며든 민중의 숨결〉이라는 특집 기사로 서정균(『해외한인보』(뉴욕), 발행인)의 「김대중 씨 도미와 한국 민중운동의 앞날」, 김지하의 「민족의 노래, 민중의 노래」, 한완상의 「고난 받는 이의 기쁨」, 서남동의 「하나님과 혁명의 일치」, 최훈근의 「민중주체의 예술운동으로서의 마당극」, 김영희의 「과테말라의 민중극단 Teatro Vivo: 제3세계 민중의 고민과 연극예술」 등이 게재되었다. 또한 〈한국민중신학의 이해와 비판〉이라는 기획 기사로, 감요섭의 「민중신학의 가능성과 문제점」, 이영빈의 「'민중의 종교': 그 내용과 한계」, David Kwang-sun Suh의 「Minjung Theology: A Korean Experience」(영어로 작성) 등이 게재되었다. 그리고 구상과, 이화선 그리고 양은식 등의 글로 구성된 통일논단과 곽상희,

박신애 등의 시 등 진보적인 정치적 경향의 글들 또한 발행인과 편집인의 생각과 동일한 민중 중심의 사회관을 드러내고 있다.

마지막으로 한인들의 경제생활에 조금이라도 도움이 될 만한 기사들을 게재하고 있다. 가령 신선유제품을 판매하는 Farm Fresh Dairy라는 가게를 운영하던 이정이라는 한인부부를 소개(「성공하는 사업가 탐방: 외상손님은 피하라. 차라리 우유를 사서 주는 편이 낫다」)하고 있는데, 이는 소규모 자영업을 많이들 하고 있는 한인들에게 귀감이 되겠다 싶은 기사이다. 그리고 미국 사회에 이제 막 뿌리를 내리기 시작한 한인기업가들은 미국정부의 경제정책, 특히 미국의 세법과 개정 내용을 정확하게 연구·분석하여 사업에 최대한 활용하는 자세가 필요하다고 하면서, 세금관계 특별인터뷰기사인 「장부는 경영의 무기요, 택스플랜은 사업의 열쇠입니다: 서성인 계리사에게 듣는다」 같은 실생활에 도움이 되는 기사도 일부 게재하고 있다.

잡지 앞과 뒤에 여러 다양한 한인업소 광고들도 게재되고 있고 미주 한인들의 생활에 도움이 되는 기사들도 일부 있지만, 『뿌리』의 기본적인 내용은 당시 국내 정치의 민주화와 관련된 진보세력의 입장을 반영한 논설과 작품들이 주를 이루고 있다.

개인연구자가 미국 유학 중 수집했던 『뿌리』 1983년 3/4월호(창간3주년 기념호)를 DB화했다. (임성윤)

참고문헌

『뿌리』

현대언론매체사전

1950~1969

사

사목
(司牧)

1967년 5월 1일에 창간된 계간 잡지이다. 편집인은 정은규鄭銀圭, 발행인은 김남수金南洙이다. 발행소는 서울시 종로구 계동 67의 31의 한국천주교중앙협의회 사목지편집부이다. 인쇄소는 삼화인쇄주식회사이다. 계간으로 발행되었다. 비매품이다.

편집인 정은규는 권두언 「창간호를 내면서」에서 다음과 같이 잡지의 창간 취지를 밝히고 있다.

"세계의 이목을 집중시켰던 제2차 바티칸 공의회가 막을 내린지 한 해가 조금 지난 오늘, 가톨릭교회는 마치 대규모의 한 작업장처럼 여러 분야에 걸쳐 그 움직임이 대단히 활발해졌습니다. 공의회 정신에 입각한 전 교회는 세계 어디서나 현대화를 위한 쇄신작업을 전개하고 있으며, 교화 및 주교들의 획기적인 용단과 현명한 지도 아래 현대 세계와 대결하여 교회의 새롭고 바른 길을 개척하려는 창의력과 신선한 생명력에 가득 차 있습니다.

이러한 때를 기하여 우리들의 다년간의 숙원이던 한국 가톨릭 성직자 잡지를 『사목』이란 이름으로 창간하게 됨을 그 의의가 자못 크다고 생각됩니다. 이 잡지가 명실공히 한국 성직자들의 참다운 '대화와 연구의 공동광장'이 되어, 사목 활동과 한국교회 발전에 이바지하도록 성심껏 키워야 하겠습니다."

이 잡지가 지향하는 것은 무엇보다도 가톨릭 성직자들의 '대화와 소통, 신학 연구의 공동 광장'을 지향하는 것이었다. 특히, 교황청의 교회 쇄신에 맞추어 한국 가톨릭교회의 공동 발전에 대한 의지를 표명하고 있다. 잡지의 편집은 인사, 논단, 현대 가톨릭 신학의 동향, 사제와 영성, 보고·주해·대화, 문헌, 서평, 부록으로 구성되어 있다.

잡지의 특징은 다음의 몇 가지를 들 수 있다. 첫째, 논단을 통해 세계 가톨릭

교회의 과제와 전망에 대한 논의의 장을 마련하고 있다는 점이다. 창간호 논단에는 「제2차 공의회에서 제시된 평신도 사도직」(정의채)이 소개되고 있다. 이 글에서는 평신도에 대한 사도들의 전반적 계몽 교육의 필요성을 제기되고 있다. 둘째, 제2차 바티칸 공의회에서 제기된 평신도의 의식 교육을 위한 방안과 의지를 표명하고 있다는 점이다.

국회도서관에 소장되어 있는 1967년 창간호, 2호, 3호, 1968년 4~7호, 1969년 8~11호를 비롯해 2001년부터 2007년까지 발행된 잡지를 DB화하였다. (김일수)

참고문헌

한국가톨릭중앙협의회, 『司牧』, 1967년 제1권 창간호~1967년 11호.

사월

(四月)

4월혁명 정신 계승을 표방하며 1967년 11월에 창간된 월간교양지. 발행 겸 편집인은 이홍배李洪培였고, 발행소는 '사월사四月社'였다. 몇 년까지 발행되었는지는 확실하지 않으나 1972년 1월까지는 발행되었던 것으로 국회도서관 소장현황을 통해 확인할 수 있다.

『사월』은 4·19혁명공로자회의 전신인 4·19회 중앙본부를 배경으로 1967년 11월에 창간된 잡지이다. 4·19회 중앙본부가 결성된 계기는 1963년 5·16군부가 4·19혁명에 참가한 공로로 4·19지도자라는 명칭의 건국포장을 수여한 것이었다. 건국포장을 받은 4·19혁명지도자들은 1966년 4월에 4·19회 중앙본부를 설립하고 활동을 개시하였다. 『사월』의 발행은 4·19회 중앙본부의 대표적인 활동 가운데 하나였다. 4·19회 중앙본부는 1970년 4·19혁명 10주년을 기하여 건국포장을 받은 자들로 사단법인 4·19회를 구성하여 활동하였으며, 1972년에는 제12주년 기념모임에서 야당대통령 후보를 초청하여 축사를 하게 되었다는 이유로 단체 활동을 정지당하고 5년간 문을 닫게 되기도 하였다. 2000년 12월 정부는 '국가유공자 등 예우 및 지원에 관한 법률'을 개정하여 '사단법인 4·19회'를 '4·19혁명공로자회'로 격상시켰다. 『사월』의 발행자 겸 편집인이었던 이홍배는 '4·19회 중앙본부'의 초대회장이었다.

'4·19회 중앙본부'의 설립이 5·16군부의 건국포장 수여에서 비롯된 것이 상징적으로 암시하듯 4·19혁명과 5·16쿠데타의 관계는 단순 정반의 관계가 아니라 얽혀있는 관계였다. 4·19혁명세력이 5·16군부에 대해 뚜렷이 반대를 하게 된 계기는 한일협정 반대운동을 통해서였다. '민족적 민주주의'를 내걸었던 박정희정권이 '굴욕적 한일회담'을 통해 한일협정의 체결을 추진하는 데 대해

4·19혁명세력은 강하게 반발하였고 그러한 1960년대 중반의 분위기를 배경으로 『사월』은 발행되었다. 편집자였던 이홍배가 "4월이 가고 5월에 기대했던 현실은 좀 더 나은 생활과 평화롭게 살기를 원하는 모든 시민이 참기에 너무나 심하다."라고 박정희정부를 비판하였던 것도 그러한 맥락에서였다. 그는 한걸음 더 나아가 "5월은 왜 필요했고 새 세대는 왜 몸부림치고 있는가, 솔직히 말해서 지도자가 싫으면 시원히 갈아치울 수 있는 풍토를 바란다."며 박정희정권이 민중의 요구에 부응하지 못할 경우 4월 정신에 입각하여 자유민권 투쟁으로 정권교체를 이뤄야한다는 메시지를 드러내고 있었다.

『사월』은 4·19혁명의 정신을 당대 현실정치에 대한 비판 속에서 되살리는 데 대한 문제의식을 드러내는 데 많은 지면이 할애되었다. 1968년 1월호 특집은 〈정미년(丁未年, 1967년)의 반성과 새해의 전망〉이었는데, 「지난해의 정치와 무신년戊申年의 각오」(김경래金景來)에서는 부정으로 얼룩진 67년 대통령선거와 총선을 총체적으로 비판하면서 '정치부재政治不在'의 상황을 비판하였고, 「정미년의 경제와 새해의 전망」(유용대)에서는 조세의 분배기능에 이상이 많아 사회균형에 역진현상이 심화된 점 등을 비판하였으며, 「최악의 사회상」(이강현李綱鉉)에서는 끔찍한 범죄와 사건사고로 얼룩진 67년의 사회상과 인권부재의 현실을 고발하고 있다. 1968년 2월호에서는 「고속도로는 근대화의 지름길인가」(김성두金成斗)을 통해 경부고속도로 건설이 국민생활에 미칠 부정적인 영향을 지적하기도 하고, 「서울의 뒷골목을 파헤친다」라는 르뽀 기사에서는 지게꾼, 넝마주이, 성매매여성을 취재하여 "조국근대화의 불도저에 밀리고 상가아파트에 밀려" 서울의 뒷골목에서 "점점 곪아터지고 있는" 근대화의 이면을 드러내기도 하였다. 같은 호에 편집실 명의로 밝힌 「근대화에 바라는 제언」을 보면, 『사월』의 편집진도 "한강변의 기적"을 향한 조국근대화 자체에는 적극적으로 찬성하는 입장을 피력하면서도 당시 박정희정권이 "위국위민爲國爲民하는 근대화"를 추구하지 않고 부정하고 피상적인 근대화만 추구하고 있다며 비판하는 입장이었다.

1968년 3월호의 특집 〈격동하는 극동정세〉는 박경목(중앙일보 외신부장)의 「작열하는 월남전쟁」, 오제도(변호사)의 「반공의식에서 본 정부와 국민」, 김정무(경제과학심의회 사무국장)의 「미국은 북괴를 인정하는가?」, 강인섭(동아일보 정치부)의 「미국은 한국을 어떻게 보는가?」 등으로 구성되어 있다. 또한 대학 학보사 기자 등이 참석한 좌담회 〈고민하는 젊은 세대〉, 김선호(경희대 교수)의 〈대학교육의 문제점〉 등 대학생·대학교육에 관한 내용도 수록되어 있다.

『사월』은 당대 현실 비판과 동시에 4·19혁명을 집단기억으로 구성할 수 있도록 그 역사성을 되짚는 코너들을 많이 배치하고 있다. '4월 인터뷰'에서는 4·18 고대선언문 작성자였던 『고대신문』편집국장 박찬세朴贊世 등 4·19혁명 과정에서 중요한 역할을 담당했던 것뿐만 아니라 당시 계엄사령관이었던 송요찬과의 대담을 통해 4월 19일에서 4월 26일 이승만 대통령 하야에 이르는 과정을 기록으로 남기기도 하였다.

1968년 4월호에는 "4·19혁명 제8주년" 축하 메시지가 수록되어 있는데, 그 명단을 보면 국무총리·부총리·국회의장·대법원장·각부처 장관·서울시장·주요 대학 총장·은행장·전국경제인연합회장 등 각계각층의 주요인사 및 기관장들의 이름으로 가득하다. 정권에 비판적인 논설들이 『사월』지 전 면에 수록되고 있음에도 불구하고 이렇게 정관계 요인들이 지면 가득 축하인사를 남겼던 것은 1960년대 당시 4·19혁명의 기억정치가 강렬하게 작용하고 있었음을 반증한다고 볼 수 있다.

조병화趙炳華의 「아! 사월－그 기원祈願」이라는 권두시와 박종화朴鍾和의 「사월의 정신」이라는 권두언으로 시작되는 1968년 4월호는 특집 〈4월 혁명론〉에는 「8년째의 적사 吊辭」(이휘재李徽載), 「혁명의 사회학적 이론」(윤근식尹槿植), 「녹슬은 4월훈장」(이홍배), 「4월의 태양을 바라본다」(안병욱安秉煜)가 실려 있고, 또 다른 특집 〈4·19와 현실론〉에는 「4·19와 현실정치」(김대중金大中), 「4월의 싹은 자란다」(신일철申一澈), 「4월은 살아있다」(이항녕李恒寧), 「4·19와 현실문화」(김제현金濟鉉) 등이 수록되어 있다.

국회도서관에 소장된 1968년 1월호부터 4월호까지를 DB화하였다. (이상록)

참고문헌

김춘식, 「4·19회의 현황과 전망」, 『사월』, 1968년 4월호, 사월사; 고정훈, 「감격의 눈물과 4월의 사자들」, 『사월』, 1968년 4월호, 사월사.

사조

(思潮)

1958년 6월 사조사에서 창간한 월간 잡지이다. 발행인은 이종렬李鍾烈, 편집책임은 방기
환方基煥이다. 편집위원은 정치법률위원 신동욱申東旭, 사회경제위원 최문환崔文煥, 어문
학위원 조지훈趙芝薰이다.

월간 『사조』는 출판사 사조사가 권위 있는 종합학
술지의 발간이라는 숙원사업의 일환으로 간행한
잡지이다.

이종렬李鍾烈의 창간사에는 이러한 간행의 취지
를 다음과 같이 밝히고 있다.

"(중략) 사계斯界의 최고 필진과 신진기예新進氣銳
한 젊은 학구인의 필봉을 동원하여 경세經世의 대
론을 설파하는 동시에 진지한 연구에서 우러난 논
총을 공개함으로써 지식대중의 등대가 되고 자극
제가 될 만한 권위지, 세계 수준에 달한 논설지, 진
리탐구에 헌신 몰두하는 인사들의 연구발표기관지 이런 월간지를 세상에 내어
놓아 보겠다는 열망의 응결이 곧 본지 창간의 동기인 것이다. (중략)

여기에 필요한 것은 우리들 편집동인과 집필제현의 지대한 연구 노력뿐만이
아니라, 독자제위의 육성의 온정과 내 잡지 내 기관으로서 배양하려는 애호의
진심일 것이다.

우리의 의도에 못지않은 열의를 경주하여 이미 간행 중에 있는 요지僚誌가 없
는 바 아니다. 그러나 우리는 우리의 개성과 창의를 살리어 남이 감히 추종치 못
할 그 무엇을 발휘하고자 한다. 목표는 유사할지 모르되 가는 코오스가 다를 것
이다.

웅대한 구상, 독창적인 착상, 참신기예氣銳한 수법, 견실확고한 운영을 지침으
로 하여 우리의 대이상을 착착 실현하여가는 동시에 무엇보다도 독자의 요망을

충족케 하는 데 만전을 다할 것을 창간에 즈음하여 자서自誓하는 바이다."

종합학술지를 표방하고 있는 만큼 『사조』에는 다양한 분야의 학술적 논의가 다뤄지고 있다. 총론으로 학문의 장場으로서의 대학, 학문의 자유 문제를 다루고, 예술, 철학, 종교, 정치, 사회 분야의 학술적 논문들을 싣고 있다. 또한 〈교양〉란과 〈수상隨想〉란, 〈문예〉란을 따로 구성하고 있다.

교양과 학구를 위한 잡지 간행을 기본방침으로 발행된 이 잡지는 각 전문분야의 수준을 낮추지 않으면서도 다른 분야에게도 이해될 수 있는 보편성을 취하여 종합지와 전문지의 성격을 유지하고자 하였다. 또한 '권위와 실질'을 편집방침으로 하여 최고의 권위 있는 집필진을 구성하고 내용을 충실히 하고자 하였다.

창간호에 실린 고려대 총장 유진오俞鎭午의 「국시國是와 학문의 자유」를 시작으로 특집 「대학생의 현실문제」, 「1958년도 석사학위논문」, 「최신 사조 강의」와, 문예란의 필진과 논설을 통해 이를 알 수 있다.

매호 특집을 실어 보편적인 문제를 공유할 수 있도록 하였다. 제1권 2호(7월호)의 특집은 「상아탑에서 새 국회에 보내는 백서」, 「우리 근대문화의 거봉들」, 「사학연구 발표논문」이다. 제1권 3호(8월호)의 특집은 「현대사상가론」, 「현대고시제도의 재검토」, 「학술조사, 채집, 답사의 방법」이다. 제1권 6호(11월호)에는 독일철학가 칼 뢰비트의 특별기고문 「세계와 세계사」를 게재하였다. 또 대만문제를 정확히 인식하기 위해 관련 글을 특집으로 실어 그 방향을 제시하였다.

서강대학교 도서관에 소장되어 있는 제1권 창간호(1958년 6월호)~3호와 6호, 성균관대학교 학술정보관에 소장되어 있는 1958년 제1권 4호, 국회도서관에 소장되어 있는 1956년 제1권 7호(12월호)를 DB화하였다. (구수미)

참고문헌

『사조』, 1958년 제1권 창간호~제1권 7호, 사조사.

사회학논총
(社會學論叢)

1964년 5월에 서울에서 창간된 학술지. 창간호의 발행소는 사회학연구회, 인쇄소는 삼성인쇄주식회사이고, 177쪽 분량에 비매품이다. 1965년 12월에 발간된 제2집을 마지막으로 더 이상 발행되지 않은 것으로 보인다.

사회학연구회에서 발간한 학술지이다. 『사회학논총』 창간호의 휘보에 의하면, 사회학연구회의 창립 과정과 그 성격은 다음과 같다.

1962년 가을 한국 사회학계의 학문적 전통 수립과 학문 수준의 향상을 위한 길을 모색하고 있던 몇몇 학자들이 뜻을 모아 1962년 12월 15일에 발기회를 열고 다음과 같은 사항을 합의하였다. (1) 會의 성격을 한국사회에 대한 사회학적 연구를 주로 하도록 하고 회원간의 친목을 갖는 비공식적 모임으로 한다. (2) 회원은 잠정간 서울대학교 문리과대학 사회학과를 졸업하여 계속 연구 분야에 종사하는 자로 한정한다. (3) 매월 회원들의 발표회를 갖는다. (4) 매년 회지를 발간한다. (5) 회원은 매월 3백 원의 회비를 납부하고, 회비는 주로 회지의 발간기금으로 사용하며, 회원은 발표회와 회지에 발표의 기회를 갖도록 한다. (6) 회비를 납부하지 않은 회원은 자동적으로 제명하기로 한다.

이상과 같은 원칙에 의하여 1963년 1월부터 1964년 2월까지 「민족적 성격에 관한 일 고찰」(신용하), 「직업 평가」(고영복), 「마을의 근대화」(김준길), 「한국 계층구조의 조사보고」(김채윤), 「고립사회의 연구-한국 산간촌락의 구조적 분석」(한상복), 「한국의 인구와 노동력에 관한 일 고찰」(김진균), 「농업노동층의 사회적 성격」(최윤목), 「한국 도시인의 사회적 태도 연구」(고영복), 「근대화의 개념」(황성모) 등 12회의 발표회를 진행했다. 이러한 연구 성과를 바탕으로 1964년 5월에 학회지로서『사회학논총』을 창간하였다.

사회학연구회는 회원 자격을 "잠정간 서울대학교 문리과대학 사회학과를 졸업"한 연구자로 한정한 것이나, 1957년에 결성된 한국사회학회의 공식 학회지인『한국사회학』(1964년 11월 창간)에 앞서서『사회학논총』을 창간한 것을 볼 때, 동 학회는 한국 사회학계를 망라한 한국사회학회와 별도로 서울대 출신 사회학자들이 보다 집중적인 연구와 친목을 위해 조직한 것으로 보인다. 이러한 점은 『사회학논총』창간사에서도 엿볼 수 있다. 회장 이근수李槿洙는 창간사에서 "우리 동문들이 절실히 느낀 바는 각자가 가지고 있는 양식을 최대한도로 발휘"하여 "한국 사회학회에다가 다시 미미하나마 그 보람의 일익을 더해 보고자 하는데에 본 연구지 발간의 첫째 목적이 있"다면서, "위선爲先은 서울대학교 문리과대학 사회학과를 졸업한 동문들로 조직"했음을 밝혔다. 또한 1964년 11월에 창간된 한국사회학회의 기관지『한국사회학』창간호의 머리말에서도 "근자에 우리 학계를 고무한『사회학논총』의 출간은 귀중한 수확"이었음을 인정하였다.

『사회학논총』창간호는 「후진사회 사회학 서설(시론)」(황성모), 「사회계급의 개념도식」(김채윤), 「한국 농촌집단의 기능적 분석 서론-농촌개발의 각도에서」(김일철), 「농업노동층의 사회적 성격」(최윤목), 「도시인의 사회적 태도연구」(고영복), 「한국의 인구와 노동력에 관한 인구학적 접근」(김진균), 「한국 산간촌락의 연구」(한상복) 등 기왕에 진행해온 연구발표회의 성과를 중심으로 논문을 신고, 서평과 휘보를 말미에 수록하였다.

사회학연구회는 학술지 창간 이후 1964년 6월부터 1965년 12월까지 11차례 모임을 갖고 학술 발표와 토론을 진행했으며, 그 성과를 모아 1965년 12월에『사회학논총』제2집을 발간했다. 여기에는 「사회학이론 구조상의 방법론 고찰」(김한초), 「한국교육의 사회적 결정요인」(안계춘), 「가두노동자의 형성과 이동」(김영모), 「농촌의 사회구조와 협동조합운동의 참여에 관한 연구」(도홍렬) 등 4편의 논문과, 서평, 휘보, 회원명단이 실려 있다. 휘보를 작성한 연구회 간사 김진균은 한국 사회학계가 당면한 문제가 "외국의 이론과 방법론을 수입해 오던 단계를 넘어서, 그것을 비판하고 우리 사회에 적용시켜 보아 그 타당성을 검증하며, 우리 사회의 상황에서 끄집어내어 체계화시켜 나올 이론과 방법론의 모색"임을 역설했다.

『사회학논총』은 1965년에 2집을 발간한 뒤에 사실상 종간된 것으로 보이는데, 이는 1964년 11월에 한국사회학회에서 학회지 『한국사회학』을 발간한 것과 관련되는 듯하다. 그러나 사회학연구회는 이후에도 활동을 계속하여 1976년부터는 서울대학교 사회학과에서 '사회학연구발표회'를 매월 개최하였고, 1977년에 『한국사회학연구』를 창간하여 1986년까지 9집 발간하였다.

국립중앙도서관과 서울대·연세대·고려대·성균관대 도서관 등에 1~2집이 소장되어 있다. 그 중 1964년 제1집과 1965년 제2집을 DB화하였다. (이용기)

참고문헌

『사회학논총』 제1집(1964); 『사회학논총』 제2집(1965); 『한국사회학』 창간호(1964); 서울대학교 사회학과 인터넷 홈페이지(http://sociology.snu.ac.kr/).

산수
(山水)

1969년 6월 1일 서울에서 창간되었다. 월간이다. 발행 겸 편집인은 이우형李祐炯, 인쇄인
은 방삼성方三成이다. 발행소는 산수사. 인쇄소는 청구정판사靑丘精版社와 대광인쇄소大光
印刷所이다. 한국직장산악인협회의 후원을 받았다. 가격은 100원이다.

『산수』는 등산과 하이킹 전문 월간지를 표방하
였다. 별도의 창간사 없이 매호마다 권두언을
실었고, 여성코너와 산악인들의 문예란이 제공
되었다.

창간호에는 최두고崔斗高, 이은상, 이숭녕李崇
寧 등이 축사를 하였다. 등산 초보자를 위해서
계획, 장비, 식량, 기상, 위생, 등반, 예절에 관한
글을 마련하였다. 제2호의 특집은 〈배달민족의
얼 백두산〉과 여름산(夏山)계획으로 꾸미고, 백
두산 천지의 특대화보를 실었다.

창간호부터 손경석孫慶錫의 「선등자先登者 우리나라 등산클럽의 발자취 – 한국
의 산악회」, 신원균申原均의 「세계의 악인岳人」, 박철암朴鐵岩의 「등반기록」 등이
연재되었다. 제2호부터 홍사준洪思俊의 「이중환李重煥의 택리지」, 「까스똥·레뷔
화 설雪과 암岩」 등의 연재가 시작되었다.

독자부록으로 15만분의 1 등산로도登山路圖를 주었는데 창간호는 관악산과
삼성산, 제2호는 수락산과 불암산, 제3호는 계룡산이었다.

창간호부터 제3호까지의 기사를 DB로 만들었다. (장신)

참고문헌

『산수』, 산수사.

산업경제
(産業經濟)

1955년 1월 1일부터 대한상공회의소가 발행한 경제전문지. 영문명은 Business Review. 1952년에 대한상공회의소에서 창간된 『주간경제』를 이어받은 잡지이다. 편집 겸 발행인은 대한상공회의소 회장은 이세현李世賢이었다. 기존의 주간지에서 『산업경제』 월간지로 바뀐 것인데, 간행빈도가 일정하지는 않았다. 『산업경제』라는 이름으로 처음 발행된 1955년 1월호가 『주간경제』를 계승하여 제26호로 명기되어 있다. 종간 시점은 분명하지 않은데, 국회도서관과 연세대 학술정보원의 소장사항을 살펴보면 1960년 3/4월 통권 제68호까지 발행된 것이 확인된다.

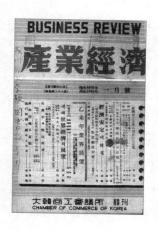

대한상공회의소의 효시는 일본인 상인들의 상공회의소에 맞서 민족계 상인조직으로 설립되었던 한성상업회의소(1884)였다. 식민지배하에서 민족계 상공회의소 조직은 '조선상업회의소령' 아래에서 경성상업회의소 등 활동을 계속해왔으나, 1944년 일제는 상공회의소를 '조선상공경제회'로 개편하고 전시동원체제에 편입시켰다. 해방후 1946년 5월 조선상공회의소를 창립한 뒤, 1948년 7월 대한상공회의소로 명칭을 바꾸었다. 대한상공회의소는 한국전쟁의 혼란 속에서 극심한 운영난에 허덕이면서도 당시 유일한 민간경제단체로서 구심점 역할을 맡았다. 상공회의소 관계자들은 1949년부터 상공회의소 제도의 법제화를 추진하여 1952년 12월 '상공회의소법'을 공포할 수 있게 하였다. 대한상공회의소의 주요 사업내용을 보면, 주요 경제현안 및 업계실태에 관한 조사·연구, 회원기업의 권익대변과 상공업계의 애로 타개를 위한 건의·답신, 상공업진흥을 위한 회의·연수·경영상담, 국제통상의 진흥과 민간교류확대를 위한 국제협력, 산업인력 양성을 위한 직업교육훈련, 사무기능의 보급을 위한 사무기능검정, 상공업에 관한 공공사업, 상공업에 관한 각종 자료제공, 정부·업계와의 가교 역할 및 지역사회개발을 위한 지원 등 상공업발전 전반에 걸친 것이었다.

대한상공회의소는 한국전쟁 중이었던 1952년 5월 20일『주간경제』라는 경제전문 주간지를 창간하였다. 대한상공회의소가 1952년 5월 20일 창간한『주간경제』는 1955년 1월 1일부터『산업경제』로 그 제호를 바꾸어 발행하기 시작하였다. 제호가 바뀌어 처음 발행된『산업경제』26호에는 대한상공회의소 회장 이세현의 권두사「을미년을 맞으며」,「경제계획과 민간기업의욕」(원용석元容奭, 기획처장)과「부흥부復興部의 신설을 주장한다」(윤성순尹珹淳) 등의 연두제언,「1955년도 한국경제전망」(타일러 우드, UN군경제조정관),「을미년의 업계전망: 메리야스공업, 모방직공업, 면방직공업, 광업, 비철금속공업, 고무공업, 수산업, 무역업, 요업(窯業), 손해보험업」,「경제자립수준과 국민생활수준」(최호진崔虎鎭),「경제안정에의 길」(주요한),「외환율과 한국경제」(이창렬李昌烈),「편집자가 본 7억 불 원조에 관한 양론兩論」(민재정閔載禎, 경향신문 편집국장·조동훈趙東勳, 서울신문 편집국장·조인상趙寅相, 중앙일보 편집국장·김성열金聖悅, 동아일보 경제부·정대영鄭大永, 조선일보 경제부),「인정과세認定課稅의 폐단은 없어지는가?」,「새해 세계경제전망」(고승제高承濟),「우리나라에 있어서 산업자본과 상업자본」(이해동李海東),「소비절약으로 자기자본축적」(이중재李重宰, 재무부장관),「수출산업을 타진함」(윤일선尹一善),「구주歐洲경제종횡기」(김유택金裕澤) 등의 글이 수록되어 있다.

1960년 1월호의 구성을 살펴보면,「국내·국제경제의 전망」(최호진·고승제)이나「59년 한국경제의 회고」등 경제상황 전반에 대한 회고와 전망류 글이 있고,「경제계획의 개요(주원朱源)나「외국무역의 정태이론」(박희범朴喜範),「경영학의 기초지식」(이은복李恩馥) 등 최신 경제·무역·경영 이론동향에 대한 소개글이 있으며, ICA통계자료와 공업생산통계·서울시도매물가·금융지표·민간무역실적표·광산물생산실적표·발전發電실적표 등의 통계자료들이 책 뒤편에 배치되어 있다.

국회도서관 등에 소장된 통권 제26호(1955년 1월)~39호(1956년 7월), 41호(1956년 9월), 44호(1956년 12월), 53(1958년 1월)~68호(1960년 3~4월)를 DB화하였다. (이상록)

참고문헌

『상공회의소 90년사, 상·하』, 대한서울상공회의소, 1979;『상공회의소 백년사』, 대한상공회의소, 1985.

산업과 기술
(産業과 技術)

1964년 9월 1일에 서울시 서대문구 신촌동 연세대학교 산업기술연구소가 창간하였다. 1965년과 1967년에 이어 1973년에 제4호를 발행하였다. 1974년부터 잡지명을 『산업기술연구소 논문집』으로 바꾸어서 매년 발간하다가 2000년부터 반년간으로 발행 회수를 늘렸다. 창간호의 발행인은 연세대학교출판부, 편집인은 한만춘韓萬春이다. 비매품이다.

연세대학교 부설 산업기술연구소가 발행한 학술잡지다. 산업기술연구소의 설립 목적은 "산업 발전에 기여할 수 있는 공학 이론 및 응용을 연구하며 간행물 발간, 연구 발표, 강연회 및 강습회의 개최와 외부에서 위탁된 조사 연구 설계와 용역을 하는"것이었다.

『산업과 기술』은 산업기술연구소 발족 1년의 활동을 바탕으로 하여 연구결과의 일부분을 대외적으로 발표하는 장이었다. 소장 한만춘은 「창간사」를 통해 당시 한국의 산업발전에 기여할 수 있는 과학기술의 여러 문제를 모색하는 잡지가 될 것을 목표로 삼았다. 제2호의 「인사의 말씀」에서는 산업기술연구소가 현장과 대학의 다리 역할을 하는 만큼 학술적이며 독창적 논문보다 산업과 직결되는 분야에 필요한 내용을 위주로 다루었다고 밝혔다.

창간호에는 연세대학교 부설 산업경영연구소 소장 최호진崔虎鎭의 축사를 시작으로 김근하金根夏 등 10명의 관련 논문이 실렸다. 그 외에 「산업기술연구소 안내」, 「금후의 연구계획」, 「산업기술연구소 규약」 등을 부록으로 수록하였다. 제2호에는 8편의 논문과 기존의 부록 외에 「주요사업개요」와 「소원 연구상황」 등을 더하였다.

제3호 이후 7년 만에 발간된 제4호는 주로 공학 전반에 걸친 각종 연구논문 발표에 치중했던 데서 벗어나 각 공학 분야 상호간의 새로운 공학기술에 관한 해설과 현황 등을 더하였다. 그리하여 공학기술인이라면 누구든지 자신의 전문이 아닌 분야도 읽고 싶도록 하는 데 목적을 두었다. 제4호의 연구 논문은 개인이 아닌 화학공학, 전기공학, 건축공학, 토목공학, 기계공학, 금속공학, 요업공학, 전자공학, 식품공학 등 각 연구실 명의로 발표되었다. 이어 한국 공업의 전망 시리즈로 우선 화학공업, 기계공업, 전자공업, 건축공업을 먼저 다루었다. 「기술정보」란에서는 산업기술연구소를 구성하는 9개 공학부문의 현황을 정리하였다.

산업기술연구소는 1974년부터 『산업과 기술』을 『산업기술연구소 논문집』으로 바꾸는 한편으로 『산업기술연구소 연보』를 함께 발행하였다.

국회도서관에 소장된 제1호부터 제4호의 잡지 기사를 DB로 만들었다. (장신)

참고문헌

『산업과기술』, 산업기술연구소.

상황
(狀況)

1969년 8월 15일에 창간되어, 1973년 봄 5호까지 총 7호가 발행되었다고 알려져 있다.
문예동인지이다. 동인은 임헌영, 구중서, 백승철, 신상웅, 김병걸 등이다. 창간호의 발행
소는 범우사, 1972년 2월부터 발행소는 상황사(서울 홍제동 172의 8)이다. 발행인은 이동
주, 인쇄인 김준기, 가격은 300원이다. 발행면수는 100~200여 면이다.

동인지『상황』은 4·19세대 문인의 현실적 고민, 즉 현실의 모순과 비평이라는
문제를 깊이 있게 고민하던 4·19세대 지식인들의 전형적인 매체였다.

동인지『상황』에서는 구중서, 임헌영, 백승철, 김병걸 등이 중심이 되어 활동
하고 주성윤, 김열규, 이우재 등이 결합한다.

『상황』동인은 분단과 통일의 문제를 민중의 시각에서 고민할 것을 제기하는
데, 이 역시 그들이 4·19 혁명 세대라는 것을 증명해 주는 것이다. 창간사「문
학조건」을 볼 때, 이 동인의 지향점은 현실에 대한 합리적 인식과 창조적 정신,
그리고 토착정신의 원형을 발굴하는 것이다. 그리하여 이를 통해 "폭력화하여
고통스런 불화와 무기력과 좌절을 낳는" 문학의 조건들, 현실과 대결하는 것이
다. 이 글이 예지하는 것처럼 동인지『상황』은 역사, 주체, 민중, 전통 등의 새로
운 인식소를 제기하면서 주체적인 역사인식과 민중적 전망을 강조한 급진적 진
보주의 문학론을 추구했다.

창간호부터 시작된 이러한 작업은 역사 속에서 저항적 문학의 전범을 찾는
데서부터 출발한다. 창간호의 서두에 이육사의 고향이 소개되고, 말미에 신동엽
의 미발표 유고「서울」이 소개된 것도 그들이 추구하는 문학의 전통이 어떠한
것인지를 상징적으로 보여준다.

그리고 그들이 지향하는 현실주의적 합리적 비판정신은 동인지에 현실주의
적인 평론이 많이 실린 것에서 가장 명료하게 드러난다. 창간호에 실린 임헌영
의「예술론」, 주성윤의「시에 있어 존재와 언어의 문제」, 구중서의「한국현대시
의 전개」, 백승철의「작가와 시대의 위기」는 이러한 현실주의적 비평의 이론적

맥락을 탐색하는 글들이다. 이외에 창간호에 1960~70년대 지식인들 의식에 많은 영향을 끼친 H. 마르쿠제의 글 「고뇌하는 의식의 극복 – 억압적인 세속화」가 최혜성의 번역으로 실려 있는 것도 같은 맥락이라고 볼 수 있다. 1972년 봄호부터는 시와 소설 작품도 싣는다.

『상황』의 전반적인 평론의 편재를 살펴보면 크게 두 가지 맥락으로 나누어 볼 수 있다. 하나는 임헌영과 주성윤의 글이나, 번역론처럼 주로 서구의 미학 사상을 수용하면서 이를 한국의 상황에 적용시켜보려는 시도이며, 다른 하나는 구중서의 글 「한국현대시의 전개」처럼 과거 한국문학사의 탐색을 통해서 현재 자신들의 위치를 진단해 보고자 하는 글이다.

그리고 매호마다 자료를 소개하고 있는 것도 그 특징 중 하나이다. 창간호에는 이육사와 신동엽의 시를 싣고, 1972년 봄호에는 「리얼리즘에 관한 제논쟁 재록」, 1972년 여름호에는 「민족문학론」, 1972년 겨울호에는 「신항일문학(1)」, 1973년 봄호에는 「신항일문학(2)」이란 기획 하에 과거와 당대의 텍스트들을 선별하여 싣고 있다.

이러한 충실한 자료의 수집과 탐색은 그들이 매우 진지하게 당대의 문화적 토대와 전통 속에서 구체적으로 자신들의 이론적 탐색을 시도하였다는 점을 증명해 주는 것이다. 그리고 이러한 진정성은 그들을 1960년대 현실주의 문학의 대표 주자로서 자리매김하게 하는 것이다. 연세대학교와 이화여대, 국립중앙도서관, 국회도서관에 일부 소장되어 있다. 이들을 수집하여 DB화하였다. (박지영)

참고문헌

『상황』, 1969. 8~1973. 봄(1호~5호); 하상일, 「1960년대 현실주의 문학비평 연구:『한양』·『청맥』·『창작과비평』·『상황』을 중심으로」, 부산대 박사학위논문, 2004; 임영봉, 「4·19세대 비평담론의 형성 과정」, 『상징투쟁으로서의 한국 현대문학비평사』, 보고사, 2005.

새교육시보

(새교육時報)

1964년 7월 16일 창간된 교육 관련 주간신문으로 타블로이드판 8면, 11단제로 발행되었다. 발행 겸 편집·인쇄인은 윤택중尹宅重, 편집국장은 윤여택尹汝澤이다. 발행처는 서울 종로구 廟洞 76(새교육시보사)이다. 월 정가 100원이고 이후 12면으로 증면되며, 1965년 10월 8일(제50호)부터 『새교육신문』으로 제호 변경되었다.

이 신문은 학생과 교수를 대상으로 문예 행정과 각급 학교의 교육 전반을 취급, 교육발전을 꾀한다는 목적으로 창간되었다.

발행인 윤택중(尹宅重, 1913년~2002년 1월 26일)은 대한민국의 국회의원을 지낸 정치인이자 교육자, 공무원이다. 윤택중은 1945년에 창당되었던 한국민주당韓國民主黨에 연락부의 일원으로 참여하였고 1960년 문교부 정무차관, 1961년 문교부 장관을 역임했다. 1961년 5월 3일에 장면 내각에 의해 발탁되어 문교부 장관으로 임명되었지만, 1961년 5·16 군사 정변 직후 개각으로 단 17일 만에 물러났다. 이 신문은 문교부 장관에서 물러난 시점에서 발행에 참여하였고 신문은 발행인의 정치적 성향과 지향을 담고 있다. 이후 1971년 신민당 지도위원회 부의장을 지냈고 민족통일국민운동본부 지도위원회 부의장을 역임하는 등 지속적으로 정치활동을 했다.

신문 구성은 1·2·3면 뉴스, 4면은 〈해외교육〉, 5면은 〈서울판〉, 6·7면은 기획기사, 8면은 〈장학편奬學篇〉, 9면은 〈관리편〉, 10면은 〈연구편〉 등으로 각 면을 구분하여 분야별 문제를 다루었다.

제49호(1965. 9. 30.) 교육계 뉴스로는 「교육감도 교육공무원」, 「중등교육회를 부인, 대한교련서」, 「교육재정 수요액 충당 위해 운영비 등 증액」, 「학급수용비 인상」, 「교육 우선 국책 실현을 요구」 등 교육정책과 교육현황에 대한 기사가 실렸다.

〈해외교육〉에는 영국, 프랑스 등 각국 교육정책과 학교 현장에서 있었던 사건 등이 '해외토픽'과 같은 형식으로 게재되었고, 5면 〈서울판〉에는 「중학입시 출제범위 확정」, 「교직원 종합검진」, 「자연증가 4만 예상, 11월 말까지 학령부 작성」 등 서울 교육계 소식이 실렸다. 〈기획기사〉에는 제4회 학술대회에서 발표된 논문으로 「교육경제론에서 본 인간자본의 개념」(성하원成河瑗), 「농촌향토학교의 사회적 배경」(정지웅鄭址雄) 등이 게재되고, 〈장학편〉에는 중고등학교의 학력 수준을 도시와 농촌, 남녀학생 간 차이 등으로 나누어 분석한 기사가 실렸다.

1960년대 후반기 교육 관련 정책의 구체적인 사안과 당시 교육계의 문제점, 그에 대한 전문가의 진단 방향 등을 확인할 수 있는 자료이다.

국회도서관에 소장되어 있는 49호(1965. 9. 30.)를 DB화하였다. (이병례)

참고문헌

『새교육시보』, 새교육시보사, 1965년 9월 30일.

새마을
(新農村)

1982년 1월 심양沈陽시 료녕遼寧인민출판사에서 편집발행하고 『료녕일보』 인쇄창에서 계간으로 발행했다. 1984년부터는 출판 인쇄처가 료녕민족출판사에서 출판, 요녕성신화서점 발행, 심양신화인쇄창 인쇄로 바뀌었다.

창간사 「새마을을 내놓으며」에서 "농촌의 사원들과 간부들을 주되는 대상으로 한 계도에 하나씩 내는 종합성적인 농촌총서『새마을』이 여러분들의 관심과 지지 속에서 탄생을 고하게 되었습니다."라며 농촌 사원과 간부들을 대상으로 한 계간지임을 설명하였다.

발행 목적은 새롭게 변하는 농촌의 좋은 정세에 발맞추어 농촌의 정치사상, 경제, 과학기술, 문화, 교육, 오락 등 우리 민족 농민들과 농촌 간부들을 위한 길잡이로 실속 있는 길동무가 되는 것이라 하였다.

이러한 방향에 맞추어 내용은 농촌경제 정책, 청년수양, 혁명열사 소개, 인재와 교육, 단편소설, 단시 묶음, 민간이야기, 역사이야기, 우화, 웃음주머니, 기행문, 재담, 과학지식, 어문학습, 위생상식, 명인일화, 편자의 말, 미술작품, 사진, 노래 등의 고정란을 배치하고 "사회주의적 물질문명과 정신문명을 이룩하는 투쟁의 길에서 여러분들에게 알찬 보람이 있게끔 다 같이 힘을 씁시다." 라며 편집부의 글을 실었다.

1985년에 들어서면 고정란의 변화가 있다. 실화문학, 청춘의 벗, 법제와 교양, 연애·혼인·가정, 부모필독, 소설, 시문학, 의학지식, 생리위생, 사양업 지식, 상품생산정보, 민족의 발자취, 민담, 과학기술강좌, 아시는지요, 오락, 민속, 노래 등 보다 다양하고 풍부한 대중적 기사들로 채워져 있다.

연변대학도서관에 소장되어있으며, 1982년에서 1985년까지의 잡지가 DB화되었다. (김성남)

참고문헌

『새마을』, 1982년1기, 1985년 1기; 車培根·吳泰鎬, 『中國朝鮮民族言論史』, 서울대학교 출판부, 1997.

새마음

서울특별시 종로구 종로 2가 55번지에 위치한 새마음사에서 1965년 처음 발행한 월간지이다. 발행 겸 편집인은 김중金重, 주간은 이일청이 담당했다. 정가는 1969년 1월에 잡지 제작비의 인상을 이유로 70원으로 올랐지만, 같은 해 4월에 발행된 5권 3호부터 잡지 면수가 줄어 정가를 50원으로 인하했고, 다시 5권 4호부터 60원이 되었다.

1965년 서울특별시 종로구 종로 2가 55번지에 위치한 새마음사에서 처음 발간한 월간지이다. 매달 발행되는 월간지이긴 하지만, 상황에 따라 그렇지 않은 경우도 있었다. 예를 들면, 1969년 발행된 통권46호는 2/3월호로, 1973년 발행된 통권90호는 5/6월호로 합호되었다. 발행 겸 편집인은 새마음회 회장을 맡고 있는 김중金重, 주간은 이일청이 담당했다. 하지만 주간은 1969년 4월에 발행된 5권3호의 판권지에서부터 찾아볼 수 없게 된다.

새마음사는 새마음 운동을 추진한 새마음회가 운영한 출판사이다. 새마음 운동이란 "적당주의, 기회주의, 요령주의 등 갖가지 사회악을 조성하는 근원을 뿌리째 뽑아 버리고, 사실대로 살고 서로 인정하고 이해하며 반드시 먼저 주는 생활을 모토로 삼는 운동"이다. 즉 인간의 숙원인 행복이나 평화를 찾기 전에 불행과 불화, 또는 갈등을 초래한 근본 원인이 되는 마음의 벽을 제거하여 인류의 숙원을 해결하고자 하는 것이다. 사고의 혁명을 통해 주관을 확립하여 순리를 스스로 깨우치고, 새인간을 창조하는 운동이다.

잡지의 성격은 각 호 앞부분에 실린 〈본지本誌의 성격〉이란 글에서 드러나는데, "인간행위의 다양한 모습과 인간사고의 천차만별한 사상을 사실대로 그려 놓으므로써 스스로의 혜지慧智로 취사선택이 가능 또는 용이하게 하여 자타自他

461

의 그릇된 사고를 제거하는 데 하나의 자료가 되려는 것"이라고 밝히고 있다.

잡지의 구성을 살펴보면 우선 앞부분에서 〈사고의 혁명〉과 〈광장〉이란 꼭지로 철학적·종교적인 내용을 다루고 있다.「인간생활의 자성」,「인간의 행동기준과 그 근거」,「한국 교회는 세대의 싹이다」,「종교는 새로워져야 한다」,「한국사상의 실체와 그 전망」등의 제목만 살펴보더라도 철학적·종교적인 내용을 주제로 사고의 혁명을 이뤄내 올바른 정신을 확립 시키고자 하는 목적이 드러난다. 잡지의 절반 이상은 회원들이 기고한 시, 산문, 취재내용 등으로 이루어져 있다. 또한 매호 〈본지의 성격〉과 〈새마음 실천요강〉은 빠지지 않고 실려있다.

『새마음』은 현재 국립중앙도서관, 서울대학교, 성균관대학교, 연세대학교에서 소장하고 있다. 특히 연세대학교에는 중간에 결호가 있긴 하지만 1965년에 발간된 1권부터 1976년에 발간된 12권까지 소장되어 있다.

국회도서관에 소장된 1969년 5권 01호~5권 8호, 5권 10호, 1970년 6권 3호~6권 7호, 1972년 8권 76호~8권 85호, 1973년 9권 86호~9권 96호, 1975년 11권 107호~11권 112호, 1976년 12권 117호~12권 122호까지 DB화하였다.

(김민아)

참고문헌

『새마음』(1969, 1970, 1972, 1973, 1975, 1976)

새빛

1963년에 창간된 한센병 계몽잡지이다. 주간은 양승호楊勝昊, 편집부장은 신정하辛定夏, 발행 겸 편집인은 유준柳駿이다. 발행소는 서울시 중구 남대문로 5가 84의 1 새빛사이다. 인쇄는 광명인쇄공사이다. 1964년 7월 2권 4호부터 서광에서 새빛으로 제호를 바꾸었고, 격월간에서 월간으로 발행하였으며, 비매품에서 정가 10원의 유료로 바뀌었다.

발행인 유준은 「개간사」에서 다음과 같이 잡지의 개간 취지를 밝히고 있다.

"『서광』이 그 면모를 일신하고, 발전적 개간을 단행하게 되기까지에는 그동안 집필을 맡아주신 여러 선생님의 노고와 애독자 여러분들의 끊임없는 성원에 힘입은 바 컸습니다. 『서광』이 처음으로 세상에 햇빛을 보게 되었을 당시는 아무도 관심을 가져준 이 없어 외로웠지만 그러나 꺾이지 않고 고군분투한 보람이 있어, 이제는 한국의 유일한 나병계몽지로서 각광을 받게 되었을 뿐 아니라 환우 여러분들의 사랑을 한 몸에 받게 된 것을 기쁘게 생각합니다. 또한 창간한지 일 년 반 동안에 한 번도 결간한 일 없이 명실공이 환우 여러분들의 대변지로서 미흡하나마 그 소임을 다 해온 것을 스스로 자랑스럽게 생각합니다."

이 잡지가 지향하는 것은 무엇보다도 읽히는 한센병 계몽지로서 한센병치료와 나병에 대한 잘못된 선입견을 바로 잡는 데 있다. 이에 대해 한센병 계몽을 위한 표어를 개발하였다. 개간호인 1964년 2권 4호에 당선된 표어를 제시하면 다음과 같다.

'알고 보면 낫는 나병, 낙심 말고 치료받자'

'나환자도 한 핏줄기, 내 몸처럼 돌봐주자'
'치료하면 건강인, 나환자라 냉대 말자'
'나병이라 실망 말고 가족 이웃 배척 말자'
'의심나면 진찰받고 하루 빨리 치료하자'

　　잡지의 특징은 다음의 몇 가지를 들 수 있다. 첫째, 나환자들의 자활 사례를 소개하고 있다. 둘째, 나환자 치료 기관 방문기를 싣고 있다. 셋째, 나병계의 소식을 제시하고 있다. 넷째, 나환자 관련 문학 작품 소개와 창작을 소개하고 있다.
　　국회도서관에 소장되어 있는 1964년 2권 4호~8호, 1965년 3권 1호부터 10호, 1969년 7권 1호부터 10호까지를 DB화하였다. (김일수)

참고문헌

『새빛』, 새빛사.

새서울

1966년 5월 1일 서울시 기관지로 창간되었다. 총 8면으로 구성되었으며, 1호 발행 이후 계속 발행 여부는 확인되지 않는다. 발행인은 서울시장 김현옥金鉉鈺, 편집인은 안진安震 이고 서울 각 지역 통·반장을 대상으로 배포되었다.

이 신문은 발간 목적으로, "市 행정을 모든 시민에게 알려드리고 시민의 여론을 반영하여 수도 서울의 보다 나은 발전을 이룩하기 위하여 발행하는 것이다."라고 하였다. 서울시의 시정홍보와 시장의 활동상을 선전하기 위한 것이었다.

신문의 발간 주체인 김현옥은 1966년 3월부터 1970년 4월까지 14대 서울시장을 지냈다. 김현옥은 1926년 경남 진주 출신으로 1947년 육군사관학교 3기로 남조선국방경비대에 입대, 한국 전쟁에 참전하였고 1955년 육군수송학교장, 1960년 육군 제3항만사령관을 역임하였다. 1962년 준장으로 예편 후 부산시장에 임명, 4년간 근무한 뒤 1966년 서울시장이 되었다. 김현옥은 박정희 정부시대 개발정책의 선두에 서서 서울시 개발을 밀어붙여 '불도저'라는 별명이 붙여진 인물이다. 그는 1969년부터 1971년까지 3년 동안 10만 호 아파트 건설을 계획하고 1969년의 경우 서울시 총예산(416억 원)의 12.4%에 해당하는 51억 원을 시민아파트 건설에 투입했다. 그 밖에 세운상가 건립, 여의도 개발, 강변북로 건설, 청계고가도로를 건설을 추진했다. 부실공사의 대표가 된 1970년 '와우 아파트 붕괴사고'의 책임을 지고 사임한 후 1971년부터 1973년까지 내무부 장관을 지냈고 1980년 신군부에 의해 부정축재자로 몰리기도 했다. 김현옥은 육군사관학교 출신이자 박정희의 후배로 1966년 제14대 서울시장에 발탁되어 의욕적으로 여

465

러 가지 개발사업을 동시에 추진하여 서울의 모습을 바꿔 놓은 대표적인 인물이다.

창간호(1966. 5. 1.) 1면은 서울시 행정 관련 안내와 시장의 활동상으로 구성되었다. 「장안을 주름잡는 김시장」이라는 제목의 기사에서는 '공사장, 뒷골목까지 샅샅이 돌아보고 초인적 강행군, 노상에서 간부회의도'라는 부제가 붙어 있다. 시장의 활동을 선전하고 홍보하기 위한 기사이다.

2면은 김 시장의 취임사와 기자회견 내용, 「김 시장에게 바란다」라는 시민의 글이 실렸다. 취임사에서 김 시장은 '규정에 얽매이지 않는 안일을 버리고 신념과 철학의 창의적 자세로 일관', '시행정의 모든 현안을 시민 이익에 온갖 난관을 뚫고 복지 서울 건설', '시민을 주인으로, 일로 보답할 터, 내가 하는 일 밝히고 책임을 지겠다' 등의 요지로 자신의 포부를 밝히고 있다.

3면은 「외국의 도시행정」이라는 기사로 외국 도시 개발 사례를 소개하고 있으며, '시민의 날'을 맞이하여 「모범시민 표창」 기사가 실렸다. 모범시민상은 「착한, 부지런한, 장한시민」으로 나누어 표창받은 시민들의 이름과 주소가 실려 있다.

4, 5면은 「밤낮없이 피치 올리는 건설공사」라는 제목 하에 각 공사 현장 사진과 김 시장의 활동내용을 소개하고 있으며, 6면에도 역시 「김 시장의 지시사항」이라는 내용으로 침체된 시정에 활력을 불어넣고 있다고 하는 김 시장 홍보성 기사가 주를 이룬다.

7면은 교통, 금리, 동리 행정 관련 기사가 실렸고 8면은 일반상식과 시정 관련 내용으로 구성되었다. 어린이 건강심사 방법과 일정, 위문품 모금관련, 가족계획에 따른 피임방법, 시립병원 이용 관련 기사가 실려 있다.

이 신문은 시장 김현옥이 시장으로 취임한 직후 발행된 신문으로 글의 논조는 대부분 개발공사를 미화하는 내용으로 채워졌지만, 1966년 중반기 서울시 개발공사의 한 단면을 엿볼 수 있는 자료이다.

국회도서관에 소장되어 있는 창간호(1966. 5. 1.)를 DB화하였다. (이병례)

참고문헌

『새서울』, 서울시, 1966년 5월 1일.

새 세대
(新しい世代)

1960년 2월 10일에 도쿄에서 창간된 일본어 월간지이다. 재일조선인 청년을 대상으로 발행되었다. 발행인은 김경철金慶喆이며 발행처는 조선청년사였다. 정가는 30엔圓이다. 1996년 8월호부터 제호가 『セセデ』로 변경되었다.

재일본조선인총연합회 산하의 출판사인 조선청년사에서 1960년 2월 10일에 창간되었다. 편집은 재일본조선청년동맹 중앙위원회가 맡았다.

북한으로의 귀국운동이 한창이었을 때 창간되었는데, 「창간사」에서는 "국어도 잘 모르고 다양한 뉴스에 접할 기회가 적은, 대부분의 청년이나 일본 학교에 재학하는 조선 고등학생들이 만 명 가까이 열심히 공부하고 있는 사정 등에 비추어 조국 조선의 실상, 특히 조국에서의 청년 학생들의 생활상황이나 일본에 살고 있는 청년 학생을 비롯한 60만 동포의 여러 가지 동향 등을 여러분에게 알리며 면학을 위한 친한 벗이 되기를 바라며" 창간되었다고 밝히고 있다. 실제로 각호 표지에는 '조국을 더 잘 알기 위해'라는 말이 찍혀 있다.

주된 내용은 조선문화나 총련계 재일조선인운동의 동향 소개, 재일조선인 청년들의 활동이나 그들이 직면한 문제를 다룬 기사들이지만, 초기에는 북한의 발전상이나 귀국한 이들의 목소리가 많은 비중을 차지했다. 필진은 재일조선인 청년을 비롯해 재일조선인 언론인, 역사학자, 문학자 등인데, 한국과 인연이 있는 일본의 저명한 문화인이 지면에 등장하기도 했다.

1996년 8월호부터 제호가 『セセデ』로 변경되었다. (후지이 다케시)

참고문헌

『新しい世代』, 朝鮮靑年社, 1960~1996; 朴一 편, 『在日コリアン辭典』, 明石書店, 2010.

새싹

(강북런던 한국학교North London Korean School)

『새싹』은 런던 북쪽 지역에 위치한 주말학교인 강북런던 한국학교의 교지이다. 1990년 2월 17일에 『새싹』 창간호가 발간되었다. 이후 1년에 한 번 졸업식 즈음에 발행하였고, 2012년 1월 28일 현재 교지 『새싹』 22호를 발간했다. 현재 학교의 웹사이트 주소는 http://n-londonkoreanschool.com/으로 되어 있다. 그리고 학교의 주소는 St. James' Catholic High School/ Great Strand, Barnet/ London, NW9 5PE이다.

2004년 주영한국대사관에는 21개의 한국학교가 등록되어 있다. 그중 1988년 9월 10일에 개교한 강북런던 한국학교는 다른 한국학교들과 비교해서 긴 역사를 자랑하고 있다. 정구선이 초대교장으로 부임했다. 1991년까지는 초등학교 졸업식만 개최하다가, 1992년부터 초중등이 함께 졸업식을 진행했다. 1994년 11월 27일에 제1회 한국어 웅변대회를 개최했다. 2004년에 다음 카페 내 학교 홈페이지를 오픈 (http://cafe.daum.net/NLKS)했고, 2009년 학교 홈페이지 www.londonkoreanschool.com로 변경했다. 학교의 위치를 The Crest Girls' Academy, Crest Road, Neasden, London NW2 7SN에서 2011년 St. James' Catholic High School로 이전했다.

2005년에 입학금은 50파운드, 수업료는 초등학교가 학기당 120파운드, 중학교가 130파운드였다. 현재는 입학금이 30파운드이고, 수업료는 학기당 140파운드인데, 두 자녀가 다닐 경우에는 230 파운드, 세 자녀가 다닐 경우에는 250파운드이다. 수업은 토요일 오전 8시 45분부터 특별활동까지 해서 오후1시 30분까지 진행하고 있다. 교과서는 한국의 국정교과서를 사용하고 있다.

강북런던 한국학교는 "영국에서 자라나는 한인 2세 개개인이 영국교육뿐만 아니라 한국어와 한국문화 및 역사에 대해 배우고 익혀 균형 있는 교육을 받음으로서 보다 행복하고 성공적인 삶을 살아나갈 수 있도록 도움을 주"고자 설립되었다.

『새싹』도 다른 교지들과 마찬가지로, 발간사를 비롯해서 주영교육원장과 교장의 인사말로 시작하고, 본문은 유치부에 해당하는 준비반부터 중학교 3학년 과정의 학생들의 글과 그림들을 학년순으로 구성하고 있다. 그리고 뒷부분에는 전년도 사진 앨범, 학사일정 그리고 학교연혁이 실려 있다.

강북런던한국학교에서 이루어지는 교육과 학생들이 어떻게 느끼는지를 유치부에 해당하는 준비반부터 중3과정까지 강북런던한국학교를 다녔던 졸업반 학생이 쓴 글을 통해 알아보자. 특히 이중언어 교육을 받는 학생들이 겪는 어려움과 그것을 어떻게 극복하고 있는지 그리고 더 나은 한국학교의 전망을 모색하는 데 도움이 될 만한 글이라 판단되어, 이 학생의 글을 축약해서 전재한다. "2학년 때 매주 받아쓰기 시험을 보았는데, 어느 날 공부를 안 했는데도 10개 중에서 8개를 맞았다고 엄마에게 자랑했다. ✔가 8개 표시되어 있었던 것이다. 그런데 알고 보니 ✔(티크) 표시가 영국학교에서는 답이 맞았다는 표시를 할 때 쓰는데, 한국학교에서는 틀렸을 때 ✔ 표시를 한다는 것이다. 그리고 계속 받아쓰기를 잘 하지 못해서, "나 한국말 배우기 싫어!"라는 생각이 들기도 했다. 이후 한인학교에 다니는 것이 부끄러워졌는데, 왜냐하면 "숙제나 일기를 써오면 전 계속 틀린 게 너무 많았고 공책은 항상 빨간 볼펜으로 색칠 돼 있는 것 같았어요. 다른 애들은 숙제점수도 잘 나오고 한국말도 잘 하는데 나만 못했던 거예요." 몇 년 뒤에, 6학년 들어가면서 선생님께서 다음과 같이 말씀하셨다. "우리는 지금 영국 땅에 살고 있지만, 피로는 한국 사람이야. 그러니까 한국 사람은 한국말을 해야지?" 시간이 지나면서 선생님께서 해주신 얘기가 가슴을 찔렀고 … 그때서야 한국말 배우기에 노력을 해야겠다고 결심했다. 졸업을 앞둔 현재 아직도 한국말이 유창하지 않아도, 여태까지 배운 것은 잊지 않고 한인학교는 떠나지만 앞으로도 더욱 많은 것을 배우고 싶은 소망을 가지고 있다(『새싹』 16호, 77-8쪽).

이러한 강북런던 한국학교 한인학생들의 글과 그림 그리고 사진을 통해 한국인으로, 영국의 시민으로 그리고 세계 시민으로 성장하고 거듭나는 재영 한인 학생들의 모습을 『새싹』에서 볼 수 있다.

『새싹』 일부가 재외동포재단 자료실에 일부 소장되어 있고, 이를 DB화했다.
(임성윤)

참고문헌

『새싹』 15, 16호; 강북런던한국학교 웹사이트 http://n-londonkoreanschool.com

새일신보

1966년 2월 5일 창간된 기독교 말세복음 선교부흥단의 신문으로 타블로이드판 4면으로 발행되었다. 발행인은 정청명, 고문은 이뇌자이다.

새일신보 고문 이뇌자는 「창간사」에서 신문 발행 목적을 다음과 같이 밝히고 있다.

"하나님께서는 이제부터 새일을 행하실 때는 왔다. 붉은 세력이 이 땅 1/3을 점령한지도 15성상이 넘는 금일에 하나님은 동방 땅 끝에서부터 새일의 역사를 일으키실 것이니 (중략) 하나님께서 이 새일신보를 발행하는 것은 하나님께서 새일의 역사를 행하시는 일을 일반에게 세 가지 형태로서 알려주시는 방법이다. 첫째는 국제적인 문제와 교회에서 일어나는 역사를 이 목적으로 둔다. 둘째로는 사탄의 감화가 검정연기 같이 해와 공기를 어둡게 하는 영계 흑암이 내덮는 혼란기에 영계를 수습하는 하나님의 완전비밀의 진리가 새일신보를 통하여 나타날 것이니 (중략) 다음은 말세의 말세관이 너무나 혼선되어 있는 이때에 새일신보는 여러 가지 성경을 많이 들어서 말하되 (중략) 하나님의 말세의 붉은 비밀 말세복음의 진리를 분석해서 하나도 어기지 않고 혼선되지 않도록 해서 세상에 발표하는 것이다. (중략) 하나님께서 종말에 행하시는 역사로서 신께서 직접으로 성경을 알도록 가르쳐주시는 동시에 영계를 분별하도록 해주시는 것을 새일신보의 근본목적으로 한다."

신문 발행목적은 종말의 세계가 된 공산주의 세력을 몰아내는 것이 하나님의 뜻이며, 그러한 종말론이 제대로 인식되지 않고 있기 때문에 말세관을 체계화하고 일반에게 전파하는 것에 있다는 것이다.

신문 발행주체인 말세복음부흥선교단은 '새예언 새계시'를 주장하고 있는데, 새계시는 주로 종말론에 집중돼 있고 예수 재림의 시기에 대한 예언과 계시가 그 중심을 이룬다. 종말론은 신비주의적 혹은 신령주의적 신앙운동을 취하였고, 대표적인 인물로는 이재명, 한에녹을 시작으로 김백문, 문선명, 박태선, 이뇌자, 이장림과 다미선교회 등이 있다.

신문은 뚜렷한 구분 없이 대부분 선교부흥단의 기독교 논리를 선전하는 글로 구성되었다. 1면의 「3차전과 말세증인」에서는 "3차전을 두려워하는 것만이 하나님의 자녀가 할 일이 아니라 말세의 진리를 바로 깨닫느냐가 우리의 일이다."라는 주장을 하고 있으며, 2면의 「붉은 세력은 왜 높아지는가」라는 글에서는 "동방아시아가 다 붉은 땅이 됐다고 낙심하지 말라. 하나님께서 너희를 들어서 능히 북진할 수 있게 할 것이다. (중략) 하나님의 말씀대로 심판하기 위하여 붉은 세력이 높아졌으니 너희는 말씀을 바로 보라."라고 하여 반공이데올로기에 입각한 기독교 선교 논리를 펴고 있다. 이어 「말세복음선교부흥단」 조직 경과에 관한 기사가 간단히 실렸다. 3면에도 2면에 이어서 「붉은 세력과 거짓 성직자」라는 제목으로 공산주의 비판글이 실리고 「말세복음 청년부흥단 취지문」이 실렸다.

4면의 「미국에 보내는 편지」에서는 미국에 거주하는 형제에게 보내는 편지 형식의 글을 빌어 공산주의 제거를 위해 미국의 역할이 중요하다는 것을 간접적으로 어필하였다. 또한 "우리는 아세아 땅덩어리가 다 붉은 세력에게 먹힘을 당하고 남단 끝에 남은 땅에서 눈물겨운 기도를 하나님께 올리고 있다."운운하여 공산주의 세력에 대한 적대감을 노골적으로 드러내고 있다.

국회도서관에 소장된 창간호(1966. 2. 5.)를 DB화하였다. (이병례)

참고문헌

한국신문연구소 편, 『한국신문백년』, 1975; 이상규, 「한국 교회사에 나타난 거짓 계시운동」, 『성경과 신학』 12, 1992; 『새일신보』, 말세복음부흥선교단, 1966년 2월 5일.

새조선

(규슈판)

1950년 11월 15일에 도쿄에서 창간된 신문의 규슈九州판이다. 조국방위전국위원회 기관
지로 발행되었다. 타블로이드판 2면으로 발행되었으며 사용언어는 일본어이다. 5일간으
로 발행되었으며 구독료는 1개월 30엔圓이었다.

1949년에 재일본조선인연맹이 강제해산을
당해 중앙조직이 없는 상태에서 한국전쟁
이 발발하자 일본공산당 민족대책부를 중
심으로 한 이들이 1950년 6월 28일에 조
국방위중앙위원회를 결성하고 그 기관지로
11월 15일부터 『새조선』이 발행되었으며,
조국방위위원회가 각 지역별로 조직됨에
따라 각지에서 기관지가 발행되었는데, 『새
조선 규슈판』은 조국방위규슈지방위원회
에 의해 발행되었다.

규슈판이 정확히 언제부터 발행되었는
지 파악하기 어렵지만 조국방위전국위원
회 중앙에서 선전 강화가 주장되던 1951년 8월경부터 발행된 것으로 보인다.

전국위원회에서 발행된 『새조선』과 비교해보면 1952년 8~9월에 발행된 지
면은 기사는 물론이고 논설도 달라서 편집이 독자적으로 이루어졌음을 알 수
있는데, 10월 2일자로 발행된 제81호는 9월 30일자로 발행된 전국위원회판 제
134호를 거의 그대로 옮긴 것으로 되어 있으며 그 뒤에도 전국위원회 기관지를
그대로 전재하는 형식의 기사가 많아졌다. 하지만 2면에 실린 기사들은 규슈지
방에서 일어난 사건에 대한 보도가 중심이어서 한국전쟁 당시 규슈지방 재일조
선인사회에 대해 많은 정보를 제공해준다.

본 연구팀에서 입수한 1952년 8월에 발행된 제73호부터 12월에 발행된 제

94호까지를 DB화했다. (후지이 다케시)

참고문헌

『새조선 규슈판』, 祖國防衛九州地方委員會, 1952; 『새조선』, 祖國防衛全國委員會, 1951~1954; 朴慶植, 『解放後在日朝鮮人運動史』, 三一書房, 1989; 坪井豊吉, 『在日同胞の動き』, 自由生活社, 1975.

새조선
(서일본판)

1950년 11월 15일에 일본 오사카에서 창간된 일본어 5일간 신문이다. 조국방위서일본위원회 기관지로 발행되었다. 타블로이드판 2면으로 발행되었다. 초기에는 등사판으로 인쇄되었으나 1952년 10월부터 활판인쇄로 발행되었다. 1개월 구독료는 30엔이다. 1953년 12월 22일까지 발행되었다.

1949년에 재일본조선인연맹이 강제해산을 당해 중앙조직이 없는 상태에서 한국전쟁이 발발하자 일본공산당 민족대책부를 중심으로 한 이들이 1950년 6월 28일에 조국방위중앙위원회를 결성하고 그 기관지로 11월 15일부터 『새조선』을 발행했다. 『새조선』의 서일본판이 정확히 언제 창간되었는지 알 수 없지만 1950년 말경부터 간행된 것으로 보인다. 조국방위전국위원회에서 발행한 전국판과 공통적인 기사나 논설도 있지만 지역성을 반영해 오사카, 교토, 효고 등 서일본지역에서 전개된 조방위 활동이나 사건을 많이 다루었다.

또한 전국판에 앞서 1952년 10월에 나온 117호부터 활판인쇄로 발행했다는 사실이 재일조선인들이 다수 거주하는 서일본지방의 특성을 보여준다.

1953년 12월 22일자로 발행된 189호를 마지막으로 전국판으로 통합되었다.

본 연구팀에서 입수한 1950년 11월부터 1953년 12월까지를 DB화했다. (후지이 다케시)

참고문헌

『새조선』, 祖國防衛西日本委員會, 1951~1953; 朴慶植, 『解放後在日朝鮮人運動史』, 三一書房, 1989; 坪井豊吉, 『在日同胞の動き』, 自由生活社, 1975.

새조선
(오사카부위원회판)

1954년 12월에 일본 오사카에서 창간된 일본어 주간 신문이다. 조국방위오사카부위원회 기관지로 발행되었다. 타블로이드판 2면으로 발행되었으며 1개월 구독료 30엔이다.

1954년 9월에 조국방위전국위원회 기관지 『새조선』의 유지가 어려워져 휴간되자 전국위원회에서는 10월 20일자로 전국판을 일단 포기하고 지방판으로 다시 출발해 점차 전국판으로 나아갈 것을 지시했다. 그 결과 여러 지역에서 새로운 『새조선』이 창간되었는데, 10월에 도쿄위원회에서 창간한 데 이어 12월 말경에 창간된 것으로 보인다.

현재 유일하게 확인이 가능한 2호는 1면과 2면의 절반을 「1955년 새해를 맞이함에 있어 지난 1년간의 투쟁을 총괄하고 발전의 방향으로!」라는 논설에 할애했는데, 1954년의 세계적인 동향을 회고한 다음 "조국의 평화적 통일과 재일조선인의 생활 및 권리를 지키는 투쟁도 일본 국민의 투쟁과 굳게 결합되어 커다란 전진을 이루었다. 특히 조선인운동의 약점이었던, 조선인만으로 고립되어서 전진하는 경향이 실제 투쟁 속에서 크게 개선되어 직장, 학교, 거주지 등에서 대중들의 구체적인 요구에 의한 통일행동을 기초로 전 민족적인 통일, 일본 국민과의 통일을 분명히 하면서 운동을 전진시켜왔다"고 평가해 구체적인 생활을 통한 일본인과의 연대를 강조하고 있는 점이 특징이다.

이와 같은 노선은 재일본조선통일민주전선이 해체되고 재일본조선인총연합회로 이행하는 과정에서 비판을 받게 된 입장인데, 1955년 5월에 총련이 결성되면서 오사카부위원회의『새조선』역시 폐간된 것으로 보인다.

본 연구팀에서 입수한 2호를 DB화했다. (후지이 다케시)

참고문헌

『새조선』2호, 祖國防衛大阪府委員會, 1955; 朴慶植,『解放後在日朝鮮人運動史』, 三一書房, 1989; 坪井豊吉,『在日同胞の動き』, 自由生活社, 1975.

새조선
(전국판)

1950년 11월 15일에 도쿄에서 창간된 신문이다. 조국방위전국위원회 기관지로 발행되었다. 타블로이드판 2면으로 구성되었다. 창간 당시에는 주간이었지만 5일간으로 변경되었다가 또 3일간으로 발행되기도 했다. 처음에 한글로 발행되었다가 1951년 4월부터 일본어로 발행되었다. 초기에는 등사판으로 인쇄하다가 1953년 3월부터 활판인쇄로 바뀌었다. 약 6,000부가 발행되었으며, 구독료는 처음에는 1개월 10엔圓이었지만 서서히 인상되어 1955년 4월에는 40엔이 되었다. 1954년 9월 22일자로 발행된 297호를 마지막으로 발행이 중단되었다.

1949년에 재일본조선인연맹이 강제해산을 당해 중앙조직이 없는 상태에서 한국전쟁이 발발하자 일본공산당 민족대책부를 중심으로 한 이들이 1950년 6월 28일에 조국방위중앙위원회를 결성하고 그 기관지로 11월 15일부터 『새조선』을 발행했다.

창간호에서는 "우리는 제국주의 침략으로부터 조국을 방위하며 전쟁에 반대하는 투쟁으로 일본 민주세력과 제휴해 일본에서 제국주의세력과 일본 반동세력을 타도 분쇄하는 투쟁과 전쟁반대투쟁에 총궐기하여야 한다. 모든 동포는 한 명도 남김없이 조국방위투쟁에 총궐기하자."고 호소했다. 초기에는 발행주체를 명기하지 않았지만 사용언어가 일본어로 바뀐 1951년 4월 18일자 22호부터 조국방위전국위원회 기관지임을 명시했다.

1951년 8월 10일에는 선전을 강화하기 위해 제45호부터 3일간으로 발행하기로 결정해 구독료도 1개월 50엔으로 올려 발행되었지만 1951년 11월 5일자인 제69호부터 다시 5일간으로 복귀했으며 구독료 역시 다시 30엔으로 내렸다.

1952년 후반부터 다시 선전 강화를 위해 3일간으로 간행하자는 의견이 고조되어 12월 3일자인 제148호부터 다시 3일간 구독료 50엔으로 변경되었다. 그러나 1954년 3월 22일자로 나온 271호부터 다시 주간으로 바뀌었으며 동시에 지면이 4면으로 확대되었다. 구독료도 40엔으로 재조정되었다. 또 1953년 3월부터는 지면이 활판인쇄로 바뀌었다.

기사는 대부분이 한국전쟁에 관한 것이나 조방위의 활동에 관한 것들이지만, 1951년 7월에는 「조선해방전쟁과 일본 노동자계급」이라는 일본인이 쓴 글을 연재해 국제주의적인 입장을 보이기도 했다. 특히 1952년 중반에는 일본공산당과의 관계가 부각되어 일본공산당에 입당할 것을 권유하는 논설을 싣고 일본공산당에서 마련한 강령 초안 「재일조선민족이 당면하는 요구」를 호외로 발행해 전문 소개하기까지 했다. 또 1954년에는 세계적으로 고조된 핵무기 금지운동에 적극적으로 참여해 지면에 원자폭탄과 수소폭탄 금지를 요구하는 서명용지를 인쇄하기도 했다.

1954년 9월 22일자로 나온 제297호를 마지막으로 발행이 중단되었다.

본 연구팀에서 입수한 1951년 1월부터 1955년 4월까지를 DB화했다. (후지이 다케시)

참고문헌

『새조선』, 祖國防衛全國委員會, 1951~1954; 朴慶植, 『解放後在日朝鮮人運動史』, 三一書房, 1989; 坪井豊吉, 『在日同胞の動き』, 自由生活社, 1975.

새조선
(중일본판)

1951년에 일본 중부지방에서 창간된 일본어 신문이다. 조국방위중일본위원회 기관지로 발행되었다. 타블로이드판 2면으로 구성되었으며 1개월 구독료는 30엔이었다. 등사판인 쇄로 발행되었다.

1949년에 재일본조선인연맹이 강제해산을 당해 중앙조직이 없는 상태에서 한국전쟁이 발발하자 일본공산당 민족대책부를 중심으로 한 이들이 1950년 6월 28일에 조국방위중앙위원회를 결성하고 그 기관지로 11월 15일부터 『새조선』을 발행하게 되었는데, 아이치愛知, 미에三重 등을 중심으로 한 중일본 지역에서도 조국방위중일본위원회가 독자적으로 『새조선』을 발간했다. 중일본위원회판 『새조선』이 언제 창간되었는지 정확히 알 수 없지만 1951년 10월 23일자로 37호가 발행된 것으로 미루어 1951년에 들어서면서 창간된 것으로 보인다.

37호에서는 1면에 「모든 대중의 신뢰 아래 당면한 조방투쟁을 발전시켜라!」라는 논설을 실었는데, 일상투쟁을 조국방위투쟁으로 직결시켜 정치적으로 제고하며 조방투쟁을 계획적으로 준비하고 조직화하는 것을 가장 중요한 당면 임무라고 하면서 추상적인 구호가 아니라 대중의 생활 속으로 들어갈 것을 주장했다. 또 38호에서도 1면에 운동의 대중화를 역설하는 논설을 실었다. 이와 같은 운동방식에 관한 논설 위주의 지면 구성은 중일본위원회판 『새조선』의 독자층이 일반인들이라기보다는 활동가들이었음을 짐작케 한다.

본 연구팀에서 입수한 1951년 10~12월에 발행된 37, 38, 44호를 DB화했다.
(후지이 다케시)

참고문헌

『새조선』, 祖國防衛中日本委員會, 1951; 朴慶植, 『解放後在日朝鮮人運動史』, 三一書房, 1989; 坪井豊吉, 『在日同胞の動き』, 自由生活社, 1975.

새철필

(새鐵筆)

1964년 11월 3일 중앙대학교 법정대학 신문학과에서 창간하였다.

창간호에는 이 신문이 젊은 신문학도들의 실습지로서 그 역할을 해주기를 바라는 각계의 반응을 게재하고 있다.

법정대학 학장인 박문옥朴文玉은 「학문과 매스콤」이라는 글을 통해 이 신문의 창간을 축하하며 실습지로서의 역할을 부탁하고 있다. 먼저, 우리나라의 근대화와 민주화 과정에서 저널리즘의 역할이 매우 컸기 때문에 그 사회 문화적 위치가 매우 높아지기는 했지만, 유동하는 사회 현실의 영역에서 벗어날 수 없었거나 자기 본위적인 감상이 있었다는 점에서 역사적인 매력의 메이커가 아님을 고려할 필요가 있다고 지적하였다. 따라서 신문은 사회 현실의 단순한 반영의 역할뿐만 아니라 사료집으로서 또는 나날의 지식의 제공뿐만 아니라 사회 전체 내지 국민 대중을 인도하는 임무까지도 이행해야 한다고 하였다.

그러므로 신문인의 임무는 역사가와 같이 무엇보다도 진실을 탐구하는 데 있으며, 정치가가 책략으로서 알리고자 하는 것들을 제공하는 것이 아니라 그들이 입수할 수 있는 사실을 말하는 데 있다는 것이다.

동아일보 편집국장 천관우千寬宇는 이 신문을 통해서 훌륭한 실습을 거듭하여 신문계에 좋은 일꾼들이 배출되기를 바란다는 점과 함께, 대학생활 동안 각자의 공부하는 의욕과 노력을 부탁하였다. 특히 평생 사업이라 할 수 있는 독서를 게을리하지 않아야 함을 지적하고 있다.

「신문을 말한다」에서는 대학신문의 사명, 신문의 사명, 신문사설에 대한 소고, 신문학도의 자세 등 학생들의 글을 통하여 신문의 역할과 임무에 대한 그들의 견해를 게재하였다. 이 밖에 「퓨릿처와 월드지紙」, 「라디오방송과 교육」, 「신문소설의 주변」 등의 글이 게재되었다.

또한 창간호 7면에는 법정대학 축제에 관련된 사진과 심포지움 내용을 싣고 있다.

국회도서관에 마이크로필름으로 소장되어 있는 것을 DB화하였다. (구수미)

참고문헌

『새철필』, 1964년 11월 3일.

샌프란시스코 문학

『샌프란시스코 문학』은 1995년 2월에 버클리대학에 교환교수로 있던 권영민 교수의 주도로 창간되었다. 그리고 2호는 1997년 6월, 3호는 2000년 11월에 발행되었다. 간행위원으로 신예선, 이재상, 김정수, 김희봉, 권영민이 활동했고, 편집책임은 전창일이 담당했다. 표지 그림은 최정이 담당했다. 제작은 이앤이하우스, 인쇄는 Color Com Printing 이 담당했다.

『샌프란시스코 문학』은 버클리대학 교환교수로 와 있던 권영민 교수(서울대 국문학과, 문학평론가)와 베이 지역 문인들이 만나면서 창간되었다고 할 수 있다. 1992년 권영민 교수가 『한국일보』 샌프란시스코판에 「문학산책」이라는 칼럼을 쓰면서 이 지역 문인들과 문학동호인들과 자연스럽게 접촉이 이루어지면서 『샌프란시스코 문학』이 시작된 것이다. 특히 권 교수는 문학지 발간을 위해 신예선과 뜻을 모아, 원고 접수, 식자, 교정 등 문학지 발간을 적극 추진했고, 이에 「서른 세 사람의 만남」이란 제목으로 『샌프란시스코 문학』이 창간되었다. 2호부터는 "권영민, 김희봉, 김정수, 신예선, 이재상, 전영일, 최태웅" 등의 발간위원이 중심이 되어 추진됐다. 이후 "제대로 된 수준 있는 글을 실어야 한다"는 주장과 "글쓰기를 좋아하는 모든 이들의 글을 싣는 하나의 공간이 되어야 한다"는 주장이 맞서면서 2호 발간이 지연되다가, 1997년 6월에 2호가 발간되었다. 창간호에는 33인이 참여했지만, 2호에는 47인이 참여하며 『샌프란시스코 문학』이 보다 풍성해졌다.

오세영 교수(시인, 서울대 국문학과)는 샌프란시스코 문학지 첫 호 출판기념회에서 "이민문학은 모국문화의 종속이 아니다"면서 "첫 문학지 발간은 한국의 문학을 세계로 여는 선구자적 역할"이라고 평가하기도 했다. 이에 손수락은 제3호의

「이민 문학의 초석: 샌프란시스코 문학지 발간이 주는 의미」에서 샌프란시스코 이민자들의 문학이 제자리를 차지하기 위해서는 이곳에서 활동하고 있는 문인이나 문학동호인들이 본국 문단에의 진출만 기웃거릴 것이 아니라 우리 스스로 문학의 질을 높여 나가려는 노력 또한 필요하다고 역설하기도 했다.

제2호의 내용들을 잠깐 살펴보자. 2호의 발행을 주도했던 신예선이 「간행의 글」을 통해 창간호와 2호 발행의 소감을 밝히고 있다. 그리고 김용철의 「최근 판 Steinbeck 평전의 발굴 내용을 중심으로」라는 논문과 〈버클리대학 객원교수석〉이라 해서 권영민, 김승희, 오세영, 이용남 등이 각각 수필과 시로『샌프란시스코 문학』의 내용을 풍성하게 하고 있다. 그리고 샌프란시스코 지역에 거주하는 미주 한인 문인들의 소설, 시, 수필 그리고 영어로 작성된 영어수필이 실려 있다. 대부분의 다른 한인문학지들과 마찬가지로 시와 수필이 대종을 이룬다. 소설은 김태영, 신예선, 신해선 3명의 작품이 실려 있고, 김경년 외 14명의 시와 고은희 외 19명의 수필이 이름순으로 실려 있다. 그리고 끝으로 영문으로 작성된 수필이 3편 게재되어 있다. 작품의 내용은 전반적으로 미국에서 생활하면서 느꼈던 경험과 고향과 부모를 그리워하는 마음을 담은 시와 수필이 주를 이루고 있다.

『샌프란시스코 문학』 1호는 UC Berkely 도서관, 2호는 가천대, 경희대 국제캠퍼스, 서원대, 3호는 재외동포재단 자료실에 소장되어 있다. 이들을 DB화하였다. (임성윤)

참고문헌

『샌프란시스코 문학』

생산성
(生産性)

1961년 2월 6일 창간되었다. 한국생산성본부에서 발행한 주간신문이다. 발행인은 이은복李恩馥이다. 정가는 한 부에 50원, 월 200원이다. 발행소는 서울특별시 중구 남대문로 4가 460이다.

'사설 없는 유일한 신문', '전 지면이 사설인 유일한 신문'을 표방하며 발행된 이 신문은 후진국 경제발전과 생산성향상운동을 주장한 한국생산성본부의 목적을 대변하였다.

한국생산성본부(KPC)는 산업계의 생산성 향상을 효율적이고 체계적으로 추진하기 위해 산업발전법에 따라 1957년 8월 28일 재단법인으로 출범하였고, 1961년 4월에는 아시아생산성기구(APO) 회원국으로 가입하였다.

여기에서 생산성향상운동이란 "1. 비정치·비영리·비편파의 국민운동이다. 2. 경영자·노동자·소비대중의 이익을 위한 운동이다. 3. 우리도 번영할 수 있다는 신조의 구현운동이다."라고 정의하였다.

이 신문은 시사보도 기사보다는 논평 해설, 분석 기사 등에 더 비중을 두었다. 이은복의 창간사에서는 「사설 없는 신문의 발간, 본지의 사명은 경제번영의 신념과 이념의 구현에 있다」는 제목으로 다음과 같이 창간의 취지를 말하고 있다.

"본지의 주장은 사설란을 통해서 주창되는 것이 아니라 전 기사로서 주창될 것이다. 다시 말해서 전 지면이 사설인 것이다. 이 사설 아닌 사설은 어느 사실에 대한 비판과 비판, 자칫하면 치명적 타격을 주는 잔인성을 용납치 않을 것이다. 비판과 비난은 본지의 알 바가 아니다."

제1호 1면에서는 상공부 주관 하에 생산성본부에서 중소기업시범공장제도를 실시했다는 내용과 함께 한국생산성향상운동에 관한 기사를 게재하였다. 그리고 논단에서는 「후진국 경제발전과 생산성향상운동의 특수성」이란 글을 싣고 있다.

2면에는 이 신문에 대한 각계각층의 바람을 싣고 있다. 상공부장관 주요한朱耀翰은 "대중을 위한 계몽지가 되라"고 하였고, 재무부장관 김영선金永善은 "업계의 발전을 위한 지도적인 역할을 담당"하기를 바란다고 하였으며, 고려대 기업경영연구소 소장 김효록金孝祿은 "실천의 방법을 제시해 줄 신문"이 되기를 기대한다고 하였다.

3면에는 「한국생산성본부의 연혁과 활동」을 화보와 함께 게재하였고, 4면에는 중소기업의 경영실태에 관한 글을 싣고 있다. 5면에는 일본에 파견되었던 생산성시찰단의 귀국보고좌담회를 보도하였다. 6면에서는 한국의 가내공업형 크리닝업, 모 인쇄소의 노동분규, 탄광촌의 문화주택 건립 등의 내용을 싣고 있다.

국회도서관에 마이크로필름으로 소장되어 있는 것을 DB화하였다. (구수미)

참고문헌

『생산성』, 1961년 2월 6일 제1호;『한국신문 100년』(사료집), 한국신문연구소, 1975.

생활안내

1985년 연변에서 창간된 종합주간지이다. 연변인민방송국 『생활안내』편집부에서 발행하는 생활 정보 주간 신문으로, 1985년 6월 15일 창간호를 발행하였으며 주간으로 발행되고 있다. 발행처는 『생활안내』신문사이다. 주필은 허도이다. 2010년 1월 18일 현재 연변라지오텔레비죤신문 생활부간으로 누계 1235호를 발행하였다. 면수는 발간 당시의 4면에서 16면으로 증가하였다.

창간 목표는 창간사에서 "조선족 여러 계층 독자들이 새지식, 새방법을 널리 장악하여 과학, 문화적으로 일하고 배우고 생활하도록 도우려는 데 목적이 있다. 이를 위하여 본지는 독자들이 가정 의식주생활에 알아 두어야 할 여러 가지 상식과 사회생활에서 알아 두어야 할 다방면의 지식 그리고 청년학생들의 학창생활에서 도움 될 내용을 폭넓게 취급하고자 한다."라고 밝혔다.

조선족 여러 계층의 독자층을 겨냥하여 가정생활과 사회생활의 길동무 역할을 취지에 두고 발행되고 있다. 다양한 생활정보를 제공하여 조선족의 생활 향상과 문화, 교육, 경제 등의 최근 동향들도 전하고 있다. 한국에 나가 있는 조선족의 근황이나 취업 정보 및 미용과 패션에 관한 기사들도 많이 보인다.

창간호(1985년 6월 15일)의 주요기사를 보면, 「술을 마신 후 약은 금물!」, 「식전에 물 한고뿌를」, 「멀미난 때의 묘방」, 「화타는 배를 갈라 사람 구하고」, 「어떻게 하면 대학시험을 잘 칠 수 있을까?」, 「1984년 심양시 고중입학 수학시험문제」,

「편지로 배우자를 찾는 독일련방공화국 총각들」, 「일본어를 배우려는 분들의 훌륭한 길동무」 등이 있다. 1985년 7월호의 내용은 「웃은 몸에 따라」, 「잠을 빨리 청하려면」, 「피부를 아름답게 하려면」, 「간단하고 쉬운 기억방법」 등 일상생활에 필요한 생활정보를 위주로 하여 다양한 소식들을 전하고 있다.

1985년 창간 초기에는 가정생활에 필요한 정보들과 음식, 건강, 지역 소식 등을 많이 다루고 있으며, 2000년 이후에는 한국 관련 소식과 한국에 나가 있는 조선족 소식과 문제들에 관한 기사들이 주를 이루고 있다.

2008년 6월30일 발행한 제25호 기사의 1면은 「떠돌이 생활 조선족 농민들 갈 길은 어디인가」라는 기사를 통해 농민들이 한국에 나가기 위해 소유한 토지를 헐값에 처분하고 한국에 다녀와서는 소비문화에 빠져 땅과 돈을 모두 잃고 떠도는 조선족 문제를 제기하였다.

연변대학교에 소장되어있으며 2008년 6월호를 DB화하였다. (김성남)

참고문헌

『생활안내』 창간호.

서라벌문학

(서라벌文學)

1965년 11월 15일 서라벌예술대학 문예창작학회에서 창간하였다. 비매품이다. 제1집은 당시 학과장이었던 소설가 김동리가 편집지도를 하였고, 박남규와 윤금초가 편집을 담당하였다. 서울시 성북구 돈암동 산 3의 1 서라벌예술대학 문예창작학회에서 발행하였고, 서울시 종로구 효제동 130 대한교과서주식회사 공무부에서 인쇄하였다. 제2집은 이용, 정은경, 정봉익이 편집을 맡았고, 서울시 중구 충무로 4가 70의 남일인쇄주식회사에서 인쇄하였다. 제3집은 권오운, 김형영, 김태수, 이경록, 신현정이 편집을 담당하였고, 서울시 중구 태평로 1가 31 서울인쇄주식회사에서 인쇄하였다. 제5집의 편집위원은 오정희, 신현정, 박준구, 유인기이고, 인쇄처는 서울시 종로구 효제동 130 대한교과서주식회사이다. 제6집의 편집위원은 권영웅, 한각수, 김양희, 김동주이고, 인쇄처는 서울시 중구 충무로 5가 19-8 이우인쇄사이다. 서라벌예술대학이 중앙대학교에 합병되면서, 1973년 제8집을 발행하며 종간되었다.

『서라벌문학』은 문학창작학회지의 필요성에 따라 서라벌예술대학 문예창작과 학생들이 만든 창작발표지이다.

서라벌 예술대학은 1953년에 2년제로 설립되었다가 1957년에 4년제로 인가받은 문학예술가의 등용문이다. 특히 문예창작과는 명실공히 문인 탄생의 산실이었다. 전국에서 글깨나 쓴다는 문학청년들은 문학에 대한 열정과 자부심을 가지고 서라벌예대 문예창작과에 발을 들여놓았고 그곳에서 한국문단의 기라성 같은 시인, 소설가, 평론가들의 지도 아래 학교를 졸업하기도 전에 시인이나 소설가로 등단하는 사람들이 많았다. 시인 서정주와 박목월, 김동리, 함동선이 지도교수로 있으면서 문학창작에 재능과 열정을 가진 문학청년들을 지도, 배출하여 '서라벌문학사단'을 이룰 정도로 이곳 출신의 문인들은 한국문학사에 이름을 남긴 사람이 많다.

그리하여 학교 측에서는 문예창작과만의 학회지 발간의 필요성을 절실히 느껴 이 잡지를 창간하게 되었다. 학생들의 재능은 뛰어나고 발표지면은 부족한 데서 오는 학교 측의 배려와 문예창작과 교수들의 격려, 학생들의 열의가 빚어낸 잡지임을 짐작케 한다.

이 잡지의 이러한 발행취지는 당시 서라벌예술대학 학장인 임동권任東權의 「창간사」를 통해 알 수 있다. 다음은 그 내용이다.

"문학에 있어 한 장르의 형성이나 한 작가의 탄생이란 우연하거나 용이한 일이 아니다. 풍성한 가을의 풍양豊穰이 있기까지에는 지루한 삼동三冬과 봄부터의 농부의 땀에 젖은 노동이 있어 비로소 열매를 맺듯이, 문학도 오랜 전통과 수련 속에서 이루어지는 것이다.

(중략) 오늘 여기에 창간되는 『서라벌문학』도 결코 우연한 것은 아니다. 우리 대학이 예술문화의 민족적 완성을 목표로 삼고 아방我邦 최초로 문예창작과를 설치하여 문예창작 교육의 선구적 임무를 담당하고 나선 것은 지금으로부터 13년 전의 일이다. 그동안 수백 명에 달하는 문학도를 길러 사회에 진출시켜 이미 문단에서 중추 역할을 하고 있는 사람이 적지 않다. 매년 신춘문예에 4, 5명씩 데뷔시키고 있으며 학생들 손에 의해서 엮어진 동인지만 해도 수십 권을 헤아릴 수 있다.

발표기관이 적고 지면을 얻기가 힘든 한국 문단의 형편으로서는 동인지가 비록 발행부수가 적고 극소의 사람밖에 차례가 가지 못한다는 결함도 있으나 학생의 힘으로서는 동인지로서 만족할 수밖에 없었다.

동인지는 산만해서 지속성이 없는 것이 결점이었다. 그래서 이번 오래 계획해 오던 일을 실천에 옮겨 동인지는 동인지대로 두고 문예창작과 공동의 학회지로서 『서라벌문학』을 창간하기에 이르른 것이다. 오랜 꿈이 실현된 것이다.

『서라벌문학』은 서라벌예술대학 문예창작과 학생들의 창작 발표지이다. 평상의 습작이 한국 문단에 발언하게 될 것이다. 더 나아가서는 여기에서 배출된 동문들의 발언도 있을 것이다. 그렇게 되면 서라벌문학은 서라벌문단을 형성하는 모체가 되고 한국문단을 대표하는 권위를 가지게 되리라. 비록 어리다고는 하나 어린 까닭에 새롭고 싱싱하게 발언할 것이다. 아직 현실에 물들지 않아 태초의 순진과 소박성이 있을 것이며, 모순과 혼돈에 대한 비판과 방향제시가 있을 것이다. (중략)

이제 『서라벌문학』이 첫 선을 보인다. 처음부터 성인 구실을 할 수는 없다. 그러나 서라벌문학은 내용이 소담하고 슬기에 차서 학생문단의 혜성이 될 것이며, 새 모랄을 세우고 고고한 위치에서 발언하기로 한다."

『서라벌문학』은 권두언, 논단, 수필, 시단, 소설, 창작 등으로 구성되어 있다. 기성작가들의 작품을 게재하기도 했지만 주로 학생들의 작품을 많이 싣고 있다.

창간호인 1965년 제1집에는 임동권, 서정주, 박목월, 함동선, 김동리의 글이 학생들의 작품과 더불어 게재되었다.

1966년 제2집에는 두 개의 특집이 마련되었다. 먼저 「우리 문학의 어제 오늘 내일」에서는 김동리, 정태용, 이광래, 서정주, 박목월, 함동선 등이 한국소설의 전통, 현대시의 문제점, 희곡문학의 현재와 장래, 석굴암 속의 대화, 소질과 자기에의 신뢰, 서라벌문학의 현황을 게재하였다. 다음으로 「66년도 데뷔 동문 발언」에서는 각 신춘문예와 그 밖의 등단문을 통해 당선 입선한 동문들을 소개하고 그들의 발언을 실었다.

1967년 제3집에는 특집 「한국신문학 60년사」를 게재하였다. 김동리, 김상일, 서정주, 김춘수가 한국 현대시와 소설의 역사를 개관하여 우리문학의 발전사를 더듬어보고 있다. 그리고 이번호부터는 부록으로 동문과 현역문인의 주소록을 싣고 있다.

1969년 제5집에는 특집으로 동문 17인의 시, 7인의 꽁트, 7인의 수필을 게재하였다. 또한 「분석비판의 기초」(한찬수韓燦洙)와 「김유정문학론」(김상일金相一)을 〈논평〉에 실었다.

1970년 제6집에는 특집평론으로 「풍자시의 제 문제」(김상일), 「한국 현대소설에 나타난 해학」(홍기삼洪起三), 「한국적 해학의 특성」(김현), 「역설적 전통론」(최용근崔容根)을 싣고 있다.

국회도서관에 소장되어 있는 1965년 제1집~1967년 제3집과 1969년 제5집~1970년 제6집을 DB화하였다. (구수미)

참고문헌

『서라벌문학』, 1965~1970년, 서라벌예술대학 문예창작학회; 우영창, 「한국문학의 최대 인맥 - 서라벌 중앙대 문예창작학과」, 『월간조선』 147호, 1992년 6월.

서울민주신문

(서울民主新聞)

1960년 11월 25일에 창간한 주간신문이다. 종간호 여부에 대해서는 알지 못한다. 발행 겸 편집·인쇄인은 김상의金相義, 편집장 윤성진尹聖鎭, 발행소는 서울특별시 중구 오장동 중부시장 서편 C동으로 되어 있다. 판형은 대판 4면으로 16단제에, 1단 11자 체제였다. 월정액은 3백 환이었다.

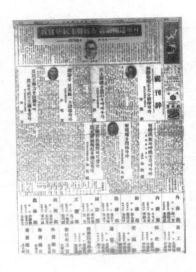

발행인 김상의가 작성한 창간사 「진정한 민주발전을 언론창달에서」를 보자면, "인민에 의한 사회에 소리(輿論)가 없을 수 없으며 인민을 위한 정치에 인민의 요청을 저바릴 수 없을 것이오, 인민의 국가일진대 인민의 주장을 반대할 수 있을 것인가. 이러한 견지에서 언론의 자유는 응당 정확히 보장되어야 함은 두말할 나위도 없는 말일 것이다. 「서울민주신문」은 진정한 민주주의가 언론의 진실한 자유보장 없이 이루어질 수 없음과 동시에 언론의 뒷받침 없이는 또한 진정한 민주주의가 이루어질 수 없다는 정의어늘 온 겨레와 더불어 호흡을 같이 하면서 사회여론의 솔직한 보도와 독립불기의 논평으로 건실한 여론의 유도환기로서 국민계몽의 일익을 담당하고저 감히 본지를 여러분 앞에 보내드리게 되었다"고 하였다. 그러니까 민주주의 발전을 위한 언론의 역할을 제대로 수행하겠다는 다짐인데, 특별히 두드러지는 면모는 없었다.

창간호 1면의 기사는 창간사 외에 이 신문의 창간을 축하하는 이관구, 윤제술, 윤택중, 김명옥, 김준연, 김대중, 김윤현 등의 축사가 실렸다. 대부분 언론인이나 정치가들이고 신문사 간의 의례적인 인사치례로 보인다. 그 외의 기사는

「치안부 인사」와 「본사사령」이 차지하고 있으며, 하단에는 다시 신문창간을 축하하는 정부 각 부처의 장관과 차관 등의 이름이 빼곡이 적혀 있다.

이 신문은 국내정치에 초점을 맞추어 정론적인 논조를 지속하였고 이러한 사정은 당시의 국내정세와 대부분의 신문논조와 크게 다르지 않았다. 국론을 선도하며 왜곡된 인식을 시정하고 반민주정책에 공정한 비판을 가하겠다는 포부와는 달리, 이 신문은 행정부 시책의 비판에만 시종했다는 평가를 받았다.

국회도서관에 창간호가 마이크로필름으로 소장되어 있으며, DB 역시 창간호가 갈무리되어 있고, DB 상태는 양호하다. (전상기)

참고문헌

『서울민주신문』 창간호, 1960년 11월 25일자; 『한국신문백년 〈사료집〉』, 한국신문연구소, 1975.

서울썬데이포스트

1965년 3월 1일 창간된 신문으로 발행 겸 편집·인쇄인 이정훈, 편집국장 박정환이다. 발행소는 서울특별시 중구 북창동 90~46으로 월간으로 간행되었다. 1부에 8원 월정구독료 30원이다.

2면에 「창간선언」이 실려 있다. "반공통일을 국민정신의 기틀로 하여 이 나라 주위의 안팎으로 깔리고 쌓여 있는 온갖 부정 부패 부정에 대해 분연히 도전하면서 절망을 희망으로 불행을 행복으로 전환시키는 데 불요불굴의 투지로 싸워나갈 것"이라고 하면서 위정자들의 현실성 없는 정책이나 어용 경제학자들의 경제이상론을 배격하고 오로지 가난한 민족에서 잘사는 민족으로의 전환에 힘쓰겠다는 목표를 내세우고 있다.

또한 '서울썬데이포스트 신조'라고 하여 6개 항을 들고 있는데 여하한 권력이나 금력에 굴복치 않고, 온갖 불의 부패 부정과 대항하며, 올바른 문제를 집권자에게 제시하며, 그릇된 정책을 비판함에 주저치 않고, 독재를 배격하며, 반공민주통일에 생명을 걸고 싸우는 것을 그 내용으로 하고 있다.

이를 보아 알 수 있듯이 『서울썬데이포스트』지는 비판적인 입장에서 기사를 서술했으며, 20대들의 설계와 포부를 허심탄회하게 받아들이자는 취지의 「20대의 대화」 등의 고정란을 두기도 했다.

국회도서관에 마이크로필름 형태로 보관되어 있으며 이를 DB화하였다. (임경순)

참고문헌

『서울썬데이포스트』, 창간호; 윤임술 편, 『한국신문백년지』, 한국언론연구원, 1983.

서울우유회보

(서울牛乳會報)

1966년 7월 25일 창간된 서울우유협동조합의 기관지로 타블로이드판 8면제의 월간 신문이다. 발행 겸 편집인은 채영식蔡榮植, 발행처는 서울 서대문구 정동8번지(서울우유협동조합)이다.

서울우유협동조합은 1965년 5월 기관지 『낙농뉴스』를 창간하여 월 1회 발행하였고 이후 19호를 끝으로 제호를 『서울우유회보』로 변경하여 1971년까지 발행하였다. 회보 발행의 목적은 '낙농발전의 구심점을 찾고 낙농기술의 향상, 낙농경영 합리화를 위한 방안 모색을 공유하기 위한 것'이라고 하였다.

서울우유협동조합은 유제품을 생산하는 협동조합으로 1937년 7월 11일 경성우유동업조합을 조직한 것에서 출발하여, 1945년 9월 2일 서울우유동업조합으로 명칭을 변경하고, 1962년 1월 23일 서울우유협동조합으로 재조직 되었다. 조합원은 서울특별시, 경기도, 인천광역시, 충청남도와 강원도 일부 지역에서 낙농업을 하는 업자로 구성된다. 조합원의 탈퇴와 가입은 자유롭게 할 수 있지만, 조합에 가입하려면 젖소 5두 이상으로 일정 규모의 낙농업을 경영해야 하며, 소정의 출자금을 납입하면 조합원의 자격을 얻을 수 있었다. 기관지 『서울우유회보』는 이러한 조합원을 주 독자층으로 하여 낙농 관련 정보를 공유하고 업자 간 커뮤니케이션을 목적으로 하였다. 따라서 회보의 내용은 조합의 활동내용과 낙농 관련 법령, 낙농기술 소개, 낙농인의 경험담 등으로 구성되어 있다.

제1호(1966. 7.)의 구성은 1면에 〈논평〉「목부牧夫는 양성되어야 한다」라는 제목으로 낙농업 육성의 필요성을 강력하게 주장하는 글이 실렸고, 「지방실태 조사, 서울분유의 보급 가능성을 타진」에서 지방의 분유보급 방안 모색에 관한 조사 기사가 실렸다. 2면에는 「낙농진흥법 법조문」과 우량우 소개, 우유의 우수성에 관한 내용이, 3면에는 「젖소의 외과적 위질환」(정창국)에서 젖소의 생체적 특성을 분석한 글이 실렸고, 4면에는 「덴막의 유우乳牛개량사업」에서 덴마크의 낙농업 방법과 특징에 관한 조사 보고 형식의 논설이 실렸으며, 5면의 「낙농에 관한 위생적 고찰」(서부갑徐富甲, 서울시립대)에서는 낙농업에서 위생문제의 중요성을 고찰하고 있다. 6면의 「유우乳牛도입과 개량」(설동섭薛東攝)에서는 젖소 도입의 의의와 개량문제, 젖소 종자 개량체계 확립문제, 등록문제 등에 관한 전문적인 글이 실렸다. 7면의 「농촌에서 부녀운동의 방향」(백동남白東男, 여성경제연구회)에서는 농촌여성들이 실생활에서 수익성을 올릴수 있는 지도활동이 필요하다는 내용의 논설과 사료시세 등의 기사가 실렸고, 8면에서 목장 운영 사례 소개글로 「연천목장을 찾아서」와 4단 만화 「얼룩소」가 실렸다.

제4호(1966. 10. 25. 발행)는 1면의 〈논설〉에 「낙농사업육성과 수입대체」, 「축산업 발흥 계기 조성」이라는 대통령의 지시사항 소개가 실렸고, 2면에 「낙농의 근대화」라는 사설과, 낙농강습회 개최 기사, 경기도 낙농연수생의 일본 파견기, 젖소 심사기준에 관한 과학적 내용, 젖소 분만 후의 관리, 사료의 적정량에 관한 내용이 실렸다. 8면에는 역시 목장 소개란이 실려 있다.

이 회보는 낙농업자 간 정보공유를 주목적으로 발행된 것이기는 하지만, 1960년대 서울우유협동조합의 활동상황과 당시 낙농업 실태, 국가의 낙농업 정책방향을 단편적으로 확인할 수 있는 자료이다.

국회도서관에 소장되어 있는 제1호(1966. 7. 25.), 제4호(1966. 10. 25.), 제5호(1966. 11. 25.), 제6호(1966. 12. 1.)를 DB화하였다. (이병례)

참고문헌

한국신문연구소 편, 『한국신문백년』, 1975.; 『서울우유회보』, 서울우유협동조합, 제1호(1966. 7. 25.), 제4호(1966. 10. 25.), 제5호(1966. 11. 25.), 제6호(1966. 12. 1.).

서울일일신문

(서울日日新聞)

1949년 1월 1일에 창간한 『연합신문』을 개제하여 1960년 7월 11일자를 지령 제4024호로 계승하여 재창간하였다. 1962년 1월 1일 자진 폐간함으로써 종간되었다. 사주는 김성곤 金成坤, 사장 겸 주필에 이관구李寬求, 발행소는 서울특별시 중구 남대문로 2가 135번지로 『연합신문』이 있던 곳이었다. 나중에 사장은 이관구가 담당하고 주필에 천관우, 편집국장에 김창문으로 개편하기도 했다. 조간과 석간이 발행된 일간종합지로서 대판 8면에 16단제, 1단 13자를 채택했다.

사장 겸 주필인 이관구가 쓴 「『서울일일신문』으로 개제출발하면서」를 보면, "제호에 함축되어 있는 바와 같이 신시대에 처해 있는 우리로서는 「일신우일신」하여 「일일익신」함으로써 … 신문 본연의 사명과 우리의 전통인 「독립신문」의 정신을 복응(服膺)하여 「공중성」과 「독립」 및 「비판」의 태도를 그르침이 없이" 편집하겠다고 새롭게 다짐하고 있다. 그 일환으로 종래의 보도 및 평론의 태도를 전환했는데, 이때의 다른 평가에 의하면 UPI의 경우에 '중립지'로 혁신 발족했다는가 하면, 당시 신문 평론지에서도 '변하지 않았다'는 전체 평가 아래 '사설 건수가 늘었다'는 변화 모습을 밝히기도 했다.

재창간호 1면을 보면 「당락의 윤곽 점차 판명」이라는 큰 제목 아래에 7월 24일에 있을 민·참의원 선거에 대한 예상 기사가 자세하게 보도되고 있다. 다른 기사 내용도 「선전에 속지 말고 참된 사람 골라내자」는 표어를 한가운데 배치하여 선거의 중요성을 알리고 있다. 그 외에도 「백군에 시를 장악」(콩고 내전 기사), 「합동정견발표」, 「민주당대회 개막」, 「카스트로 폐렴」, 「공천에 난맥상」, 「중립지로 혁신발족」 등의 기사가 배치되어 있다.

이 신문은 『연합신문』 때 자매지로 발행하던 『어린이연합』 대신, 『나날이 소년』 판을 발행하였지만, 당시의 신문사 간의 증면경쟁에서 끝내 견디지 못하고 자진 폐간하는 운명을 맞았다.

국회도서관에 재창간호가 마이크로 필름으로 소장되어 있으며, DB도 재창간호가 갈무리되어 있고, DB 상태는 양호한 편이다. (전상기)

참고문헌

『서울일일신문』 재창간호, 1960년 7월 11일자; 『한국신문백년〈사료집〉』, 한국신문연구소, 1975.

서울중구신문
(서울中區新聞)

1961년 2월 8일 서울 중구에서 창간되었고, 매주 수요일 발행된 타블로이드판 주간신문이다. 발행인은 박종혁朴鍾赫이고, 발행소는 서울특별시 중구 태평로 2가 38번지이다. 신문사 운영위원은 사장, 논설위원 2명, 업무부장, 취재부장(이명수李明秀)으로 편성되어 있다. 월 구독료 200환이다.

사장 박종혁은 4·19혁명과 더불어 제2공화국이 수립되었지만 여전히 혼란한 국내 정세와 남북통일의 과제를 안고 있는 상황에서 시민의 내성적内省的인 각성을 환기시키고 지역 사회의 개발과 복지를 위하여 이 신문을 창간하였음을 다음과 같이 밝히고 있다.

"우선 개인에서부터 국민다운 인격과 국민으로서의 역량과 기풍을 진작시키자는 것이며 그렇게 됨으로써 개인과 개인, 개인과 이웃, 이웃과 단체, 단체와 단체, 단체와 국가라는 유기화되는 현상에 도달하기 때문이다. 이러한 의미에서 본사 창간은 지역적 사회로부터 출발하는 색다른 발의發議를 갖게 되고 그렇다고 보면 일간신문 못지않게 크다고 할 수 있을 것입니다. 우리 중구는 지역적으로 수도 서울의 심장을 점하고 있어 우리나라의 행정기관, 상계商界의 기간基幹이 되어 있는 만치 (중략) 당 구역의 발전은 중요한 위치와 요소를 발하게 된다. (중략) 그러므로 도시다운 면모와 건설에 일로 매진해야 함은 물론 그러기 위해서는 먼저 수도, 전기, 가로街路 등이 시설완비를 기해야 하겠고 특히 교통의 편리는 서울의 상가商街를 상징하는 만치 불평을 느끼지 않게 되어야 하겠고 더욱이 외래인에게 불평불쾌감을 주지 않게끔 미관도 갖추어야 할 것이다. (중략) 본 신문은 구민의 여론을 반영하는 대변의 역할을 자부하면서(후략)"

창간호에는 창간에 부치는 각계 인사의 바람이 실려 있다. 상공장관 주요한朱耀翰은 「구민區民에 충실한 공기公器되기를」, 서울시의원 이문식李文植은 「구민 권익과 복지에의 뒷받침」, 중구청장 김형익金亨益은 「구민지區民紙로서의 목탁」이라 하였다. 그리고 신문에는 서울 중구의 상황을 반영하는 여러 의견과 이에 대한 방안이 제시되었다. 그 내용은 「조합원 상인이 호소하는 인현 화원시장의 재건」, 「남대문시장 물가 동향」, 「명동거리 노점상인들 비명」, 「창녀들은 서울역전 큰길가에까지 나와」, 「주택난과 중소상인을 구제」, 「음수飮水대책을 강구」 등이다. 창간 취지에서도 중구가 상계商界의 중심임을 밝힌 바와 같이 주로 상가와 상인의 문제를 많이 다루고 있다.

국회도서관에 마이크로필름으로 소장되어 있는 것을 DB화하였다. (구수미)

참고문헌

『서울중구신문』, 1961년 2월 8일 제1호;『한국신문 100년』(사료집), 한국신문연구소, 1975.

서울행정

(서울行政)

1962년 3월 31일 서울시 내무국에서 창간했다. 종간호는 1964년 12월에 발행된 통권 4호로 보인다. 발행인은 당시 서울특별시장이었던 윤태일尹泰日, 편집인은 최선崔銑, 주간은 김석균金錫均, 발행소는 경화인쇄소(京和印刷所, 서울특별시 태평로 1가 32)이다. 판형은 신국판으로 총 200쪽이며 비매품이었다.

윤태일이 쓴 창간사 「인간혁명의 반려되기를」을 보면, 혁명정부의 일원인 그가 군대식으로 밀어붙이는 행정의 효율화와 대시민봉사의 강압적인 헌신을 강조하는지 확인할 수 있다.

"일찍이 이 나라의 공무원은 관료적인 악습과 비민주적인 잔존요소를 벗어나지 못한 채 고식적인 집무태도로 자신의 인격도야는커녕 낡은 사고방식에 젖어 시대성에 항상 뒤떨어져 왔음은 부인할 수 없는 사실이다. 각자가 맡은 바 사무, 즉 행정관리의 지식과 기술의 체득 없이 종전방식만을 답습함으로써 비능률적이며 안일 또는 무사주의로 자기직책에 대한 아무런 연구도 하지 않고 있는 사례가 아직도 가끔 눈에 띄이고 있음은 참으로 유감된 일이라 아니 할 수 없다. 5·16 군사혁명 이후 여태까지의 행정상 여러 가지 맹점과 누적된 부정과 부패를 근절하고 행정사무의 합리적이고 능률적인 처리를 위하여 제도 면에서나, 또는 운영 면에 있어 전면적인 제 개혁을 단행하여 왔었다. 특히 책임행정의 구현을 위한 지방행정의 강화를 단행하고, 이에 따르는 제반 제도의 대폭적인 개혁을 하였으며, 우리나라 수도인 서울특별시의 행정은 지난 2월 1일을 기하여 법적 지위가 향상되므로써 보다 합리적이며 효율적인 행정을 기약하게 되었다. 그러나 문제는 제도보다 운영의 묘에 있는 것이다. 다시 말하자면 아무리 훌륭한 제도가 마련되어 있다 할지라도 그 운영과 방법에 결함이 있다면 모든 것이 공염불에 그치고 말 것은 명약관화한 일이다. 제도보다 사람이 문제라는 말이다. 그러기에 혁명정부는 광범하고 집중적인 공무원 재교육을 실시하여 여태까지의 낡은 관념과 사고방식을 지양하고 새로운 행정지식과 기술로 무장함으로써 행정의 전폭적인 개선을 꾀하고 국민으로부터의 수임태세受任態勢를 강화하였다. 직업공무원제도의 확립과 행정사무의 간소화 등을 기함으로써 행정의 보다 더 과학적이며 능률화를 이루어 놓은 취지와 목적도 여기에 있는 것이다. 행정능률을 향상시키기 위하여는 우선 공무원 각자가 그의 사명과 임무를 철저히 인식하고 각성하는 한편, 그 자질향상과 부당능력의 부족한 점을 보전補塡함으로써 행정관리의 적정과 아울러 소기의 성과를 거양擧揚할 수 있을 것이다. 이와 같이 직무수행에 필요한 지식과 기술의 습득 등 실력배양은 나아가서 자아발전을 위하여도 필수불가결한 일일뿐더러 국민의 선두에 선 봉사자로서 어느 누구에게라도 떳떳이 대할 수 있는 확고한 신념을 갖게 되는 교양도 되는 것임을 깨달아야 할 것이다.”

윤태일의 정식군복사진과 함께 게재된 창간사는 혁명정부의 공무원 기강 확립과 대민봉사 업무의 합리화(?)를 통하여 시민의 행정편의와 국민의 관에 대한 불만을 해소하고자 했다.

혁명정부는 이른바 ‘서울특별시 시민헌장’을 제정하였는데, “1. 부지런히 일하고 규모 있는 살림으로 즐거운 가정을 이룩합시다. 2. 상냥한 마음씨로 서로 돕고 공손하여 따뜻한 이웃을 이룩합시다. 3. 공공시설을 아끼고 깨끗한 손길로 아름다운 거리를 이룩합시다. 4. 지켜야 할 일을 잘 지켜서 복된 사회를 이룩합시다. 5. 자연을 사랑하고 문화재를 아끼고 자랑스런 문화를 이룩합시다.” 이 다섯 가지 표어는 국가주도의 쾌적한 도시문화를 이루려는 근대화 프로젝트의 일환임을 알 수 있다.

창간호에 실린 글들은 〈우리의 지침〉이라는 표제 아래 윤태일의 「서울특별시의 법적 지위향상과 우리의 할 일」, 안영기의 「1962년도 시정중요목표」, 최선의 「혁명과업과 공무원의 지위」가, 〈반공교재〉라는 제목으로 박일성의 「북한실정과 우리의 대비책」이, 〈실무교양〉이라는 제목으로 이상연의 「서울특별시의 사적 고찰」, 박중욱의 「새로운 법규와 건설행정」, 김세준의 「관광사업의 합리적 운영」, 시차량과 제공 「차량검사의 현대화」, 박종섭의 「서울특별시의 구호행정」, 최종완의 「상수도행정을 논함」, 김해동의 「시민가정환경조사」(1) 등으로 행정

실무의 문제와 시민들의 생활실정 조사가 이루어져 보고된다.

〈강좌〉라는 제목 아래서는 「헌법」 「행정법」 「행정학」 「재정학」 강의 내용이 실리고 있으며, 〈문예〉란에는 박목월의 「서울」(시), 송병수의 「연기 안 나는 굴뚝」(수필), 천상병의 「친구이야기」(수필), 이문희의 「허虛」(꽁트) 순으로 게재되어 있다. 창간호의 「편집후기」를 보면 원래는 3월에 내기로 하였으나 원고수집과 다른 사정 때문에 5월에서야 창간호를 내지만 인쇄날짜는 3월로 역산해서 표기하였음을 고백하고 있다.

5·16쿠데타를 일으킨 주체세력들이 '혁명정부'를 꾸려 민정이 이양될 때까지 정부의 역할을 대신하는 와중에 공무원들의 무사안일과 업무태만, 부정부패를 일소하고자 창간한 이 잡지는 사실 공무원들의 문제점이 없지는 않았겠지만, 그럼에도 불구하고 일종의 타겟을 공무원에게 돌려 혁명정부의 어떤 혁신성과 신선한 쇄신의 이미지를 구축하려 한 측면도 엿보인다는 점에서 정부발행의 흥미로운 정책기관지라 할 만하다. 군사정권의 혁신적인 제도 개혁과 참신성을 대대적으로 선전하고 이미지 쇄신의 극대화를 꾀하기 위해서는 아마도 이러한 전략이 필요했으리라 생각된다. 그런데, 이러한 전시행정과 밀어붙이기 식의 행정지침은 그 이후로도 지속·반복되어 최소한 공무원 사회를 지배했고 한국사회의 행정기관 운용의 대표사례로 자리잡았다는 사실이다. 그런 맥락에서 본다면, 박정희 정권의 행정운영의 전략과 그 구체적인 실행의 실상을 파악하는데 이 잡지는 아주 유력한 참고자료로 쓰일 만하다고 하겠다.

창간호를 비롯한 통권 4호까지가 연세대 도서관과 세종대 도서관 '김근수 문고'에 소장되어 있다. DB는 창간호를 비롯하여 통권 4호 전부를 작업했으며, DB 상태는 좋다. (전상기)

참고문헌

『서울행정』 창간호~종간호.

석유
(石油)

1965년 1월 25일 서울특별시 중구에서 창간되었다. 1년에 3개의 호가 발행되었으나 정기적으로 발행되지는 않았으며, 1968년 4권 2호까지 발행되었다. 대한석유공사에서 발행한 기관지이며 편집 겸 발행인은 이성호李成浩(당시 대한석유공사 사장)이다. 발행처는 대한석유공사로 서울특별시 중구 충무로 2가 64의 5이며 인쇄소는 삼화인쇄소(서울 중구 을지로 2가 15)이다. 이 잡지는 비매품이다.

대한석유공사는 1962년 미국 걸프사와의 합작으로 세워진 공사이다. 때문에 걸프사에서 임명한 외국인이 임원진으로 공사에 근무한 것이 특징이다. 1980년 민영화조치에 의해 주식회사 선경에 인수되었으며 현재 ㈜SK의 전신이다.

잡지의 분량은 약 140면 내외이다. 발행인 이성호는 이 잡지의 목적을 "1970년대에 발달하기 시작할 석유화학공업의 전위적인 역할을 하는 것"이라고 밝히고 있다. 그리고 이를 위해 "안정적인 석유류의 공급을 위한 방책과 이제까지 국내에서는 찾아볼 수 없었던 세계석유산업에 관한 각종 통계와 자료 및 국내석유산업에 관한 자료를 게재할 것"이라고 창간취지를 밝히고 있다.

잡지는 창간취지에 부합하여 석유사업과 관련된 내용으로 구성되어 있다. 특히 매 호마다 특집주제를 구성하였는데, 「석유제품수급石油製品需給」(1권 2호), 「공장운영과 관계되는 기술」(1권 3호), 「석유화학공업石油化學工業」(2권 1호), 「공장노후예방책工場老朽豫防策」(2권 3호), 「해외석유사정海外石油事情」(3권 1호), 「연료전환책燃料轉換策」(3권 2호) 등 다양한 석유 관련 주제들의 관련 글들을 수록하였다.

1979년에 창간된 동명 잡지 『석유』는 1979년 한국석유개발공사법에 의해 설립된 한국석유개발공사(현 한국석유공사)에서 발간된 책으로 이 책과는 발간주체가 다른 잡지이다.

소장처에 관해서 학술연구정보서비스(www.riss.kr)에서는 많은 대학교와 기관에 소장되어 있다고 되어 표시하고 있으나 이는 대부분이 1979년 창간된 동명 잡지이며 1965년 창간된『석유』는 국회도서관, 서울대학교 도서관에 소장되어 있다.

현재 국회도서관에 소장되어 있는 1965년 제1권 제1집부터 1967년 제3권 제3집까지를 DB화하였다. (정재현)

참고문헌

『석유』, (1965년 1권 1호~1967년 3권 3호)

석유조사보
(石油調査報)

『석유조사보』는 1968년 2월 창간하였다. 대한석유공사 기획부 조사연구과가 펴냈다. 계간 발행으로 계획되었다. 1969년 이후 발간되지 않았다. 비매품이다.

『석유조사보』는 1968년 3월 처음 발행되었으며, 대한석유공사 기획부 조사연구과가 펴냈다. 대한석유공사는 석유에 대한 국내 유일의 연구기관으로, 석유산업이 중요산업으로 부상하고 있는 상황에서 이 잡지를 펴냈다. 이 당시 대한석유공사는 1962년 10월 13일 미국 걸프석유회사와 합작으로 설립되었으며, 울산공장을 중심으로 1968년 5월 시점 총용량 115,000Bbl의 석유를 생산하고 있었다.

　『석유조사보』의 창간사는 당시 대한석유공사 기획부장 손진관孫晋官이 작성하였다. 손진관은 창간사에서 "석유분야에 관심을 가지고 있는 관계부서 또는 연구기관에 자료가 될 수 있는 조사자료를 수집편찬"할 것을 이 잡지의 목적으로 밝혔다.

　『석유조사보』는 국한문 혼용으로 쓰였으며, 본문이 2단으로 구성된 것이 특징이다. 또한 통계자료와 지도, 그림을 통해 구성하고 있다. 창간호의 목차를 살펴보면 석유, 수송, 정유, 판매, 석유경제, 관련 연구 자료, 통계편, 기타로 구성되어있는데, 목차의 구성에서 보듯 석유에 대한 전반적인 정보를 담고 있는 것을 알 수 있다. 특징적인 것은 이러한 목차구성을 이후에 발행된 잡지에도 비슷하게 적용하고, 하단에 별도의 기사를 배치하는 방식으로 구성되어 있다는 점이다.

　제5호에서는 이러한 목차 구성을 벗어나 특집기사와 함께 별도의 기사를 싣는 것으로 구성을 변경하였다. 그 이유를 편집후기에서 "본지는 전호의 성격과 비슷하게 자료를 수록했으나 우리 현실에 동떨어지지 않고 업무에 실질적으로 참고되도록 내용 면에서 변화를 구했으며 독자들의 범위를 넓히기 위해 노력했다."고 밝히고 있다. 이러한 목적으로 제5호 특집호에서는 「주유소 기업 운영」을 특집 기사로 하여 「주요제국의 주유소 운영 현황」, 「주유소 건설」, 「주유소의 판매 촉진책」 등의 기사를 실었다.

『석유조사보』는 연세대학교 학술정보원에서 제공하고 있다. 현재 국회도서관에서 제공하는 『석유조사보』 1~5호를 DB화하였다. (김강산)

참고문헌

『석유조사보』, 대한석유공사 기획부 조사연구과, 1968년 1~5호.

선데이 서울

1968년 9월 22일에 창간된 최초의 대중오락잡지이다. 발행처는 서울신문사이다. 주간으로 발행되었다. 창간 당시 구독료는 20원이었고, 13호부터는 30원이었다. 1991년에 종간되었다.

『선데이 서울』은 1968년 9월부터 창간해 1991년까지 나왔던 잡지로서, 우리나라 최초의 대중오락잡지이다. 잡지는 창간될 때, '넘치는 멋', '풍부한 화제', '감미로운 내용' 등을 표방하면서, '어디를 들춰봐도 재미있는 선데이 서울'을 지향하였다. 재미에 더해 강렬한 컬러사진과 광고 그리고 노출이 심한 외국 배우들의 화보가 잡지의 큰 특징이었다. 『선데이 서울』의 창간은 신문사 주간지 발행의 붐을 일으켜 『주간경향週刊京鄕』, 『주간조선週刊朝鮮』, 『주간중앙週刊中央』, 『주간여성週刊女性』 등이 쏟아져 나오게 하였다.

1971년 창간 3주년을 맞아 별책으로 『선데이 펀치(SUNDAY PUNCH)』를 발행하였다. 별책은 호화 화보, Pop 특집, 카사노바와 그 일행, Sunday punch encyclopedia, 레져와 스포츠, 3대 퀴즈 등으로 꾸며졌다. 특집호는 50원으로 판매되었는데, 당시 커피 값이 60원이었다.

『선데이 서울』의 특징을 주간 신문과 비교해볼 때, 주간 신문에 비해 보도기능이나 사회비평 등의 기능이 취약한 반면, 오락기능과 광고기능 등은 크게 강조되고 있다. 그에 따라 대중의 일상문화, 곧 가요와 영화, 스포츠, 패션과 헤어스타일 등 대중문화와 도시인의 직장생활 등이 강조되고 있다. 또한 기사나 만화, 화보의 경우 상당 부분은 남녀 간의 연애나 성性을 강조하는 경향이 짙었다. 그리고 광고가 잡지의 상당한 지면을 차지하고 있어, 광고수입에 많이 의존하고 있다.

　『선데이 서울』의 1968년 1권 1~14호, 1969년 2권 1~51호, 1970년 3권 5~51호, 1971년 4권 1~39호, 특별호, 1972년 1~5호, 14~17호를 DB화하였다.
(김일수)

참고문헌

『선데이서울』, 서울신문사.

선전신문
(宣傳新聞)

1960년 12월 31일 창간하였다. 종간호 여부는 알지 못한다. 발행 겸 편집·인쇄인은 김학중金學中, 발행소는 서울특별시 중구 예관동 1–1이었다. 주간신문으로 대판 4면이 발행되었고 16단제에 1단 10자 체제였다. 구독료는 1부에 10원이었다.

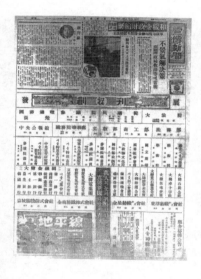

김학중 발행 겸 편집인의 「창간사」에서 "아직도 선전 광고에 허다한 애로와 숙제에 대하여도 불편부당의 정론으로서 정확신속한 선전, 확실저렴한 광고를 특색으로 본지의 사명을 다할려고 … 일반 신문의 3분의 1 정도의 염가요금으로 각종각양의 광고만을 취급게재하며 신속정확을 기할 수 있는 한국 초유의 선전신문"임을 볼 수 있다. 이로 볼 때, 이 신문은 언론의 사명보다는 많은 광고를 게재함으로써 이득을 보려는 의도로 창간했음을 짐작할 수 있다. 그런 점은 창간호 1면의 기사를 통해서도 확인할 수 있는데, 5분의 3을 모두 광고가 차지하고 나머지 5분의 2에 기사가 실려 있다. 기사 내용 역시 「창간사」를 제외하면 두 개 뿐으로 「긴축재정책을 완화, 불경기해결책」이 기사이고 나머지 하나는 「국내최대의 토목건축회사」라는 제목이어서 기사를 빙자한 회사 소개 광고임을 알 수 있다.

이처럼 이 신문은 제호에서도 노골적으로 드러낸 바와 같이, 4·19혁명 후에 우후죽순으로 생겨나는 신문홍수시대에 광고를 통하여 경제적 이득을 보려는 의도에서 창간한 것임이 분명해 보인다.

창간호가 국회도서관 마이크로필름으로 소장되어 있으며, 창간호를 갈무리하여 DB 작업을 하였고, DB 상태는 양호하다. (전상기)

가
나
다
라
마
바
사
아
자
차
카
타
파
하

참고문헌

『선전신문』 창간호, 1960년 12월 31일자;『한국신문백년〈사료집〉』, 한국신문연구소, 1975.

섬유신보

(纖維新報)

1967년 7월 31일 창간된 섬유업 관련 전문 주간신문이다. 발행 겸 편집인은 김대보金大寶, 발행처는 서울 중구 남산동 3가 13번지(섬유신보사)이다. 타블로이드판 8면(매주 월요일 발행), 구독료는 1개월 100원, 1개년 1000원이다.

발행인 김대보金大寶는 「번영을 위한 대화의 광장으로, 전문지로서의 책임완수에 노력할 터」에서 다음과 같이 신문 발간 취지를 밝히고 있다.

"일부 섬유공업은 국제 수준에 육박했고 타부문도 동남아 일대는 물론 멀리 구미제국까지 한국 섬유계의 발전을 과시하고 있습니다. 본인은 이와 같은 한국섬유업계의 실정을 주시하면서 국내외 업계 상호간의 긴밀한 유대와 더욱더 새로운 기술 및 정보교환으로 생산, 제조, 판매, 무역, 소비 등 여러 부문에 박차를 가할 수 있는 대화의 광장이 있어야겠다고 생각하고 감히 본지를 창간하는 바입니다."

이 신문의 목적은 섬유업계 상호간의 기술교류 및 업자간의 유대를 도모하고 업자간 대화의 광장 역할을 하는 것에 있었다. 신문은 섬유업계의 해외시장 개척을 위한 정보와 대내적인 기술 향상을 사명으로 하는 국내 유일의 산업지를 표방하였다.

창간호(1967. 7. 31.) 1·2면은 창간사와 창간축사 등으로 구성되었다. 3면에는 「포리푸로피렌계 합성섬유의 가공」(장석윤張碩潤)이 게재되어 폴리프로필렌 섬유의 가공 방적상 특성을 분석하였다. 〈용어해설〉(김기봉金枝鳳)란에는 섬유가공 관련 영문 용어의 해설이 실렸다.

4·5면은 「섬유공업과 신문」이라는 주제로 대담기사가 실렸다. 서울공대 섬유공학과 교수, 삼릉모방 상무이사, 한양공대 교수 등이 참석하여 섬유업 발전 방안에서 신문의 역할을 모색을 위한 지상 토론이 실시되었다. 6면에는 「방수防水가공」 관련 전문적 내용과 해외 직조기술 소개 등이 실렸고, 7면에는 업계동정과 기능올림픽 관련 소개기사와 8면의 〈해외정보〉란에는 외국의 고온고압 염색기의 사용법 소개기사가 실렸다.

섬유공업은 1960, 70년대 경제 분야의 주력 업종이었고, 이 주간지는 1960년대 섬유공업이 기술적 수준과 섬유업계의 현황, 정부의 시책 등을 확인할 수 있는 유용한 자료이다.

국회도서관 소장되어 있는 창간호(1967. 7. 31.)를 DB화하였다. (이병례)

참고문헌

한국신문연구소 편, 『한국신문백년』, 1975; 『섬유신보』, 섬유신보사, 1967년 7월 31일.

성결교회교단소식

1966년 1월 15일 제1호가 발간되었다. 이는 성결교회교단에서 발행되던 『활천活泉』을 속간하기 전에 성결교회 기관지로서의 성격을 갖는 교단소식지로 먼저 발행된 것이다. 발행인 겸 편집인은 기독교대한성결교회·총회출판부이다. 발행소는 서울 중구 무교동 120이다.

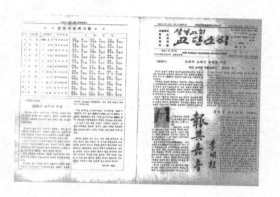

총회장 이진우는 「교회와 교회의 유대를 위한 교단 소식을 내놓으면서」라는 창간사에서 잡지의 발간목적을 밝히고 있다. 그 목적은 성결교회 교단에서 발행되던 『활천活泉』을 속간하기에 앞서 『교단소식』을 내놓아 합동된 교회 소식을 전국교회에 알리고 중앙과 각 지방교회의 긴밀한 유대를 위한 것이라 하였다. 또한 영靈의 양식과 권위 있는 논설을 가지고 전국 교회와 성도들을 방문할 것이며, 교단과 개체 교회의 유대를 형성하며, 나아가 한국 교회의 대변지가 되어 본 교단 사명의 중책을 완수한다고 하였다.

그리고 교단 합동의 완성과 아울러 개체 교회의 질적 양적인 부흥과 어두운 세상의 빛과 소금의 사명을 다하고, 한국 교회의 복음적 분위기를 조성해야 한다고 하였다. 이 소식지의 발간으로 수직적으로 총회와 개체 교회의 융합, 평면적으로는 교역자와 교역자, 신도와 신도의 일치단결하는 데 박차를 가할 수 있을 것이라고 하였다.

다음으로 신년설교와 제언, 논설들을 싣고 있다.

논설로는 장창덕張昌德의 「성서관聖書觀이 흔들리고 있다」가 실려 있다. 이 글에서는 교회 안에서 나오고 있는 성서에 대한 이론異論으로 흔들리는 교단의 위기의식을 극복하는 방법을 제시하고 있다.

〈공고〉에서는 1965년 7월 23일부터 교회합동회를 가진 후부터 12월 30일 완료된 각 지방합동조직 상황을 게재하였다. 합동된 교회는 총 525곳이며, 관망 중에 있는 교회가 17곳이고, 잔류교회가 70곳이다. 이에 따라 「앞으로의 합동총회의 자세」에 대하여 편집실에서 그 내용을 제공하였다.

다음으로는 교단과 지방교회 소식을 게재하고 있다.

부록으로 「합동지방회사항」이 있다. 여기에는 각 지방회의 개회일자와 개회장소, 임원명단이 실려 있다.

국회도서관에 마이크로필름으로 소장되어 있는 것을 DB화하였다. (구수미)

참고문헌

『성결교회교단소식』, 1966년 1월 15일 제1호.

성동신문
(城東新聞)

1962년 11월 3일 서울 성동구에서 창간된 타블로이드판 4면의 주간신문이다. 발행·편집 겸 인쇄인은 박덕배朴德培이고, 주간은 황종성黃鐘性, 편집국장은 장태상張泰祥이다. 발행소는 서울특별시 성동구 신당동 309의 성동신문사이다. 동 단위로 보급소를 두었다. 구독료는 월 200환이다.

구區 단위 신문의 발생 동기가 된 이 신문은 성동구민의 복지를 위한 구민생활상 보도와 구청의 행정 보도를 목적으로 발행되었다.

창간호 1면에는 발행인 박덕배가 이 신문의 창간 목적을 말하고 있다. 4월 혁명 이후부터 신문 발행이 허가제에서 등록제로 바뀜에 따라 많은 신문이 우후죽순처럼 범람하고 있는 상황에서 신문의 중립성과 신뢰성이 요청되는 바, 이 신문이 부정과 비행사실을 폭로하는 데 있어 엄정하게 기사를 취급하여 민주주의 향상 발전에 기여할 수 있도록 노력하겠다고 하였다.

창간사는 성동갑구 민의원 의원인 유성권劉聖權이 3면에서 다음과 같이 말하고 있다.

"평소부터 구민의 손으로 구민의 복지를 위한 신문이 발행되어야 할 것이라고 생각하고 있는바 금번 성동신문이 주간지로 나마 창간하게 된 것은 매우 기쁜 일입니다. 신문은 사회의 목탁으로서 그 사명이 중대함은 재론할 여지가 없습니다. 나는 성동신문이 올바로 발전되기를 진심으로 바라는 심경에서 몇 가지 부탁을 하지 않을 수 없습니다.

첫째로 사실대로 보도해야 되겠다는 것입니다. (중략) 둘째로 신문은 언제나 백성의 편, 약한 사람들 편에 서서 공정하고도 예리한 필봉筆鋒을 휘둘러야 한다는 것입니다. (중략) 셋째로 권력이나 금력에 눌리는 신문이 되어서는 그 신문의 본래의 사명은 그 가치가 소멸된다는 것입니다. (중략) 새로 창립되는 성동신문이 옳은 이념과 좋은 구상, 그리고 훌륭한 언론인들로서 구성되어 앞으로 구민의 진정한 대변지가 되고 구민이 가장 아끼는 신문이 될 것으로 확신하는 바입니다."

2면과 3면에는 성동세무서장 조한창趙漢昌의 「향토계발의 선봉이 되라」, 성동구동장친목회 간사 김희용金熙用의 「약진하는 성동」, 보건소장 이민규李旼圭의 「성동신문 창간을 기期하여」, 성동소방서장 박약서아朴約西亞의 「진정한 공기公器의 선봉이 되기를」, 성동구청장 이규갑李揆甲의 「건전한 구민의 대변지가 되기를」 등 각계의 바람을 게재하고 있다.

4면에는 독자의 투고와 편집후기를 게재하였다.

국회도서관에 마이크로필름으로 소장되어 있는 것을 DB화하였다. (구수미)

참고문헌

『성동신문』, 1962년 11월 3일;『한국신문 100년』(사료집), 한국신문연구소, 1975.

성북신문
(城北新聞)

1960년 12월 23일에 창간하였다. 종간호 여부는 알지 못한다. 발행·편집 겸 인쇄인은 신윤곤申允坤, 발행소는 서울특별시 성북구에 위치해 있었다. 타블로이드판 4면 발행으로 10단에 1단 13자 체제였다. 주간 발행이었다.

「지역사회발전을 위한 참된 대변자가 될 것이다」라는 제목의 발행인 신윤곤의 창간사에서 "국내 유일의 민주주의 표본지역으로서 건설하는 데 「성북신문」은 발판이 될 것이다"는 포부를 내세웠다. 창간호 1면 기사들은 「구민의 참된 벗되여」(서범석), 「모범사회건설에 구민의 협조 있기를」(이종언, 성북구청장), 「지역사회의 공기되여」 등으로 구민신문으로서의 역할과 창간사를 겸한 내용들이다. 하단에도 창간을 축하하는 광고들이 배치되어 있다.

당시 서울 시내 각 구에서 창간된 신문들 대부분은 성격과 체재가 비슷했다. 보통 때에는 해당 구역 안에서 일어나는 사건 사고를 보도하였고, 선거 때가 되면 구의 민심과 후보자에 대한 선호도, 주민들의 정황을 민감하게 기사화하였으며, 심지어는 특정 후보를 지지하는 편중성도 띠었다. 그런 까닭에 재정적인 뒷받침을 받는 인사에게 휘둘리기도 했고 다소 비합리적이고 부당하게 운영되기도 하였다. 그럼에도 불구하고 풀뿌리 민주주의의 기반이 된 측면 또한 구민신문의 역할이었음을 놓쳐서는 안 된다. 이렇듯 서울 시내 구민신문들은 민심의 실제적이고 구체적인 동향을 파악하는 데 귀중한 자료로서 이 신문의 의미 또한 거기에서 찾을 수 있을 것이다.

국회도서관에 창간호가 마이크로필름으로 소장되어 있으며, DB 또한 창간호

를 갈무리하였고, DB 상태는 양호하다. (전상기)

참고문헌

『성북신문』 창간호, 1960년 12월 23일자;『한국신문백년〈사료집〉』, 한국신문연구소, 1975.

성의월보

(聖醫月報)

1958년 4월 7일에 창간하였다. 『성의학보』 『카톨릭대학』으로 개제되면서 현재(2014. 8.)에 이르고 있다. 발행인은 양기섭梁基涉, 편집인 윤덕선尹德善, 발행소는 서울특별시 중구 저동 가톨릭대학 의과대학이다. 타블로이드판(59년 4월 1일부터는 대판으로 발행되었으며, 64년 9월 15일부터는 제호를 가로쓰기에서 세로쓰기로 바꾸었음)으로 월간이었고 4면 발행의 16단제, 1단 11자 체제였다.

이 신문은 사시를 '박애, 창조, 의지의 구현'에 두었고 학내 구성원들의 '지, 덕, 체'의 향상에 창간목적을 두었다.

현재 전해지는 제19호(1960년 10월 20일자)를 보면 1면에 「가톨릭의과대학으로 개칭」, 「의료보험제도의 창설을 제창한다」(사설), 「서태평양지구 인구보건 통계회의에 조규상 교무감 참석」, 「국제연합한국학생협회 주최 제5회 모의유엔총회 개최」, 「제7회 학내 친선 체육대회 개최」 등이 눈에 띈다. 대학신문의 기본적인 체제에 의한 편집이라고 할 수 있다. 2면은 교수들의 투고 기사가 실렸고, 3면에는 교수의 논문과 학생들의 수필과 보고문 등의 문예 기사가 차지하고 있으며, 4면은 문예물들이 주를 이루고 있다.

이 신문은 대학신문 중에서도 재단이 종교재단이기 때문에 의과대학을 중심으로 한 체제라는 점이 특징적이다. 초기의 소규모적인 재단과 학교 운영이 점차 확대되고 복잡해지면서 종합대학교의 면모를 띠지만, 그 이전에는 학내 구성원들의 사소하고 세세한 활동이 주로 기사화되었다. 그런 사정은 1961년 6월 16일 '가톨릭중앙의료원'이 발족됨에 따라 이 신문이 의료원의 기관지 성격을 띠었던 면에서도 확인 할 수 있는 대목이다.

그러나 1960년대 중반경부터 각 단과대학이 설립되고 종합대학의 틀을 갖춰 가면서 신문의 발행 주기나 기사 내용의 확대 개편, 발행부수 등도 변화를 겪는 다. 2014년 8월 현재 주간체제를 유지하면서 8면 발행의 대학 학보로서의 면모 를 띠고 있다.

가톨릭대학교 학보사에 신문의 대부분이 소장되어 있으며, 국회도서관에는 지령 제19호가 마이크로필름으로 소장되어 있다. DB도 역시 제19호를 갈무리 했으며, DB 상태는 양호하다. (전상기)

참고문헌

『성의월보』 제19호, 1960년 10월 20일자; 『한국신문백년 〈사료집〉』, 한국신문연구소, 1975; http://www.cuknews.com/com/com-1.html.

세계
(世界)

1958년 12월 15일에 창간된 월간 잡지로 국제문제연구소國際問題研究所가 편집하고 동
아출판사東亞出版社가 발행하였다. 발행인은 동아출판사의 사장 김상문金相文이었다.
1960년 7월 20호로 종간되었다. 통권 11호까지는 세로쓰기로 편집하다가 이후 가로쓰기
로 바뀌었다. 창간호는 총 250매였고 가격은 350원이었다.

『세계』는 1958년 국제문제연구소가 편집하고
동아출판사가 발행한 월간 잡지이다. 국제문제
연구소의 대표 이동준李東俊과 동아출판사 사장
김상문金相文은 한국 문화의 후진성을 극복하고
세계 문화의 대오에 참가하는 것을 민족이 당면
한 최대 급무로 보았다. 따라서 『세계』는 영국,
미국, 프랑스, 독일 등 선진 국가의 저명한 잡지
및 학보에 실린 새로운 지식을 번역하여 소개하
는 '지성학술지知性學術誌'를 표방하였다. 정치·경
제·사회 등 각 분야에 걸친 해외의 연구 성과와
저명한 학보·잡지의 최신호의 논문과 기사를 번역되어 실렸으며 필요한 경우
신간 간행본도 번역할 계획이었다.

『세계』는 사조, 정치, 경제, 문학, 서평 등으로 나누어 각각의 기사를 구분하
여 실었다. 창간호의 사조분야에는 칼 야스퍼스의 「현대에 있어서의 이성과 반
이성」이 실렸고, 정치분야에는 리처드 M. 한트의 「신화, 죄악, 오욕」, 알렉산더
데닝의 「개인과 국가 간의 정의」, 데이비드 이스턴의 「정치이론의 재활」, 한스 J.
모겐소의 「합리주의적 방법론 비판」, 존 F. 트리스카의 「소련외교정책의 기본적
분석」, 윌리엄 이벤슈타인의 「전체주의연구론」이 실렸다. 경제분야의는 야콥바
이너, 레이몬드 F. 마이크셀, H. 민트 등의 글이 실렸고, 문학분야에는 F. J. 호프
만, P. D. 브와데프르 등의 글이 실렸다. 1959년 60년 일부를 입수 DB화하였다.

(이혜린)

참고문헌

『세계』(창간호~1960년), 「해외문화 종합소개 월간지 세계」, 『동아일보』 1958년 12월 15일 (조간); 두산백과(doopedia, http://www.doopedia.co.kr/).

세계영화신문

(世界映畵新聞)

1960년 11월 24일에 창간한 것으로 보인다. 종간호에 대해서는 미상이다. 등록필증이 교부되기 전에 『주간세계영화』 창간호(1960. 11. 13.)를 먼저 내고 제호도 달랐는데 지령 4호인 12월 13일에 『세계영화신문』으로 개제하였다. 발행·편집 겸 인쇄인은 강대진姜大振, 주필 황촌인黃村人, 발행소는 서울특별시 중구 충무로 3가 62번지였다. 주간으로 발행되었고 판형은 대판 4면이었으며 16단제의 1단 11자 체제를 채택했다. 가격은 1부에 60환, 월정액은 200환이었다.

창간호는 전해지지 않는다. 그렇기 때문에 창간사를 확인할 수는 없으나 전해지는 신문의 내용으로 보건대, 영화계 전반의 수집 가능한 기사를 취합하여 실은 것으로 보인다. 영화계 소식은 물론이고 영화에 관한 정부와 영화사, 배급, 영화 관객에 관한 모든 문제를 포괄하여 기사화했음을 확인할 수 있다.

현재 확인할 수 있는 1960년 12월 13일(월요일)자 1면에 있는 「사고」를 보건대, 등록필증을 받기 전에 창간호를 냈으며 이날 지령 4호에 제호를 『세계영화신문』으로 바꾸었음을 알린다. 그 밖에도 1면에는 「전국극련 입장세 인하를 청원」, 「과장선전 지양키로」, 「눈 눈」(화보와 설명), 「권영순 감독 작주 도불」, 「생필림 면세에 새로운 우려」, 「영화유지위원회서 발기인대회 개최」, 「제협에서 지면총회」, 「교육문화영화 기획공보국서」, 「악극연극인협회에 분규」, 「약진하는 금묵프로덕숀!」, 그리고 하단에는 영화 세 편의 광고가 실려 있다. 2면은 「허리우드도 고민한다」를 위시한 해외영화계 소식이, 3면에는 「코메디 코리아는 어데로」, 「『군도』가 단연 인기」, 「제9회영화제 서울개최 미합의」, 「미국서 한국영화의 밤」, 「주영만평」 등의 국내 영화계 소식이, 4면에는 강대진 감독의 영화소설 「마부」가 연재되고, 「제작진척상황」, 「NG」, 「탐조등」란이 배치되어 있다.

이 신문은 발행인 강대진 감독의 영화계에서의 지위와 의지에 의해서 창간되었던 바, 영화산업이 체계화되지 못하고 제작 여건도 어려운 가운데서도 영화의 발전과 질적 향상을 위해서 그 전반적인 상황을 공유하고자 발행되었음을 짐작할 수 있다. 그래서 4면에서 보는 '영화제작상황'이나 '영화계 가십', '영화제작 현장 보고' 등의 구체적인 내용이 실림으로써 당대 영화계의 큰문제에서부터 사소한 문제에 이르기까지 분위기와 사정을 알리는데 일정한 역할을 해주고 있다.

강대진(姜大振, 1927~1987)은 대한민국의 영화 감독으로 전라남도 목포에서 출생하였다. 1960년 《부전자전》《박서방》, 1961년 《마부》《어부들》, 1962년 《사랑과 미움의 세월》,《상한 갈대를 꺾지 마라》 등 주로 소박한 서민사회의 애환을 리얼리즘 수법으로 담아 성공하였다. 특히 《마부(馬夫)》는 1961년 베를린 영화제에 출품하여 제11회 베를린 국제영화제 특별은곰상을 수상, 세계적인 평가를 받기까지 했다. 텔레비전 방면에도 종사하였다.

국회도서관에 1960년 12월 13일자가 마이크로 필름으로 소장되어 있으며, DB도 역시 그것을 갈무리했고, DB 상태는 양호한 편이다. (전상기)

참고문헌

『주간세계영화』, 1960. 11. 13.; 『세계영화신문』, 1960. 12. 13.

세정신문

(稅政新聞)

1965년 10월 25일 창간된 신문으로 주간으로 발행되었다. 발행 겸 편집인 황린, 인쇄인 박광식, 편집국장 홍화식이며 발행소는 서울특별시 중구 명동 2가 32이다.

1면에 실린 창간사를 보면 이 신문의 기획의도를 알 수 있다. "… 장기경제 개발계획을 앞두고 세정에 관한 국민의 정확한 여론을 반영시켜 국민과 세무당국자 간의 세정에 관한 지식의 계몽은 물론 이해력을 증진시켜 정부국민 간에 개재하는 모든 작용과 일체의 구폐와 사회악적인 요소와 원인을 과감히 척결광정 함으로써 명랑한 담세 분위기를 조성하는 데 전심전력을 경주할 것을 다짐하는 바이다.

그리고 세제나 세율이 우리의 현실에 적응하지 못한 점은 시시비비로 이를 비판 세제행정의 개선과 쇄신 그리고 우리나라의 실정과 사회발전에 적합한 세제, 즉 우리 스스로의 생리와 능력에 알맞은 세제의 연구발전에도 등한하지 않을 것을 거듭 다짐하는 바이다. 따라서 일반 종합지가 다 하지 못하는 중요한 분야의 전문지로서 성실히 그리고 무거운 책임감으로 사명을 다할 것을 스스로 다짐하면서 독자 여러분의 끊임없는 감시와 편달이 있을 것을 바라마지 않는 바입니다…."

이외에 『세정신문』 창간을 축하하는 축사들과 「박대통령 친서와 세정의 전망」, 「세정 간소화에 박차」, 「국세환원부당」 등의 기사가 실려 있다.

국회도서관에 마이크로필름 형태로 보관되어 있으며 이를 DB화하였다. (임

경순)

참고문헌

『세정신문』, 창간호; 윤임술 편, 『한국신문백년지』, 한국언론연구원, 1983.

가

나

다

라

마

바

사

아

자

차

카

타

파

하

세정평론시보

(稅政評論時報)

1960년 9월 13일에 창간한 주간신문이다. 종간호는 미상이다. 회장 김정식金政植, 발행
겸 편집·인쇄인 김성현金聖鉉, 편집국장 고재휘高在揮, 발행소는 서울특별시 중구 남대문
로 5가 74번지 서울삘딩 내 3층 6호실이었다. 대판 4면으로 16단제에 1단 13자 체제였다.

「창간사」를 보자.

"전술한 바와 같이 국민에 대한 자진
적인 협조는 곧 그 나라의 부강을 말함이
요 그렇게 만들기 위해서는 정부가 국민
이 호응할 수 있는 현명한 조세정책을 구
현하여 국민을 위한 국민의 나라가 부강
할 수 있는 방향으로 정책을 시정하여야
할 것으로 믿는다. … 본보는 전기한 사명
에 투철하여 창간 본연의 사명을 완수하
는 데 성실한 노력을 경주할 것이오니 국
민독자 여러분의 본보 앞날의 무궁한 발
전을 동경(同慶)하여 주시기를 바라는 바
입니다." '현명한 조세정책'을 국가에 주문하고 국민들의 조세에 대한 계몽과 조
세의 중요성, 조세의 올바른 쓰임에 대해 강조하면서 새로운 시대의 조세정책
을 간절히 염원하는 창간의도를 밝히고 있다.

창간호 1면의 기사들도 보면, 「무면허 운전하는 부정축재자 처리」, 「납세의
민주화를 지향」, 「자수우대조건 위반」, 「국민경제성장의 경하」 등으로 조세 정
의 차원에서 세정의 올바른 개정과 실천을 주문하고 국민들의 조세에 대한 관
심을 촉구하는 내용들이 실렸다. 1면의 하단에는 대한상공회의소가 '부정불법
축재자 처리에 대한 명확한 원인과 O계를 명시함으로써 선량한 상공업자의 불
안을 일소하라'고 호소하는 「성명서」와 재무부에서 알리는 「자동차세 납부에

대하여」, 서울시장직무대행 명의의 「시세체납자에게 알리는 말씀」이 게재되어 있다.

이 신문은 '국가조세정책의 올바른 시책지표의 종합비판 평론과 사계의 교양적인 면에 목적과 사명'을 두었다. 그만큼 기업과 부정축재자들의 부정부패, 기만과 협잡이 심했음을 짐작할 수 있는데, 일반적으로 운위되는 추악하고 적나라한 사실을 낱낱이 밝히지는 못했고, 또한 독자들 역시 특수한 사람들만 보았을 것이므로 국민들이 얼마나 그 실상에 대해 알았는가는 짐작하기 어려웠을 것으로 사료된다. 그렇지만 조세정책의 중요성과 국민계몽을 위한 이 신문의 의미와 노력은 정당하게 평가되어야 마땅하다.

국회도서관에 마이크로필름으로 소장되어 있으며, DB는 창간호가 갈무리되어 있고, DB 상태는 양호한 편이다. (전상기)

참고문헌

『세정평론시보』 창간호, 1960년 9월 13일자; 『한국신문백년 〈사료집〉』, 한국신문연구소, 1975.

세종문집

(디트로이트 세종학교: Sae Jong Society of Detroit)

『세종문집』은 디트로이트 세종학교가 발행하는 교지이다. 2006년 세종학교 이사회는 Troy School District의 Boulan Park Middle School에서 미시간에서 가장 우수한 사립학교인 Detroit County Day Schools(DCDS, www.dcds.edu)의 Middle School 건물로의 이전을 결정했다.

디트로이트 세종학교는 1972년에 개교했다. 2007년 현재 유치반 23명, 1학년 22명, 2학년 10명, 3학년 24명, 4학년 16명, 5학년 11명, 6학년 13명, 7학년 12명, 8학년 이상 15명, 색동반 5명, 신입반 11명이 재학하고 있고, 교장 등을 포함한 교사 15명과 예능부 교사 10명이 학생들을 가르치고 있다.

디트로이트 세종학교 이사회 이사장 서인수는 세종학교의 설립목적과 의미에 대해 다음과 같이 설명하고 있다. "세종학교는 우리나라의 글과 말, 그리고 문화를 나누고 가르치고 배우는 곳이다. 더불어 이 동네 어른들의 아이들에 대한 애정과 즐거움의 원천이기도 하다. 또한 미시간 한인사회의 문화적 구심점 역할을 하며, 가르치는 기술을 향상하고, 또 배우는 즐거움도 키우는 한편, 나아가 미시간 지역 사회의 한 구성원으로서 한국의 문화를 전파하며 문화의 다양성을 고취하는 등 큰 사회적 역할을 다하고 있다. 이러한 큰 그릇을 준비한 많은 정성이 헛되지 않게, 알차게 여러 내용을 세종학교에 담아가고자 한다."(「큰 그릇을 채우는 뜻으로」, 『세종문집』 21호, 2007, 2쪽)

그리고 디트로이트 세종학교 교장 박경혜는 세종학교에서 진행하고 있는 교육, 교육받는 주체인 학생들의 구성이 어떻게 변하고 있는지, 그리고 세종학교 교육의 수준을 규정하는 교사들이 어떠한 각오로 교육에 임하고 있는지를 『세

종문집』에서 정리해주고 있다:

"세종학교에서도 한국어 시간에 문화와 역사 자료를 도입해서 한국어 수업을 하고 있다. 토요일 하루 4시간을 하는 수업이 충분하지는 않지만, 학생들이 최소한도의 자긍심을 가지도록 하는 데 노력을 기울이고 있다. 붓글씨, 사군자, 사물놀이, 고전무용, 태권도, 민속놀이, 한국민요 등 가르칠 수 있는 기회를 만들어서 아이들이 자신들에게 속해 있는 민족문화를 배우면서 자신들의 정체를 인식할 수 있게 가르치고 있다.

또한 배우는 학생들도 다양해지고 있다. 과거에는 한인2세들이 세종학교의 주구성원이었지만 이제는 한인3세, 입양아들이 점점 늘어나고 있는 실정이다. 입양되어 온 성인들까지 합치면 한국어를 배우려는 사람들의 그룹은 더 다양해지고 있다. 그만큼 한국의 위상이 세계에 알려졌기 때문이기도 하지만 'Heritage' 언어에 대한 관심이 높아지고 있는 현상이라고 볼 수 있다.

한인 3세로서 한글을 배우러 오는 학생들 중에는 부모님들이 한국학교 교육을 안 받은 분들도 눈에 뜨이는데 그들의 부모님들이 한국어 교육의 중요성을 자신들의 체험으로 깨닫고 있기 때문인 듯하다.

교사들은 이러한 상황에 대비해서 교육효과와 기능을 높이기 위해 각종 연수회 등을 통해서 실력을 향상시키고 새로운 교수법 개발 등을 모색하고 있으며, 새로운 계층의 학생들을 맞이하기 위해 그들에게 맞는 교과과정을 준비해야 하는 것이다. 그리고 대부분의 한글학교 교사들이 거의 자원봉사자로서 학생을 가르치고 있지만, 사명감을 가지고 교사로서의 자격과 기능을 향상시키기 위해 노력하는 모습은 우리 민족 특유의 집착과 정성으로 한글학교를 이어가는 원동력으로서 밝은 한글학교의 희망적인 미래를 제시하고 있다고 볼 수 있다."(「지금은 변화가 필요한 때」, 『세종문집』 21호, 2007, 4쪽)

2007년의 『세종문집』을 살펴보면, 유치반 아이들의 작품부터 고학년 학생들의 작품을 순서대로 소개하고 있다. 유치반 아이들과 초등학교 저학년 아이들의 작품은 글보다 그림이 주이고 아주 서툴지만 사랑스런 한글 글씨체가 함께하는 그림일기가 주이다. 학년이 올라갈수록 한글의 완성도가 높아지고 자신들의 생각과 경험을 본격적으로 한글로 표현하고 있다. 대개가 미국에서 태어나고 자란 아이들이지만, 한국의 기준으로 중학교 정도가 되면 세종학교의 학생들은 한국말과 글로 자신들의 생각과 경험을 완벽하게 표현하고 있다. 우리는

『세종문집』을 통해 디트로이트 한인학생들의 성장을 살펴볼 수 있고, 미주 한인의 미래를 전망해볼 수 있다.

그 이외에도 〈고구려〉(극본, 김선미 선생님, 각색·감독 최지연 선생님)라는 연극을 공연했는데, 학생들의 배역을 소개하고 그 대본을 문집에 올려놓고 있다. 그리고 뒷부분에는 교사로서 활동하면서 느낀 점, 한국말을 배우는 학생의 소감, 글짓기 대회 수상작품 소개 등을 하고 있다. 그리고 「놀이를 통한 한글교육」 같은 글은 세종학교의 교사들이 교육에 대해 얼마나 고민하면서 학생들을 가르치는지를 보여주고 있다.

그리고 교사 가운데에는 세종학교 학부모로 7년간 지내다가 세종학교 선생님으로 활동하는 자원봉사자 교사도 있다고 한다. 이러한 모습은 세종학교가 미시간과 디트로이트 지역에서 서인수 이사장의 말대로 지역 한인사회의 중심으로 거듭나고 있음 보여준다.

『세종문집』 일부가 재외동포재단 자료실에 소장되어 있고, 이를 DB화했다.
(임성윤)

참고문헌

『세종문집』

소년과학

1979년 3월 15일 소년아동과학기술 편집실에서 발행한 아동 과학 잡지이다. 초기에는 부정기적으로 발행하다가 1980년부터 연변인민출판사에서 편집하여 격월간으로 발행되었다. 창간 당시 조선족 아동에게 유일한 과학잡지로 학교 교사와 학생들의 많은 관심을 받았다. 주필은 한성수이며 보급은 연변신호서점에서 대행했다. 창간 당시 권당 정가는 0.35원이었다.

창간호 알림난을 통해 "전당의 사업치 중점을 사회주의 현대화 건설에 옮기고 있는 때에 『소년과학』이 태어났습니다. 『소년과학』은 전국 각지의 소년아동 간물에서 선제 번역하여 엮는 부정기 간행물입니다. 『소년과학』은 생동하고 재미있는 형식으로 여러 가지 과학지식을 소개하게 될 것입니다."라고 이 잡지의 성격을 설명하고 있다.

내용은 과학과 수학에 관한 지식과 정보, 재미있는 과학이야기 등으로 구성되어 있는데, 창간호는 「전자계산기의 용도」, 「원자의 발견」, 「기구로부터 비행기에로」, 「날개돋친 고양이」, 「가루비누에 대하여」, 「1+1=10」, 「머리쓰기」, 「재미있는 수학」, 「재미있는 이산화탄소」 등으로 구성되어 있다. 1990년 제6호에는 과학자 이야기로 미국 유전자 학자 머클린로크를 소개하고 있고, 과학 환상소설 5편과 과학동화 3편, 수학교실, 자연교실 등이 있다.

매호마다 지능경연문제를 내고 정답자를 선정하여 수상하여 많은 어린이들이 참여하는 인기를 모은 잡지이다. 내용은 다양한 과학 상식에서부터 수학, 생물, 우주과학 등 어린이들의 흥미를 유발할 수 있는 재미있는 내용들로 구성되어 있다.

연변대학 도서관에 소장되어 있으며, 1979년 9월호와 1990년 6월호를 DB

화하였다. (김성남)

참고문헌

『소년과학』 창간호; 車培根·吳泰鎬, 『中國朝鮮民族言論史』, 서울대학교출판부, 1997.

소년생활

(少年生活)

정확한 창간일을 알 수 없지만 월간의 제1권 제2호(1947년 12월 15일) 발행연월로 볼 때 1947년 11월로 추정할 수 있다. 종간일을 알 수 없다. 편집 겸 발행자는 김해성金海成, 발행소는 일본 도쿄의 국제소년단조선총연맹 일본중앙총본부였다. 제2권 1호(1948년 1월)부터 발행소를 조선소년생활사로 변경하였다. 1,500부를 인쇄하였고, 가격은 50엔이었다. 잡지의 영문명은 Boy's Life다. 제1권 제1호 발행 이전인 1947년 7월 1일에 도쿄에서 같은 제호의 타블로이드형 2면짜리 등사판 『소년생활』을 발행한 적이 있다.

국제소년단조선총연맹 일본중앙총본부의 기관지였다.

부정기의 『소년생활』 제1면에서 소년척후대의 목적, 역사, 표어, 규칙 등을 다룬 「소년척후대는 어떠한 것인가」, 「표어 – 항상 준비하라」, 「준율準律」, 「선서」, 「마페킹의 소년 – 소년척후대의 역사」 등을 실었다. 제2면에는 「조선소년단 현재와 과거」와 동화 「나라를 사랑하는 소년」을 게재하였다.

『소년생활』은 월간으로 발행하면서 지면이 60면으로 늘었다. 제2호는 표지 다음에 「소년척후가」를 시작으로 「소년척후훈련법」, 「소년척후기관의 조직론」, 「보이스카울 니뉴스」 등 소년척후대원의 훈련과 조직 활동을 위한 내용을 정리하였다. 이어 「조선역사상 창조성 메모」란을 두어 거북선과 첨성대를 소개하고, 읽을거리로서 동화 「신데레라희姬 이야기」를 실었다. 또 계몽강좌를 두어 창간호에 이어 「우리말(2)」과 「논어(2)」를 연재하였다. 구성은 이후의 호수도 비슷하다. 특별히 1947년 1월 발행의 제2권 제1호에 「조국을 위하여 충성하라」를 주장하고, 제2권 제2호 표지의 표어로 삼았다. 제2권 제1호부터 제2권 제7호까지 태극기의 원리와 의의를 장기 연재하였다.

일본의 국회도서관에 소장된 부정기호, 제1권 제2호, 제2권 제1호~제3호, 제6호~제7호를 DB로 만들었다. (장신)

참고문헌

『소년생활』, 국제소년단조선총연맹 일본중앙총본부.

소년아동

1950년 4월 25일 동북조선인민보사에서 반월간으로 매월 10일과 25일에 발행되었다. 32절지 판형에 약 30페이지 분량이다. 1951년 1월 정간되었다가 3개월 후 복간되었다. 복간 후부터는 연변교육출판사에서 매월 월간으로 50페이지 분량으로 발행되었다. 1955년 12월 제68호를 끝으로 종간되었다. 1977년부터 다시 『소년아동』이란 제호로 연변인민출판사에서 발행되고 있다.

「창간호를 내면서」에서 "참말 동무들이 손꼽아 기다리다시피한 『소년아동』 잡지가 동무들의 떠받음 속에서 학습생활 또는 여러 가지 방면으로 도움이 되는 동무들의 참다운 벗이 되려고 나왔습니다."라고 하였다. 발행목적과 대상은 "소년아동을 도와 과외공부를 잘하게 하며 나라와 인민을 열애하고 학습과 로동을 열애하고 집체를 열애하는 등 새도덕 새품질을 갖게 하여 새중국의 어린이로 자라나게 한다. 주요한 열독 대상은 소학생과 초중생이다."라고 밝히고 있다. 이 잡지는 당시 조선족 어린이들의 많은 환영을 받았다.

1951년 6·1절을 맞아 원고모집을 했는데, 응모원고가 536편에 달했고, 같은 해 그림 보고 감상문 쓰기, 작품모집, 사회발전사 시험모집 등을 실시했는데 응모원고가 모두 3천4백여 편이나 되었다. 발행부수도 급격히 증가하여 1950년말 5천 부였던 것이 1951년 9월에는 2만1천 부로 늘어나 당시 연변에서 가장 많은 발행부수를 가진 잡지였다.

내용은 주로 조선족 어린이의 사상교육과 학급생활 및 교양 증진을 위한 글들을 실었다. 즉, 혁명수령에 관한 이야기, 미제국주의를 폭로 견책하는 글, 과학지식에 관한 글, 아동문학 작품들이다.

1955년 6월호 목록을 보면 시「즐거운 명절」, 사설「우리의 조직을 적극 발전시킵시다」, 수필「영광스러운 우리 말」, 과학지식「금붕어 이야기」,「소 아저씨의 위」, 안데르센 동화「임금의 새옷」등이 실려 있다.

1978년 복간 후 제12기 내용은「모주석의 소년시절 이야기」,「모할아버지가 저를 구해줬어요!」,「태양의 빛발」,「성실한 사람이 되자」등으로 대부분 모택동의 어린 시절과 그 업적을 찬양하고 미화한 글들이다.

연변대학교 도서관에 소장되어있으며, 1954년 6~12호, 46~48호, 1955년 6~12호, 1980년 1~12호, 1987년 1~12호, 2003년 6월호를 DB화하였다. (김성남)

참고문헌

車培根·吳泰鎬,『中國朝鮮民族言論史』, 서울대학교출판부, 1997; 최상철,『중국조선족언론사』, 경남대학교출판부, 1996; 윤정석,『중국조선민족발자취총서』제7권, 북경, 민족출판사. 1993.

소설계

1959년에 창간된 월간 잡지이다. 주간은 김규동金奎東, 발행·편집 겸 인쇄인은 서재수徐
載壽이다. 발행처는 서울시 종로구 견지동 120의 주식회사 삼중당이다. 정가는 3백 환이
다. 종간호는 확실치 않다.

잡지 발행인인 서재수(1907~1978)는 경기도 양
평의 한의사 집안에서 독자로 태어나 9세 때 서
울로 이사하였다. 어려서 아버지로부터 『대학』,
『소학』 등을 배우다가 16세에 서울의 마포보통
학교 2학년에 입학하여 5학년을 수료하였다. 그
해 도서출판 근화사槿花社에 첫발을 들여놓은 것
이 출판사와 인연을 맺게 된 계기가 되었는데,
그 뒤 4년간의 동양서원 근무를 바탕으로
1931년 책방을 겸한 출판사인 삼중당三中堂을
설립하였다.

잡지는 크게 〈야담〉과 〈소설〉로 구성되어 있다. 〈야담〉에는 화보가 있는 영화
광고, 인기 배우 화보, 인기 대중가요 및 신곡 소개, 개봉 영화 소개, 만화 및 삽
화를 소개하고 있다. 〈소설〉에는 소설을 소개하고 있는데, 1957년 통권 7호의
경우 정비석의 「생명의 반항」, 윤백남의 「집념」 등을 싣고 있다.

잡지에 실린 소설을 소개하면, 한말숙韓末淑의 「귀뚜라미 우는 무렵」(1958.
10.), 이석봉李石奉의 「낙엽의 장」(1963), 김영희金寧姬의 「강변에서 여인」(1963) 등
이 있다. 또한 1950년대 후반 탐정만화 「명탐정 약동이」와 학원명랑만화 「약동
이와 영팔이」로 유명한 방영진(1939~1999)이 1959년 7호에 「돈을 벌려면」이라
는 제목의 만화를 게재하였다.

국회도서관에 소장되어 있는 1959년 7호, 8호, 9호를 DB화하였다. (김일수)

참고문헌

『소설계』, 삼중당; 정태란 편, 『출판·도서관학·저작권·서지·매스컴의 사전』, 일서각, 1986.

가

나

다

라

마

바

사

아

자

차

카

타

파

하

소학교육

(小學敎育)

1951년 연변인민출판사 『교육통신』 편집실에서 편집 발행한 교육잡지이다.
1956년 3월 『교육통신』과 합병되었다.

초등교육 교원들의 교육전문성을 위한 교육전문 잡지로 한글과 한자를 혼용하였다.

「창간사」에서 설명한 기본 방향은 "교육사업 일군들이 신민주주의 교육이 걸어 나가는 방향을 요해하고 정책과 방침을 장악할 줄 알고 상급에서 그때그때 주는 교육지시의 정신을 체득하여 실제 구체정황에 알맞게 집행할 줄 알게 한다."는 것과 "널리 흩어져 있는 소학교육 공작자들의 경험을 교류함으로써 서로 연계하고 공작을 추동하여 보다 더 새로운 방향으로 개진하고 새로운 경험을 창조하는 데 매개적 작용을 하여야 한다."는 것이다.

내용은 초등교육에 종사하는 교육자들에게 다양한 교육정보를 제공하는 것들로 구성되어 있다. 1951년 7월호에는 「학습은 아동의 창조적 노동이다」, 「신체검사에서 얻은 몇 가지 문제와 대책」 등의 글을 통해 아동의 생활교육과 건강관리, 특히 음식과 충치관리에 대한 문제들을 상세하게 설명하였다.

1956년 3월호에는 「당의 지식분자에 대한 신앙과 배려에 고무되며」라는 제하에 「당을 따라 꺼꾸러질 때까지」 등의 정치 선전 기사와 함께 「소학교 과정안에 관련된 일부 문제의 종합 해답」이란 주제로 「학생의 과중한 부담을 경감하고 교육의 질을 제고하는 중에 존재하는 문제와 금후 개진 대책」, 「처벌과 체벌은 어떤 구별이 있으며 어떻게 처벌을 정확히 시행할 것인가?」 등 소학 교육 발전을 위한 다양한 의견의 글들이 실려 있다. 이 밖에 「소화불량증」이란 제목의 4단 만화도 있는데 교사의 욕심으로 너무 많은 지식을 먹여 학생이 소화불량증에 걸린다는 내용을 풍자적으로 그리고 있다.

연변대학교 도서관에 소장되어있으며, 1952년 1월호부터 1956년 3월호까지 DB화가 되어 있다. (김성남)

참고문헌

『소학교육』; 車培根·吳泰鎬, 『中國朝鮮民族言論史』, 서울대학교출판부, 1997; 최상철, 『중국조선족 언론사』, 경남대학교출판부, 1996.

가

나

다

라

마

바

사

아

자

차

카

타

파

하

소학생작문

2000년 중국 연길延吉에서 창간된 한글 청소년잡지. 이전의 『글짓기동산』이 2000년 1월
『소학생작문』으로 제호를 바꾸어 격월간으로 발행되고 있다. 『소학생작문』 편집부에서
편집, 연변교육출판사에서 발행했다. 주필은 최상철, 책임편집은 류미옥이다.

『소학생작문』으로 제호를 바꾸고 발행된
2000년 1월호에 첫 페이지에 「글재간은 인생
의 큰 재산」이라는 편집부의 말이 실려 있다.

"어린이 여러분들은 글짓기를 귀찮고 따분
한 일로 생각하지 않는지는 모르겠지만 우리
가 세상을 살아가는 데 있어서 글재간을 키우
는 것은 자못 중요한 일입니다. 어떤 어린이들
은 글짓기는 문학가로 될 꿈을 지닌 사람만 하
면 된다고 생각하는데 그건 틀린 생각입니다.
… 2000년을 맞으며 『글짓기동산』이 『소학생
작문』으로 탈바꿈하여 격월간으로 출간하게 됩니다. 어린이들의 글과 기타 본
보기 글을 싣는 외에 조선어문교과서에 체현된 글짓기요구에 따른 작문 지도
글도 싣게 되므로 어린이들의 글짓기에는 물론 교원들의 글짓기교수에도 도움
이 될 것입니다. 친구들, 『소학생작문』과 친구로 되어 글짓기 솜씨를 한껏 자랑
해보세요. 친구들의 아낌없는 정성과 사랑이 있는 한 『소학생작문』은 한결 예쁘
고 화려하게 알차게 꾸려지리라 믿어 마지않습니다." 라고 이 잡지의 발행 취지
를 밝히고 있다.

내용은 〈글짓기특집란〉, 〈글짓기수업〉, 〈명인일화〉, 〈동심의 노래〉, 〈예비작가
작품〉, 〈동심의 꽃밭〉, 〈우수작문 감상〉, 〈글짓기 진료소〉, 〈글짓기 지도〉란으로
구성되어 있다. 〈글짓기 진료소〉와 〈글짓기 지도〉란을 제외하고는 대부분 학생
들의 창작 작품들을 게재하고 있다. 일상생활에서 일어나는 어린이들의 정서와

감상들을 소박하게 글로 담아내고 지도교원의 서명을 첨부하여 두었다.

2007년 6월호는 한복을 차려입은 두 여자 어린이를 표지 모델로 하고 있으며, 무순시 신화조선족 소학교의 이모저모를 특집으로 소개하고 있다. 내용은 〈우리학교 자랑·글솜씨 자랑〉, 〈좋은 글·이쁜 글〉, 〈내 자랑·글자랑〉, 〈배움의 쉼터〉, 〈즐겁게 배우는 글짓기수업〉, 〈창의력을 키우는 개성작문〉, 〈전문가 초대석〉 난으로 구성되어 있다.

연변대학교 도서관에 소장되어있으며, 2000년 1월호와 2007년 6월호를 DB화하였다. (김성남)

참고문헌

車培根·吳泰鎬, 『中國朝鮮民族言論史』, 서울대학교출판부, 1997; 최상철, 『중국조선족언론사』, 경남대학교출판부, 1996.

가

나

다

라

마

바

사

아

자

차

카

타

파

하

(손해)보험월보
(MONTHLY INSURANCE REVIEW)

1963년에 창간된 대한손해보험공사의 월보이다. 비매품으로 발행되었다. 발행인은 정규황鄭奎晃, 편집인은 박은회朴恩會이다. 발행소는 대한손해재보험공사이다. 인쇄소는 평화당인쇄주식회사이다.

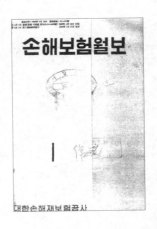

월보는 『손해보험월보』라는 이름으로 창간되었다. 월보의 편집은 〈특집〉, 〈현상당선논문〉, 〈논총〉, 〈보험업계 동향〉, 〈국내경제동향〉, 〈자료〉, 〈보험일지〉, 〈월말사업보고〉, 〈보험통계〉 등으로 구성되어 있다. 1968년 8월(63호)부터 『보험월보』로 바뀌었다. 이때의 편집도 〈논총〉, 〈보험업계 동향〉, 〈국내경제동향〉, 〈자료〉, 〈보험일지〉, 〈월말사업보고〉, 〈보험통계〉 등으로 이루어져 있어 초기 발행과 큰 차이가 없었다.

국회도서관에 소장되어 있는 1964년 8호, 11호, 15~19호, 1965년 20~22호, 1968년 62~65호, 1969년 72~75호, 1970년 80~91호, 1971년 92~103호, 1972년 110~115호, 1973년 116~127호, 1974년 128~139호, 1975년 140~143호를 DB화하였다. (김일수)

참고문헌

『보험월보』, 대한손해재보험공사.

송화강

1959년 2월 하얼빈시 조선족문화관에서 편집 발행했다. 창간 시 책임자는 김창석이며 1966년 문화대혁명 전까지 총36기를 발행하고 정간되었다. 1981년부터 격월간으로 복간되었다. 1988년부터 하얼빈시 조선민족예술관 명의로 출판되며, 흑룡강일보사 인쇄창에서 인쇄되어 월간으로 발행되고 있다.

창간호 「편집후기」에서 "『송화강』은 하얼빈시 조선족 인민들의 문예 간행물로서 창작을 지망하는 동무들의 좋은 문예원지로 되며 광범한 독자들의 좋은 정신적 양식으로, 벗으로 될 것이다."라고 발행 취지를 설명하였다.

문화대혁명으로 15년간이나 정간되어 있다가 1981년 복간되면서 순수 문예잡지로서의 성격이 보다 강화되었다. 1982년 4월에 발행된 제2기의 내용을 보면, 소설, 시, 산문, 수필, 우화, 과학동화, 미학편, 작가일화, 이야기, 오락실, 화극, 노래, 미술, 사진 등의 난으로 구성되어 있다. 단편소설 5편과 시 15수, 그리고 악보를 포함한 노래와 하얼빈사범대학 학생의 미술작품 3편, 화극話劇은 「며느리의 심정」이란 단막극 1편 등이 실려 있다.

이 잡지는 소설, 시, 수필, 혁명회상기, 실화 등과 문학평론 등 여러 장르의 문학작품들을 게재하여 하얼빈 지역 작가와 시인 발굴에 많은 기여를 했다.

꾸준한 발행을 계속하면서 시대의 변화에 발맞추어 2000년 제1기(총143기)를 보면 「새경제 시대에」라는 첫 페이지 기사에서 "완연 색다른 다른 한 세기가 펼쳐지고 있습니다. 미래에는 금전과 권력을 행복함이나 위대함의 상징으로 여기지 않을 것입니다. 가장 보귀한 것은 지식과 능력입니다. 금전과 권력이 당신의 눈을 가리지 않도록 조심해 주십시오."라는 글이 있다. 기사 내용도 한국의 명시

감상란이 있어 이곳에 서정주, 김춘수, 신경림, 도종환의 시를 소개하고 있고, 중국과 WTO, 중국 조선족과 남북관계 등의 기사들이 보인다.

연변대학교 도서관에 소장되어있으며, 1989년 80기에서부터 1994년 115기까지를 DB화하였다. (김성남)

참고문헌

『송화강』; 車培根·吳泰鎬, 『中國朝鮮民族言論史』, 서울대학교출판부, 1997; 최상철, 『중국조선족 언론사』, 경남대학교출판부, 1996.

수대학보

(水大學報)

수산대학에서 발행한 월간신문이다. 발행·편집 겸 인쇄인은 양재목梁在穆이다. 발행소는 부산시의 수대학보사이다.

이 신문은 수산대학의 소식과 해양수산 관련 글을 중심으로 싣고 있다.

제39호 1면에는 수산대학의 이런저런 소식들을 게재하였다.

1면의 사설「우주비행 성공이 교훈하는 것」에서는 역사적인 우주비행의 성공이 평화적인 사업에 쓰여야 함을 주장하고 있다.

2면에는 석사학위 논문 요지를 게재하였고, 수산동향과 수산전선이라는 지면을 통해 관련 소식과 글을 싣고 있다.

3면에는 수산대학 학생회의 자치활동과 관련한 내용을 게재하였다. 학생자치회의 임원을 소개하고, 자치회 활동계획 좌담회 내용을 싣고 있다. 또한 단체활동보다 전공과목에 치중하는 독일 대학생의 자치활동에 대한 글도 실려 있다.

4면은 문학면으로 시, 창작, 신서 소개 등을 싣고 있다. 〈문학과 생활〉란에는 "참된 문학정신이란 만물에 대한 끊임없는 사랑"이라는 글을 실었다. 신서로는 이주홍李周洪의 『수호지水滸誌』를 불의에 대항한 작품으로 소개하고 있다.

국회도서관에 마이크로필름으로 소장되어 있는 것을 DB화하였다. (구수미)

참고문헌

『수대학보』, 1961년 4월 25일 제39호, 수대학보사.

수업연구
(授業研究)

수업연구사授業硏究社에서 진보주의교육을 표방하여 만든 월간 잡지이다. 창간호는
1968년 5월 1일에 발행되었으며 발행인 겸 편집인은 전근배全根培, 편집장은 천정남千正
男이었다. 창간호의 가격은 130원이었다.

『수업연구』는 수업연구사授業硏究社에서 존 듀이
(John Dewey, 1859~1952)의 진보주의교육을 표방
하여 창간된 월간 잡지이다. 발행인 겸 편집인
이었던 전근배全根培는 창간사에서 "우리 교육계
에서 교육환경의 조성이니, 수업의 구조화, 실험
실습, 시청각교육 등등 바람직한 각종 연구가
고조"되고 있다면서 교육자들에게 도움이 되고
어린이들의 장래에 보탬이 되기를 기원하면서
『수업연구』를 창간했다고 밝히고 있다.

　　『수업연구』의 지향점은 "존 듀이의 진보주의
적 교육이론을 우리 풍토에 맞게 개조"하여 "과학문명과 산업사회를 이끌고 나
아갈 수 있는 실용적인 교육"을 실시하는 것이었다. 진보주의 교육은 교육심리
학의 과학적 연구와 프래그머티즘(pragmatism)에 기초한 교육철학의 지원으로
발전되었다. 프래그머티즘은 미국에서 발생하고 성장한 독자적인 사상으로 자
본주의의 근대 과학적 사고방식과 미국의 전통적 청교도 정신과의 조화를 추구
하는 사상이다. 존 듀이는 그가 시카고 대학 교수시절에 창설한 부속학교에서
프래그머티즘의 이론적 타당성을 검증하려 하였는데, 이것이 진보주의 교육의
최초의 사례였다.

　　진보주의 교육의 원리는 다음과 같이 정리할 수 있다. 1. 교육은 경험의 재구
성 과정이며 교육을 통해 어린이들에게 비판적이고 지성적인 사고방식을 길러
주어야 한다. 2. 학습은 직접적으로 어린이의 흥미와 관련되어야 한다. 3. 교육

내용의 이수보다 더 중요한 것은 문제해결의 방법을 배우는 것이다. 4. 교사는 어린이를 지휘·감독하는 입장이 아니라 도와주는 입장에 서야 한다. 5. 학교는 경쟁보다 협동을 장려하는 곳이 되어야 한다. 6. 민주주의만이 진정한 성장에 필요한 사상의 교류와 인격의 상호작용을 허용한다.

『수업연구』는 특집기사와 「작문지도연구」, 「수업의 전개」 등과 같은 수업연구와 관련된 기사, 학년별·교과별 〈수업자료〉, 〈연재강좌〉, 〈독자문예〉 등으로 구성되어 있다. 창간호의 특집기사는 〈새 학습법〉으로 "가설실험학습假說實驗學習"을 다루고 있다. 가설실험학습은 "자연과학에 있어서 가장 일반적이고 기초적인 개념을 학습시키기 위해 텍스트(text)로 만들어진 문제를 주고, 그것에 대한 가설을 내세워 서로 검토한 다음 최종적으로 실험을 해서 결론을 내리는 학습과정"으로 교육 내용의 이슈보다 문제해결의 방법을 중시하는 진보주의적 교육이론을 반영한 학습법이다. 1968년 6월에 발행된 『수업연구』 1권 2호의 특집기사는 〈개별학습〉으로 개인의 차이를 인정하고 아동의 개성을 존중하고, 주체적인 행동과 성장을 추구하며 민주이념과 기회균등의 원리에 따라 개별학습이 시행되어야 함을 강조하고 있다.

『수업연구』는 현재 국립중앙도서관, 국회도서관, 조선대학교에서 소장 중이다. 국회도서관에 1968년도에 간행된 1권 1호와 1권 2호가 소장되어 있으며 이를 DB화하였다. (이혜린)

참고문헌

『수업연구』(1968 1권 1호, 1968년 1권 2호); 주영흠, 『서양교육사상사』, 양서원, 2003.

수요저널
(WEDNESDAY JOURNAL)

1995년 2월 15일 홍콩에서 창간된 주간신문으로 재 홍콩 한인들이 발행하고 있다.

『수요저널』이라는 제호 위의 "홍콩사회를 알려주는 주간소식지"라는 부제가 본 신문의 성격을 알려주고 있고,『수요저널』제호 옆에는 매주 성경 구절이 실려 있지만, 전체적인 내용은 특별히 기독교 신문의 성격을 가지고 있지는 않다.

1면은 「홍콩단신」으로 홍콩의 중요한 정치 경제 사회 등의 기사들을 보도하고 있으며, 2면은 칼럼과 한국 소식, 3면은 「홍콩에서 일어나는 일」, 4면은 「홍콩 스토리」로 홍콩 내 연예계 소식들을 전해준다. 8면은 〈우리소식〉란으로 홍콩 거주 한인들이 필요로 하는 소식들로 한국국제학교 소식과 각종 생활광고와 교회 광고들이다. 〈알뜰정보〉란은 개인 광고와 중고물품 사고팔기 광고, 구인 구직 광고들로 이루어져 있다. 10면에는 매주 〈법 미니 법률상식〉이라는 고정난이 있어 홍콩 거주 한인들에게 홍콩의 법 상식을 제공하고 있다. 홍콩에서 사업을 할 때 필요한 담보법이나 세금 관련 법 상식을 비롯하여 생활상에 분쟁의 소지가 될 수 있는 법률상식들을 전해준다.

「수요저널을 찾아서」라는 자사 광고에서 "수요저널은 홍콩에 들어오는 모든 한국 신문들과 함께 배포하도록 의뢰해 놓았습니다. (중략) 우편은 매주 금요일 아침에 발송하여 늦어지므로 공짜로 받아보실 수 있는 길을 놓치지 마십시오. 공짜가 더 빠릅니다. 아래 배포처에 가면 수요저널을 만날 수 있습니다."라며 본

신문을 무료 배포하고 있음을 알리고 있다.

2004년도 발행 신문부터는 칼라인쇄를 하고 있고, 지면도 10면에서 20면으로 증면되어 있다. 내용도 홍콩 소식에서 광동성과 전 중국 소식까지 다양한 소식들과 광고들로 채워져 있다.

재외동포재단에 소장되어 있다. 1999년에서 2007년의 발행본이 DB화되었으며 일부 누락본도 있다. (김성남)

참고문헌

『수요저널』

수출검사월보

(輸出檢査月報)

상공부商工部 산하의 국립공업연구소 수출공산품 검사부에서 발행한 월간 잡지로, 1966년 5월 14일에 처음 발행되었다. 발행인은 국립공업연구소장 이범순李範純이며, 편집인은 국립공업연구소 수출공산품 검사부장 박임숙朴林淑이다. 발행소는 서울특별시 종로구 동숭동 199 국립공업연구소이다(비매품).

국립공업연구소의 기원은 1912년 설립된 중앙시험소로 거슬러 올라간다. 중앙시험소는 대한제국 시기에 설립된 공업전습소와 탁지부 양조시험소, 농상공부 분석소 등을 흡수 규합한 것이었다. 일제시기 동 연구소의 내부기관은 많은 변천이 있었다. 1915년에는 위생부가 증설되고, 공예부 및 전기화학부가 신설되었다. 1916년에는 공업전습소가 경성공업전문학교 및 경성공업학교로 분립되었고, 1924년에는 양조부가 재무부로, 1929년에는 분석부가 국립지질조사소로, 위생부가 보건사회부 국립보전연구원으로 각각 이관되었다. 해방 이후 중앙시험소 시설은 미군정청령으로 접수되어 운영되다가 정부 수립 후, 상공부로 소속되어 중앙공업연구소가 되었다. 1961년 국립공업연구소로 다시 개칭되었고, 1965년 수출공산품 공업부가 연구소 내에 설치되었다. 다음 해인 1966년에 『수출검사월보』가 창간되었다.

수출공산품 공업부는 설치 후 1년간 116개 수출공산품을 선정하고 이에 따른 검사기준 및 방법을 제정하였다. 국립 공업연구소 소장 이범순李範順은 창간사에서 수출물품의 품질에 국가가 직접 개입함으로써 그 향상과 보전을 기하는 것이 수출검사제도의 목표임을 밝히고 있다. 박임숙 역시 창간호에서 『수출검사월보』의 발행을 통해 수출 분야에 종사하는 각 분야 개인의 이해와 협조를 더욱 높일 것을 기대하고 있다. 『수출검사월보』의 발행은 수출검사제도의 목적과 방향을 인식시키고, 관련된 연구발표를 게재하여 이 제도의 운영을 원활히 하려는 데 있었다고 볼 수 있다.

잡지의 목차는 논단, 통계자료, 연구자료, 관계법령 소개, 검사기관의 소개, 독자란 등으로 구성되어 있다. 창간호의 기사를 보면, 「우리나라 공산품의 해외시장성과 그 전망」, 「수출검사제도의 해설」, 「우리나라 수출공산품의 품질관리와 그 문제점」, 통계자료로 「1965년도 공산품류별 검사실적표 1966년도 월별 수출검사실적」 등을 제시하는 등 수출검사제도 일반에 대한 설명과, 공산품 수출검사 및 수출 실적에 관한 해설을 주로 하고 있다. 이 밖에 「검사원의 제언」, 「수출상품 조사에 대한 제언-수험자의 입장에서-」 등 수출검사원과 검사기관이 갖추어야 할 자세를 논하기도 하였다.

초창기의 주요 필진은 대한무역진흥공사 관리부장, 공업연구소 내 염직과장, 수출공산품 검사부 관리과장, 한국생산성본부 기업진단 전문위원 등 수출검사 관계 부처의 공직자 및 기업가들을 중심으로 이루어져 있다. 독자란에는 시, 수필, 창작 소설 등 일반인을 대상으로 모집된 문학작품을 게재하고 있다.

수출검사월보는 현재 1권 1호(1966)부터 2권 12호(1967)까지 남아 있다. 고려대학교, 서울대학교 중앙도서관, 국회도서관, 국립중앙도서관에서 소장 중이다.

국회도서관에 소장되어 있는 1966년 1권 1호~1권 8호를 DB화하였다. (이윤수)

참고문헌

「국립공업연구소 소개」, 『大韓機械學會誌』 4권 1호, 1964; 국립공업연구소, 「국립공업연구소」, 『엘라스토머 및 콤포지트』 4권 1호, 1969.

수협소식

1963년 11월 30일에 창간된 수산업협동조합 중앙회 기관지이다. 발행소는 서울특별시 중구 명동2가 104번지이다. 1965년 2월 1일 21호를 발행하면서 『수협시보』로 이름을 바꾸었다.

수산업협동조합은 1962년 4월 1일 관련 법에 따라 회원조합과 중앙회가 동시에 발족하였으며, 『수협소식』은 조합 중앙회의 기관지이다. 『수협소식』 제호 우측에 "이 인쇄물은 수산업협동조합 중앙회 제공 기관의 임직원 및 조합원들에게 무료로 배부합니다."라고 기관지로서의 성격을 명시하고 있으며, 좌측에 '우리의 임무'라고 하여 "수산업협동조합 중앙회는 1. 회원조합의 업무를 지도감독 2. 회원조합의 공동이익 증진 3. 회원조합의 건전한 발전을 도모한다."는 문구도 병기하고 있다.

격 주간으로 발행된 『수협소식』은 수협 내부의 소식을 전하는 사보 개념이 아닌 수산전문지와 같이 수산 전반의 내용을 담았다. 창간 당시 3만부를 발행한 뒤 매년 증간을 거듭하여 어촌계나 전국 수협의 계통조직은 물론 수산 관계기관에 배포하였다.

창간호의 지면 구성을 보면 1면에는 「백만 어민의 성실한 공복 될 터」, 「어민들 풍어에 기대」, 「실력으로 평화선을 수호」, 「어업문제 이견 남긴 채 한일농상회담 종결」 등의 기사가 실려 있다. 2면에는 협동조합의 그간의 공적에 대한 기사와 「일터를 찾아서」, 「수산업의 실적」 등의 기사를 실었다. 3면은 「게 잡이 한

창」, 「참치 잡이 아프리카 연안으로」, 「국제수산」, 「어민들의 항해학」, 「밀물의 잉어 양식」 등의 어업 관련 다양한 기사를 실었고, 4면에는 「주택 개량은 이렇게」, 「가정의학」, 「생활과학」 등 어업 이외의 생활 관련 기사와 김준호의 소설을 싣고 있다. 또한 공보부의 「한일국교정상화는 왜 필요한가」라는 광고도 하단에 크게 실려 있다.

1964년 12월 1일자 신문을 보면 위판장 문제를 크게 다루고 있는데 지역별로 그 현황을 살펴보겠다면서 위판 사업에 대한 설문사항 11개를 실었다. 위판사업은 언제 개시되었으며, 현재의 위판시설은 어떠한지, 위판사업을 어떤 방법으로 실시하고 있는지, 과거에 비하여 현재의 위판사업실적은 어떠하며 어민의 위판사업에 대한 여론은 어떠한지, 위판사업을 실시함으로써 어민들의 소득증진을 위해 어느 정도 이바지되었다고 보는지, 위판사업을 실시하면서 애로점과 개선할 점은 무엇인지, 보다 효율적인 위판사업을 위한 견해가 있는지, 수협 발족 전과 후의 어민들의 위판사업은 어떠한 차이가 있는지 등을 설문내용으로 하고 있으며, 속초, 덕적, 보령, 목포, 통영, 진해, 구룡포 어협의 위판사업을 분석해 싣고 있다.

국회도서관에 1964년과 1965년에 발행된 신문 중 일부가 마이크로필름 형태로 보관되어 있으며 이를 DB화하였다. (임경순)

참고문헌

『수협소식』; 「수협소식은 수산전문지의 효시」, 『어업 in 수산』 창간호, 2009, 4.(http://www.suhyup.co.kr/)

수협시보

(水協時報)

1965년 2월 1일 21호로 창간된 신문으로 수산업협동조합 중앙회의 기관지 『수협소식』을 개제한 것이다. 발행 겸 편집인 김재식, 인쇄인 김여원, 발행소는 서울특별시 중구 명동 1가이다. 1971년 12월 31일을 기해 지령 174호를 마지막으로 재정상의 이유로 폐간됐다.

수산업협동조합은 1962년 4월 1일 관련 법에 따라 회원조합과 중앙회가 동시에 발족하였으며, 『수협시보』는 조합 중앙회의 기관지로 이전에 발간되던 기관지 『수협소식』을 개제한 것이다. 제호 바로 밑에 "본지는 수협운동을 통한 수산업의 근대화와 어민의 경제적 사회적 지위향상을 위하여 어민을 대변한다."라고 기관지로서의 성격을 명기하고 있다.

1965년 3월 1일자 신문을 보면 전국 조합장들의 정기총회 소식을 실었는데 「수산중흥의 새 전기 마련」이라는 제목으로 자립 안정의 어협을 육성하겠다는 포부를 밝히고 있다. 또한 한일회담에 대해 어민의 실리 위주로 타결되어야 한다는 입장도 전하고 있다. 2면은 정기총회를 맞은 수산업협동조합 중앙회를 축하하는 「협동하는 126만 어민은 일하면서 새 역사를 창조한다」는 제목 하에 박정희의 치사를 비롯하여 여러 인사들의 축하 격려 글을 싣고 있다.

『수협시보』의 전신인 『수협소식』 창간호에는 당시 국가재건최고회의 의장인 박정희의 "협동만이 잘사는 길"이라는 제목의 창간 특별 담화문이 실렸는데 "백만 어민이 잘사는 길은 오직 협동이다."며 "줄기찬 의욕과 꾸준한 노력으로 어업의 후진성을 벗어버리자."면서, "정부에서 앞으로 수산업 육성을 계속 강화할 것"이며 그 길잡이를 『수협소식』이 맡아줄 것을 강조했다. 이처럼 정부의 관심 속에 탄생한 기관지인 만큼 총회를 맞은 협동조합 중앙회에 축하의 글을 보낸 것으로 보인다.

3면은 어협의 자립 안정을 주요 기사로 다루고 있는데 「시범적 육성, 자금 등 중점 지원」, 「자립안정 어협 육성계획 수립」 등이 그것이다. 또한 「어민의 참 공복 되자」는 각오도 기사로 다루고 있다.

국회도서관에 1965년에 발행된 신문 중 일부가 마이크로필름 형태로 보관되어 있으며 이를 DB화하였다. (임경순)

참고문헌

『수협소식』; 「수협소식은 수산전문지의 효시」, 『어업 in 수산』 창간호, 2009, 4.(http://www.suhyup.co.kr/)

숭신

1966년 2월 24일(제13호) 발행된 서울 숭신초등학교 신문으로 타블로이드판 총 4면으로 발행되었다. 편집 지도는 박재동, 인쇄는 교육문예사이다. 창간호 및 종간호는 확인되지 않는다.

이 신문의 발행주체인 서울숭신초등학교는 서울시 종로구에 소재한 사립학교로 1956년 5월 29일 설립인가를 받아 1959년 4월 3일 개교하였다. 1963년 2월 9일 제1회 졸업생을 배출하였다.

교지 『숭신』은 총 4면으로 제작되었는데 1면은 교장, 교감선생의 훈시글, 학교 동향과 관련된 내용, 2면은 주로 생활과 자연에 관한 상식 및 뉴스, 3면은 학생들이 창작한 글이 실렸고 4면은 학습과 관련된 지식 전래동화 등이 실려있다.

교지 1면 상단에는 학교 교훈으로 '배우고 닦아서 나라 빛내자'라는 구호가 실려있고, 「금언」으로 '노여움이 가라앉으면 뉘우침이 찾아온다'라는 소크라테스 명언을 싣고 있다.

1면은 졸업식에서 행한 교장(이명우)선생의 담화글이 실렸다. 「믿음의 사회와 명랑한 사회를 건설하는 각오를 갖자」라는 제목으로 '열심히 공부하고 생활하여 잘사는 나라를 만들기 위해 노력해야 한다'는 요지의 글이다. 1면 하단에는 졸업생 현황과 행사소개가 실렸고 글짓기와 주산대회에서 수상한 학생들의 소식이 실렸다. 또한 「그림으로 보는 새소식」에서 박정희 대통령 순방 등 주요 사회뉴스가 실렸다.

2면에는 「떠나는 마음, 보내는 마음」에서 재학생의 송사와 졸업생의 답사 원고가 실렸고, 3면에는 학생들이 직접 작성한 시, 수필 등의 글이 실려있다. 주로 2~5학년 학생들의 글로, 「눈길」, 「뜨게질」, 「설날」, 「엄마벌 아빠벌」 등 학생들의 진솔하고 소박한 글이 실려 있다. 이어 「이달의 위인」란에는 독립운동가 유관순 열사의 활동과 독립정신을 소개하고 있고, 4면에는 〈학습교실〉란으로 「산수공부는 이렇게」, 「글짓기 교실」 등 교사들이 직접 어려운 학과 내용을 쉽게 설명해주고 있다. 하단에는 〈세계 소년소녀 명작을 찾아서〉란에 「'본젤스'의 꿀벌마야의 모험」이 실려 있어 학생들의 문학적 소양을 넓혀주고 있다.

1호밖에 확인되지 않지만, 이 신문은 1960년 중반 초등학교의 상황을 알 수 있는 자료이다. 당시 학생들의 관심사나 일상에 대한 시선을 잘 드러내준다.

국회도서관에 소장된 제13호(1966. 2. 24.)를 DB화하였다. (이병례)

참고문헌

한국학중앙연구원 편, 『한국민족문화대백과』, 1995; 『숭신』, 숭신초등학교, 1966년 2월 24일.

숭지원
(崇智苑)

창간호는 1967년 8월 24일에 수도여자사범대학 출판부에서 발행되었다. 비매품이다.

수도여자사범대학 졸업생의 우수논문집이다. 학장 주영하朱永夏는 창간사에서 "수도여자사범대학이 20년의 나이테를 헤는 동안 6천을 넘는 알찬 열매가 열렸고, 금년에도 3백이 가까운 푸른 뜻을 품고 사회에 나간 수도의 재원이 있다. 이들이 4년간 학창시절에 각자 전공한 분야에 걸쳐 귀중한 연구논문으로 모은 주옥같은 논문 가운데서 더욱 빛나는 몇 개의 논문을 다시 간추려서 여기에 모았다."고 하였다. 계속해서 "앞으로도 이어서 이러한 출판을 이어나갈"계획을 밝혔지만 제2집은 출간되지 않았다.

창간호는 인문사회학, 자연과학, 예능학으로 구분하여 등 총 16편의 논문을 실었다. 인문사회학에는 「어부사漁父詞 소고小考」, 「조선시대의 형구刑具에 관한 고찰」, 「대학 4학년 학생들의 결혼관과 직업관에 대한 실태조사」, 「THEODORE DREISER and His Work」, 「Hardy 소설의 구성」, 「서울특별시 도심지대의 실태조사」, 「접미명사고」, 「청년기 여고생의 생활 실태조사」, 「성종-중종조의 내수사 장리에 대하여」 등 9편이 실렸다. 자연과학에는 「도시여학생의 간식 실태 조사보고」 등 2편, 예능학에는 「한국무용의 춤 사위」, 「아동미술교육의 관점」, 「피아노 연습법에 대한 연구」 등 5편이 수록되었다.

수도여자사범대학은 1979년 남녀공학으로 변경된 세종대학교의 전신이다.

국립중앙도서관에 소장된 제1집을 DB로 만들었다. (장신)

참고문헌

『숭지원』, 수도여자사범대학 출판부.

숲속학교

1966년 2월 24일(제7호) 발행된 서울 도림초등학교 신문으로 타블로이드판 총 4면으로 발행되었다. 발행 고문에 교장(박경서) 교감(백낙영), 편집 지도는 이의재, 인쇄는 교육문예 사이다. 창간호 및 추가 발행분은 확인되지 않는다.

이 신문 발행주체인 서울도림초등학교는 서울특별시 영등포구에 소재하는 사립학교로, 1956년 3월 4일 설립인가를 받아 1960년 2월 1일 개교하였다. 1964년 2월 7일 제1회 졸업생 278명을 배출하였다.

교지『숲속학교』는 총 4면으로 제작되었는데 1면은 교장, 교감선생의 훈시글, 학교 동향과 관련된 내용, 2면은 주로 생활과 자연에 관한 상식 및 뉴스, 3면은 학생들이 창작한 글이 실렸고 4면은 학습과 관련된 지식 전래동화 등이 실려 있다.

신문 1면 상단에 실린 학교 교훈은 '깨끗한 어린이(정직), 튼튼한 어린이(건강), 부지런한 어린이(근면)'이다. 1면은 먼저 3회 졸업식을 알리는 기사가 실렸다. 「졸업생 언니들의 앞길에 영광 있어라」라는 제목으로 졸업생 현황과 졸업식 행사, 졸업생의 수상관련 소식이 실렸고, 교장(박경서)선생의 「올해는 더 공부하는 해」라는 제목으로 새학년을 맞이하여 더 열심히 생활할 것을 당부하는 글이 실렸다. 이어 개교 6주년 기념일 행사에 관한 기사가 게재되었다.

2면에는 교감선생의 「나의 어린 시절」이라는 제목으로 경험담과 학생들에 대한 당부글이 실리고 1965년도 대외 수상자와 명문 중학교 수석합격자에 관한 소식이 실렸다. 이어 박 대통령의 동남아 순방 뉴스가 소개되고 있다. 3면에

565

는 학생들이 직접 작성한 시, 수필 등의 글이 실려 있다. 주로 2~5학년 학생들의 글로, 「일기」, 「4학년이 되면」, 「내연필」, 「거울」 등 학생들의 진솔하고 소박한 글로 구성되었다. 이어 「이달의 위인」란에는 독립운동가 유관순 열사의 활동과 독립정신을 소개하고 있다. 4면에는 여러 다양한 기사를 배열했는데, 「좋은 음악」(문경원, 교사)의 글과 산수와 관련된 간단한 퀴즈, 세계 유명인물의 출생, 사망일이 실렸다. 하단에는 동화 「꿈을 먹는 사진관」(강소천)이 소개되어 학생들의 문학적 소양을 넓혀주고 있다.

1호밖에 확인되지 않지만, 이 신문은 1960년 중반 초등학교의 상황을 알 수 있는 자료이다. 당시 학생들의 관심사나 일상에 대한 시선을 잘 드러내준다.

국회도서관에 소장된 제7호(1966. 2. 24.)를 DB화하였다. (이병례)

참고문헌

한국학중앙연구원 편, 『한국민족문화대백과』, 1995; 『숲속학교』, 도림초등학교, 1966년 2월 24일.

스포츠

(中國足球報)

1996년 중국 연변에서 창간된 스포츠신문으로 『스포츠』 편집실에서 편집 발행하였다.

1996년 3월 조선족 유일의 스포츠 전문지로 창간되었다. 중국 제호는 『중국축구신문(中國足球報)』으로 특별히 축구에 대해 많은 지면을 할애하고 연변축구에 대해 관심을 집중하고 있다. 전국의 축구 소식과 연변 축구팀의 근황 및 전력 분석, 발전 방향 등에 대한 세심한 관찰과 논의를 실은 기사들이 많이 보인다.

1·2면은 종합뉴스 면으로 전국 스포츠 소식을, 3·4면은 지방의 축구 소식을 전하고 5·6 면은 연애 문화면, 7·8면은 해외 축구계 동향과 소식 등을 전하고 있다.

1997년 1월 7일자 기사를 보면 1·2면이 모두 축구에 관한 기사들로 이루어져 있는데 「연변팀 겨울철 훈련에 진력」에서 연변팀 감독을 맡았던 한국 최은택 감독이 외적 선수 인입사항으로 아직까지 오지 못한 사정을 전하면서 최은택 감독이 2명의 외적 선수를 직접 데리고 오게 된다는 기사를 전하고 있다. 외적선수란 외국 국적의 선수 영입을 의미한다. 이 밖에도 「1996년 중국 축구 10대 뉴스」, 「팬과 함께하는 축구 팬광장」, 「할빈란격축구 구락부 설립」, 「중국 축구협회 명확히 답복」 등은 중국 축구발전을 위한 기사들이다.

4면은 건강정보를 제공하는 난으로 「건강고문」, 「미용교실」, 「건강원 산책」, 「장수비결」, 「영양학소식」, 「건강정보」 등이 있고 「살까기 비방」에서는 다이어트 식품으로 식초콩을 소개하고 있다.

8면은 해외스포츠 소식을 전하고 있는데, 유럽 명문 축구단 소식을 비롯하여 「한국 국가팀 대개편 필연적」, 「한국팀 실패의 원인 분석」 등의 기사에서는 1997년 당시 한국 축구계의 문제점들을 분석해 놓았다.

연변대학 도서관에 소장되어있으며 1997년 1월호와 2003년 12월호를 DB 화하였다. (김성남)

참고문헌

『스포츠신문』 창간호.

승리의 생활

(HERALD INTERNATIONAL)

1967년 4월 1일에 창간된 종교 잡지이다. 발행인은 김준곤이다. 발행소는 대구시 삼덕동 3가 226번지의 승리의 생활사이다. 인쇄소는 삼협인쇄주식회사이다. 송료는 일 년에 60원이다. 종간호는 확실치 않다.

발행인 김준곤은 발간사 「크리스천의 싱싱한 삶을 위하여」에서 다음과 같이 잡지의 창간 취지를 밝히고 있다.

"우리가 그리스도 안에서 힘을 합하면 20세기 후반기에 아세아에서 사상 전례 없는 방법으로 기독교 한국을 건설할 수 있다. 우리를 실망케 하는 자는 우리의 적이다. 그리스도의 시대가 온다. 한국 기독교는 이제부터 새출발이다. 폭풍을 일으키고 호산이 폭발하는 부흥이 아니라도 좋다. 누룩처럼 번지고 작은 씨앗처럼 이름 없는 바울, 보이지 않는 곳에 거름이 되자. 그리하여 한국의 봄에서 일곱 마귀 쫓아내고 새로 사는 날이 오게 하자. 한국의 신앙 부흥은 아세아의 신앙부흥으로 직결될 것이다."

이 잡지가 지향하는 가장 중요한 것은 신앙에 있다. 신앙의 생활화 곧 전도, 교회생활, 일상에서 기독교인 등 신앙의 순수 서민들의 삶을 위한 잡지의 발행에 있다. 창간호의 편집도 「크리스천의 싱싱한 삶을 위하여」, 「주의 오심에 대비하라」, 「흐르는 생명샘」, 「나는 중공의 포로였다」, 「신앙에의 조언」, 「수상록에서」 등으로 구성되어 있다.

1969년 1월 발행의 3권 1호는 「금년에는 부흥을」이라는 글을 게재하고, 신앙의 부흥을 목표로 하고 있다. "금년에는 우리는 부흥을 기대해 볼 수 있을 것이다. 부흥은 준비된 자리에, 준비된 마음에 임한다. 이 성령의 역사는 반드시 우리 사람의 갈망과 순종 여하에 따라 이루어진다는 것을 잊지 말 것이다."라며 부흥의 의지를 강조하고 있다.

국회도서관에 소장되어 있는 1967년 제1권 1호 창간호(4월호)에서 8호, 1968년 제2권 1호부터 11호까지, 1969년 제3권 1호부터 11호까지를 DB화하였다. (김일수)

참고문헌

『승리의 생활』, 승리의 생활사.

시사

(時事)

1961년 8월 15일에 대한민국정부 공보부 조사국에서 창간한 월간지. 영문명은 News Bulletin 이다. 창간호에는 편집 겸 발행을'공보부 조사국'에서 담당한 것으로 되어 있으나, 2호인 1961년 9월호부터는 '내외문제연구소'에서 편집 겸 발행을 담당하였다. 종간 시점은 명확히 확인되지 않고 있으나, 국립중앙도서관에는 1980년 12월 발행호(19권 6호)까지 소장되어 있다.

미군정 공보부를 토대로 하여 대한민국 정부는 1948년 11월 공보처를 발족하였고, 1956년 2월 이를 공보실로 개칭하였으며, 5·16쿠데타 직후인 1961년 6월에는 공보부로 개편하였다. 반공을 제일의 국시로 내걸고 쿠데타를 감행하였던 5·16군부는 자신들의 쿠데타를 정당화하기 위하여 정부의 공보기능을 대폭 강화하였는데, 월간지『시사』역시 이러한 정권의 정당화를 위한 정책 홍보·선전의 성격을 지니고 있다.

5·16쿠데타 직후인 1961년 8월 창간호의 권두언은 공보부장관인 오재경吳在璟이「성취된 혁명의 진정한 성공을 위하여」라는 제목으로 작성하였다. 그는 여기에서 5·16 '혁명'을 4·19혁명과의 연속선상에 놓고서 4·19 이후 "무질서는 극에 달했고", "빈곤과 공포에 싸여 내일을 기약할 길 없는 민심"이 들끓는 상황에서 "구악이 불식되고 새로운 질서가 확립"되는 계기가 된 사건으로 상정하였다. 공보부 조사국에서 간행하였던 월간『시사』는 5·16군사정부의 결여된 정치적 정당성을 만회하려는 의도와 동시에 쿠데타의 이미지를 씻고 그 위에 '국민혁명'의 의미를 부여하기 위하여 공보부에서 조직적으로 홍보활동을 한 결과물의 하나였다. 창간호 특집은「5·16혁명은 왜 일어났나?」,「인간혁명의 필연성」,「신생활백서」로 구성되어 있다. 여기에서

주목할 기사는 교사, 학생, 주부, 회사원, 다방주인, 실업인 등이 쓴 「신생활백서」라는 글이다. 5·16 이후의 사회변화와 이에 호응하는 개인의 의지를 밝히고 있는 이 기획은 5·16이 "쿠데타가 아닌 혁명"임을 대중의 일상생활에서의 체감을 통해 밝히려는 의도를 담고 있다. 창간호 맨 뒷면 서지사항 밑에는 "독자원고 모집: 5·16후의 생활실기를 수시로 주시면 게재분은 소정의 고료를 지불하겠습니다(편집부)"라고 하여 생활상의 변화를 통해 쿠데타의 정치적 정당성을 확보하고자 하는 일종의 생활정치 재현전략을 공보부에서 깊이 고려하고 있음을 확인할 수 있다.

월간 『시사』에서는 5·16군사정부의 치적을 꾸준히 다루고 있다. 「혁명정부의 당면 경제정책」(1호), 「상공행정 해설」·「농림행정 해설」(2호), 「문교행정 해설」·「군사원호행정 해설」(3호), 「국토건설 행정해설」·「보건사회 행정해설」(4호), 「박의장 미·일 방문의 총결산」(5호) 등이 그것이다.

창간호에서 또 한 가지 주목되는 점은 〈반공지식〉이라는 기획이다. 이 기획은 「북한주민들의 생활상」, 「간접 침략이란 무엇」, 「소蘇·중공·북괴 간의 조약해부」, 「최근 괴집傀集이 노리는 것은」으로 구성되어 있는데, 이중에서 방인후方仁厚가 쓴 「간접 침략이란 무엇」이라는 글은 5·16군부의 반공주의적 인식을 잘 드러내고 있으며, '간접침략' 개념은 1961년 7월 제정된 반공법의 기본을 형성하는 것이기도 하였다.

『시사』는 제2호부터 '내외문제연구소'에서 발행하기 시작하였다. 내외문제연구소는 1961년 9월에 공보부에서 공보 관련 조사 연구를 위해 설립한 연구기관으로 공보부 조사국 해외과 안에 있는 작은 연구소에 불과했다. 그러나 1961년 11월 아세아민족반공연맹 개편, 재발족 이후 내외문제연구소를 활용한 반공사상의 이론체계 확립, 반공생활의 범국민운동 전개 등이 제기되면서 내외문제연구소는 김창순, 한재덕 등의 귀순자를 중심으로 하는 공산권 연구기관으로 그 성격이 변모해갔다. 1980년경까지 내외문제연구소에서 간행된 『시사』는 정권의 치적에 대한 공보, 공산권 연구 및 반공주의를 두 축으로 하여 구성되었다.

국립중앙도서관 등에 소장된 1961년 9월(제2호), 1961년 12월(5호)~1963년 3월(20호), 1963년 5월(22호)~6월(23호), 1963년 12월(29호)~1966년 4월(31호), 1966년 7월(34호)~9월(36호), 1966년 11월(38호), 1967년 2월(41호)~1968년

1월(52호), 1968년 3월(54호)~12월(63호), 1969년 9월(72호)~12월(75호), 1970년 7월(82호)~10월(85호)를 DB화하였다. (이상록)

참고문헌

문화공보부, 『문화공보30년』, 1979; 후지이 다케시, 「4·19/5·16시기의 반공체제 재편과 그 논리」, 『역사문제연구』 25, 2011.

시와 비평

(詩와 批評)

1956년 2월에 창간되어 1957년 5월에 종간된 시 전문 잡지이다. 주간 이영일, 편집위원에 김윤환, 허만하, 발행처는 민족문화사, 인쇄소는 신한문화사이다. 임시정가 250원이다. 연세대학교에 일부 소장되어 있다.

1950년대 시전문 동인지로 『시연구』, 『시작업』과 함께 1950년대 시의 르네상스를 이끌었던 대표적인 매체이다.

발간사에 의하면 현대라는 시간에 살고 있는 젊은 사람들, 무서운 절망과 독성에 물들은 사람들, 그러면서 허무의 심연 속에서 확신을 가진 한 개의 인간의 모습을 끌어내어 질서를 회복하고 새로운 역사의 형성에 참신하게 기여하려는 우리들 세대의 책임과 사명을 위해 이 매체를 발간하게 되었다고 한다. 이를 위해 가치 있는 예술행위가 오늘 우리들에게 없다면 통절하게 감지하고 있는 바와 마찬가지로 광기와 퇴폐와 광폭적인 정세에 의하여 모든 것은 무너져 떨어질 것이라고 한다. 나아가 이 매체는 광범위하게 의견을 교환하며 작품을 발표하는 문예의 장(場)이 되려 하며 외국문예의 사조와 작품을 소개, 비평하며 한국문화의 새로운 개척지를 혜쳐 나아가려는 목적을 가진 우리나라의 초유의 시 전문 문예 비평지이다.

「창간사」의 소개대로, 목차의 전체적인 편재를 살펴보면 한 호에는 〈평론〉, 〈시〉, 〈역시譯詩〉, 〈특집〉란이 있다. 특집란으로 기획된 『현대영미비평』란에는 T. S. 엘리옷의 「보들레르론」, 캐서린 레인의 「상징과 장미」, 런던 타임즈에 실린 「혁신과 전통」, G.S. 프레이저의 「위기의 시인들」, V. W. 브룩스의 「문학에 있어서의 두 개의 인간형」이 있어 당대 시단에 가장 많은 영향을 끼쳤던 영미시론의 실체를 알아볼 수 있는 중요한 자료를 제공한다.

당대 번역은 서구의 전위적인 시이론을 유입하는 데 필수적인 통로였다. 이 매체 역시 추구하는 것이 서구적 의미의 모더니티였으며, 그래서 이 매체의 기획자들은 지면의 많은 부분을 번역에 할애하는 데 주저하지 않았다. 특히 목차가 말해주고 있듯이 엘리옷이나 브룩스 등 영미 신비평과 모더니즘을 받아들이는 것은 당대 전위적인 시인들의 중요한 과제였다. 3집에서도 알렌 테엣의 「나의 시론과 시」가 번역되어 있다.

이와 함께 3집에서는 〈현대불란서시역집〉이 기획되어 있다. 여기에는 루이 에미에, 작끄 프레베일, 에리몽 께노 등 당대 전위적인 불란서 시들을 박태진과 장호, 박이문이 번역하여 싣고 있다. 불란서 시 역시 이들이 매력적으로 느끼고 있는 전범적 대상이었다.

이처럼 이 잡지는 1950년대 시인과 시이론가들이 추구하는 전위적인 시적 모더니티가 무엇이었는가를 잘 보여주는 매체라고 할 수 있다.

연세대학교에 일부가 소장되어 있고, 1956년 8월호가 DB화되어 있다. 국회도서관 소장본을 DB화하였다. (박지영)

참고문헌

『시와 비평』 창간호, 1956. 2.

시인
(詩人)

1969년 7월 1일(8월호) 창간되어 약 1년 동안 발간된 발행된 월간 시 전문잡지이다. 이후 1983년 조태일이 무크지로 재발간하고 이후 2003년 반년간지로 재창간되는 등 부침을 겪었다. 창간 당시 편집ㆍ인쇄ㆍ발행인은 이장근(李莊根), 인쇄 및 발행소는 남일(南一)인쇄주식회사 내 한국시단사(韓國詩壇社), 가격은 100원, 부피는 70~100여 면이다.

1969년에 조태일 시인이 창간한 대표적인 시전문잡지이다. 김지하, 김준태, 양성우 등 대표적 참여시인들이 활동했던 시전문 잡지로 유명하다. 김지하가 1969년 시 「황톳길」로 시작詩作 활동을 시작한 것도 이 잡지이다.

당대 가난한 문단 내부에서 이 잡지는 "남일 인쇄사의 사장이, 잡지의 인쇄를 무상으로 해주는 것은 물론, 종이와 제책비까지 모두 부담"하여 발행이 가능했다고 전한다.(이성부, 「詩를 향한 열정의 사내」)

창간호에 실린 「편집자의 말」을 살펴보면 그 창간 의도를 알 수 있다. 편집자는 월간 시지詩誌 『시인詩人』은 시와 시인의 양심이며 얼굴, 더 뚜렷한 말로 하자면 모든 인간의 양심이며 얼굴이 되어야 한다고 선언한다. 그리고 그간 시지가 많이 창간되었지만, 그 역할을 제대로 못 한 것은 시인의 양심이 썩었기 때문이라고 반성하며, 그 어려움을 극복하고 더 나아가서는 그 어려움을 불러들이면서까지 싸우겠다는 용기와 실천만이, 모든 안일주의를 추방하는 것이 아닐까라고 반문한다. 하여, 지난날의 편파적이고, 근시안적인 얕은 태도를 무너뜨리고 정직한 시와 시인상을 한꺼번에 세울 수 있는 광장을 여기에 마련해 본 것이라고 한다. 이를 볼 때 이 잡지가 가장 중시한 것은 당대의 척박한 현실과 문단 풍토에서 "정직한 시와 시인상"을 세우는 것이었다.

조태일 시인을 회상하는 이성부의 글에 의하면, 이 잡지『시인』은 "잡지의 모양새나 정신이 『창비』를 많이 닮았다고 한다. 당시의 시단은 소위 '내면의식의 시' 라는 것이 주류를 이루고 있었고, 이런 경향의 동인지·시 잡지들이 대부분이었다. 소위 '참여파'라고 내세우지도 못하면서 현실의식이 강한 동인지가 한두 개 있었을 뿐이었다. 그러나『시인』지는 참여 일변도로 기울지 않았다. 종합과 극복이라는 아름다운 꿈을 조태일은 항상 지니고 있었다. 김지하·김준태·양성우의 신인작품 발굴과, 정진규의 시론 연재가 이것을 입증한다.『창비』가 그러했던 것처럼 '순수주의'는 문학의 주제가 아니라, 작가의 삶과 사회적 '태도'에 있다는 것을 일깨우는 시지였다고 전한다.

이처럼 창간호 목차를 살펴볼 때에도 이 시지가 어떠한 계파를 위해 발간되 것이 아니라 오직 진실한 시와 시인의 태도 지닌 모든 시인들에게 개방되었다는 것을 알 수 있다. 우선 창간호에는 1969년 작고한 시인 '신동엽' 특집이 기획되어 있다. 이외에 이탄, 김해강, 박재삼, 장호, 박희진, 황갑주, 박열아, 김선영, 이향아, 홍희표 등 다양한 경향의 시인들의 시가 실려 있다. 이외에 민희식의 번역으로 슈뻬르비엘의 「시법을 생각하면서」가 번역되어 있고, 구중서의 상반기 시평詩評 「내용 없는 시의 범람」이 실려 있어 당대 시단에 대한 진지한 고민을 수행한다. 이처럼 이 잡지에는 시전문잡지답게 주로 시 작품이 실려 있고 이외에 시론과 시평詩評이 소개되어 있다. 이후에는 시조도 실려 있고, 해외시도 번역되어 실린다. 이외에 가스똥 바슐라르의 「촛불의 시학」이 연재된 것도 기억할 만 하다.

최근까지 운영되고 있는『시인』홈페이지에 실린,『시인』의 재창간을 알리는 『중앙일보』(2003년 9월 5일)의 기사에 의하면, "1999년 세상을 떠난 시인 조태일이 69년 창간한『시인』은 담시譚詩 '오적五賊'의 김지하, 시집『겨울공화국』을 펴내 안기부로 끌려갔던 양성우, 5·18 광주민주화운동 직후 장시 '아아 광주여 우리 나라의 십자가여'를 쓴 김준태 등을 배출한 시 전문 월간지이다. 당국의 압력으로 1년여 만에 폐간됐던『시인』이 조태일 시인 4주기에 맞춰 반연간지로 재복간됐다."고 전한다. 그리고 "조태일 시인은 83년 1년에 한번씩 발행하는 무크지 형태로『시인』을 복간했으나 재정난으로 87년 발행을 중단했다. 사재를 털어『시인』을 복간하기로 한 주인공은 문화방송(MBC) TV스포츠국 PD이자 시인인 이도윤(李燾潤·46)씨"라고 전한다. 양장 단행본의 외형을 갖춘 '시인' 재복간호는 조태일 시인 추모 특집으로 꾸며졌다. 연세대학교에 창간호가 소장되어 있으며, 1969년 8월~12월호와 1970년 1월~8월호까지 DB화되어 있다. 국회 도서관 소장본을 입수하여 DB화하였다. (박지영)

참고문헌

『시인』 창간호, 1969. 7. 1.(8월호); 「시인」 홈페이지(http://시와시인.kr).

시장경제신문

(市場經濟新聞)

1965년 4월 10일 창간된 경제지로 발행 겸 인쇄인 이영재, 편집인 이은재, 편집국장, 김재두이다. 발행소는 서울특별시 중구 쌍림동 75이며, 1부에 10원 월정 50원이다. 주간으로 발행되었다.

『시장경제신문』은 시장경제육성에 공헌하겠다는 목적으로 창간된 특수한 목적의 경제지이다. 1면에 실린 편집인 이은재의 창간사를 보면 "공명정대한 입장에서 정부의 시책을 상인들에게 전달하고 상인들의 난점을 정부에 건의하며 상도의를 앙양시켜 수요자인 국민을 보호하고 전반적인 교육을 보도함으로써 경제발전에 기여하고 올바른 여론조성에 공헌"하겠다는 발간 목적을 밝히고 있다. 또한 서울대 총장 신태환의 「시장 분석에 총력을」이라는 축사도 실려 있다. 2면에도 각계에서 보내온 축사 「경제 번영과 질서를 바로잡는 기수 되라」는 제목 하에 상공부 장관 박충훈의 「국민경제 발전에 공헌 있길」, 국회의원 고흥문의 「선구자로서의 긍지를, 경제발전을 위해 다행」, 국회의원 이중재의 「우국정필은 생명 경제질서 바로미터 되길」, 국회의원 김대중의 「소비자의 방위역 지식과 정보를 제공하라」, 남대문시장 상인협회장의 「상인 간의 징검다리 역할을」 등이 실려 있다.

3면은 기획기사로 「한국경제의 좌표」라는 제목으로 시장경제신문사 자문위원들의 좌담회를 전면에 싣고 있으며, 4면에는 물가 인상이나 시사 문제 등을 다룬 「육류 등 일반 물가 상승」, 「월남문제해결시도 무조건 협상용의 표명」,

「14년 만에 한일회담 종결」 등의 기사를 싣고 있다. 5면도 「청계천변의 기적 평화시장」, 「동심 울리는 빈과 부」, 「법률 경제 용어 해설」 등 여러 경제정보들을 전하고 있다. 6·7면은 특별하게 시장경제를 다루는 신문인 만큼 '본사물가조사표'를 두 면 전면에 걸쳐 싣고 있어서 눈길을 끈다.

8면의 「삼성문화재단 설립과 반향」은 세칭 삼분폭리 등으로 빈축을 사던 삼성에서 문화재단을 설립한다니 치하할 일이라는 논조로 기사를 서술하고 있으며, 「단일변동환율 그 실시와 각계반응」에서는 이 정책에 대한 찬반 입장을 모두 다루고 있다. 이외의 면에서도 군납문제를 크게 다루고 있는 「한국군납의 이모저모」, 「중소기업의 육성책」, 「금융의 민주화를 현대화해야 할 시설」, 「해외시장에서 우리 상품은 어떻게 팔리나」, 「수출무역으로써의 관광사업」 등 광범위한 분야의 경제기사를 실었고, 12면에는 수필과 소설도 한 편씩 싣고 있다.

국회도서관에 마이크로필름 형태로 보관되어 있으며 이를 DB화하였다. (임경순)

참고문헌

『시장경제』, 1965. 4. 10.

시정연구
(市政研究)

1966년 5월에 서울에서 창간된 학술지. 창간호의 발행인은 이기수李基洙, 편집인은 김용래金庸來, 발행처는 서울특별시 시정연구회, 인쇄인은 삼성인쇄주식회사이고, 92쪽 분량에 비매품이다. 1966~70년에 서울특별시 시정연구회 명의로 발간되다가, 1981~1991년에는 서울특별시 시정연구단 명의로 재발간되었다. 1993년부터 서울시정개발연구원에서 발간된 『서울시정연구』와 그 후신인 『서울도시연구』(2000년 개제)로 계승된 것으로 보인다.

서울특별시 시정연구회에서 발간한 도시행정 관련 전문 학술지이다. 서울특별시 시정연구회 조례에 의하면, 동 연구회는 "서울특별시의 제도를 정비확립하고 행정 및 재정의 능률적인 운영을 도모함으로써 수도 서울의 건전한 발전을 이룩하기 위하여" 시정과 관련된 사항을 조사·심의·연구하는 기관으로 설립되었다. 1963년 9월 1일에 창립될 당시에 초대회장은 한태연이었는데, 1964년 8월에 조례개정으로 회장을 서울특별시 제1부시장이 겸임하게 되었고, 1965년 1~4월에 5명의 전문위원이 위촉되어 본격적인 활동에 들어갔다. 1966년도 사업계획으로 (1) 전문연구원의 부문별 연구, (2) 자료실 설치, (3) 시정연구지 발간, (4) 프린팅 센터 설치 등을 결정하고 학술지 발간 준비에 착수했다.

1966년 5월 1일에 『시정연구』가 창간되었는데, 당시 시정연구회 임원은 회장 이기수(서울특별시 제1부시장), 부회장 김용래(서울특별시 내무국장), 상임위원 김영제(서울특별시 기획행정과장), 그리고 교수와 행정관리로 이루어진 14명의 비상임위원으로 구성되었고, 편집위원은 김용래金庸來, 김윤환金玩煥, 이헌경李獻卿, 김영제金永濟였다.

창간호의 앞부분에는 서울시장 김현옥의 창간사, 내무부장관 엄민영의 축사, 김현옥 시장의 취임사에 이어 서울특별시 내무국에서 작성한 「1966년도 시정의 방향」이 실렸다. 논설로는 「사회변동과 행정기능」(박문옥), 「도시재정의 특수성과 그 개선방향」(차병권), 「대도시행정과 구역문제에 관한 소고小考」(김용래), 「서울특별시 구제區制개혁에 대한 시론」(이규효), 「서울특별시 법적 지위에 관한 고찰」(김남진) 5편이 게재되었고, 자료 「각국 수도행정제도-동경도東京都편」과 행정수기 「남산동 화재를 당하여」(장지을)에 이어 휘보와 시정연구회 조례가 수록되었다. 김현옥은 「창간사」에서 시정연구회 조직과 『시정연구』 창간에 관해 다음과 같이 밝혔다.

"우리 시정도 하루 속히 후진성을 탈피하고 능률적이고 합리적인 발전을 도모하여야 할 필요성을 느끼게 된 것이다. 그러나 시정을 담당하고 있는 각 기관과 실무자들은 그들이 처리하여야 할 일상 업무에 쫓기어 반드시 조사연구하여야 할 문제도 이를 전문적으로 탐구할 시간과 문헌자료와 스탶이 없어서 그대로 체념하고 안일한 전례답습주의에 빠져 드는 경향이 없지 않은 것 같다. 그래서 전문적 지식과 경험을 갖춘 인사들로 시정의 조사·연구를 담당할 태세를 갖추고 자료를 모집하기 위하여 시정연구회를 구성하였으며, 65년도 하반기에 이르러 겨우 그 체제를 정비하게 되었으며, 본지本誌는 시정연구회가 계획한 사업의 하나이다. 시정연구지는 시정에 관한 이론가와 실무자들의 반려가 되어 「새 서울」의 미래상을 그려 나갈 것이며, 시정의 발전 향상을 위한 광장으로 육성하여, 「벽돌의 서울을 대리석의 서울로」 건설할 수 있는 초석이 되고 원동력이 되어 우리나라 도시행정의 새 기수가 될 것을 자부하면서 창간사로 대代하는 바이다."

『시정연구』는 도시행정 분야의 학자와 관료들의 전문적인 논설을 중심으로 발간된 전문잡지로서, 1966년에는 연 4회, 1967~69년에는 연 2회 발행되었으며, 1970년 11월에 5권 1호가 발행된 이후 한동안 발행되지 않은 것으로 보인다. 창간호 이후에는 대체로 매호 특집이 마련된 것으로 보이는데, 1968~1969년의 특집 제목은 행정개혁, 도시와 환경, 토지 이용계획, 주택문제이다. 1981년에 서울특별시 시정연구단으로 발행 주체의 명의가 변경되어 재발간되었으며, 이때부터는 연 1회 발행되고 호수도 제1권으로 다시 표기되었다. 1991년에 발간된 제11권을 끝으로 『시정연구』는 종간된 것으로 보인다. 그러나 서울특별시 시정연구단의 후신으로 서울시정개발연구원이 1992년에 설립되고 나서 그 이듬해인 1993년부터 반년간으로 『서울시정연구』가 발행되었고, 2000년부터는 『서울도시연구』로 개제되어 지금까지 발간되고 있다. 서울연구원(2012년 7월 개칭) 홈페이지에서는 『서울시정연구』와 『서울도시연구』는 목차와 원문을 제공하고 있다.

국립중앙도서관, 국회도서관, 연세대 도서관, 서울대 도서관, 고려대 도서관 등에 소장되어 있다. 국회도서관 홈페이지에서는 기사제목을 제공받을 수 있다. 그중 1968년 제3권 1호(9월)와 2호(12월), 1969년 제4권 1호(7월)와 2호(12월)를 DB화하였다. (이용기)

참고문헌

『시정연구』 창간호(1966. 5.); 서울연구원 홈페이지(http://www.sdi.re.kr/).

시조

(時潮)

1947년 6월 5일 도쿄에서 제2호가 발행되었다. 창간호가 예정대로 나오지 못해 사실상 제2호가 창간호였다. 약 두 달 간격으로 나왔고, 현재 제5호(1948년 2월 발행)까지 실물을 확인할 수 있다. 편집 겸 발행인은 박호성朴鎬成이다. 발행소는 조선건국촉진동맹 미나토(港)지부 문화부였으나 제3호부터 안정적인 발행을 위해 조선세기사朝鮮世紀社가 맡았다. 인쇄소는 조선건국촉진동맹 미나토지부 출판부(제2호)에서 소화직공인쇄부昭和職工印刷部(제3호), 신생사新生社(제4호), 브레츠크사(제5호) 등 매호마다 바뀌었다. 가격은 제3호 15엔, 제4호 17엔, 제5호 18엔이다.

제2호의 「편집후기」에 "우리의 의지를 표시할 기관"이라고 써서 조선건국촉진동맹 미나토지부의 기관지로 발행됨을 밝혔다. 원래 1947년 2월에 창간호를 낼 계획이었지만 자재난과 기타 곤란한 사정으로 발행하지 못하였다.

제2호는 이봉기李鳳岐의 「선배의 혼」, 박창근朴昌根의 「조선국군준비대의 앞길」, 천만우千万禹의 「민족단결은 정식 국기로」, 마태수馬台洙의 「우리 민족의 본질」 등을 실었다. 또 〈조선역사〉란을 두어 간단하게 무단정치의 말로, 당파, 왜란 등을 설명하였다. 정몽주의 「단심가」 등 옛 선인들의 시조를 중간에 삽입하였다.

제3호에는 강태성姜台成의 「근대 조선 당파의 다툼」, 김기본金基本의 「조선민족성론」, 진상식陳相植의 「영국은 영웅이 필요치 안었다」, 박로인朴露人의 「민주주의와 부인」, 최용곤崔龍困의 「공상적 사회주의자들의 암약」 등이 수록되었다. 박효선朴孝仙의 소설 「자무어지는 햇빗」은 제4호까지 연재되었다.

제4호에 실린 글로는 김의실金義實의 「국사상으로 본 민주주의」, 박화성朴和成의 「우주론」, 남승우南昇祐의 「조선의 당면문제」 등과 시로서 이성李星의 「흑룡강」, 손대익孫大翼의 「집 없는 천사가 되지마자」 등이 있다. 용지난으로 많은 글을 게재하지 못한 사정을 알렸다.

제5호는 유정柳正의 「한자폐지운동 비판」, 이봉의李鳳儀의 「종교와 사상」, 송영길宋永吉의 「외교상으로 본 로서아의 동진東進」, 이피득李彼得의 「청년에게 진언進言함」 등과 안민영安玟英의 시조 「바람이 눈을 몰아」, 조선일先一의 소설 「젊은 시절」 등으로 꾸몄다.

일본 국회도서관에 소장된 제2호부터 제5호까지의 기사를 DB로 만들었다.

(장신)

참고문헌

『시조』

시카고 노인 회보

(Chicago New on Aging)

시카고노인센터(Center of Seniors)에서 발행한 소식지이다. 발행인은 센터 이사장 김현수, 편집인은 사무장 하재관이다. 사무소 소재지는 2645 W. Peterson Avenue, Chicago, IL이다.

시카고노인센터는 1993년 9월 1일에 세워졌다. 맨 처음에는 노인 일곱 사람이 찾아왔는데, 1999년에는 매일 70명 정도의 노인들이 센터를 방문했다고 한다. 그리고 센터는 한인 노인들의 고독과 어려움을 함께 해결하는 상부상조의 기관을 표방하고 있다. 김현수 이사장은 "지나친 의존과 지나친 무관심, 이 두 개는 이민 생활을 더욱 어렵게 만드는 저해 요인이 되기에 이를 계몽하고 시정하여 모든 노인 교포들이 미국에 쉽고도 빠르게 정착할 수 있도록 하는 전문기관으로" 발전시키고자 한다는 포부를 밝히기도 했다. 이러한 취지에 따라 발행하게 된 것이 바로 이 『시카고 노인 회보』이다.

1999년 9월에 나온 제4호의 목차만 봐도 회보의 성격을 쉽게 알 수 있다. 「최신 지압요법」, 「노망을 고칠 수 있나?」, 「돈이 효자라오」, 「두 달 남은 목숨」 등 노인들의 자연스러운 관심사항을 주요 소재로 회보가 구성되어 있다. 그리고 서석권의 「고향유정, 타향무정」 같은 수필도 이 회보의 성격을 자연스럽게 드러내주고 있다. 저자는 미국에 이민 온지 1년 만에 이민병에 걸렸다고 한다. "부모를 공경하고 부모의 말에 순종해야 된다는 얘기가 미국에서는 통하지 않는다는 사실이다. 부모에게 고함을 지를 수도 있고, 문을 쾅 닫고 나갈 수도 있고, 부모가 오라고 해도 무시해 버릴 수도 있다. 이는 헌법이 보장한 '자유'에 속한다. 이런 행동에 제재를 가하고저 육체적 행동을 가하며 '폭행'으로 고소를 당하는 수가 많다. 어디까지나 말로서 해결해야 한다." 이처럼 나이 많은 세대라면, 더욱이 미국에 이민을 간 구세대라면 응당 겪었을 문화적 충격을 얘기하고 그것을 어떻게 해소해야 할지를 조언하는 글들로 주로 구성된 회보가 바로 이 『시카고노인회보』이다.

또한 노인들을 독자로 하다 보니, 광고가 많지는 않지만, 장의사, 약국, 한의사, 은행 등 노인을 겨냥한 업종들이 대종을 이루고 있는 것도 특색이라면 특색이다. 국내에서도 노인들의 비중이 갈수록 높아지고 있고 많은 문제들이 일어나고 있는데, 이러한 측면에서 국내의 한인들도 눈여겨볼 만한 회보이다.

재외동포재단 자료실에 『시카고 노인 회보』 일부가 소장되어 있고, 이를 DB화했다. (임성윤)

참고문헌

『시카고 노인 회보』, 시카고노인센터.

식량과 농업

(食糧과 農業)

1957년 7월 1일에 창간된 월간 잡지이다. 발행인은 원용석元容奭이다. 편집 겸 인쇄인은 박성용朴性用이다. 발행처는 서울시 중구 북창동 93의 52 식량 농업연구소의 월간지 식량과 농업사이다. 정가는 200환이다. 종간호는 확실치 않다.

잡지는 「창간사」에서 다음과 같이 잡지의 창간 취지를 밝히고 있다. "국민의 대다수가 농민이오 산업구조에 있어서 농업생산이 압도적 지보를 차지하고 있는 우리나라는 자고로 농본국가로 일컬어 역대의 치자는 국가의 안위를 이 부분에서 촌도忖度하면서 그 시책의 중점을 여기에 두었던 것은 많은 사실이 조상照詳히 증명하는 바다. 여기에 있어 본지는 우리나라 농촌의 피폐가 어디에 연유하는 것인가에 대한 다각적인 연구규명과 함께 농민들이 잘 살 수 있는 길이 무엇인가를 색출하여 이를 널리 만천하 독자와 농민들에게 밝힘으로서 보다 진취성 있는 사회의 건설을 이루려는 데서 이 책자를 세상에 내 놓기를 뜻하게 된 것이다."

이 잡지가 지향하는 것은 무엇보다도 한국 농촌의 발전과 농민들의 이익 옹호를 위한 식량·농업의 기관지가 되고자 하는 것이었다. 잡지의 특징은 몇 가지를 들 수 있다. 첫째, 한국 농촌 재건을 위한 여러 방안이 다각적으로 제시하고 있다. 둘째, 농업협동조합 운동에 관해 해외 사례를 소개하고 국내 토착화를 위한 방안을 제시하고 있다. 셋째, 식량 증산을 위한 새로운 농법이 소개하고 있다. 넷째, 식량 생산과 소비 생활과의 연계성을 높이기 위한 식생활 개선 방안에 대해서도 소개하고 있다. 다섯째, 역사와 전통 속에서 농촌사회의 협업과 공동

생활을 위한 방안을 찾아 제시하고 있다.

국회도서관에 소장되어 있는 1957년 제1권 1호 창간호부터 8호, 1958년 2권 5호부터 12호, 1959년 3권 1호부터 12호, 1960년 4권 1호부터 12호, 1961년 5권 1호부터 3호, 6호를 DB화하였다. (김일수)

참고문헌

『식량과 농업』, 식량과 농업사.

신길림

(新吉林)

중국 공산당의 정치선전을 위한 잡지로 1970년대 새로운 정치투쟁과 경제건설을 강조하면서 월간으로 발행되었다.

1977년 발행된 제1기 총제88호에는 모택동이 1956년에 발표한 「10대 관계에 대하여」를 첫 장에 배치하였다. 이 글은 모택동이 중공중앙 정치국 확대회의에서 한 강화로, 소련의 경험을 거울로 삼아 사회주의 혁명과 사회주의 건설에서의 10대 관계를 논술하면서 총로선의 기본사상을 제기한 글이다.

이 밖에 「승리의 기세로 전진하다」, 「농업에서 대체를 따라 배우는 붉은기를 더욱 높이 추켜들자」 등 대부분의 기사가 『인민일보』나 『해방군보』, 『붉은기』 잡지 등에서 옮겨 온 기사들이다.

1978년 제12기 표지는 모택동의 사진이고, 내용은 「리론을 실제에 련계시키는 훌륭한 학풍을 발양하자-모택동동지의 탄신 85주년을 기념하여」, 「모주석의 빛나는 형상을 영화에 재현시키기 위하여 힘쓰자」, 「모주석의 탄신 여든다섯 돐을 맞이하여」 등 모택동 우상화에 대한 기사로 가득 차 있다.

대부분의 내용들이 중앙에서 하달된 정치 선전용 기사들로 채워져 있고 조선족만의 문화나 동향을 다룬 기사는 찾아보기 어렵다.

연변대학교 도서관에 소장되어있으며, 1977년 88기~92기, 1978년 100기~111기를 DB화하였다. (김성남)

참고문헌

『신길림』 1977년~1978년; 車培根·吳泰鎬, 『中國朝鮮民族言論史』, 서울대학교출판부, 1997.

신문논평
(新聞論評)

1960년 7월 1일 등록된 대판 4면제의 주간평론지이다. 1961년 3월 13일자로 제266호를 발간하였다. 발행 겸 편집·인쇄인은 김상호金相浩이다. 발행소는 서울시 중구 광희동 1의 32이다.

신문의 상단 제호 왼쪽에는 다음과 같이 「본지의 논평정신」이라는 내용이 실려 있다.

"논평은 상대적 진실성을 탐구하는 선의의 조명이다. 논평정신은 표지의 거울이며 가치창조에 반영한다. 시비를 애증으로 대결시키는 비판은 비판의 배향背向이다. 논평은 평가 재정裁定이 아니며 본질을 규명하는 수단이다. 논평정신은 여론을 존중하되 여론에 아부하지 않는다."

다른 평론지와 마찬가지로 〈오늘의 신문들〉이라는 란에서 중앙 일간지의 성격을 비판하였다. 4면은 지방판이다.

1961년 3월 13일자 신문에는 동업자 간 초유의 법정투쟁으로 번진 서울신문과 민족일보의 대립기사를 게재하였다. 1961년 3월 2일 정부 당국이 『민족일보』의 위탁인쇄사인 서울신문에 인쇄 계약의 해약을 지시하였는데, 이 신문은 3월 13일자에서 이를 맹렬히 비판하였다. 또 당시 편집인협회가 이 사건을 방관하고 있는 것은 부당하다고 지적하고, 인쇄 계약사인 서울신문사가 한국신문사韓國新聞史에 오점을 남겼다고 비평했다.

2면에서는 「내외 협공으로 고뇌하는 장정권」이라는 기사를 통해 본질적으로 취약한 장면 정권 때문에 피해를 입는 것은 국민이라며, 국민의 불만이 폭발할

591

지도 모른다는 우려를 표하고 있다.

3면에서는 「탄압법제 기도와 각지 태도」라는 제목 아래 위헌적인 법제 시도에 언론계가 모두 태연하다고 하면서 반독재투쟁 업적을 스스로 포기하고 있음을 지적하였다. 또한 취재와 편집의 참신한 기획은 아랑곳없고 무사제일주의로 나아가는 동아일보를 비판하였다.

4면에는 지방의 각종 소식을 전하고 있는데, 특히 부정행위를 미끼로 금품을 갈취하는 일부 지방기자들의 행태를 비판하고 있다.

국회도서관에 마이크로필름으로 소장되어 있는 것을 DB화하였다. (한봉석)

참고문헌

『신문논평』, 1961년 3월 13일; 『한국신문 100년』(사료집), 한국신문연구소, 1975.

신문세계

(新聞世界)

1960년 5월에 창간되었다. 발행 겸 편집·인쇄인은 김성학金成學이다. 발행소는 서울시 중구 충무로 2가 16이다. 매주 수요일 4면으로 발행되었다. 월 구독료는 300원이다.

'공공복지를 위한 언론의 언론지'를 자처하며 매스컴 종합비판지로 창간된 이 신문은 〈신문논조新聞論調〉, 〈지방신문평地方新聞評〉, 〈평론지評論紙의 평론評論〉이라는 란을 두고 신문에 대한 광범한 논평을 하였다.

사설평인 1면의 〈신문논조〉는 동아일보, 경향신문, 조선일보, 세계일보, 한국일보, 연합신문 등 중요 일간지의 사설을 기사 게재순으로 평하였다.

3면의 〈지방신문평〉은 당시 발행되고 있던 지방일간지인 부산일보, 대구매일신문, 국제신보, 마산일보, 여수일보, 자유민보, 기호일보, 전북일보, 대전일보, 中都日報, 대구일보, 충북신보 등을 편집 중심으로 논평하였다.

4면의 〈평론지의 평론〉에서는 비판신문, 신문의 신문, 평론시보, 신문논평, 신문공론, 경제평론 등을 긍정적인 면에서 비평하였다. 그리고 「매스콤의 비극―기자의 자서自書」라는 고정란에서 특종기사 취재에 얽힌 비화를 연재소설 형식으로 다루어 흥미를 끌기도 했다.

이와 같은 특정란 이외에는 대부분 신문 각계와 관련된 소식을 보도하고 있다. 1960년 6월 15일자 1면에서는 연합신문 진용의 대폭 쇄신 기사와 곡필기자 색출 처벌에 관한 기사가 눈에 띈다. 2면에서는 민의원 선거 관련 기사를 게재하면서 5대 민의원 총선에 출마한 언론인을 싣고 있다. 3면에서는 정간된 서울신문의 복간운동 등에 관한 기사가 실려 있다.

국회도서관에 마이크로필름으로 소장되어 있는 것을 DB화하였다. (구수미)

참고문헌

『신문세계』, 1960년 6월 15일 제5호; 『한국신문 100년』(사료집), 한국신문연구소, 1975; 『신문백년인물사전』, 한국신문편집인협회, 1988.

신문연구

1987년 중국 연길延吉에서 창간된 한글 학술잡지로, 연변일보사 신문연구실에서 발행했다.

연변일보사에서 새로운 시기를 맞아 기자들의 사업실적과 지난 활동을 연구하고 정리하기 위한 활동으로 신문학 연구도 깊이 있게 추진되면서 창간된 잡지이다.

내용은 고정란으로 〈보도사상〉, 〈리론과 실천〉, 〈신문개혁〉, 〈개혁필담〉, 〈기자수양〉, 〈신문과 집필〉, 〈편집본보기〉, 〈신문사료〉, 〈빛나는 로정〉, 〈신문계 인물〉, 〈촬영과 미술〉, 〈번역연찬〉, 〈언어예술〉, 〈외국동향〉, 〈아시나요〉, 〈문답〉, 〈신문학사전〉이 있다.

보도사상에서는 「보도개혁에 앞서 관념 갱신을」이란 기사에서 학술연구에는 금지구역이 없으며, 지난날 습관적으로 당의 신문 사업이라고만 하던 제 기법을 지금 다시 보면 과학적인 것이라 할 수 없으며, 다종층차 다종격식이어야 한다는 점을 쓰고 있다. 이어서 "수십년래의 대통일 격식을 요구하면 정치, 사상 등 어느 면에서나를 막론하고 모두 경화상태를 조성하게 된다. 지금 경제체제 개혁에서는 우선 그런 격식에서 벗어나 사회주의적 공유제를 위주로 하는 각종 소유제형식의 병존을 실현하였다. … 신문사업 역시 각종 풍격의 병존을 제창해야 할 것이다. 만일 한 가지 규격, 하나의 층차로만 한다면 숱한 신문이 한본새로 변하기 쉽고 당에서 오류를 범하게 되면 모든 신문도 런달아 오류를 범할 수 있다."고 하며 지난 시기 정치선전 도구로 변질되었던 언론의 문제점을 지적하고 있다.

연변대학교 도서관에 소장되어있으며, 1989년 2·3월호와 1990년 5월호를 DB화하였다. (김성남)

참고문헌

『신문연구』1989. 2.; 車培根·吳泰鎬,『中國朝鮮民族言論史』, 서울대학교출판부, 1997.

신문의 신문

(新聞의 新聞)

1952년 9월 18일에 창간하였다. 종간호는 미상이다. 하지만 1960년 12월까지는 꾸준히 발간했다는 증거가 있다. 박정희의 국가재건최고회의 포고 제11호와 공보부령 제1호의 '신문통신발행시설기준'에 따라(1961년 5월 23일 공포, 동월 28일 시행) 1961년 5월 28일자에 종간되지 않나 짐작할 뿐이다. 자매지로 월간지 『진상』을 발간하기도 했다. 발행 겸 편집·인쇄인은 최흥조崔興朝, 발행소는 서울특별시 용산구 원효로 2가 69번지였다. 대판 4면 발행의 주간신문으로 16단제에, 1단 13자 체제였고 구독료는 월정액 300환이었다.

창간호는 찾을 수 없고 다만 1960년 12월 13일자가 전해지는데, 당대의 우후 죽순 격으로 발행된 신문과 다를 바 없는 편집과 기사 내용을 실었으리라는 짐작만 할 뿐이다.

1면의 주요 기사는 「장면내각이 물러 갈 때는 왔다」, 「난국수습 유일인」, 「여야 정쟁재연 예상」, 「영속중립화안의 맹점」, 「깡패 없다니 웬말?」, 「장내각에 압력이 작용」 등이다. 그리고 하단에는 이 신문의 자매지인 월간 『진상』의 주요 내용과 목차가 실린 광고가 배치되어 있다. 2면에는 「신년도 예산안 제1독해」라는 기사가 크게 실리고 〈해외과학〉란에는 「인간의 우주여행 전망」이, 3면에는 「동아일보 공전의 수난」, 「사이비언론에 단안」(이 기사는 휴간보고서를 제출치 않고 납본의 의무를 이행치 않는 신문사 이름을 적시하고 있어 당대의 언론사 사정을 이해하는 데 도움이 된다), 「지나친 과장 표제」 등 언론사의 일반적인 문제와 각 신문사 내부 사정을 보도한 내용이, 4면에는 「부수적 이동 않기로」, 「기자들의 자성 호소」, 「기자단 개편 통합 실현」, 「기자를 불법 감금」, 「재정

597

기자들의 태도와 남전사건의 발단 전모」, 「납세계몽운동 전개」 등의 내용들이 실렸다.

이 신문은 제호 밑에 '엄정중립 시시비비'라는 슬로건을 내세워 신문의 성격을 명확하게 했으나, 실상은 정권에 대한 편파적 보도라는 인상을 풍기기도 했다. 그만큼 시세에 적극적으로 부응하는 기회주의적인 면모를 띠었다고 할 수 있는데, 전문지가 갖고 있는 독자부족과 경제난이 문제였던 것으로 짐작된다. 실제로 이 신문사에서 발행한 월간지 『진상』은 '흥미본위'의 잡지임을 표방하기도 해서 윤리적인 문제로 거론된 바가 있음을 당시의 신문기사를 통해 확인할 수 있다. 이러한 사례를 보아도 신문을 비평하는 메타신문으로서의 기능보다는 대부분의 신문이 갖고 있는 성격으로 발행되었음을 알 수 있다.

국회도서관에 마이크로필름으로 소장되어 있고, DB는 1960년 12월 13일자가 갈무리되었다. DB 상태는 양호한 편이다. (전상기)

참고문헌

『신문의 신문』, 1960년 12월 13일자; 『한국신문백년 〈사료집〉』, 한국신문연구소, 1975.

신문평론

(新聞評論)

1964년 4월에 '한국신문연구소'에서 창간한 잡지. 편집 겸 인쇄·발행인은 홍종인洪鍾仁
이었다. 1976년 10월 제71호를 마지막으로 『신문평론』은 1976년 11월부터 『신문과 방송』
으로 개칭되었다. 잡지명의 변경에도 호수는 『신문평론』을 이어받아 1976년 11월 『월간
신문과 방송』은 제72호로 간행되었다. 발행처인 한국신문연구소는 1981년부터 한국언론
연구원으로, 1999년부터 한국언론재단으로, 2010년부터 한국언론진흥재단으로 그 명칭
을 바꿔왔다. 『월간 신문과 방송』은 2013년 9월 현재 통권 513호가 발행되었다.

한국신문연구소는 1964년 4월에 『신문평론』이
라는 잡지를 창간하면서 발족되었다. 1957년 발
족된 한국신문편집인협회에서는 1960년 4월 신
문연구소 설치의 필요가 발의되었고 회원 홍종
인을 설립준비위원 책임자로 지명하였으나 기금
부족으로 곤란을 겪고 있었다. 1963년 협회총회
를 맞아 한국일보사장 장기영張基榮, 동양통신사
장 김성곤金成坤, 동화통신사장 정재호鄭載護는
연구소 기금을 쾌척하였다. 1963년 10월 조선일
보 고문 홍종인, 동양통신 편집부국장 김규환金
圭煥, 한국일보 외신부장 조세형趙世衡, 동아일보 논설위원 박권상朴權相, 시사통
신 편집국장 박홍서朴鴻緖 등이 연구소설립준비위원이 되어 회합을 가지면서 준
비한 끝에 1964년 4월에 연구소를 설립하였다.

『신문평론』의 발행은 한국신문연구소가 가장 의욕적으로 추진한 일이었으며,
창간호는 4·6배판 84페이지의 월간으로 출간되었다. 『신문평론』의 창간사에
는 한국신문연구소의 발족 경위와 설립목표가 주로 쓰여있다. "한국 신문·통신
계 전반적 체계있는 발전을 위한 직책상의 연구, 조사, 교양, 훈련 등의 사업의
필요"를 느껴 신문연구소를 설립하게 되었으며, "신문계의 모든 인사들이 유쾌

히 참가할 수 있는 토론의 광장"을 만들기 위해『신문평론』을 창간하게 되었다고 하였다. 창간호에는「신문의 공정과 현실적 과제」(고재욱),「배설(Ernest Bethell) 과 대한매일신보」(최준),「한말 언론계 잡감雜感」(김규환),「사회근대화와 신문」(홍종인),「신문의 지도적 기능은 과연 쇠퇴하고 있는가」(천관우),「신문에의 기대」(황성모),「한국신문의 인상」(리처드 러트),「제1회 신문연구소 좌담회: 사회면의 제작과 보도」,「학생데모와 신문의 방향: 대학교수·신문인 간담회」,「한국신문연구소 발족경위」등이 수록되어 있다.

『신문평론』의 초대 편집위원은 김규환, 김용구(金容九, 한국일보 논설위원), 김종규(金鍾圭, 동화통신 편집국장), 박권상, 송건호(宋建鎬, 경향신문 논설위원), 임근수(林根洙, 중앙대 신문학과 교수), 조세형, 천관우(千寬宇, 동아일보 편집국장), 최석채(崔錫采, 조선일보 논설위원)였다. 합동통신 정치부 출신의 고명식이 제작 담당 편집간사를 맡았다. 월간으로 시작한 신문평론은 1964년 11·12월호를 합병호로 내고 통권 13호인 1965년 5월부터 격월간으로 발행되기 시작하였다. 격월간은 1965년 11월호(16호)까지 계속되다 신문연구소가 사단법인으로 개편되면서 계간으로 바뀌게 되었다.

국내 언론계와 IPI아시아지부의 도움을 받아 법인체로 개편을 추진해 오던 신문연구소는 1966년 1월 25일 공보부로부터 설립인가를 얻어 사단법인으로 발족했다. 그러나 제17호인 1966년 봄호부터 계간으로 발행하기 시작한『신문평론』은 1972년 가을 제41호를 내고 난 뒤 1973년 5월까지 발행되지 않았는데, 이는 1972년 10월 유신 선포로 언론계 내외의 상황이 나빠지면서 결호가 발생하였던 것이었다. 7개월간의 공백 이후 1973년 5월 통권 42호부터 계간에서 격월간으로 체제를 바꾼『신문평론』은 학술적이고 시사 중심의 편집 내용을 현업 중심의 실무적인 방향으로 바꾸기도 하였다. 1975년 5월부터『신문평론』은 제호를『월간 신문평론』으로 바꾸고 월간으로 간행하게 된다. 이때부터 신문계 현안뿐만 아니라 방송에 대한 기사도 많이 취급하자 언론계에서는 신문평론이라는 제호를 바꿔야한다는 의견이 나오게 되었고, 결국 1976년 11월호(제74호)부터 제호를『월간 신문과 방송』으로 바꾸어 발행하기 시작했다. 이후 한국신문연구소가 해체되어 한국언론연구원으로 확대·개편되던 때인 1981년 6·7월호(제127호)를 합병호로 발행한 것을 제외하고는 결호 없이 계속 월간으로 발행되어 왔다.『신문평론』과『월간 신문과 방송』은 독재정권의 언론탄압에

600

맞서 언론자유를 수호하기 위해 취해야할 언론인의 역할과 기능에 대해 언론인 스스로의 목소리를 담은 잡지로 평가할 수 있다. 『월간 신문과 방송』은 2013년 9월 현재 한국언론진흥재단에서 간행하고 있으며, 통권 513호가 발행되었다.

『신문평론』은 해방공간기인 1947년 4월에 '종합 저널리즘 연구'를 표방하면서 이해창李海暢이 창간한 동명의 잡지가 있기도 하다. 이해창의 『신문평론』은 1948년 12월에 발행된 제5호까지만 그 존재가 알려져 있다.

국회도서관 등에 소장된 통권 5호(1964년 8월)~8호(1964년 11·12월), 10호(1965년 2월)~16호(1965년 11·12월), 17호(1966년 봄), 20호(1966년 겨울), 25호(1968년 봄)~26호(1968년 여름), 28호(1968년 겨울), 30호(1969년 여름)~31호(1969년 가을), 33호(1970년 여름)~39호(1971년 겨울), 42호(1973년 5월)~44호(1973년 9월), 46호(1974년 1월)~48호(1974년 5월), 52(1975년 1월)~71호(1976년 10월)와 월간 신문과 방송으로 개제改題된 72호(1976년 11월)~73호(1976년 12월)를 DB화하였다. (이상록)

참고문헌

「신문연구소 발족경위」, 『신문평론』 창간호, 한국신문연구소, 1964; 홍종인, 「신문과 방송 통권 200호에 붙여」, 『월간 신문과 방송』 200호, 1987년 8월; 「신문평론에서 신문과 방송까지」, 『월간 신문과 방송』 200호, 1987년 8월.

신상
(新像)

1968년 9월 창간된 신상동인의 동인지이다. 계간으로 발행되었다. 발행소와 인쇄소는
대한공론사이다. 가격은 150원이다.

1968년 발간된 신상동인의 동인지이다. 창간호에
밝혀진 동인들의 이름은 강인숙, 박근자, 박현서,
서제숙, 안효식, 윤수연(윤정옥), 이남덕, 이숙훈, 이
효재, 정희경, 준동인으로 조성균이 있다.

이남덕이 쓴 창간사인 「창간에 즈음하여」를 살
펴보면 그 발간 의도를 알 수 있다.

"여기 우리들의 조그만 결실을 처음으로 세상에
내어 보내면서, 그러나 이것이 얼마나 오랜 우리
들의 염원이었던가를 생각해 본다.

사람은 자기가 지니고 있는 조그만 것이라도 남
과 함께 나누어 갖지 않으면 견딜 수 없 는 무엇이 있는 것이 아닐까. 우리는 만
나고 그리고 서로 나눈다. 이 '나눔'의 기쁨은 하나의 '환희'라고 밖에 표현할 길
이 없다. 처음 이 책자의 이름을 '환희'라고 짓자고 한 까닭도 바로 여기에 있다.

우리의 이 조그만 결정에 대해서 우리의 기대와 사랑이 얼마나 컸던지는 그
작명의 단계에서 겪은 진통이 이를 충분히 증명해 준다. 환희, 보람, 길, 오늘, 여
울, 소휘(素輝, Sophia에서) 비약, 여류평론, 신상新像….

결국 투표에 의해서 「신상」으로 결정되기까지 아직 태어나지 않은 우리들의
신생아에 대하여 그토록 많은 이름을 붙여 보았다는 사실은 우리들의 기대와
염원이 얼마만큼 간 절하였는지를 말하여 주는 것이다.

신상新像!

새로운 상像! 무엇인가 우리들 여성의 상도 그전과는 달라져야 하겠고 한국

사람의 인간상도 새롭게 뚜렷이 부각되어야 하겠다고 절실히 느껴지는 전환기에 우리는 살고 있는 것이다.

우리를 둘러싸고 있는 모든 정세가 우리로 하여금 과거와 같은 안이한 인생관, 생활관을 가지고는 도저히 살아나갈 수 없게 하고 있는 것이 사실이다. 무엇인가 이대로는 안 되겠다는 안타까운 마음이 우리를 만나게 했고 그 안타까움의 기록이 바로 여기에 표현 되었다. 우리의 '만남'과 '나눔'의 기쁨이란 곧 우리의 성장의 기쁨과 일치하는 것이 요 나날이 새롭고자하는 열망이 그 뿌리를 이루고 있는 것이다.

돌이켜보면 우리나라에 개화문명이 들어온 지도 백년이 가깝고 여성사에 있어서도 이 제 새로운 국면에 처하게되었다 느낌이 절실하다. 이제 새 시대가 요청하는 여성상이란 어떤 것일까. 한마디로 표현해서 성숙한 인간상을 의미한다. 소위 개발도상의 국가 중에서도 우리나라과 같이 오랜 문화적 전통을 갖고 있는 경우에 있어서는 우선 전통문화에 대한 문제가 첫째는 그것이 극복의 대상이며 둘째로는 오히려 그것이 밑거름이 되어 그 근대화과정에서 눈부신 발전을 기약할 수 있다는 데 우리들의 고민과 또한 보람이 있는 것이다. 우리의 오늘의 문제는, 즉 이러한 약점을 강점으로 극복 전환시키는 능력에 달려 있다 하겠다.

과거 동양의 숙녀는 오직 유한정정悠閑貞靜할 뿐만 아니라 유능한, 즉 긍정적이고 적극적인 생활관을 가진 생산적인 여성의 출현이다. 오늘의 이 현실에 발을 붙이고 내일의 비약을 꿈꾸는 신상新像! 너의 앞날에 힘찬 성장이 있기를 희구한다."

이를 통해 유추해볼 때, 이 동인들은 "개화문명이 들어온 지도 백년이 가깝고 여성사에 있어서도 이제 새로운 국면에 처하게되었다 느낌"에 기반하여 새로운 여성상을 기획하고 실천하고자 모인 여성들이다. 그들이 추구하는 여성상은 근대적 여성, 특히 개발도상국인 "조국의 요청"에 부응할 수 있는 "유능한, 긍정적이고 적극적인 생활관을 가진 생산적인 여성"이다. 1960년대, 선진국가로의 도약을 꿈꾸며 정치적으로 기획된 국민으로서의 "여성"관에 부응하고 싶었던 것이다.

기사편재를 살펴보면 다채롭다. 우선 이 매체 발간의 목적을 실현하기 위해서인지 이 동인지에는 여류 동인지로서는 드물게 〈논단〉란과 〈시평〉란이 기획되어 있다. 창간호를 예로 들면, 〈논단〉란에는 「여성에 대한 사회적 요청」(이효재), 새로운 윤리의 모색(현영학), 한국의 성샤머니즘-여작가 죽어 파랑새가 못 된다는 뜻-(이규태)이 실려 있다. 〈시론〉란에는 「교육과 교육혁명」(정희경), 「부정부패와 여성」(서제숙), 「매스컴의 장래와 기자가 해야 할 임무」(박현서)가 실려 있다.

이외에는 주로 문학작품이 실려 있다. 〈시〉, 〈문학평〉, 〈수필〉, 〈창작〉란이 있고 그 외에 비평으로 〈연극평〉, 〈영화평〉이 실려 있다.

기사편재만 살펴보아도 이 매체가 매우 수준 높은 지식여성들의 매체라는 점을 알 수 있다. 이어령의 부인이며 교수였던 강인숙을 비롯하여, 이화여대교수였던 이남덕을 비롯하여 실제로 이들은 당대 최고의 교육을 받은 여성 인텔리그룹이다.

이를 볼 때에도 이 매체는 1960~70년대 최고 지식 여성들의 이념세계를 알려주는 중요한 자료가 된다.

성균관대, 중앙대, 홍익대 도서관과 국립중앙도서관 등에 소장되어 있다. DB는 전호를 갈무리하였으며 DB 상태는 좋다. (전상기)

참고문헌

『신상』 창간호~종간호.

신생활보

1965년 3월 12일 창간된 신생활국민운동중앙회의 기관지이다. 발행인 신태억, 발행소는 서울특별시 중구 동자동 43의 26이다. 구독료는 4원이며 월간으로 간행되었다.

『신생활보』는 신생활국민운동중앙회의 기관지로 이 단체의 명예회장은 신효선, 회장은 신태억이다. 신생활국민운동중앙회는 신생활국민운동을 선언했는데 그 내용을 보면 "실제성 없는 부화와 무절제한 낭비, 기획성 없는 생활, 이것이 온 국민의 정신생활에까지 미만해질진대 어찌 앞날의 위대한 발전을 기대할 수 있겠는가! 우리는 보다 전진적인 의욕을 바탕으로 생활을 개선하는 새로운 바람을 일으키어 내일의 영원한 번영을 쟁취하기 위하여 다음과 같이 실행목표를 선언한다."라고 하면서 내일의 번영을 위한 오늘의 희생, 공공과 이웃, 약한 자를 위한 봉사, 검소하고 실속 있고 건설적이며 건전한 생활태도, 빈곤을 극복하고 복지국가 건설을 위한 노력을 실행목표로 삼았다.

『신생활보』 창간호를 보면 제호 왼쪽에 「신생활운동강령」을 싣고 있는데 혼식절미운동, 검소한 생활, 순결한 인간성, 자립경제 등으로 그 내용이 대동소이하다. 1면에 신태억의 창간사가 실려 있는데 마찬가지로 "일체의 사치와 허영을 배격하며 건전한 생활적 기풍을 진작시킴으로써 이 사회에 인간 재건의 새바람을 일으키려는" 것이 목적이라고 밝히고 있다. 또한 창간을 축하하는 축사로 서울특별시장 윤치영의 「마음의 자세 바로잡는 채찍의 구실을」, 김이석의 「건설의 지침돼라」, 김익준의 「잘살기 위한 운동, 위정자의 솔선수범과 국민의 호응 있어야」 등이 실려 있다. 2면에는 「반공이 승공 되게 하는 길」, 「방첩은 우리네 지상 과업」 등 반공자세를 고취하는 기사들이 실려 있으며, 3면에는 올해는 이렇게 생활방식을 바꿔보자고 제안하는 기사들을 싣고 있다. 이 기사들은 퇴근 후에 남편이 술을 먹는 등 낭비를 하지 않게 일찍 집에 들어오도록 주부가 노력해야 한다, 결혼식에 쓸데없는 돈을 들이지 말자, 짜증나는 만원 버스 대신 걸어다니자, 건강한 가족이 되기 위해 혼식을 하자, 등의 내용을 담고 있다. 4면은 가족계획의 필요성을 역설하는 기사 「가족계획은 왜 해야 하나」와 함께 피임법도 소개하고 있다.

국회도서관에 마이크로필름 형태로 보관되어 있으며 이를 DB화하였다. (임경순)

참고문헌

『신생활국민운동』, 창간호; 「신생활국민운동선언」, 『동아일보』, 1964, 6, 27.

가

나

다

라

마

사

아

자

차

카

타

파

하

신세계

(新世界)

1962년 11월 1일에 신세계사에서 창간되었다. 종간호는 3권 3호인 1964년 3월호이다. 편집·발행 겸 인쇄인은 장용張龍이고 주간은 강봉식康鳳植, 편집장은 이세열李世烈이며 발행소는 신세계사(서울특별시 종로구 종로 1가 55)이다. 판형은 신국판으로 창간호는 총 288쪽이고 가격은 50원(3개월분 135원, 6개월분 250원, 1개년분 500원)이다.

창간사는 없다. 아마 잡지의 발행인과 인쇄인이 겹치는 것으로 보아 장용은 인쇄업을 통하여 일정한 재력을 갖춘 사람으로 보인다. 하지만 「편집후기」에,

"쉽고 재미있고 누워서 읽을 만한 그러면서도 품위가 있고 실속있는 잡지. 그것이 우리가 만들고 싶어 하는 잡지입니다."라고 포부를 밝히고 있다. 같은 곳에서 말하듯이 이 잡지의 포부가 '너무 이상에 가까운 얘기'이기는 하지만 대중성과 고급성을 일정한 수준에서 갖추기 위한 노력을 기울였음을 알 수가 있다.

창간호를 보면 「한국인은 왜 가난한가?」(조동필, 주석균, 김기환, 정문기, 홍이섭, 탁희준)라는 특집과 「우리는 이래서 가난하다」(윤고종, 조풍연, 홍승면, 천경자, 박동앙, 박경리, 이용범, 최이순, 김용호, 손소희, 송건호, 최석채, 임원택, 임옥인, 이용설, 박운대, 김재붕, 김환기, 소두영)는 답글 형태의 특집이 눈에 띈다. '잘사는 것'이 당대 한국인의 공통의 관심사로 정립되기 시작할 즈음에 시사 종합 잡지가 창간호의 특집 기사를 통하여 전국민적 이슈로 쟁론화했다는 점에서 시의성과 대중적 초점화에 얼마나 주의를 기울였나를 알 수 있다.

이상재의 「청년에게 고하노라」라는 칼럼이 실려 있고, 〈푸른 광장〉에는 '새 세대의 발언록'이라는 부제로 서울 시내 각 대학교 학생들의 글이 투고되어 이

잡지가 겨냥하는 독자층이 누구인지를, 당대 지식 청년들의 지향을 엿볼 수 있는 자료를 제공해주고 있다.

국외 기사로 〈세계를 보는 눈〉에는 세계 각국의 동향을 소개하는 비교적 장문의 글이 5편 게재돼 있다(이는 큐바에 대한 글 3편과 「아이히만의 마지막 제물」「프랑스 사람과 권위」를 합하면 지구촌 소식을 제법 폭넓게 소개하고 있다고 보여진다). 기행문으로는 김성환의 「고바우 동남아 기행」과 김유복의 「일본을 돌고 와서」가 있어 이후에 이어질 세계기행문의 초기적 형태를 가늠케 한다.

그 밖에도 문화 방면으로는 〈공통제 수필〉이라는 제하에 "光"이라는 제목으로 여섯 명의 수필이 실려 있고 〈문화단평〉으로 음악, 미술, 연극, 무용, 영화, 경음악, 스포츠 소식이 각 방면의 전문가에 의해 보고되고 있다. '과학' 부문의 기사도 눈에 띄는데, 「미·쏘의 우주전쟁」과 「방사낙진은 무섭지 않다」가 당대의 과학적 성과와 관심사로 제공되고 있음을 확인케 한다. 박두진과 김지향의 시와 김의정, 최상규의 소설, 그리고 동화로는 마해송의 「먼 훗날을 위하여」가 실려 있어 종합지로서의 여러 관심사와 독자에게 읽을 거리를 제공하기 위해 다방면의 주의를 기울였음을 알 수 있다.

종간호 목차를 보면 창간호의 편집과 크게 다르지 않다. 〈권두언〉이 실려 있다는 점이 창간호와 다르다면 다른 점이요, 월남 이상재 선생의 소개와 그의 발언이 선구자의 말씀으로 특기되어 있는 것은 창간호와 같다. 이는 편집진의 의도가 기독교를 바탕으로 한 월남 이상재 선생의 독립정신과 애족 애민 사상을 잇고자 하는 데 있다고 보여진다.

종간호는 특집으로 '민주주의와 종교'라는 제하에 다섯 편의 논문(이기영, 「말세의식과 민주주의」, 이효상, 「정치생활과 신앙생활」, 장병길, 「빈자의 종교와 부자의 종교」, 김진승, 「종교와 정치활동」, 고영복, 「허를 찌르는 신화의 생태」)이 게재돼 있고, 또 다른 특집 기사 '복지를 위한 모색'에는 주요한의 「협동의 이론적 배경」, 홍병선의 「정미농민의 협동조합」, 유달영의 「역사를 창조하는 이스라엘의 키브쯔」, 이진우의 「인도의 협동조합」, 조성식의 「쏘련의 깔호즈」, 김영배의 「중공의 인민공사」, 최응상의 「농민민주화의 근본문제」 등이 실려서 빈곤 문제의 심각한 장소로서의 농촌 문제에 대한 이 잡지의 관심사를 엿보게 한다.

〈오늘의 세계정세〉란에는 구라파를 비롯하여 월남, 키프로스, 말레이시아, 아프리카 등의 소식이 소개되어 있다. 해외 동향을 소개하는 글은 그 외에도 월트. W. 로스토우의 「대소련권 제3라운드」와 오길의 「북한 사회면에 비친 중·소 논쟁」, 최광석의 「북한에서의 고등교육」 등이 눈에 띈다. A. 스티븐슨의 「무엇이 애국심인가」도 종간호의 읽기를 권하는 글로 표시되어 있다.

창간호에서부터 따로 마련했던 〈푸른 광장〉 외에 〈젊은 분수〉란은 〈대학생 투고란〉으로 그 공간을 확대하였고, 〈주부교실〉란도 따로 두어 젊은 주부에게도 관심을 기울이고 있다.

문예면은 더 읽을거리가 풍부하여 미술계 동향을 비롯한 재크 런던의 「황야의 부름」(이유진 역)과 강두식의 「귄터 그라스론」, 김남석의 「시 수사론」, 그리고 시인 김수영 번역의 버드. 비쇼프의 「은자의 왕국 한반도(1)」도 눈에 띈다.

「독자쌀롱」을 두어 전국에서 답지하는 편지를 게재하고 답장을 쓰는 등의 노력을 기울이는 한편, '신세계 신인작품모집 규정'을 사고로 내보내는 것을 보면 지속적인 발행의 가능성을 열어두고 있었음을 알 수 있는데, 왜 이후 잡지의 발행이 중지되었는지 납득하기 어렵다. 이는 아마도 박정희 정권의 '사이비 언론인 및 언론기관 정화' 방안(1961. 5. 23)의 구체적 내용 때문으로 판단된다. 공교롭게도 이 잡지의 종간호가 발행되기 직전, 박정희는 『민족일보』와 『사상계』를 탄압하고 『동아일보』와 『한국일보』의 기사를 문제 삼아 주필과 기자 등을 구속하는 등의 언론 탄압을 실행하였다. 짐작컨대, 이 잡지 역시 그러한 국면에서 계속 잡지를 발간하기가 어려운 사정이 있지 않았나 싶다. 사이비 언론인을 단속하고 정부의 시책을 비판하거나 따르지 않는 신문과 잡지를 표적으로 삼아 휴간 내지 발행 정지를 하거나 그 관계자를 투옥, 탄압하는 사례가 빈번한 상황 속에서 인쇄소를 기반으로 잡지를 발간하던 이 잡지의 운영진 역시 안팎의 어려움에 봉착을 하고 종간 아닌 종간호를 내지 않았나 하는 것이다.

1년 4개월 동안 발행된 잡지로 그 운명을 맞이했지만, 시사 종합지로서의 대중성과 품위성을 갖추기 위해서 노력했고, 국내의 핵심적인 이슈나 해외 동향을 발 빠르게 전달하기 위해 최선을 다한 이 잡지는 5·16 쿠데타 직후에 발행되어 온건한 민족주의 성향의 이념을 기반으로 나라의 건전한 발전과 국민의 복리 증진을 위한 몇 가지 과제를 독자들에게 각인시키기 위해 애를 썼다. 종간 이유는 알 수 없으나 군사 정권의 언론 정화 사업의 소용돌이에서 사라져가는 운명을 맞지 않았나 짐작될 따름이다.

창간호와 종간호 등은 국회도서관과 국립중앙도서관에 소장되어 있다. DB는

창간호를 비롯하여 대부분을 갈무리했으며, DB 상태는 좋다. (전상기)

참고문헌

『신세계』 창간호~종간호; 강준만, 『한국대중매체사』 2007, 인물과 사상사; 류금주, 「월남 이상재의 사상과 구국운동」, 서울YMCA병설 월남 시민문화연구소, 『시민문화연구』 제8호, 2008.

신세계

(新世界)

1956년 2월 서울에서 발행된 월간종합지로, 1952년 창간되었던 『자유세계』를 개제한 것
이다. 편집 겸 발행, 인쇄는 고재희가 맡았고, 주간은 임긍재였다. 발행소는 주식회사 창
평사昌平社이며, 창간호의 정가는 300환이었다. 정확한 종간일은 알 수 없으나, 1957년
신년호까지 확인된다.

『신세계』는 1956년 2월 창평사에서 발행한 월간
종합지다. 창간호의 정확한 발행일자는 확인할
수 없으나, 『동아일보』에 1956년 2월 9일부터
창간호 광고가 게재되었다. 이 광고는 『신세계』
가 1952년 창간되었던 '자유세계 改題'임을 명
시하고 있는데, 이 점은 조병옥이 쓴 창간사 「자
유세계의 방위와 그 의의를 중심으로」에서도 확
인된다. 조병옥은 "창평사의 동인들은 4년 전 임
시수도 부산에서 발간하여 우리 독서계에 일대
선풍을 일으킨 민주주의의 수호지 『자유세계』의
정신을 그대로 계승하여" 『신세계』를 발간한다는 점을 강조했다. 아울러 "한국
의 문화를 세계적인 수준에 지향시키는 데 최대의 진력을 다할 뿐만 아니라, 한
국의 민주언론의 창달과 민주문화의 발전을 위하여 응분의 공헌을 할 수 있는
각오"를 밝혔다. 정리하자면 '자유세계'의 방위와 발전에 기여하고자 했던 창간
정신이 서울 환도와 함께 '신세계'에서 재출발한 것이라고 할 수 있다.

이러한 창간 목적에 조응하여 창간호에는 정치, 경제, 사회, 과학, 문화, 예술
등을 망라한 278쪽에 이르는 기사가 수록되어 있다. 정일형의 「UN국제연합헌
장 수정론의 시비」, 류광열의 「미국의 대아정책과 극동정책」과 같은 논설을 시
작으로, 좌담회 「1956년도 국내외정세를 논한다」에는 신익희, 조병옥, 장면, 곽
상훈, 백남훈, 김동명이 참여했다. 또 〈국민의 자유보장의 이론과 실제〉와 〈패

전 후 10년의 일본을 해부한다〉 두 개의 특집에는 각 분야의 전문가들이 다양한 의견을 제출하였다. 그리고 〈인물평론〉을 통해 신익희, 조봉암, 장택상을 소개하였으며, 〈신세계 조류〉란에서는 미국, 소련, 프랑스 등 당대 세계의 동향을 분석하고 있다. 잡지의 체제는 전체적으로 기획기사와 논설이 중심을 이루지만, 시와 소설 등 문학도 배치되고 있어 종합지를 표방한 성격을 보여주고 있다. 창간호에서는 김동명과 전봉건이 시를 게재했고, 박연희가 장편소설 연재를 시작했다. 그리고 김환기와 이준이 표지화 및 컷을 담당했다.

이후 특집으로는 〈헌정 8년간을 총비판한다〉(3월호), 〈한국 삼권분립제의 위기〉(4월호), 〈자유당정권의 치적 공죄상〉(5월호), 〈정부통령선거를 비판한다〉(6월호), 〈5·15선거 자유분위기에 이상 있다〉(7월호), 〈불평등 조약과 민족해방〉(9월호), 〈개헌안을 비판한다〉(10월호) 등이 있는데, 한국 정치 현실을 비판적으로 검토한다는 점이 특징적이다. 『자유세계』의 발행인이기도 했던 조병옥의 적극적인 후원이나 특집기사의 논조를 살펴볼 때 『신세계』는 민주당 계열과 관련성을 보인다. 스스로 "민권수호와 반공 반독재의 정신"(「편집후기」, 『신세계』, 1957. 1.)을 강조하기도 했고, 기자로 일했던 윤형두가 "야당지"라 평가하기도 했다.

1956년 9월 창평사는 종로구 당주동에서 중구 충무로로 이전하였다. 10월호를 발간한 뒤 2개월을 휴간하고, 1957년 신년호로 속간되었다. 이 시기에 편집진용을 개편하는 데 문영호가 사장에, 전봉건이 편집국장에, 고재희, 박철원, 김대중은 취체역에 임명되었다. 김대중은 『신세계』에 재정지원을 하던 고향친구의 소개로 발탁되어 박성룡과도 함께 일했다고 회고한 바 있다. 그러나 새로운 의욕으로 재도약을 다짐했던 것과는 달리 속간호는 이내 종간호가 되었던 것으로 보인다. 안수길은 1957년 2월에 발표한 평론에서 『신세계』가 휴간되었다고 썼으며, 윤형두는 "민주당 대통령후보 신익희의 한강 백사장 연설문을 게재하는 등 야당 성향이 짙다는 이유로 발송에 방해를 받는 등 자유당 측의 탄압으로" 곧 폐간하게 되었다고 회고했다.

현재 『신세계』의 창간호는 국회도서관에서 DB원문을 제공하며, 성균관대학교와 연세대학교에 소장되어 있다. (조은정)

참고문헌

『동아일보』; 『경향신문』

신아일보

(新亞日報)

1965년 5월 6일 창간된 일간지이다. 발행임 겸 사장 강기봉, 편집국장 윤임술, 발행소는 서울특별시 서대문구 서소문동 39이다. 1980년 10월 전국 언론기관통폐합 때 『경향신문』에 흡수 통합되었다.

『신아일보』는 자유 중립 공익을 사시로 내걸고 창간되었으며 동시에 상업신문을 자처하였다. 발행인 강기봉이 쓴 창간사를 보면 신문의 이러한 창간 취지가 잘 드러나 있다.

"이 신문은 먼저 독자를 위한 「상업신문」입니다. 발행자나 제작자는 이 신문 한 장 한 장이 상품으로서의 가치를 지닌 것을 명심하고 자신을 가지고 독자 여러분에게 대하려는 것입니다. 어떤 당파나 이념에 대하여도 스스로의 강력한 독립된 위치를 취할 것입니다. 우리는 정치적으로 독자 여러분에게 어떤 선입감을 주거나 유도할 하등의 이유를 갖고 있지 않습니다. 독자 여러분은 스스로의 판단에 의하여 정치적인 혹은 경제적인 견해를 갖고 있음으로 해서 우리는 독자들에게 사실 이외의 어떤 영합이나 왜곡 또는 고취를 해야 할 아무런 이유가 없는 것입니다. 따라서 언제나 엄정한 정치적 독립을 신조로 지킬 것을 맹서하는 바입니다.

신문은 협의적으로 독자들에게 교육을 주는 기관이 아니라 어디까지나 새로운 소식을 전해주고 그 판단은 독자로 하여금 하게끔 하는 것이 본연의 자세일 것입니다. 신문에 교육적인 사명을 부과한다면 그런 사명은 이미 존재하는 사회의 교육기구를 침식하는 결과가 될 것입니다. 모든 「뉴스」가 양적으로나 질적으로 많이 제공되어 사회의 지식이 된다면 그것은 신문의 광의적인 교육적 사명은 될 것입니다. 우리는 이것으로 족하리라 생각합니다. 이 신문은 독자의 모든 계층에 공통된 혹은 전문화된 이익에 공헌할 작정입니다. 이것은 정확하고 신속한「뉴스」에 독자 여러분이 신뢰를 갖는 데서만이 이룩될 것입니다…"

신문의 사회적 역할을 중립적인 사실 전달에 두고 있으며 신문의 상품으로서의 성격을 중시하고 있는 것으로 이와 같은『신아일보』의 성격은 최초의 다색인쇄 시도로 나타났다. 1965년 미국제 듀플렉스 윤전기 4대를 도입하여 창간호부터 다색인쇄로 나오게 되었으며 상업지로서의 새로운 이미지를 심기 위해 노력했다.

창간 당시 진용을 보면 정치 분야에 강재용, 김종하, 사회 분야에 강두순, 이종성, 경제 분야에 임승준, 호영진, 편집에 채광국, 이규은, 김중상 등이다. 신문 이외의 방계 사업 없이 재정의 독립을 이루려 했기에 소수의 인원으로 출발하여 허실 없는 제작을 위해 노력했다. 창간 당시의 편집국 인원은 18명 정도였으나 큰 차질 없이 신문을 발행했다.

지면 구성 중 특기할 만한 것은 세론란을 두어 독자 투고를 대대적으로 취급했다는 점으로 다른 신문에 비해 독자가 신문제작에 직접 참여할 기회가 많았다. 또한 다른 신문들과 경쟁하기 위하여 다양한 지면을 구성하고 생활면에 파고드는 신문을 만들기 위해 노력했다. 종교란이나 수도권백과와 같은 코너를 둔 것이 그 예이다. 후에는 농수산소식, 재계화제, 소비자 페이지, 인물춘추, 부부교실, 부동산란 등을 두기도 했다. 필화사건으로 비화되지는 않았지만 1973년 3월 27일자의「5개 도시 대공단화 추진」이라는 기사가 문제되기도 했다.

1980년 10월 언론기관통폐합 때『경향신문』에 흡수 통합되었는데 이 시기까지의 역대 편집국장은 1대 윤임술(1965. 5. 6.~1972. 5. 7.), 2대 정도현(1972. 5. 8.~1973. 3. 26.), 3대 임승준(1973. 3. 29.~1975. 7. 14.), 4대 유승택(1975. 7. 15.~1979.), 임승준(1979~통폐합까지)이다. 80년 통폐합 당시의 진용은 발행인 겸 사장 강기봉, 이사 겸 주필 편집국장 임승준, 이사 안남득 외 2명, 논설위원 김상현 외 2명, 편집부국장 권동섭, 총무국장 이원영, 판매국장 장기효, 광고국장 고광탁, 출판국장 서석준, 관리국장 안세홍, 공무국장 정성록, 주일논설위원 이석인, 일본지사장 김경섭이다.

국회도서관에 마이크로필름 형태로 보관되어 있으며 이를 DB화하였다. (임경순)

참고문헌

『신아일보』, 창간호; 윤임술 편,『한국신문백년지』, 한국언론연구원, 1983.

신약신보
(新藥新報)

1966년 12월 12일 창간된 약업 관련 전문 주간신문이다. 편집 겸 발행인은 이장근李莊根, 편집국장 이대우李大宇, 발행처는 서울 중구 충무로 4가 70번지(신약신보사)이다. 타블로이드판 12~16면으로 발행되었으며, 월 구독료는 100원이다. 1968년 11월7일자 145호부터는 주2회간으로 증간하고 월정 구독료가 130원으로 인상되었다.

이 신문은 1966년 12월12일 창간된 『주간약업週刊製藥』을 1967년 6월 10일 개제改題한 것이다. 사장 이장근은 「신약신보 개제에 즈음하여」에서 다음과 같이 개제 목적과 신문의 방향을 밝히고 있다.

"그간 약업신문을 통하여 약업계 전문지로 사명을 다해왔다. 점차 더 성장하고 있는 약업신문을 이어받아 약업계 발전 향상과 업권신장을 위해 업계 대변지로서 앞장설 것을 다짐한다. 제호를 바꾼 것도 업계의 절대적 요망에 순응하는 것에 있는데 그 외에 과거와 현재 우리의 구태의연한 사고방식을 갖고 있는 것을 생각할 때 이 기회에 과거의 모순성을 탈피하고 보다 폭넓은 관점에서 새세대의 약업계 전문지로서의 힘찬 전진을 해보려는 것에 참뜻이 있다." 약업계가 확장됨에 따라 업계의 신장과 발전을 위해 보다 새로운 대변지 만들어 나가겠다는 의지를 피력하였다.

『신약신보』는 편집위원으로 이재완(이재완. 덕성여대약학과장), 김태봉(조선대약대학장), 양형호(중앙대약대학장) 등 학계의 중진을 위촉하여 보다 수준 높은 내용을 담고자 하였다. 신문의 중점 방향은 농어촌민의 균일한 의료혜택을 도모하고 제약분야 과잉생산에서 오는 유사품의 경쟁과 도산방지, 부정의약품 근절 등

약업 안정에 기여하는 것에 두어졌다.

제25호(1967. 6. 10.) 1면에는 영진약품永進藥品이 전면에 공장 사진과 함께 신약 개발 기사가 실렸고 2·3면에는 사장의 개제인사와 보사부장관(정희섭鄭熙燮), 대한약공회장, 대한의협회장 등 각계의 축사가 실렸다. 4면에는 「우수메이커 국검國檢면제설과 약계의 반응」이라는 초점기사가 실리고 5면에는 의약품의 품질관리에 대한 정부 방침과 약업계의 여러 소식이 게재되었다.

6면은 마약사후관리에 대한 행정처분 기준 제정에 관한 기사와 서울시 위생시험소장 주길화朱吉和의 일본시찰 후기가 실리고, 8면·9면은 영진약품의 초청으로 한국에 온 일본 전변제약田邊製藥의 등전藤田 박사의 단백질과 아미노산에 대한 강연회 내용과 단백질, 아미노산의 성분분석과 효능에 대한 연구글이 실렸다. 11면은 「인체순례」란으로 임신과정을 과학적으로 설명하고 임신에 따른 신체 변화를 설명하는 기사가 실렸으며, 12면은 메디칼센터 인턴의 파업 기사가 실렸다. 13면은 감초의 효능에 대해 14면은 르뽀기사로 「부인약사」에 대한 내용이 실리고 15면은 가벼운 수필과 「학교보건법」 관련 내용이 게재되었다.

제145호(1968. 11. 7.)는 총 12면으로 발행되었는데, 1·2·3면은 약업계의 정부정책이나 신약개발 관련 소식, 약품업계의 여러 행사 전반에 관한 소식이 실리고 4면은 〈지방판〉으로 구성되었다. 각 지방의 약대나 약사들의 동향, 총회나 학술회의 등에 관한 내용으로 채워졌다. 5면은 의료계 종사자의 간단한 수필, Eugynon의 임상실험에 관한 통계, 6·7·8면은 「약업안정의 당면문제」란으로 제약업계의 사업 현황에 대한 각 제약회사 종사자가 진단과 해결방안에 관한 의견 개진이 실렸다. 9면은 「약무행정백서」라고 하여 보건사회부가 제공한 의약품의 분류와 관리 방법 등이 실렸고, 10면은 「한방란」으로 신경통의 한방요법에 관한 내용이 실리고 11면은 대한약학회 17회 학술대회 학술보고가 실렸다. 12면은 「생활백과」란으로 약이 되는 식물에 관해 전문적이지만 실용적인 내용의 글이 실렸다.

신문은 호별로 구성이 일정하지는 않으나, 약학과 관련된 전문적인 기사뿐만 아니라 약업계의 현황과 일반인에게 유익한 실용적인 내용도 첨가되어 보다 대중적인 주간지를 지향하고 있는 것이 특징이다.

국회도서관에 소장된 제25호(1967. 7. 10.), 제145호(1968. 11. 7.)를 DB화하였

다. (이병례)

참고문헌

『신약신보』, 신약신보사, 1967년 7월 10일, 1968년 11월 7일.

신우정
(新郵政)

1968년 3월 15일에 창간된 월간 잡지이다. 인쇄인은 김준기金駿基이다. 발행처는 신우정 사이다. 인쇄소는 보진재인쇄소이다. 종간호는 확실치 않다.

발행인 김진규는 「신우정을 속간함에 즈음하여」에서 다음과 같이 잡지의 속간 취지를 밝히고 있다.

"한국우정에 관하는 유일의 연구지로서 월간 우정연구가 발족된 것이 1965년 7월 30일, 그날 이래 연금 간행을 이어, 통권 30까지를 산算하게 된 것은 오로지 애독자, 동호 제위의, 별하여 통신 당로의 각별한 전폭적 지원의 소치로서, 주재자로서의 감명은 이루 헤아릴 수 없는 바입니다. 그러나 당지가 본래의 취지나 고유의 성격과는 달리 관의 어용화니 일본적 색채의 발산이이 하는 등의 일부 세평도 있고 하여 벌써부터 제호 갱신을 포함시켜 지성일신을 두고 거론 중이든 바, 금차 의를 결하는 바 있어 우정연구를 신우정으로 바꾸는 일부터 단행하기에 이르렀습니다. 오인은 시종 신우정지로 하여금 아 우정의 근대화·선진화의 하나의 선구로서 있을 것을 자부하고 있습니다."

이 잡지가 지향하는 것은 무엇보다도 한국 우정 사업의 근대화·선진화에 있다. 이 잡지는 1965년 7월 30일 창간된 『우정연구』의 제호를 바꾸어 다시 발행한 것이었다. 그 주된 이유는 잡지의 성격, 곧 어용적 성격과 일본 색채 등이었다. 이처럼 잡지 발행의 본래 의도인 우정 사업의 근대화·선진화를 목표로 재발행되었던 것이다. 잡지의 특징은 우정 화보, 우정사업 목표 설정과 완수, 해외 우정사업 사례 소개, 새로 발행된 우표 소개 등을 들 수 있다. 잡지의 편집에서 나타나듯 우정사업이 국가사업에 속하는 것이어서 정부와 독립적 위치에 있기에는 여러 가지 제약이 뒤따르고 있었다고 봐야 할 것이다. 특히, 창간호 화보에서 보듯 대통령의 동정이 맨 앞자리에 제시되고 있는 것에서도 알 수 있다.

국회도서관에 소장되어 있는 1968년 3호부터 12월호, 1969년 1호부터 12월호를 DB화하였다. (김일수)

참고문헌

『신우정』, 신우정사.

신태양

(新太陽)

1948년 9월에 창간된 대중오락잡지이다. 편집 겸 발행인 김세종, 주간 김주봉, 인쇄소는 서울공인사, 발행소는 신태양사(서울 중구 소공동 93), 총판매소는 유길서점, 부피는 50여 면이고 정가는 150원이다.

1948년 9월에 창간된 대중잡지이다. 국가지식포털 사이트(https://www.knowledge.go.kr)에는 1948년 9월에 창간되었다고 기록되어 있다. 한국잡지박물관에 소장되어 있는 1948년 9월호 목차를 살펴보면 그 면모를 짐작할 수 있다. 대중잡지를 표방하여 취미기사나 흥미위주의 기사가 대부분을 차지하지만, 논설이 실려 있기도 하다. 민경식의 「국회에 반영된 민의의 표현」, 김철의 「위기에 직면한 조선청년의 진로」, 김동현의 「민족의 의무-농촌을 떠나는 벗에게」가 등이 그것들이다. 타임지 기사를 번역한 「역대의 미대통령인물평」이 실려 있기도 하다. 정비석의 「여순작전기」도 들어 있다.

이 호의 가장 큰 기획기사는 취미기사인 것으로 보인다. 「여간첩 벤틀리사건의 전모」(김송덕 역), 「명사의 하루생활기」(W기자), 「만화; 자정의 서울풍경」(김의환)이 실려 있다. 흥미 기사로 명사들의 연애관을 알아볼 수 있는 「나의남녀교제론」이란 앙케이트 기사가 실려 있다. 이 난에는 시인 정지용, 소설가 박철주, 시인 김광섭, 소설가 정비석, 소설가 최정희, 교육가 송금선, 배우 복혜숙, 무용가 장추화의 답변이 실려 있다. 탐방기사도 있다. 「무희 장추화을 찾아서」가 그 기사이다. 유머란으로 「미소·홍소·폭소」(편집국)가 있고, 기행기사로 「세계기문」(편집국선)이 있다.

그 외에도 흥미 위주의 기사로 「정결부인의 애화」(성천강인), 「최근여학생의 독

621

서경향」(편집국선), 「서울의 뒷골목-김용환 편-」(일선아), 「실화; 무너진행복탑-거리의 악마에게 짓밟힌 여인의 수기」(송경자), 「미궁야화」(자운당주인)가 있다.

　문화에 대한 기사도 있다. 「문화뉴스」(편집국), 「문화인의 표정」이 있고 영화기사로 「선풍을 일으키는 여인/지상봉절」(편집국)이 있다. 〈인기여배우좌담회〉도 있어 이 매체가 대중지임을 다시 한번 확인시켜 준다. 이 좌담회에는 당대 최고의 여배우인 복혜숙, 김광실, 남궁연, 김복자, 최은희가 참가한다.

　문예란도 빠지지 않았다. 「세계단편」(편집국선), 「돌아오지 않는 벗에게」(김광주)가 실려 있고 시로는 「바다가 보이는 언덕에 서면」(조지훈), 「비둘기 산비둘기」(박목월), 시조로 「게」(김안서), 단편소설로 「적산」(박영준), 「역류」(손소희), 「도난난」(염상섭)이 실려 있다.

　1949년 2월호에는 「민국정부의 최대 고민의 무엇인가」(양우정), 「북태평양 방위동맹이 가지고 있는 비밀」(최진태)이 실려 있다.

　「장관관저 엿보기」란 기획기사에는 국무총리 이범석, 국방장관 신성모, 내무장관 김효석, 문교장관 안호상이 소개되어 있다.

　이 호에도 역시 연애설문기사가 실려 있다.

　"1) 연애해 본 일이 있습니까? 2) 실연해 본 일이 있습니까? 몇 살 때 어떤 사람과, 3) 연애와 결혼 어떻게 보십니까?"에 대한 질문에 소설가 김동리, 극작가 김진수, 여배우 김연실, 시인 이용악, 언론인 전희복이 답변하고 있다.

　또한 〈열국(列國) 청년의 편모〉라는 기획기사에는 「미국청년과 남녀교제」(조준석), 「중국청년과 문학」(정래동), 「불란서 청년과 자유」(장길룡), 「일본청년의 신경향」(표해운)이 실려 있다.

　그 외 조연현의 글 「현존 7대 문호 프로필」이 있다.

　흥미기사로 한병조의 「50만년 후의 인류」, 일선아의 「서울의 뒷골목」, 「모던연애학」, 「세계진화(珍話)」, 「1분간 인터뷰 - 우문현답」, 「남녀판정공식」이 있다.

　좌담회로 「현 문단의 작품과 작가를 말하는 남녀 대학생 좌담회」가 있어, 사회는 구상, 참석자는 대학생 정운삼, 이범혁, 윤원호, 곽길자, 이종옥, 박기원과 발행인 김세종, 주간 김주봉이다. 이 좌담회에서는 춘원와 육당의 친일문학자 처단 문제나 서정주, 정지용, 이용악의 시 등에 대하여 자유롭게 논의한다.

　이는 여전히 해방 후에도 문인들에 대한 대중적 관심이 높다는 것을 알려주는 것이다. 이외에 「문학청년 연문(戀文) 공개」, 김송이 쓴 「소설창작초보강의」

등이 있다.

문학란에는 정지용의 수필 「보통가정」, 「5월이 되면」(김광주), 시에 「다시봄」(이하윤), 소설에 「별명소동」(최영수), 「전후(前後)」(손소희), 「누이집」(최태웅)이 실려 있다.

이처럼 이 매체는 해방 직후 새롭게 기획된 대중매체로 정치적 성향을 없애고 흥미 위주의 기사로 대중성을 지향하는 잡지였다고 볼 수 있다. 그리하여 이 매체는 해방 직후 정치의 시대가 지나고 48년 단정 수립 이후 문화적인 공백기에 어떠한 문화적 담론이 가능했는가를 보여주는 잡지로 그 의미를 갖는다.

창간호를 비롯하여 대부분의 잡지가 국립중앙도서관, 국회도서관을 비롯하여 연세대 도서관에 소장되어 있다. DB는 대부분을 작업했으며, DB 상태는 좋으나 부분적으로는 원문 상태가 좋지 않아 흐릿한 곳도 있다. (전상기)

참고문헌

최덕교, 『한국잡지백년3』, 현암사, 2004; 『신태양』 창간호, 1948년 9월.

실버들

1985년 중국 연길延吉에서 창간된 여성잡지이다. 1983년 3월 8일 연변대학 '녀성사'라는 여학생 모임에서 매년 3월8일 여성의 날에 발행하였다.

창간 목적은 연변대학 여학생 조직인 '실버들 녀성사'가 현시대 여성들의 사회적 지위와 의무, 나아갈 길을 탐색 연구하여 시대에 발맞추는 여대학생으로 발전하도록 그 뜻을 모아나가는 것이다.

「창간호를 내면서」에서 이 잡지의 성격에 대해 "『실버들』은 겨레의 얼을 담아 안고 피어난 조선족 여대학생들의 얼굴이다. 모든 것이 새롭게 변모해가는 현대화 시대, 개혁시대, 디스코시대에 『실버들』은 광범한 여대학생들과 함께 당대 여대학생의 현 상태를 고찰하고 부녀해방의 이론 및 현실 속의 부녀문제를 탐색연구하며 그들을 도와 자존심, 자애심, 자중심, 자강심을 가지고 연애, 혼인, 가정문제를 정확히 처리하게 하며 여성들이 갖추어야할 도덕품성면의 소질을 쌓고 안계를 넓히고 정보를 수집 제공하는 등등의 풍부한 내용을 담고 여대학생들의 정다운 길동무로 되고자 한다."

『실버들』이라는 제호의 의미를 우리 민족의 고매한 넋의 상징으로 정했음을 설명하면서 "매년 3·8절을 계기로 한기씩 꾸릴 예정인데 필요 시에는 부간을 더 꾸릴 수도 있다."고 발행주기를 밝혔다.

내용은 〈하고 싶은 말〉, 〈탐구와 쟁명〉, 〈우리의 주위에서〉, 〈사랑편〉, 〈문예원지〉, 〈녀대학생수양〉, 〈국외동태〉, 〈청춘과 미〉, 〈아시는지요〉 등의 난으로 구성되어 있다.

연변대학교 도서관에 소장되어있으며, 1985년 3월호와 1986년 8월호를 DB

화하였다. (김성남)

참고문헌

車培根·吳泰鎬,『中國朝鮮民族言論史』, 서울대학교출판부, 1997.

가

나

다

라

마

바

사

아

자

차

카

타

파

하

실업과 생활

(實業과 生活)

1963년 5월 '실업과 생활사'에서 창간한 월간 경제대중지. 발행·편집 겸 인쇄인은 최성 득崔星得이었고, 주간은 권영중權永重이었으며, 발행소인 '실업과 생활사'의 사장은 유근 영劉槿英이었다. 종간 시기는 분명하지 않은데, 『실업과 생활』이 가장 많이 소장되어 있는 연세대학교 학술정보원의 소장 현황을 보면 1972년 11월에 제106호가 발행된 것까지 확 인된다.

『실업과 생활』은 1963년 5월 '실업과 생활사'에 서 창간한 월간 경제대중지였다. 『실업과 생활』 은 대한재무협회의 『재정』(1955-), 한국생산성본 부의 『기업경영』(1958-), 비지네스사의 『비지네 스』(1961-), 한국경제문제연구소의 『한국경제』 (1962-) 등 기존의 경제지 사이에서 새롭게 창간 된 경제잡지였다. 『실업과 생활』이 기존의 경제 지와 차별화되었던 점은 경제 관련 전문기사를 알기 쉽게 풀어서 대중성을 강화한 점이었다.

발행소인 '실업과 생활사'는 서울시 중구 소공 동 상공회의소 건물 내에 자리 잡고 있었다. 창간호에는 별도의 창간사 없이 '실 업과 생활사' 사장인 유근영의 「『실업과 생활』을 길러 주십시오」라는 글이 창간 사의 자리에 배치되어 있다. 이 글에는 『실업과 생활』을 한 떨기 모란에 비유하 며 모란을 잘 가꿔달라는 은유적 메시지만 나와 있어서 『실업과 생활』의 창간 배경이나 목적을 직접 확인하기가 곤란하다. 오히려 단신으로 나와 있는 창간 호 「편집후기」에 『실업과 생활』의 창간목표가 간략히 언급되고 있다. 여기에서 『실업과 생활』 편집진은 "실업인들과 호흡을 같이하면서 부드럽고 참된 경제대 중지가 되고자 하는 것"이 목표임을 밝혀 놓았다.

『실업과 생활』은 '경제대중지'라는 성격에 걸맞게 '제언·초점·5대연재·특별기획·취미' 등 다채로운 구성으로 편집되어 있는 체재상의 특징이 있다. 또한 형식적인 면에서 표지에서부터 기사 곳곳에 인물사진이 많이 배치되어 있는데, 이 인물들은 거의 대부분 당대 '성공한 경영자'로 인정받는 실업가나 경제관료, 경제학자였다. 창간호에는 서울상대 황병준黃炳畯 교수와 한국무역협회 이활李活 회장의 「한국의 경제문제를 논한다」는 주제의 대담이, 박충훈朴忠勳 상공부장관과의 「경제인터뷰: 수출진흥이 당면한 중요과제」, 한국생산성본부 이사장 이은복李恩馥과 제동산업 사장 심상준沈相俊과 현대건설 전무이사 서승구徐承九가 참석한 「좌담: 새로운 경영이란 무엇인가 – 자본과 경영은 분리돼야 한다」, 특집으로 「우리가 알아두어야 할 생명보험업계」 등의 글들이 수록되었다.

1963년 6월호에는 〈공부하는 사장들의 모습〉이라는 화보가 실려 있는데, 이것은 한국산업은행 주최로 1963년 4월 14일부터 1주일간 최고경영관리 세미나에 참석한 국내 주요실업체 사장들이 강의를 듣고 토론과 연구활동을 하는 모습의 사진들이다. 초점이나 특별기획에서는 실물경제 영역에서의 전문가와 경제이론 영역에서의 전문가가 함께 토론을 하고 그 내용을 지상중계하는 대담·좌담이 많았다. 1963년 6월호에는 중소기업은행장 박동규朴東奎와 고려대 교수 이창렬李昌烈의 「한국의 경제는 언제 더 나아지는가?」를 진단하는 대담이 수록되었고, 1963년 9월호에는 보사부 실업대책위 전문위원 최천송崔千松, 한국노총사무차장 이광조李光朝, 중앙대 교수 우기도禹基度가 참석한 「실업자失業者 1,000,000인의 대책」 좌담회가 실렸다. 1963년 9월호 특집에서는 〈문제업계의 문제점〉이라는 주제로 면방공업계·무역업계·화장품공업계·탄광업계·제약공업계·증권업계의 문제점들을 진단하고 있다. 한국경제의 향방과 산업계의 동향에 대한 진단과 제안의 글들이 중요한 축을 이루고 있다.

또 다른 축은 기업가들의 '성공스토리'이다. 창간호 특집이었던 「독력獨力으로 성공한 사람들」에서는 대동공업 사장 김삼만金三萬, 한진상사 사장 조중훈趙重勳, 형제노즐 사장 최재수崔在洙, 샘표장유 사장 박규회朴圭會 등이 역경을 딛고 사업영역에서 성공한 이야기가 소개되어 있다. 1963년 6월호에는 화신산업 사장 박흥식朴興植의 일대기가 「이야기의 로타리」에서 대담의 형식으로 소개되어 있다. 뿐만 아니라 세계의 비즈니스 리더들의 성공담도 시리즈로 연재되었으며, 새로운 산업으로 성공하고 있는 해외의 실업정보나 실업가로서 성공하기 위해 필요한 자기계발 기술 등이 소개되기도 하였다.

"『실업과 생활』은 성공과 치부致富를 안겨주는 잡지입니다"라는 잡지소개 문구처럼 기업인들의 성공담과 경영 관련 지식들을 풍부하게 담고 있다. 『실업과 생활』은 산업계, 재계, 금융계, 관계의 동향 등의 정보를 꾸준히 다루고 있으며, 실업가들에게 요구되는 기업경영 기법에서부터 처세술에 이르기까지 기업가들에게 필요한 정보들을 제공하는 경제지였다.

국회도서관 등에 소장된 1967년 1월(5권 1호)~12월(5권 12호), 1968년 5월(6권 5호), 1969년 7월(7권 7호)~10월(7권 10호), 1970년 8(8권 8호)~9월(8권 9호), 1971년 5월호(9권 5호)를 DB화하였다. (이상록)

참고문헌

김근수, 『한국잡지사연구』, 청록출판사, 1980; 전국경제인연합회 40년사편찬위원회, 『전경련 40년사: 상권』, 전국경제인연합회, 2001.

실화

(實話)

1953년 7월에 창간된 월간 잡지이다. 편집발행 겸 인쇄인은 황준성黃俊性이다. 발행소는
서울시 중구 태평로 2가 43 신태양사이다. 정가는 300환이다.

잡지 『실화』는 무엇보다도 잡지 발행의 취지를 대
중의 흥미, 화제, 진상의 '실화'를 소개하는 대중잡
지의 지향에 두고 있다. 잡지는 '약진하는 실화',
'단연 인기 독점', '잡지계의 왕자'를 표어로 내걸
고 대중잡지를 발행하고 있다.

1959년 7권 64호는 신년 임시 증간호로 발행
되었다. 증간호에서는 〈실화 발행 5년간의 특종비
록집〉을 특집으로 제시하고 있다. 「진상편(왕가의
그 후)」, 「무정편名花哀史」, 「통분편(총성 울리던 날)」,
「실기편(출세성공 비화)」, 「미녀편(동서미녀전)」 등을
소개하고 있다.

1964년 11월호(제9권 10호, 통권 98호)는 '탐방실기' 박정희 장군의 가계와 일화,
'독점게재'『경향신문』폐간 사건의 종합 비록 등을 소개하고 있다. 특히, 11월
호는 소설 일부와 만화 부분에 컬러 종이를 사용하여 독자들의 시각성을 높이
려고 하였다. 이때의 가격은 500환이었다.

국회도서관에 소장되어 있는 1959년 7권 64호~75호, 1960년 8권 76호~
87호, 1961년 9권 90호~95호까지 DB화하였다. (김일수)

참고문헌

『실화』, 신태양사.

심결공보

(審決公報)

대한민국 특허국에서 발행한 특허 심사 결과 공보지이다. 발행처는 대한민국 특허국이다.

공보지의 발행 취지는 다음과 같다. 첫째, 내외 국민의 발명기술 내용을 널리 공고하여 기업이 이용하게 함으로써 산업기술발전을 촉진하기 위함이다. 둘째, 공지 기술 권리화의 방지를 위하여 누구든지 공고일부터 2월 이내에 이유를 들어 이의신청을 할 수 있도록 공중심사에 부附하는 것이다. 셋째, 발명의 보호와 특허의 공정 심사 및 최신기술의 이용을 위하여 여러분은 반드시 특허공보를 매호 조사 이용하시기 바란다. 공보지는 심결 공고 목록을 중심으로 관련 법령이나 이용 방안에 대해 게재하고 있다.

국회도서관에 소장되어 있는 1966년 57·58·59호, 1967년 60·61·63호, 1968년 64호를 DB화하였다. (김일수)

참고문헌

『심결공보』, 대한민국 특허국.

심우

(審友)

1954년 창간된 심계원의 회보이다. 편집 겸 발행인은 이흥배李興培이다. 월간으로 발행되었다. 인쇄처는 세계일보사 인쇄부이다. 정가는 3백 환이다.

『심우』는 대통령 직속 헌법기관인 심계원(오늘날 감사원)의 회보로 발행되었다. 심계원은 정부 수립과 함께 출범하였고, 초대 원장은 이원엽이다. 1958년 9월 15일에 발행된 제5권 제8호(통권 48호)는 정부 수립 10주년을 맞이하여 심계원 출범 10주년 기념호로 발행하였다. 기념식 화보, 심계원장 최하영의 기념사, 직원 표창식의 경과와 표창자의 면모 등이 소개되고 있다.

특히, 심계원장 기념사의 일부를 소개하면 다음과 같다. "우리 정부가 수립된 지 10년에 불과한 오늘날 정치, 경제, 외교, 교육, 군사 기타 모든 면에 걸쳐서 주권국가로서의 면모를 갖추게 되고 융융한 발전을 고현하였고, 이에 따라 우리 심계원도 오늘과 같은 현저하고 혁혁한 업적을 올리게 되었다."

회보는 심계 업무과 관련된 논고, 심계 자료, 수필 등 창작 문학, 심계원 동정 등을 게재하고 있어 종합잡지의 면모를 갖추고 있다.

국회도서관에 소장되어 있는 1958년 5권 8호~10호, 1959년 6권 1호~11호, 1960년 7권 1호~3호, 1961년 8권 1호~5호, 1962년 9권 1호~5호까지를 DB화하였다. (김일수)

참고문헌

『심우』, 심계원.

십자가
(十字架)

창간일과 종간일을 알 수 없다. 부정기 발행이다 현재 남아있는 제7호는 1947년 4월 6일에, 제8호는 1947년 6월 29일에 발행되었다. 편집인은 전경연全景淵, 발행인은 오경세吳京世, 발행소는 조선기독교 도쿄교회청년회였다. 비매품이다.

조선기독교 도쿄교회 청년회가 발행한 청년회지다. 도쿄교회는 1947년 2월 9일에 창립 1주년을 맞았다. 발행인 오경세가 청년회 문화부장인 것으로 비추어 편집인 전경연은 청년회장일 것이다.

두 호밖에 실물이 남아 있지 않아서 잡지의 전체상을 그리기 어렵다. 제7호와 제8호의 공통 구성은 설교와 성서강해, 시, 소론, 편집후기 등의 구성이다. 제7호에는 교회력이 포함되었다. 제8호는 종이 부족으로 편집후기를 싣지 못하였다.

제7호는 죽음 특집호로서 부활절에 발행하였다. 교회에서 여러 차례 교우의 장례를 치르고, 또 예수의 고난과 부활절을 맞이하여 특집을 구성하게 되었다. 특집호는 「절망인가 승리인가」라는 제목의 고난주일 설교와 2월에 사망한 구명숙具明淑의 유고, 그에 대한 애도시 2편, 죽음에 대한 논문 두 편으로 구성되었다. 제8호에는 시인 강순姜舜의 시 「茶맛」과 「귀로歸路」 두 편이 실렸다.

일본 국회도서관에 소장된 제7호와 제8호를 DB로 만들었다. (장신)

참고문헌

『십자가』.

현대언론매체사전

1950~1969

아

아동과학

1992년 1월 중국 연변에서 월간으로 창간되었다. 『아동과학』 편집부에서 편집하여 연변 인민출판사에서 발행하였다. 책임편집자는 리종률이다. 1999년까지 월간으로 발행하다 가 2000년부터 반월간으로 발행하고 있다.

창간 당시 조선족 아동에게 유일한 과학 잡지로 학교 교사와 학생들의 많은 관심을 받았다. 학생들에게 새로운 과학 지식을 소개하는 잡지이다. 1992년 제1호는, 과학 동화, 과학자 이야기, 과학 유모아, 소실험, 자연교실, 과학 우화, 수학교실, 과학 환상소설, 소제작, 세계 견문 등의 난으로 구성되어 있다.

주요 기사로는 「가슴 속에 깊이 있는 심장」, 「인공위성과 재해예보」, 「곤충 박람회」, 「21세기에 인류가 쓸 새로운 도구」, 「재미있는 지능 훈련」, 「신비한 로봇」, 「우주 쓰레기에 대한 처리 대책」 등과 수학교실에 「계산을 빨리 하려면」, 과학 환상소설로 「나의 딱 친구」 등 어린이들에게 흥미로운 기사들을 싣고 있다.

2007년 6월호를 보면 보다 화려하고 풍부한 기사내용을 채우고 있는데, 표지 제호 위에 '21세기의 과학자를 키워주는 교양지'라는 부제가 있다. 재미있는 교육용 만화와 궁금한 과학이야기 등을 통해 풍부한 과학지식과 흥미를 제공하고 있다.

연변대학교에 소장되어 있으며, 재외동포재단에도 일부가 있다. 1992년 1월 호, 2003년 2월호, 2007년 6월호를 DB화하였다. (김성남)

참고문헌

『아동과학』 창간호

아동문학

(兒童文學)

순수 아동문학 잡지이다. 계간이며 2005년 가을 현재 누계 112호를 발행하였다. 주필은 김현순, 편집 리태학, 장해연이며, 책임편집 장해연, 책임교정 남금월, 표지설계 김영, 삽화 최재규이다. 연변인민출판사에서 출판하고 도문시圖們市 영화인쇄소에서 인쇄하였다. 편집부는 연변인민출판사 『아동문학』 편집부이며, 정가는 12원이다.

『아동문학』 제호 아래에는 "중국조선족 순수 아동문학 전문지"라는 부제가 달려 있고 원고 투고 시 주의할 점에 대한 알림글이 있다.

2005년 112호의 주요 내용은 소설동네, 동화마을, 수필가게, 동시나라, 동극마당, 우화동산, 한국아동문학연구회 작품 특선, 기획조명, 옛날 옛적에, 생생현실 등의 난으로 구성되어 있다.

이 잡지는 주로 아동문학 전문가들의 소설과 수필 시 등을 게재하여 아동 작가들의 발표 공간 역할을 하고 있는 잡지이다. 자사 광고란에 '제 2회 아동문학상 공모'가 있는데, 수상후보 자격으로 "연변작가협회 회원이거나 연변조선족자치주 조선족아동문학학회 회원인 사람"으로 공모 대상을 한정하여 운문부문과 산문부문으로 공모하고 있다.

연변대학교 도서관에 소장되어있으며 2005년 112호를 DB화하였다. (김성남)

참고문헌

『아동문학』, 2005년 가을호.

아동세계

1993년 9월 18일 창간된 아동잡지이다. 『아동세계』 잡지사에서 편집하여 동북조선민족
교육출판사가 발행하였다. 격월간으로 발행되다가 2000년부터 월간으로 발행되었다.
2009년부터 편집은 아동세계편집부, 인쇄는 연변신화인쇄유한공사에서 했다.

조선족 어린이들에게 조선민족의 얼과 문화를
전해주기 위해 창간한 아동잡지이다.

창간사에서 "어린이들에게 민족의 얼을 키워
주고 시야를 넓혀 주고자 동심에 젖은 글과 재
미있고 해학적인 그림들로 지혜의 창문을 열
어주려는 것이 『아동세계』의 간절한 소망이다.
『아동세계』는 어린이들의 속심말, 바람직한 소
원을 실어주고 안타까운 사연, 고민, 물음에 친
절히 해답함으로써 진정 꼬마친구들의 배움의
터전, 다정한 친구로 되고자 한다. … 아동세계
가 우리 조선족 꿈나무들에게 겨레의 얼과 기상을 심어주십시오. 그들이 간직
한 밝은 꿈을 알알이 영글게 하는 잡지로 발전하길 기원합니다. 머나먼 중국 땅
에서 조선민족의 긍지를 잃지 않고 꿋꿋하게 살아가야 할 어린이들을 위한 종
합교양지가 무척 필요한 때라 생각합니다. 환경 탓으로 우리 어린이들이 타민
족의 문화에 동화되어 우리 민족의 우수성을 잃어버리지는 않는지 무척 염려스
러웠던 게 사실입니다. 그러던 차에 어린이들에게 우리 민족의 얼을 심어주고
세계 속의 조선인으로 성장할 수 있도록 자부심을 키워줄 수 있는 어린이 교양
지 『아동세계』가 창간된다 하니 얼마나 기쁜지 모르겠습니다."라며 조선족 어린
이들에게 희망이 되고자 함을 설명하고 있다.

2009년 8월호 『아동세계』의 주요 내용은 〈교양세계〉, 〈과학 취미 세계〉, 〈작
품세계〉, 〈어린이 세계〉, 〈만화 세계〉, 〈이야기 세계〉란으로 구성되어 있다. 〈교

양세계〉란에는 「우리는 조선족」, 「생각의 옹달샘」, 「조선족 꼬맹이 중한태권도 무대 평정」, 「부모님과 함께 읽는 우리 력사」 등 조선족 어린이가 알아야 될 교양과 자긍심을 높이기 위한 기사들이 보이며, 그 밖에 과학 지식과 문예 작품들, 각종 소식들을 전하는 글들이 있다. 앞표지 바로 뒤에는 한국 여배우 한효주에 대한 소개와 사진을 첨부하여 조선족 어린이들의 한국 문화에 대한 관심을 알 수 있게 한다.

이 잡지는 조선족 어린이들의 읽을 거리가 부족한 상황을 타개하기 위하여 기획되어 조선족 어린이들에게 꿈과 슬기, 자립과 용기, 우정을 심어주는 것을 취지로 하면서 지식과 취미의 갈증을 해소할 수 있는 길동무 역할을 자임하였다.

연변대학교 도서관에 소장되어있으며 1994년 1월호와 2003년 10월호를 DB화하였다. (김성남)

참고문헌

『아동세계』 창간호 외

아리랑

1957년 1월 창간된 문학잡지이다. 1951년 6월 중국 연변에서 창간된 『연변문예』가 1956년 11월 28일 중국작가협회 연변분회 제3차 대표대회에서 제호를 『아리랑』으로 바꾸기로 결정하여 1957년 1월부터 『아리랑』으로 발행되었다. 주필 임호, 부주필 김창석이었으며, 문학월간사에서 발행하였다. 1958년까지 총23기를 발행하고 1959년 1월 다시 『연변문학』으로 개칭하였다.

『아리랑』으로 제호를 바꾼 1957년 1월호에서 「친애하는 독자 여러 동무들에게」를 통해 발행 목적에 대한 네 가지 기본 방침을 설명하였다. 즉 사회주의 사실주의 창작 방법으로 조선민족의 생활을 반영한다는 점, 문학의 신생 역량을 양성하고 창작 대오를 확대하겠다는 점, 다양한 체재와 다양한 유파, 형식의 작품을 받아들인다는 점, 고전작품과 민족문예의 성취를 소개한다는 점을 강조하였다.

그리고 "적극적으로 고전작품을 정리 소개하며 민간문예를 발굴, 정리, 소개하는 사업을 진행하며 한족을 비롯한 국내 각 형제민족의 문학성취 및 세계문학의 정화들을 소개함으로써 연변문학으로 하여금 민족문학의 우량한 전통을 계승 발양하며 민족 품격이 농후한 우수한 사회주의 문학으로 되게 하며 조국의 사회주의 문학건설의 위대한 사업에 이바지한다."라고 하였다.

편집 방향은 문학뿐만 아니라 음악과 미술, 희곡, 연극, 곡예, 사진 등 여러 분야의 창작 작품과 평론들을 담은 종합문예지로 당시 조선인들에게 작품 발표의 장을 제공해 주면서 조선민족 문학과 예술 발전에 중요한 역할을 했다.

1957년 제4호의 주요 내용은 평론 「시조 문학 형식에 대하여」, 「농촌 현실과 우리 문학」, 소설, 산문과 시가, 희곡, 민간문학 등 비교적 조선인의 감성을 담은 문예 작품들을 골고루 싣고 있다.

1958년 제1호 주요 기사들을 보면 「작가의 립장」, 「최정연의 반동적 동기」, 「반동 작가의 총붕괴」 등 '우파분자'로 낙인찍힌 조선족 작가들에 대한 공세를 취하는 글들과 시와 산문들도 그 영향 하에 있는 작품들로 구성되어 있다.

1958년 11월·12월호를 합간으로 발행하고, 이 합간호 마지막 자사 광고난에서 『아리랑』은 11·12월호는 합간하고 1959년 1월호부터는 그 명칭을 『연변문학』으로 고치되 종전과 마찬가지로 문학 월간 잡지로서 출판하게 된다. 광대한 독자들은 계속 『연변문학』을 구독하는 동시에 편집 사업에 대하여 보귀한 의견을 많이 제출해 주기를 희망한다. 광대한 투고자들은 정치를 위해 복무하며 생산을 위해 복무하며 로농병을 위해 복무하는 당의 문예 방침에 따라 당면한 정치운동과 생산투쟁 가운데의 영웅적 인물과 사적을 반영하며 공산주의 정치사상 교육을 주제로 한 각종 형식의 작품을 많이 투고해 주기를 희망한다. 『연변문학』은 특히 1959년의 국경절에 헌례할 문학 창작 위성을 발사하는 군중성적 창작 운동을 조직하고 추진하는 방면에서 더 많은 사업을 하게 될 것이며 많은 작품을 발표하게 될 것이다. 『연변문학』은 16절 64페이지로서 가격은 20전이다."라고 제호 변경과 문학적 방향성에 대한 입장을 설명하였다.

연변대학교 도서관에 소장되어있으며, 1957년 3~9호, 1958년 13~24기가 DB화되어 있다. (김성남)

참고문헌

『아리랑』 1957년, 1957년 발행 호; 車培根·吳泰鎬, 『中國朝鮮民族言論史』, 서울대학교출판부, 1997; 최상철, 『중국조선족 언론사』, 경남대학교출판부, 1996.

아주문화보

(亞洲文化報)

1965년 3월 25일 창간한 사단법인 아주친선문화협회 기관지이다. 발행인 이상우, 편집인 김상철, 인쇄인 김여원, 주간 현순석, 편집국장 박주환이다. 발행소는 서울특별시 중구 북창동 93의 46이다. 월간으로 간행되었다.

『아주문화보』는 아주친선문화협회의 기관지로 국영문판으로 발행되었다. 창간호를 보면 1면은 명예회장 전예용의 「새문화의 창건에」라는 글이 국문과 영문으로 모두 실려 있다. 2면은 영문판이고 3면은 국문판인데 내용을 보면 주간 현순석의 「창간사」를 비롯해 국무총리 정일권의 「아주문화발전 위한 전위의 역할을 수행하라」, 전 주한태국대사의 「우리의 문화는 공통 자유 아세아 위해 노력하라」, 회장서리 이상조의 「아세아 문화교류의 공동의 광장이 되라」, 부회장 김기철의 「제언」, 본회일본주재이사 김명조의 「아주친선을 위한 촉진제 역할을 다하라」 등의 축사 형식의 글이 실려 있다. 4면에는 「박대통령연두교서 해설」, 본회동경주재회장 홍현기의 공영의 길 찾는 등화를 기대」, 「문화교류의 역군」, 「자유제국의 연대강화」 등의 기사가 실렸다. 5면에는 「사단법인 아세아우지회」는 이렇게 자라고 있다!」를 주요기사로 다루고, 아세아우지회역亞細亞友之會役 명단이 실려 있다.

6면의 주요기사는 「전국산업인대회」, 「박대통령치사」, 「수출시장확대 위해 자발적으로 외화절약」이며, 7면에는 「전국산업인 대회 건의문」과 대한상공회의소 회장 송대순의 「증산 수출 건설 관민협력으로 이룩하자」는 글을 실었다.

이외에 8면에는「문화의 전당인 서울 모여드는 인구에 골치」,「가족계획의 효과」,「이민사업의 실적」,「무역학교 개교」, 9면에는「각자 환경정비로 삶과 생명의 귀중함을 발견하자」,「인구의 지방분산」, 10면에는「사단법인 아주친선문화협회정관」과 임원명단, 취지문, 사업계획 등이 실려 있다. 11면은 영문판이며, 12면에는「환상적인 불안 버리고 아세아 정신으로 아세아 평화 이룩하자」,「아세아의 발견」,「서울은 교통지옥」 등의 글을 실었다.

국회도서관에 마이크로필름 형태로 보관되어 있으며 이를 DB화하였다. (임경순)

참고문헌

『아주문화보』, 창간호.

애틀랜타 한인회 소식지
(Korean American Association of Greater Atlanta)

『애틀랜타 한인회 소식지』는 애틀랜타 한인회에서 발행하는 소식지이다. 매 격월 홀수달 1일에 발행되고, 회원들에게 직배 서비스로 제공되고 있다. 홈페이지는 www.atlantakorean.org이지만, 현재 열리지 않고 있다.

『애틀랜타 한인회보』와 달리, 광고 없이 20쪽 정도로 발행하고 있다. 2008년 3&4월호의 내용을 보면 대체로 애틀랜타 한인회와 관련된 기사들로 구성되어 있다. 우선 애틀랜타 한인교회의 김정호 목사의 「다리 놓는 자Bridge Builder가 되려는 한인회 회장님께」라는 글부터 시작해서, 한인회 소식, 한인타운 동정, 한인회 봉사프로그램 안내, 애틀랜타 한인 노인회, 한인회 가입신청서 등은 다른 호들에도 꾸준히 나오는 내용들이다.

눈에 띄는 기사로는 28대 애틀랜타 한인회 홍보위원회 총무 현은영의 글, 「한인회요? 거기 뭐하는 곳인데요?」가 있다. 한인회의 활동가로 필자는 한인회의 활동과 목표를 "10만 한인사회와 미 주류사회로부터 대표성을 회복하는 일"이라 정리하면서, "우리의 목소리를 하나로 모아" 한인회를 중심으로 단결할 것을 주장하고 있다. 미국에서 우리의 권리를 지키는 일은 "더 힘든 일도 함께 헤쳐 나온 민족으로서 우리는 얼마든지 할 수 있다"고 하면서 바로 그 중심에 애틀랜타 한인회가 있으니, 함께 모이자고 호소하고 있다.

이처럼 애틀랜타 한인회는 애틀랜타 한인들의 구심으로 활동하고 있고, 그 소식을 『애틀랜타 한인회 소식지』가 전하고 있다.

재외동포재단 자료실에 『애틀랜타 한인회 소식지』 일부가 소장되어 있고, 이를 DB화했다. (임성윤)

참고문헌

『애틀랜타 한인회 소식지』

애틀랜타 한인회보
(The Korean Association of the Greater Atlanta)

『애틀랜타 한인회보』는 애틀랜타 한인회에서 발행하는 회보이다. 발행인은 한인회장 (26대) 김도현이고, 편집위원장은 이종기(미국명 사이몬 리)가 맡고 있다. 사무소 소재지는 조지아주 Doraville에 위치하고 있다.

2004년 1월호에 보면, 미국 애틀랜타 지역에 10만 명에 달하는 한인들이 살고 있고 300여 개의 단체가 활동하고 있다고 한다. 애틀랜타는 최근에 시카고를 제치고 LA, 뉴욕 다음으로 미국에서 한인들이 많이 사는 지역으로 급부상하고 있다. 이렇게 늘어나고 있는 한인들과 상대적으로 더욱더 수가 급증하고 있는 1.5세대와 2세대 한인들을 묶어내는 재미 한인들의 핵심 조직으로 애틀랜타 한인회는 2004년 현재 거듭나는 중이다. 그리고 그 모습을 『애틀랜타 한인회보』를 통해서 우리는 엿볼 수 있다.

광고가 지면 여기저기에 실려 있는데, 한인들이 운영하고 있는 법률사무소, 신학대학교, 식당, 부동산, 태권도장 등의 광고가 실려 있다. 다른 한인회보들과 마찬가지로 본문은 애틀랜타 한인회장, 애틀랜타 총영사, 애틀랜타 교회협의회 회장 등의 인사말로 시작하고 있다. 애틀랜타 한인타운 뉴스가 이어지면서 한인회의 활동을 소개하고 있다. 그리고 26대 한인회장 김도현과의 인터뷰가 실려 있다. 여기서 김도현 회장은 앞으로 한인 1.5세대와 2세대인 청소년 문제를 중심으로 한인회를 운영하겠다는 포부를 밝히고 있다. 그들이 우리의 미래이고, 한인으로서 한인사회에 적극적으로 참여할 수 있도록 하고, 자신들의 정체성을 찾도록 해주는 일에 역점을 두고자 한다고 한다. 그리고 한인들의 경제력을 향상시키고 한인들이 미국 주류사회에 진출하는 데 한인회가 도움이 되도록 노력하겠다는 청사진을 제시하기도 했다.

그리고 애틀랜타 한국학교들의 모습들, 한인회관 양성화 특별 추진회의 박상철 위원장과의 대담, 한인천주 교회 신임 주임신부 '서석칠 신부'의 편지 등 다양한 글과 사진을 게재하고 있다. 그리고 마지막으로 편집후기에 "한인회가 애틀랜타 교포사회의 단합된 구심점이 되며 이곳 사회의 등대"(편집위원장 사이몬 리)가 되리라는 다짐을 하며 회보를 마무리 하고 있다.

이처럼 애틀랜타 한인회는 다른 한인회들과 마찬가지로 애틀랜타 지역 한인들의 구심점으로 활동하고 있고, 『애틀랜타 한인회보』는 그 소식을 애틀랜타 한인들에게 전하고 있다.

재외동포재단 자료실에 『애틀랜타 한인회보』 일부가 소장되어 있고, 이를 DB화했다. (임성윤)

참고문헌

『애틀랜타 한인회보』

야담
(野談)

1958년 4월 1일 창간된 종합잡지이다. 발행 및 편집인은 이월준李月俊이다. 인쇄인은 김준기金駿基이다. 발행처는 서울시 중구 필동 1가 19의 아리랑사이다. 360면 내외의 분량으로 발행되었다. 가격은 80원이다.

1958년 4월 김준기에 의해 발행되기 시작한 『야담』의 구성 체제는 주로 야담·시·잡조雜組 란으로 되어 있는데, 전설·소설·희곡·논문란이 마련되기도 하였다.

야담란을 보면, 전상문·박달호朴達鎬·홍성현洪性鉉·이호림李湖林·김기웅金起雄·주훈周薰·권성훈權聖勳·박재원朴在源·박달재朴達載·이상옥李相玉 등이 필진으로 구성되어 있다. 흥미기사로 운수감정법, 장기 묘수 풀이 등을 소개하고 있다. 3대 인기 장편 소설을 구성해 중국 애정 무협 「파란만장」(김광주), 「한양낭군」(조흔파), 「금병매」(박용구) 등을 게재하고 있다. 그리고 1965년 제1회 문예작품 모집을 실시하고 있다. 이처럼 대부분이 흥미위주의 읽을거리로 채워져 있다. 또한 일화나 야담을 소재한 한 통속적인 내용이 대부분을 차지하고 있다.

국회도서관에 소장되어 있는 1965년 창간호(1권 1호), 1권 2호, 1권 3호를 DB화하였다. (김일수)

참고문헌

『야담』, 아리랑사.

약사회지
(藥師會誌)

대한약사회에서 1960년 4월 창간하고 발행한 월간 잡지. 발행인은 대한약사회 회장이 맡았으며, 서울특별시약사회 회장이 편집인을 맡았다. 발행처는 대한약사회이다. 1961년 현재 300원에 판매되었다.

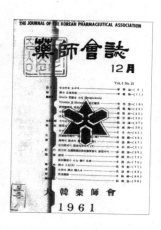

『약사회지』를 발간한 대한약사회는 1928년 고려약제사회 창립을 모태로 한 단체이다. 1945년 10월 조선약제사회, 1949년 대한약제사회를 거쳐 1950년대 현재와 같은 대한약사회로 개칭하였다. 『약사회지』는 1968년 7월 창간된 대한약사회의 기관지 『약사공론』과 함께 1960년대 대한약사회의 기관지 역할을 하였다.

이 잡지는 1960년 창간된 이래 1969년까지 월간으로 간행되었다. 국한문혼용으로 쓰여졌으며, 본문은 2단으로 구성되어있다. 약 90여 페이지에서 100여 페이지에 달한다. 발간 초기부터 종간에 이르기까지 편집체계와 구성에 큰 변화가 없다.

『약사회보』는 주로 약과 약사에 관한 정보와 소식을 전하는 것을 목적으로 하고 있다. 그러나 잡지의 목차를 살펴보면 권두언, 논설, 약학실무, 대중의학, 위생, 화학원보 등과 같이 약과 약사에 관한 정보 외에도 기행, 수필, 취미, 만화, 단편소설 등 다양한 분야의 내용을 다루고 있음을 알 수 있다. 주로 약과 약사에 관한 기사를 전반부에 배치하고 약사를 중심으로 한 필진들의 수필, 단편소설 등을 후반부에 배치하였다.

대부분의 호에서 특집기사를 싣고 있는데,「약계의 어제와 오늘」,「나의 올챙이 약사시절」과 같이 약과 약사에 관한 기사 외에도「공해문제」,「대기오염과 하천오염」,「하수도의 오염에 대하여」등의 시사를 다룬 기사도 싣고 있다.

이 잡지에서 주목할 만한 것은 잡지의 성격에 맞게 약을 주제로 한 광고가 다수 등장한다는 점이다. 또한 사진자료가 다수 실려 있어 1960년대 약계의 실상을 연구하는 데 참고할 만한 중요한 자료이다.

이 잡지는 건국대학교 상허기념중앙도서관, 고려대학교 중앙도서관, 동국대학교 중앙도서관, 부산대학교 중앙도서관, 연세대학교 학술정보원, 이화여자대학교 중앙도서관, 중앙대학교 서울캠퍼스 중앙도서관에 소장되어 있다. 현재 2권 12호, 3권 1~8호(6호 결락), 5권 1~12호, 6권 1~10호, 8권 1~12호, 9권 1~8호를 DB화하였다. 서울대학교 도서관에 현재 스캔되지 않은 본 잡지가 소장되어 있다. (김강산)

참고문헌

『약사회지』, 대한약사회, 1961년 02권~ 1968년 09권 08호.
대한약사회 홈페이지(http://www.kpanet.or.kr/)

약업신문

(藥業新聞)

1954년 3월 29일에 창간한 『약사시보』를 개제(1960년 9월 4일)한 주간신문으로 2014년 8월 현재(60주년)까지 발행되고 있다. 발행인은 곽인영郭仁榮, 편집 겸 인쇄인은 함승기咸承基, 발행소는 서울특별시 중구 입정동 189번지였다. 창간호는 타블로이드판 4면 발행 (56년 1월 24일 6면, 56년 12월 4일 8면, 57년 1월 22일 10면, 58년 3월 25일 12면, 64년 9월 4일 24면으로 증면), 12단 체제였다. 1962년 4월 12일부터는 주 2회 발행하기도 했으며 영문격 월간지 'Pharmacy in Korea'를 내기도 하였다. 일본의 '약업시보사'와 뉴스 및 자료교류를 위한 제휴를 체결하기도 했다. 그리고 『약업시보』(일문판)를 발행했다.

창간 당시부터 이 신문의 목적은 국민보건 향상과 의료조건 개선, 의약업계의 이해 관계와 발전에 두고 그와 관련된 내용을 보도하였다. 의료기술과 약사들의 숫자가 태부족인 창간 당시에도 국민들의 건강과 양질의 약에 대한 관심이 높았던 만큼 이 신문의 존재 의의는 컸다고 하겠는데, 낮은 수준의 국내 여건과 정보에 대한 절박함이 일본의 '약업시보사'와 제휴를 맺게 된 계기였던 것으로 보인다. 그리하여 이 신문의 발전은 눈에 띄게 두드러져서 다른 신문들과는 확연한 차이를 드러내고 있다. 다른 전문지들이 경영난에 허덕이거나 정보와 제반 여건의 부족으로 힘들어할 때 이 신문은 승승장구하고 있는 것이다.

이 신문은 2014년 3월 29일에 창간 60주년 기념식을 성대하게 치렀으며, '글로벌 시장 진출을 위한 맞춤전략' 수립에도 힘쓰고 있다. 최근 신문 기사에 따르면, "오늘 앞으로의 100주년을 향해 창간 당시의 의미를 되새기며, 한국 약계의 비전을 제시한다는 역사적 소명의식을 성실히 실천해 나갈 것을 독자여러분께 다시 한 번 약속드리며 우리나라 전문언론의 효시격인 약업신문이 명실상부한 최고의 품격 높은 신문이 되도록 최선을 다하겠다"는 포부를 밝히기도 했다.

보건의약계를 대표하는 전문지로서 이 신문은 2014년 9월 현재에도 『화장품신문』과 『월간 의약정보』, 『약사연감』, 『드럭인덱스』 등의 출판물을 발간하여 국민보건증진과 제약산업 및 약업계의 발전에 기여하고 있다.

창간 개제호가 국회도서관에 마이크로필름으로 소장되어 있으며, DB도 창간호를 갈무리하였다. DB 상태는 양호하다. (전상기)

참고문헌

『약업신문』 개제창간호, 1960년 9월 4일자; http://www.yakup.com/; 『한국신문백년 〈사료집〉』, 한국신문연구소, 1975.

약협신문

(藥協新聞)

'약협주보'를 개제한 서울의약품판매협회의 기관지이다. 1960년 6월 27일 창간한 '약협주보'의 지령을 계승하여 제14호로 1960년 10월 22일에 발간하였다. 전문주간지로서 발행 겸 인쇄인은 이호벽李浩璧, 편집인은 정동하鄭東夏, 발행소는 서울특별시 종로구 관철동 181번지였다. 판형은 타블로이드판에 11단 체제의 1단 11자를 채택하였다. 1부에 200환이었다.

신문명新聞名 개제에 따르는 여러 보도가 1960년 10월 22일자에 보이는데,「회장에 정동하 씨, 제8회 정기총회 성황」,「제8회 판협총회의 의의」(논단),「약협신문으로 개제」(사고) 등이 그 기사들이다. 개제 발행의 이유를 '동협회의 임원 개선으로 인하여 앞으로 과감성 있는 운영방침을 반영시키기 위함'이라고 밝히고 있다. 그리고 하단에는 '대한약사회' 명의의「성명서」가 실려 있다.

이 신문의 창간 목적에서도 밝히듯이, "약계질서확립을 위한 계몽선전은 물론이고 전국판매협회 간의 상호연락과 경제학술 면의 연구와 실제경험 등의 피차 발표와 교류 등 전반에 걸쳐" 보도하고 있다. 약을 제조하는 제조사와 도매상, 약국 간의 여러 문제와 이해를 조정하고 약업계 전반의 사건 사고를 보도함으로써 여기에 종사하는 사람들의 정보와 사정을 전달하기 위한 목적을 이행했던 신문이라고 할 수 있다.

국회도서관에 개제 창간호가 마이크로필름으로 소장되어 있으며, DB도 역시 개제 창간호를 갈무리했다. 그리고 DB 상태도 양호한 편이다. (전상기)

참고문헌

『약협신문』 개제창간호, 1960년 10월 22일자; 『한국신문백년 〈사료집〉』, 한국신문연구소, 1975.

약협주보

(藥協週報)

서울의약품판매협회에서 발행한 기관지로 1960년 6월 27일에 창간하였다. 종간호는 이 주간신문이 개제함에 따라 1960년 10월 15일(제13호)자이다. 발행 겸 편집인은 정치우鄭致禹, 인쇄인은 배인환裵仁煥, 발행소는 서울특별시 종로구 관철동 181번지 대한약공회 관 내였다. 타블로이드판 8면으로 발행하였고 11단제에 1단 11자였다. 신문가격은 월정액 100환이었다.

2면에 실려 있는 「창간사」를 보자.

"협회 운영 면에 있어 중대사명인 약업 질서확립을 위한 계몽선전은 물론이고 전 국판매협회 간의 상호연락과 경제학술 면 의 연구와 실제 경험 등의 피파 발전과 교 류 등 전반에 걸쳐 본주보의 역할과 약업 계의 사명이 있어 생산계와 그를 일수판 매하여야 할 도매계 또는 국민대중의 수 습면을 담당한 판매계에 있어 우의와 유 대강화 등 자못 기대됨이 크리라 믿습니 다. … 민주혁명의 정신으로 약계의 개척 과 발전을 위하여 혁신방향으로 나가 …

회원의 복리증진과 약계에 공헌"하겠다고 포부를 밝히고 있다.

창간호 1면은 「4·19정신으로」라는 제목의 사진이 크게 실려 있다. 2면에는 「창간사」와 「업계 신질서 수립에 박차」라는 기사, 그리고 하단에 '대한약사회', '대한약품공업협회'의 창간축하 광고가 게재되어 있으며, 3면은 「회원의 질적 향상에 기여」, 「약사인의 공기」, 「단체운영에 활소」, 「본회 야유회 공고」 등이 실 렸다.

이 신문은 「회원동정」「본회동정」 등을 통해 알 수 있는 바와 같이, 회원 상호

간의 소식을 전달하고 「주간뉴스」「국산의약품 및 수입의약품 특매 소식」「주요수입의약품 협정 가격표」 등을 제공함으로써 시장정보와 의약연구 등의 정보 제공에도 힘쓰고 있다. 약품의 도매가와 소매가가 문란하고 시장이 혼란을 겪음으로써 생기는 문제를 최소화함으로써 의약 질서를 확립하고 도매와 소매 간의 분쟁을 해결, 상호친선과 약업계 질서를 바로 세우고자 하는 의욕을 보이고 있는 것이다.

국회도서관에 창간호가 마이크로필름으로 소장되어 있으며, DB는 창간호를 갈무리하였다. DB 상태는 양호한 편이다. (전상기)

참고문헌

『약협주보』 창간호, 1960년 6월 27일자; 『한국신문백년 〈사료집〉』, 한국신문연구소, 1975.

어깨동무

1967년 1월 1일 창간된 아동교양 종합지이다. 초대 편집 겸 발행인은 고 박정희 대통령의 부인 육영수였으며, 1974년 육영수가 죽자 큰딸 박근혜가 맡았다. 4 · 6배판 320쪽 안팎으로 초기에는 육영수가 독자적으로 펴내다가 1969년 4월 육영재단을 설립하고 그곳에서 발행했다. 편집 겸 발행인은 강준길, 편집장은 유기만이다. 편집자문위원은 김백년, 김용태, 백영수, 이원수, 최효섭이다. 발행처는 서울특별시 중구 충무로 3가 59 어깨동무사이다. 1987년 5월 23일 통권 247호를 끝으로 폐간되었다.

창간 목적은 한국의 어린이들에게 기초 교양과 꿈을 가꾸어주는 것이었다. 창간 당시에는 마땅한 어린이잡지가 없었고 또 대통령 부인이 운영함으로써 행정부의 여러 가지 도움을 받아 발행부수가 가장 많을 때는 15만 부를 기록했다.

잡지는 〈화보〉, 〈특집〉, 〈취재〉, 〈읽을거리〉, 〈연재소설〉, 〈연재만화〉, 〈연재동화〉, 〈동화〉, 〈동시〉 등으로 구성되어 다양한 기사와 문예물을 싣고 있다. 특히 〈발명 발견 이야기〉나 과학의 역사, 공상과학소설, 과학만화 등 과학과 관련된 문예물과, 이달의 위인, 역사소설과 같은 역사 관련 글이 많이 게재되었다. 또한 〈어린이 글짓기교실〉과 〈과학교실〉을 통해 다양한 학습내용을 제공하고, 〈퀴즈·취미·오락〉과 〈숨은그림 찾기〉, 〈재미있는 속담풀이〉란을 통해 재미를 더하고 있다. 그리고 광고란에서는 라면, 초콜릿, 마아가린 등 당시의 다양한 먹거리 등이 게재 선전되었다.

특집기사에서는 「바다 속에 사람이 살 수 있을까?」(제33호), 「세계 명산에 얽힌 등산이야기」(제35호), 「노오벨상은 어떻게 이루어졌나?」(제36호) 등 시사성 있는 다양한 분야의 글을 게재하였다.

1969년 제34호에는 특집 「우리 살림은 얼마나 달라졌나?」를 통해 달라진 농촌과 편리해진 우리 생활, 경제건설의 이모저모 등에 관한 기사를 게재하면서, 〈취재〉「조국을 근대화로 이끄는 박대통령」, 〈화보〉「대통령의 하루」 등을 함께 실어 당시 정권을 선전하는 역할도 하였다.

국립중앙도서관에 소장되어 있는 1969년 33~36호를 DB화하였다. (한봉석)

참고문헌

『어깨동무』, 1969년 33~36호, 어깨동무사; 브리태니커 백과사전.

어린이신문

1957년 6월에 홍콩에서 창간된 한국어 신문. 홍콩에 소재한 마리아사(社)에서 인쇄하여 동사(同社)의 한국지사인 국제어린이사(서울특별시 중구 장충동 1가 35-26)가 판매했다. 8면 분량으로 월 2회 발간되었다. 1부 가격은 60환이며, 월 구독료는 120환이다.

1957년 5월 4일자 경향신문 1면 하단에는 『어린이신문』 창간을 알리는 박스 광고가 실렸는데, "어린이날의 선물로 국제적 어린이 신문 한국판을!"과 "색채만화, 께임, 공작실, 어린이 클럽, 가장 아름다운 옛날 이야기 등 어린이들의 정서적 교육을 위한 호화판!"이라는 문구가 들어 있다. 그리고 4면 「문화계 소식」 코너에는 다음과 같은 기사가 실렸다.

"어린이의 정서교육을 위한 『어린이신문』 한국어판이 『홍콩』에 있는 『마리아사社』에서 발간되었다. 그런데 이 신문은 동사에서 발간하고 있는 세계 각국어판 중의 한국판으로 인쇄와 내용이 대단히 호화롭게 되어 있다. 그리고 값은 1부에 60환으로 한 달에 두 번씩 발간하리라는바 한국 어린이들의 구독희망자는 중구 장충동 1가 35의 26에 있는 『국제어린이사』로 신청하면 된다."

그런데 『어린이신문』 창간호가 발행된 날짜는 어린이날을 조금 지난 뒤인 1957년 6월 9일이었다. 국회도서관에 소장된 창간호의 보존 상태가 좋지 않아 창간사에 해당하는 부분을 판독할 수 없다. 창간호 1면 하단에는 "『어린이신문』 한국판 월 2회 발간"이라는 굵은 글씨 아래에 "발행물 인쇄: 마리아사 홍콩○○○(판독불능)로 174. 한국지부: 국제어린이사 서울특별시 중구 장충동 1가 35의 26"이라는 작은 글씨가 있다.

신문 발간을 광고하는 앞의 『경향신문』 기사와 창간호 하단의 표기를 볼 때,

『어린이신문』은 홍콩에 소재한 마리아사가 발행하는 어린이 신문의 한국어판이며, 한국에서의 판매를 위해 마리아사의 한국지부인 국제어린이사가 발간하는 형식을 취한 것으로 보인다.

창간호의 1면에는 「아후리카 탐험기」라는 만화가 실렸고, 2면에는 창간사에 해당하는 「어린이 여러분!!」과 어린이의 선행을 서한문 형식으로 알리는 기사 「헤레나 아주머니의 편지-착한 어린이들에게」, 올바른 어린이의 모습을 만화로 그린 「어린이 클럽」이 실렸다. 3면은 퀴즈, 놀이, 유머 등을 소개한 「께임! 께임! 께임」, 4~5면은 아동용 수필 「아슬한 고비」와 만화 「나비의 비밀」, 6면은 아동소설 작가를 소개한 「어린이들의 작가」, 아동 상식 코너 「아십니까?」, 만들기를 가르쳐주는 「공작실」, 7면은 가톨릭 성경의 창세기 편을 삽화와 글로 정리한 「가장 아름다운 옛날 이야기」, 8면은 만화 「복똘이와 쪽또리의 모험」으로 구성되었다.

이 신문의 발간 주체인 마리아사와 국제어린이사의 실체에 관해서는 정확하게 알 수 없다. 다만 매호 이어지는 「가장 아름다운 옛날 이야기」가 가톨릭 성경 내용이며, 크리스마스에 대한 해설이나 「5월은 성모의 달」 같은 기사를 볼 때, 천주교 계열의 조직임에 틀림없다.

『어린이신문』은 매월 2회로 "1·3주일"에 발간되었으며, 국회도서관에는 창간호부터 1958년 5월에 발간된 제30호까지 소장되어 있다. 『경향신문』의 신간 코너에서는 1959년 1월에 『어린이신문』 48호가, 같은 해 3월에는 『국제어린이신문』 53호가 발간된 것이 확인된다. 1945년 12월에 고려문화사에서 창간했던 『어린이신문』과는 제호만 같고 전혀 관련이 없는 신문이다.

국회도서관에 창간호(1957. 6.)부터 제30호(1958. 5.)까지 소장되어 있으며, 이를 모두 DB화하였다. (이용기)

참고문헌

『어린이신문』 제1호(1957. 6. 9.)~제30호(1958. 5.); 『경향신문』 1957. 5. 4.

어린이통신

(어린이通信)

1946년 7월 1일 도쿄에서 창간호가 발행되었다. 매월 1일과 15일에 발행되는 격주간이었다. 제7호가 빠진 제8호(1946년 10월 15일)까지 남아있다. 발행인은 윤권尹權, 편집인은 이상요李相堯였다. 발행소는 재일본조선인연맹 중앙총본부, 인쇄소는 광교예光巧藝인쇄 유한회사였다. 가격은 2엔 80전이다.

재일본조선인연맹 중앙총본부가 발행한 어린이 잡지다.

『어린이통신』은 창간사에서 우리들(어린이)의 통신을 갖자고 외쳤다. 이유는 두 가지였다. 첫째로 우리나라 동무들의 소식을 자주 알고 싶고, 둘째로 우리나라를 해방시켜 준 소련·미국·중화민국·영국 등의 연합국 동무들이 무엇을 어떻게 배우고 있나를 알고 싶기 때문이었다. 무엇보다도 "우리들은 훌륭한 조선사람이 되기 위하여" 모든 것을 알고 배워야 할 사명이 있다고 하였다. 왜냐하면 일본사람이 아닌데도 싸움 잘 하라는 공부와 일본사람이 되라는 공부밖에 한 것이 없고, 더욱이 일본 군국주의자들이 조선의 어린이들에게 조선의 역사와 문화를 배우지 못하게 하였기 때문이었다.

창간사에서 밝힌 대로 「반가운 소식」과 「본국의 어린이 생활」에 관한 정보도 소개하였다. 이진규가 쓴 「반가운 소식」은 조선에 의무교육이 실시된다는 소식이었다. 이 글에서 이진규는 어린이들이 경험했을 두 가지 현실을 지적하였다. 다같이 공부해서 상급학교로 가는 동무가 있는가 하면 공부를 아무리 잘해도 상급학교로 가지 못하고 일터로 가는 어린이가 있는 현실, 그리고 아무리 성적이 좋아도 조선인이라는 이유로 학교에서 천대를 받았던 사실. 그리고 해방된 조국에서는 의무교육의 실시로 두 가지 모순된 현실이 사라짐을 강조하였다.

「본국의 어린이 생활」에서는 전곡소년동맹全谷少年同盟의 일과가 소개되었다.

창간호에는 「우리들의 작품」 속에 어린이들의 투고 작품과 기존에 발표된 동요가 실렸다. 이은직이 「어린이 춘향전」, 임광철林光澈은 인류의 역사를 다룬 「옛날 사람들」을 연재하였다. 이와 함께 독자들의 과학지식을 보급하기 위한 「세포 이야기」를 임영준任暎準이 썼다. 임영준은 그 다음 호에서도 과학 기사를 담당하였다. 이은직은 제4호에 소설 「아버지는 돌아왔다」를 실었다.

제2호~4호까지 「민족의 영웅」 코너를 만들어서 민족해방에 힘을 쓴 위인을 소개하였다. 제2호에는 무정武亭을 특집으로 이진규의 「민족의 영웅 – 무정 장군」과 「해외에서는 어떻게 싸왔나 – 무정 장군의 투쟁사」를 실었다. 제3호에는 김일성金日成을 찬양하는 시를 게재하고, 제4호에는 해방 직전 박헌영朴憲永의 지하생활을 이야기로 꾸몄다. 제5호부터 「우리나라의 자랑」 코너를 만들어 김홍도의 투견도, 측우기(제6호), 고구려 고분벽화(제8호)를 차례로 소개하였다.

매호마다 표지 다음과 뒷표지에 「물방아」(제2호), 「우리 말 우리 글로」와 「비둘기」(제3호), 「해방의 노래」와 「조선소년단행진곡」(제4호), 「박꽃초롱」과 「어린이날」(제5호), 「줄넘기」(제6호) 등의 노래 악보를 실었다. 제4호는 8·15특집호로서 이진규의 「그래도 우리들은 배웠답니다」와 허남기의 「팔월 십오일」, 김두용金斗鎔의 「인민의 나라를 세우자」 등의 작품을 수록하였다.

일본 국회도서관에 소장된 제7호를 제외한 창간호부터 제8호까지 DB로 만들었다. (장신)

참고문헌

『어린이통신』, 재일본조선인연맹.

어업신보

(漁業新報)

1967년 3월 16일에 창간된 어업 전문 신문으로 주 2회(수·일요일 발행) 발행되었다. 회장 조대희趙大熙, 발행 겸 편집·인쇄인은 김길환金吉煥이고 발행처는 서울 중구 을지로 2가 108번지(어업신보사)이다. 총 16면의 타블로이드판으로 월 구독료 80원이다.

신문 창간사의 「수산업 근대화와 淨化작업」에서는 다음과 같이 창간 취지를 밝히고 있다.

"본지는 가급적 신문으로서의 기능을 충실히 해보려는 생각에서 되도록 뉴스를 재빨리 전달하면서 업계의 지침, 반려가 되어 수산업과 더불어 성장하고 우리나라 수산업이 제대로 근대화되어 앞으로는 일간신문으로서의 수산전문지가 성립되게끔 수산업의 조속한 도약을 언론의 위치에서 상조하려는 것이다"

신문 상단에는 제호와 사시社是, 등록정보가 실려 있다. 신문의 방향을 제시한 사시社是에는 "첫째, 수산업 발전을 위해 국내업계 실태와 선진 기술 및 동태를 과감 신속하게 보도하며 성실하게 정론을 환기함으로써 수산인 모두가 밝은 내일에의 희망과 용기를 갖도록 고무한다. 둘째, 수산업 발전을 위해 업계 公器로서의 언론책임을 다함으로써 이성과 관용을 겸비한 건전하고 품위 있는 수산업계 목탁이 될 것임을 다짐한다. 셋째, 수산업 발전을 위해 수산업자의 권익을 옹호하는 동시에 불의와 퇴영을 배격한다."라고 쓰고 있다. 이 신문은 수산업 근대화를 위한 새로운 방향제시와 비판, 고발정신의 발현을 슬로건으로 내걸고 발행된 것이다.

창간호(1967. 3. 16.) 1면에는 박두진朴斗鎭의 창간 축시 「어기여차 우리 모두 바다로 가자」와 창간사가 실렸다. 1면 하단에는 신문의 주요 차례를 제시하고 있고 '바르고 빠르며 밝은', '정선된 기획에다 정실한 내용 담아'라는 신문 모토를 제시하여 구성 면에서 상당히 체계적인 형태를 갖추고 있다.

2면은 신문 창간을 선전하는 전면광고가 실렸는데,「잡는 어업에서 기르는 어업으로」이라는 제목으로 '올해는 수산진흥 5개년 계획의 첫해, 67~71년까지의 효과', '어민소득을 두 배로', '수산물수출 5배로', '130만 톤 어획을 목표로'라는 문구를 새겨 넣었다. 1960년대 어업정책의 주요 모토가 역시 경제개발 5개년 계획과 연동되어 진행되었고 어민소득과 수출증대 부분에 가장 중요한 방점이 있었던 것이 확인된다.

3면은 기업, 정치권의 창간 축사말로 채워졌고 4·5면은 「한국수산현황」과 '어업신보사'가 주최한 어업의 방향성 모색을 위한 좌담회 내용이 실렸다. 좌담회는 원양협회사무국장, 수협중앙회사업이사, 국회 농림분과위전문위원 등이 참석했다. 6면은 창간기념 논단으로,「균형경제의 이론과 현실」(유용대柳龍大)에서 국제경쟁력 정비와 재분배, 경제잉여 생긴 뒤 원칙은 이미 예산서 감행, 시장 조작이 관건이라는 논조의 논설이 실렸다.

7면~9면에는「수출해태 공매유찰과 대책」,「수산업계 오늘과 내일」등 어업 관련 쟁점이 실렸고, 10면에는 각국의 어업 현황과 정책 소개, 11면의「어업신보에 바란다」, 12·13면에는 어민들이 어려움과 문제점 취재 기사, 14면에「섬마을순례」, 15·16면에 광고가 실렸다.

이 신문은 창간기념 3대사업으로 '한국 수산연감' 발행과 '낙도에 어업신보 보내기 운동' '한·일 수산알선 사업'을 설정하였다.

이 신문은 전체적으로 정부 정책 홍보에 머무르지 않고 어업 현안을 심도 있게 접근하고자 하였다.

국회도서관에 소장된 창간호(1967. 3. 16.)를 DB화하였다. (이병례)

참고문헌

한국신문연구소 편,『한국신문백년』, 1975;『어업신보』, 어업신보사, 1967년 3월 16일.

얼말글

『얼말글』은 워싱턴 통합 한인학교(The United Korean School of Washington)의 교지이다. 발행인은 김경열과 김순자이고, 편집인은 안은희와 이진형이다. 소재지는 Maryland주 Rockville이다.

워싱턴 한인학교는 1970년 6월 20일 트리니티 칼리지Trinity College, 워싱턴디씨Washington, D.C.에 처음 설립되었고, 워싱턴디씨 정부로부터 설립인가를 받았다. 1976년 학교를 오늘날의 메릴랜드주 로크빌Rockville로 이전했다. 1987년 9~10월에 워싱턴 한국학교 이사장으로 취임한 정해관이 중심이 되어 몽고메리 카운티에 산재해 있는 여러 한국학교를 통합해 보자는 취지 아래 통합의 첫걸음을 내딛었고, 1988년 몽고메리Montgomery와 페어팩스Fairfax County에 있는 13개의 교회 한글학교를 통합하여, 현재의 통합 한인학교가 되었다.

1992년 3월 학교 이사회는 워싱턴 통합 한인학교를 한미교육재단(KAEF)으로 기구를 개편하고 그 산하에 4개의 기구를 두고 있다. (1) 워싱턴 통합 한인학교(UKSW): 몽고메리 카운티와 페어팩스 카운티에 각각 캠퍼스를 두고 유치원부터 12학년까지 그리고 성인들을 대상으로 교육을 하고 있다. 총 학생 수 500명, 교직원수 48명, 한국역사, 문화 및 풍속, 음악, 고전 무용, 태권도, 연극 등의 소개를 통한 한국어 및 문화의 교육, 매년 여름 한국의 자매학교와 학생교환프로그램, 한국으로 귀국 진학하는 학생들을 위한 국내반 운영, 리더십 트레이닝 프로그램Leadership Training Program 및 학생상담. (2) 워싱턴국제연구원(WCIS): 국제 및 복합문화의 교육 및 연구, 청소년, 성인들을 위한 영어연수(ESOL), 한국 교육기관의 영어교사를 대상으로 한국어 사용자를 위한 영어지도(TESKL), 영어연습과 대화능력 향상을 위한 미국가정 민박주선, 관련 분야의 세미나 개최, 소식지 및 논문집 발간. (3) 한미교육자료 도서관(KAERC), (4) 워싱턴 국제교육원(WCES) 등 총 4개의 기구가 설치되어 운영되고 있다. 그리고 1996년 9월 학기부터 메릴랜드 캠퍼스, 몽고메리 카운티 교육위원회로부터 고등학생을 위한 한글 및 한국문화 과목을 정식학점으로 인정받았다.

그런데 워싱턴 통합한인학교는 1970년 설립 때부터 줄곧 미국 공립학교를 빌려 사용해왔다. 따라서 많은 불편과 어려움이 발생하여, 제대로 된 학교를 건립하고자 워싱턴 통합한인학교 건립위원회를 2000년 11월 20일에 구성하여 후원금을 모으고 있는 중이다.

메릴랜드 캠퍼스와 버지니아 캠퍼스가 함께 교지를 발간하는데, 격년으로 돌아가면서 한 해는 버지니아 캠퍼스, 다음해에는 메릴랜드캠퍼스의 글과 작품들이 먼저 실리는 식으로 교지가 편집되어 발행되고 있다. 교지에 게재되어 있는 작품과 글들은 한글을 처음 배우는 학생들이 쓴 원고지 사진부터 시, 수필, 기행문 등 미국에서 태어나고 자란 한인 학생들이 손으로 직접 쓴 글과 사진들이 정겹게 실려 있다. 이 『얼말글』을 통해 우리는 미국의 정치 중심지에서 태어나고 자란 한인의 후손들이 한국인으로서의 자부심을 가지면서 세계시민이 되어 가는 과정을 볼 수 있다.

재외동포재단 자료실에 『얼말글』 일부가 소장되어 있고, 이를 DB화했다. (임성윤)

참고문헌

『얼말글』

에드몬톤 한인회보

(The Edmonton Korean Association News Letter)

에드몬톤 한인회에서 발행하는 소식지로, 발행인은 한인회장 최의식, 편집장은 김영남 (2000년)이 담당하고 편집은 홍보부가 수행하고 있다. 홈페이지가 www.edkor.com과 www.edkor.org가 있었으나, 현재는 사용하지 않는 듯하다.

캐나다의 주요 도시 중 하나인 에드몬톤에도 한 인회가 조직되어 『에드몬톤 한인회보』를 발행 하고 있다. 2001년 1월호(제20호)는 2001년 한 국방문의 해를 맞이하여 표지를 새해인사의 내 용을 담은 사진으로 장식하고 있다. 한인들의 소식지답게 한인회장과 노인회장의 신년사로 소식지를 시작하고 있다. 그리고 이어서 "민족 일체의 뜻과 정을 나눈 한인회 주최 송년회 성 료" 등 각종의 에드몬톤 거주 한인들의 소식을 전하고 있다. 특히 눈에 띄는 것은 에드몬톤지 역 한인 문학인들의 모임인 얼음꽃 문학 동아리의 소식과 그 회원들의 글이 소 식지 여기저기에 실려 있다는 것이다. 그중 일부는 『얼음꽃문학』에도 게재되어 있는 것이기도 하다. 또한 기사 중에는 「가리봉동 '조선족 타운'을 아십니까」라 는 제목의 기사가 있다. 가리봉동이 '제2의 옌벤'이 되었지만, 고국에서 조선족 들이 설움 받고 살고 있고, 10만 명 가운데 절반이 불법체류자이고, 임금체불 등에 견디다 못해 범법자가 되기도 한다고 안타까운 내용을 전하고 있다. 이는 아마도 재외거류민으로서 동병상련을 느껴서 그들의 어려움이 더 깊게 다가오 기 때문에 이런 특집기사를 싣는 듯하다. 이러한 에드몬톤 한인들의 관심은 캐 나다 한인들과 중국 옌벤 조선족 사이의 네트워크가 형성되는 계기가 되고 있 다. 이러한 기사뿐만 아니라 「펜티엄 Ⅳ 구입 '지금은 참아라'」와 같은 실생활에 도움이 되는 경제기사와 「마침내 합방하는 '두 공룡': AOL-타임워너 합병 승인」이나 「자동차산업, 잔치는 끝났는가」와 같은 세계경제의 중요한 뉴스도 같이 전하고 있다.

그리고 이 2001년 1월호에는 국내의 유명한 재야 '운동권 신부'라 할 수 있는 문정현, 문규현 신부에 대한 소개의 글을 게재하는가 하면, 2000년 5월호에는 열아홉에 성노리개가 된 탈북여성의 수난에 대한 이야기를 담은 「탈북여성수기」(『월간조선』 1999년 12월호의 글을 발췌)를 게재하기도 했다. 여기서 알 수 있는 것은 에드몬톤 한인사회는 남북으로 나뉘어지지도 진보와 보수로 갈라져 있지도 않음을 보여주는 것이라 할 수 있다.

그러나 홈페이지가 현재 제대로 열리지 않는 것으로 보아, 한인회가 힘겹게 운영되고 있는 것으로 보인다. 한인회가 다시 활성화되어 이전의 활기찬 모습 보여주길 기대한다. 더불어서 『에드몬톤 한인회보』의 알찬 발행도 기대해 본다.

재외동포재단 자료실에 『에드몬톤 한인회보』 일부가 소장되어 있고, 이를 DB화했다. (임성윤)

참고문헌

『애드몬톤 한인회보』, 에드몬톤 한인회.

여류문학

(女流文學)

1968년 11월 1일에 창간된 문학잡지이다. 발행 겸 편집인 한국여류문학인회이다. 발행처는 서울시 종로구 세종로 예총회관 302호 한국여류문학인회이다. 인쇄는 광명인쇄공사이다. 220면 내외의 분량으로 발행되었다. 정가는 2백 원이다.

여류문학이란 여성문학 혹은 여성주의문학이라는 개념이 일반화되기 전 한국 문단에서 여성 작가들의 작품을 일컫던 개념이다. 여성들의 문학 동인잡지로 여류시인 동인지인 『돌과 사랑』(1963), 『여류시女流詩』(1964)를 주목할 필요가 있다.

뒤이어 창간된 『여류문학』은 스스로 여성 문학 50년을 장식하는 최초의 효시라고 자부하였다. 창간호에서는 여성문학 50년을 회고하는 좌담회를 특집으로 구성하고 있다. 여기에는 박화성, 모윤숙, 임옥인(사회), 손소희, 조경희, 김남조, 홍윤숙, 박현숙, 이영희 등이 참석하고 있다. 잡지에는 임옥인, 손소희, 강신재, 송원희, 기후란, 김선영, 허영자, 김윤희 등이 필진을 구성하고 있다. 또한 수필에는 전숙희, 정충량, 석계향, 손장순, 전병순, 박현숙, 이정호 등이 글을 싣고 있다. 그리고 해외여류문제작 소개란을 마련하고, 나탈리 사로뜨의 「반소설의 선구자」를 소개하고 있다.

잡지는 여성들의 소설, 수필, 동화, 희곡, 논고, 여성문학인 화보 등을 게재하고 있어 문학잡지의 면모를 갖추고 있다.

국회도서관에 소장되어 있는 1968년 창간호, 1969년 2집을 DB화하였다. (김일수)

참고문헌

『여류문학』, 한국여류문학인회.

여성일보
(女性日報)

주간 『여성민보』를 개제, 지령은 제280호로 계승하고 일간지로 전환하여 1960년 9월 1일에 창간하였다. 종간호는 1961년 5월 28일자이다. 박정희의 쿠데타 이후에 단행된 국가재건최고회의 포고 제11호와 공보부령 제1호의 '신문통신발행시설기준'에 따라(1961년 5월 23일 공포, 동월 28일 시행) 행해진 조치였다. 발행 겸 편집·인쇄인은 김한우金漢宇, 발행소는 서울특별시 종로구 종로 3가 20번지였다. 대판 4면의 16단제를 채택했고 1단 11자 체제였다. 1부 가격은 20환이었다.

「혁신 발간하면서 만천하 독자에게 엄숙 기약한다」라는 제목의 재창간사를 보자.

"전체 유권자의 과반수 이상을 점하고 있는 여성의 의회진출률은 거의 무에 가깝다고 할 수 있을 것이니 이는 여성들 자신의 정치적 의식의 열등에 기인한 것으로 여권신장은 물론 여권보장이 요원한 현실에 처해 있음을 입증한 것으로 서글픈 현상이 아니랴. 일부 도시 여성들의 사치풍조는 궁핍한 이 나라의 경제질서를 더욱 문란케 하고 있으며, 문명의 첨단을 걷는 선진우방을 능가하는 느낌까지 없지 않는 현실을 어찌할 것인가. 사회적으로 연약함을 기화로 여성들을 괴롭히는 지각 없는 남성군이 사회의 구석구석에서 악풍을 양성하고 있어도 법의 힘이 전부 미치지 못하는 사회 현실을 뼈아프게 생각할 뿐이다. … 본보가 앞으로 지향하여 개척해 나갈 가치적 논지는 재론할 것 없이 여권 확립과 사회비판에 중점을 두되 편파성을 배격하고 공정신속한 보도사명을 완수하는 데 심혈을 경주하려 한다. 여권 확립이 말로만 그치고 있는 현실의 시정에 노력할 것이며 그러기 위해서는 여성의 질적 향상을 위한 지도계몽과 추락된 여성윤리관의 확립을 기하기 위한 노력을 계속할 것이다. 여권을 유린하는 남성, 그리고 모든 사회악은 가능한 필봉을 동원해서 규탄과 비판을 가하여 자유와 평화의 상징국으로 만드는데 일익이 되도록 노력을 게을리 하지 않을 것을 약속하는 바이다.”

창간호 1면의 기사들은 「구파신파와 완전결별」, 「부인회 수습 난망」, 「일인의 양식에 호소」, 「제36회 임시국회 폐회」, 「대국회 대책 논의」, 「전면내란화 가능」 외에 이 신문의 창간을 축하하는 글로 채워져 있고, 2면은 「주부와 가정경제」가 큼지막하게 차지하고 「헬렌켈러」, 「가정요리」, 「육아」 기사가, 3면은 「160명 본처가 집단 진정」, 「전매청 부식물 말썽」, 「혁명을 모독하는 무리들」 등이, 4면은 어린이 난으로 〈만화세계〉와 〈동화〉로 꾸며져 있다.

이 신문은 여권을 신장하고 여성의 사회적 진출과 정치의식을 고취시키기 위한 의도로 창간했음을 여러 기사와 편집방침을 통해 확인할 수 있다. 그러나 여전히 가부장적인 분위기와 논조가 엿보이는 것도 사실이다. 그럼에도 불구하고 여성을 위한 신문을 표방함으로써 여성 자신들의 자부심과 긍지를 심는 계기가 마련되었음도 간과할 수 없을 것이다. 매주 금요일에는 〈독자문예란〉을 신설하였고 〈결혼상담란〉을 두어 중매자로서의 역할을 자임하기도 했다. 그리하여 이 신문은 여성계의 활동상을 소개하고 보도함으로써 여성 일반의 교양을 높이는 데 이바지하였다.

국회도서관에 혁신창간호가 마이크로필름으로 소장되어 있으며, DB도 마찬가지로 혁신창간호를 갈무리하였다. DB 상태는 양호하다. (전상기)

참고문헌

『여성일보』 혁신창간호, 1960년 9월 1일자; 『한국신문백년 〈사료집〉』, 한국신문연구소, 1975.

여성주보

(女性週報)

1960년 2월 10일에 창간하였다. 종간호는 확실치는 않으나 발행인 김정례가 '족청계 쿠데타 음모사건'에 연루되어 체포되는 바람에 폐간되었던 것으로 보인다. 발행·편집 겸 인쇄인은 김정례金正禮, 발행소는 서울특별시 종로구 서린동 141번지였다. 대판 4면의 주간신문으로서 16단제에 1단 13자 체제를 채택했다. 월정액 3백 환이었다.

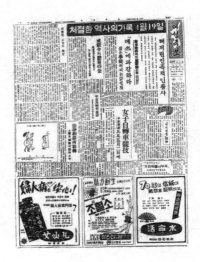

여성의 교양과 상식에 대한 정보를 제공하고 여성들의 정치적, 사회적, 문화적 향상을 위해 계몽활동과 그 지식을 확산, 보급시키는 데 주력한 여성계몽신문이라고 할 수 있다.

창간호는 현재 전하지 않고 4·19혁명 직후에 발행된 제8호(1960. 4. 25.)를 보면, 그 1면에 여러 기사가 실린다. 「처절한 역사의 기록 4월 19일」이라는 제목의 기사가 가장 크게 눈에 띈다. 「뼈저린 민족적인 참사」 「기성정객에의 혐오감은 뿌리 깊다, '메쓰'에 과감하라」 「계엄령의 철폐 시급」 등의 기사가 모두 4·19혁명과 관련된 내용들이다. 사설 「비참한 오늘의 현실」에서는 '떨어진 국가위신'을 세우고 '구국기풍을 일으키라'는 당부가 간절히 담겨 있다. 그 밖에도 1면에서는 '여성만평'이 일주일간의 이슈가 되는 사건에 대해서 비판, 풍자한다. 4월 25일자 2면에는 김혜숙의 시 「강뚝에 앉아」가 게재되어 있으며, 〈오늘의 평론〉란에서는 「여성은 무엇을 해야 하나」가 실려 당대의 사건을 받아들이고 대처해야 하는 문제를 제기하고 있다. 3면에서는 '아동란'과 주부생활과 관련된 기사가 배치되어 여성신문의 특성을 살리고 있다. 또한 독자원고모집 광고를 실음으로써 동시나 동요를 비롯하여 주부의 수필과 문예물을 적극적으로 게재하기 위한 노력을 기울였음을 확인할 수 있다. 수필가 조경희가 담당하는 〈인생안내〉란에서는 여성상담, 어린이를 위한 어머니의 교양페이지, 상식, 가정, 육아에 관한 교양 계몽 기사가 주조를 이루었다. 4면에는 3면에 이어지는 '주부생활'에 필요한 세세하고 풍부한 생활 노하우가 많이 차지하고 있으며 연재 만화, 「남자의 속성」과 「남자의 속마음을 파악하는 방법」에 관한 기사들도 실려 그 흥미를 더하고 있다.

이 신문은 제호부터 순한글을 사용함으로써 독자의 지식 수준에 맞추려 노력하였으며, '여성자전거경기'도 개최하여 여성들의 건강과 사회적 활동에 대해서도 적극적으로 격려, 도움을 주려고 하였다.

국회도서관에 마이크로필름으로 소장되어 있으며, DB가 된 호수는 1960년 4월 5일자이다. DB 상태는 양호한 편이다. (전상기)

참고문헌

『여성주보』, 1960년 4월 5일자; 『동아일보』, 1962년 1월 18일; 한국신문백년 〈사료집〉, 한국신문연구소, 1975.

역사비판
(Modern Praxis)

『역사비판』은 1985년 7월 1일에 부정기 간행물로 창간되었다. 이후 1985년 중에 2호가
발간되었고, 3호는 1986년 8월, 제4호는 1987년 봄에 각기 발행되었다. 전반적으로 한글
로 되어 있으나, 영어와 일본어로 작성된 글들도 일부 있다. 분량은 260~280쪽 내외로
발행되었다. 발행인은 겸 편집인은 1970년까지 덕성여대 교수를 역임하다가 일본 도쿄
여자대학교 교수로 갔던 지명관이 담당했다. 역사비판발간회 명의로 발행되었는데, 주소
는 일본 동경도 세전곡구 우근본 1-26-4으로 되어 있다. 역사비판발간회는 미국, 캐나
다, 서독, 호주 등에 지부를 두고 각 지역에서도 판매를 했다. 가격은 지역마다 달리 책정
되었지만, 기본적으로 가격은 1,000엔이고 우송료가 250엔이었다.

『역사비판』은 국내외 지식인들이 자유로이 기꺼
이 참여할 수 있는 지성의 광장을 지향하면서
학술잡지와 일반 월간 잡지의 중간 형태로 발행
되었다. 당시 한국 정치현실을 비판적으로 보는
지식인들의 글들이 주를 이루고 있지만, 『역사
비판』은 정치에 대한 직접적인 비난이나 비판
보다는 민족이 나아갈 길을 모색하고 서로 대화
를 하고 세계 지성과의 교류를 찾는 가교의 역
할을 자임했다. 그러면서도 이데올로기적인 편
향으로부터 벗어나고자 했다. 특히 발행인 지명
관은 소수민족이고 이데올로기로부터 자유로웠던 유태인 출신이 주축을 이루
었던 프랑크푸르트학파 같은 학문적·사상적 서클을 만들고자 『역사비판』을 발
행하게 되었다고 말하고 있는데서 잡지의 지향점이 드러난다.

창간호는 시, 논문, 수상, 서평, 대담 등으로 구성되어 있고, 3~4호도 비슷한
구성을 이루고 있다. 한국의 진보적 인사들이 필진의 주축을 이루었지만, 미국
과 일본의 진보적 지식인들의 글과 대담들이 일부 실려 있다. 그리고 창간호부
터 이후 발행된 『역사비판』의 목차만 보아도 잡지의 성격이 고스란히 드러난다.

창간호에는 고은의 「40년」, 이철범의 「타는 목소리, 겨레의 가슴에」, 강천호의 「다시 오는 四月·조국」 등의 시, 김병찬의 「민중론과 한국의 정치현실」, 강만길의 「민족운동사 측면에서 본 1920년대 조선사」, 강동진의 「민족분열정책으로서의 '문화정치'」, 한완상의 「미국이민의 민중적 성격」 등의 논문, 김석범의 「'나의 작가수첩' 오래 살아야」, 김동원의 「반문화의 계보」, 김학현의 「역사의 한을 안고」, 지명관의 「자유로운 지성의 가교」 등의 수필, 倉銃 平의 「『민중신학』을 읽고」라는 서평(日本語로 작성), 그리고 김찬희(미국 크레어몬트 신학교부교수)와 존 콥(미국 크레어몬트 신학교교수)이 「신학과 미래」라는 제목으로 진행한 대담(한국어와 영어로 작성된 녹취록을 각기 수록) 등이 실려 있다.

발행인 지명관은 「자유로운 지성의 가교:『역사비판』을 내면서」라는 후기 격의 글에서 『사상계』의 복간에 의미를 두면서 『역사비판』의 발행을 염두에 두고 있다고 한다. "… 해방 후 역사 속에서 자유로운 사색을 금지당한 채 어떤 의미에서는 정치 이데올로기라는 파도에 翻弄당한 남북을 통한 지식인의 비극적 운명의 역사를 쓰고 싶"어서 『역사비판』을 발간한다고 발행이유를 밝히고 있다. 그리고 "12년 전 서울을 떠나면서 생각한 지식인의 운명에 좀 더 적극적으로 참여하여야 하지 않을까" 하는 지식인의 시대적 사명감에서 잡지를 발행하게 되었다고 한다.

창간호에 실린 창간사 「흐터진 삶, 하나의 마음」을 읽어보면, 『역사비판』의 성격과 지향점을 보다 분명하게 알 수 있다. "역사의 앞날을 이렇게도 예측하기 어려운 시대가 있었을까. 한 치의 앞을 내다보기 어렵다고 할는지도 모른다. 한반도의 앞날은 어떻게 될 것인가. 세계에 흩어진 한민족이 단지 각자의 삶을 넘어서 어떤 민족적인 공헌을 할 수 있을 것인가./ … 한 민족이 이데올로기로 분단되고 지배하는 세력과 지배받는 계층으로 분열되고 또한 지역적으로는 세계적으로 흩어지고 거기서 국가적 소속이나 정치이념마저 달리하게 된다는 것은 여간 어려운 일이 아니다. 그러니까 어디에다가 한 마음을 찾고 도리어 보편적이며 인류적인 발상이 가능하게 되어야 하지 않겠는가./『역사비판』이라는 이 적은 출발이 일시적인 정치적 입장을 넘어서 좀 더 항구적인 민족적인 요청에 부응할 수 있기 바라는 마음이 간절하다. …"(1985년 6월 『역사비판』同人 一同, 일부 문장을 현재의 맞춤법으로 수정).

개인연구자가 미국 유학 중 수집했던 것을 DB화했다. (임성윤)

참고문헌

『역사비판』, 역사비판발간회.

가

나

다

라

마

바

사

아

자

차

카

타

파

하

역서

(曆書)

조선총독부 기상대가 해방 직후에도 관장을 하다가 미군정이 실시되면서 1945년 12월에 국립중앙관상대로 바뀌면서 한국인에 의해서 그 업무가 시작되는데, '국립중앙관상대'가 연간으로 『역서』를 발간하였던 바, 1945년 12월에 창간하였다. 종간호는 확실치는 않고 다만 제호가 바뀐 채로 현재에도 『기상연감』이란 제목으로 발행되고 있다. 통상적으로 발행 겸 편집인은 '국립중앙관상대'의 수장이 맡았다. 1964년 11월 30일에 발행된 1965년판을 보면, 편찬자가 중앙관상대, 발행소가 명문당(서울특별시 서대문구 부암동 304)으로 나와 있다. 판형은 국배판으로 총 50쪽 안팎이며 비매품이었다.

창간호를 입수하지 않아 전모를 알 수는 없다. 다만 매해 간행되는 만큼 '국립중앙관상대'의 대장이 쓴 「머리말」이 실려 있다. 몇 호의 「머리말」을 보건대, 1년간의 기상에 관한 개략적 설명과 소회가 대부분임을 확인할 수 있다.이 있는데 이를 차례로 보자.

1965년판 목차를 보면 다음과 같이 구성되었다. 「목차·범례·축절일 및 기념일」, 「일식과 월식」, 「절후표·삭현망표」, 「매월 일력」, 「각지 매순 일출입 시각」, 「각지 일월출입 및 남중 시각 계산표」, 「박명시각·일출입 방위 및 남중고도·조시의 평균개정 수」, 「평균기온」, 「강수량」, 「첫 서리와 마지막 서리·첫 눈과 마지막 눈」, 「첫 얼음과 마지막 얼음·동식물의 계절」, 「음양력 환산표」, 「소채편람」, 「도량형 단위 환산표」, 「연대표」, 「세계 각지의 표준시」, 「당해의 달력」 등이 그 구체적인 세부 목록들이다. 이러한 체제와 편집은 창간호부터 계속되었다고 할 수 있는데, 식민지 시기부터 지속되어온 관행으로 보인다.

이 연간지는 전통적인 '역서'류와 비슷한 내용과 편집 체제로 되어 있다고 할 수 있는데, 다만 근대적 태양력과 서양력을 채택했다는 점이 다를 뿐, 대체적으로 대동소이한 편으로 보인다. 매해 새해를 맞는 1년간의 기온과 날씨, 절기, 국경일, 삭망과 일출·일몰, 강수량, 서리와 눈, 도량형 단위, 연대표, 세계 각 지역의 표준시를 제시해줌으로써 국민들의 직업에 따른 대비책을 세우도록 도움을 주고 있다.

지금의 '기상청'은 1949년 8월 문교부 소속의 '국립중앙관상대'로 출발, 1963년 교통부 소속의 '중앙관상대', 1967년 4월 과학기술처 소속으로 변경, 1982년 1월에는 '중앙기상대', 그리고 1987년에는 중앙행정기관으로 승격, 드디어 1990년 12월에는 '기상청'으로 불리게 되었다. 2005년 7월에는 청장이 차관급으로 격상되었고 2008년 2월 정부조직 개편에 따라 환경부 산하의 외청으로 변경되었다.

이 잡지는 정부 소속의 기상업무를 총괄하는 기관으로서의 역할을 충실히 이행하여 기상과 관련된 정보와 지식을 전달하는 역할을 다하고 있음을 확인할 수 있게 한다.

기상청과 국립중앙도서관, 국회도서관에 다수 소장되어 있으며, 유로 갈무리된 것들은 1965년판부터 1972년판까지이다. DB 상태는 좋다. (전상기)

참고문헌

국립기상청(http://web.kma.go.kr); 『역서』 1965~1974.

연변

1961년 5월1일 창간되었다. 월간으로 편집자는 연변잡지편집위원회, 출판자는 연변잡지사, 발행정가는 0.25원이다.

1961년 5월 1일 창간호의 표지는 전면이 모택동 사진으로 채워져 있고 『연변』으로 제호를 바꾸면서 창간 목적에 대해 "모택동사상의 붉은기를 높이 추켜들고 맑스 레닌주의 기본 이론을 선전하며 당의 노선, 방침 정책을 선전하며 사회주의 혁명과 사회주의 건설 중의 선진 경험을 총결, 보급하며 연변 여러 민족 인민의 혁명 투쟁생활을 반영하며 여러 민족 인민에게 공산주의와 공산당에 대한 기본 지식을 줌과 동시에 당의 민족정책과 민족 이론을 주는 것이다. 즉 그는 당의 맑스 레닌주의를 선전하고 군중을 교양하며 각항 공작을 추동하며 계급투쟁을 진행하는 유력한 무기이다."라고 하였다.

이 글을 통해 알 수 있듯이 『연변』은 이전의 문예잡지 성격에서 정치이론과 사상교양을 강화하고 문학예술 부분을 축소한 종합잡지를 지향했다. 주요 독자 대상은 농촌과 공장, 기관, 학교의 기층간부와 당원 및 일정한 문화 수준을 가진 노농 대중도 포함하고 있었다. 창간호에는 「천방백계를 다하여 농업의 풍수를 쟁취하자!」, 「세 폭의 붉은기를 높이 추켜들고 증산 절약 운동을 심입 전개하자!」, 「당의 영도를 견지하고 공농병을 위해 복무하는 문예 방향을 관철하자」, 「당의 정책은 당의 생명이다」 등의 정치성 기사들과 10여 편의 시 「혁명의 장정은 끝이 없어라」, 「인민공사 만세!」, 그리고 단편소설 「청춘기」, 「노래하자 공산당」 등의 정치 선전용 글들과 노래 악보를 싣고 있다.

1961년 8월호 표지는 탄광 광부의 사진과 '석탄 증산을 위해 싸우는 공인들'의 사진을 실어 문학잡지로서의 성격은 보이지 않는다. 주요 내용은 「농촌공사와 당 조직의 령도 작용을 강화하자」, 「무한한 신심으로 잠시적 곤란을 전승하자」, 「노동하지 않는 자는 먹지 말라는 어떤 의미인가?」, 「정치와 문예」 등으로 구성되어 있다.

1966년 9월호 역시 모택동 사진 아래 중국의 여러 민족들이 전통복장을 입고 함께 모여 전진하는 모습을 그린 그림을 배치하여 중국 소수민족들이 모주석 아래 단결하는 모습을 상징하고 있고, 모택동 어록을 편집하여 놓았다.

연변대학교 도서관에 소장되어있으며, 1961년 1기에서부터 1963년 26기, 1964년 39기에서 1966년 65기까지의 잡지가 DB화되어 있다. (김성남)

참고문헌

『연변』 창간호 외; 車培根·吳泰鎬, 『中國朝鮮民族言論史』, 서울대학교출판부, 1997; 최상철, 『중국조선족 언론사』, 경남대학교출판부, 1996.

연변공안보

1991년 9월 18일 창간되었으며, 연변조선족자치주공안국에서 주최하여 『연변공안보』 편집부에서 편집하여 순간(旬刊)으로 발행하였다. 1997년 12월 25일 제206기를 마감으로 종간되었다.

경찰과 공안 관련 신문으로 주로 경찰 공안 기간의 기능을 제고하고, 권위를 수립하고 '공안사업에 입각하여 사회를 위해 복무하며 범죄를 편달하고 형상을 수립'하는 데 취지를 두었다. 주로 사건·사고에 대한 소개와 분석, 법률지식에 대한 홍보, 경찰과 공안 기관의 관련 소식을 다루었다.

1992년 1월 1일(제7호) 주요기사를 보면, 여행상식으로 「여권을 받은 후 어떤 면에 주의해야 하는가?」, 「가짜 공안처장-송영홍의 원형」, 「경제건설과 사회 안정」, 「폭죽 판매관리에 주의하자」, 「연변 공안 역사이야기」, 「그물에 걸린 군통연변 정보조」 등의 기사가 있다.

1994년 1월 1일 제31호에 실린 「신년사」에는 연변조선족자치주 공안국 국장 리문재의 "새로운 한해는 개혁 개방을 심화하고 넓히는 한 해이며 경제를 지속적으로 빨리 건강하게 발전시키는 한 해입니다. 사회주의 시장 경제체제를 가속화함에 따라 공안기관에서 직면한 임무는 더욱 간거합니다. 전주 공안계통의 전체 공안 일군, 무장경찰병, 보위간부와 치안보위 일군들은 각급 당위와 정부의 지도하에 새로운 자태, 새로운 풍모로 새해의 새로운 도전을 영접하여 공안사업과 공안대오 건설을 새로운 단계에 끌어올려야 하겠습니다. 동시에 전주 여러 민족 인민들이 공안사업을 관심하고 지지하는 우량한 전통을 계속 발양하여 우리를 대폭적으로 지지하고 우리와 적극적으로 배합하여 전 주의 정치 사회 안정을 수호하며 우리 주를 발달한 변강 연해도시로 모범 자치주로 건설하기 위해 새로운 기여를 할 것을 충심으로 바라마지 않습니다."는 신년사가 실려 있다.

1면 기사로는 「택시료 제멋대로 받은 운전수는 누구」, 「한국 친척 방문에 신원보증서 있어야」 등이 있다.

연변대학교 도서관에 소장되어 있으며, 1994년 1월호와 1997년 4월호를 DB화하였다. (김성남)

참고문헌

『연변공안보』 창간호 외.

연변교육

1979년 창간된 교육전문 잡지이다. 길림성교육위원회와 연변교육위원회 공동발행, 연변 조선족자치주 교육국에서 주관하고 『연변교육』 편집부에서 편집 출판하였다.

조선족 교육을 위한 전문 교육잡지로 조선족 교육 사업에 길잡이 역할을 하고 있는 잡지이다.

1979년 제2기는 '유쾌한 여름방학 생활'이라는 제호 아래 방학을 맞은 연길시 소학교와 중학교의 분위기를 담은 여러 장의 사진을 게재하고 있는데, 과학활동을 하는 어린이들, 야외에서 캠프 불꽃놀이를 하는 학생들, 고향 산천을 그리는 그림대회 모습 등 정겨운 방학 생활을 보여주고 있다.

주요 내용은 「중소학교 음악교육 문제에 관하여」, 「근검공학의 방향을 견지하여 교육사업을 추진」, 「중학교 조선어문 교수에 대한 몇 가지 건의」 등의 기사가 있다.

1980년 제1기가 총 제4기로 계간으로 발행된 것으로 보이는데, 1월호의 표지는 연변 농학원을 찾은 주은래총리의 사진과 연변 어린이들과 함께 한 주은래와 등영초의 사진을 싣고 있다. 목록을 보면 「진리규준문제 보충토론을 참답게 전개하여야 한다」, 「노농업 교육을 힘써 발전시키자」, 「성스러운 직책을 지켜」 등이 있으며, 강좌 난에 「교육의 본질」, 「아동들의 주의발전에 관하여」, 「소학생의 주의발전의 특점」이, 교수연구 난에 「소학교 어휘교수에 대하여」, 「조선어문 교수실기」, 「례절 바른 말을 쓰도록」 등이 실려 있다. 이 밖에 수필과 이야기, 외국 교육 소개, 노래 등이 실려 있다.

조선족 중소학교와 교육지도사업, 영어 과외교육, 학령 전 아동교양, 민족교육 등에 대한 연구와 토론의 글과 각 과목의 교수 방법에 참고 자료들을 제공하고 있다. 또한 교육 분야에서 선진인물과 단위 경험을 교류하며 국내외 교육동향과 교육 현대화에 대한 재료도 소개한다. 조선민족 교육을 위한 교수방법과 당의교육방침 정책과 교육 지도사업 등의 자료들도 충실하게 제공하고 있다.

연변대학교 도서관에 소장되어있으며, 1979년 2기와 1980년부터 1985년의 1기~12기가 DB화되어 있다. (김성남)

참고문헌

車培根·吳泰鎬, 『中國朝鮮民族言論史』, 서울대학교출판부, 1997; 최상철, 『중국조선족 언론사』, 경남대학교출판부, 1996.

연변녀성

1983년 11월 연변조선족자치주부녀연합회 기관지로 『연변부녀』 편집부에서 편집하여 격월간으로 발행되었다. 1988년 1월부터 월간으로 매월 1일 발행되며 연변부녀잡지사 출판, 연변신화인쇄유한책임공사 인쇄이다. 2002년 총 발행량 9,400부를 발행하고 있고, 2013년 서지사항을 보면 연변조선족자치주신문출판국 주관, 연변인민출판사 발행으로 되어 있다.

창간호에서 밝힌 발행 목적은 조선족 여성들에게 애국주의와 공산주의, 민족단결, 법제 등에 관한 교양을 하며, 여성과 어린이들의 합법적 권리와 이익을 수호하고 연애, 혼인, 가정문제를 올바르게 인도하기 위한 여성 종합지이다.

「창간호를 내면서」에 다음과 같이 밝히고 있다.

"자기의 민족문자로 꾸리는 녀성 잡지가 나오기를 고대하고 고대하던 조선족 녀성들의 오랜 숙망은 이제와서 현실로 되었다. …『연변녀성』은 「혁명의 붉은 꽃」, 「련애 혼인 가정」, 「법률과 도덕」, 「자녀교양」, 「부부사이」, 「산아제한과 우생」, 「생활고문」, 「화목한 가정」, 「문예원지」 등 20여 가지의 전란을 두어 광범한 녀성들에게 애국주의 교양과 공산주의도덕 교양, 민족단결교양, 법제교양을 진행하며 4개 현대화건설에서 용솟음쳐 나온 녀성 선진인물들을 선전하며 녀성과 어린이들의 합법적 권리와 리익을 수호하며 련애, 혼인, 가정 문제를 올바르게 대하도록 그들을 인도할 것이다. 이 밖에 동서고금의 녀성 명인들의 이야기를 실으며 가정백과지식을 비롯한 문화과학지식도 소개하며 자녀교양 특히는 조기교양의 경험을 소개하며 문예작품도 싣는다."

이와 같이 사상성과 지식성, 취미성, 실용성을 갖춘 종합지를 지향하였으며,

창간호 내용은 첫 페이지에 강극청의 「연변녀성의 창간을 축하하며」를 시작으로 녀성 명인과 혁명투사들을 소개하고, 「행복한 가정을 꾸밀려면」, 「사랑이란?」, 「의심? 리혼! 후회」 등의 연애와 가정생활 난이 있다. 이 밖에 소설과 만화, 가정생활에 필요한 과학지식 등을 담고 있다.

1997년부터 매년 전국조선족부녀 글쓰기 대회를 열어 여성들의 글쓰기 활동을 지원하고 있고 그 결과물로 「이산의 비애」, 「여성과 사회」 등의 출판물을 발행하여 조선민족 문화발전에 공헌하고 있다.

2003년 12호에 게재된 「우리는 이렇게 설을 쉰다」 기사를 보면 "까치까치 설날은 어제께고요." 라면서 이전 설날의 설렘에 비해 현재의 설날은 주부들에게 가사노동의 스트레스만 안겨주고 있다며 새로운 방식의 설날 문화를 강조하는 등 한국 사회의 명절문화 문제점들과 흡사한 유형을 볼 수 있다. 주요 광고들도 각종 성형시술을 선전하는 연변 성형외과들과 주방용품, 의류 광고들이다.

2014년 현재에도 계속 발행되고 있으며, 더욱 다양한 정보들이 제공되고 있다. 행복 비타민, 성공으로 이끄는 힘, 살며 생각하며, 건강정보 등 여성들이 흥미를 충족시키기 위한 기사들이 많이 보인다.

중국연변대학 도서관에 소장되어 있으며, 국회도서관에도 일부 소장되어 있다. 1983년 11월호, 1998년 7·11월호와 2006~2010년 사이 발행본이 DB화되었다. (김성남)

참고문헌

『연변녀성』, 창간호 외; 車培根·吳泰鎬, 『中國朝鮮民族言論史』, 서울대학교출판부, 1997; 최상철, 『중국조선족 언론사』, 경남대학교출판부, 1996.

연변녀성운동

(延邊婦運)

연변조선족자치주 부녀연합회에서 발행하는 격월간 여성잡지이다. 주임은 한옥금, 부주임은 류해연, 조어금, 주필은 왕정이다.

이 잡지는 "녀성사업의 향도자, 녀성운동의 활무대, 녀성정보의 교환지, 녀성간부의 길동무"라는 방향성을 가지고 다양한 내용들을 담고 있는 여성잡지이다.

2002년 5월호 표지는 한복을 곱게 차려입은 연변조선족자치주 부녀연합회 50주년을 기념하는 여성들의 사진이며, 이어서 부녀연합회의 역대 주석들의 사진들을 싣고 있다. 표지 제호는 한글이지만, 내용은 중국어로 편집되어 있다.

2003년 3기는 일부는 중국어이지만, 대부분의 기사는 한글로 편집되어 있다. 주요 내용은 서두어로 「학습형 가정에서 해야 할 10가지와 하지 말아야 할 10가지」로 자녀교육에 대한 올바른 방향을 정리하고 있다. 지도자연설 난에 「주정부 부녀아동사업위원회 제6차 전체회의에서의 연설」, 「16차 당대회 정신을 깊이 있게 학습 관찰하면서 두 가지 계획을 전면적으로 실시하여 우리 주 부녀아동사업의 새로운 국면을 힘써 개척하였다」는 기사와 「사랑의 샘물」, 「연성 환경 건설」, 「즐거운 6·1절」, 「녀성립공 – 푸른하늘 더이고 싸워가는 녀성 도로보수반, 간고하게 창업하고 종업원들의 고락을 념두에 둔 총경리」 등 여성의 직업 환경에 관련된 글들이 많이 보인다. 이외에도 「재취업의 길」, 「사회구역」, 「문명가정」 등 여성의 자립을 위한 정보 제공과 체험을 담은 기사들도 있다. 「사업연구」 난에는 사업하는 여성, 직업여성들에 대한 이야기들도 많이 보인다.

2003년 5기의 첫 페이지는 전국부련회 제9기 위원 주부련회 주석 한금옥의 「새로운 일터 새로운 업적 새로운 생활을 창조하는 녀성으로 되자」는 서두어가 실려 있다.

'여성운동'이라는 제호를 달고 있지만, 여성 문제에 대한 문제의식 등을 논하는 기사는 찾아보기 어렵고 여성 사업가 소개와 취업 등의 정보를 통해 여성의 지위를 향상한다는 논조를 가지고 있다.

목차 난에 부녀연합회의 상징 마크와 함께 "녀성사업의 향도자, 녀성운동의 활무대, 녀성정보의 교환지, 녀성간부의 길동무"라는 표어가 있다.

재외동포재단 소장본 2002년 5월호와 2003년 3~6월호를 DB화하였다. (김성남)

참고문헌

『연변녀성운동』, 2003년호.

연변라지오텔레비전신문

1984년 9월28일 중국 길림성 연길시에서 창간된 방송 TV 예능 관련 주간 신문이다. 주관단위는 중공연변조선족자치주위원회선전부이며 주최단위는 연변조선족자치방송텔레비전국, 발행처는 『연변라지오텔레비전신문』 신문사이다. 초창기에는 1면은 한글로, 2면은 중국어로 발행하다가 1985년 2월 8일 제20호부터 한글판과 중국어판을 각각 타블로이드판으로 하여 4면씩 주 4회 발행하였다. 1992년 제1호(누계 380호)부터 판면을 8면으로 증면하였다. 주필은 박경전이고, 사장 겸 총편집인은 허도이다.

발행 취지는 중국 공산당의 노선 방침 정책을 목적성 있게 잘 선전하는 데 두며, 다양한 독자층의 수요를 만족시키기 위하여 노력하는 것이다. 창간사에서 "해박하고 통속적이며 새롭고 생동하며 건전한 내용을 독자들에게 전달한다. 빠른 정보 전달로 독자들의 정치적인 진보를 도모하고 경제적인 효과를 보도로 한다. 연변조선족자치주 여러 민족 인민들의 문화오락생활을 풍부히 하고 과학기술지식을 배우는 장으로 만든다."라고 창간 목표를 설명하였다. 또, "신문의 장점을 취하고 방송의 단점을 미봉하며 시청자들로 하여금 라지오와 텔리비죤을 잘 시청하도록 도와주는 것"을 편집 방향으로 하고 있다.

주요 내용은 연변과 길림성, 중앙라디오와 텔레비전 방송의 다음 주 프로그램 소개와 간추린 뉴스, 방송드라마 소개, 영화인물 소개, 문예 논평, 생활지식, 수필, 광고 등이다.

1984년 창간 초기에는 6만 부를 발행했으나 1985년에는 13만 부를 발행할 정도로 인기가 많았다. 인쇄는 초기 연변일보사 인쇄공장에서 하다가 1988년 10월부터 자체 인쇄공장을 차려 컴퓨터 조판 인쇄를 하고 있다. 1986년 4월 22일에 연변조선족 자치주 편제위원회의 비준을 받아 연변라지오 텔레비죤 방송보사로 독립했다.

1992년 제1호(누계 380호) 주요기사를 보면, 「연변TV프로」, 「중앙TV프로」, 「겨울방학기간 교육TV프로 예고」, 「려관에서 생긴 일」, 「오스카상을 받은 5명 중국인 후예」 등과 과학·생활·지식 난에 「새해를 맞는 조선민족의 미풍량속」, 「환경과 환경문제」, 「형형색색의 법률」, 「마작을 놀다가 목숨을 잃은 안해」 등을 싣고 있다.

연변대학도서관에 소장되어있으며 1997년 1월호를 DB화하였다. (김성남)

참고문헌

車培根·吳泰鎬, 『中國朝鮮民族言論史』, 서울대학교출판부, 1997; 『연변라지오텔레비전신문』 1992년, 1997년 1월호.

연변문예

(延邊文藝)

1951년 6월 중국 연길에서 창간된 문학잡지이다. 16절 크기에 초기에는 한글과 한자를 혼용하여 사용하였으며, 연변문련주위회편위회延邊文聯籌委會編委會가 편집 발행하고, 동북조선인민보사에서 인쇄하였다.

1951년 12월 정간되었다가 1953년 12월 복간되었다. 복간 후에는 25절 크기로 1956년 말까지 35호를 발행하고 1957년 1월 『아리랑』으로 제호를 바꾸었다가 다시 1959년 1월 『연변문학』으로 개칭하였으며 발행 호수는 계속하여 이어갔다. 1966년 10월 문화대혁명으로 폐간되어 7년 6개월 동안 발행이 정지되었다. 1974년 4월 다시 창간 당시의 제호인 『연변문예』로 복간되었고, 1985년 1월 『천지』로 제호를 개칭하였으며, 1998년 1월 또다시 이전의 『연변문학』 제호로 돌아와 현재까지 발행을 이어가고 있다.

이 잡지의 창간은 중국 조선족들이 처음으로 한글로 된 작품을 발표할 수 있는 장을 갖고 창작활동의 새로운 발전의 계기를 만들어주었다. 중화인민공화국 창건 이후 연변지구에서 최초로 결성된 연변문예연구회가 1951년 연변문학예술계련합회 준비위원회를 결성하였고 그 기관지로 6월부터 『연변문예』를 발간하기 시작한 것이다.

창간호에 밝힌 발행목적은 다음과 같다.

"우리는 보다 더 인민들 속에 심입하여 생산건설과 각종 투쟁 중에서의 새로운 인물들의 우수한 품질 영웅적 업적을 묘사하는 등의 정치 사상내용 및 예술적 가치를 창조해야 한다. … 동무들께서 끊임없이 많은 창작품을 보내주심과 동시에 좋은 의견과 희망 등을 제의해 주시기를 바란다. 그래야만 우리들은 이러한 적극적인 협력 밑에서 비평과 자아비평의 무기를 정확히 장악하고 능히 이 간물을 꾸려나갈 수 있으며 또 더 잘 꾸려나갈 수 있을 것이다. 우리는 모주석의 새로운 문예방침에 따라 굳게 뭉치며 새로운 문예를 인민 가운데에 광범히 보급시킬 것을 거듭 희망하는 바이다."

이러한 창간 방침에 따라 창간호 내용은 문예 운동을 통해 반혁명진압에 총 궐기 할 것을 선전하는 글들이 많이 실려 있다. 목차를 보면 사론으로 「문예형 식을 통하여 반혁명진압을 광범히 선전하자」, 「연변의 애국주의적 문예운동을 널리 전개하자」 등과 같은 정치적 선전 글들과 함께 극본, 수필, 시, 가곡, 영화 소개 등 다양한 글들을 포함하고 있다. 창간호 말미에는 문예통신원을 초빙한 다는 광고도 있다.

1954년 1월 연변문학예술공작자련합회의 기관지로 다시 복간된 후 「연변문 예 창간에 제하여」라는 글에서 그 창간취지와 임무에 대해 "새로운 현실은 우리 의 문예에 대하여 새로운 요구를 제출하였다. 군중 가운데서 새로운 문예활동 이 광범히 전개되고 있는 정황은 우리들에게 문학예술의 창작품을 많이 공급하 며 그들의 문학예술활동을 지도하며 배양하여 줄 새 과업을 제기하였다. 이런 정황 하에서 우리는 『연변문예』의 창간을 더 지연시킬 수 없다."라고 하였다.

1954년 11월호에 게재된 '신춘문예 작품 모집' 응모조건을 보면 "작품은 현 실생활을 제재로 특히 헌법의 보장 밑에서 눈부시게 진행되는 과도기 제 방면 의 현실투쟁을 묘사해야 하며 당의 민족 정책 아래에서 표현되는 새 기상을 묘 사해야 할 것이다."라고 하여 당시 문예 작품의 기준을 설명하고 있다.

오랜 역사와 전통을 가진 문학지로 반세기가 넘는 세월 속에서 정간과 복간, 제호 변경 등을 하면서도 우리말과 한글을 통한 민족 얼을 지키며 현재까지도 발행이 되고 있는 잡지이다. 1950년 이후 중국 조선족 작가 대부분이 이 잡지 를 통해 문단에 등단했고 현재 600여 명에 이르는 연변작가협회 회원 작가군을 형성하고 있다.

연변대학교 도서관에 소장되어 있으며, 1951년 1~6집, 1954년에서 1961년 사이 발행된 7기에서 50기를 DB화하였다. (김성남)

참고문헌

『연변문예』 창간호, 1954년; 車培根·吳泰鎬, 『中國朝鮮民族言論史』, 서울대학교출판부, 1997; 최상철, 『중국조선족 언론사』, 경남대학교출판부, 1996.

연변문학

1959년 1월 『아리랑』의 제호를 『연변문학』으로 개제한 것이다. 1951년 6월에 창간된 『연변문예』가 제호를 1957년 1월 『아리랑』으로 바꾸었고, 다시 1959년 1월 『연변문학』으로 개칭하였으나 발행 호수는 그대로 이어가 제25기가 『연변문학』 창간호이다. 다시 1974년 4월 『연변문예』로 제호를 바꾸어 복간되었고, 1985년 1월 『천지』로 제호를 개칭하였으며, 1998년 1월 다시 이전의 『연변문학』 제호로 돌아와 현재까지 발행을 이어가고 있다. 편집 출판은 연변문학월간사이다.

창간호인 1959년 1월호에 실린 사설 「전당 전민적 창작운동을 전개하자」에서 "문예 창작이 정치를 위하여 복무하는 방면에서 현저한 개변을 가져왔다. 많은 작품들은 소형적이며 다양한 형식을 운용하여 현실 생활을 제때 반영하였으며 로동 군중을 주인공으로 한데서 중심 공작을 추동하였다. 특히 문예 창작과 생산 로동의 결합 전민성적 창작 운동의 전개 이 모든 것은 문예 공작이 새로운 력사 시기에 들어섰으며 공산주의 문예의 새 싹이 트기 시작했다는 것을 설명해준다. 이것은 문예 공작 상의 거대한 발전이며 동시에 이것은 우리나라 정치 경제 문화 발전의 반영인 것이다."라고 문학의 역할을 설명하고 있다.

창간호 주요 내용은 소설 특집으로 소설과 수필 13편을 신고 있다. 「굴하지 않는 사람들」, 「조국은 빛나라」, 「붉은 기」, 「부녀 연철공」 등이다. 이 글들은 이 잡지의 편집 후기에서 밝혔듯이 "대부분 작품들은 모두 감히 생각하고 감히 말하며 감히 행동하는, 그리고 나는 남을 위하고 남은 나를 위한다는 공산주의 풍격을 보여 주는 영웅적 인물들을 묘사하였다. 한편 한편의 작품들은 사람의 흉금을 쥐여 흔든다. 그것은 이러한 인물들을 묘사하고 반영한 작자들 본신이 직접 그 노동과 사건 중에 참가하였거나 몸소 체험한 사실들을 기록하였기 때문이다. … 하루가 20년 같은 이 위대한 현실을 제때에 잘 반영함으로서 문예가 정치를 위하고 생산을 추동하는 임무를 완성하게 될 것이다. 동시에 우리 잡지는 사회주의를 건설하는 노동 인민의 노래 소리로 충만하게 될 것이다."라고 하여 문학이 정치에 복무해야 함을 강조하였다. 이어서 "우리 편집부는 앞으로도 이러한 생활력이 충만된 작품을 실리기 위하여 아낌없는 노력을 다할 것이다. 사회주의 건설을 가속화하며 공산주의에로 과도하기 위한 조건을 창조하는 노동 전선에서 주야 분전하는 전사들에게 다시금 새해의 인사를 드리면서 우리의 새해 첫 호의 편집을 바친다."로 편집 후기를 마무리하였다.

오랜 역사와 전통을 가진 문학지로 반세기가 넘는 세월 속에서 정간과 복간, 제호 변경 등을 하면서도 우리말과 한글을 통한 민족 얼을 지키며 현재까지도 발행이 되고 있는 잡지이다. 중국 조선족 작가 대부분이 이 잡지를 통해 문단에 등단했고 현재 600여 명에 이르는 연변작가협회 회원 작가군을 형성하고 있다.

연변대학교 도서관에 소장되어있으며, 1959년 25기에서부터 1961년 50기까지를 DB화하였다. (김성남)

참고문헌

『연변문학』 창간호; 車培根·吳泰鎬, 『中國朝鮮民族言論史』, 서울대학교출판부, 1997; 최상철, 『중국조선족 언론사』, 경남대학교출판부, 1996.

연변소년

1956년 1월부터 공청단연변주위 기관지로 발행되었다. 책임편집은 윤정석이다. 1957년 6월 15일 종간되었고, 이후 『소년아동보』 신문이 발행되었다.

동북조선인민보사에서 창간했던 『소년아동』을 1956년 공청단연변주위共靑團延邊籌委에서 접수하여 소년선봉대 잡지로 만들면서 『연변소년』이라는 제호로 1년 반 정도 발행되었다. 이후 여러 차례 정간과 복간을 거치면서 제호도 바뀌었다.

1957년 1월호 첫 페이지에 실린 「새해의 말」에서 "어린 동무들! 우리는 당과 모주석의 따뜻한 배려와 그리고 선생님들의 지극한 사랑 밑에서 지난 한해를 즐겁고 의의 있게 보내고 희망 벅찬 맘으로 새해-1957년을 맞이했습니다."라며 소년들이 지켜야 될 네 가지 원칙을 다음과 같이 제시하고 있다.

"첫째, 국가에서 우리 어린이들에게 맞겨준 가장 큰 임무인 학습을 더욱 잘해야겠습니다. 이러기 위해선 시간에 집중하며 제때에 작업을 해야겠습니다. 또 지식을 넓히기 위해 과외독서를 많이 해야겠습니다. 둘째, 체육활동과 문화 오락 활동에 잘 참가하여 몸을 건강히 하며 용감하고 활발한 정신을 키워야겠습니다. 셋째, 학생수칙을 잘 지키며 특히 공공질서와 규율을 자각적으로 지키며 선생님을 존경하고 각 족 어린이들과 서로 단결 우애하며 일에 성실하며 나쁜 일과 나쁜 사람에 대해 미워할 줄 알아야겠습니다. 넷째, 국내외의 대사를 관심하며 또 소선대의 활동에 적극 참가하며 물건을 아껴 쓰며 생산기술 학습을 잘해야겠습니다."

그 시기 중국사회가 원하는 소년의 모습을 잘 보여주는 글이다.

이 잡지의 내용은 이전의 『소년아동』과 대체로 비슷했으나 소선대 대원들의 학습, 활동, 생활, 정황과 소선대의 사업경험에 관한 내용들이 많이 늘어났다. 특히 소선대원들에게 식목과 조림, 동물 기르기, 실험기기의 제작, 환경녹화 등을 권장하는 내용들이 많다.

연변대학교 도서관에 소장되어있으며 1956년 1~12월, 1957년 1~5월호까지가 DB화되었다. (김성남)

참고문헌

車培根·吳泰鎬, 『中國朝鮮民族言論史』, 서울대학교출판부, 1997; 윤정석, 「중국조선족소년보가 걸어온 길」, 『중국조선민족발자취총서』, 북경 민족출판사, 1994.

연변위생

(延邊衛生)

1953년 11월 월간으로 창간된 보건잡지이다. 『연변위생』 편집위원회가 편집하고 출판자
는 연변조선족자치주위생처, 발행자는 연변위생공작자협회가이다. 1954년 10월호의 출
판자는 연변교육출판사, 발행자는 동북위생공작자협회 길림성연변분회로 되어 있다.
1965년 정간되었다가 1982년 6월 『연변의학』으로 제호를 바꾸어 복간되었다.

창간목적은 위생사업에 관한 당과 정부의 방침
과 정책을 선전하며 국내외 새로운 의학이론과
기술, 경험을 소개하고 보급하여 위생사업을 발
전시키는 것이다. 1954년 3기에 「애독자 여러
분에게 알리는 말씀」을 통해 "인민 보건사업 중
에서 이미 얻은 귀중한 경험, 공장, 광산, 농촌,
학교, 기관들에서 전개한 위생사업 경험과 성적
등을 소개하는 내용의 글"들을 많이 보내 달라
는 글을 게재했다.

　　1954년 10월호 연변 조선민족 자치구 인민
정부 위생처 처장 전봉례가 쓴 사설 「5년래 연변위생 사업의 보람찬 성취」에서
는 건국 5주년 국경절을 맞이하여 연변의 위생행정기구의 불건전성이 정부의
지원으로 발전되었음을 강조하고 이에 따른 의료예방사업과 치료예방, 위생사
업의 눈부신 성과를 열거하였다. 5년간에 진행된 의무 위생 일군을 배양하고 의
약 기재를 공급한 실적 등을 구체적으로 설명하면서 연변 의무 일군들의 경상
적인 학습을 지도하고 중급 의무 일군들의 실무상의 학습에 도움을 주기 위하
여 매월 『연변위생』을 발행한다고 하였다.

　　1960년 12월호에는 사설 「마진을 예방하여 어린이들의 건강을 보호하자」와
마진의 예방과 치료를 위한 여러 가지 경험과 대책들을 제공하고 있다. 이 밖에
일반 대중이 알아야 할 위생 정보로 결막염이나 동상, 구루병 등에 관한 치료방

법을 소개하고 있다.

이 잡지는 정부의 위생사업 정책을 선전하고 의학이론과 새로운 기술, 국내외 선진 경험을 보급하고 교류하여 연변 조선인 의무 인력들의 기술 수준을 높이고 위생 사업을 발전시키는 데 공헌했다. 1950·60년대 위생사업의 현황을 잘 볼 수 있는 자료이다.

연변대학교 도서관에 소장되어있으며, 1954년 10월호, 1960년 12월호를 DB화하였다. (김성남)

참고문헌

車培根·吳泰鎬, 『中國朝鮮民族言論史』, 서울대학교출판부, 1997; 최상철, 『중국조선족언론사』, 경남대학교출판부, 1996.

연변음악

1982년 연길에서 창간된 음악잡지로 1981년 창간된 『봄노래』가 1982년 『연변음악』으로 제호를 바꾼 것이다. 『연변음악』 편집위원회에서 편집하고 연변인민출판사에서 출판 · 발행했다. 1985년 다시 제호를 『새노래』로 개제했다.

1982년 제2기의 내용을 보면 창작가요 「당이여 언제나 그대 따라」, 「따사로운 품」, 「선녀도 부러워 내리는 고장」, 「푸른 하늘에 나래치리라」, 「연변에 와보세요」 등 26편의 창작 가요와 번역가요, 소년아동가요 「꽃피는 교실」, 「곱게 필래요」 외 16편의 악보와 가사, 아동번역가요 5편의 악보 가사가 실려 있다. 그리고 예술단체 안내와 음악상식 「영광스런 전통, 빛나는 민족예술－연변가무단이 걸어온 길을 더듬어」, 「전자음악과 그 미학적 특점」, 「판소리」, 「창극」 등의 기사와 「음악 이야기 － 베토벤과 슈벨트」, 「음악가 소개」 등의 다양한 기사들이 실려 있다.

이 잡지의 전신인 『봄노래』 창간사에서는 "우리는 마땅히 사회주의 건설의 새로운 시기에 인민대중의 음악사업에 대한 나날이 높아지는 기대에 호응해야 한다."고 이 잡지의 발행 목적을 설명하고 있다.

「당원답게 살리라」나 「따사로운 품」 등 공산당을 찬양한 노래는 80년대 중국 정치 상황을 대변하고 있지만 「복사꽃 피였네」, 「사철 피는 꽃송이」, 「꽃밭을 가꾸네」 등과 같은 서정적이고 조선민족의 정서를 담은 노래들도 많이 보인다.

음악 애호가들의 작품발표와 정보 교류의 장으로서 조선족들의 가요 창작을 발전시키는 데 중요한 역할을 담당하였다.

연변대학교 도서관에 소장되어있으며, 1982년 2월호를 DB화하였다. (김성남)

참고문헌

車培根·吳泰鎬, 『中國朝鮮民族言論史』, 서울대학교출판부, 1997.

연변의학

(延邊醫學)

이 잡지의 전신은 1953년 창간된 『연변위생』이다. 1966년 문화대혁명으로 정간되었다가 1982년 6월 『연변의학』으로 개제되었다. 1982년 9월에 발행된 제2기가 누계 12기로 되어 있다. 연변의학자협회에서 주관하고 『연변의학』 편집실에서 편집, 의학잡지사 발행, 연변일보사에서 인쇄하였다.

발행 목적은 선진적 의학기술을 보급하며, 조선족 의무 인력들 간의 경험을 교류하며 실무 수준을 높이고 연변의 의료 위생사업 인력들로 하여금 여러 민족 인민들의 건강 수준을 높이는 것을 사명으로 하고 있다.

1982년 제2호에는 조사 연구 기획 기사로 「연변 의학 위생 역사 개황」이 첫 페이지에 실려 있다. 연변 지역의 해방 전 시기를 세 단계로 나누어 각 시기마다의 위생 보건 역사를 소개하고, 위생 관리 기관의 발전 역사를 상세히 설명하고 있다. 흥미로운 것은 세 시기를 첫 번째 시기(1860~1905), 두 번째 시기(1906~1931), 세 번째 시기(1932~1945)로 청나라 시기, 중화민국 시기, 일본강점 시기로 나누어 당시 조선인 인구수와 의료 상황을 설명하고 있어, 그 시기 조선인 이주와 위생상태 등에 관한 정보를 얻을 수 있다.

내용은 조사연구, 종합논술, 간호사업, 임상관찰, 강좌, 의학문답 등의 난에 「면역과 간호」, 「무엇 때문에 간장 기능이 엄중하게 손상되었을 때 단백질의 섭취량을 제한해야 하는가?」, 「무엇 때문에 일부 구루병은 비타민 D만으로는 치료할 수 없는가?」, 「무엇 때문에 신경 계통의 일부 질병에는 흔히 비타민 B_6를 쓰는가?」 등의 기사가 있다. 문헌과 역문 난에는 「인간의 노쇠 기제에 관한 현대학적 리론」을 소개하고 있다.

연변대학교 도서관에 소장되어있으며, 1982년 9월호를 DB화하였다. (김성남)

참고문헌

車培根·吳泰鎬, 『中國朝鮮民族言論史』, 서울대학교출판부, 1997.

연변일보 통신

1980년 중국 연길延吉에서 발행된 한글 종합잡지이다. 이 잡지의 전신은 연변일보사에서 발행하던 『통신사업』이며, 그 후 『로동통신』, 『로동병통신』, 『통신원의 벗』, 『연변일보 통신』으로 여러 차례 제호를 바꾸면서 발행되었다.

연변일보의 통신원들이 제공하는 소식들과 취재에 관한 체험과 토론들을 소개하는 잡지이다.

1983년 1월호 첫 페이지에는 『연변일보』 편집부에서 "4개 현대화 건설의 새로운 국면을 개척하는 나팔수이며 여론자인 광범한 통신원과 글쓰기 열성자들에게 새해의 친절한 인사를 올리는 바입니다."라고 기사를 제공하는 통신원들에게 인사를 전하고 있다.

목차는 다섯 부분으로 구성되어있는데 〈승리로 아로새겨질 새로운 한해에 대하여〉, 〈간접 취재에 대한 지상토론〉, 〈실무연구와 원고쓰기 체험〉, 〈신문보도에 대한 독자의 목소리〉, 〈각지 통신보도사업 동태〉로 구성되어 있다.

〈간접취재에 대한 지상토론〉으로 실린 「간접취재를 어떻게 볼 것인가?」, 「간접취재를 허용해야 한다」, 「현지 취재를 해야 한다」 등에서는 직접 현장 방문이나 인터뷰도 없이 간접적으로 얻은 정보를 기사화하여 잘못된 기사를 작성한 경우를 예로 들어 간접 취재를 반대하는 입장과 직접 현장 취재와 간접 취재를 모두 허용해야 한다는 입장들을 모두 게재하고 있다.

〈실무연구와 원고쓰기 체험〉에서는 「어떤 것이 훌륭한 보도기사인가?」, 「통신원은 군중이 하고 싶어 하는 말을 해야 한다.」, 「소식보도는 전적으로 진실해야 한다」 등에서 진실한 보도와 습작 기교를 강구하는 글에 대한 입장들을 다루었다.

이 밖에 〈신문보도에 대한 독자의 목소리〉란에는 「'돈을 어디에 쓸 것인가?'란 전문난은 좋다」, 「생활미가 짙은 통신」, 「공명을 일으킨 보도」, 「생동한 교양」 등 독자들의 다양한 의견을 담아내고, 〈각지 통신보도사업 동태〉란에 「사유를 넓혀 여러 가지 문체로」, 「통신원은 정신문명 건설의 진두에 서야 한다」 등의 기사가 있다.

연변대학교 도서관에 소장되어 있으며, 1983년 1월호와 1995년 3~4월호를 DB화하였다. (김성남)

참고문헌

『연변일보통신』 1980~1983년.

연변조선족자치주공보

(延辺朝鮮族自治州公報)

1959년 중국 연변조선족 자치주에서 행정적 통지와 지시 등을 위해 창간한 행정 간행물이다. 매월 1회씩 발행되었다. 1면 제호 아래 "내부간물內部刊物, 주의보존注意保存"이라 인쇄되어 있다.

동일한 기사를 한글과 중국어로 동시에 게재하고 있는데, 목록에도 한글 제목과 중국어 제목이 차례대로 실려 있다.

　1960년 제1호(총제13호)의 목록은 「수공업 귀속 관리 조정 문제에 관한 연변 조선족 자치주 인민위원회의 통지」, 「합동공 중에서 일부 기술 공인을 고정시킬 데 대한 성 인민위원회의 통지를 이첩함에 관한 연변 조선족 자치주 인민위원회의 통지」, 「은행 4화 예금 취급에 대한 령도를 강화할 데 관한 연변조선족자치주인민위원회의 지시」, 「월 공정 공사 설계실을 건축 공정처에 귀속시킴에 관한 연변조선족자치주인민위원회의 통지」, 「각현 시 및 장춘, 길림 2개시 관할구 교통 운수 기구 설치에 관한 성 인민위원회의 통지를 이첩함에 관한 연변조선족자치주인민위원회의 통지」 등과 같이 연변조선족자치주의 행정에 대한 중국 정부의 통지나 지시 사항 등을 다룬 기사들 로 구성되어 있다.

　1960년 제3호의 내용을 보면 「통계자료의 사용, 초록에 관한 연변 조선족 자치주 인민위원회 통지」, 「종자 파종 전 검험 공작을 진일보로 전개할 데 관한 연변 조선족 자치주 인민위원회의 지시」, 「조선족 자치주 위원회, 연변조선족 자치주 인민위원회의 지시」, 「문맹을 퇴치할 데 관한 길림성 인민위원회의 통지」 등이 있다.

　이러한 기사들은 그 당시 중국 정부의 소수민족 정책이나 방향 등을 상세히 보여주는 기사들인데, 1962년 1호에는 연변조선족자치주인민위원회에서 보고한 「도박활동을 엄금할 데 관한 통고」라는 글이 실려 있다. "연길시, 화룡, 돈화, 안도 등지의 보고에 의하면 도박 활동에 참가하는 사람들 가운데는 적지 않은 사원, 공인, 기층 간부뿐만 아니라 지주, 부농, 반혁명분자, 나쁜 분자들도 있다. 사실상 이미 사회 치안을 엄중히 위해하였으며 공인, 사원 군중의 생산, 생활에 영향을 주었다. 목전 부분적 지구의 도박 바람은 계속 만연되고 있다. 특히 음력설이 곧 닥쳐오고 있는 이때 만약 도박 활동을 조기에 제거하지 않는다면 필연적으로 사회 치안과 군중생활에 보다 큰 위해를 가져오게 될 것이다."라고 쓰고 있어 당시에도 도박은 큰 사회적 문제였던 것으로 보인다.

연변대학교 도서관에 소장되어 있으며, 1960년 13~24호, 1962년 37~48호를 DB화하였다. (김성남)

참고문헌

『연변조선족자치주공보』, 1960, 1961, 1962년 발행본.

연변청년

(延邊靑年)

1955년 1월 20일 공산주의청년단 연변주의 기관지로 창간되었다. 연변청년 편집위원회에서 편집, 연변교육출판사에서 출판했다. 인쇄자는 동북조선인민보 인쇄창이며, 정가는 0.15원이다. 1959년 8월 복간되었으나 1961년 다시 종간되었다.

조선족 청년들을 대상으로 한 대중적 정치잡지이다. 「창간사」에서 "청년들에게 애국주의와 국제주의 교양, 공산주의와 공산당에 대한 교양을 진행하며 문화과학지식과 문화체육활동에 대한 교육을 진행하여 전적으로 공산주의 도덕품질을 가진 청년으로 양성하며 공산주의 인생관을 수립하게 하는 것이다. 그러므로 편집 내용, 형식상에 있어서 될 수 있는 노력을 다하여 청년들의 특점에 알맞게 하며 문장은 간명하고 짧고 통속화하여 알아보기 쉽게 하며 지방의 실제 생산투쟁과 당원과 청년의 각 방면의 생활과 투쟁을 반영하며 형식이 다양하며 형상화에 주의하여 사진, 련환화 등 일편의 편집방침과 편집방법을 관철하여야 한다."라고 편집 방향을 설명하였다.

창간사를 통해 알 수 있듯이 이 잡지의 발행 목적은 청년들을 공산주의자로 양성하는 것이었다. 목차 뒷면에는 '대만 해방을 위하여'라는 표어 아래 노동하는 청년들을 배경으로 하여 총을 들고 서 있는 세 청년의 사진이 실려 있다.

창간사에 당시 제시한 발전적 청년의 모습은 "소위 전면 발전한 일군이라면 다음의 세 방면이 갖추어져야 한다. 첫째 정치상에서 각오가 있고 당과 로동인민의 사업에 충실하고 대공 무사하며 개인주의 자사 자리가 있어서는 아니 된다. 둘째 과학 문화지식이 있고 로동에 종사하는 기능이 있으며 혁명 사업에 종사하는 재능이 있어야 한다. 이 방면의 지식과 기능이 없다면 사회주의 건설 사업에 참가할 수 없다. 셋째 건전한 체격이 있어야 한다. 건전한 체격이 없다면 정치상 기술상의 우점과 작용을 발휘할 수 없다."라고 하며 정치상 각오와 과학 문화 지식, 건전한 체격을 바람직한 청년의 모습으로 강조하였다.

창간호 내용은 논설 「1955년의 임무를 맞이하자」와 「조국 보위의 신성한 직책을 리행하며 병역 징모에 열렬히 향응하자」 등의 정치적 기사 외에도 「조국의 우수한 아들 딸로! ─ 겨울 체육과 위생」, 「잡곡의 영양 가치」 등의 생활정보와 〈오락실〉란도 설치하여 「청개구리의 비행」, 「맞추기」 등의 이야기도 싣고 있다.

1960년은 반월간으로 발행되었는데 1월 1일에 나온 제1기의 목차를 보면 「새해를 맞으며 전 주 각 족 청년들에게 주는 중공 연변 조선족 자치주 위원회 제2서기 요흔동지의 제사」, 「우경을 철저히 반대하고 열의를 북돋우어 금년의 더욱 큰 약진을 쟁취하기 위하여 분투하자」 등의 정치적 기사가 주요 내용이며, 〈청년론단〉란에 신호등과 지식궁이라는 난을 만들어 일반 상식과 정보들을 싣고 있다.

연변대학교 도서관에 소장되어 있으며 1955년~1958년 1월호~12월호 전체와 1960년 1기~24기가 DB화되었다. (김성남)

참고문헌

車培根·吳泰鎬, 『中國朝鮮民族言論史』, 서울대학교출판부, 1997; 최상철, 『중국조선족 언론사』, 경남대학교출판부, 1996; 『연변청년』 창간호.

연출재료
(演唱材料)

1960년 중국 연길에서 창간된 문화잡지이다. 연변군중예술관에서 편집하여 연 4회 계간
으로 발행하였다. 중국 제호는 연창재료演唱材料이다.

문화잡지로 형식은 단막극과 단편 소설, 노래 등
으로 구성되었지만, 내용은 정치적 선전 선동을
노래와 극 등으로 표현한 작품들로 채워져 있다.
1964년 3기(총제19기) 내용을 보면 「모자상
봉」(단막극), 「백악관」(재담), 「풍년가」, 「반미 시위
가」, 「태양은 빛발을 뿌리네」(가곡), 「혁명적 인
민 나간다!」(가곡), 「새농촌 건설자」(가곡), 「고운
꽃」(동요) 등의 노래 악보와 가사가 실려 있다.
1964년 4기의 내용도 「너 민병」(단막극), 「위대
한 나라 위대한 당」(가곡), 위대한 령수 모택동」
(가곡) 등으로 구성되어 있다. 표지에는 장구와 꽹과리 등을 들고 춤을 추는 풍물
패의 그림이 실려 있는데 한복과 군복을 입은 사람들이 섞여 있다. 1964년 4기
의 표지도 총을 멘 남녀의 사진을 싣고 있는데 남자는 군복을 여자는 한복을 입
은 모습이다. 한글 기사와 중국어 기사가 혼재되어 있다.

대부분 당을 찬양하고 정치적 구호를 담은 노래와 단막극으로 구성되어 있으
며, 1965년 1기에는 「주은래총리의 정부사업보고」가 실려 있다. "1965년의 주
요한 과업은 도시와 농촌에서의 사회주의 교양 운동을 더욱 심입하여 광범하게
전개하는 토대 위에서 공농업 생산의 새로운 앙양을 힘차게 조직하며 인민 경
제 조절 사업 중에서 완수하지 못한 일부 과업들을 완수함과 동시에 1966년에
시작되는 제3차 5개년 계획을 위하여 준비를 잘하는 것이다." 라며 사회주의 교
양운동의 중요성을 강조하고 있다.

연변대학교 도서관에 소장되어 있으며 1964년 19기와 20기, 1965년 21기를 DB화하였다. (김성남)

참고문헌

『연출재료』, 1960, 1964, 1965년.

연합기독신보

(聯合基督新報)

1965년 12월 12일 창간되었다. 발행 겸 인쇄인 김선목, 편집인 강수악, 편집국장 장충협
이다. 발행소는 서울특별시 중구 남대문로 5가 115이며, 주간으로 간행되었다

『연합기독신보』는 특정 교단이나 교회 기
관의 배경 없이 교회신문 제작을 하던 평
신도들에 의해 발행되었다. 「창간선언」
을 보면 『연합기독신보』의 창간 취지가
서술되어 있는바, "교회의 역사적 사명
수행에 동참, 교회의 사회 참여 기운 양
성, 연합운동의 강화촉구, 사회 속의 교회
육성, 교회 현대화와 재평가에 역점 두고
대화 통한 이견 조정 기운 수립"을 목표
로 하였다. 그러한 만큼 경영 기반이 취
약하여 10호를 내고 발행이 불가능해져
휴간 상태로 있다가 대한일보사의 사장
김연준을 이사장으로 맞게 된다. 김연준은 대한일보사의 시설을 이용해 교회운
동을 돕고자 했던 것으로 1966년 5월 8일자로 11호를 발행하였다. 그러나 경
영 악화를 극복하지 못한 듯하다. 1966년 7월 2일 공보부가 등록만 하고 발행
실적을 유지하지 못한 12개 정기간행물에 대해 등록 취소 조치를 했는데 『연합
기독신보』도 이에 포함되어 있다.

창간호의 지면 구성을 보면 1면에는 「교회의 역사적 사명 수행에 동참」이라
는 제목의 창간사를 필두로 「푸른 하늘에 펼쳐진 찬송」 등이 실렸고, 2면은 창
간을 축하하는 축사와 창간사를 내용으로 하는 사설을 주요 내용으로 하고 있
다. 3면에서는 종교활동의 자유 구속에 우려를 드러낸 「사회단체등록법 중 개

정안 위요圍繞코,「대화의 광장」서 상면」을 가장 주요하게 다루고 있고 4면은 「성서를 근거로 한 연합운동」,「65년도 기독교 문화계 총결산」 등을 싣고 있다.

김연준이 이사장으로 들어온 이후의 지면을 살펴보면 1966년 6월 5일자의 경우, 1면에는「현실사회에 대응할 정책논의」,「기장과의 연대 강화」,「아주평신도련결성, 제1회 평신도대회에서」,「교회갱신에 역점」 등의 기사가, 2면에는 사설「교회갱신의 과제」,「일본경제와 기타」,「패전 후 절망 속서 분기」,「황무지를 옥토로」 등이 실려 있다. 3면에는「여성교육 80년의 심볼, 이화창립 기념잔치 찬란」,「아세아평신도대회후기」,「연세대에 신앙기풍」 등이 4면에는「바다를 잔잔케 하심」,「꽃주일 유감」,「예배와 성가대」,「현대성생활에 대한 기독교의 이해」, 마리안 케이스의「나사렛 소년」이 실렸다.

국회도서관에 마이크로필름 형태로 보관되어 있으며 이를 DB화하였다. (임경순)

참고문헌

『연합기독신보』, 창간호;「12개 간행물 취소」,『경향신문』, 1966, 7, 2.; 윤임술 편,『한국신문백년지』, 한국언론연구원, 1983.

열대문화
(Cultura Tropical)

『열대문화』는 열대문화 동인회의 무크 동인지로 브라질 상파울로에서 1986년 12월에 창간되었다. 황운헌, 목동균 시인 등이 주도했다. 노동이민으로 정착한 교민들의 문예동인지 경우로서는 북미보다 빨랐다는 평을 들을 정도로 선구적이었다. 한글시, 꽁뜨, 수필, 번역, 문화좌담회 등을 실은 190쪽 안팎의 비매품으로 10호 정도를 출간하다 현지의 재정위기 후 발행이 중단되었지만, 현재 재발행을 준비 중인 것으로 알려져 있다.

열대문화

CULTURA TROPICAL

창간호

86.12

열대문화 동인회

1963년부터 1966년까지 5차에 걸쳐 '농업이민' 자격으로 1,300명의 한인들이 브라질에 들어갔고, 1971년 '기술이민' 자격으로 1,400명이 브라질에 이주했다. 이들 초창기 이민자들의 대부분은 퇴역장교 출신, 고학력 중산층, 도시의 상인들이었는데, 지금의 《브라질 한인회》는 이들 초창기 코리언 이민자들이 주도적인 역할을 해서 조직되었다. 이후 브라질 한인들의 수는 꾸준히 늘어나고 있고, 현재 공식적으로는 50,773명 (2012년 12월 기준, 라틴아메리카 재외동포 현황: 외교통상부)의 한인들이 거주하고 있다고 하지만, 실제로는 6만 명 이상인 것으로 추정된다.

1970년대부터 이미 한인들은 브라질의 중심도시인 상파울루의 봉헤치루를 중심으로 섬유산업에 집중적으로 종사하면서 자신들의 영역을 확보하기 시작했다. 이후 한인들은 한국학교도 설립하고, 공무원, 변호사, 의사, 교사 등 다양한 전문직에서부터 호텔, 음식점, 인쇄소, 세탁소에 이르기까지 다양한 직업군으로 영역을 확장해 나갔다.

『열대문화』 이전에 '브라질 한인회'에서는 문예잡지 형태의 종합교양지 『백조』(1970년 8월 '브라질 한인회'의 전신인 '한국문화협회'에서 창간)와 『무궁화』(1985년 3월

'브라질 한인회' 회보로 창간. 3호 발행으로 중단)를 발간하기도 했다.

『열대문화』의 동인회 회원은 권오식, 김우진, 목동균, 안경자, 연봉원, 이찬재, 주오리, 한송운, 황운헌이다. 동인들 중 안경자는 『열대문화』에 소설 5편과 수필 등을 소개하였고 현재도 상파울루에서 작품 활동을 하고 있다. 연봉원은 『열대문화』 창간호부터 제9권까지 브라질 문학가 마샤도데 아씨스(Machado de Assis, 1839~1908)의 단편소설을 매호마다 번역해 실었다. 그리고 황운헌은 미국 LA에서 발간되고 있는 『울림』에 평론을 싣는 등 국경을 넘나들며 광범위한 활동을 보여주었다.

열대문화 동인회는 『열대문화』 창간의 취지와 각오를 다음과 같이 피력하고 있다. "『열대문화』는 우리의 허전한 정신을 달래주고 토닥거려줄 우리 마음의 안식처이다. 우리에게는 우리의 전통문화가 있고 브라질에는 브라질 특유의 다양한 문화가 있다. 우리는 우리의 전통문화를 간직한 채 브라질이라는 낯선 사회에 우리 나름으로 적응해야 하는 지혜를 길러야 한다. 그래서 『열대문화』는 앞으로 서로 이질적인 역사적 배경을 갖고 있는 한국 문화와 브라질 문화 사이에서 모두가 공감할 수 있고 이해할 수 있는 새로운 문화영역을 모색해 나가는 가교의 구실을 하고자 한다. 이것은 브라질에 살고 있는 한국인들이 해내야만 하는 하나의 일인 것이다."(열대문화 동인회, 「권두언-난초 한포기-열대문화 창간에 즈음하여」, 『열대문화』 창간호, (1986. 12.), 4쪽)

『열대문화』의 창간호는 다음과 같은 차례와 내용으로 구성되어 있다. 「권두언: 난초 한포기-열대문화 창간에 즈음하여」, 「특집-브라질 속의 한국인: 우리는 언제까지 한국인인가. 추한 얼굴. 1.5세대」, 「우리의 갈등은 무엇인가-전통의 고수와 동화의 문제」, 「제2의 이민」 등의 칼럼 같은 글들이 우선 게재되어 있다. 시로는 「호박꽃」, 「춤」, 「유월절」, 「뉴욕에서」, 「이런 이야기」, 「이따빠리까의 명상」, 「가을이 왔는데도」, 「문득 문득」, 「축제일」, 「화석」, 수필로는 "「따찌아이아 잡감」, 「얼빠진 사람 이야기」, 「손가락 유감」, 「마태복음 제7장 3절」, 「누님」, 「흐름」, 「그림이 있는 기행문: 아마존강, 그 망망한 풍경 속을 가다」 등이 실려 있다. 그리고 번역글로는 「Carlos Drumond de Andrade 〈밤에 온 손님〉」과 「Machado de Assis 〈금시계〉」 그리고 열대문화 동인회의 제언의 글 「우리에게 무엇이 더 필요한가」와 편집후기가 마지막으로 실려 있다.

창간호가 발행된 이후에 『열대문화』 각호의 주제에 대해 김환기 교수는 다음과 같이 정리하고 있다. 3호는 한국(한국인, 한국문화)과 브라질(브라질인, 브라질문화)의 동질성과 차이점, 5호는 문화교류의 실질적인 상황과 문제점, 7호는 이민 사회에 비친 한국의 여인상, 9호는 브라질의 교육제도와 인디언 문화 소개 등 이처럼 『열대문화』에 참여한 문인들은 다양한 주제로 잡지를 풍성하게 만들어 오고 있다.

브라질에서의 힘겨운 이주 생활로 『열대문화』 발행이 한동안 중단되었다가, 한인 문인들이 다시 힘을 모아 『열대문화』의 시즌2를 준비 중이라고 한다.

남미의 한인문학을 연구하던 동국대 김환기 교수가 수집했던 창간호부터 최근호까지 발행된 『열대문화』를 DB화했다. (임성윤)

참고문헌

『열대문화』; 김환기, 「재브라질 코리언 문학의 형성과 문학적 정체성」, 『중남미연구』, 30권 1호, 2012; 이명재, 「국외 한인소설에 나타난 디아스포라 양상: 이민, 재이민, 역이민 경우를 중심으로」, 『현대소설연구』, 48권, 2011.

영락월보

1966년 3월 30일 창간된 영락교회 월보로 총 16면 타블로이드판으로 발행되었다. 발행 겸 편집인은 한경직, 주간 이창로, 발행처는 서울 중구 저동 5가(영락교회)이다.

주간 이창로는 「창간인사」에서 다음과 같이 신문 창간 취지를 밝히고 있다.

"이 월보로 하여 천국의 소망을 안고 준비할 수 있어야 하겠습니다. 이 월보로 하여 우리 민족의 구원을 외칠 수 있어야 하겠습니다. (중략) 이 월보는 교회 내 각 부서의 형편과 사업 내용을 여러 교우들에게 잘 알려드리는 교회의 공보 기관이 되게 하는 동시에 교우 여러분이 친히 만들어가는 월보가 되도록 편집 원칙을 세우고 있습니다." 이 신문은 교회 운영에 대한 현안을 공유하고 일반 신도들 간의 소통을 목적으로 발행된 것이다.

신문의 발행주체인 영락교회는 서울시 중구 저동에 소재한 대한예수교장로회 소속의 교회로 1945년 12월 남한 27명의 신도들이 한경직韓景職 목사를 중심으로 모여 설립되었다. 처음 교회명은 베다니 전도교회였으나 1946년 11월 교회 이름을 당시의 지명에 따라 '영락교회永樂敎會'로 개칭하였다. 1960년 12월 1일 장년부가 주체가 되어 월간 『면려』를 창간 발행하다가 1964년 8월 청년부 중심으로 제호 『영락』으로 바꾸어 계속 발행하였다. 1966년 3월 제호를 『영락 월보』로 개제하고, 1969년 다시 『영락』으로 제호 변경되었다.

창간호(1966. 3. 30.)에는 이창로 목사의 창간인사가 게재되고 한경직 목사의 설교문이 실려있다. 3·4면에는 「신학이란 무엇인가」(이용섭)가 실리고 6·7면에는 「농촌교회부흥에 관한 소고(1)」(노기원)의 글 등 신앙에 관한 다소 전문적인 글이 실렸다. 8·9면에는 교회 사업 현황과 각 부서의 활동 내용에 대한 소개글로 이루어졌다. 10·11면에는 〈교인수필〉란으로 「계절과 국민성」, 「나의 회고의 하나」 등 교인들이 자유롭게 쓴 수필이 실리고, 13면은 〈성경강좌〉란으로 성경 구절을 질문으로 하고 답을 내도록 하는 문제형식으로 성경학습을 할 수 있도록 구성되었다. 15·16면에는 〈교계뉴스〉란으로 세계 각국 교회 소식과 신도들의 근황을 소개하는 내용으로 구성되었다.

국회도서관에 소장된 창간호(1966. 3. 30.)를 DB화하였다. (이병례)

참고문헌

한국학중앙연구원 편, 『한국민족문화대백과』, 1995; 『영락월보』, 영락교회, 1966년 3월 30일.

가

나

다

라

마

바

사

아

자

차

카

타

파

하

영화시보

(映畵時報)

1953년 4월 10일 창간한 대한영화보급협회의 기관지이다. 발행 겸 편집·인쇄인은 안종화이다. 발행소는 부산시 부평동 1가 20이며, 순간으로 발행되었다.

『영화시보』는 대한영화배급협회에서 발행한 기관지로 회원 상호의 친목, 계발, 사업 연구 및 유기적 연락은 물론 나아가 내외 영화예술의 연구 및 민족영화의 재건발전, 극장 문화향상에 이바지하겠다는 목적으로 창간되었다.

창간호의 지면 구성을 보면 2면으로 발행되었는데 1면에 정화세의 「업계 전면 위기에 직언-수지 부조로 수입 반감 예상」, 이청기의 「외화 수입의 지향」, 안종화의 「융자 조치를 기구」 등의 기사가 실려 있고, 하단에 협회의 정관을 실었다. 2면에는 정병모의 「교화 계몽이 최대 사명-좋은 작품을 제공하자」, 이재명의 「해외시장을 개척하자」 등의 글과 함께 「각사 수입 예정 작품」과 「각사 보유 필림」 목록이 실려 있다.

국회도서관에 마이크로필름 형태로 보관되어 있으며 이를 DB화하였다. (임경순)

참고문헌

『영화시보』, 창간호; 윤임술 편, 『한국신문백년지』, 한국언론연구원, 1983.

영화신문
(映畵新聞)

'주간영화'를 개제하여 지령을 이어 1960년 8월 22일에 제6호로 재창간한 전문주간신문
이다. 종간호는 미상이다. 발행·편집 겸 인쇄인은 김옥숙金玉淑, 주간은 조경희趙敬姬, 발
행소는 서울특별시 중구 초동 97-2번지였다. 대판 4면에 16단, 1단에 13자 체제를 채택
했고 월정액 200환에 1부 가격은 50환이었다. 제호와 '이 주일의 금언', 발행일, 발행자
등의 표기를 가로쓰기를 했다.

현재 전해지는 재창간호 사설 「영화계의
발전은 국가적 원조가 있어야 한다」에서
"작금 우리나라의 영화계의 실태를 여기
에서 소개하지 않더라도 너무도 주지하
고 있는 터이지만 영화계의 발전을 보지
못하고 좌왕우왕하여 왔다는 것은 자금
의 빈축으로 말미암아 극영화의 수준이
퇴보하여 왔다는 것을 부인 못할 것이다.
현재 우리나라의 영화제작가가 백이면
백 명이 한 작품을 완성하는 데 있어서
마음 놓고 기획 운행할 자력이 충분치 않
다고 해도 과언이 아닐 정도로 난관을 겪
고 있다는 것이다. 그렇기 때문에 영화계의 발전을 도모하기 위하여서는 국가
적인 원조가 절대적으로 요청되는 것이므로 신정부의 관계 위정자는 면밀한 기
획하에서 실천과정이 긴요시되고 있는 것이다. 또한 우리나라의 영화계가 요구
하고 있는 것도 이것일 것이다."는 내용을 보건대, 제작여건의 열악한 환경이 대
부분 자금난의 부족과 기자재의 불충분으로 진단이 되어 국가의 절대적인 지원
과 조력이 필요함을 역설하고 있다. 그러나 당시의 국가로서는 민생고를 해결
하고 정치적 혼란과 사회 질서를 바로잡는 데에 더욱 주력할 수밖에 없는 여건

이어서 이 신문의 간절한 바람과 요청에 대해 무기력하지 않았을까 한다.

1면에 실린 기사들을 보자면,「영화정책원칙을 수립」,「입견표 팔면 엄단」,「국제 펜레타 공개, 쟈바에서 최은희 양에게」,「백주의 암흑, 이봉래 감독의 야심작」,「녹음실」등으로 국내 영화 정책과 영화계의 굵직한 사건을 보도하고, 2면에는 해외 영화계 소식이 주로 실렸다. 3면은「직권남용한 제협회장문책론」,「대예술제전 19일부터, 영화연극인들 총동원」,「극장순례」등이 게재되었으며, 4면은「제2공화국에의 제언, 영화계 중진들은 이렇게 말한다」와 윤일봉의「푸로필」,「(다시 한번)스타-트라인에 서자」등이 배치되었다. 그리고 홍열의 시나리오「젊은 사자들」이 연재되고 있다.

이처럼 이 신문은 영화제작, 국내외 영화계 소식, 영화계 인물 동정 등을 중점적으로 보도, 소개하고, 특히 해외영화계의 동향을 중점적으로 다루고 있다. 그만큼 국내영화계의 사정은 열악하고 다룰 만한 내용을 찾아내지 못했기 때문으로 보인다. 그럼에도 불구하고 당시 한국영화의 제작편수와 영화에 대한 열기는 매우 활발하게 이루어졌는데, 이러한 분위기에 부응하여 창간한 사정을 짐작할 수 있다.

국회도서관에 재창간호가 마이크로필름으로 소장되어 있으며, DB도 마찬가지로 재창간호를 갈무리했다. DB 상태는 양호한 편이다. (전상기)

참고문헌

『영화신문』재창간호, 1960년 8월 22일자;『한국신문백년〈사료집〉』, 한국신문연구소, 1975.

예술서라벌

1964년 12월 30일 창간된 예술종합 연간잡지이다. 편집지도는 최형남崔亨南·조정하趙貞河, 편집은 이규삼李奎三, 발행처는 서울 성북구 돈암동 산 3의 1(서라벌예술대학총학생회)이다.

이 잡지는 서라벌 예술대학 교수와 학생들의 학문적 성과를 발표하고 예술적 재능을 발굴하기 위해 발행되었다.

서라벌 예술대학은 1953년 서라벌예술학교로 개교하였다. 1955년 1월에 53명의 졸업생을 배출했고 1957년 9월 초급 대학(전문대학) 인가를 받았다. 총 정원 300명에 문예창작학과 100명, 연극영화과 80명, 음악과 60명, 미술과 60명으로 구성되었다. 1964년에 4년제 정규 대학 인가를 받아 '서라벌예술대학교'로 변경되었다. 1972년 2월 대학원 설치인가를 받아 확장하였으나 재정난으로 학교법인 중앙문화학원에 합병되었다.

제6집(1971. 2. 20.) 권두언에서 학장 임동권任東權은 「사회적 구실을 할 때」에서 "예술은 가르치는 것이 아니라 발견해야 합니다. 허다한 사람들 가운데 예술적 소질을 지닌 사람을 찾아내는 작업이 필요합니다."라고 하여 잡지의 역할이 재능 있는 예술가 발굴에 기여할 것임을 밝히고 있다.

발간사에서 마권수(총학생회장)는 「예술의 길」이라는 제목에 "서라벌인이 갈고 닦은 실력을 한자리에 모아 연구 정진하고자 하는 것이다. (중략) (예술의 길)은 확고한 기초에 비유할 수 있는 이론적 연구와 실기에 의해 다 같이 어느 한편에만 치우치는 이른바 편재예술을 배격하는 것에 의해 이룩될 수 있다."라고 하였다. 예술인들에게 기본적 이론을 습득할 수 있게 하고 균형 잡힌 시각을 갖도록 하는 것에 중점을 둔다는 것이다.

잡지는 〈연구논문〉과 시, 소설, 희곡, 소설 등 〈문예〉로 구성되었다. 제6호 〈특집〉으로는 「도이치의 음악교육 사조에 관하여」(이승학, 음악학과 교수), 「세계 속의 음악의 방향」(김대현, 음악학과 교수), 「무용창작 개설」(안제승, 무용학과 교수), 「영화의 공간성에 대한 고찰」(이용우, 연극영화학과 교수), 「이조시대의 인물화」(권영우, 회화학과 교수), 「디자이너의 아이디어 발상 소고」(양호일, 공예학과 조교수), 「현대 시정신의 재인식」(함동선咸東鮮, 시인), 「예술에 있어서 경험과 체험」(유승우, 회화과 4년), 「민족문화의 창달」(최용근, 문예창작과 3년) 등 5~6쪽 분량의 논문이 실렸다. 저자는 교수, 시인, 평론가, 조교, 재학생이 모두 참여하고 있으며, 주제는 분야별로 다양하게 배치되었다.

〈문예란〉에는 졸업생이면서 시인으로 등단한 인물과 재학생의 시 7~8편이 실리고, 이태백의 번역 한시가 실렸으며, 동문과 재학생들의 수필이 실렸다. 연극이론과 관련된 로이. C. 후릿킨의 「그리스 극장과 그 연극」 번역문이 실렸고, 소설로는 단편으로 「개기르기」(한찬수, 문예창작과 3년), 「환등幻燈」(안인숙, 문예창작과 3년) 등 3편과 희곡 1편이 실렸다.

이 잡지는 1960년대 음악, 미술, 영화, 문학 등 각 분야의 이론 수준을 확인할 수 있으며, 이후 중견 예술인으로 성장해간 예술대학 학생들의 다양한 창작물을 접할 수 있는 자료이다.

국회도서관에 소장된 제6집(1971. 2. 20.)을 DB화하였다. (이병례)

참고문헌

『예술서라벌』, 서라벌예술대학, 1971년 2월 20일.

예술세계

1987년 8월 연변문학예술계련합회 기관지로 창간되었다. 중국 제호는 『예술전당藝術殿堂』이며, 연변주위선전부延邊州委宣傳部가 주관하여 『예술전당』 잡지사에서 출판하였다. 2009년 당시 편집위원은 강광훈, 김호응 외 17인으로 구성되어 있으며, 사장 겸 주편은 김송죽, 책임편집은 노인순이다.

음악, 무용, 극문학, 문예, 미술, 촬영 등을 모두 총괄하는 종합예술잡지이다. 표지에는 "중국 조선족 유일 예술잡지", "길림성 1급 간행물吉林省一級刊物"이라는 문구가 강조되어 있다. 2009년 제6호 목차를 보면 칼럼 「예술의 진실 – 시공려행時空旅行)과 특별기획 「공화국 창건 60돐, 그 축제의 향연을 담론하다」에서 「대화합, 대협력의 성대한 축제」와 「대형조선족민족 가무 "장백산 아리랑" 리면록」이 있다. 이 기사는 중화인민공화국 창건 60돐 헌례 작품 「장백산 아리랑」에 대한 소개와 그 의미를 상세히 분석한 글로서 이 작품의 사회학적 음악미, 음악적 리얼리즘과 모더니즘, 대화합과 대협력의 역할을 설명하면서 예술에 대한 정치·사회적 변화에 따른 위상과 역할 역시 그 시대에 맞게 변화되어 왔음을 설명하였다. 즉, "예술 사회학의 도전과 사회 시장을 무시하면서 이른바 전통적 음악미만 추구하는 경향, 아름다움이나 미적 경험은 시공간을 초월하여야만 존재한다는 주장, 미의 특수성을 전부 부정하면서 사회학적 환원주의에 빠지는 리론 … 「장백산 아리랑」에 대해 사회 각 계층 인사들이 극찬을 아끼지 않는 주요한 원인의 하나가 바로 창작진에서 사회학의 끊임없는 도전과 정보를 기꺼이 받아들이면서 미적 추구를 게을리 하지 않았기 때문"이라고 쓰고 있다.

민족의 정서가 가득 담긴 창작 가요와 전래 민요, 전설, 민담을 비롯한 우리의 전통 춤에 대한 생각 등을 담은 다양한 기사들이 이 잡지의 성격과 특징을 잘 보여주고 있다. 연변대학교 도서관에 소장되어있으며 1988년 1~3월호와 1989~1991년 사이 발행본 일부가 DB화되었다. (김성남)

참고문헌

『예술세계』, 1987년, 2009년 호; 車培根·吳泰鎬, 『中國朝鮮民族言論史』, 서울대학교출판부, 1997.

예술원보
(藝術院報)

1957년 창간된 예술잡지이다. 편집 겸 발행인은 박종화朴鍾和이다. 인쇄인은 현제명玄濟明이다. 발행처는 대한민국 예술원이다. 120면 내외의 분량으로 발행되었다. 비매품으로 발행되었다.

藝術院報

원보는 대한민국 예술원에서 발행한 예술원 잡지이다. 매년 1회 발행된 원보는 문학, 미술, 음악, 연주, 등 예술원 각 분과에 걸쳐 연구논문, 예술작품 등을 게재하려고 다채로운 편집 방향을 설정하고 있다. 잡지 발행에 필요한 예산은 정부 재정으로 충당되었다.

원보 2호(1958)에는 예술 관련 법령이나 규칙 등이 게재되고 있다. 문화보호법, 공연물 허가 규준 등이 소개되고 있다. 예술원 사업계획이나 회원 등을 소개 하고 있다.

배길기의 서예, 서정주의 시 「파소단장婆蘇斷章」, 김말봉의 수필 「남의 나라에서 부러웠던 몇 가지 사실들, 염상섭의 창작 「이연離緣」 등의 문학 작품이 소개되고 있다.

원보 13호(1969)에는 1968년 11월 18일 대한교련에서 열린 민족주체성과 문학·미술·연예의 문제를 주제의 논고들을 싣고 있다. 또한 이성삼의 「작품과 연주의 시대성」이라는 논고를 게재하고 있다. 서정주, 신석초 등의 근작 시 10편을 싣고 있다. 그리고 「연못가에」, 「너는 돋는 해, 아침 빛」, 「바다는」 등의 노래와 김성태의 가곡집도 소개하고 있다. 이처럼 원보는 예술 관련 종합지의 편집을 지향하고 있다.

국회도서관에 소장되어 있는 1958년 2호부터 1980년 24까지를 DB화하였다. (김일수)

참고문헌

『예술원보』, 대한민국 예술원.

오니바 신문
(ONIVA)

『오니바』는 프랑스 최초의 한인 발행 신문으로 1만5천 명 프랑스의 한인동포와 유학생들과 함께 기쁨과 슬픔 고난을 같이 했던 신문이다. 신문 이름인 On y va!는 원래 '함께 가자'라는 뜻의 프랑스 말이다. 이 신문의 발행인 김제완이 1991년 7월 파리 사회과학고등연구원(EHESS)에 사회학 박사과정생으로 왔다가, 학업을 접고 1993년 12월 1일 ONIVA를 창간했다. 발행 초기에 기사들은 주로 국내와 프랑스의 시사정보, 교민사회 이야기, 문화와 생활정보 등으로 구성되었다. 창간 초기에 3천 부 정도가 타블로이드 판형으로 발행되었다. 처음에 8면으로 월 2회 발행하겠다고 했으나, 월 2회 발행이 조금 시간이 지나서 실현되었다. 나중에는 보통 16면으로 발행되었다.

김제완 발행인은 창간호에서 『오니바』의 발행 목적을 프랑스 파리의 한인들이 자기 정체성을 찾고 각종의 정보로부터 소외되는 일이 없도록 하겠다는 목적을 분명히 밝히고 있다: "빠리의 한국인들 중에는 우리를 에워싸고 있는 정보매체들을 자유롭게 이용하지 못하는 사람들이 적지 않은 것 같습니다./ 그것의 주된 이유는 물론 외국인으로서 누구나 겪을 수밖에 없는 언어의 한계 때문입니다. 그런데 언어를 충분히 익히기까지는 각개인 능력의 크고 적음과 관계없이 일정한 시간이 소용되기 때문에 그동안에 발생하는 문화로부터의 소외현상은 피할 수가 없게 됩니다./ 이와 같은 문화적 빈혈증 또는 풍요 속의 빈곤을 조금이나마 덜 수 있고 다양한 정보를 공급하는 모국어로 된 매체가 필요하다는 것은 두말할 나위가 없을 것입니다./ (중략) 그런데 빠리 한국인사회의 자기 확인을 하고 구성원들 간의 동질성을 끌어내 통합하려는 노력들은 충분하지 않았습니다. 뿔뿔이 흩어져 모래알과 같이 개인단위로 생활하면서도 현실적인 필요 때문에 하나의 형식적인 사회를 구성하고 있을 뿐입니다. 그러므로 그 속을 들여다보면 여전히 낱낱이 나뉘어 있는 개인들 혹은 배타적인 소집단들만이 발견됩니다./ 사람들 사이가 끊임없이 미분하면 끝에 가서는 '제로'에 이르기 마련입니다. 그리고 우리는 이미 충분히 분화되었습니다. 이제는 적분을 해야 할 때가 되지 않았을까요. 〈오니바〉는 이런 문제를 논의하는 지면을 늘 열어둘 것입니다."

창간호 제1면에는 「창간호를 펴내며」와 더불어 퐁피두센터에서 개최된 「한국영화 회고제」와 「조계종 종정 성철 열반」 소식을 개제하고 있다. 2면에는 「김영삼 대통령 방미」, 「전교조 해직교사 95.5% 복직 신청」 등의 국내 소식을 전하고 있다. 나머지 지면에는 프랑스의 소식을 비롯한 국제 뉴스를 전하고 있다. 「프랑스-미국 '영상전쟁' 한창」, 「유럽 대량실업으로 신음」 등과 같은 당시 중요한 국제 뉴스를 전하고 있다. 그리고 최근에 한국에서 노숙자들을 지원하기 위해 잡지 Big Issue가 발행되어 노숙자들의 재활을 돕고 있는데, 1993년에 이미 프랑스에서는 「걸인들이 파는 거리의 신문들이 창간 러시」를 이루고 있다는 소식도 전하고 있다. 그리고 한인신문답게 퐁피두센터에서 개최된 한국영화제의 작품과 시간표 공지(5면) 그리고 대사관과 외환은행 게시판에 게시된 집이나 방 그리고 아르바이트 일자리 등과 관련된 광고를 게재하고 있다. 그리고 각 지면마다 한인들이 운영하는 업소들의 광고가 지면 하단에 실려 있다. 이 광고들이 아마도 『오니바』의 중요한 수입원이었을 것으로 추정된다.

『오니바』는 창간 초기에 3백여 명의 정기독자를 확보했지만, 적자에서 벗어나지 못했다. 따라서 『오니바』는 시작부터 월 2회 발행을 지키지 못했고, 이미 1994년 3월 1일자 제4호에서 재정난을 독자들에게 호소하고 있다(5면). "신문의 주된 수요자이면서도 경제적인 부담을 지기 어려운 학생층이 빠리 한인사회에서 수적으로 대다수를 차지하고 있는 반면, 물질적 기반인 광고시장, 즉 교민 사업자층은 매우 엷으며 게다가 심각한 불경기에 허덕이고 있기 때문"에 교민신문의 발행이 어려움을 겪고 있다고 자가 진단하고 있다. 이렇게 어려운 가운데에서 월 2회 발행이라는 약속도 지키면서 1994년(제11호)에 지면을 8면에서 12면, 1995년(제15호)에 재차 16면으로 증면했다. 1996년(제29호)부터는 1면과 마지막 면을 칼라로 인쇄했고, 이후 칼라 지면을 늘려나갔다.

어렵게 신문을 발행하면서도 빠리 한인들의 인권을 지키고 생활에 도움이 되는 각종의 뉴스들을 꾸준히 전했다. 특히 프랑스에 입양된 한인들에 대해 다른 어느 매체보다 일찍 관심을 가졌고, 그들을 염두에 두고 한글이 주종을 이루는 신문에 불어로 된 기사들을 넣었고 양도 조금씩 늘려나갔다. 이러한 노력이 쌓여 나중에 한인입양아들이 중심이 되어 발행된 잡지 『함께』의 토대가 되기도 했다.

『오니바』가 국내의 한국인들에게 관심을 끌게 된 것은 여러 사건과 보도가 있었는데, 그중 가장 먼저 눈에 띄는 기사는 한국에서도 많이 보도되었던 음악가 정명훈의 재계약 문제였다. 1994년(제8~10호)에 『오니바』는 프랑스 국립 바스띠유 오페라단 음악감독 겸 상임지휘자인 정명훈의 재계약 문제를 지속적으로 취재하고 분석 기사를 게재했고, 문제해결에 힘을 보태기도 했다. 정명훈처럼 유명한 한인의 경우만이 아니라, 보통 한인들의 안타까운 사연을 전하면서 대표적인 한인신문으로 자리 잡아 나갔다. 1995년에 프랑스 체류증 발급이 늦어지면서 불법 체류자로 몰려 유치장 신세를 지게 된 유학생(「1995년 5월 29일 크레떼이 경찰서에서 전격구속과 재판: 이럴 수가 … 차가운 수갑에 통분의 눈물」 1995년 6월 1일, 제17호) 사건은 프랑스 유학생을 비롯한 한인들의 인권 등에 대해 생각하게 해주는 대표적인 사례이다. 이처럼 유학생을 비롯한 한인들의 생활과 안전에 관계되는 뉴스들을 추적 보도했다. 『오니바』는 이러한 문제의식의 지평을 넓혀나갔다.

『오니바』가 국내에 보다 널리 알려지게 된 것은 브리지트 바르도 사건(1997년, 제40호)이 계기가 됐다. 2002 한일월드컵 개최를 앞두고 프랑스 여배우 바르도가 김영삼 대통령에게 편지를 보내는 등 한국 월드컵 개최 반대운동을 펼쳤다. 개고기 식용이 이유였다. 이때 바르도재단의 홈페이지에는 끔찍한 사진이 게재되었다. 그중에는 많은 사람들이 모인 시장에서 개를 몽둥이로 패는 장면이 있었다. 그런데 파리4대학 유학생이 『오니바』에 사진의 배경이 한국이 아니고 군중 속에서 인민모를 쓰고 있는 사람을 볼 때 그 사진의 장소는 중국임을 제보하고, 또 『오니바』가 그것을 보도하면서 그녀의 한국 공격을 무력화시켰다. 이를 통해 『오니바』는 한일월드컵이 무사히 개최되는 데 기여하기도 했다.

이후 오니바신문사는 창간 10주년을 기념하기 위해 지난 주요기사들을 항목별로 정리해서 편집한 『공든 탑이 무너지랴』라는 제목의 책을 출간하기도 했다. 재정상의 이유로 『오니바』는 발행을 멈추었지만 현재 김제완 발행인은 재외동포신문 편집국장을 맡는 등, 재외한인들의 권리 옹호를 위해 다양한 노력을 하고 있다.

『오니바』의 창간 때부터 폐간 때까지 나온 신문을 묶어서 합쇄본이 발간되었고, 이것이 재외동포재단 자료실에 소장되어 있다. 그리고 그것을 현재 DB화했다. (임성윤)

참고문헌

『오니바』 합쇄본, 오니바신문사,『공든 탑이 무너지랴: 프랑스 동포신문 오니바 10년 기사 모음』, 2003,『재외동포신문』,『세계로』,『오마이뉴스』.

오레곤 한국학교
(Oregon Korean School)

『오레곤 한국학교』는 오레곤 한인회관에 위치한 오레곤 한국학교를 다니는 한인학생들이 직접 그린 그림, 그림일기, 한글로 작성된 글짓기 작품들을 실은 소품집이라 할 수 있다. 1년에 한 차례 발행되고 있고, 책자는 스프링제본이지만 아담한 분위기를 자아내고 있다. 메일주소는 oregonkoreanschool@gmail.com이다.

오레곤 한국학교는 1981년에 설립되어 2013년 현재 금, 토요일반을 합쳐 130여 명의 학생들이 다니고 있다. 2003년 9월에는 포틀랜드에 분교가 설립되었고, 그곳에 약 35명의 학생들이 재학하고 있다. 오레곤 한국 학교는 총 19개의 반이 있으며, 그중 한국어권 반이 열, 영어권 반이 아홉으로 구성되어 있다. 최근에는 집에서 한국어를 사용하지 않는 영어권 학생들의 비중이 높아지고 있다. 특징적인 우연히 듣게 된 K-pop이 좋아 한국어를 배우려는 미국인이나 혹시 나를 찾을 수도 있다는 기대감으로 오는 입양아도 있고, 한국인 배우자를 만나 한국에 관심을 갖게 되어 오는 한국어를 전혀 모르는 학생들도 있지만, 대부분은 이곳에서 나고 자란 우리 2세들이 부모가 되어, 나의 뿌리인 한국을 자녀들에게 가르치기 위해 아이의 손을 이끌고 한국 학교에 오는 경우가 대부분이라고 호선희 오레곤 한국학교장은 전하고 있다.

특히 교사들은 현재 15명의 정교사와 3명의 특별활동 교사, 태권도, 고전무용, 성인반, SAT2반의 시간제 교사로 구성되어 있고, 교사들은 경력이 2년 이상에서 20년 사이이고, 미국 생활과 교육에 익숙한 사람들이다. 오레곤 한국학교는 한인회와 재단이사회, 각 한인 단체들의 관심과 후원으로 운영되고 있고, 특히 한인회의 주요사업의 하나로 적극적인 지원을 받고 있다.

그들은 한국어와 한국 문화를 배우고 가르치고 있다. 또한 특별활동으로 태권도·고전무용·미술 및 다양한 활동들을 전개하며, 수준별 수업을 진행하고, 한 학기는 5개월이다. 그 성과물이 『오레곤 한국학교』로 표현되고 있다.

『오레곤 한국학교』에 실린 학생들의 단체사진은 말할 것도 없고, 그림이나 글짓기 작품들만을 보면 이것이 한국에서 나온 것인지 미국에서 나온 것인지 전혀 구분이 안 될 정도이다. 그렇지만 달리 보면, 오레곤의 한인들이 미국에 정착해서 밝은 미래를 열어가고 있다는 것을 학생들의 소박한 작품들을 통해 느낄 수 있다.

오레곤 한국학교는 "튼튼한 뿌리, 교육과 내일의 세계 인재를 위하여"를 표방하고 있다. 많은 다른 한인학교들처럼 오레곤 한국학교도 한인 학생들이 한인으로서의 정체성을 갖고 미국 주류사회의 일원으로 성장할 수 있도록 정성을 다해 교육하고 있다. 이러한 뜻이 교지 『오레곤 한국학교』를 통해 잘 표현되는 듯하다. 그리고 『오레곤 한국학교』를 통해 국내의 교육의 개선 방향을 찾아보는 것도 괜찮을 듯싶다.

재외동포재단 자료실에 『오레곤 한국학교』 일부가 소장되어 있고, 이를 DB화했다. (임성윤)

참고문헌

『오레곤 한국학교』; 『(오레곤)한인회보』

외교
(外交)

1965년 11월에 서울에서 창간된 학술지. 창간호의 편집 겸 발행인은 외무부 외교연구원장, 인쇄처는 동아출판사 공무부工務部이며, 196쪽 분량에 비매품이다. 창간 이후 1967년을 제외하고 해마다 1회씩 발간되었으며, 1971년 10월 제6권까지 발행된 것으로 확인된다.

국립외교원(Korea National Diplomatic Academy)의 전신인 외무부 외교연구원에서 발간한 외교전문 학술지이다. 외교연구원은 1963년 6월에 외무공무원의 교육을 담당하는 기구로서 외무공무원교육원(EIFSO)이라는 이름으로 발족되었다가, 1965년 1월 외교문제에 관한 연구기능을 보강하여 외교연구원(RIFA)으로 개편되었다. 1977년에는 변화하는 국제 환경을 포괄적이고 체계적으로 분석할 필요성에 부응하여 연구기능을 더욱 강화하면서 외교안보연구원(IFANS)으로 확대 개편되었으며, 2012년 3월에 국립외교원으로 개칭되었다. 주요업무는 ① 국가의 외교·안보 문제에 관한 조사 및 연구와 국내 관련 연구기관들에 대한 지원 및 이들과의 공동연구, ② 연구결과 및 국제정세 분석에 관한 책자의 정기적인 간행·배포, ③ 외국 연구기관과의 공동학술회의 개최와 국제학술회의의 참가 및 주관, ④ 외무부 소속 공무원과 그 가족 및 다른 기관 또는 외국정부로부터 위탁받은 자에 대한 교육 등이다. 외교안보연구원은 외교정책 결정자를 위한 싱크탱크의 기능을 수행하고 있으며, 국제경쟁력 있는 외교관을 양성하는 교육의 산실 역할을 해오고 있다.

외교연구원장 신응균申應均은 1965년 11월에 발간된 창간호의 「권두언-"외교"지 창간에 제際하여」에서 잡지 발간의 목적을 "우리나라의 대외적 발전과 국가안전보장에 직접 관계가 있는 국제·국내 정세, 대외정책 및 외교수행, 현대외교의 본질, 외무행정의 방향 및 외교관의 교양·상식의 함양 등에 관련된 논설, 평론, 해설, 참고자료 및 기록 등을 수록하여 주로 외무공무원의 자질 향상을 뒷받침하며 외교연구원에서의 교육을 보충"하는 것이라고 밝혔다.

창간호에는 외무부장관 이동원李東元의 「외무공무원에게 요망함」을 비롯하여 「콩고·브라자빌의 9개월」(최문경), 「쏘련대외정책의 결정과정」(신응균), 「유엔과 지역주의」(이원우), 「실리외교의 본질」(박동운), 「구주歐洲통합의 진전과 국제정치」(이승헌) 등 국내 전문가들의 글과 「My Impressions of Korea」(Waldemar J. Gallman), 「네루 낫셀 응크르마의 중립관」(Ernest W. Lefever) 같은 외국 학자의 글이 실렸고, 말미에는 외교연구원 연구부에서 정리한 자료 「The Research Manual」이 첨부되었다.

『외교』는 창간호가 발행된 이후 1966년 11월에 제2권 제1호, 1968년 10월에 제3권 제1호, 1969년 10월에 제4권 제1호, 1970년 6월에 제5권 제1호, 1971년 10월에 제6권 제1호가 발간되었다. 그 뒤로는 발행사항이 확인되지 않는 것으로 보아 1971년의 6권을 마지막으로 종간된 것으로 보인다. 창간호에 이어 제2권에 「외교관계에 관한 비엔나 협정」이 자료로 실린 것을 제외하면 모든 지면이 5~8편의 논문으로 채워져 있다.

외무부 외교연구원에서 발행한 『외교』는 한국외교협회에서 1987년에 창간하여 지금까지 발간하고 있는 학술지 『외교』와는 이름이 같지만 전혀 계통을 달리한다. 한편 외무부 외교연구원은 『외교』 외에도 학술지로써 『통일문제연구』와 『정세와 평론』을 발행했다. 『통일문제연구』는 남북관계와 통일문제를 중점적으로 다룬 것으로, 1966년에 창간되어 1967년까지 1~2집을 내고 종간된 것으로 보인다. 『정세와 평론』은 1967년부터 1972년까지 발행되었는데, 주로 외국의 국제정치 전문가들의 논설을 영문으로 편집한 연구자료 성격의 잡지이다.

국회도서관에 1~6권이 모두 소장되어 있고, 국립중앙도서관, 서울대 도서관, 연세대 도서관, 고려대 도서관 등에 일부가 소장되어 있다. 국회도서관에 소장되어 있는 1~6권을 모두 DB화하였다. (이용기)

참고문헌

『외교』 창간호(1965)~제6권(1971); 국립외교원 홈페이지(http://www.ifans.go.kr/).

외지

『외지』는 재미시인협회(Korean Poets Association of America)에서 발행하는 작품집이다. 재미시인협회는 1987년 9월 전달문, 송순태, 김문희, 조성희, 김만식, 곽상희, 이은실, 염천석 등이 참여해서 창립되었고, 초대회장은 전달문이 역임했다. 이후 시낭송회, 해변문학제, 문학캠프, 시화전, 시인축제, 문학심포지엄 등 다양한 활동을 전개해오고 있다. 1989년 1월에는 재미시협 협회지인 『외지』를 창간했다. 2012년 현재 22호가 발행되고 있다. 그리고 2004년 10월에는 시 전문지 『미주 시세계』를 창간했다. 미주시인협회의 최근 회장은 곽설리이다. 『외지』 21호(2011)는 서울문학, 22호(2012)는 문예당에서 출판되었다. 2011년에 나온 21호는 10,000원으로 판매되었다.

이승하는 「모국어를 잊지 않기 위하여」(『외지』 22호, 2012)라는 글에서 『외지』와 『미주문학』 등에 실린 시들을 다음과 같이 총평하면서 개선안을 제시하고 있다. "… 여러분의 시가 시대의 변화를 잘 감지하지 못하고 60년대적 정서, 70년대적 감각에 머물고 있다는 것을 … 절실히 느꼈습니다./ 한국의 문예지를 구독하기 어려우시면 인터넷을 이용, 한국의 현대시를 읽으면서 여러분의 시가 보다 젊어지기를 바랍니다. 고국을 떠날 때의 그 수준에 머물지 마시고, 일신우일신 시 공부를 하여 여러분의 수준을 한층 높이기 바랍니다. …/ 고향에 가지 못하는 설움도 크겠지만 이민자로서의 고충도 크겠지요. 여러분의 시에서 특이점 혹은 변별점을 찾을 수 있기를 바랍니다. 여러분의 시에서는 한국에서 시를 쓰는 사람과는 다른 무엇인가가 느껴져야 합니다. 앞으로는 흉내나 답습이 아니라 독특한 자기 색깔을 지닐 수 있기를 기대합니다."

이처럼 미주 한인 문학의 대표적인 문학지인 『미주문학』과 『외지』에 실린 작품들의 수준이 높다는 평가를 아직 받지는 못하고 있다. 그러나 미주 한인들은 독자적인 문학세계를 창출해나가고 있다. 이러한 모습을 『외지』에서도 볼 수 있

가

나

다

라

마

바

사

아

자

차

카

타

파

하

다. 미주 한인 시인 중 오래전부터 활발한 활동을 하고 있는 전달문의 작품을 일부 인용해 본다. "… 인파에 밀려온 지하도 입구에서/ 햇살 눈부신 하늘을 보며/ 벙어리의 거동을 닮은/ 실향인의 고뇌는/ 어디에 머물까// 그래도 고국은 아직 봄인데// 강아지 등에 앉아 졸고 간 오후는/ 빨갛게 익어가고/ 낭만은 자연 저쪽에서/ 다스한 손을 주는데// 초조를 씹고 있는 실향인의 안위는/ 어디서 쉼을 얻어야 할까/ 그래도 고국은 아직 봄인데…"(「그래도 고국은 아직 봄인데: 뉴욕 일기, A diary of N.Y.」) 이처럼 머나먼 타향 미국에 사는 이주민으로서의 경험을 주로 소재로 삼고 있지만, 전달문의 경우처럼 시의 완성도는 갈수록 높아지고 있다. 또한 전달문은 같은 시를 모험적으로 영어로 쓰면서 새로운 문학을 모색하기도 했다("However, Homeland Is in Spring Yet"). 이러한 노력들이 모여서 미주 한인들의 독자적인 시세계가 열릴 것으로 보인다.

현재 미국 로스앤젤레스에는 약 23개의 문학단체가 있다고 한다. 그 단체들이 전반적으로 공존공영하고 있지만, 간혹 경쟁관계에 있기도 하고 내부 알력이라고 할 수 있는 일이 벌어지기도 하고 있다. 이러한 상황에서 『외지』의 발행인 곽설리 재미시인협회장은 『외지』 21호(2011)의 권두언에서 그 속내를 일부 비치고 있다: "간혹 여기저기 눈치를 보는 이들도 만났고 수준 미달 운운하며 다른 시인들을 폄하하는 이들도 보았다. 하지만 시인들에게 좋은 시가 어디에 있고 나쁜 시가 또 어디 있겠는가? 시를 사랑하는 마음으로 나날이 더 좋은 시를 쓰기 위해 노력하는 마음이 더 중요할 것이다./ 나는 정말 왜 이렇게 외지의 시인들이 줄어들었는지 잘 모른다. 누군가의 음모와 오해가 쓰나미 보다 더한 파장으로 재미시협에 들어 닥친 것만은 사실이다. 그러나 시간이 가면 엉켜진 마음들이 풀어지고 모두 다 제자리로 돌아가리라고 믿고 싶다."(곽설리,「이 땅에 진정한 문학정신은 있는가(권두언)」).

이와 같은 어려움들을 뚫고 발행된 것이 그동안의 『외지』이다. 그런데 그것이 말처럼 간단하지는 않았던 듯하다. 최근에 재미시인협회가 또 다른 미주 한인 문인들로 구성된 미주시인협회와 통합을 했다. 새 단체 이름을 '재미시인협회'로 하고 미주시인협회 회장을 맡았던 장효정 씨가 회장직을 맡고, 협회지『외지』는 계속 발행하기로 했고 한다(『LA중앙일보』, 2014. 1. 18. 미주판 7면).

『외지』는 21집(2011)과 22집(2012)를 수집해서 DB화 작업을 했다. (박순원)

참고문헌

『외지』;『LA중앙일보』.

외환연구
(外換研究)

1965년 6월 대한금융단大韓金融團에서 창간한 월간 잡지이다. 편집 겸 발행처는 대한금융단이며, 인쇄인은 서울특별시 중구 명동 1가에 위치한 사단법인 서울은행집회소(서울銀行集會所)이다.

『외환연구』는 1965년 6월 대한금융단大韓金融團에서 창간한 월간 잡지로 외환업무에 종사하는 금융인을 위한 전문지를 표방하였다. "무역수지 구조를 수출중심형으로 이끌어간다는 수출제일주의"의 경제방침에 의거하여 외환에 관한 전문지식과 실무지식, 자료를 소개하기 위해 창간되었다. 따라서 1965년 상공부商工部 상역국장商易局長이었던 김우근金禹根은 『외환연구』가 "수출을 많이 함으로써 보다 많은 외화를 벌어들일" 계획을 실현하는 데 좋은 지침이 될 것이라고 기대하였다. 1968년에 이르러서는 금융 외의 분야에서도 활용될 수 있는 "외환연구지"를 표방, 독자층을 보다 확장하려 노력하였다.

『외환연구』는 각국의 경제동향과 경제제도를 서술한 〈세계의 창문〉, 외환업무의 실제를 다룬 〈실무 Guidance〉, 한 달간의 외환시장과 무역의 동향을 정리한 〈월간동향〉, 〈자료〉 등으로 구성되었다.

『외환연구』의 발간 주체인 대한금융단은 금융기관 상호간의 업무협조를 통한 금융기능의 향상을 위하여 한국 서울특별시에 본점을 둔 은행으로 구성된 임의단체이다. 기구는 서울에 본부를 두고 지방에 지방금융단을 두어 각기 총회와 이사회를 구성하고 있다. 본부의 총회와 이사회는 전국은행연합회의 총회와 이사회 회원으로 구성되었고 은행감독원장이 객원으로 참여하며, 대표는 한국은행 총재가 맡았다.

대한금융단의 주요 업무는 ① 금융업무에 대한 협정의 제정(대한금융단협정), ② 금융 및 은행 경영에 관련된 대정부건의 및 자문에 대한 답신, ③ 지방금융단의 설치와 운영 및 통할, ④ 다른 경제단체와의 연락 및 협조, ⑤ 회원의 사업에 관한 지도 및 조정, ⑥ 금융경제에 관한 조사 연구 등이다. 이 밖에 공동행사로서 각종 사무경기·바둑·정구·골프·사격대회와 일선장병 위문 등이 있다.

『외환연구』는 현재 국립중앙도서관, 국회도서관, 동국대학교, 성균관대학교, 연세대학교에서 소장 중이다. 국회도서관에 소장되어 있는 1965년부터 1971년까지의 간행본을 DB화하였다. (이혜린)

참고문헌

『외환연구』(1965년 2-4호, 1966년 9-15호, 1967년 20-31호, 1968년 32-43호, 1969년 44-55호); 두산백과(doopedia, http://www.doopedia.co.kr/).

용산교회

(龍山敎會)

1966년 3월 1일 용산교회 청년회 문화부에서 발행한 타블로이드판 신문이다. 총 4면으로 발행되었으며 창간호 및 종간호는 확실치 않다.

이 신문은 대한예수교장로회 용산교회 청년회에서 발행한 소식지이다. 발행주체인 용산교회는 1908년경 동막교회의 교우 천광신과 민홍삼 두 사람이 구 용산 방면과 망근당골(현 대현동)에서 전도활동을 한 것이 기틀이 되었다. 이후 1911년 교인 최웅천, 최웅구, 김성학 등과 동막교회 교인 수명이 합세하여 성금 70원으로 원정 3정목(현 원효로 3가) 195번지에 소재한 건물을 구입하여 용산교회를 설립하였다. 1914년에는 정식으로 신설 교회로 노회의 인정을 받았고 초대 당회장에 원두우 선교사가 임명되었다. 이후 1924년 김익두 목사, 1929년에 오건영 목사, 1942년 유호준 목사가 그 뒤를 이었다. 해방 이후에는 교회를 용산구 중심지대인 원효로 1가 27번지로 이전하였고 1959년 화재로 예배당이 전소되자 재건위원을 선출하고 신축공사에 착수하였다. 1963년 8월 유호준 목사가 미국으로 건너가 건축보조금을 모금하여 귀국하였고 1970년 예배당 착공 후 11년 만에 완성을 보았다. 이후 성산동, 충남 금산 등에 교회를 신규 개척하여 상당한 발전을 이루게 된다.

제3호(1966. 3. 1.) 1면은 전체적인 교회 소식으로 구성되었다. 교회당 건축 재착공 기사와 안수집사 선출 소식, 대부흥회 개최 예정 기사, 청년회 신년도 사업계획성안, 성가대 총회성황 등에 관한 내용이다. 「안수집사 선거의 의의」에서는 예배당소실로 침체상태에 있던 교회가 안수집사 선거를 치루었고 침체상태에서 벗어날 수 있는 중요한 행사였던 것으로 평가하고 있다.

2면은 「교회의 침체상을 분석한다」라는 좌담회 기사가 실렸다. 좌담회 참석자는 유호준 목사와 황덕규 장로, 유익 장로, 김광국 집사 등이고, 침체기에 있는 교회의 문제점을 진단하고 방향을 모색하는 내용이다.

3면은 〈교유작품〉「풋내기 교역 1년」(유경제)에서 전도 활동에 대한 활동과 감회를 담고 있는 수필 형식의 글이 실렸고, 〈프로필〉란에는 교회에서 중요 역할을 하는 사람들의 이력이 실렸다. 〈기관순례〉란에는 교회 내에서 이루어지고 있는 여러 소그룹의 활동상을 소개하고 있다. 3면 하단에는 〈성경용어해설〉란을 두어 성경에 등장하는 주요 용어의 기원과 의미를 해설하는 내용을 담았다.

4면은 〈미국통신〉「용산교회가 그리워」(유의경)에서 미국으로 유학 간 교인의 편지글 형식의 글이 실렸고, 〈교유동정〉란에 교인들이 소식이 실렸다. 〈여론함〉의 「안내 및 헌금위원들은 각성하라」에서는 안내원과 헌금위원의 불성실함을 지적하고 있다.

이 신문은 유호준 목사가 교회를 운영하던 당시 교회 건물을 신축하고 확장하던 시기에 발행된 청년회 소식지로, 1960년대 대한예수교 장로회 중에서 상당히 비중이 큰 용산교회의 활동내용을 확인할 수 있는 자료이다.

국회도서관에 소장되어 있는 제3호(1966. 3. 1.)를 DB화하였다. (이병례)

참고문헌

『용산교회』, 1966. 3. 1.; 편집부 편, 「대한예수교 장로회 – 용산교회」, 『새가정』 203, 1972; 구득환, 「한국의 종단 조직 고찰(II) : 개신교」, 『한국정책연구』 9권 1호, 2009; 황재범, 「1907년 대한예수교장로회(독노회) 설립과정 및 그 의의에 대한 연구」, 『한국교회사학회지』 20, 2007.

용산신문

(龍山新聞)

1961년 3월 13일 창간된 2면제의 주간신문이다. 발행인 이종각李鍾珏, 편집 겸 인쇄인 문선우文先宇이다.

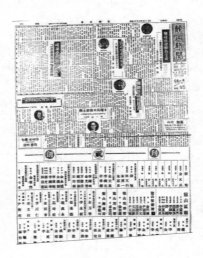

지역사회를 단위로 한 이 신문은 지역의 특수한 사정을 바탕으로 하여 주민과 대변자와의 유기적인 이해와 협조로써 고장의 발전을 이룩함은 물론 구민의 희망과 기대를 정치적으로 반영시킬 것을 목적으로 하였다. 일반적인 사건을 취급하는 대규모의 신문이 아님을 밝힌 이 신문은 동 단위의 발전상과 행정 미비를 지적하는 데 힘썼다.

창간호 1면에는 창간을 맞이하여 이 신문이 지역 사회의 특색을 살려 독자의 멋이 되고 지지를 얻기를 바란다는 글과, 명랑한 사회 건설, 향토 발전의 첨단, 구민區民의 목탁, 용산구민의 기수가 되라는 각계 인사의 바람을 전하고 있다.

2면에서는 원효교 가설 등 용산구의 이런저런 소식을 전하고 있다.

국회도서관에 마이크로필름으로 소장되어 있는 것을 DB화하였다. (구수미)

참고문헌

『용산신문』, 1961년 3월 13일 창간호: 『한국신문 100년』(사료집), 한국신문연구소, 1975.

우리동무
(Uri-dongmu)

창간연월을 알 수 없다. 제16호(1949년 1월)부터 제21호(1949년 7월)까지 남아 있다. 월간이
다. 제16호의 발행 겸 편집인은 유재현劉載鉉, 화작자畵作者는 이창동李暢東이다. 제18호
(1949년 4월)의 편집인이 배광영裵光影, 인쇄 겸 발행인은 유재현으로 바뀌었다. 제19호
(1949년 5월)부터 편집인이 어당魚塘, 발행인이 유재현으로 다시 변경되었다. 제16호의 발
행소는 일본 오사카부 후세布施의 조선신민생사朝鮮新民生社, 인쇄소는 조선신민생사 인
쇄부, 배급처는 도쿄의 일본출판배급주식회사였다. 제19호부터 발행소를 도쿄의 우리동
무사로, 인쇄소는 평화인쇄소로로 바꾸었다. 정가는 30원이다.

해방 후 일본에서 발간된 어린이 교육잡지다. 초
등학생의 학교 학습을 도와주기 위한 참고서 역
할을 담당하였다. 1949년 6월에 발간된 잡지
『봉화』에 『우리동무』의 성격을 잘 표현하는 광
고가 실렸다. 광고 문구는 "화려한 그림과 만화
를 풍부하게 넣고 재미스런 동화와 이야기를 여
러 선생님들이 써주십니다. 그리고 여러 가지
학습재료가 만재되어 있으니 이 잡지를 읽으면
자연 재미스럽고 또 열심히 공부할 수 있게 됩
니다."였다. 과목별, 학년별로 학과 수업을 따라
갈 수 있도록 편집하였다. 무엇보다 만화와 세밀한 그림으로 학습의욕을 높였
다. 매호마다 한국의 전래동화를 연재하였다.

　매월 1·2·3학년을 대상으로 하는 하급용과 4·5·6학년을 대상으로 하는 상
급용으로 발행하였다. 1949년 7월에 발행한 제21호 여름방학호부터 1·2학년
용, 3·4학년용, 5·6학년용으로 나누었다. 1949년 5월호부터 발행소를 오사카
에서 도쿄로 옮기고, 기존의 신민생사 대신에 우리동무사를 새로 설립하였다.
이때부터 편집인으로 활동하던 배광영이 물러나고 어당이 그 자리를 이어받았
다. 「모택동의 일상생활」 같은 글이 소개되고 이은직, 허남기 등 재일조선인연

맹에서 활동하던 작가들의 글이 다수 실려 있다.

일본 국회도서관에 소장된 제16호부터 제21호까지 잡지를 DB로 만들었다.

(장신)

참고문헌

『우리동무』.

우리들

(Nosotros)

『우리들』은 아르헨티나의 한인청년회 모임인 '우리들'(Union Juvenil Coreana En La Argentina)에서 발행하는 월간 잡지이다. 1976년 11월 20일에 발행된 창간호의 편집인은 모임 우리들 편집부가, 발행인은 모임 우리들이 담당했다. 그리고 연락처는 우리들 문고 (교민회관 입구)로 되어 있고, 인쇄가 끝나고 나서 손글씨로 BALBASTRO 615라는 주소를 적었다. 인쇄활자는 타자체로 되어 있다.

『우리들』은 창간호부터 나중에 나온 것들까지 모두 특별한 표지 없이 제호 밑에서부터 바로 본문이 시작된다. 특히 월보 『우리들』의 창간호에는 편집부 명의의 창간사 형식의 글이 실려 있다. 창간사는 『우리들』이 창간되기까지의 과정, 잡지의 성격, 지향점 등이 간략하게 쓰여 있어 전문을 인용해 본다.

"1972년 재아 한국인 학생들의 한국민속소개전을 계기로 발족을 본 재아 한국인 학생모임 '우리들'은 오늘에 이르기까지 낯설은 이 땅에서 새로운 터전을 마련하려는 우리 어버이들의 뜻을 이어받아 웅대한 선구자 정신과 용기를 자부하며 젊은이로서의 사명감을 가지고 보다 건전한 자세로 우리들 앞에 놓여진 온갖 역경을 함께 극복하기 위하여 여러 행사와 활동을 통해 끊이지 않는 노력을 이어왔다.

언어와 풍속의 차이로 이 나라 실정에 어두운 우리들 교포사회의 현실을 감안하여 아르헨티나산업경제소개전과 회지 『우리들』을 통하여 이곳의 실정에 대한 바른 인식을 도모하기도 하고, 바쁜 생활 가운데 소홀하기 쉬웠던 우리들의 건전한 정신생활을 위하여 교민 사생대회 개최, '우리들 문고'의 설치 등을 통하여 우리들의 뜻을 시도하여 왔다.

그러나 이러한 모든 '우리들'의 노력은 항상 숱한 역경과 고난 속에서 이루어져 왔다. 1973년 창간을 보았던 회지『우리들』을 이듬해 2호를 낸지 두 해로 접어든 오늘에까지 3호를 발간하지 못하고 있는 경제적 사정은 우리들이 겪어왔던 그 수많은 역경 중의 하나로 '우리들'에게 또 한번의 시련이 아닐 수 없었다. 그러나 겪어왔던 어려움으로 단련되고 이러한 시련이 '우리들'에게 더욱 강한 의지를 남게 하여 왔다는 사실은 오늘, 이렇게 월보『우리들』을 발간하게 됨으로써 명백하게 우리들의 가슴을 뜨겁게 하고 있는 것이다."

더 나은 생활을 개척하기 위해 머나먼 아르헨티나로 이민을 갔던 한인 청년들에게 무엇보다도 중요한 것은 경제 문제였을 것이다. 이에 모임 '우리들'과 월보『우리들』의 편집자들 역시 경제문제를 가장 중요한 주제로 삼고 지면의 많은 부분을 경제 문제로 채우고 있다. 우선『우리들』편집부는 경제소식란을 중요하게 설정하는 이유를 다음과 같이 밝히고 있다: "아르헨티나 정부의 기본적 경제정책 방향을 정확히 파악하고 당시의 촛점적인 경제현상을 잘 이해함으로써 교포들의 생활에 직결된 경제·경기 상황에 대한 정확한 판단에 도움을 주고자 함에 만들었다." 첫 번째 기사인「아르헨티나 군사정부의 경제정책 방향」에서 임금정책, 환율정책, 앞으로의 전망 등을 잡지의 상당 부분을 할애해서 한인들에게 전하고 있다. 그리고「아르헨티나와 브라질의 무역관계」, 아르헨티나의 남서쪽에 위치한「내우껜주의 개발 문제점」등을 분석하고 있다. 그리고 세계 다른 지역에 비해 중남미에서 미국의 영향력은 절대적이라 할 수 있는데, 우리는 이를 아르헨티나의 한인청년들이 발행한『우리들』창간호의「(미 합중국 대통령 당선자) 지미 카터의 외교전망」이란 기사에서 보고 느낄 수 있다.

그리고 '우리들 촛점'이란 난에는「교민 사회를 보는 눈: 2차에 걸친 임시총회를 보고 나서」는 편집부 명의의 글이 실려 있다. 이 글은 창간호가 나오기 직전에 있었던 아르헨티나 한인회 집행부에 대한 불신임안의 처리과정을 지켜보면서 교민들과 교민사회의 대오각성과 분발을 촉구하고 있다: "우리는 멀리 떨어진 위치에서 관조하고 비판만 하는 자세가 아니라 교민 한 사람 한 사람이 모두 책임을 느끼고 우리 일에 직접 참여하여 우리의 의무를 다할 때 교민의 대표로 뽑힌 책임자 역시 그 임무를 성실하게 수행할 수 있다는 교훈을 남겨주었다."

그리고〈문예란〉이라 해서 황명걸의「보리알의 긍지」(『세대지』1975년 6월호에서)라는 시와 박언우의「백구번」이라는 수필을 게재하고 있다. 아마도 황명걸의 글이 먼저 실렸었던 『세대지』는 나중에 아르헨티나의 대표적인 한인문학지인 『로스안데스문학』의 전신과 같은 역할을 했던 문학지인 것으로 보인다. 그리고 〈우리들 소식〉이라 해서 '제4회 재아 한국인 야외사생대회 개최' 소식을 공지하고 있다.

창간호는 13쪽 분량으로 타자체로 발행되다. 그리고 1979년 6월에 발행된 제20권은 48쪽으로 발행되었지만 여전히 인쇄는 타자체로 되어 있다. 이는 당시 어려웠던 초창기 아르헨티나 한인이주의 상황을 반영하고 있는 것으로 보인다. 그렇지만 월보 『우리들』은 초창기 아르헨티나 한인들의 현실과 꿈을 읽어볼 수 있는 귀중한 잡지임에 틀림없다.

동국대 김환기 교수가 아르헨티나 한인 문학 연구를 하면서 아르헨티나 현지에서 직접 수집했던 『우리들』을 DB화했다. 창간호(1976년 11월)부터 20권(1979년 6월)까지 DB화했으나, 일부는 소재 불명으로 누락되어 있다. (임성윤)

참고문헌

『우리들』

우리들

1966년 1월에 창간되었다. 종간호는 1977년 10월호(통권 12호)이다. 편집 겸 발행인은 엄민영, 발행소는 한국정경연구소(서울특별시 중구 북창동 93-46)이다. 판형은 국배판으로 창간호는 총 78쪽, 종간호는 총 112쪽이다. 정가는 창간호가 30원, 종간호가 300원이다.

창간사에서 "우리 고장 – 지역사회 – 의 개발을 위해" 애쓰고자 하며, "낡은 전통사회의 흐린 고임을 쓸어버"리고 "심전개발의 길잡이"가 되어 "언제나 과학적인 생산기술과 생산방법, 그리고 생산수단을 널리 일깨우며 보급시켜 낡은 사회의 낡은 생각을 깨뜨리는 벅찬 기수가 되고자" 함을 천명했다.

필진은 한국정경연구소 내 분과위원회 중의 하나인 지역사회개발위원회 소속원이 상당부분 참여하였다. 정희섭, 문병집, 박정삼, 권혁소, 홍기창 하상락 등 50년대 중후반 이후 지역사회개발사업, 농촌지도 사업을 측면 지원했던 중요한 학자들이 다수 참여하였다. 또한 이들 학자들 외에 지역사회개발사업 1기 현지 지도원이었던 김영자의 수기 「내일의 희망을 바라보며(나의 농촌운동수기)」가 수록되는 등 지역사회개발사업 관련 내용이 잡지의 상당부분을 차지한다. 이들 외에도 당시 국회부의장이었던 장경순이 「덴마크 농촌의 어제와 오늘」을, 4H 중앙회에서 4H 운동에 대한 글을 게재하였는데, 전반적으로 60년대 초의 농촌지도에 관련된 연구자들이 필진의 주를 이룬다고 볼 수 있다.

그러나 창간호가 비교적 농촌지도에 치중했던 반면, 77년 종간호에서는 보다 종합지적 성격이 강화되는 것을 볼 수 있다. 즉 당시의 정치적 쟁점이었던 「북한은 남북대화 재개에 응하라」 등이 게재되는가 하면, 「북괴내막」 등 정치적 내용이 강화된다. 또 이전시기 없던 연예란과 만화, 스포츠 소식 등이 추가되면서 농촌계몽이론지로서의 성격은 상당부분 약화되었다.

또한 농촌계몽의 성격 역시 70년대 이후 농정의 변화를 반영하여 그 성격에 변화가 생겼다. 즉 창간호에서 농촌계몽과 자립, 생산증산 등을 강조한 데 반해 종간호에서는 기술 지원에 대한 소개가 있긴 하지만 「사례소개 – 영농개선에 앞장선 감자 작목반」, 「사례로 본 오늘의 유통현상」 등을 게재, 상품작물과 유통 중심으로 농업의 구조가 변화한 것을 반영하고 있다.

60년대 간행 농촌지도 잡지 중에서 가장 이론적으로 정교화되어 있으며, 그 잡지구성의 추이를 통해 6-70년대 농정의 변화, 농정에 대한 지성계의 변화, 농촌지도 이념의 변화 등을 간취할 수 있다는 데 그 의의가 있다.

창간사에서 정경연구소는 "5·16 이후 정부에서 일하던 사람과 대학교수, 각 직장에 계신 분들이 정치·경제문제를 정부에서 일하던 체험을 살려서" 측면적으로 전달하기 위해 만들어졌다고 스스로 정의하고 있다. 국내외 정치, 경제, 사회 및 국제관계 분야에 걸친 전문가들이 연구논문과 사회과학 분야의 학문적 연구논문수록을 목적으로 창간한 『정경연구』로 유명하다. 이후 정경연구는 76년 2월 한국정경연구소가 문화방송 경향신문사에 흡수됨에 따라 정경연구소로 개칭되었고, 81년 문화방송과 경향신문사가 분리될 때 정경연구소는 경향신문사로 소속되었다. 이후 『정경문화』는 86년 11월부터 『월간경향』으로 명칭 변경 되었다. 집필진은 주로 사회과학 분야의 학자나 실무전문가들이었으며 사회과학에 대한 실용성을 보여주고 사상적 전환을 위한 측면을 강조하는 논조를 펼쳤다.

국립중앙도서관과 국회도서관에 소장되어 있으며, DB는 대부분을 갈무리했다. DB 상태는 좋다. (전상기)

참고문헌

문병집, 『지역사회개발의 이론과 실제』, 법문사, 1988; 박정삼, 『사회교육과 지역사회개발론』, 일지사, 1972; 미국정부 아동국 저, 하상락 역, 『당신의 어린이: 1살부터 6살까지』, 남산소년구호상담소, 1956.

우리생활

(ウリ生活)

1987년 11월 10일에 도쿄에서 창간된 일본어 반연간지이다. '재일동포의 생활을 생각하는 모임(가칭)'에 의해 발행된 '생활종합지'였다. 초기에는 편집이 『우리생활』 편집위원회로만 표시되었다가 1994년에 발행된 11호부터 편집인 정윤희鄭潤熙, 발행인 김규일金奎一이 명기되었다. 7호까지는 반연간으로 발행되었다가 8호부터 연간으로 바뀌었다. 1999년 8월에 나온 14호로 간행이 중단되었다.

1984년 11월에 정윤희鄭潤熙, 김규일金奎一 등에 의해 결성된 '재일동포의 생활을 생각하는 모임(가칭)'이 발행하던 소식지 『재일동포의 생활을 생각하는 모임(가칭) 통신』을 발전적으로 해소하는 방식으로 창간되었다. 「창간의 말」에서 스스로를 "『우리생활』은 한 권의 정보수첩이며 우리의 마이홈이며 하나의 학교"라고 규정했는데, 여기에는 재일동포들이 각각 분단된 '폐쇄된 민족'의 상태에 있는 것을 극복하고 '열린 민족'으로 나아가기 위해 "재일동포 스스로가 현재 무엇으로 고민하고 무엇을 문제로 보며 무엇을 필요로 하는지 솔직하게 듣는 것으로부터 시작"하려는 자세가 반영되어 있다.

편집위원으로는 정윤희 외에 박상오朴相五, 오의효吳義孝, 신혜봉惠丰이 참여했으며 1995년부터 재일 3세인 김청귀金淸貴도 참여했다. 또한 대표적인 재일조선인 역사학자인 박경식朴慶植이 제호 글씨를 쓰고 또 재일조선인사에 관한 연재를 하는 등 적극적으로 참여한 점도 특기할 만하다.

특집은 창간호 및 2호에서 '결혼문제'를 다룬 것을 시작으로 여성문제, 귀화문제 등 실제 생활 속에서 중요한 문제이면서도 공식적으로는 거론되기 어려웠던 문제들을 적극적으로 다루며 자유로운 토론의 자리를 제공했다.

출판사가 아닌 '재일동포의 생활을 생각하는 모임(가칭)'이라는 민간단체에서 간행하는 잡지인데도 200페이지를 전후한 분량으로 계속 간행되었다는 점도 특기할 만한 점이다.

본 연구팀에서 입수한 1~14호를 DB화했다. (후지이 다케시)

참고문헌

『우리생활』, 在日同胞の生活を考える会(仮称), 1987~1999; 朴一 편, 『在日コリアン辞典』, 明石書店, 2010.

운수일보
(運輸日報)

1961년 1월 25일 창간된 타블로이드 2면제 등사 석판인쇄 일간신문이다. 발행 겸 편집·인쇄인은 허근許權이다. 발행처는 서울시 용산구 한강로 2가이다.

이 신문은 육운陸運과 공로행정公路行政에 관한 특수일간지이다.

4·19 이후 쏟아져 나온 신문의 하나로 전문적인 해설이나 논평은 거의 실리지 않았다.

창간호 1면에는 "아직도 지난한 가시밭 길을 헤매고 있는 운수업계의 부빈한 이유, 못사는 이유를 살펴볼 것"이라는 사장 허근의 창간사가 실려 있다. 또한 진정한 운수업계의 대변지로서 운수업계가 처한 특수한 상황을 알리고 행정적 문제를 정책입안자에게 정확하게 전달하는 신문이 되기를 바란다는 각계 인사의 바람을 싣고 있다.

그러나 2면에 보도되고 있는 교통부 당국과 전국철도노조의 단독협약 체결, 교통부의 새해사업 설계 등의 기사를 보면, 이 신문이 정가政街의 주위를 맴도는 취재 태도만을 지녔을 뿐 공정한 보도를 하지 않음을 알 수 있다. 운수분야의 보도는 비위非違 사실이나 허실의 틈바구니만 파고들어 당시 사회의 지탄을 받았던 불공정한 보도가 많았다.

국회도서관에 마이크로필름으로 소장되어 있는 것을 DB화하였다. (구수미)

참고문헌

『운수일보』, 1961년 1월 25일 창간호; 『한국신문 100년』(사료집), 한국신문연구소, 1975.

웅변신문

(雄辯新聞)

1961년 2월 11일 창간된 타블로이드판 주간신문이다. 발행인은 서호석徐好錫, 편집인은 황성태黃性泰, 인쇄인은 정기진鄭基鎭, 편집국장은 정을병鄭乙炳이다. 발행소는 서울시 중구 오장동 135 웅변신문사이다. 구독료는 월 200환, 한 부에 50환이다.

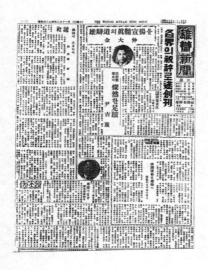

"세기의 여황女皇이라 일컫는 웅변의 연구교도지研究教導紙"로서 웅변의 참된 진리와 그 기술을 널리 교육 계발시킴을 목적으로 창간된 이 신문은 4·19 일주년 기념사업으로 전국웅변대회를 개최하는 등 웅변의 일반화에 노력하였다.

「창간에 즈음하여」라는 사설에서 다음과 같이 신문의 발행 취지를 밝히고 있다.

"오늘날 민주주의 여론정치에 있어서 불과 삼촌三寸의 설탄舌彈이 시대적 전진과 창조로 이끈 중대한 무기임은 명약관화한 사항입니다. 여론은 그 사회의 안경이니, 말하자면 '여론은 여왕이요 폭력은 세계의 폭군'이란 파스칼의 말과 같이 여론을 존중하는 사회는 국태민안의 국기國基를 마련하는 것이오, 폭력이 난무하는 암흑의 사회는 폭군의 세계를 말한 것이다. 언론의 자유가 보장된 가운데 민족의 갈 길을 밝힐 진실한 웅변가 등장이 기대되는 것이다. 애국의 화신인 웅변가가 앙망되는 오늘의 사회에 있어서 신시대에 적응하는 이상적인 인간형의 완성을 목표로 경세정론警世正論이란 언론 본래의 사명에 용감하여 공평무사한 여론으로 복지사회 건설과 인류평화에 공헌하자고 창간 주지를 밝히는 바이다."

웅변 발전을 위해 발행된 신문인 만큼 웅변에 관련된 글을 다수 싣고 있다.

창간호 2면에는 「웅변의 철학적 소고」(최우근崔宇根), 「웅변의 발자취」(이석점李錫漸)를, 3면에는 「시급을 요하는 웅변계의 재정비」라는 기사가 실려 있다. 4면에는 〈웅변교실〉란을 두어 웅변의 종류에 관한 소개를 하였고, 〈원고순례〉란을 통해 유명한 웅변원고 전문을 싣고 있다.

국회도서관에 마이크로필름으로 소장되어 있는 것을 DB화하였다. (구수미)

참고문헌

『웅변신문』, 1961년 2월 11일 창간호; 『한국신문 100년』(사료집), 한국신문연구소, 1975.

워싱톤문학

『워싱톤문학』은 1991년 7월 20일에 창간되었다. 2012년 현재 15호를 내고 있고 문인회 웹 사이트(www.washingtonmunhak.com)에 각호의 겉표지와 목차가 실려 있다. 주소는 5376 Laura Belle Ln, Fairfax, VA 22032, USA로 되어 있다. 편집인은 유양희(회장), 발행인은 박성복, 발행처는 도서출판 월인으로 되어 있다. 제15호는 15,000원에 발행되었다.

캐나다 문인회장을 지내고 워싱턴에 와서 목회 활동을 하던 반병섭이 한인 문인 조직의 필요성을 역설하고, 최연홍(워싱턴문인회 준비위원장), 임창현(회칙 기초위원), 김한옥, 김령, 안재훈 등이 동참하면서, 워싱톤 문인회가 탄생되었다. 회장에 최연홍, 부회장에 임창현, 김행자, 총무에 허권, 재무를 원경애가 맡았고 문인들의 신작발표회를 월마다 열고 문학상을 제정했는데 첫 수상자로 유인국(시), 임창현(수필), 안설희(소설), 유성건(영시) 등이 뽑혔다. 유인국의 시집『신월』과 최연홍의 영문시집『가을 어휘록Autumn Vocabularies』, 영한대역 단편『이브Eve』의 출판 기념회가 잇달았고, 마침내 1991년에는 회원들의 작품을 수록한『워싱톤문학』 1호가 창간되었다. 문인회는 이듬해 반병섭을 회장으로 개선하고 한국전통문화원, 워싱턴 한인교회 등에서 회원 작품 발표회를 갖고 제2회 워싱턴 신인문학상 자로 윤명자(소설), 송인복(시), 이서룡(시), 명휘철(시) 등에게 시상하기도 했다. 『워싱톤문학』 2호가 1992년에 나왔고 이원로 시집『빛과 어둠을 넘어』, 장대욱 수필집『바람따라 세월따라』 출판기념회도 가졌다.

최연홍, 김명희, 마경일은 알렌 긴스버그의 시집『아우성』(시문학사, 1990)을 펴냈으며『예술공보』에는 워싱톤 문인회 특집이,『동아일보』에는 워싱톤 문인회 회원작품이 연재되었고『워싱톤 한인회보』에도 문인회원들의 작품이 연재되기도 했다. 유영아, 김행자의 시는 『한국일보』(로스앤젤레스) 문예작품 경연에서 당선되기도 했고, 안성희의 단편소설 『이민수기』는 『한국일보』(뉴욕) 문예경연에서 당선되었다. 워싱톤문인회 이외에도 워싱톤에는 여성문학 동호인들의 모임인 "포토맥 펜클럽"이 1990년 발족되어 활발한 움직임을 보이고 있다.

이에 워싱턴문인회 회장 유양희는 제15호 권두칼럼 「미주한국문단을 생각한다」에서 "어찌 보면 요즘 본국의 한국문학은 인간의 기본적인 도리라고 할 수 있는 윤리나 도덕적 가치 추구를 소홀히 하는 것은 아닌지. 오히려 외국에 거주하는 문인들이 한국 고유의 정서를 그대로 지켜가고 있다는 느낌마저 든다."고 평하면서 미국 워싱턴 한국문단의 자신감과 의미를 피력하고 있다.

제15호는 〈초대석 특집〉이라 해서 「신인문학상 역대 수상자에게 듣는다」는 특별 좌담을 진행하여 문인들의 소회와 『워싱톤문학』과 미주문학의 발전방향에 대한 논의를 중계하고 있다. 그리고 시와 수필을 구분해서 작가의 이름순으로 작품을 게재하고 있다. 특집으로 제17회 『워싱톤문학』 신인문학상 수상작(소설, 수필, 번역문학의 수상작들, 시는 수상자 없음)을 심사평과 더불어 게재하고 있다. 그리고 지면 끝부분에 부록으로 워싱턴문인회의 연혁과 15호의 작품들의 작가들의 주소록을 싣고 있다. 이러한 구성은 다른 미주 한인 문학지들의 구성과 비슷하다고 할 수 있다.

『워싱톤문학』은 제11집(2005)이 재외동포재단 자료실에 소장되어 있고, 최근호는 일부가 국내에서도 판매되고 있다. 그리고 김환기 동국대 교수가 미국에서 직접 수집해온 것 등을 DB화 작업했다. (박순원)

참고문헌

『워싱톤문학』; 워싱톤한인회 편, 『워싱톤 한인사: 1883-1993』(1994); www.washingtonmunhak.com (워싱톤문인회 웹사이트)

원보
(강원도교육연구원)

1969년 12월 강원도교육연구원에서 발행한 기관지이다. 편집 및 발행 강원도교육연구원, 인쇄 조양기업사이다. 연간지로 비매품이다.

강원도교육연구원은 교육연구소와 시청각교육원이 통합되면서 설치된 기관이다. 교육연구소와 시청각교육원은 각각 1959년, 1964년에 설치되었는데 1969년 1월 '강원도교육연구원 설치조례'가 공포되고 이 두 기관이 통합되면서 강원도교육연구원이 설립된 것이다. 『원보』는 연구원이 설립되고 1년여의 시간이 흐른 후 발행된 기관지로 초대 원장인 김수근의 발간사를 창간호에 싣고 있다. 발간사를 보면 "「교육헌장 개선」이라는 거시적 목적에 보다 「어프로치」하기 위해 여러 연구사들의 논고를 집약시켜서" 잡지를 발간하게 되었으며, "「공무원으로서의 교사」가 아니라 창의와 신념과 긍지와 헌신으로 응결된 「생각하는 교육, 연구하는 교육자」의 자세를 정립"하기 위해 노력하고 있다면서 잡지의 발간 목적을 밝히고 있다. 또한 교육감 김병렬의 「성실하고 꾸준한 연구태도로」라는 글을 보면 "교육연구사는 성실하고 꾸준한 연구 태도로 전문성을 지니고 일선 교육에 봉사하는 기본자세를 확립시켜 일선 교사들로부터 그 역량을 인정받도록 되어야만 연구원이 그 소기의 목적을 달성할 수 있을 것"이라고 서술하고 있어 『원보』의 교육 전문지로서의 성격을 명확히 하고 있다. 춘천농과대학장 함인섭의 「등대지기의 사명을 다하자」라는 글에는 "강원교육의 디딤돌이 되고 대들보가 되며 지침이" 되어야 한다는 의견을 피력하여 특히 강원교육에 대한 사명감을 강조했다.

잡지의 구성을 보면 먼저 네 가지 범주가 주축을 이룬다. 〈원내연구보고〉, 〈현장연구보고〉, 〈연구학교보고〉, 〈교육의 문제점 해결을 위한 제언〉이 그것으로 〈원내연구보고〉에는 연구원 소속의 연구관이나 연구사의 논고를 싣고 있다. 박민일의 「이조시대의 여성교육과 지위에 대한 소고」, 조태효의 「카운셀링에 있어서의 사례사의 역할」, 황환걸의 「실험학교 운영과 지도계획」, 박순재의 「국민학교 계산 기초 학력 진단 기준 시안(1)」 등이 그것으로 연구지로서의 성격을 강하게 드러내고 있다. 〈현장연구보고〉에는 춘천중학교 교사인 전재윤의 「전자계산기의 수학적 원리를 통한 집합 및 논리의 지도」, 춘천농업고등학교 교사 최범일의 「학생자립영농회의 급위검정 시안」 등 교사들의 현장 체험에 중점을 둔 글을 실었다.

〈연구학교보고〉에는 「생활지도를 중심으로 한 국민교육헌장이념 구현에 관한 실천적 연구-학년별 윤리영역별 덕목지도를 중심으로」, 「학습을 돕기 위한 교내 방송 운영에 대한 실천연구」, 「어린이 노상 안전을 위한 실천연구」를 실었는데 각각 춘천여자중학교, 영랑국민학교, 춘천국민학교를 사례로 삼았다. 〈교육의 문제점 해결을 위한 제언〉에는 「약동하는 교육활동을 위해」, 「교육근대화에 뒤진 시청각교육」, 「과학교육 개선의 방향」, 「농업교육 방향에 대한 소고」, 「기재 및 교재 활용을 위한 교육 현장의 당면과제」, 「교육은 변한다지만」 등을 실어 교육현장의 구체적인 문제들을 다루고 있다. 이 밖에 〈시청각 교육강좌〉, 〈해외문헌소개〉, 〈해외여행기〉 등의 코너를 두었으며, 말미에 「본원 현황 및 69년도 사업실적」을 싣고 있다. 이러한 잡지 구성은 이후에도 큰 변화 없이 유지되었다.

국회도서관에 1~3호, 6, 7호가 소장되어 있으며 이를 DB화하였다. (임경순)

참고문헌

『원보』 1~3호, 6·7호.

원보
(충청북도교육연구원)

1969년 5월에 창간된 잡지로 충청북도교육연구원의 기관지이다. 발행인은 충청북도교육연구원, 인쇄처는 상당출판사로 청주시 북문로 2가 78이다. 연간지로 비매품이다.

충청북도교육연구원은 교육연구소와 시청각교육원이 통합되면서 설치된 기관이다. 1969년 1월 충청북도교육연구원 설치 조례가 공포되면서 두 기관이 통합, 충청북도교육연구원이 설립되었다. 『원보』는 연구원이 설립된 해 5월에 창간된 기관지로 창간호에는 연구원장 김준근의 발간사가 실려 있다. 발간사에는 『원보』 발간의 취지가 잘 드러나 있다. "교직자로서의 전문성을 과시할 수 있는 교육의 이론과 방법을 부단히 탐구 연마하여 알찬 교육의 열매를" 맺을 것이며, "조사연구, 지도보급, 자료제작 등의 업무 활동을 통해 충북 교육 동지 제현의 교육활동을 지원하며 보다 나은 충북 교육의 발전을 위하여 정려 연찬"할 것을 다짐하고 있다. 또한 교육연구원의 운영 개황 사업 내용 교육자료 등을 홍보하여 일선 학교를 지원하며 협조를 받고자 한다는 뜻도 피력하고 있다.

잡지 구성을 보면 충청북도의 장학중점, 교육행정방침을 잡지 서두에 배치한 후 충청북도교육연구원의 연구와 활동을 〈현황〉, 〈사업〉, 〈교육자료〉 세 영역으로 범주화하여 소개하고 있다. 〈현황〉에는 교육연구원의 기능, 사업 기본방침, 사무분장, 하부조직이 설명되어 있고, 〈사업〉에는 연구업무와 일반업무가 설명되어 있다. 〈교육자료〉는 각종 기자재와 슬라이드 목록, 영화 필름 목록, 선행연구 및 외국도서, 추천도서 목록 등을 담고 있다.

또한 「지정 연구학교 연구계획 개요」를 보면 특정 주제의 지도방법에 대한 연구를 하는 학교들이 나열되어 있는데 청주주성국민학교(문교부지정 반공도덕), 청주중앙국민학교(도지정 국민교육헌장 이념 구현), 옥천죽향국민학교(도지정 공작교육), 주성중학교(도지정 국민교육헌장 이념 구현), 단양중학교(도지정 반공교육), 청주여자중학교(도지정 시청각교육), 영동농업고등학교(도지정 향토개발), 청주농업고등학교(문교부지정 실업교육), 제천여자고등학교(도지정 가정교육) 등이 그것이다. 이 외에 「1969학년도 시군지정시청각연구 및 방송청취시범교 일람」, 「교육자료의 대여 및 기술협조 요령」, 「연도별 업적 개요」를 실었다. 잡지 말미에는 '자작 사진 및 슬라이드 현상모집' 공고를 싣고 있는데 각 학교 선생님들의 우수한 교육사진 및 슬라이드를 모집한다는 내용으로 작품의 규격과 시상, 전시회 일정을 공고하고 있다.

이러한 잡지 구성은 3호까지 비슷하게 유지되었는데 4호는 좀 더 연구 중심적인 경향으로 편집되었다. 〈본도 교육지향점 사기를 높이는 교육〉이라는 제목에 교육연구사들의 「충북 사기 문제의 배경」, 「인간관계가 사기에 미치는 영향」, 「충청북도 내 교사들의 사기 앙양에 관한 조사 연구」 등의 논고가 실렸고, 효과를 높이기 위한 연구학교 운영 방안이나 교수-학습 활동 과정에서의 O.H.P의 활용에 대한 연구 등 다양한 연구논문을 싣고 있다.

『원보』는 연간으로 발행되었는데 창간 이듬해인 1970년 5월에 발간된 잡지 표지를 보면 2호가 아닌 '제3호'로 명기되어 있다. 또한 발간사에도 "이제 원보 제3호를 발간하여 본 원의 운영 및 사업계획의 개황과 교육자료를 수록 홍보" 하고자 한다고 되어 있어 단순한 오기가 아니라 반년간 정도로 발행된 2호가 있었을 가능성이 있다. 그러나 실물을 보지 못해 확언할 수 없다.

국회도서관에 1·3·4호가 소장되어 있으며, 이를 DB화하였다. (임경순)

참고문헌

『원보』 1·3·4호.

월간문학
(月刊文學)

'한국문인협회'에서 1968년 11월 1일에 창간하여 오늘에 이르고 있다(2014년 11월호 발행된 현재, 통권 549호). 편집 겸 발행인은 김동리金東里, 편집장은 김상일金相一, 인쇄인은 평화당인쇄주식회사(平和堂印刷株式會社, 서울특별시 종로구 견지동 60)의 이일수李喜秀, 발행처는 한국문인협회(韓國文人協會, 서울특별시 종로구 세종로 예총회관 302호실), 총판은 장안서림(長安書林, 서울특별시 중구 을지로 4가 91)이다(2014년 11월 현재, 통권 549호에는 발행인 겸 편집인 이 김연균, 주간이 이강열, 편집국장이 정종명, 인쇄인이 고하윤, 발행처가 한국문인협회, 월간문학사, 서울시 종로구 동숭동 1-117 예총회관 내 이다). 판형은 신국판으로 창간호의 경우에는 총 274쪽이었으며 정가는 180원이었다.

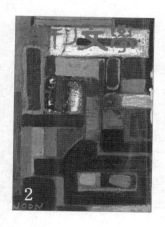

월간문학 편집위원회 명의의 「창간사」를 보자.

"인류에게 언어가 있고 민족에게 문학이 있다. 인류의 가장 고귀한 긍지가 언어라면 문학은 민족의 제일 으뜸가는 재산이라 하겠다. 인류의 모든 문화와 번영이 이성의 표출인 언어의 산물인 것처럼 문학은 그 민족의 모든 학문과 예술의 모체가 되기 때문이다. 다시 한 번 생각해 보라, 어느 시대 어느 민족의 어떠한 학문(과학)이 문학章을 통하지 않고 표현된 일이 있었으며, 또한 문학을 기반으로 하지 않은 예술이 있었던가를. 그러므로 옛날의 동양사람(조식)은 문학을 가리켜, 〈영구적으로 빛나는 일이요, 나라를 경영하는 큰 사업不朽之盛事 經國之大業이라〉했고, 근자의 서양사람(R. G. Moulton)은 〈철학의 한 양식인 동시에 예술의 한 양식〉이라고, 그 기능의 넓고 크고 높음을 각각 말하지 않았던가.

우리 민족은 문학에 대한 뛰어난 소질을 그윽히 간직한 채, 옛날엔 외래문자의 관습적인 답습 때문, 저간은 침략자의 언어말살정책 때문, 그리고 해방 후엔 사회적인 격동과 전란 때문, 그 천부의 역량을 제대로 발휘치 못하다가 60년대에 접어들면서 민족 중흥의 서광과 함께 문단도 아연 활기를 띠기 시작하더니 시가 소설 희곡 평론 수필 등 문학의 각 분야에 걸쳐 주목할 만한 신인들이 위연히 배출하여, 50년대 말까지 백에서 2백 명 이내를 헤아리던 문인의 수효가 지금은 7, 8백에서 천에 육박하는 성세를 이루게 된 것이다.

그러나 이러한 인적인 풍성을 뒷받침하여 그들의 앞길을 열어줄 활동무대는 너무나 빈약하다. 10년 전까지만 해도 순문예지 2, 3종이 병진하여 간행되어 오던 것이, 문인은 5배 이상으로 팽창된 오늘날 순문예지는 오직 하나뿐이라는 역현상에 놓여 있으니 재능과 정열의 젊은 작가 시인 평론가들의 울분과 통탄은 짐작하고도 남은이 있으리라.

여기서 현역 문인의 대다수가 집결되어 있는 한국문인협회에서는 문단의 이 절박한 열망을 풀고자 수년래 각방으로 노력해 오던 결과, 신문학 60주년을 기념하는 이 해 11월을 기하여, 각계의 성원과 축복 속에서 드디어 본지 창간의 성업을 착수하게 되었다.

처음부터 문학상의 어떤 조류나 경향을 주장하고 실천하기 위하여 출발하는 문예지가 아니요, 또 몇몇 사람의 우의나 동지적인 결합에 뜻을 찾고자 손을 대인 거사도 아니다. 미증유의 팽창과 성세를 이루도고 활동무대를 갖지 못한 오늘날 한국의 전체 문인들에게 단 한편일지라도 작품잘표의 기회를 더 마련해주고자 하는 것이 본지 발행의 가장 직접적인 동기요 중요한 목적이라 하겠다."

이를 통해 보건대, "활동무대의 제공"이라는 의미인데, 그 말의 진실은 전적으로 믿기지 않는 대로 '한국문인협회'의 기관지로서의 긍지와 범문단을 포괄하려는 포부는 뚜렷이 감지되는 대목이다. 문단의 파벌 싸움은 아주 오래된 추문이거니와, 각종 논쟁을 통해서도 기성 문인과 신세대 문인과의 갈등의 골은 깊게 파여져 있었다. 그리하여 '문협'에 참가하지 않은 문인들도 꽤 존재했었고 1970년대에 들어서는 '문협'과는 이념과 지향을 달리하는 단체가 실제로 탄생하기도 하였다. 그렇지만 기성 문인들의 발표 공간 제공에 자신의 작품을 발표하고 싶은 신세대 문인들의 욕망도 비난할 수만은 없었을 터, 창간호의 목차에서 그러한 개별 문인들의 속사정도 짐작할 수 있다고 하겠다.

창간호를 보면 표지에서부터 장정, 편집에 이르기까지 얼마나 이 잡지에 공을 들였는지, '문협'의 문단적 영향력이 얼마나 대단한지를 알 수 있다. '월간문학'이라는 제자는 손재형이 썼고 표지화는 남관이 그렸다. 거기에 컷에는 이준과 김영태가 참여했음이 목차의 가장 앞머리에 명기되어 있는 것이다.

창간호는 '특집'이 2개로 꾸며져 있는데 제목을 보면 '문협'이 얼마나 대단한 자부심과 노력을 기울여 특집의 주제를 선택했는지 짐작이 간다. '특집1'은 '신문학 60'년으로 백철의 「신문학 60년의 발자취」, 곽종원의 「한국소설의 특질」, 조지훈의 「현대시의 계보」, 이형기의 「신시 60년의 부감腑瞰」, 이철범의 「비평문학의 명맥」, 이원수의 「아동문학의 결산」 등의 글들이 실려 있다. '특집2'는 제목이 '세계문학 60년'으로 이가형의 「20세기 소설」, 김종길의 「20세기 시의 특질」, 이어령의 「현대의 문학이론」 등의 세 편이다. 이를 통하여 한국의 근대문학사 전체를 정리하고 각 분야별로 어떤 성과를 냈는가를 점검하는가 하면, 한국에 수입, 소개된 세계문학의 전반적인 개괄을 시도하고 있다는 점에서 의미가 있다고 하겠다.

그러나 새롭게 등장하는 새로운 세대의 논자가 아니라 일제강점기, 해방 후에 문학활동을 벌인 기성 논자들에 의해서 '신문학 60년'의 성과가 짚어지고 있다는 데에 자기 합리화나 변명, 왜곡의 여지가 개재될 수밖에 없다는 사실이다. 실제로 '문협'의 조직구성과 운용방식이 과연 불편부당하게 이루어졌는가는 별도로 치부하더라도, 새로운 관점과 방법론을 배제한 한국근대문학사에 대한 평가는 기존 문단의 문학사 평가를 답습하는 결과이기 쉬운 까닭이다.

서정주의 산문 「천지유정 - 내 시의 편력」이 연재를 시작하고 박영준의 장편소설 「가족」도 연재를 시작하는가 하면, 손소희, 오유권, 박경리 외에 젊은 작가 송상옥, 강용준, 정을병의 소설이 실리고, 시에서는 이은상, 김광섭, 신석정, 서정주, 박두진, 구상, 김춘수, 이동주, 김요섭, 김남조, 조병화, 성춘복, 신동엽, 이탄, 황동규의 시가 실려 기성과 신진들을 8대 2 정도로 배치하였다. 〈창작평〉란에는 신석초의 「풍요 속의 한산」, 김현의 「젊은 시인들의 정신적 방황」, 안수길의 「정석적 소설」, 천이두의 「박상륭의 「열명길」」이 실렸다.

그러나 뭐니뭐니해도 창간호에서 가장 의미 있는 기사로 〈신문학 60년을 정리하는 앙케에트〉란이다. 여기서는 '설문'을 두 개, 즉 "① 신문학 60년을 통해 본 가장 인상 깊게 읽은 작품 ② 신문학 60년을 통해 본 한국문학의 지양점"으로 정리하여 묻고는 그에 답한 문인들의 답변을 원고 도착 순으로 정리하여 지상중계하고 있다.

『소년』지 창간 60주년을 기념하여 창간된 '문협'의 기관지 『월간문학』은 비교적 전문단적인 호응과 성원 속에 그 첫발을 내딛고 있다. 「편집후기」에서도 그러한 성과와 자긍심을 감추지 않는 것을 보건대, 이 잡지의 미래가 양양했음을 유추할 수 있다. 하지만 문제는 발간 주체인 '한국문인협회'의 조직 구성과 운영 방식이 배타적이고 편파적인 방향으로 흘러가지 않았나 싶다. '창간사'에서도 "민족중흥" 운운하는 대목이 나오지만, 문학단체의 국가권력과의 관계 설정을 어떻게 기해야 하는가는 중요한 화두였다고 하겠는데, 이 부분에서 모종의 타협과 밀착이 있었다고 보여진다. 그렇기 때문에 조직의 경화증이 심화되고 신진들의 목소리가 묻히거나 무시되는 지경이 되고 보면 구성원의 이탈이 생기게 되고 조직의 문학적 역동성이 소멸의 길을 걷게 되는 것이다. 이러한 경향은 잡지의 성격에도 그대로 반영되어 신진들의 작품 발표 기회가 줄어들고 아예 여기에 발표하기를 포기하거나 꺼려하는 일들도 벌어질 수밖에 없다.

그럼에도 불구하고 『월간문학』은 '문협'의 기관지로서 많은 문인들을 결집하고 그들에게 발표의 장을 마련하였다는 의미는 높게 평가되어야 한다. 또한 시·소설·희곡·수필·아동문학·평론 및 해외문학의 번역 소개 등 여러 장르의 작품을 소개하고, 문학 일반에 관한 소식이나 문인들의 동정 등도 실었다. 그 밖에도 3대문학상으로 한국문학상·윤동주문학상·조연현문학상을 제정하여 시행하고 있는 등 문인들의 복지와 창작 여건도 살피는 배려를 꾀하고 있다.

창간호를 비롯하여 대부분의 잡지가 국립중앙도서관, 국회도서관을 비롯하여 대부분의 대학 도서관에 소장되어 있다. DB는 창간호를 비롯하여 70년대 초반까지 갈무리했으며 최근의 발행호수는 '한국문인협회' 홈페이지에서도 확인할 수 있다. DB 상태는 좋다. (전상기)

참고문헌

한국문인협회(http://www.ikwa.org/)월간문학『현대교육』창간호, 1968. 8;『현대교육』, 1970. 6.

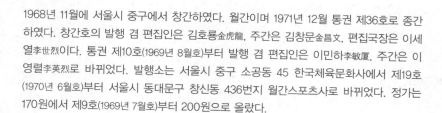

월간 스포오츠
(月刊 스포오츠)

1968년 11월에 서울시 중구에서 창간하였다. 월간이며 1971년 12월 통권 제36호로 종간하였다. 창간호의 발행 겸 편집인은 김호룡金虎龍, 주간은 김창문金昌文, 편집국장은 이세열李世烈이다. 통권 제10호(1969년 8월호)부터 발행 겸 편집인은 이민하李敏厦, 주간은 이영렬李英烈로 바뀌었다. 발행소는 서울시 중구 소공동 45 한국체육문화사에서 제19호(1970년 6월호)부터 서울시 동대문구 창신동 436번지 월간스포츠사로 바뀌었다. 정가는 170원에서 제9호(1969년 7월호)부터 200원으로 올랐다.

『월간 스포오츠』는 "멋과 힘의 스포오츠 종합지"를 표방하였다. 주요한 내용 구성은 권두화보, 특집, 어린이 체육, 축구, 여성코너, 해외 스포츠, 이달의 주요 경기평 등을 비롯하여 인터뷰, 탐방, 좌담회, 각 경기 종목 해설, 경기규칙, 선수 스토리, 체육계 소식, 주요 경기 기록 등이다.

거의 매호마다 특집을 마련했다. 주요한 특집으로 제3호의 〈윈터 스포오츠 가이드〉, 제14호 〈코우치 이론〉, 제15호의 〈동계체전〉, 제17호의 〈스포오츠의 생활화〉, 제18호의 〈오늘의 문제 - 대한체육회는 어디로〉, 제19호의 〈섹스와 스포오츠〉, 제21호의 〈여름을 이기는 스포츠(바캉스 교실)〉, 제22호의 〈스포오츠와 경제〉, 제23호의 〈우리 육상은 왜 이런가?〉, 제24호의 〈제51회 전국체전 개관〉, 제25호의 〈송년특집 - 체육계 70년을 회고한다〉, 제28호의 〈체육학교장은 말한다〉와 〈여수의 기적〉, 제29호의 〈나고야 대회〉, 제30호의 〈문제와 방법론〉 등이 있다.

제3호부터 「지방체육 르뽀」를 기획하였고, 제4호부터 「스포오츠 수필」을 신설하여 운동선수뿐 아니라 실업가, 의사, 문인 등 다양한 직업군의 사람들이 스포츠를 소재로 글을 썼다. 그 외 연재물로는 「올림픽의 강자들」, 조완묵趙琓黙

의 「한국 역대 체육인 열전」과 「우리 민족경기의 발굴」, 번역물인 「즐거운 체조육아법」과 민병산의 「근대 스포오츠의 발달」 등이 대표적이다. 제13호부터 제22호까지 김하빈金瑕彬의 스포츠 추리소설 「죽음의 제7라운드」를 연재하였다. 1970년 1월호에는 「70년대 유망주」 코너를 마련해 탁구의 이에리사, 투포환의 백옥자 등을 소개하였다.

국립중앙도서관에 소장된 제3호부터 제33호까지의 잡지 기사를 DB로 만들었다. (장신)

참고문헌

韓國雜誌協會, 『韓國雜誌總覽』 1972.

위생업보

(衛生業報)

1965년 2월 10일 창간한 대한식품위생협회중앙회와 대한환경위생협회의 기관지이다.
발행 겸 편집인 성장수, 인쇄인 백승진, 이사장 이갑산이다. 발행소는 서울특별시 중구
을지로 2가 96, 사무처는 서울특별시 종로 3가 20이다.

『위생업보』창간호 1면을 보면 "전국 20만 위생
업자의 유일한 대변지"라는 문구를 싣고 있는
데, 특이한 점은 1면 전체가 감미료 광고로 채워
져 있다는 것이다. 2면도 전면이 광고이며 창간
사는 3면에 실려 있다. 창간사는 사장 성장수가
작성했는데 내용을 보면 불경기와 침체로 몸부
림치고 있는 위생업계의 진정한 대변지가 되겠
다는 각오를 토로하고 있다. 또한 "위생업계의
유일한 기관지요 전국 20만 업자의 진정한 대
변지로서 사계의 권위와 복리를 수호하고 증진
하는 데 일로정진할 것"이며 "한국 위생업계의 자립과 발전을 도모하고 촉구하
는 진실한 역군이요 반려로서 성심성의를 다할" 것이라고 다짐하고 있다. 이를
위해서는 "무엇보다도 본보와 업자가 서로 가슴을 터놓고 이야기할 수 있는 공
동 광장과 더불어 서로 아끼고 도웁고 격려하고 편달하는 협동 정신"이 절실히
필요한데 "공동 광장으로서 본보는 모든 지면을 통하여 20만 업자 앞에 완전 개
방하고 제공하는 동시에 업자의 의사와 업계의 여론을 두루 신속하고 정확하게
정치적 사회적으로 반영시킬 것"이니 "서슴지 마시고 본보를 활용하는 한편 아
무쪼록 극력 지도 육성해주실 것을 충심으로 부탁"드린다며 글을 맺고 있다. 이
와 함께 3면에는 창간을 축하하는 이사장 이갑산의 「참다운 20만 대변지로서
업권 확립에 최선 다할 터」, 보건위생부장관 오원선의 「『위생업보』창간에 부친
다」등이 실려 있다. 4·5면에도 창간을 축하하는 광고 및 휘호, 글들이 전면에

걸쳐 실려 있다.

6·7면에는 조합원과 조합장의 대담을 정리한「우리도 할 말 있다」, 설문조사 결과를 담은「우리 업계의 실태」등 조합의 실태를 다룬 기사 실려 있고, 8면은 다시 전면 창간 축하 광고와 휘호로 채워졌다. 9면은「위생업무 단일화」,「미용연합회 발족」을 실었고, 10·11면은「업계에서도 참여할 수 있는 심의회 개편 긴요」라는 제목 하에 다양한 업계의 사람들과『위생업보』측이 벌인 좌담을 싣고 있다. 이외에 여러 관련 기사들을 실었는데 15·16면에는 피부미용, 식품저장법, 차 끓이는 법, 요리법 등의 가벼운 기사들을 싣기도 했다. 또한 17·18면에는 이용사시험문제와 미용사시험문제가 실려 있어 이채를 띤다.

국회도서관에 마이크로필름 형태로 보관되어 있으며 이를 DB화하였다. (임경순)

참고문헌

『위생업보』, 창간호.

유네스코 뉴스

타블로이드판 8면으로 구성된 유네스코(UNESCO) 한국위원회의 월간 소식지. 1964년 1월 창간되었으며, 발행인은 조민하趙民夏, 편집인은 이희창李熹昌이었다. 2013년 10월 현재 688호『유네스코 뉴스』까지 발행되었으며, 매달 20,000부씩 발행되어 유네스코 한국위원회 관련 기관·단체 및 일반 독자에게 무료로 발간·배포되고 있다.

유엔교육과학문화기구(United Nations Educational, Scientific and Cultural Organization)의 약자인 유네스코(UNESCO)는 교육, 과학, 문화 등 지적 활동 분야에서의 국제협력을 촉진함으로써 세계평화와 인류 발전을 증진시키기 위해 만들어진 유엔 전문기구이다. 제2차 세계대전 중인 1942년부터 1944년까지 연합국 교육 장관들이 영국 런던에 모여 전쟁으로 황폐해진 교육을 재건하고, 교육으로 세계평화에 기여할 수 있는 방안을 여러 차례 논의한 끝에 교육, 과학, 문화 분야에서 국제협력을 증진함으로써 세계평화에 기여하는 국제기구를 창설하기로 뜻을 모았다. 그 결과 1945년 11월 16일에 열린 유네스코창설준비위원회에서 37개국 대표들이 영국 런던에서 '유네스코 헌장'을 채택함으로써 유네스코가 창설되었다. 유네스코는 다음과 같은 주요활동을 전개하고 있다.

① 교육분야: 문맹퇴치, 초등의무교육의 보급, 난민교육 등, ② 과학분야: 생물학·해양학·환경문제에 대한 국제적인 연구, 정보교환 등 사회과학 분야에서는 인권문제에 관한 연구·분석, 개발도상국의 통신설비·정보시설 지원, 언론인을 육성 지원 등, ③ 문화분야: 세계문화유산 지정, 가치 있는 문화유적의 보존 및 보수 지원, 세계 각국의 독자성 있는 전통문화 보존 지원, 세계 각국의 문학 및 사상에 관한 문헌의 번역 소개 등이다.

가

나

다

라

마

바

사

아

자

차

카

타

파

하

한국은 6·25전쟁 발발 직전인 1950년 6월 14일에 유네스코 회원국에 가입하였다. 전란 중이었지만 한국정부는 국내 유네스코 활동 전개를 위한 한국위원회 설치를 추진하였다. 1953년 7월 6일 '한국유네스코위원회 설치령'이 공포되었고, 1954년 1월 30일 서울대학교 강당에서 창립총회를 열어 당시 문교부장관이었던 김법린 박사가 위원장으로 취임하고 정대위 박사가 초대 사무총장에 임명된 가운데 유네스코 한국위원회가 공식 발족하였다.

유네스코 한국위원회의 구체적인 사업으로는 국가 및 지방자치단체, 기관·단체 및 개인의 유네스코 활동 참여 촉진, 유네스코 활동과 관련된 정부의 정책 수립과 국제 협약의 체결 등에 필요한 사항의 조사·심의, 유네스코 총회에 제출할 의안의 작성 등이다. 그 밖에 유네스코 회원국 간 교류와 협력, 한국인의 유네스코 활동 협력, Korea Journal 등 간행물 발간, 서울시립청소년문화교류센터 운영 등의 사업을 수행한다.

『유네스코 뉴스』는 교육·과학·문화·청소년·커뮤니케이션 분야에서 유네스코한국위원회가 추진 중인 활동과 유네스코 관련 소식을 신속·정확하게 전달하는 월간 소식지이다. 1965년 1월호를 살펴보면 「제13차 유네스코 총회 참가 보고」, 「군비축소가 경제에 미칠 영향」, 「유네스코 한국위원회 뉴스」, 「유네스코 신간 안내」로 되어 있고, 1965년 2월호는 「인간에의 투자」(H. M. 필립스), 「국제대학의 한 방안」(해롤드 테일러), 「유네스코 한국위원회 뉴스」, 「유네스코본부 신간 안내」로 구성되어 있다. 거의 매호 「유네스코 한국위원회 뉴스」와 「유네스코 신간 안내」를 기본으로 하여 1~2편의 글을 추가하는 간략 소식지 형태를 취하고 있다.

국립중앙도서관 등에 소장되어 있는 1965년 1월(2권 1호)~1968년 12월호(5권 12호)를 DB화하였다. (이상록)

참고문헌

『한국유네스코 활동 10년사』, 유네스코한국위원회, 1964; 『유네스코한국위원회 30년사』, 유네스코한국위원회, 1984.

유럽리포트

(Europe Report)

『유럽리포트』는 한국과 유럽을 연결하는 계간지를 표방하는 잡지이다. 발행인 겸 주필은 화학박사인 임석훈이고, 발행처는 한독연맹(Koreanisch–Deuscher Verein)이다. 홈페이지는 http://www.eu-focus.com/으로 되어 있다. 현재 홈페이지가 알차게 운영되고 있지만, 인력 문제 등의 이유로 지난호 보기 서비스 같은 것은 아직 되어 있지 않다. 2002년에 1년 구독료는 10유로였다.

『유럽리포트』가 발행되고 있는 독일의 슈발박 Schwalbach 시는 인구 1만5천여 명이 사는 소도시이다. 슈발박은 독일과 유럽의 금융 중심지 프랑크푸르트 서북쪽의 교통 중심지에 위치하고 있으며 한국기업 중에서는 삼성그룹, CJ, 제일기획, 현대그룹의 종합상사 등이 진출해 있다. 한국 기업 이외에 국제적인 다국적 기업인 Procter & Gamble과 전자회사 Continental도 진출해 있는 도시의 규모는 작지만 세계의 유수 기업들이 진출해 있는 도시이다. 현재 한국 기업의 진출과 인프라의 편리한 점이 부각되어 한인 수는 400명 정도가 거주하고 있다.

『유럽리포트』는 우선 슈발박에 진출해서 살고 있는 한인 개개인들의 노력이 어우러져 만들어지는 잡지이다. 그렇지만 독일과 한국의 주요 사건들을 그때그때 게재하고 독일의 한인들과 유학생들이 관심을 갖고 궁금해할 만한 소식들을 전해주고 있다. 2004년 1월호(통권 44호)의 「우리의 역사를 빼앗아가려는 '중국의 음모'」라는 기사를 보면, 동아시아 역사전쟁에 이제 중국도 가세해서 고구려가 중국의 지방정권에 지나지 않는다는 주장을 하면서 현재 중국이 '중국공산주의의 제국주의적' 행태를 보여주고 있다고 비판하고 있다. 그리고 독일에 이주한 한인들이 많이 종사하는 요식업이 현재 어려움을 겪고 있는데, 이는 독일식 관료주의와 한인들 사이의 지나친 경쟁 때문이라는 분석기사를 게재하고 있기도 하다. 그 외에도 「박사학위 취득, 독일과 미국의 비교」에서는 보통 독일 유학이 미국의 유학보다 시간은 더 많이 걸리면서도 한국에서 제대로 인정받지 못한 현실에 대해 독일 한인들의 궁금증을 풀어주고 있다. 그리고 독일인들과 2세들을 겨냥해서 독일어로 작성된 「공자」와 관련된 칼럼을 연재하기도 한다. 그 이외에도 「독일대학의 등록금 징수논란」과 「동독비밀경찰」과 같은 국내의 사람들도 관심을 가질 만한 기사들을 단신으로 정리해서 시의성 있게 전해주기도 한다.

광고는 현대자동차, 삼성전자 그리고 대한항공 같은 대기업 광고들이 눈에 띄고, 독일 각지의 한인 업소 광고가 지면 여기저기에 크지 않게 게재되어 있다.

임석훈과 그 주변의 사람들이 협력해서 만들고 있는 잡지이지만, 독일에 나가 있는 한인들뿐만 아니라 독일에 관심이 있는 사람들이라면 누구라도 흥미를 갖고 볼 수 있는 기사들로 채워져 있는 얇지만 내용이 알찬 잡지이다.

재외동포재단 자료실에 『유럽리포트』 일부가 소장되어 있고, 이를 DB화했다.

(임성윤)

참고문헌

『유럽리포트』

유로저널

(독일판)

주간신문 독일판 『유로저널』The Eurojournal은 『유로저널』 영국판의 쌍둥이 형이라 할수 있다. 1995년 3월 1일에 창간되었다. 2001년 7월 17일에 발행된 제325호는 발행은 김훈, 인쇄는 괴츠키인쇄가 담당했다. 전 유럽으로 배포되는 유일한 유럽 내 한인동포신문으로, 유럽 내 동포신문 중에서 최대 발행 부수 (최대 20,000부), 최대 발행면(64면, 타블로이드 전체 칼라, 2001년에는 32면 발행), 그리고 최대 독자층을 자랑한다. 전에는 매주 화요일에 발행되었으나, 2001년 7월 21일 326호부터 토요일에 발행되다가, 이후 최근에는 수요일마다 발행되고 있다. 1년 구독료는 독일에서 85유로이다. 신문사 사이트는 www.eknews.net이다.

『유로저널』(독일판)은 1면 상단에 "최다 발행 부수와 최다 발행 면, 유럽 19개국 한인사회로 유일하게 배포, 수준 높고 알찬 기사로 평가받는 전문 시사지, 하루 4천여 명이 방문하는 www.eknews.net"이라고 밝히고 있다. 이것이 가능한 이유는 지금은 유럽의 나라들 가운데 영국에 가장 많은 한인이 거주하고 있지만, 얼마 전까지는 광부·간호사로부터 시작해서 가장 많은 한인들이 거주하던 곳이 독일이었기 때문이다.

『유로저널』(독일판)은 영국판과 1면에서부터 전반적으로 분명하게 차이가 난다. "1천 억 불 (이라크)전후복구사업, 군침"(2003년 3월 29일자), "괴질, 전 세계 경제 강타"(2003년 4월 5일자)처럼 유럽과 전 세계와 관련된 기사와 사설을 영국판에 비해서 상대적으로 많이 게재하고 있다. 영국, 독일뿐만 아니라 전 유럽에 소재한 한인업체들의 광고를 게재하고 있다.

2003년 4월 5일자의 국내기사를 살펴보면, 「노무현 대통령, 이라크 파병안 국회통과에 결정적 역할」, 「재벌개혁을 지금 해야 하는 3가지 이유」, 「4월 2일은 한국이 전범국가가 된 날 - 파병 동의안 정부 원안대로 통과」 등 국내 정치경제에 대해 상당히 비판적인 시각에서 기사와 칼럼들을 쓰고 있다. 해외에서 발행되는 한인매체들이 국내의 상황에 대해 전반적으로 호의적으로 쓰고 있는데 비해서, 『유로저널』은 전혀 그렇지 않음을 알 수 있다.

수집한 『유로저널』 중 가장 최근에 나온 제869호(2012년 9월 5일자)를 통해 신문의 구성과 내용을 잠깐 살펴보자. 1면에 「정육 관련 직업교육생 부족, 사회문제로 대두」, 「스페인, 추가 조건 없이 1천억 유로 구제금융 요구」 같은 유럽의 주요 뉴스를 올려 놓고 있다. 3면에는 「삼성과 애플의 혈투」라는 단독사설을 게재하면서, 최근에 국제적 이목을 끌면서 진행되고 있는 삼성전자와 애플의 특허권 재판을 다루면서, "삼성전자가 기술과 디자인 양면에서 누구도 흠잡을 수 없는 혁신선도 기업이 되는 수밖에 없다."고 정리하기도 했다. 4~5면에 2012년 한국의 대통령 선거, 6~9면에 한국 내의 각종 사회경제 뉴스, 10~12면에는 국제뉴스, 13면에는 『유로뉴스』단독으로 취재한 영국 관련 뉴스, 14면은 문화뉴스, 15면과 27면, 32~33면 그리고 35면은 한인타운 특별취재, 이후 가볍게 읽을 수 있는 각종의 읽을거리들, 여성, 건강, 여행 관련 뉴스, 기업 관련 뉴스, 한국의 지역 뉴스, 유럽 각국 전시회 정보와 유럽 각국의 공지사항 등 다양한 뉴스거리를 게재하고 있다. 그리고 눈에 띄는 것은 2012년 8월 11일에 있었던 재영한인총연합회가 주최한 한인행사 관련 뉴스에 대한 한인매체들 사이의 논란을 『유로저널』입장에서 정리한 칼럼이다. 이 글에서는 한인사회와 그곳을 기반으로 발행되는 한인매체들 사이의 경쟁이 꽤 치열함을 알수 있다. 그리고 41~48면에는 독일 및 유럽 관련 경제뉴스가 집중적으로 게재되고 있다. 뒷부분인 49면부터 64면까지는 『유로저널』(영국판)을 첨부해서 같이 발행하고 있다.

이 독일판 『유로저널』은 다른 어느 매체보다 많은 정보와 뉴스를 다양하게 제공할 뿐만 아니라, 상당 부분 독자적으로 취재하고 작성하고 있다. 그러면서도 비판적 시각을 잃지 않고 있다. 이러한 측면에서 『유로저널』은 유럽의 한인들에게는 국내의 사정을 정확하고 비판적으로 보고, 국내의 한인들은 유럽의 사정에 대해 깊고 넓게 볼 수 있게 해주는 소중한 매체임에 분명하다.

재외동포재단 자료실에 『유로저널』(독일판) 일부가 소장되어 있고, DB화 작업을 했다. (임성윤)

참고문헌

『유로저널』(독일판)

유로저널
(The Eurojournal, 영국판)

주간신문 『유로저널』(The Eurojournal)은 전 유럽으로 배포되는 유일한 유럽 내 한인동포 신문으로, 유럽 내 동포 신문 중에서 최대 발행 부수 (최대 20,000부), 최대 발행면(64면, 타블로이드 전체 칼라), 최대 독자층을 자랑한다. 『유로저널』은 두 종류로 나오는데, 제1판은 영국, 스페인, 이태리, 스위스, 터키, 아일랜드 등에서 나오고, 제2판은 독일, 프랑스, 동유럽, 오스트리아, 베네룩스, 스칸디나비아 등에서 발행되고 있다. 1년 구독료는 독일이 85유로, 영국이 45파운드이다. 발행인은 김훈, 주간은 김홍민, 편집장은 윤진영이 담당하고 있다. 신문사 사이트는 www.eknews.net이다.

유럽에서 발행되는 한인매체 중 가장 규모가 크고 다양한 정보와 뉴스를 제공하는 종합신문이라 할 수 있다. 국내와 유럽 언론매체의 기사나 칼럼을 단순히 전제하는 수준에서 벗어나, 기사의 80% 이상을 전 유럽에 산재해 있는 50여 명이 넘는 취재기자와 통신원들에 의해 직접 취재되거나 편집된 기사들로 기사화되고 있다. 전체 기사의 80% 이상이 한국 언론, 포탈 사이트 등에서 읽을 수 없는 기사들로 게재되는 전 유럽을 망라하는 유일한 한인 신문사다.

그리고 유로저널 사이트에는 전 유럽의 한국대사관 및 유관 기관 연락처, 전 유럽 한인회 및 한인 단체 연락처, 전 유럽 한인 동포업체 연락처. 전 유럽 내 이민정보, 생활정보, 교육정보, 여행정보, 문화정보 등 게재, 유럽 각국의 연금제도, 세무정보, 전 유럽에서 진행되는 한인사회 행사 및 알림, 전 유럽 한인사회 각종 행사 취재 뉴스, 전 유럽 한인들에 대한 단독 인터뷰, 유럽의 한인들이 올린 YouTube 동영상 등을 망라하고 있다.

영국판은 우선 1면 중앙에 『유로저널』편집부 명의로 사설이나 주요기사를 게재하면서, 또한 영국에서 일어났던 뉴스나 사건을 다루고 있다. 가령 2003년 7월 5일자는 「'BYE-BYE BOOM' 영국 경제, 더 이상 호황은 없다」에서 영국경제가 이전까지 잘 나가다 위기에 직면하고 있다는 사설을, 그리고 2003년 9월 13일에는 영국에서 일어났던 한인살해사건을 비중 있게 다루면서 1면 톱기사로 올리고 있다. 그리고 이어지는 기사도 독일판에 비해서 영국의 비중을 높이고 있다. 그리고 이어서 당시 국내에서 일어났던 주요한 사건들을 비판적인 시각으로 뉴스를 전하고 있다.

아울러 유로저널은 『영국생활 2000』, 『영국정보 2001/2002』 등과 같은 정보지를 발간하여 재영한인사회의 성장과 발전을 위해 노력하고 있다.

그러나 재정문제 때문이기는 하겠지만, 광고가 지나치게 많다 싶을 정도로 많이 게재되고 있어, 가독성이 떨어지는 문제점이 보인다. 그리고 광고를 게재하는 광고주들의 소재지가 대체로 영국으로 독일판과 확연히 다르다. 이에 광고를 통해서 한인들의 영국 진출을 엿볼 수 있는 기회를 제공하기도 한다. 어쨌든 어려운 조건 속에서도 유로저널은 다른 어느 매체보다 전통이 있고, 저변이 넓고, 깊이가 있는 대표적인 유럽에서 발행되는 대표적인 한인매체임에 분명하다.

재외동포재단 자료실에 영국판 『유로저널』 일부가 소장되어 있고, 이를 DB화했다. (임성윤)

참고문헌

『유로저널』(영국판)

유로코

(EUROKO: The Korean Magazine)

『유로코』는 유럽의 한인들을 위한 우리말 잡지를 표방하고 있다. 발행인은 빅토르 현 Victor I. Hyun이고, 1991년 5월 7일에 첫 호가 창간되고 2개월에 한 번씩 발행되고 있다. 1997~98년에 사무소는 86 Glenthorne Road Hammersmith(영국)로 되어 있다. 그리고 『유로코』의 메일주소는 euroko@easynet.co.uk이다. 객원편집위원으로 마광수, 이일청 이 참여하기도 했다. 잡지를 함께 만드는 데 참여했던 사람들이 또한 프랑스, 스페인, 벨 기에, 독일 등에 배포하는 일을 겸하고 있다. 잡지의 가격은 각국의 사정에 따라 각기 책 정되어 있고, 파운드로는 2£, 미국 달러로는 3$, 원화로는 2천 원이다(1998년 기준).

잡지의 성격을 하나로 딱 부러지게 말하기 어려 운 잡지이다. 1997년 12월~98년 1월호에는 바 이올린니스트 김연수, 1998년 4~5월호에는 김 대중 대통령의 사진이 표지사진으로 올라가 있 다. 그리고 그 전 호에는 「샹제리제의 불빛으로 시작되는 연말연시」, 「영국인에게 말하고 싶은 X-Mas 풍습들」, 그리고 그 다음 호에는 「영국경 제 회복의 교훈」, 「지구촌 자동차 'HANKOOK' 으로 달린다」처럼 성격이 전혀 다른 기사들이 발행 시기의 상황에 따라 주요 기사들이 변화하 고 있다.

그렇지만 다음과 같은 『유로코』 기사를 구성하며 자연스럽게 잡지의 성격 을 드러내주고 있다. 「유럽 최초의 한국서점 연 이서주 씨와 올리비에 테느 씨」, 「프랑크푸르트 한인회장 이세희 씨」, 「정보통신 기술 기반 글로벌 비전 전개: 반 도체와 손잡고 유럽 공약에 나선 LG전자」 등은 한인들의 유럽 진출 모습을 기 사화하고 있다. 또한 한국의 세시풍속을 전하는 「동지팥죽 쑤고 동치미 익는 달」처럼 유럽에 진출한 한인들의 모습과 유럽에 있으면 잊기 쉽고 그리운 한국 의 전통문화를 정리해서 전하면서 한인들의 고국에 대한 그리움을 달래주기도

하고 또 한인2세 등에게는 한국을 일깨워주는 주는 기사를 정기적으로 게재하고 있다. 또 다른 한편으로는 유럽의 풍속과 문화를 정리해서 전해주면서, 한인들의 유럽 적응을 도와주기도 한다.

위와 같은 기사들을 통해『유로코』는 유럽과 한국, 한인과 유럽인의 가교로서 역할을 하고 있다. 광고는 한인업소광고들이 일부 있기는 하지만, 유럽에 진출한 한국의 대기업광고들이 주를 이루고 있다. 재정은 대기업 광고 수입이 주인 것 같고, 잡지 유료판매로 재정을 보충하고 있는 것으로 보인다.

유럽에 거주하는 한인들뿐만 아니라 국내의 사람들에게도 유럽을 이해하는 데 큰 도움이 될 만한 잡지이다. 그러나 적은 인원과 재정으로 전 유럽을 망라하기 때문에 잡지 운영에 적지 않은 어려움을 겪고 있는 것으로 보인다.

『유로코』는 재외동포재단 자료실에 일부가 소장되어 있고, 이를 DB화했다.
(임성윤)

참고문헌
『유로코』

유림시보

(儒林時報)

1964년 4월 7일 창간된 성균관成均館 기관지의 4면제 월간신문이다. 발행인 겸 편집인은 유치웅俞致雄, 발행처는 서울 종로구 명륜동 3가 53번지(성균관)이다. 무료배포되었다.

이 신문은 유교의 현대화를 도모하기 위해 발행되었다. 신문 구성은 1면에 사설과 유림계의 여러 행사, 소식이 배치되고 2, 3면에는 유교철학과 관련된 학술논문이 실렸으며, 4면은 향교소식이나 소설 등 가벼운 내용으로 이루어졌다.

1965년 6월 25일(제15호)자 1면에는 사설「자립과 협동의 정신으로」와 제3회 문행文杏축전 소식, 각 지역 향교의 동향이 실렸으며, 「유림상담실」 코너를 두어 실생활에서 부딪히는 관습과 관련된 상담사례가 실렸다. 2면은 전문 학술적인 내용으로「동양의 시서화 예술론-정당한 민족성과 시대성에 입각하여-」(김청강金晴江), 「동양음악과 문묘악-공자의 예악설을 중심으로」(홍현식洪顯植) 등 유교철학에 입각한 문학예술에 관련된 내용을 싣고 있다. 3면은「소수서원과 순흥향교」(정해창鄭海昌), 「철학과 好學」(한상련韓相璉), 「유가의 정치사상」(김선원金善元)이 실렸다. 4면의 〈향교순례〉란에는 교하交下향교가 소개되고 있으며, 중국소설「유림외사儒林外史」(오경재吳敬梓 저 하연생何廷生 역)가 게재되었다.

1965년 8월 25일자(제17호) 1면에는 사설로「가을 석존제釋尊祭에 즈음하여」에서 공자 탄신일 기념의 역사와 의미를 환기하고 있고 성균관에서 개최될 공자 탄신 2516년 맞이 가을 석존제의 준비과정과 행사 일정을 소개하고 있다.

2면의 「주체성 확립에의 길, 유교는 자주의 도학」에서는 유교의 충심과 신의를 바탕으로 하여 주체성을 확립하는 것이 민족 번영의 관건임을 주장하였다. 「유학소강儒學小講」(함락훈咸樂熏)에서는 고려시대 국학진흥 정책을 소개하고 모든 학문은 유학을 기본으로 하고 있으며, 현대에는 특수부문의 학문으로 기능하고 있음을 강조하였다. 「인자仁字의 역사적 고찰」(굴만리屈萬里 저, 수송秀松 역)에서는 유학의 '인仁'이 의미하는 바를 설명하고 있다. 3면에는 「소수서원紹修書院과 순흥順興향교」(정해창)의 글이 15호에 이어 연재되었고, 「시경강좌詩經講座」(양대륜梁大潤, 성균관대 교수), 「이퇴계의 생애와 학풍」(조남국趙南國, 성균관대) 등 유학과 유학자를 쉽게 설명해주고 있으며, 4면에는 「향교순례」로 '강화향교' 소개, 「유네스코 썸머스쿨 참관기」과 중국 소설 「유림외사」 10회가 실렸다.

1965년 9월 25일자(제18호) 사설 「유교의 발전과 성균관의 사명」에서는 현대 유학자들이 나아갈 방향을 제시하고 있는데, '유교 경전에 대한 번역사업 특히 한국 선유先儒들의 유저遺著를 번역하여 일반의 이해에 이바지하게 하고 민족의 도의 앙양에 큰 영향을 미치게 한다. 이와 병행하여 강연과 토론회를 갖고 힘이 미치면 외국어로도 번역하여 이를 국제적으로 널리 알리게 한다'라고 하였다. 유학의 연구와 번역을 통한 확산 필요성을 강조하고 있는 것이다. 2면의 「유학정신의 현대적 의의」(손연초孫演抄)에서는 인간사회의 모든 규범이 유교에서 나오며, '천지인天地人' 삼재三才로 인간의 가치를 높여야 할 것, 정치의 근본은 인애仁愛로 하는 왕도王道에 있음을 강조하여 유교의 현대적 의미를 강조하였다.

이 신문은 공자, 맹자의 사상을 해석하여 소개하고 유교의 본산인 향교의 역사적 의미를 제고하며, 유교적 사상을 현대에 어떻게 적용하여 계승할 것인가에 관한 심층적인 논의를 통하여 유교의 현대화를 추구하려고 하였다.

국회도서관에 소장된 제15호(1965. 6. 25.), 제17호(1965. 8. 25.), 제18호(1965. 9. 25.), 제24호(1966. 3. 25.)를 DB화하였다. (이병례)

참고문헌

한국신문연구소 편, 『한국신문백년』, 1975; 『유림시보』, 성균관, 1965년 6월 25일, 8월 25일, 9월 25일, 1966년 3월 25일.

유학생학보
(留學生學報)

1969년 2월 20일에 창간되었다. 서울대학교 어학연구소 재일교포유학생예비교육과정부에서 발행하였다. 발행인은 황찬호黃燦鎬이다. 지도교수는 조준학趙俊學, 고영근高永根이다. 편집위원은 강장운姜將運, 김효동金孝同, 윤혜미尹惠美, 신영규申英圭, 변창세邊昌世, 최수경崔秀慶이다. 발행소는 서울특별시 종로구 동숭동 31번지이며, 인쇄처는 서울대학교 출판부이다.

1959년 연세대학교 한국어학당을 시작으로 국내에 언어교육기관이 설립되면서 한국어교육이 본격적으로 이루어졌다. 서울대학교 어학연구소에서는 처음에 서울대학교 입학예정자만을 대상으로 국어교육을 시작하다가 유학생 수가 격증하면서 문교부의 방책에 따라 서울대학생만이 아니라 전국 각 대학생까지 망라하여 1년간의 국어교육을 실시하였고, 1968년부터는 이 코스의 호칭을 '재일교포모국유학생예비교육과정부'라 하였다. 교육과정도 국어교육을 중심으로 하되 국사, 영어, 수학을 이수하도록 하고 정기적으로 교양강좌를 마련하였다. 또한 유학생을 위한 교재개발을 비롯하여 재외동포와 외국인을 대상으로 하는 교재를 개발하였다. 이러한 국어교육을 받은 유학생들이 창간한 것이 이 『유학생학보』이다.

서울대학교 어학연구소 소장 황찬호는 창간사에서 유학생학보가 나오기까지의 과정을 밝히면서 다음과 같이 창간 취지를 말하고 있다.

"재작년에도 과정을 마친 학생들이 글을 모아서 조촐한 문집을 마련들 하였지만 얼마 안 되는 인쇄비가 없어 자기네들끼리 등사판에 밀어서 나누어 가진 생각을 하면 지금도 가슴이 아프지만, 금년부터라도 이렇게 당당하게 총장님의 제자題字를 얻어 인쇄를 하게 되고 학보의 형태를 갖추게 되었다는 것은 앞으로의 우리의 큰 발전을 가리켜 주는 이정표가 아니고 무엇이겠는가. 우리 말을 하나도 모르던 학생들이 이제 그들의 생각과 느낌을 이렇게 훌륭하게 자기네 글로 펴 놓았으니 피는 물보다 진함을 보여주지 않는가. 앞으로 이 학보는 비단 예비교육과정부생의 학보에 그치지 않고 전 유학생의 학보로 크게 자랄 것이라고 나는 생각한다. 또 이 학보는 이역에서 귀한 자녀들을 조국의 품으로 보내 주신 학부형들이 그 자녀들의 조국에서의 씩씩한 성장과정을 익히 볼 수 있는 매개가 될 것이요, 더 나아가서는 교포사회와 조국을 연결하는 교량이 될 것이라 생각한다."

잡지의 구성을 보면, 교수논단, 학생논단, 특집, 현황보고, 시와 수필, 창작, 고전감상, 휘보로 이루어져 있다.

〈교수논단〉에서는 유학생의 교육과정에서 드러난 문제와 현재의 실정을 지적하고 있고, 〈학생논단〉에서는 유학생들이 모국에서 교육을 받으며 느낀 점과 당면과제 등을 밝히고 있다.

창간호의 〈특집〉에는 웅변대회입선작 초록이 실려 있다. 주된 내용은 모국유학의 목적, 재일교포의 민족교육과 문제점, 재일교포의 생활 등에 관한 것이며 한국인으로서의 가져야 할 자세를 강조하고 있다. 또한 학보편집위원회에서는 「유학생의 앙케이트 분석통계」를 통해 교포유학생들의 의식동태 및 그들이 우리말을 배우는 데 있어서의 난이점 등의 윤곽을 그려보고자 하였다.

국회도서관에 소장되어 있는 1969년 창간호를 DB화하였다. (구수미)

참고문헌

『유학생학보』, 1969년 창간호, 서울대학교 어학연구소; 윤여탁 외, 『국어교육100년사 Ⅱ』, 서울대학교출판문화원, 2006.

은하수

1981년 흑룡강인민출판사에서 편집 출간하였다. 흑룡강일보사 인쇄소에서 인쇄하고 목단강지구 신화서점에서 발행하였다. 초기에는 계간으로 발행되다가 격월간으로 바뀌었으며, 1985년 월간지로 되었다가 1990년 다시 격월간이 되었다. 판형은 16절지이다. 정가는 0.35원이다.

종합잡지이나 초기에는 문학작품을 주로 실었다. 1990년대에 와서는 사회문제와 노인문제, 부부간의 문제, 역사, 해외소식, 생활백과, 과학, 위인전기 등 다양한 내용들을 담아 발행하고 있다.

1982년 제7기 목차를 보면 〈청년수양〉, 〈소설〉, 〈산문〉, 〈만담〉, 〈전설〉, 〈우화〉, 〈시문학〉, 〈구전민요〉, 〈문학평론〉, 〈미학상식〉, 〈독자의 목소리〉, 〈가정생활〉, 〈건강상식〉, 〈어머니상식〉, 〈민속〉, 〈아시는지요〉, 〈미술작품〉 등의 난으로 구성되어 있다. 〈청년수양〉은 「행복」, 「인격미에 대하여」, 「자존심에 관하여」, 「시간은 곧 생명이다」 등 청년들의 인격 형성에 필요한 글들로 이루어져 있으며, 〈가정생활〉과 〈건강상식〉란은 「애정생활의 비결」, 「생활의 정취와 건강」, 「학령전 아동들에 대한 성교육」 등을 싣고 있다. '은하수문학상'을 제정하여 우수한 문학작품들을 시상하였다.

1983년 1호를 목차 역시 기본 편집체계는 동일하며 〈청년수양〉을 위한 기사로 「진리는 100개의 물음표 뒤에」, 「생활의 참뜻」 등이 있고, 소설과 시문학, 산문 등의 작품을 게재하고 있다. 〈아시는지요?〉란에는 「찬물을 마시면 어떤가?」 등의 생활정보와 노래, 미술작품 등도 실려 있다. 노래 「민들레」나 사진 「우리의 민족가무」 등은 정겨운 우리 문화의 글과 정서가 잘 살아있는 작품으로 80년대 이후 한글로 이루어진 문학 활동과 그들의 문화생활, 생활정서 등을 잘 보여주는 작품들이 많이 보인다.

꾸준한 발행을 이어나가면서 이 잡지의 성격도 일부 변화가 있어 2000년대 발행본을 보면 문학작품 위주의 초기보다 종합잡지로의 성격이 강화되어 있다.

2001년 1월호 목차는 특별기획으로 〈2001년과 중국조선족〉을 실어 조선족 발전을 위한 여러 문제점들을 검토하는 글을 실었으며, 「벤처에 대한 5가지 환상 그리고 성공비결」, 「시대의 새 동력 – SOHO창업자」 등 사업에 관한 기사 등, 조선족이 당면한 현황에 대한 고민들이 많이 보인다.

연변대학교 도서관에 소장되어 있다. 1982년 7~12기, 1983년 14기~2001년 192호까지 DB화하였으며, 이중 일부 누락본도 있다. (김성남)

참고문헌

車培根·吳泰鎬, 『中國朝鮮民族言論史』, 서울대학교출판부, 1997; 『은하수』, 1982~2000년.

음악신문

(音樂新聞)

1960년 12월 1일에 창간하였다. 종간호 여부는 알지 못한다. 발행·편집 겸 인쇄인은 이강렴李康濂, 발행소는 서울특별시 중구 충무로 2가 92─4호였다. 전문주간신문으로 대판 4면에 16단제, 1단에 11자였고 구독료는 1부에 40환, 월정액은 100환이었다.

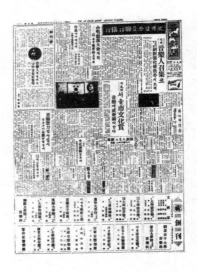

발행인 이강렴은 「창간사」에서 '음악인의 반려로 나아갈 길을 밝힐 터'라는 포부를 드러내고 있다. 예술 분야 중에서도 음악인들만의 신문이 필요하다는 인식에서 창간했으며, 음악인들의 상호 이해와 친목 도모를 위한 목적이 있음을 굳이 강조하지 않아도 짐작할 수 있다.

창간호 1면은 국내 음악계의 주요 정책, 사건과 행사를 보도하고 있다. 「음협, 음련을 통합키로」, 「합창경연대회 계획」, 「작곡에 이제상 씨, 전국음악경연 입상」, 「제9회 서울시 문화상」, 「음악실력검사 실시, 문교부서 전국 중학생에」, 「국제친선문화협회 발족」, 「문화사절 일본에」 등이 주요 기사들이다. 2면에는 「단기 4294년도 음악대학을 지망하는 학생들에게」라는 커다란 제목 아래 '각 대학 입학지침과 안내'를 실어 음악대학에 입학하고자 하는 고등학생들의 입학 안내를 톡톡히 해내고 있다. 또한 단신으로 「한동일군 협연」이나 「동경서 '세계음악제'」, 작곡가이자 지휘자인 금수현의 '나의 제언' 「보다 건설과 성실한 태도」가 배치되어 있다. 3면은 「음악교실」과 「레코오드 감상」, 「음악시평」 등 주로 음악교육과 관련된 실제적이고 이론적인 문제들을 다룬 기사들이 차지하고 있으며, 4면은 「이달의 노래」 가사와 악보, 「고등학교 입시를 위한 모범시험문제」, 「지방악단」, 「사고」 등 음악과 예술에 관련된 사소하고 세세한 소식이 보도된다.

이 신문은 우리나라의 음악을 널리 독자들에게 전하고 외국의 음악소식을 알리는 한편, 중고등학생들의 음악교육 수준을 향상시켜 새세대 음악의 새로운 인재와 주인공을 키우는 데 이바지하겠다는 창간 의도를 충실히 하려고 노력했다. 이 신문사는 원래 잡지 '음악'을 발행하기도 했는데 '국민음악연구회'의 기관지로서 4·19혁명을 맞아 잡지를 신문으로 바꾸어 새로운 시대에 걸맞은 발빠른 변신을 꾀했다. 이 신문과 동명의 신문(1950년 4월 18일 창간)과 구별할 필요가 있다.

국회도서관에 창간호가 마이크로필름으로 소장되어 있으며, DB도 마찬가지로 창간호가 갈무리되어 있다. DB 상태는 양호한 편이다. (전상기)

참고문헌

『음악신문』 창간호, 1960년 12월 1일자; 『한국신문백년 〈사료집〉』, 한국신문연구소, 1975.

의사시보

(醫事時報)

1955년 6월 10일 창간된 의료전문지이다. 발행 겸 편집·인쇄인 김형익, 주간 겸 편집국장 정광운이며 주간으로 발행되었다. 1962년 4월 5일자로 주 2회 발간으로 변경되었고 1966년 12월 1일 『후생일보』로 개제하면서 격일간으로 발행하였다.

『의사시보』는 『후생일보』의 전신으로 의료전문지로 창간되었다. 1962년 4월 5일자의 지면 구성을 보면 1면에 사설 「『보리』의 혼식과 우리의 건강」, 「의대생 773명 무의촌 파유 계획」, 「가정계획 기본운영계획 수정」, 「의료시설 운영법안을 검토」, 「여의사 5명 파유, 국제여의사 썸포지움」등이 실려 있다. 2면에는 「뒤늦은 경구용 피임약 적부 연구」, 「지방 보건 행정 조사」, 「본사 사장 김형익 박사 적십자사 서울지사장 취임」등이 실렸고, 3면에는 「보건소법 법사위 통과에 의협 총궐기를 표명」, 「두 악법 저지 못할 경우 전 임원진 인책하기로」, 「보건 관계법률 입법 반대 위해 의협 5일 임총 소집」등 당시 보건소법을 둘러싼 의협의 입장을 전달하는 기사를 싣고 있다. 4면을 보면 「자동차보험 측 발언에 의학협회 측 격분」, 「시설 갱신 기일 20일까지로 연기」등이 실려 있고, 5면에서는 '이 주의 초점'이라 하여 보건소법 개정을 「개정이냐 개악이냐」라는 제목의 기사로 3면에 이어 다시 한 번 다루었고, 「결핵 예방 법안 제안」, 「성병 관리 요강 보완」등의 기사도 실었다. 6면에는 「마라리아 박멸에 중점」, 「금수품 중 우수 품목 수입 허가」, 「매약상 승격 안 될 말」등을 실었고, 7면에는 「의학 영문 해설」이 실려 있다. 8면에는 "보건 시책 개혁의 산실을 노크 한다."면서 「개혁은 어느 선이냐」는 제목으로 의료제도의 문제점을 분석한 기사가 전면에 배치되었고, 9면에는 「전환기에 선 결핵대책」이 전면에 실려 있다. 10면은 지방판이며, 11면은 30일에 "연세 의료원서 에비슨 박사 동상 제막식 거행"했다 하면서 「그 공적 길이 빛나리」라는 기사로 그의 공적을 기리고 있다. 12면에서는 「말레이지아 통신」이라 하여 의사시보사의 말레이시아 주재 통신원의 글을 싣고 있다. 13면에는 '본사 문예작품 모집 소설 가작'이라 하여 강웅구의 「기다리는 나목」이 실려 있다. 14면은 〈임상 질의〉란으로 내과, 안과 등 의료 분야에 대해 질문과 답변 형식으로 지식을 전달하고 있다. 15면은 의료계 소식을 토막토막 전하고 있으며, 16면은 전면 광고이다.

국회도서관에 마이크로필름 형태로 보관되어 있으며 이를 DB화하였다. (임경순)

참고문헌

『의사시보』; 윤임술 편, 『한국신문백년지』, 한국언론연구원, 1983.

의약비판신문
(醫藥批判新聞)

1960년 11월 28일에 창간하였다. 종간호 여부에 대해서는 알지 못한다. 발행·편집 겸 인쇄인은 심형섭沈亨燮, 발행소는 서울특별시 종로구 관○동에 있었다. 대판 4면으로 주간마다 발행했으며 16단에, 1단 12자였고 1부 값이 100환, 월정액 400환이었다.

창간호는 8면 발행을 단행하였다. 「창간사」를 보자.

"신문이 정치가에서 환멸을 느끼고 경제가를 돌아 의약가에 찾아왔더니 의약가 역시 파벌싸움, 중상모략, 불의부정, 심지어 협잡사기의 화중에서 헤어나지 못하고 있으니 또 한 번 환멸을 느끼지 않을 수 있을 것이냐! 무계획한 시정, 무기력한 행정능력, 〈보건행정을 거의 도외시하다 싶이 하는 보사부라면 차라리 「보건」이라는 두글자를 떼어버리고 순수히 「사회부」라고 부르는 것이 뱃속 편하지 않느냐?〉는 항변이 쏟아져 나올 만큼 진부한 보건행정. 양의사 한의사가 시야비야 다투어도 들은 체 만체 약품생산업자와 약품수입업자 간에 싸워도 모르는 체 국민에의 의료혜택이야 어찌 했던들 아랑곳 없다는 식의 보건행정이라면 입이 열이라도 구각舊殼을 탈피했다고 변명할 길은 없을 것이다. 의약은 국민의 사생을 좌우하는 일상생활에의 불가결의 요건이다. 이 중차대한 요건의 「핸들」을 잡고 있는 보건당국이 이 지경일 적에 국민이 어찌 장탄식을 금할 수 있는 것인가?" 요컨대, 보건행정의 올바른 시행을 위한 비판과 국민보건의 제대로 된 시행을 위해 노력하겠다는 다짐을 밝히고 있다.

창간호는 이례적으로 8면을 발행하였는데, 1면은 「창간사」와 수술실의 수술

장면이 커다란 사진으로 배치되었고, 「본사사령」, 「본사내방」외에 하단에는 약품 광고가 실렸다. 2면에는 「사설」, 「입틀어 막은 약사행정!」, 「이창 – 과세법으론 자동케이스?」, 「병가의 주인공은 없느냐?」, 「유행성출혈열이란 어떤 병?」 등 의료정책과 의약상식이 게재되었고, 3면은 「약국 50개소 폐쇄」, 「X선 학적 고찰」, 「나의 박사학위 논문」(조병학), 「외과에 관한 새로운 연구」(양은석) 등이, 4면에는 「의약계의 진로를 말한다」는 〈좌담회〉가, 5면은 의약계에 종사하는 전문가들의 요구사항이 각기 실려 있으며, 6면은 의약계와 관련된 사회적 문제들 「이관받은 위생행정 전철 밟지 않도록」, 「일부 양의들의 한의학 배격론을 박함」, 「사창, 이 암을 그냥 둬둘건가」, 「맹목적인 비난 있을 수 없다, 양의학계에도 일장일단이 있는 것」, 「나의 이력서, 이종규 박사」 등이, 7면에는 「한약시세」와 「양약시세」, 「화공약품시세」가 상세하게 실려 있다. 그리고 8면에는 〈어린이, 가정〉란으로 「의약희평」, 「소아과」, 「말 못할 고민, 처녀기의 건강문답」 등이 게재되어 있다.

이처럼 이 신문의 목적은 한국의약계를 계몽, 교도, 육성하는 비판보도지로서의 역할에 충실하려고 노력했다. 그만큼 당시의 의료행정과 의료상황이 열악했음을 알 수 있는데, 이러한 신문의 역할은 그런 까닭에 나름의 의미가 있었다고 할 수 있다.

창간호가 국회도서관에 마이크로필름으로 소장되어 있으며, DB도 역시 창간호를 갈무리했다. DB 상태는 양호한 편이다. (전상기)

참고문헌

『의약비판신문』 창간호, 1960년 11월 28일자; 『한국신문백년 〈사료집〉』, 한국신문연구소, 1975.

의약신문

(醫藥新聞)

『의약시보』를 개제하고 그 지령을 계승하여 1960년 7월 29일에 재창간한 주간전문지이
다. 종간호는 미상이다. 발행·편집 겸 인쇄인은 김상희金相熙, 주간 겸 편집국장은 이정
석李庭錫, 발행소는 서울특별시 중구 을지로 3가 71번지였다. 타블로이드판으로 13단에
1단 12자 체제였으며 월정구독료는 300환이었다.

재창간호의 사설 「과대광고를 삼가라」에
보면, "만근輓近 경향 각지에서 성행하는
의약분야에 있어서의 과대광고는 날로 우
심하여져가는 느낌을 주고 있다. 그것은
국민의료법에 입각한 각종의료업자들의
과대광고나 약사법에 의거한 각종약업자
들의 광고선전 형식이다. 먼저 의료업자
의 경우에 있어서 기초학연구찬에 있어서
의 학위를 임상에 인용하여 간판에 과시
하는 등은 극언하자면 혹세무민과도 같은
것이 아닐까. 구태여 법으로도 제지되어
있음을 무릅쓰고 공공연히 간판게시나 신

문광고 등을 일삼지 않고서는 직성이 안 풀리는 인물이 허다한 것을 볼 때 극단
적인 일례라고는 하나 심히 유감지사가 아닐 수 없다."고 하여 '과대광고' 행위
에 대해서 엄중히 고발, 경고하고 있다. 그만큼 의약품의 과대광고와 의료 종사
자들의 과대포장은 심각했던 것으로 보인다.

1960년 7월 29일자 1면의 기사들은 「김영창 씨 이성민 씨에 도전?」, 「의예과
의대소속」, 「지탄받을 영○무역의 과대광고」, 「응급구료에 만전책」, 「투시」란이
게재되었고, 2면에는 외국의사 파우스 박사의 종합평가와 「보건언론인협회」 소
식 등이 보도되며, 3면에는 의학논문이 게재되어 있고, 4~7면도 역시 의학분야

의 각 과 논문이 실려 있다. 8면은 「개정 대한화장품공업협회 정관」이, 10면은 〈취미읽을거리〉가, 11면은 「한약시세표」, 12면은 「의약품협정가격표」가 실려 있다.

이 신문은 다른 전문지와 마찬가지로 의약계의 소식과 그와 관련된 내용을 보도하고 있지만, 같은 계열의 신문과는 차별화를 꾀하여 '과대광고'와 '과대선전'의 문제를 집중 보도하고 있다는 점이 특징적이라 하겠다.

국회도서관에 재창간호가 마이크로필름으로 소장되어 있으며, DB도 역시 재창간호를 갈무리했고, DB 상태는 양호한 편이다. (전상기)

참고문헌

『의약신문』 재창간호, 1960년 7월 29일자; 『한국신문백년 〈사료집〉』, 한국신문연구소, 1975.

가

나

다

라

마

바

사

아

자

차

카

타

파

하

이민뉴스

(移民뉴-스)

1961년 3월 15일 창간된 일간신문이다. 4·19 이후 난립하였던 각 이민단체가 통합되어
한국이민협회로 발족하면서 그 기관지로 발행되었다. 발행인은 김동성金東成, 인쇄인은
전옥규이다. 발행소는 서울시 종로구 묘동 111이다. 구독료는 한 부에 100환이다.

4·19 이후 해외이민사업에 뜻을 가진
각계 인사들이 많은 단체를 만들어 한
때 이민단체의 난립상을 보여주었는데,
각 단체 대표자들과 외무부 당국의 협
조로 한국해외이민협회를 발족하였다.
1961년 1월 14일 총회를 개최하여 회
장에 김동성, 부회장에 최용덕崔用德을
선출하였고 지도위원과 이사 등의 임원
을 임명하였다.

회장 김동성은 창간사를 통하여 팽창
하는 인구 대책과 젊은 세대의 해외 웅
비를 위해 이민이 필요함을 지적하고, 외국으로 나가는 이들에게 예비지식을
습득하도록 돕는 것이 협회의 역할이라고 하였다. 그리고 해외로 이민하는 것
이 조국과의 단절이 아니라 우리 사회와의 연장으로 되어야 한다고 하였다.

한국이민협회의 기관지인 이 신문은 이민에 관한 각종 정보와 이민 간 교포
들의 생활을 소개하였다.

창간호에는 「부라질 회상기」, 「나의 멕시코생활 50년」, 「보루네오 탐방기」,
「브라질과 이민」 등 주로 남미지역과 동남아지역에서 오랫동안 생활한 전문가
들의 현지 소개를 싣고 있다. 또한 각국의 이민 상황과 한국이민협회 사업계획
서를 게재하여 이민에 관한 정보를 공유하였다.

발행인 김동성은 일제시기에 동아일보 미국특파원, 조선일보 발행인 겸 편집

인, 중앙일보 편집국장, 조선중앙일보 편집국장으로 재직하다가 1936년 일장기 말소사건으로 신문사를 떠났다. 해방후 1945년 12월 합동통신을 설립하였고, 1946년 이후에는 미국으로 건너가 한국의 통일독립을 위한 대외선전활동에 종사하다가 1948년 귀국하여 초대 공보처장을 지냈다. 1950년 이후에는 합동통신의 명예사장, 회장, 고문을 역임하며 신문학 연구에 몰두하였다.

국회도서관에 마이크로필름으로 소장되어 있는 것을 DB화하였다. (구수미)

참고문헌

『이민뉴-스』, 1961년 3월 15일 창간호; 『한국신문 100년』(사료집), 한국신문연구소, 1975; 『신문백년인물사전』, 한국신문편집인협회, 1988.

가

나

다

라

마

바

사

아

자

차

카

타

파

하

이북공보

(以北公報)

1963년 3월 1일 창간된 월간지이다. 이북오도위원회以北五道委員會의 기관지로 매월 1일
자로 발행되었다. 발행인은 백영엽白永燁이다. 발행소는 서울시 중구 북창동 153이다.

이북오도위원회는 1962년 1월 20일 법률 제987호 '이북5도에 관한 특별조치법'에 의해 수복되지 않은 이북5도의 사무를 관장하기 위하여 설치된 행정자치부 산하의 행정기관이다. 이북5도위원회의 관장사무는 이북5도의 정치·경제 등 각 분야에 걸친 정보수집 및 정책연구, 월남한 피난민들의 직업보도 및 정착사업, 가호적 취득 시 원적지 재적 확인, 이산가족 교류 활성화 및 통일에 대비한 도민관리체계 구축 등이다. 이 이북오도위원회의 기관지로 발행된 월간지가 『이북공보』이다.

『이북공보』의 발행 취지는 「창간사」에서 다음과 같이 밝히고 있다.

"재남 이북 동포들이 자유 조국의 품 안에 들어 정치, 경제, 사회, 문화 등 각 방면에서 활발히 성장하고 있는 그들의 씩씩한 모습을 세계에 소개하고자 한다. 김일성 괴뢰집단에 대하여 대한민국의 국권을 시위하는 동시에 월남동포 전체와 재북 애국동포 일반을 대상으로 하는 이북도정以北道政의 PR활동을 담당할 것이다."

이러한 취지로 창간된 이 신문은 북한의 소식과 이북오도민의 동정을 자세히 싣고 있다.

창간호에는 특히 3·1절을 맞이하여 「45년 전 오늘의 이북」이라는 제목으로 그 당시 북한의 만세시위 상황을 소개하였다. 또한 3·1절을 기하여 정부에서 표창한 독립유공자 가운데 이북 출신의 명단을 소개하였다.

그 밖에 세계정세를 게재하고, 해외단신에서는 공산권 국가의 소식을 소개하고 있다.

국회도서관에 마이크로필름으로 소장되어 있는 것을 DB화하였다. (구수미)

참고문헌

『이북공보』, 1963년 3월 1일 창간호; 『한국신문 100년』(사료집), 한국신문연구소, 1975; 브리태니커백과사전

이어
(イオ)

1996년 6월 16일에 도쿄에서 창간된 일본어 월간지이다. 재일조선인 3, 4세들을 대상으로 한 대중잡지이자 생활정보지이다. 발행처는 조선신보사이며 정가는 600엔이다.

1996년 3월에 재일본조선인총연합회 제17기 제2회 확대회의에서 '3세, 4세의 동포들을 대상으로 하는 사진배합寫眞配合 대중지이자 동포생활정보지인 월간 잡지를 새로이 발행'할 것이 결정되어 1996년 6월 16일에 창간되었다. 총련 산하의 조선신보사에서 발행된다.

창간호에서 제호 '이어'는 잇는다는 뜻으로 "1, 2세 동포들의 조국과 민족을 생각하는 마음을 계승함과 더불어 재일동포사회를 네트워킹하고 싶다는 마음을 담아" 창간했다고 밝히고 있다. 또 표지의 제호 밑에도 '재일동포를 네트워킹하다'라는 부제가 달려 있다.

조국의 동향이나 재일조선인을 둘러싼 차별문제 등에 관한 기사도 있지만, 스포츠나 생활, 문화정보 등이 눈에 띄며 그러한 특집도 많다. 창간호에서도 〈30대 가족, 직업, 인생〉이라는 특집을 꾸며 30대 재일조선인들의 다양한 모습을 보여주었다.

컬러 사진을 다용하며 일본의 저명한 연예인의 인터뷰 기사를 싣는 등 가독성을 의식한 편집도 특징이다. 현재도 간행 중이다. (후지이 다케시)

참고문헌

『イオ』, 朝鮮新報社, 1996~; 朴一 편, 『在日コリアン辞典』, 明石書店, 2010.

인권신문

(人權新聞)

1960년 12월 5일에 창간하였다. 종간호는 미상이다. 발행 겸 인쇄인은 이연하李連夏, 편집인은 임창진林昌鎭), 발행소는 서울특별시 종로구 종로 5가 169번지였다. 대판 4면의 주간신문으로 16단제에 1단 11자 체제였다. 신문가격은 월정구독료 300환이었다.

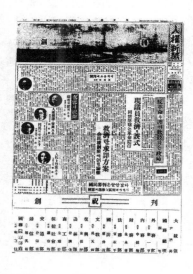

창간호 1면의 창간사 「창간에 즈음하여」 (사장 이연하)를 보자. "주간지는 주간지로서의 특수성이 있기 때문에 선진민주국가의 실황에 비추어 주간지의 특수사명을 살리는데 독특한 의의가 있음을 착안하여 어디까지나 인권옹호를 위해 투쟁할 본지를 주간의 형태로서 민주언론의 사명을 해보겠다는 데서 창간함과 동시 신문윤리의 제요항을 만들어 매주 정치 경제 사회 문화면은 물론 특히 「인권」 면에 치중하여 인권을 유린당하는 약자의 편이 되어 보도 해설 비판함으로써 국민의 여론과 의사방향을 올바르게 선도하여 민주발전에 공헌할 것을 목표로 하고 있다는 것입니다. 이러한 목표 하에 성심성의로서 보다 더 창의력에 정력을 다하여 제작해 나가고저 하오니 제위께서 본보를 애독하시고 아끼시는 마음에서 많은 지도편달하여 주시기를 간망하나이다." 국민의 인권옹호와 여론 방향을 선도하여 민주발전에 공헌하겠다는 취지이다.

창간호 1면의 기사들은 「반혁명 두호에 환고하는 정국」, 「현의원 구제란 오식」, 「국민심판은 끝 안났다」 등이 실렸고, 각계의 창간축사와 〈인권〉란이 특징적이다. 2면은 「농민은 항상 울어야 하나」, 「인권상담실」, 「생산확대가 선무」, 「사탕발림 경제원조」, 「생산증가는 국민의 소득」 등 경제기사가 주를 이루고 있으며, 3면은 〈혈연을 저버린 냉혈동물〉, 〈신문가〉란의 기사들로 채워져 있는 사회면이 배치되어 있고, 4면은 〈내 고장 소식〉과 〈교양〉란으로 문화면과 지방면이 주를 이루고 있다.

이 신문의 특징은 표제에서 밝히고 있듯이 '인권'에 대한 강조와 그러한 기준 아래 기사 또한 선택되고 있다고 보여진다. 당시의 국민들의 경제난과 정치적 문화적 사회적 혜택을 받지 못한 문제로부터 오는 생활난과 온갖 사회적 천대를 받고 있는 상황을 조명하여 인권 신장에 일정한 역할을 담당하려 했음을 알 수 있는 것이다. 창간을 축하하는 대통령을 비롯한 국무총리, 각 부의 장관 등의 이름이 나열되어 있고, 사회 저명 인사들의 축사도 이어지고 있는 것으로 보아 이 신문사의 인적 관계망을 엿볼 수 있는 대목이 읽힌다.

국회도서관에 마이크로 필름으로 소장되어 있으며, DB는 창간호를 작업했다. DB 상태는 양호한 편이다. (전상기)

참고문헌

『인권신문』 창간호, 1960년 12월 5일자; 『경향신문』, 1961년 5월 19일자 4면; 『한국신문백년 〈사료집〉』, 한국신문연구소, 1975.

인권월보
(人權月報)

1964년 1월에 창간된 타블로이드판 4면 발행의 월간지이다. 법무부에서 발행하고 검찰국 인권옹호과에서 편집하였다.

이 신문은 인권옹호에 관한 법무부의 행정을 선전하고 인권 향상을 위한 계몽을 위해 발행되었다.

1964년 1월호에서는 「새해의 인권옹호사업계획」이란 타이틀 아래 인권침해사건을 철저히 색출하고 인권사상 계몽에 주력할 것이라는 뜻을 천명하였다.

이러한 취지에서 이후 발행된 『인권월보』에서는 인권과 관련된 모든 문제를 제기하였다. 〈논단〉란을 통해 구체적인 문제에 대해 논하였는데, 그 내용은 민생문제와 인권 옹호, 인권의 의의, 신문과 인권 등이다.

그리고 1964년 2월호부터는 「인권투쟁의 발자취」(조의설趙義髙)를 연재하여 드라콘의 입법, 아테네의 민주사상, 갑오농민전쟁, 계몽사상 등 동·서양 사회의 사회적 배경 하에서 파생된 인권의 문제를 쓰고 있다. 인권투쟁 문제가 사회의 일반 문제로 등장한 것은 시민사회 성립과 더불어 시민의식이 생기면서부터이지만 그 투쟁의 역사는 고대사회에도 있었다는 점에서 역사적으로 살펴보고자 한 것이다.

이 신문에는 인권 관련 논문을 게재하는 이외에 인권 관련 각종 자료, 인권침해사건 처리 예, 법 해설, 인종분규의 이모저모 등을 싣고 있다. 또한 시, 꽁트, 만화 등을 통해 문학적 접근도 보여주고 있다.

국회도서관에 소장되어 있는 1964년 1~10월호를 DB화하였다. (구수미)

참고문헌

『인권월보』, 1964년 1~10월호(제13~22호); 『한국신문 100년』(사료집), 한국신문연구소, 1975.

인력개발
(人力開發)

인력개발연구소에서 1968년 3월 1일 창간한 잡지이다. 발행인 및 편집인은 고제훈高濟勳이며, 창간호의 발행소는 서울특별시 종로구 종로 1가 17 인력개발연구소이다. 2권부터는 성동구 신당동 250-31의 동 연구소에서 발행되었다. 계간으로 발행되다가 1970년부터 1년에 한 번 발행되었다(비매품).

인력개발연구소는 1967년 8월 25일 당시 과학기술처의 인가로 설립되었다. 이 연구소는 인력수급 문제를 비롯한 산업적성, 인간공학, 인력은행 설치 및 인력개발을 위한 기술적 지도훈련과 인력의 과학적 관리방안을 연구목적으로 내세웠다. 설립과 동시에 정부의 인력자원 개발의 체계화와 촉진 실효를 조성하고, 정부가 필요로 하는 정책수립자료 생산에 노력했던 것을 알 수 있다.

잡지의 목차는 권두언, 특집기사, 논단, 세계인력개발 순례, 연구사업 소개 등으로 구성되어 있다. 세계인력개발 순례 코너에서는 각 나라별 인력정책 개념 및 발전상에 대해 소개하고 있다. 연구사업 소개 코너는 연구소의 연도별 주요 연구사업 및 연구소 주최의 세미나 정보를 게재하고 있다. 인력개발연구소가 주최한 세미나로는 〈학생협동 세미나〉(1968. 7. 24~25.), 〈산학협동기구설치를 위한 간담회〉(1969. 2. 6.) 등이 있었다.

특집기사들 중 주요 기사를 살펴보면 다음과 같다. 1권 2호에서는 〈인력개발과 적성검사〉를 다루어 기업들의 적성검사 개발과 활용도에 대해 다루었다. 2권 6호에서는 〈이민행정개선을 위한 조사연구〉를 다루면서 해외 이민의 고용효과 증대 및 외화 획득, 국위 선양 등의 중요성을 강조하고 있는 것을 알 수 있다. 3권 9호에서는 〈직업 및 기술훈련 국가계획 세미나〉를 특집으로 다루고 있는데, 특히 부록에서는 〈산업규격 표준화를 위한 한국인의 체격기준 조사〉를 싣고 있어 흥미롭다. 한국인이 사용하는 생활도구의 규격 및 생산비율, 신체 사이즈 등을 일본인의 측정 결과와 비교하고 있다. 3권 10호에서도 전호와 유사한 취지에서 〈생산성 향상을 위한 인간공학적 조사연구〉를 다루고 있다.

인력개발은 현재 1권 1호(1968)부터 4권 10호(1971)까지 남아 있다. 2권 8호까지는 계간지로 발행되었으나, 1970년부터는 종합연구지로서 1년에 한 번 발행되었다. 소장처는 국회도서관, 국립중앙도서관, 건국대학교, 경북대학교, 고려대학교, 동국대학교, 서울여자대학교, 연세대학교 중앙도서관이다.

국회도서관에 소장되어 있는 1968년 1권 2호~1권 3호, 1969년 2권 5호~2권 8호, 1970년 3권 9호, 1971년 4권 10호를 DB화하였다. (이윤수)

참고문헌

『인력개발』 3권 9호, 1970; 『매일경제』, 1967. 8. 26.; 1969. 8. 14.

인물계
(人物界)

1956년 11월에 창간된 인물 관련 월간지. 정론사正論社에서 발행하다가 인물계사로 바뀌게 되었다. 발행인은 백남주白南柱이다. 국회도서관에는 1957년 4월호부터 소장되어 있다.

『인물계』는 주로 국회의원 등의 정치인들을 소개하거나 정치인들이 직접 기고한 글로 구성된 인물 관련 월간지이다. 하지만 꼭 정치인들로만 국한된 것은 아니었다. 맥아더, 후르시초프와 같은 외국 유명인물에 대한 글도 수록되었고, 언론기자들이 국회나 정국 현안에 대해 쓴 글도 게재되었다. 창간호 무렵에는 특집, 인물론, 입지탐방기立志探訪記, 인물평전 등으로 구성되었다. 여기에서의 핵심은 정치인을 소개하고 평가하는 인물론, 인물평전류의 코너였다. 기성 정치인이나 신인 정치인들은 이 지면에서의 평가에 많은 관심을 기울였고, 선거기간이 되면『인물계』에의 인물 등재 여부에 희비가 엇갈리기도 하였다. 실제로 1958년 중앙선거관리위원회에는 정치인들에 대한 인물평을 담고 있는『인물계』자체가 선거법 위반이 아닌지 여부를 확인하는 문의가 접수되기도 하였다. 그러나『인물계』는 작은 논란에도 불구하고 큰 무리 없이 지속되어 왔다. 그것이 가능할 수 있었던 것은『인물계』에 수록되는 인물에 대한 인물평은 대체로 당사자가 수긍할 수 있을 정도로, 비판이 배제된 무난한 내용이 주를 이루었기 때문이다.

『인물계』창간 2주년 기념호인 1958년 11월호에는 앞면에 '자유당'과 '민주당'이 함께『인물계』2주년을 축하하는 기념광고를 냈을 정도로『인물계』는 정치계와 긴밀한 공생관계를 맺고 있었다. 대한민국 3부요인의 이름·직위와 함께 수록한 인물사진도는 『인물계』가 정계 및 관계에 행사하는 막강한 위력을 짐작할 수 있게 해준다.

『인물계』 창간 4주년 기념호에는 대통령 윤보선尹潽善, 국무총리 장면張勉, 참의원의장 백낙준白樂濬, 민의원의장 곽상훈郭尙勳, 민의원 김도연金度演 등 거물급 정치인들이 축사를 남겼다. 전 문교부장관이자 당시 참의원 의장이었던 백낙준은 『인물계』에 나오는 '인물'의 개념을 "유위유능한 사회역군으로 알려진 사람"이라며 사회지도층 인물에 대한 공보업무가 바로 『인물계』의 담당역할이라고 하였다.

『인물계』에서 인물에 대한 평가는 상대적으로 관대했던 반면, 여야 간 상대정당에 대한 비판은 지면을 통해 날카롭게 이루어졌다. 4·19혁명으로 정권을 얻게 된 민주당은 극심한 신구파 분쟁으로 분열상태에 놓이게 되었고, 이에 『인물계』에서는 특집으로 〈민주당은 반성하라〉를 기획하여 6편의 민주당 비판글을 수록하였다.

선거기간에는 『인물계』에 유력공천 후보명단을 수록하기도 하고, 정치거물급 인사에게는 자서전을 기고하도록 하였으며, 이승만 대통령 등에 대해서는 평전을 게재하였다. 『인물계』는 어느 정도의 정치논쟁이 허용되는 열린 지면이기는 했지만, 정치권과 언론사가 결탁하여 상생관계를 만들어간 타협의 산물로서의 성격이 강했다. (이상록)

참고문헌

「책자의 무료 배부, 중앙선관위서 운동의 한계 해석 주목」, 『동아일보』, 1958. 2. 7.

인천시보
(仁川時報)

1960년 7월에 창간하였다. 종간호는 미상이다. 발행 겸 인쇄인은 이영춘李榮春, 편집인은
김일제金一濟, 주간은 남명우南明祐, 발행소는 경기도 인천시 중앙동 3가 4번지였다. 주간
2회(월, 목요일) 발행했으며 대판 2면에 15단에 1단 11자 체제였다.

이 신문의 창간호는 전해지지 않는다. 하
지만 지방지로서 인천시 내의 주요 사건
과 저명인사들의 동정이 실리고 경기도
와 인천시의 주요 정치적·문화적·사회
적 행사에 대한 기사가 보도되는 것으로
미루어 도민들의 이해관계가 걸려 있는
문제들을 보도하고 시민들의 관심사를
발빠르게 전달하기 위하여 창간했음을
짐작할 수 있다.

현재 전하는 1960년 11월 24일자(목)
의 1면 기사에는 「박두한 지방각급 선거
에 대한 민심동향」과 사설 「도의원 입후
보 등록 완료」, 「도의원 입후보자 지상정견」 등이 눈에 띈다. 2면에는 「혼란 틈
타 선거사범 날로 격증」, 「경쟁입찰제 실시 난항」, 「상공회의서 시세진위추진위
구성」, 「파탄에 직면한 민제염 업계」, 「시의원 입후보자 지상 정견」 등이 실려
있다.

이처럼 이 신문은 주로 인천시 내와 경기도 내의 주요 정치 일정과 주민들의
동향, 인천지방 소식 등이 보도되어 인천 지역에 사는 시민들의 다정한 벗으로
서의 역할에 충실하고 있음을 알 수 있다. 기획 기사는 없었으며 정치, 사회면,
그리고 인천지방소식을 주로 다룬 점이 특징이다.

국회도서관에 마이크로필름으로 소장되어 있으며, DB로 갈무리한 호수는

1960년 11월 24일자이다. DB 상태는 양호한 편이다. (전상기)

참고문헌

『인천시보』, 1960년 11월 24일자; 『한국신문백년 〈사료집〉』, 한국신문연구소, 1975.

일본 안의 조선문화
(日本のなかの朝鮮文化)

1969년 3월 25일에 일본 교토에서 창간된 일본어 계간지이다. 일본에 남아 있는 한국문화를 발굴하며 특히 일본 고대사와 한국의 관계를 밝혀내는 데 중점을 둔 잡지이다. 편집인과 발행인은 정귀문鄭貴文, 정조문鄭詔文 형제가 맡았다. 발행처는 초기에는 '일본 안의 조선문화사(日本のなかの朝鮮文化社)'였지만 1972년부터 조선문화사朝鮮文化社로 명칭이 바뀌었다. 창간 당시에는 1,000부를 발행했으나 40호를 낼 당시에는 5,000부가 발행되었다. 1981년 6월에 50호로 종간되었다.

교토에 사는 재일 1세 사업가였던 정조문鄭詔文과 그 형인 작가 정귀문鄭貴文이 작가 김달수金達壽와 더불어 1969년 3월 25일에 일본 교토에서 창간했다. 2호에 실린 소개 글에 의하면 "『일본 안의 조선문화』는 일본에 있는 조선의 문화적, 역사적 유적 등을 밝혀냄으로써 양국·양민족의 자주와 연대에 기여하고자 하는" 취지에서 창간되었다. 1972년부터는 조선대학교를 사임한 고대사학자 이진희李進熙도 편집에 참여했다.

매호마다 좌담회 또는 심포지엄을 게재한 것이 특징이며 저명한 소설가 시바 료타로司馬遼太郎를 비롯해 일본 고대사학자 우에다 마사아키上田正昭 등이 단골 멤버로 등장했다. 좌담회 주제도 '인쇄와 활자', '토기와 도자기', 신사, 사찰, 향가, 고분, 고대미술, 유적 등 문화를 주제로 하면서도 다기에 걸친 폭넓은 문제 의식을 보였다.

또한 조선문화를 주제로 한 잡지인데도 필진의 대부분이 일본인으로 구성되었다는 점도 중요한 특징이다. 편집에 직접 관여한 정귀문, 정조문 형제와 김달수, 이진희를 제외하면, 48호에 게재된 임진왜란과 조선통신사에 관한 글을 쓴 강재언姜在彦을 유일한 예외로 나머지 필자는 모두 일본인이다.

원래 10년 동안 계속 발행해 40호까지 내는 것을 목표로 출발했으나 호평을 받아 결국 50호를 내어 1981년 6월 25일에 종간되었다.

본 연구팀에서 입수한 원본 1~50호를 DB화했다. (후지이 다케시)

참고문헌

『日本のなかの朝鮮文化』, (日本のなかの)朝鮮文化社, 1969~1981; 朴一 편, 『在日コリアン辞典』, 明石書店, 2010; 李進熙, 『海峽: ある在日史学者の半生』, 靑丘文化社, 2000.

일요신문

(日曜新聞)

1960년 7월 25일에 창간하였다. 종간호 여부는 알 수 없다. 발행 겸 편집·인쇄인은 우순
필禹淳弼, 발행소는 서울특별시 중구 충무로 2가였다. 판형은 대판 4면에 매주 월요일에
발행했으며 16단, 1단에 11자를 채택하였다.

「창간사」를 보자.

"우리『일요신문』은 4·19혁명 앞에 엄
숙히 맹세하거니와 경영주와 일선 언심
언론인과 합심합작하여 엄정중립지로서
진실하고 올바른 신문에 사명을 다할 것
은 물론 인류평화에 매진하며 전력을 다
하여 비상한 각오 하에 솔직한 비판을 결
탁하여 보도함으로써 독자의 의사가 지
면을 통하여 반영되어 본지와 독자의 초
점이 일치할 때 우리의 사명을 완수되었
다는 만족을 느낄 수 있을 것이고 또 민
주주의 원칙에 의하여 본 민주권하에 우
리의 주인인 독자 제위의 위대한 배경을 뒷받침하여 압력과 권력에 지배되지
않는 엄정중립지로서 발간코저…〔한다〕"고 하여 '엄정중립'을 강조하고 있다.

창간호 1면에는 「창간사」와 「선거전망」, 그리고 「주간초점」이 실려 있다. 나
머지는 4·19의 사진이 크게 실려 있고 사진을 설명하는 다음의 문구, '4·19학
생의거로 무너진 독재정권 7·29총선으로 새사람 뽑아 새나라 이룩하자!'는 슬
로건이 눈에 띈다. 제호 바로 밑에는 '목차'가 게재되어 신문의 전체적인 개요를
쉽게 파악하게 해준다. 하단에는 국무총리를 비롯한 각 부서의 장관 이름이 나
열되어 이 신문의 창간을 축하하는 광고가 실려 있다. 2면은 해외의 여러 나라
소식이 소개되어 있는데, 일테면 「미 대통령 선거전을 해부한다」와 「콩고사태는

보복」을 비롯, 쿠바와 이태리 소식, 그리고 하단에는 각 도의 지사와 경찰서의 창간 축하 광고가 줄을 잇는다. 3면은 문화계 소식으로 대표 기사가 「문화계는 혁명에서 낙오되고 있다」가 대표적이고 하단에는 은행권의 축하 광고가, 4면은 사회면과 '금주의 라디오 프로그램'이 실려 있다.

이처럼 이 신문은 일간지가 발행되지 않는 일요일의 읽을거리를 자처하며 뉴스 중심보다는 국내외 정세 등에 관한 특집기사 해설, 논평기사 보도로 평론지적인 성격이 강하였다. 국내정치는 「주간초점」란에서 간략하게 다루었는데 이로 보아 한 주간의 사건 보도에 대한 논평적 성격을 띤 기사를 내보냄으로써 자신의 성격을 특징짓고자 했다.

국회도서관에 마이크로필름으로 소장되어 있으며, DB는 창간호를 갈무리했다. DB 상태는 양호한 편이다. (전상기)

참고문헌

『일요신문』 창간호, 1960년 7월 25일자; 『한국신문백년 〈사료집〉』, 한국신문연구소, 1975.

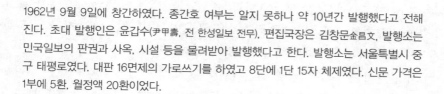

일요신문

(日曜新聞)

1962년 9월 9일에 창간하였다. 종간호 여부는 알지 못하나 약 10년간 발행했다고 전해진다. 초대 발행인은 윤갑수(尹甲壽, 전 한성일보 전무), 편집국장은 김창문金昌文, 발행소는 민국일보의 판권과 사옥, 시설 등을 물려받아 발행했다고 한다. 발행소는 서울특별시 중구 태평로였다. 대판 16면제의 가로쓰기를 하였고 8단에 1단 15자 체제였다. 신문 가격은 1부에 5환, 월정액 20환이었다.

「창간사」를 보면, "본시 언론은 공명하도고 엄정한 태도와 춘추필법을 견지하는 사회의 공기로서 그 생명을 지닌다. 진위 정사를 밝힘에 있어 추호도 가차함이 없음이 언론의 사명인 동시에 이것은 또한 순시瞬時나마 잊지 못할 언론의 대도이기도 한 것이다. … 이와 같이 새로운 결의를 굳게 하는 본지는 의사표시와 전달방편인 문자에 대한 새로운 세대의 욕구에 부응하고 과학적 효율을 십분 살리기 위하여 지면의 체제에 일대 혁신을 가하여 횡서편집을 단행하기로 하였다. 이것은 우리나라 신문이 내용적으로 일대 비약을 이룩하여야 할 이 중대한 시기에 임하여 신문지면형성에 있어서도 구곡을 벗어나야 할 필요성을 절감하였기 때문이다. 이제 우리의 『일요신문』은 오늘로써 독자의 앞에 자세를 나타내었다. 이처럼 갓 나온 본지는 이 순간부터 그 지닌 사명과 부하된 책임완수에 전력을 기울이는 한편, 신문이 가질 바 품위 향상에 끊임없는 노력을 기울일 것을 다짐하는 바이다." 즉, 신문의 기본적인 임무와 여론 형성, 전사회 비판 기능을 다하겠다는 각오를 밝히고 있다.

창간호 1면의 기사는 「대미 큐바정략 구체화」라는 큰 제목 아래 그에 대한 몇 개의 기사와 「창간사」, 「거울」란, 「극동지역 미군 장비 등 관리에 불철저」, 「주간 소사」, 「주간 일기해설」, 「사고」, 그리고 「목차」가 '정치' '시사' '경제' '사회' '논단' 등의 순서로 일목요연하게 제시되어 있다. 그리고 중간에 박정희의 휘호 "爲民啓道"가 실려 있다. 2면은 국제면으로 해외 소식이 여러 방면에 걸쳐 실려 있으며, 3면은 문화면으로 서정주의 시 「일요일이 오거던」과 「대학교육에의 성찰」이, 4면은 외교/과학면, 5면은 경제면으로 「물가…앞으로 어떻게 될까」가 전면을 차지하고 있다. 6면은 체육 관련 기사, 7면은 문화예술면으로 영화에 관한 기사가, 8면은 가정란으로 〈요리〉와 〈가정위생〉란이, 9면은 어린이 신문으로 만화와 동화, 동시가 실려 있다. 10면에는 「일요지의 성격과 사명」과 「언론의 신사도」라는 기사가 게재되어 『일요신문』의 미디어적 의미에 대해서 논하고 있으며, 11면은 라디오 프로그램, 12면은 언론과 경제에 대한 전문적인 글이, 13면은 연재소설('가정교사')이 전면에 실려 있으며, 14면에는 '만화천지', 그리고 16면은 다시 체육계 관련 기사가 차지하고 있다.

이처럼 당시 정부의 '단간과 일간 휴간지를 실시한 언론정책의 산물'로 탄생한 이 신문은 한 주일의 모든 사건 사고를 종합 정리하는 역할을 수행했다. 그리하여 주간 내내 나오는 일간지를 대신하여 독자들에게 읽을거리를 제공하는 한편, 각 부문별로 심층적인 기사를 실음으로써 일간지가 담당하지 못하는 역할을 수행하려고 하였다.

국회도서관에 마이크로필름으로 소장되어 있으며, DB는 창간호를 작업했다. DB 상태는 양호한 편이다. (전상기)

참고문헌

『일요신문』 창간호, 1962년 9월 9일자; 『경향신문』, 1962년 9월 1일자; 『동아일보』, 1962년 9월 1일자; 『한국신문백년 〈사료집〉』, 한국신문연구소, 1975.

일은조사

(一銀調査)

제일은행이 1965년 9월에 창간한 경제월간 잡지이다. 종간호 여부는 확실치 않으나 60년대까지는 발행했을 것으로 추정된다. 발행 겸 편집인은 장홍식張洪植, 발행소는 동아출판사 공무부, 발행처는 제일은행기획조사부이다. 판형은 국배판으로 총 70쪽 안팎이며 비매품이었다.

창간사를 입수하지는 않았지만 목차를 통해서 충분히 짐작할 수 있는바, 국내경제와 국제경제의 전반적 동향을 개관하고 리스크에 대비하는 각 부분의 문제와 보완점을 학습하고 공유하여 은행의 내실을 기하려는 목적으로 창간했음을 알 수 있다.

1966년 1월호(통권 5호)의 목차를 보자.

맨 먼저 〈경제동향〉이 실리고 〈시론〉, 〈논총〉, 〈해외경제〉, 〈경영〉, 〈법무사례연구〉, 〈주요경제지표 및 도표〉, 〈주요경제일지〉 등의 순서로 나열되어 있다. 이러한 배치는 매호 커다란 변동 없이 이어진다. 1966년 2월호의 목차에서는 〈소개〉와 〈자료〉란이 첨부되어 있으며 다른 부분은 동일하다. 따라서 이 잡지는 제일은행 자체 내부에서 경제동향 정보와 직원들의 교육, 은행의 내실을 기하기 위하여 기획실 직원들이 매달마다 작성한 보고서 성격을 띠고 있다고 하겠다.

제일은행의 전신은 일제강점기 하 1929년 7월 1일 창립한 '조선저축은행'으로, 1950년에는 '한국저축은행'으로 행명을 변경하고 1958년에 '제일은행'으로 다시 개명하여 업무를 계속하다가 2005년에는 스탠다드 차타드의 주식인수로 'sc제일은행'으로 바뀌어 오늘에 이르고 있다. 이를 통해서 보건대, 이 잡지는 한국금융의 한 단면을 엿보게 하는 자료로서의 면모를 띠고 있다고 하겠으며, 산업부흥기의 시점에서 금융당사자의 대응과 업무의 구체적인 양상은 어떠했는가를 짐작케 하는 의미를 갖고 있다고 할 수 있다.

통권 5호를 비롯하여 몇 호가 국회도서관에 소장되어 있고 DB도 국회도서관 소장본을 작업했다. DB 상태는 좋다. (전상기)

참고문헌

https://www.standardchartered.co.kr; 『일은조사』, 1966. 1~5.

현대언론매체사전

1950~1969

자동차신문
(自動車新聞)

1964년 9월 10일 창간된 주간신문이다. 매주 목요일 4면으로 발행되었다. 사장은 이홍근李弘根, 발행 겸 편집·인쇄인은 이익현李翼鉉이다. 발행소는 서울시 중구 남대문로 5가 115번지이다. 구독료는 한 부에 15원, 월 60원이다.

『자동차신문』은 자동차운수업계와 자동차 공업계, 그리고 관광사업계를 대변하는 경제전문지로서의 사명을 자임하며 다음과 같이 창간의 목적을 밝히고 있다.

"무릇 교통운수업이 전국 산업 경제성장을 위하여 전제적 조건이 되는 것이며, 또 무엇보다도 공익성을 지니는 것임은 두말할 필요가 없습니다. 그리고 자동차 공업은 그 교통운수업의 발전을 지지하는 물질적 기초가 되는 것이며, 관광사업은 국제적 문화교류와 교역진흥을 위한 새로운 임무를 짊어지고 있습니다. 그런데 우리나라의 자동차업계는 아직 영세한 중소기업의 영역을 벗어나지 못하였고, 자동차공업이나 관광사업은 지금 겨우 육성기에 있을 뿐입니다. 우리는 이러한 업계를 대변하고자 하는 것입니다."

창간호 1면과 3면에는 운수업계의 상황과 현재의 문제를 보도하고 있다. 자동차 요금 인상 문제 재연, 버스업자들의 도산 위기, 트럭 화물료 인상, 합승 택시 전면 운휴 기세 등의 기사가 실려 있다. 3면 하단에는 전국택시합승연합회의 「택시통행세율 인상 반대 호소문」을 게재하였다. 또한 여차장들의 과로문제, 운전기사의 수기 등 운수업계 종사자들의 문제도 다루고 있다.

4면에는 관광사업 발전을 위한 자동차도로 확대 상황을 기사화하였다.

국회도서관에 마이크로필름으로 소장되어 있는 것을 DB화하였다. (구수미)

참고문헌

『자동차신문』, 1964년 9월 10일 창간호; 『한국신문 100년』(사료집), 한국신문연구소, 1975.

자유노동
(FREE LABOUR)

『노총勞總』지의 부록판인 『부두노조판埠頭勞組版』을 제19호까지 발행한 부두노조가 1964년 4월 9일 판권을 얻어 같은 해 4월 25일 독립지로 발간한 월간지이다. 발행 겸 편집인은 이춘희李春熙, 인쇄인은 한영우韓英愚이다. 발행소는 서울시 중구 북창동 135이다.

전국부두노동조합 위원장이면서 발행·편집인인 이춘희는 창간사를 통해 고용형태가 극히 불안정한 자유노동자들의 권익 신장을 위하여 이 신문을 발행하였다고 하였다.

선전부장 최○○는 세론 조성과 교육 계몽에 중점을 두고 기관지 활동을 하겠다는 뜻을 밝히고 있다.

창간호 1면에는 월수입 4,400원 결정에 대한 기사를 싣고 있다. 요구선에는 미치지 못하지만 동일노동 동일임금제를 확립한 것이며, 수락 여부는 투쟁위원회 소집 후 결정한다고 하였다. 또한 부산부두창고관리권 분쟁의 근본적인 해결을 촉구하는 글을 싣고 있다.

2면에는 창간 축사와, 미국노동운동의 선구자 사무엘 콤퍼즈의 전기를 싣고 있다.

국회도서관에 마이크로필름으로 소장되어 있는 것을 DB화하였다. (구수미)

참고문헌

『자유노동』, 1964년 4월 25일 제1호;『한국신문 100년』(사료집), 한국신문연구소, 1975.

자유논전
(自由論戰)

1946년 5월 15일에 창간되었다. 매월 1일 월간으로 발행할 계획이었지만 창간호 이외에 발견된 호수는 없다. 발행소는 일본 도쿄의 자유논전사였다. 발행 겸 편집인은 이의영李義榮, 인쇄인은 토미자와 타메기치(富澤爲吉)였다. 타블로이드 판형으로서 1부 가격은 20전이었다. 일본어를 사용하였다.

해방 후 일본에서 발간된 아나키스트 계열의 잡지다. 『자유논전』은 창간사에서 당대의 세계를 사상의 혼돈시대라 규정하였다. 미국와 영국의 지배 아래 있는 약소국의 민중은 민주주의를 정치적 사상으로 삼고, 소비에트 통치 아래 있는 국가들의 민중은 맑시즘을 정치적 사상으로 삼고 있다는 진단을 내렸다. 이 사상들은 민중 자신의 판단이 아니라 강자들의 무력으로 강요되고 있었다. 자주적 독립국가를 건설하려는 조선의 민중은 두 사상 어디에도 만족하지 않고 있기 때문에 조선건국운동의 혼돈상태가 계속된다고 『자유논전』은 주장하였다. 이러한 진단은 패전국 일본에도 적용되었다. 그런 의미에서 『자유논전』은 인류의 완전한 평화와 자유를 획득하는 사상이나 이념은 없는가 하고 물었다. 『자유논전』은 그 해답을 찾기 위한 방법으로서 사상을 토의하고, 논전을 치름으로써 진정한 인류평화와 자유를 획득하는 바른 사상을 구하는 길을 제시하고자 하였다.

창간호에는 창간사 외에 세 사람의 글이 실렸다. 첫 번째는 장상중張祥重의 「조선동포가 요망하는 민주정치」였다. 그는 박열朴烈과 함께 최초의 한인 아나키스트단체였던 흑우회黑友會를 조직한 재일 조선인 아나키즘운동의 일세대였다. 두 번째는 이와사 사쿠타로(岩佐作太郎)의 「조선 건국운동에 대하여」였다. 그는 아나키스트로서 1921년 11월에 박열과 정태성鄭泰成 등이 공산주의자와 아

819

나키스트의 연합단체인 흑도회黑濤會를 조직할 때 후원하였다. 세 번째는 후세 다츠지(布施辰治)의 「직장의 과학화(1) – 학노學勞자치육영조직의 제안」이었다. 그는 변호사로서 조선인 독립운동가들의 변호에도 남달리 앞장 섰다.

『자유논전』이 아나키스트들의 잡지였음을 알려주는 자료로 광고가 있다. 창간호의 1면에는 두 개의 축하광고가 실렸다. 하나는 원심창元心昌으로 잘 알려진 원훈元勳과 한하연韓何然의 광고로서 두 사람은 각각 중국과 일본에서 아나키스트운동을 벌였다. 다른 하나는 자유사회건설자연맹自由社會建設者聯盟 산하 농촌자치연맹중앙협의회의 광고였다. 이 단체는 1945년 9월에 서울에서 조직된 아나키스트 단체였다.

일본 국회도서관에 소장된 창간호를 DB로 만들었다. (장신)

참고문헌

김명섭, 『한국 아나키스트들의 독립운동: 일본에서의 투쟁』, 이학사, 2008.

자유의 증언
(自由 證言)

1966년 6월에 창간되어 월간으로 발행되었으며, 현재 1969년 11월호(제4권 11호)까지 확인된다. 창간호는 발행 한국반공연맹, 편집 한국반공연맹연구실로 되어 있고, 31쪽 분량에 비매품이다.

고려대 도서관에 제1권 1~3호와 제2권 12호, 제3권 1~10호, 제4권 2호가 소장되어 있고, 연세대 도서관에는 창간호만 소장되어 있으며, 국회도서관에는 제3권 1호(1968. 1.)부터 제4권 11호(1969. 11.)가 소장되어 있다.

한국반공연맹에서 발간한 반공 논조의 월간지이다. 한국반공연맹은 1956년에 조직된 한국아세아반공연맹의 후신으로 1964년 2월에 설립되었다. 한국반공연맹은 설립 시점부터 조사연구실을 갖추었고, 1967년 9월에는 산하에 공산주의문제연구소를 두어 공산주의 이론과 공산권의 현실을 연구하고 반공이론의 확립에 주력하였다. 동 연맹은 1964년 9월에 반공학술지『공산주의문제연구』를 창간했으며, 1966년 4월에는 기관지로서『자유공론』(영문명 Freedom Review)을 창간했다.

1966년 5월에 별도로 창간된『자유의 증언』은 한국반공연맹의 전신인 한국아세아반공연맹에서 1963년 4월에 창간하여 1966년 5월까지 발간했던 월간지『자유』의 후신으로 보인다.『자유의 증언』창간사는「통일염원의 자유광장」이라는 제목을 달고 있는데, 그 논조가 대단히 강한 반공 논조를 보인다. 여기에서는 최근 정부가 "조국 근대화라는 쇄신된 비전과 함께 적극적인 자세로서의 통일에의 염원을 구체화"하면서 "할슈타인 원칙고수에서 부분적 융통이 불가피하다는 주장이 밑받침될 만큼 대공산권의 다변 및 적극외교가 전개"되고 있다며, "우리는 여기 종전의 일부 식층識層의 좁은 토론의 광장을 좀더 확대 일반화함으로써 과연 무엇이 우리의 단일민족의 염원에 합치되는가를, 또한 과연 어떠한 토론의 태도가 자유민주주의를 토대로 한 진정한 민족주의 실현화의 주제가 될 것인가의 가능성을, 여러 계층의 여론을 통하여 진격하게 모색코자 하는 것"이라고 창간 취지를 밝혔다. 이어 "4·19의 젊고 순수한 이념의 선양이 결과적으로 「오라 남으로, 가자 북으로」의 하나만을 광신하고 둘을 간과한 실로 위험천만한 사태를 낳은 바" 이것이 "북의 이질적 공산집단으로 하여금 「유일한 현실적이며 합리적인 출구」로서의 「남북협상과 평화통일」론 운운을 적극화하는 데에 역장용한 전례"가 되었음을 "다 함께 엄중히 경계해야 할 것"이라고 하였다. 또한 "우리는 이 일반화된 반공기운을 촌시寸時도 소원하고서는 살 수 없었으며, 오히려 이 범국민적 태세를 일층 공고화함으로써 하나의 지대한 민족 역량으로서의 획일적 여론과 의지를 축성하고 나아가 북의 다수 〈양식良識〉을 진동, 봉기케 하는 데 이니시아티브를 취할 단계에 들어섰음을 널리 인식할 때가 온 것"이라 하여, 반공노선으로의 '획일적 여론' 형성이나 북한에서의 '봉기'를 위한 주도적 역할 등 강경한 입장을 표명하였다. 마지막으로는 "여기 「자유의 증언」은 그러하기에 우리의 인간생존의 기본권이자 또한 조국존립의식의 기저인, 또한 동시에 온 인류가 진정 그 위에서 번영 생존할 자유 그 본령을 고수 쟁취하는 데서 비롯하여 이질화된 인간생활이 강요된 북의 풍토에 참된 자유의 복음을 전파하기 위한 막중한 사명"을 자임한다고 하였다.

창간호는 「북한의 가족제도는 어떠한가」, 「몽고의 문을 두드리는 서방」, 「자유의 개념」, 「공산주의와 인도주의」(에드문드 디메트로) 등 4편의 반공 논설과 「북한의 시평時評」, 「용어해설」, 「토막소식」 등의 짤막한 단신 기사, 「전쟁준비에 시달리는 인민들」(김성환), 「공산당대회」(안의섭), 「〈백화제방百花齊放〉 재기再起」 등 3편의 만평, 그리고 시(자유)와 콩트(기습) 각 한 편씩으로 구성되었다.

『자유의 증언』은 한국반공연맹의 기관지 『자유공론』이 같은 반공노선을 취하면서도 대중적인 보급을 추구하여 종합 교양지적인 성격을 갖는 것에 반해서, 30~40쪽 정도의 적은 분량에 분석적인 기사와 단신 정보 및 만평 몇 꼭지로 구성되어 양질 면에서 수준이 떨어진다. 이런 면에서는 한국아세아반공연맹에서 발간하던 『자유』와 유사한 특성을 보인다. 『자유의 증언』은 창간 이래 월간으로 발행되었는데, 현재 확인되는 마지막 호가 1969년 11월에 발간된 제4권 11호여서 그리 오래 발간되지는 못했던 것으로 보인다. 국회도서관에 대부

분의 호수가 소장되어 있으며, DB도 국회도서관본을 작업했다. DB 상태는 좋다. (전상기)

참고문헌

『자유의 증언』 창간호, 1966. 6.; 유상수, 「한국반공연맹의 성립과 활동」, 『한국민족운동사연구』 58, 한국민족운동사학회, 2009; 한국자유총연맹, 『우리가 지켜온 자유민주주의 반세기-한국자유총연맹50년사』, 2006; 한국자유총연맹 홈페이지(http://www.koreaff.or.kr).

자유춘추
(自由春秋)

1957년 2월에 서울에서 창간된 월간지. 창간호의 발행처는 자유춘추사(서울특별시 종로구 종로 1가 45)이며, 발행 겸 편집·인쇄인은 김정식金正植, 인쇄처는 선광인쇄주식회사이다. 300면 분량에 가격은 300환이다. 영문 제호는 〈The Liberty Review〉이다.

자유춘추사에서 1957년 2월 1일에 창간한 종합잡지이다. 발행인 김정식의 권두언 「주장의 윤리-지성의 동원을 위하여」의 주요 대목을 통해 창간 취지를 엿볼 수 있다.

"새로 종합잡지 『자유춘추』를 내놓는다. (중략) 구성세포의 질에 있어서 『자유춘추』는 전혀 새로운 구상으로서 출발한다. 하나의 확고한 이념으로 사회적 조류 속에서 국가민족의 휴척休戚을 전제로서 엄연한 주장을 굽히지 않으며 우리가 지향하고 있는 참된 복지된 국가사회 건설에 살이 되고 뼈가 되는 언론의 핵심으로서 그 사명과 임무를 다하여 볼 작정이다. (중략) 여與는 여로서 야野는 야로서의 그 자체의 정치적 토대, 조직, 구성, 성격, 생리 등을 기초로 한 신념으로서의 주장이 있을 것이고, 야는 야로서 야가 아니면 내세울 수 없는 꿋꿋한 견해가 있을 것이다. 그것은 그렇다 하여서 한 민족국가의 복리를 위하여 도저히 융해될 수 없는 평행선적인 성격의 주장과 견해는 아닐 것이고 좀 더 굳게 말하여서 빙탄불상용氷炭不相容의 입장의 고집도 되어서는 안 될 것이다. (중략) 이 여론과 심판을 민주언론이란 안이한 언론을 내세워서 조작하고 선동하여 지어내서 결론을 내리는 따위의 위험을 저질러서는 의미가 없을 것이다. 야는 야대로 자기의 주장과 견해를 피력하는 자유와 또 그에 대한 이해가 있다면, 여가 여로서 내세우고 부르짖는 주장에 대하여도 정색하고 귀를 기우려 시시비비를 헤아려 내야 할 것이 아닌가. 언론에 전제감정은 금물이다. 냉정한 이성이 절대조건이다. (중략) 타협과 이해로서 언론의 절조를 지각志却할 수도 없고 또 어떠한 힘에 좌우되어 날조적 언론으로 흘러서는 안되고 좌고우빙左顧友聘 식의 기회주의적 논조도 있을 수는 없다. 박해와 반박이 문제가 아니고 오직 국리민복國利民福을 앞세운 올바른 민주언론의 교육을 위하여서만 민주언론의 생명을 있을 것이다. 자유춘추는 구상과 목표가 실로 이 점에 있다."

김정식은 창간사에 해당하는 위 글에서 『자유춘추』가 "확고한 이념"과 "엄연한 주장"을 추구할 것임을 강조하면서, 대체로 야당에 대한 비판적인 입장을 취하고 있다. 즉, 야당은 나름대로 "꿋꿋한 견해"가 있을 테지만 "평행선"이나 "빙탄불상용"의 "고집"을 부려서는 안 된다고 말하고, 여당의 주장에 대해서는 "정색하고 귀를 기우려 시시비비를 헤아려"야 한다고 주장한다. "타협과 이해"나 "박해와 반박"에 연연하지 않고 "오직 국리민복을 앞세운 올바른 민주언론"을 추구하겠다는 "자유춘추의 구상과 목표"가 무엇일지 짐작할 수 있다. 그는 같은 글에서 "편파적인 언론에 대한 스스로의 거부"를 모토로 삼겠다고 했는데, 이는 오히려 비판적 언론에 대한 거부로 읽힌다.

『자유춘추』가 여당 지지 성향을 보일 것임은 창간호의 편집후기에서 "본지 발간을 위하여 물심양면으로 협조지도하여 주신 이기붕李起鵬, 이재학李在鶴, 임흥순任興淳, 구용서具鎔書, 이중재李重宰, 김영찬金永燦, 민병도閔丙燾 등 여러 선생들에게 심심한 경의를 표하는 바"라고 말한 부분에서도 드러난다. 이들은 자유당 소속의 고위 정치인·관료이거나 금융계 고위 인사들이다. 또 창간호에는 정부 각부 장차관의 연명으로 된 축하광고가 실려 있기도 하다.

창간호는 「민주주의의 한국적 반성」을 특집으로 꾸몄고, 「붕괴도정의 공산권」(김홍수), 「정치의 생리」(김남주), 「자유시민의 육성」(왕학수), 「진보주의의 정치적 위치」(박운대), 「자학하는 사회」(원현국), 「농촌재편의 관건」(손준현), 「여성의 지위는 향상되었는가」(정충량), 「신문과 정치」(최준) 등의 논설과 일본의 유엔가입 관련 기사가 다수 실렸다. 〈정당의 생태〉 1편으로 「자유당론」(장경근)이, 〈인물론〉 코너에 「한국의 호적수-이기붕과 조병옥」(남산학인)과 「이재학론」(이석인)이 실린 것에서도 이 잡지의 성향이 드러난다. 이 밖에도 수필, 단편소설과 시 등 문예 창작물도 많이 실려 종합잡지로서의 성격을 갖추었다.

1957년 5월에 발간된 제1권 제3호는 특집을 「학생의 위치」로 구성했고, 주요 기사로는 「3차전의 정체와 우리의 각오」와 「신구철자법 절충안 시론」 등이 실렸다. 같은 해 6월에 발간된 제1권 제4호는 '제2회 현충일 기념 특집호로 발간되었는데, 특집을 「대결하는 세계」로 꾸몄고, 주요 기사로는 「새로운 인간형의 문제」와 「국공협상설과 장경국」 등이 실렸다.

발행인 김정식金正植은 1914년 경북 영천 출생으로 일본 오사카에서 약학을 공부하고 제약업에 종사하다가 해방 후에 귀국하여 고향에서 대동청년단과 대한청년단 활동을 했다. 1950년 제2대 국회의원 선거에 영주군에서 대한청년단 소속으로 출마하여 당선되었다. 1952년 3월 16일자 경향신문에 원내자유당을 탈당하고 원외자유당에 입당하는 성명서를 광고 기사로 실었다. 1954년 1월에 자유당 '족청계' 15명을 제명할 때 그도 제명을 당했다. 1956년 5월에 다시 자유당에 입당했고, 1957년 3월에는 한국잡지협회 이사에 선임되었다. 4·19혁명 이후 자유당 중앙위원이자 자유춘추사 사장으로서 공민권을 제한당했다. 1963년에 야당인 민정당 실무위원에 선임되었지만, 곧이어 세대교체를 선언하며 민정당의 소장파 일부를 규합하여 신조회新潮會를 조직하고 대표를 맡았다. 같은 해 5월에 민정당을 탈당하고 공화당에 입당했다. 1964년 7월 31일자 경향신문에는 동아경제신문사 주필 겸 부사장으로 동 신문사를 방문했다는 기사가 실려 있다. 이처럼 김정식은 자유당-민정당-공화당을 거치며 여당 정치인으로 활동했으며, 『자유춘추』를 발행하던 시점에는 자유당에 소속된 정치인이었다.

『자유춘추』는 월간지였지만 창간 해인 1957년에는 대체로 2달에 한 번 꼴로 발간되었다. 연세대·고려대 도서관에 1957년에 발간된 제1권 1호(2월호)에서 6호(12월호)가 모두 소장되어 있고, 국회도서관과 주요 대학 도서관에는 그중에 일부가 누락된 채 소장되어 있다. 1957년 발간본을 제외하면 국립중앙도서관에 1965년 9월호가 소장된 것으로 확인되는데, 이 사이에 발행된 것이 전혀 확인되지 않아 의문스럽다.

국회도서관에 소장되어 있는 1957년 제1권 제1호(2월호), 제3호(5월호), 제4호(6월호)를 DB화하였다. (이용기)

참고문헌

『자유춘추』 제1권 제1·3·4호(1957); 국사편찬위원회 한국사데이터베이스(http://db.history.go.kr/); 『경향신문』(네이버 뉴스라이브러리, http://newslibrary.naver.com/).

장로회보

1966년 12월 15일 창간된 대한예수교장로회총회의 기관지로 타블로이드판 8면의 월간 신문이다. 발행 겸 편집인은 김광현金光顯이다.

대한예수교장로회 총회는 교단 정보 소통을 위해 1948년 월간으로 『장로회보』를 발행하기 시작하였는데, 1950년 『기독공보基督公報』를 인수하게 되면서 『장로회보』 발행을 중단하게 된다. 이후 『기독공보』가 인쇄소 시설 미비 문제로 공보부公報部로부터 폐간 조치되자 임시조치로 1966년 12월 15일 『장로회보』를 재창간하게 되었다.

창간호 1면에는 「창간사」와 『전국교회에 부치는 말씀」(총회장 김광현)이 실렸다. 내용은 총회 예산 편성과 총무 선임에 관련된 것으로, 회계의 단일화를 단행할 것이고 전국 교회가 총무 의무금을 보내야 할 것을 주장한 글이다.

2면에는 각부 사업계획과 총회예산서가 실렸고 3면은 장로교 주요 인물들의 동정 및 장로교신학대학 졸업식 현황을 실었다. 4면의 「우리와 연합사업」(김동수)에서는 연합사업에 적극 참여할 것을 강조하고 있고, 5면에는 「세계교회와 우리」라는 제목으로 세계 장로교의 활동상을 소개했다. 6면의 「교회의 새 자세를 위한 과제」(성갑식成甲植)에서는 청년운동과 지도자 문제를 다루었고 7면에는 각 교회의 중요 현안에 관한 소식으로 「WCC총무취임」기사와 「성경학교운영에 위기」, 「4개교단서 공한公翰, 서회書會이사회에 통고」, 「신학교육의 새 방향 모색」, 「총회의 연합사업관계 연구위 구성」 등의 소식이 실렸다. 8면에는 「제51회

총회」,「총회상납금 배당표」 등 총회 소식과 선교를 위해 떠나는 글로「한국을 떠나면서」(김기수)의 글이 실렸다.

이 신문은 총회 운영과 관련된 내용이 주를 이루며, 장로교회의 일반적 소식과 운영상 문제점 등을 지적하고 기독교 신자들 간의 소통을 도모하기 위해 발행되었다.

국회도서관에 소장된 창간호(1966. 12. 15.)를 DB화하였다. (이병례)

참고문헌

한국신문연구소 편,『한국신문백년』, 1975;『장로회보』, 대한예수교장로회, 1966년 12월 15일.

장백산

1980년 2월 길림성 통화지구通化地區문학예술연합회에서 창간했으며, 1988년 1월부터 길림성민족사무위원회와 중국작가협회길림분회 기관지로 되었다. 편집과 출판은 『장백산』 잡지사에서 담당하고 인쇄는 요녕일보사에서 했다. 격월간이며 16절지 판형에 180페이지 정도가 발행되고 있다

1980년 「독자에게 알리는 글」에서 "우리 조선족의 아름다운 민족풍격, 장백산지구의 선명한 지방특색과 짙은 향토 맛이 있는 소설, 산문, 보고문학, 시, 민간이야기, 항일투쟁이야기, 미술, 촬영작품 등 다양한 문학작품을 싣는 데 주의를 돌리며 평론, 문예지식 등 작품들도 일정하게 취급합니다. 원고는 통화지구문련 『장백산』 편집부에 부치며 조문원고라고 밝히면 됩니다. 발표된 작품은 즉시 원고비를 드립니다."라며 이 잡지의 성격과 원고 모집에 대한 안내를 하고 있다.

창간 목적은 '장백산을 내놓으며'라는 창간사에서 "우리의 간행물이 아름다운 민족 풍격과 선명한 지방특색, 그리고 짙은 향토 맛을 잃지 않도록 힘쓸 것"이라 다짐했다. 또 '독자들에게 알리는 글'에서도 "『장백산』은 특히 우리 조선족의 아름다운 민족풍격, 장백산 지구의 선명한 지방특색과 짙은 향토 맛이 있는 작품들을 싣는 데 주의를 돌린다."고 설명하였다.

내용은 소설과 실화, 시, 수필, 다양한 문학작품들과 문학평론을 게재했다. 1980년 2월호 주요 내용은 소설 「중견인」외 9편, 항일투쟁이야기 「서어머니가 동상성에 들어간 이야기 등 2편, 민간이야기 「류랑과 인삼처녀」 등 8편, 산문 6편, 시 10편, 혁명회상기-민권의 적후에서, 산문-강산은 더 새로워, 민간문학, 우화 까마귀의 고집, 민속 씨름과 장기, 속담, 미술 등 다양한 내용으로 구성되

어 있다. 독자 대상은 길림성의 조선족 문학인과 농민들이며 문학신인들을 배양하기 위해 1982년부터 문학상을 시상하고 있고, 1984년부터는 각종 문필회의를 개최했다. 1985년부터 장백산 문학창작통신반을 운영하고 있다.

2009년 1~2월호에는 「개혁개방 30년과 『장백산』 문학지」라는 남영전의 특별기고가 실려 있는데, 『장백산』의 창간에서부터 변화과정을 다음과 같이 쓰고 있다.

"개혁개방 30년. 사상해방을 불러온 개혁개방의 봄바람이 30년간 중국의 면모를 크게 변화시켜 세인들에게 그 풍성한 성과를 자랑하고 있다. 대형문학지 『장백산』도 이 봄바람을 맞아 조선족 산재지구에 피어난 한 떨기 자랑스러운 문학의 꽃이다. 1979년 9월 류하현성에서 가진 조선족작자모임 때의 감동의 기억이 지금까지도 잊혀지지 않는다. 12만이란 조선족이 살고 있는 통화지구, 한때는 문학의 황무지였다. 문학의 진지가 없는 서러움을 못이겨 회의 참석자들은 서로 부둥켜안고 눈물을 흘렸다. 그때로부터 통화지구에는 편집부가 생겼고 1980년 5월, 대형문학지 『장백산』의 창간호가 고고성을 울렸다. 그때로부터 29년 『장백산』은 개혁개방에 힘입어 자신의 힘찬 길을 걸어왔다. 『장백산』의 29년, 참으로 애로가 많고 험난한 길이었다. 또한 몇 번이고 생사의 고비를 넘겨야 하는 길이기도 했다. 하지만 국내외 독자들의 진정어린 관심과 성원, 정부 관계 부분의 유력한 지지, 편집 일군의 피타는 노력과 희생정신이 있었기에 『장백산』의 길은 희망의 길이었고 수확의 길이었다. 잡지 창간 반년 간행물로부터 이듬해인 1981년에는 계도간행물, 1985년에는 격월간간행물로 되었다. 또한 이 해에 통화지구 행정구역이 세 개의 시로 나눠지면서 『장백산』은 길림성작가협회 소속으로 되었고 1988년에는 길림성민족사무위원회 소속으로 변경되었으며 1990년에는 잡지사 본부를 장춘으로 전이하게 되어 명실공이 성급 잡지로 승급되었고 2005년에는 길림일보 신문그룹의 일원이 되었다. 29년간 『장백산』에는 국내외 수천 명 작자들의 5800여 만자에 달하는 작품이 발표되었고 200여 편의 작품이 국가급상인 전국소수민족문학창작 준마상을 비롯한 각종 문학상을 수상하였으며 50여 명의 수상자들이 개인작품집을 출판하였다. 29년간 『장백산』은 중장편을 위주로 각종 장르의 작품을 발표하는 장으로, 원로작가들의 묵직한 작품, 중청년 작가들의 수작, 신진작가들의 처녀작을 발표하는 원지를 마련하여 민족문학 발전과 작가 양성에 힘을 기울였고 또한 국내 형제민족, 세계민족과의 문학 교류의 장으로 민족문학 부흥에 일조를 하였다. 장기간의 노력으로 『장백산』은 국가신문출판총서에서 선정한 전국백종 중점간행물의 영예를 지니게 되었다. 『장백산』의 29년을 돌이켜보면서 저희들은 중국의 개혁개방에 감사드리고 『장백산』을 관심하고 지지해온 모든 분들께 허리 굽혀 인사 드린다.”라며 『장백산』의 변화과정을 설명하고 있다.

연변대학교 도서관에 소장되어 있으며 1994년에서 2009년 사이에 발행된 『장백산』 중에서 일부 결본을 제외한 상당량이 DB화되었다. (김성남)

참고문헌

『장백산』 1980년호; 車培根·吳泰鎬, 『中國朝鮮民族言論史』, 서울대학교출판부, 1997.

장춘문예

1983년 장춘시조선족문화관 『장춘문예』 편집부에서 편집 발행했다. 1986년 『북두성』으로 개제되었다.

종합문예잡지로 중국 정부의 문예 방침을 받들어 사회주의를 위해 복무하면서 조선족 인민들의 문화생활과 문예창작을 발전시키는 데 창간 목적을 두었다. 발행 목적과 배경에 대해 창간사에서 다음과 같이 밝히고 있다.

"중국공산당 제12차 대회의 높은 결의를 심장으로 받들고 온 나라가 사회주의 건설의 새로운 국면을 개척하기 위한 창조적 투쟁으로 들끓고 있는 가운데 우리 장춘지구조선족 문학예술인들은 장춘시조선족문화관의 주최로 자기의 문예지 『장춘문예』를 꾸리게 되었다. 오늘 『장춘문예』가 세상에 나오게 된 것은 전적으로 우리 당의 올바른 민족정책과 문예정책의 산물이며 우리 조선족문화 사업에 대한 성, 시 관계부문과 령도 일군들의 크나큰 배려에 의한 것이다. 따라서 『장춘문예』의 탄생은 우리 장춘지구 조선족인민들의 문화생활에 있어서 커다란 경사로 된다. 종합성문예잡지로서의 『장춘문예』는 앞으로 자기의 사업에서 인민대중과 사회주의를 위해 복무하는 우리 당의 문예방침을 높이 받들고 사회주의건설의 새로운 국면을 개척하기 위한 우리 지구 조선족인민들의 로력적 투쟁을 적극 추진시키며 우리 지구 조선족인민들의 문화생활과 문예창작을 발전시키고 풍부화하기 위하여 모든 노력을 다할 것이다."

창간호의 내용은 단편소설 「오선보에 비낀 양심」, 「새로운 발견」, 「키다리 여인과 난쟁이 남편」 등과 서정시 20여 편, 수필, 민간이야기, 인물전기로 「안중근

전」, 우스운 이야기, 노래 악보「영원히 당을 따라」, 「천만년 화목하게 살아가리라」 등으로 구성되어 있다.

1985년 제12기에는 단편소설 5편과 시, 훈춘현의 문학강습반 작품들, 수필, 평론, 음악, 미술 등으로 다양한 내용이 실려 있다. 평론「오늘의 남조선문학」에서는 당시 한국의 문학잡지들을 소개하면서 체제파 어용 문인들과 반체제 문인들, 식민지문학의 문제점들을 거론하며 김지하 시인과 양성우 시인을 자세하게 소개하고 있다. 작품의 내용들을 보면 이전의 정치적 구호들은 많이 자취를 감추었고 남녀 간의 사랑과 일상생활을 그린 시나 수필들이 많이 보인다.

연변대학교 도서관에 소장되어있으며 1983년 창간호와 3월호, 1984년 1월~3월호를 DB화하였다. (김성남)

참고문헌

車培根·吳泰鎬, 『中國朝鮮民族言論史』, 서울대학교출판부, 1997; 최상철, 『중국조선족언론사』, 경남대학교출판부, 1996.

장학신문

(獎學新聞)

1964년 4월 19일 창간된 타블로이드판 4면의 주간신문이다. 발행 겸 인쇄인은 최정문崔正文, 편집인은 노동환盧東煥이다. 발행소는 서울시 용산구 한강로 1가 121이다.

발행인 최정문은 「장학적인 목표구현, 홍익인간 이념의 바탕으로」라는 제목 하에 다음과 같이 창간의 취지를 밝히고 있다.

"무엇보다 국가의 간성干城이요 겨레의 주인공이며 삼천만의 꽃인 자라나는 학생을 위한 교육적 가치가 있고 도움이 될 일을 하여 보겠다는 작은 불씨의 마음이나마 이제 봄과 더불어 피어올랐습니다. 그래서 본지를 통하여 학생들이 쓰고 싶은 글, 하고 싶은 말을 엮어 자기의 사상과 감정을 표현할 수 있고 수련할 수 있고 창작의식을 북돋우어 줄 수 있는 매개물이 되고 학생과 사회에 걸쳐 놓은 다리와도 같은 역할을 하고자 하옵니다. 우리가 먹는 음식에는 여러 가지 음식물을 가진 것을 고루 섭취하여야 우리의 신체를 완전하게 기를 수 있는 것과 마찬가지로 우리 마음의 양식도 여러 가지 지식과 예술과 종교 이러한 것을 고루 섭취하여야만 원만한 인격을 구성할 수 있는 것입니다. 그러므로 본지의 사명은 장학과 신도의 기치를 높이 들고 교육의 밑바닥인 홍익인간의 이념 아래 줄곧 달려갈 것을 맹세하면서 읽으시는 분들께 조금이라도 도움이 되신다면 이 이상 영광스러움이 없다고 믿는 바입니다."

창간호 1면과 2면은 교육 각계에서 보낸 창간 축사로 장식하였다.

834

2면의 〈사설〉에서는 「초등학교 교사 자격 및 채용고시에 붙임」을 게재하였다.

3면은 〈장학회탐방기〉란을 두어 각 지역 장학회와 장학생들을 소개하였다.

국회도서관에 마이크로필름으로 소장되어 있는 것을 DB화하였다. (구수미)

참고문헌

『장학신문』, 1964년 4월 19일 창간호; 『한국신문 100년』(사료집), 한국신문연구소, 1975.

재경춘추

(財經春秋)

1968년 11월에 창간된 종합경제지로 월간으로 발행되었다. 발행 겸 편집인 이남욱, 주간 이정훈, 인쇄인 김용택이다. 발행소는 재경춘추사로 서울특별시 성북구 안암동 5가 16의 10이다.

『재경춘추』는 당시 신문에 "국가경제건설과 복지사회건설에 주안점을 둔 종합경제지"로 창간되었다고 소개되었는데 잡지의 이러한 성격은 창간사에도 잘 드러나 있다. 창간사를 보면 "이제 경제 일반을 다루는 재경춘추라는 월간지를 내놓으면서 건설도하의 우리 경제계가 처하고 있는 바와 같이 희망에 부푼 가슴을 더듬어 볼까 한다."며 서두를 뗀 후, "이제부터 늘어나는 것은 생산인데 이것이 올바른 질서 속에서 움직이고 있으며 또는 제대로 분배되느냐는 것이 앞으로의 큰 과제"라고 당시 한국경제의 과제를 설정하고 있다. 또한 "건설되는 새 사회일수록 문제는 많을 것이며 이에 처하는 언론이 맡은 바 사명"도 크다 하여 잡지의 목적을 "있는 사실을 그대로 보도하며 춘추의 평론이 이에 따를 것인즉 미력하나마 우리의 의도는 오히려 독자 대중의 성원을 받아들이"는 것이며, "해외교포들의 건설사업 참가 등 시야를 넓히며 그 어떠한 제한 내에도 자리를 고정시키지 않을 것"을 다짐하였다.

창간호 구성을 보면 잡지 서두에 창간사와 함께 사설로 「시동이 걸린 고미가 정책-쌀도 가격원리에 따라 조종돼야 한다」와 「냉정한 보고서를 제출하라-국정감사 국민 앞에 기만 있어선 안 된다」 두 편의 글을 실었고, 세론으로 「내부경제의 충실을 기하라」를 실었다. 특집으로 〈독과점의 폭리〉〈특혜금융 그 생태〉를 기획했는데 중앙일보논설위원 신상초의 「독과점의 폭리-그 합리적 시정책은 무엇인가」, 현대경제일보 주간 유용대의 「특혜금융 그 생태」 등 각각 한 편의 글이 특집과 동일한 제목으로 실려 있어 특집이라는 기획에 걸맞은 형태는 아닌 듯하다. 연재기사로 〈한국의 10대 정상재벌〉이 기획되었는데 1회로 이병철 삼성재벌총사를 다룬 「다듬어지는 삼성재벌의 장성」이 실렸고, 2회에 삼호재벌, 3회에 쌍룡재벌 등이 연재되었다. 『재경춘추』는 주요한 기사제목에는 목차에 명암을 주었는데 「정일권 국무총리론」, 「재정의 경직화문제」, 박용학 대한농산사장과의 인터뷰를 진행한 「대한농산 박용학 사장」, 「금리현실화 3주년 평가」, 「농민애사」 등이 명암으로 처리되어 있다.

1969년 1월에 발간된 2호의 구성도 대동소이한데 서두에 사장 이남욱의 「신년사」와 「시대적인 요청에 맞도록 – 국영기업의 불하는 깊이 생각할 일이다」, 「쌀값은 문제할 것이 없다 – 요는 독과점품 같은 시책의 행방에」 등 2편의 사설, 「서울의 인구밀집문제를 어떻게 할 것인가」를 세론으로 실었다. 명암처리 된 기사로 「좌담회 한국경제의 병맥 그 진단」, 「월남전 종결과 미국의 경제 영향」, 「성년 한국 금융계의 국책은행장」, 「국영기업체 불하 이것이 그 이면이다」, 「축산진흥 4개년 계획」, 「동산 윤치영론」, 「한국무역협회」 등이 있으며 「농민애사」가 창간호에 이어 연재되었다. 3호에서는 세론이 사라지고 사설 두 편만 실리는 등 소소한 변화는 있었으나 이러한 체제는 유지되었던 것으로 보인다.

국회도서관에 1968~1975년 발행분이 소장되어 있으며, 이중 일부를 DB화 하였다. (임경순)

참고문헌

『재경춘추』 1968~1975년; 「「재경춘추」 창간」, 『매일경제』, 1968. 10. 4.

재독간호

『재독간호』는 재독한인간호협회에서 발행하는 회보이다. 1985년 9월에 재독한인 간호요원회가 창립되었다. 1987년에 『재독간호』 제1호가 창간되었다. 그리고 1988년 6월 협회 명칭을 재독한인 간호요원회에서 재독한인간호협회로 변경했다. 같은 해 9월에 독일 보건성에서 정식 공인단체로 인정받았다. 1989년 12월에 2호가 발행되었고, 2004년 10월에 3호가 발행되었다. 그리고 2005년 10월에 재독한인간호협회 창립 20주년 기념호로 4호가 발행되었다. 발행인은 재독한인간호협회장이 겸임하고, 편집은 이창배(목사)가 담당했다.

양희순 재독한인간호협회장은 4호 발간사에서 파독간호사들의 삶을 한 문단으로 정리하고 있다. "그 무엇으로도 살 수 없는 20대 젊은 시절에 우리는 파독간호사라는 명칭 아래 이곳 독일로 와 이제는 모두 50세를 지나 80세까지 바라보는 나이가 되었습니다. 우리 한국 간호사들은 도시에서 산골에 이르는 독일 전 지역의 의료기관으로 흩어져 고된 직장생활을 하면서, 이중문화의 간격도 극복해야 하는 한편 가정을 돌보며, 고국에 대한 향수에 젖는 아픔을 감내해 왔습니다." 그리고 4호는 그들이 구체적으로 어떻게 지내왔는지 그리고 지금은 어떻게 살고 있는지를 그동안 수집하고 보관해온 자료들을 정리해서 게재하고 있다.

가장 먼저 재독한인간호협회의 역대 회장단 및 임원명단, 그리고 활동을 보고하고 있다. 이어 김남태 고문의 「파독간호사의 발자취」, 윤행자 자문위원의 「재독한인간호협회 창립회고」, 김정자 고문의 「어려서부터 간호원 되는 게 나의 꿈」, 문정균 섭외부장의 「그리웠던 그 시절 스위스에서」 등은 협회 주요 활동가들의 회고담을 통해 자연스럽게 파독간호사들의 삶을 살펴볼 수 있게 하고 있다.

그리고 독한협회 주최의 광부·간호사 역사 포럼에서 양희순 회장은 파독간호사의 역사를 중심으로 「한인의 독일 이주」(Koreanische Migration nach Deutschland)라는 제목의 연설을 했는데, 독일어로 작성된 원문 원고를 행사 사진과 함께 게재하고 있다. 특히 이 연설은 파독간호사의 역사를 일목요연하게 정리해주고 있다. 그리고 「독일, 사상 첫 여성총리 메르켈」(『국민일보』), 「광복 60주년과 여성의 역할 조명」(『여성신문』), 「여자가 세상을 바꾼다」(『주간한국』) 등의 기사는 국내 기사를 전제한 것들인데, 이는 파독간호사들이 독일로 갔을 때와 그 후 한국과 세계가 어떻게 변했는지, 특히 여성의 위상이 어떻게 변했는지를 자연스럽게 보여주고 있다.

〈도큐멘트〉(문서자료)라는 코너에는 재독한인간호협회에서 노무현 대통령에게 보낸 건의문과 정부의 답변 공문들이 순서대로 영인이 되어 실려 있다. 건의 내용은 다음 5가지이다. (1) 파독광부와 간호사들이 노후를 고국에서 누리고자 할 때 독일에서 적용받는 질병보험혜택을 한국에서도 100% 적용받을 수 있게 해달라. (2) 의사, 간호사 자격증 한·독 간에 상호인정. (3) 파독간호 40주년 기념 행사 및 책자발간 협조. (4) 한인2세들이 이중언어 교육과 한국문화를 탐방할 수 있는 구체적인 협조와 대폭적인 지원. (5) 독일 정부에 파독간호사 항공료 상환요청에 대한 협조 등이다. 이에 대해 한국정부를 대신해서 주독일대사관 본 분관과 주프랑크푸르트총영사에서 답변을 공문으로 보냈는데 이 또한 서류를 영인하여 『재독간호』는 소개하고 있다. 그리고 협회 연혁과 협회 정관(전문)을 게재해서 독자들로 하여금 재독간호협회가 무슨 활동을 하고 있는지를 자연스럽게 알 수 있도록 하고 있다.

파독간호사들이 본격적으로 독일로 파견되기 시작한 것이 1966년인데 '재독한인 간호요원회'가 창립된 것이 1985년이니 20년 만에 파독간호사들의 조직이 결성된 것이다. 그리고 20년 동안 『재독간호』는 4호밖에 나오지 못했다. 이 모두 힘겨운 타지 생활의 결과라 할 수 있다. 그런 가운데 협회 창립 20주년 기념호로 나온 『재독간호』 4호는 다른 어느 회보보다 읽을거리가 풍성한 모습으로 발간되고 있다. 파독간호사의 역사와 현재를 알 수 있으려면 반드시 보아야 할 책이라 할 수 있다.

『재독간호』는 일부가 재외동포재단 자료실에 소장되어 있다. (임성윤)

참고문헌

『재독간호』

가

나

다

라

마

바

사

아

자

차

카

타

파

하

재무
(財務)

사단법인 대한재무협회에서 펴낸 경제종합월간지로서 1958년 3월에 창간되었다. 종간호 여부는 알 수 없지만 1966년 9월호가 통권 129호임을 확인할 수 있듯이 오랫동안 발간되었음을 알 수 있다. 창간호를 입수할 수 없어서 1966년 9월호로 보면, 편집 겸 발행인은 문상환文翔煥, 인쇄인은 김준기金駿基, 발행처는 사단법인 대한재무협회(서울특별시 종로구 세종로 84-5)이다. 잡지의 비중이 큰 만큼 발행부수나 수요가 적지 않았음을 알 수 있는데, 총판은 서울 양우당에서 담당했으며 부산의 대한도서판매주식회사와 광주의 청구서림이 그 지역의 총판을 맡았음이 판권지에 적시되어 있다. 판형은 국판으로 총 250여 쪽 안팎이며 가격은 77원이었다.

나라의 경제만이 아니라, 이웃 나라와의 교역, 그리고 세계 경제 전반에 걸쳐 다루고 있는 잡지로 보여진다. 제목에서도 드러나듯 나라의 살림살이를 심도 있게 분석하고 적재적소에 사용되는지, 어떻게 재원을 마련하며 재원의 낭비와 착복은 없는지를 세밀하게 따지는 기사와 심도 깊은 논평의 글들도 눈에 많이 띈다.

1966년 9월호의 목차를 보면, 「1966년도 예산안 및 1966년도 제2회 추가경정예산안 제출에 즈음한 대통령각하 시정연설문 전문」이 실려 있고, 특집기사로 '오늘의 물가정책은 완벽한가?'라는 제하에 배복석의 「공공요금과 물가」, 김만제의 「지불보증과 물가」, 이규동의 「세수증대와 물가」, 최경선의 「유통경제와 물가의 진로」, 김한갑의 「금리현실화와 물가」, 주봉규의 「곡가정책과 물가안정문제」 등이 실려 정부의 물가정책을 다각도에서 분석하고 있음을 확인할 수 있다. 이 잡지는 종합지답게 경제문제 이외에도 '전란 속의 월남을 가다'라는 기사를 싣는가 하면, 문예란을 두어 연재소설과 시, 수필 등의 작품도 게재하고 있다. 그러나 뭐니뭐니 해도 이 잡지는 금리, 세무, 재정, 물가, 행정의 문제를 소홀히 하지 않고 각 분야에 대한 정보를 제공하고 이해하기 쉽게 전달하려고 노력하고 있음을 확인할 수 있다. 조성락의「제2차 경제개발5개년 계획과 조세정책」이나 박삼봉의「우리나라 세정의 문제점과 합리화 방안」, "우수세무자 대통령 표창 수상 소감" 등을 싣고 있는가 하면,「국세청의 인사방침」,「행정법」,「행정학」 등을 자세히 소개하고 설명하는 기사들도 싣는다.

이 잡지의 재정적 면모나 구독 규모는 많은 지면에 걸쳐서 게재되는 굵직한 광고나 전국적인 배급망을 알려주는 유통의 전반적 실상으로도 알 수 있는데, 아마도 정부의 전폭적인 후원과 물적 양적 지지에 힘입었기 때문으로 짐작된다. 그만큼 여기에 실리는 광고의 대부분은 승승장구하는 회사나 상품이 전면, 혹은 양면에 걸쳐 게재되고 있으며, 목차 바로 다음에 전시되는 화보들은 화질의 선명도는 말할 것도 없고 다방면에 이르는 여러 양상을 한눈에 볼 수 있게 배치되어 있다.

이 잡지는 대부분의 잡지가 국립중앙도서관이나 국회도서관에 이가 빠진 채로 부분 부분이 소장되어 있으며, DB 상태는 좋으나 통권 129~132호만을 확보했다는 점이 흠이다. (전상기)

참고문헌

『재무』, 1966. 9~12월호.

재무통계월보

(財務統計月報)

1963년 1월 재무부에서 창간한 월간 잡지이다. 약 100쪽 분량으로 각 부처 공무원을 대상으로 배포되었다.

이 잡지는 재무부에서 발행한 것으로 기존 발행되던 『재무월보』가 제호 변경된 것이다. 제1호 편집후기에 "재무행정 전반에 걸친 통계자료 중에서 참고할 수 있는 것은 전부 수록한다."라고 밝힌 것처럼 국가재정 관련 각종 통계를 수록하고 있다.

제1호(1963. 1.)에 실린 「각종 경제지표」에는 1955년부터 1962년 11월까지의 화폐발행고, 통화량, 물가지수, 생산지수, 예금, 대출금, 외환보유고 현황이 상세히 실려있다. 「1962년도 일반재정 예산집행실적」에는 국세, 관세, 전매수익, 국채수입 등 정부 재정 관련 내용을 통계표로 정리하였다. 그 밖에 국고금수불國庫金受拂상황, 각 회계별 차입금상황, 국채발행 및 상환상황, 통화량 증감요인 분석, 금융기관의 종별 예금 잔액, 월별 조세징수액, 원천징수상황표, 세관세입상황 및 실적, 품목별 수입·수출액 상황, 귀속재산처리 특별회계세입 상황, 국유재산 세입 상황 등이 실렸다. 부록에는 1962년도 개정세법 내용이 추가되었다.

제2호(1963. 2.)에는 「FY(회계년도) 63 중요업무개황」이 실렸다. 중심 기제는 경제개발 5개년계획을 위한 자금의 효율적인 공급과 안정된 경제기조의 유지를 위해 1963년도 통화량을 4백억 원으로 억제하는 것을 목적으로 하는 재정안정계획을 수립하고 각의 통과하였다는 내용이다. 부록에는 「대한손해재보험공사 설립에 관한 건의보고서」가 실렸다.

제3호(1963. 3.)에는「국가재건최고회의 의장성명서」전문이 게재되고, 제4호 (1963. 4.)에는「국민저축강조기간 설정에 즈음하여」라는 담화문이 실리는 등 잡지 모두에 각 시기에 진행된 국책 사안이나 경제동원 이데올로기가 실리고 이어서 통계자료가 게재되는 방식으로 구성되었다.

정부는 5·16 직후 민주당정권이 기획한 경제개발 5개년계획을 토대로 1961년 7월 종합 경제재건 5개년계획을 수립하였고, 1962년 1월 제1차 경제개발 5개년 계획을 추진하기 시작했다. 주요 방향은 정부 주도하에 외자도입 및 수출, 저임금·저곡가정책으로 '자립경제'와 '조국근대화'를 달성하는 것이었다. 이 계획에 입각하여 1963년도는 전년도에 비해 예산이 7억여 원 감소한다. 이는 재정규모 팽창을 억제하여 개발계획 수행 과정에서 발행하는 인플레이션과 그에 따른 물가 상승을 억제하기 위한 것이었다.

『재무통계월보』는 경제개발 5개년계획을 추진하면서 정부 예산을 보다 계획적으로 추진하기 위해 발행된 것이었다. 경제해설은 전혀 담고 있지 않지만, 1950년대와 1960년 초반 국가 재정, 경제 분야의 통계와 현황을 알 수 있는 자료이다.

국회도서관에 소장되어 있는 1권 1~12월호를 DB화하였다. (이병례)

참고문헌

『재무통계월보』, 1963. 1~12; 정종택, 『FY 63 시군예산의 전모』, 『지방행정』 12권 113호, 1963; 신명순, 「FY 63 지방예산을 공개한다 – FY 63 각도 및 부산시 예산심사를 마치고」, 『지방행정』 12권 111호, 1963; 진봉현, 「FY 63 국가예산의 전모」, 『지방행정』 12권 111호, 1963.

재미과기협 회보
(KSEA Letters)

『재미과기협 회보』는 재미한인과학기술자협회의 회보이다. 회원들의 연회비는 정회원과 외국회원들이 35달러, 대학원생은 15달러, 대학생은 회비가 없다. 협회의 홈페이지는 http://www.ksea.org/ 이다. 2006년 3월부터 나온 회보들은 홈페이지에서 웹서비스를 하고 있다.

재미한인과학기술자협회(Korean-American Scientists and Engineers Association, KSEA, 이하 '재미과기협'으로 약칭)는 1971년 비영리 전문가조직으로 설립되었고, 현재 3천 명이 넘는 회원과 67개의 지부 그리고 14개의 기술분과로 구성되어 있다. 재미과기협은 사회 일반의 복지를 위해 과학과 기술을 발전시키고, 미국과 한국 사이의 국제적인 공조를 활발하게 하고, 재미한인 과학자와 기술자들의 진로 개척을 도와주기 위해 결성되었다.

현재 재미과기협은 다음과 같은 활동을 주로 하고 있다. 연례총회 개최, 회보 발간, 전국적인 규모의 수학과 과학경시대회, 장학사업, 신진연구자프로그램, 교환프로그램, 취직알선, 경력개발프로그램, 프로젝트 후원, 각종의 워크숍과 심포지엄, DB 개발, 대중 상대의 과학 기술 프로그램 등 아주 다양한 사업을 진행하고 있다.

위와 같은 활동들은 1970년대 초 낙후된 한국의 과학기술과 산업경제 발전에 기여하기 위해 만들어진 측면이 강했다. 그리고 1971년 설립 이후 설립 취지와 명분에 충실하게 재미과기협은 활동해왔고 그러한 활동을 『재미과기협 회보』를 통해 회원들끼리 공유할 뿐만 아니라 대외적으로도 알리고 있다.

1990년대 중반만 해도 『재미과기협 회보』는 외형적으로 단순한 회지 정도로 소박하게 발간되고 있다. 그렇지만 과학에 어느 정도의 소양이 있어야 흥미 있게 읽을 수 있는 기사들로 채워져 있다. 과학자들과 기술자들의 회보라는 것을 반영하면서, 재미과기협의 본부 소식과 지부 소식, 화성탐사와 같은 최신의 과학뉴스, 첨단과학기술 동향, 뛰어난 업적을 남긴 한인과학자들과의 인터뷰 등이 게재되어 있다. 그리고 후반부에 주식투자의 기초 같은 경제상식란이 있고, 끝으로 장학기금과 북한동포돕기 모금 등이 그 뒤를 잇고 있다. 그러나 최근에 나온 회보들은 웹 서비스가 주이고, 재미과기협이라는 제목 말고는 한글을 찾아보기 힘들고, 전반적으로 영어로 작성되어 있다. 그리고 내용도 보다 전문적이고 각종의 도표와 그림들을 수반한 기사들과 회보로 가득 차 있다.

처음에 나온 것부터 최근에 나온 것까지 『재미과기협 회보』를 살펴보면, 1970년대에 한국의 과학수준이 어떠했는지, 1970년대 이후에는 어떻게 발전했는지 그리고 지금 한국의 과학·기술 수준이 어떤지를 유추해볼 수 있다. 또한 최근에 발행된 『재미과기협 회보』를 보며 한국 과학이 미래를 가늠해볼 수 있다. 이러한 일이 가능한 것은 그만큼 한국의 과학의 미국의 영향을 크게 받고 있고, 『재미과기협 회보』가 바로 그 미국의 과학계에서 활발하게 활동하고 연구하는 한인 과학자와 기술자들이 발행하는 회보이기 때문일 것이다.

재외동포재단 자료실에 『재미과기협 회보』 일부가 소장되어 있고, 이를 DB화했다. (임성윤)

참고문헌

『재미과기협 회보』; http://www.ksea.org/ (홈페이지).

재미한국학교 동북부지역협의회 회보

(KSEA Letters)

『재미한국학교 동북부지역협의회 회보』는 재미한국학교 동북부지역협의회(The National Association for Korean Schools, Northest Chapter)가 발행하는 회보이다. 사무소는 미국 뉴저지에 위치하고 있다. 홈페이지는 http://www.naksnec.org/이다.

재미한국학교 동북부협의회는 현재 뉴욕주와 뉴저지주, 코네티컷주의 100개가 넘는 학교를 회원학교로 두고 있다. 1981년 미국 동부지역 한국학교 교장단은 미국 전역에 산재한 한국학교들 간의 교류와 연대, 정보 공유가 필요하다는 데에 의견을 모으고 재미한국학교협의회가 출범하는 데에 중추적 역할을 했으며, 그 후 학교 수가 급격히 늘어남에 따라 지역 협의회의 필요성이 대두하여 1985년에 동북부협의회를 조직했다. 동북부협의회는 미국 대학 입학시험격인 SAT에 한국어를 외국어 선택과목 중 하나로 만들고 SAT II Korean이 채택될 수 있는 데 큰 역할을 했다.

기본적으로 협의회는 한국어와 함께 한국역사와 문화교육의 중요성을 인식하고서, 교수법 및 학습자료를 연구·개발·보급하고 각 학교의 한국어반 및 역사·문화반 활성화를 위해 전문교사 육성에 힘쓰고 있다. 특히 미주한인 이민역사가 한 세기를 넘어서며 학생들이 한국어 가정의 이민 2세대가 아닌 영어권 3세대가 주축이 되어 가고 조국의 발전에 힘입어 외국인들의 한국어 및 역사·문화에 대한 관심이 크게 늘어남에 따라 미국 실정과 시대에 적합한 교육을 제공하기 위해 끊임없이 새로운 학습교재 및 자료와 학습방법을 연구·개발하고 있다.

위와 같은 동북부 협의회의 목적과 활동에 맞추어 『재미한국학교 동북부지역협의회 회보』는 구성되어 있다. 『재미한국학교협의회』가 집행부와 각 지역협의회의 활동을 소개하는 수준에 그쳤다면, 동북부지역협의회 회보는 교육현장에서 당장 갖다 쓸 수 있는 모범적인 교수법이나 학습지도안 등을 구체적으로 제시하는 내용들로 채워져 있다: 「초급반 한국어 익히기」, 「한국어 말하기 교육: 어떻게 할 것인가?」, 「한국어 교육자료 제작법」, 「한글 글짓기 능력 향상을 위한 방법」 등. 이처럼 재미한국학교협의회의 목적과 취지를 염두에 두면서 현장 교육을 보다 잘하기 위한 구체적인 방안을 제시하고 교류하는 장이 바로 『재미한국학교 동북부지역협의회 회보』이다. 더 나아가서 한국 내의 학교 교사들도 참고하면 좋을 듯싶은 회보가 『재미한국학교 동북부지역협의회 회보』이다.

『재미한국학교 동북부지역협의회 회보』 일부가 재외동포재단 자료실에 소장되어 있고, 이를 DB화했다. (임성윤)

참고문헌

『재미한국학교 동북부지역협의회 회보』

재미한국학교협의회
(NAKS)

『재미한국학교협의회』는 재미한국학교협의회에서 발행하는 회보이다. 『재미한국학교협의회』 15권 제3호(2012년 4월 발행)의 발행인은 재미한국학교협의회 심용휴 총회장이고, 편집은 김인숙이 담당했다. 사무소는 미시건 앤아버Ann Arbor에 소재하고 있다. 웹사이트는 www.naks.org이다.

재미한인학교협의회는 미주 한인학교들을 위하여 한국어, 한국문화 및 역사교육의 개발육성, 한국에 대한 올바른 인식과 이해를 통한 긍지 함양, 교육정책에 대한 건의와 협조 추구 등 한인 차세대들에게 올바른 정체성과 긍지를 심어주고자 교육활동을 하는 종합 한인 교육기관이다. 1981년 창립되어 현재 미국 정부에 비영리단체로 등록되어 미국 전역의 1200여 개 회원 한국학교들과 함께 2세들의 미래 교육을 위해 사업을 하고 있다.

미국의 전 지역을 지역별로 나누어 전국협의회 산하 14개의 지역협의회를 두고 있으며, 각 지역협의회는 소속 한국학교의 발전과 교사들의 질적 향상 그리고 2세들을 위한 효과적인 한국어교육을 위하여 다양한 자체 행사를 하고 있으며 전국협의회와 교육행사 및 교사연수 그리고 교육정보에 관하여 상호 협조를 하고 있다.

산하 14개 지역협의회로는 서북미지역(시애틀), 북가주지역(샌프란시스코), 하와이지역 (호놀룰루), 콜로라도지역(덴버), 남서부지역(휴스턴), 중서부지역(시카고), 미시간지역(디트로이트), 동남부지역(애틀란타), 플로리다지역(마이애미), 동북부지역(뉴욕), 동중부지역(필라델피아), 뉴잉글랜드지역(보스턴), 중남부 지역(인디에나) 그리고 워싱턴지역(디씨)이 있다.

　재미한인학교협의회는 구체적으로 (1) 지역협의회의 활성화, (2) SAT II 한국어 모의고사 및 예상문제집 발간, (3) 입양인 민족교육과 차세대 교육, (4) 역사 문화 교사 퀴즈 대회, (5) 김구 선생 일대기 교안공모 대회, (6) 나의 꿈 말하기 대회, (7) 일선 학교 도서 지원, (8) 상설강사 목록 발간, (9) 협의회 회보 및 한인교육 연구지 발간, (10) 협의회 웹사이트 활성화 등의 사업을 주로 하고 있다.

　2012년 5월에 발행된 『재미한국학교협의회』 15권 3호를 간략하게 살펴보자. 우선 〈NAKS 학술대회 30년의 교육적 성과와 미래의 방향〉이라는 주제로 개최된 NAKS 설립 30주년 기념 국제학술대회를 상당히 비중 있게 다루고 있다. 학술대회와 동시에 〈나의 꿈 말하기 대회〉, 〈『백범일지』 독서 감상문 쓰기 대회〉, 〈교사 역사/문화 퀴즈대회〉 등이 개최되었는데, 이 또한 『재미한국학교협의회』에 자세히 소개되고 있다. 재미한국학교협의회가 다른 역사적 인물보다 김구 선생을 중요시하고 김구 선생의 삶과 정신을 미주 한인 학생들에게 가르치고자 하는 것이 이채롭다. 재미한국학교협의회는 "겨레의 큰 스승이신 백범 김구 선생의 삶과 사상이 담긴 『백범일지』를 통해, 자라나는 재외동포 청소년들에게 선생의 생애와 겨레사랑, 나라사랑 정신을 바르게 알리고, 참된 용기와 지혜, 불굴의 투지와 희생정신을 고취시킴과 동시에 대한민국을 모국으로 하는 한국계 재외동포로서의 정체성을 바르게 지녀 개인과 사회, 국가와 인류를 위해 자신의 역할을 다 하도록 돕고자" 대회를 개최한다고 밝히고 있다.

　그리고 눈에 띄는 기사로는 미국 가정에 입양되어 성공적인 삶을 살고 있는 최석춘(미국명 스티브 모리슨) 씨 강연회 소식이다. 그의 강의를 들으며 '입양은 부끄러운 게 아니라 아름다운 것'이라는 생각을 재미한국학교협의회와 그 구성원들은 공유하고 있다. 또한 "한국어를 가르치는 선생님들은 입양아를 어떻게 이해를 해야 하는지, 어떻게 한국어를 그들에게 가르쳐 주어야 하는지"에 대해 조언하는 스티브 모리슨 씨의 얘기를 통해 교사들도 교육이라는 것에 대해 다시 생각하는 계기로 삼고 있다.

　이후 재미한국학교협의회 집행부와 각 지역협의회의 활동을 소개하고 있다. 그리고 미국 동남부 지역의 트라이앵글한국학교(교장 고상순), 서북미 지역의 타코마한국학교(교장 이민노), 북가주 지역의 상항한국학교(교장 이경이), 동중부 지역의 남부뉴저지 통합한국학교(교장 김치경) 등을 소개하며 다른 한국학교들도 더 나은 교육을 하는 데 참고하도록 하고 있다. 이처럼 회보는 재미한국학교협의회의 운영목적과 취지 그리고 사업에 맞추어 구성되어 있고, 한국어와 한국문화를 한인학생들에게 보다 잘 교육해서 학생들이 한인의 정체성을 가질 수 있도록 하는 데 기여하고 있다.

이처럼 재미한국학교협의회는 회보 발간을 통해 재미한국학교협의회와 미국 전역의 한국학교 간의 네트워크를 유지하고 있다.

『재미한국학교협의회』 일부가 재외동포재단 자료실에 소장되어 있다. (임성윤)

참고문헌

『재미한국학교협의회』

가

나

다

라

마

바

사

아

자

차

카

타

파

하

재정

(財政)

1954년 9월 6일 『재무』라는 제호로 창간되어 1955년 2월호까지 발행되다가 3월호부터 『재정』으로 제호가 변경되었다. 편집 겸 발행·인쇄인은 김만기金萬基이다. 주간은 이태진李泰珍이다. 1956년 8월호부터는 권택상權澤相이 편집 겸 발행·인쇄를 담당하였다. 1959년 1월호부터는 권택상이 발행을 담당하고, 고성렬高成烈이 편집 겸 인쇄를 맡았다. 발행인은 1960년 6월호는 김소인金小仁, 7월호부터 다시 김만기로 바뀌었다. 1960년 11월호부터는 박주석朴柱錫이 편집 겸 인쇄를 맡았다. 서울시 태평로 1가 19번지 재단법인 대한재무협회에서 발행·인쇄하였다. 가격은 처음에 250원이었다가(1955년에 발행된 별책 1호의 가격은 180원이다), 1957년 2월호부터 300원으로 인상되었고, 다시 1959년 12월호부터 350원으로 인상되었다. 1961년 1월호부터는 재정사에서 발행되었으며 정가는 400원이다.

경제 관련 잡지인 『재정』은 자원보존, 소비절약, 경제부흥, 국태민안을 이념으로 대한재무협회에서 발행한 월간 잡지이다. 경제이론과 정책, 한국경제에 대한 전반적 진단, 세계경제의 동태, 세제·환율·회계·예산문제 등을 주요한 내용으로 싣고 있다. 잡지의 구성을 보면, 권두언, 다수의 논문과 특집기사, 문예, 사화, 「한국경제강좌」(고승제高承濟), 「백만인의 재정학」(김용갑金容甲), 「경제일지」, 「국회소식」, 「월간경제동향」, 「재정특보」 등으로 되어 있다. 그리고 매년 마지막호에는 〈경제회고〉를 게재하여 국민소득, 경제구조, 시장, 금융 등 각 분야의 성과를 다루고 있다.

권호별 주요한 내용을 보면 다음과 같다.

1955년 제4권 1호에는 특집으로 「미국의 조세제도」, 「발전과정에 있는 제국의 조세구조」, 「국제연합 아시아 및 극동 경제이사회의 보고서」를 싣고 있다.

1955년 제4권 3호부터는 『재정』이란 제호로 변경하면서 「부흥특집」을 마련하였다. 〈부흥의 초점〉란에 국내의 제 문제를 싣고, 〈서독부흥의 전모〉를 통해 「서독경제의 부흥과정」을 소개하였다.

1955년 제4권 6호부터는 매월 「네이산보고(한국경제재건계획서)」가 1956년까지 연재되었다. 유엔한국재건단에서 한국의 경제재건을 위해 파견한 로버트 네이산이 작성한 경제개발계획서인 네이산보고서는 당시 한국의 경제상황을 파악할 수 있는 중요한 자료이다.

1955년 별책 1호는 「한국에 있어서의 구호와 부흥」이라는 제목으로 발행된 미국하원의 국정감사보고서이다. 1954년 7월 21일 미 국회하원정무분과위원회는 한국에 있어서의 구호와 부흥을 조사한 소위원회의 보고서를 심의하여 정부사업분과위원회의 보고서로서 채택하였다. 이는 1954년부터 미국이 한국의 구호와 부흥을 위해 경제원조를 하게 됨을 계기로 향후 본격적인 한국경제원조를 추진하는 데 하나의 에폭스 메이킹(Epocs Making)으로서 과거의 대한원조對韓援助를 회고하고 현재의 상태를 시찰한 다음 금후의 전망을 응시한 미국하원 일분과위원회의 국정감사보고서이다. 이 보고서를 번역한 이열모李烈模는 「발跋」에서 그 취지를 다음과 같이 밝히고 있다.

"(중략) 첫째 현재 복잡다양한 외국의 대한경제원조對韓經濟援助에 관하여 독자가 전혀 예비지식을 갖고 있지 아니한 경우에라도 그 중심 골자를 파악할 수 있게 함으로써 금후 더욱 상세히 이 사업을 연구하는 데 도움이 될 수 있게 하며, 둘째로 본서와 그 부록의 기재상황을 통하여 미국과 같은 선진국가의 국정감사라는 것이 어느 정도의 수준과 내용으로서 행하여지는가를 보여줌으로써 같은 민주주의를 지향하는 우리들의 국회의 여사如斯한 사업에 대한 처리결과와 내용을 비교 대조할 수 있으며, 셋째로 미국인의 눈에 비취인 한국의 실정과 인상이 어떠한 것인가를 우리로 하여금 알 수 있게 하며, 끝으로 환율문제를 위시하여 원조부흥사업 수행상 직접 간접으로 관련 있는 사항으로서 양국 간에 항상 현안으로 되고 있는 점들에 대한 우리들의 상대방 측의 대표적인 견해를 우리에게 제시하고 있는 점들은 본서에서 독자가 수익收益할 수 있는 점들이라고 믿는다. (중략)"

1956년 제5권 10호에는 중소기업의 육성책과 관련하여 육성방향과 실태분석의 내용을 싣고 있다. 11호에는 예산문제와 관련하여 「예산편성의 기본방향」, 「예산편성과 국민경제력」, 「국가예산에 대한 국회의 권한」 등의 글을 게재하고 있다. 12호에는 「1956년의 한국경제력은 발전되었는가」라는 제목으로 재정, 금융, 산업, 부흥, 원조에 대한 진단을 하고 있다.

1957년 제6권 3호에는 농업협동조합 운영과 관련하여 농은법과 농협법의 내용을 싣고 있다. 6호에는 「맥령기麥嶺期와 한국경제」라는 제목으로 보릿고개와 고리대·경기침체·농촌경제·농민 등의 문제를 진단하였다. 이와 함께 「최근의 농촌 생태」를 통해 식량과 부채의 실태조사 보고를 하고 있다. 9호에는 자립경제와 관련하여 기본과제, 장기부흥계획, 자본축적문제 등을 논하였다. 특히 농촌경제문제와 관련하여 농가부채실태, 미곡생산비 윤리, 양곡수급조절 등의 내용을 싣고 있다. 12호에서는 「4290년도의 한국경제 회고」라는 제목으로 국민소득, 경제구조, 시장, 재정 금융, 경제발전, 경기변동에 대한 하나의 백서를 제출하고 있다.

1958년 제7권 5호에는 「전기轉機에 선 한국의 노동문제」(탁희준卓熙俊)를 필두로 「한국노동운동의 발전과 전망」, 「선진제국의 노동운동소사」 등의 글을 실어 한국의 노동문제와 노동운동을 전망하고 있다.

1959년부터는 연재물이 계속 기획되었다. 1959년 10호부터 1960년 3호까지 6회에 걸쳐 「과거 20년간의 세계협동조합의 동태와 현황」이 연재되었고, 「기업의 질병과 자본구성과의 계획화문제」, 「경제발전론」 등도 연재되었다.

1960년 9권에는 4·19 이후의 정치상황을 반영하여 경제민주화, 부정축재, 서민을 위한 금융, 빈궁추방정책 등에 관한 글들이 게재되었다. 특히 6~7호에는 특집으로 「국민이 요구하는 경제혁신」을 게재하여 민주경제, 농가경제 구출, 투자의 방향, 세제개혁, 농업체질 개선, 정부관리기업 민영화, 은행경영의 건전화, 공무원제도의 개혁, 교육계의 혁신 등에 관한 내용을 싣고 있다.

1961년 제10권의 주요 내용을 보면, 3호에서는 먼저 미국이 2차대전 말기에 내걸었던 염원과 이상이 극동지역에서 구현되고 있는지를 평가해본다는 의미에서 각계의 논진을 마련한 「아메리카의 대한對韓정책 비판」이 있다. 또 달러환율 상승과 관련하여 「현실화정책과 경제성장문제」가 게재되었고, 한국의 경제성장 여건에서 자유방임주의정책이 우리의 생존과 번영에 기여할 수 없다는 주장을 한 「통제경제로 정책을 바꿔라」 등의 글이 실렸다.

4호는 4·19 1주년을 맞이하여 「4월혁명의 효과」를 측정해보기 위해 이와 관련된 글을 게재하였고, 제1공화국 패망까지의 역정을 특집으로 실었다. 특별히 눈에 띈 것은 미국 로스토우 교수의 경제성장단계에 관한 학설을 소개한 내용이다. 그 밖에 전업電業 3사의 통합문제에 대한 다각적 검토와 국방비가 국민경제에 주는 작용과 그에 점하는 비중 등의 글이 실려 있다.

월간『재정』은 1950년대부터 1960년대 초반까지 한국정부의 경제정책과 경제통계를 충실히 담아 한국경제의 전반적인 상황과 세계경제 동향을 살피는 데 유용한 잡지이다.

국회도서관에 소장되어 있는 1955년 제4권 1~2호(『재무』라는 제호로 발행), 1955년 제4권 3~12호, 1955년 별책 1호, 1956년 제5권 1~12호, 1957년 제6권 1~12호, 1958년 제7권 1~12호, 1959년 제8권 1~12호, 1960년 제9권 1~12호, 1961년 제10권 1~4호까지 DB화하였다. (구수미)

참고문헌

『재무』1955년 제4권 1~2호, 대한재무협회;『재정』1955년 제4권 3호~대한재무협회; 1961년 제10권 1~4호, 재정사.

가

나

다

라

마

바

사

아

자

차

카

타

파

하

전국금융노보

(全國金融勞報)

1961년 10월 창간된 전국금융노동조합의 기관지이다. 타블로이드판 4면 발행의 월간신문이다. 발행인은 공정태孔貞泰, 편집인은 윤문환尹文煥, 인쇄인은 김여원金如原이다. 이후 신문의 체재가 대판 2면제로 바뀌면서 발행인 황득영黃得泳, 인쇄인 박광식朴光植으로 개편되었다. 발행소는 서울시 중구 소공동 74이다.

『전국금융노보』는 당국의 금융정책과 전국금융노조의 노동쟁의 등을 중점적으로 취급하였고, 회원을 위한 소식 등을 게재하였다.

1964년 4월 27일자 신문 1면에는 금융노조가 산별노조로 결성된 이래 1962년 4월부터 진행한 단체협약이 체결되었다는 내용의 머리기사와 함께 경영자의 반성을 촉구하는 글이 논단에 실렸다. 2면에는 단체협약 체결 경위의 내용이 실려 있고, 3면에는 전국금융노조 소식을 전달하고 있다. 4면은 문학란으로 문장론, 시, 수필을 게재하였다.

1965년 11월 10일자에는 오버타임 현실화, 65년도 단체협약 체결, 노총전국대의원대회 소식, 국제노동기구 가입을 적극 추진 결정 등의 내용이 실려 있다.

1965년 12월 15일자에는 시간외수당 산정기준 인상, 난항 중인 단체협약 심의 진전, ILO 가입 위한 국제활동 전개, 노총이 사립학교법 개정 책동 규탄 등의 내용이 실려 있다. 특히 ILO 가입 활동과 관련하여 「국제기구로서의 ILO의 법적 성격」이란 글이 게재되었다. 또 「1965년 노총전국대의원대회 중요결의문」과 「미국노동운동 약사」가 실려 있다.

1966년 4월 30일자에는 물가수당 설치 합의, 한국노총과 일본동맹 간 노조

교류협정 체결, 서울에서 5월 13일부터 국제자유노련(ARO)집행위원회가 개최되어 한국의 ILO 가입 지원 토의 등의 내용이 실려 있다. 또 1면 하단에는 전국금융노동조합에서 낸「조합원에 대한 강제적금 가입 시정 요청」이 게재되었다.

1966년 6월 17일자에는 은행 각 지부의 노동쟁의 돌입 기사를 실었다. 물가수당 30% 지급과 단체협약 체결을 요구하며 적극 투쟁도 불사한다는 내용이다. 1면 하단에는 전국금융노동조합 쟁의대책위원회의 성명서와 동 위원회의 위원 명단이 게재되었다. 2면에는 국제자유노련(ARO)집행위원회 폐막 소식과 함께 한국의 ILO 가입 지원 결의 내용을 싣고 있다.

국회도서관에 소장되어 있는 1964년 4월 27일(제31호); 1965년 11월 10일(제50호); 1965년 12월 15일(제51호); 1966년 4월 30일(제54호); 1966년 6월 17일(제56호)를 DB화하였다. (구수미)

참고문헌

『전국금융노보』, 1964~1966년;『한국신문 100년』(사료집), 한국신문연구소, 1975.

전기통신기술

(電氣通信技術)

1964년 12월에 창간된 체신부의 기관지이다. 편집 체신부 공무국, 발행 체신부, 인쇄 재단법인 체성회이다. 비매품으로 계간으로 간행되었다.

『전기통신기술』은 체신부의 기관지로 전문지의 성격을 띠고 있다. 1965년 2호에 실린 체신부 차관 이진복의 「권두언」을 보면 체신사업을 "국가사회의 존립상 필수요소로서 국방과 치안을 튼튼히 하고 국민의 일상생활을 편리하게 할 뿐 아니라 나아가 사회간접자본으로서 산업경제발전을 촉구하는 중요한 구실을 하고 있는 것이기 때문에 체신사업의 발전도는 그대로 그 나라 사회의 문화척도"가 된다고 규정하고 있다. 이 글에 따르면 체신사업은 "정부의 종합경제개발 5개년 계획의 일환으로 통신기관의 보급 전기통신시설의 근대화와 확장을 주내용으로 하는 통신사업 5개년 계획이 추진되어 왔는바 지금 모든 산업개발분야 중에서도 가장 성공적인 성과를 올리고 있다는 것이 정평"이라고 한다. 또한 체신사업이 더욱 발전하기 위해서는 사업운영체제의 개선, 과학적인 사업관리, 시설확장에 따르는 재원확보, 기술진흥과 혁신이 중요하다는 의견을 피력하고 있다.

『전기통신기술』은 이와 같은 체신사업의 발전을 도모하기 위해 창간된 체신부 기관지로 2호의 구성을 보면 그 성격이 뚜렷하게 드러난다. 한국 전기통신창시 80주년과 국제전기통신연합 ITU 100주년을 맞은 소회와 각오를 서술한 체신부 전무국장 진근현의 「전기통신 80주년과 ITU 100주년을 맞이하면서」가 권두언 다음에 실려 있고, 이어서 전무국수요조사과장 고홍제의 「시대가입전화의 수요조사와 예측은 어떻게 하고 있는가」, 전기통신기술훈련소 교무과장 주보순의 「반도체와 그 응용」, 한국문화방송주식회사 기술부 우린현의 「방송용 수정진동자의 특성 현상 대책」, 공무부 선로과 조영주의 「전력유도측정보고」, 공무국 공부기획과 관리계장 이용훈의 「기술 연구과제 선정 경위」 등 전기통신기술과 관련된 전문적인 논고들이 실렸다. 이처럼 전문적인 논고를 싣는 잡지의 구성은 잡지 서두에 체신부 장관의 취임사를 싣는다거나 하는 소소한 변화 이외에는 이후에도 지속되었다.

2호의 편집후기를 보면 "지난번 발행호수가 독자 여러분의 수요에 너무나 미흡하였으므로 이번에는 그 배인 2000부를 인쇄하였습니다. 하지만 한 분에게 1권씩 드리지 못하는 옹색한 살림살이가 그저 답답하기만 합니다."라는 서술이 보이는바 창간호는 1000부를 찍고, 2호부터는 부수를 대폭 늘린 듯하다. 또한 1965년 3호의 편집후기에는 "지난번 제2호 발간에 있어 표지의 1965. ③은 1965년 3월에 발간된 것을 의미하는 것으로 제3호가 아니라는 점을 밝혀두는 동시 편자의 소견이 좁아서 제3호라는 인상을 주게 된 데 대하여 매우 죄송하게 생각합니다. 이번부터는 통권번호를 넣어두었으니 그런 혼란은 없을 줄로 압니다."라는 서술이 있는데 2호와 3호의 표지를 보면 모두 ③이라는 숫자가 표기되어 있어 혼란을 초래할 만하다. 판권지에도 2호에는 2권1호로 표기된 반면 3호는 2권 2호와 통권 3호가 함께 표기되어 있어 잡지 발간 초기의 시행착오를 엿볼 수 있다. 1960년대 체신사업의 모습을 살펴볼 수 있는 잡지라 하겠다.

국회도서관에 1964~1971년 발행분이 소장되어 있으며, 이중 일부를 DB화하였다. (임경순)

참고문헌

『전기통신기술』, 1965년, 1971년.

전기협회지

(電氣協會誌)

사단법인 대한전기협회에서 1965년 7월 31일에 창간하였다. 2014년 10월 현재 '전기저널'로 개제하여 월간 웹진으로 계속 발행되고 있다. 1979년부터 발행주기를 계간에서 월간으로 바꾸어 발행하였다. 발행인은 박영준朴英俊, 편집인은 성원모成元模, 인쇄소는 삼화인쇄주식회사, 발행소는 사단법인 대한전기협회(서울특별시 중구 남대문로 2가 5)이다. 판형은 신국판으로 총 80여 쪽이며 정가는 100원이었다.

대한전기협회의 부회장이자 대한전기학회 회장인 이종일의 「대한전기협회의 발족경위와 창립정신」을 보면,

"전기에 관한 정책, 운영, 기술, 기타 전반에 거하여 우리나라는 외국의 것을 대부분 그대로 흡수한 것이 많기 때문에 전기협회에 관하여도 외국에 있는 이와 비슷한 단체의 정관을 참고로 하고 현재 국내 최대 업체인 한국전력주식회사측과도 수차 의견을 교환하여" 정관을 제정했다고 하며, "1. 전기사업 2. 전기 기계 기구 재료 제조업 3. 전기공사업 4. 전기철도사업 및 전기궤도사업 5. 전기화학사업 6. 기타 전기를 사용하는 사업" 등을 망라한 사업자들과 종사자들을 위한 정보 교환과 친목도모, 이해관계를 제고, 촉진하기 위하여 창간하였음을 밝히고 있다.

창간호의 목차를 보면 다음과 같다. 김서민의 「『전기협회지』 창간에 붙임」, 이종일 「대한전기협회의 발족 경위와 창립정신」, 김종길 「전기공업계의 현황과 전망」, 이판개 「전기공사업계의 현황과 전망」, 성찬용 「전기공업 육성에 관한 제언」, 김원 「AC MOTOR의 최신 NEMA 규격」, 진의종 「최근의 일본의 전력개발」, 「일본의 원자력 발전」, 「전력과 미국의 장래」, 「에너지와 우정과 세계의 발전」 등이다. 이어지는 후속호에도 대개 이와 비슷한 기사와 내용들이 실린다.

이 잡지는 경제개발계획과 그에 따르는 전기 수요의 여러 문제를 다각적이고도 복합적으로 다뤄야 하는 저간의 사정과 맞물려 창간되었음을 확인할 수 있다. 이는 비단 전기 사업이나 종사자들만의 문제가 아니라, 한 국가의 에너지 확보와 수요, 유통, 공급에 이르는 전반적인 사안들과 관련되는 관심사였다. 그러므로 국가정책적으로도 중요하고 민간업자들에게도 긴요할 뿐더러, 국민 개개인들에게도 중대한 문제였음을 짐작하고도 남는다. 그런 계제에 창간한 잡지로서 전문지임에도 불구하고 지속적으로 발간되었고 현재까지도 안정적이고 좀 더 전문적이며 종합적인 내용을 담아내고 있다고 할 수 있다.

창간호를 비롯하여 대부분의 잡지가 국립중앙도서관, 국회도서관을 비롯하여 각 대학교 도서관에도 소장되어 있다. DB 상태는 좋다. (전상기)

참고문헌

http://www.elec.or.kr/;『전기협회지』창간호, 1965. 7.

전남교육

(全南敎育)

1969년 12월 30일 창간되었다. 발행·편집 겸 인쇄인은 고순상高淳相이다. 발행처는 광주시 광산동 92 월간전남교육사이다. 창간호를 보면, 주간 노호영盧昊泳, 편집장 김기종金基鍾, 총무부장 최근진崔根鎭, 업무부장 서동섭徐東燮, 공무국장 고광호高光湖, 식자부장 문희찬文熙鑽, 문선부장 박원서朴元緖, 기계부장 강성기姜聲棋, 주조부장 이연수李淵秀, 제본부장 최은자崔銀子이다. 통권 제24호까지 국판으로 발행되다가 1972년 제25호부터는 4·6배판으로 발행되었다. 창간호의 정가는 360원이었는데, 이후 1974년 10월 통권 제44호부터 450원, 1976년부터 650원으로 인상되었다.

교육행정의 올바른 전달과 논평, 교육현장과 사회현장과의 유대 구현, 교육문화의 창달과 계발을 사시社是로 내걸고 전남교육의 대변지임을 자처한 이 잡지의 창간 취지는 다음의 창간사를 통해 알 수 있다.

"(전략) 국가가 답보踏步하느냐 번영하느냐 하는 점은 그 나라의 교육 수준에서 비롯된다. 그런 점에서 나는 우리나라 근대화 작업의 성패를 국가교육의 성패에서 찾으려는 입장에 서 있는 사람이다. 곧 우리나라 교육의 지향점이 급진일로에 있는 조국근대화 작업에 미치는 영향에 대해서 깊이 관심하고 있는 것이다. (중략)

교육자만이 교육한다는 시기는 이미 지났다. 교육현장에서 직접 참여하는 것만이 교육이 아니다. 어떤 분야에서든 상호 의사가 교환되고 상통될 때, 그리하여 그것이 국가발전의 촉진제가 될 때에 나는 그것을 상호교육이라고 믿고 있다.

교육현장에서 야기되는 제반 문제점을 전 국민이 대동단결해서 해결해 나가야 한다고 나는 생각하고 있는 것이다.

교육은 쉬운 게 아니라고 모두들 말한다. 그러면서도 건의에 앞서 비방을, 협조에 앞서 방관을 일삼는 경향을 보면서 나는 국가교육의 장래를 걱정한다. 그러한 걱정이 나로 하여금 월간 『전남교육』을 창간케 한 것이다.

나는 이 월간 『전남교육』을 통해서 이 어려운 현장교육의 문제점을 사회현장에 접근시키는 가교적 구실을 하게 하고 나아가서 한국의 남단南端에 묻힌 찬연한 문화의 발전과 그 창달에 앞장서려고 한 것이다. 본지를 백만 교육자의 대변지로 가꾸어 나가는 데 열과 성의를 다할 것을 다짐하면서 창간사에 가름한다."

잡지의 전체 구성을 보면, 전반부에 〈논단〉, 〈특집〉, 〈연구〉란을 두어 교육 전반에 관한 글들을 싣고 있고, 후반부에는 〈실무자료〉, 〈지도안 공개〉, 〈교양연재〉, 〈연재강좌〉란을 통해 교사들의 연수교육과 실무에 도움이 되도록 하였다. 그리고 〈연구학교순방기〉, 〈교육상담실〉, 〈학원소식〉, 〈교사수첩〉 등을 통해 교육현장을 보고 들을 수 있도록 하였으며, 〈발언대〉를 통해 교사, 학생, 학부형의 소리를 경청하고 있다. 편집실에서는 〈동서교육사상가〉와 〈도덕교육강좌〉를 게재하였고, 〈문화재와 나〉, 〈모범교사 일기〉, 〈비교직자 가정탐방〉, 〈나의 좌우명〉, 〈우리집교육〉 등의 화보와 함께 시, 수필, 꽁트, 연재소설 등도 게재하여 이론과 실무, 흥미가 어우러진 잡지가 될 수 있도록 다채롭게 꾸미고 있다.

1969년 창간호에는 〈논단〉을 통해 「전남교육의 현황」, 「교육행정의 방향」, 「교육혁신을 지향하는 전남교육」, 「민주국민교육에 대하여」, 「중등학교 평준화의 문제점」, 「지방사 연구의 성격과 조사대상」 등을 싣고 있다. 그리고 도서벽지교육의 문제를 다루고 있으며, 연재소설에는 한승원韓勝源의 『일부변경선日附變更線』이 창간호부터 연재되었다.

1970년 제2호부터는 호마다 특집기사를 실었다. 1970년 제2호에서는 「70학년도 전남교육을 말한다」를 게재하여 도교육위원회의 장학방침을 제시하였다. 이후 「교육의 사회화」(3호), 「여름방학」(8호), 「특별활동과 집단교육」(9호), 「교육연구의 동향」(10호), 「학교행사와 교육」(11호), 「정신건강과 교육」(12호), 「도서벽지교육」(15호), 「교사의 자질」(22호), 「인간환경과 공해」(23호), 「사회교육의 실제」(24호), 「시청각교육의 이념과 실제」(30호), 「연구발표」(33호), 「수업의 연구와 창조」(58호), 「국어과교육」(61호), 「사회과교육」(63호), 「독서의 생활화」(76호), 「충효교육」(83호) 등의 기사를 통해 교육의 역할을 제시하고, 교사들의 연구에 도움을 줄 수 있는 내용을 게재하였다.

그리고 〈교육청소개〉에서는 전라남도 24개 시군을 취재하여 각 교육청의 교육방침과 학습과정, 학교 소개 등을 게재하고, 이를 통해 각 교육청의 특색을 보여 주고 있다. 또한 〈이동편집국〉에 〈현장연구〉, 〈교육실천기〉, 〈교사문예〉란을 마련하여 각 지역의 교육현황을 소개하고 있다.

1972년에는 국가비상사태가 선언됨에 따라 교육체제가 안보교육체제로 전환되었다. 이에 통권 제25호에서는 유형진의 「학문의 자유－그것은 우리의 생명이다」를 〈권두논단〉에 게재하고, 〈특집〉으로 문교정책의 방향 설정을 점쳐본 「신학년도 교육의 방향」을 분야별로 엮고 있다. 제35호에서는 「1972년 전남교육을 돌아본다」를 통해 1972년도의 초등교육, 관리행정, 교육연구활동, 체육교육을 점검하였다.

1977년 제80호에는 창간 7주년을 맞이한 『전남교육』이 이 지역 교육문화 창달에 공헌한 바가 크며 새로운 문화창조의 전문지로써 그 역할을 하였다는 평가와 함께 이후 전남지역 교육과 교직자 자질 향상에 기여해주기를 바란다는 각계의 기대를 전달하였다. 그리고 제81호에서는 특집 「교육풍토 개선」을 게재하여 1977년도 문교시책과 방향, 교육투자, 교육환경 개선, 학교공원화, 교육행정 모델, 교육연구활동, 도서벽지교육진흥법 제정 10년 회고 등의 내용을 싣고 있다.

『전남교육』은 교육행정, 교육방식 연구, 교육현장 소식을 상세히 전달하여 교육과 사회의 연계 역할을 하고자 하였다. 또한 교육현장에서 자신의 역할을 다하고 있는 일선교사들과의 친근감을 얻기 위해 교사란을 만들어 상호 유대감을 갖고자 하였다. 이 잡지를 통해 전남지역 교육계의 생생한 소식을 접할 수 있다고 본다.

국회도서관에 소장되어 있는 1969년 창간호, 1970년 2~4호, 8~12호, 1971년 13호, 15호, 22~24호, 1972년 25호, 30~35호, 1973년 36~37호, 39~45호, 1974년 46~57호, 1975년 58~67호, 1976년 73~76호, 1977년 80~81호, 83호를 DB화하였다. (구수미)

참고문헌

『전남교육』, 1969년 창간호~1977년 83호, 월간전남교육사.

전남매일신문

(全南每日新聞)

1960년 9월 26일 창간하였는데, '전남농촌중보全南農村衆報'를 전신으로 석간지의 대판大版 4면, 16단에 1단 11자 체제로 출발하여 1962년부터 격일 8면제로 발행하였다가 1971년부터 지방신문으로는 최초로 매일 8면씩 발행하였다. 초대 사장에 김일로金—鷺, 주필은 서두성徐斗成, 편집국장은 이교은李敎銀으로, 사옥은 광주시 동구 광산동 78이었다. 1968년 2월 15일 전국지로 등록하고, 1969년 6월 17일부터는 '전북판'을 신설하여 전라북도 일원으로까지 취재 및 보급망을 확충하였다. 1972년에는 컬러판 제작을 위해 독일 하이델베르크사의 다색도 오프셋인쇄기를 도입, 2주에 1회씩 컬러판을 제작하였다. 1975년에는 같은 크기의 활자에 자면字面을 크게 확대한 새로운 활자체를 개발, 본문활자를 갱신하였다. 1967년 주식회사로 개편되었고, 1980년 11월 언론기관통폐합 때 광주에서 발행되던 《전남일보全南日報》와 함께 해체되어 12월 1일부터 《광주일보光州日報》라는 제호로 발행되었다. 1989년 6월 29일 (주)전남매일신문사가 《전남매일》로 창간했으며 1994년 현사옥으로 이전했다. 1996년 법인이 삼웅문화로 변경됐고 같은 해 12월 23일 휴간했다가 1997년 1월 20일 복간했다. 주식회사의 형태로 자본금은 10억 원이다. 2001년 현재 주발행면수는 120면이며 대표이사는 유동국이다. 2실 6국 20팀의 조직에 95명이 종사하고 있으며 주재지역은 서울, 목포, 여수 등 27곳이고 지역별 판매비율은 전남 45%, 광주 44%, 전북 8%, 서울 및 기타 3%이다. 사옥은 광주광역시 북구 중흥동에 있다.

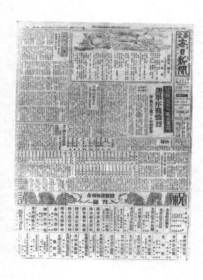

창간사 「새로운 세대에 새로운 신문을 내노면서」에서 "대중의 신문, 대중의 이익을 위한 신문"을 표방하면서 '정치면에서는 보다 완전한 자유와 보다 발전한 자립정신의 배양이요, 경제적으로는 빈곤에서의 대중의 구출이요, 사회적으로는 복지사회건설이며 문화적으로는 국민의 세계 수준에의 민도의 향상'을 꾀하리라는 목표를 내걸었다. 사시(社是)로 '공평과 중정(中正)의 존중', '지역개발의 참여', '국리민복(나라의 이익과 국민의 행복)의 도모'를

내세운 이 신문은 특히 지역문화의 계승발전과 지역개발에 편집의 역점을 두었다. 창간호 1면을 보면, 안도섭의 시 「자유의 기수」가 첫머리를 장식하고 〈선거 서전 작열〉,〈창간사〉,〈흑과 백〉란이 배치되어 있다. 하단에는 이 신문의 재창간을 축하하는 광주지역의 각 대학교, 공기관의 광고가 게재되었다. 그리고 제호 밑에는 '일일일언'이 표어로 제시되었다. 2면에는 「혁명은 시민생활에 어떻게 반영?」이라는 기사가 가장 눈에 띄는데, 말 그대로 혁명으로 인해 새로운 사회와 새로운 생활이 전개되기를 바라는 마음을 담고 있다. 〈도매물가〉란이 2면의 성격을 대표하고 있다. 3면은 사회면으로 〈새나라의 실낙원〉란 외에 여러 사건 사고가 제시되었고, 4면은 문화면으로 '4면만화', '영화소식', '연재소설', '시'(신석정의 「빙하」), 라디오 프로그램, 그리고 설문으로 「새공화국의 문화를 말한다(창간호 앙케이트)」가 보고되고 있다.

이 신문은 남도문화재南道文化財 발굴을 위한 장기 연재물인 「남도의 빛」, 「백제의 유산」, 「그 후예들」 등을 100여 회씩 연재한 뒤 단행본으로 출간하였으며, 호남의 미술을 더듬는 「남도화南道畵」, 「남도서예」 등을 80여 회에 걸쳐 연재하고 색도판 화집으로 출판하였다.

1974년부터는 '지역개발대상'을 제정하여 숨은 일꾼과 공로자를 찾아 시상하였다. 또한, '명랑거리 조성', '불우환자 돕기' 등의 캠페인을 벌였으며, 1975년에는 '고아장학회'를, 1979년에는 근로장학생제도를 설립하여 불우학생에 대한 향학의 길을 열어 주었다.

1967년에는 《전남연감全南年鑑》을 발행하였고, 1969년에는 지역사회연구소를 발족시켰다. 한편, 1974년 2월 1일에는 자매지로 《포토전매PHOTO全每》를, 같은 해 9월 2일에는 《전매어린이》를, 1979년 4월 1일에는 《월간전매月刊全每》를 창간하였다.

이처럼 이 신문은 지역신문으로 광주, 전남 지역의 종합신문의 역할을 다하고 있는데, 현재(2014년 8월)에 이르기까지 여러 우여곡절을 겪으면서도 지역사회의 발전과 주민들의 복지, 지역민의 여론을 형성, 전파하는 데 기여하고 있다.

전남매일신문사에 대부분의 지령이 소장되어 있으며, 국회도서관에는 창간호가 마이크로필름으로 소장되어 있다. DB도 국회소장본인 창간호를 작업했으며, DB 상태는 양호한 편이다. (전상기)

참고문헌

『전남매일신문』 창간호, 1960년 9월 26일자; http://www.jndn.com/; 『한국신문백년
〈사료집〉』, 한국신문연구소, 1975.

전매보

(專賣報)

담배 및 인삼 제품의 전매와 행정에 관한 사무를 관장하였던 전매청의 기관지. 발행처는
전매청이었고, 편집은 전매청 공보관실에서 담당하였다. 전매청은 1962년 『전매월보』를
창간하여 1965년 제4권 3호까지 발행한 후 1965년 제5권부터 그 명칭을 『전매보』로 바
꾸었다. 폐간시기는 확실하지 않은데, 연세대학교 학술정보원에는 1973년 제13권 2호까
지 소장되어 있어 적어도 1973년 2월까지는 간행되었음이 확인된다.

전매청은 1948년 '정부조직법'에 따라 재무부
내 전매국으로 발족되었다. 1951년 '전매청과
지방전매관서 설치법'이 제정되어 재무부로부
터 독립하여 '전매청'이 되었다. 그러나 1987년
4월 1일 전매청은 한국전매공사로 개편되었고,
한국전매공사는 한국담배인삼공사로 개편되었
다. 『전매월보』와 이를 개칭한 『전매보』는 전매
청 기관지로서 기관의 소식과 담배·인삼 관련
정보 등을 담고 있다. 『전매월보』와 『전매보』는
구성 면에서도 거의 차이가 나지 않는데, 전반
부는 논설과 해설, 뉴스와 일지 등을 담고 있으며, 후반부는 '통계편'으로 구성
되어 있다. 통계편은 '당해년도 세출예산규모, 전매사업특별회계 세입세출금 수
지계산표, 사업별 세출·세입 실적' 등 전 사업에 걸쳐 있는 통계가 앞부분에 배
치되고, 그 뒤에 '연초煙草, 염鹽, 삼蔘'의 순으로 각종 통계가 수록되어 있다. 담
배煙草의 경우 '연초제작용 재료소품 사용실적, 제작연초 생산계획, 제작연초 생
산실적, 공장별 제조연초 생산실적, 지방청별 연초판매 실적, 지청별支廳別 제조
연초 판매실적, 제조연초 품종별 판매 실적, 제조연초 판매실적, 당월 담배 국별
종별 판매실적, 지방청별 연초 소매인수'를, 소금鹽의 경우 '관제염전 분포상황,
관제염 생산실적, 지방청별 염판매 실적, 염종별 판매실적'을, 인삼蔘의 경우 '백

삼 판매실적, 홍삼 판매실적, 감시취체압수물량 월별 및 종류별표, 사업별 범칙건수, 월별 종류별 검거건수, 벌금내역 비교표, 당월분 포갑지包匣紙 인쇄계획 대실적, 공장별 종업원 현황표, 1인 1시간당 공정'을 다룬 통계가 매호 수록되어 있다.

통계편이 시작되기 전 부분에 해당하는 전반부에는 다양한 주제의 글들이 실려 있다. 전매청장의 인사발령이 있는 달에는 새 청장의 '취임사'와 구 청장의 '고별사'가 나란히 수록되었다. 1964년 제5호『전매월보』에는 신임 전매청장인 황이수黃利秀의 취임사가 실려 있는데, 황청장은 취임사에서 5개항에 걸친 근무방침을 밝혔다. 이후 황이수黃利秀 청장 재임 중 표지와 목차 사이에는 '청장근무방침'(1. 선공후사先公後私, 2. 인화단결人和團結, 3. 친절봉사, 4. 창의쇄신, 5. 근면성실)이 들어가 있다.『전매월보』와『전매보』의 전반부에는「한일국교정상화는 왜 필요한가」,「한일회담과 우리의 입장」과 같은 정책홍보 성격의 논설에서부터「기획과 관리에 대한 소고小考」나「현대사회와 P.R.」,「경영과 인간관계의 문제」등 경영 및 자기계발 기술,「흡연유해론은 공정한 것인가」,「현하 한국전매사업의 위치」,「전매사업의 문제점」,「잎담배와 우리의 풍토」,「인삼이 가져온 국제적 관심과 우리의 자세」,「세계시장으로 진출하는 우리 엽연초葉煙草」,「연초전매사업과 국제경제」,「엽연초생산과 농업부흥」등 담배·인삼 관련 기사들이 많이 할애되어 있다.

국회도서관에 소장된 제8권 2·3호(1968년 2·3월), 제9권 3(1969년 3월)~4호(1969년 4월), 제11권 3·4호(1971년 3·4월), 제12권 1·2호(1972년 1·2월)를 DB화하였다. (이상록)

참고문헌

『한국전매사 제1권』, 전매청, 1980;『한국전매사 제2권』, 전매청, 1981.

전매신문
(專賣新聞)

1961년 1월 1일 창간된 타블로이드판 주간신문이다. 발행 겸 편집·인쇄인은 김용태金容泰이다. 발행소는 서울시 중구 충무로 2가 85이다. 월 구독료는 300원이다.

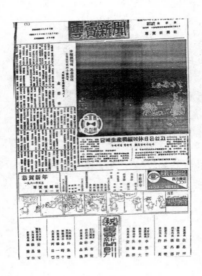

국가 수입에 중요한 위치를 차지하고 있는 전매사업의 촉진과 전매행정의 향상, 국민의 새 인식을 바라며 창간된 특수전문지이다.

발행 겸 편집인 김용태가 「전매행정 향상·국민에게 새 인식을 통감하면서」라는 제목으로 다음과 같이 창간의 취지를 밝히고 있다.

"(중략) 국가수입에 중요한 위치를 차지하고 있는 것이 전매수입이라 할 것이다. 담배와 소금, 인삼 등의 전매품 가운데 유독 두 가지는 전 국민의 일상생활의 필수품인 관계로 그 사업의 성부진盛不振은 구매자인 국민에게 이利와 독毒의 영향을 파급시키는 것이므로 더 말할 나위도 없으나 전매사업에 의한 수입으로 하여금 국가경제 재건의 실업과 수출을 촉진케 한다는 사실에 전매사업이 국가재정과 국민생활에 다시없이 중요함을 새삼 깨닫게 되고 그에 대한 국민의 새로운 인식이 촉구되는 바이다. 이와 같이 전매사업이 국가와 국민 앞에 그 중요성이 더 한층 크로스업된 때를 같이 하여 본보가 '전매專賣'란 이름을 붙이고 고고의 성聲을 발하게 된 것도 모름지기 까닭이 있는 것이라고 스스로 생각하는 바이다. 제3공화국의 새로운 기틀 아래 모든 것이 새로워져 가야 할 것이나 새 인물의 등장만으로 새 일이 꾸며지고 그것이 또한 좋은 결과를 가져온다는 것은 아니다. 말하자면 전매행정이나 그 전체 사업 면에 아직도 4·19 이전의 잔재가 뿌리 깊고 해결해야 할 숙제는 우리 눈으로도 산적한 것 같다. 우리는 그 모든 난제 처리에 올바른 행정의 향도와 그에 대한 국민의 새로운 각성이 있기를 촉구하면서 本報는 오로지 우리나라의 전매사업이 보다 더 발전할 수 있는 길로 정론정책正論政策을 다할 것임을 이 창간호를 내면서 스스로의 태도를 다짐해보는 바이다."

이 신문은 전매사업·행정 등에 관한 현황 보도와 해설 등에 주력하였다.

창간호 1면에는 휴일 없는 담배 생산공장의 작업 광경 사진을 싣고 있다. 담배는 일반 국민의 생활필수품이고 장병에게는 군수품이기에 담배생산전선에도 휴일은 없다고 하였다. 공장에서는 여공들의 손가락이 제비처럼 날쌔게 돌아가는 동안에 담배가 시시각각으로 상품화되어 가고, 국산 우량담배가 날개 돋친 듯이 늘어간다고 하였다.

2면에서는 품질 좋은 국산담배 '금관'을 생산하며 이를 애용하자는 글을 싣고 있다.

3면에는 「1960년 지난해 전매사업의 발자취」를 통해 담배, 인삼, 소금 등 전매품의 생산과 수출현황을 보여주고 있다. 4면과 5면에서는 「1961년 새해 전매행정의 계획과 전망」을 게재하였다.

6면에는 담배의 기원, 전매사업 총결산과 긴급과제, 기자가 본 전매사업 등의 기사가 실려 있다. 7면에는 소금의 기원, 1960년도의 전매 10대뉴스가 실려 있다.

8면은 문화면으로 꽁트, 시 등을 싣고 있다.

국회도서관에 마이크로필름으로 소장되어 있는 것을 DB화하였다. (구수미)

참고문헌

『전매신문』, 1961년 1월 1일 창간호; 『한국신문 100년』(사료집), 한국신문연구소, 1975.

전북교육

1963년에 창간된 전라북도 교육위원회에서 발행한 교육전문지이다. 발행자 전라북도 교육위원회, 편집자, 인쇄소 청웅제지 공업주식회사 출판부이다. 연간으로 발행되었으며 비매품이다.

『전북교육』은 전라북도 교육위원회에서 발행한 교육전문지이다. 교육위원회의 기초가 마련된 것은 미군정기로 미군정장관은 군을 단위로 한 교육구, 특별시 및 시를 단위로 한 교육위원회와 교육감 등의 설치를 규정하여 교육자치제가 처음으로 발족하였다. 그러나 이에 대해 교육계 내외부의 비판이 끊이지 않았는데 재정낭비, 행정능률 저해, 자치전통의 부재 등을 그 이유로 들었다. 한국에서 교육자치는 1952년 6월 군교육구와 시 교육위원회가 설치됨으로써 시작되었다. 이 또한 시와 군 및 교육위원회의 이중적 성격에 따른 난맥상과 재정지원의 부족, 교육위원회와 교육감의 자질 부족과 선거부정 등의 문제가 많았다. 제도 개선에 대한 논의가 진행되기도 했으나 5·16쿠데타로 교육자치제도는 중단되었다. 1963년에 지방교육행정기구를 일반행정기관과 분리·개편하고, 시·도 교육위원회를 구성하였다. 1964년에 교육위원회의 교육감을 추천하고 대통령이 임명하여 교육자치가 부활하였으나 매우 형식적이었다. 『전북교육』은 이 와중에 창간된 잡지이다.

1964년에 발간된 2호의 구성을 보면 1964년도 본도교육의 전망, 교육논설, 수필, 연구보고, 제언, 교양강좌, 연구학교 등으로 구획되어 있는데 이러한 구성은 1966년에 발행된 4호에서는 크게 달라진다. 4호는 잡지 전반부에 특별기고, 교육행정지표, 교육행정의 업적과 방향, 도교육위원회 사업소 실태 등을 집중적으로 배치하고 이후의 지면을 교육통계로 채우고 있다. 학교교육, 학교보건, 사회교육, 학술 문화 종교, 교육행재정 등 다섯 개의 범주로 크게 구획한 후 다시 학교교육은 국민학교, 중등학교, 고등교육기관, 기술·고등기술학교, 공민·고등공민학교로 구분하였다. 또한 부록을 두어 도교육위원일람, 보이스카우트 전북연맹 조직일람, 공립 중등학교 일람, 사립 실업 고등학교 일람 등 전라북도 내 교육기관의 현황을 자세하게 첨부하였다. 이처럼 잡지 구성이 변화하게 된 원인은 전라북도 교육연구소장 박병원의 「전북교육 제4호를 내면서」라는 발간사에서 찾아볼 수 있다. 먼저 애초에 『전북교육』을 발간한 것은 "우리 교육이 전라북도 일반행정에 예속되어 있기는 하였으나, 교육의 특수성과 전문성을 생각하여, 교육국으로서 무엇인가 교육의 모습을 하나로 묶어서 일반에 대한 공보자료로도 쓰고, 교육행정이나 학교관리에 참고자료로도 쓰고, 또는 먼 뒷날에는 소중한 문헌의 구실"도 하자는 것이었고 밝혔다. 그러나 이러한 발간의도에 걸맞은 체재를 갖추지는 못했다고 하면서 "사진, 논설, 행정의 업적과 구안, 현상실천, 연구보고, 학교소개, 교양강좌, 수상, 제언, 교육통계 등등으로 그 내용이 다채로와서 나쁠 것은 없겠지만은 개성이 뚜렷하지 못한 흠"이 있었다는 것으로 4호의 주된 방향을 다음의 3가지로 잡았다. 첫째, 사실적인 교육통계를 주로 실어서 객관성을 제고하고, 둘째, 통계연감이 되지 않도록 지난해의 교육행정에 관한 업적과 올해의 구안, 전망 등도 덧붙였으며, 셋째, 『전북교육』을 각급 교육행정기관, 교육기관, 연구기관, 교원 또는 교직단체의 공동소유로 하기 위하여 그 자료를 광범위하게 모아서 객관적인 해설을 했다. 이러한 잡지 체제는 소소한 변화는 있지만 근간은 유지되다가 1971년에 발행된 9호에서는 대폭 변화된다. "1968년부터 전라북도 교육행정의 지표로 내세운 7가지의 지표를 대중으로 해서, 그 영역에 붙을 수 있는 사업내용을 풀이함으로써 말하자면 기능별로 입체적으로 그 내용을 짜본 것"인데 이는 "국민교육헌장의 이념을 생활화하고 새 교육풍토를 조성하여 조국의 근대화에 바탕이 되는 인간교육, 바꾸어 말하면 '새 국민상의 창조'에 구심 집중"한 것이다. 이에 따라 국민정신의 진흥, 생산적 교육실천, 교육풍토의 개선, 교육기능의 신장, 재정관리의 합리화, 교육재산의 확충 등 71년도 장학행정 지표와 관리행정 지표를 중심으로 잡지가 구성되었다. 1972년에 발간된 9호 역시 주요 교육 시책을 중심으로 구성되었다.

국회도서관에 1964~1972년 발행분이 소장되어 있으며 이를 DB화하였다.

(임경순)

참고문헌

『전북교육』 1964~1972년; 김용, 「교육자치의 운영제도-지자체장, 교육감, 지방의회, 교육위원회의 관계」, 『교육비평』 27호, 2010. 12.

가

나

다

라

마

바

사

아

자

차

카

타

파

하

전자기술

(電子技術)

1965년 3월에 창간된 월간지이다. 1967년 1월호 간기를 보면 발행인 김기호, 주간 이유정, 조판인쇄 홍원인쇄주식회사이다. 발행소는 전자기술사로 서울특별시 종로구 종로 2가 8이다. 정가 100원으로 정기구독 3개월에 280원, 6개월에 550원, 1년분에 1000원이다. 총판을 양우당이 맡았다.

전자기술 전문잡지로 표지를 보면 제호 바로 아래에 "Radio TV & Electronics"라는 부제를 달고 있다. 이로 미루어 짐작할 수 있듯이 전자기술에 관련된 전문적인 글만을 싣고 있다. 1967년 1월호의 구성을 보면 범주를 〈라디오 & TV〉, 〈오우디오〉, 〈엘렉트리닉스 & 측정기〉로 나누어 글을 배치하였는데 전자기술에 전문적인 관심이 있는 독자들을 대상으로 하고 있다. 〈라디오 & TV〉에는 「신년 파아티용으로 이퀄라이저 회로가 붙은 와이어레스 플레이어의 제작」, 「광석 라디오에서 5구 수우퍼까지」, 「검파회로의 역할」, 「연말 연시 선물용 매거진러크에 조립한 6석 수우퍼라디오의 제작」, 「FM라디오의 증폭회로의 역할」, 「전파정류 회로용 부분품의 연구」 등의 글을 실었고, 〈오우디오〉에는 「진공관 시험기의 원리와 동작」이 실렸으며 「전원트랜스와 출력트랜스」와 「메인암프-암프의 설계와 조정」이 연재되었다. 또한 〈엘렉트리닉스 & 측정기〉에는 「미국의 전자공업-최근의 그 개발 동향을 중심으로」, 「측정기 강좌」, 「엘렉트로닉스를 응용한 자동차 도난 방지 장치」, 「직렬공징과 병렬공진」 등의 글이 실려 있다.

이밖에 「Hi-Fi 암프의 설계법」, 「와이어레스 오실레이터의 제작」, 「새로운 테이프 레코오더의 응용법」을 특집으로 구성했다. 잡지 말미에는 「독자 사교실」,

가

나

다

라

마

바

사

아

자

차

카

타

파

하

「독자시장」, 「이달의 물가」, 「독자의 소리」 등의 난을 두고 있는데 「독자시장」의 경우 '교환합니다', '구합니다', '양도합니다'로 구분하여 중고물품을 거래하는 난으로 활용되었다.

1967년 2월호에는 「사고」가 실려 있는데 전자기술사가 보다 풍부한 편집 자료를 입수하고 긴밀한 기술을 함으로써 한일 양국의 문화교류에 이바지하기 위해 1967년 1월 1일부로 일본지사를 설립하였다는 사실을 공지하고 있다. 1967년 3월호에는 창간된 지 벌써 2년이 되었다면서 "다른 기술 공학분야에 비해서도 훨씬 더 낙후성과 불모성을 면치 못한 이 땅 Electronics 분야에 비록 초라하고 미흡한 것이나마 이런 정도로 길러 온 것은 오직 현실의 절박한 요망과 독자 여러분의 성원이 뒷받침된 결과라 생각할 때 편집자로선 가일층 분발할 것을 다짐할 뿐"이라는 감회를 토로하고 있다.

국회도서관에 1965~1968년 발행분이 소장되어 있으며, 이중 일부를 DB화 하였다. (임경순)

참고문헌

『전자기술』, 1967년.

전자뉴우스
(電子뉴우스)

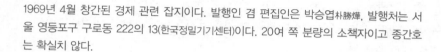

1969년 4월 창간된 경제 관련 잡지이다. 발행인 겸 편집인은 박승엽朴勝燁, 발행처는 서울 영등포구 구로동 222의 13(한국정밀기기센터)이다. 20여 쪽 분량의 소책자이고 종간호는 확실치 않다.

한국정밀기기센터 소장 박승엽朴勝燁은 「전자공업진흥을 위한 기술정보 '메디아'로」에서 다음과 같이 잡지 창간 취지를 밝히고 있다.

"당 센터는 여타 진흥 관련 기관과 긴밀하고도 유기적인 협조 하에 부여된 진흥활동사업을 수행함으로써 전자기술 발전과 새 제품 개발 촉진을 통하여 국가지상 목표인 수출 증대를 이룩하여 국민경제발전에 기여코자 하는 바입니다. 이 국가적인 진흥사업에 이바지하고자 그 일환으로서 나날이 발전하고 있는 선진 제국의 기술정보를 수집하여 신속히 전달할 '메디아'로서 '전자뉴우스'지를 창간하게 되었습니다."

이 잡지는 정부의 전자분야 육성 방안에 입각하여 전자공업진흥법 등이 제정되면서 그를 둘러싼 전자업계의 현안과 정부 정책을 관련 업계 종사자들에게 전달하기 위해 발행된 것이었다. 따라서 잡지 내용은 전적으로 전자공업 관련 각종 법안과 회의, 세미나 등에 관한 것으로 채워졌다.

잡지 발행주체인 '한국정밀기기센터'는 1966년 4월 설립되어 1979년 4월 한국기계금속시험연구소로 개편되었다. 1989년 10월에는 한국생산기술연구원 부설 품질평가센터로 발전했으며, 1999년 3월 한국산업기술평가원 부설 산업기술시험원이 되었다. 이후 2006년 11월 한국산업기술시험원으로 명칭 변경하여 현재에 이르고 있다. 주요사업과 업무는 품질인증을 통한 기업의 수출 경쟁력 향상 지원, 기업의 애로, 기술 해소를 위한 시험평가기술지원, 생산 현장에 대한 표준의 보급, 산업 현장이 필요로 하는 맞춤형 교육 지원, 시험평가기술의 개발 및 보급을 통한 기업의 품질 경쟁력 향상 지원, 한국정밀산업기술대회 개최 등이다.

창간호(1969. 4. 19.) 〈특집〉에는 「전자공업진흥법 시행, 당 센터를 진흥기관으로 지정」이라는 제목으로 센터의 조직 업무내용 소개, 전자공업진흥법의 내용 소개, 정밀기계 진흥방안 등을 설명하고 있다. 한국정밀기기센터가 전자공업 진흥 중심기관으로 선정되었고 이후 상당히 중요한 역할을 할 것임을 강조한 내용이다. 센터의 기구와 중심 내용, 전자공업진흥 8개년계획 및 1969년도 사업계획 등도 포함되었다.

이어 제1회 전자공업 최고경영자 세미나 개최 기사가 실렸다. 전자공업진흥 관련 기관장, 학계, 최고경영자 보도진 등 약 2백여 명이 참석하였고 개발육성 책과 각 전자공업진흥기관의 임무와 역할에 관해 활발한 논의가 이루어졌다는 내용이다. 그 밖에 「FIC소식」, 「업계소식」, 「기술정보」 등도 실렸다.

1권 2호(1969. 5. 5.)는 〈특집〉으로 「전자공업의 육성책」(이철승李喆承, 상공부 차관) 이 실리고 전자기업체를 기계공업 육성자금으로 수출을 지원한다는 기사와 전자공업진흥법 시행세칙 공포 기사가 실렸다. 이어 '제1차 전자기업체 공장장회의' 개최 기사와 회의에서 개진된 의견들, 전자공업 신규기업가 간담회 개최 기사가 게재되었다.

이 밖에 「품질관리 지도에 대하여」(이봉건李奉鍵, 전자진흥부 품질관리 담당기사), 「칼라 텔레비전 기술의 경향」, 「대만 전자공업의 현황」, 「미국 IC공업의 개황」 등 전자공업에 관한 다양한 현안과 기술적 내용을 소개하였다.

1권 3호(1969. 5. 20.)는 「제2회 전자공업 진흥회의 개최」 기사와 다루어진 내용이 소개되고, 「확대하는 일본의 훼놀 적층판산업」과 전호에 이어 「칼라 텔레비전 기술의 경향」이 게재되었다. 「기술정보」에서는 전자 기술에 해당하는 다양한 정보가 실렸다.

국회도서관에 소장되어 있는 1권 1호(1969. 4. 19.), 2호(1969. 5. 5.), 3호(1969. 5. 20.)를 DB화하였다. (이병례)

참고문헌

『전자뉴우스』, 한국정밀기기센터, 1권 1호(1969. 4. 19.), 2호(1969. 5. 5.), 3(1969. 5. 20.); 한국학중앙연구원, 『향토문화전자대전』, 2004.

전파과학
(電波科學)

1959년 4월 15일 창간되어 매월 1일 발행되었다. 발행·편집 겸 인쇄인은 홍순성洪順成이다. 발행소는 서울특별시 서대문구 의주로 2가 59 전파과학사이다. 정가는 400원이고 우송료는 20원이다. 1968년 통권115호까지 발행되었다. 이후 자매지인 『전자기술』과 통합하여 1969년 1월호부터 월간 『전자과학』으로 발행되었다.

라디오, TV, 일렉트로닉스와 오디오의 전문지를 자처하며 발행된 이 잡지는 〈제작〉, 〈기술해설〉, 〈서어비스〉, 〈연재〉, 〈HAM〉으로 구성된 내용에서도 알 수 있듯이 전파와 관련된 다양한 기사를 게재하고 있다. 이 밖에 〈전파기술정보〉, 〈독자연구실〉, 〈초보자를 위한 전파과학 라디오교실〉, 〈이달의 물가〉, 〈해외토픽스〉 등을 싣고 있다.

잡지의 전반부와 후반부에는 신제품 안내, 각종 부속품 판매처 소개, 전파 관련 도서목록 등의 선전 내용을 실었고, 본문에서 전파계의 총아라 지칭할 수 있는 트랜지스터에 대한 이론과 제작 관련, 텔레비전 방송, TV고장 수리 관련 기사, 생활의 필수품 조명 등 전파와 관련된 모든 내용을 싣고 있다.

1962년 통권 32호에는 특집으로 「전파관리법 수록」을 게재하면서, 전파 관련 법규의 전문을 게재하여 전파에 관한 기술을 습득하거나 전파에 관한 기술을 직업으로 삼는 사람에게 도움을 주고자 한다는 취지를 밝히고 있다.

1962년 통권33호에는 특집으로 「도해식 TV의 고장수리 및 조정」을 싣고 있다. TV방송이 한국전파계 발전에 큰 자극을 주고 있는데, TV에 관한 서적이 거의 없는 실정에서 고장난 TV 수리를 위한 편의를 제공하였다.

1968년 통권114~115호에는 특집으로 「고장수리 전부」를 게재하여 테이프

레코더, 라디오수신기, TR라디오, FM튜너의 고장과 수리에 관한 내용을 담고 있다. 또한 오디오, 라디오, TV, 서어비스 부분으로 분류하여 제작, 조정 등의 내용을 실었다.

전파에 관련된 전문지식을 제공함과 동시에 초보자들을 위한 해설을 하고 있어 이 방면의 지식이 필요한 독자들에게 유용한 정보를 제공한다고 할 수 있다.

국회도서관에 소장되어 있는 1962년 31~37호, 39~42호, 1963년 43~46호, 1964년 55~66호, 1965년 71~78호, 1966년 79~82호, 86~91호, 1967년 92~103호, 1968년 104~115호를 DB화하였다. (구수미)

참고문헌

『전파과학』, 1962년 31호~1968년 115호, 전파과학사.

전파시보

(電波時報)

1960년 7월 6일에 창간하였다. 종간호는 같은 해 7월 28일(지령 제4호)로, 『전파신문』으로 개제하였기 때문이다. 발행 겸 편집·인쇄인은 손영수孫永壽, 주필 겸 논설위원은 손교민 孫敎民, 편집국장은 최승길崔承吉, 발행소는 서울특별시 중구 충무로 2가 38-2번지였다. 주간신문으로 판형은 타블로이드판 4면에 11단, 1단에 11자였으며, 신문가격은 1부 50환, 월정액은 200환이었다.

사장 손영수가 쓴 창간사 「오직 전파계를 위해」를 보자.

"본지는 … 오직 전파계와 전파인을 위한 공기로서 이것이 본지의 시발이며 또 귀일할 종말일 따름입니다. 그러므로 본지는 어디까지나 전파계와 인연을 맺고 계시는 또 앞으로 맺게 되실 여러분의 것이요, 전파계 공유의 공기일 따름입니다." 그러니까 전파업에 종사하는 사람들 모두를 위한 신문임을 밝히고 있다.

창간호 1면의 기사는 「방송관리법 초안 마련?」, 「민간방송 13건 신청」, 「무선통신사 자격전형 부여 특전취소를 고려?」, 「레이다」란으로 꾸며져 전파에 관한 기사가 대종을 이룬다. 2면은 창간 축하의 각계 인사들의 축사가 차지하고 있으며, 3면에는 전자와 통신 전반의 전문적인 기사가 실려 있고, 4면은 통신기를 비롯하여 라디오, 콘덴서, 마이크, 스피커 등의 가격을 비교적 자세하게 보도하고 있다.

이처럼 이 신문은 전파업에 종사하는 사람들을 위한 전문지로서의 역할에 충실하고 있다. 그리하여 전파계의 현상을 보도하는 것은 물론, 이 업계 전반의 정확한 동태와 전망을 보도하고, 라디오, 텔레비전, 통신기기, 가전기구에 대한 제품성능, 새로운 이론, 기술의 소개 해설을 제공함으로써 전파계의 일상지침이 되는 동시에 전파계의 여론을 수렴, 전달하는 사명을 수행하고 있다.

국회도서관에 창간호가 마이크로필름으로 소장되어 있으며, DB도 마찬가지로 창간호가 갈무리되어 있다. DB 상태는 양호한 편이다. (전상기)

참고문헌

『전파시보』 창간호, 1960년 7월 6일자; 『한국신문백년 〈사료집〉』, 한국신문연구소, 1975.

가

나

다

라

마

바

사

아

자

차

카

타

파

하

전파신문
(電波新聞)

1960년 7월 6일에 창간한 『전파시보』를 개제하여 같은 해 8월 3일자 지령 제5호로 재창간한 주간 전문 신문이다. 종간호는 미상이다. 발행 겸 편집·인쇄인은 손영수孫永壽, 주필 겸 논설위원은 손교민孫敎民, 편집국장은 최승길崔承吉, 발행소는 서울특별시 중구 충무로 2가 38-2번지였다. 주간신문으로 판형은 타블로이드판 4면에 11단, 1단에 11자였으며, 신문 가격은 1부 50환, 월정액은 200환이었다.

재창간한 까닭으로 창간사는 없다. 전파계의 모든 사람들의 정보교환과 전파업계 소식을 전하기 위한 목적을 여전히 유지하고 있기 때문이다.

재창간호 제1면의 기사는 「한글 '텔레타잎' 전시, 일본신문도 그 우수성을 보도」, 「중소기업을 육성?」, 「청사문제로 지연」, 「레이다」가 실려 있고, 전파업계에 관한 「해외동향」이 가득 채우고 있으며, 3면에는 「관공서의 신경망 이모저모」, 「논단」 등의 전문적인 기사가, 4면과 5면에는 통신과 전산에 관한 기술적이고 전문적인 내용이, 6면에는 마찬가지로 「시장안내」가 실려 있다.

이 신문은 이 업계의 종사자들을 위한 전문적인 기사와 업계 전반적인 동향, 해외 소식 등을 싣고 있다. 이들의 여론을 묶고 이 전파업에 종사하는 사람들의 기술 발전과 업계의 전망을 보도하는 본연의 임무에 충실했다고 할 수 있다.

국회도서관에 개제 재창간호가 마이크로필름으로 소장되어 있다. DB도 재창간호를 작업했으며, DB 상태는 양호한 편이다. (전상기)

참고문헌

『전파신문』 재창간호, 1960년 8월 3일자; 『한국신문백년 〈사료집〉』, 한국신문연구소, 1975.

가

나

다

라

마

바

사

아

자

차

카

타

파

하

정경신문

(政經新聞)

1951년 11월 30일 창간된 신문으로 발행 겸 편집인 송태희, 인쇄인 김두년이다. 발행소는
부산시 광복동 1가 130이며, 1부에 4백 원이다.

『정경신문』은 전시에 창간된 신문으로 창
간호 1면과 2면에 각각 「창간사」와 「창간
의 인사」가 실려 있어 이 신문의 창간 의
도를 알 수 있다. 창간 의도를 살펴보면
『정경신문』은 "중지를 모으는 데 도움이
되며 정치 경제 문화 각계각층의 유무명인
사의 토론장소가 되어 상의하달 민의인식
의 기관이 되고자" 하며 "정치적 정의 앙양
을 위해서 또한 소극적 항변으로 건설 의
욕이 극도로 위축된 민중의 소리를 솔직히
반영함이 사명"으로 하였다.

지면 구성을 보면 1면에는 창간사와 함
께 「시국 수습과 총력전 휴제」, 「전선과 후방 호흡 일치」, 「무력전 대비방안」,
「사상전 대비방안」 등이 실려 있으며, 2·3면에는 「소련은 평화를 원하는가」가
기획기사로 실렸고 이와 함께 「국토 재건과 덴마크에의 지향」, 「일본인의 광상」
등이 실렸다. 4면에는 「신당에 일언, 파벌이란 무엇인가」, 「국민개병의 방향」을
실었다.

국회도서관에 마이크로필름 형태로 보관되어 있으며 이를 DB화하였다. (임경
순)

참고문헌

『의사시보』; 윤임술 편, 『한국신문백년지』, 한국언론연구원, 1983.

정보

(情報)

1952년 7월에 창간된 『내외정보』의 제호를 변경하여 1954년 9월에 창간된 월간지이다. 대한민국 공보실 선전국 정보과에서 편집 발행하였다. 인쇄소는 정부간행물배급주식회 사이다. 정가는 한 부에 150원이다. 1960년 12월까지 발간된 것으로 보인다.

대한민국 공보실에서 공산권 국가의 동향과 그들의 정책을 소개하여 자유진영에 대한 공산권의 음모와 파괴공작을 선전하기 위해 발행된 잡지이다.

이 잡지의 마지막에 실린 「우리의 맹세」를 통해서도 그 성격을 알 수 있다. 그 내용은 다음과 같다. "1. 우리는 대한민국의 아들 딸, 죽음으로써 나라를 지키자. 1. 우리는 강철같이 단결하여 공산침략자를 쳐부수자, 1. 우리는 백두산 상봉에 태극기를 날리고 남북통일을 완수하자."

잡지는 세계의 동향과 여론, 공산권 정책 분석, 공산권 단신과 유모어, 월간 소사 등의 내용으로 구성되어 있다. 유광렬柳光烈, 성인기成仁基, 김석길金錫吉, 김광섭金光涉, 이한용李漢鎔을 주요 필자로 하여 현재 가장 이슈가 되는 문제를 기사화하였다. 또한 세계의 정치적인 동향을 빠르게 전달하고, 특히 공산권 국가의 정세와 그들의 정책을 소개함으로써 변화하는 세계의 다양한 정보를 게재하였다. 그러나 그 내용은 다분히 반공적인 입장에서 자유진영 수호라는 목적을 달성하기 위한 것이라 할 수 있다.

주요 내용을 보면 다음과 같다.

1956년 1월호의 〈세계공산주의 선전 동향〉란에서는 유엔군사령부의 「공산주의 심리작전 분석」을 통해 중공, 북한, 소련, 북월남, 일본의 동향을 소개하였다.

2월호에는 〈세계의 여론〉란을 통해 격증하는 적색군사위협에 직면하여 미국의 긴급대책을 요구하는 아시아, 아이젠하워 미국대통령에 갈채를 보내는 자유세계, 레닌수법 폐기를 기다리는 것은 어리석은 자라고 말하는 후루시쵸프 등의 기사를 실었다.

5월호에는 특집으로 「반스탈린운동 내막 폭로」를 게재하였다. 스탈린 사망 이후 소련 내부에서 진행되고 있는 반스탈린운동의 전반적인 상황과 전망을 분석하고 있다. 그 내용은 스탈린 비난의 의도와 그 영향, 군부의 지위, 위성국가들의 장래, 스탈린 숙청사 전모, 스탈린 가족의 비화, 공산주의 이론의 변화 등으로 구성되어 있다.

6월호의 특집은 「격동하는 중동」이다. 중동분쟁의 전망, 중동의 위기와 미국의 태도, 서방 측에 대한 파키스탄의 태도, 마카리오스 대주교와 싸이프러스도의 문제 등의 내용으로 구성되어 있다.

1957년도의 주요 기사로는 중소관계, 중공의 상황, 미소의 중동정책, 동구권의 동요, 한일회담, 스탈린 비판 이후 북한의 동향 등에 관한 글이 게재되었다.

1960년 3월호에는 3·15선거와 관련하여 유권자의 유의점, 여야정책 비교, 제3대 대통령 임기 중에 남긴 행정 각 부의 업적 등을 싣고 있다.

그리고 북한에서 발행되는 잡지를 통해 북한의 이모저모를 살펴본 「괴뢰지가 스스로 폭로하는 북한의 실태」, 반공진영에서 중요한 지위에 오른 서독을 중립화하고 궁극적으로는 이를 공산화함으로써 서방 측의 반공세력을 와해하려는 소련의 대독일정책에 대해 주미서독대사 빌헬름 그레베가 분석한 「소련의 대독對獨정책이 기도하는 것」, 후루시쵸프가 해석한 공존의 정의에 대하여 그 모순성과 기만성을 파헤친 조지 케넌의 「후루시쵸프의 평화공존에 대한 서방 측의 견해」가 게재되었다.

국회도서관에 소장되어 있는 1956년 1~3월호, 5~6월호, 9월호. 1957년 1~2월호, 4~5월호, 12월호를 DB화하였다. (구수미)

참고문헌

『정보』, 1956년 1~3월호, 5~6월호, 9월호; 1957년 1~2월호, 4~5월호, 12월호. 공보실.

정세와 평론
(情勢와 評論)

1967년 외무부 외교연구원에서 발행한 기관지이다. 1967년 창간 당시에는 월간지로 발행되었으나 1968년에는 격월지로, 1969년부터는 계간지로 발행되었다. 1972년까지 발행되었으며 발행인 및 편집인에 대한 정보는 따로 없다.

이 잡지는 대외정책수립에 관련된 외교문제를 연구하는 데 필요한 자료를 모아 연구 자료로 쓰기 위해 발행한 외무부 기관지이다. 외무부 외교연구원은 외교와 안보 문제를 전문적으로 연구하는 외무부 산하의 연구소이다. 원래는 외무 공무원에 대한 교육기관인 외무공무원교육원이었으나 1965년 외교문제에 관한 연구기능을 보강하기 위해 대통령령에 의해 외교연구원으로 발전, 개편되었다. 현 국립외교원(KNDA-Korea National Diplomatic Academy)의 전신이다.

당시 외무부 외교연구원장이었던 윤석헌尹錫憲은 잡지의 성격을 "국내, 국외의 권위 있는 전문가들의 평론이나 분석 또는 각종 중요 자료를 선택 수록"하여 이를 바탕으로 "국제정세 및 외교문제를 연구하는 데" 참고자료로서 사용하려는 의도를 가지고 간행한다고 밝히고 있다.

잡지의 취지에 맞게 주로 외국의 신문, 잡지, 각종 학술지에 실린 논문 및 기사, 평론 등을 수록하였으며, 내용은 주로 세계 각 지역의 현 정세와 관련된 내용과 각국의 외교정책에 관련된 글들이다. 그리고 그 내용을 번역한 것이 아닌 원문 그대로 실은 것이 특징이라 할 수 있다.

1967년에 발간된 호의 경우 하나의 대 주제를 잡고 이에 관련한 내용으로 잡지가 꾸며졌다. 가령 예를 들면 1967년 창간호의 경우 중국과 관련된 내용으로 꾸며져 있으며, 다음 호부터는 동남아시아, 중동, 유럽, 아프리카, 아메리카 등을 순차적으로 다루고 있다. 1968년부터는 특별한 주제 없이 동 시기에 가장 이슈인 내용을 중심으로 수록되어 있다. 이 중 한반도 문제는 1968년 1~2호에 수록되어 있다.

이 잡지는 국회도서관, 국립중앙도서관, 건국대학교, 경북대학교, 고려대학교, 덕성여자대학교, 동국대학교, 부산대학교, 서강대학교, 서울대학교, 성균관대학교, 연세대학교, 이화여자대학교, 중앙대학교, 충남대학교에 소장되어 있다.

성균관대학교 도서관에 소장되어 있는 1967년 제1권 제1집부터 1972년 제6권 제2집까지 DB화하였다(1967년 제1권 제12집, 1968년 제2권 제7집~제11집, 1969년 제3권 제1집~제4집, 제6집, 1972년 제6권 제1집 누락). (정재현)

참고문헌 및 사이트

『정세와 평론』 1967년 제1권 제1집~1972년 제6권 제2집; 국립외교원(www.knda.go.kr).

정책계보

(政策季報)

1966년 6월 1일 서울특별시 중구에서 창간되었으며 계간으로 1969년 4권 3집까지 발행되었다. 민주공화당民主共和黨 정책연구실政策研究室에서 발행한 기관지로 발행인은 윤치영尹致暎(당시 제6대 국회의원), 편집인은 김성희金成熺(당시 민주공화당 정책연구실장)이다. 발행처는 서울특별시 중구 소공동 112의 3번지이며 인쇄소는 1966년 창간호부터 1968년 3권 1집까지는 삼화인쇄소(서울 중구 을지로 2가 15), 1968년 3권 2집부터 1969년 4권 3집까지는 삼성인쇄소(서울 중구 북창동 90)에서 인쇄되었다. 이 잡지는 비매품이다.

잡지의 분량은 약 200면 내외로 창간사에서 편집인 김성희는 창간 취지로 "정책은 인간의 지혜에 의하여 현실을 초극하는 미래를 설정하여 불만족한 현실을 시정하는 데 그 본질적인 의미가 있다."고 밝히고 있다. 즉 불만족스러운 현실을 시정하여, 미래에는 지금보다 나은 생활 상태를 형성하고자 하는 것이 이 책의 목적이라는 것이다. 그러기 위해서 해야 할 일을 창간사에서는 세 가지로 나누었는데, 첫째는 현실의 분석과 그 의미를 정확하게 파악하는 일이며, 둘째는 국내외의 정세 분석과 여론을 파악하여 정책의 동기와 작용방향을 명백히 하는 일이며, 셋째는 미래도未來圖의 설계라고 밝혔다.

이 잡지는 매 호마다 정치 분야와 경제 분야로 나누어 구성하고 있다. 또한 다양한 주제의 특집기사들이 게재되었는데, 특집기사 주제로는 〈선량選良들의 하계夏季세미나(1967년 2권 3집)〉, 〈북괴北傀의 도발행위挑發行爲가 남긴 문제점問題點들(1968년 3권 1집)〉, 〈제2경제(1968년 3권 1집)〉, 〈우리농촌農村의 오늘과 내일來日(1968년 3권 2집)〉, 〈장기계획長期計劃의 구상構想(1968년 3권 3집)〉, 〈자본동원체제資本動員體制의 확립確立(1968년 3권 4집)〉, 〈노임정책勞賃政策에 관關한 제문제諸問

題(1969년 4권 1집)〉, 〈1970년대의 극동極東·동남아정세東南亞情勢(1969년 4권 2집)〉, 〈우리는 왜 헌법憲法을 개정改正하려는가(1969년 4권 3집)〉 등 매우 다양하다. 특집기사 이외에도 정치, 경제, 사회, 문화까지 다양한 주제의 글들이 수록되어 있다.

민주공화당에서 발행한 기관지인 만큼 대부분의 내용이 중립적인 시선에서 보기보다는 민주공화당의 정강정책에 부합하여 당의 정책을 홍보하고 소속당원들을 교육하기 위한 내용으로 구성되어 있다. 각 글의 저자 역시 대통령이자 민주공화당 총재인 박정희를 비롯한 민주공화당 소속 국회의원들과 정부 각료들이 대부분이며 이 외에도 정부정책에 호의적인 대학 교수들이 글을 게재하였다. 간혹 당의 정강정책과 무관하거나 대립되는 글도 게재되어 있으나 이는 소수에 불과했다.

이 잡지는 건국대학교, 경북대학교, 고려대학교, 동국대학교. 서강대학교, 서울대학교, 성균관대학교, 연세대학교, 이화여자대학교, 중앙대학교 도서관에 소장되어 있으며, 성균관대학교 도서관에 소장되어 있는 1966년 창간호부터 1969년 제4권 제3호까지를 DB화하였다. (정재현)

참고문헌

『정책계보』 1966년 1권 1집~1969년 4권 3집.

정치정론
(政治正論)

1970년 12월 19일 창간된 타블로이드판 부정기 간행 신문이다. 발행 겸 편집인은 권오봉 權五奉이고 발행처는 서울 중구 무교동 1번지(정치정론사)이다. 1부 가격은 50원이고 종간 호는 확실치 않다.

정치정론사 사장 권오봉은 「정치정론을 발간 하면서」에서 다음과 같이 신문 창간의 취지 를 밝히고 있다.

"우리 정치인들 중 그들의 사리사욕을 버 리고 진실로 애국 애족하는 정치인이 몇이나 되었던가. 여기 정당정치인들의 깨끗하고 참 신한 정치풍토가 아쉬운 것이다. 이 같은 점 에서 하나의 조그마한 힘이 되고 길잡이가 되어 보겠다는 사명감에서 신문적인 계몽지 의 창간을 마음먹게 된 것이 정치정론이다. (중략) 많은 신문과 잡지 가운데서 진실로 정 치 정도를 논하고 탈선하는 정치인들을 올바르게 이끌고 계몽하고 채찍질하는 정치 분야의 전문적인 신문이 드물다는 것이 유감되는 일이다. (중략) 우리는 그 야말로 때 묻지 않고 깨끗하고 양심적인 정치인의 □□을 바라는 마음 간절하 다. 이 같은 정치풍토를 건설하는 데 사명감과 책임감을 느끼면서 부정 없고 탈 정 없는 정치정도를 제창하고 나선 것이 정치정론의 창간 취지이기도 하다. 따 라서 정치정론은 항상 민중의 편에서 여야 어느 편에도 편파 됨이 없이 냉철한 언론의 정도를 지키면서 시시비비를 가려 신념과 용기로 사회의 □□ 정신을 발 휘하는데 전념하려고 다짐한다." 정치분야의 전문지이면서 건전한 정치풍토를 조성하기 위한 계몽지 역할을 자임하고 있다.

정치정론사 사장 권오봉(1928년생)은 동국대학교 전문부를 졸업하고 국방부

학도의용대중앙훈련국장, 대영산업주식회사 취체역, 서울성북경찰서 행정자문위원장 등을 역임했고, 정치권에 입문하여 1967년 2월 보수 야당세력을 통합하여 조직된 신민당 중앙당위원을 지냈으며 이후 민중당 영광 함평지구당 위원장을 역임하였다. 신문 발간 당시는 민중당을 탈당하고 무소속 정치인으로 활동하였다.

1권 2호(1966. 12.) 1면 상단에는 〈발행취지〉로 '여야를 초월한 정치정론', '여야를 초월한 엄정중립'이라는 구호를 내걸었다. 본문에는 초대 대통령 이승만과 맥아더 사진을 전면에 게재하였다. 2면은 창간사와 사장 권오봉의 약력을 실었다. 3면은 국회국방위원회 김봉환金鳳煥 의원이 「자주국방과 안보의 기본자세-정치경제안정과 발전에 역점」라는 제목하에 국가 안보에 관한 정견을 게재하였고, 4·5면은 대통령 박정희의 농정시찰 사진과 5·16 쿠테타를 미화하는 내용의 기사, 초대 대통령 이승만의 업적을 찬양하는 기사가 실렸다. 6면에는 「정계의 반성, 창조력의 해로」, 9면의 「한국재벌의 기상도」 등 정치 경제적 동향과 관련된 기획기사가 실렸다. 그 외 여러 지면에 걸쳐 이병주李炳主, 이철승李哲承, 이명환李明煥 등 현역 국회의원의 약력과 활동, 정견 소개기사가 이어졌다. 또한 하단에는 사회면으로 간단한 사건 사고 기사도 실려 있다.

이 신문은 1971년도의 대통령 선거와 국회의원 총선거를 염두에 두고 발행된 선전지 성격을 띠고 있다. 따라서 선거 입후보자를 소개하는 등 주로 국회의원 인물 중심의 내용으로 편집되었고 국회에서의 정치판도 분석에 주력하였다. 이 신문은 1971년 선거 전후 주요 인물들의 활동상과 정치 지형을 파악하는 데 참고가 될 만한 자료이다.

국회도서관에 소장되어 있는 1권 2호(1966. 12.)를 DB화하였다. (이병례)

참고문헌

『정치정론』, 1966. 12.

조국
(One Korea)

『조국』은 1987년 7월 4일에 조국통일북미주협회에서 창간했다. 격월간으로 발행되었고, 1987년 7·8월호가 창간호로 나왔다. 사무소 주소지는 P.O.Box 7074, Beverly Hills, CA 90212–7074이다. 잡지의 가격은 3$이다.

『조국』의 필진들의 구성이나 다루는 주제들도 그렇고 잡지 곳곳에서 진하게 베어 나오는 경향들이 모두 당시 한국 사회에서 통일을 제일로 우선시하는 민족주의적 진보정치의 입장이다. 창간 이유와 잡지의 성격은 창간사인 「『조국』의 첫마디」에 분명하게 드러나고 있다. "… 우리가 참된 통일소리를 못하는 것은 … 우리 속에 확신이 약하기 때문이다. 의욕이 차지 못했기 때문이다. 목구멍까지 통일소리가 올라온다면 숲속 참대 밭에 숨어서라도 해야지. 그래야만 참대 속에 들어간 소리가 바람이 불 때마다 '통일, 통일, 우리 민족은 통일이래야 산다'고 산천초목도 부르짖는 함성이 될게 아닌가./ 그래서 이런 소리를 우리는 『조국』을 통해서 내고자 한다. 이 소리는 통일을 의논하는 소리요, 토론의 광장이다. 무엇이 걸려 통일이 한발자국도 나가지 못하는지, 남과북 상대방이 무엇이 서로 믿지 못하겠고, 못마땅한지, 쟁점을 정리하겠다. 마음을 열고 만족의 지혜를 내어놓고 토론을 벌이고 싶다./ … 겉으로는 '평화통일', 속으로는 '무력통일'이란 간판을 내리고, 한 나라 안에 불교, 기독교, 유교가 공존하면서도 통일은 이념과 제도가 달라 근본적으로 되지 않을 소리라는 패배의식도 걷우고, 그러다가는 내 집안 망한다는 피해의식도 다 씻어버리고 이 토론의 광장에 나오기를 권한다."

본문의 기사는 1986년 국회에서 "이 나라의 국시는 반공보다 통일이어야 한다"는 요지의 대정부질문을 하면서 일어났던 "국시논쟁"을 「〈국시재판〉〈국기논쟁〉 불러일으킨 '이념과 체제를 초월한 통일'원칙」에서 다루고 있다. 그리고 이어 국가보안법 위반으로 법정에 섰던 풀빛출판사의 『한국민중사』를 주요 기사로 취급하고 있다. 그리고 양은식의 「국제정세의 변화와 민족대단결과제」, 선우학원의 「3민이념의 세계관」, 서정균의 「민족문제와 사회주의」 등 한반도의 통일을 주제로 한 글들이 그 뒤를 잇고 있다.

〈7·4남북공동성명〉 전문을 게재하면서, 1982년 남한 대통령의 시정연설과 1980년 조선노동당 제6차 대회의 결정문을 비교하고 있다. 그리고 남북공동성명이 발표되던 날 이세방이 쓴 「하늘이 열린다」와 고은의 「한반도의 아침」 중 일부를 전제하고 있다. 그리고 동서독의 기본관계조약과 남북기본관계에 관한 잠정협정(1982년 1월 22일에 한국정부가 북한에 제한했던 안)을 비교 연구했던 「'독일식' 한반도 통일방안 비판」을 싣고 있다. 그리고 1987년 7월 초 재미동포학자들이 당시 북한 조선노동당 비서이자 주체사상연구소장이었던 황장엽과 나눴던 대화를 싣고 있다.

『조국』의 기사들과 논설들은 대체로 한국정부의 통일정책을 비판적으로 고찰하는 데 비해서, 북한의 입장은 '따뜻한' 시선으로 보는 경향이 있다. 또한 한국정부로부터 탄압받았던 민주인사들의 글이 주를 이루고 있다.

창간호 앞표지 뒷면에 실어놓은 조국통일북미주협회, 즉 『조국』이란 잡지를 창간한 협회의 창립선언을 읽어보면, 잡지 『조국』의 경향과 지향점은 보다 분명하게 드러난다. "나라가 동강나고 겨레가 찢긴 지 어언 42년… 분단 42년은 민족적 통일세력과 반민족적 분단세력 사이의 가열한 투쟁의 노정이었다./ 하여 오늘 우리는 분단청산에서 통일성취로 향하는 민족사의 보람찬 전진도상에 서 있다./ 우리는 우리 민족의 모든 수난과 불행, 그리고 비극의 원인이 어디에 있었던가를 확인했으며, 내외 반통일세력의 정체가 어떠한가를 추적했으며, 분단극복의 길이 무엇인가를 발굴했다./ 어떤 외세나 사대독재 파쇼정권이나 역사적 우연성도 우리에게 참된 해방과 통일을 가져다 줄 수 없으며, 우리의 조국통일은 우리 민중 전체의 일치단결에 의한 꾸준하고 희생적인 투쟁에 의해서만 성취될 수 있다는 것을 확신하고 있다./ 지금 국내외에서 통일세력의 신장 확산에 겁을 집어먹은 분열세력은 야수적 폭압을 자행하고 간교한 기만을 농하는 데 단말마적 발악을 하고 있다. 그렇다고 하여 통일운동이 한 순간이라도 위축되거나 후퇴될 수는 없다./ 어느 정권이나 체제의 인질이 아닌 자유로운 입장에 있는 우리 해외동포들은 더 이상 이기심, 무기력, 사대주의에 젖어 자학하고 있을 수 없다./ 그동안 우리는 해외동포로서 통일을 향한 전민족적 투쟁 속에서 미력이나마, 조그마하게나마 일정한 기여를 해왔음을 자부한다. …/ 역사와 현실은 우리에게 새로운 결의와 결단을 요구하고 있다. 이에 우리는 우선 북미주 통일세력의 집결의 필요성을 절감하고 오늘 조국통일북미주협회의 창립을 선언한다. 조국통일북미주협회의 출범이 성스러운 조국통일운동도상에 또 하나의 값있는 이정표가 될 것을 다짐하자."(1987년 2월 28일).

개인 연구자가 소장하고 있던 1987년 7·8월 창간호를 DB화했다. (임성윤)

참고문헌

『조국』

조국

(祖國)

청년사회문제연구회의 기관지로 매월 발행으로 1960년 12월 1일에 창간하였다. 종간호
여부는 알 수 없다. 발행인은 강석현康碩鉉, 편집인 한영춘韓榮春, 인쇄인 정국종鄭國鍾, 발
행소는 서울특별시 중구 을지로 2가 53번지였다. 대판 4면으로 16단에 1단 11자 체제를
채택했다.

창간사는 없고 대신 사설 「성의 해방이 곧 성
의 추락이어야 하는가 – 가정의 평화 없이
국가의 안정 없다」에는 "가정의 평화 없이
국가의 안정 없음을 굳게 믿어 단란한 가정
평화스런 가정을 이룩하기 위해 심혈을 기
울일 것이다. 가정의 안정을 기초로 하지 않
는 어떠한 사회와 국가도 그것은 믿을 것이
못 되고 기대할 것이 못 된다."고 역설하고
있다. 이는 당대의 성해방 담론과 그러한 풍
조에 대한 일침을 가하고 도덕과 윤리의 기
본 단위로서 가정의 중요성과 안정을 토대
로 사회, 국가의 발전을 꾀해야 한다는 '청년사회문제연구회'의 모토를 선포하
고 있다고 하겠다.

　창간호 1면의 하단에는 이 연구회의 「선언」과 「강령」, 「회훈」 '간부명단' 등
이 실려 있는바, "1. 우리는 조국의 건전한 발전과 번영을 약속할 토대를 모색하
겠다. 2. 우리는 초당파적인 위치에서 구국투쟁이념과 ○○운동에 힘쓰겠다. 3.
우리 조국의 건전한 내일이 있음은 한국청년의 건전한 신념과 생활이 있으므로
서다. 이의 확립을 기하겠다. 4. 우리는 청년의 사명이 민족적 역사적 요구임을
안다. 한국청년들의 선○방식의 전반적인 재구성을 이룩하고 민족의 직명(職命)
을 ○○하여 평화의 세계로 안내하기 위한 길을 찾겠다."는 강령을 통하여 보건

대 이들의 사명과 각오가 잘 읽혀지는 것이다.

창간호 1면의 기사들은 「무분별한 언행 삼가라」, 「위대한 국가는 위대한 국민의 표현」(강석현), 「향토계몽대 출발」, 「민족통일문제 연구소 발족」, 「김의장 한일문제 강연」, 「강력조직 확립 시급」, 「12월 선거에 관련 말라」 등이 실렸고, 2면에는 한영춘의 「남북통일의 선행문제」, 김혁동의 「오식통일의 현실성 여부」, 「청년에게 주는 시」와 하단에는 「한국정당사회단체명」이 망라되어 있다. 그리고 3면은 김종오의 「조국에 바치는 노래」(시)와 이 연구회의 규약, 강석현의 「청년사회문제연구회의 가는 길」, 하단에는 2면에 이어서 정당사회단체명이 나열되었으며, 4면에는 「연애와 경제」, 「성과 빈민계급」, 「아름답고 눈부신 가정설계도」, 「청년사회문제연구회의 어제와 오늘과 내일」이 각각 게재되어 있다.

이렇듯 이 신문은 이 연구회의 모든 것을 담고 있다. 4·19혁명 이후에 우후죽순격으로 생겨난 단체 중에서 이 연구회의 특징은 '성문제'를 대표적으로 거론하고 그 건전한 지식과 행동이 가정의 안정과 사회, 국가의 발전에 직결된다는 온건한 윤리를 펴고 있다는 점이다. 비교적 보수적이고 건전한 성담론과 통일문제 논의를 통해 사회적 여론 형성에 개입하려고 했던 단체의 신문임을 짐작하게 한다.

국회도서관에 마이크로필름으로 소장되어 있다. DB도 마찬가지로 창간호를 작업했으며, DB 상태는 양호한 편이다. (전상기)

참고문헌

『조국』 창간호, 1960년 12월 1일자; 『동아일보』, 1957년 2월 18일자; 『한국신문백년〈사료집〉』, 한국신문연구소, 1975.

898

조련가나가와
(朝聯神奈川)

재일본조선인연맹 가나가와현神奈川縣 본부기관지이다. 창간호부터 20호까지는 재일본
조선인연맹 편집부에서 담당했고 편집 겸 발행인은 정재필이었다. 이후 16호까지는 편집
부가 담당했고 17~20호는 재일본조선인연맹 가나가와현 본부 선전부가 담당했다. 특히
17호의 제호는 조련가나가와특보이다. 2면 발행했고 13-17호 각호에는 1부 가격이 2원
50전으로 기록되어 있다. 순간으로 발행되었다.

재일본조선인연맹 가나가와현 본부의 구성
원은 위원장 한덕수, 부위원장 한우제, 부위
원장 겸 총무 류인영, 총무부 최영진, 조직
부 최영원, 경제부 정극환, 재무부 한민웅,
외무부 원용덕, 문화부 정재필 등이었다.

창간호에는 원용덕의 「창간의 사辭」가
실려 있는데, 그는 신조선 건설의 일익을
담당하고 있는 조련 가나가와현 본부가 결
성되어 3년 동안 군국주의 분쇄투쟁, 협동
조합을 통한 민생의 안정, 전재자 동포에
의한 이재자의 구원 등을 열심히 전개했다
고 전제한다. 그리고 조련에 대한 기존의
잘못된 관념을 교정하여 바른 노선을 분명히 하기 위해 언론기관이 필요하다고
했다. 이에 민족반역자의 음모와 역선전을 분쇄하고 전 민족을 결집해서 『초렌
가나가와朝聯神奈川』를 간행하여 동포의 지원과 유지들의 성원을 기대하여 열심
히 노력할 것을 맹세한다고 했다.

창간호에는 「주장: 미소공동위원회의 의의」, 「외국인등록령 실시 뒤 조선인
각 단체 총합 의견을 제출」, 「제4회 집행위원회 회의록에서: 문화활동 강화의
건」, 「생활협동조합 발족하다」, 「중앙인민학교 실현을 기대한다 제5회 동횡빈

지구협의회에서」, 「기상하는 조선부인 재일조선민주부인동맹 가나가와현 본부 결성되다」, 「열혈 청년은 절규하다! 민청 제2회 웅변대회」, 「문화운동 강화로 제5회 문화부장 회의」, 「문화는 인류 발전을 위해」 등이 실려 있다.

「주장: 미소공동위원회의 의의」에서는 미소공동위원회의 의의로 첫째, 대내적 관점에서 민주적 통일 국가 수립에, 그리고 둘째로 미국 중심 반공국가의 건설을 넘어 세계 평화에 기여하는 것으로 하고 있다.

제2호의 주요 기사는 「주장: 여운형선생의 죽음을 추모한다」, 「다채로운 8·15 해방절의 행사」, 「가와사키(川崎)사건에 대해 관련 당국의 반성을 촉진한다. 조련, 총련의 공동성명서」, 「실업대책에 만전을 기하다」, 「해방 2주년 기념일을 맞이하여」 등이 보인다. 특히 8·15 2주년을 맞이하는 기념대회가 대대적으로 홍보되고 있는 「주장: 여운형 선생의 죽음을 추모한다」에서는 7월 17일 민주주의 신 조련 건설의 지도자 여운형의 죽음을 기리며, 조선 해방 운동에 헌신한 여운형을 일제와 타협하지 않고 8·15를 맞이했던 인물로 부각하고 있다.

제5호에는 「외국인등록령 실시에 즈음하여」, 「전 동포는 일어나 응하자: 백만 원 기금 캄파운동으로: 제5회 집행위원회에서 결정」, 「가나자와(金澤)지부 제2회 정기대회」, 「제2회 생활협동조합 이사회 개최」, 「초등학교 교원 자격 검정시험」 등의 기사가 확인된다. 아울러 「아동작품 전람회」가 현 본부 문화부 주최로 열렸다. 특히 조련과 민청 관련해서는 야구대회가 두 조직이 함께 개최해서 열렸던 사실이 확인된다. 2면에는 「문화로 배양되는 신조선」, 「사회당에 바란다」(이군생), 「극평: 원작으로 조명하여 "춘향전"을 보고」, 「각 지부의 정기대회에 바라는 것」(최영원) 등이 보이며, 지부대회와 관련한 여러 기사가 확인된다. 특히 꽁트 「지부의 하루」로 일상을 사실적으로 그리고 있다.

특히 광고로 8·15일 2주년 대회와 관련해 다음과 같은 내용이 확인된다. 슬로건으로 "조선 완전 자주 독립 만세!", "반동정책 민족반역자를 박멸하여 정권을 인민위원회의 손으로 돌리자!", "민족주의 민족전선 만세!"가 실려 있고, "일본에서 세 번째 맞는 해방의 날 현하의 동포여 요코하마에 모이자!!! 피로 물들여진 역사 피로 민주 조선은 건설되고 있다."고 했다.

1947년 간행된 1·2·5·6·7·8호와 1948년 간행된 11·12·13·14·15·16·17호를 DB화했다. (김인덕)

참고문헌

『朝聯神奈川』1호, 2호, 5호.

조련기
(朝聯旗)

재일본조선인연맹 기후현岐阜縣 본부 기관지이다. 발행인은 기후현 본부 이스희이다. 편집위원은 김재열, 김상규, 김상호, 오위영, 정유진이었다. 2호(1948. 9. 1.)와 3호(1948. 10. 1.)가 확인되고 매월 초에 간행된 것으로 보인다. 언어는 일본어로 쓰여있다.

재일본조선인연맹 기후현岐阜縣 본부 역원은 고문 남회람, 위원장 여숙희, 부위원장 구가오 등이었다.

"총력을 인민중앙정부 수립으로"라는 슬로건 아래 제2호의 주요 기사로는 「조련 제 15회 중앙위원회 교토京都에서 열다. 남북지도자협의회의 결정을 지지」, 「헌법실시를 전면적지지」, 「도쿄東京역전에 조련朝聯회관 중총 신가옥으로 이전 완료」, 「남로당원 10여 명이 검거되다」, 「해방기념일에 14명 표창」, 「주장: 5전대회를 평화확립을 위해」, 「구국을 소리 높혀 외치는 8·15 3주년 기념대회」, 「8·15 해방기념일 맞이하여」 등과 계몽란에 「조선민주주의인민공화국 헌법(2)」, 「해설: 조련과 민단(하)」이 실려 있다. 여기에서 S.G는 조선의 통일정부 수립이 늦어진 것도 민단의 책동으로 이들과 연계된 이승만, 김성수일파의 책동이라고 했다. 그리고 "후기"에는 조직이 확대되고 있는 가운데 민단에 들어가면 밀조주, 악행을 경찰이 묵인하나, 만일 들어가지 않으면 공산분자로 군정청에 알려 3일 이내에 조선으로 추방당한다고 했다. 광고로는 "양로당 약국", "미즈노水野의원" 등이 실려 있다.

이 가운데 「해방기념일에 14명 표창」의 기사에서는 기후현 본부에서 조련 결성 이래 생활을 희생하면서 '대중과 조국'을 위해 활동한 황의도, 이상갑, 백

재남, 조성제, 권봉천, 이석기 등의 조련 관련지도 일본인 마츠가미(松波靜子) 등 14명이 기념인민대회 자리에서 표창을 받은 내용이 확인된다.

특히 「신정세에 대처하여 기후지부 정기대회 열다」에서는 기후현 지역의 활동으로, 동기후지부에서 1948년 8월 20일 기후조선초등학교에서 열린 제2회 정기대회의 결의 내용이 보인다. 이 자리에서는 1. 문맹을 퇴치할 것 2. 조직을 강화할 것 3. 생활개선에 노력할 것 4. 민주인민공화국 전취에 노력할 것 5. 재무 확립을 위해 맹원비의 완납. 기관지와 여러 물품대의 빠른 정산 등에 대해 결의했다.

아울러 제2호에는 민청과 여동의 현 정기대회 통지문이 실려있다.

제2호는 「총력을 인민중앙정부 수립으로」라는 슬로건을 통해 북한 정부수립을 위한 현 단위 움직임을 확인하고 있는 것을 보여준다. 8·15 3주년 기념을 현 차원에서 적극 추진하고 8·15의 해방기념일의 의미를 적극 홍보하고 있다.

제3호 1면에는 슬로건으로 "미군 주둔 계속 절대 반대, 소련군과 동시에 미군도 철퇴시키자"를 내걸고 「성명서」, 「소동맹 군 본년 중에 철병한다: 양군 철병 요청에 응해서 김두봉 최고인민회의 상임위원장에 통고」, 「조국 소식」, 「돌격대」 등의 기사가 보인다. 성명서는 외국군 철퇴요구에 대해 "재일동포는 소동맹 군이 조국으로부터 무조건 철군한다고 하는 우의에 대해 (중략) 경의와 감사의 뜻"을 표한다면서 미군도 동시에 철군할 것을 요구하고 있다. 아울러 기후현 본부 정기대회 대의원수를 고지하여 총 200명, 집행위원 51명이라고 기록하고 있다.

제3호 2면에는 「주장: 인민공화국 독립의 축하 투쟁을 전개하자」, 「"조선인민공화국 경축 주간" 28일 경축대회 준비위원회에서 구체적 방침 제안 토론하자」, 「교육자의 인격과 실력을 향상시키자」 등과 「제5회 전체대회 의안」(전국)이 실려 있다. 그리고 활발히 정기대회가 지역에서 열리는 상황도 소개하고 있다. 계몽란에는 연재물인 「조선민주주의 인민공화국 헌법(3)」이 실려 있다.

2호(1948년 9월 1일)를 DB화했다. (김인덕)

참고문헌

『朝聯旗』 2호, 3호.

조련니가타시보
(朝聯新潟時報)

재일본조선인연맹 니가타현新潟県 본부 선전부에서 발간한 기관지이다. 편집·발행인은
도창동都昌棟이다. 2면으로 간행했고, 창간호만 확인되고 있다.

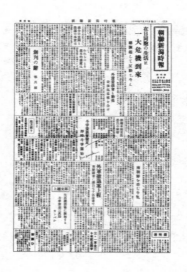

간행 당시 재일본조선인연맹 니가타현 본부
상임위원회의 임원으로는 집행위원장 김판
근, 총무부장(겸) 이봉훈, 조직선전부장 도창
동, 문화부장 최찬준 등이 확인된다.

또한 니가타의 여성동맹현본부 상임위원
회는 집행위원장 김명이, 부집행위원장 김옥
수, 총무부장 이수자, 조직부장 강정희, 문화
부장 손옥련으로 구성되었다. 아울러 민주청
년동맹 니가타현 본부는 집행위원장 신동,
부집행위원장 박임하, 재일본조선인연맹니
가타지부는 집행위원장이 혹룡수, 부집행위
원장이 박흥수였다.

창간호에서 도창동은 「창간의 사辭」에서 부르주아 상업신문을 비롯해서 기타
반동신문이 인민대중의 무지화와 로봇화를 획책하고 있다면서 신문용지의 제
한, 경제적 곤궁, 인쇄수단의 불비가 언론의 자유를 확보할 수 없게 하는 상황이
라고 했다. 그렇지만 이 기관지는 적의 정체를 폭로하고 적이 의도하는 부당한
탄압과 생활권을 박탈하려고 하는 반동권력에 대해 투쟁하는 역할을 할 것이라
고 했다. 그리고 자본의 독점 보호를 위해 「외국인재산취득정령」이 실시되었다
고 하면서, 민자당을 비롯해 민주, 국협 양당의 반인민적 매판정책을 전 인민의
과업에서 반대투쟁하는 데 벨트의 역할과 좋은 조직가가 될 것이라고 했다.

이와 함께 창간호의 주요 기사를 보면, 1면에는 「외자위원회도 동요」, 「투쟁

위원회발족 즉시 투쟁 개시」, 「외군 철퇴안 상정」, 「남조선을 탐하는 우유」 등이 확인된다. 이 가운데 「재일동포의 생활에 일대 위기 도래: 총궐기하여 반동과 싸우자」라는 기사는 1949년 1월 25일 외자도입에 관한 총사령부의 일본정부 앞의 각서 및 외자위원회의 「외국인재산취득에 관한 정령안」이 발표, 실시되어 재일본조선인에게도 적용된다는 사실을 알려주고 있다.

2면에는 「여동집행위원회 개최 일본인민과 공투에서」, 전문으로 「외국인의 재산취득정령안 전문」이 확인된다. 이 정령안에서는 외국인이 일본인 또는 일본국의 정부 없이 지방공공단체로부터 주식, 토지, 건물, 공장 재산의 임차권 특허권, 생산비 등을 취득하려고 할 때는 외자위원회의 인가를 받아야 한다는 것이다.

창간을 축하하는 광고로 다카미야高宮상회, 평화상회, 야스모토康本상회, 가와모토河本상회의 것이 실려 있다. 그리고 신간 안내로 책 『인형극장』, 『식민지의 옥獄』이 확인된다.

1949년 2월 25일 창간호를 DB화했다. (김인덕)

참고문헌

『朝聯新潟時報』 창간호.

조련문화

(朝聯文化)

1946년 4월 1일에 일본 도쿄東京에서 창간되었다. 월간을 계획했지만 제2호는 1946년 10월 20일에 발행되었다. 창간호의 발행인은 윤권尹權, 편집인은 이상요李相堯다. 발행소는 재일본조선인연맹중앙총본부 문화부, 인쇄소는 조선인민출판사이다. 일본 각 현의 조선인연맹 문화부를 통해서 발매하였다. 제2호 때 편집자가 조선인연맹중앙총본부 문화부로 바뀌었다.

재일본조선인연맹(조련) 중앙총본부의 기관지다. 조련은 1945년 10월 15일에 결성되어 1949년 9월 8일에 해산된 재일조선인의 연합단체다. 결성 당시에 신조선 건설에 헌신적 노력을 다한다, 재일동포의 생활안정을 다한다 등 6개의 강령을 내걸었다.『조련문화』는 조련 결성 6개월 만에 창간되었다.

조련 부위원장 김정홍金正洪은 창간사에서 지난 6개월간 조련이 거둔 수확을 자기비판하였다. 조련의 과오 중 하나는 대중의 절실한 요구 중 하나인 계몽사업에 충실하지 못한 것이었다. 이러한 자기비판의 결과물이『조련문화』였다. 편집인 이상요는 「민족해방의 길은」에서 조선 민족의 당면한 과제로서 일제의 잔재와 봉건적 체제의 청산을 들었다. 그래서 그 청산 과업을 온전히 달성하기 위해『조련문화』를 중심으로 일본에 재류한 문화인의 적극적 참여를 요청하였다.

창간호에는 야마카와 히토시(山川均)의 「조선인민에게」라는 특별기고문과 박병곤朴炳昆의 「민주주의」, 이석인李錫寅의 「해방조선의 일단면」, 김사철金四哲의 「조선청년의 사명」, 한동섭韓東涉의 「해방여성의 길」 등 네 편의 논설이 실렸다. 창간호에는 허남기許南麒의 「내 피를」과 정백운鄭白雲의 「하늘」 등의 시, 그리고 길원성吉元成의 「출발하는 우리 시단詩壇」과 이은직李殷直의 「춘향전과 조선인민 정신」 등의 예술론 등 문예작품을 함께 게재하였다. 그외 박흥규朴興圭의 「강제 노동자」, 임광철林光徹의 「예술과 인민대중」 등의 보고와 백두산인白頭山人의 「병 상한필病床閑筆」이 함께 실렸다.

편집자는 창간호를 잡지라고 말하기 어렵고 제2호가 겨우 잡지의 꼴을 갖추 었다고 자평하였다. 제2호는 111쪽으로서 창간호 62쪽의 거의 두 배였다. 기본 내용 구성은 비슷하지만 훨씬 다양한 글을 수록하였다. 먼저 앤드류 로스의 「일 본제국의 조선압정壓政약사」를 번역하였고, 임두식林豆植의 「태극기의 의미」와 김기억金基億의 「조선민족성소론小論」 등의 논설을 실었다. 정동문鄭東文의 「젊은 이의 노선」은 재일본조선인학생동맹 대회의 참관기이며 이석촌李石村의 「민전民 戰의 교육대책과 군정청문교부의 교육대책」도 중요하게 다루었다. 이은직의 춘 향전 분석을 계속해서 수록하고 홍순창의 「중국문화사」를 새롭게 연재하였다. 문예작품으로 허남기의 시 「청춘」, 차영車影의 희곡 「땅파는 사람들」, 임광철의 소설 「네 눈이 밝구나!」 등도 실렸다.

일본 국회도서관에 소장된 창간호와 제2호의 기사를 DB로 만들었다. (장신)

참고문헌

호테이 토시히로, 「해방 후 재일 한국인 문학의 형성과 전개 – 1945년~60년대 초를 중 심으로 – 」, 『인문논총』 47, 서울대학교 인문학연구원, 2002.

조련오사카시보
(朝聯大阪時報)

재일본조선인연맹 오사카大阪본부의 기관지이다. 발행소는 재일본조선인연맹 오사카 본부 서기국이고 창간호의 편집 겸 발행인은 송문기이다. 2호는 박동섭이다. 창간호는 한글이고 다른 호는 일본어이다. 창간호와 2호, 3·4합병호는 월 2회 간행된 것으로 보인다.

창간 당시 재일본조선인연맹 오사카본부 상임위원회의 구성을 보면, 고문으로 강하구, 김달관, 이강해, 김민화, 강우현, 위원장 송문기, 부위원장 송경태, 이원, 총무부장 이원(겸임), 문교부장 송경태(겸임), 재무부장 진갑창, 외교부장 현상호, 사회부장 이복조, 경제부장 서성만, 조직부장 이병호였다. 아울러 재일본조선민주청년동맹 오사카본부 상임위원회 위원장은 전리경, 부위원장 윤상철이었다. 또한 재일본조선민주여성동맹 오사카본부 상임위원회는 위원장 오순화, 부위원장 문정희, 추상남이었다.

창간호(1947. 11. 20.)의 송문기(조련 오사카본부 위원장)의 「창간의 말」에는 조련이 전국적으로 2년이 지난 상황에서도 뿌리를 내렸다면서 이런 활동을 비판할 때 가장 문제가 되는 것이 기관지가 없는 것이라고 했다. 기관지는 조직의 강화와 대중과 결합하는 데 주요한 수단이라면서 여러 차례 간행했던 『조련통신』도 제대로 간행이 되지 못한 아쉬움이 있다면서 월 2회 기관지 간행은 반드시 책임지고 수행해야 하는 일이라고 했다. 과거 제5회 정기대회에서 기관지 발행을 결의하고 2개월이 지났다면서 전력을 다해 준비해 간행함을 이해해 줄 것을 요청하고 있다. 기관지는 일상의 기록이고 지침으로 그 역할을 다해야 함을 천명하고 전 동포가 통신인이 되면서 이를 통해 조직이 강화될 것이라고 했다.

창간 제1호 1면에는 주요한 기사로 「제28회 집행위원회 2천만원 기금모금운동 만장일치로 통과함」, 「2천만 원 기금 캄파운동 순조롭게 발족함」, 「관동수해에 집중하는 동포애」, 「지방단신」 등이 보인다. 당시 1947년 11월에는 기금 마련을 통한 회관 건립이 조련 오사카본부의 현안으로 보인다.

또한 제1호 2면의 주요기사는 「긴키近畿지방협의회 활발한 운동을 전개」, 「사회부: 재류동포의 출옥운동을 계속」, 「전문위원회의 운영에 대하여」(현상호), 「장학회 간사이關西지부 설치」, 「여성대중에게」 등이 확인된다.

제2호 1면에는 창간호와 유사하게, 「주장: 의장단제에 대하여」, 「조선 독립완성으로: 민족통일운동에 신기운: 양군 조기 철병 실현에 전력 집중, 먼저 신 3대 원칙을 발표」, 「중총 윤봉구시담: 조련 회관 설치문제는 기금 획득이 급선무」 등이 실려 있는데, 기금 모금을 운동을 제1호와 마찬가지로 전개했다.

제2호 2면에는 「협동조합운동에 대해: 조련 생활협동조합운동에 대하여」(박종섭), 「2천만 원 기금 캄파운동을 완수하자」, 「조선독립을 인민의 손에 의해 쟁취하자」, 「민청대본 제3회 정기대회를 열다: 미소 양군 즉시 철병의 실현으로!」, 「규슈九州지방 재류동포의 근황」(이병호) 등이 실려 있다. 이 가운데 「협동조합운동에 대해: 조련 생활협동조합운동에 대하여」에서는 중간 마진을 없애는 것이 협동조합의 우선 목적이라면서 달성방법은 첫째, 자금확보, 둘째, 전문업자 활용, 셋째, 전국엽합체의 조직을 내걸었다. 아울러 윤봉구의 일반 정세 보고도 조선 정세 보고기사로 실려 있다.

제2호에는 이처럼 기금 모집을 통한 조직 확대를 적극 추진할 것과 이를 위한 다각적인 방법 중의 하나로 회관건설을 제기했다. 아울러 "여동" 간부의 양성을 위한 강습회가 열렸던 내용, 장학회 발족 관련 내용도 확인된다. 광고로는 니시야마西山치과의원을 소개하는 내용이 보인다.

그런가 하면 3·4합병호는 기사내용 가운데 생활협동조합운동, 단독정부 수립을 분쇄하는 것을 전면화시켰다. 기금 모금도 지속적으로 전개했던 내용이 보인다. 특히 「재일조선학생동맹 제7회 사상토론회: "학생운동에 대하여"의 결론」에서는 사회의 올바른 발전 방향으로 가는 길을 첫째, 자주적 투쟁, 둘째, 조선 연계 투쟁, 셋째, 조련 연계 투쟁을 들고 있다. 광고로 "축 1948양군 철병 조국완전독립을 인민의 손으로 전취하자."라는 내용도 확인된다.

1호(1947년 11월 20일), 2호(1947년 12월 5일), 3·4합병호(1948년 1월 5일)를 DB화했다. (김인덕)

참고문헌

『朝聯大阪時報』 1호, 2호, 3·4합병호.

조련중앙시보
(朝連中央時報)

1947년 8월 15일 일본 도쿄東京에서 창간된 재일본조선인연맹의 기관지이다. 발행은 재일본조선인연맹 중앙총본부 정보부, 발행소는 총본부가 있었던 도쿄도東京都 쥬오구中央区 쓰키시마月島 니시나카도오리西仲通リ 12-70이었다. 조선어판으로 창간되었는데, 5호부터는 일본어판, 1949년 3월 6일 83호부터는 조선어와 일본어의 병용판, 1949년 9월 1일 133호부터는 다시 조선어판으로 발행되었다. 1949년 5월 1일 제94호부터는 3일에 1회 간행하였다. 30호까지 발행하고 용지가 부족해서 1948년 3월 5일부터 약 2개월간 휴간한 후에 발행을 재개하여 조련이 강제해산당하기 직전인 1949년 9월 6일까지 통산 135호를 발행했다.

김만유金萬有의 발간사 「발간의 말」에 따르면, 독자 대상은 분회 이상의 위원 1만 7천 명이고, 편집 방침은 첫째, 중앙 총본부가 발표하는 지령에 대한 해설, 둘째, 조련의 정치노선에 대한 해설, 셋째, 중앙 총본부 및 각 지방 조직의 활동성과에 대한 보도, 넷째, 조직 활동에 도움이 되는 선전계몽자료의 해설 등을 게재하는 것이었다.

조련은 결성 이후, 출판보도 활동을 왕성하게 전개했다. 일본의 패전 직후의 사회적 혼란, 물자 부족, 연합군최고사령부 (GHQ) 점령이라는 조건 하에서 당시의 조련은 신문의 편집발행, 잡지의 간행, 통신사업, 영화 제작 등 다양한 출판보도활동을 진행했다.

중앙 상임 집행기관이 결성된 후, 조련은 기관지 발행에 즉시 착수했다. 최초의 기관지 『조련회보朝連会報』(B4용지를 절반으로 접은 팜플렛 형식으로 조선어판으로 발행되었다. 정보부와 문화부가 협력해서 발행했다고 한다. 조련 결성 당시의 중앙총본부 소재지는 도쿄도東京都 요도바시구淀橋区 쓰노하즈角筈 니초메二丁目 94번지九四番地)에 있었기 때문에 발행원의 주소도 동일하다. 『조련회보』는 22호까지 발행되었다.

그 후 조련은 제28회 중앙 상임위원회에서 『조련회보』의 제호 변경을 결정하고, 1946년 6월 10일부터 『조련시보朝連時報』(12호, 원제 표기는 『朝聯時報』)로 발행을 계속했다. 발행소는 도쿄도東京都 시바구芝区 타무라마치田村町 잇초메一丁目 3번지三番地, 발행인은 조련 중앙총본부 윤근尹槿(위원장), 정가는 1엔이었다. 인쇄소는 도쿄도東京都 간다구神田 미사키쵸三崎町 잇초메一丁目 2번지二番地, 조광사朝光社로 되어 있다. 당시, 편집에는 하종천河宗川, 박흥규朴興圭, 최용근崔瑢根, 임광철林光撤, 정백운鄭白雲 등 여러 사람이 관여했다.

조련의 활동이 폭넓게 추진되는 가운데 『조련시보朝連時報』의 보도만으로는 역부족이라고 판단하였기 때문에 중앙총본부의 결정에 의해 재일조선인생활권옹호위원회가 발족(1946년 11월)하자 그에 맞춰 『조선인 생활권 옹호위원회 뉴스朝鮮人生活権擁護委員会ニュース』 제1호가 발행(1946년 11월 29일)되었다. 이것은 조련 기관지를 대변하는 역할을 하는 것으로 일본어판으로 발행되었다. 이 신문은 27호 발행 후인 1947년 8월 5일에 생활권옹호위원회가 해산되자 동시에 폐간되었다.

『조련회보』 『조련시보』 『조련중앙시보』로 이어진 조련 중앙총본부 기관지의 발행은 조련 활동을 선전하는 역할을 맡아 당시의 민족적 애국운동을 견인하는 강력한 수단이 되었다.

제1호 1면에는 "해방 2주년 기념 만세!"라는 슬로건 아래 기사로는 「주장:해방 2주년을 마지하야」(윤근), 「기념 주간의 초점: 현실과 결부한 투쟁을」, 「일경의 개재 반대 외국인 등록령에 관하야」, 「주간활동(중기): 해방 축하대회 도쿄는 공립강당에서」, 「고여선생 추도회」 등이 실려 있다. 이 가운데 「기념 주간의 초점: 현실과 결부한 투쟁을」에서는 해방기념행사는 다만 기념행사 만으로 끝나서는 안 되고 현실과 결부된 투쟁으로 대중을 조직하는 운동을 전개해야 한다면서 다음과 같은 운동을 일으켜야 한다고 천명했다.

"1. 생활 근거의 확립, 2. 조국 임정 수립 촉성과 반동 데모 분쇄, 3. 조직강화와 교육 보급"

제1호 2면은 「민주건설의 2년: 4당 공동성명을 일야에 파기」(상), 「8·29, 9·1을 어떠케 마지할까: 기념 주간 하기 활동」, 「우 3 좌 2 미국의 요구하는 각료」 등의 기사가 보인다.

제2호 1면은 제1호와 거의 동일한 체제를 유지하고 있다. 주요 기사를 보면, 「주장: 또다시 난관에 봉착한 미소 공위의 활로를 타개하라」, 「5천 회중의 의기 충전: 해방 축하 도쿄대회」(조선 해방 2주년 기념대회), 「민단 쇼난湘南지부 조련지부에 합류」 등이 실려 있다. 이 가운데 「5천 회중의 의기 충전: 해방 축하 도쿄대회」는 1일 부녀의 모임, 2일 해방기념대회, 3일은 아세아 민족 친선의 모임을 보도하고 있다.

제2호 2면은 연재물로 「민주건설의 2년: 반탁운동 때문에 공위추 무기 휴무 (중)」, 「8·15해방기념가」, 「조선인연맹가 입선작 발표」, 「계몽운동을 힘 있게 전개하자」(조용달), 「시보 배부와 지대 납입에 대하야」가 보인다. 「8·15해방기념가」, 「조선인연맹가 입선작 발표」에 보이는 조선인연맹가 1절은 다음과 같다.

"건국의 전사와 재일동포들/ 한길로 쏟아진 우리 열정은/ 맺고 맺어 한몸 한 뜻 굳은 단결로/ ○○ 같은 맹서 위에 높이 또 높이/ 강하게 세웠도다 우리의 조직/ 보아라 우리의 힘/ 조선인연맹/ 전 일본 방방곡곡/ 조선인연맹"

1947년 1호, 2호, 3호, 9호, 10호, 11호, 12호, 13호, 14호, 15호, 16호, 17호, 18호를 DB화했다. (김인덕)

참고문헌

『朝連中央時報』 1, 2호; 呉圭祥, 『ドキュメント在日本朝鮮人連盟 1945-1949』, 岩波書店, 2009.

조련히로시마시보

(朝聯廣島時報)

재일본조선인연맹 히로시마현廣道縣 본부 편집국에서 간행한 신문이다. 편집 발행인은 성인규이다. 각 호는 2면 순간으로 발행했고, 확인되는 호수는 1, 2, 5, 6호로 3, 4호는 결호이다.

본 신문을 간행할 때 재일본조선인연맹 히로시마현 본부 편집부의 구성은 편집장 성인규, 정치부: 서채원, 김민, 김삼보, 사회부: 손정희, 한춘식, 김영철, 문화부: 박령세, 황덕수이다. 이 가운데 서채민은 서기장, 김민은 히로시마현 조직선전부장, 한춘식은 조직선전부 차장, 황덕수는 사무부장 등을 겸했다.

제1호(1949. 2. 1.)에서는 박윤암(조련 히로시마현 본부 위원장)의 「창간의 사辭」가 실려 있는데, 그는 조국이 미증유의 중대한 해에 들어섰다면서 오랫동안의 봉건적 압제에서 해방된 것은 3천만 동포의 환희도 다른 어떤 일에도 견줄 수 없다고 전제한다. 그리고 그는 "우리 동포는 일정의 반동적 민족 탄압과 인민수탈정책에 의해 궁핍의 밑바닥에 빠져 있었고 여기에 대해 반동적 언론기관은 모든 기회를 매번 민족이간책으로 이렇게 우리들의 궁핍에 박차를 가하고 있다."고 현상에 대한 분명한 상황 정리를 하고 있다. 그리고 여기에 기초하여, "해방신문과 조련중앙시보 및 민청시보의 여러 사람의 활동은 그 의미에서 다대한 공헌을 해 오고 있다고 할 수 있다."면서 정확한 정세와 여론을 적어도 다수의 동포들에게 호소하고자 하는 데서 그리고 조직의 단결을 목표로 하여 신문을 간행한다고 했다.

제1호 1면의 주요기사는 「대중의 압력에 의해 하부 권력기관 동요한다」, 「경찰관의 야만적 폭행」,「주장: 지방권력의 부패와 파쇼화를 허락지 말자」,「안사 安佐지구 인민대회」,「시의회 내의 파시스트 분자」 등의 재일조선인 관련 기사와 「민족전선을 즉시 결성하자」(젠테이全遞노조 히로시마지구본부)는 지역 노동조합 관련 기사도 보인다.

제2호 2면의 기사는 「공산당의 경이적 진출과 민주혁명-선거를 회고하면서-」,「조련 히로시마회관 건설에 대하여」(서채원),「당면의 민청 활동」(민청현본부 위원장 손정희),「조선여성의 해방」(백남선) 등의 기사가 실려 있다. 그리고 지역 신문의 성격을 확인할 수 있는 길동석(조련 히로시마현 본부 부위원장)의 모친상 관련 기사가 보인다. 아울러 본부 편집부는 학생들을 대상으로 작문, 감상, 시 등의 응모 관련 박스 기사도 실려 있다.

그런가 하면 창간을 축하하는 광고로 조련 오다케大竹지부의 광고, 히로시마 조선인세금조합 광고도 확인된다. 특히 오다케지부의 경우는 위원장 정소용 등의 이름을 비롯해, 부위원장 장두한, 김형익, 강윤덕, 이삼조, 이사조, 노문이, 이수룡이 확인된다.

조련 히로시마 본부는 회관건립과 민청 고등학원 개교 등에 전력을 경주했다. 그런가 하면 일본 내 외자 도입과 관련한 특집호외가 발간되어 지역에 사는 재일동포의 생활이 급격히 변화될 것을 피력하기도 했다.

제2호 1면에는 「주장: 인민공화국으로 직결하는 길」,「파쇼의 대두를 허락하지 말자: 조련현 본부 상임위원회 성명서 발표」,「통렬한 자기비판 아래 새로운 체제를 결속한다」,「새로운 체제 확립 아래 민청대학 설립을 결의하며」 등의 조직 내부의 기사가 당시 히로시마현 본부와 조련 중앙의 움직임을 소개하고 있다. 아울러 조련 히로시마회관 건립 기금 납부 일람표와 기관지 배포 상황도 지역별로 소개하고 있다.

제2호 2면에서는 「북선군 침입에 대하여」에서 김일성의 연두교시를 인용하며 통일길로 이를 서술하면서, 지역의 움직임에 적극 지면을 할애하고 있다. 구체적으로는 「현 본부 문제의 산적에 망살」,「노구를 이끌고 활약: 변용범 씨」,「간부교실: 문맹 퇴치는 어떻게 할 것인가」,「표석」 등이 실려 있다. 아울러 박진세는 「시: 올바른 자여」에서 첫째로 단결, 둘째 당당함, 셋째 희망의 세상 열기를 주장하고 있다. 광고로 2면에서는 협진건설공업주직회사, 조련 안사지부의 것이 실려 있다.

1949년 2월 12일 당시 발행된 호외는 "외자도입에 관한 특집호"였다. 여기에서는 '재일동포'의 생활에 일대 위기가 도래할 것이라면서 중소상공업자, 재일동포 전체의 생활에 중대한 일이라고 했다. 그리고 경제 9원칙의 올바른 운영정신에 위반된다고 했다. 특히 일반 외국인과 조선인을 동일하게 취급하는 것을 절대 반대한다고 했다. 아울러 호회는 2면에 「외국인의 재산취득 정령안(전문)」17개조를 실었다.

1호(1949년 2월 1일), 2호(1949년 2월 10일), 5호(1949년 3월 10일), 6호(1949년 3월 31일)를 DB화했다. (김인덕)

참고문헌

『朝聯廣島時報』1호, 2호.

조사월보
(調査月報)

1963년 중앙수산검사소에서 발행되기 시작하였다. 발행 겸 편집인은 이극원이다. 발행소는 서울특별시 종로구 원남동 103 중앙수산검사소이다. 인쇄소는 서울특별시 종로구 안국동 141 성문사이다. 1963년 제9호부터는 인쇄소가 서울특별시 종로구 연지동 265 동화사로 바뀌었다. 비매품이다. 1964년에 『조사계보』로 제호가 바뀌었다.

중앙수산검사소는 1949년 6월 8일 상공부 소속으로 설치되었다가 1955년 해무청 소속으로 변경되었다. 주요 업무는 수산제품의 검사, 그 제조 및 포장에 관한 조사연구와 지도에 관한 사항 및 수산제품의 거래와 수출의 조사통계에 관한 사무를 관장한다.

이러한 중앙수산검사소에서 매월 발행되던 『조사월보』는 수산물 검사현황에 관한 보고서라 할 수 있다.

주요 내용은 세계 각국의 수산물 검사법과 수산업 현황, 우리나라 수산물 현황, 월별 수산물 검사 개황, 해외소식, 기증도서일람표로 구성되어 있다. 매월 게재되는 수산물 검사 개황에서는 수산물 검사 실적을 지소·출장소별, 품종별·등급별, 생산지별, 송향지별送向地別로 보여주고 있다.

국회도서관에 소장되어 있는 1963년 1~4호와 9~10호를 DB화하였다. (구수미)

참고문헌

『조사월보』, 1963년 1~4호와 9~10호, 중앙수산검사소; 국가기록원 홈페이지 기록물생산기관변천연혁정보 http://theme.archives.go.kr.

조사자료

대한상공회의소에서 발간한 조사자료로 「경기변동의 분석과 전망」 항목을 정리한 것이다. 1965년부터 연간으로 발간되었다.

1965년도에 발행된 2집을 보면 전체적으로 2/4분기 및 3/4분기의 경기변동을 정리하고 있다. 서두에서 정리하고 있는 조사기준 및 용례를 보면 표본조사 대상부문은 생산, 유통, 용역의 3개 부문으로 대별했으며 생산부문은 다시 제조업, 광업, 건설업, 유통부문은 국내상업, 무역업, 용역부문은 운수업, 접객업으로 분류하였다. 대상 지역은 서울을 위시하여 부산, 대구 등 주요 도시를 대상으로 하였다.

1966년에 발행된 5집 역시 당년도의 경기변동을 분석하고 있는데 상공회의소 조사부장의 「서언」에 따르면 "제3집까지는 분기별로 연4회에 긍하여 조사를 실시했으나 업무사정으로 말미암아 제4집부터는 조사대상기간을 종전의 분기별에서 반기별로 변경 실시하게 되었다."고 밝히고 있다. 1967년에 발행된 6집부터는 「경기변동의 분석과 전망」이라는 제목이 「주요기업의 경기변동분석과 전망」으로 바뀌었으며 "판을 거듭함에 따라 통계의 생명인 정도향상과 조사방법의 개선을 위하여 끈질긴 노력을 경주하여 왔으며 특히 이번에는 조사지역을 점진적으로 확대하고 회수율 제고를 위하여 실사조사에 치중"하였다고 밝혔다. 부록으로 DI추세표와 경기동향조사분석표가 첨부되어 있다.

국회도서관에 1966~1968년 발행분이 소장되어 있으며, 이중 일부를 DB화 하였다. (임경순)

참고문헌

『조사자료』, 1965~1967년.

가

나

다

라

마

바

사

아

자

차

카

타

파

하

조선문예

(朝鮮文藝, 국문판)

1948년 3월에 도쿄에서 창간되었다. 창간호 외에 발견된 호수가 없다. 발행 겸 편집인은
박삼문朴三文이다. 발행소는 도쿄의 조선문예사, 인쇄소는 시미즈(淸水)인쇄소였다. 16면
의 등사판이다.

일본어판 『조선문예』의 "조선국문판"으로서
1948년 4월호 목차에 나오는 "조선어판 조선문
예 3월호"이다.

　창간사 없이 김달수金達壽의 「문학자에 대하
야-제일의 고백」이 잡지의 첫머리를 장식하였
다. 김달수는 일본에서 문학을 했거나 하려고
하는 자신의 세대들이 일본문학의 환경에서 배
우고 연구했다는 사실을 먼저 인정했다. 그 세
대는 때로는 의식적으로 때로는 무의식적으로
일본문학의 영향을 받았다. 이것이야말로 국가
의 해방과 동시에 새로운 조선 문학을 건설하려는 문학세대들이 가장 느껴야
할 사실이었다. 곧 새로운 일본에서 조선문학자의 사명은 새로운 조선문학의
건설인데, 그것은 일본문학의 영향을 극복한 뒤에 문학적 자기 주체를 확립해
야만 가능하다는 것이 김달수의 주장이었다.

　"우리는 이 사실을 주저말고 백일白日하에 털어내어서 이것을 극복하지 않으
면 안 될 것이다. 이것을 극복하는 것이 금일의 우리의 출발에 있어서 우리의 가
장 큰 급선무의 하나이다. 이것이야말로 「일제잔재의 소탕」이고 우리 조선사람
이 조선사람으로서의 자기를 회복하는 길일 것이며, 이 자기의 회복 없이는 문
학적 자기 주체도 확립할 수 없을 것이다. 그리고 이 문학적 자기 주체의 확립이
없는 데에서는 이렇다 할 문학도 생기지 않는다는 것은 더욱 여기서 말할 필요
도 없다."

원래 1948년 1월에 발행할 예정이었지만 3월로 미뤄지면서 창간호는 겨우 16면에 지나지 않았다. 투고된 원고를 다 신지 못해 김달수와 뜻을 같이 한 동인들이 누구였는지 다 알 수는 없다. 다만 창간호에 시 「동필洞筆」을 투고한 강순姜舜과 소설 「불효」를 쓴 김원기金元基만 확인된다.

『조선문예』를 발간한 조선문예사는 잡지 외에 단행본 출판사업도 하였다. 첫 책으로서 『민주조선』에 연재했던 김달수의 장편소설 『후예後裔의 가街』를 출판하였고, 조선문예사 편집부 편의 『재일조선작가선집在日朝鮮作家選集』의 근간을 광고하였다.

일본 국회도서관에 소장된 창간호를 DB로 만들었다. (장신)

참고문헌

『조선문예』.

조선문예

(朝鮮文藝, 일본어)

1947년 10월 1일에 일본 도쿄에서 창간호가 발행되었다. 부정기로 나왔다. 1947년 11월호, 1948년 2월호(제2권 제1호), 4월호(제2권 제2호), 7월호, 11월호가 남아 있다. 종간일은 알 수 없다. 편집 겸 발행인은 박삼문朴三文이며 발행소는 조선문예사였다. 판매처는 일본출판배급주식회사이고, 가격은 창간호 때 20원이었다가 제2호부터 15원으로 내렸다. 일본어를 사용하였다.

1947년 10월 일본에서 일본어로 발행된 종합문예지다. 따로 창간사를 쓰지 않은 대신에 「편집후기」에서 창간까지의 사정과 앞으로의 방향을 밝혔다. 「편집후기」에 따르면 해방과 함께 조선문학자회朝鮮文學者會가 창립되어 『민주조선』을 비롯하여 동포들이 운영하는 각 신문지상에서 활발한 문예활동이 이루어졌다. 『조선문예』의 창간은 해방 뒤 일본에서 벌어진 그러한 문학운동의 흐름에 동참하려는 의미였다. 창간호의 필자 대부분은 조선문학자회 회원이지만 투고의 문은 모든 이에게 열려 있었다. 특히 조선에 관련된 제재題材라면 조선인이 아니어도 가능하였다.

창간호에는 이석주李石柱의 「조선 민족문학의 전개」, 아오노 쓰에키치(靑野秀吉)의 「조선작가와 일본어의 문제」 등의 논설, 김달수金達壽의 문예시평, 허남기許南麒의 「잡초원雜草原」과 강현철康玹哲의 「하河」 등의 시, 윤자원尹紫遠의 「람嵐」과 이은직李殷直의 「거래去來」 등의 소설이 실렸다. 그 외에 「조선문인소식」란에서 이태준李泰俊, 유진오兪鎭午, 한설야韓雪野, 김사량金史良 등의 동정을 전했다. 내용 구성은 이후의 호도 비슷하다.

제2권 제2호의 특집은 「용어문제에 대하여」로서 이은직의 「조선인인 나는

왜 일본어로 쓰는 것일까」, 어당魚塘의 「일본어에 의한 조선문학에 대하여」, 도
쿠나가 스나오(德永直)의 「일본어의 적극적 이용」, 김달수의 「하나의 가능성」 등
을 실었다. 어당만 조선어 없이 조선문학은 이루어지지 않는다고 단언하고, 나
머지 세 명은 일본어 작품 활동의 효용성을 주장하였다.

창간호 발행 이후 『조선문예』에는 다양한 문인들이 필진으로 참여하였다. 문
예시평으로 송차영宋車影이 「일본문학의 환경」을, 야스타카 도쿠조(保高德藏)가
「민족적 비가悲歌」를 투고하였다. 송차영은 연구논문으로 「춘향전과 이조말기
의 서민정신」을 3회에 걸쳐 연재하였고, 장종석張鐘錫은 「근대문학에 대하여」를
집필하였다. 소설에서는 허남기의 「신광인일기新狂人日記」, 김달수의 「상흔傷痕」,
이은직의 「저미低迷」와 「폭풍전야」를 비롯해서 장두식張斗植과 김원기金元基의
작품이 실렸다. 시는 창간호처럼 강현철의 「정灯」과 허남기의 「꽃에 대하여」 등
만 볼 수 있다. 그 외 희곡으로 박원준朴元俊의 「연대기」와 은무암殷武岩의 「안천
특무형사安川特務刑事」라는 수필이 실렸다.

『조선문예』를 발행한 조선문예사에서 발행된 책으로는 김달수의 장편소설
『후예의 거리』, 『재일조선문화연감』 1948년판과 1949년판이 있다. 1948년
3월에는 한글판 『조선문예』를 발행하였다.

일본 국회도서관에 소장된 창간호부터 1948년 11월호까지의 6권을 DB로
만들었다. (장신)

참고문헌

호테이 토시히로, 「해방 후 재일 한국인 문학의 형성과 전개 – 1945년~60년대 초를 중
심으로」, 『인문논총』 47, 서울대학교 인문학연구원, 2002; 하상일, 「해방 직후 재일 조
선인 시문학 연구」, 『우리말글』 37, 우리말글학회, 2006.

조선민족교육과학
(朝鮮族教育研究)

1998년 중국 연길에서 발행한 교육잡지이다. 동북조선민족교육과학연구소가 발행하던 『동북교육과학』을 1998년부터 『조선민족교육과학』으로 개제하여 발행한 것이다. 주필 리 광수, 부주필 리학철, 계근호이다. 1998년 제1호가 누계 65호라고 인쇄되어 있다.

교원들을 독자 대상으로 하여 조선민족교육에 대한 기초 이론연구와 응용과학 연구 성과를 반영한 교육정보, 보고문헌요지, 상식 등을 소개하고 있다.

1998년 1호 첫 페이지에는 전국정협 부주석 조남기가 보낸 편지를 게재하여 조선족 교육 발전에 대한 희망을 전하고 있다. 「편자의 말」에서 "지난 1997년 12월 27일과 28일 〈조선족사회의 문제점과 우리의 대책〉이라는 주제의 심포지엄이 중앙민족대학 한국문화연구소와 북경한국어학교 공동주최로 북경에서 진행되었다. 아래의 편지는 전국정협 부주석 조남기 동지께서 회의 참가자들에게 보낸 친필서한으로서 향후 전반 조선족 교육발전을 더 한층 고무 추동할 것이다."라며 친필편지를 소개하고 있다.

내용은 민족교육논단, 교육이론 연구, 교수 현장, 학급담임사업, 교육탐구, 교육정보화, 실험원지, 교육조사, 외국교육, 교원생활, 학교소개 등의 난으로 구성되어 있다.

〈외국교육〉란에는 「한국교육개발원의 새 수업과정의 일반절차 모형」을 실어 한국교육을 소개하고 있으며, 조선족의 한어漢語교육에 대하여 중국어 문장으로 된 기사들도 실려 있다.

2001년 호 주요기사를 보면, 「창신형 교원이 갖추어야 할 몇 가지 기본능력」, 「시험제도를 개혁하여 창신인재를 양성할 데 대하여」, 「조선족 부모들과 한족

부모들의 양육의식, 양육행위 특성에 대한 비교와 분석 및 교육적 건의」, 「흑룡강성 해림시 조선족 실험 소학교 특집」 등이 있으며, 특히 21세기를 지향한 기초교육과정 개혁으로 「한국 제7차 교육과정에 대한 분석과 평가」가 특집으로 들어가 있기도 하다.

연변대학교 도서관에 소장되어 있으며, 1998년 1월호와 2001년 4월호를 DB화하였다. (김성남)

참고문헌

『조선민족교육과학』 창간호.

조선어문

1985년 중국 연길에서 창간된 학술잡지이다. 동북 3성 조선어문사업 공작협작소조 기관지로 『조선어문』이라는 제호로 창간되었으나, 1987년부터 『중국조선어문』으로 개제되었다. 격월간이다.

내용은 주로 조선어 학습과 연구, 조선말 교육, 진학과 시험지도 학습, 번역연구, 출판물과 언어, 어학 동태와 상식 등이며, 작가와 학생들의 문예물도 싣고 있다.

1986년 1호의 내용은 〈어문정책 빛발아래〉, 〈우리말 학습과 연구〉, 〈문체론 강좌〉, 〈출판물과 언어〉, 〈번역 론단〉, 〈학교에서의 우리말 교육〉, 〈외국 사람들과 조선어〉, 〈민담〉, 〈구변〉, 〈소식과 동태〉, 〈알아둡시다〉의 난으로 구성되어 있다.

첫 페이지에 실려 있는 「조선글 컴퓨터화를 위한 글자판 사안에 대하여」라는 글은 "조선글 컴퓨터화를 위한 글자판 통일방안 연구에 참고자료를 제공하고자 함"이라며 한글 컴퓨터 글자판에서 사용되고 있는 2벌식과 3벌식, 중국어, 영어를 동시에 사용할 수 있는 글자판의 배열 등을 상세히 설명하고 있다.

「띄여쓰기 도표해설」에서는 한글 띄어쓰기에 대한 원칙을 도표를 그려 설명하고 있는데, 총칙과 명사의 띄어쓰기 원칙과 대명사, 고유명사와 동사, 형용사 등에 대한 상세한 띄어쓰기 원칙을 설명하고 있다. 현재 우리가 사용하고 있는 띄어쓰기 원칙과 상당부분 일치하지만 부사나 형용사의 경우 대부분 붙여 쓰는 것을 원칙으로 하고 있다.

「교원들은 언어사용에서 본보기로 되어야 한다」는 기사는 교사들의 올바른 우리말 사용을 강조하는 글이다. "학교의 일상생활에서 나는 우리의 일부 교원들이 우리말을 옳게 쓰지 못하는 것을 경상적으로 목격하고 있다. 특히 교원으로서 학생들과 접촉하고 생활하는 가운데서 우리말을 옳게 쓰지 못하고 있는데 그 영향이 매우 나쁘다. 한어식 조선말이라든가 사투리를 마구 사용하는 것이 그 례로 되고 있다. 하기에 우리의 학생들도 거리낌없이 이런 교원들의 말본새를 본따서 엉터리없는 조선말을 거리낌없이 사용하고 있다. 이는 우리말의 순화와 계승발전에 대단히 불리한 것이다."라며 중국식 조선어 사용과 혼잡한 언어 사용에 대한 경고를 하고 있다.

연변대학교 도서관에 소장되어 있으며, 1986년 3월호를 DB화하였다. (김성남)

참고문헌

『조선어문』

조선어 학습과 연구

1983년 중국 연길에서 한글로 창간된 학술잡지로 1982년 시험호를 발행하고, 1983년부터 계간으로 발행되었다.

한글의 전문적인 학습과 연구를 위해 발행된 잡지로 이 분야의 잡지로는 중국의 것이 최초이다.

1984년 1월호(누계 제5호)는 훈민정음 540주년 기념호로 발행되었는데 〈우리 말 학습과 연구〉라는 기획 난에는 「조선문자 훈민정음의 창제에 대하여」, 「조선어의 격체계와 격형태에 대하여」, 「토의 단의성과 다의성 문제에 대하여」, 「접미사 '적'이 붙은 단어의 품사 소속에 대하여」, 「우리말 한자어 발음에서의 소리 길이에 대하여」, 「모음조화에서의 '와'와 '워'의 구별」, 「외래어와 문장부호」 등의 전문적이고 깊이 있는 연구 논문들을 싣고 있다. 이 밖에 〈우리의 생활과 언어〉란에는 「가정마다의 훌륭한 언어 기풍을」, 「동무들 사이의 인사말」 등의 글을 통해 일상생활에서 우리말 사용을 강조하였다.

첫 페이지에 실린 최윤갑이 쓴 「조선 문자 훈민정음의 창제에 대하여」에서는 "금년은 훈민정음이 창제된 지 540주년이 되는 해이다. 이 540주년이 되는 해를 맞이하면서 우리는 조선 문자 훈민정음이 어떻게 창제되었는가 하는 것을 회고할 필요가 있다고 보아진다. 조선 문자 훈민정음이 창제되기 전에 있어서 조선민족은 자기의 고유한 문자를 가지지 못하고 일찍부터 한민족의 서사어인 한문을 사용하였다. 한문은 한민족의 언어 한어에 기초하여 산생된 서사어인만큼 구조가 다른 언어를 사용하는 조선 민족의 서사적 교제에서는 막대한 지장이 아닐수 없었다. 더욱이 한문으로서는 조선의 고유명사와 조선말로 된 노래

928

와 같은 것은 표기하기 어려웠다."라며 한글 창제에 담긴 당시의 역사적 의미와 과정을 설명하고 있다.

연변대학교 도서관에 소장되어 있으며, 1984년 1월호를 DB화하였다. (김성남)

참고문헌

『조선어 학습과 연구』

조일공론
(朝日公論)

일선사법보호회 중앙총본부 기관지이다. 편집 출판은 조일공론사가 했고 발행인은 박상
조이다. 기후岐阜에서 발행되었다. 창간호는 1949년 5월 10일 간행되었고 월간이었다.

창간사 「창간의 사辭」에서 사장 박상조는 간행의 취지를 설명하는데, 도쿄東京
의 뒷골목에 공중변소가 설치되어 길거리 용변문제가 겨우 해결되었다고 하면
서 참담한 전쟁이 혼탁한 사회를 만들었고, 그 상황을 폭로하는 것이 본 신문의
목적이라고 했다. 이와 함께 자력갱생을 목표로 하는 일선사법보호회에 일조하
는 것도 중요하게 거론했다.

간행의 주체인 일선사법보호회는 평화일본의 재건과 범죄의 방지를 목적으
로 한다고 하면서, '일선'형여자를 수용하고 나아가 일선 융화, 국제 사정의 기
초를 다지기 위해 회가 만들어졌다고 한다. 그리고 34명을 수용했다.

창간호에는 창간사와 함께 「재범방지 정의심과 순정으로 갱생하는 사람에게
따뜻한 이상의 애정」, 「군정부 베이커 중위 등 일선사법보호회를 시찰」, 「황량
한 사회에도 청풍으로」 그리고 박스기사로 「식전법무총재 담화:범죄방지에의
길 민중의 협력만이」 등이 실려 있다. 창간을 축하하는 광고로 기후현 지사와
기후시장, 기후시 의회, 기후지장 재판소장, 검찰청장, 변호사회장 등의 이름이
보인다.

창간호의 2면에는 「일선사법보호회 중앙총본부의 취지와 회칙」, 「우리들의
신조」와 기사로 「헌법기념일에 공로자 표창」, 「국민 여러분에게」가 실려 있다.
또 사고로 「사원 모집」 광고가 보인다. 남녀 불문하고 약 10여 명을 모집한다고
했다. 노래자랑대회와 관련한 사고도 확인된다.

제2호에는 일선사법보호회 중앙총본부 위원장 박영작의 「사법보호회의 입장
에서」가 실려 있는데 그는 행여자를 국가지원으로 조성한 돈으로 보호하는 것
이 아니라 자력 갱생으로 자존적 삶을 살아갈 수 있는 길을 찾아주는 것이 중요
하다고 피력했다. 이와 함께 「공론: 재건을 노리는 것」, 「자력으로 갱생: 일선사

법보호회의 경우」,「이 회의 발전을 기도한다」 등의 기사가 보인다. 아울러 주식회사 「일선사법보호회 정관」이 실려 있다.

또한 중경판中京版에서는 「대반이 가출소년」, 「나고야지점을 신설」, 「국민의 깊은 이해를 원한다」 등의 기사와 긴키近畿일본철도, 도카이東海곤포운수 등의 광고가 실려 있다. 아울러 민단, 조련 지부의 광고도 보인다.

일선사법보호회는 본부 위원장 박영조, 부위원장 하야시(林堅太郎), 총무부장 박상조, 주식회사 일선사법보회회 취체역 사장 박몽한, 사무취체역 박상조, 취체역 업무부장 박영조 등이었다. 고문으로 참의원 이등수 등과 상담역으로 재일본조선인연맹 기후현 본부의장 이수희, 이상운 등이었다.

1949년 5월 10일 창간호, 1949년 7월 10일 2호를 DB화했다. (김인덕)

참고문헌

『朝日公論』 창간호, 2호.

조일신보
(朝日新報)

하코다테函館의 아사히신문사에서 간행한 신문이다. 아사히신문사는 하코다테시에 있었고 발행인은 위춘원이다. 정가는 1부당 1원 50전, 2원이었다. 창간호는 확인하지 못했고, 현재는 12–69호가 확인된다. 일본어로 되어 있고, 매월 3회 간행하여 1, 11, 21일에 발행되었다. 매호 2면이었다.

제12호(1947. 7. 21.)자에는 사설 「매출이 가능한 운수」, 기사로는 「선화정책 기초공작」, 「팔운의 시장농장」, 「세계 평화 수립을 위하여」, 「상항과 직결하는 원대한 계획」, 「전차 운임 또 인상」 등의 기사가 확인된다.

특히 재일조선인 관련해서는 「조련 지부 연락회」, 「조련 가메다龜田분회 설립」, 「모리森분회 근일 중 결성」의 기사가 보인다. 조련 북해도 지부 연락회의는 7월 15일 가츠勝지부사무소에서 열려 지부 대표 다수가 참가해서 각종 문제를 제안했고, 민생문제를 중점적으로 논의했다.

이와 함께 조련 하코다테지부 가메다분회가 7월 20일 결성되었는데, 위원장 한철도, 부위원장 김관옥, 총무부장 전호언, 외무부장 김종기, 청년부장 유성락, 재무부장 하만준이었다.

아울러 한일 간의 무역을 축하하는 광고로는 재일본조선인연맹 하코다테지부 등이 지면을 할애 받고 있다.

제13호에는 사설 「가정탄을 특종으로 취급하자」, 기사로는 「하코다테, 모로랑이 시항인가?」 등이 확인된다. 그리고 「조선독립의 지사 여운형 선생 사망」이라는 기사가 보여 여운형의 사망 관련 기사가 주요하게 다루어진 것을 확인할 수 있다. 여기에서는 여운형 선생의 약력을 게재하여 근로인민당을 조직하고, 당수가 되었던 사실을 명기하고 있다. 그리고 여운형 선생 관련 추도회가 조련 북해도지부에서 열리기도 했다. 이 자리에는 박종근이 연설하였다.

또한 신문에는 하코다테지부에서 7월 27일 조선인상공업협동조합을 결성했다는 기사가 확인된다. 당시 그 자리에는 조일신보사 편집 발행인 위춘원이 개회사를 했고, 역원을 선거했다. 그 구성은 이사장 김웅룡, 전문이사 김영삼, 상무이사 고덕유, 한철도, 서기장 조근호였다.

제14호에서는 사설 「하코다테 시민의 생활고」, 기사는 「소련 향조선 인수」, 「호텔의 긴급대책」 등의 기사가 확인된다. 아울러 조련지부 임시총회 기사가 보이는데 당시 토의안은 1. 외국인등록문제, 2. 청년부 강화와 계몽운동, 3. 문화계몽의 강화, 4. 하부 조직의 강화, 5. 재정확립과 회비 징집의 건, 6. 역원 선거였다. 아울러 북선인민위원장 선거에서 김일성이 당선된 기사도 보인다.

12~22호를 DB화했다. (김인덕)

참고문헌

『朝日新報』 12호(1947년 7월 21일), 13호, 14호.

조화신문

(朝華新聞)

초와朝華신문사에서 간행한 신문이다. 일간지로 도쿄에서 발행했다. 편집 발행인은 김중현이다. 일본어로 간행되었다.

제5호(1947. 3. 12.)의 「초와신문의 취지」에서는 국내 정세와 일본 내 동포들이 처한 정황의 어려움을 피력하고 이에 기초하여 동포 내의 힘을 모아서 민주주의의 대도를 따라가며 평화국가의 일원으로 선도에 중점을 두는 것이 본지의 발행 목적임을 밝히고 있다. 아울러 초와신문 사장이 맥아더사령부 교육담당이었던 인보덴소좌를 방문하여 발행 취지를 설명하고지도를 구했다고 한다.

제5호 1면에 실린 주요 기사를 보면, 「조선 완전 독립에 소련의 협력을 요망」, 「사설: 재일동포의 경제위기」, 「반란 전도에 확대 국부군대를 대증파」, 「조선점령 보고(10월분): 국민의 정치적 관심은 임시입법의원에 집중」, 「포츠담협정에 기초하여 소련 대독문제에 태도 표명」, 「위험한 38도선 철병을 속히」 등이 보인다. 아울러 박스기사로 「장주석 성명: 불온분자는 원 일본지원병」, 「남조선에서 병력 증강을 고려」 등이 실려 있다.

사고로 1면에는 「재일조선인 신사록」 간행을 위해 10개항에 대해 기재해서 초와신문사 출판국에 보내줄 것을 요청하고 있다. 이 가운데 특이한 것은 '일본 도항 연월일' 항목이 확인되는 부분이다.

제5호 2면에는 「초와단파」를 비롯해 문화 관련 기사로 「아메리카와 마린. 핸드」, 「자연과 인간」, 「밥도 없고 책도 없으나 얼굴에는 옮아가는 미소」, 「민족을 초월한 일본부인의 모임」, 「일본에서도 가능한 페니시린」, 「또 팔굉일우 증인 신문에 신제안」 등이 실려 있다. 그리고 NHK 라디오방송의 3월 12일자 방송 내용(제2방송 포함)이 소개되고 있다. 아울러 「연재 비 속 (1)」(김담)의 소설이 실려 있다.

사진으로 불국사 석굴암을 소개하고 있다. 광고는 무라키村木공업주식회사의 것, 캬바레 도쿄클럽, 캬바레 메이플라워의 것이 실려 있다.

1947년 3월 12일 간행된 제5호를 DB화했다. (김인덕)

참고문헌

『朝華新聞』 제5호(1947. 3. 12.).

조흥
(朝興)

조흥은행에서 발간한 사보로 부정기적으로 간행되었다. 1962년 3월에 18집으로 속간되었는데 그 이전 언제 창간되었는지는 불명확하다. 『조흥』18집 간기를 보면 발행인 서병찬, 편집인 윤종호, 발행처 조흥은행조사부로 인쇄처는 동아출판사공무부이다. 발행 빈도는 반년간을 기본으로 하였으나 간혹 1년에 한 번 발행되기도 하였다.

『조흥』18호 구성을 보면 잡지 서두에 최남선이 작조하고 박태준이 작곡하여 1948년 7월 24일에 제정된 행가行歌를 삽입하여 조흥은행의. 역사성과 민족성을 부각시키고 있다. 은행장 서병찬의 「권두언」을 보면 "이 나라 사회의 모든 부정과 부패의 구악을 제거하고 기아와 절망에서 허덕이는 민생고를 해결하여 번영하는 복지국가의 백년대계를 이루고저 경제개발 5개년계획이 초년도의 실천단계에 옮겨짐에 즈음하여 중단되었던 당행 조흥지가 오랫동안의 잠에서 깨어나와 새로이 그 체제를 갖추어 속간을 보게 되었음을 매우 의의 있게 생각하는 바입니다. 더욱 기관지의 발간이 이 나라 경제발전을 뒷받침하며 당행의 융성을 이룩할 수 있는 계기가 되고 행원제위의 자유로운 「커뮤니케이션」을 통해서 불꽃처럼 일어나는 대조흥의 서광을 한결 더 빛나게 할 것으로 믿어 충심으로 경축하여 마지않습니다."라 하여 『조흥』의 발간 목적을 은행의 발전과 행원들 간의 소통에 두고 있다.

잡지 구성을 보면 시론으로 조사부장 윤종호의 「경제개발 5개년계획과 외자도입」을 실었으며, 특집으로 〈경제개발 5개년계획과 시중 은행의 역할〉을 다루어 각 은행 은행장이나 상무들의 의견을 설문 형식으로 실었다. 또한 「우리나라 근대적 금융기관의 성립과정」, 「여러 나라 금융기관의 성장과정과 경영형태」,

「의사소통유감-인간문제의 이해증진을 위하여」, 「은행의 시장조사 순서에 관한 소고」, 「신용장 업무에 따르는 은행의 여신」, 「은행예치금 압류 및 집행에 대한 절차」, 「우리 노동조합운동의 전망」, 「내가 보고 온 일본 은행의 이모저모」 등 은행 업무와 직접적으로 관련된 사원들의 논고가 실렸고 이러한 논고와 수필, 기행문, 시, 소설, 콩트 등의 자유로운 형태의 글이 교차로 편집되어 있다. 좌담회와 인터뷰도 기획되었는데 좌담회는 〈신입행원은 말한다〉라는 틀로 조흥은행을 직장으로 택하게 된 계기, 내가 만약 은행장이라면 등의 주제로 대화가 진행되었다. 인터뷰는 〈어느 휴일의 중역가정 탐방기〉라는 형식으로 회사 중역들의 가정을 방문하여 가족과 인터뷰하는 내용을 담았다. 또한 번역물과 창작물이 실리기도 했는데 찰스 램의 「굴뚝소제부에 대한 찬미」, 캐서린 멘스필드의 「한 잔의 차」 등의 글이 사원들의 번역으로 실렸으며 사원들의 시, 소설 등 문학 창작물도 싣고 있다.

1962년에 발행된 20집과 1967년에 발행된 26집은 각각 창립 65주년, 창립 70주년 기념호로 발행된다. 70주년 기념호를 보면 은행장 문종건의 기념사 「헌신적 노력과 협조로 대조흥의 일꾼 되길」이 실려 있는데 조흥은행의 나아갈 길을 세 가지로 제시하고 있다. 첫째 경제산업의 발전에 따라 은행도 과거의 좋은 전통을 살리면서 정체적 제요인을 제거하고 은행 경영의 발전요소를 유감없이 흡수하는 전진의 태세를 갖추어 근대화되어야 한다는 것, 둘째 금리현실화 이후 예금 실적이 많이 증가되었지만 이를 더욱 배가해야 한다는 것, 셋째 관리업무의 개선을 비롯한 합리화 운동을 조흥은행의 나아갈 길로 제시하였다. 70주년 기념호이니만큼 은행 원로들의 회상을 풀어 놓은 「회고해본 은행생활」이라는 좌담을 실었으며, 「조흥 70년-그 초석들과 걸어온 발자취」를 실어 조흥은행의 역사를 정리하거나 「구한말 화폐에 대한 소고」를 실어 은행의 연원을 짚어보기도 했다.

국회도서관에 1962년부터 1971까지 발행된 잡지가 소장되어 있으며 이를 DB화하였다. (임경순)

참고문헌

『조흥』 18~34집.

종교신문

(宗敎新聞)

1960년 11월 1일에 창간하였다. 종간호 여부는 미상이다. 발행인 백명호白明浩, 발행소는 서울특별시 서대문구 부암동 278번지였다. 대판 4면 발행의 주간신문으로 제호와 발행 일자, 본지의 사명 등은 가로쓰기를 했고 16단, 1단에 13자 체제, 월정구독료는 3백 환이 었다.

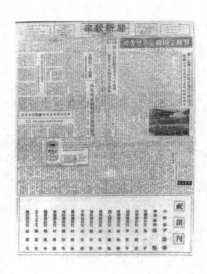

「창간에 즈음하여」라는 사설에서 "파쟁 교권 교재쟁탈로 혈안된 종교계에도 혁신의 때는 왔다"는 부제에서 알 수 있는 대로 '모든 파쟁과 분파 투쟁을 지양' '종교본연의 임무에 충실하라'는 주문을 하고 있다. '본지의 사명'에서도 "① 종교본질의 창달선양 ② 종파분쟁지양으로 선교고무 ③ 종교혁신으로 사회질서정화"를 내세우고 있는 것이다.

창간호 1면의 기사를 보면, 「싸움만 하는 한국종교계」를 필두로 「예루살렘교의 정체」, 「태극도에도 내분」, 「카토릭 정통교 접근운동 태동」, 「주의 몸된 교회 두 개로 쪼개지 말라」, 「직언직시」란이 실려 있으며 하단에는 이 신문 창간을 축하하는 대통령을 비롯한 국무위원들의 명단이 적혀 있다. 2면은 「흔들리는 오늘의 천금성주」, 「고려는 불교 이조는 유교 한국은 기독교가 망치는가?」, 「칼.빨트 씨 학생질문답」, 창간축하 그림, 그리고 하단에는 창간을 축하하는 민의원, 참의원 등의 광고가, 3면은 「무법천지로 날뛰는 유사종교단체」, 「재고해야 할 선교문제」, 「나의 주장」란, 그리고 하단에는 각 대학의 축하 광고가 실려 있다. 4면에는 「논단」란, 「한국종교계의 현황」이 실려 당대의 각 종교계를 일별할 수 있게 해준다.

이 신문은 한국 종교계 전반을 보도 대상으로 삼아 종교계 전반의 동향과 실정을 소개, 보도함으로써 종교계의 혁신과 분파 투쟁을 지양하도록 촉구하고 있다.

국회도서관에 마이크로필름으로 소장되어 있으며, DB도 창간호를 갈무리했고, DB 상태는 양호한 편이다. (전상기)

참고문헌

『종교신문』 창간호, 1960년 11월 1일자;『한국신문백년 〈사료집〉』, 한국신문연구소, 1975.

종로신문

(鐘路新聞)

1966년 8월 23일에 창간하였다. 종간호는 미상이다. 발행 겸 편집·인쇄인은 노동환盧東煥, 발행소는 서울특별시 종로구 낙원동 300번지였다. 타블로이드판 2면 인쇄의 주간신문으로 11단에 1단 11자 체제였다.

발행인 노동환의 「창간사」를 보면, "도심인 종로구의 상세한 여론을 환기시켜 종로구의 발전과 국민의 복지향상에 이바지하겠다."는 포부를 밝히고 있다. 구민을 대상으로 하는 지역신문의 면모에 충실하는 것이 신문 창간의 목표였기 때문이다.

창간호 1면의 기사 역시도 구내의 여러 소식이 망라되어 있는데, 「임기 마친 시의원들의 작금 동정」, 「재기 꿈꾸는 종로 자유당」, 「나의 제언」란과 「종소리」란, 그리고 신문 창간을 축하하는 글, 하단에는 이 지역유지들의 창간 축하 광고가 잇따르고 있다. 2면에는 「경찰이 후생사업 획책」, 「대한부인회 수습 암초에, 일부선 해산론 대두」, 「국유지를 임의 매각」, 「자모회를 개최」, 「근면한 실업인(이성도 씨)」, 「93년도 1분기 호적세 조정료」 등이 실려 있다.

이 신문은 다른 구들에 비해 늦게 창간되었다. 4·19혁명 직후가 아닌, 66년도에 창간을 보았는데, 그만큼 '정치1번지'로서의 종로구가 갖고 있는 여러 사정 때문으로 생각된다. 이런 사정을 제외하면 이 신문 역시 구민신문의 일반적인 형식과 내용을 따르고 있는바, 주민들의 결속과 구 소식을 전함으로써 지역신문의 면모를 충실히 하고 있다.

국회도서관에 마이크로필름으로 소장되어 있으며, DB도 창간호를 갈무리하였다. DB 상태는 양호한 편이다. (전상기)

참고문헌

『종로신문』 창간호, 1966년 8월 23일자; 『한국신문백년 〈사료집〉』, 한국신문연구소, 1975.

종소리

연변대학 조선어문 계열 학생들의 문학모임에서 발행한 문학잡지이다. 제1기는 필사본으로 발행되었으며, 3기부터는 타자본으로 인쇄되어 있다.

연변대학 『종소리』 문학회 회원들의 작품을 모아 발행한 문학지이다. 시, 단편소설, 산문, 평론 등이 실려 있다.

창간호 첫 페이지에 실린 편집부의 글에는 "연변대학 초창기에 『개간지』 잡지가 나온 그때로부터 우리 선배들은 다종다양한 문예잡지를 꾸리고 다채로운 써클활동을 벌려 배운 지식을 익히고 청춘의 총명과 지혜를 꽃피워왔다. 10년간의 동란을 거쳐 이러한 활동은 된서리를 이겨내고 그 정당성과 생명력을 힘 있게 과시하였으며 오늘날 대학생활의 중요한 내용의 하나로 된다."라며 연변대학에서 한글을 사용한 문학 활동의 역사와 전통 속에서 그간의 어려움 속에서 다시 시작한 문학인들의 미래를 전망하고 있다.

1985년 5월에 제6기를 발행하였는데, 머리말에서 "비록 아직은 낮고도 거칠은 『소리』이지만 우리 학생들이 만들고 울린 『종소리』라는 데서, 이 『종』을 일심들여 만들고 울린 학우들의 피나는 노력의 열매라는 데서 더없는 분투의 희열과 보람을 느끼게 된다. 이번 『종소리』 6기는 모두 우리 학생들의 작품으로 묶어진 것이다. 긴장한 학습 가운데서 짬짬이 시간을 리용하여 써낸 이 작품들은 그 수준의 고저가 여하튼지간에 작품들을 읽노라면 문학을 지향하는 청년 대학생들의 탐구와 노력을 엿볼 수 있을 것이다."라며 학생들의 열정에 대한 감회를 쓰고 있다.

연변대학교 도서관에 소장되어 있으며, 1980년 1월호와 1985년 5월호를 DB화하였다. (김성남)

참고문헌

『종소리』창간호.

종합신문

(綜合周報)

1997년 1월 6일 주간으로 창간되었다. 주관단위는 중공연변조선족자치주위원회선전부이며, 주최단위는 연변일보사이다. 『종합신문』 편집부에서 편집하여 연변일보사에서 매주 16면씩을 발행했다. 2010년 3월 22일 누계 제824호를 32면으로 증면하였다.

『종합신문』은 연변일보사에서 발행하던 『참고소식』을 개제하여 발행한 것이다. 기존의 『참고소식』이 주로 중국어로 발행되던 『참고소식』에 기사 내용을 많이 의존하였다고 하면, 『종합신문』은 지면 구성에서 조선족 관련 사항을 대폭 추가하여 조선족 독자층에 다가가고자 하였다.

발행취지는 정치·경제·문화·과학·문화·예술 등의 분야에 대한 다양한 정보를 조선족 독자들에게 전달하고, 정치·경제·문화 등 사회 각 분야에서의 조선족들의 생활정보를 담아내어 민족문화의 전승에 기여한다는 취지를 가지고 출범하였다.

창간호(1997년 1월 6일) 주요기사를 보면, 「연변 개혁개방의 일대 희사 연길해관 개관」, 「97 연길 정월초하루 사진 특집」, 「격변이 태동하는 현장 라진-선봉에 가다」 등의 기획기사가, 〈새 정책 새 규정〉란에는 「자동차 소비 저당대부금 업무 적신호」, 「농업부 향진기업집체자산 관리방법 제정」 등이 실려 있다. 이 밖에 경제 관련 기사로 「경제 무역 정보」, 「'코리안드림'에 흔들리는 조선족 사회」가 있으며, 「북경잔치는 끝났는가」, 「20만 이민 대군-그 울고 웃는 현장 산해관을 넘어선 조선족」, 「문명하고 례의바른 민족으로 거듭나고저」 등의 기사를 싣고 있다.

1997년 12월 29일 기사에는 당시 외환위기를 맞은 한국 교민들의 애환을 다룬 기사도 보인다. 본사에서 송금이 끊어져 막막한 중국 거주 한인들과 등록금을 마련하지 못해 귀국할 수밖에 없는 유학생 소식들을 전하고 있다. 이 밖에도 「연변 오동팀 크게 표창」 기사는 당시 연변주 정부가 연변오동팀이 연맹경기에서 좋은 성적을 낸 것을 기념하여 한국인 감독 최은택 감독에게 상금 12만 원을 수여하고 연변오동팀에 상금 88만 원과 '주급청년문명호'라는 칭호를 증정했다는 소식을 전하고 있다.

연변대학교 도서관에 소장되어 있으며, 1997년 12월호와 2008년 6월호를 DB화하였다. (김성남)

참고문헌

『종합신문』 창간호.

종합신문

(綜合新聞)

1960년 7월 26일에 창간하였다. 종간호는 알 수 없다. 사장은 안준근安俊根, 발행 겸 편집·인쇄인은 임호훈林昊勳, 편집국장은 김학영金鶴榮이었고 발행소는 강원도 홍천군 진리 53번지였다. 대판 4면의 주간신문으로 16단에 1단 11자 체제에, 1부에 70환, 월정료는 300환이었다.

「창간사」 외에도 사설 「필봉을 종횡으로 구사하여 민중의 반려가 되련다」가 실려 있다. 「창간사」에서 "다행히도 우리 향토를 사랑하는 동지들이 국민을 대변하는 종합신문을 발간함에 이르렀으며 비록 주간지나마 참된 비판과 국민의 염원이 무엇인가를 반영함에 있어 (중략) 신문의 신문이 되어 (중략) 여론의 소재를 집권자에게 알리고 깨닫도록 하며 독자의 벗이 되고 힘이 되며 양식이 될 새롭고 힘찬 필봉을 들어 온갖 정성을 다할 것을 굳게 맹세하는 바이다. 비약적으로 발전하는 새나라 새시대에 있어 언론창달의 요소를 유감없이 발휘하면서 국민의 유기적인 연락을 통한 비판자가 되고저" 한다고 밝힌다.

창간호 1면은 「무궁무진한 일륜과 더부러 창간」이라는 제하에 이 신문 창간을 축하하는 지역 인사들의 축사가 전면을 차지한다. 하단 역시 도지사를 비롯한 지역 유지들의 축하 광고가 빼곡하다. 2면은 지역소식으로 각 정당들의 동향과 내부 사정을 보도하고 있으며, 3면에는 「여론」란과 「붕괴직면의 북한괴뢰 내각」, 「오늘의 인물」란 등이 배치되었고, 4면은 「월남 불유학생들 ICC에」, 「창간호 글만들기 현상 상금은 일만환」, 「영 왕립협회란?」, 「장단」란이 실려 있어 국제면이라고 하겠다.

이 신문은 지방신문으로서의 성격을 띠고 있는데, 지방민들의 중앙, 자기 지역에 대한 관심과 국제관계 계몽, 북한의 동향 보도 등이 특징적이다. 아마도 북한과 인접해 있는 지역적 특수성이 북한의 동향을 보도하고 해외의 단체나 사건 사고를 자세하게 해설함으로써 국외사정을 잘 모르는 사람들에게 정보와 지식을 제공하는 역할도 하고 있다.

국회도서관에 마이크로필름으로 소장되어 있으며, DB도 마찬가지로 창간호를 정리했다. DB 상태는 양호한 편이다. (전상기)

참고문헌

『종합신문』 창간호, 1960년 7월 26일자; 『한국신문백년 〈사료집〉』, 한국신문연구소, 1975.

가

나

다

라

마

바

사

아

자

차

카

타

파

하

종합연구보고지

(綜合研究報告誌)

서울특별시교육연구소에서 발간한 중등부 연구결과보고서이다. 1967년에 연구학교에 대한 연구결과를 보고한 1집이 발간되었고, 1974년에 연구교사의 논문을 모은 2집이 발간되었다.

서울특별시 교육연구소는 교육위원회 산하로 1958년에 설립되었다. 1961년에 연구소 산하에 시청각교육센타가 설치되었는데 1964년에 시청각교육원으로 분리 설치되었다. 1969년 연구소와 시청각교육원이 통합되어 서울특별시교육연구원으로 되었으며, 1999년 과학연구원, 서울기자재수리정비소 등을 통합하면서 교육과학연구원으로 개편되는 과정을 거쳐 2006년 현재의 교육연구정보원이 되었다.

『종합연구보고지』는 교육연구소 시절에 발간한 중등부 연구학교에 대한 연구결과보고서로, 1967년에 처음으로 제출된 것이다. 연구소장 최상근의 1집 머리말을 보면 잡지의 발간 목적이 세 가지로 서술되어 있다. "첫째 연구문제를 추출하는 데 용이하다는 점이고, 둘째 연구방법을 비교연구하여 개선하는 데 도움을 주는 점이고 셋째 연구결과를 널리 보급하여 일반화하기에 편의를 도모하는 점"이 있어 발간하게 되었다는 것이다. 연구결과 보고서인 만큼 잡지 구성은 단순하여 모두 18편의 보고서가 실려 있는데 이중 4편의 보고서는 문교부 지정 연구학교에 대한 것으로 「종합고등학교의 합리적 운영」(청량종합고등학교), 「여성교육을 위한 가정관리실 시설 및 운영에 관한 연구」(경기여자고등학교), 「배추 품종 성능비교시험」(광서농업고등학교), 「반공도덕교육계획 수립에 관한 연구」(서울중·고등학교) 등의 글을 실었다. 다른 14편은 서울특별시교육위원회지정 연구학교로 앞의 4편과 동일하게 보고 제목과 학교 이름이 병기되어 있다.

2집은 1974년에 나왔는데 '1974년도 중등연구교사'라는 부제를 달고 있다. 연구원장 박지수의 머리말을 보면 "연구교사제 운영의 목적은 연구하며 가르치는 교육풍토를 조성하여 교사들 스스로가 현장교육 내용과 방법 개선에 능동적으로 참여하려는 의욕을 고취시키는 데" 있다고 하면서 "학생과의 날마다의 생활을 성의와 창의적인 연구 노력으로 일관해 온 1974년도 우수 연구교사의 심혈의 결정 12편"을 엮어내었다고 한다. 머리말이 밝히고 있는 것처럼 2집 역시 12편의 논문을 순차대로 싣고 있다.

국회도서관에 1집과 2집이 소장되어 있으며 이를 DB화하였다. (임경순)

참고문헌

『종합연구보고지』 1, 2집; 서울특별시 교육연구정보원(www.serii.re.kr).

종합의학

(綜合醫學)

1956년 8월에 창간되었다. 발행·편집 겸 인쇄인은 고윤병高允秉, 편집국장은 김두환金斗煥이다. 편집고문은 김석환金錫煥(서울의과대학), 이선근李先根(서울의과대학), 이주걸李柱傑(수도의과대학)이다. 서울특별시 종로 3가 6번지 보건연감편집위원회 의약계사醫藥界社에서 발행되었다. 정가는 400원, 우송료는 20원이다.

의학 임상실험이나 임상치료 약품, 임상에 관한 외국 수필 등의 글을 주로 게재한 의약전문 잡지이다.

먼저 십여 편이 논문이 전반부에 게재되고, 후반부에는 〈의약계 뉴스〉와 〈편집후기〉가 실려 있다. 의약잡지인 만큼 잡지의 광고란에서는 각종 의약품이 선전되었다.

1958년 제3권 제8호부터는 〈질의응답〉을 두어, 독자가 평소에 생각했던 의문점을 문서로 제시하면 각 전문가가 그에 대한 해답을 주도록 하였다. 이는 본 잡지와 독자 사이의 거리를 없애기 위한 계획으로 시도된 것이다.

1958년 제3권 제10호에는 「고혈압심포지움」을 특집으로 싣고 있다. 고혈압에 대해 독자의 관심이 많은 만큼, 의학협회학술대회에서 발표된 것을 게재하였다고 한다.

1958년 제3권 제11호에는 특집으로 「최신화학요법」을 싣고 있다. 대한화학요법협회와 의약계사가 '왜 항균제로 치료에 실패할 때가 있는가?'라는 주제에 공동으로 주최한 좌담회 기사를 게재한 것이다. 임상치료에서 주도적 역할을 하고 있고, 일상에서도 많이 사용되고 있는 여러 가지 항균제에 대하여 각 과 전문가들이 자신들의 학술과 경험을 토대로 여러 각도에서 검토하고 있다.

1961년 제6권 1~2호에는「1961년도 각 과의 당면과제」를 게재하여 각 분과별 계획을 제시하고 있다.

국회도서관에 소장되어 있는 1958년 제3권 5~11호, 1961년 제6권 1~2호를 DB화하였다. (한봉석)

참고문헌

『종합의학』, 1958년 제3권 5~11호, 1961년 제6권 1~2호, 의약계사.

가

나

다

라

마

바

사

아

자

차

카

타

파

하

종합참고

(綜合參考)

1986년 중국 연길에서 창간된 시사종합 신문으로 1986년 1월 1일 연변일보사 종합참고 편집부에서 편집 발행하였다. 원래 1979년 창간된 신화사 『참고소식』의 번역판으로 1985년 12월 31일까지 발행되다가 1986년 1월 1일부터 『종합참고』로 개제되었다.

제호를 바꾸고 첫 호를 내면서 편집부에서 낸 「『종합참고』를 내면서」에서 "신화사『참고소식』의 번역판이란 이 국한성을 벗어나서 신화사의 여러 가지 신문간행물은 물론 기타 국내 국외의 신문 간행물을 박람하고 보다 넓은 범위에서 보다 가치 있는 새 소식과 새 정보를 알려드릴까 합니다. 그리고 새 지식 새 기술과 새로운 사회신문을 보다 부드럽게 알려드림으로써 여러분의 다정한 벗으로 되어볼까 합니다. 세전에도 말씀드린바 있지만 우리는 이 『종합참고』를 소식의 샘터로, 지식의 요람으로 누구나 다 즐겨보는 취미의 꽃동산으로 가꿀 것을 재차 다짐합니다."라고 설명하고 있다.

내용은 중국 내 여러 간행물들에서 기사들을 발췌하여 번역한 기사들이 주를 이루고 있으며 한국 언론에서 발췌한 기사들도 있다. 시사종합지로 중국 내 정치·사회에서부터 문화·교육·보건 등 다양하지만, 경제 관련 기사들이 많은 지면을 차지하고 있다.

『종합참고』 제호 옆에는 「전국향진기업소 외화수입 33억 딸라」라는 머리기사를 제호 옆에 배치하여 이 신문의 기본 방향을 보여주고 있다.

창간호 주요 기사로는 「사상정치 사업도 계룡공정」, 「공동 부유는 평균부유가 아니다」, 「80년대의 의학 기적」, 「불타는 애국심」 등이 있다.

「1986년도 시장추세」라는 기사는 자전거와 냉장고, 텔레비전, 세탁기의 수요와 공급 상황을 설명하고 있는데, 당시 도시를 중심으로 확산되기 시작한 냉장고와 세탁기 등에 대한 수요 예측과 분석을 담고 있으며, 「기지개 켜는 남조선 전자공업」에서는 한국의 반도체 산업이 어떻게 발전하고 있는가에 대한 분석을 하기도 한다.

연변대학교 도서관에 소장되어 있으며, 1986년 1월호와 1996년 12월호를 DB화하였다. (김성남)

참고문헌

『종합참고』 창간호.

주간경제

(週刊經濟)

대한상공회의소에서 1952년 5월 20일에서 창간한 경제전문 주간지로 영문명은 'Business Week'. 한국전쟁 중에 대한상공회의소가 부산으로 옮겨진 상황에서 발간되었다. 대한상공회의소 회두會頭 전용순全用淳이 창간사를 작성하였고, 발행인은 송병휘宋秉暉, 편집인은 윤태엽尹泰葉이었다. 1952년 5월 20일 창간호부터 1954년 2월 15일 제25호까지 『주간경제』라는 제호로 발행되었고, 1956년 1월 제26호부터 『산업경제』라는 명칭으로 제호를 변경하였다.

대한상공회의소의 효시는 일본인 상인들의 상공회의소에 맞서 민족계 상인조직으로 설립되었던 한성상업회의소(1884)였다. 식민지배하에서 민족계 상공회의소 조직은 '조선상업회의소령' 아래에서 경성상업회의소 등 활동을 계속해왔으나, 1944년 일제는 상공회의소를 '조선상공경제회'로 개편하고 전시동원체제에 편입시켰다. 해방후 1946년 5월 조선상공회의소를 창립한 뒤, 1948년 7월 대한상공회의소로 명칭을 바꾸었다. 대한상공회의소는 한국전쟁의 혼란 속에서 극심한 운영난에 허덕이면서도 당시 유일한 민간경제단체로서 구심점 역할을 맡았다. 상공회의소 관계자들은 1949년부터 상공회의소 제도의 법제화를 추진하여 1952년 12월 '상공회의소법'을 공포할 수 있게 하였다.

『주간경제』는 한국전쟁으로 대한상공회의소 본부가 부산으로 이전한 상황 속에서 1952년 5월 20일 창간되었다. 그런데 1952년 5월 20일 『주간경제』 제1호에는 「창간사」가 아닌 「속간사續刊辭」가 수록되어 있다. 대한상공회의소 및 서울상공회의소 회두會頭였던 전용순은 「속간사」에서 "상공회의소도 만난萬難을 배제하고 과거의 전통을 자랑하든 이 통보通報를 다시 속간함으로써 경제계의 필수자료가 되게 하고자 희구"한다고 하였다. 이로 비추어볼 때 『주간경제』는 이전에 상공회의소에서 발행하던 『통보』를 속간하는 것임을 알 수 있다. 그러나 『주간경제』 이전의 이 통보에 대해서는 구체적으로 알려져 있지 않다. 전용순은 속간사에서 "수복과 재건에 불붓는 국민제위의 열의에 발걸음을 맞추어" 상공회의소도 "한국의 경제부흥과 국민경제생활의 향상에 기여"하고자 전시 상황에서 『주간경제』를 발간한다고 밝혔다.

1952년 5월 20일에 발행된 제1호에는 특집으로 〈서울지구 사회, 경제, 실정 보고〉가 다루어졌다. 『주간경제』의 발행인이자 대한상의 서울상의 사무국장이던 송병휘는 한국전쟁 중이던 당시 서울의 사회상과 경제상황 등을 보고하고 있다. 송병휘는 서울시내 각 구별로 인구, 건물피해현황, 전기·수도·연료 사정, 요구호자수와 식량사정, 의료·교육기관, 상업실태, 공업실태 등에 대해 통계와 함께 당시의 상황을 기술하였다. 금융통화위원 임문환任文桓, 한국은행 부총재 송인상宋仁相, 무역협회 부회장 주요한朱耀翰, 합동통신사 편집국차장 김봉진金奉鎭, 상공회의소 사무국장 송병휘가 참석한 좌담회 「당면한 상공자금난의 타개책을 말함」이 수록되기도 했다. 이 좌담회에서 송인상 한국은행 부총재는 한국경제가 중공업 방면으로 나가는 것이 무리이며 중농정책을 추진해야 한다고 주장한 반면, 임문환 금융통화위원은 중농주의보다 일반 상공업을 개발해야 재건 필요자금 확보 및 국민경제의 성장을 도모할 수 있다고 주장하였다. 그 밖에도 「생산책임제에 대한 시비是非」, 「지상설문: 경제인들이 보는 점, 정전후의 물가와 유망한 기업은?」, 「현행세제現行稅制는 어떻게 개정될 것인가?」, 「비지네스실무강좌」, 「영국보수당의 경제정책의 시점始点」 등의 글이 수록되어 있다.

제3호에는 특집 〈하절사업경기 타진기〉, 「한미경제조정회담의 성과」, 「종합적 경제정책을 논함」, 「제3차 재정금융에 관한 공한公翰 비판」, 「최근의 발전사정」, 「동서고금 명실업가-철강왕 카네기 편」 등이 실려 있다. 『주간경제』에는 매호 국내외 주간 경제전망과 '금융통계·수출입품가격·수출입품통계·자금계획·석탄 및 유류통계·노임 및 물가표·수산 및 도입양곡통계·UN구호물자통계·발전량' 등의 통계자료들도 수록되어 있다.

『주간경제』의 발행은 1954년 2월 15일 제25호가 마지막이었고, 대한상공회의소는 1955년 1월 1일부터 『주간경제』의 제호를 『산업경제』로 바꾸어 발행하기 시작했다.

국립중앙도서관 등에 소장된 제3호(1952. 7. 1.)-15호(1953. 1. 15.), 23호(1953. 8. 15.)를 DB화하였다. (이상록)

참고문헌

『상공회의소 90년사, 상·하』, 대한·서울상공회의소, 1979; 『상공회의소 백년사』, 대한상공회의소, 1985.

주간경제평론

(週刊經濟評論)

1960년 7월 1일 창간된 주간신문이다. 매주 일요일 발행되었다. 발행인은 황태열黃泰烈, 편집국장은 조병삼趙炳三이다. 대판 4면제로 발행소는 서울시 중구 충무로 2가 2번지의 4이다. 구독료는 월 300원이다.

이 신문은 제2공화국 개정헌법에 의거, 법률 제553호로 정기간행물에 등록제를 실시하면서 쏟아져 나온 주간신문의 하나이다. 제호 옆에는 "부정과 부패에 대해서는 어떠한 압력과 유혹에도 굴하지 않고 용감하게 싸우는 경제투쟁지經濟鬪爭紙"라고 표기하였다.

1961년 2월 6일자의 1면을 보면, 물가 폭등과 질서 혼란의 격동기에 정부의 대책을 촉구하고 있다. 또한 「미美원조정책과 썩은 콩 도입」이란 글을 통해 원조를 받는 국가의 입장에서 본 문제점을 지적하고 있다.

2면에는 「진통하는 한국 광고계」라는 제목으로 한국광고사의 일본광고 덤핑오퍼 관련 기사와 TV 상업방송 계획으로 약진하는 광고계 상황을 보도하였다. 또한 〈이 신문 저 신문〉이라는 란을 두어 한국경제신문, 산업경제신문, 상공일보, 서울경제신문 등 경제지의 주평週評을 실었다. 한국경제신문에 대한 평을 보면, "동지同紙는 지난주 초에 연 이틀이나 2면 제작에 열熱을 뿜음으로써 활기를 정시呈示하는 듯하였으나 이 열이 곧 식어버린 감이 없지 않았다. 특히 1300 대 1의 환율 인상 보도기사는 동지同紙가 가지고 있는 단일 석간이라는 제약의 탓도 있겠지만 여하간 때를 놓치고 뒤늦어서 허둥지둥 덤볐다."라고 하였다.

3면에는 한일은행의 노동쟁의 기사를 싣고 있다. 운영주 측과 노조 측의 주장

을 게재하며 노사협조의 길을 찾을 것을 촉구하고 있다. 또 〈경평관측經評觀測〉
란에서는 "환율변동은 실질적인 화폐개혁이다"라는 제목으로 현재의 난국을 타
개하는 방안은 내핍생활과 수출진흥임을 지적하고 있다.

4면에는 경제적인 횡포, 부정, 부패, 사기, 기만 등 반민주적인 경제행위를 기
사화하였다.

국회도서관에 마이크로필름으로 소장되어 있는 것을 DB화하였다. (구수미)

참고문헌

『주간경제평론』, 1961년 2월 6일; 『한국신문 100년』(사료집), 한국신문연구소, 1975;
『신문백년인물사전』, 한국신문편집인협회, 1988.

주간문학예술

(週刊文學藝術)

1952년 7월 12일 창간된 문예주간지이다. 발행·편집·인쇄인 오영진, 발행소 문학예술 신보사(부산시 충무동 3가 97), 정가 창간호 1부 1000원, 8호부터는 2000원으로, 11호부터 (1953. 3. 20.)는 화폐개혁으로 20환으로 개정되었다. 매호 8~10면으로 발행되었다. 전시 라 매주 간행되지는 못하였으며, 7월 12일부터 12월 31일까지는 총 9회, 10월, 11월, 12월 에는 월 2회씩 간행되었다.

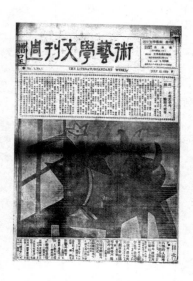

1952년 7월 12일에 창간되어 1953년 3월 20일까지 11호가 발간되었다. 이 매체는 오영진이 전국 문화 단체 총연합회(문총, 全國文化團體總聯合會) 북한지부 지부장이었을 당시 피난지 부산에서 발간한 문예지로, 발행인이 동일하며 잡지의 성격이 유사하다는 점으로 미루어 『문학예술』의 전신으로 볼 수 있다. 영인본을 발간하고 해제 작업을 한 백영근에 의하면, 이후 같은 발행인에 의해 간행된 바 있는 『문학과 예술』이 1954년 4월로 이어지기까지 1년 여의 공백기간이 있는데 그동안 이 주간지가 발행 되었을 것이라고 추측되기도 한다. 戰時 부산에서 월남문인들을 중심으로 조직된 '문총 북한지부'의 기관지라고 알려져 있으나, 백영근의 실증적 연구에 의하면 기관지가 아닌 독자적으로 발행된 매체이다.

창간호의 글을 통해 그 창작 목적을 살펴보면, 반공주의적 신념의 전파, 자유세계와의 지식 교환과 심리적 교류 등이다. 민족적 국난 극복의 계몽과 국제교류라는 데로 집약되어 있다고 볼 수 있다.

목차를 살펴보면 사설, 해외문학 국내 동정란 등이 있으며 문학란에는 시, 평론, 수필 등이 실려 있다. 번역문학이 많이 실려 있다는 점이 특징이다. 필자로는 이광수, 김동리, 오영진, 유치환, 조연현, 김광주, 유치진, 황순원, 곽종원, 정창범, 조지훈, 이봉래 등 당대 활동하던 문인들이다. 1952년이 넘어가면 김춘수, 최태응, 박봉우, 천상병, 이형기 등 당대 신진들의 참여가 두드러진다.

신인등단제도도 기획되었다. 1호부터 시, 소설, 평론, 수필, 번역 등 작품을 게재하면 소정의 원고료를 지불하겠다고 공고한다. 이에 대한 반응도 대단하여 1952~1953년에 이르는 9개월 동안에 응모 인원수 91명에 184편의 작품이 투고되었다고 한다.

이때 투고한 작가로는 박희진, 김해성, 고석규, 신동욱, 이동주, 이어령, 박봉우, 구창환 등이 있다. 2009년에 케포이북스에서 영인본으로 출간했다. 아단문고 출판본을 구입하여, 1952년 7월부터 10월까지 DB화하였다. (박지영)

참고문헌

『週刊文學藝術』(1952년 7월, 8월 9월, 10월); 백영근, 『週刊文學藝術』(考) (上)(下); 『서울산업대학교 논문집』 41, 42, 1995; 손혜민, 「잡지『문학예술』연구 : '세계주의'와 현대화의 기획」, 연세대 석사학위논문, 2008.

주간방송

1958년 3월 2일 창간된 공보실 방송관리국에서 발행했다. 방송 전문 주간지로 매주 일요일에 발간되었다.

『주간방송』의 창간호 구성을 보면 1면에 창간사를 싣고 있는데, 그 내용을 보면 다음과 같다. "어떠한 방송을 해야 청취자들이 더 즐거워할까. 어떠한 방송이 국민의 복지를 증진시키는 데 도움이 될까. 어떻게 해야 우리 방송이 세계 수준에 오르며 따라서 국가문화를 세계의 조류에 합류시킬 수 있는가는 우리 방송인들이 주야를 가리지 않고 생각하는 문제이다… 그들은 언제나 어디서나 완전무결한 것을 또는 완전무결에 가까운 것을 최소한 완전무결하려고 노력한 흔적이나마라도 보기를 원한다. 이렇게 보면 우리 방송 부대들은 지금 꼼짝없이 군중의 조소를 받지 않아가며 앞으로 앞으로 그것도 근사하게 달려가면 되게 마련이다… 이 『주간방송』은 이러한 시점에서의 이러한 의무감을 맡어 보려는 데 그 사명이 있으며 그러니까 뒤집어 말해서 우리 방송의 좋은 뒷받침이 되려는 것이요 거기에 따르는 여러 가지 부수적 효과를 또한 노리는 것이다…" 창간사를 통해 방송 전문지로서의 성격을 확실히 하고 있다 할 것이다. 이와 함께 동남아순방 예술사절단이 인천에서 떠나는 화보도 실려 있다.

2면에는 공보실장 오재경의 「하나가 되는 감정」, 「중대뉴스는 일요일에, 서방 측 방송을 이용하는 쏘련」, 「인기 끄는 「어린이 노래 회원」」 등의 기사가 실려 있으며, 공보실 방송관리국에서 발행하는 잡지 『방송』 광고도 실었다. 3면에는 『주간방송』의 창간을 축하하는 축사들이 실려 있는데 최병우의 「BBC를 참고하라」, 김종완의 「시야를 넓게」 등의 기사, 방송문화의 질을 높이기 위해 방송관리국 소속의 모니터 10명이 보내오는 리포트를 방송문화연구실에서 요약 편집한 『모니터』가 1958년 2월 26일에 처음 발간되었다는 기사를 실었다. 또한 유모아연재소설인 조청사의 「탐소가행상기」가 실려 있다. 4, 5면은 전면이 방송편성표이다.

6면에는 3·1절 기념하여 열린 방송극 예술제에 대한 기사를 중점에 두었고, 7면은 박승유의 「라디오와 오페라」와 함께 음악방송의 자세한 일정과 곡목들을 소개하고 있다. 8면은 이외의 다양한 기사들을 싣고 있는데 박현서의 「거짓말하는 어린이」, 윤석중의 동요 「사슴」, 스포츠 기사로 「여자부에 기대 가진다, 일본선수 타도에 전력할 터」 등이 실려 있다.

국회도서관에 마이크로필름 형태로 보관되어 있으며 이를 DB화하였다. (임경순)

참고문헌

『주간방송』, 창간호

주간새나라

(週刊새나라)

1961년 8월 7일 창간된 주간신문이다. 창간 당시 주간새나라사에서 16면으로 발행하였으나 후에 사단법인 대한공론사에서 타블로이드판 8면제로 변경하여 발행하였다. 발행인은 대한공론사 사장 김봉기金鳳基, 인쇄인은 오근욋權, 편집인은 계광길桂光吉이다. 발행소는 서울시 중구 태평로 1가 31이다. 구독료는 한 부에 5원이며, 월 20원이다.

『주간새나라』는 주로 정부의 시책과 국가의 발전상을 선전하는 홍보지 역할을 하였다.

주간새나라사에서 발행한 창간호는 16면인데, 1면에는 「혁명공약」과 혁명일지가 게재되어 있다. 혁명공약의 내용은 다음과 같다.

"1. 반공을 국시의 제일의로 삼고 지금까지 형식적이고 구호에만 그친 반공태세를 재정비 강화한다.

2. 유엔헌장을 준수하고 국제협약을 충실히 이행할 것이며 미국을 위시한 자유우방과의 유대를 공고히 한다.

3. 이 나라 사회의 모든 부패와 구악을 일소하고 퇴폐한 국민도의와 민족정기를 다시 바로잡기 위하여 청신한 기풍을 진작시킨다.

4. 절망과 기아선상에서 허덕이는 민생고를 시급히 해결하고 국가 자주경제 재건에 총력을 경주한다.

5. 민족적 숙원인 국토통일을 위하여 공산주의와 대결할 수 있는 실력배양에 전력을 집중한다.

6. (군인) 이와 같은 우리의 과업이 성취되면 참신하고도 양심적인 정치인들에게 언제든지 정권을 이양하고 우리들 본연의 임무에 복귀할 준비를 갖춘다.

(민간) 이와 같은 우리의 과업을 조속히 성취하고 새로운 민주공화국의 굳건한 토대를 이룩하기 위하여 우리는 몸과 마음을 바쳐 최선의 노력을 경주한다.”

창간호에는 「러스크 성명과 한미협조」, 「경제원조 효율화의 기반은 마련되었다」, 「사법부 운영에 대한 제언」, 「학제개편의 시기는 왔다고 본다」 등 4가지 사설과 함께 국내외 주요 상황을 보도하고 있다. 2면에는 국가재건최고회의기구, 행정부기구표, 법원기구표가 실려 있다. 7면에는 국가재건최고회의에서 발표한 「혁명 2개월의 업적」이 실려 있다. 8면부터는 새나라 건설과 관련된 화보, 독자의 글, 생활상식, 만화를 실었고, 방송, 음악 등 각계의 소식을 게재하였다. 또한 16면은 〈국민의 소리〉란을 통해 독자들의 제안을 싣고 있으며, 그 밖에 꽁트, 재건체조 해설 등을 실었다.

1967년에 발행된 『주간새나라』는 대한공론사에서 8면으로 발행되었다.

1면과 2면에는 주로 대통령 관련 근황과 정부 시책, 국내 주요 사건이 보도되었고, 〈새나라의 소망〉란을 마련하여 각계 인사의 글을 싣고 있다. 2면에는 〈국내외 뉴스〉란을 두었다.

3~6면은 경제개발 5개년계획사업, 각 지역의 경제 발전, 지역사회 개발 상황, 농수산업의 발전현황, 공업 진흥과 수출상황, 지역특산물 소개 등을 보도하였다.

7면에는 농업과 기술, 병충해 방제계획, 가정에서 만드는 공예품, 작물의 기원, 주부수첩 등 지식정보 관련 내용을 싣고 있다.

8면에는 〈월남판〉을 설정하여 월남에 파견된 한국군 전투부대의 상황을 보도하고, 월남 관련 내용, 파월장병 지원 실적과 계획, 전투수기, 월남에서 오는 편지와 가는 편지 등을 싣고 있다. 3월 6일자(280호)부터는 7면에 월남판을 게재하고, 8면에는 「주간새나라의 송아지 50마리 대현상 연쇄퀴즈」의 문제와 응모방법, 추첨상황, 당첨자 명단 등을 보도하였다.

주간별로 눈에 띄는 기사의 내용을 보면 다음과 같다.

1월 16일자(273호)의 5면에는 중공의 권력싸움 상황을 기사화하고 중공 전역의 유혈상황과 군부의 분열을 보도하였다.

1월 30일자(275호)의 2면에는 「아스팍 7개국 외상이 본 오늘의 한국」이란 제목으로 한국과 유대를 맺은 아시아 태평양지역의 7개국 외상들이 한국 통일의 전망, 월남전의 해결 전망, 한국과 각국의 관계 문제에 대한 의견을 제시한 것을 보도하였다. 또 6면에는 최근 확대되고 있는 중공의 내분 상황을 기사화하였다.

2월 27일(279호)~3월 13일자(281호)에는 뤼브케 독일대통령의 방한과 관련하여 한독 정상회담 일정, 한독 수교 발자취, 한독 경제협력 내용, 양국의 공동성명 요지, 양국의 우의를 다지는 방한현장 화보 등이 보도되었다.

3월 27일자(283호)에는 5월 3일의 대통령선거를 앞두고 대통령의 선거 관련 담화, 공명선거 선전, 선거일정, 중앙선거관리위원회의 역할, 선거법 풀이, 역대 대통령선거 등의 내용이 보도되었다. 2면에는 북한에서 남하한 북한중앙통신 부사장 이수근의 탈출과정이 보도되었다. 3면에는 제6회 향토문화상 수상자들의 약력이 소개되었다.

4월 17일자(286호)에는 대통령선거 관련 내용과 북한중앙통신 이수근 부사장 환영시민대회 소식을 기사화하였다.

국회도서관에 소장되어 있는 1961년 8월 7일(창간호), 1967년 1월 16일(273호), 1월 23일(274호), 1월 30일(275호), 2월 6일(276호), 2월 13일(277호), 2월 27일(279호), 3월 6일(280호), 3월 13일(281호), 3월 27일(283호), 4월 3일(284호), 4월 17일(286호)을 DB화하였다. (구수미)

참고문헌

『주간새나라』, 1961년 8월 7일 창간호, 주간새나라사; 1967년 273~286호, 대한공론사; 『한국신문 100년』(사료집), 한국신문연구소, 1975.

주간 새서울

(週刊 새서울)

1968년 1월 5일 창간된 서울시 홍보 주간신문(매주 금요일 발행)이다. 발행 겸 인쇄인은 김봉기金鳳基, 편집고문은 최칠호崔七鎬, 주간 이인행李仁行이다. 발행소는 주간 새서울사이고 구독료는 월 50원이다.

이 신문은 서울시 행정과 건설상 등을 선전하기 위한 홍보지로 발행되었다. 편집부는 「창간사」에서 다음과 같이 신문 창간 취지를 밝히고 있다.

"가까스로 미망을 깨우친 우리는 조국 근대화의 찬란한 도표 아래 근대 국가건설을 위한 무거운 짐을 지고 지금 여기까지 왔다. 그리고 창창한 앞길을 전망하면서 쉬지 않고 늠름한 자세로 전진만을 계속한다. 보다 차원 높은 인간적 결속이 있어야 하며, 사회에 대한 사랑과 실천이 없이는 이룩될 수 없다. (중략) 우리가 창간 첫 사업으로서 '축석 4백만 개 보내기 운동'을 벌이는 것도 이 나라의 근대화를 위해서요, 오직 시민과 시정의 유리된 갭을 메꾸기 위한 숨가쁜 결실의 아쉬움을 통감했기 때문이다. 우리는 시정과 시민을 밀착시키는 접착제됨을 다짐하며 시민생활의 백과사전으로서 건전생활의 반려임을 자부한다. 또한 시정의 이론과 실무의 지침이 되고자 온갖 정열을 불태울 것이다."

신문 발행의 목적은 정부의 경제 근대화 정책에 발맞추어 서울시의 역할을 강조하고 시민들에게 홍보하며 시정과 시민 간 매개체 역할을 하기 위한 것이었다.

창간호(1968. 1. 5.) 1면에는 「한강 건설에 돌보내기 운동, 시민마다 축석 한 개,

민족의 광장에 4백만의 정성」라는 제목의 사고社告를 내고 축석 4백만 개 보내기 운동 캠페인 기사를 게재하였다. 또한 여의도의 사진과 함께 설계도를 곁들여 싣고 '한강변 개발사업'의 개황을 설명하여 서울시 사업의 메인 이슈로서 다루었다.

2면은 창간사와 특집기사가 실렸다. 특집기사는 「새해 시민경제, 살림살이 타진」이라는 내용으로 서울시 물가에 관하여 쌀값, 주택, 소득별로 나누어 설명하면서, 1968년이 한국경제의 전환기가 될 것이라고 진단하였다.

3면은 서울시 지하상가의 현황과 상권에 대해 조사한 기사와 연재소설 「1등 시민」(추식秋湜)이 실렸고, 4면은 해외토픽과 「내고향 설놀이」(양주동梁柱東), 「가난의 우정은 국경도 없고, 영하의 '개미마을' 경사났네」 등 비교적 가벼운 글로 구성되었다. 6면과 7면에서는 「서울의 '맨허탄', 한강건설에서 얻는 시민의 실익은 이렇다」라는 제목으로 한강 개발에 대한 거대한 청사진을 제시하고 있다. 8면은 단편소설 「모정慕情」(송병수宋炳洙)이 실리고, 9면에는 학교 현황과 가구 가격 현황, 10면에는 「시장, 현대화의 지름길」이라는 기사로 시장의 현대화 필요성에 대한 기사가 실렸다. 11면에는 영동지구 변화상 소개와 수도를 얼지 않게 쓰는 방법과 12면에는 흥미 위주의 연예계 소식과 상식퀴즈 등이 실렸다.

처음에 시 당국은 연간 240만 원의 시 재원을 들여 5천 부를 구입, 각 통·반에 무료 배포하였다. 1968년 6월부터는 매주 1만 부씩 늘려서 시 산하 공무원, 각 동사무소에 유료로 구독하도록 하고 각 동사무소에 대하여 구독자 백 명씩 확보하도록 하면서 물의를 빚기도 했다. 1968년 8월에는 수도권 방위선 임진강 북상 등을 내용으로 한 기사를 보도했다고 하여 편집국장과 기자가 군기누설 사건으로 소환당하기도 했다.

창간호는 대체로 특별한 면별 구분 없이 구성되었으며, 한강 개발로 인한 경제적 효과와 시민의 동참을 구하는 선전용 기사가 대부분인데, 1960년대 경제 근대화와 서울시정 관련하여 참고할 만한 자료이다.

국회도서관에 소장된 창간호(1968. 1. 5.)를 DB화하였다. (이병례)

참고문헌

한국신문연구소 편, 『한국신문백년』, 1975; 『동아일보』, 1968. 6. 10, 8. 16; 『주간새서울』, 주간새서울사, 1968년 1월 5일.

주간세계영화

(週刊世界映畵)

1960년 11월 13일에 창간하였다. 종간호는 같은 해 12월 6일자 지령 3호인데 『세계영화신문』으로 개제하면서 지령을 계승했기 때문이다. 사장은 강대진姜大振, 발행·편집 겸 인쇄인은 강대진, 주필은 황촌인黃村人, 발행소는 서울특별시 중구 충무로 3가 62번지였다. 대판 4면으로 16단, 1단에 11자 체제였다. 월정액 600환이었다.

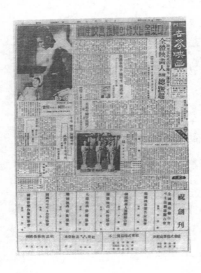

2면에 실린 「창간사」에서 "상상력"을 강조하는 한편, "영화인을 이단시하는" 사회풍조에 맞서 "위신을 선양하고" "영화지성의 함양"을 위해 노력하겠다는 포부를 밝히고 있다. 여전히 천시받고 열등감에 빠져 있거나 낮은 수준의 예술로 평가받는 영화의 위상과 영화인의 대우를 높이고 상상력에 기반한 예술로서의 가치를 살리기 위한 노력을 기울이겠다는 다짐을 하고 있는 것이다.

창간호 1면의 기사는 먼저 「국산영화진흥의 봉화는 올랐다!」는 기사가 가장 눈에 띈다. 이 제목 아래 영화계에 종사하는 여러 사람들의 소감과 의견이 실려 있는데, 문교부장관의 담화와 민의원 부장의 담화가 게재되어 있다. 그리고 「눈눈」과 「사고」가 그 뒤를 잇는다. 2면에는 해외영화계 소식이 빼곡하게 실려 있고 '주간일지'로 연극, 제작, 흥행에 관한 내용이 게재되었다. 3면은 아세아영화제 서울에서 개최될 것인지, 서울시문화상 소식, 합동공사의 내분, 영화계 동정 기사가 줄을 잇고 있으며, 4면은 김문찬의 영화소설 「유부녀」가 「NG」와 「탐조등」란이 차지하고 있다.

이렇듯 이 신문은 국내의 영화계 소식만이 아니라, 세계영화계 소식까지를 포함하는 전방위적인 기사들을 싣고 있다. 게다가 영화 정책의 문제와 영화사 내부의 동정, 영화계 인사의 사소한 소식까지를 알려주어 영화에 관한 다양한 내용의 정보를 제공하고 있다. 그리고 '영화소설'을 게재하여 그 작품이 영화화되거나 영화화되도록 함으로써 원작 시나리오와 영화 결과물 간의 비교 검토를 하는 데에도 도움을 주고 있다.

국회도서관에 창간호가 마이크로필름으로 소장되어 있으며, DB도 창간호를 작업하였다. DB 상태는 양호한 편이다. (전상기)

참고문헌

『주간세계영화』, 1960. 11. 13.;『한국신문백년 〈사료집〉』, 한국신문연구소, 1975.

주간씨티
(Korean Weekly Journal)

1996년 2월 15일에 제1호가 나왔고, 2000년 4월 22일 제100호가 발간되었다. 발행인 및 편집인은 조광수가 담당했고, 인쇄는 Ralph Van Hooft에서 담당하고, 기사의 내용에 못지않게 광고가 상대적으로 많은 지면을 차지하고 있는 것으로 보아 광고 수입을 주요 재정 기반으로 하고 있는 듯하다. 비매품으로 발행되고 있다. 주 사무소는 캐나다의 Calgary에 두고 있다.

『주간씨티』의 부 제호가 "우리의 생활이 담긴 교민지"라는 데서 알 수 있듯이, 생활 밀착형 잡지이다. 교회와 관련된 광고들, 국제운송, 부동산, 웨딩업체, 한인학교, 공사업체, 자동차 딜러, 미용실, 각종의 음식점, 구인광고 등 각종의 한인 관련 광고들이 기사와 더불어 게재되고 있다. 창간 100호 기념호를 보면, 맨 앞부분에는 〈고국소식〉이라고 해서, 2000년 4월 무렵에 있었던 「남한-북한 정상회담 개최」, 「현대-삼성 법인세 조사」, 「영락교회 한경직 목사 별세」 등 국

내에 있었던 굵직한 소식들을 전하고 있다. 이어 〈교민소식〉이 그 뒤를 잇는다. 「2000년도 재외동포 중고생 하계학교 개설」, 「제2회 재외동포 문학작품 공모」, 「에드몬톤 새천년 '한국어학교의 밤' 성황」, 「재외동포 대학생 모국순례 연수」, 「벤쿠버 총영사관 업무시간 변경」 등 교민사회의 크고 작은 소식들을 게재하고 있다.

그리고 각종의 칼럼들과 생활뉴스, 교육 문제, 국제적인 화제 거리, 문화 소식 등 다양한 글들이 풍성하게 게재되고 있다. 특히 〈다시 보고 싶은 연재만화〉라고 해서 국내에서 예전에 인기를 끌었던 고우영의 〈수호지〉를 연재하고 있는데, 100호 기념호에는 54번째 만화가 게재되어 있다. 그리고 정비석의 소설 〈성황

당)도 연재되고 있다.

100호의 기사 내용 중 이원재 『주간씨티』 논설위원의 칼럼 「실협, 새 모습이 갖춰져야 한다」라는 글이 이채롭다. "높은 언성과 억지, 밀어 붙이고 대화가 없는 회의가 캘거리한인실업인협회의 총회다."라고 시작하면서 "일부 리더들의 비합리적인 아집과 사견은 회원들의 냉소적 반응을 유발하고 편파적 결정은 회원들의 불신과 혐오를 누적시킬 뿐이다."라고 하면서 한인실업인들의 대오각성을 촉구하고, "새 집행부는 책임감을 가지고 상처받은 회원들의 실망을 화합으로 이끌" 것을 요구하고 있다. 이러한 칼럼은 이 『주간씨티』가 단순히 교민들의 소식지에 그치는 것이 아니라, 보다 나은 캐나다 한인공동체의 창출에 이바지하고자 하는 생각이 있음을 보여주는 것이라 하겠다.

『주간씨티』 편집국이 캘거리 이외에도 벤쿠버에도 있고, 광고를 게재하는 업체들도 캘거리와 벤쿠버에 걸쳐 있는 것으로 보아 『주간씨티』가 캘거리와 벤쿠버를 중심으로 한 캐나다 거주 한인들을 상대로 한 잡지임을 알 수 있다.

재외동포재단 자료실에 『주간씨티』 일부가 소장되어 있다. (임성윤)

참고문헌

『주간씨티』

주간열차시보

(週刊列車時報)

1966년 3월 2일 창간된 철도청의 기관지로 타블로이드판 8면, 주간신문이다. 발행 겸 인쇄인은 박충서朴忠緖, 편집인은 송종배宋鍾培이다. 발행소는 서울 중구 동자동 14번지(주간열차시보사)이다.

이 신문은 철도 운영의 이해를 돕고 철도 여행을 장려하기 위해 무료 제공한 철도 행정 기관지이다. 제14호(1966. 7. 11.) 1면 상단에 신문의 발행목적이 제시되어 있다. 철도청장 양택식梁鐸植의 이름으로 「알리는 말씀」이라는 제목 하에 "이 열차 시보는 여러분의 지루하신 여행에 도움을 드리고 아울러 철도의 움직임에 대하여 올바른 이해와 협조를 바라는 뜻에서 무료로 제공해 드리는 것이다."라고 하였다.

신문의 구성은 1면에 철도 관련 칼럼과 시의에 따른 여행지 사진과 한 주간 소식이 실리고 2면은 정부의 경제정책 관련 홍보기사, 3면은 휴양지 소개, 4면은 열차시간 등 열차 관련 정보기사, 5·6면은 소설이나 열차상식, 7면은 열차 관련 정부 시책, 8면은 오락 스포츠 기사로 이루어져 있다.

제14호(1966. 7. 11.) 1면 〈칼럼〉란에는 「철도인의 원호문제」를 다루었다. "직무를 수행하다가 철길에서 생명을 잃은 철도 종사원은 지금까지 740명에 달하고 다친 사람은 6,700명에 이르고 있다. (중략) 지금 6천7백여 명의 상이직원들이 가족을 이끌고 먹고 살아야겠다고 아우성치고 3천7백여 명의 유가족들이 무엇인가 살길을 마련해달라고 조르고 있는 엄연한 현실을 직시할 때 철도종사원에게 독특한 원호법 같은 것이 있어 마땅하다고 생각한다."라고 하여 철도직원들의 복지문제를 제기하고 있다. 1면에는 칼럼과 더불어 더위를 피해 한강변에 모여든 시민들의 물놀이 사진을 실었고, 「순간소사旬間小史」란에는 7월 11일부터 20일까지 한 주간 발생한 역사적 사건을 소개하였다.

2면에는 「공업권으로 경제자립 촉진, 근대화의 지름길 2차 5개년계획」에서 5개년계획의 식량 자급 계획, 재정 조달 방안 등을 소개하였다. 3면의 「전국 저명한 해수욕장」에서는 주요 해수욕장의 열차 운행 여부, 편의 시설 등을 소개하고 있으며, 4면에는 영동선 열차시간표와 변산반도의 풍광 소개가 이어졌다.

5면에는 소설 「열차를 테마로 한 영화 스토리, 내일 없는 여인」이 연재로 실리고, 「철도법규」에서 철도 이용자가 범하기 쉬운 실수와 그에 따른 적용 법규를 소개하고 있다. 6면의 「에티켓 선생」에서는 열차 안에서 지켜야 할 예절과 「철도야화」란에서 철도 공사를 둘러싼 뒷이야기가 소개되었고, 일반상식으로 「식중독과 곰팡이의 장난」이 실렸다. 7면에는 정부의 경제정책과 관련한 기사로 「남아돌아갈 올해 월동용탄」, 「새 화차貨車 65량을 신조新造」가 실렸으며, 8면에 「스포츠토픽」과 「바둑문제」, 「독자코너 – 편리해진 기차통근」이 실렸다.

제15호(1966. 7. 21.)의 구성도 14호와 유사하다. 1면의 칼럼으로는 서울-부산 간 운행을 위해 새로 등장한 초특급 열차 '맹호'의 소개와 사진이 게재되었으며, 2면에 5개년 경제개발계획이 연재되고 3면에 연재소설 「열차와 여인」, 4면의 「여름캠핑」 소개, 5면에 영동선 기차시간표, 「국립공원 될 부산 태종대」 소개, 6면의 「철도야화」 등 연재 기사가 실렸다.

제16호(1966. 8. 1.)의 4면에는 「기간산업순례」 코너에서 '확장 서두르는 조선공사'를 소개하고 있는데, 1968년 완공을 목적으로 조성되는 조선공사의 공사진척 현황과 이후 경제적 효과를 소개하고 있다.

제17호(1966. 8. 11.) 2면의 「발전 거듭하는 원양·수산업」에서는 수산업의 수출현황과 2개년 경제계획에서 수산 부분의 현황을 전하고 있다. 17호에는 소설 「천하풍류객」(천세욱千世旭)이 새로 연재되어 흥미를 더하고 있다.

이 신문은 발행목적에서 제시된 바와 같이 지루한 여행에 도움을 준다는 측면에서 여행지 소개나, 일상 상식, 스포츠기사 등 흥미를 유발하는 기사가 많이 실려 있다. 그러나 철도와 관련된 정부 시책, 정부의 경제정책 등을 선전하기 위한 기사도 상당히 비중 있게 다루어졌다.

국회도서관에 소장되어 있는 제14호(1966. 7. 11.), 제15호(1966. 7. 21.), 제16호(1966. 8. 1.), 제17호(1966. 8. 11.)를 DB화하였다. (이병례)

참고문헌

한국신문연구소 편, 『한국신문백년』, 1975; 『주간열차시보』, 철도청, 제14호(1966. 7. 11.), 제15호(1966. 7. 21.), 제16호(1966. 8. 1.), 제17호(1966. 8. 11.).

주간예술

(週刊藝術)

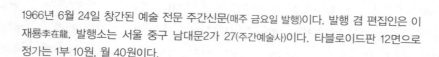

1966년 6월 24일 창간된 예술 전문 주간신문(매주 금요일 발행)이다. 발행 겸 편집인은 이재룡李在龍, 발행소는 서울 중구 남대문2가 27(주간예술사)이다. 타블로이드판 12면으로 정가는 1부 10원, 월 40원이다.

창간호 1면의 「왜 예술문화는 가난해야만 할 자유를 갖는가, 우린 이 세상에 태어난 보람을 여기서 느낀다」에서는 다음과 같이 신문 창간 취지를 밝히고 있다.

"참된 예술이 점점 빛을 잃어가고 있는 이때 우리는 예술 문화의 건전한 계발과 학술면의 소개 보도를 하는 동시에 품위 높은 국민오락을 육성하는 데 기여할 필요가 있다. (중략) 지금 이 땅에서는 무엇을 예술로 규정지을 것인가에 대해서도 혼란을 거듭하고 있다. 이러한 혼란을 날카롭게 비평하고 분석하고 정리해서 새 방향에 대한 흐름을 제시해야 한다. 또한 이 신문은 민중과 동떨어진 예술을 위해서, 민중과 친근할 수 있는 가교의 역할을 항상 잊지 않을 것이며, 젊은 예술인들의 건전한 발언을 기탄없이 받아들일 것이다."

이 신문의 중심 방향은 예술문화의 발전을 추동하기 위해 그리고 예술의 개념 정립을 위해 창간되었으며, 그 방향은 일부 전문가층을 대상으로 하는 것이 아니라 대중과 함께 호흡하는 잡지가 되도록 한다는 것이었다.

창간호(1966. 6. 24.)의 구성은 1·2면은 창간사와 창간축사 등이 실리고, 2면에는 문화현상에 대한 비평글, 4·5면은 특집으로 문화와 관련된 시의적인 글이 실렸다. 6면은 특정한 주제에 대한 각계 인사의 의견, 7면은 영화관련 소식, 8·9면은 모던라이프, 10면은 예능, 11·12면은 만화와 소설로 이루어졌다.

2면의 「최근 문화계의 한 현상」(이어령李御寧)에서는 내용 없이 단편적인 활동만으로 존중되는 문화계의 허상에 대해 비판하고 있으며, 4면의 특집은 임종국林鍾國의 『친일문학론』에서 밝힌 친일 작가들의 면면과 작품, 시대적 상황을 소개하고 있다. 5면의 「지금의 대서울 백년 후에 본다」에서는 미래를 예상하여 대도시 서울의 도로, 건축을 장기적 안목에서 계획해야 할 것을 강조하고 있다. 6면에서는 「미국의 이색적인 화제, 천사의 성은 남자다」라는 제목으로 천사의 성별을 둘러싼 논란에 대한 문화 예술계 명사들의 의견을 정리해서 실었다. 7면에는 일본영화가 수입된 이후 문화계의 변화 양상을 진단하는 글이 실렸고, 8·9면의 「상업미술가 염인택廉仁澤 씨가 본 신세계, 시대, 미도파, 신신, 화신 등 5대 백화점」에서는 서울 시내 주요 백화점의 인테리어나 건축미 등에 대한 분석글이 실렸다. 9면에는 서울시내 11개 대학을 대상으로 신영균, 최희준, 유주용, 최정희, 최무룡 등 배우, 화가 등 문화인들의 출신 학교를 조사하여 싣고 있다.

이 신문은 순수 문화예술 잡지와 통속지의 중간 정도에 위치한다. 전적으로 전문적인 내용보다는 문화현상과 문화계 소식 등을 중점적으로 다루고 있으며, 창간사에서 밝힌 대로 대중적 관심사에 밀착하여 지면을 구성하고 있는 것이 특징이다.

국회도서관에 소장되어 있는 창간호(1966. 6. 24.)를 DB화하였다. (이병례)

참고문헌

한국신문연구소 편, 『한국신문백년』, 1975; 『주간예술』, 주간예술사, 1966. 6. 24.

주보
(週報)

1967년 3월 20일에 창간된 한국외환은행의 기관지이다. 발행인 홍승희, 편집인 정헌준, 인쇄인 정상기이다. 발행소는 한국외환은행 인쇄소는 주식회사 예림사이다. 비매품으로 주간으로 발간되었다.

외환은행의 기관지로 경제 전문지로서의 성격을 띠고 있다. 1968년 1월 8일에 발행된 2권 1호의 「주보 제2권을 내면서」를 보면 다음과 같다.

"작년 1월 30일 당행은 외환전문은행의 설립을 바라온 경제계의 오랜 여망에 따라 수출신장을 지원하고 경제개발에 소요되는 외자를 원활히 도입하며 외환관리제도의 적절한 운용을 기하는 등 중추적인 경제시책에 공헌하기 위하여 창립되었던 것이다. 이러한 시기에 부응하기 위하여 그 일익으로서 업계의 이해증진과 사태파악에 일조가 되고자 작년 3월 20일에 주보 제1권 제1호를 발간하여 현재에 이르고 있다. (중략) 지난 1년간 겪어온 경험에 비추어 제반 미비점을 보완하고 조사 진용을 정비 강화함으로써 제2권부터는 변모하는 국내외 경제정세에 보다 정확하고 신속히 접근하여 이를 업계에 전하고자 한다. 제2권에서는 작년과 같이 수시로 당면하는 무역 외환 국제협력 및 국제경제에 관한 문제점을 해설하고 또한 매주의 국내외의 주요경제동향을 망라하는 이외에 연간 특집으로서 50여 개의 유망수출상품을 선발하고 이들 상품의 국내외수급상황을 분석하여 수출확대 방향을 참색하기로 계획하였다."

이와 같은 목적으로 발행되는 기관지인 만큼 『주보』는 경제전문지로서의 단순한 구성으로 편집되었다. 「적정외화준비(상)」, 「최근서독의 경제동향」, 「수출

상품순례」 등의 글을 실었고 〈주간경제동향〉을 국내 편과 해외 편으로 나누어 실었다. 국내 편의 경우 68년도 수출진흥종합시책 확정, 68년도 수출품생산업체 선정기준 발표, 자동차 및 동부분품 수입요령 공고, 외자도입심의위 22건의 상업차관 및 기술도입계약승인 등 주간에 있었던 국내 경제 분야의 중요한 사항들을 정리하고 있으며, 해외 편 역시 아시아 개발은행에 스위스 가맹, 미국의 68년도 경제성장률 약 5%로 예상, 서독 11월 중 무역수지 11.7억 마르크 흑자 등의 내용을 전달하고 있다. 또한 잡지 말미에 당행외국환매매율표, 국제금리시세, 주요국대미불환시세 IMF평가일람표를 표로 정리하였다. 이러한 구성은 이후에도 동일하다.

국회도서관에 1968~1970년에 발행된 『주보』가 소장되어 있고, 이 중 일부를 DB화하였다. (임경순)

참고문헌

『주보』 1968년, 1970년.

중국민족

2001년 중국 베이징(北京)에서 발행된 종합잡지로 국가민족사무위원회에서 주관하고 민족단결잡지사에서 출판했다. 소수민족 판으로 여러 소수민족 고유의 언어로 번역 출판되었으며, 『민족단결』 잡지의 소수민족 판으로 발행되다가 2001년부터 정식으로 『중국민족』으로 제호를 바꾸어 출간되기 시작했다. 한글판 주필은 리병태, 책임편집은 리호남이다.

『민족단결』 잡지사는 1958년 "여러 소수민족 인민들은 본 민족 언어문자를 장악함과 동시에 한어를 널리 배울데 대한 건의"를 발표하고 여러 호의 시험호 발행을 거쳐 『민족단결』 소수민족 판을 발행하기 시작했다.

소수민족들에게 중국 민족으로의 일체감을 강조하기 위해 각 소수민족의 언어로 발행하고 있다. 특히 중국의 민족정책을 선전하고 다양한 소수민족들의 삶과 문화 지역 문제들을 심도 있게 보도하고 있다. 2005년 제1호는 「주은래와 중국의 민족정책」을 게재하여 주은래의 소수민족 문화와 교육, 과학기술, 의료 위생사업의 발전을 적극적으로 지원한 정책들과 그의 업적을 구체적으로 기술하였다.

그리고 조선족 마을 계서시를 현장탐방 하고 조선족 인구의 마이너스 성장 문제를 분석 보도하였으며, 조선족의 특별한 민족적 자부심과 교육, 발자취 등을 다루고 있다.

2007년 제6호는 창간 50주년을 기념하는 「중국민족 창간 50주년을 기념한다」를 실어 1957년 시험호 출간에서부터 1966년 문화대혁명으로 정간된 시기의 시련과정, 1979년의 복간과 80년대의 발전시기를 거쳐 현재까지의 과정을 상세히 정리하여 두었다.

　　내용은 개혁개방, 민족론단, 겨레의 자랑, 민족교육, 민족문화, 창업편, 형제민족, 민족지구탐방, 겨레의 발자취, 우리말 교실, 지식편람, 삶의 지혜, 정보화 시대, 혼인가정, 건강관리, 로인세계, 아리랑 등으로 다양한 기사를 신고 있다.

　　중국 연변대학교에 소장되어 있으며 2001년에서 2007년 사이 발행본 일부가 DB화되었다. (김성남)

참고문헌

『중국민족』

중국조선어문
(中國朝鮮語文)

1985년 동북 3성 조선어문사업공작협작소조 기관지로 『조선어문』이라는 제호로 창간되었으며, 1987년부터 『중국조선어문』으로 제호가 바뀌었다. 길림성민족사무위원회 주관으로 중국조선어문잡지사에서 편집출판하고, 연변일보사인쇄창에서 인쇄하였다. 격월간이며 정가는 0.35원이다.

1987년 제1·2기는 『중국조선어문』으로 제호를 바꾸면서 여러 상급 지도자들의 격려문들이 실려 있다. 중공길림성위 서기 고적의 「『중국조선어문』을 잘 꾸려 민족의 지력개발을 추진해야 한다」와 길림성민족사무위원회 주임 김영준의 「중국조선어문 잡지를 잘 꾸려 두 가지 문명건설에 기여하자」, 흑룡강민족사무위원회 부주임 리정호의 「다 같이 힘써 중국조선어문 잡지를 잘 꾸리자」는 등의 글들이 실려 있다.

중국조선어학회 최윤갑은 「중국조선어문은 조선민족문화를 꽃피우는 한떨기 아름다운 꽃으로 피여나리라」에서 "언어는 민족의 주요한 특징의 하나이며 언어를 상실하면 그 민족은 멸망의 운명을 지니게 된다. 그렇기 때문에 레닌은 일찍이 '우리는 자기의 언어와 자기의 조국을 열렬히 사랑한다.'고 하였다. 따라서 우리는 자기의 언어를 사랑하고 소중히 여기며 건전히 발전시켜야 한다. 『중국조선어문』은 바로 이 과업을 수행하는 데 있어서의 선동자, 추동자, 향도자로 되어야 하며 조선어를 학습하고 련마하고 보급하고 제고하는 굳센 진지로 되어야 한다. (중략) 새 이름으로 조선군중들과 대면하게 되는 『중국조선어문』은 광범한 중국 조선족 군중들과 조선어를 사랑하는 모든 사람들의 사랑을 받으며 민족문화를 꽃피우는 한떨기의 아름다운 꽃으로 피여나리라고 나는 확신하다." 라며 이 잡지를 통한 조선어의 발전을 기원하고 있다.

내용 구성은 〈우리말 학습과 연구〉, 〈어문정책 빛발아래〉, 〈학교에서의 우리말 교육〉, 〈우리의 생활과 언어〉, 〈언어와 문학〉, 〈소식과 동태〉, 〈외국사람들과 조선어〉, 〈알아둡시다〉, 〈시〉의 난으로 이루어져 있다. 첫 페이지에는 '우리글에 대한 찬양'이란 제목 아래 우리글에 대한 자랑과 한글의 우수성을 보도한 외국 기사들을 게재하고 있다.

〈우리말 학습과 연구〉란에는 「접미사 '적'의 발음에 대해여」, 「조선글이 걸어 온 길」, 「모호한 언어와 그 문체론적 기능에 대하여」 등 전문성을 가진 수준 있는 기사들이 보인다.

「조한문 혼용주장은 때 지난 생각」이란 기사는 조선문에 한자를 섞어 쓰는 문제를 비판하면서 우리 민족의 언어 역사는 한문에서 조선문 사용으로 나아가기 위해 투쟁 해온 역사라고 주장하면서 이를 조선시대 한글 창제부터 그 과정을 추론하고 있다.

1997년 제6호의 목차는 〈고찰과 연구〉, 〈번역론단〉, 〈생활과 언어〉, 〈방송화술〉, 〈중학교교원연단〉, 〈소학교교원연단〉, 〈백화원〉, 〈취재수기〉, 〈백과지식〉의 난으로 구성되어 있다. 표지 사진으로 「할머니」라는 제목의 사진이 실려 있는데 비녀로 머리를 쪽진 한복 입은 할머니가 바느질 하는 모습을 촬영한 것이다.

연변대학교 도서관에 소장되어있으며 1987년 1·2호와 6월호를 DB화하였다. (김성남)

참고문헌

車培根·吳泰鎬, 『中國朝鮮民族言論史』, 서울대학교출판부, 1997; 『중국조선어문』 1987년, 1997년.

중국조선족교육

1986년 1월 중국 연길延吉에서 발행한 월간 교육잡지로 중국조선족교육잡지사에서 편집하여 발행되었다. 『연변교육』이 제호를 『중국조선족교육』으로 하여 발행된 것이다. 2003년 7월호가 누계 453호이다.

제호가 의미하는 대로 중국 조선족 학생들의 교육을 담당하고 있는 교사들의 교육잡지이다. 내용은 사업연구, 교육연구, 리론탐구, 과정표준, 새과정교수, 교육실험, 유아교육, 교수연구, 교정실화수기, 가정교양노트, 교육과 법률의 난으로 구성되어 있다.

제호를 바꾸어 첫 발행을 한 1986년 1월호에는 『중국조선족교육』의 탄생을 축하하는 각 지역의 축하 글들이 게재되어 있는데, 흑룡강성 지철의 「중국조선족교육의 창창한 미래를 꿈꾸며」, 길림성 송영철의 「한없는 기쁨, 간곡한 희망」, 내몽골에서도 「내몽골자치구 조선족 교육의 실태와 금후 의견」 등 전국 각지에서 축하의 글들이 게재되어 있다. 중공길림성위 서기 고적은 중국어 문장으로 쓴 「경축과 축원」에서 "우리나라의 여러 민족들 가운데서 조선족은 교육문화 수준이 비교적 높습니다, 우리는 『중국조선족교육』이 조선족의 교육문화 수준을 가일층 제고시키기 위하여 힘있게 지도하고 추동하는 작용을 놀게 되리라고 굳게 믿습니다."라고 쓰고 있다.

요녕성교육청 민족교육처 부처장 박인훈은 「중국조선족교육의 탄생을 축하합니다」를 통해 "오늘 원『연변교육』은 국가교육위원회의 비준을 거쳐 『중국조선족교육』으로 이름을 고치게 되었습니다. 이것은 전국 광범한 조선족 교육사업 일군들의 하나의 큰 경사로서 참으로 열렬히 경축할 만한 일입니다. 목전 전국 각 민족 교육사업 일군들이 교육체제 개혁에 관한 중국공산당 중앙위원회의 결정을 진지하게 학습하고 교육 개혁을 다그치고 있는 이때에 『연변교육』이 『중국조선족교육』으로 명명된 것은 자못 중요한 의의가 있습니다. (중략) 지난날 『연변교육』은 비단 연변에 대해서뿐만 아니라 전국적 범위에서도 조선족 교육 사업에 대하여 매우 큰 영향을 남기어 전국 조선족 교육사업 일군들의 환영과 애대를 몹시 받게 되었는바 실상 언녕부터 전국 조선족교육사업을 추동하고 지 도하는 간행물로 되었습니다. 그러나 한 시기 그의 명칭이 지방성을 띠었기에 명칭과 실제적 역할이 잘 어울리지 못하였댔습니다. 그리하여 광범한 조선족 교육사업 일군들은 언녕부터 『연변교육』을 실제에 부합되는 이름으로 고치기 를 갈망하여 왔습니다. 오늘 마침내 우리의 다년래의 숙망이 끝내 실현되었습 니다. 우리 잡거 지구의 조선족 교육사업 일군들은 그 기쁜 심정을 금할 수 없습 니다."라고 하여 제호의 변경이 지방성을 탈피하고 전국적 성격을 갖는다는 점 을 매우 강조하였다.

1986년 1월호 내용은 민족교육, 경험소개, 직업기술교육 교수연구, 지식수첩 언어 문법, 복습 시험 교수법, 교육문선 외국교육 소개 등 교육 방법과 연구를 위한 다양한 교육전문지로서의 내용을 갖추기 위한 노력의 흔적들과 새로운 시 대 변화에 맞추어 교육방법과 교육환경의 변화가 필요하며 이를 선도하기 위한 이론을 제공하려는 기사들이 많이 보인다.

2003년 7월호에는 「새로운 교육과정에 따른 개방수업」, 「소학생 문제행위 및 해결책」, 「어린이의 반역심리에 관하여」 등과 같은 교육연구 기사들과 「수학 교수에서 창조의식을 배양한 체득」, 「음악교수에서의 컴퓨터 응용」, 「1분간 줄 뛰기 훈련방법」 등 여러 교과과목의 교수방법 연구에 관한 글들도 있다.

매호마다 후면의 표지는 각 현장의 여러 학교를 방문하여 학교시설과 교사 학생들의 사진을 게재하고 있다. 한글 잡지이나 중국어 원고들도 게재하고 번 역문을 첨부하기도 하였다.

연변대학교 도서관에 소장되어 있으며 1986년 1월호와 2003년 7~9월호를 DB화하였다. (김성남)

참고문헌

『중국조선족교육』, 2003년 7~9호.

중국조선족소년보

1985년 중국 연길延吉에서 창간된 한글 소년신문이다. 1984년 『연변소년보』를 『중국조선족소년보』로 개칭할 것을 공청단 동북3성위원회에서 결정하고, 지도소조로 조장에 길림성위 부서기 전철수와 주필 윤정석, 부주필 한석윤을 임명했다. 준비기간을 거쳐 1985년 1월 3일 발행을 시작했다.

『중국조선족소년보』라는 제호 아래에는 "공산주의위업을 위하여 분투할 준비를 하자"는 구호가 자리하고 있지만, 어린이 잡지로 정치적 선전을 담은 글들은 거의 보이지 않는다.

지면은 4개 판면으로 구성되어 있다. 1면은 국가대사와 학교행사, 소년선봉대의 활동을 보도하고, 2면은 학습과 공부에 관련된 기사, 3면은 과학지식과 과학자의 이야기를 실었으며, 4면은 문예오락으로 구성되어 있다.

고정란으로 「애기장수별」의 인물보도, 「꼬마기자활무대」의 꼬마기자들이 쓴 보도기사나 소형통신 등이 있다. 과학지식 면에서는 과학지식과 발명가 이야기를 위주로 「창조학교」, 「소발명」, 「소관찰」 등의 고정란을 두어 어린이들의 창조적 사고와 방법을 길러주었다. 또한 그림과 사진, 만화 등을 다양하게 배치하여 독자들의 흥미를 유도하였다.

어린이들의 다양한 활동을 장려하여 창조컵 활동, 우수 소년선봉대 대장 경연, 부지런한 소대, 재간둥이, 전국조선족 소년아동작문경연, 꼬마기자 꼬마 촬영가 경연, 전국조선족아동 지력경연, 꼬마기자, 꼬마촬영가 경연 등 다양한 과외활동을 위한 행사들을 개최하여 소년아동들의 지력개발에 이바지했다. 또 품

덕개발을 진행하고 과학지식을 전파하며 지력을 개발하도록 인도하는 친근한 벗이 되어주었다.

1986년 1월 2일자 내용을 보면 새해를 맞이하여 축하와 희망을 담은 각계각층의 글들이 실려 있는데, "창조적 재간을 키우려면 우선 창조하려는 뜻을 세우고 풍부한 지식을 배워야 합니다. 지식은 창조의 기초이므로 우리의 지식범위와 시야를 넓히기 위해 학교에서 배우는 과제들을 잘 학습하는 외에 새로운 정보수집, 지력경연, 과외독서 등 활동을 적극 벌리며 또 능력을 키우기 위한 여러가지 실천 활동도 잘해야 합니다."라며 새 시대의 어린이상을 제시하고 있다.

연변대학교 도서관에 소장되어 있으며 1986년 1월호와 1992년 12월호를 DB화하였다. (김성남)

참고문헌

車培根·吳泰鎬, 『中國朝鮮民族言論史』, 서울대학교출판부, 1997; 최상철, 『중국조선족언론사』, 경남대학교출판부, 1996.

중국청년

중국 공산당 공청단共靑團 중앙위원회 주관으로 중국청년사에서 편집하여 북경에서 중국어로 발행된 『중국청년』을 연변인민출판사에서 한글로 번역 발행한 것이다. 총발행처는 길림성연변조선족자치주우전국이고 정가는 0.15원이다.

조선족 청년들에게 공산당의 정책과 사상을 교육 선전하기 위하여 발행된 것으로 내용은 대부분 중국공산당의 정책을 알리고 선전하는 기사들로 중국 공산당의 정책과 사상이 어떻게 변화해 왔는지를 볼 수 있다.

1966년 1호의 내용은 「문예의 무기를 들고 모택동 사상의 선전원이 되자」, 「고봉에 오를 결심만 있으면 세상에 어려운 일이 없다」, 「모택동 사상에 대한 전 세계 인민들의 열렬한 사랑」 등 대부분이 모택동 찬양과 선전에 관한 글들로 채워져 있다.

당시 미국에 대한 적대 정책을 잘 보여주는 기사들이 많고 「죤슨의 수심가」라는 기사는 만화 20장면을 그리고 있는데, 전 세계에서 미국의 위상과 역할 등에 대한 직접적 조롱과 비판을 담은 내용들로 "캄보쟈에서 물러나고", "아프리카에서도 여의찮구나", "국내 형편도 말이 아니다", "국외론 믿을 만한 동맹자 하나 없고" 등의 내용을 만화로 표현하고 있다.

1966년 제15기의 내용을 보면 「모주석께서 장강에서 자유로이 헤엄치시었다」, 「중화인민공화국 주석 류소기의 성명」, 「우리는 모주석의 말씀대로 한다」, 「정치를 변혁하는 영웅들」, 「온갖 잡귀들을 쓸어버리고 농촌문화 진지를 점령하자」, 「로농병은 사회주의 문예 무대의 주인이다」, 「산을 허물어 골짜기를 메우고 천지를 변혁」 등 정치적 기사들로 당시 중국의 모택동 우상화와 반미 정책의 경직된 분위기를 잘 보여주고 있다.

중국공산당 공청단이 발행한 『중국청년』을 그대로 번역하여 한글로 발행한 잡지로 조선족의 정서나 문화를 볼 수 있는 자체 제작한 기사들은 전혀 보이지 않는다.

연변대학교 도서관에 소장되어 있으며 1966년 1·8월호를 DB화하였다. (김성남)

참고문헌

『중국청년』

중앙신문
(中央新聞)

히로시마현廣島県 중앙신문사가 간행한 신문이다. 중앙신문사는 재일본조선인연맹 히로시마현 아사安佐지부 가베분국可部分會의 산하조직이다. 월 6회 간행했고, 편집인 성인규, 발행인 최석향이다. 발행 부수는 3천부이고 일반 신문이다. 창간호는 1948년 10월 25일 간행되었다. 창간호 이후 호수는 확인되지 않는다. 2면 발행했다.

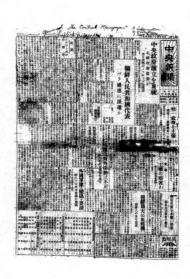

재일본조선인연맹 히로시마현 아사지부는 위원장 하청건, 부위원장 이동준 그리고 감사 성인규로 구성되었다. 그리고 민주청년동맹 히로시마현 아사지부 위원장은 손정희, 부위원장 김달용이었다.

창간호(1948. 10. 25.)의 「사설: 파시즘의 맹아」에서는 "인민이 진정으로 행복한 생활이 가능한 것"에는 민주적이어야 한다면서, 따라서 비민주적이라면 인민의 크나큰 불행이라고 전제하고 인민의 위협적인 요소인 파시즘의 온상이 조성되어가고 있는 현실을 직시하고 파시즘 타도가 현실적 과제라고 한다.

국내 관련 각종 신문기사가 주종을 이루는데, 「중앙정부 수립을 경축 북선정부 당국이 재일동포의 멧세지를 발표」에서 해방 5주년을 기념해서 '조선인민공화국'을 경축하는 각지에서의 멧세지 가운데 재일동포 60만의 멧세지를 정부 당국이 발표했다고 보도했다.

아울러 1면에는 「통일정부를 주장」, 「외국군대의 철퇴를 요청」, 「재일대표를 본국에 파견」 등이 확인된다.

창간호 2면에는 「조선인의 범죄율」, 「이것이 일본의 국회다 의원의 범죄율」,

「재판관이 재판관을 재판하다」 그리고 조선국내 관련 기사로 「조선의 조각」, 그리고 「연재소설: 향수」(성인규) 등이 실려 있다.

1948년 10월 25일 창간호를 DB화했다. (김인덕)

참고문헌

『중앙신문』, 창간호(1948. 10. 25.).

중학생

1996년 12월6일 창간된 중학생 종합교양잡지로 『중학생편집부』에서 편집하고 연변인민 출판사에서 격월간으로 출판 발행하였다. 주필 리성권, 책임편집 장수철, 부주필 허춘희, 미술편집 남용철이다. 정가는 4.2원이다.

중학생들의 종합교양잡지로 창간호에 게재한 「창간에 즈음하여」에서 연변조선족자치주 교육위원회 주임 황창수는 다음과 같이 쓰고 있다.

"『중학생』 창간은 우리 조선족 중학생들에게 우리 글로 된 자기의 종합교양지가 없는 역사에 종지부를 찍고 뒤늦게나마 우리 민족 문화사와 교육사에 여태껏 남아 있는 공백을 메우며 중학생 종합교양의 새로운 한 페이지를 열어 놓은 획기적인 의의를 가지는 대회사입니다. (중략) 『중학생』이 우리 민족 중학생을 독자 대상으로 하는 유일한 종합교양지로서의 작용을 충분히 발휘함으로써 광범한 조선족 중학생들의 가장 다정한 길동무로 되고 중학교 선생님들의 가장 훌륭한 조수로 되고 여러 학부모님들의 가장 믿음직한 참모로 되기를 바랍니다. (중략) 교육사업의 제1선에서 사업하고 있는 지도 일꾼들은 교육사업의 수요와 중학생들의 수요에 알맞게 교양지가 잘 꾸려지도록 내용과 형식면에서 게으름 없는 조언을 주어야 하겠습니다. 뿐만 아니라 중학생 교양에 필요한 지상토론, 글짓기경연, 글솜씨 자랑 등 활동을 활발히 벌림으로서『중학생』을 참으로 우리 민족 중학생들에게 가장 적절한 활무대로 되도록 하여야 하겠습니다. 동시에 광범한 조선족 중학생들을 동원하여 유일한 과외 종합교양지인『중학생』을 적극 주문하고 널리 애독하도록 하여야 하겠습니다. (중략) 교양지 열독 사업을 학생들의 정치사상 사업과 기타 과외활동에 밀접히 련계시키고 그 이용률을 최대한 높임으로써 광범한 중학생들로 하여금 교양지를 진정 자신들의 원지로 간주케 하여 그들의 흥미와 열독 적극성을 불러일으켜야 하겠습니다."

표지 화면에는 세련된 복장을 한 남학생 2명의 사진과 제호 옆에 "21세기를 향한 중학생 종합교양지"라는 부제가 달려있다. 표지 모델은 용정시 중학교 학생들이다.

내용은 〈우리민속 풍속〉, 〈낭송시〉, 〈나의 선생님〉, 〈우리 학교 자랑〉, 〈부모 필독〉, 〈중학생 풍모〉, 〈명작감상〉, 〈속담만화〉, 〈중학생살롱〉, 〈예비작가 솜씨 자랑〉, 〈과학상식〉, 〈기이한 천문현상〉, 〈교원 수기〉, 〈학부모 광장〉, 〈심리자문〉, 〈수학교실〉, 〈부모 마음〉, 〈중학생 구락부〉, 〈지력세계 여행〉, 〈소년소녀시절〉, 〈탐험이야기〉, 〈중학생상담실〉 등의 난으로 구성되어 있다.

새해 특집 「새해 복 많이 받으세요」에는 한복을 곱게 차려입은 남녀 학생 사진과 함께 우리 민족 설 풍속을 소개하고 있는데, 새해 아침 어른들에 대한 세배와 제사 풍습, 설날 음식 떡국과 섣달 그믐날 밤 대나무 가지를 쪼개어 만든 조리를 벽에 걸어두어 복을 비는 풍습을 상세히 소개하는 등 조선민족 청소년으로서 밝게 자라나길 바라는 기사들이 많이 보인다.

연변대학교 도서관에 소장되어 있으며, 1997년 1월호와 2003년 6월호를 DB 화하였다. (김성남)

참고문헌

『중학생』 창간호.

중학생작문

2000년 1월 창간호를 발행하였다. 『중학생작문』 편집부에서 편집하고 연변교육출판사에서 격월간으로 출판 발행했다. 편집위원회 주임임원은 김동규, 권동필, 박춘경, 신기덕이다.

2000년 1호 창간호에서 『중학생작문』 편집부는 「권두언」에 이 잡지에 거는 기대를 "새 천년이 발벋발벋 우리 앞에 다가섰습니다. 정보, 지식이 주도로 되어 이끄는 새 천년은 전면적인 자질을 갖춘 종합형 인재를 포용합니다. 글짓기 능력, 언어 표달 능력이 날따라 그 위치를 굳건히 지키면서 종합형 인재의 선결조건으로 되고 있는 오늘날, 새 천년을 주름잡을 우리 중학생 친구들은 글짓기 능력, 언어 표달 능력 제고에 열을 올리고 있습니다. (중략) 중학교 교원들의 작문 교수에 도움을 주고 글짓기 기량을 늘여주는 친근한 벗으로, 글꽃을 피워주는 정갈한 화원으로 되렵니다. 친구들의 생기발랄한 교정생활, 풍부하고 다채로운 취미, 오색찬란한 미래 등은 우리 『중학생작문』 잡지를 통해 다시 그 체취를 만끽할 수 있을 겁니다. 그리고 고중, 대학 진학 시험 준비를 위한 작문훈련과 지도는 알찬 짜임새로 꾸며지기에 친구들한테 없어서는 안 될 훌륭한 길잡이로 될 것입니다."라고 쓰고 있다.

주요 내용은 〈수상작품 감상〉, 〈글짓기 특집란〉, 〈초중생 작품〉, 〈고종 사범생 작품〉, 〈교정문학〉 등으로 구성되어 있다. 『중학생 작문』이라는 제호이지만 한 잡지에 초등학생부터 중고등학생의 작품을 모두 담고 있다. 조선족 학생들의 정서와 우리말 글쓰기의 수준을 보여주는 우수한 작품들이 많이 보인다.

우수상을 받은 학생들의 작품을 소개하고 교사들의 평가와 작문 훈련을 위한

가

나

다

라

마

바

사

아

자

차

카

타

파

하

글들도 보인다. 특히 〈수업시간 작문지도〉란에서는 학생들의 작품을 소개하고 그곳에 교사들이 구체적인 총평을 달아 실질적인 글쓰기 훈련과 글쓰기 교육을 위한 방법을 시도하고 있다.

연변대학교 도서관에 소장되어 있으며, 2000년 1월호와 2007년 6월호를 DB화하였다. (김성남)

참고문헌

『중학생작문』 창간호.

증권월보

(證券月報)

대한증권거래소의 기관지로 1956년 11월에 창간되었다. 발행인 유찬, 편집인 김정중. 발행소는 대한증권거래소로 서울특별시 중구 을지로 2가 199, 인쇄소는 한국인쇄주식회사이다. 월보지만 실제로는 연간 3~4회 발행되었다.

대한증권거래소는 1956년 3월 금융단, 보험단, 증권단이 공동출자하여 회원제 단체로 발족한 단체이다. 개소 당시의 상장회사 수는 12개 사였으나 주식분산이 되어 있지 않아 건국국채의 매매를 중심으로 하는 국공채시장이었다. 1962년 증권거래법의 제정에 따라 주식회사로 개편되었으며 증권거래법의 개정에 따라 1963년, 1987년 각기 개편되었으며 명칭도 한국증권거래소로 바뀌었다.

『증권월보』는 대한증권거래소의 기관지로 이 사장 유찬의 「창간사」를 보면 증권거래소의 발족을 둘러싼 논란과『증권월보』의 창간 목적이 잘 드러나 있다. "개설 당초에는 찬부양론으로 견해가 구구하여 증권시장이 그 본연의 기능을 발휘할려면 무엇보담 민간자본축적이 어느 정도 달성되어야 하며 단위기업체들의 수익성이 확보되어 있을 뿐만 아니라 그 위에 세제가 개정되어 이에 따라 재산 재평가가 실시되는 등 여러 가지 조건이 구비되지 않는 한 증권시장을 개설할지라도 민간자본 동원에 큰 공헌을 이룩할 수 없다는 것이 일반적 견해"였지만, "당국의 영단적 조치로 거去 3월 3일 역사적 증권시장개설"을 보게 되었다고 한다.『증권월보』는 논란 속에 설립된 증권거래소의 기관지로서 그 대변적 역할을 할 것인데, "선전이라든지 단순한 보도적 발표에만 그칠 것이 아니라 이 기관의 성격에 입각하여 현 경제사회의 실정을 직시하면서 개척자적 정신에 투철"할 것이라고 천명하고 있다. 또한 주식은 경기

지표로서 중요시되므로 "가격을 표시함에 있어서도 그를 종합하고 분석하는 통계해석사업이 수반되어야 하며 증권시세발표에 당하여서도 기업체가 내포하는 수익성, 시장성 등에 긍하여 다각적으로 검토할 것은 물론 타방他方 외연적으로는 일반 경제정세 정치외교의 동향과 시장관계인기 등의 심리적 작용까지도 모색하여 발표하는 사업"을 병행할 것을 다짐하였다.

창간호 구성을 보면 「경제부흥과 증권시장」, 「증권시장에 기함」, 「증권거래소 족적과 현황」, 「한국경제발전과 증권시장」 등의 글이 각각 제언, 소개, 논설의 형식으로 실렸고 자료라 하여 「증권거래동향」, 「거래종류와 거래방법」, 「용어해설」 등을 실어 증권시장에 대한 이해를 도모하고 있다. 연구조사로 「해외증권시장제도(미국편)」, 「상장주식발행회사소개(경방편)」가 실렸으며 「해외단신」, 「미국의 현재주식동향」 등의 글을 실어 해외소식도 전하였다. 잡지 후반부에는 상장증권발행회사에 대한 조서, 국채의 발행 및 상환상황 등 일련의 통계를 수록하였다.

국회도서관에 1956~1961년 발행분이 소장되어 있으며, 이중 일부를 DB화하였다. (임경순)

참고문헌

『증권월보』1~3호, 15, 16호: 한국학중앙연구원, 『한국민족문화대백과』

지부생활

(支部生活)

1954년 4월 15일 당 간행물로 창간되었으며, 중공연변주위선전부 지부생활사에서 편집하고 연변일보사가 출판, 연변일보 인쇄창에서 인쇄·발행했다. 1956년 6월 1일부터 중국공산당 길림성위의 비준을 받아 농촌판과 재경판財經版으로 2종이 발행되었다. 모두 반월간으로 발행되다가 1960년 합본되었다. 1961년 2월에 정간되었다가 1963년 5월 복간되었으나, 문화혁명 시기 다시 정간되었다가 1979년 1월 중공연변주위 조직부의 결정에 의해 복간되었다.

중공연변지위의 기관지로서, 발행목적은 조선족 당원과 대중 속에 마르크스 레닌주의와 모택동 사상을 선전하고 당의 방침과 정책을 선전하여 기층 당 조직과 당원을 지도하며 당의 건설과 사업을 전개하는 데 지원 역할을 하는 것이었다.

1956년 6월 1일부터 농촌판農村版과 재경판財經版으로 나누어 발행되었다. 농촌판은 농촌당원과 농촌사업 일군, 광범한 농민대중을 대상으로 하였으며, 재경판은 공장과 광산, 철도, 삼림, 상업 부문의 당원 및 광범위한 노동 대중을 대상으로 하였다. 내용은 각각 기층당원들에 대한 정치사상교육과 당 조직의 지도를 위한 기사들이다.

1956년 편집좌담회에서 앞으로의 방침과 임무를 보다 명확하게 하였는데 "『지부생활』은 기층 당원과 기층 당 조직을 대상으로 하는 간행물이다. 그러므로 그의 임무는 응당 기층 당원에 대한 사상정치교양을 진행하고 기층당 조직의 사업을 방조하고 지도하는 것이어야 한다."고 하였다. 주요 독자 대상은 연변과 기타 지구의 조선족의 기층 당 조직, 당원 및 비당 적극 지지자들이다. 임무는 기층 당원을 교육하고 기층 당 조직을 지도하는 것이었다.

1958년 2월호(총40기) 사설 「혁명적 열의를 북돋우어 생산의 대약진을 쟁취하자」에서는 "총적으로 15년 내에 영국을 따라잡으며, 농업발전 요강을 앞당겨 실현하며, 제2차 5개년 계획을 앞당겨 실현하기 위하여서는 반드시 일체 방법을 강구하며 우경 보수 사상을 극복하고 혁명적 열의를 북돋우어 대 활보로 약진하고 또 약진해야 한다."는 각오를 강조하고 있으며, 「모두 다 일떠나서 랑비의 구멍을 틀어막자!」 등과 「폐재료가 자동차로!」, 「근검하게 기업을 꾸리는 새 풍기가 형성되었다」 등의 정치적 선전과 교육 등을 위한 기사들로 구성되어 있다.

1960년 제1기 합본호 역시 사설 「우경을 철저히 반대하고 열의를 북돋우어 금년의 더욱 큰 약진을 쟁취하기 위하여 분투하자」, 「진정한 맑스주의자로 되자」 등 정치적 선전 기사들이 대부분이나 1979년 복간 후에는 이전의 정치적 선도성에서 경제건설로 방향성이 옮겨갔으며 비교적 새로운 면모로 내용이 충실해졌다. 현대화와 대중성에 관심을 갖고 사상성을 강조하면서도 취미와 지방 특색을 살리기 위한 기사들이 많이 보인다.

연변대학교 도서관에 소장되어 있으며, 1955년 1기에서부터 1961년 4기, 1980년 1기~1998년 12기가 DB화되었다. (김성남)

참고문헌

『지부생활』 1956년, 1960년; 車培根·吳泰鎬, 『中國朝鮮民族言論史』, 서울대학교출판부, 1997; 최상철, 『중국조선족 언론사』, 경남대학교출판부, 1996.

지부생활 공광·재경판

(支部生活 工礦·財經版)

1954년 4월 15일 창간된 시사종합잡지이다. 중공연변조선족자치주위원회 지부생활사에서 편집 출판하고 연변일보 인쇄창에서 인쇄·발행했다. 1956년 6월 1일부터 농촌판農村版과 재경판財經版으로 나누어 2종을 반월간으로 발행하다가 1960년 합본되었다. 1961년 2월에 정간되었다가 1963년 5월 복간되었으나, 문화혁명 시기 다시 정간되었다가 1979년 1월 복간되었다.

『지부생활』은 각각 기층당원들에 대한 정치사상교육과 당 조직의 지도를 위한 기사들로 기층 당원에 대한 사상정치교양을 진행하고 기층 당 조직의 사업을 지원하고 지도하는 것을 주요 목적으로 하였다. 『공광 재경판』은 공장과 광산, 찰도, 삼림, 상업 부문의 당원 및 광범위한 노동 대중을 대상으로 하였다. 임무는 당의 중심 사업에 대한 맑스 레닌주의, 모택동 사상을 교육하고 당의 노선과 방침, 정책교육, 공산주의와 당의 기본지식 교육, 사상도덕 수양과 문화과학기술교육, 당의 역사와 혁명 전통교육, 당의 민족구역 자치정책과 민족단결교육을 하는 것이었다.

1958년 2월 25일 제4기 내용은 사설로「모두 다 일떠나서 랑비의 구멍을 틀어 막자!」와 시사해설「동풍은 서풍을 압도했다」,「재경 계통에서 반랑비의 불길을 더욱 세차게 태우자!」,「근검하게 기업을 꾸리는 새 풍기가 형성되었다!」등의 기사가 있다. 앞표지는 "노동 전선에서 달리는 간부들", 뒤표지는 "연변 오금 공사에선 농촌 관개공사에 사용할 물자들을 충분히 준비하고 있다"라는 사진이 실려 있다.

연변대학교 도서관에 소장되어있으며, 1957년 13~24기의 표지와 1958년

4기, 16~18기, 23~24기를 DB화하였다. (김성남)

참고문헌

『지부생활 공광 재경판』; 車培根·吳泰鎬, 『中國朝鮮民族言論史』, 서울대학교출판부, 1997; 최상철, 『중국조선족 언론사』, 경남대학교출판부, 1996.

지부생활 농촌판
(支部生活 農村版)

1954년 4월 15일 창간된 정치잡지이다. 중공연변조선족자치주위원회 지부생활사에서
편집 출판하고 연변일보 인쇄창에서 인쇄·발행했다. 1956년 6월 1일부터 농촌판農村版
과 재경판財經版으로 나누어 2종을 발행하다가 1960년 합본되었다. 1961년 2월에 정간
되었다가 1963년 5월 복간되었으나, 문화혁명시기 다시 정간되었다가 1979년 1월 복간
되었다.

『지부생활』은 각각 기층당원들에 대한 정치사상
교육과 당 조직의 지도를 위한 기사들로 기층 당
원에 대한 사상정치교양을 진행하고 기층 당 조
직의 사업을 지원하고 지도하는 것을 주요 목적
으로 하였다. 『농촌판』은 농촌당원과 농촌사업
일꾼, 광범한 농민대중을 대상으로 하였다. 내용
은 당의 중심 사업에 대한 맑스 레닌주의, 모택동
사상을 교육하고 당의 노선과 방침, 정책교육, 공
산주의와 당의 기본지식 교육, 사상도덕 수양과
문화과학기술교육, 당의 역사와 혁명 전통교육,
당의 민족구역 자치정책과 민족단결교육을 하는 것이었다.

1957년 2기(총154기) 사설 「당의 군중 로선」에서는 "대중 속에서 나와 다시
대중 속으로"를 강조하며 관료주의와 명령주의 작풍을 경계하는 글을 실었으
며, 「군중과 상론하면 못할 일이 없다」에서도 "모든 일은 항상 군중 속에 심입
하여 군중과 상론하고 군중들에게서 허심하게 배울 뿐만 아니라 군중의 풍부
한 경험과 지혜를 충분히 발휘시킨다면 해결 못할 문제가 없습니다."라며 군중
의 자발적 헌신과 참여를 강조하였다. 1957년 5월호 주요 내용은 「쏘련은 우리
의 진정한 형제다」, 「농업사 내에서의 당의 정치사상 사업을 어떻게 강화할 것
인가?」 등의 사설과 「일체 랑비 현상을 반대하고 간고 분투, 증산 절약의 기풍

을 수립하자」, 「당원의 질을 더욱 높이기에 노력하자」 등의 절약 근검을 강조하는 기사들로 구성되어 있다.

1959년 1기(총199기)는 중공전회 특집으로 구성되어 있는데, 목차에 「이번 기 편집을 끝마치고서」에서 "이번 기에는 중공 8기 6중 전회의 중요 문헌들을 실었다. 이 문헌들은 극히 위대한 력사적 의의를 띤 문헌들로서 동지들이 참답게 학습하고 선전 관철 집행할 것을 바람과 아울러 학습 중 부딪친 문제 혹은 학습 심득을 우리에게 반영해 주기를 희망한다."라며 편집 내용을 설명하여 두었다.

연변대학교 도서관에 소장되어 있으며, 1956년 13~24기, 1957년 1~12기 표지, 1958년 3~4기, 14기, 24기, 1959년 1~12기를 DB화하였다. (김성남)

참고문헌

『지부생활 농촌판』; 車培根·吳泰鎬, 『中國朝鮮民族言論史』, 서울대학교출판부, 1997; 최상철, 『중국조선족 언론사』, 경남대학교출판부, 1996.

지성
(知性)

1958년 6월 도서출판 회사인 을유문화사가 창간한 문예계간지. 발행 겸 편집·인쇄인은 을유문화사 사장인 정진숙鄭鎭肅이다. 1958년 여름호로 시작한 이 계간지는 1960년 5월 10일 종간된 것으로 알려져 있다. 1963년 6월에 창간된 월간 『세대』는 계간 『지성』을 이어받은 잡지이다.

을유문화사는 1945년 을유년乙酉年의 '을유'를 사호로 하여 1945년 12월 1일 창립되었다. 민병도閔丙燾 사장, 정진숙鄭鎭肅 전무, 윤석중尹石重 주간, 조풍연趙豊衍 편집국장이 창립한 을유문화사는 '전통적인 민족문화의 선양과 선진적인 세계문화의 섭취'를 사시로 내걸고 도서출판 및 문화사업을 전개하였다. 을유문화사는 1946년 2월 『주간 소학생』을 시작으로 1948년 9월에는 학술교양잡지인 월간 『학풍學風』을 간행하기도 하였다. 1952년 10월 전무였던 정진숙이 사장으로 취임하여 을유문화사는 피난지인 부산에서 출판활동을 이어나갔다.

1958년 6월 을유문화사 정진숙 사장은 『지성』이라는 이름의 계간지를 창간하였다. 정진숙 사장은 당초 월간지로 『지성』을 간행하고자 하였으나, 원고집필진과 독자층이 두텁지 못한 당시의 상황에 비추어 경제적 부담을 줄이고 원고의 질적 수준을 높이고자 계간지로 『지성』을 발행하였다. 창간사에서 정진숙은 한국전쟁 이후의 사회문화적 혼란을 개탄하면서 황폐화된 사회문화 위에 '사이비문화'가 범람하던 당시의 상황을 문제시하고 있었다. 그는 "진정한 민족문화 건설"과 "새세대에 들어 내외의 올바른 지식을 전함으로써 우리 문화의 진전"에 이바지하고자 계간 『지성』을 창간한다고 밝혔다.

계간 『지성』은 문학을 중심으로 관련 평론이나 논설을 수록하여 문예지적 성격이 강하였다. 기존의 종합잡지의 문예면이나 대중문학지와 차별화시키기 위해 『지성』은 문학을 중심으로 현대사조 전반에 걸친 내용을 다루는 교양지를 표방하였다. 창간호에는 박종홍朴鍾鴻의 「로고스와 창조 - 하이데가의 경우」, 권중휘權重輝의 「문학과 비문학」, 정병욱鄭炳昱의 「문학상으로 본 해학과 민족성」, 김용권金容權의 「전통 - 그 정의를 위하여」, 김태오金泰午의 「현대지성인의 생태 - 불안·공포·고민의 심리적 해부」, 이어령李御寧의 「한국소설의 현재와 장래 - 주로 해방후의 세 작가를 중심으로」, 오화섭吳華燮의 「연극론 - 전달과 음악성을 중심으로」, 그 외에 시·수필·창작소설·작가·작품론 등이 수록되어 있다. 계간 『지성』은 당대 대학생과 대학교수 등 지식인들로부터 호평을 받았으며, 역량 있는 작가들의 문제작을 발굴하는 데 노력하여 많은 수작秀作을 게재할 수 있었던 것으로 평가받았다.

1963년 6월 세대사에서는 『세대』지를 창간하였는데, 이 『세대』 창간호 표지에는 세대라는 제호 바로 밑에 '『지성』 개제改題'라고 쓰여 있다. 1963년 봄호까지 『지성』이 간행되었는지 여부는 불확실하나, 월간 『세대』는 계간 『지성』을 이어받아 창간된 잡지였다.

국립중앙도서관에 소장된 제1호(1958년 여름호)~제3호(1958년 겨울호)를 DB화하였다. (이상록)

참고문헌

『출판인 정진숙』, 대한출판문화협회, 1983; 『을유문화사오십년사』, 을유문화사, 1997.

지질광상
(地質鑛床)

1966년 4월 20일 창간호를 발행하였다. 창간호의 발행인은 국립지질조사소 소장 박인규 朴仁圭이다. 발행소는 상공부 국립지질조사소이다. 1966년 9월 제3호부터 편집을 송금석 宋金錫, 이명구李明求가 담당하였다. 1970년 이후 발행인은 이정환, 편집인은 조규장, 이 종혁 등으로 바뀌었다. 분기별로 발행되었고, 비매품이다.

창간호의 「편집후기」를 통해 이 잡지의 발행취 지를 엿볼 수 있다.

"우리 소所에서 대망의 『지질광상』지를 창간 하게 되었다. 이 창간호가 정부의 산업근대화라 는 중요 시책의 일환으로서 광업개발의 박차를 가하고 있는 현시점에 있어서 국토 전역에 부존 賦存된 지하자원을 조사 시험한 연구 보문報文과 수집된 자료를 사계斯界에 널리 발표하여 정부 시책에 적극 협력하고 광업개발 촉진을 도모함 과 아울러서 우리 소所의 향상 발전하는 연구기 술을 더욱 진보시킨다는 의미에서 이번에 수백만 독자 앞에 첫 선을 보이게 된 것이다. (중략)"

잡지의 구성을 보면, 〈논단〉, 〈보문報文, 자료〉, 〈현황〉, 〈해외훈련기〉, 〈소개〉 등으로 되어 있다. 〈소개〉에서는 연구소의 행사, 해외파견자 근황, 인사발령 등 연구소의 동향과, 새로 들어온 책을 소개하였다.

특히 특집기사를 통하여 주의가 집중되는 문제를 다음과 같이 제시하였다.

1966년 제2호에 국민의 관심과 기대를 집중시키고 있는 우리나라 석유자원 개발에 관한 이정환李正煥 지질부장의 「석유자원에 관한 일반적 고찰과 우리나 라 석유자원 조사현황」(김성수金性洙)을 특집으로 실었다.

제3호에는 월동 필생품인 연탄 공급이 문제 되고 있는 상황에서 「우리나라의

1005

탄전조사결과 소고」를 특집으로 게재하였다.

그러나 1970년대부터는 시의적절한 논문 게재보다는 주로 보고와 소개를 위주로 하여 〈강좌〉, 〈해설〉, 〈번역〉 등으로 구성되었다.

『지질광상』을 발간한 국립지질조사소는 1949년 4월 상공부 소속 중앙지질광물연구소로 창립되어, 1961년 10월에 국립지질조사소라는 명칭으로 변경되었다. 주요 임무는 지질조사, 광물에 관한 연구, 시험, 분석 및 감정에 관한 사항을 관장이었다. 1970년에 과학기술처 소속으로 바뀌었고, 1973년 1월 16일 국립광물연구소와 통합하여 공업진흥청 국립지질광물연구소로 변경되었다.

국회도서관에 소장되어 있는 1966년 제1호~1968년 제6호, 1970년 제12호~1975년 제30호를 DB화하였다. (구수미)

참고문헌

『지질광상』, 1966년 제1호~1968년 제6호, 1970년 제12호~1972년 제19호, 국립지질조사소; 1973년 제20호~1975년 제30호, 국립지질광물연구소; 국가기록원 홈페이지, 기록물생산기관 변천연혁 관리정보.

지평선

(地平線)

동아일보 편집국장 출신의 발행인 이선주, 편집인 황갑주를 중심으로 1973년 미국에서
처음으로 출간된 한인 문학잡지이다. 미국에서 발행되는 대표적인 한인 문학잡지인 『미
주문학』의 전초단계에 해당하는 잡지로 알려져 있다. 1973년과 1974년에 각각 1·2호
가 나왔고, 3호가 『미시인선집』이라는 제호로, 제4호는 『지평선 3인집』으로 발간되었다.
3집까지는 타자체로 되어 있고, 제4호는 사진식자로 인쇄되어 책의 면모를 갖추고 있
다. 제1집은 42면으로 600부를 찍었으며, 부정기적으로 계속 발간하겠다고 했지만, 4호
를 마지막으로 발행은 끝났다. 지평선은 황갑주의 개인적 희생을 바탕으로 발행되었으
나, 자금 측면에서는 LA의 사업가이며 시인인 김시면이 많은 도움을 주었다(『동아일보』
1975년 2월 26일, 5면). 이화여대 도서관에 제1집, 울산대 도서관에 제1·2집이 소장되어 있
다. 정가는 2달러이다. 인쇄소는 로스앤젤레스의 키스 프린팅 회사가 담당했다. 창간호
의 발행일은 1973년 12월 1일이다. 주소지는 Sam J. Lee./ 1815 N.Norton Ave. Apt. 106,
Los Angeles, CA 90026으로 되어 있다.

『지평선』은 1945년 이후 미국에서 최초로 출간된
한인들의 문학잡지이다. 1970년대 초에 미국에 거
주하는 문학을 사랑하는 한인들이 모여 자비로 잡
지를 만들었다. 특히 황갑주가 "개별적으로 연락을
해서 원고를" 모아 발행을 했다고 한다.(이영아)

황갑주 등 발행을 주도한 이들은 "어느 주장이
담긴 동인지도 아니고, 교포 시집을 대표하지도
않"는다고 하면서 비평의 대상이 될 만한 문학잡
지가 되지 못한다는 겸손한 자평을 하며 잡지를
발간하고 있다.

제1집에는 고원, 황갑주, 마종길, 최연홍 등 재미교포시인 10명이 참여했다.
『지평선』에 참여한 시인들은 "고향과 조국의 그 온갖 것을 가슴으로 어루만지
고 싶을 때 모국어로 된 시를 찾는다. 우리의 시인들은 모든 것을 안겨준다."고
「펴내는 말」에서 조국을 떠난 시인들의 시심을 고백하고 있다. 김진춘, 김시면,

김병현, 정용진, 박영숙 등을 포함하여 모두 26편의 시가 실렸다. 교포시집으로는 1940년대 만주의 망명문단이 엮은 『재만조선인시집』에 이어 두 번째라고 『동아일보』(1974년 2월 13일, 5면)는 쓰고 있다. 더구나 이후에 나온 문학지들은 미국의 특정 지역 중심으로 발행이 이루어졌으나, 『지평선』은 오히려 미국 전역에 흩어져 살고 있는 '문인'들을 모아서 발행했다는 것이 특징적이다. 『지평선』에 참여한 자신들도 한국어로 된 변변한 문학잡지가 없는 가운데 "동부, 북부, 남아메리카에서도 작품 수준의 고하 간에 우리 모국어를 계승한 어떤 분야의 습작집이라도 꾸며지기를 바"라는 마음으로 잡지를 미국에서 처음으로 걱정 반 설렘 반 심정으로 첫발을 내딛게 되었노라고 밝히고 있다.

제2집의 필자들을 보면 최선영은 『자유문학』의 추천을 받았었고, 이창윤, 최연홍, 마종기, 황갑주 등은 『현대문학』의 추천을 받았고, 김시면은 『경향신문』 신춘문예로 등단하기도 했었다. 그러나 대체로 병원의 의사와 기사, 정치학도(최연홍, 버지니아주의 Norfolk대학 정치학과 교수), 병원의 치료기사, 사업가, 주유소 경영자 등 필자들의 다양한 직업을 통해 알 수 있듯이 문학을 사랑하는 아마추어들이 주축이 되어 만든 잡지라 할 수 있다. 그리고 최연홍은 『지평선』의 발행을 "고향을 오래 떠나 있는 그곳 시인들의 향수를 달래기 위한 목적도 있고, 또 언어숙달이 되지 않아 미국시지에의 작품 발표가 쉽지 않은데다 어쩔 수 없이 서구화해가는 생활환경에 한국에서의 호흡이 잘 맞지 않아 새로운 분위기를 지닌 새 작품들을 발표할 수 있는 기회로" 의의가 있는 것 같다고 국내언론과의 인터뷰에서 정리하기도 했다(최연홍, 『동아일보』 1974년 8월 31일, 5면). 이후 최연홍이 쓴 英詩가 포르투갈어로 번역돼 브라질 신문에 소개되기도 했다(『동아일보』 1975년 2월 26일, 5면).

2집에 실린 황갑주의 시를 읽어보면 『지평선』이란 잡지의 성격에 대해 유추해 볼 수 있을 것이다: "내가 말하는 영어엔/ 고국을 등진 향수가 섞인다. 고향 뒷산 소나무 진액이 끈적인다./ 이곳 시민들이 '캪·왱'이라 뿐이/ 내 이름을 더 발음 못하듯/ 나도 세종왕 음성으로/ 영어를 발성한다./ 얼굴 둥글고 김치를 먹고/ 시를 한글로 엮다가/ 말하는 영어엔/ 모국어를 빚는 숙명이 햇살로 퉁긴다/ 먼 항로/ 착잡한 허공에 씻겨 와서도/ 내 말하는 영어엔, 고국/ 장독대에 널린 고추가,/ 이역의 햇살에/ 더 빨갛게 탄다." 고향이 그리울 정도로 미국에 온 지 꽤 오래 된 것은 같은데 여전히 미국 생활은 낯설고 영어는 아직도 고추장 냄새를 떨치지 못하고 있음을 소박하게 표현하고 있다.

이처럼 미국에서 나온 초창기 문학잡지답게 소박하고 다정다감한 글들로 채워져 있고 타자체 인쇄로 그 정감을 더하고 있다.

이화여대 도서관, 울산대 도서관 등에 낱권으로 소장되어 있다. 현재 그러한 낱권들을 모아 DB화 작업을 끝마쳤다. (임성윤)

참고문헌

『지평선』; 『동아일보』; 이소연, 「재미 한인문학 개관 Ⅱ : 해방 이후 작품을 중심으로」, 김종회 편, 『한민족문화권의 문학』, 국학자료원, 2003; 이영아, 「이민문학 새 지평 연 방랑 시인 황갑주; 첫 교포문학지」, 『미국 땅에 심은 한국: LA 한인타운 초기 인사들의 도전과 성공』, 뿌리출판사, 2002.

가

나

다

라

마

바

사

아

자

차

카

타

파

하

진상

(眞相)

1956년 11월에 창간된 월간대중잡지이다. 발행·편집·인쇄인은 최흥조崔興朝이다. 발행소는 서울시 중구 을지로 1가 95 신문의신문사(진상사眞相社, 반공사反共社) 월간국이다. 인쇄소는 홍원상사洪元商事인쇄부이다. 1957년 제2권 5호부터 주간 겸 편집국장을 임운林芸이 맡았다. 주요 필자는 차천석車天錫, 최백락崔伯樂, 사일원史一遠, 윤성하尹城河, 임소희林素姬 등이다. 처음에는 정가가 100원이었으나 1957년 제2권 5호부터 200원으로 인상되었다.

월간실화잡지임을 표방하며 발행된 『진상』은 각종 정치사건과 사회사건을 기사화한 대중잡지이다.

주로 반공정신을 고취하는 정치사건, 정치권 이면의 폭로, 수사비화, 연예계 비화, 윤락비화 등 사회 각 방면에서 일어나고 있는 사건과 사실의 진상을 밝히는 글들을 싣고 있다. 1958년 제3권 3호부터는 목차 면을 새롭게 편제하여 월간 톱뉴스, 특별게재, 정계토픽, 사건뒤에 숨은 비화, 현지탐방, 연재실화, 국내국외 기괴실화, 범죄실화,

세태만상, 독립투쟁비화 등으로 내용을 분류 게재하였다.

이 잡지에서는 특히 진보당사건, 동아일보 필화사건, 강문봉중장사건, 시계밀수단사건, 불교계 정화, 한일회담 등 이승만정권시기의 각종 정치사건과 사회문제의 전말을 파헤치고 있다. 또한 고시진古市進사건, 만보산사건, 평양지나인학살사건, 백백교白白敎, 상해일본거류민단장 총격사건 등 역사적 사건에 대해서도 그 실상을 확인하고 있다.

연재실화 「내가 만난 이 대통령」에서는 윤치영尹致暎, 이철승李哲承, 김영삼金泳三, 모윤숙毛允淑, 박창현朴昌鉉, 임영신任永信, 이광李光 등이 글을 기고하였다.

그 밖에 「나의 옥중투쟁」, 「나도 할 말이 있다」, 「이래선 못살겠다」, 최백락의 「안재홍安在鴻 비서일기」와 「신문기자가 본 인물인상기」, 사일원의 「세계를 움직이는 사람들」, 문일석文一石의 「세계시장에 군림하는 미국의 10대 기업」, 장하식張河植의 「20세기를 뒤흔든 사건들」, 이강李剛의 「나의 망명생활 50년기」 등이 연재되었다. 실화소설로는 최흥조의 「미결수 8번의 독백」과 「별의 전설」이 연재되었다.

각호에서 눈에 띄는 주요한 내용을 보면 다음과 같다.

1957년 제2권 5호에서는 동아일보의 3대필화사건(「이 대통령과 고 김구 선생 사진 몬타쥬사건」, 「광무光武신문지법의 테로」, 「괴뢰오식傀儡誤植사건과 만 일 개월간의 무기정간」)과 「한국신문정폐간사초」를 기사화하였다.

1957년 제2권 6호에서는 「한국전쟁은 재발할 것인가?」라는 주제로 이재학李在鶴(자유당중앙위원회 부의장), 조병옥趙炳玉(민주당대표최고위원), 장택상張澤相(국민주권옹호투위위원장), 조봉암曺奉巖(진보당위원장)의 지상좌담회를 게재하였다.

1958년 제3권 3호에는 〈조봉암 선풍旋風 특집〉으로 「왜 체포되었는가」(박철성朴哲城), 「조봉암에 관한 나의 증언」(최흥조), 「진보당과 국도신문사장 김장성金將星」(김가야金伽倻)이 게재되었고, 10여 년 전 화제를 일으켰던 조봉암의 비밀서한 「박헌영에게 보내는 자기비판문」이 공개되었다.

1958년 제3권 7호는 5·2총선 특집으로 「누워서 침을 뱉은 선거보복권력시위」, 「사실은 내가 당선이다」, 「패가망신한 선거도박」 등을 싣고 있다.

1958년 제3권 9호에 「자유당의 정치자금 루트를 캔다」(김상돈金相敦), 제3권 10호에 「이기붕李起鵬 의장의 3개월 궐석 진상기」(박철성朴哲城)과 「국회동란의 책임은 자유당에 있다」(엄상섭嚴祥燮), 제3권 12호에 「진보당사건과 미수未遂 테로리즘」(임소희)과 「경무대의 주인공 이박사는 외롭다?」(문일석文一石), 1959년 제4권 1호에 「중앙수사국 유산의 배후」(차천석)과 「풍년은 들었어도 농민들은 왜 배고프냐?」(임소희), 제4권 2호에 「보안법 파동과 민주당의 오산」(차천석)과 「태산 같은 지폐 발행에 왜 분전分錢이 고달프냐?」(송정문宋正文)와 「서울의 지붕밑 하루살이 생활실태」(계칠성桂七星) 등등 이승만정권의 부패상과 서민의 궁핍한 생활을 폭로하는 글들이 지속적으로 게재되었다.

그리하여 1960년 제5권 5호에는 권두언 「정부라는 이름의 강도단」이라는 제목으로 이승만정권의 3·15부정선거를 비판하며, 〈민주혁명특집〉으로 「사월민주혁명일지」, 「4·19민주혁명전야의 비밀」, 「데모 주변의 계엄군 이모저모」를 게재하였다. 또 〈6·25 십주년특집〉으로 「6·25 남침 전야의 평양」, 「6·25와 육본과 나」, 「6·25동란 전후의 회고록」(김석원金錫源), 「맥아더 장군과 행주전투」를 싣고 있다.

『진상』을 발행한 신문의 신문사 사장 최홍조는 1918년 개성에서 출생하였다. 1936년 평양고보를 졸업하고 연희전문학교 문과에 들어갔다가 중퇴하였다. 1945~1952년까지 황해민보 편집국장, 한성일보 기자, 동아일보 기자와 취재부장, 중앙일보 취재국장을 지냈다. 1952년 9월 『신문의 신문』을 창간하여 1961년 5·16 이후 폐간되기까지 사장을 지냈다. 월간 종합시사지인 『진상』과 함께 월간 『반공』을 발행하였으나 이 역시 1961년에 폐간되었다.

국회도서관에 소장되어 있는 1957년 제2권 1~3호, 5~6호, 11호, 1958년 제3권 1~12호(11호 결호), 1959년 제4권 1~12호(10호 결호), 1960년 제5권 1, 3~8호를 DB화하였다. (구수미)

참고문헌

『진상』, 1957~1960년, 신문의신문사; 『신문백년인물사전』, 한국신문편집인협회, 1988.

현대언론매체사전

1950~1969

차

참고소식

(參考消息)

1979년 중국 연길延吉에서 발행된 시사신문이다. 1979년 10월 1일 연변일보사에서 북경의 신화사통신에서 발간하는 『參考消息』을 조선문으로 번역 출간한 것이다. 격일간으로 발행되다가 1985년 12월 31일 종간되었으며, 1986년 1월 1일부터 『종합참고』로 개간 발행되었다.

이 신문은 세계정세와 중국 국내외 최신 정보를 보도하는 데 초점을 둔 연변일보사 내부간행물로, 제호 아래 '내부간행물 보관에 주의'라는 표시를 해두었다.

내용은 국제 정치와 해외 언론이 보도한 중국 소식들을 주로 보도하고 있다. 1979년 10월 5일 내용을 보면, 「외국 신문들 화국봉의 국경초대연 연설을 론평」에서 외국 언론이 화국봉의 연설이 인민을 찬양한 것이라며 칭찬하였다는 기사와 「케네디가 선거경쟁에 참가할 것을 예시」, 「일본사람은 쏘련을 믿지 않는다」 등이 실려 있다.

1985년 12월 31일 종간호에는 「고르바쵸프가 또 해임시켰다」, 「조선총리 강성찬 쏘련을 방문」, 「미국신문 우리나라와 동구라파 국가관계의 확대를 론평」, 「조선 북남방은 올림픽대회를 공동으로 주최해야 한다」 등의 기사가 있다.

「건국 30돐, 새로운 장정이 시작」은 영국신문 『가디언』에 실린 기사를 번역하여 게재한 것으로 당시 영국 『가디언』이 본 중국 현황에 대한 분석 글이다. 『가디언』에 실린 또 다른 기사 「중국의 자유시장은 인민들에게 단맛을 보여주었다」에서는 "자유시장은 중국의 새로운 경제 분위기 속에서 나온 것이다. 문화혁명 후에 이런 새 시장들이 다시 나와서 이미 33,000여 개나 정식으로 인정을 받아 나라의 감독 밑에서 개인 매매를 하는 것이 용허되고 있다. 이러한 시장을 열게 하는 것은 경제상 두 가지 도리가 있다. 첫째, 이런 시장들은 농산물을 끊임없이 제공하여 도시 소비자들의 날로 늘어가는 요구에 만족을 준다. 둘째, 목적은 농업생산을 자극하기 위해서다."라는 영국 신문 기사를 보도하고 있다.

이 종간호 〈알림〉란에는 "본지는 광범한 독자들의 사랑과 지지 밑에 창간된 이래 1,900여 호를 꾸려왔습니다. 새해부터 상급의 비준을 받고 『참고소식』 번역판을 발행하지 않고 전국 각지에서 공개 발행되는 출판물의 골자들을 발취하여 싣는 신문 『종합참고』를 꾸리게 됩니다. 새해부터 나오게 되는 신문 『종합참고』는 1주일에 두 기씩 꾸리며 값은 한 달에 36전, 한 계도에 1월 8전, 반년에 2월 16전입니다."라는 알림 글이 실려 있다.

연변대학교 도서관에 소장되어 있으며, 1979년 10월호와 1985년 12월호를 DB화하였다. (김성남)

참고문헌

車培根·吳泰鎬, 『中國朝鮮民族言論史』, 서울대학교출판부, 1997; 최상철, 『중국조선족 언론사』, 경남대학교출판부, 1996; 『참고소식』 1979년, 1985년.

채광연구보고

1968년 창간된 보고서 형태의 연간잡지이다. 상공부 국립광업연구소에서 발행되었다. 발행인은 현원달이다. 발행처는 서울시 영등포구 가리봉동 219-5(수출산업공단 2단지내) 이다.

채광과 관련된 연구와 조사보고를 주된 내용으로 한 연간 잡지이다.

연도별 주요 내용을 보면 다음과 같다.

1970년 11월에 발행된 제3호에는 「맥상광체 채광법 조사연구」, 「채탄법 조사연구」, 「석회석 광산의 노천채굴법 연구」, 「화약류 성능 기초 시험」, 「장공발파 시험보고서」, 「항내 폭발성가스에 관한 조사보고」, 「탄진에 관한 조사보고」, 「항내 작업환경에 관한 조사보고」 등의 내용이 실려 있다.

1971년 10월에 발행된 제4호에는 「노천채굴법 조사연구」, 「장공에 의한 레이스굴착발파」, 「항내 지보에 관한 연구」, 「항내 운반의 기계화에 관한 연구」가 실려 있다.

1972년 8월에 발행된 제5호에는 「중단채굴법에 관한 연구」, 「발파계수에 관한 조사연구」, 「항내지보에 관한 시험연구」, 「압축공기의 효율적 사용에 관한 연구」가 실려 있다.

『채광연구보고』를 발간한 국립광업연구소는 1956년 7월 상공부 소속으로 설치된 중앙지질광물연구소 대전지소로 시작하였다. 1967년 4월 정식으로 국립광업연구소로 승격되고, 1973년 1월 16일 국립지질조사소와 통합하여 국립지질광물연구소로 변경되었다. 국립광업연구소에서는 광산평가조사, 채광, 선광, 제련 및 광물 분석에 관한 시험연구와 광업기술 지도에 관한 사항을 주로 관장하였다.

국회도서관에 소장되어 있는 1970년 제3호부터 1972년 제5호까지 DB화하였다. (구수미)

참고문헌

『채광연구보고』, 1970년 제3호; 1971년 제4호; 1972년 제5호, 상공부 국립광업연구소; 국가기록원 홈페이지, 기록물생산기관 변천연혁 관리정보.

가

나

다

라

마

바

사

아

자

차

카

타

파

하

책소식
(BOOK REVIEWS)

이대학보사에서 발행한 도서 리뷰 전문 잡지로 1969년 12월에 창간되었다. 장정을 이준이 맡았고 편집주간에 정충량, 편집위원에 김은우, 이봉순, 정기용, 현영학이다. 계간으로 발간되었으며 1부 우송대금 50원이다.

1970년 봄에 발간된 2호의 구성을 보면 전체적으로는 각각의 책에 대한 리뷰를 순차적으로 배치한 것이 대부분을 차지하며, 잡지 말미에 신간해제, 논문 2편과 학술·전문지 편람, 새 책 안내 코너를 둔 단순한 구성이다. 그런데 리뷰의 경우 특집, 새책리뷰Ⅰ, 새책리뷰Ⅱ로 크게 3부분으로 구획되어 있다. 구획의 기준은 분량으로 특집의 경우 책 한 권에 대한 리뷰 분량이 3페이지인데 비해 새책리뷰Ⅰ은 2페이지, 새책리뷰Ⅱ는 1페이지이다. 이러한 구성은 9호까지 계속되었다. 그런데 9호에는 그간 『책소식』 편집에 미흡한 점을 이야기하는 〈편집자에게〉라는 코너를 두었는데 이 코너에 김병익의 「「소식」과 「평」 중 어느 하나만을」, 이재호의 「계절 감각 살린 표지를」 등 이러한 체제에 대한 문제점을 제기하는 글이 실렸다. 김병익은 "가령 「새책레뷰」는 Ⅰ과 Ⅱ로 나뉘어 있고 저만큼 「신간해제」와 「독후감」 등이 있습니다. 「레뷰」Ⅰ은 2면짜리, Ⅱ는 1면짜리로 「해제」는 몇 행짜리인데 상식적으로 판단컨대 아마 대상 서적의 수준에 따른 것 같습니다. 여기서 두 가지 회의가 생깁니다. 첫째 3단계의 도서 수준 분류는 어떤 기준으로 이루어지는가 애매하다는 것입니다. 반드시 제 자신의 평가기준과 같아달라는 요구는 아닙니다. 몇 행으로 처리된 책 가운데 2면짜리 서평보다 더 중요한 제명을 발견할 때가 자주 있었습니다. 둘째는 책의 경중, 고저가 반드시 2면, 1면으로 규격화돼야 할 것인가 하는 점입니다. 어떤 것은 5면쯤, 어떤 것은 2면쯤, 편집자가 평가의 견해에 따라 신축성 있는 것이 독자에게 보다 성실한 서비스가 되지 않을른지요."라고 문제를 제기했고, 이재호 역시 "특집은 가능한 한 지난 3~6개월간에 출간된 「문제의 책」을 뽑아서 2페이지 정도로 리뷰하는 것이 좋겠다(그 밖의 것은 한 페이지로). 새책리뷰Ⅰ, 새책리뷰Ⅱ의 구분 근거가 무엇인가? 거기다 원서, 번역서, 한국책이 두서없이 섞여 있어 혼란하다. 내 생각엔 「한국신간서평」과 「해외신간서평」 및 「해외최근신간소개」란(여기선 서명 리스트, 페이지 수, 출판사, 가격만)으로 구분하는 것이 어떨른지. 그리고 배치순서도 인문, 사회, 과학 순으로 정리했으면" 하는 의견을 피력하였다.

이 때문인지 10호에 가면 특집은 그대로 둔 채 국내서적, 외국서적, 번역서적으로 구획 범주가 변화하며 특집을 제외하고는 분량도 모두 1페이지로 동일하게 할애되었다. 이러한 체재는 이후에도 지속되었다.

국회도서관에 2호부터 27호까지 소장되어 있으며 이를 DB화하였다. (임경순)

참고문헌

『책소식』 2~27호.

천지

1974년 중국 연길에서 발행한 문학잡지로 중국작가협회 연변분회 기관지이다. 1951년 6월에 창간된 『연변문예』가 여러 차례의 정간과 복간을 거치면서 제호를 1957년 1월 『아리랑』으로 바꾸었고, 다시 1959년 1월 『연변문학』으로 개칭하였으며 발행 호수는 계속하여 그대로 이어갔다. 1974년 4월 『천지』라는 제호 아래 『연변문예』를 원제로 하여 복간되었다.

중국작가협회 연변분회 기관지

쳔 지

1974

쳔지월간사

1974년 『천지』의 표지 제호 아래에는 "천지월간사와 중국작가협회 연변분회 기관지, 제 28권이며 원제 『연변문예』"라고 인쇄되어 있다. 목차에 들어가면 1974년 4월호 (총제1기)라고 되어 있다.

표지와 목차의 제호는 『천지』인데, 발간사에는 『연변문예』라고 칭하며 이 잡지의 발행목적을 다음과 같이 말하고 있다. 옛 『연변문예』를 계승하고 있다는 의미로 보인다.

"『연변문예』의 근본적 임무는 혁명적 본보기극을 표본으로 하여 공농병 영웅 인물 형상을 창조 부각하는 것이다. 그는 '온갖 꽃이 피어나게 하며 낡은 것을 밀어버리고 새것을 창조하며 옛것을 복무시키며 외국의 것을 중국에 복무시켜야 한다.'는 방침을 견결히 관철하며 혁명적 본보기 극의 창작경험을 학습하고 세 가지를 돌출히 하는 창작원칙을 관철하면서 군중성적인 문예창작을 적극 추동하며 우리 주 각 족 공농병 작자가 위대한 령수 모주석을 노래하고 위대한 중국공산당을 노래하고 모주석의 혁명노선을 노래하고 무산계급문화대혁명과 사회주의 신생사물을 노래하고 공농병 영웅인물을 가송한 내용의 문예작품과 평론문장을 게재하는 동시에 형제지구의 우수한 작품을 소개하게 될 것이다. 『연변문예』는 당의 일원화 령도 밑에서 광범한 공농병 군중과 문예공작자에 의거하며 정치와 예술의 통일을 견지하고 간행물의 질량을 높이기 위하여 힘쓸 것이다."

이러한 방향성 아래 소개하고 있는 작품들도 대부분 정치적 선전을 위한 시와 소설, 단막들로 이루어져 있다.

'림표와 공구를 호되게 비판하자'라는 표어 아래 「복벽음모 짓부시자」(시), 「우리는 혁명의 주력군」(시), 「림표의 추악상을 폭로하노라」(시) 등이 게재되어 있고, 「농토건설의 노래」(시), 「들끓는 산촌」(소설), 「조국변강 건설하네」(가사), 단막극 「약진골의 새봄」 등이 있다.

1980년대에 들어서면서는 이전의 정치적 색채는 거의 사라지고 보다 순수한 민족정서를 담은 작품들이 많이 보인다. 1985년 1호는 제호인 '천지'를 주제로 하여 『천지』의 성장에 대하여 축복과 희망을 담아낸 노래 「천지송」을 첫 작품으로 소개하고 있다. 이 외에도 잘 먹고 잘사는 농촌의 일상을 담은 「시골마음」, 외국 유학을 간 청년을 주인공으로 한 「품」, 「도쿄의 이모저모」 등을 소개하면서 "여러분의 참다운 길잡이이며 다정한 길동무인 『천지』는 여러분과 함께 문학의 바다에서 자유로이 헤엄쳐나가려 합니다."라고 하였다.

오랜 역사와 전통을 가진 순수문학지로 반세기가 넘는 세월 속에서도 정간되었다가는 복간되고 폐간되었다가 복간되면서 우리말과 한글을 통한 민족 얼을 지키며 현재까지도 발행이 되고 있는 잡지이다. 1945년 이후 중국 조선족 작가 대부분이 이 잡지를 통해 문단에 등단했고 현재 600명에 이르는 연변작가협회 회원 작가군을 형성하고 있다.

현재까지 조선문학 예술작품 2만여 편을 발표했으며 많은 작품이 전국 단편소설 우수상과 전국 소수민족문학상 등 중국의 국가최고급, 성급문학상을 수상했거나 국제적인 상을 수상했다. 또한 중국 56개 민족잡지 중 가장 우수한 월간 잡지의 하나로 인정받아 중국 소수민족 최우수 잡지상을 여러 번 수상하였다.

연변대학교 도서관에 소장되어 있으며, 고려대학교 도서관에도 영인본이 소장되어 있다. 1977년 1월호부터 1997년 발행본이 DB화되었다. (김성남)

참고문헌

車培根·吳泰鎬, 『中國朝鮮民族言論史』, 서울대학교출판부, 1997; 최상철, 『중국조선족언론사』, 경남대학교출판부, 1996; 『천지』.

철도통계월보

(鐵道統計月報)

1964년에 창간된 철도청의 기관지이다. 발행인 철도청 기획관리관, 인쇄처 태양문화인쇄사이다. 계간으로 발행되었는데 일부 월간으로 발행되기도 했다.

철도청의 기관지인 만큼 각종 통계와 수량표가 주를 이루었다. 통계, 수송, 운전, 시설, 공전 등으로 구획하여 여객수송실적, 열차운전성적, 전력사용실적 등을 실었다. 계간으로 발행되었는데 1967년에는 전반기는 계간으로 발행되었지만 8월호와 9월호는 따로 발간되었다. 또한 1968년에는 전반기에 발행된 2권에 5개월이 할애된 반면 후반기에 발행된 2권에 7개월이 할애되어 1968년 마지막 호는 9월부터 12월까지를 다루고 있다. 내용이나 구성에는 변화가 없다. 1969년에는 명칭이 『철도통계계보』로 바뀌었는데 마찬가지로 내용과 구성은 동일하다.

국회도서관에 1966년 3권 4호부터 1969년 6권 3호까지 소장되어 있으며, 이를 DB화하였다. (임경순)

참고문헌

『철도통계월보』, 3권 4호~5권 4호; 『철도통계계보』, 6권 1호~6권 3호

청광
(淸光)

1954년 9월에 창간된 청주농과대학의 기관지이다. 발행인 조현하, 편집인 청주농과대학
예부, 발행소 청주농과대학 학도호국단이다. 인쇄소는 조치원 읍원동 122번지 새한인쇄
사이다.

청주농과대학은 청주초급농과대학의 후신이자
충북대학교의 전신이다. 1951년 9월 도립 청주
초급농과대학이 2년제 초급대학으로 개교하였
는데 독자적인 부지나 교사 없이 청주농업고등
학교 시설물을 이용하는 등 열악한 환경이었다.
1953년 1월 4년제 도립 청주농과대학으로 개
편되었는데 이 과정에서 소요되는 막대한 재정
을 충청북도 도민들의 적극적인 협조로 해결하
였다. 농학과, 축산과로 출발한 이 대학은 4년제
농과대학으로 개편되면서 임학과가 신설되어
충북의 농업, 임업, 축산의 각 분야를 아우르는 도립대학이 되었으며 1956년에
도립 충북대학으로 이름을 바꾸면서 현재의 국립 충북대학교가 되었다.

『청광』은 청주농과대학으로 개편된 지 2년 조금 못 되었을 때 창간된 회지로
잡지 서두에 창간사와 함께 창간을 축하하는 글을 가득 싣고 있다. 창간사는 학
장인 조현하가 서술하였는데 "이 기관지를 창간함에 있어서 창간사를 쓰려 하
니 감회가 크다. 본 대학이 창립된 지 4개 성상星霜이나 된 이날에 이제야 이 책
자가 나온다는 것은 좀 늦은 감도 있기는 하지만 기간 나날이 육성되어 어느 정
도까지 대학체모를 갖춘 후 간행함도 의의 있을 것"이라는 감격을 전하면서, 청
주농과대학은 청주에 있는 단 하나의 자연과학계 대학으로 이곳에 모인 학도
들이 연구에 매진하고 있으니 『청광』은 "그들의 연구를 연마 표현키 위한 기관
지가"가 되어야 한다는 각오를 피력하고 있다. 이어서 도지사 정낙훈의 「대의에

사는 농학도 되라」, 법원장 문기선의 「창간을 축하는 대신에」, 청주대학학장 김현대와 충북농업기술원장 함재춘의 「축사」, 충북교육위원회 위원장 박철의 「와 신상담하자」, 충북문교사회동장 윤석린의 「농촌부흥의 신진역군되기를」, 충북산업국장 김영하의 「축창간」, 충북장업시험소장 홍종우의 「농학도의 선봉이 되라」, 충북학무과장 연정희의 「새로운 학풍을 수립하라」, KWK의 「농학도의 진로」, 박종희의 「학도에게 격함」 등의 축사를 실었다.

　잡지의 구성을 보면 교수와 학생들의 논고를 싣고 이어 시, 수필, 콩트, 좌담을 실었는데 논고는 농과대학인 만큼 이와 관련된 학술적인 성격을 띤 것이 대부분이다.

　국회도서관에 창간호가 소장되어 있으며 이를 DB화하였다. (임경순)

참고문헌

『청광』 창간호, 한국학중앙연구원 『디지털청주문화대전』(http://cheongju.grandculture.net).

청년생활

1980년 8월 연변인민출판사에서 창간한 월간 잡지이다. 『청년생활』 편집부에서 편집 출판하였으며 발행은 연변신화서점, 판형은 16절지이며 매월 1일 출간하였다. 정가는 0.45원이다.

창간목적은 조선족 청년들에게 현대화 건설에 청춘을 바치도록 정치사상적으로 무장시키며, 시야를 넓혀주고 과학기술 기능의 수준을 높이며, 문화생활을 풍부하게 만드는 데 있다.

창간호 발간사 「청년생활 발간에 제하여」에서 이 잡지의 창간목적을 "청년들의 특성과 취미에 부합되며 청년들의 문화생활과 생활의 실용성이 결합된 종합적 간행물로서 광범한 청년들에게 공산주의적 사상교양과 도덕교양을 진행하며 고심히 학습하여 풍부한 과학지식과 실용적인 생활지식을 장악하고 견식을 넓히며 문화생활을 풍부히 하여 4개 현대화 건설에 기여하도록 가르쳐주고 이끌어주는 것"이라고 하였다.

내용은 청년들의 이상과 전도, 도덕교양, 애정생활 등에 관계되는 글, 사회과학의 제 분야에 관한 지식, 최신과학기술의 발전소식, 천문, 문예, 체육, 의료위생 면의 지식, 국내외의 자연풍경과 향토 소개, 가정생활상식과 일반생활 면의 상식 등이 망라되어 있다.

창간호의 목차를 보면 〈연애·혼인·가정〉, 〈도덕교양〉, 〈명인소개〉, 〈금수강산〉, 〈과학지식〉, 〈의약위생〉, 〈생활과학〉, 〈가정상식〉, 〈체육〉란으로 구성되어 있다. 바람직한 연애와 혼인에서부터 예절에 대한 여러 가지 생각들과 함께 비타민 섭취, 음식과 건강문제, 요리와 영양 등 가정생활에 필요한 상식들을 담고 있다. 〈체육〉란에서는 해외 유명 축구팀을 소개하고 있는데, 아프리카 축구의 특징과 브라질 축구를 소개하고 있어 조선족의 축구에 대한 관심과 세계 축구에 대한 정보도 제공하고 있다.

1980년 2월호에는 「꼭 인민의 참된 아들딸로 되어야 한다」, 「필시 동지와 함께 생활하고 싸우던 보람찬 나날에」, 「중국인민의 위대한 전사이며 정치가인 임필지동지」 등 '혁명투쟁이야기'와 함께 〈학습지도〉란에 「맑스주의의 ABC를 보급하자」, 「몇 가지 경제이론 문제에 대하여」 등 정치적 기사들이 많은 지면을 차지하고 있다.

사상과 학습에서부터 사업, 생활, 문학, 법률 등 여러 분야의 문제들을 폭넓게 다루면서도 지식정보, 취미, 실용성을 가진 종합잡지이다.

2000년대에 발행본들을 보면 이러한 정치적 기사는 보이지 않는다. 2005년 1월호에 실린 「새해인사」에서는 "개혁과 개방은 우리들에게 질 높은 삶을 창조하는 력사적인 기회를 마련해주었습니다. 우리 민족은 형제민족과 더불어 개혁개방의 물결 속으로 주저 없이 뛰어들었습니다. 비록 시장경제란 새 질서에 적응한다는 것은 우리에게 여간 힘든 일이 아니었음에도 불구하고 단맛 쓴맛 다 보아가며 여기까지 달려오면서 눈부신 활약상을 보였습니다. 나라의 대외 개방 정책은 우리 민족으로 하여금 세계에 눈을 돌리게 했고 따라서 해외진출도 거창하게 이루어지고 있습니다. 오늘 중국의 조선족은 세상 사람들이 그 이미지가 무엇인지 궁금해할 만큼 놀랍게 발전 변화해가고 있습니다."라며 중국의 변화 발전 속에서 조선족 청년들의 위상과 자세를 강조하였다.

기사들도 다양한 생활정보와 더불어 중국 대도시에서 사업과 취업에 성공한 조선족 청년의 사례와 경험담, 연애, 혼인에 관한 기사들이 많이 보이고 특히 매호마다 「혼인상담소」 난이 있어 구혼광고와 결혼을 위한 개인정보들을 상세히 제공하고 있다.

연변대학교 도서관에 소장되어 있으며, 1980년 1호부터 2006년까지 DB화하였으며, 일부 결락본도 있다. (김성남)

참고문헌

『청년생활』 창간호; 車培根·吳泰鎬, 『中國朝鮮民族言論史』, 서울대학교출판부, 1997.

청량원
(清凉苑)

서울대학교 사범대학에서 발행한 잡지로 1963년 6월 1일 창간되었다. 1964년 6월호를 보면 발행인 이종수, 편집인 이찬, 편집고문 김정진, 이응백, 주간 이규영으로 되어 있다. 학생들이 주축이 되어 발행하는 잡지인 만큼 간기는 변화가 심하다. 계간으로 발행되었다.

『청량원』은 이전에 발행되던 『사대신문』 대신 창간된 잡지이다. 『사대신문』은 1963년 3월 20일자로 제53호를 내고 폐간되었으며 이를 대신해 『청량원』이 창간된 것이다. 창간호는 확인할 수 없었는데 서울대학교에서 발행한 『대학신문』에 따르면 "국내 뉴스 및 「우리는 이렇게 생각한다」는 제목으로 특집을 엮어서 정치·경제·사회·과학·종교·문학 등 다방면의 문제에 교수와 학생들 의사를 반영시키고 있으며, 그 외 시 수필 창작 논문 수편이 수록된 아담하게 엮어진 교양지" 형태로 창간되었다고 한다. 또한 "예산 관계로 이번 학기엔 한 번밖에 발간할 수 없으나 다음 학기부터는 두 번씩 발간"된다고 전하고 있다. 사대에서는 영자신문 『컬러지언』도 발행되었는데, 이 역시 『청량원』에 통합되었다. 10호를 발행한 후 휴간을 계속해 유명무실했는데 1965년 11월 10일자로 통합되어 청량원에 10페이지 이상의 영자부분을 수록키로 한 것이다.

『청량원』은 창간을 기념하여 전국 고교생 문예작품 콩쿨 대회를 개최하였는데, 1967년 4회까지는 개최된 것이 확인된다. 교지인 만큼 『청량원』은 필화를 겪기도 했다. 1971년 8월에 조판이 끝난 81호가 학교 당국의 발행허가가 나지 않아 인쇄에 넘기지 못했는데 당시 4월에 있었던 교련 반대 데모에 대한 기사가 문제였다. 무장경찰이 학원에 난입한 것을 기사화한 것으로, 이를 문제 삼아 교지가 나오지 못한 것이다. 1984년에는 87호가 배포금지를 당했는데, 원고 지도를 받지 않았다는 문제로 3월 23일에 발간된 책이 압수당하고 뒤이어 「신식 민주의에 대한 고찰」, 「민중문화 생성의 변증법」 등의 두 논문에 대한 내용상의 문제로 2주간 배포가 금지되어 오다가 두 논문을 삭제하고 배포하는 형식으로 해결되었다.

잡지 구성을 보면 1964년 3월에 발간된 4호의 경우 잡지 서두에 「써클활동의 침체상을 고발한다」를 사설로 싣고 이어 〈선배문인의 초청〉이라 하여 김남조, 조병화, 김광협, 구인환 등의 문학작품을 실었으며 학생들의 작품도 실었다. 특집으로는 〈교육행정 및 부설기관의 이모저모〉를 기획했고, 학생들의 논문도 싣고 있다. 다른 호의 경우 문학작품은 보통 학생들의 글이 실렸으며 서두의 사설과 특집, 문학작품, 논단 등으로 구성된 것은 동일하다. 고교생문예콩클 모집과 심사가 완료된 후에는 당선작품이 실리기도 했다.

국회도서관에 1963~1971년 발행분이 소장되어 있으며, 이중 일부를 DB화하였다. (임경순)

참고문헌

『청량원』, 4, 5, 7, 78~81호; 「「청량원」 발간」, 『대학신문』, 1963. 6. 13.; 「사대 청량원과 「컬러지언」 통합, 10호 12월 초 복간될 예정」, 『대학신문』, 1965. 11. 15.; 「사대 「청량원」 발간 지연 - 「경관학원난입진상」 게재로」, 『대학신문』, 1971. 9. 13.; 「「청량원」 87호 배포」, 『대학신문』, 1984. 4. 16.

청사
(靑史)

1955년 6월 1일 창간된 역사전문지로, 같은 해 1월 창립한 청사편찬위원회가 발행했다. 위원회장은 이명룡이며, 편집 겸 발행인은 진대선, 인쇄인은 홍정섭, 인쇄소는 국도인쇄국이었다. 창간호는 208면에 정가 250환이다.

청사편찬위원회는 사대주의 역사관을 극복하고 정당한 사관을 확립하기 위해 1955년 1월 5일 사학자들을 중심으로 결성되어 『청사』를 발간했다. 이 단체의 초대회장인 이명룡은 평북 출신으로, 3·1운동 때 민족대표 33인으로 참여하여 옥고를 치른 바 있다. 『청사』의 말미에는 「청사편찬위원회 창립과 월간 월간 잡지 『청사』 발간에 대한 취지 및 인사말씀」이 수록되어 있어 회원명단과 설립 취지를 확인할 수 있다.

이 단체의 편찬위원은 김도태·김범부·박종화·이선근·이은상·장도빈·최남선·오상순·이병도·이홍식·황의돈·배성룡·이병기 등 총 36명이고, 강령은 1) 정당한 민족의 기록을 밝혀 자주정신에 입각한 국사를 편찬 2)대중적인 역사계몽잡지 『청사』를 매월 발간하여 청소년 남녀 학도 및 일반국민에게 역사를 평이 간명히 밝히어 조국혼 환기 3)민족사상 공훈 있는 위대한 창업주 又는 위대 열사를 우리 국민이 항상 숭앙하는 정신을 환기키 위하여 '성전' 건립을 계획하는 것이었다.

이 같은 단체의 설립취지는 『청사』에 그대로 반영되어 있다. 이명룡은 창간사에서 "자아의 역사를 모르고 민족정신은 알 수 없다."며 "앞으로의 민족 광명의 역사를 바로잡을라면은 과거의 민족기록을 다시 찾어 민족정신에 입각한 정당한 사관을 확립하여 후대에 올 자손만대에 정신적인 올바른 유산을 남기여야

가

나

다

라

마

바

사

아

자

차

카

타

파

하

될 것"이라고 역설한다.

그리하여 창간호에는 가장 먼저 최남선의 「한국의 역사와 문화」가 연재되면서 과거의 역사를 재조명하고, 이어 배성룡이 「사학발달의 삼단계」를 통해 역사연구의 초석을 다진다. 또한 박기준의 「을미한국의 역사적 현실」과 황의돈의 「역사상으로 본 세계대국의 동향」, 박용호의 「조국혼을 사리는 사관을 확립하자」 등은 현재에 기여하기 위한 역사연구들이다.

특기할 만한 사실은 『청사』가 "대중적인 역사 계몽잡지"를 표방함으로써 연구논문의 형태보다는 전기와 사화, 역사소설의 형식으로 역사를 재구성했다는 점이다. 김도태의 「대고구려를 중흥한 광개토왕전기」, 신채호의 「을지문덕평전」은 전기의 형식이고, 진대선의 「백제건국야화」, 정비석의 「이성계와 무학대사」는 사화의 형식이다. 또한 역사소설로는 이광수의 「궁예와 난영」이 연재된 것을 비롯하여 장덕조의 「왕자와 사랑」, 이상옥의 「국색옥매향」, 홍효민의 「높은 교훈」, 조흔파의 「비담의 모반」이 수록되었다. 한편 신채호의 글을 싣는 동시에 전록성이 「단재와 나」를 통해 신채호를 추모한 것도 주목할 부분이다. 연세대학교에 창간호가 소장되어 있다. 이를 입수하여 DB화하였다. (박지영)

참고문헌

독립운동사편찬위원회, 『독립운동사자료집』 5권, 1972.

청신호
(青信号)

1964년에 창간된 교통 체신 관광 종합지이다. 발행 겸 편집인 김문용, 주간 정창호, 편집국장 서봉도, 인쇄인 이장근이다. 발행은 사단법인 대한교통질서협회로 서울특별시 성동구 현인동 16의 20이다. 월간으로 발매되었으며 정가 250원이다.

사단법인 대한교통질서협회의 기관지로 표지에 '교통 체신 관광 종합지'라고 잡지 성격을 규정하고 있다. 하지만 잡지 구성을 볼 때 가장 중점을 두고 있는 것은 교통 부분이다. 1971년 9월에 발행된 『청신호』 구성을 보면 권두언으로 「대책을 강구할 때가 왔다」을 싣고 있는데 전면적인 교통대책 마련을 촉구하고 있다. 내용의 일부를 보면 다음과 같다.

"내무부는 합리적인 교통소통을 위해서 6개 도시의 교차로를 전면 좌회전금지 구역으로 설정하려고 했다. 이렇게 되면 90%나 좌회전을 하고 있는 시중버스 노선을 모두 뜯어고쳐야 하며 현재의 도로망으로는 미궁을 헤매는 격이 되어 혼잡에 부채질을 하게 된다. 필요 없이 먼 거리로 우회하자니 휘발유의 소모뿐 아니라 교통량도 그만큼 늘어나는 결과가 된다. (중략) 지금 전국의 자동차 운송사업자들은 급격한 부담요인의 증가와 운송수입의 감소로 업체마다 운영난에 봉착하여 전지도지 하면서 절박한 상태에서 허덕이고 있는 것이다. 위정당국자들은 안일하게 보아 넘길 수만 없는 일이다. 자동차의 도전을 안이하게 다뤄서는 안 된다. 앉아서 교통법규나 뜯어고치는 그런 미온책에서 벗어나 전면적인 교통대책을 강구할 때가 온 것 같다."

논단에는 대한교통질서협회 이사장 김문용의 「택시미터 거리시간병산제도의 기술적인 제 문제」, 치안국 경정 김덕형의 「고속도로와 정책효과」, 부산분실장 정만호의 「자동차매연에 관한 소고」, 부산분실총무부장 이판석의 「운전사도 생활인으로서의 인격자이다」 등의 논고를 실었다. 교양 코너에는 「알기 쉬운 자동차운전법」, 「2륜차량운전 초보자가 알아야 할 일」, 「정비사시험문제」, 「운전사시험문제」 등을 실었으며 탐방 코너에는 「동해관광」, 「운전사 양성의 전당 동성경기학원」, 「서울시경 면허계를 찾아서」 등이 실렸다. 특집으로 「운전업계는 구제되어야 한다」가 기획되었고 「서울의 교통소통은 이렇게」라 하여 『청신호』 지의 기획실장과 서울시경 교통과장의 대담도 실렸다. 문예면도 있어서 수필과 여차장의 고백수기라 하여 「흰 구름이 가는 곳」이 연재되었다. 이 밖에 업계동정과 학원가왕래, 자료도 고정적으로 실었다.

국회도서관에 1971~1972년 발행분이 소장되어 있으며, 이중 일부를 DB화하였다. (임경순)

참고문헌

『청신호』 1971년.

청오
(靑五)

5·16 장학회의 재학생 동문모임인 청오회에서 발간한 잡지로 1967년 3월에 창간되었다. 발행 재단법인 5·16장학회 청오회, 서울특별시 남대문로 2가 111의 1이며 인쇄 광명인쇄공사, 편집 청오회학술부이다. 연간으로 발행되었으며 비매품이다.

5·16장학회는 부일장학회를 기반으로 1962년에 설립되었다. 부일장학회는 삼화, 부산일보, 한국문화방송 등을 창업한 김지태가 1958년 설립한 재단이다. 김지태는 1962년 재산도피혐의로 구속되면서 부산일보, 한국문화방송 주식과 함께 부일장학회를 군사정권에 넘겼으며 5·16장학회는 부일장학회가 이름을 바꾼 것이다. 이후 5·16장학회는 1982년 다시 정수장학회로 이름을 바꾸었다.

5·16장학회 장학생들 모임에는 청오회와 상청회가 있는데 청오회는 재학생들 모임으로 1966년 5월 창립되었으며, 상청회는 졸업생들 모임인 범 동창회로 1966년 12월에 창립되었다. 청오회靑五會는 "힘차게 되어 오르는 광명과 패기의 의지를 말해주는 하늘의 이미지"인 청색과 5·16의 5를 결합하여 만든 명칭이다.

『청오』 창간호 구성을 보면 잡지 서두에 5·16장학회 상임이사 조태호의 권두언 「복지사회 건설의 정예적 사명을」과 청오회장 정동환의 창간사 「청오의 새 빛을 기리며」를 싣고 있다. 창간사 일부를 보면 다음과 같다.

"이제 우리는 우리를 되찾아야 한다. 민족의 단합을 소리 높이 외쳐야 하는 것이다. 우리들의 지성의 부를 우리 스스로 쌓고 아끼어 자신의 자유에 맡길 수 있는 권리와 힘을 되찾아야 한다. 이것을 달성하자면 우리는 오늘의 시련에 대한 정복자가 되어야만 한다. 물론 그렇게 하기 위해서는 무엇보다도 끊임없는 노력과 대의를 위해 〈자기의 자유를 기꺼이〉 희생시킬 줄 아는 이성과 미래의 이미지(image)를 차근차근 쌓아가는 심착沈着이 함께 있어야 한다. 시련을 스스로 극복하는 자가 되기 위해 우리가 필요로 하는 것은 현실을 바르게 보고, 분석하고 개선할 방향을 모색하는 것이며, 여기에서 또한 우리 청오회의 존재가치를 찾아야만 한다."

창간사에 이어 5·16장학회 이사장 엄민영의 「푸른 마음으로 조국 근대화에 나서자」, 숙대 총장 윤태림의 「감사의 넘을 학업진취에」, 광주신학대학장 길로연의 「공동사회의 기틀 되라」, 서울대 교학처장 심상황의 「알찬 지성의 광장을」 등 축사를 실었다.

잡지의 대부분을 차지하고 있는 것은 학생이나 교수의 글로, 특집, 자랑스러운 동문들, 청오가족탐방, 학술논단, 좌담회, 인터뷰, 후배에게, 문예 등의 코너로 나뉘어 실려 있다. 특집은 새로운 세대의 눈에 비친 1967년대 조국의 문제점을 진단한다는 취지로 〈새 세대의 진단〉이라는 제목 하에 「한국지역사회개발과 우리의 비전」, 「한국적 엘리트의 긍지」, 「한국화학공업의 특성과 육성방향」, 「한국농업구조개선방안 및 전망」, 「한국노동생산성과 임금」, 「한국 요업의 현황과 장래」, 「한국기업의 작업간소화 문제」, 「한국기업경영자의 사회적 책임」 등 학생들의 논고를 싣고 있다. 학술논단에는 재학생이나 졸업생의 「번영과 인간의 개성」, 「신문에 쓰이는 언어의 효능」, 「전후 이태리 문학 소고」와 같은 글을 실었으며, 좌담은 「장학생과 대학생활」이라는 주제로 청오 동문과 재학생들이 참석하여 의견을 나누었다. 자랑스러운 동문들 코너에는 서울사대 강사 차종환의 「오늘을 보람있게-박사학위의 영광이 있기까지」, 65년도에 고대를 수석졸업하고 육군통신장교로 있는 이장로의 「수석졸업과 나의 대학생활」을 실었으며, 후배에게 코너에는 졸업생들이 후배에게 바라는 바를 밝힌 「사회가 바라는 인재가 되라」, 「전진적 자세를 제창하면서」 등의 글을 실었다. 〈청오가족 탐방〉란을 보면 연오회, 전북지회, 경북지회가 거론되는데 연오회는 청오회가 결성되기 2년 전인 1964년에 연세대학교에서 처음으로 5·16 장학생들의 모임이 결성을 보았다고 전하고 있다. 또한 전북 청오회 지회는 뒤늦게 발족을 보게 되었는데 1966년 9월에 전주 문화 방송국 회의실에서 창립총회를 가졌다고 한다. 경북지회 역시 1966년 9월에 발족되었다. 문예면은 시, 소설, 수필 등 학생과 동문들의 작품으로 꾸며졌다. 잡지 말미에는 부록이 첨부되어 있는데 청오회 발기문 및 발기인 명단, 현임원 명단, 청오회 약사, 회칙, 도서기부자 명단, 졸업자 명단 및 실태조사 등이 실려 있다. 졸업자 명단 및 실태조사의 경우 연도별로 이름, 출신학교, 현주소, 현재의 근무처 혹은 진학한 학교 이름을 연도별로 체계적으로 정리하고 있다. 부록은 『청오』 발행 시 상시적으로 함께 발행되었던 것으로 보인다.

이러한 잡지 구성은 이후에도 비슷하게 유지된다. 특집의 경우 2호는 〈내일을 위한 젊은 지성의 통찰〉, 3호는 〈창조로 향한 분노〉, 〈국가번영을 위한 제도적 개선의 문제점〉, 12호는 〈청년문학의 이해〉, 〈모랄의 변천〉 〈청오 여성이 말한다〉, 13호는 〈인간교육에 대한 투자효과〉, 〈고난과 영광의 길〉, 〈대학생의 생태〉 등을 담았으며, 다른 지면들의 경우 소소한 차이는 있으나 비슷한 구성으로 발행되었다.

국회도서관에 1967~1995년 발행분이 소장되어 있으며, 이중 일부를 DB화하였다. (임경순)

참고문헌

『청오』, 1967~1979년.

청탑

(靑塔, CHUNG TAP)

구미동창회에서 발행한 회지로 1965년 7월에 3집이 발행되었다. 발행인 김종훈, 편집인 김대윤이다. 발행처는 구미동창회, 서울특별시 서대문구 충정로 1가 90의 1이며 인쇄소는 서울인쇄주식회사이다. 비매품으로 발간되었으며 1965년, 1966년에는 매년 2권씩 발행되다가 1967년부터는 1권씩 발행되었다.

『청탑』은 구미동창회의 회지로 구미동창회는 1960년에 창립되었다. 회칙에 의하면 구미동창회는 "회원상호 간의 친목 급 협조를 도모하는 동시에 귀국유학생들의 공동복리도 증진시키며 대외적으로는 귀국유학생에 관한 제반문제를 교섭 해결케 하여 민족문화발전과 건전한 사회건설에 이바지함"을 목적으로 하고 있다. 구미동창회는 창립 초기에는 활발한 활동을 하지 못한 것 같다. 1965년 10월에 발행된 『청탑』 4집에 실린 화장 김종훈의 권두언 「동창회의 재정 비강화를 바라면서」를 보면 이러한 사정이 서술되어 있다.

"4회 이사회의 핵심은 본동창회가 65년도를 맞아서 완전히 본 궤도에 올랐다는 것이고 이것을 계기로 하여 동창회에 발전을 꾀하여야겠다는 극히 건설적인 내용의 토론으로 일관했습니다. 사실 우리 회장단이 사무국이 없는 동창회 운영위임권과 더불어 인계받은 것이라곤 회원 간의 연락단절상태와 운영자금으로서는 부채뿐이었습니다. 그러나 이제 회원들 간의 Channel은 완전히 복구되었으며 어떠한 업무라도 맡길 수 있는 고정적인 사무국을 설치한 외에 운영자금의 성공적인 확보 그리고 동창회 사상 처음인 회지 청탑의 간행 및 복지사업으로서의 도서 무료증정 사업 등 결론적으로 우리 동창회가 뻗어날 수 있는 제 여건과 대외적인 체면을 유지할 수 있을 정도로 완전한 기반을 잡아놓았다는 것을 생각할시 실로 이것은 무에서 유를 창조한 것이며 예년에 비추어 우리 동창회가 파격적인 변화와 발전을 이룩하였다는 점을 인정합니다."

구미동창회가 궤도에 오른 것과 회지『청탑』의 발행은 궤를 같이한 것으로 보인다.『청탑』의 창간호는 실물을 확인하지 못했는데 발행기간으로 보아 1964년 초반에 창간되었을 것으로 짐작되며 종간 역시 정확하지 않은데 확인 가능한 마지막 호는 1974년 4월에 발행된 13호이다. 구미동창회는 1981년 4월에 해체를 결의했는데 신문에 해산을 알리는 광고를 실었다. 유학생 수가 60년 발족 당시의 4천여 명이던 것이 80년 말에는 2만여 명으로 크게 늘어나 이처럼 방대한 인원을 하나의 동창회로 묶을 수 없으며 1,500명의 회원이 대표성을 띠기도 힘들고 이러한 상황에서 선민의식과 우월감에 싸인 귀족집단이라는 일부 비난을 피할 길이 없다는 것, 몇몇 특정인이 구미동창회의 이름을 사리의 방편의 삼았던 것을 해산의 이유로 설명하고 있다. 실제로 구미동창회 10주년을 맞아 발간된『청탑』1970년 10집을 보면 1970년 3월 24일에 열린 창립 10주년 기념 월례회에 참가한 김종필 전 공화당 의장 내외, 2차 월례회에 참가한 영부인 육영수, 회원들의 청와대 예방 등의 화보가 실려 "동창회가 마치 부정부패의 온상 내지는 부도덕한 정치집단으로 오해" 받았던 정황을 짐작할 수 있다.

『청탑』의 구성을 보면 회원들의 논고와 앙케이트를 주로 싣고 있다. 3호의 경우 조동필의 「한국의 소비패턴」, 신상초의 「전근대적 사회 구조와 그 정치적 부작용」, 문규의 「한국신문언론의 생리와 명암 취약성」, 전덕기의 「한국공공행정의 현실과 문제점」, 이학철의 「한국문교정책의 빈곤과 시정점」, 민만식의 「LATIN-AMERICA의 고민」, 김덕의 「미국사회의 흔백인문제」, 소진철의 「공산군은 왜? 남침의 시기를 6월 25일로 택일했나」 등의 글을 실었다. 김종훈의 「한국정당사」가 3집부터 1967년 7집까지 5회에 걸쳐 연재되기도 했으며 회원들의 수필을 싣기도 했다.

국회도서관에 1965~1972년 발행분이 소장되어 있으며, 이를 DB화하였다.

(임경순)

참고문헌

『청탑』 1965~1972년;『경향신문』, 1981. 5. 27.

청해

(靑海, THE BLUE SEA)

1969년 12월에 창간된 월간지로 대한개혁장로회 총회의 기관지이다. 발행인은 양학식, 편집인 선세은, 인쇄인 최중열이며 발행처는 재단법인 기독교 대한개혁장로회 총회로 서울 중구 도동 1가 45-3이다.

『청해』는 대한개혁장로회의 기관지이다. 대한개혁장로회의 원래 명칭은 동방교로 노광공이 설립한 교단이다. 노광공은 1914년 1월 13일 평양에서 출생, 평양신학교를 졸업하고 해방 후 남한에서 감리교 목사가 되어 순회부흥전도사로 파견되었다고 한다. 그는 초교파적인 입장을 취하여 초기부터 기독교 각파로부터 이단으로 비난을 받았다. 주로 피난민들과 저소득층을 포교의 대상으로 삼았으며 1953년 대구에 동방교회를 세우는 등 교세 확장에 힘썼다. 그러나 노광공이 1959년 8월 여신도 간음사건으로 구속되어 조사를 받으면서 교세 확장에 제동이 걸렸다. 1963년경에는 교단 본부를 서울로 옮겼는데 1965년 다시 신도 김관수 살해 혐의로 물의를 일으키게 된다. 1967년 노광공이 사망하자 2대 교주 양학식, 3대 교주 노영구가 교권을 이어받았고 교주의 사망으로 인한 내분을 수습하고 동방교의 사회적 이미지를 쇄신하기 위해 1969년 '기독교대한개혁장로회'로 명칭을 변경하여 문화공보부로부터 재단법인 인가를 받았다. 1973년 1월 이탈 신도들이 동방교를 범죄 집단이라고 폭로, 고발하여 동방교 간부 8명이 구속되어 실형을 선고받으면서 교세가 급격하게 약화되기 시작했다. 또한 동방교가 기독교 계통의 교단 명칭을 사용하자 기성 기독교계에서는 동방교대책위원회를 구성하여 문화공보부에 재단법인 인가 취소를 요청하여, 1974년 5월 30일자로 설립허가가 취소되었다. 그러나 1976년 다시 "동방교가

재단으로 설립되기 이전에 있었던 비행을 이유로 그 후에 설립인가가 난 재단을 취소할 수 없다."는 판결을 받는 등 우여곡절을 겪다가 1978년 3월 2일 대법원 판결로 인가 취소가 확정되었다. 그 후에도 포교활동을 계속되었으나 지하화되었다.

창간호를 보면 표지에 성화를 싣고 있는데 편집후기에 붙어 있는 '표지의 말'에 따르면 "본지 표지는 눅15:4절에 관한 성화이다. 이를 금번 1970년도 첫 번째의 표지로 택한 뜻은 청해가 앞으로 길 잃은 양떼같이 헤매는 뭇 영혼들을 일깨우려는 자그마한 뜻을 펴고자 함에 있기 때문이다."라고 하여 그 의미를 설명하고 있다. 창간호는 양학식의 「권두언-기독교인의 반성」, 권병찬의 「새 시대가 요구하는 목회자의 태도」를 필두로 전반적으로 다가오는 70년대를 맞는 각오를 피력하고 있다. 〈70년대는 해외 선교의 해〉라는 제목 하에 선세은의 「70년대 국내외 선교계획-기독교 대한 개혁장로회총회」, 김경수의 「선교의 필요성」 등을 싣고 있으며, 해외 선교현황을 정리한 「한국 해외 선교현황」을 실었다. 논단 코너에는 김태문의 「그리스도인의 자기인식」, 청해 편집실이 정리한 「70년대의 신앙관」, 한갑동의 「근대화와 지성의 역할」, 이정일의 「참목자」 등이 실려 있다. 「제1차 무료진료를 끝내고」라는 좌담회도 실려 있는데 동방교 부설 청해의원의 무료진료 사업의 진행과정과 의의에 대해 이야기하고 있다. 〈교재〉 코너에는 이일우의 「성경상에 나타난 인물들의 신앙관」, 선세은의 「개인 전도학」 등을 실었다.

또한 '개혁의 메아리'라고 하여 "기독교 대한 개혁 장로회에서 방송하는 「개혁의 메아리」를 들으라는 박스기사가 실려 있는데 서울 기독교 중앙 방송국, 기독교 부산, 광주, 대구, 이리 방송국, 문화방송국에서 매주 화요일과 금요일에 방송한다는 설명이 달려 있다. 〈산하기관 활동상황〉에는 강한나의 「서울 기독교 통신 대학 보고서」, 김영주의 「서울 고등 성경 통신 학교」, 유종상의 「혜명 재건 중학교 현황 보고서」, 한태완의 「의료 선교부 무료 진료 현황 보고서」 등의 기사를 싣고 있어 당시 동방교의 활동상황을 알 수 있다. 양학식의 「재단법인 인가에 즈음하여」에는 동방교의 재단법인 인가 과정이 서술되어 있다. 동방교가 1969년 10월 30일에 기독교대한개혁장로회로 개명, 재단법인으로 인가받았음을 자축하면서, 재단 부설 청해의원을 통한 의료선교를 전국화할 것이며, 청소년 선도회관을 건립하여 불우 청소년 선도를 적극적으로 할 것이라는 포부를 밝히고 있다. 말미에는 서울기독교 통신대학과 고등성경 통신학교에 대한 입학 안내도 실려 있다.

　동방교는 신흥종교 및 이단종교 연구가인 탁명환에 의해 사교로 규정된 단체로 『청해』는 근대화 시기 사교의 존재방식을 알아볼 수 있는 잡지라고 할 것이다.

　국회도서관에 1969년 12월부터 1974년 1월호까지 소장되어 있으며, 이를 DB화하였다. (임경순)

참고문헌

『청해』, 1969~1974년; 이강오, 「동방교」, 『기독교사상』, 1970. 5.; 탁명환, 「청소년의 앞길 망치는 사교 「동방교(개혁장로회)」」, 『새가정』, 1973. 12.; 「동방교 설립 허가 취소 못해」, 『경향신문』, 1976. 6. 26.; 「동방교 허가 취소 대법원 확정판결」, 『경향신문』, 1978. 3. 2.; 한국학중앙연구원, 『한국민족문화대백과』

초등교육

(初等教育)

1966년에 9월에 창간된 전국 사대 교대 부속국민학교연합회 기관지이다. 발행 전국 사대 교대 부속국민학교연합회, 인쇄 동아출판사이다. 연락처는 서울특별시 성동구 행당동 71 서울교육대학 부속국민학교 내이다. 반년간으로 기획되었으나 사정에 따라 부정기적으로 간행되었다.

창간호에 실린 전국사대교대부속국민학교연합회장이자 서울교육대학부속국민학교장인 김기서의 「창간사」를 보면 『초등교육』의 창간 취지가 잘 나타나 있다.

"사범대학과 교육대학의 부속국민학교는 일반국민학교가 가진 '초등보통교육을 한다.'는 목적 이외에 교육연구와 교육실습의 두 가지 사명을 더 가지고 있다. 현재 전국에 있는 14개의 사대, 교대부속국민학교(국립만을 말함)는 이 세 가지 사명을 다하기 위하여 여러 가지 어려운 여건하에서도 성심성의 노력하고 있다. (중략) 이번에 연합회의 새로운 활동의 하나로서 기관지를 창간하기로 하고 이름을 '초등교육'이라고 붙였다. 우선은 회지 형식으로 부속국민학교에 재직하는 동인을 대상으로 하여 년 2회 발간하되 내용은 어디까지나 교육연구에 중점을 두고 안으로는 회원 상호간의 연수와 질적 향상을 도모하며 밖으로는 우리들의 하는 일에 큰 관심과 기대를 갖고 있는 관계인사들에게 참고와 시사를 제공하여 보자는 우리들 나름으로서 큰 희망과 포부를 가지고 이 일을 시작한다."

이러한 취지에 걸맞게 창간호는 특집으로 〈교과경영의 새로운 방향〉을 기획하여, 서울대학교 사범대학 교수 이영덕의 「교과 경영의 새 방향」, 청주교육대학 교수 임창순의 「국어과 경영의 새로운 방향」, 인천 교육대학 교수 황선형의

「산수과 경영의 방향」, 전주교육대학 교수 최근무의 「사회과 경영의 새 방향」, 대구교육대학부속국민학교 교감 김일회의 「자연과 경영의 새 방향」, 전남 광주 음악대학 교수 신동민의 「음악과 경영의 새 방향」, 진주 교육대학 조교수 성환상의 「실과 경영의 새 방향」 등의 논고를 실었다. 또한 특집 II 로 〈교과경영의 실제〉를 기획하여 「국어과의 독해지도」, 「산수과 현대화 입장에서 본 집합지도」, 「사회과 경영의 실제」, 「자연과 경영의 실제」, 「체육과 경영의 실제」, 「음악과 경영의 실제」, 「미술교육의 방향과 실제」, 「실과 경영의 실제」, 「반공도덕교육의 계획과 실제」, 「특별활동지도의 실제」 등 실제 일선 교사들의 논고도 싣고 있다. 이외에 〈학교소개〉, 일선교사들에게 교과경영상의 여러 사항들에 대해 조사한 〈교과경영 앙케이트〉, 교사들의 교육현장 감상이나 수필, 시 등을 을 담은 〈교육수상〉, 〈교육문원〉, 〈사교실〉 코너가 있어서 다양한 글들이 실렸다.

특집을 중심에 놓고 논고를 싣고, 다른 코너들에 좀 더 자유로운 형태의 글을 싣는 이와 같은 잡지 구성은 이후에도 지속되었다. 1967년 5월에 발행된 2호를 보면 국정교과서 검토를 특집 주제로 잡고 있는데 서두에 기조 논문의 역할을 하는 주론 「국정교과서의 시비」와 좌담회 「국정교과서의 문제점과 그 해결」을 싣고 〈교육과정에서 본 국정교과서〉, 〈실제 지도 면에서 본 국정교과서〉라는 두 범주로 나누어 논고를 실었다. 기조 논문이나 좌담회 등 변화를 꾀하는 가운데 창간호와 동일하게 특집을 중심이 놓는 동일한 구성을 보이고 있다. 3호의 특집은 초등교육의 갈 길로 이를 세 가지 틀로 나누어 다루고 있는데 〈내가 받은 초등교육의 회고〉, 〈교육운영면〉, 〈교육과정〉이 그것이다. 이후에도 『초등교육』은 동일한 구성으로 간행되었다.

『초등교육』은 애초에 반년간으로 기획되었으나 실제로는 부정기적으로 간행되었는데 이러한 사정이 편집후기에 드러나 있다. 3호 편집후기에는 "벌써 엮어져야 했을 3호가 늦어져서 편집부에서 우선 심심한 사과 말씀을 올립니다. 구구하게 변명할 것은 없겠으나 출판사 사정이 여의치 못했음을 밝히지 않을 수 없습니다.", 5호에는 "벌써 나왔어야 할 것이 진통을 겪다보니 이렇게 늦어졌다.", 6호에는 "일찍 서둔 보람 없이 또 방학 중에야 6호를 내놓게 되었다. 날짜를 지켜 원고를 보내주신 여러 부국 선배 앞에 죄송스러움을 금할 길 없다."와 같은 사정들이 실려 있다.

국회도서관에 1~6호, 9호가 소장되어 있으며 이를 DB화하였다. (임경순)

참고문헌

『초등교육』, 1~6호, 9호.

가

나

다

라

마

바

사

아

자

차

카

타

파

하

축산
(畜産, LIVESTOCK FARMING)

1966년 4월에 창간된 사단법인 한국홀스타인등록협회에서 발행한 기관지이다. 발행인 육종용, 편집인 이영환이며 계간으로 발행되었다. 발행소는 한국홀스타인등록협회, 서울 특별시 서대문구 정동 8번지이며, 인쇄소는 홍원상사주식회사이다. 1967년에 『축산과 낙 농』으로 개제하였다.

『축산』은 한국홀스타인등록협회의 기관지로 축 산 관련 전문지이다. 한국홀스타인등록협회는 1966년 1월에 설립된 단체이다. 홀스타인협회 에 이어 4월에는 한국종돈등록협회가, 8월에는 한국종토등록협회가 설립되었다. 이 세 단체가 1969년 5월에 설립된 한국종축개량협회로 모두 통합되었다. 『축산』의 발행인 육종용은 초기의 한국 축산학의 학문적 발전에 큰 공헌을 한 인 물로 한국홀스타인등록협회는 물론 한국종축개 량협회의 창립에도 주도적 역할을 하였다. 그러

한 만큼 『축산』은 축산 전문지로서의 성격을 강하게 띠고 있다. 창간호에 실린 육종용의 「창간사」를 보면 축산업의 미래에 대한 확신이 녹아 있다.

"이번에 농림당국의 계획에 따라 본 등록협회가 국내 유일의 축산지를 본 협 회의 기관지 겸 하여 축산계의 대망 속에 강호에 첫 선을 보이게 된 것을 여러 분들과 함께 기뻐하여 마지않은 바입니다. (중략) 우리의 축산은 전통적인 영세 주곡농업과 채식위주의 식생활의 관습 및 경제적 빈곤으로 인하여 특기할 만한 발달을 못 보고 있으나 농업구조개선에의 의욕, 공업부문의 급속한 발전에 의 한 농촌인구의 흡수에 따른 농촌인구의 축소 여성교육의 보급에 의한 식생활의 합리화 및 국민소득수준 양상제고에 의한 구매력의 증대 등은 필연적으로 유육 乳肉, 란卵의 공급증가를 촉구하게 될 것임에 비추어 장래에 크게 희망을 걸 수

있는 부문으로 자긍하여도 좋을 것이며 (중략) 비록 현재는 축산업이 곡류 위주의 농업과 채식 위주의 식생활, 빈곤으로 인해 영세한 수준에 머물고 있지만 머지않아 크게 발전할 분야임을 확신하면서 "본 등록협회와 회원 간에 관련된 제반문제를 다루는 동시에 축산 전반에 대한 정부시책의 주지, 축산자료, 새로운 기술, 시사문제 및 축산경제활동 등"을 싣겠다는 계획을 밝히고 있다. 이 계획대로 『축산』은 축산과 관련된 전문적인 논고들을 빼곡하게 싣는 단순한 구성으로 편집되어 있다. 창간호를 보면「앙고라 토끼 사육의 경제성과 관리의 요결」,「아메리칸 랜드레이스란 어떠한 돼지인가」,「한우의 비육」등 20편이 넘는 논고가 실려 있다. 그중에는「한국 홀스타인 등록협회발족과 기 과정」도 실려 있어 홀스타인등록협회 설립의 전후과정을 살펴볼 수 있다. 1966년 11월 겨울호까지 4권을 내고『축산과 낙농』으로 개제하였다.

국회도서관에 1966년에 발간된 4권이 소장되어 있으며 이를 DB화하였다. (임경순)

참고문헌

『축산』, 1966년 봄, 여름, 가을, 겨울호: 한국학중앙연구원, 『한국민족문화대백과』; 한국종축개량협회(http://www.aiak.or.kr).

축산과 낙농

(畜産과 酪農, LIVESTOCK & DAIRY FARMING)

1966년 4월에 창간된 사단법인 한국홀스타인등록협회에서 발행한 기관지 『축산』이 1967년에 『축산과 낙농』으로 개제하였다. 발행인 육종용, 편집인 이영환이며 계간으로 발행되었다. 발행소는 한국홀스타인등록협회, 서울특별시 서대문구 정동 8번지이며, 인쇄처는 동아출판사이다. 서점에서는 판매하지 않았다.

『축산과 낙농』은 한국홀스타인등록협회의 기관지로 1966년 4월에 창간된 『축산』이 개제된 것이다. 『축산』이 축산 전문지로서의 성격을 강하게 띠었던 만큼 『축산과 낙농』 역시 관련 논고를 싣는 단순한 구성을 유지하고 있다.

『축산과 낙농』 판권에는 "실비보급을 위하여 서점에는 일체 내지 않습니다."라는 문구가 삽입되어 있는데 이는 개제 이전 『축산』 1966년 여름 호의 「안내말씀」에서 그 상황을 짐작해볼 수 있다. 「안내말씀」에는 "본 축산지 발간에는 약간의 국비보조가 있어오나 도저히 그것만으로서는 발간비 충당이 불가능하므로 부득이 일부 당 50원씩 실비를 받고 있습니다. 이 점 하량하시와 찬조하시는 뜻에서 조속한 시일 내(9월 24일까지)에 본 축산지 편집실까지 필착되도록 선처하여주시오면 감사하겠습니다."라는 내용이 들어 있어 전문지 발간의 어려움을 짐작할 수 있다.

국회도서관에 1967년, 1968년에 발간된 4권이 소장되어 있으며 이를 DB화하였다. (임경순)

참고문헌

『축산과 낙농』, 1967년, 1968년.

출판문화
(出版文化)

1965년 1월 대한출판문화협회에서 창간한 출판전문잡지. 대한출판문화협회의 전신 조선출판문화협회 시절인 1948년에 이미 4·6배판 8면 분량의 『출판문화』가 기관지로 창간되었고 1952년 속간된 것으로 전해지나, 현행 발간되고 있는 대한출판문화협회 발행 『출판문화』의 창간호는 1965년 1월호이다. 발행·편집·인쇄인은 이병준李炳俊이었다. 4·6배판 50쪽 내외 분량의 월간지로 2013년 10월 현재 통권 575호까지 발행되었다.

대한출판문화협회는 출판의 자유를 확보하고 출판사업의 건전한 발전과 출판문화의 사명을 달성하기 위해 조직된 사단법인체이다. 1947년 3월 15일 '조선출판문화협회'라는 이름으로 창립되었으며, 1948년 2월에 기관지 『출판문화』를 창간한 것으로 전해진다. 그러나 한국전쟁으로 협회의 기능이 일시 마비되었으며 『출판문화』도 제대로 발행되지 못했던 듯하다. 1950년 10월 '대한출판문화협회'라는 이름으로 재설립하였고 1952년 3월 사단법인으로 인가를 받았다. 그해 6월부터 『출판문화』를 속간하게 되었으나 이 당시 『출판문화』의 발행상황은 정확히 파악하기가 어렵다. 대한출판문화협회는 출판업계의 이해를 대변하면서 출판문화를 선도하기 위해 여러 가지 다양한 활동을 해왔다. 1957년에는 국제출판협회에 가입하였고, 1965년 10월에는 출판윤리강령을 제정 선포하였으며, 1969년 3월에는 한국간행물윤리위원회를 구성하였다. 1980년 3월에는 한국어린이도서상을 제정하고, 1981년 6월에는 편집인대학을 개설하였다. 1986년 7월 한국출판연구소를 설립하였으며, 1987년 10월 11일 '책의 날'을 제정하였고, 1989년에는 출판대학을 개설하였다. 1995년에는 광복50주년 기념 서울국제도서전을 개최하였으며, 2000년에는 아시아태평양출판협회 회장 선임으로

회장국이 되고 2001년에는 국제출판협회 상임 이사국으로 진출하는 등 국제적인 활동도 활발히 전개하고 있다.

1948년 2월에 『출판문화』가 발행되기 시작했고 1952년 6월 속간되기는 하였으나, 어떤 이유에서인지 『출판문화』는 제자리를 잡지 못했던 것으로 보인다. 1965년 2월 11일자 『동아일보』에 실린 「『출판문화』 발간」이라는 기사에는 "대한출판문화협회는 월간 『출판문화』를 창간 발행한다."며 『출판문화』의 창간 소식을 전하고 있다. 그간 발행된 『출판문화』의 통권 발행호수를 확인해보면 1965년 1월호를 창간호로 삼고 있음을 알 수 있다. 이 잡지의 표지에는 표제 옆에 "책의 해설, 책의 연구, 책의 자료"라고 써놓아 잡지의 성격을 명확히 드러내고 있다. 이 잡지는 출판계 이슈 및 해외 출판정보, 출판 관련 단체 소식 등을 소개함으로써 출판인을 비롯한 출판 관련인, 도서관, 서점인들에게 유익한 정보를 제공하는 것을 목표로 삼고 있다.

『출판문화』는 대한출판문화협회의 기관지였기 때문에 출판업계의 진흥·발전을 목표로 일하는 협회의 방향성과 잡지의 성격이 맞물려 있다. 출판산업의 침체를 탈피하고 출판문화를 육성하기 위해 논단, 좌담회, 서평, 서점순례, 나의 독서편력, 저자프로필, 학교독서지도, 해외출판계, 앞으로 나올 책, 신간서적안내, 신간분류목록 등 다양한 코너를 두고 있다.

1965년 6·7월 합병호에 수록된 좌담회 「빈사상태에 처한 출판」에서는 출판사 스스로 전문성을 강화해야 한다는 자성의 목소리도 있었지만, 출판인에 대한 사회적 보호육성 정책 미비의 사례로 용지와 금융융자 문제를 참석자들이 중요하게 지적하고 있었다. 대한출판문화협회에서는 1966년 용지문제로 외국산 용지 면세 내지 감세 수입을 당국에 진정하였고, 1971년 용지 국산화를 위해 상공부장관에게 건의서를 냈다. 1969년에는 출판금고를 사단법인체로 조직하여 출판소매상의 판매대금 미지불 문제 해결을 위해 기금 지원에 활용하기도 하였다. 1965년 6·7월 합병호에는 '한국잡지 윤리위원회 발족' 소식과 '출판윤리강령 초안'이 수록되어 있기도 하다. 그해 9월호에는 출판윤리강령 확정안을 수록하였고, 10월에 이 확정안대로 공포되었다. 그 외에도 이 잡지는 해외출판계 동향이나 도서전시회 개최 후기, 출판현황 통계, 도서 분류에 관한 정보, 출판의 역사 등을 다루어 출판업계에 의미 있는 정보와 자료를 제공하는 역할을 하였다.

국립중앙도서관 등에 소장된 1965년 6·7월호~12월호, 1966년 1월호~12월호, 1967년 2월·6월·7월~12월호, 1973년 1월~12월호, 1974년 1월~12월호, 1975년 1월~6월호를 DB화하였다. (이상록)

참고문헌

『대한출판문화협회 25년사』, 대한출판문화협회, 1972; 『대한출판문화협회 50년사 1947-1997』, 대한출판문화협회, 1998.

치부정보
(致富信息)

1984년 중국 연길에서 창간된 농업잡지이다. 연변조선족자치주 농업과학연구소와 연변지구 농업과학기술정보중심소에서 매월 1일과 15일 발행한 반월간지이며, 편집출판은 연변농업과학기술 편집부에서 편집 발행하였다. 정가는 25전이다.

잡지 표지에 "과학치부의 고문, 기술자학의 스승"이란 표어가 상징하듯 농업기술을 통한 치부정보를 제공하는 것이 이 잡지의 발행취지이며, 중국어 제호는 『致富信息』이다.

내용은 정책고문 및 평론, 치부 안내 및 경험교훈, 전문호 원지, 종식업 및 가공업, 양식업 및 실용기술, 정보교류 및 국내외 정보 등의 난으로 구성되어 있다.

1987년 제1기의 내용은 정책고문과 평론, 치부 안내 및 경험 교류, 중식업 및 가공업, 양식업 및 실용기술, 정보 교류 및 국내외 정보, 자문 광고 안내 소식의 난이 있어 다양한 방면에서 치부를 하기 위한 방법과 경험들을 제공하고 있다. 농업기술에 대한 정보로 「강냉이 다수확은 비료와 투지에 달렸다」, 「소개구리 양식업 전망에 관하여」, 「새로운 돈사 시설」, 「너구리 인공양식기술」, 「고기 비둘기의 발전전망」 등의 기사를 소개하면서 한편으로는 농업만으로는 치부하기 힘드니 공업형 가정공장으로 치부한 경험들을 소개하였다.

1987년 제2기는 연변농업과학기술 특간으로 발행되었는데, 표지에는 '과학치부의 고문, 기술자학의 스승'이라는 표어가 있다.

주요기사를 보면 「농촌에서 발전시킬 수 있는 식료품 공업」, 「콩 안전 저장방법」, 「감자저장」, 「돼지사료를 어떻게 먹일 것인가」, 「콩은 5년 동안 공급이 긴장할 것이다.」, 「화학비료 보관방법」 등 농업에 필요한 다양한 정보를 제공하고 있다.

연변대학교 도서관에 소장되어있으며, 1987년 1기와 2기를 DB화하였다. (김성남)

참고문헌

『치부정보』 창간호.

현대언론매체사전

1950~1969

카

캐나다 과기협
(AKCSE newsletter)

AKCSE는 "재캐나다 과학기술자협회(나중에 재캐나다한인과학기술자협회로 명칭을 변경)", 즉 The Association of Korean-Canadian Scientists and Engineers의 줄임말이다. 『캐나다 과기협(회보)』은 바로 재캐나다 한국과학기술자협회가 발행하는 소식지이다. 사무소는 캐나다 온타리오주 North York에 위치하고 있다. 홈페이지는 http://www.akcse.org/이다.

재캐나다 과학기술자협회는 1986년 창립되어 캐나다동포사회에 과학의식을 고취시키고 2세들의 이공계분야의 진출을 돕는 동시에, 모국과 캐나다 사이의 연구협력의 가교역할을 수행할 목적으로 설립된 비영리단체이다. 매년 8월 첫째 주에 '캐나다-한국 학회'Canada Korea Conference를 개최하며 한국과 캐나다의 과학자, 기술자, 그리고 각 학교지부 대표 등 300여 명이 3일간 5~6개의 학술회의(academy session), 5~6개의 특별회의(special session, 후속세대와 여성 부문을 포함해서)를 통해 논문을 발표하고 교류를 하고 있다. 또한 매년 이공계대학 및 대학원생을 선발하여 한국에 파견하는 '신진연구자포럼'(YG-Forum) 사업, 매년 가을 장학생선발 및 장학금수여, 한국정부의 브레인풀Brain Pool사업의 캐나다 측 창구임무 수행, 호암상 등 각종 포상대상자 추천, 한국정부의 과학기술 관련 국제프로젝트의 캐나다 측 신청자의 1차 심사업무 수행, 매년 협회의 본부가 수행하는 교민을 대상으로 한 과학기술세미나 개최 등 다양한 활동을 하고 있다.

초창기에는 프린트된 『카나다 과기협 회보』를 제대로 제본도 하지 못한 상태에서 발행하기도 했다. 그러다가 캐나다에서 공부하고 연구하는 공학도들이 늘어나면서 협회의 소식지도 본격적으로 발행된 것으로 보인다. 재캐나다 과학기술자협회 창립 10년이 되던 1996년에도 회보의 면수가 60쪽 정도였으나, 2012~13년 연례보고서의 경우 200쪽을 상회하고 있을 뿐만 아니라 깨끗하고 아름답게 편집해서 PDF 파일로도 제공되고 있다.

1997년 6월에 나온 13권 제1호를 보면, 〈한·캐 바이오심포지엄〉이라는 주제로 발간하고 있다. 주제에 맞추어 「복제 양, 복제 원숭이, 복제인간」에 대한 간단한 소개와 아울러 「복제 양, 돌리」의 과학적 의미와 윤리적으로 주의해야 할 문제들에 대해 논하는 글을 게재하고 있다. 소식지 앞부분에는 재캐나다 한국과학기술자협회 회장 정영섭의 인사말을 필두로, 한국의 과학기술처 장관 권숙일의 치사 「재캐나다 한국과학기술인들에게 거는 기대」 등이 게재되어 있다. 그리고 캐나다 각 지역 한인과학기술자들의 동정을 알리는 본부소식과 지부소식을 싣고 있다. 또한 과학기술자들의 소식지답게 후반부의 많은 부분을 할애해서 〈논문초록〉을 소개하고 있다.

이와 같은 『카나다 과기협 회보』는 캐나다의 한인 과학기술자들이 서로 소식을 주고받으면서 학문적 교류를 하고 국내의 장학사업을 통해 캐나다 한인과학기술자들의 육성에 이바지하고 국내 과학기술 발전에도 이바지하는 경로로서의 역할을 충실히 하고 있다.

재외동포재단 자료실에 『캐나다 과기협』 일부가 소장되어 있다. 그리고 지면으로 소식지를 내던 것은 이전에 끝났고, 현재는 재캐나다 한국과학기술자협회가 홈페이지에서 PDF 파일로 웹서비스 하고 있다. (임성윤)

참고문헌

『캐나다 과기협』

캐나다문학

캐나다한국문인협회의 시분과회가 1977년 5월 15일 첫 합작 시집『새울』을 발간했다. 사진식자는 캐너더뉴스사, 인쇄는 킴스프린팅이 담당했다. 가격은 5.00달러였다. 제2합작집『이민문학』은 1979년 7월 15일에 발행되었다. 발행인은 캐나다한국문인협회이고, 주소는 1987A Danforth Ave #2, Toronto, Ontario, Canada이다. 그리고 사진식자는 캐너더뉴스사, 인쇄는 케네디언 프린팅에서 담당했다. 10달러에 발행되었다.

1970년대 초까지는 이질적인 문화권 속에서 정착하기에 바쁘다보니 정신적 여유를 갖지 못하여 캐나다에서 한인 이민자들에 의한 문학 활동은 거의 이루어지지 않았다. 그러다 새로운 환경에 적응하고, 생활에 안정을 갖게 된 1970년대 중반부터 교포주간지 등을 통한 개별적인 작품 활동이 시작되었다. '캐나다한국문인협회'(Korean Canadian Writers' Association)는 1977년 1월 15일에 창립되었다. 권순창, 김영배, 김인, 김창길, 문인귀, 설종성, 이석현, 장석환 등이 참여했고, 회장은 이석현, 부회장은 김영매, 사무장은 설종성, 재무는 장석환이 맡았다. 1977년에『새울』이라는 이름으로 문학지가 창간되었고, 첫 합작집『새울』이후 2년 만에 제2집『이민문학』이 나왔는데, 참여자가 8명에서 25명으로 급격히 늘어났다. 그 사이에 캐나다한국문인협회는 신춘문예, 월례교양문화강좌, 백일장 등의 행사를 개최했다. 그리고 회원들의 시에 교민음악가들이 곡을 지어 교민성악가·합창단이 공연하는 시곡발표회를 개최하기도 했다. 이후『이민문학』(1979),『이민도시』(1980),『이민문학』(1982, 1989, 1992.),『이민문학 – 옮겨 심은 나무들』(1995),『캐나다문학』(2000) 등을 통해 꾸준하게 명맥을 유지하고 있다. 2013년에『캐나다문학』(Korean Canadian Literature) 제16호가 발행되었다. 그런데 1977년에 창간된『캐나다문학』이 2013년에 16호를 발행했다는 것은 2~3년에 한 권씩 문학지가 나온 셈이다. 이는 생활이 안정되면서 『캐나다문학』이라는 문학잡지가 나왔지만, 여전히 캐나다 한인들의 삶이 여전히 녹녹하지 않기 때문에 부정기적으로 발행되었을 것으로 추정된다.

『캐나다문학』의 창간호인『새울』은 다음과 같은 머리말로 시작된다: "참되고 아름다운 것을 추구함은 인류의 오랜 숙원이다. 그 갈증을 채워주는 것이 예술이요, 그 꿈을 구현시켜 주는 것이 문학이다. / 이민생활의 여러 어려운 여건 속에서도 지워버릴 수 없는 예술에의 열망과 우리다운 것 – 한국 고유의 미에의 부절한 의욕이 모여 〈캐너더 한국문인협회〉를 탄생시켰다. 이제 그 첫 열매를 합동시집(제1집)을 엮어내게 되었음은 다만 우리만의 보람으로 그치는 것은 아니리라. / 우리는 나아갈 것이다. 세계 각국의 온갖 민족이 모여와 서로 이질적인 다양문화를 구가하는 이 사회에서 비록 작더라도 알차고 정지 없는 걸음으로 그들 여러 문화와 어깨를 나란히, 때로는 앞지르면서 부단히 전진할 것이다. 또 하나의 이색적인 한국문학의 이정표가 되기를 다짐하면서 …."

그리고 제호『새울』의 뜻은 "새로운 울타리", "새로운 고을(마을)", "새로운 우리들", "새 서울" 등등 여러 풀이가 가능하나, 편집인들은 "새로운 천지", "새 살림터"라는 제호를 정했노라고 창간호 편집후기에서 밝히고 있다. 이는 한국을 떠나 캐나다에 이주한 한인들에게 캐나다야 말로 바로 "새로운 천지"이자 "새 살림터"이기 때문에 정해진 이름일 것이다.

1997년 7월『캐나다문학』 창간 20주년 기념 특집호(제8집)를 내면서 머리말에서 캐나다한국문인협회 회장 박정애는『캐나다문학』의 의미에 대해 보다 명료하게 정리해주고 있다: "이민문학은 삶의 고백입니다. 새로운 땅에 옮겨와 문학의 작은 씨앗을 뿌리고 있는 우리는, 역경을 이겨내기 위한 자신과의 싸움, 그리고 끊임없이 끌어안고 내 것으로 만들어야 하는 존재 확인의 작업에 다름 아닙니다. / 그래서 쓰지 않으면 견딜 수 없는 애정으로 누구를 위해서가 아니라 자신의 마음을 향해 항상 정리하고 사색하는 과정 바로 그것입니다. / (중략) 그동안 메마른 교민 서정에 한 가닥 싱그러운 빛과 향기를 더하기 위하여 작은 수고나마 마다하지 않았다고 다짐합니다. / (중략) 우린 좀 더 아름다운 노래를 부르기 위하여 노력할 것입니다. 아울러 우리의 이러한 노력이 또한 고국문학에 일조라도 되었으면 하는 마음 간절합니다. (중략)"

『캐나다문학』에 실린 작품들은 전반적으로 떠나온 고국과 고향에 대한 그리움을 형상화하고 있는 작품과 정착을 위한 모색 과정 및 그 가운데 발생하는 '일시적 체류자' 의식을 드러내는 작품, 적응하기와 더불어 살기를 지향하는 작품 등 다양한 특성을 보여주고 있다. 이민 초기에는 이방인으로서 단순히 초보 이민자의 설움과 두고 온 고향에 대한 향수를 노래하고 있지만, 정착 기간이 길어지면서 점차 그 사회의 정치·사회적 문제와 자기 주변의 생활의 문제로 그 테마가 전이되고 있다. 하지만 이런 차이점과 변화에도 불구하고,『캐나다문학』을 일관하는 주제는 '한국인으로서의 정체성 추구'라고 할 수 있다. 이렇게『캐나다문학』은 호를 거듭하면서 꾸준히 발전하며 이제는 어엿한 문학잡지로 성장했다.

『캐나다문학』중 최근호는 일부 국내에서 판매가 되기도 했고, 일부가 재외동포재단 자료실에 소장되어 있다. 그리고 캐나다 토론토대학에 일부 결호가 있는 상태로 소장되어 있다. (임성윤)

참고문헌

『캐나다문학』; 이영미, 「미주 지역 한인문학의 동향: 캐나다, 아르헨티나의 소설을 중심으로」, 『국제어문학회 학술대회 자료집』, 10호, 2008; 김정훈, 「캐나다 한인 시문학 연구: "캐나다문학"을 중심으로」, 『우리어문연구』34집, 2009.

코리아평론

(コリア評論)

1957년 9월 15일에 도쿄에서 창간된 일본어 월간지이다. 한반도 정세를 중심적으로 다룬 시사잡지이며 조선중립화운동위원회 기관지로 창간되었다가 1963년 이후 민족문제연구소 기관지로 간행되었다. 편집 겸 발행자는 김삼규金三奎였으며 코리아평론사(コリア評論社)에서 발행되었다. 김삼규의 사망으로 1989년 6월에 324호를 마지막으로 종간되었다.

『동아일보』 주필로 있다가 일본 도쿄로 망명한 뒤 조선중립화운동위원회 위원장으로 활동하던 김삼규金三奎를 중심으로 조선중립화운동위원회 기관지로 1957년 9월 15일에 창간되었다.

한반도를 중심으로 한 국제정세에 대한 소개와 분석이 기사의 중심을 이루며 남북한 양측에 대해 비판적인 자세를 견지하면서 중립화 통일을 주장했다. 「창간사」에서 좌우나 남북을 떠나 공정성과 자주성을 지닌 언론의 필요성을 주장하며 하루빨리 통일을 이룩하기 위한 공정한 언론기관으로 스스로의 역할을 규정했다. 또한 1963년에 복간되었을 때는 「복간사」를 통해 "넓은 시야와 창조적 의욕을 가지고 경제건설과 통일문제를 추구"할 생각임을 밝혀 통일문제뿐만 아니라 경제개발에 대한 관심을 부각시켰다.

4·19혁명으로 이승만 정권이 무너지자 일시 귀국한 김삼규는 국내에서 중립화운동을 전개하기로 해서 1960년 6월에 발행된 34호에 귀국보고를 겸한 「종간사」를 싣기도 했지만 결국 한국정부가 여권 교부를 거부한 결과 귀국이 불가능해져 그해 12월에 35호가 속간되었다. 또 1961년 5월에 한국에서 군사쿠데타가 발생하자 41호에서 〈군사혁명특집〉을 꾸며 이를 지지하는 입장을 보였으며 이어 42호에서는 박정희의 「지도자도」와 국가재건최고회의 법령 등을 자료

로 소개하면서 무기휴간을 선언했다. 1963년 5월에 『코리아평론』은 민족문제연구소의 기관지로 복간되었다. 이 과정에서는 다마키 모토이玉城素가 중요한 역할을 했는데 '민족문제연구소 설립취지서'도 다마키가 썼으며 80년대 들어서 사이가 틀어지기 전까지 다마키는 주요 필자 중의 한 명이었다. 1989년 4월에 김삼규가 사망하자 그해 6월에 324호를 마지막으로 종간되었다.

본 연구팀에서 입수한 원본 1~324호를 DB화했다. (후지이 다케시)

참고문헌

『コリア評論』, コリア評論社, 1957~1989; 『言論人 金三奎』, 『言論人 金三奎』 刊行委員會, 1989.

코리안위클리

(The Korean Weekly)

영국 최초의 한인신문으로 알려져 있는 『코리안위클리』는 영국의 대표적인 한인신문을 자처하고 있다. 1991년 7월 11일에 첫 호 발행 이후 매주 목요일마다 48쪽(지면 크기는 A3)으로 발행하고 있다. 신문의 홈페이지는 http://koweekly.co.uk/이고, 주소지는 Cavendish House, Cavendish Avenue, New Malden,Surrey, KT3 6QQ, UK이다.

영국 런던의 코리아타운에는 『주간정보』, 『코리안위클리』, 『템즈』, 『유로타임즈』, 『한인헤럴드』, 『유럽한인신문고』 등 7개의 한인언론매체가 발행되고 있다. 그러나 한인언론은 언론기능보다는 소식지의 성격과 함께 오히려 편파적이고 한쪽의 입장만을 대변하는 분열의 요소로 작용하고 있다는 의견도 있다(『템즈』 2009. 5. 31.) 그 이유는 한인업체의 광고에 의존하는 매체들이 한인들의 소식보다는 상업적인 목적과 한국 내 언론 기사의 무편집 게재, 그리고 인신공격적인 성격을 가지고 운영되는 측면이 있기 때문으로 알려져 있다.

위에 언급된 런던의 동포언론들은 모두 코리아타운에 위치하고 있는데, 『코리안위클리』도 뉴몰든(New Malden)에 소재하고 있다. 『코리안위클리』는 영국을 비롯한 유럽에 거주하는 한인들을 대상으로 발행되며, 신문 발행 당시 한국 내의 주요 소식과 한인이 영국에 거주하는데 필요한 유익한 정보를 제공하고 있다. 발행된 신문의 약 1/4은 영국의 각 지방과 유럽 등지에 정기 구독자를 위해 우편발송으로 보급되며 나머지는 수요일과 목요일 새벽 사이에 런던과 많은 한인들이 거주하는 뉴몰든 지역의 수퍼마켓, 식당, 여행사 등 주요 한인업소에서 무료로 배포되고 있다.

　2004년 7월 29일자(668호)를 살펴보면, 1면에는「영국 과학논문 세계 최고수준: 미·영 1, 2위 차지, 한국 20위로 '바닥권'」,「영 과기예산 매년 £10억씩 늘려」등이 주요기사로 올라 있다. 이것은 바로 한인 유학생들을 주요 독차층으로 하고 있다는 증거라 할 수 있다. 그리고 일부는 국내에서 영국 유학을 준비하는 학생들을 염두에 둔 것이기도 할 것이다. 다음 기사들로는「탈북자 200여 명 첫 집단 입국」,「네스호 물 파는 스코틀랜드판 봉이 김선달」,「이탈리아·호주 피바다로 만들겠다: 이라크 테러단체 파병국 본토 공격 협박」,「미 대선 '100일 열전' 스타트」등 한국과 영국의 뉴스와 세계의 주요 뉴스들이 망라되어 있다. 그리고 재영 칼럼니스트의「사형제 폐지는 시기상조」와 같은 묵직한 칼럼들도 게재되고 있다. 그리고 일부는 국내신문을 전재해서 게재하고 있다. 이는 신문사의 재정과 인력문제 때문에 불가피한 일일 것이다. 그렇지만 해외 한인이 발행하는 잡지치고는 아주 다양한 내용으로 채워져 있다.

　광고는 영국에 주재하는 국내 대기업들의 광고뿐만 아니라 재영한인들의 작은 업소들, 개인들이 운영하는 민박 같은 숙박업소 그리고 각종의 과외 광고가 지면 곳곳에 게재되어 있다. 그리고 이러한 광고들이『코리안위클리』의 주수입원으로 파악된다. 그래서 그런지 기사에 비해 광고가 과다하게 많다 할 정도로 광고들이 게재되어 있다.

　그렇지만 2008년 8월 16일에 발행된『코리안위클리』의 한 기사를 보면 어려운 가운데에서도 재영한인의 대표신문이자 자주적인 한인언론으로서 서고자 하는『코리안위클리』의 노력을 느낄 수 있고,『코리안위클리』를 통해 재영한인 사회의 변화를 읽을 수 있다. 그 기사의 일부를 전재해 본다: "전과 달리 1990년대 말 아시아 외환위기를 겪고, 교민사회에 새로운 한인들이 법적 지위를 얻어 장기거주자인 교민 수가 증가하였고, 이는 2000년대에 들어 새로운 한인회가 건설되고 활성화되고, 한인회에서는 보기 드물게 회장 직선제가 시행된다. 전에는 원로나 이사들에 의한 추대 형식이었던 한인회장 선출이 2002년 이후 직선제 및 공탁금제로 변모하기 시작했다. 2003년부터 1년간 임기를 맡을 첫 직접투표인 2002년 회장 선거에서는 3인의 후보자가 출마했다. 이후 2003년 선거부터는 직접선거의 범위를 확대하여 선거인단을 구성하여 선출하였고, 임기도 2년으로 확대했다. 그런데 2008년 회장선거가 표류하고 영국법정으로 이어져 분열과 다툼이 증폭되었다. 그 결과 한인회장 사상 첫 재선거를 영국법원의 결정에 따라 2008년 5월 31일 이전에 치러야 하는 결과가 나오기도 했다."

이러한 기사 이외에도 『코리안위클리』는 영국의 한인유학생들, 그리고 영국 유학을 준비하는 국내의 학생들에게 특히 소중한 정보를 제공해준다. 심지어 지면 곳곳에 게재되어 있는 생활광고들도 유학생들에게 많은 도움이 될 것이다. 그리고 영국에 거주하고 있지만 아직 영어가 미숙한 많은 일반 한인들에게도 세계 동향과 국내의 사정을 아는 데 필요한 많은 정보를 제공해주고 있다. 그리고 국내의 한국인들이 영국에 갈 때 읽으면 현지 적응에 도움이 될 만한 기사들이 많이 있어, 영국에 가면 가장 먼저 찾아서 읽을 만한 신문이라 할 수 있다.

『코리안위클리』 일부가 재외동포재단에 소장되어 있고, 이를 DB화했다. (임성윤)

참고문헌

『코리안위클리』; 이진영, 「런던의 코리아타운: 형성, 구조, 문화」, 『在外韓人硏究』, 27권, 2012.

코메트
(THE COMET)

1954년 공군본부 정훈감실에서 창간 발행하였다. 1956년 제22호의 발행 겸 편집인은 공군대령 이종승李鍾勝이고 인쇄인은 공군중령 최지수崔枝洙이다. 1957년 제26호부터 인쇄인은 공군중령 이계환李繼煥이다. 인쇄처는 공군본부 고급부관실인쇄소이다.

이 잡지는 공군본부 정훈감실에서 공군 장병의 교양을 높이기 위해 발행한 월간지이다.

잡지의 구성을 보면 〈화보〉, 〈권두언〉, 〈시원詩苑〉, 〈수필〉, 〈교양〉 등을 고정란으로 두고 있고, 그 중간 중간에 다양한 주제의 글과 소설, 항공실화, 명작해설, 영화소개 등을 싣고 있다. 〈교양〉란에는 현대시, 문학, 음악, 미술, 철학, 종교 등 각 분야에 관한 글을 게재하였다. 또한 〈금언·격언·명언〉과 〈가위와 풀〉 코너를 잡지의 이곳저곳에 배치하여 독자가 지루하지 않도록 배려하였다.

각 호에 실린 주요한 글들을 보면 다음과 같다.

1956년 제22호에는 「소련의 평화공세 이면」(김광섭金光涉), 「예산과 국민경제」(이해동李海東), 「방사능과 기상氣象」(정성호鄭成鎬), 「군인을 위한 윤리」(김기석金基錫), 「최후의 무기 원자력비행기」(타임지) 등의 글이 실려 있다.

1957년 제25호에는 「3차대전 화약고 중동」(김광섭), 「민간항공계의 화제」(신용욱慎鏞頊), 「세계각국 공군력 현황」(편집실), 「신무기의 국제적 처리」(박재섭朴在涉) 등의 글이 실려 있다.

1957년 제26호에는 「국제연합의 과제」(윤치영尹致暎), 「국제정치와 군사력」(이상조李相助), 「3차대전과 공군력」(최의영崔毅英), 「한국의 공업화」(이중재李重宰), 「인류의 미술과 현실의 소고小考」(한순정韓舜政), 「공중위기에의 저항」(이광래李光來) 등의 글이 실려 있다.

    1957년 제27호에는 「전쟁과 평화의 거리」(김창순金昌順), 「동남아의 인상」(공진항孔鎭恒), 「공군의 신무기란?」(윤응렬尹應烈), 「6·25와 한국경제」(변희용卞熙瑢), 「한일관계의 현재와 장래」(고제경高濟經) 등의 글이 실려 있다.

    국회도서관에 소장되어 있는 1956년 제22호, 1957년 제25~제31호를 DB화하였다. (구수미)

참고문헌

『코메트』 1956년 제22호, 1957년 제25~제31호, 공군본부 정훈감실.

가

나

다

라

마

바

사

아

자

차

카

타

파

하

큰세상 아이들

『큰세상 아이들』은 라스팔마스 한국학교에서 펴내는 교지다. 1994년 창간호가 나오기 6년 전에 학교신문을 1년에 두 번 발행하다가, 재정문제와 효과를 비교해본 결과, 교지 발간이 낮다고 판단해서 교지를 발간하게 되었다고 1999년 당시 학교장 정호경은 밝히고 있다. 1994년 창간되었고, 1999년에 제2호가 나왔다. 1999년의 경우 한국학교 이사장인 강영곤, 편집은 한인회 부회장인 김동석, 편집위원은 한국학교 교사회, 인쇄는 Graficas JUMA가 담당했다. 2호는 112면으로 발행되었는데, 스페인어로 작성된 "외국인이 보는 한국인"을 제외하고는 한국어로 구성되어 있다. 『큰세상 아이들』은 처음부터 재정적인 문제를 고려해서 4년마다 운동회와 교지를 번갈아 가면서 발행하기로 한 관계로 드문드문 발행되었다. 라스팔마스 한국학교의 사이트는 http://homepy.korean.net/~laspalmas/www/이다.

1999년 현재 스페인에 사는 한인 2세들 가운데 80%쯤은 스페인 국적을 택하고 있는데 이는 스페인이 자국민 우선취업 정책을 실시하고 있기 때문이다. 그렇지만 한반도에서 지구 반대쪽으로 간 스페인의 라스팔마스 한인들도 역시 교육에 관심이 많아 한국학교를 일찍부터 육성했다. 1976년 9월 카나리아 제도(Islas Canarias)의 중심지 라스팔마스(Las Palmas de G.C.)에서 한국 총영사관에 토요학교로 등록하고 문을 연 뒤 지금까지 라스팔마스 한국학교는 현지 동포사회의 자녀들을 한국인으로서의 자부심과 긍지를 지니고 살도록 교육하고 있다. 라스팔마스 한국학교가 "한글을 위주로 가르치는 것은 한국어 그것만이 목적이 아니라, 먼저 우리말과 글을 알아야만 한국에 대한 모든 것을 이해 할 수 있고 한국의 풍습이나 전통을 익힐 수 있기 때문"(정호경 교장, 1999년)이라고 한다.

라스팔마스 한국학교는 수업료를 받는데, 한 가정에 한 명인 경우에는 2,500

페세타, 2명일 경우 3,000페세타, 3명일 경우 4,000페세타의 수업료를 낸다 (1999년 기준). 그렇게 수업료를 받아 월 500,000페세타가 수입으로 들어오지만, 월 평균 600,000페세타가 지출되면서 재정적 어려움을 겪고 있다. 교지의 발행 주기도 길고 지체되는 중요한 이유도 바로 재정문제 때문이다. 교지 발행에 드는 비용이 500,000페세타나 되기 때문이다. 그리고 수업료를 학생들이 다 내야 월 500,000페세타가 되는데 이마저도 납부하지 않는 가정들이 있고, 별다른 독지가의 기부금도 없는 상황에서 재정적 어려움을 지속적으로 겪고 있다. 그런 가운데에서도 교사와 학부모들이 소명의식을 느끼며 한국학교를 유지하고 있고, 『큰세상 아이들』을 편집해서 세상에 내놓고 있다.

1984년 10월에 한인학교로 개칭했고, 1986년 10월에 학교 운영기구로 이사회를 구성하고, 1990년 10월에 반을 10학급으로 증설했다. 1999년에는 12학급으로 늘어났고, 2004년 10월에 고등부 1학급과 외국인을 위한 한국어반을 증설했다. 2004년 현재 28회째 졸업생을 배출하고 있는 라스팔마스 한국학교는 한국어 초급 1, 2 및 중급반 포함해서 10학급, 10명의 교사진과 90여 명의 학생으로 구성되어 있다. 그리고 한국문화에 이끌려 한국어를 배우러 오는 외국인 학생들과 늘어나는 다문화 가정 자녀들로 학교색이 점차 다양해지고 있는 추세이다.

한인 부모들은 대개 자녀가 10~12학년에 이르면 영국이나 프랑스, 스페인 본토나 미국 고교로 유학을 보내고 있다. 한국 학교에는 90년대 초에는 250여 명이 등록했고, 2004년 무렵에는 150명이 등록했으나, 현재는 한인의 규모가 줄면서 학교의 인원도 많이 줄어들었다. 수업은 토요일 오전 9시부터 12시까지이며. 한국어와 한국사, 한문 등을 배운다. 그리고 교재로는 한국국정교과서를 사용하고, 한국의 교과과정을 이용하여 정식으로 교육을 실시하고 있다. 부모들이 열성적으로 자녀들을 한국학교에 보내기 때문에 아이들이 한국말도 썩 잘한다.

『큰세상 아이들』의 구성과 내용을 간단히 살펴보자. 교지 맨 앞에는 "나라사랑, 국어사랑"이라는 교훈이 교가와 더불어 나온다. 이어 한국학교 연혁이 설립 때부터 교지가 나올 때까지의 현황을 쉽게 알 수 있게 표로 구성되어 있다. 그리고 입학식과 졸업식 및 각종의 교내 행사 사진들이 8면에 걸쳐 칼라로 실려 있다. 본문은 학교장부터 주요 한인 인사들의 격려사, 교지 발간 기념 좌담회, 교지의 대종을 이루는 학생들의 작품이 실려 있는 「우리들 세계」, 라스팔마스 한국학교 졸업생들의 글이 실린 「세계 속의 나 한국인」, 그리고 학부모와 교사의 글, 그리고 스페인 사람들이 스페인어로 쓴 〈외국인이 보는 한국인〉이라는 코너 등으로 구성되어 있다.

저학년들이 상대적으로 많은 상황에서 독후감이나 감상문뿐만 아니라 그림일기 식의 작품들이 많다 보니, 글짓기 이외에도 학생들이 그린 그림들이 많이 실려 있다. 특별히 눈에 띄는 것으로는 라스팔마스 한국학교를 졸업하고 미국이나 영국 등으로 유학을 간 졸업생들이 모교를 잊지 않고 후배들에게 어떻게 공부하고 생활할 것인지에 대해 선배로서 조언을 아끼지 않은 글들이다. 그리고 교지의 성격과 발간 취지를 비롯해서 한국학교의 현황과 미래를 알 수 있게 해주는 것은 아무래도 한국학교 이사장(사회), 한국학교 자모회 회장과 부회장, 한국학교 교장, 이사, 주 라스팔마스 한국 영사, 한인회 부회장(편집)이 참여한 교지 발간 기념 좌담회이다. 여기서 그들은 1970년대 중후반부터 1999년까지 라스팔마스 한국학교가 어떤 역경을 딛고 발전해왔고 현재 상황은 어떤지 그리고 앞으로 어떻게 하는 것이 아이들을 위해서 좋을지를 함께 고민하고 논의하면서 라스팔마스 한국학교의 미래를 계획하고 있다. 그리고 이러한 소중한 좌담회를 『큰세상 아이들』은 아이들의 작품과 함께 지상중계하고 있다.

라스팔마스 한국학교의 『큰세상 아이들』을 통해서 우리는 한반도의 지구 반대쪽에서 한인들의 정체성을 잃지 않으면서 세계시민으로 거듭나고 있는 한인들과 그 자제들의 발전과정을 접할 수 있다.

『큰세상 아이들』 일부가 재외동포재단 자료실에 소장되어 있고, 이를 DB화했다. (임성윤)

참고문헌

『큰세상 아이들』 제2호; 심의섭, 「라스팔마스의 코리안 커뮤니티 형성과 특징」, 『지중해지역연구』 제7권 제2호(2005. 10.)

현대언론매체사전

1950~1969

타

탐구

중국 북경에서 1988년 창간된 정치잡지이다. 중국공산당 중앙위원회에서 발행하던 『붉은 기』를 정간하고 『구시求是』를 발행하면서 『구시』의 한글판인 『탐구』로 발행되었다. 『구시』 는 중국공산당 중앙위원회 당학교에 위탁하여 발간하였는데, 이에 따라서 『탐구』도 중공 중앙 당학교에서 발간하게 되었다. 1988년 7월 25일 제1호를 발행하였으며, 북경 민족출 판사에서 한글로 번역 출판하였다. 월간이다.

『탐구』는 중공 중앙의 이론잡지인 『구시』를 조 선족을 위하여 한글로 번역해 놓은 것으로, 그 발행 목적이나 내용은 『구시』와 비슷하였다. 『구시』는 중국공산당의 정치 선전과 학습을 위 해 중앙위원회에서 발행한 이론 잡지로 독자 대 상은 현급 이상의 간부와 선전 일군들이며 당원 과 간부, 대학 교사와 학생들이다.

『탐구』 창간호에는 「중국공산당 중앙위원회 당학교에 위탁하여 『탐구』 잡지를 발간할 데 관 한 중국공산당 중앙위원회의 결정」과 「독자들 에게」 이 잡지의 발간에 관한 편집부의 알리는 글이 있다.

이 결정문은 중앙의 몇 가지 결정 사항을 알리고 있는데, 주로 개혁 개방을 맞아 새로운 정세의 요구에 부응한 새로운 이론과 탐구를 위해 이 잡지를 발간 하게 된 점을 강조하면서 총편집과 부총편집은 중앙에서 임명한다고 하였다.

그리고 「독자들에게」 알리는 글에서 "실사구시의 사상 로선을 구현하여 리론 을 실제에 결부시키며 우리나라 사회주의 초급단계의 리론적 문제와 실천적 문 제를 참답게 연구할 것이며 특히 개혁과 개방, 건설 가운데의 실제 문제와 당 건 설 문제를 연구할 것이다. … 개방형으로 전변하며 세계에 낯을 돌리기 위해 힘 쓸 것이다. 우리는 국제의 정치, 경제, 문화의 발전추세와 여러 가지 리론 사조에 대하여 경상적으로 연구하고 평가할 것이며 사회주의 여러 나라의 개혁, 개방 경험을 연구 소개할 것이며, 자본주의 나라의 건설과 관리의 경험을 연구 소개할 것이다. 이러한 연구와 소개는 독자들의 시야를 넓히며 연구하고 귀감으로 삼으려는 데 착안점을 둘 것이다. 『탐구』 잡지는 '백화제방, 백가쟁명'의 방침을 견결히 실행하며 저자들을 널리 단결하며 청장년 저자들에게 더욱 넓은 활무대를 마련해 줄 것이다.… 사상 이론계는 단결되고 조화된 분위기를 조성하고 4개 현대화의 실형과 중화의 진흥을 위하여 일상 협력할 것을 수요한다. 『탐구』 잡지는 이를 위하여 더 많이 기여하려 한다." 라는 글을 실어 이 잡지의 발행 의미를 설명하고 있다.

내용은 개혁개방 논단, 이론사업 10년, 탐색과 쟁명의 고정 난을 통해 사회주의 경제 건설을 위한 이론과 정책을 알리는 글들과 문예 작품들도 게재하고 있다.

연변대학 도서관에 소장되어 있으며 1988년 7월호를 DB화하였다. (김성남)

참고문헌

車培根·吳泰鎬, 『中國朝鮮民族言論史』, 서울대학교출판부, 1997; 『탐구』 창간호 외.

태국한인소식
(Monthly Korean News)

태국 한인회의 회보는 『싸왓디코리아』로 발행되다가, 2004년 2월까지 『태국한인소식』 (Monthly Korean News)으로 발행되었다. 또 그 이후부터 2005년 1월까지는 『한인뉴스』로 발행되었다. 이후 한인회 회보가 2005년 2월 26일 『한인라이프』와 통합되면서 제200호 (2005년 2월)부터 제204호(2005년 5월)까지는 『한인라이프』로 명칭을 변경하는 등 회보의 제호가 수시로 변경되어 왔다. 발행인은 한인회장이 겸하고 있고, 2003년 8월호의 발행처는 재태국한인회이고, 발행인은 송기영, 편집은 김경훈, 인쇄소는 대영포장인쇄가 담당했다. 사무소 소재지는 3/1 Sukhumvit Soi 18 Klongtoey BKK 10110으로 되어 있다.

『태국한인소식』의 편집자는 편집후기에 회보 발행의 각오를 다음과 같이 밝히고 있다: "한국과는 달리 몇 개 안 되는 잡지들이 교민생활에 조금이라도 보탬이 되고자 저마다 알찬 내용을 실으려고 노력하고 있습니다. 저 또한 앞으로 그럴 것이며 다른 잡지와 선의의 경쟁이 될 수 있도록 가능하면 차별화된 내용들을 다루려고 노력하겠습니다."(『태국한인소식』, 2003. 8.)

2003년 8월의 경우, 앞 표지 뒷장부터 5쪽까지, 편집후기 다음의 57쪽부터 표지 뒷장(72쪽)까지, 그리고 본문 중간 중간에 한인업소와 국내기업 광고들로 채워져 있다. 그리고 한인회 모임 등이 골프장에서 진행되는 경우들이 많은 것으로 보인다. 이 모두 동남아시아의 다른 나라들에서처럼 태국에도 한국 기업들의 진출이 상당하고, 또 그곳에 거주하는 한인들의 경제 수준이 꽤 높기 때문일 것이다. 이러한 한인들의 모습을 『태국한인소식』 등에서 우리는 볼 수 있다.

표지와 광고에 뒤이어 6~8쪽은 한인회 소식(화보 중심), 8~16쪽은 한인회의 행사와 공지사항, 17~18쪽은 대사관 공지사항, 그리고 19쪽은 재태 한인 상인 연합회 결성에 관한 소식이 게재되어 있다. 20~23쪽에는 태국의 정치 경제 소식이 정리되어 있다. 24~25쪽은 건강상식, 26~29쪽은 생활상식, 30~49쪽은 한인학교 공지사항, 교사와 학생들의 수필, 학생들의 읽을거리 등, 50~55쪽은 생활광고와 한인업소 연락처, 57~72쪽(표지)까지는 각종의 광고들로 구성되어 있다.

『태국한인소식』에서 눈에 띄는 것은 다른 한인회보에 비해 교육에 대한 기사 비중이 유독 높다는 것이다. 태국에서도 한인들은 자제들의 교육에 많은 신경을 쓰고 있는데, 특히 태국의 한인회가 한인학교 발전에 상당한 애정을 보이며 학교운영에 적극 참여하고 있음을 『태국한인소식』은 보여주고 있다. 예를 들어 「방콕 한인학교 개교에 즈음하여」(『태국한인소식』 2001. 2. 10쪽)라는 기사가 대표적이다: "한인회는 이들 아동들에게 한국의 초등학교 정규교육의 기회를 부여하기 위하여 초등학교 과정의 교육부 설립안을 2월 정기이사회(2월 1일)에서 검토와 토의를 거쳐 선 교육 집행 그리고 후 교육부 허가 취득조건으로 승인을 얻어 3월 중 개교하기로 의결했다. 3월 중 개교하는 방콕한인학교는 잠정적으로 한인회의 이사회가 학교재단 이사회 기능을 수행하게 될 것이며 교육부의 학교 설립 인가 후는 교육부로부터 인증된 학교재단 이사회가 일체의 권리의무를 승계받을 수 있도록 정관 및 학교운영 규칙도 한인회의 이사회가 검토하여 승인했다."

그리고 2004년 3월 4일 한인회 이사회의 주요 의제 중 하나가 방콕 한인국제학교 기금모집건이었다. 여기서 한국 정부의 보조금을 받기 위해서는 이에 상응하는 기금을 현지 한인사회가 마련해야 하는데 그 목표를 달성하기 위해 한인회 임원들은 기금 모금 활동에 적극 협조하기로 결의를 모은다. 이처럼 한인회가 한인학교의 문제라면 적극적으로 참여하고 실천하고 있음을 알 수 있다. 그리고 그 소식을 『태국한인소식』은 주요 기사로 전하고 있다.

그리고 『태국한인소식』은 태국의 한인회가 태국에서 한인들이 겪는 애로사항을 해결하기 위해 얼마나 구체적으로 노력하고 실천하고 있는지를 한인들에게 전하고 있다. 가령 한인회는 태국인 법률 고문에게 회사설립, 부가가치세 VAT 등록, 노동허가(Work-Permit) 등 법률적인 부분에 관한 자문을 얻고 언어 소통문제로 억울한 일을 당하는 한인이 없도록 노력하고 있다. 그리고 『태국한인소식』은 2004년 3월호(통권 제189호, 14-15쪽)부터 한인들의 적극적인 참여를 바라는 마음에서 그리고 투명한 한인회의 운영을 지향하면서 한인회 이사회의록을 게재하고 있다.

이처럼『태국한인소식』등을 통해 우리는 태국에 진출해서 한인공동체를 이루며 미래를 열어가고 있는 한인들의 모습을 볼 수 있다.

『태국한인소식』,『한인라이프』,『한인소식』중 일부가 재외동포재단 자료실에 소장되어 있고, 이를 DB화했다. (임성윤)

참고문헌

『태국한인소식』,『한인라이프』,『한인소식』

태양신문

(太陽新聞)

태양신문사太陽新聞社에서 발행한 일간 종합신문이다. 1949년 2월 25일 창간되었다. 창간 당시 사장은 노태준盧泰俊, 발행 겸 편집인은 강인봉姜仁鳳, 편집부국장은 최진태崔軫台로 서울시 중구 을지로 5가 17번지 태양신문사 사옥에서 발간되었다. 한국전쟁으로 휴간된 후, 1951년 11월 속간되었다. 1953년 8월 당시 발행·편집 및 인쇄인은 임원규林元圭이며, 발행소는 서울시 중구 명동 2가 23 태양신문사이다. 본지는 1954년 6월 9일부로 한국일보韓國日報로 게재되었다. 1953년 8월 당시 월 정기 구독료는 150원이었는데, 1954년 6월에는 200원으로 인상되었다.

태양신문은 해방 이후 창간된 종합 일간지 중 하나로, 1949년 2월 25일 창간되었다. 당시 사장은 노태준盧泰俊, 발행 겸 편집인은 강인봉姜仁鳳, 편집부국장은 최진태崔軫台이다. 1949년 3월 6일 『국제신문』이 폐간된 후에는 송지영宋志英이 주필로 입사하여 편집국장을 겸임하였다. 한국전쟁 시기 부산으로 피난하여 발행하다가 휴간하였고, 1951년 11월 20일부터 속간되었다. 1953년 8월 시점에는 임원규林元圭가 사장 겸 발행인으로 신문을 발행하였다. 이후 장기영張基榮이 1954년 4월 25일부로 판권을 이양하여, 『태양신문』은 1954년 6월 7일 종간되고, 6월 9일부로 한국일보사韓國日報社에서 『한국일보』로 개제되어 발행되었다.

기존 연구에서는 당시의 미군정 보고서 분류에 따라 태양신문을 해방 이후 창간된 많은 언론지 중 우익 성향을 띠는 것으로 보고 있다. 본지 창간 당시 사장으로 있던 노태준은 해방 후에는 조선민족청년단에서 활동한 인물이다. 1946년 10월 창단된 조선민족청년단은 해방 이후 조직된 우익청년단체 중 하나로, 청년들에 대한 이념교육을 주로 내세우며 세력을 키웠던 단체이다. 분단 정부 수립 후에는 대한청년단으로 통합되었다. 조선민족청년단에서 부단장으로 활동했던 노태준은 이승만 정권 기 초대 국방부 장관을 지낸 이범석의 비서실장으로 있었다. 그는 1951년 속간 후에도 여전히 편집장을 맡았다.

태양신문의 기사를 통해 이를 진보적인 언론지로 분류하는 연구도 있다. 이에 따르면 본지는 1949년 10월 5일 지면을 통해 조지오웰의 『1984』 만화를 소개한 바 있다. 당시 조지오웰의 소설들은 작품 본래의 취지에서 벗어나 반공소설로 둔갑하여 번역되고 있었다. 『1984』가 국내에 1949년에 처음 발간된 것을 고려할 때, 이 기사는 본지에서 국내에서 최초로 소개한 것으로 의의가 있다는 것이다. 그러나 작품에 대한 소개는 단순히 만화 『1984』의 특정 장면을 소개하는 데 그쳐, 동 시기의 해석과 큰 차이가 부각되지는 않았다.

태양신문의 총 면수는 2면으로, 1면에는 주로 국제적 정치·사회문제를 다루고, 2면에는 국내문제 및 문화면을 추가로 구성하고 있다. 1953년도의 기사는 「미국의 2억 불 원조」(1953. 8. 15. 2면), 「반공의 한미결속」(1953. 9. 1. 1면) 등 휴전 이후의 사회 재건 과정, 방위 문제, 경제 재건 문제에 초점을 맞추고 있다. 1954년의 지면 역시 반공정권의 사회상을 드러내는 기사들을 확인 할 수 있다(「오늘은 3·1절 북진통일의 결의」, 1954. 3. 1. 1면). 1954년 총선거 때에는 한일 관계를 고려하여 재일교포의 왕래를 삼가라는 이승만의 담화를 싣고 있는 것도 눈에 띈다(「입후보를 삼가라, 선거 끝날 때까지 왕래 금지, 이대통령 제일동포에 경고 담화」, 1954. 4. 30. 2면).

『태양신문』은 국회도서관, 국립중앙도서관, 서울대학교 중앙도서관에서 마이크로필름으로 1953년 8월부터 1954년 6월 7일까지를 소장 중이다.

1953년 8~12월, 1954년 1~6월 신문을 DB화하였다. (이윤수)

참고문헌

윤덕영, 「해방 직후 신문자료 현황」, 『역사와 현실』 16, 1995; 「태양신문」, 『한국민족문화대백과사전』, 동방미디어, 2002; 안미영, 「해방 이후 전체주의와 조지 오웰 소설의 오독」, 『민족문학사연구』 49, 2012.; 후지이 다케시, 「조선민족청년단의 기원에 대한 재검토」, 『역사연구』 23, 2012.

토마

(土馬)

1968년 5월에 발행된 서강대학가톨릭학생회의 회지이다. 발행인 김대원, 편집인 이진룡이다. 발행처는 서강대학가톨릭학생회, 인쇄소는 부천인쇄소로 비매품이다.

『토마』는 서강대가톨릭학생회의 회지이다. 창간호 편집후기를 보면 제호가 '토마'인 까닭이 나와 있는데 "제호로 「토마」를 정했다. 공의회 정신을 십분 내포하고 있다고 생각한다. 교회 현대화와 그의 토착화를 기하고 이러한 사업에 앞장서는 기수가 되겠다는 의미로 택한 이름이다."라고 하여 제호의 의미를 밝히고 있다. 표지화와 목차 컷은 장우성 화백의 작품이다.

잡지 구성을 보면 서두에는 「창간사」와 주교 윤공희의 「창간축사」, 지도신부 정일우의 「인사의 말씀」, 가톨릭학생회장 김대원의 「토마의 자세」를 실어 잡지 발간의 의의를 천명하였다. 「창간사」를 보면 "이 땅 위에 진정한 「크리스챠니즘」의 구현을 위해 노력해야 할 사명감을 느낀다. 세계적인 위기의 해소는 참된 평화의 건설로써 가능하다. 참된 평화의 건설은 진정한 「크리스챠니즘」의 구현에 있는 것이다. 그것은 또한 인간성의 숭고함에 대한 올바른 이해와 현대적 가치관의 타당한 긍정을 가능케 해줄 것이다."라고 잡지 발간의 의미를 서술하고 있으며, 「창간축사」에는 "「토마」지의 사명은 가톨릭 신자 상호 대화의 광장으로서 신앙생활을 격려하며 돕는 힘의 원천이 되어야 할 것이며 신앙을 못 가지는 학우에게는 신앙에로 인도하는 등대"가 되어야 한다는 내용이 서술되어 있다.

이러한 창간 취지에 맞게 창간호는 〈나의 종교관〉이라는 제목 하에 "보다 정직하게 보다 겸손한 마음으로 나를 표출하고 상대를 이해하며 모두가 함께 하나의 정점에 모이기 위해 진정한 대화의 광장을 마련하고 싶다."면서 가톨릭 신자가 아닌 6명의 종교관을 싣고 있다. 또한 특집으로 〈한국가톨릭학생운동의 문제점〉을 기획하여 동대 철학과 교수 이기영의 「한국학생운동의 제문제」, 신부 나상조의 「한국가톨릭학생운동의 문제점」, 주교 황민성의 「한국가톨릭학생운동」, 제희우의 「역사를 성화해야 할 정예들의 사명」 등 네 편의 글을 실어 "내일을 위한 학생운동의 모습이 구현되길" 비는 바람을 담았다.

학생들의 글로는 「예술과 종교」, 「경제발전과 기업성과 재분배」, 「신성한 신탁」, 「마르틴 부버의 신관」 등 4편을 실었는데 가능한 대로 자신의 전공분야와 가톨릭의 가르침을 연관시켜보고 싶다는 의도에서 기획되었다. 교수들의 논문도 「수락과 거부」, 「문학 신 인간」, 「나의 유교관」, 「신에 대한 탐구」, 「진화론」 등을 실었다.

이 밖에 고된 일정을 근면과 침착함으로 소화하고 있는 종교 지도자로서의 교황을 조명한 「교황의 하루 생활」, 회고담의 성격을 띤 「서강 40년 회고」, 「입교전후」, 「1967년도 서강가톨릭학생회 회고」 등의 글이 실려 있으며, 재학생 및 동문들의 작품을 담은 수필, 시, 소설 난도 두었다.

국회도서관에 창간호가 소장되어 있으며 이를 DB화하였다. (임경순)

참고문헌

『토마』 창간호.

통계월보

한국은행법 제37조에 의해 한국은행에서 발행된 월간 통계보고서이다. 1969년 4월 11일 등록되어 발행되었다. 발행인 서진수, 편집인 박정재, 인쇄인 최인보(1970년에는 오민환)이다. 인쇄소는 서울특별시 중구 남대문로 3가 110번지 한국은행인쇄소이다. 판매가격은 50원이다.

이 보고에서는 주요경제지표와 함께 금융(통화, 금융일반, 예금, 대출금, 자금사정, 은행계정, 농수산금융기관계정, 비은행금융계정), 재정(정부예산수지분석, 세입세출, 국채 재정증권 발행, 소유자별 국채 및 재정증권), 물가(도매물가지수, 소비자물가지수, 농가판매가격과 구입가격지수), 무역(수출입 총괄, 국별수출입, 유별 및 상품별 수출입, 수출입 수량지수와 단가지수), 외환(외환수급액, 무역외 수급액, 금 및 외환보유액, 대미달러환율), 산업·수송(생산자 출하지수, 산업생산자수, 주요제조업 제품생산량, 주요광산물 생산량, 발전소별 발전량, 산업별 전력 사용량, 신설법인 기업체수 및 자본금, 주요 도시 건축물 건축허가, 주요화물별 철도와 선박 수송량), 고용·가계(산업별 경제활동인구, 직업 및 고용형태별 취업자, 전 도시근로자 가계수지, 농가가계수지), 국민소득계정(국민총생산에 대한 지출, 산업별 국민총생산), 자금순환계정, 국제수지에 대한 통계를 제시하고 있다.

통계의 대상으로 삼고 있는 금융기관의 범위는 한국은행, 일반은행(한국신탁은행, 지방은행 및 외국은행 국내 지점 포함), 농업협동조합 및 동 중앙회(1956년 4월까지는 금융조합 및 동연합회, 1961년 7월까지는 농업은행), 중소기업은행(1961년 8월 설립), 국민은행(1963년 2월 설립), 한국외환은행(1967년 1월 설립), 한국주택은행(1967넝 7월 설립)으로 하며, 한국산업은행은 주로 정부자금을 재원으로 한 장기대출을 목적으로 설립되어 금융기관으로 보지 않는다고 하였다.

이는 연도별 한국경제의 전반적 동향을 파악할 수 있는 기본 자료라 할 수 있다.

국회도서관에 소장되어 있는 1969년 제23권 7~12호, 1970년 제24권 1호, 3호, 5~6호, 8~12호, 1971년 제25권 1~6호, 1973년 제27권 1~12호, 1974년 제28권 1~12호, 1975년 제29권 1~12호, 1976년 제30권 1~2호를 DB화하였다. (남기현)

참고문헌

『통계월보』, 1969년 제23권 7호~1976년 제30권 2호, 한국은행.

통신원의 벗

1985년 1월 중국 연길延吉에서 창간된 한글 종합잡지로 연변일보사에서 발행하던 『연변일보통신』을 『통신원의 벗』으로 개제 한 것이다.

연변일보는 통신원의 확장과 양성사업을 활발히 전개하여 1980년대 후반 통신원이 1천3백여 명에 달하였다. 이들 언론 사업에 종사하는 통신원과 기자들의 자질과 교양을 높여주기 위해 발행한 간행물이다.

내용은 신문의 역할과 의무, 통신원의 임무와 경험 교류, 외국보도 사례 등을 주요 내용으로 하고 있다.

1985년 제2기의 내용을 보면 〈인물략전〉, 〈혁명가와 신문〉, 〈나와 연변일보〉, 〈체험담〉, 〈통신원〉, 〈외국보도평가〉 등의 난이 있다. 〈인물략전〉에서는 호요방의 항일투쟁 전적과 사회주의 혁명사업을 소개하고 있으며, 『길림신문』 창간을 축하하는 여러 사람들의 축하 글들을 게재하고 있다. 체험담에서는 「꿀벌정신으로 취재를」이란 글에서 "꿀벌이 꽃을 찾아가지 않고는 꿀을 얻을 수 없듯이 우리도 대중 속에 들어가지 않고서는 보도선색을 찾을 수 없다. 그러므로 우리 통신원들은 벌이 되어 이꽃저꽃으로 날아다니면서 화분을 채집하여야 하며 찌꺼기를 버리고 알맹이를 취해야 한다. 그전에는 공사나 생산대가 취재대상이었지만 지금은 집집이 취재대상이고 선진인물이 취재대상이다. 하기에 부지런히 팔다리를 놀려야 하며 머리를 써야 한다."라며 기자의 자세를 설명하고 있다.

「신문취재에 대하여」에는 취재란 무엇인가라는 주제로 취재에 임하는 자세와 원칙들을 상세히 설명하고 있는데, '신문공작원', '신문사업일군'이란 호칭에 걸맞은 원칙을 강조하고 있다. 주은래의 말을 인용하여 "기자는 마치 꿀벌과도 같다. 도처에서 취재하며 경험을 교류하며 매개물의 역할을 노는데 그것은 마치 꿀벌이 꽃을 찾아 꿀을 빚고 화분을 전파하여 이르는 곳마다에서 꽃피어 열매를 맺게 하여 자신이 또 꿀을 빚어낸다."는 꿀벌정신을 또다시 설명한다.

〈각지 통신동태〉란을 만들어 각지 현장에서 올라온 통신원들의 기사를 수록하고 있어 당시 지역들의 생생한 소식들과 통신원들의 생각을 접할 수 있으며, 〈통신원 글쓰기 열성자〉란에서는 1984년도 우수원고를 선정하여 상금을 지급하였다.

연변대학교 도서관에 소장되어있으며, 1985년 2월호와 1986년 12월호를 DB화하였다. (김성남)

참고문헌

車培根·吳泰鎬,『中國朝鮮民族言論史』, 서울대학교출판부, 1997;『통신원의 벗』.

투자
(投資)

1968년 12월 12일 발족한 한국투자개발공사韓國投資開發公社의 월보月報이다. 1969년 2월 3일 창간되었다. 창간 당시 한국투자개발공사의 총재 이병준李炳埈이 발행인, 조사부장 장양술張良術이 편집인을 맡았다. 발행소는 서울특별시 중구 명동2가 50-14번지에서 1969년 11월 서울특별시 중구 저동2가 24-1번지로 이전했다. 판매가격은 알 수 없으나 국회 앞 정부간행물 판매센터에서 구입할 수 있었다.

1969년 2월 3일 창간된 이 잡지는 서울특별시 중구 명동 2가 50-14번지에 위치한 한국투자개발공사韓國投資開發公社에서 발행한 월보月報이다. 잡지를 발행한 한국투자개발공사는 제2차 경제개발 5개년계획이 추진되고 있던 1968년 12월 12일에 "장기산업자금의 공급원을 자본시장의 육성에서 찾아야 한다는 시대적인 요청의 소산"으로 설립되었다. 창간 당시 발행인은 한국투자개발공사의 총재인 이병준李炳埈이 맡았고, 편집인은 조사부장調査部長인 장양술張良術이 담당했다.

잡지가 창간된 당시는 대대적인 한국의 경제적 근대화를 추진하고 있었던 시점이었다. 이병준 총재는 창간사에서 『투자』가 창간된 목적을 "국내외 자본시장에 관한 조사연구를 비롯하여 일반적으로 난해하다고 생각되고 있는 증권관계의 여러 제도를 평이平易하게 소개함으로써 일반투자 대중의 친근한 벗이 되는 한편, 국내외 자본시장의 동향, 증권관계의 법령, 투자자가 바로 이용할 수 있는 여러 통계지표 등을 신속 정확히 조사, 소개함으로써 이 분야에 종사하거나 관심을 가진 분에게 좋은 반려伴侶가 되고자"한다고 밝히고 있다.

창간호는 총 107면으로 이루어져 있다. 특히 〈주식株式의 대중화와 공사公社

의 사명〉, 〈한국투자개발공사 발족의 의의〉 등의 기사를 통해 한국투자개발공사의 사명과 함께 설립한 의의를 밝히고 있다. 또한 〈1968년의 국내경제동향〉, 〈1968년의 국내자본시장동향〉, 〈1968년의 국제자본시장동향〉 등 1968년의 전반적인 경제상황을 제공하고 있다. 이 밖에도 〈투자상담실〉이란 코너를 통해 증권, 경제용어 등과 관련된 질문에 대해 구체적으로 설명하여 투자에 대한 독자의 이해를 돕고자 했다.

이 잡지의 장점은 다양한 경제지표와 통계자료를 제공하고 있다는 점이다. 예를 들어 상장증권上場證券발행회사의 증자상황, 신규상장기업체 재무제표財務諸表, 국민총생산에 대한 지출 등을 제공하고 있는데 이것을 통해 당시의 전반적인 경제상황과 그 규모, 변화 등을 짐작해볼 수 있다.

창간호와 마찬가지로 이후 발간된 호에서는 100여 면에 걸쳐 다양하게 경제와 관련된 지식, 제도, 법률의 해설, 투자 상담에 대한 내용, 경제지표, 통계자료들을 제공하고 있다. 뿐만 아니라 월별로 〈국내경제동향〉, 〈국내자본시장동향〉, 〈국제자본시장동향〉 등 전반적인 국내외 경제동향의 변화를 살펴볼 수 있다. 또한 당시 시행한 각종 경제규제와 이슈 등에 관하여 저명한 경제인들의 좌담회 내용을 실어 대중의 이해를 돕고자 하기도 했다.

1973년 3월에 발행한 제5권 제1호부터 발행소의 변동이 있었다. 창간호부터 발행한 한국투자개발공사에서 한국투자공사로 그 명칭이 바뀌었다. 또한 발행인의 변화도 살펴볼 수 있다. 1969년 이병준, 1970년 김홍경金鴻經, 1975년 6월 이두희李斗熙로 한국투자개발공사(1973년 이후 한국투자공사)의 총재가 임명되면서 이에 따라 발행인도 바뀌었다.

『투자』는 현재 제1호(1969년 2월)부터 제96호(1976년 12월)가 남아 있다. 국립중앙도서관, 연세대학교에서 소장 중이다. 현재 국립중앙도서관에는 제1~59호(1973년 5권 11호), 제61(1974년 6권 1호)~90호(1976년 6월), 제93(1976년 9월)~96호(1976년 12월)까지 소장되어 있다.

1969년 발행된 1권 1호부터 1976년 발행된 7권 12호까지 DB화하였다. (김민아)

참고문헌

『투자』(1969년 1권 1호~1976년 7권 12호);『동아일보』1968. 12. 13., 1968. 6. 18.

현대언론매체사전

1950~1969

파

포도송이

『포도송이』는 이탈리아 로마한인학교에서 내는 문집이다. 2012년 6월에 14호(2011~12학년도)가 발행되었다.

로마한인학교는 "서로 아끼고 더불어 사는 우리"라는 학훈을 두고 있다. 『포도송이』 8호(2005~6학년도)의 「교장선생님 말씀」에서 이성남 교장은 "로마 한인학교의 교육목표는 국외에서 살아가는 우리 재이동포 자녀들에게 바른 한국관을 심어주고 우리의 글인 한국어를 배우고 익히며 한국인이라는 공동체를 함께 이끌어가기 위함"이라고 밝히고 있다. 그리고 이러한 학훈과 교육목표를 로마 한인학교는 『포도송이』로 표현하고 있다.

『포도송이』 14호 앞부분에 교장 포함해서 총 11명의 교사 단체사진과 80명의 학생들 사진이 실려 있다. 그리고 초등학교 입학 전의 하늘반부터 고등반에 해당하는 세종반까지 9반으로 구성되어 있다. 한글을 모르는 아이들의 그림부터 시작해서, 한글을 배우기 시작한 초등학교 저학년의 그림일기, 그리고 한글을 아주 잘하는 중고등학생의 글짓기 소품까지, 각 학생들의 작품을 한 페이지에 한 학생씩 게재하고 있다.

또한 로마한인학교의 교사와 학생들은 매년 유럽한글학교 협의회와 한국에서 개최되는 각종 연수회에 참여하며 교육의 질을 높이려 노력하고 있고, 참여하며 느낀 점과 개선방안을 『포도송이』 지면 여기저기에서 밝히고 있다. 또한 한인의 정체성 찾기 교육을 진행하는 한국어와 한국 문화의 정규수업 이외에도 〈도전 꽹과리〉 대회 같은 것을 개최하고 소풍을 다니며 세계사를 익히는 문화체험을 하기도 한다. 이러한 로마 한인학교의 교육을 통해 학생들은 한인으로, 이탈리아 시민으로 그리고 세계인으로 성장해 나가고 있다. 그리고 2012년 1월에는 로마한인학교 졸업생들이 동창회를 결성해서 서로의 발전과 유대관계를 유지하는 것 뿐 만 아니라 선배로서 후배들이 나아가야 할 방향과 진학정보를 제공해주고 있다. 이는 한인학교가 단지 한인학생들이 주말에 시간을 보내는 곳이 아니라 로마 한인학교가 교육의 장으로서 제대로 기능하고 있음을 보여주는 것이라 할 수 있다.

편집후기 격의 글에서 편집을 담당한 하늘반 담임교사 안영신의 글은 교사들과 학교의 마음과 생각을 대변하는 듯 보여 일부 인용해본다: "나에게도 이『포도송이』이가 추억이 되지만, 아이들에게는 더 큰 의미가 될 수 있겠구나. 나중에 우리 아이들이 10년 후, 20년 후에 이 책들을 본다면 어린 시절의 아련한 추억을, 친구들의 모습들을 떠올리며 미소 지을 수도 있겠구나.'라는 생각이 들었다. 우리는 지금 이 시간들이 얼마나 소중한지 알지 못하고 지나칠 때가 많다. 하지만 빛바랜 일기장과 먼지 쌓인 앨범들을 보면 지나간 시간들이 소중했고 따스했음을 알게 된다. 이 포도송이 역시 우리 아이들에게 그런 따스하고 생각만 해도 아련한 마음이 드는 그런 책이 되었으면 한다."

『포도송이』는 일부가 재외동포재단 자료실에 소장되어 있다. (임성윤)

참고문헌

『포도송이』

폰·코러스

1967년 3월 창간된 계간 잡지이다. 편집은 체신부 전무국電務局, 발행인은 체신부, 인쇄는 재단법인 체성회遞成會이다. 대략 160~200쪽 분량으로 비매품이고 종간호는 확실치 않다.

폰코러스(Phone·KORAS)는 Phone(전화) Kindness(친절) Operator(교환원) Rapidity(신속) Accuracy(정확) Succession(계승)의 약자이다. 체신부는 잡지명에 대해 "원래는 『전화교환원 교양강좌』였는데, 이 제목이 너무 딱딱하고 직설적이어서 부드럽고 추상적이면서 함축성을 지닌 제명으로 바꾼 것"이라고 하였다. 또한 "코러스는 합창의 뜻으로 철자는 다르지만 조화를 이룬 합창이 되어 한국통신의 발전상을 세계 곳곳에 메아리치게 한다는 의미"라고 설명하고 있다.

잡지는 〈업무지식〉, 〈교양특집〉, 〈독자문예〉, 〈토막뉴스〉 등으로 구성되었다. 〈업무지식〉은 교환 업무와 관련된 제반 기계적, 상식과 관련된 것으로 교환영어나, 교환의 접속과정, 전기자기의 기초 등에 관한 내용이다. 〈교양특집〉은 호별로 의상특집, 요리 수예특집 등 여성 교환원을 대상으로 한 취미와 정서 함양을 기르도록 하는 내용으로 이루어졌다. 이 밖에 각 전화국 소개, 〈명작순례〉 등도 실렸다. 이러한 구성은 12호(1969. 12.)까지 지속되다가 13호(1970. 3.)에서 〈업무지식〉은 〈업무지식 및 논단〉으로 〈교양특집〉은 〈친절봉사특집〉으로 바뀌었다. 나머지 취미와 정서나 문예란 등은 변동 없이 그대로 유지되었다.

제2권 7호(1968. 9.)를 중심으로 보면, 잡지 모두에 체신부 차관 임남수林南秀의 「친절과 교양」이 게재되었다. 교환원의 친절과 교양을 넓힐 것을 당부하는 내용이다. 이어서 세계 각국의 전화사업 소개로 「노르웨이편」(배인갑裵仁甲, 체신부 전무국 과장)이 실렸다. 노르웨이의 나라 사정, 전화국 조직체, 경영형태와 사업조직, 사업규모, 교환원에 대한 서비스와 훈련체계 등에 관한 내용이다. 「전기통신의 전망」(신재호申載昊)에서는 전신전화 수요 전망과 공급 목표, 친절서비스의 필요성, 유통기구를 개선하는 전신전화의 역할, 생활 편리상의 기능 등에 대해 다루고 있다.

〈업무지식〉란의 「교환원을 위한 트래픽강좌」(김종삼金鍾三, 전무국電務局 수요조사과)에서는 작업시간, 동작율, 교환취급자의 응답지연의 지배요인 등 신속한 교환업무에서 필요한 작업과정을 다소 전문적인 단위 계산 방식을 동원하여 설명하고 있다. 「전화의 기초원리」(송재륜宋在倫, 전기통신기술원훈련소)에서는 전화의 원리, 자석식 전화기와 공전식 전화기의 차이 등에 관하여 설명하고 있다.

〈교양특집〉란의 「현대와 언어생활」(이정숙李貞淑, 이화여대 조교)에서는 교양 있는 언어의 필요성에 대해 역설하였고, 「교환양에게 바라는 글」(안의섭, 만화가·조선일보편집국장), 「결혼을 앞둔 미혼여성에게」(김봉자, 이화여대교수), 「계절이 주는 여인-가을-」(임소영, 이화여대강사) 등의 글이 실렸다. 전화교환수가 대부분 여성이라는 점을 감안하여 여성으로서 갖추어야 할 교양에 대한 내용이 중심을 이루고 있다.

〈의상특집〉에는 「옷차림을 통한 여성미」(조풍연趙豊衍, 소년한국일보주간), 「한 벌의 옷을 오래 입기 위하여」(이흥수李興壽, 이화여대가정대교수), 「멋과 복장」(김경오金環梧, 여류비행사), 「내손으로 만드는 오피스웨어」(곽의범郭義範, 곽의상실) 등이 실렸다.

다음은 문화상식에 관한 내용이다. 문학 부분에 「보봐리부인」(임인영)을 소개하는 글이 실리고, 음악감상실에는 샹송에 대한 해설글, 영화감상에 「카운타포인트」(김명자, 서울신문사)소개, 「미술감상법과 그 실제」(곽인숙), 「한국의 여류-황진이」(임완숙)에서 황진이의 삶을 소개하는 글이 각각 실렸다.

그 밖에 「가을철을 위한 레크레이션-등산」, 「가을철 화장법」, 「건강관리-직업병에 대하여」 등 다양한 흥미를 끄는 내용들이 채워졌다. 또한 여성교환수들의 수기글로 「제11회 전국통신경기대회를 마치고」(염영옥, 시외전화국 교환과), 「지금의 나는」(박춘선, 서울중앙전화국 안내과) 등이 실리고, 수필로 「배워야 하는 직장」(김명자, 이리우체국), 「램프가 꺼질 때면」(이민소, 서울중앙전화국)과 시 3~4편, 단편소설 등 교환원들이 스스로 창작한 문예가 실렸다.

폰코러스 편집실은 주기적으로 원고를 모집하였는데, 투고내용은 전화교환 업무에 관한 연구논문 개선점, 체신국의 자랑거리, 각종 직장의견, 체험기 수필, 시, 소설 등이었다.

책의 상단에는 '조국 근대화작업은 친절로부터', '친절로써 신뢰받고 웃음으로 사랑 받자', '전신 전화는 나라의 신경, 너도 나도 애호하자'등의 구호가 실려 있다. 또한 1970년대 시대상을 반영하여 잡지 곳곳에 '단결하여 방첩하고 건설하여 승공하자', '반공으로 뭉친 마음 승공으로 통일하자' 등 반공 구호가 기재되어 있다.

이 잡지는 체신부에서 1960, 70년대 전화 업무가 증가하는 것에 발맞추어 발행한 잡지로, 종사원들에게 통신업무가 국가적 사업임을 환기시키고 업무지식을 함양시키기 위한 목적으로 발행되었다. 또한 교환원의 대다수가 여성임을 감안하여 여성들이 흥미를 끌 수 있는 내용으로 구성된 것이 특징이다. 이 잡지는 교환원들의 수기와 문학작품이 다수 실려 있어서 6, 70년대 교환원 여성노동자의 의식과 일상을 엿볼 수 있는 자료이다.

국회도서관에 소장되어 있는 제2권 7호(1968. 9. 30.), 제8호(1969. 1.), 제9호(1969. 3.), 제10호(1969. 6.), 제11호(1969. 9.), 제12호(1969. 12.), 제13호(1970. 3.)를 DB화하였다. (이병례)

참고문헌

『폰·코러스』, 체신부, 제2권 7호(1968. 9. 30.), 제8호(1969. 1.), 제9호(1969. 3.), 제10호(1969. 6.), 제11호(1969. 9.), 제12호(1969. 12.), 제13호(1970. 3.).

푸른마음

『푸른마음』은 런던한국학교에서 펴내는 교지이다. 2006년 제25집의 경우, 발행인으로는 교장 최선애, 편집은 교사 이정순과 황영심이 수고했다. 2005년 2월에 나온 24집은 157쪽이었는데, 2009년에 나온 28집은 92쪽으로 교지의 양이 일정하지 않았다. 학교의 주소는 Chessington Community College, Garison Lane, Chesington KT9 2JS이다.

영국 런던 서남부의 킹스톤 지역(Royal Borough of Kingston upon Thames)에 위치한 뉴몰든(New Malden)에는 "유럽 내 유일한" 코리아타운이 존재하고 있다(「런던판 코리아타운」, 『조선일보』, 2007. 2. 2.) 2011년 현재 유럽(러시아 등 독립국가연합 제외)에 거주하는 한국의 재외동포는 12만 2,787명이고, 영국에는 그중 38%인 4만 6,829명이 거주하고 있다. 그중에서 뉴몰든('작은' 코리아타운)을 중심으로 약 8,000명 정도의 한인이 거주하고, 킹스톤 지역을 포함한 주변지역('큰' 코리아타운)까지 확대하면 2만 명 이상의 한인들이 거주하고 있다. 바로 이 한인타운 안에 런던 한국학교가 자리한다. 이는 다른 어느 것보다 교육을 중시하는 한인들이 한국학교 중심으로 모였기 때문에 런던한인타운 형성에 한국학교의 기여가 크다고 할 수 있다.

바로 이 런던한국학교는 "우리들이 고유한 문화를 가진 한 겨레라는 것을 2세들에게 자각시켜 그들을 바람직한 한국인으로 성장할 수 있도록 도와줌과 동시에 한국과 현지의 교육상황에 적응할 수 있도록 효과적인 학습내용 및 방법을 통해 지도함으로써 국가와 사회를 위하여 공헌할 수 있는 한국인을 육성함을 목적"으로 설립되었다. 수업은 매주 토요일마다 연간 38주 동안 오전 9시 10분부터 오후 3시까지 6교시 수업을 진행하고 있다. 준비반은 초등학교 1학년

입학을 위한 준비과정으로 한글을 중심으로 교육하고 있다. 초등학교는 국어와 수학, 사회를 중심으로 한 다양한 교과목(체육, 음악, 고전 무용 등)을 교육하고 있다. 중학교는 국어, 수학, 국사, 과학, 한문, 체육, 음악을 가르치고 있다.

1972년 10월에 런던한국학교는 정종화(런던대 교환교수), 권인혁 영사 주도로 〈재영어린이학교〉라는 이름으로 설립되었다. 처음에 학생 수는 24명, 수업은 격주 토요일에 진행되었다. 1973년 2월 재정난으로 휴교를 하기도 했다. 1975년 9월에 River Court Church, London으로 학교를 옮겼고, 1977년 11월에는 학교 명칭을 "런던한국학교"로 개칭했고, 김병모 선생이 교장으로 취임했다. 당시 학생 수는 50명이었다. 그리고 1979년 2월에는 Halford Primary School로 학교 건물을 다시 옮겼다. 1982년 3월에 초등학교 정규 과정으로 학급을 편성하고, 중등 1학급을 신설했다. 이때 학생 수는 178명, 교사는 7명이었다. 1985년에 St. Paul Junior School, 같은 9월에는 Lovelace Primary School, Chessington으로 학교를 재차 옮겼다. 1987년 5월에는 고등반을 신설하고, 초등 1학년 3학급, 3학년 2학급으로 증설했다. 1989년 8월에 학생 수가 390명으로 늘어났다가, 9월에 강북한국학교 신설로 런던한국학교 학급 재편성이 이루어지면서 교직원 14명에 학생 수가 343명으로 조정되었다. 1990년 3월에 초등학교 학년마다 2학급씩 편성되었다. 1991년 4월 Tolworth Girl's School, 1993년 6월에 Chessington Community College로 이전했다. 1996년 3월 중고등학교가 Malden Manor School로 잠시 이전했다가, 1997년 3월 Chessington Community College로 다시 이전하면서 초등학교와 합병했다. 2000년 5월 재정운영난으로 우리말 특수반을 해체하고, 해당 학생들을 적령학년에 편입케 했다. 2006년 현재 총 17학급과 학생 수 328명을 유지하고 있다. 이처럼 수시로 학교가 이사를 다녔다는 것은 그만큼 학교가 안정적으로 운영되지 못했다는 것을 반증하는 것이다. 그렇지만 최근에는 학교가 안정적으로 운영되고 있는 것으로 보인다. 이 또한 한인사회와 한인타운의 성장과 관련이 있는 것으로 보인다.

그러면 『푸른마음』의 내용과 구성을 간단하게라도 살펴보자. 『푸른마음』 28집(2009년 발행)을 펴내면서 교장 김경미는 교육방침을 밝히고 있다: "모국어와 한국문화에 대한 이해와 배움은 과연 내가 누구이며, 어디로부터 왔는가 하는 점을 반드시 알아야 한다는 당위성을 갖고 있음을 인식해야 할 것입니다. (중략) 가정이나 학교, 또래 집단에서 한국말을 할 기회를 많이 가지고 한국문화와 역사를 자연스레 접할 수 있는 교육의 장에서 꾸준히 지속적으로 열심히 노력을 해야만 되는 것입니다. 특히 외국에 거주하면서 불가피하게 이중언어 환경 속에서 자라나야 하는 학생 여러분은 더 말할 것도 없겠지요. 나 자신을 정확히 알고 스스로를 존중할 줄 아는 사람만이 남도 존중하고 배려할 줄 아는 올바른 인간, 세계 시민이 될 것으로 저는 믿고 있습니다. (중략) 여러분이 어디에 있든 한국인이라면 모국어를 제대로 배우고 잘 쓸 줄 알아야 한다는 생각을 항상 가지고 성실히 노력하여 줄 것을 다시 한 번 당부합니다." 이렇게 교육방침을 밝히면서 『푸른마음』은 시작한다. 그리고 당해연도의 학교생활을 찍은 화보들이 이어진다.

본문은 학생들의 글짓기 작품들로 이루어져 있다. 초등학교 입학 전과 저학년들의 작품은 그림일기 형식으로 제목과 감상을 한글로 간략하게 적은 것으로 되어 있다. 그리고 학년이 올라갈수록 그림은 줄어들고 글짓기 작품이 주를 이룬다. 그런데 눈에 띄는 것은 초등학교 2학년 무렵부터 벌써 학생들의 글짓기 실력이 대단하고, 한글의 완성도가 꽤 높다는 것이다. 이는 런던에 사는 한인 부모들의 경제·교육 수준이 전반적으로 높은데다가, 또 남다른 교육열이 반영된 측면도 있고, 또 런던한국학교의 교육이 제대로 진행되고 있기 때문일 것이다.

교지 뒷부분에는 학교 연혁을 정리해서 게재하고 있는데, 이는 런던한국학교가 어떻게 발전해왔는지를 한눈에 보여주고 있다. 그리고 런던한국학교의 교육을 책임지고 있는 학교 선생님들의 단체 사진으로 교지를 마무리하고 있다.

세계 교육·문화의 중심지 중 하나인 영국 런던의 한국학교에서 나오는 교지 『푸른마음』에 실린 학생들의 작품은 다른 어느 지역에서 나온 교지보다 꽤 높은 수준을 보여주고 있다. 영국에 진출한 한인들의 역량이 아이들의 수준을 통해서 발현되는 것 같기도 해서, 살펴보면서 괜히 뿌듯함이 우러나오는 교지라 할 수 있다.

『푸른마음』 일부가 재외동포재단 자료실에 소장되어 있다. (임성윤)

참고문헌

『푸른마음』; 이진영, 「런던의 코리아타운: 형성, 구조, 문화」, 『在外韓人研究』, 27권, 2012.

피플 뉴스

(Monthly the People News)

『피플 뉴스』는 1999년 12월 1일에 창간했다. 발행인은 민병용이고, 편집디자인은 O'well Communication에서 담당했다. 본사는 Los Angeles에 있고 시카고에도 지사를 두고 있다.

『피플 뉴스』 2005년 2월호(통권 13호)를 살펴보자. 본문 맨 앞에는 "애독자에게 쓰는 발행인의 편지: 아메리칸 드림을 이룬 부자에게 '1%의 나누기 운동'을 제창한다."가 실려 있다. 발행인은 여기서 "돈으로 아메리칸 드림을 이루었다고 자랑하는 부자들에게 인간적인 사랑을 나누는 모습을 보기 원한다. …. 박원순 변호사가 한국에서 펼치고 있는 1% 나누기 운동이 LA에서 시작되기를 바란다. 1%의 나누기 운동은 자신들이 갖고 있는 돈과 특별한 능력, 기술 등을 도움이 필요한 이들에게 나눠주는 아름다운 시민운동이다. …. LA의 어느 한인은행에 현금 1백만 달러 이상을 저금한 한인이 2백30명을 넘는다고 한 은행이사장으로부터 들었다. 이제는 한인 억만장자도 나왔다. 그들이 이제는 1% 나누기 운동에 주인공이 될 때이다." 이러한 발행인의 글을 통해 이 잡지의 성격을 알 수 있다. 2000년대 들어와서 미국에 거주하는 한인들의 사정도 많이 좋아졌고, 또 중국의 한인 수를 넘는다고 추정할 정도로 미국의 한인들은 수적으로도 꽤 많아졌다. 이제는 도움을 받던 한인에서 도움을 주는 한인으로 거듭나야 한다는 생각이 그 밑바탕에 깔려 있는 것으로 보인다.

그에 따라 많은 주요 기사들이 이러한 기조에 따라 구성되어 있다. 한인사회 발전에 앞장서는 시카고 지역 한인 세탁협회 김성권 회장과 공길용 이사장 기사, 서울올림픽 홍보차 심양과 연길을 방문했다가 한 조선족 노인의 장례식을 치를 수 있게 도와주었던 재미동포 올림픽후원회 회장이었던 이민휘 회장 이야기, 성악가, 인권운동가, 자원봉사자로 기쁜 삶을 살고 있는 필라델피아의 한인들 모습 등이 바로 그러한 기사들이다.

그 이외에도 많은 뉴스들을 제공하고 있다. 미국영화배우협회가 주는 연기상을 수상한 샌드라 오(캐나다 출신의 한인 여배우), 문화회관 건립을 꼭 이루겠다고 다짐하는 김길영 시카고 한인회장, 미국 식당계를 정벌하겠다고 나선 '청해진' 식당의 주인 이연단 사장, 감리교 김해종 감독의 서신 등 미국 각 지역과 다양한 분야에서 활동하는 한인들의 소식을 화보와 더불어 전해주고 있다.

이 『피플 뉴스』는 다른 신문·잡지들과 달리 LA 한 지역뿐만 아니라 미국 전역을 커버하는 것이 특징적이다. 그리고 전체적으로 그 달의 주제가 정해지면 기사들도 그에 맞추어서 구성되는 특징을 보여준다. 그러나 30쪽이 조금 넘는 분량의 잡지로는 유료 판매도 쉽지 않고 광고 수주도 쉽지 않으리라 예상된다. 재정을 비롯한 여러 어려움들을 뚫고 앞으로 나아가는 『피플 뉴스』 모습을 기대해본다.

재외동포재단 자료실에 『피플 뉴스』 일부가 소장되어 있다. (임성윤)

참고문헌

『피플 뉴스』

현대언론매체사전

1950~1969

하

하노이한인소식

『하노이한인소식』은 베트남 하노이 한인회에서 발행하는 소식지이다. 1999년에 『하노이한인소식』의 편집인은 진지택이고, 김영규, 박승룡, 이철희, 최의교 등이 편집위원으로 활동하는 간소한 구성이었으나, 2007년 무렵에는 편집장 윤하, 디자인 김성자, 사진 이주민, 취재 이재원, 정의석, 최소연, 광고 이응준, 배포 이건, 필름 및 인쇄 제본 HOA NAM 등이 각기 담당하는 규모 있고 체계적인 조직을 구성했다. 2001년 전에는 2주 간격으로 금요일에 발행되다가, 2007년 무렵에는 월간지 형태로 발행되고 있다. 2001년까지는 10~12쪽 분량으로 발행되었는데, A3 크기의 용지를 접었고 중간에 A4용지 한 장을 삽입하는 식으로 되어 있었다. 그런데 2007년에는 100쪽이 넘는 분량의 번듯한 소식지로 발전했다. 무료로 배포하고 있다. 주소는 Daeha Business Center, Office Tower Rm#1203, 360 Kim Ma, Ba Dinh, Hanoi, Vietnam으로 되어 있다.

1999년에 발행된 38호의 경우 구성이 특별하다. 1~2면에 걸쳐 유인선(서울대 동양사 교수)의 「베트남은 우리에게 무슨 의미가 있는가?」라는 글을 게재하면서 베트남과 한국의 관계와 역사를 간단히 정리하고 있다. 그는 여기서 베트남전쟁으로 베트남은 우리에게 갑자기 다가왔고, 한국의 베트남 파병과 그로 인한 "월남특수" 그리고 베트콩으로 한국인들에게 각인되었던 나라, 즉 멀고도 가까운 그렇지만 우리에게 인식은 그렇게 썩 좋지만은 않은 나라로(vice versa) 각인되어 왔었다. 그러나 1986년 베트남이 "도이 머이", 즉 개방정책을 취하고 1992년에 국교정상화가 이루어지면서 한국과 베트남은 다시 긴밀한 관계를 맺게 되었다. 이제 한국(그리고 베트남의 한인들)과 베트남이 서로 "상대방을 이해하려 노력하고 또 상대방으로 하여금 우리를 이해하도록 설득"하며 살다 보면 양국 간의 관계와 베트남 한인들의 삶은 좋아질 것이라고 그는 정리하고 있다.

1999년 무렵의 소식지는 양이 적을 뿐, 여타 구성은 다른 한인회보나 소식지와 대동소이하다. 「한인활동을 알립니다」, 베트남에 봉사단원으로 온 한인들의 「봉사수기」, 한인학생들의 독후감과 수필 등이 실려 있다. 그리고 경제 수준이 낮은 베트남에서 나오는 소식지이다 보니, 베트남에 홍수가 나서 많은 베트남인들이 어려움에 봉착했을 때는 「수재의연금으로 온정의 손길을…」과 같은 캠페인기사를 통해 한인들에게 베트남인들을 도와주자는 제안을 하고, 그에 따라 이루어지는 한인들의 기부행렬 소식을 전하고 있다(38호, 1999년 11월 15일). 다른 호들에서도 베트남 「불우이웃돕기 성금 전달」과 한국기업들의 베트남 초등학교 재정지원 등의 기사들은 꾸준히 게재되고 있다.

그런데 천지개벽하듯이, 2007년에 나온 『하노이한인소식』은 확 달라져 있다. 내용은 보다 풍부해지고 다양해졌고, 지면, 인쇄, 제본 모든 것이 고급화되었다. 예를 들어 2007년 6월호를 간단히 살펴보자. 우선 하노이한인포럼이 개최되었다는 소식을 주요 기사로 전하고 있는데, 하노이한인포럼은 베트남의 WTO 가입 이후 급변하는 베트남의 경제 및 사회구조, 한국의 투자규모 및 교역 증대, 주재 교민수의 유입 증가, 교민사회 구성원의 변화, 한인학교 운영의 확대 등을 논의하기 위해 개최된 것이다. 바로 이러한 기사를 통해 베트남 하노이 한인들의 위상과 사정을 자연스럽게 알 수 있다. 그리고 구체적으로 들어가서 한인들이 현지에서 사고/사건을 겪었을 때 어떻게 대처할 것인가?, 한인들의 바람직한 행동, 간혹 한인들이 곤란에 빠지게 되는 비자 문제, 한인만을 위한 의료기관 및 재단 설립, 하노이 한인의 단합, 하노이와 베트남 한인들의 현안과 관심사항들을 기사화해서 한인들에게 도움을 주고 있다. 그리고 다른 한인회보들과 마찬가지로 「한국-베트남 수교 15주년 기념 '한국영화제' 개최」와 「대사관 영사 업무」 등의 소식을 전하고 있다.

이제는 다른 동남아의 회보들처럼 『하노이한인소식』도 경제 관련 소식을 중요기사로 다루고 많은 비중을 두고 있다. 가령 김영웅 코트라 하노이 무역관장의 「베트남 시장에서 우리의 수출 경쟁력은 어느 정도인가」라는 글은 베트남과 한국과의 경제관계를 정리하면서 어떻게 해야 한국의 베트남 시장 진출이 증가할 수 있는지 대안을 제시하기도 한다: "한국의 대베트남 투자가 작년에 이어 올해도 꾸준히 늘고 있어 2007년 4월 말 기준 약 85억 불의 투자승인을 득해, 싱가포르의 88억 불에 이어 투자 2위국의 위치를 구축하고 있다. 이렇게 한국의 대베트남 투자진출은 늘고 있지만 한국의 대베트남 수출은 경쟁국들에 비해 정체되고 있다. 이러한 현실을 직시하여 부단한 수출 전략상품 개발, 투자와 수출을 더욱 연계시키는 노력, 베트남의 산업화를 미리 내다본 원료나 기초 소재, 사전 공급 추진 등 우리 진출 기업들의 더 많은 노력과 분발이 요구되는 상황이다."

그리고 베트남에 진출한 한국기업들을 소개하면서 한인들에게 자부심을 고취하기도 한다. 예를 들어 홍강 개발 프로젝트 기본계획 수립 주간사인 남원건설엔지니어링을 소개하면서, 베트남 '홍강'에 "'한강의 기적'을 심는 역할을 하고 있다는 소식을 전하고 있다.

그리고 베트남에서도 한국은 베트남과 그 주민들의 삶을 개선하는 데 많은 기여를 하고 있고, 그 소식을 『하노이한인소식』은 빼놓지 않고 전하고 있다. 가령 한국국제협력단(KOICA)의 베트남에서의 활동을 전하면서, "베트남의 주민들이 미처 깨닫지 못하고 있던 자신들의 잠재력과 잠자고 있던 개발능력을 일깨워주고, 이를 토대로 '스스로 잘 할 수 있다'라는 인식을 심어주고, 개발활동에 자발적, 주도적으로 참여하게 만드는 국제협력사업을 수행하고 있"다고 하고 있다.

그리고 New Link라는 코너에서는 적지 않은 지면을 할애해서 베트남의 각종 소식을 전하고 있다. 또한 『하노이한인소식』도 한국학교에 대해서는 꾸준히 관심을 가지고 소식을 전하고 있다. 특히 하노이한국학교의 발전상은 베트남 한인들의 발전을 그대로 투영하는 듯하고, 『하노이한인소식』의 한국학교 관련 기사는 베트남 한인들의 진출이 질적·양적으로 증가하고 베트남 한인들의 미래가 어떨지를 짐작할 수 있다: "하노이 한국학교가 2007년 4월 24일 개교한 지 1년 만에 거액의 교사 신축자금을 마련하고 학생수가 2.5배로 늘어나는 등 큰 성과를 거두고 있다. 하노이 한국학교는 개교 당시 52명이었던 학생 수가 채 1년도 안 돼 135명으로 늘었다. 초등학교로만 출발했던 하노이 한국학교는 2007년에 중등학교 과정을 신설했고, 2008년에는 고등학교 과정까지 개설했다. 이처럼 하노이 한국학교는 개교 1년 만에 모든 것이 준비되는 학교로 성장했다. 한국학교는 현지의 국제학교에 비해 수업료가 1/4에 불과한 300~350달러에 그치면서도 똑같이 대학입시 특례혜택을 받을 수 있고 국내의 입시교육과 외국어 교육을 함께 할 수 있는 이점을 갖고 있다(『하노이한인소식』, 2007. 6.). 이처럼 『하노이한인소식』을 통해 우리는 발전하고 있는 베트남과 그곳에 사는 한인들의 소식을 접할 수 있다.

현재 『하노이한인소식』 일부가 재외동포재단 자료실에 소장되어 있고, 이를 DB화했다. (임성윤)

참고문헌

『하노이한인소식』

하늘

1964년 5월 1일에 창간된 공군사관학교 교우지이다. 1961년 3월 오성회에서 발간하던 『五星』의 속간으로서 생도편집부에서 발간하였다. 공군교재창에서 인쇄하였다. 매년 2월에 발행되었고, 비매품이다.

『하늘』은 공군사관학교의 생도와 교관의 학술 및 문예활동을 위해 창간되었다.

창간호에 실린 공사 12기 졸업생 이주진의 「권두언」을 통해 이 잡지의 창간 취지를 엿볼 수 있다.

"하늘은 무한한 낭만을 낳는다. 끝없는 꿈을 품게 하는 하늘의 능력은 무제한이다. 그러나 『하늘』 하면 우리는 그 속에 사는 인간(鳥人)을 생각하고 또 살아야 할 인간들을 생각하지 않을 수 없다. 그 푸르고 광대무변한 하늘을 우리는 일터로, 싸움터로 정했다. 우리 앞을 걸어간 선배도, 우리도, 그리고 뒤따라 올 후배도 푸른 하늘빛처럼 변할 수 없는 사명감으로 살아간다.

인간의 조잡하던 힘이 땅을 달리고 바다를 헤엄치다가 이젠 하늘을 날으고 신비로운 우주에 도전하기에까지 이르렀다. 무서운 굉음을 남기며 달려가는 시대와 문명에 병행해서 푸른 꿈, 푸른 낭만을 수놓으며 땅을 박차고 약한 나래의 힘을 과시할 호기를 얻은 열두 번째의 보라매가 너무 늦은 감이 있으나 교우지 『하늘』을 창간하고 나가게 된 것을 퍽 자랑스럽게 생각한다.

속담에 호랑이는 죽어서 그 가죽을 남기고 사람은 죽어서 그 이름을 남긴다고 했다. 우리의 이 『하늘』이 범의 가죽이나 사람의 이름처럼 될 수 없다고 하더라도 우리는 그것의 가능성을 보일 수 있을 것이다. 창간이라는 이 한가지만으로서 더 큰 의의를 가지고 시작이 반이라는 말과 같이 처음부터 차근차근히 정성을 모두어 가꾸어 가야겠다. 후배들은 생도생활 4년을 통하여 땀으로 아로새겨진 값진 경험과 형설로 닦은 심원한 지식으로 공군사관학교와 더불어 걸어갈 이 『하늘』지를 더욱 가꾸고 다듬어서 빛나는 얼들을 담아주길 바란다. 그리고 그 속에서 위대한 인생관 세계관을 낳고 군인으로서의 사생관死生觀을 얻도록 하자. 하늘은 우리의 일터요 싸움터, 하늘에 살면서 하늘에 목숨 바치자.”

이 잡지는 〈권두언〉, 〈교관논단〉, 〈생도들에게 주는 글〉, 〈생도논단〉, 〈후배들에게 주는 길〉, 〈생도문예〉로 구성되어 있다. 그리고 〈흘러간 주인공들〉, 〈편대장 푸로필〉 등을 통해 타인에게 귀감이 되는 공군 인물을 소개하였고, 〈생도 생활을 회상한다〉를 통해 졸업생들의 공군사관학교 시절의 회고를 실었다. 주요 내용을 보면 다음과 같다.

창간호는 12기 졸업생을 중심으로 한 기념적인 성격을 띠었다. 먼저 비행훈련, 학과공부, 행사 참가, 육해군 교육, 견학, 수학여행, 삼사체육대회 등 공군사관학교 생도들의 생활을 담은 화보를 싣고 있다. 또한 공사 졸업식에 부치는 시 「하늘의 축가」(마종기馬鍾基)가 실려 있고, 졸업생들의 글을 담은 〈흘러간 주인공들〉과 〈생도생활을 회상한다〉란도 있다.

1965년 제2호에는 특집으로 〈사관생도론〉을 게재하였다. 이기영李箕永의 「사관생도 가치관」, 정병욱鄭炳昱의 「사관생도에게 바라고 싶은 인간상」, 고영복高永復의 「사관생도의 기질」, 장덕수의 「Golden Ring의 광채에 담긴 의미」, 각계 인사들의 「내가 본 사관생도」 등의 글이 실려 있다.

〈논단〉에는 교육, 경제, 정치, 군사학, 응용공학 관련 글이 실려 있다. 또한 〈병영생활〉란을 통해 생도생활의 여러 모습을 보여주고, 추억이 서려 있는 곳곳을 소개하였다.

1966년 제3호에는 두 개의 특집란이 마련되었다. 특집 ①은 〈생도교육론〉이다. 여기에는 사관학교 교육과 교과과정, 사관생도 교육에 관한 한기언韓基彦, 나준국羅濬國, 이관모李寬模, 왕현석 등의 글이 실려 있다. 특집 ②는 〈위인의 발자취〉로 맥아더, 막사이사이, 베토벤, 쌩떽쥐뻬리에 관한 내용이 실려 있다.

1967년 제4호에는 특집 〈군사학〉을 게재하였다. 이형석李炯錫의 「임진·정유의 전사적戰史的 연구」, 페렌바크의 「한국전쟁과 미군의 시련」, 배보환裵寶煥의 「미소의 전략적 기조와 한국의 전략적 문제」, 이종학李鍾學의 「고구려 대對 수전사隋戰史의 현대적 의의」, 최성렬崔星烈의 「한국 국방정책의 방향」이 실려 있다.

1968년 제5호에는 두 개의 특집란이 마련되었다. 특집 ①은 〈새로운 생도상을 모색한다〉라는 제목으로 김동휘金東輝, 조풍연趙豊衍, 이경철李經哲, 최명상崔明相의 글을 싣고 있다. 특집 ②는 〈三士체육대회 종합우승〉이라는 제목 아래 관련 글이 실려 있다.

공군사관학교의 교지인 『하늘』은 공군사관학교 생도들의 관심사와 이들에게 요구되는 자세 및 교양, 그리고 공군사관학교의 경험 등이 생생하게 담긴 자료라 할 수 있다. 특히 교관논단과 특집란을 통해 공군사관학교 생도들의 지식 함양과 정신 무장을 독려하고 있음을 알 수 있다. 화보와 문예란을 통해서는 생도들의 생활과 의식을 엿볼 수 있다.

국회도서관에 1964년 창간호~1968년 제5호, 1984년 21호, 2003년 39호, 2004년 40호가 소장되어 있다. 이 가운데 1964년 창간호부터 1968년 제5호까지 DB화하였다. (구수미)

참고문헌

『하늘』, 1964년 창간호~1968년 제5호, 공군사관학교; 『공군사관학교 20년사 (1949~1968)』, 공군사관학교, 1974.

하사관

1968년 창간된 하사관의 회보이다. 편집 겸 발행인 없이 하사관지 원고 심사위원회에서 발행과 편집을 맡았다. 계간으로 발행되었다. 인쇄처는 육군인쇄공장이다. 160면 내외의 분량으로 발행되었다. 비매품이다.

회보는 대한민국 육군에서 하사관(오늘날 부사관)의 지휘능력 함양, 군사작전 능력 배양, 하사관의 품성과 복무규율, 하사관의 소통과 유대 강화 등을 지향하고 있다. 회보의 편집은 지휘관 논단, 주임상사 논단, 화보, 하사관을 위한 논단, 전투 수기, 사진 뉴스, 시와 수필, 만화, 세계 전쟁사 등 종합잡지의 면모를 갖추고 있다. 회보의 서체는 타자기 인쇄로 발행하고 있다.

특히, 베트남 전쟁에 참전하고 있는 현실에서 하사관의 전투 능력과 전쟁 역할이 중요한 과제로 떠오르고 있던 점을 고려하면, 회보의 기능과 역할이 갖는 중요성이 확인된다. 회보는 베트남 파병 한국군의 전투와 전쟁 수행 상황을 상세하게 소개하고 있다. 4호에는 〈특별취재〉로서 국군의 날 20주년 기념 경축행사의 일부로서 진행된 육군 연기 연예인 화랑상을 수상한 코미디언 구봉서를 소개하고 있다.

국회도서관에 소장되어 있는 1968년 4호, 1969년 5·6호를 DB화하였다. (김일수)

참고문헌

『하사관』, 대한민국 육군.

하워드한인회 News

『하워드한인회 News』는 '하워드한인회'(Korean American Community Assocication of Howard County)에서 발행하는 소식지이다. 소재지는 Maryland주 볼티모어이다. 발행인은 하워드 카운티 한인회장 송수이고, 편집인은 김은, 김면기, 이경민이고, 인쇄는 네트워크 그래픽에서 담당하고 있다.

하워드 카운티는 메릴랜드주의 한 카운티이다. 국내에는 미국에서 가장 살기 좋은 곳으로 국내에 소문이 난 곳이다. 인구 30만 명의 작은 도시라고 할 수 있지만, 2011년에 한인 비중이 8%를 차지하고 있을 정도로, 은근히 한인들의 파워가 센 곳이라고 할 수 있다. 그리고 최근에는 30대의 이민 1.5세가 한인회장으로 탄생하기도 했다.

몇몇 한인들이 헌신적인 노력을 하여, 비영리 단체인 Horizon Foundation이 카운티정부의 의견과 추천을 참작하여 하워드 카운티 한인회가 재정적으로 자립할 때까지 도움을 주기로 했다고 한다. 이에 한인들의 절대적인 수가 많다고 할 수는 없지만, 한인회의 활약을 기대할 수 있는 지역이라 할 수 있다.

특히 한인회는 상담센터(Care Line)를 운영하고 있다. 이를 통하여 카운티 지자체로부터 지원금을 받아 한인들에게 서비스를 제공하고, 타 소수민족에게 모범을 보이고 있다. 상담센터는 다음과 같은 사업을 추진하고 있다. (1) 한인과 현지주민들의 친목도모(Grassroots): 현지 주류사회에 한국과 한인 관련 정보를 제공하는 서비스인데 본 프로그램으로 통해 한인사회도 생활에 실질적으로 도움이 되는 정보를 제공받고 있다. (2) 교육청과의 협력: 한인청소년들의 문제를 파악하고 그들한테 도움을 주기 위해서 한인회와 교육청이 청소년들의 파트너가 되어 주는 일. (3) 보건(Health Alliance): 한인 중에서 건강보험이 없는 사람들을 도와주는 방안 마련. (4) 소수민족의 보호(FIRN): 영어를 제대로 못하는 소수민족을 도와주는 기관인데, 한인사회의 구성원들도 혜택을 받을 수 있도록 한인회가 FIRN과 파트너가 되었다. 이처럼 미국의 공공자금을 지원받으며 Care Line을 통해 하워드 한인회는 다양한 활동을 하고 있다.

『하워드한인회 News』는 한인회와 Care Line의 활동 소식을 한인들에게 전하고 있다. 그중 제7호를 보면 「시민권 신청, 영사 업무 및 유권자 등록 행사」, "미국 주류사회 참여는 한인사회 참여로 시작합니다"라는 캐치프레이를 내걸면서 「미국에서 성공적으로 사는 비결」, 「알아 두어야 할 사회보장제도」 등 실생활에 도움이 되는 기사를 양이 많지 않지만 알차게 소식을 전하고 있다. 그리고 한인들이 그렇게 많이 살지도 않지만, 공적 지원금을 받아서 그런지 다른 어떤 한인회나 소식지에 비해 정보와 뉴스도 알차면서 광고가 상대적으로 적어 가독성을 높이고 있다.

『하워드한인회 News』 일부가 재외동포재단 자료실에 소장되어 있고, 이를 DB화했다. (임성윤)

참고문헌

『하워드한인회 News』

가
나
다
라
마
바
사
아
자
차
카
타
파

하

하이라인

하이라인은 1969년 5월 창간된 잡지이다. 이 잡지는 양계전문지로서 매월 1일 발행되었다. 미국의 양계회사인 '하이라인' 한국총대리점에서 펴냈다. 양계지식을 보급한다는 목표 아래 무상으로 배부되었다.

『하이라인』은 1969년 5월 창간된 잡지이다. 이 잡지는 미국의 양계회사인 '하이라인'의 한국 총대리점에서 펴냈다. 『하이라인』 창간 2주년에 실린 〈하이라인 창간 2주년에 즈음하여〉라는 기사에 따르면, "본지 발행의 모체이자 미국 하이라인 양계 회사의 계약하에 하이라인 종계를 보급해오고 있는 향촌 목장에서 고객들에 대한 애프터서비스와 일반 양계인들에게 새로운 양계 지식을 보급함으로써 뒤떨어진 국내 양계업계를 신속히 발전시키는 데 일익을 담당하려는 의도에서 비롯되었던 것입니다."라고 적고 있다. 이러한 의도로 『하이라인』지는 무상으로 배부되었다.

'하이라인'종은 당시 급격히 성장하는 양계사업에서 경제성이 높은 품종으로 주목을 받고 있었다. 『하이라인』지가 창간되었던 1969년 시점에서는 전년대비 50%가 많은 약 150만 마리의 하이라인이 보급될 예정이라는 보도를 볼 수 있는데, 이러한 이유로 양계에 관한 잡지로서 『하이라인』의 의미가 있었다고 할 수 있다.

양계전문잡지답게 하이라인에는 대부분 양계와 관련된 기사가 실렸다. 주로 구성은 〈권두언〉, 〈특집〉, 〈해외소식〉, 〈하이라인 코너〉, 〈연재〉 등으로 구성되었다.

양계사업과 관련하여 품종의 도입, 생육, 관리, 출하에 이르는 전 과정을 심층적으로 다루는 기사들이 주로 실리고 있는 모습을 보인다.

한편 『하이라인』은 국내 양계산업의 동향을 밀도 있게 다룰 뿐 아니라, 양계산업 전반에 관한 전문적이고 과학적인 기사 및 통계들이 다수 실리고 있는 점이 눈에 띈다. 특히 외국 연구자의 칼럼도 자주 실리고 있다. 광고 역시 축산, 양계와 관련된 것들이 실려 있어 참고할 만하다.

현재 국립중앙도서관에 소장되어 있으며 마이크로자료, 일반 잡지 등의 형태로 제공되고 있다. 국회도서관에 소장된 1971년 24~26호, 1973년 44~46호, 51호~52호를 DB화하였다. (김강산)

참고문헌

『하이라인』, 하이라인 한국총대리점, 1971년 24~26호, 1973년 44~46호, 51호~52호; 「백수기준 百일되면 7kg」, 『경향신문』, 1969. 1. 7.

학생지도
(學生指導)

1966년 9월 창간된 부정기 간행 교육잡지이다. 편집 겸 발행은 서울시 교육연구소이고
인쇄는 삼우인쇄소, 비매품이다. 1986년 12월 제25호로 종간되었다.

서울시 교육연구소장 최상근崔相根은 다음과 같
이 잡지 발행 목적에 대해 밝히고 있다.

"학생의 생활지도를 학습지도와 전연 별개의
것으로 분리하려 하고 또 학습지도에 비해 아주
경시하는 경향이 많으나, 현재와 같이 혼탁한
사회와 다인간多人間 학교교육의 현실에서는 다
른 무엇보다 중시되어야 할 문제가 바로 생활지
도라고 생각합니다. 그 학교의 교풍은 학생 생
활지도에 의해 수립되는 것이며 면학 분위기 역시 생활지도에 좌우된다고 생각
할 때 학생 생활지도는 건전한 학풍조성의 근간이 됨을 재인식 안 할 수 없습니
다. 이에 조금이라도 일선 교육에 도움을 드리고저 그동안 준비해온 학생지도
지 제2호를 각급학교에 내놓으니(하략)" 이 잡지는 교육연구소가 법인으로 독립
하면서 발행하기 시작한 것으로, 학교 현장에서 학생지도 지침에 활용하기 위
한 것이었다.

잡지 발행주체인 '교육연구소'는 교육의 이론과 실제를 전문적으로 연구하는
기관으로 발족했다. 1952년 내한한 제1차 미국교육사절단과 UNESCO(국제연합
교육과학문화기구) UNKRA(국제연합한국부흥단) 교육계획사절단의 제안에 의해 문교
부가 발의하여 1953년 3월 9일 대한교육연합회 안에 중앙교육연구소를 설치한
것이 그 시초이다. 1965년 법인으로 독립하여 1973년 10월까지 존속하다가 교
육개발원의 개원과 함께 폐쇄되었다.

잡지는 크게 〈가이단스 및 카운슬링의 문제〉와 〈사례연구〉로 구성되었다.

1권 2호(1966. 12.)의 〈가이던스〉란에는 「민주시민교육과 생활지도-개인성 신장을 중심하여-」(이영덕李榮德, 서울사대 부교수), 「청소년들의 문제와 정신건강」(황웅연黃應淵, 이화여대 부교수) 등이 실렸다. 「표준화검사의 교육적 활용 및 그 한계」(김인수金忍秀)에서는 학생 지도시 표준화검사의 필요성에 대해 강조하고 있다. 표준화검사는 통계화된 수치를 객관적으로 표시하여 특정 개인의 동일 연령집단, 동일학년 집단 내에서 수준을 보여주며, 개인 간의 비교에서 주관적 판단에 따른 오진을 피할 수 있다는 내용이다.

「학교 카운슬러의 자질향상과 육성문제」(이범동李範東, 학생지도 상담부장)에서는 상담교사의 전문 육성 필요성에 대해 논하고 있고, 그 밖에 「오리엔테이션의 필요성과 몇 가지 문제점」(강명선姜命璇, 학생지도 상담부), 「종합고등학교의 진로상담」(이철연李鐵連, 청량종합고등학교) 등이 실렸다.

「사례연구법」(김은자金恩子, 학생지도 상담부)에서는 학생지도 방법, 자세 등에 관한 사례연구의 유형, 특성에 관한 원론적이고 교육학적인 내용을 담고 있고, 「사례연구보고」(이진영李震英, 중앙여고 카운슬러)에서는 장기 결석 학생의 원인과 지도방안을 분석한 사례연구가 실렸다. 사례연구는 지능검사, 인성검사, 흥미검사, 표준적응검사 등 각 항목을 수치화하여 대상학생의 점수를 매기고 문제의 진단을 내리는 방식으로 진행되었다. 그 밖에 '미국 학생 생활지도협회' 소개, 협회 '헌장' 등을 소개하는 내용이 실렸다.

이 잡지는 1960년, 70년대 학생지도 방향을 알 수 있는 자료이다. 특히 미국의 교육이론을 주로 소개하고 있으며, 학생의 특성분석이나 지도방안을 계량화하여 객관적으로 해결하고자 하는 것이 주요 흐름이었음을 보여준다.

국회도서관에 소장되어 있는 1권 2호(1966. 12.)를 DB화하였다. (이병례)

참고문헌

『학생지도』, 서울시 교육연구소, 1권 2호(1966. 12.).

학습

1951년 3월 20일 중국공산당 연변지위에서 편집하고 연변인민출판사에서 출판했다. 창간 시 월간으로 발행되다가 1953년부터 반월간으로 발행하였으며 1961년 정간되었다. 창간 당시 정가는 6원이다.

이 잡지는 국내외 정치적 사건들과 현실적 역사 문제 등 정치적 이론과 방향을 제시하는 역할을 자임하였는데, 창간호에 발표한 사론社論 「이론을 참답게 학습하는 것이 공산당인의 주요한 의무이다」에서 "참답게 이론을 학습하는 것은 우리 공산당원인 특히 령도 간부의 주요한 임무이고 공작을 개진시키고 간부를 제고시키는 근본방침이다. 전당적으로 이론학습을 강화하려면 먼저 이론학습에 대한 일부 동지들의 각종 착오 관점을 숙청하고 각종 모호한 관념을 바로잡고 이론학습을 강화하는 길 위에 있는 각종 사상 장애를 없애버림으로써 매개 동지로 하여금 이론학습이 주요하다는 것을 인식하게 하여야 한다."라며 이론학습의 필요성을 강조하고 이 잡지의 역할과 방향을 설명하였다.

창간호 주요 내용은 「새 학년을 맞이할 준비에 노력하자」, 「국제관계에 대한 몇 가지 지본인식」, 「어째서 세계의 력사를 개변시켰다고 말하는가?」, 「아편전쟁 이후 중국 사회성질에 어떤 변화를 일으켰는가?」, 「역사유물주의의 기본 관점」 등 이 잡지의 제호 그대로 공산주의 이론의 학습을 위한 기사들이다.

마지막 페이지에는 「인민대헌장-학습자료」가 실려 있는데 "이 책은 정치상식을 배우는 동무들과 학교 교원, 학생 및 기타 많은 동무들의 학습참고자료에 적합할 것이다. 구정협과 신정협으로 부터 공동강령 및 중화인민공화국에 대한 많은 문답식 문장들이 종합되어 있으며 신중국의 정치·경제·문화 등 각 방면에 대한 지식이 광범하게 수집되었다. 그러므로 수시로 많은 문제들을 그 가운데서 참고하여 학습할 수 있다. 이 책은 본래 연합사에서 출판하였으며 14회나 재판한 것인데 많은 독자들의 학습의 수요를 만족시키기 위하여 이번에 번역 출판하게 되었다. 각지의 교육출판사 지사 및 신화서점(연변)을 통하여 판매 중에 있다."라며 이 잡지의 출간 배경과 판매를 알리고 있다.

창간호는 한자를 혼용하여 사용하고 있는데 현재 중국에서 사용하는 간자체를 사용하지 않고 번자체를 사용하고 있으며, 편집 형식도 50년대 한국 잡지에서 볼 수 있는 세로쓰기로 이루어져 있다.

1960년 12월호는 중공 연변 조선족 자치주위원회 선전부에서 편집하여 완전 한글로만 편집되어 있다. 이 12월호는 '당의 탄생 39주년을 기념하기 위한 재직 간부의 모주석 저작 독서 운동 전개 및 금년 하반년 모주석 저작 학습 안배에 관한 의견'을 주요 내용으로 하고 있다. 「연길시 공농 군중은 모주석 저작 학습에 궐기하였다」, 「직공 군중의 모주석 저작 학습을 령도한 몇 가지 체험」, 「문화혁명의 새로운 고조를 영접하기 위하여」 등의 기사가 실려 있다.

연변대학교 도서관에 소장되어 있으며 1951년 1~5기, 1952년~1960년, 1961년 1~3호를 DB화하였다. (김성남)

참고문헌

『학습』, 1951년 창간호, 1960년 제12기; 車培根・吳泰鎬, 『中國朝鮮民族言論史』, 서울대학교출판부, 1997; 최상철, 『중국조선족 언론사』, 경남대학교출판부, 1996.

한가람

(Hangaram: Die Zeitschrift der jungen Koreaner)

『한가람』Hangaram은 잡지의 부제목에서 드러나듯이, 독일에 거주하는 한인청년들이 만들고 또 그들을 대상으로 하는 잡지이다. 잡지의 기사는 독일어로 작성되어 있다. 1년 구독료가 학생과 견습생은 9.95유로, 직장인들은 19.95유로로 책정되어 있고, 낱권으로는 2003년 2월에 발행된 19호의 경우 2유로로 판매되었다. 그리고 8호의 경우 1,000부, 19호의 경우 700부를 발행했다. 또한 8호와 19호의 발행 간격으로 보아 비정기적으로 발행된 것으로 추정된다. 사무소 소재지는 Kleistrasse 8, 10787 Berlin으로 되어 있다. 한가람의 웹사이트는 http://hangaram.de/이고, 웹사이트도 독일어로 작성되어 있다.

『한가람』(Hangaram)은 외국에서 발행되는 잡지들 중 잡지의 성격, 독자 대상, 편집진 그리고 내용 등 여러 면에서 아주 독특한 잡지이다. 『한가람』에서 한글은 거의 찾아볼 수 없고, 기사는 독일어로만 작성되어 있다. 단지 삽입된 사진들 속에서만 한글을 일부 볼 수 있을 뿐이다. 그리고 1999년 10월에 발행된 『한가람』 8호는 48쪽으로, 2003년 2월에 발행된 19호는 34쪽으로 발행되는 것에서 알 수 있듯이 잡지의 양은 그리 많지 않다.

1999년 8호의 경우 편집장은 김지은(Kim Jee-Un)이 담당했고, 현재 튀빙겐 대학 교수로 재직 중인 이유재 등 여러 명이 편집에 동참했다.

2003년 2월에 발행된 19호를 간단히 살펴보자. 이전에 발행된 것보다 양은 줄어들고, 내용은 독일과 한국 주류사회의 소식을 담고 있는 것으로 보인다. 발행부수도 700부로 줄어들었다. 황원탁 주독일대사와의 인터뷰와 약력으로 본문을 시작하고 있다. 『한가람』은 대사 본인의 한국 분단 경험에 대해 질문하면서 인터뷰를 시작하고 있는데, 한국의 분단 문제는 『한가람』의 가장 중요하고도 면면히 이어지는 주제 중 하나이기도 하다. 이 인터뷰를 1~7면에 걸쳐 가장 길게 게재하고 있다. 8~10면에 게재된 「김치, 역사교과서 그리고 축구」라는 칼럼은 한국과 일본의 관계를 문화적·정치적·외교적 측면 등 다방면에서 조망하는 글이다. 11면에는 한국의 오랜 군것질거리 중 하나인 '연양갱'에 대해 소개하고 있다. 12면에는 독일 여자배구대표팀 감독을 역임했던 박대희와의 인터뷰를 게재하고 있다. 13~15면에는 부산아시아영화제 소개를 하면서 "아시아영화에서 전쟁은?"이라는 주제의 칼럼이 게재되고 있다. 16~17면에는 독일어로 번역 소개된 소설가 이호철의 Menschen aus dem Norden – Menschen aus dem Sueden(『남녘사람 북녘사람』)에 대한 서평이 실려 있다. 18~19면에는 부산아시아경기대회에 참가한 북한의 선수들과 응원단 등을 보면서 작성된 한국은 하나의 국가인가라는 주제의 칼럼이 게재되어 있다. 20~22면에는 일본국왕과 왕비에 대한 소개와 역사를 정리하고 있다. 23면에는 재외동포재단에 대한 소개, 24~27면에는 한국의 병영생활과 군사문화에 대한 소개, 28면부터 34면까지는 한가람에 대한 소개와 기고와 구독을 요청하는 글이 실려 있다.

아주 드물게 광고가 게재되는 것으로 보아, 판매와 구독료 그리고 개인들의 희생으로 운영되는 것으로 보인다. 양도 많지 않고 발행부수도 적지만, 다른 어느 한인 발행 잡지보다도 독립적으로 자기만의 색깔을 유지하고 있는 잡지이다.

『한가람』은 재외동포재단 자료실에 일부가 소장되어 있고, 그것을 DB화했다.

(임성윤)

참고문헌

『한가람』, Hangaram; http://hangaram.de/(『한가람』 홈페이지).

한국경영사례집
(韓國經營事例集)

서울대학교 상과대학 한국경영연구소에서 1968년 12월 30일에 창간하였다. 종간호는 확실치는 않으나 1971년(통권 4호)까지 발행했음을 알 수 있다. 1년에 한 번씩 나왔으며 제1집의 발행 겸 편집인은 오상락吳相洛, 인쇄처는 서울대학교 출판부이고, 발행처는 서울대학교 상과대학 한국경영연구소(서울특별시 성북구 종암동 19번지)이다. 판형은 국배판으로 총 142쪽이며 비매품이었다.

창간호 대신 이 연구소의 소장으로 재직하고 있는 오상락의 「서언」이 실려 있다.

"우리나라에도 6·25 동란 이후 미국식 경영학의 도입과 더불어 사례연구방법이 소개되어 이러한 방법에 의한 교육이 점차로 활발해지고 있음은 기쁜 일이다. 그러나 우리나라의 경영학계를 보면 사례 토의의 훈련 부족은 논외로 하더라도 수집될 사례가 외국에 비하여 태무하므로 이 방법의 광범위한 이용은 많은 제약을 받고 있다.

이러한 사정을 통감하여 본 연구소는 인사, 조직, 재무, 생산 '마아케팅'의 각 부문에 걸친 사례를 한데 모아 이제 한 권의 책으로 발간하게 된 것이다.

물론 처음 발간하는 사례집인 관계로 미비한 점이 한 둘이 아닐 줄로 안다. 그러나 다음에는 좀더 훌륭한 사례집을 만들어 내놓을 것을 약속한다. 부족한 점이 많은 이 책이 우리나라의 경영학 교육에 일조가 된다면 더 없는 다행으로 생각하겠다."

이로 미루어 경영학의 실제 교육에 필요한 국내 기업들의 구체적인 경영 사례를 모아 놓은 자료집이자 경영학 교재임을 알 수 있다.

1집의 목차를 보면, 오상락 「창신제지공업주식회사」, 오상락 「The Seoul

Marine Products Marketing Company」, 심병구·노병탁 「성광공업주식회사」, 김식현 「K국 P항공 한국지점의 노사분쟁」, 서상룡 「한일공업주식회사」, 곽수일 「선일산업주식회사」, 곽수일 「대한조선공사」, 곽수일 「국정교과서주식회사」, 신유근 「동성기업주식회사」, 신유근 「한국종합병원」 등이 실려 있다.

1969년 2집에는 황병준 「Unfair Labor Practice in the East Airlines Corporation」, 안태호 「시대복장사」, 오상락 「미도파백화점」, 한휘영 「한일약품주식회사」, 김원주 「D제약주식회사(A)」, 김원주 「D제약주식회사(B)」, 김식현 「M서적주식회사」 등이 게재돼 있다.

1971년 제4집에는 전영준 「철도청」, 심병탁·윤주섭 「삼룡직물주식회사」, 오상락 「Taewon Agricultural Products Co, Ltd」, 한휘영 「S통상주식회사」 등이 보고되어 있다.

이 사례집을 통하여 경영학 교수진은 물론이요, 학생들은 기업경영의 구체적 실상과 일목요연한 전체상을 그려보면서 경영학 전반의 이론을 실제에 대입해 보는 연습과 훈련을 할 수 있었으리라는 추측을 하게 한다. 이 사례집은 뿐만 아니라, 한국 기업 초창기의 여러 면모를 생생하게 전달하여 준다는 점에서도 의미가 있는 자료집으로서의 가치를 갖고 있다고 하겠다.

특이하다고 할 점은 판형 바로 위에 "창의는 현상에 만족할 줄 모르는 줄기찬 의지의 산물이며 기술은 발전과 향상의 모체다."라는 '대통령 연설문에서' 인용한 문구가 박혀 있다는 것이다.

이 사례집은 서울대 도서관에 소장되어 있으며, DB 상태는 아주 좋다. (전상기)

참고문헌

『한국경영사례집』 창간호, 1968; 『한국경영사례집』 2집, 4집, 1969, 1970.

한국문학

(韓國文學)

1966년 2월에 창간되어 1967년 5월 통권 제4호로 종간되었다. 국판. 300면 내외로 현암
사玄岩社에서 발행하였고, 편집인은 조상원趙相元이었다. 나머지는 판권이 없어 확인하기
어렵다.

1966년 창간된 계간문예지이다. 창간사나 편집
후기가 없어 창간 동기를 확인하기 어렵다. 김
수영의 주요 작품이 실려 있는 매체로 유명하
다.(「적」, 「절망」, 「이 한국문학사, 처용삼장의 시작노트」
등) 알려진 바에 의하면 이어령李御寧이 실질적
으로 주재하였고, 소설에 강신재康信哉·박경리朴
景利·서기원徐基源·선우휘鮮于輝·유주현柳周鉉·
이범선李範宣·이호철李浩哲·장용학張龍鶴·최인훈
崔仁勳, 시에 김구용金丘庸·김수영金洙暎·김춘수金
春洙·전봉건全鳳健, 평론에 유종호柳宗鎬·이어령·
홍사중洪思重 등이 편집위원으로 참가하였다.

창간호 목차를 살펴보면 장용학의 원형의 전설에 관한 「소재노우트」가 실려
있으며 시에는 김구용, 김수영, 김춘수, 박성룡, 전봉건 등이, 소설에는 강신재,
박경리, 서기원, 선우휘, 유주현, 이범선, 이호철 등 당대 대표 작가들의 작품이
실려 있다. 평론에는 유종호, 이어령, 홍사중의 글이 실려 있으며, 김수영의 번
역으로 알베르트 카뮈의 「각서」가 실려 있다. 게재소설 합평회가 실려 있는데,
이러한 점은 이 매체가 문학전문지로서의 정체성을 지향했다는 점을 알 수 있
다. 2호에는 최인훈의 「크리스마스 캐럴 5」가 실려 있으며, 박경리, 유주현, 강
신재, 이범선 등의 소설과 김수영의 대표 번역 텍스트인 스티븐 마커스의 「현대
영미소설론」이 실려 있다. 특집으로 아시아·아프리카 문학이 기획되어 번역텍
스트로 실려 있다. 「해외문제작」도 실려 있다. 이외에도 3호에는 백철 이외에도

김현, 염무웅, 조동일, 천승준 등 당대 신진 평론가들의 글도 실려 있어, 중진과 신진 모두가 필진으로 참여하는 문학 전문지로서의 면모를 보여준다. 외국어대, 서울교대, 성균관대에 소장되어 있다. 이들을 입수하여 1966년(춘하추) 발행된 세 권을 DB화하였다. (박지영)

참고문헌

『한국문학』; 두산대백과사전(http://terms.naver.com/entry.nhn?docId=1161050&cid=40942&categoryId=31773).

가

나

다

라

마

바

사

아

자

차

카

타

파

하

한국시단

(韓國詩壇)

1969년 1월 창간된 시전문잡지이다. 발행인은 이장근, 주간은 기해성, 발행처는 한국시단사, 인쇄소는 남일인쇄주식회사이다. 가격은 100원, 50여 면으로 발행되었다.

1969년에 발행된 시전문잡지이다.

한국시단사 사장 이장근李莊根은 창간사에서 "조국근대화 작업과 함께 새로운 정신풍토의 조성을 위하여 한국의 유일한 시지詩誌 『한국시단』을 발행하기로 했다."고 전한다. 그러면서 기획 원칙을 다음과 같이 전한다.

1. 젊은 시인들의 작품 발표의 광장으로 할 것입니다.

2. 특히 지방 시인들의 시작품을 우대할 것입니다.

3. 시, 시조, 시론, 외국시관계, 이외는 일체 취급하지 않을 것입니다.

4. 연간 행사로 매년 10월에 시에 대한 심포지움이나 세미나를 가질 작정입니다.

5. 〈시인의 밤〉을 개최하여 시인들의 화목을 지향케 하겠습니다.

6. 한국시단사의 시상詩賞을 두겠습니다.

7. 신인들을 위한 추천제를 두되, 추천은 문단 권위자에 의하여 하겠습니다.

8. 제가 인쇄업과 신문사를 경영하는 한 원간으로 「한국시단」은 끊임없이 발행이 될 것입니다.(1968년 12월 20일)

주간을 맡은 시인 김해성은 편집후기에서 그 감격을 전한다. "한국에서 시전문지를 낸다는 것 그것도 월간으로는 더욱 벅찬 일이다. 그러나 인쇄소와 신문사를 가지고 계신 이사장님의 배려로 시지가 탄생한 것이다."라고 발행인에 대한 감사의 뜻도 함께 전한다. 발행인 이장근은 신약신보 사장이며, 남일인쇄주식회사 사장이기도 하다. 이장근의 열의와 재력으로 그간 발행하기 힘들었던 시 전문잡지가 월간으로 세상에 나오게 된 것이다.

"책이 나오기까지 애로도 많았다. 앞으로는 좀 쉽게 나올 것 같다. 한국의 시인이 5백 명이라고 한다. 5백 명의 시인을 위해 보탬이 되고저 한다."고 발간까지의 고생과 앞으로의 포부도 밝힌다.

전체 편재를 살펴보면 시전문지답게 〈시조단時調壇〉, 〈시단詩壇〉, 〈시편록詩片錄〉, 〈시론詩論〉란이 있다. 〈시조단〉의 경우 당대 시조 창작에 대한 열의를 반영한 것으로 보인다. 〈시편록〉란에는 편집실이 마련한 〈신간평〉 코너가 있다. 그리고 〈시단동정〉란이 있어 시인들의 근황을 전하고 있다.

이러한 기사들을 통해서 이 매체는 한국시단 전반의 상황을 전하면서 시인들 간의 소통을 이끌어내는 시 전문지로서 역할을 충실하게 해내고자 한다.

또한 이 매체는 창간사에서 전한 바대로 신인의 육성을 위해 1호부터 신인추천제를 실시하고 있다.

「추천제도설치」란 제목의 〈사고〉에 의하면 "한국시단사에서는 신인들을 발굴하기 위하여" "작품을 모집한다."고 한다.

분야별로 추천회수도 정하고 있다. 시부(3회), 시조부(3회), 시론부(2회)이다. "추천인은 한국문단에서 권위 있는 분에게 매월 '윤번제로 한다."고 전하고, 작품 투고 시 "응모할 땐 3편 이상을 동봉할 것"이라고 정한다.

2호에는 작품이 투고되었는지 김용호와 이은상의 추천사가 실린다. 2호에 추천된 작가는 홍준오로 이 호에 그의 추천완료 소감인 「여백의 장」이 실려 있다.

이 매체는 지면의 제공을 통해서 당대의 기성 시인들부터 신인들까지 아울러 창작을 독려하고 시비평의 활성화에 기여하고자 했던 것이다.

창간 기념으로 〈신시조 60주년 기념 심포지움〉이 개최된다. 한국시조작가협회와 공동으로 주관한 것이다. 이 심포지움에서는 "1부, 시조의 일반문제", "제2부 토론" 순서로 백철, 김상옥, 이태극, 김해성, 김준, 장순하, 김동준, 유성규, 김종문이 발표를 한다.

이 기획은 시와 시조에 대한 담론의 활성화에 기여하고자 마련한 자리라고 볼 수 있다.

이러한 활동을 통해서 이 매체는 1960~70년대 대표적인 시 전문잡지로 당대 시 동인지의 열풍 속에서 나름대로 순수 시문학 잡지의 명맥을 잇고자 노력한 잡지이다. 연세대학교에 일부가 소장되어 있다. 이를 입수하여 DB화하였다.

(박지영)

참고문헌

『한국시단』(1969년 1월).

한국의약
(韓國醫藥)

1958년 10월 1일 창간된 월간 잡지이다. 발행 겸 편집인은 김현철金鉉哲이고 주간 겸 편
집국장은 이광희李光熙 발행처는 서울시 용산구 갈월동 6-5(한국의약사)이다. 약 100쪽
분량으로 정가 400원이다.

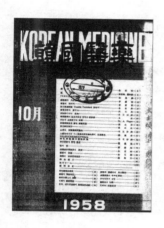

한국의약사는 1950년부터 『주간한국의약시보』
를 발간하였으나, 화재로 사옥이 소실되고 잡지
를 휴간하다가 1958년 『한국의약』으로 속간하
였다. 한국의약사 사장 김현철金鉉哲은 「창간사」
에서 다음과 같이 잡지 창간 취지를 밝히고 있다.
  "의학이 발달한 오늘날에 있어서도 우리네 의
약계는 후진성을 탈피치 못하고 있습니다. 우리
가 이 후진된 의약계의 결함을 어떻게 타개해
야 하겠는가 하는 것은 우리네 당면 과제가 아
닐 수 없습니다. 이것은 일부의 학자나 몇몇 전
문가로서만이 당면 과제가 진척되는 것은 아닙니다. 전체 의약인의 각성이 또
한 요청되는 것입니다. (중략) 다른 나라에서의 예를 보더라도 의약학자의 논문
을 외국어로 번역하여 세계 각국에 보급함으로써 의약학술에 대한 외국인의 경
각성을 높이고 있습니다. (중략) 이 같은 예로서도 우리네는 좀 더 새로운 식견을
배양할 수 있는 많은 교양지의 출현을 요구하고 있습니다. 이같이 절실한 요구
가 실제면에 나타남으로써 본사에서는 모든 난관을 무릅쓰고 『한국의약』을 이
세상에 내놓게 되었습니다." 의약계의 학술적 발전을 도모하고 나아가 의약업
계의 진전을 위해 잡지를 발간한다는 것이다.
  이 잡지는 의학 분야의 학술적 논문과 의약의 성분, 효능을 소개하는 글, 의약
계의 현실을 진단하고 방향을 제시하는 글로 구성되었다. 창간호와 2호는 특별
한 지면 구분 없이 발행되었고 2권(1959년)부터는 〈원저原著〉, 〈임상臨床〉, 〈논단

가

나

다

라

마

바

사

아

자

차

카

타

파

하

論壇〉,〈제언提言〉,〈의학상식〉,〈신新의약품〉 등으로 구성되었다.

창간호(1958. 10.)는 학술 논문으로「'이레우스'지견知見 보유補遺」(김성진金晟鎭, 의학박사),「신경병과 내분비질환」(이종규李鐘奎, 갱생의원장),「진자양振子樣편도선에 대하여」(김기령金基鈴, 수도의과대학 이비인후과) 등이 게재되었고,「의학분야와 원자력」(홍문화洪文和, 서울대 의학대학교수),「방사선이라는 괴물」 등 기초의학에 관한 논문이 실렸다. 이어서「한국의약의 기본방향을 말하는 좌담회」개최 기사가 게재되었다. 좌담회는 의과대학 교수와 정신위생연구소장, 적십자사보건부장 등 의료와 약업 분야 관계자가 참석하여 의약업 분야의 학문적·실천적 방향을 모색하고 있다.

〈신약 소개〉로는「이뇨와 혈압강하 신약」에서 Chlorothiazide의 성분과 약리작용이 소개되는 등 다양한 약물 소개가 이루어졌고〈신치료법〉에서「약물알러지」(강필구姜必求 번역)에 관한 내용이 실렸다. 또한「토양 내에서의 십이지장충란 및 회충란의 생태조사」(소진탁蘇鎭卓, 연세대의과대학) 등 질병 원인에 대한 실태조사와 실험에 관한 보고형식의 글이 실렸다.

의약계 현실을 진단하는 글로「의계醫界 발전에 대한 우견愚見」(한용동韓龍東, 서울대 의학대학장),「한국 치과학술계의 전망」(김용선金用瑄, 서울대 치과대학교수),「한국의 결핵 관리 현황」(변해원邊海元, 국립중앙결핵원장) 등 논설류의 글이 게재되었다.

잡지 하단에는 '악성종창치료제', '구충약' 등 치료약에 대한 성분, 효능 소개와「열상熱傷은 어느 정도에 달하면 치명적인가」등 질병 상식과 처치법 등을 소개하는 글이 실렸다.

이 잡지는 의사, 약사, 의학도를 주요 독자층으로 하고 있으며, 이들에게 의약업 관련 전문적 지식을 보급하고 의약계의 현황과 실태에 관한 정보를 제공하는 것에 초점이 두어졌다.

국회도서관에 소장되어 있는 창간호(1958. 10.)와 1권 3호(1958. 12.), 2권 1(1959. 1.)~12호(1959. 12.), 3권 1호(1960. 1.)·2호(1960. 2.), 4권 9호(1961. 9.)·10호(1961. 10.)를 DB화하였다. (이병례)

참고문헌

『한국의약』, 한국의약사, 1권 1호(1958. 10.), 1권 3호(1958. 12.), 2권 1(1959. 1.)~12호(1959. 12.), 3권 1호(1960. 1.)·2호(1960. 2.), 4권 9호(1961. 9.)·10호(1961. 10.).

한국잡지계
(韓國雜誌界)

1967년에 창간된 학술지로 한국잡지협회, 한국잡지 윤리위원회, 기자협회에서 공동으로
발간하였다. 발행 겸 편집인 최원식·왕학수, 인쇄인 유기정, 편집 구현서이다. 편집위원
은 민영빈, 조연현, 민재식, 남구봉, 윤민언이다. 1970년 이후에 발간 주체가 한국잡지협
회로 바뀌었다.

『한국잡지계』는 3개의 단체에서 함께 발간한 잡
지이다. 먼저 한국잡지협회는 1962년 10월에
설립된 단체로 한국잡지 발행인협회 창립총회
를 거쳐 1963년 1월에 법인 설립 허가를 받았
다. 한국기자협회는 1964년 8월 5일에 공포 시
행된 '언론윤리위원회법'에 언론계가 맹렬한 반
대투쟁을 하는 와중에 만들어진 단체로 당시 정
부의 시도에 굴복한 발행인 그룹과 대립하여 언
론계 내부가 분열되기도 하였다. 잡지윤리위원
회는 1965년 7월에 만들어졌는데 잡지 윤리를
자율적으로 정화하기 위한 단체였다. 이 세 단체가 모여 잡지를 발간한 것으로
당시 잡지계의 당면과제를 주요하게 다루었다.

1968년 3월에 발간된 2권 1호의 구성을 보면 잡지 서두에 「68주요잡지표지
화보」라 하여 68년 1, 2월에 간행된 잡지의 표지를 실었다. 이어 한국잡지협회
장이 최원식의 권두언 「근대잡지 60년」을 실었는데 잡지계가 처한 열악한 상황
에 대한 개선을 촉구하는 데 초점을 맞추고 있다. 오늘날 잡지계가 당면한 과제
를 이야기하면서 "3년여에 걸친 투쟁과 협의 끝에 이제 겨우 잡지 제작 코스트
에 큰 비중을 차지하는 용지문제를 어느 정도 해결했다고는 하지만 그것도 아
직은 만족할 만한 것이 못 되고 전화번호부의 언론기관란에 잡지사도 게재하
게 되었지만, 다른 언론기관에 대한 전화요금 할인의 혜택을 아직 받지 못하고

있으며 경영, 판매 등의 문제와 이 밖에도 잡지가 가지는 매스·매디아의 역할에 비해 우리가 앞으로 해결해야 할 일은 너무도 중첩해" 있다는 사정을 토로하고 있다. 이어 1967년 11월에 열렸던 한국잡지윤리위원회의 세미나를 정리한 홍승면의 「대중문화의 형성과 잡지의 역할」, 정충량의 「한국잡지의 방향」을 각각 주제와 발제강연의 형식으로 실었다. 설문도 있어서 「잡지를 보는 눈」이라는 제목 하에 종합지를 어떻게 보는가, 여성지를 어떻게 보는가, 대중잡지는 좋아졌는가, 기타지에 대해 의견이 있다면, 100호 이상의 잡지가 증가하는 데 대하여, 잡지의 윤리성을 어떻게 보는가, 잡지독자를 늘리기 위한 의견 등의 문항으로 조사하였다. 이 밖에 「잡지·한국과 일본」이라는 제목으로 실린 일본잡지계를 시찰하고 온 후 열린 좌담회, 조풍연의 「매스컴으로서의 잡지」, 앙드레 폰테느의 글을 번역한 「매스·매디아와 성장요건 (1)」 「용지난 타개를 위한 건의서」, 「자율심의결정문」 등의 글을 실었다.

여기서 「용지난 타개를 위한 건의서」를 보면 특히 '백상지와 아트지를 중심으로'라는 부제를 달고 있는데 간단히 정리하면 국산용지는 외국산보다 품질도 떨어지고 가격도 비싸다는 것으로 이들 종이를 그저 단순한 상품으로만 취급해서는 안 되며, 필요한 양이라도 수입할 수 있게 해달라는 건의를 주요 내용으로 하고 있다. 용지문제는 당시 잡지계에 중요한 문제였으므로 다음 호에서도 중요하게 거론되었다. 1968년 5월에 발간된 2권 2호에서는 「종이 없는 문화」라는 권두언부터 용지 문제를 거론하고 있으며 「용지정책 이래도 괜찮을까?」라는 좌담회가 열렸다.

국회도서관에 1968년, 1969년, 1973년 간행분이 소장되어 있으며, 이를 DB화하였다. (임경순)

참고문헌

『한국잡지계』 1968, 1969, 1973년.

한국전력

(韓國電力)

1961년에 창간된 한국전력주식회사의 기관지이다. 발행·편집 겸 인쇄인 박영준, 인쇄처 광명인쇄공사이다. 월간으로 발간되었으며 비매품이다.

한국전력주식회사는 1961년에 공포된 한국전력주식회사법에 따라 조선전업, 남선전기, 경성전기가 통합되어 설립되었다. 『한국전력』은 이렇게 성립된 한국전력의 기관지로 1962년 7월에 발간된 10호를 보면 화보 이후 본문이 시작하는 첫 면에 「가족계획 산아제한을 목적으로 하는 정관수술에 대하여」라는 글이 실려 있다. 이어 취체역사장 박영준의 권두언 「운영계획을 완수키 위하여 가일층의 분발을 요망한다」, 경제기획원 종합기획국장의 「경제개발 5개년계획의 해설」, 공보실이 제공한 「한국전력 창립1주년간 주요업적」, 「전기요금론」 등을 실었으며, 「한전의 회사법과 정관의 해설」도 실었다. 편집후기가 독특한데, 일부를 인용하면 다음과 같다.

"광복 제17주년 기념사 속에서 박의장이 강조한 바와 같이 우리에게는 아직 두 개의 해방과업이 남아 있다. 하나는 온 겨레가 현재의 혹심한 경제적 빈곤에서 해방되어야 하는 것이요, 둘째는 저 폭악무도한 〈볼쉐비키〉들을 이 강토에서 추방해버릴 수 있는 충분한 실력을 급속히 배양함으로써 북한을 해방시키는 것이 바로 그것이다. (중략) 태풍 〈노라〉가 북한의 허리를 가로질러간 뒤를 이어 〈오팔〉은 우리 인천 근해와 연평도 부근에 짓궂진 망나니의 광태를 드러내고 달아나 버렸다. 빈곤의 나락에서 헤어날 길이 묘연한 영세어민의 무고한 생명을 앗아간 목메는 참상에 묵연히 명목할 따름이지만 그렇기로니 이 철없는 망나니의 위험성을 관상대가 사전에 예보하였음에도 불구하고 이런 춘사椿事에 휩쓸려 들어간 당사자들의 무신경을 책하지 않을 수 없는 심정이다. 해마다 거의 주기적으로 되풀이되는 태풍의 피해 따위는 사전의 치밀한 예방으로써 최소한으로 막을 수 있을 것이다. 독자 제현의 건승을 빌면서 두서없는 후기를 주린다."

한국전력의 기관지라는 성격과는 다소 동떨어져 보이는 이 편집후기는 이 잡지가 창간된 시기나 한국전력이 설립된 시기가 5·16쿠데타 직후라는 것을 감안해야 이해가 갈 듯하다. 『한국전력』을 인쇄한 광명인쇄공사는 쿠데타 직전 혁명공약을 비밀리에 인쇄해준 곳으로 이후에도 군정과 밀접하게 관련된 인쇄소이며, 사장으로 임명된 박영준은 육군 정훈감과 39사단장, 5군단 부군단장을 역임한 현역장군이었다. 또한 3사를 통합하여 한국전력을 설립하는 과정에 수많은 사람들이 해고되고 새로운 사람이 신규 채용되면서 숱한 우여곡절이 있었고 이는 법정투쟁으로 이어졌다. 이 분쟁은 1966년 2월에야 일단락되었다. 이러한 와중에 창간된 기관지인 만큼 잡지 자체의 독자성이나 전문성보다는 설립 주체의 입장을 강변하는 성격을 띠었다. 이후에는 문학작품과 논문이 평면적으로 배열되는 구조로 편집되었는데 전문성이 이전보다는 강화되었다.

국회도서관에 1962년과 1964년에 발간된 잡지가 소장되어 있으며 이를 DB화하였다. (임경순)

참고문헌

『한국전력』, 1962년, 1964년; 「전력사업」, 『매일경제』, 1973. 1. 29.

한누리

『한누리』는 싱가포르 한인회에서 내는 회지이다. 1992년에 계간지 형식으로 창간되었다가, 2005년 격월간지로, 2008년 월간지로 거듭났고, 2011년 7월 100호를 발간했다. 2013년 10월에 나온 128호에 발행인은 정건진(한인회장), 편집장은 박정희, 인쇄는 Allegro Print Pte Ltd.에서 담당했다. 사무소 주소는 71B Tanjong Pagar Road #03-01 S 0884492이다. 홈페이지 주소는 www.koreansingapore.org이다.

싱가포르에서 오랫동안 기업경영을 해오면서 한인회의 주축으로 활동했고 싱가포르 한인회의 회보 『한누리』 창간과 발행에 큰 역할을 했던 정영수는 최근에 『멋진 촌놈』(2012)이란 책을 냈다. 그 책에 보면 싱가포르 한인사회와 한인회의 역사와 발전을 알 수 있는 글들이 실려 있다.

정영수 한인회장은 『한누리』가 창간되고 얼마 지나지 않은 1994년에 봄에 싱가포르 한인사회와 『한누리』 운영에 대해 자신감을 피력하면서 각오를 다지고 있다: "그동안 발행되어 온 『한누리』를 바탕으로 한인회에서는 싱가포르에 관한 상세한 정보를 수록한 생활정보지를 발간, 또다시 회원들로부터 호평을 받았습니다. 이제 자리를 잡기 시작한 『한누리』는 앞으로도 계속 회원 여러분의 유익한 회지가 되도록 노력하겠습니다."

이후 정영수 한인회장은 『한누리』 1995년 봄 호에 다른 동남아 지역도 마찬가지이지만 싱가포르에서도 한인들의 진출이 급격하게 증가하고 있음을 언급하면서, 특히 대기업들의 역할을 강조하고 있다: "한인사회의 권익을 보호하기 위하여 한인들의 실상을 빠짐없이 파악하고자 합니다. (중략) 지금 싱가포르에는 한국의 대기업들이 속속 해외본부를 설치하고 있으며 이에 따라 주재원들의 싱가포르 거주가 늘어나고 있습니다. 이러한 시점에서 이들 회사, 특히 회사 중역들은 기업의 발전뿐만 아니라 우리 국민, 우리나라의 현지 위상 정립을 위하여 참여와 지원을 아끼지 말아야겠으며 이 사회의 일원으로서, 지도자로서의 역량을 십분 발휘해 주시기 바랍니다."

그리고 누구보다 먼저 싱가포르에 진출한 선배로서 정영수 한인회장은『한누리』를 통해 한인들에게 조언을 하기도 한다: "새로운 사업을 위해 (싱가포르에) 찾아오는 사람들에게 나는 다음과 같은 조건이 필요하다고 말해준다. 재산이 많거나(Rich Man), 큰 회사의 적극적인 지원이 있거나(Big Supporting), 전문성이나 특수성이 있는 자(Specialist). 위 세 가지 중 한 가지라도 만족되지 못한다면 차라리 여기보다 조금 못한 주변국가로 가서 같은 노력을 한다면 빠른 정착을 할 수 있을 것이라는 조언을 빼지 않고 하고 있다. 그것은 그만큼 싱가포르에서 사업을 한다는 것이 어렵다는 것이다"(『한누리』, 2000년 겨울호).

위와 같은 싱가포르에서 성장한 한인사회의 모습을 2013년 10월(통권 128호)의『한누리』를 통해 간단히 살펴보자. 표지에는 1,000여 명의 많은 한인들이 참여한 가운데 토아파요경기장Toa Payoh Stadium에서 열린 「싱가포르 한인한마당」 사진이 실려 있고, 본문에는 다른 많은 사진들과 함께 그 내용이 상세하게 소개되고 있다. 본문 맨 앞부분에 싱가포르 한인 50년사 출판기념회와 싱가포르 한인 50주년 기념 연주회 공지가 개제되어 있다. 한인소식으로 「싱가포르 한인 병역 개선 청원서 국회 제출」, 「싱가포르 한인50년사 회의」 등을, 생활정보로는 싱가포르에서 저렴하고 맛있는 로컬음식 경험하기, 싱가포르에서 살면서 겪을 수 있는 법률문제를 쉽게 풀어 설명해주는 〈생활법률〉 코너, 부동산투자 요령, 건강상식, 여행정보 등을 게재하고 있다. 그리고『한누리』를 통해 드러나는 싱가포르 한인들의 생활모습은 다른 동남아 국가의 한인들처럼 전반적으로 높은 것으로 보이는데, 그에 도움이 되는 생활정보들을『한누리』는 제공하고 있다.

또한『한누리』는 한인들이 잘 모를 뿐만 아니라 혼동하기 쉬운 다민족사회인 싱가포르의 민족구성에 대해 소개하며 한인들의 싱가포르 적응을 돕고 있다: (1) 싱가포리언, (2) 말레이 싱가포리언, (3) 인디언 싱가포리언, (4) 차이니즈 싱가포리언 등.

여타 다른 한인회보와 마찬가지로 싱가포르한국국제학교(www.skis.kr), 싱가포르 한국상공회의소 자선 골프대회, 한인여성회, 싱가포르 한인교회, 대한불교

조계종 싱가포르 제1포교원인 "연화원" 등을 소개하고, 한인회 공지사항에 회비 납부 현황을 게재하고 있다. 그런데 법인회비가 따로 분류되어 있고 그 수도 개인 회부 납부자보다 오히려 더 많아 보이고 한국의 주요 기업들이 망라되어 있다. 이는 그만큼 한국 기업들의 싱가포르 진출이 눈부시기 때문일 것이다. 그리고 회보의 뒷부분은 한인업소들 일부와 대기업 광고로 가득 채워져 있다.

이러한 내용과 형식으로 구성된 싱가포르 한인회의 회지 『한누리』는 싱가포르 한인의 풍족한 생활상을 보여줄 뿐만 아니라 더 나은 미래를 위해 싱가포르 한인들이 어떻게 해야 할지를 논의하는 장으로서 기능하고 있다.

『한누리』 일부가 재외동포재단 자료실에 소장되어 있고, 이를 DB화했다. (임성윤)

참고문헌

『한누리』; 정영수, 『멋진 촌놈: 36년간 적도에서 일궈낸 한 경제인의 사업과 인생 이야기』, 이지출판, 2012.

한독레포트
(Koreanisch-Deutscher Report)

『한독레포트』는 독일에서 공익단체로 인정받은 한독협회Koreanisch-Deutscher Verin 에서 발행하는 잡지다. 편집은 임석훈이 담당하고 있다. 잡지사의 주소는 Wilhelm-Leuschner-Str. 11 65824 Schwalbach로 되어 있다. 1998년 10월호는 3,500부, 1999년 10월호는 5,000부를 발행했으며, 독일을 비롯한 유럽 각 지역과 국내기관과 대학에도 무료로 배포하고 있다.

『한독레포트』는 30쪽 정도로 발행되고 있다. 전반부는 한글로, 후반부는 주로 독일인들이 쓴 기사와 칼럼들이 독일어로 게재되어 있다.

기사들의 내용은 가볍지 않은 기사들로 주로 채워져 있다. 「30년 전 독일의 68문화혁명」, 「구 동독의 거품경제」, 「독일대학의 랭킹」, 「광고로 본 독일교육」(1998년 10월호) 그리고 「평통은 해외교포에게 아무런 가치도 없는 조직이다」, 「나치 전범자에 대한 재판」, 「합리적 사고와 기업경영」, 「독일 대학의 랭킹」(1999년 10월호) 등 가볍지 않은 주제들을 담은 기사들이 주종을 이룬다.

독일어로 된 기사들도 주제가 무겁기는 마찬가지다. 가령 「유교와 하이테크 Kofuzius und High Tech」, 「한국과 독일 간의 문화교류Kulturaustausch zwischen Korea und Deutschland」(1998년 10월호)와 「여성교육의 선구자 이화여자대학교Ewha: Die 'Bluete der Birne' dedeiht. Suedkoreas Elite Universitaet fuer Frauen」(1999년 10월호) 등 철학과 역사 등 학문과 관련된 글들이 주로 게재되고 있다.

이어서 프랑크푸르트 지역 종교단체 주소록, 교민업체 주소록 등이 일목요연하게 실려 있다. 그리고 지면 여기저기에 한인들이 운영하는 업체들 광고가 실려 있지만, 다른 한인회보에 비해서는 그 양이 상당히 작다고 할 수 있다. 해외

한인들이 발행하는 신문과 잡지 중에서 가장 격조가 높은 잡지라고 해도 과장이 아닌 잡지가 『한독레포트』이다.

『한독레포트』 일부가 재외동포재단 자료실에 소장되어 있고, 이를 DB화했다.

(임성윤)

참고문헌

『한독레포트』

한마당

(말레이시아 한국인학교)

『한마당』은 말레이시아 한국인학교의 교지이다. 1989년 2월에 창간호가 발행되었다. 매
년 한 권씩 발행하고 있고, 2011년 현재 23호를 발행하고 있다.

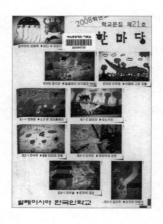

말레이시아 한국인학교는 1974년 12월 7일에
개교했다. 처음에 유아반 9명, 초급반 25명, 상
급반 7명, 중고반 10명, 총 51명의 학생으로 시
작했다. 1986년에 서장원 박사가 초대교장으로
부임했다. 2005년 2월에 말레이시아 정부로부
터 인가를 받아 학교법인을 설립했다. 2010년
에는 이명박 대통령 내외가 학교를 방문하기도
했다.

『한마당』의 앞부분에는 말레이시아 한국인
학교 교직원 일동 명의로 삼성그룹 말레이시아,
해마회, SDMA 협성회, SEMA 협성회, 한진해운 등 후원을 해준 기업과 개인들
에게 감사의 표시를 한 페이지가 있다.

말레이시아 한국인학교 교장 류승완(2008년 5월부터 2011년 현재까지 재임 중)은
2008학년도 제21호를 발간하면서 『한마당』의 발행 취지를 밝히고 있다. "『한마
당』은 우리 학생 모두가 만든 우리의 추억입니다. 유아, 유치부 학생들의 고사
리 같은 귀여운 손으로, 초등부 학생들의 해바라기와 같이 방긋 웃는 마음으로
중고등부 학생들의 밝은 미래를 향한 이상으로./ 늘 우리 아이들이 바르고 곧게
티 없이 자라기를 바라며, 하루하루 매 순간을 마음 졸이면서 주기만을 바라고
받을 줄은 모르시는 부모님의 사랑으로,/ 열악한 환경에도 묵묵히 학생들을 지
도하며 크게 키우고자 늘 노심초사 하시는 선생님들의 노력으로,/ 이루어진 사
랑의 한마당입니다./ 비록 작가의 글과 같은 훌륭한 글은 아니지만, 또 화가가

그린 명품의 그림은 아니지만, 우리만의 공감할 수 있는 마음의 노래와 같은 것입니다. 나중에 '아, 더 멋있게 할 수 있었는데 ….' 하며 더 멋진 글과 그림을 쓰고 그릴 수도 있겠지만, 지금 여기에 실린 우리 아이들의 작품들은 모두가 최선을 다한 명품의 글이요 그림입니다."

매년 학생들의 그림 작품을 10여 개 선별해서 표지 그림으로 사용하고 있다. 그리고 이어 학교 연혁을 꼼꼼하게 정리하여 학교의 역사를 일목요연하게 보여주고 있다. 그리고 선생님들의 단체사진과 각 반별 단체사진을 게재하고 있는데, 사진에 나온 인원들을 보면 학교의 규모가 꽤 크다는 것을 느낄 수 있다. 그리고 각종의 학교행사 사진들이 이어진다.

교내 한글날기념 글쓰기 대회에서 초등학교 4학년부터 고등학교 1학년까지 학생들이 쓴 글짓기들 중에서 수상작을 뽑아서 본문 맨 앞에 수록하고 있는데, 한글의 완성도가 꽤 높다. 초등학교 4학년 한 학생의 작품을 잠깐 살펴보자. "나는 한국에 있을 때 국어라는 과목은 거의 필요치 않다고 생각했다. 그런데 이곳 말레이시아에 오고 생각이 달라졌다. (중략) 국어랑 다른 과목들을 배우려고 한인학교에 왔다. 그런데 이제는 연습을 안 해서인지 약간 어려워진 거 같다. 이제부터 한글을 읽고 쓰는 것을 연습할 것이다. 내가 마트나 슈퍼마켓을 가면 가끔씩 한글이 써 있는 상품들이 보인다. 그럴 때마다 항상 반갑다." 이 학생의 글은 말레이시아 한국인학교의 설립 취지와 그 성과를 잘 보여준다. 요즈음 들어와서 말레이시아에 영어와 중국어를 함께 배우기 위해 한인들이 이주가 급증하고 있는데, 이러한 상황에서 말레이시아 한국인학교는 한인 학생들이 한국어를 잊어먹지 않고 의사표현을 정확하게 할 수 있도록 교육하고 있다. 그리고 21쪽부터 545쪽까지 빼곡하게 모든 학생들의 작품을 게재하고 있다. 다른 교지들에서와 마찬가지로 초등학교 저학년들의 작품은 그림이 주이고, 학년이 올라갈수록 글의 비중이 많아지고, 한글의 완성도도 높아지고 있다. 그리고 게재된 작품수 또한 학교의 규모를 자연스럽게 드러내주고 있다. 그리고 546쪽부터 552쪽까지는 학생들과 선생님들의 연락처를 모아놓고 있다. 그리고 끝으로 한국인학교 로고 응모작들을 게재하면서 학생들의 학교사랑을 자연스럽게 유도하기도 한다.

최근에 말레이시아를 비롯한 동남아시아에 한인들의 진출은 눈부실 정도로 이루어지고 있는데, 그러한 모습을 『한마당』에서 느껴볼 수 있다고 해도 과언이

아니다. 또한 『한마당』을 통해 말레이시아 한인들의 밝은 미래를 전망해볼 수도
있다.

　『한마당』 일부가 재외동포재단 자료실에 소장되어 있다. (임성윤)

참고문헌

『한마당』; 홍석준·리우친통 공저, 『한국 말레이시아 문화 교류: 교육 교류를 중심으로』,
이매진, 2013.

한사랑

『한사랑』은 재페루한국학교가 발간하는 교지이다. 학교 주소는 Jose Galvez 999, Miraflores으로 되어 있다. 재페루한국학교는 1992년 3월에 개교했고, 초대 교장은 황윤일, 초대 이사장은 이기형이 담당했다. 1993년 3월 재페루 한인회로 통합되었고, 1994년 3월 대한민국 교육부에 정식 등록했고, 이후 국정교과서 및 한글학교 운영자금을 한국 정부로부터 지원받고 있다. 2000년 2월 중학교를 신설했고, 재페루 한글학교에서 재페루 한국학교로 개칭했다.

페루에 설립된 한국학교는 1992년 한글학교로 출발해 현재에 이르기까지 많은 우여곡절을 겪으면서도 이민 사회 특유의 결속력을 자랑하며 '교민 사회'의 구심점으로 역할을 하고 있다. 한때 임시 휴교(1997년 3월부터 1999년 3월까지)를 단행할 정도로 현지의 정치 문화적인 환경에 휘둘리며 어려움을 겪기도 했다.

그렇지만 한국학교 교사들은 "학기 초에 두 세 줄 글쓰기가 힘들던 녀석들이 학기 말이 되니까 말이 되든 안 되든 한 바닥 꽉 채우는 실력들이 되었다."며 선생으로서의 보람을 피력하는 데서 알 수 있듯이, 이러한 교사들의 노력과 한인 학부모와 학생들의 능동적인 동의 속에 각종의 어려움들을 헤쳐나가고 있다.

재페루한국학교 구성원 일동은 교지 말미에 "올해에도 한국학교를 위하여 물심양면으로 도와주신 대사관 및 한인회, 기관, 단체, 연합교회, 성당, 개인, 그리고 자모회 여러분께 진심으로 감사를 드립니다."고 하는데, 괜한 말이 아니다. 페루 한인회보 『한울타리』도 한국학교의 공지사항과 후원에 관한 기사로 시작하는 경우가 많을 정도로, 재페루 한국학교는 페루 한인들의 사랑과 후원을 듬

뽁 받으며 운영되고 있다. 그 성과물 중 하나가 교지『한사랑』이다.

그러면 2004년에 발간된『한사랑』제5호를 살펴보자. 다른 교지들과 구성은 전반적으로 비슷하다. 처음에 학교 연혁, 학교장, 페루 대사, 교민회장, 후원회장의 인사말이 실려 있다. 유치반부터 초등학교 3학년까지는 그림일기 형식의 작품들이 게재되어 있다. 그리고 초등학교 3학년부터는 창작에 가까운 글짓기 작품들이 게재되어 있다. 편집을 담당한 선생님이 손을 많이 보았는지는 몰라도 다른 어느 교지의 작품들보다 한글의 완성도가 높다. 그리고 교지의 특징적인 부분은 교사들이 쓴 부분들이다. 다른 교지들에서 교사들의 글은 학생들을 응원하는 수준의 인사말로 그치는 경우가 대부분이지만,『한사랑』에 게재된 교사들의 글은 소품에 가까운 수필 형식의 글들이다. 학생들만이 보는 것으로 그치는 것이 아니라 학생들과 학부모가 같이 보고 교지의 글들을 갖고서 대화를 해볼 수 있는 다양한 글로 구성되어 있다.

남미의 한인문학을 연구하는 동국대 김환기 교수가 연구를 위해 남미에서 수집해온 창간호부터 최근호까지의『한사랑』을 DB화했다. (임성윤)

참고문헌

『한사랑』; 김환기,「재페루한국학교의 아동문예지〈한사랑〉고찰」,『중남미연구』제32권 3호 2013년.

한양
(漢陽)

1962년 3월 일본 동경에서 창간된 월간지. 재일교포를 주 독자로 삼아 한국어로 발행된
교양잡지로 편집 겸 발행인은 김인재金仁在이고, 발행소는 한양사漢陽社였다.

해방 이후 재일한인으로 일본에서 대학과 대학
원을 나온 지식인들은 자신들의 담론을 개진할
지면의 필요성을 느끼는 동시에 한국 지식인들
과의 소통을 희망하고 있었다.『한양』은 재일
지식인들이 본국 지식인과의 유대와 교류를 통
해 자신들의 정체성을 찾고자 하는 문제의식 아
래 1962년 3월 창간되었다. 잡지의 구성을 살
펴보면, 시·소설·수필·평론 등의 문학작품과
당대의 정치사회적 쟁점에 대한 논설·논문·시
론, 만화나 한국의 전설 등에 대한 소개에 이르
기까지, 재일한인들의 의식과 정서를 총체적으로 반영하는 종합지적 성격을 지
녔다.

창간호 창간사에는 잡지 이름을 '한양'으로 정한 연유를 "그 이름이 곧 조
국을 상징하는 정다운 이름이기 때문"이라고 밝히고 있다. 미군정, 6·25전쟁,
4·19와 5·16으로 이어지는 조국의 현실 앞에서 "우리 겨레의 양식이 될 것이
며, 고동치는 조국의 넋을 담은 국민들의 공기公器"로 될 수 있도록 하겠다는 포
부도 드러나 있다. 또한 잡지『한양』의 창간사에는 "한국사람의 고유한 문화, 한
국사람의 고유한 윤리, 여기에 마르지 않는 샘물이 있고 깨끗한 심령心靈의 세
계가 있다."면서 한국문화와 윤리의 고유성을 역설하는 문제의식이 드러나는데
이는 재일한인의 근원찾기와 연결된 것이었다. 이는 1962년에『사상계思想界』·
『신사조新思潮』등을 중심으로 전개되었던 '전통' 논의와도 무관하지 않았다.

『한양』은 일본에서 발행된 잡지였음에도 불구하고 일본에서 살아가는 한인 자신들의 이야기보다는 한국의 문제를 다룬 글이 훨씬 더 많이 수록되어 있다. 편집인은 한국의 '후진성'을 타개하고 개혁을 추진해갈 방안을 모색하는 유형의 논설이나 조국의 위인에 대한 일화 또는 명승고적·문화유산에 대한 소개글을 지속적으로 수록하는 방식으로 고국에 대한 관심을 드러내었다. 조국의 현실에 대한 『한양』 편집부의 관심은 당시 한국의 정치적 상황이나 남북문제에 많은 지면을 할애하는 것으로 표명되기도 하였다.

문학사적 측면에서 『한양』은 1960년대 순수-참여논쟁에 일정한 기여를 했다고 볼 수 있는데, 한국 내 문단의 흐름이나 논쟁과의 밀접한 관련 속에서 60년대 참여문학론의 토대가 되는 글들이 수록되었다. 장일우, 김순남 등 재일교포 비평가의 한국문학에 대한 신랄한 비판과 김우종, 장백일, 임중빈, 구중서, 홍사중 등 국내에서 활동했던 참여문학론자들의 비판적 현실인식이 『한양』에는 잘 나타나 있다. 『한양』이 1960년대 한국문학에 적극적으로 개입할 수 있었던 것은, 역사적 현실의 구속과 억압으로부터 자유롭지 못했던 당시 한국 내부의 문학적 논의와는 달리, 외적 제약으로부터 상대적으로 자유로운 위치에 있었기 때문이다.

『한양』은 유신정권기 '문인간첩단 사건'과 연루되면서 국내 반입이 엄격히 금지되었다. 문인간첩단 사건은 1974년 1월 소설가 이호철 등이 '문인61인 개헌청원 선언'을 했던데 대한 탄압으로 보안사에서 이호철, 정을병, 장백일, 임헌영, 김우종 등의 문인들을 간첩단으로 날조하면서 연행한 조작사건이었다. 이들은 재일교포 문인들이 일본에서 발행하던 『한양』지에 원고를 게재하게 된 경위를 조사받았다. 정보당국의 논리는 『한양』지가 북한의 사주를 받은 공산주의 계열의 잡지임을 알고도 이적행위를 했다는 것이었다. 『한양』의 주 논객들이 참여문학론을 지향하기는 하였으나 이 잡지의 성격이 좌파적이라고 보기는 어렵다. 1972년 3월 『한양』 창간 10주년 기념호에는 이념 성향과는 무관하게 한국의 저명인사들이 『한양』의 업적을 찬양하는 축사를 써주었던 것도 이를 반증한다. 1980년대까지도 여전히 재일 한인들에 의해 『한양』은 명맥을 유지했지만 문인간첩단 사건으로 1970년대 중반 이후 『한양』지는 국내 유입이 사실상 금지되면서 국내 문단과의 소통에 어려움을 겪을 수밖에 없었다. 2000년대 이후 한국문학 연구자들에 의해 『한양』 문학비평들의 문학사적 의미가 재해석되면서

1960년대 진보적 성향의 잡지로서 주목을 받게 되었다.

국립중앙도서관 등에 소장된 제1권 2호(1962년 4월)~3호(1962년 5월), 6호(1962년 8월), 제2권 7호(1963년 7월), 제4권 3호(1965년 3월), 제17권 1호(1978년 1·2월)~6호(1978년 11·12월), 제18권 1호(1979년 1·2월)~6호(1979년 11·12월), 제19권 1호(1980년 1·2월)~6호(1980년 11·12월), 제20권 1호(1981년 1·2월)~6호(1981년 11·12월), 제21권 1호(1982년 11·12월)~6호(1982년 11·12월), 제22권 1호(1983년 1·2월)~6호(1983년 11·12월), 제23권 1호(1984년 1·2월)~2호(1984년 3·4월)를 DB화하였다. (이상록)

참고문헌

허윤회, 「1960년대 참여 문학론의 도정 -《비평작업》,《청맥》,《한양》을 중심으로」, 『상허학보』 8, 상허학회, 2002; 하상일, 「1960년대 문학비평과 《한양》」, 『어문논집』 50, 민족문학회, 2004; 한승우, 「《한양》지에 드러난 재일지식인들의 문제의식 고찰」, 『어문논집』 36, 중앙어문학회, 2007; 하상일, 「4월혁명의 시대정신과 《한양》」, 『1960년대 현실주의 문학비평과 매체의 비평전략』, 소명출판, 2008.

가

나

다

라

마

바

사

아

자

차

카

타

파

하

한울타리

『한울타리』는 페루 한인회가 발행하는 회보이다. 발행인은 한인회장이 겸하고, 재페루 한인회 편집부에서 편집을 담당하고 있다. 이메일 주소는 asope_kr@hotmail.com과 asope_kr@hanmail.net을 같이 쓰고 있다. 2012년 5월 25일 100호가 발행되었다. 사무소는 San Borja Sur소재하고 있다.

『한울타리』도 다른 나라들에서 나온 한인회보들과 마찬가지로 한인회와 대사관 공지사항과 최근의 한국소식 등으로 시작한다. 그런데 다른 어느 한인회보보다 내용이 아주 다양하다. 「올바른 칫솔질 이렇게」(치의학 상식)와 「피곤할 때 생기는 증상」(생활의학정보)처럼 페루 한인들이 건강하게 사는 데 필요한 정보를 전해주는 기사들이 지면 곳곳에 실려 있다. 뒤이어 한국요리를 어떻게 하는지에 대한 요리법을 소개하는 기사가 잇고 있다. 그리고 한국의 역사를 이야기하는 〈엽기인물사〉나 한국말을 정확하게 쓰도록 도와주는 〈정겨운 우리말〉과 〈한국의 명문〉 그리고 페루 한인들의 실생활에 필요할 수 있는 〈생활영어〉, 그리고 회보가 발간될 때 주목할 만한 한국의 영화나 문화를 소개하는 코너, 인기작가인 공지영의 소설, 유머모음 등 아주 다양한 기사들로 구성되어 있다. 잡지의 뒷부분은 한인업소들의 광고가 실려 있다. 교회, 식당, 여행사, 노래방, 숙박업소 그리고 꽃배달업체 등 아주 다양한 광고들이 게재되어 있는데, 페루에 진출한 한인들의 규모를 짐작케 해준다. 그리고 마지막으로 한인들이 페루에 살면서 알면 도움이 될 만한 주요 연락처들이 정리되어 있다.

국내에 사는 한국인들에게 페루는 멀기만 느껴지는 나라이지만, 『한울타리』는 그 페루에도 한인들이 많이 살고 있고, 그 한인들이 어떻게 살고 있는지를 알수 있게 해주는 잡지이다. 그리고 바로 그 많은 페루 한인들의 한가운데에 페루 한인회가 있고, 한인회의 활동과 한인들의 생활을 『한울타리』가 전하고 있다. 그런데 『한울타리』가 다른 어느 한인회보보다 양은 많지만, 자체적으로 발굴한 소식이나 정보는 별로 없고 전반적으로 국내외의 기존 글들을 전재한 기사들이 대부분이라는 아쉬움이 남는다. 쉬운 일은 아니겠지만, 페루한인들의 실생활이 보다 많이 소개되었으면 하는 바람이다.

재외동포재단 자료실에 『한울타리』 일부가 소장되어 있고, 이를 DB화했다. (임성윤)

참고문헌

『한울타리』

한위클리

파리에서 발행되는 신문들 중 가장 오래되고 많이 읽히고 있는 대표적인 한인 발행 신문이다. 발행인은 이석수, 편집장은 김희선이 담당하고, 기자로는 이소혜, 외부필진으로는 김승찬, 박학순, 한은경, 김금숙 등이 활동하고 있다(2007년 9월 7일 기준). 창간일은 1995년 1월 16일이다. 현재 『한위클리』는 지면으로도 발행되고 전자신문(PDF)으로도 발행되고 있다. 홈페이지는 http://www.francezone.com 이다. 다른 어느 한인신문보다 홈페이지도 많이 활성화되어 있는 편이다.

『한위클리』 지면 맨 앞에서 "프랑스존 & 한위클리는 '프랑스로 통하는 문'"이라는 표어를 볼 수 있다. 이처럼 『한위클리』는 프랑스 한인의 대변지를 자처하는 신문이다. 광고를 게재하고 있는 업체들만 보아도 파리에 이렇게 많은 다양한 한인 업종들이 있구나 하는 생각이 들 정도이다. 여행사, 명품을 파는 면세점, 미용실, 불어학원, 교회광고, 한국식품 상설 할인매장, 골프용품점, 식당, 민박 등. 그리고 이 광고들이 바로 『한위클리』의 주 수입원으로 추정된다.

2007년 9월 7일자 기사들을 살펴보면, 프랑스에 사는 한인들이 궁금해할 만한 것을 신고 있다. 프랑스 대학 입학에 필수적으로 필요한 바깔로레아의 합격률이 비교적 높은 파리의 유명 사립학교 리스트 등의 내용을 담고 있는 「프랑스 진로지도센터(ONISEP) 발간: 프랑스 교육제도 궁금증 200가지 Q&A」가 주요기사로 맨 앞자리를 차지하고 있다. 그리고 유학생이라면 관심 있게 눈여겨 볼 수밖에 없는 〈불어 인증시험 TCF의 실체〉를 연재하고 있다.

또한 파리 시장 베르트랑 들라노에와 대통령 사르코지와의 대결, 사르코지의 경제정책 등 프랑스에 거주하는 한인들이 알면 도움이 될 만한 기사를 싣고 있다. 또한 파리의 〈살아 숨 쉬는 문화유산 만나러 가기〉와 문화정보도 제공하고 있다.

파리에 거주하는 한인들을 대상으로 하는 신문이다 보니, 파리의 한글학교 안내, 한가위 대축제 프로그램 소개 등 한인들과 관련된 기사도 물론 개재하고 있다. 또한 당시 국내뿐만 아니라 세계적으로 논란을 불러일으켰던 선교사 피랍 살해 사건과 관련된 심도 있는 기사도 있다. 무리한 한국 교회의 해외선교활동을 비판하고, 「한국교회 자기반성하고, 선교전략 바꿔야」같은 언론 매체로서 응당 가져야 할 비판의식도 엿볼 수 있는 기사들도 심심치 않게 게재되고 있다.

이처럼 『한위클리』는 기사와 광고, 그리고 홈페이지를 통해 파리에 거주하는 한인들의 공론의 장, 장터 그리고 만남의 장소로 복무하고 있다.

재외동포재단 자료실에 『한위클리』 일부가 소장되어 있고, 최근에 발행된 『한위클리』는 홈페이지에서 전자신문(PDF)으로도 볼 수 있다. (임성윤)

참고문헌

『한위클리』

한인교육연구

『한인교육연구』는 재미한국학교협의회에서 발행하는 회지이다. 2013년에 재미한국학교 협의회는 창립 32주년을 맞이했고, 『한인교육연구』30호를 발행했다. 미국에서 발간된 잡지들 중 오래된 매체 중 하나이다. 협의회 웹사이트는 http://www.naks.org/이고, 꽤 활성화되어 있다.

미국에서는 1968년에 '이중언어교육법'(Bilingual Education Act)이 제정되고 1974년에 '교육기회 균등법'(Educational Equity Act)이 만들어지고, 그리고 1979년에는 카터행정부가 소수 민족의 언어를 존중하고 이중언어교육을 본격적으로 시행하면서 미주 한인들의 한글교육이 이루어질 수 있는 토대가 마련되었다. 또한 한국에서도 1971년 말에 '재외국민교육정책심의위원회'를 발족하면서 재외동포교육에 대한 정부의 정책이 마련되기 시작한다. 그리고 1972년에 미국·독일·프랑스의 한국공관에 장학관실이 증설되고, 1977년 2월 28일 '재외국민교육에 관한 규정'(대통령령 제8461호) 제정되면서, 재외동포들에 대한 한글교육을 본격적으로 지원하기 시작한다. 이러한 여건 변화로 1971년에 미국에는 한인들이 자발적으로 1971년에 한글학교 31개교를 설립하고, 이후 한글학교가 급증하기 시작한다.(박채형, 2012.)

한글학교는 자생적으로 운영되는 정시제 주말학교로 자발적인 민족교육기관이라고 정의할 수 있다. 한글학교의 설립은 특별한 제한이 없으며 재외국민 교육에 관한 규정에 의거 해당 지역을 관할하는 공관에 등록만 하면 운영이 가능하다. 한편 한국의 교육부에서는 주미대사관 교육관실을 통해 미국 내 한글학교 전국조직인 재미한인학교협의회(NAKS) 사업을 지원함으로써 13개 지역협의

회와 1,000여 개 한글학교의 효율적인 운영을 도모하고 있다.(이경란, 2006)

재미한인학교협의회는 미주 한인학교들을 위하여 한국어, 한국문화 및 역사 교육의 개발육성, 한국에 대한 올바른 인식과 이해를 통한 긍지 함양, 교육정책에 대한 건의와 협조 추구 등 한인 차세대들에게 올바른 정체성과 긍지를 심어주는 종합 한인 교육기관이며 1981년 창립되어 현재 미국 정부에 비영리단체로 등록되어 미국 50개 주에서 1,200여 개의 회원 한국학교들과 함께 2세들의 미래 교육을 위해 사업을 하고 있다.

재미한인학교협의회는 미국의 전 지역을 지역별로 나누어 전국협의회 산하 14개의 지역협의회를 두고 있으며, 각 지역협의회는 소속 한국학교의 발전과 교사들의 질적 향상 그리고 2세들을 위한 효과적인 한국교육을 위하여 다양한 자체 행사를 하고 있으며 전국협의회와 교육행사 및 교사연수 그리고 교육정보에 관하여 상호 협조를 하고 있다. 그리고 미국 전역을 14개 지역협의회로 구성하여 효율성을 도모하고, 재미한인학교협의회가 중앙에서 기획하고 지휘하고 있다. 그 결과물 중 하나가 바로『한인교육연구』라 할 수 있다.

재미한국학교 협의회에 소속한 학교 중에는 학생수가 400여 명이 넘는 학교들이 있는가 하면 20여 명의 학생들을 놓고 가르치는 학교도 있다. 교회학교도 많이 있고, 독립된 학교, 또 지역에 따라서는 통합학교도 있다. 이처럼 한인들의 뿌리 찾기 교육의 장이 많이 다양해졌다. 교사들은 상당수 한국어 교사로서 자격을 획득한 경우들이 많고, 20~30년의 경험을 갖춘 교사들도 있고, 또 반면에 신입교사들도 있다. 바로 이러한 다양한 학교들이 서로 어떻게 보다 좋은 교육을 할 것인지를 고민하면서 지역협의회를 구성하고 전국 규모의 재미한인학교협의회를 만들었다.

『한인교육연구』30호의 내용을 간단히 살펴보자. 한글을 비롯한 한국문화에 대한 보다 나은 교육을 위해서 교과서 사용을 어떻게 하는 것이 좋을 지에 대한 각 한국학교장들의 좌담회, 재미한국학교협의회의 2012년 표준교육과정에 관한 논의, 각 한국학교에서 사용되고 있는 교과서 비교, 재미 한국어 교사의 알맞은 교재 선택 및 활용, 영상매체를 통해 배우는 한국역사와 한국어 통합교과과정 개발, 문화적 자긍심 함양을 위한 한국문학 이해 및 감상활동 등 아주 다양한 주제로 구성되어 있다. 이처럼 실제 한인 2세들을 가르치면서 마주치게 되는 문제들과 2세들에게 보다 좋은 한글 및 한국문화에 대한 교육을 어떻게 가르치는 것이 좋을지를 고민하고 연구한 결과물들로 『한인교육연구』는 구성되어 있다. 『한인교육연구』를 살펴보면 정규교육에 들어가는 노력과 정성을 능가한다고 할 정도로 애쓴 흔적을 곳곳에서 느낄 수 있다. 또한 『한인교육연구』에 실린 글들은 무너져가는 국내 공교육 현장에서도 참고할 만한 수준 높은 글들이라 할 수 있다. 이처럼 더 나은 교육에 대해 고민하고 연구하는 교사와 학교에서 미주 한인2세들이 교육을 받는다는 것을 생각해보면 미주한인들의 밝은 미래가 열리는 듯하다.

『한인교육연구』 일부가 재외동포재단 자료실에 소장되어 있고, 이를 DB화했다. 그리고 30호는 홈페이지 열린마당의 공지사항에서 e-book으로 볼 수도 있다. (임성윤)

참고문헌

『한인교육연구』; 박채형, 「우리나라 재외동포 교육정책의 변천 과정」, 『학습자중심교과교육연구』, 12권 4호, 2012; 이경란, 「재북미 한인청소년을 위한 한국문화교육프로그램 개발 연구: 생활문화교육을 중심으로」, 성신여자대학교 박사학위 논문, 2006.

한인뉴스

(韓人News, 인도네시아)

1996년 7월 15일 창간된 『한인뉴스』는 재인도네시아한인회(회장 승은호)가 내는 소식지다. 창간 이후 한 호의 결호도 없이 발행되었고, 2014년 5월 현재 지령 215호를 내고 있다. 2012년 세계한인회보콘테스트 대상을 수상할 정도로, 내용이나 구성 면에서 다른 어느 지역에서 나오는 한인회보보다 알차고 풍부하다고 할 수 있다. 『한인뉴스』를 읽다 보면 한인사회의 중추적인 정론지로서의 위상을 갖추려 한다는 소리가 허튼소리가 아님을 알 수 있다.

동남아시아에서 인도네시아는 현재 베트남과 필리핀 다음으로 많은 한인이 사는 곳이고, 다른 어느 동남아지역보다 일찍 한인들이 진출한 나라이다. 특히 인도네시아는 최근에 베트남과 함께 한인의 증가가 두드러진 곳이다. 한인들이 인도네시아에 처음 갔을 때에는 의류사업과 자원개발에 진출했지만, 최근에는 기존의 봉제공장을 비롯해서 삼성전자를 비롯한 대기업들과 관련 납품업체들이 함께 진출하면서 한인의 수가 급격히 늘어나고 있는 대표적인 지역이다. 세계 최고의 부자나라인 미국에 이주한 한인들의 대표적인 업종이 세탁소나 슈퍼마켓인데 비해, '후진국'인 인도네시아의 한인들은 중소기업 이상을 운영하거나 그곳에서 중간 간부 이상의 일을 하는 사람들이 많다. 이에 한인들의 모임이 열리는 장소가 대체로 골프장인 경우가 많은데, 이는 많은 한인들의 경제 수준이 높기 때문일 것이고, 그러한 모습을 『한인뉴스』에서 볼 수 있다.

2014년 5월에 나온 215호를 살펴보자. 앞표지 뒷장부터 삼성전자의 갤럭시 노트 3+기어, 대한항공, 파크랜드 광고가 각각 한 면을 가득 채우고 있다. 이러한 대기업광고는 인도네시아 한인회와 그 기관지 『한인뉴스』의 활동에 큰 재정적 도움을 줄 것이다. 그리고 한인회의 활동 소식이 나오는데, 『한인뉴스』에서 꼭 빠지지 않고 나오는 것이 「인도네시아 적십자본부에서 재해의연품 전달식」이나 롯데마트를 인도네시아에 진출시킨 롯데의 장학재단이 인도네시아대학생에 장학금을 지급했다는 뉴스처럼, 한인들이 인도네시아 사람들을 도와준다는 소식이다. 인도네시아의 한인들과 한인회의 주축이 기업이다 보니, 인도네시아가 자연재해 등 어려움을 겪을 때마다 경제적으로 여유가 있는 한인들은 인도네시아 사람들을 물심양면으로 도와주는 일들을 많이 하고 있고, 그러한 소식들을 『한인뉴스』는 전하고 있다. 이러한 한인 기업의 활동은 한인 기업의 현지화에 큰 기여를 한다는 것은 자명한 일이다.

1950~60년대에 한국이 미국을 비롯한 선진국으로부터 갖가지 원조를 받았는데, 이제 한국은 동남아 전역에서 그러하지만 인도네시아에서도 경제적 원조를 비롯한 다양한 도움을 제공하고 있다. 가령 한국의 대외무상원조 전담기관인 한국국제협력단(KOICA)이 짜카르트 근방의 찌까랑에 '한-인도네시아 ICT 교육센터'를 열고 인도네시아 중앙 및 지방 공무원 1,500명에게 한국의 선진 IT 기술과 전자정부 구축을 위한 운영 역량을 전수하기도 하고, 2014년 4월 25~26일에 인도네시아 국립대학교의 한국어학과 학생들이 중심이 되어 개최한 "Korean Culture Day 2014"를 지원하면서 한류 붐을 유지 증폭시키기도 하고 있다. 이러한 활동들을 우리는 『한인뉴스』를 통해 읽을 수 있다.

특히 인도네시아 『한인뉴스』에서 두드러진 기사는 경제 관련 뉴스인데, 대체로 한인기업 입장에서 주로 뉴스를 전하고 있다. 예를 들어, 「전기세 인상 섬유업계 구조조정 불가피: 최저임금 인상 겹쳐 중부자바로 이전하는 공장 늘어」 기사처럼 기업 경영에 있어서 비용이 늘어나는 것을 염려하든가, 아니면 2014년 「금년 1분기 외국인직접투자 둔화세」가 일어났는데 한인기업의 사정은 어떤지에 대한 소식 등이 바로 대표적인 경우이다. 또한 매호마다 한인기업들을 탐방하면서 소개하기도 한다. 215호에는 최근에 외환은행과 하나은행이 합병해서 새로이 태어난 하나은행의 인도네시아 지점인 "인도네시아 KEB HANA Bank"를 소개하고 있다. 이처럼 다른 어느 지역의 한인회보다 기업과 관련된 소식이 많다. 거기다가 인도네시아에서 기업을 운영하면서 겪는 애로사항이나 인도네시아에서 재산을 어떻게 관리할 것인지에 대해 도움을 주는 기사들을 개시하고 있다. 예를 들어, 한인들이 많이 사는 자카르타 특별주의 2014년도 재산세가 대폭 인상되었다는 뉴스를 전할 뿐만 아니라, 그러한 상황에서 한인들은 재태크를 어떻게 할 것인지에 대한 법률적 안내도 잊지 않고 하고 있다.

다른 한인회보와 마찬가지로 인도네시아 『한인뉴스』도 한인 자제들의 교육에 집중하고 있다. 자카르타한국국제학교(JIKS)의 각종 행사와 학생 모집 공고를 매호마다 전하고 있다. 또한 각종의 한인단체와 업소들의 연락처를 회보 뒤쪽에 배치하며, 한인들의 네트워크를 연결시켜주고 있다. 그리고 최근에 인도네시아 한인사회의 숙원사업인 '한인사' 발간을 위해 '(가칭) 한인사 편찬위원회'가 출범했다는 소식을 전하면서 한인들의 적극적인 참여를 독려하기도 한다.

이처럼 인도네시아 『한인뉴스』는 인도네시아 한인들이 알면 좋을만한 다양한 소식을 시의에 맞게 취재해서 보기 쉽게 편집해서 한인들이 쉽게 접할 수 있도록 해주는 한인회보이다. 그리고 국내를 비롯한 다른 지역의 한인들도 인도네시아에 대한 많은 정보와 소식을 얻을 수 있는 잡지가 바로 인도네시아 『한인뉴스』이기도 하다.

2006년 4월호(통권 118호)부터 한인회 홈페이지(http://www.innekorean.or.id/)에서 E-book으로 웹서비스 하고 있다. 그리고 인도네시아 『한인뉴스』 일부가 재외동포재단 자료실에 소장되어 있고, 그중 2008년 이전에 발행된 『한인뉴스』를 DB화했다. (임성윤)

참고문헌

『한인뉴스』; 인도네시아 한인회(http://www.innekorean.or.id/).

한인회보

(South Africa Korean Journal, 남아프리카공화국)

『한인회보』는 남아프리카공화국한인회(약칭 남아공한인회, South Africa Korean Association, SAKA)에서 발행하는 회보이다. 발행인은 한인회장(1999년 이정재, 2013년 현재 11대 한인회장 김정익)이 겸임하고 있다. 제작은 도서출판 양피지에서 담당했다. 사무소는 요하네스버스에 위치하고 있다. 남아공 한인회의 웹페이지는 http://saka.korean.net/이지만, 아직 활성화되어 있지는 않은 상황이다.

남아프리카공화국은 아프리카 최대의 부국이자 아프리카 전체 총생산의 2/5를 차지하고 있다. 남아공은 비록 흑인들이 전체 인구의 약 80%를 차지하고 있지만, 10% 가량의 소수 백인이 경제권을 장악하고 있다.(김창환)

미국 상무부는 1997년에 21세기 미국의 수출시장으로 세계10대 시장(멕시코, 브라질, 아르헨티나, 남아프리카공화국, 폴란드, 터키, 인도, 인도네시아, 중국 그리고 한국)을 선정했는데, 남아공도 그중 한 나라로서 성장 잠재력이 꽤 크다고 할 수 있다. 그렇지만 남아공은 지구에서 한국으로부터 가장 먼 곳이고, 또 철폐되었다고는 하지만 인종차별apartheid 정책에 대한 기억이 생생하고, 월드컵을 준비하는 기간 중에도 치안이 불안해서 월드컵을 제대로 개최하고 진행할 수 있을지 의문이라는 뉴스가 넘쳐 나는 곳이다. 그렇지만 현재 남아공에는 한인들의 진출이 늘어나면서 멀지만 가까운 나라가 되고 있는 상황이다. 바로 그러한 남아공에서 한인들이 어떻게 생활하고 있는지 알 수 있는 대표적인 매체가 남아공의 한인회에서 발간하는 『한인회보』이다.

1999년 10월에 나온 『한인회보』(통권 36호)를 보면 맨 뒤에 10쪽에 걸쳐 남아공 거주 한인들의 '인명 및 전화번호부'가 수록되어 있다. 이는 아직 남아공에 많은 한인이 살고 있지 않기 때문에 가능한 일이 아닌가 싶기도 하고, 또 달리 보면 지구상에서 한반도로부터 가장 멀리 떨어진 곳 중 하나인 남아공에서도 한인들이 한인회를 중심으로 하나로 뭉쳐 있구나 하는 느낌을 주기도 하는 부분이다. 어쨌든 현재 아프리카 지역에서 나오는 한인회보들이 별로 없는 가운데 남아공에서 발행된 『한인회보』는 다른 어느 한인회보보다 귀중한 한인회보라 할 수 있다. 1999년 한인회장 이정재는 "우리 교민의 수도 천 명이라는 숫자를 넘어섰다."고 한다. 그러한 규모가 되다 보니, "이웃 간의 소식도 서로의 귀를 통하거나 어느 종교 단체나 여타의 단체 모임에서나" 듣는 것이 고작이었으나, 이제는 "오직 한인회보를 통하여서만이" 알 수 있는 규모가 크고 다양한 교민사회로 변화되고 있다고 하면서 『한인회보』는 한인들의 남아공 진출이 꽤 활발하게 이루어지고 있고, 『한인회보』의 발행과 발전이 절실히 필요하다고 정리한다. 그래서 한인회장은 더욱더 한인사회의 중심으로 한인회를 올려놓고 『한인회보』를 더욱더 발전시키겠다는 각오를 다지고 있다.

다른 한인회보와 마찬가지로 남아공의 『한인회보』도 한인회장과 남아공주재 한국대사의 인사로 시작한다. 그리고 조국의 뉴스를 정리해서 정리하는 코너, 「'요하네스버그'에서 만난 하동사람」처럼 남아공 한인들의 생활모습, 그리고 한인회의 활동과 공지사항 등을 전하고 있다. 1999년 10월호에서 눈에 띄는 기사는 「한·남아공 상공회의소 설립추진」과 「남아공의 무역동향」, 그리고 「한·남아공 교역동향」 등이다. 1990년대 중후반에 양국 간의 교역량이 지속적으로 늘어나고 있음을 한인회보는 각종의 통계를 통해 보여주고 있다. 남아공은 원자재 생산에, 대한민국은 제조업에 강점이 있는 가운데 양국 간의 교역량 증가는 앞으로도 계속 될 것이고, 두 나라 사이의 교류는 갈수록 늘어날 것이다. 이에 교민이 1999년에 천 명을 넘어섰지만, 이제는 그 몇 배에 이르리라 추정된다. 이처럼 남아공의 『한인회보』는 남아공 거주 한인들에게는 소식지로, 국내에 사는 사람들에게는 남아공의 정보를 제공해주는 귀중한 잡지이다.

남아공한인회의 『한인회보』 일부가 재외동포재단 자료실에 소장되어 있고, 이를 DB화했다. (임성윤)

참고문헌

『한인회보』; 김창환, 「아프리카시장 교두보로서의 남아공과 섬유산업」, 『한국아프리카학회지』 13권, 2001.

한인회보

(Boletim Interno da Associaca Brasileira dos Coreanos, 브라질)

『한인회보』는 브라질 한인회에서 발행하는 회보이다. 발행인은 브라질 한인회장이 겸하고 있다. 브라질한인회총연합회의 홈페이지는 http://www.haninbrasil.org/ 이다.

한인이 브라질에 처음으로 갔던 것은 일제 식민지 시절인 1927년에 조선인 6명이 이주한 경우이다. 그리고 1956년에 6·25 전쟁포로 50명이 UN중립국 주선으로 정착한 전사가 있다. 브라질로의 한인 이주가 본격화된 것은 1961년부터라 할 수 있다. 한국과 브라질 사이에 이민교섭이 진행되어 브라질정부로부터 이민 쿼터 500가구를 승인받았고, 이후 복잡한 행정절차를 거치고 나서 1962년 제1차 영농이민으로 103세대가 부산항을 출항하고 1963년 초 브라질 산토스항에 도착하면서 한인들의 브라질 이주가 본격적으로 시작되었다. 그리고 1980년 이후 친지 초청 및 취업이민으로 범위가 더욱 확대되기 시작했다.

현재 브라질은 BRICs라고 해서 러시아, 인도, 그리고 중국과 함께 새로운 경제대국으로 떠오르고 있는 국가이다. 브라질은 인구나 천연자원의 측면에서 한국과 앞으로 더욱더 긴밀한 관계를 맺을 수밖에 없는 나라이다. 이러한 브라질에 현재 약 6만여 명의 한인동포들 중 80% 이상이 상파울로를 중심으로 거주하고 있고 많은 한인들이 의류업에 종사하고 있다. 짧은 50년의 이민역사에 비해 경제적인 안정을 다져나가고 있고, 한인 2, 3세대들은 브라질 주류 사회에 진출하고 있다.

영토가 광활한 브라질에서 한인들이 뿔뿔이 흩어져 생업에 종사하면서 각기 다른 여러 한인단체를 조직하고 있었는데, 이를 브라질 한인회가 통합하고 나중에 브라질한인회총연합회로 명칭도 확대했다. 그래서 브라질 『한인회보』도 처음에는 브라질 한인회 명의로 나오다가, 나중에는 브라질한인회총연합회 명의로 발행되고 있다.

브라질 『한인회보』의 구성도 다른 한인회보들과 동일하다. 대통령이나 주재 대사의 인사말, 한인회 회장단 이하 집행부의 인사말, 한인단체들 소개, 전임회장들을 소개하며 한인회의 결속을 촉구하는 인터뷰기사, 브라질 역사, 한인회 행사 등을 게재하고 있다. 특이한 것이 있다면 기사들 중 브라질에 거주하는 타민족 단체를 한인회장이 방문하고 그것을 주요 기사로 연재한다는 것이다. 이는 아무래도 수많은 민족들이 함께 사는 브라질에서 어쩌면 불가피한 한인회의 선택이라 할 수 있는데, 이는 브라질 한인들이 세계시민으로 거듭나는 길이기도 할 것이다. 그리고 다른 한인회보와 달리 한인업소들 광고가 별로 눈에 띄지 않는다. 이는 한인회비가 다른 어느 곳보다 잘 걷히고 한인회의 재정상태가 괜찮기 때문일 것이다. 이 또한 브라질 한인들의 괜찮은 사정을 반영하는 것이기도 할 것이다.

광고도 별로 없는 알찬 내용으로 꽉 찬 24쪽 정도의 브라질 『한인회보』를 통해 우리는 현재 브라질의 발전과 함께 브라질 한인들의 현재 모습과 미래를 볼 수 있다.

브라질 『한인회보』 일부가 재외동포재단 자료실에 소장되어 있고, 이를 DB화했다. (임성윤)

참고문헌

『한인회보』(Boletim Interno da Associaca Brasileira dos Coreanos).

한인회보

(HANIN NEWS, 샌디에고)

『한인회보』는 샌디에고 한인회에서 발행하는 월간 회지이다. 주소는 7825 Engineer Rd. #202 San Diego, CA 921110다. 회보에 인터넷 주소가 www.sdhanin.com으로 나와 있으나, 현재 운영되고 있지는 않다. 사장은 James Roh, 편집은 Kathy Jung이고, 인쇄 는 GH Golor에서 담당했다.

2006년 11월에 발행된 샌디에고의 『한인회 보』를 살펴보자. 표지기사이자 표지인물로 태 권도 선수이자 피겨스케이팅 선수인 최시나 양 소개, 「과일의 여왕 사과」, 「(travel 가볼 만한 곳) 빅베어의 역사」, 「대한민국 해군사관생도 순양 훈련」, 「(사람과 사람) 한인회 부회장 전상 기」 등이 주요 기사로 되어 있는데, 본문 내용 이 사진을 포함해서 모두 한 쪽으로 구성되어 있다. 그것도 한인업소들의 광고들이 여러 페 이지에 걸쳐 게재되다가, 간혹 기사들이 껴 있

는 형국이다. 단지 35쪽의 〈한인타운 뉴스〉부터 43~44쪽에 게재된 「(Special Edition) 한국인의 맛! 된장」까지 한인회보의 본 기사들이 광고 없이 연이어 실려 있을 뿐이다.

그런 가운데 눈에 띄는 기사로는 한인들이 부동산에 투자할 때 주의할 점이 나 주택융자 관련 기사들이다. 이러한 기사들이 많고 비중 있게 다루어지는 것 은 샌디에고에 거주하는 한인들의 생활 수준이 높기 때문일 것이다. 또한 그런 기사들 사이에 한인의 부동산 업소들 광고가 게재되고 있다. 그리고 〈미국의 사 회보장제도〉에 대한 연재기사는 한인들이 미국에 살면서 받을 수 있는 사회적 혜택을 놓치지 않게 도와주는 소중한 기사이다. 그리고 「대학 원서접수 시작」 등의 기사들은 교육열이 높은 미주 한인들이 알아두면 좋은 내용들로 이루어져 있다.

119쪽부터 130쪽까지는 샌디에고 한인 업소록, 131쪽에는 샌디에고 한인타운 안내도, 132쪽에는 샌디에고 중남북부 지역 한인 업소 안내도가 일목요연하게 게재되어 있다. 이는 샌디에고에 얼마나 많은 한인들이 진출했는지를 보여주는 측면도 있다. 그리고 그 많은 업소들이 모두 광고를 게재하고 있다고 느껴질 정도로 140쪽 분량의 『한인회보』에 광고가 2/3 이상이 되는 것으로 보인다. 그런데 광고가 워낙 많다 보니, 가독성이 많이 떨어지는 아쉬움이 남는다.

『(샌디에고) 한인회보』일부가 재외동포재단 자료실에 소장되어 있다. (임성윤)

참고문헌

『한인회보』(샌디에고)

한인회보

(세인트루이스)

세인트루이스 『한인회보』는 세인트루이스 한인회가 발행하는 회보이다. 세인트루이스
한인회는 1967년 처음 조직(초대 회장 양재홍)되었고, 현재 회장은 조원구이다. 세인트루이
스 한인회 홈페이지는 http://www.koreanamericanstl.com/이다.

세인트루이스 한인회의 영문명칭은 The Korean-
American Association of St. Louis Inc.이고,
영문약자는 KAASTL를 쓰고 있다. 한인회는 한
국학교, 한인청소년학생회, 한인산악회, 한인합
창단 등을 산하에 두며 세인트루이스 한인들의
이해를 미국에서, 특히 세인트루이스에서 대변
하고, 한인들이 미국시민으로 거듭나는 데 있어
서 무리가 없도록 하는 데 많은 활동을 하고 있
다. 그리고 그 소식을 『한인회소식』을 통해 전
하고 있다.

예를 들어 1999년 11월호(1권 3호)를 살펴보면 다른 한인회 소식지들과 달리
미국 내의 뉴스와 한국의 뉴스 같은 것들은 거의 다루지 않고 있다. 거의 전적으
로 세인트루이스 한인들의 일상과 모임 그리고 단합을 주로 다루고 있다. 즉 세
인트루이스 『한인회소식』은 일상적인 한인회 활동을 전하면서 한인회보의 본
래 목적에 충실한 모습을 보여준다.

본문은 1999년 당시 한인회장인 제넷 리의 인사말로 시작한다. 이어 2~9쪽
에는 한인회 회칙 개정안 확정과 한인회의 선거관리 위원회가 첫모임을 갖고
선거일정을 확정했다는 소식, 한인회 연말 총회 및 송년파티 공지, 한국전 기념
고속도로명 헌정식 및 기념비 제막식, 한인장로교회 주일학교 소식, 한인회 주
최 가을맞이 경로잔치, 한인회장 후보 등록 공고 등이 게재되어 있다. 10~13쪽
에는 사진으로 보는 한인사회라 해서 각종의 한인회 행사 사진들이 게재되고

있다. 그리고 14~20쪽에는 여행사, 음식점, 그리고 교회 등의 광고가 게재되어 있다.

1999년 3월호가 창간된 지 얼마 안 되서 그런지 20쪽 정도로 분량도 소략하고 한인회의 공지사항이나 행사 사진을 제외하면 내용도 풍부한 편이 되지 못한다. 그러나 한인들의 세인트루이스 진출이 늘어나는 상황에서 세인트루이스의 『한인회소식』이 아직은 빈약하지만 곧 세인트루이스 한인들의 발전하는 모습을 반영하며 보다 풍성한 한인회보로 거듭나리라 기대해본다.

세인트루이스 『한인회소식』 일부가 재외동포재단 자료실에 소장되어 있고, 이를 DB화했다. (임성윤)

참고문헌

『한인회소식』(세인트루이스)

한인회보
(스웨덴)

『한인회보(스웨덴)』는 재스웨덴한인회가 발행하는 회보이다. 발행인과 편집인을 스웨덴 한인회장이 겸하고, 편집장은 김현정이 담당하고 있다. 1965년 회지 『우리소식』을 발간 하면서 시작되었다. 2010년까지는 격월간으로 나오다가, 2011년부터 계간지 형식으로 발행되고 있다. 격월간으로 나올 때는 24쪽 정도였다가, 계간지로 나오면서 44쪽으로 양 이 대폭 늘어났다. 스웨덴 한인회 홈페이지는 http://www.koreans.se/이다.

2012년 겨울호를 보면, 34대 스웨덴 한인회장 의 인사말이 나오는데, 스웨덴 한인들의 숙원 사업이 한인회관 마련임을 밝히고 있다. 한인 회관을 한인들이 단결할 수 있는 장으로서 만 들고자 하는데 스웨덴에 한인들의 수가 많지 않은 관계로 한인회관 건립이 마음처럼 쉽지 않은 상황임을 알 수 있다. 그렇지만 한인회관 이 "교민 여러분과 한인 차세대들 그리고 나아 가 3세대들과 입양 한인들의 장래에 도움을 줄 수 있는 일들을 상의하고 기획하기 위해선 꼭 필요한 장소"임을 역설하며 반드시 건립될 수 있도록 노력하겠다고 다짐하고 있다. 격월간으로 나오던 2009년 제1호를 보면, 한인회장의 취임사, 대통령과 반기문 유엔 사무총장의 인사말, 조희용 대사의 인사말 등이 앞부분을 장식하 고 있다. 그리고 당해 연도의 한인회 사업계획, 한글학교와 재 스웨덴 한국학교 알림터 소식이 그 뒤를 잇고 있다. 그리고 눈에 띄는 것은 "연오랑 세오녀" 이야 기와 당해 연도가 소의 해라고 표지에도 해돋이를 배경으로 한 소의 사진을 싣 고 소와 관련된 설화, 속담, 소를 이용한 음식 등을 게재하고 있다는 것이다. 이 는 한반도로부터 멀리 떨어져 있고 한인들이 많이 살고 있지 않은 스웨덴에서 한인들이 자신들의 전통을 잊지 않으면서 살고 있다는 증거라 할 수 있다. 그리고 고국과 스웨덴의 중요 소식들을 토막뉴스로 전하고 있다.

격월간 시절에 비해, 계간지로 나오면서부터는 회보가 보다 화려해지고, 다양한 기사들이 게재되고 있다. 광고도 전에는 한인들의 사업체가 몇 개 게재되었을 뿐인데, 계간지로 나오면서부터는 국내 대기업들의 광고가 화려하게 실려 있다. 그리고『한인회보』의 내용도 스웨덴 한인들의 학교모습과 실생활 등을 생생하게 전하고 있다.

이처럼 스웨덴 한인회는 한인들의 구심으로 자리 잡기 위해 무진 노력을 했고, 그 소식을『한인회보』는 한인들에 전해주고 있다. 그리고 우리는『한인회보』의 변천을 통해 스웨덴 한인들의 발전하고 있는 모습을 살펴볼 수 있다.

한인회보는 지면으로 발행될 뿐만 아니라 홈페이지에서 2003년 1·2월호부터 최근에 발행된 한인회보들을 e-book으로도 볼 수 있다. 재외동포재단 자료실에『한인회보』(스웨덴) 일부가 소장되어 있다. 그중 2002년까지 발행된『한인회보』를 DB화했다. (임성윤)

참고문헌

『한인회보』(스웨덴)

한인회소식
(디트로이트)

『한인회소식』은 '디트로이트 한인회'(Korean American Community of Metro Detroit)가 발행하는 회보이다. 발행인은 디트로이트 한인회장이 겸하고, 편집은 이희옥, 김원영, 김창휘, 김점자, 송병옥 등이 담당했다. 『한인회소식』은 1년에 4번 계간지 형식으로 발간되고 있다. 한인회 홈페이지는 http://www.detroitkorea.com이다.

기록에 의하면 1928년에 약 20여 명의 동포들이 디트로이트에 거주하고 있었다. 최초의 한인으로 디트로이트에 거주한 사람은 서울 YMCA 회원이며 체육교사인 허성으로, 그는 1918년부터 1923년까지 Condon Junior High School의 체육감독으로 재직했었다. 특히 1922년 미시간 대학 신문학과를 졸업한 유일한은 1928년 독립운동가 서재필을 비롯하여 이희경, 정한경 등의 후원으로 자본금 $50,000의 주식회사 New Ilhan & Co. 를 설립하여 운영하다가 동회사를 본국으로 가지고 들어가서 유한양행을 설립하기도 했다. 이후 1965년 4월에 디트로이트 한인회가 창립(초대회장 황창하 장로)되었다. 이후 디트로이트 한인회는 디트로이트 지역 내의 한인들의 권익과 문화를 보호하며, 지역사회에서의 한인들의 인화, 단결, 봉사를 추구했다. 현재 제34대 디트로이트 한인회 회장은 조영화이다. 그리고 그 활동상을 『한인회소식』은 디트로이트와 전미국의 한인들에게 전하고 있다.

2002년 3월호를 살펴보면, 한인회보들과 마찬가지로, 디트로이트의 『한인회소식』도 한인회장과 미상원의원의 인사말 등이 앞에 나오지만, 이후 깊이가 있고 생각을 많이 하게 하는 기사들이 실려 있다. 가령 강혜경의 「가정폭력은 한인사회를 멍들게 한다」와 미시간대학 한국학연구소의 Philip J. Ivanhoe의

"Korean studies program, Director's Report"(「한국학연구프로그램: 연구소장의 보고」) 같은 것들이 대표적이다. 그리고 이러한 글들은 한글과 영어를 병기하고 있다. 그리고 디트로이트 한인들은 다른 어느 소수민족보다 9·11테러사건 피해자 돕기 운동에 적극적으로 나섰다고 하고, 이에 미국적십자사가 특별히 디트로이트 한인들에게 감사인사를 전하는데, 이러한 내용을 『한인회소식』은 주요 기사로 전하고 있다. 『한인회소식』 후반부는 한인회의 활동과 한인문화회관의 건립 소식, 그리고 디트로이트 한인들의 생활모습과 그들에게 필요한 정보들을 정리해서 전하고 있다.

이처럼 디트로이트 한인회는 어제는 생활이 어려웠던 한인들이 합심하여 자신들의 어려움을 극복하는 데 도움을 서로 주고받는 한인들의 모임이었다면, 이제는 어려움을 겪은 다른 미국인들도 도와주는 코리안 아메리칸의 모임으로 거듭나고 있다. 이러한 디트로이트 한인들과 한인회의 변화와 현재 그리고 미래를 디트로이트 『한인회소식』은 세상에 전하고 있다.

디트로이트 『한인회소식』 일부가 재외동포재단 자료실에 소장되어 있고, 이를 DB화했다. (임성윤)

참고문헌

『한인회소식』(디트로이트)

함께

(Hamkae)

『함께』는 프랑스에 입양되어 성인이 된 한인들이 '프랑스한인입양아협회'(Francais Adoptes d'origine coreenne)를 결성하고 그곳에서 발행하는 잡지이다. 프랑스한인입양아 협회의 홈페이지는 http://www.racinescoreennes.org/이다. 아주 어린 나이에 입양되어 나간 한인들이 주축이 되어 발행하는 잡지이다 보니, 전면이 프랑스어로 구성되어 있다. 발행지는 프랑스 파리이다.

1969년 3월 3세와 4세의 두 여자아기가 처음으로 프랑스 가정에 입양되기 시작하면서부터 프랑스에서 한국아 입양의 역사가 시작되는데, 1969년과 1977년 사이에 총 833명의 한국 아동이 프랑스의 입양 단체인 'Terre des Hommes-France'을 통해서 프랑스에 도착하게 된다. 이후로도 여러 입양 단체들을 통해 한국 아동 입양은 계속되어 1990년대에 이르면 그 수가 매우 많아지게 된다. 일반적으로 이들 입양아 수는 1만 3,000여 명 정도로 추산되고 있으며 최근 이들

은 교민 사회 모임에도 적극 참여하고 있다.(『유럽한인사』 참고)

프랑스 가정에 입양될 때 대체로 갓난아이였기 때문에, 한인 출신의 입양아들이 한글과 한국말을 대개 모른다. 이에 Hamkae는 모두 불어로 되어 있다. 그러나 잡지 발행의 주체나 대상의 측면에서 보면 다른 어느 잡지보다 주목할 만한 잡지라 할 수 있다.

2006년에 발행된 『함께』를 보면 독일월드컵이 열리던 시기라 그런지 한인 입양아들의 모습이 월드컵 응원과 관련 있는 기사들로 채워져 있다. 한국에서 길거리나 광장에 대형스크린으로 축구시합을 보면서 응원하듯이 프랑스에서 교민들도 그러했는데 여기에 입양아 출신의 한인들도 적극적으로 참여했다.

Hamkae는 파리의 한 광장에 모여 막대풍선을 들고 응원하는 파리에 거주하는 한인들과 입양아 출신 한인들의 모습과 서울광장에 모여 응원하는 국내의 한국인들의 모습을 같이 전하면서 프랑스에 입양되었던 한인들의 정체성을 분명하게 보여주고 있다.

그리고 다른 지면에서는 입양아 출신을 비롯한 프랑스 한인들이 축구 동호회에 참여하여 프랑스인들과 같이 축구를 즐기는 모습을 특별히 월드컵 기간에 맞추어 게재하고 있다.

그 이외에도 2006년 10월 28일에 유서 깊은 "빨레 뒤 뤽상부르그"(Palais du Luxembourg)에서 입양아연례모임이 열린다는 공지와 스웨덴 스톡홀름에서 국제한인입양아총회가 개최되었다는 소식을 알리고 있다. 아울러 세계 각국에 입양되었던 한인들이 성인이 되어 2007년에 서울에 모일 것이라는 소식도 전하고 있다.

『함께』는 이러한 협회의 활동이나 모임을 공지하는 것에 그치지 않는다. 입양이라는 것이 입양한 가정에게는 축복이기도 하지만 모험이기도 한 쉽지 않은 일이라는 취지의 에세이도 실려 있다. 그리고 본인들이 어쩔 수 없는 운명으로 인해 태어난 곳과 멀리 떨어진 곳에서 자랐지만, 프랑스에서 건강하게 성장했고 성인이 된 지금 자신들의 정체성을 찾으며, 한인으로뿐만 아니라 프랑스인으로 더 나아가서 세계인으로 거듭나겠다는 다짐을 『함께』라는 잡지 곳곳에서 느낄 수 있다. 그래서 Racines Coreennes(우리의 뿌리는 한인이다)가 협회의 명칭이 되고 홈페이지 주소도 그렇게 되어 있다.

재외동포재단 자료실에 『함께』 일부가 소장되어 있고, 이를 DB화했다. (임성윤)

참고문헌

『함께』; 한·유럽연구회 편, 『유럽한인사: 프랑스와 독일을 중심으로』, 재외동포재단, 2003.

항공지
(航空誌)

1967년 4월 15일 창간된 부정기 간행 잡지이다. 발행인은 신유협申攸浹, 편집인 김석환金碩桓, 발행처는 서울 서대문구 서소문동 14번지(대한항공협회)이다. 150면 발행으로 정가 230원이고 종간호는 확실치 않다.

대한항공협회 회장 신유협申攸浹은 「창간사」에서 다음과 같이 잡지 창간 취지를 밝히고 있다.

"금번 본 협회가 어려운 여건을 무릅쓰고 미력하나마 항공협회지를 발간하여 각계 각층에 계신 선배 및 현역 항공인들의 항공지식을 상호 교환하고 선진제국 항공계의 새로운 소식과 자료를 소개하며 이 나라 항공에 대한 건설적인 비판과 개선에 대한 광범위한 종합적 의견의 제의提議 특히 항공계 종사자들의 새로운 과학지식의 습득과 기술 향상을 위하여 풍성한 양식이 되며 일반 국민들에게 항공사상을 고취시켜 우리 항공계의 발전을 도모할 것을 다짐하면서 관계 당국과 전 항공계 선배 제현 및 일반 국민의 성원과 지도편달이 있기를 바라는 바입니다."

항공계 종사자들에게 신지식을 전달하고 일반 국민들에게 항공 업무에 대한 이해를 높이기 위해 발행한 것이었다.

창간호(1967. 4. 1.)에는 건설부장관 김윤기金允基, 공군참모총장 장지량張志良의 발간축사가 실리고 주로 민항공에 대해 다루고 있다. 「민항공民航空의 현재와 미래」(강호륜姜鎬倫, 교통부항공국장)에서는 항공 운송 사업을 담당하는 항공기 종류와 수송력, 수송추세, 항공기 보유대수, 항공기술자의 수요 공급 현황 등에 관한 설명이 이루어졌다. 또한 「민항공을 위한 제언」(이복현李福鉉), 「우리나라 민항공의 형세」(송효경宋孝卿) 등이 게재되었다.

항공스포츠 코너에는 「미국 낙하산 선수권대회」, 「거대한 우주 활공기」, 「글라이더로 대서양 횡단」 등이 실렸다. 「여성과 항공」(김경오)에서는 여성 비행인 활약이 기대된다는 내용이, 「관광과 항공」(김계진金桂鎭)에서는 관광사업에서 항공의 역할에 대해서, 「전천후 운항의 움직임」(송희철宋喜鐵)에서는 전천후 운항을 위한 세계 각국의 기술적 노력이 실리고, 「조류와 비행기」(김석항金碩桓), 「국립항공학교」, 「미국항공회사의 봉급조서」 등이 게재되었다.

창간호 〈특집〉에는 DC-9에 대한 기사와 헬리콥터에 대한 기사가 실렸다. 각 기기의 크기, 수송력, 구조, 특징 등을 도면과 함께 상세하게 설명하고 있다. 그밖에 「항공용어」, 「국내 항공시리즈」라고 하여 국내에서 운용되는 항공기 소개가 실렸다. 〈특별부록〉으로는 「비행영역 분포도」, 「DS-9의 세부구조도」와 미국 군용기와 미국 최신 헬리콥터, 항공스포츠 장면 화보가 실렸다

2·3호(1967. 11. 1.)는 〈항공뉴스〉로 파리 국제항공쇼, 모스코바 항공쇼, 국내외 뉴스가 실렸으며, 「한국비행사의 선구자 안창남」에서 안창남의 일대기가 소개되었고, 「민항공의 현재와 장래」가 1호에 이어 연재되었다.

〈특집〉에는 「항공기의 대형화」, 「월남전에 등장한 미항공기」(홍성표洪聖杓) 등이 실리고 항공정비사 시험문제 및 해설, 항공 조종사 자격고시 해설 등을 실어서 항공계에 입문하고자 하는 수험자들에게 유익한 정보를 제공하고 있다. 〈국내 항공기 시리즈〉에서는 여러 종류의 항공기의 구조와 특징을 소개하였다.

이 잡지는 항공 종사자를 대상으로 하기 때문에 상당히 전문적인 내용으로 채워졌으나, 1960년대 항공사업의 전모를 확인하는 데 유용하다.

국회도서관에 소장되어 있는 제1권 1호(1967. 4. 1.), 제2·3호(1967. 11. 1.)를 DB화하였다. (이병례)

참고문헌

『항공지』, 대한항공협회, 제1권 1호(1967. 4. 1.), 제2·3호(1967. 11. 1.).

해방조선
(解放朝鮮)

1950년에 일본 히로시마에서 창간된 한글 주간지. 재일본조선통일민주전선 주고쿠中國지방위원회 기관지이다. 발행·편집·인쇄 엄학주嚴學朱. 해방조선사 발행. 1951년 10월 6일에 발행된 65호를 마지막으로 폐간되었다. 현재 1951년 9월에 발행된 64호와 10월에 발행된 65호만 확인이 가능하다.

현재 확인이 되는 것이 64호와 65호밖에 없기 때문에 정확하게 알 수는 없지만 1950년 8월경부터 재일본조선통일민주전선 주고쿠中國지방위원회 기관지로 나온 것으로 보인다. 재일본조선통일민주전선 주고쿠지방위원회에서 독자적으로 기관지를 발행한 것은 당시 벌어졌던 일본공산당의 분열과 관련이 있다. 1950년 1월에 코민포름이 일본공산당의 노선을 비판하는 코뮈니케를 발표한 것을 계기로 일본공산당은 지도부가 분열하는 사태를 맞게 되었는데, 1950년 6월에 주류파가 일방적으로 임시중앙지도부를 구성하자 가장 강하게 반발하고 나선 것이 일본공산당 주고쿠中國지방위원회였다. 이에 임시중앙은 주고쿠지방위원회 해산을 지시했지만 주고쿠지방위원회는 독자적인 활동을 계속했다. 이때 같은 주고쿠지방에서 활동하던 한국인 공산주의자들 역시 이 움직임에 가담하면서 중앙에 대한 불신임을 하게 된 것이다.

하지만 1951년 8월에 코민포름이 임시중앙을 지지하며 당의 통일을 지시하자 일본공산당은 다시 통일되었으며 민전에서도 9월 25일에 제4회 확대중앙위원회를 개최해 '중국지방에 대한 결정'을 채택했다. 이에 민전 주고쿠지방위원회에서는 제2회 집행위원회를 열어 주고쿠지방위원회 해산을 결의하기에 이르렀다.

9월 30일자로 발행된 『해방조선』 64호는 그동안의 '분파활동'에 대한 『해방조선』 편집위원들의 자아비판과 현縣 단위에서 진행되고 있는 통일 움직임을 보도했으며 10월 6일자로 간행된 65호는 민전 주고쿠지방위원회 제2회 집행위원회 소식과 거기서 채택된 해산 성명서, 그리고 『해방조선』 폐간 소식 등을 전했다.

일본공산당의 분열과 한국인 공산주의자들의 관계를 구체적으로 보여주는 중요한 자료이다.

본 연구팀에서 입수한 1951년 9월에 발행된 64호와 10월에 발행된 65호를 DB화했다. (후지이 다케시)

참고문헌

『解放朝鮮』, 解放朝鮮社, 1951; 朴慶植, 『解放後在日朝鮮人運動史』, 三一書房, 1989; 坪井豊吉, 『在日同胞の動き』, 自由生活社, 1975; 小山弘健, 『戰後の日本共産党』, 靑木書店, 1962.

해외경제

(海外經濟)

1966년 1월에 서울에서 창간된 월간지. 창간호의 편집 겸 발행인은 이상호李相浩, 인쇄인은 이대호李大鎬, 발행소는 한국은행조사부, 인쇄소는 한국은행인쇄소이며, 분량은 본문 55쪽과 통계 8쪽이고 가격은 40원이다. 1969년 무렵에 종간된 것으로 추정된다.

한국은행 조사부에서 발간하던 국제경제 전문 월간지이다. 한국은행 조사부장 명의로 된 창간사에서는 국제경제 문제를 전문적으로 다루는 잡지를 창간해야 할 필요성을 다음과 같이 밝히고 있다.

"국제경제의 전환기에 서서 우리가 공통으로 느낄 수 있는 현상은 선진국 경제나 후진국 경제를 막론하고 과거와 같은 고립된 세계 안에서는 이 이상 발전을 계속하기가 어렵다는 사실이다. (중략) 후진국은 한편으로 상호간의 발전을 위한 경제협력의 체제를 갖춰가면서 다른 한편으로는 선진국과의 긴밀한 유대 아래 『하나의 세계』를 향하여 전진을 거듭하고 있다. 이와 같은 국제경제의 추이 속에서 경제개발을 통한 근대화를 서두르고 있는 우리는 한시라도 격변하는 국제경제를 소홀히 할 수 없는 위치에 서고 있다. 더우기 국내자본 동원이 만족할 만한 것이 못되어 경제개발의 핵심적 요소인 자본조달을 일부 외국에 의존하지 않으면 안 될 우리의 입장에서 국제경제 동향의 정확한 파악과 이에 대한 적절한 대책의 수립은 가장 중요한 과제로 등장하고 있다. (중략) 당행當行이 국제경제 문제를 전문으로 다룰 『해외경제』를 창간하는 이유도 바로 여기에 있다."

이어서 창간사에서는 『해외경제』가 한국은행에서 발간하는 "『조사월보』의 자매지로서 우리나라 경제와의 관련 밑에 국제경제 전반에 걸친 동향의 소개는 물론 이에 관한 연구조사를 담당하여 정책 당로자들에게 믿음성 있는 자료를 제공할 것이며, 널리 국제경제에 관심을 갖는 국민들에의 반려가 될 것"임을 다짐했다. 한국은행 조사부는 『조사월보』 외에도 『해외경제사정』, 『세계경제』, 『해외조사순보旬報』, 『해외경제반월보半月報』 등 해외경제와 관련된 정기간행물을 발간했는데, 『해외경제』가 창간된 1966년 1월 무렵에는 『조사월보』를 제외하고는 이미 모두 종간된 상태였던 것으로 보인다.

『해외경제』는 단순한 조사·통계만이 아니라 국제경제와 관련된 연구논문까지 포함하는 잡지로 발간되었다. 창간호에는 「Horowitz에 관한 고찰」과 「남북문제를 둘러싼 GATT와 UNCTAD」라는 논문 2편이 실렸고, 「해외경제초록」과 「주요경제일지」라는 제목의 자료 코너를 통해 지난달(1965년 12월)의 해외경제 관련 주요 사항을 정리하였다. 그리고 부록으로 첨부된 '통계편-해외경제'는 주요 각국의 국민총생산, 통화량, 도매물가지수, 산업생산지수, 금 및 외환보유고, 교역량, 공정이율公定利率, 대미불환율對美弗換率에 관한 통계자료를 수록했다. 그 뒤에도 잡지의 지면 구성은 논문 2~3편과 전월前月의 '해외경제 초록抄錄' 및 '주요경제 일지'에 이어 통계편을 고정적으로 수록했다.

『해외경제』는 수출 중심의 경제개발 방식을 취했던 박정희 정권 시기의 산업화 과정에서 국제경제의 동향을 매월 체계적으로 정리한 간행물로서 사료적 의의를 갖는다. 1966년 1월부터 매달 20일에 정기적으로 발간되었으며, 『한국잡지총람』(1972년판)에는 1969년에 폐간된 것으로 기록되어 있다. 현재까지 확인되는 실물로는 1968년 12월호가 마지막으로 발간된 것이다. 그 후속 간행물은 정확히 확인되지 않는다.

국립중앙도서관, 국회도서관, 서울대 도서관, 고려대 도서관, 연세대 도서관 등에 소장되어 있다. 국회도서관에 소장되어 있는 1966년 제1권 제1호 ~1968년 제3권 제12호를 DB화하였다. (이용기)

참고문헌

한국잡지협회, 『한국잡지총람-한국잡지70년사』, 1972; 『해외경제』 창간호(1966. 1.)~제3권 제12호(1968. 12.)

해외시조

발행처는 미주시조시인협회와 미주시조학회이다. 발행인은 김호길, 편집인은 반병섭이 담당했다. 1999년 6월에 창간되었고, 이어 2000년에 2호가 발행되었다. 미주지역 연락처는 Sijo Society of America/ 3065 Mountain View LA CA 90066으로 되어 있다. 인쇄는 한국컴퓨터인쇄(주)에서 담당했다. 창간호는 304쪽으로 발행되었고, 가격은 7,500원, US $10이다.

『해외시조』 발행에 주도적인 역할을 한 발행인 김호길은 군인·조종사·칼럼니스트·사업가 등 여러 직업을 전전하면서도 시조 창작에 열심인 중견시인이기도 하다. 그의 이력에 나타나듯이 항공문학의 개척자라는 평을 듣기도 하는 작가이다(이우걸, 「고향찾기의 여러 얼굴」, 『해외시조』 창간호 참조). 국내에서도 시조잡지의 발행이 쉬운 일이 아닌데, 머나먼 미국에서 『해외시조』라는 문학잡지가 발행되고 있다. 그런데 『해외시조』의 발행은 김호길의 개인적인 노력과 희생으로 이루어진 일이라 해도 과언이 아니다.

한혜영은 창간호의 「(미주 시조시인협회의 발자취를 돌아보며) 모성의 그 뿌리를 내리기까지」에서 머나먼 미국에서 진행되고 있는 『해외시조』의 창간과 발행의 의미에 대해 다음과 같이 정리하고 있다. "본격적인 문학을 하기에는 아직도 모든 조건이 열악한 것이 현실이다. 창작의욕을 왕성하게 불러일으킬 만한 구조가 되어 있지 못한 것이 이민자들의 입장이라고 할 수 있겠다. 이러한 상황으로 미루어볼 때 작품성이 있고 없고를 논하는 문제는 차후의 문제가 될 성싶고, 다만 중요한 점은 고국을 떠나서도 우리의 정형시인 시조를 짓고 있다는 사실에 있을 것이다. 여기 이 영어권의 절대 영역 안에서 우리 문화의 전통인 한 장르를 지키려한다는 점, 그것을 알리려 노력한다는 것만으로도 우리는 참으로 버거운 일을 해내고 있다고 보아야 하는 것이다. 그 일을 해낼 사람들은 역시 영어권 안에 살고 있는 이민자들의 몫이 아닐까 하는 생각도 한다. (중략) 이처럼 어려운 여건 속에서도 우리의 시조는 이미 미주 대륙에 나름대로 든든한 뿌리를 내리고 있다는 사실이다. 물론 운명적인 환경이 이와 같은 결과를 가져다주기도 했을 것이다. 이민자들 대부분이 이질적인 문화와의 충돌로 인해 상당한 정서적 혼란을 겪고 있다면, 시조를 짓는 일은 이러한 갈등 속에서 태어난 자연스러운 행위에 속하기 때문이다."

『해외시조』 창간호는 〈창간의 글〉로 시작한다. 여기에는 정완영의 창간 축시, 고원의 권두언, 김호길의 창간사가 게재되어 있다. 이어서 제1회 해외시조 문학상 대상을 수상한 김영수와 신인상을 수상한 작가들의 작품이 이어진다. 그리고 기성작가인 이숭자 시인의 「나의 삶 나의 시」(창간 초대석)와 이우걸의 「고향 찾기의 여러 얼굴」, 반병섭의 「우리 모두 시조시인이 됩시다」, 한혜영의 「모성의 그 뿌리를 내리기까지」 등의 평론들이 『해외시조』를 풍성하게 해주고 있다. 그리고 고원과 김호길 등의 「(시작 메모가 있는) 26인의 근작선」이 본문을 구성하고 있다.

『해외시조』에 개제된 작품들이 아직은 아마추어적인 흔적들이 많은 시조들이지만, 국내에서는 잊혀져가고 국어교과서에서나 볼 수 있는 시조를 머나먼 미국에서 새로이 시작한다는 데에 큰 의미를 둘 수 있을 것이다. 그리고 어쩌면 미주 한인들의 모험심을 『해외시조』에서 느껴볼 수도 있다.

현재 『해외시조』 창간호를 수집해서 DB화 작업을 했다. (임성윤)

참고문헌

『해외시조』 창간호.

해운계

(海運界)

1969년 1월에 창간된 한국해운조합의 기관지이다. 발행인 석두옥, 편집인 서정렬이다. 편집위원을 보면 위원장은 서정렬이며, 위원은 두만석, 박종규, 오계준, 이진철, 정선규, 최계순, 한지연이다. 인쇄처는 홍익문화사이며 계간으로 발행되다가 1971년 6월 폐간되었다. 비매품이다.

한국해운조합은 1961년 12월에 한국해운조합법이 공포된 후, 1962년 3월 창립총회를 열면서 설립되었다. 해운사업자의 협동조직을 촉진하기 위해 설립된 것으로 『해운계』는 그 기관지이다. 1969년에 발간된 2호에는 한국해운조합 전무이사 서정렬의 권두언이 실려 있는데 당시 해운업계의 입장이 강하게 드러나 있다. 1969년은 한일국교정상화에 따라 한일항로가 되살아난 해로 이에 대한 입장이 서술되어 있는 것이다. "한일항로의 조정과 취항선박에 관한 대책 마련에 있어서 혹자는 부적격선박(500G/T미만의 선박과 21년 이상의 노후선박)에 대하여는 당장 행정적 조치로써 취항을 금지하여야 한다는 성급한 이론을 거침없이 거론하고 있으나 무릇 국가의 정책은 업자를 보호육성하여 산업의 번영을 도모하여야 할진대 8·15해방 이래 지금까지 우리나라 해운의 명맥을 유지하고 한국해운의 개척자적 역할을 감당하여온 공은 가상타 하지 못할지언정 이들에 대하여 기업활동을 저해하고 해운업 영위의 의욕마저 말살시키는 이러한 조치는 도저히 생각도 할 수 없다고 본다. 또한 국제항로의 정비와 선박에 관한 정책은 내적인 경쟁배제를 고려하기 이전에 외적인(국제적인) 경쟁력 신장의 방향으로 해결되어야 한다고 생각하는 바"라며 "내항운임율을 적정이윤이 보장될 수 있도록 조정하여 주고, 외항운항의 경우와 같이 완전면세를 바랄 수 없지만 영업세나 법인세를 감면해 주며 수송화물원의 확보만 된다면 구태어 외항해운에 부적격한 선박이 국제항로에 투입되지는 않을 것이라."라 하여 세금감면 혜택을 촉구했다. 특집으로 「내항해운의 현황과 문제점」, 「주요 외항항로의 현황과 문제점」, 「한국조선공업의 현황과 문제점」, 「한국 항만의 현황과 문제점」을 실어 권두언의 입장을 뒷받침하고 있다. 이 밖에 「천지호 사고의 교훈」, 「P.&I. Club의 기원과 발전」, 「개항 90년사」, 「한일 항로정비에 관한 제언」, 「일본내항해운의 실태」, 「선박구조의 기본상식」, 「선원수급대책수립의 긴급성」 등 해운에 대한 전문적인 글과 기행문과 시가 실렸다. 잡지 말미에는 「국제노동기구(ILO) 선원관계조약 및 권고」를 첨부했다.

1971년 6월에 9호로 폐간했는데 폐간사가 실렸다. 해운업의 성장을 기하기 위해 창간되었으나 "연이 급변하는 세계 해운 정세와 국내적으로도 계간 종합지로는 그 임무 수행에 시기적으로 완만을 면치 못하는 현실이므로 본 해운계지는 제9호로서 폐간하고 다시 종래의 『해조통보』로 환원하여 월간으로 가일층 충실화하게 발행하기로 하온바 저간 본지에 투고하여 주신 제위와 또 애독하여 주신 각계 제현께 지상으로 심심한 감사를 표하면서 금후 『해조통보』 발행에도 배전의 지원이 있으시기를 바라면서 폐간사에 대하는 바입니다."라고 하여 폐간과 함께 『해조통보』 창간을 명시하였다. 이는 1972년 1월 『해조』 창간호로 현실화되었다.

국회도서관에 창간호와 4호, 6호를 제외한 전 호수가 소장되어 있으며 이를 DB화하였다. (임경순)

참고문헌

『해운계』, 2호, 3호, 5호, 7~9호; 한국해운조합(www.haewoon.or.kr).

행정관리

1962년에 창간된 내각사무처의 기관이지이다. 편집 겸 발행인 김용휴이며 발행소는 내각사무처 행정관리국, 인쇄소는 흥원상사주식회사이다. 부정기적으로 간행되었으며 비매품이다.

내각사무처는 1961년 5·16쿠데타 이후 군사정부 아래서 중앙인사기관의 기능을 담당했던 행정기관이다. 이전의 국무원사무처가 내각사무처로 개편된 것으로, 국무원사무처는 공보국과 방송관리국이 폐지되어 신설된 공보부로 이관되었으며, 그 대신 행정관리국이 신설되었다. 1963년 12월 내각사무처는 총무처로 다시 개편되었다.

1963년 11월에 발간된 5호의 체재를 보면 논설, 실무, 각부행정, 외국제도소개, 질의응답, 공지사항, 서평, 자료, 연재물 등으로 구성되어 있다. 논설에는 「성적주의 인사행정의 방벽」, 「현대행정관리의 특징」, 「미국연방정부의 몇 가지 관리개선면」 등의 논문이 실렸고, 실무에는 「미국정부에 있어서의 관리개선을 통한 비용절감문제」, 「관리조사개관」, 「각종채용시험응시자격설정에 관한 문제점」, 「민원서류처리의 개선」, 「인사사무처리절차 개선 방행」, 「직위 분류에 있어서 직무기술서의 중요성」, 「새로운 공무원 교육과정의 소개」를 실었다. 각부 행정에는 「한국지방자치행정의 과제」, 「지방교육행정에 있어서 자치와 자주의 대결」, 「서울특별시 행정 개선의 방향」을 실었고 외국제도 소개에는 이태리, 태국과 인도, 영국의 제도가 소개되었다. 연재물로는 「미연방공무원제도발달사」가 연재되었으며, 공지사항에는 나라의 문장紋章 제정과 관련된 사항을 정리하였다. 질의응답에는 '징계위원회 의결정족수에 관한 질문' '공무원 징계운영에 관한 질문'

'위험근무수당 지급에 관한 질문' 등이 다루어졌다. 자료에는 정부기구의 연혁, 연금급여통계, 기능직통계, 인사발령통계 등이 포함되어 있다. 이러한 잡지의 체재는 크게 변하지 않고 일관되었다. 1964년에 발행된『행정관리』는 정부직제가 개편됨에 따라 발행소가 내각사무처가 아닌 총무처로 변경되었다.

빠진 부분이 많지만 국회도서관에 1963년부터 1970년까지 간행분이 소장되어 있으며 이를 DB화하였다. (임경순)

참고문헌

『행정관리』, 1963~1970년; 한국학중앙연구원,『한국민족문화대백과』.

향토방위
(鄕土防衛)

1969년 창간된 부정기 간행 잡지이다. 발행 겸 편집인은 이기만李基萬, 발행처는 향토방위보사鄕土防衛報社이고 비매품이다.

향토방위보사 발행인 이기만李基萬은 2권 4호 「사설」에서 향토예비군이 갖추어야 할 자세와 역할에 대해 다음과 같이 언급하였다.

"우리 향군은 새로운 정신 풍토 조성에도 앞장을 서서 투철한 반공정신으로부터 일면 국방, 일면 건설을 위한 조국근대화 사업에 매진하는 것만이 당면한 유일한 길임을 재인식하여야 된다. 애국이란 결코 먼 데 있는 것이 아니라 각자가 맡은 바 자기의 할 일을 성실히 수행해 나가는 데 있는 것이다. 중진국으로 도약해야겠고 군사적으로는 안보체제를 강화해서 민족 중흥을 위한 역사적 사명 달성을 위해 전 국민의 의지와 역량을 총집약해야 될 때다. 우리는 절대로 세계의 진군에서 뒤떨어질 수는 없다."

이 잡지는 '향토예비군' 편성에 즈음하여 군 관계자와 예비군에 편성되는 사람들을 대상으로 하여 반공의식을 고취시키고 '향토방위군'의 역할을 강조하기 위하여 발행된 것이었다. 향토예비군은 1949년 대한민국 육군에서는 보조전력으로서 상설 예비군 조직인 '호국군'을 잠시 운용한 바 있다. 호국군은 같은 해 8월 해체되고, 한국전쟁 도중에 정규군과 완전히 통합되었다. 그 후 1961년 12월 '향토예비군설치법'이 제정되었지만 예산 등의 문제로 부대 편성까지 이르지 못하였다. 이후 예비군의 강화를 위하여 1968년 5월 전국의 지역·직장 예비군에 무기가 지급되면서 예비군은 현저하게 강화되었고, 1969년에는 동원예비군(갑호부대)과 일반예비군 부대로 구분되어 편성되었다. 향토예비군은 '싸우면서 건설하는 시대적 역군'을 표방하며 규모가 크게 확대되었고 국가보위의 일익을 담당하는 제2의 국군을 자임하며 후방방위의 기간전력으로 활용되었다.

잡지 구성은 〈시사〉, 〈예비군강좌〉, 〈상식〉, 〈연재〉 등으로 이루어졌다.

1권 3호(1969. 12.) 〈시사〉란의 특집으로는 「유엔통한統韓결의안 채택」이 게재되었다. 유엔총회에서 주한유엔군과 유엔 한국통일부흥위원단(언커크)이 한국에서 계속 활동하도록 하는 결의안 통과에 관한 내용이다. 「자주국방에 예비기간」에서는 주한 미군 병력 유지 결정에 대해 미국의 병력책과 대외안보 정책을 진단하는 내용의 글이 실리고, 「승공의 길은 총력전」(정해식鄭海植, 충청북도지사)이 게재되었다.

〈예비군강좌〉에서는 「국민교육헌장해설」과 「소총분대 공격」(이용석), 「손자병법」(권지홍) 등이 실리고, 〈상식〉란에는 「간첩식별법과 신고 요령」, 「이스라엘 예비군의 방위 복무법」, 「향토예비군 설치법 시행령」, 「북괴장비 소개」 등이 게재되었다.

〈연재〉란은 「맥아더장군 한국동란 회상록」, 「가난을 극복한 군인 아내의 수기」(김윤숙), 「계백장군 역사소설」이 실렸다. 기타로는 「대침투 작전상의 유의사항」에서 적 공격에 따른 방어와 대응법을 소개하고 있고, 「2군소식」에서는 후방군(예비군) 창설 15주년을 맞이하여 후방지역 방위와 교육 훈련, 예비군 편성 및 훈련, 활동과 현황을 소개하고 있다.

2권 4호(1970. 1.)는 3호와 구성이 같으면서, 〈예비군소식〉이 추가되어 각 지역의 예비군 현황과 특징을 소개하고 있다. 〈시사〉에는 「북괴의 대남공작의 양상과 전망」, 「염려되는 미국정부의 아-테정책」이 게재되었다. 2권 5호(1970. 2.)의 〈시사〉란에는 「한국안보와 통일」, 「미·중공회담의 문제점」, 「홍위병의 진상」, 「공산북한의 참상」 등 국제정세와 북한의 동향에 관한 내용으로 채워졌다.

1975년에 발행된 8권 1호(1975. 12.)는 〈북괴군사〉란이 추가되어 별도로 북한군 동향을 싣고 있다. 〈특집〉으로는 「학원침투 간첩단 사건, 중앙정보부 발표」와 「숨은 새마을 지도자 소개」가 게재되었다. 〈시사〉에는 「미 대통령 포드독트린 6개항 선언」, 「체제정비 서두르는 일본자위대」, 「한반도와 일본의 안전보장」 등 국제정세에 관한 내용으로 이루어졌다.

이 잡지는 1960, 70년대 국제정세와 대북인식, 향토예비군 동향을 확인할 수 있는 유용한 자료이다.

국회도서관에 소장되어 있는 1권 3호(1969. 12.), 2권 4호(1970. 2.)·5호(1970. 12.), 8권 1호(1975. 12.)·2호(1976)를 DB화하였다. (이병례)

참고문헌

『향토방위』, 1권 3호(1969. 12.), 2권 4호(1970. 2.)·5호(1970. 12.), 8권 1호(1975. 12.)·2호(1976).

향토예비군전사
(鄉土豫備軍戰史)

1969년 4월 30일 육군본부에서 발행한 선전 잡지이다.

육군 참모총장 대장 김계원은 「서문」에서 다음과 같이 잡지 발간 목적을 밝히고 있다.

"싸우면서 건설하자는 국민적 대열에 앞장서서 내 고장, 내 직장은 내 손으로 지키겠다고 역전의 용사들이 굳게 뭉친 이 향토예비군은 지난 연말에는 울진, 삼척지구에 침투한 무장공비의 소탕작전의 일익을 맡아 군경과 더불어 실로 눈부신 활약을 하였던 것은 이미 주지의 사실입니다. 이제 향토 예비군 창설 1주년을 맞는 이때 1년 동안 향토 예비군이 이룩한 여러 가지 알찬 업적들을 돌이켜 보고 울진, 삼척 사태를 통해 얻은 값진 전사를 편찬 발간하게 된 것은 참으로 뜻 깊고 유익한 것이라고 믿으며 내용의 불비함을 알면서도 시기성에 적응하고자 감히 초간을 발행하오니 강호 제현의 배전의 지도와 편달이 있으시기 바랍니다." 향토예비군 창설 1주년을 맞아 그 활약상을 선전하고 역할을 재고하기 위해 잡지를 발간한다고 하였다.

제1집(1969. 4. 30.) 앞 부분에는 예비군 활약상을 선전하는 사진이 게재되었다. '전단 뿌리는 향토예비군', '철로변을 경계하는 예비군' 등의 제목 하에 1968년 11월 3일에 발생한 울진군 고수동 북한군 침투 시 예비군의 활동 사진과 11월 24일 강원도 명주군에서 향토예비군에 의해 사살된 북한군 시체 사진 등이다.

제1집의 구성은 〈개요〉에서 향토예비군의 창군과정, 조직, 운영을 소개하고 있고 〈싸우는 향토예비군〉에서 울진, 삼척 지역 전투에서 예비군의 활약상을 실었다. 〈부록〉에는 「외국 및 북괴의 예비군제도」, 「대통령 유시문」, 「향토예비군 설치법」, 「생포된 공비가 국민에게 드리는 사과문」 등이 게재되었다.

제2집(1971. 7. 1.)은 1집 이후 예비군의 활약상을 수록한 것이었다. 2집에서 육군본부 군사연구실장 장태완은 "자조, 자립, 자주국방의 선두에서 전력을 다하는 예비군을 위하여 필筆을 든 것은 뜻 깊고 유익한 것이라 믿으나 내용이 욕심보다 불비하여 지도 편달이 있기를 바라고 향토예비군의 발전과 자주국방의 초석이 될 것을 믿습니다."라고 하였다. 잡지가 향토예비군의 선전지 역할을 할 것임을 명시하고 있다. 잡지 구성은 1집과 유사하고 〈북괴 대남공작의 변천상〉과 〈향토예비군의 동, 하절 위생〉이 추가되었다.

제3집(1972. 8. 30.)에는 부록으로 「대통령 유시문」, 「향토예비군의 정기감사 결과 및 우수 예비군 시상부대」, 「향토예비군의 주요 일지」가 새롭게 실렸다.

국회도서관에 소장되어 있는 1집(1969. 4. 30.), 2집(1971. 7. 1.), 3집(1972. 8. 30.)을 DB화하였다. (이병례)

참고문헌

『향토예비군전사』, 국방부, 1집(1969. 4. 30.), 2집(1971. 7. 1.), 3집(1972. 8. 30.).

현대공론
(現代公論)

1953년 10월 25일 창간되어 1955년 1월 1일 통권 13호로 폐간된 월간 종합잡지. 반공통
일연맹의 기관지로서 발행인은 이윤영李允榮, 편집인은 송운영宋云英·유치진柳致眞이었
다. 판형은 국판, 200쪽 내외의 분량이었다.

송운영과 이강민李康民 등은 서울 중구 소공동에
현대공론사를 설립하고 이 잡지를 창간하였다.
휴전 직후 창간된 이 잡지는 전쟁이 가져다준
교훈을 반공주의와 휴머니즘을 중심으로 두고
무력이 아닌 시대정신 또는 시대사상을 고취시
킬 공론장의 역할을 자임하였다. 창간호 권두언
에는 "우주 만물의 본바탕(本質)인 그 절대적 '참'
은 제 자신을 자연과 사회 혹은 역사로서 영원
히 발전시키며 실현시킨다. 이 발전과 실현이
곧 자연과 역사의 형성인 동시에 또 이들 자신
의 발전이다."라고 표현하여 당시의 시대정신 속에서 발전을 추구해야 함을 강
조하고 있었다. 이 잡지의 편집 방향은 세계 역사의 흐름을 포함한 세계정세의
조명에 관심을 두고 한국의 정치·경제·사회·문화 등 여러 측면의 문제를 재조
명하는 데 있었다. 그렇게 하여 현대인의 과제가 무엇인가에 대한 논의를 한국
사회의 맥락에서 논의해볼 수 있도록 이끌고자 하였다.

1953년 10월 창간호에는 권두언에 안호상의 「밝은 이성의 판단」을 실었고,
논문에 최남선의 「3·1운동의 사적 고찰」, 오종식의 「한국의 국제적 위치와 그
과제」, 정준의 「사회정책 비판」 등과 박계주의 소설 「수인공화국」, 유주현의
「폐허의 독백」 등을 실었다.

이 잡지는 편집 방향에서 드러나듯이 국제정세의 변화를 분석하는 글들이 상
당히 많이 배치되어 있는 특징이 있다. 1954년 10월호를 살펴보면, 냉전하 자

유진영의 수장으로 짐을 짊어진 '미국의 고민', 소비에트체제에 대한 민중의 배반을 떠안은 채 박빙薄氷 위에서 발걸음을 걷는 듯한 소련, 전후 경제부흥을 추구하고 있는 서독의 상황, 인도-파키스탄 분쟁, 이란의 석유협정과 수에즈운하로부터의 영국군철수가 갖는 영제국주의의 몰락, '전체주의'의 길을 걷는 마오쩌둥(毛澤東)의 '악몽', 100석을 차지하는 공산세력의 암약暗躍으로 난국에 빠진 프랑스, 격심한 디플레이션에 빠진 일본, 파시즘체제에서 민주주의체제로의 이행에 어려움을 겪고 있는 이탈리아, 농민들의 반항에 시달리는 폴란드, 휴전상태에서도 침공이 지속되는 인도차이나, 중공의 위협과 정계의 혼돈에 시달리는 필리핀 등 세계 각국의 정세를 다룬 내용으로 가득하다. 1954년 10월호의 경우 전체 지면의 절반 이상이 국제면에 할애될 정도로 국제소식의 비중이 높았고, 그 밖에도 버트란드 러셀(Bertrand Russell)나 알버트 슈바이처(Albert Schweitzer), 라인홀드 니버(Karl Paul Reinhold Niebuhr) 등 외국 저명인물의 글을 번역해 수록하는 것도 많았다.

『현대공론』은 발행소가 '반공통일연맹'이었던 만큼 반공주의가 잡지 전반에 강하게 깔려 있다. 백낙준白樂濬은 1954년 9월호 권두언「이 대통령 방미訪美의 성과」를 통해 이승만 대통령의 방미는 대한민국이 "세계 멸공 십자군의 선구先驅"가 되었음을 알리는 뜻 깊은 성과가 있었다고 평가하였다. 이문李汶에 의해 연재되던 「붉은 '민주학원'」은 북한정권 성립 이후의 학교교육을 고발하는 내용으로 이루어져 있다. 월남 예술가인 원대연이 쓴 「북한예술가들은 이렇게 살고 있다」역시 북한 예술자들이 노예정치의 억압 속에서 고통받는 참상을 폭로하는 것이었다. 또한 당시 '반공통일연맹'에서 발행하고 있던 주간지『자유주보』나 근간 서적으로『멸공최전선-그이 앞에 무릎을 꿇고』등 반공통일연맹 간행물의 책 광고를 전면에 배치하기도 하였다.

반공통일연맹은 1954년 8월 자유당과 반공기구 창설문제로 갈등을 겪기도 하였는데, 1954년 9월호에 수록된 〈개헌문제특집〉은 자유당 원내총무 이재학의 개헌안 해설 성격의 글로 시작되지만, 전체적인 비중은 자유당의 개헌안에 대한 각계 지식인들의 비판에 초점이 맞춰져 있었다.

이 잡지는 1950년대 한국의 자유주의 지식인들의 특징을 고스란히 보여주고 있는데, 그것은 '후진국' 상태로부터 벗어나기 위해 미국이나 유럽 등 '서구'를 따라잡아야 할 모델로 설정하고 이를 대중에게 계몽하려는 의식이었다. 오영진이 연재하던 「아메리카기행」은 기행문 형식으로 이루어진 미국문물 찬양의 한 전형을 보여준다.

이 잡지에 수록된 글들은 'The Modern Review'라는 잡지의 영문명처럼 현대사회에 대한 반성적 비평을 담고 있으나, 현대문명에 대한 철학적 비판이 제기되고 있던 서구 지식인의 글과 전후 폐허 상태에 놓인 한국의 상황에서 '서구 추종'의 의식을 드러내던 한국 지식인들의 글 사이에는 '동시대의 비동시성'이라고 할 만한 이질성이 가로놓여 있기도 하였다.

국회도서관에 소장된 1954년 9월호와 국립중앙도서관에 소장된 1954년 10월호를 DB화하였다. (이상록)

참고문헌

김근수, 『한국잡지사연구』, 청록출판사, 1980; 권영민, 『한국현대문학대사전』, 서울대출판부, 2004.

가

나

다

라

마

바

사

아

자

차

카

타

파

하

현대교육
(現代教育)

현대교육사에서 1968년 8월 1일에 창간하였다. 종간호는 확실치는 않으나 1970년 6월 호(통권 3권 5호)로 보인다. 발행 겸 편집인은 유근제柳根齊, 인쇄인은 김상문金相文, 발행소는 현대교육사(現代教育社, 서울특별시 종로구 당주동 15-3)이다. 판형은 신국판으로 총 218쪽이며 정가는 250원이었다.

'창간사'는 없지만 대신 「권두언」과 「주장」이 있는데 이를 차례로 보자.

"너희는 세상의 소금이냐… (중략) 2천 년 전의 교사, 예수가 하신 말씀이다…."

"요컨대, 우리 주위의 문제에 역류적인 사고와 역류적인 문제해결의 방법이 시도될 때 그 타개책에 서광이 있으리라 본다. (중략) 또 하나 교육의 이론 수립에 다변인적多變因的 접근이 시도되어야 하겠다는 점이다. 교육현상 혹은 문제라는 것은 본래가 복합적 성질을 띠고 있다. 그러기에 교육현상의 해결에는 숱한 학문분야, 예컨대 사회학·심리학·정치학·경제학·행정학·인류문화학·생리학 등 여러 과학이 종합적으로 관련되고 있고, 이념적 모색의 과정에서 철학이, 실천화의 과정에서 기예적인 요수가 기어들어 오고 있다. (중략)

교육은 누구나 할 수 있다. 그러나 〈행동의 계획적인 변화〉를 시킬 수 있는 교사가 되기 위해서는 교육이론이라는 전문성이 없이는 요원한 꿈이며, 그 꿈이 꿈으로 남아 있는 한 교육자가 아무리 교육은 전문직이라고 주장해도 그것은 전문직이 아니다. 교육문제를 〈선생님 의견은 어떠십니까?〉라는 식으로 물어서 해결하는 눈치의 사고에 결별을 고할 때가 왔다."

이로 보건대, 두 글의 주장은 교육의 중요성을 기본적인 전제사항으로 하면서 전자는 직업인으로서의 생활인인 교사가 교육자로서의 책임과 사명감을 뚜렷이 가질 필요성에 대해, 후자의 경우에는 기존의 교육방식과 교육이론을 과감히 버리고 역류적인 사고로써 교육에 대한 다변인적 접근을 이루어 과학적이고 실천적인 교육이론을 창출할 것을 요구하고 있다. 교육문제의 중요성이 대중적으로 제기되고 새로운 교육이론과 방법론의 모색이 시급한 과제임을 역설하고 있다는 점에서 참신하고 적극적인 기운이 느껴진다.

창간호의 목차를 보자. 우선 특집이 눈에 띈다. 심포지움 '한국교육의 현실과 교육학의 과제'라는 제목으로 정범모의 「교육학의 지도」, 정순목의 「교육의 현상과 교육학도의 과제」, 임의도의 「행동연구를 위한 종합모형」, 김인회의 「한국교육과 교육학 속의 인간관」 등의 발제문에 이어 사회를 맡은 정채철과 패널토의에 참여한 유형진, 정범모, 정순목, 한동일, 황정규의 토론이 지상 중계된다. 유형진의 「한국교육의 좌표」와 구범모의 「헌정 20년과 그 교육」, 한동일의 「민족주체성과 교육의 역할」, 윤용탁의 「대학정원제를 철폐하라」, 육인수의 「교육재정은 소비투자가 아니다」, 육진성의 「교육세법의 개정과 전망」, 최용희의 「학교를 검찰에 고발했습니다」(어느 어머니의 애소), 편집부의 「몬도가네·한국교육」 등이 볼 만한 기사들이다.

그 밖에도 장석우의 「'치맛바람' 그 병인과 진단」, 이홍우의 「강의노우트 좀 바꿉시다」, 김기정의 「기업이냐 학교냐」, 박승훈의 「쎄드 무비」(교단만필), 박희숙의 「두려운 나의 소녀들」(교단일지), 이정숙의 「나는 교사의 아내」, 장영구의 「나는 교사의 남편」, 백초의 「불안한 좌석」, 김문자의 「여교사는 조미료인가」, 허달준의 「세월, 참 빠릅니다」 등은 교육헌장에서 엿볼 수 있는 실제적인 사정이 담겨 있어 당대의 생생한 현장을 경험하는 듯한 느낌을 주는 글들이다.

한 가지 재미 있는 사실은 화보로도 소개되어 있는 '세계적 석학' 임어당의 방문으로 '세계대학 총장회의' 제2차 회의 참석 차 방한한 임어당의 그 회의에서 행한 연설 「세계인구의 공통된 유산을 찾아」가 실려 있다는 점이다.

이처럼 교육 전반에 걸친 비판과 대안을 제시하고자 노력한 이 잡지는 특히 이른바 '국민교육헌장' 선포 즈음에 앞서 교육의 문제를 이슈로 내세워 민족의 장래와 국가적 미래를 화두로 던졌다는 점에서 의미 있는 시도를 했다고 평가할 수 있다. 뿐만 아니라 교육이론과 아울러 교육 현장에서 부딪치는 문제들에 대해서도 관심을 기울여 교육의 올바른 길에 대해 모색하고 고민을 공유한 점도 긍정적인 평가를 내리게 된다. 3년이 채 안 되는 기간이었지만 정부의 교육 정책에 무조건 끌려가지 않고 객관적이고 비판적인 시선으로 교육 전반에 대한 검토를 시도했다는 점에서 이 잡지의 당대적 의미는 크다 할 것이다.

창간호를 비롯하여 대부분의 잡지가 국립중앙도서관, 국회도서관을 비롯하여 연세대 도서관에 소장되어 있다. DB 상태는 좋다. (전상기)

참고문헌

『현대교육』 창간호, 1968. 8.; 『현대교육』, 1970. 6.

현대직업

(現代職業)

1969년 10월 1일 창간된 월간지이다. 발행 겸 편집인은 조우제趙宇濟, 편집장은 김희용金熙鎔, 인쇄인은 조희갑趙熙甲이다. 발행소는 서울특별시 종로구 낙원동 143 진학사進學社이다. 정가는 200원이다.

취업과 사업안내지를 표방하며 창간된 『현대직업』은 각종 직업과 취업 관련 정보를 소개하였다.

진학사 대표 조우제는 「창간사」에서 잡지 창간의 취지를 다음과 같이 밝히고 있다.

"평소부터 직업의 종류와 내용을 충분히 알고 그 직업에 맞는 기술을 몸에 익혀 사회의 일원으로 참가하게 된다면 그 이상 바람직한 일은 없을 것이다. 자기의 기호나 능력에 맞는 직업을 선택하는 것만이 자기 행복의 조건이기도 하며 또한 사회 전체에 대한 공헌이기도 한 것이다. (중략)

인생의 가장 중요한 고비이기도 한 직업 선택의 조건에 있어서 현재까지도 이를 뒷받침해줄 아무런 자료가 없었음은 심히 유감된 일이라 하지 않을 수 없는 것이다. (중략)

다행스럽게도 『진학進學』지의 애독자가 올해 처음으로 사회에 그 첫발을 내딛는 때이기도 하며 이들에게 계속적인 안내자 구실을 하여야 마땅하다는 일념에서 모든 애로를 물리치고 과감히 기치를 높이 들어 이들의 앞장을 서기로 한 것이다. 그리하여 이들뿐 아니라 사회생활을 영위하고자 하는 모든 이에게도 불가결의 요소인 이 직업 선택에 있어 알뜰한 반려자가 될 것을 다짐하는 바이다.

그러기 위해서는 국내에 있는 직업의 종류뿐 아니라 외국에서 새로이 등장하고 있는 신종 직업까지도 망라 소개함으로써 좀 더 나은 생을 이어나갈 수 있는 길잡이가 되리라 자부하는 바이다.

고교입시『합격생』→ 대학입시『진학』→ 사회입문『현대직업』이란 일관성 있는 계통을 살려 인생항로의 가장 중요한 이 3시점에서 그들의 등불 구실을 하고자 하는 본사의 뜻에 독자 여러분의 무한한 배려와 성원 있기를 바라면서 창간의 말을 맺는 바이다."

잡지의 구성을 보면, 호마다 특집기사를 실어 직업 선택에 있어 가장 민감한 문제들을 다루고 있고, 〈유망직업〉, 〈인기직업〉, 〈직업가이드〉, 〈아이디어강좌〉, 〈취재기사〉, 〈소경영강좌〉 등의 난을 통해 각종 직업과 취업에 관한 정보를 제공하였다. 그리고 〈사업성패기〉, 〈르뽀〉, 〈인터뷰〉, 〈좌담회〉, 〈취직상담〉, 〈사업상담〉 등을 통해 취업과 사업의 경험담을 공유할 수 있도록 하였으며, 금융계, 언론방송계, 국영기업체, 민간기업체의 현황과 이들의 모집인원, 시험과목, 채용시기, 채용대상, 견습기간 및 초봉에 관한 정보도 제공하고 있다. 또한 〈현대직업 게시판〉에서는 각종시험시행공고의 자세한 내용을 게재하였으며, 〈부록〉으로 주요업체의 시험문제를 싣고 있다. 그 밖에 각종 부업정보, 특허안내, 아이디어수첩, 각종 자격증의 종류와 얻는 방법, 돈을 늘이는 방법 등 다양하고 유용한 정보들을 제공하였다.

이와 함께 길창덕吉昌悳의 만화 「그래도 씨氏」와 윤용성尹庸聲의 소설 「포유기哺乳期」가 연재되었고, 다수의 수필도 게재되었다.

1969년 제1권 창간호의 특집 I 「취업전선의 문은 열렸다」에서는 〈직업의 발견〉이라는 시리즈로 직업을 어떻게 선택할 것인지에 대한 개괄적인 내용을 싣고 있다. 특집 II 「당신도 돈을 벌 수 있다」에서는 적은 자본으로 할 수 있는 유망업종을 소개하였다.

1969년 제1권 2호의 특집 I 「소문난 업체의 베일을 벗겨 본다」에서는 6대 재벌그룹회사의 조직, 구성, 인사, 보수 규정을 다루었다. 특집 II 「직업에는 어떤 것이 있나」는 〈직업의 발견〉 시리즈 두 번째로 직업의 종류와 하는 일을 망라하여 다루고 있다.

1969년 제1권 3호의 특집 I 「국영기업체 그 신상을 조사한다」에서는 국영기업체의 현황, 승진, 승급, 봉급규정을 조사하여 매년 치열한 경쟁을 벌이는 국영기업체의 치솟는 성가聲價를 봉급기준표를 중심으로 살펴보았다. 특집 II 「서울의 점포시게를 알아본다」에서는 사업하려는 사람들에게 가장 민감한 문제인 서울 시내 전역의 점포시세를 조사하였다.

1970년 제2권 1호의 특집기사로는 「금년도엔 공무원을 얼마나 뽑나?」와 「점포만 있으면 돈 벌 수 있다」가 실려 있다. 제2권 2호의 특집기사로는 「한국인의 직업관」과 「부동산 투자의 실전 코오치」가 실려 있다.

직업잡지로서의 전문성과 대중성을 함께 지니고 있었던 60년대 말 대표적인 실용매체인 『현대직업』은 사회에 첫발을 내딛는 사회초년생들에게 다양한 직업 정보와 취업정보를 제공하는 데 유용한 역할을 했을 것으로 보인다.

국회도서관에 소장되어 있는 1969년 제1권 창간호부터 제3호, 1970년 제2권 1호와 2호를 DB화하였다. (구수미)

참고문헌

『현대직업』, 1969년 제1권 창간호~1970년 제2권 2호, 진학사.

현존
(現存)

1969년 창간된 월간 종교 잡지이다. 편집 겸 발행인은 안병무安炳茂, 발행처는 서울 중구 을지로 2가 164-11(현존사)이다. 약 50쪽 분량이고 정가 100원이다.

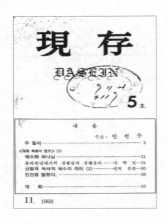

이 잡지는 종교의 근본을 탐구하고 종교의 사회적 역할을 모색하기 위해 발행되었다.

잡지 발행인 안병무(1922~1996, 평남 안주 출신)는 민중신학자이자 인권운동가이다. 1938년 일본으로 유학, 다이쇼대학 예과에서 공부하고, 1942년에 와세다대학에서 서양철학을 공부하였다. 대학 시절 평신도 중심의 공동체 조직과 평신도 지성운동에 앞장섰다. 1951년 잡지 『야성』을 출간하였으며, 1952년 평신도 중심의 신앙공동체를 조직하였는데 이것이 향린교회의 모체가 되었다.

1956년 독일로 유학, '공자와 예수의 사랑에 관한 윤리의 비교'를 주제로 박사학위를 받았고, 1965년 귀국하여 중앙신학교에서 학생들을 가르쳤다. 1969년에는 신학잡지 『현존現存』을 창간하고, 현존의 구조와 의미를 밝힘으로써 인간의 구원을 묻고자 하였다. 1973년 '한국신학연구소'를 설립하고, 계간 신학잡지 『신학사상』을 발간하였다.

1970년대 한국의 정치·경제적 상황에 직면하여 그의 신학은 '현존'에서 '현장'으로 이동하였다. 1972년 3선개헌 반대 100만 명 서명운동에 발기인으로 참여하는 등 민주화운동에 앞장서다가 1975년 3월 긴급조치 위반으로 구속, 옥고를 치렀고, 1976년 3월에는 이른바 '3·1 구국 선언' 사건으로 다시 구속, 옥고를 치렀다. 이와 같은 일련의 정치적 탄압의 경험 속에서 그는 민중의 실체를 신학의 주요 텍스트로 삼는 민중신학의 한 모델을 제시하였다. 그는 민중의 시각에서 〈마가복음〉에 나타난 오클로스를 재조명함으로써, 민중이 역사를 담지해온 주체이며 구원과 해방 사건의 주체임을 역설하였다.

잡지 구성은 제5호~15호까지 주간主幹 안병무가 주로 기획, 서술하는 종교철학적 문제를 논한 글로 채워졌고, 〈공관복음서연구〉, 〈대화〉란으로 이루어졌다.

제5호(1969. 11. 1.)에 실린 「두 질서」(안병무, 주간)에서는 권리주장과 보편성이라는 본질적인 질문과 종교인의 자세에 대한 철학적 질문을 던지고 있다. 〈공관복음서 연구〉의 「예수와 하나님」에서는 예수의 신관神觀에 대한 논의를 담고 있으며, 「윤리판단에서의 상황성과 상황윤리」(나학진羅鶴鎭), 「신앙과 역사적 예수의 의미」(권터 본캄), 「인간을 말한다」 등의 글에서 매우 철학적이면서 종교의 본질을 탐구하는 글이 실렸다.

〈대화〉(안병무, 주간)란에는 사회윤리학자 H.E. 퇼트(Todt)와의 만남과 대화 내용이 실렸다. 퇼트는 독일 하이델베르크대학 신학부의 사회윤리학 교수로 재직하고 있는 인물이다. 대화 주제는 한국의 신학적 상황과 고유성에 대한 내용과 신약신학자로 출발하여 사회문제를 다루는 이유, 종교가 사회문제에 어떻게 부응할 것인지 등에 관한 것이었다.

제21호(1971. 6.)부터는 구성이 다소 달라진다. 종교 철학을 탐구하거나 인물소개와 〈칼럼〉으로 나뉜다. 종교철학에 관해서는 「산상설교와 간디」, 「시편연구」(김이곤), 「어록이란 무엇인가?」(고트후리드 쉴레) 등이 실리고, 〈칼럼〉으로 「사색의 샘」(안병욱), 「회개의 의미」 등이 게재되었다.

제36호(1972. 12.)는 〈칼럼〉란이 별도로 구분되지 않고 4~5편의 논설류의 글과 대화(안병무, 주간)로 이루어졌다. 「하나님과의 변론」(안병무, 주간), 「아모스 연구」(김정준金正俊), 「인간 존재의 기본적 구조」(송기득末基得), 「기독론의 문제」(H. 뵈어스) 등의 글이 실렸다.

제42호(1973. 7.)부터는 〈강단〉, 〈성서연구〉, 〈논문〉, 〈칼럼〉, 〈대화〉로 구분하여 발행되기 시작했다. 〈강단〉으로는 「부모와 자녀」(안병무, 주간), 〈논문〉에 「신구神□의 성서적 이해」(G. 클라인) 등의 글이 게재되었다.

그 밖에 106호(1979. 11.)에는 「예수와 민중」(안병무, 주간)이 실리는 등 1970년 후반기에는 주간 안병무의 민중신학론이 본격적으로 게재되기 시작했다.

이 잡지는 1960, 70년대 종교철학에 관한 논의 지형과 실천적 종교인들이 종교와 사회구조적인 문제를 어떻게 사고했는지를 이해하는데 유용한 자료이다.

국회도서관에 소장되어 있는 5호(1969. 11.), 6호(1969. 12.), 7호(1970. 1.), 8호(1970. 2.)~15호(1970. 10·11.), 21호(1971. 6.)~26호(1971. 12.), 27호(1972. 1.)~36호(1972. 12.), 38호(1973. 2.)~46호(1973. 12.), 47호(1974. 1.)~56호(1974. 12.), 105호(1979. 10.), 106호(1979. 11.)를 DB화하였다. (이병례)

참고문헌

안병무 외, 『현존』, 5호(1969. 11.), 6호(1969. 12.), 7호(1970. 1.), 8호(1970. 2.)~15호(1970. 10·11.), 21호(1971. 6.)~26호(1971. 12.), 27호(1972. 1.)~36호(1972. 12.), 38호(1973. 2.)~46호(1973. 12.), 47호(1974. 1.)~56호(1974. 12.), 105호(1979. 10.), 106호(1979. 11.); 한국학중앙연구원, 『한국민족문화대백과사전』, 1979.

혼
(魂)

1946년 4월 일본 이와테(岩手)현에서 복간된 사상잡지다. 1936년 무렵 만몽시대사가 황도사상皇道思想 연구를 목표로 창간한 월간 잡지다. 복간 후 발행은 월간을 목표로 삼았으나 일정하지 않았다. 편집 겸 발행인은 정연규鄭然圭, 발행소는 도쿄의 황학관皇學館이었다. 정가는 2원(1946년 4월), 2원 50전(1946년 4월), 8원(1947년 9월)이었다. 사용 언어는 일본어다.

편집 겸 발행인 정연규는 1922년에 일본으로 건너가 활동한 작가였다. 1923년에『정처 없는 하늘가(さすらひの空)』로 일본 문단에 등장하여 프롤레타리아작가들과 교류하였다. 1932년에 황도주의皇道主義 문예사상지인『만몽시대滿蒙時代』를 창간·주재하였다. 이 무렵부터 일본의 우익 사상가, 조선총독부 전직 고관들과 교류하면서 황도주의 단체인 황학회皇學會 활동에 적극 참여하고 황도주의 관련 저서를 다수 출판하였다.

『혼』은 1936년 무렵 만몽시대사에서 창간되었다.『혼』의 발행 취지는 첫째로 충성봉사하는 황도사회의 실현, 둘째로 민족 단위의 단일 황도사회의 실현, 셋째로 세계에 단일 황도정당의 실현 등이었다. 정연규가 일제 말기에 미군의 공습을 피해 이와테로 소개할 때 휴간하였다가 일본의 패전 후에 복간되었다. 휴간 이전의『혼』은 독자 투고를 받았지만 복간 이후에는 정연규의 주장만 수록된 개인 잡지였다.

복간 후의『혼』은 이전의 황도주의 찬양에 대한 반성 없이 태도를 돌변하여 황도주의를 비판하며 연합군을 환영하였다. 복간호에서 연합국사령관 맥아더에게 감사하면서 연합군이 일본에 자유를 주입하고 민주의 대도大道를 펼친다고 찬양하였다. 복간호에는 「각 민족 공존공치共存共治 정당 제안」, 「침략적 공산주의 발생」, 「천황정부에 공개장」, 「천황당의 음모」, 「조선인 구축驅逐 음모」, 「국체변혁조서는 내려졌다」 등의 글이 실렸다. 다음 호인 제15권 제168호에는 「민주주의 도의道義 해설」, 「국체변혁조서 해설」, 「천황당의 음모」, 「민족공화국 건설운동」 등이, 제16권 제168호(1947년 9월 발행)에는 「천황공선론天皇公選論」, 「공존공영국가론」, 「식량부족의 진상」, 「민주주의 도의 강좌」, 「재류조선인문제」, 「천황당 음모의 현단계」, 「황도사상 연구」, 「일본 영주永住를 희망하는 조선인에게」 등이 수록되었다.

일본 국회도서관에 소장된 제15권 제167호, 제168호와 제16권 제168호를 DB로 만들었다. (장신)

참고문헌

김태옥, 「정연규의 삶과 문학－1920년대 중반까지의 활동을 중심으로」, 『일본어문학』 27, 2005; 김태옥, 「정연규의 삶과 문학－1920년대 중반부터 1930년대 중반까지」, 『일본어문학』 36, 2008; 鄭然圭, 『皇道派は何にをなさんとするか』, 滿蒙時代社, 1936.

홋카이도민단시보

(北海民團時報)

재일본대한민국거류민단 홋카이도北海道 본부 기관지이다. 발행 겸 편집인은 김주희이다.
2면 발행되었고 2호(1949. 2. 15.), 3호(1949. 3. 15.)가 확인된다.

제2호에는 제호 좌측에 민단의 5대 강령
인, "-우리들은 대한민국 국시를 준수한
다. -우리들은 재류동포의 국권옹호를 도
모한다. -우리들은 재류동포의 민생안정
을 도모한다. -우리들은 재류동포의 문화
향상을 도모한다. -우리들은 국제친선을
도모한다."는 내용이 확인된다.

재일본대한민국거류민단 홋카이도 본
부 단장 김주희는 「멧세지 친애하는 린각
하에게」(1949. 1. 29.)에서 해방 4주년의 봄
을 맞이하면서 대한민국이 국제연합의 승
인을 받은 것을 경축하는 대회를 거행하는
것을 감사한다면서 북해도의 '한국동포'는 대한민국에 국적을 두고 있다고 했
다. 동시에 귀국을 비롯한 '연합국'의 성의 있는 원로에 감사드린다면서 앞으로
도 많은 지도와 편달을 부탁한다고 했다.

제2호 주요기사로는 「감격의 경축대회: 단장 한일친선을 요망 조야의 명사 속
속 모이다」, 「주장: 남북통일의 촉진 악질적랑(狼)을 타도하자」, 「초대내각의 이
동」, 「국련신한국위원회의 초회합」 등과 아울러 광고로 「대한민국·국연승인」이
실려 있다.

제2호 2면의 주요기사로는 「도 본부 점점 반석: 조련 붕괴의 길을 추적한다」,
「두 개의 민족해방운동」 등이 보인다. 이 가운데 「두 개의 민족해방운동」은 최

익우의 글로 두 개의 민족해방운동이란, 동구의 운동과 아시아의 운동이라고 서술하고 있다.

제3호 1면은 이승만 대통령의 사진이 실려 있고, 「주장: 3·1기념과 유업을 생각하며」, 「3·1혁명정신: 자결주의로 나아가다. 이 대통령 담」, 「3·1기념식 전 거행」, 「신주일 대표단장 정항범 박사 착임」 등의 기사가 보인다. 2면은 재일본대한민국거류민단 홋카이도 본부 의장단의 남창운 이름의 「성명서」가 보인다. 여기에서 그는 민단 지지를 결의, 성명하고, 조련 탈퇴를 기정사실화하고 있다. 아울러 조련 붕괴 기사로 「조련 붕괴의 촌전寸前: 민단 도본부 대반석」이 보인다. 동시에 「제주도의 수합: 군사원조를 탄원」, 「한국대일통상개시」, 「민성란」 등이 실려 있다. 광고로는 국제민중신문사, 다카나미高波의복점 등의 것이 실려 있다. 제2호에 보이는 재일본대한민국 거류민단 홋카이도 본부는 단장 김주희, 부단장 전천수, 사무국총장 강흥선, 외무부장 한영, 단장비서 겸 무임소부장 김주학, 문교부장 김창태, 지방부장 김충웅, 사회부장 윤영수, 경제부장 윤기호, 선전정보부장 김종민, 청년지도부장 고인식, 상공부장 김주부, 그리고 의장 최익우, 부의장 곽동수, 감찰국장 이종문이었다. 아울러 삿뽀로札幌지부는 단장 예동해, 부단장 이순만, 하코다테函館지부는 단장 신필용, 부단장 권유성, 양해석, 덴란天監지부는 단장 한창석, 부단장 이계출이었다. 아울러 홋카이도 내의 동부·북부분회 결성 등에 관련한 내용도 확인된다.

실제 홋카이도 본부 단장 김주희는 주식회사 가네스미구미金住組를 운영하였는데, 그 광고가 제3호에 실려 있다.

2호(1949년 2월 15일), 3호(1949년 3월 15일)를 DB화했다. (김인덕)

참고문헌

『北海民團時報』 2호, 3호.

홍기
(붉은기)

1958년 중국공산당중앙위원회에서 발행한 정치잡지로 중국어와 함께 조선족 및 각 소수 민족 언어로도 발행되었다. 『홍기』 잡지편집위원회에서 편집한 것을 민족출판사에서 번역 출간하여 매월 14일과 28일 두 차례 발행하였다.

중국공산당중앙위원회에서 발간한 이 잡지의 발행 목적은 공산당 총노선의 지휘 아래 사회주의 건설을 지도 독려하기 위함이었다.

창간사에서 "이 잡지가 중국의 새 형세 밑에서 창간되는 것은 사상계에 있어서의 무산 계급 혁명의 붉은 기를 더욱 높이 추켜들어야 할 임무를 감당하기 위해서이다. 어느 곳에 만일 아직도 자산 계급의 기'발이 꽂혀있다면 우리는 주저할 것 없이 그것을 뽑아버리고 무산 계급의 기'발을 꽂아야 한다. 중국 무산계급은 정치 무대에 올라 서자부터 중국 사상계에 있어서의 자기의 붉은 기를 추켜들었다. 중국 인민은 이 기'발의 지도하에서 승리하였다. … '붉은 기' 잡지는 자신의 사업 중에서 모택동 동지가 제시한 이 방향을 향해 전진 할 것이다. 당의 제8기 전국 대표대회 제2차 회의가 제정한 열의를 고도로 높이고 힘써 앞장을 다투며 많이 하고 잘하고 절약하면서 사회주의를 건설하는 총로선의 지도하에서, 중국 공산당 중앙위원회 령도 밑에서, 전 당 동지들 및 당의 맑스주의자의 지지 하에서 '붉은 기' 잡지는 자기가 짊어져야 할 임무를 반드시 완수할 수 있으리라고 우리는 확신한다."라고 하였다.

창간호의 주요 내용은 모택동의 「한개 합작사를 소개 한다」, 「유고슬라비야 수정주의는 제국주의 정책의 산물」, 「미국의 경제위기에 관하여」, 「근로인민은 반드시 문화의 주인이 되어야 한다」, 「대중에 의지하면 파죽지세로 전진할 수 있다」, 「농구개량과 기술혁명」 등이 있다.

1958년 제1기부터 제14기까지의 차례를 모은 부록을 발행하였는데, 당시 최고조에 달했던 인민공사화 운동에 대한 여러 자료들을 볼 수 있다. 「인민공사의 고조를 맞이하자」는 사설을 비롯하여 하남·하북 등 각지의 인민공사 현황보고 자료와 공동식당의 운영, 가사노동의 집체화와 사회화에 대한 기사 등도 흥미롭다.

이 잡지는 현재도 계속 발행되고 있어 각 시대마다 변화된 중국공산당의 정책 전환 포인트와 선전구호들을 살펴볼 수 있다.

중국 연변대학교 도서관에 소장되어 있으며 1957년 1기에서부터 1986년 사이에 발행된 『홍기』 중 일부 누락본을 제외한 잡지를 DB화하였다. (김성남)

참고문헌

『홍기』, 창간호(1958) 외.

화제

(話題)

1957년에 10월에 창간된 대중잡지로 편집발행 서재수, 편집장 김규동이다. 발행처는 삼중당으로 서울특별시 종로구 현지동 120이다. 월간으로 간행되었다.

『화제』는 1950년대에 발행된 오락잡지 중의 하나이다. 1950년대는 대중지의 전성시대로 당시 발간되었던 오락잡지로는『혜성』,『야담』,『삼천리』,『야담과 실화』,『이야기』,『실화』,『명랑』,『아리랑』등이 있었는데 최소 3만에서 최고 9만 부를 발행할 정도로 광범위한 인기를 누렸다. 『화제』도 이들 매체 중의 하나로 당시 독보적인 대중잡지였던『아리랑』을 창간한 삼중당 사장 서재수가 창간하였다.『화제』는 삼중당에서 발행되었고,『아리랑』은 아리랑사에서 출판했지

만 사실상 삼중당에서 출판한 것이었다. 1950년대에는 출판자본이 대부분 개인 출자였기 때문에 하나의 출판사에서 여러 종의 잡지를 발간하는 경우가 많았다. 삼중당의 경우『아리랑』(1955. 3.),『화제』(1957. 10.),『소년소녀 만세』(1956. 1.),『소설계』(1958. 6.) 등의 잡지를 출판하였다.『아리랑』은 1955년 2월에 창간되었는데 영화배우나 가수 등 연예가나 스포츠계의 기사들을 많이 실었고 천세욱, 조흔파 등의 소설을 연재하였는데 당대 최고의 발행부수를 기록하였다.『화제』의 매체 성격도『아리랑』과 기본적으로 비슷했는데 주안점을 둔 분야는 잡지 제호에 붙어 있는 '실화 탐정'이라는 어구가 지칭하는 바대로 각색된 실화나 탐정이야기였다.

1957년 1월호를 보면 잡지 서두에 국내외 영화배우들의 화보를 실었고, 이어서 〈화제 스크린〉이라 하여 「창공의 천사」, 「모정」, 「목노주점」, 「그대와 영원

히」등의 영화 줄거리를 자세히 적었다. 만화도 상당량의 지면을 차지했는데 화보와 〈화제 스크린〉, 만화가 실린 뒤에 다시 『화제』 속표지가 삽입되어 있어서 잡지의 본격적인 시작을 알리는 구조로 되어 있다. 여기까지의 지면이 근 50면에 이른다. 실화 탐정의 첫 번째 글은 「10대의 범죄는 누구의 죄냐」로 "원래는 모두 착하고 어진 아이들이었다. 그러하던 학생들이 친구를 살해하고 부모를 구타하며 매춘부와 정을 맺기까지 거기에는 어떠한 까닭이 있을 것이다."라는 문구를 글 서두에 배치하여 흥미를 유발하였다. 두 번째 글은 「친형을 겨눈 사제권총」으로 "친형을 죽인다는 것-그 현상만은 분명히 패륜의 소행이다. 그러나 그 범행의 동기를 무시할 수는 없다."라는 문구를 기사 위에 배치하였다. 이어 뉴스 스토리로 「세파가 설어운 10대의 부부」를 실었으며, 해외실화라 하여 "『리더스 다이제스트』지 금년 10월호에 게재된 2백5십만딸라 현상당선실화"를 번역하였다. 또한 〈애독자의 비밀투서〉, 〈스리라 꽁트〉, 〈탐정소설〉, 〈명랑소설〉, 〈상담코너〉, 〈연예계 뒷공론〉, 〈법창야화法窓夜話〉, 〈화제요지경〉 등의 코너를 두어 여러 편이 글을 실었으며, 정치인 가십 성격으로 대통령의 장수비화, 김두한의 스캔들, 김일성의 최근사생활 등에 대한 글도 실었다. 중간 중간 만화와 「잠자는 철기 이범석의 꿈은」, 「차기 민의원 출마 예상자 총 명단」 등의 정치기사도 실려 있다. 이후 잡지 구성은 여러 변화가 시도되었으나 철저하게 흥미 위주로 편집된 대중오락지로서의 성격은 일관되었다.

국회도서관에 1958~1959년 발행분이 소장되어 있으며, 이를 DB화하였다.

(임경순)

참고문헌

『화제』, 1958~1959; 이봉범, 「1950년대 잡지저널리즘과 문학」, 『상허학보』 30, 2010. 10.; 김현주, 「1950년대 잡지 『아리랑』과 명랑소설의 '명랑성'」, 『인문학연구』 43, 2012.; 「1950년대 오락잡지에 나타난 대중소설의 판타지와 문화정치학」, 『대중서사연구』 30, 2013. 12.

화학공업
(化學工業)

화학공업사에서 1967년 12월 25일에 창간하였다. 종간호는 확실치는 않으나 1968년 같은해 5·6월합본호(통권 5호)로 보인다. 전문 월간지로서 발행 겸 편집인은 박두하朴斗夏, 인쇄인은 삼성인쇄주식회사의 채복기蔡福基, 발행소는 화학공업사(化學工業社, 서울특별시 중구 북창동 93-3)이다. 판형은 신국판으로 총 150쪽 안팎이며 정가는 250원(6개월 반년 1300원, 1년 2500원)이었다.

'창간사'를 잡지의 맨 앞에 싣지 않고 판권장 위에 조그맣게 「창간호를 내면서」라는 제목으로 밝혀놓은 바, "월간 화학공업은 과학자 여러분의 잔심부름을 맡아 나섰습니다. 특히 화학공업 각 분야에 종사하시는 기업가 기술자들의 반려자로서 무언가 도움이 되고 또 여러분의 새로운 연구개발에 적으나마 보탬이 되려고 애써 어려운 길을 따라 나섰습니다.

우주시대를 향한 장대한 도정도 심혈을 기울인 하나의 연구에서 출발된다고 합니다. 어떤 형극이 닥칠지라도 우리는 항시 과학하시는 여러분과 같이 있기에 낙망하거나 체념하지 않을 것입니다. (중략) 그리고 본 화학공업지가 우리나라의 과학기술진흥의 참다운 매개체로서 국제기술경쟁을 이겨내는 데도 하나의 이기가 되어주었으면 그 이상의 바램은 없겠습니다."라고 하여, 화학공업 기술자들의 반려자이자 과학기술진흥의 매개자로서의 역할을 다할 것임을 다짐하고 있다.

창간호에는 다양한 특집이 마련되어 있는 것은 물론이요, 표지 바로 다음에 〈한국비료공업계의 다섯 얼굴〉이라는 제목 아래 '충주비료' 사장 김용배를 비롯하여 '호남비료' 김윤근 사장, '영남화학' 김창규 사장, '진남화학' 박진석 사장, '한국비료' 박수희 사장의 얼굴이 전면으로 게재되어 있다. 바로 뒤에 이어지는 기사는 "1968년 주요품목 시장성 측정 및 전망"이라는 것인데, 각 부문의 산업별 생산과 소비량을 도표화하여 당대의 한국 산업 전반에 관한 일목요연한 양상을 어느 정도 확인할 수 있게 해준다. 창간호인 만큼 특집도 다양해서 제1특집에서 특집5에 이르는가 하면, 그 밖에도 '화보', '좌담회', '특별연재'까지 풍성한 읽을거리가 즐비하다. 그 면면은 「석유화학공업」(제1특집), 「식품화학공업」(제2특집), 「제지화학공업」(제3특집), 「농약화학공업」(제4특집), 「화학공업과 기업」(제5특집) 등과 「질소고정과 제조공업」(특별연재), 「한국화학공업의 전망과 문제점」(권순영, 심승택, 이종수, 최병오, 최웅), 「뉴스 레터」 등으로 화학공업 전반에 걸친 현황과 전망, 문제점을 살피는 데 부족함이 없다. 이 잡지는 〈교양과 오락〉란도 두어 「화학공업소극장」과 「이달의 퀴즈」, 「연구실 비신사록WO」, 「나의 시운전 경험」 등이 실려 있다.

제2호인 1968년 2월호도 창간호와 체제는 동일하게 편집되어 있다. 특히 여기서 주목할 특집은 '제1특집'으로 〈좌담회〉가 「특허전쟁시대」, 「세계의 자본이 보는 한국」, 「두뇌·자본·기술·연구」 등 3개의 기사로 구분되어 '화학공업'의 실상을 파악하는 데 긴요한 정보와 지식을 제공하고 있다. 화보로는 시멘트 회사의 다섯 얼굴이 실리고 「1960년 이후의 주요 화학공업품목 생산지수」가 도표로 제시되어 있다.

제3호인 1968년 3월호의 특색은 제지공업계의 네 얼굴 외에, 〈좌담회〉 「브라보 울산·프로스트 진해」, 「우리는 엔지니어 초년병」과 특집2의 '한국과학기술연구소'에 대한 기사가 좌담회를 비롯하여 세 꼭지에 걸쳐 소개되고 있다. 그리고 3월호에서 비로소 이 잡지의 편집위원 명단(총 37명)이 직함과 더불어 나열되어 그 위용을 과시하고 있다.

제4호와 5호도 예의 그 체제와 내용을 유지하며 발간되고 있음을 확인할 수 있거니와, 이 잡지의 화학공업계에 미친 영향과 지식 정보는 커다란 파장을 일으키며 그 업계에 종사하는 사람들의 관심과 사랑을 받았으리라는 추정이 가능하다. 짐작컨대 박정희 정권의 '경제개발 5개년계획'의 가시적인 성과와 더불어 범국가적이고 범국민적으로 벌어지는 산업부흥과 경제진흥책이 일정한 궤도에 오르고 그것을 확인하는 단계에서 필요한 여러 지표와 정보를 제공함으로써 이 잡지는 어느 정도의 자기 역할을 수행하지 않았나 싶다.

국립중앙도서관과 국회도서관에 소장되어 있으며 DB 상태는 아주 좋다. (전

상기)

참고문헌

『화학공업』 창간호, 1968. 1~5.

가

나

다

라

마

바

사

아

자

차

카

타

파

하

횃불

한국일보사에서 1969년 1월에 창간한 아동문학 잡지로 문학작품과 논문이 함께 실려 있다. 발행 겸 인쇄인 장기영, 편집인 조풍연, 발행소 한국일보사 소년한국일보이다. 정가 100원이며 한국일보지사, 지국, 보급소에서 판매되었다.

『횃불』 표지 하단에는 '교단인과 지성인의 벗'이라는 문구가 삽입되어 있는데 이 문구의 의미는 창간호에 실린 한국신문연구소장 오종식의 권두언 「인성의 순치성」에서 찾아볼 수 있다. 글 전반부에서는 "거개의 학부형들이 아이들은 학교에서 국어나 산수의 성적을 올려서 일류 중학에 입학만 하면 족하다는 편으로 기울어져" 있고, "선생마저 중학 입시 위주로 가르치게 되는 경도성을 나타내서 사회의 물의를 일으키고 종당 중학무시험입학이란 단호한 조치를" 보게 되었으며 "아동 교육 본연에 돌아가야 한다."는 논의가 거론되고 있다는 진단을 했다. 이어 "교육은 지육, 체육, 덕육을 통한 도야로써 보다 나은 인간을 형성시키는" 것이며 인간이 동물과 달리 "변화하는 모든 환경에 적응할 수 있다는 것은 그만큼 인성의 유연함과 강력함을" 시사하는 것이지만 위험성도 있다. 스승이 중요한 것은 이 때문으로 "아동의 5세 내지 10세 기간은 또 plasticage라고 해서 사진기의 필름 또는 인화지 같이 감수성이 예민하자니 가장 환경의 영향을 많이 받아서 제2의 천성을 형성"하느니 만큼 "사회도 가정도 이 점을 유의해야 할 일이지만 교육 책임의 정도가 높은 스승들은 한층 더한 관심과 더불어 연구와 계도가 있어야" 한다고 글을 마무리지었다. 『횃불』을 '교단인과 지성인의 벗'이라 한 것은 이처럼 지성을 전도해야 하는 역할을 맡은 스승들의 벗이 되겠다는 뜻이라고 풀이할 수 있겠다.

이러한 취지로 창간된 잡지의 구성을 살펴보면 창간호의 경우 크게 세 부분으로 나눌 수 있는데 논문 같은 학술적인 형태의 글이나 작가론, 탐방 글 등이 먼저 배치되었고 광고가 삽입된 이후 창작된 아동문학이 배치되었으며, 시평과 만화, 외국아동문학 등 다양한 성격의 글을 덧붙였다. 전반부의 글에는 「인간 발견의 창작적 예능교육」, 「학교도서관(또는 학급문고)의 설치와 활용」, 「어린이 성장발달에 따르는 놀이지도」, 「최근의 외국교육계 사조」, 「일본말이 우리말에 끼친 영향」, 「『큰사전』 수정 편찬의 방향」, 「박영종(목월)의 인품」, 「화전촌의 벽지학교」 등이 글이 실렸고, 아동문학으로는 먼저 연재동화 「황금나비의 나들이」, 제1회 세종아동문학상수상작품 「벽화에 남은 모습」, 「옛 노래 부르면」, 「잃어버린 잔치」가 게재되었다. 세종아동문학상은 소년한국일보에서 창간 8돌을 기념하는 사업의 하나로 제정한 것이다. 이어서 동화 「사냥기와 굴뚝새」, 「귀뚜라미의 기쁨」, 「손님이 가시는 날」, 「미운 동그라미」, 「서울」, 동시 「엄마 이마에서 교실문까지」, 「햇볕」 등이 실렸으며, 수필도 여러 편 실렸다. 시평은 음악, 미술, 연극, 영화, 스포츠 등으로 구획하여 각기 이에 해당하는 글을 실었다. 또한 중화민국아동문학가의 특별기고인 「장난감 배」, 1968년 노벨문학상수상작가의 전후대표작 「산의 소리」, 연재논문인 「한국현대아동문학사」를 실었다. 잡지 중간에 「소식동정란을 설치」를 공고하여 "본지는 앞으로 아동문학계에서 활동하시는 여러 문우들의 상호동정이나 소식을 비롯하여 지방문단서클, 동인지회의 활동상 등을 전국 문우들에게 알려 한국아동문학계의 성장발전에 조금이라도 기여코저 하오니 많은 활용 있기를 바랍니다." 라고 하여 아동문학가들 간의 교류 촉진을 시도하기도 했다. 이러한 잡지 체재는 소소한 변화는 있지만 이후에도 지속되었다.

국회도서관에 1969년과 1970년에 발간된 잡지가 소장되어 있으며 이를 DB화하였다. (임경순)

참고문헌

『햇불』, 1969~1970년.

후생일보

(厚生日報)

1955년 6월 10일 창간된 의료 전문 격일간 신문이다. 편집 겸 발행인은 김형익金衡翼, 주간 겸 편집국장은 정광운鄭光雲이다. 타블로이드판 4면 발행으로 월정 구독료는 130원이다.

이 신문은 의학계발, 의도확립, 의정쇄신, 의권확립, 의우친목醫友親睦을 5대 社是로 하면서 보다 신속한 뉴스와, 국내외에서 새로이 개발되는 최신의학 및 의약품에 대한 각종 정보 제공을 목적으로 발행되었다.

1955년 6월 창간 당시 『의사시보醫事時報』로 주 1회 발행되다가, 1966년 12월 1일 『후생일보厚生日報』로 되었고, 1981년 1월 8일 『후생신보』로 제호 변경되었다. 초기에는 주 1회 4면으로 발행되었으나, 1962년 4월 5일자로 주 2회(매주 월요판과 목요판) 16면으로 발행되었다. 1966년 12월 1일부터는 제호를 변경함과 동시에 격일간으로 증편하였다. 전문지계에서 유일한 격일간제로 정비한 이 신문은 1967년 12월 18일자로 지령 1천 호를 기록하였으며, 약 7년 뒤인 1974년에는 2천 호로서 두 배의 지령을 수립하게 되었다. 이 신문은 보건의학계의 발전을 촉진하는 데 주목적이 있으므로, 1961년부터는 '후생저작상'·'후생관광사업'· '무의촌에 의약품 보내기 운동' 등의 사업을 진행하였고, 매년 의사고시 수석합격자에게 '송촌지석영상松村池錫永賞'을 수여하고 있다.

신문 구성은 의료계의 뉴스를 1면에 배치하고 의학 관련 전문글과 〈지방판〉을 두어 각 지역의 구체적인 의학 관련 현황 전달, 의료상식 등으로 이루어졌다.

1966년 12월 2일 증편 발행호는 1면에 사장 김형익의 증편 경과와 이후 신문 방향을 제시하는 글이 실리고, 2면에는 국회보사위원장(김성철金聲喆)과 공보부 장관(홍종철洪鍾哲), 국회의원 등의 일간지 발행 축하글이 실렸다. 3면에는 전문의 시험 관장을 둘러싸고 정부정책에 대한 대한의료협회의 반대운동과 갈등상황에 대한 기사와 4·5면의 시립병원 운영과 관련된 분쟁기사가 실렸다. 6·7면은 신문 증편에 대해 「의료계의 등대 역할 다하길」이라는 제목으로 의료계, 학계 주요 인물들이 신문 증편을 축하하고 역할을 당부하는 글이 실렸다. 13·14면은 전문적인 글로 「현대의학의 당면과제, 본능파악 못한 질병 있다」가 게재되고, 상식을 넓히는 기사로 「의학영문해설」이 실렸다. 15면은 〈지방판〉으로 도내 의료요원 재교육 문제, 가두 진료활동, 가족계획사업 실태, 각 지역 학술대회 상황 등의 소식이 담겼다. 17면에는 의료상식으로 내과, 소아과, 부인과 등 각 과의 질병에 따른 증세와 처치방식을 제공하고 있다.

국회도서관에 소장되어 있는 1966년 12월 2일자 신문을 DB화하였다. (이병례)

참고문헌

한국학중앙연구원 편, 『한국민족문화대백과사전』, 1995; 윤임술 편, 『한국신문백년지』, 한국언론연구원, 1983; 『후생일보』, 후생일보사, 1966년 12월 2일.

희망
(希望)

1950년대 발행된 종합잡지이다. 편집발행 겸 인쇄인은 김종완金鍾琬이다. 발행소는 서울시 종로구 견지동 49의 희망사이다. 월간으로 발행되었다. 230면 내외의 분량으로 발행되었다. 정가는 3백 환이다.

잡지는 정치·외교·사상·연예 등 종합잡지의 면모를 갖추고 있으면서, 대중에게 쉽게 읽힐 수 있는 대중성을 지향하고 있다.

1955년 3월호를 보면, 권두언 「진실로 합심하자」(이갑성), 「3·1특집, 한일은 공존의 길을 걷자」(정문흠), 「왜 자유당에 입당했나·탈당했나」, 「교문을 나서는데 들어서는 남녀대학생」 등의 정치 성격의 글이 실려 있다. 또한 명랑소설 「여인처세학」(조흔파), 「삼국지」(방기환) 등의 소설이 소개되고 있다. 그리고 〈희망 연예계〉란을 마련하여 국내외 영화 소개, 최신 유행가, 연예계 실화, 배우 소개 등을 게재하고 있다. 뿐만 아니라 현대 5대 사상가 평전 등을 싣고 있다.

1955년 4월호를 보면, 대통령 이승만의 화보를 특집으로 게재하면서, 추강 김사섭을 소개하는 글을 싣고 있다. 3월호의 편집 구성을 유지하면서도 「희망 연예계」를 「연예 대파노라마」로 변경하였으며, 대중강좌 「카메라 맨 첫걸음」의 연재를 시작하고 있다. 그리고 단편소설 「별 없는 성좌」(박영준), 현대소설 「비가 온다」(장덕조), 「어찌하오리까」(방인근), 「월야의 창」(정비석) 등이 계속 연재되고 있다.

국회도서관에 소장되어 있는 1955년 3~5월호를 DB화하였다. (김일수)

참고문헌

『희망』, 희망사.

히로시마타임즈

(廣島タイムス)

히로시마타임즈社廣島タイムス社가 간행했는데 이 신문은 대한민국재일본거류민단 히로시마현지부의 기관지이다. 편집·인쇄·발행인은 현수홍이다.
1호(1949. 6. 5.)~10호(1949. 9. 30.) 가운데 4호를 제외하고 확인된다. 2면 발행했다.

창간호에서 민단 현본부단장 김재현은 「공산주의에 대한 우리의 투쟁과 본지의 사명」에서 조국이 분열과 비운에 빠진 현실에서 공산주의를 지지하는 것은 이기적 야심에서 발로한 행위라고 전제하고, 민족의 흥기에 답하기 위해 본 기관지가 간행되었다고 한다.

또한 한청총재韓青總裁, 황성직심黃性直心의 「히로시마타임즈 발간을 축하하며」는 히로시마타임즈가 대한민국 재일본거류민단 히로시마현지부의 기관지로 조국의 동향과 정황을 알리고 문화 향상을 도모하기

위해 만들어졌다고 한다. 그리고 국민의 단결에 의해 조국의 건전한 발전이 가능하고 인류의 융화와 협력을 위해 국제연맹이 성립되었다고 했고 민단과 『히로시마타임즈』의 발전을 위해 지지와 지원을 요청한다고 했다.

창간호 1면에는 「논설: 한국 청년동지에게!」, 「상해의 운명결정」, 「동서의 대립해소가?」 등의 기사와 "한일무역협정 성립"을 축하하는 광고가 보인다. 아울러 『히로시마타임즈』 창간을 축하하는 광고로 화신상사회사, 구레吳메리야스주식회사, 도호東邦야스리제작소, 미야모토宮本로제작소 등의 것이 보인다. 그리고 하이쿠俳句도 실려 있다.

창간호 2면에는 「창간사」, 「히로시마타임즈에 부쳐」, 「데모크라시를 사수하

자」(임병태), 「한일무역협정성립에 재광在廣동포상사 움직이다」 등의 기사와 생활과 관련한 「돼지사육장 신설」, 「동포의 세금문제에 중총의 태도 결정하다」, 「재류동포의 생활개선을 위해 민생회의를 개최」, 「탁주양조의 허가를 요청」, 「빈곤자에 후생물자 특배」 등의 기사가 확인된다. 아울러 「민국중총본부의 문교대책」에서는 각 현 본부·지부를 통해 실지 조사개시하기로 한 내용이 확인된다. 2면에도 광고로 한다阪田상사주식회사, 도와東和상사 등의 것이 실려 있다.

당시 대한민국 거류민단 히로시마본부 상임진행위원회는 의장 임병태, 감찰위원장 지상철, 단장 김재현, 부단장 장영덕, 사무총장 이상희, 총무국장 권옥봉, (겸)민생국장 장영덕, 조직국장 현수홍, (겸)문화국장 현수홍이었다.

제2호 1면에는 「논설: '자유의 방위'」, 「재류 60만 동포는 민단과 함께 하며」(장영덕), 「소련 극동에 해군기지 강화」, 「미국 대일강화회의 촉직?」 등이 실렸고, 2면에는 「수필: 향수의 계절」, 「학생동맹을 노리는 조련」, 「미, 한국에 1억 5천만 달러의 경제원조」, 「반공의 단결과 열의를 태운다」 등이 실렸다. 그리고 「자유시」, 「추상」, 「생각」 등의 시가 보이고, 창간 축사가 계속 실리고 있다.

제3호도 제1, 2호와 거의 유사한 형식으로 유지되어 논설을 비롯해 한반도 관련한 기사가 실려 있다. 주요한 기사로는 「북선공화국군의 포격을 격퇴: 한국군 전황을 발표」, 「한국 우파의 거두 김구 씨 암살되다」, 「재류동포의 국민등록 조만간에 실시된다」, 「귀국사무 개시」 등이 보인다. 아울러 한국의 동계올림픽 선수 일행이 일본에 간 기사도 확인된다.

「일본반동의 프로파일」(3호), 「노조선에서 공산게릴라대의 실황」(3호) 등의 기사가 주목된다. 「논설: 해방 4주년을 맞이하여」(현수홍, 제5·6호), 「성명서(1949. 8. 25.) 대한민국 거류민단 廣島縣본부」(7호), 「조련민청해산」(제8·9호), 「논설: 사회주의정치의 한계점」(현수홍)(제10호) 등도 확인된다.

우익적인 관점에서 기술된 국내 관련 기사와 재일동포 상황 관련 기사가 지면을 할애하고 있다.

1948년에 간행된 1호, 2호, 3호, 4호, 5·6호, 그리고 8~11호를 DB화했다.

(김인덕)

참고문헌

『廣島タイムス』 1호, 2호, 3호, 5·6호, 7호, 8-11호.

The Flag of Justice

1947년 2월 3일 8쪽, 타브로이드판, 주간으로 간행되었다. 극동타이즈사의 전무였던 길원성이 발행·편집인, 사장으로 취임했다.

창간의 목적은 조선인과 연합국민의 사이에서 상호 이해를 촉진시키는 데 있었다. 조선인은 연합국민을 알고, 연합국민은 동양을 이해하도록 해야 한다고 게재되어 있다. 이를 위해서는 연합국에 대해 동양의 정치와 경제, 사회문화 등의 현재의 진실을 전달하고 동양에 대해서는 클래식 음악과 미술, 습관과 매너, 전통 등을 전달할 필요성이 지적되었다. 그 가운데에서도 조선인 측이 연합국에 전달했던 가장 중요한 것의 하나가 재일조선인을 둘러싼 상황의 곤란함이었고 이것을 전달한 것이 『The Flag of Justice』에 대한 기대라고 한다.

연합군최고사령부(GHQ)는 『The Flag of Justice』의 기사를 다음과 같이 분석하고 있다. 평균적인 기사 내용은 다음과 같다고 한다. 1) 국제정세에 관한 논설(거의가 항구적인 평화에 대해 평범한 발언), 2) 재일조선인과 새롭게 해방되었는가. 아직 점령되어 있는 국가로서의 조선에 영향을 미치고 있는 문제에 대해 조선인의 시점의 설명(일본의 당국자에게는 비판적이었는데, 조선 정세에 관한 코멘트는 은밀하다), 3) 조선의 헌법에 대한 제언, 서양 특히 미국에서의 민주주의의 발전을 묘사하려고 하는 시도를 하는 정치적 팜플렛, 4) 로컬 및 서양의 일주간의 뉴스, 5) 일본 신문에 게재된 논설의 발췌, 6) 단편 소설, 7) 코멘트와 묘사 : (1) 동양미술 (2) 일본문학 (3) 일본의 라디오방송 (4) 일본의 전통 연극 (5) 일본영화 (6) 도쿄에서 일본과 조선의 음악이벤트, 8) 일본 여행자에 대한 관광 가이드,

9) 만화, 10) 농담, 11) 영화와 무대 배우 사진.

창간호에는 주요 기사로 「Flag of Justice의 간행 목적」, 「세계와 소통 가능한 New English Weekly 창간」, 「동맹국과 한국 간의 상호이해가 필요」, 「12·20사건의 10인 5년형과 75,000엔의 벌금형에」, 「세계민주화 정부에 대한 제안」, 「한국사람들에게, 한국헌법초안에 대한 나의 의견(1)」, 「1946년의 정치 조사」, 「가면 댄스 성행」 등이 실려 있다.

이 가운데 「동맹국과 한국 간의 상호이해가 필요」에서는 식민지시대 한국인은 힘들었는데 이제 이를 뚫고 정치적·조직적으로 움직일 필요가 있다면서, 미국에 대한 고려와 친일세력에 대한 척결이 첫째로 중요하다고 했다. 그리고 진정한 한국인들의 의견 수렴이 필요하다고 했다.

「한국사람들에게, 대한민국 헌법초안에 대한 나의 의견(1)」은 3천만 열망의 결집체로 대한민국 헌법을 보고, 평화를 지키기 위한 초안으로 교육적인 내용을 포함하고 있다. 아울러 독립된 한국을 모두 반가워하지만 다수의 선언과 결의들이 어떻게 실현되는지는 별도의 문제라고 했다.

아울러 시대상을 보여주는 기사인 「가면 댄스 성행」에서는 가면 댄스와 연극이 유행이라면서 이는 국민성을 보여주는 특징이라고 했다. 주로 가면은 사랑과 관련된 것이 많고 종교적인 의미의 것도 존재한다고 했다.

1~3호에서는 창간호와 유사하게 주요 기사로 「편집: 세계 정보」, 「지난주 주요뉴스」, 「블랙마켓은 당장 없어져야」, 「한국 투표법이 친일파를 제외」, 「한국생명보장회의 요구」, 「한국헌법초안에 대한 나의 설명(계속)」, 「일본에 대한 나의 바람」, 「민주화의 세계」 등이 실려 있다.

먼저 「편집: 세계 정보」에서는 핵폭탄 개발의 위험성과 세계정세를 언급하는데, 추가전쟁의 위험성은 부정하고 있다. 그리고 영원한 평화는 존재하지 않는다면서도, 세계정부의 필요성이 대두되는 사실을 적기하고 있다.

「블랙마켓은 당장 없어져야」라는 기사는 블랙마켓이 인플레이션을 조성했다면서 정부 차원의 규제가 필요하다고 보고 있다.

창간호에 뒤이어 실린 대한민국헌법에 대한 「한국헌법초안에 대한 나의 설명(계속)」이라는 글은 한국과 일본은 신기한 관계라는 전제 아래, 재일동포 문제를 언급하고 있다. 우선 해방이 되어도 재일동포에 대한 대우는 그대로라고 하면서 다른 외국인과 동등한 대우를 요구할 필요성을 거론하고 있다. 나아가 일본법을 준수하는 조건으로 투표권까지 차후 재일동포가 요구하는 것을 고려해야 한다고 했다.

대체로 신문에 실린 조선 정세 등의 정치기사는 이데올로기적 경향을 분명히 하지 않고 있는데, 일본과 남한에 재류하는 미군에 대해 격렬하게 비판하지 않고 있다고 연합군최고사령부(GHQ)는 비판하고 있다.

한편 동지는 당시 요시다내각을 비판하고 있는데 이것은 일반적인 일본인이 공감하는 내용이었다. 또한 필자가 밝혀져 있는 기사의 대부분은 후세 다츠지를 비롯한 변호사를 포함해 아나키스트 등으로, 이념적으로 분명한 일본인이 작성한 것이 많다. 도쿄 등지의 다른 재일조선인 신문에 비해 편향과 냉소는 잘 보이지 않는다. 실제로 검열에 걸린 기사가 하나도 없기 때문에 발행은 적어도 3회 가능했다.

창간호(1947년 2월 3일)와 1~3호(1947년 2월 22일)는 DB화했다. (김인덕)

참고문헌

『The Flag of Justice』 창간호, 1~3호; 小林聰明, 『在日朝鮮人のメデイア空間』, 風響社, 2007.

| 〈근현대 신문·잡지 자료의 조사 수집 해제 및 DB화〉 연구팀 |

연구책임자
임경석(성균관대학교 사학과 교수)

전임연구원
구수미(아주대학교 강사)
김성남(성균관대학교 동아시아역사연구소 책임연구원)
김일수(금오공과대학교 연구교수)
이병례(성균관대학교 동아시아역사연구소 책임연구원)
임경순(성균관대학교 국문학과 강사)
임성윤(성공회대학교 강사)
전상기(성균관대학교 국문학과 강사)
후지이 다케시(성균관대학교 사학과 BK연구교수)

공동연구원
김인덕(청암대학교 교수)
김태국(중국 연변대학교 교수)
도노무라 마사루(일본 동경대학교 교수)
박순원(성균관대학교 사학과 교수)
박지영(성균관대학교 동아시아학술원 연구원)
박태균(서울대학교 국제대학원 교수)
이상록(국사편찬위원회 편사연구사)
이신철(성균관대학교 동아시아역사연구소 연구교수)
이용기(한국교원대학교 역사교육과 교수)
이유재(독일 튀빙겐대학교 교수)

연구보조원(대학원)
강성호, 강수진, 김강산, 김국화, 김민아, 김영진, 김용현, 나주현, 남기현, 박유진, 박형진, 변지윤, 손성준, 송태은, 우윤중, 윤은주, 이윤수, 이은영, 이재민, 이혜린, 이혜인, 장병극, 정예지, 정재현, 조은정, 최보민, 한보성, 한봉석

연구보조원(학부)
권다솜, 김내리, 김민경, 김수진, 김아영, 김연준, 김영인, 김용빈, 김은혜, 김종진, 량원치엔, 박지원, 박초롱, 박하늘, 서정일, 송무석, 양승원, 오철암, 우연수, 유민주, 윤선민, 이민지, 이상신, 이상혁, 이세형, 이은형, 이재용, 이준영, 이혁주, 이효진, 정경훈, 정승호, 정영석, 제희원, 조성은, 하정우, 한상은